资治通鉴精选新绎

（一）

张大可 选绎

图书在版编目（CIP）数据

资治通鉴精选新绎．全四册 / 张大可选绎．-- 北京：文化发展出版社，2022.7

ISBN 978-7-5142-3683-5

Ⅰ．①资… Ⅱ．①张… Ⅲ．①中国历史－古代史－编年体 ②《资治通鉴》－研究 Ⅳ．①K204.3

中国版本图书馆CIP数据核字（2022）第023122号

资治通鉴精选新绎（全四册）

张大可 选绎

责任编辑：周 蕾　　责任校对：岳智勇
责任印制：邓辉明　　责任设计：郭 阳
出版发行：文化发展出版社（北京市翠微路2号 邮编：100036）
网　　址：www.wenhuafazhan.com
经　　销：各地新华书店
印　　刷：北京文昌阁彩色印刷有限责任公司

开　　本：710mm×1000mm　1/16
字　　数：3000千字
印　　张：163
版　　次：2022年7月第1版
印　　次：2022年7月第1次印刷
定　　价：368.00元（全四册）
I S B N：978-7-5142-3683-5

前 言

《资治通鉴》是北宋大政治家、大史学家司马光领衔修撰的一部历史名著，是我国历史上第一部编年体通史，有着巨大的历史价值，以及知往鉴今的借鉴价值，值得所有人阅读。

一、编年体史书的源流与特点

《资治通鉴》，简称《通鉴》，全书 294 卷，不计标点约有 330 万字。该书上起周威烈王二十三年（前 403），下迄后周世宗显德六年（959），记载了战国初年迄于五代末叶 1362 年错综复杂的历史，是一部贯通古今的编年体通史巨著，其气势与规模，不仅在古代中国，就是在世界中世纪史坛上，都堪称高视独步、无与伦比。如此伟大的历史巨著，不是凭空产生的，它是编年体史书发展到成熟时期水到渠成之作。大体说来，编年体史书的发展经历了三个历史阶段（编年体史书以下行文简称编年史书）：商周迄秦，即先秦时期，是编年史书的草创时期，可称之为源；两汉迄唐，即汉唐时期是编年史书的确立时期；两宋迄清是编年史书的成熟时期，《资治通鉴》是其成熟的标志。这后两个时期，可通称为流。本节简括地评介《资治通鉴》产生前的编年史书的源和流，即先秦时期与汉唐时期，《春秋》和《汉纪》分别是这两个时期的代表之作，重点说这两部书，以了解编年史书的特点。

（一）先秦时期：编年史书的草创

编年体是按时间发展顺序记叙历史的一种史学体裁形式，是我国上古记载史事普遍使用的一种体裁，所以《隋书・经籍志》称之为古史。上古事简，低下的生产力限制了人们的眼光，加之书写条件极其困难，负责记叙历史的史官或档案人员，只能用简练的文字记下他们认为重要的事，为使所记载的资料更具使用价值，往往冠之以时间单位，因而很自然地创造了编年记事的形式，此不独中国为然，世界各国亦多循由此途拉开各自史学发展的序幕。原始社会结绳记事、刻木为志，就是最早的以时间为顺序的编年体式。我国现存最早的记事文献为商朝甲骨文。甲骨文又称卜辞。卜辞记事就已标明年月日的顺序，只是一般以日、月在前，而年代居后。现存西周的文献，也有只记日、月而不记年的，或者只记年、月、日其中之一项的，缺乏完整准确的时间观念，说明编年记事体制尚处于原始阶段。

《汉书·艺文志》载，西周时“左史记言，右史记事”。但从传世文献来看，西周史书记事很不完备，不重时间观念，以记言体为主，记事编年体处于附属地位。春秋战国时期群雄竞起，称霸争雄。为在变动的社会中掌握历史主动权，统治者招延名师攻习历史，不仅是时髦，更是实际需要，从而推动了史学的发展。记言体史书，因大多无时期、位置可以对比，日益不受重视，如《国语》就被目为《春秋外传》，地位在《左传》之下。这时，编年体史书，由于有时间作为界标，便于考察时事，抑恶劝善，进一步发展起来，成为史书编纂的主导形式。此时期编年记事方式有了发展，按年、时（季）、月、日记事的程式已固定下来，所以内容也丰富充实得多了。编年体的史书编纂体例已略具定式。周代王室和各诸侯国都设有专门的史官，有左史、右史、内史、外史、大史之类，负责编年记载史事，所成之书，通称“春秋”。《墨子·明鬼篇》所谓“百国春秋”，犹言各国春秋，乃合指周王室和各诸侯国的大事记式的编年史。也有少数诸侯国不称春秋的，如晋之《乘》、楚之《梼杌》等，据《孟子》解释，都是春秋的别称，也就是各国自己的编年史。

秦始皇焚书，“诸侯史记尤甚，为其有所刺讥也”[①]。“史记”是“春秋”的又一通称，指为史官所记。先秦编年史书劫后复见者，仅存孔子所修鲁史《春秋》，这是极为遗憾的事，相传是孔子以鲁国的《春秋》为主，参照其他诸侯国的记载整理删定而成。从此以后，《春秋》成为对一书的专称。《春秋》用鲁国年号，按年、时、月、日分条记事，以展示自鲁隐公元年（前 722）至鲁哀公十四年（前

---

①《史记》卷十五《六国年表·序》。

481）共 242 年的春秋列国史[①]。文字极简略，每事只记结果或结论，没有过程的描述和事态的展开，且措辞隐晦，往往使人不知所云，又对于社会情况及重大事件多有缺漏。于是，为《春秋》作注解的所谓"传"便相继出现了。汉代传《春秋》的有五家，即《左传》三十卷，《公羊传》《穀梁传》《邹氏传》《夹氏传》各十一卷。《邹氏》《夹氏》两传早亡，剩下的就是著名的《春秋》三传。其中《公羊传》《穀梁传》，重在阐释微言大义，向来不被视为史学著作。但细考二传，都是严格遵循编年体式，按时间顺序以阐释《春秋》义旨的，其中着重阐释避讳书法理论及大一统思想之类，对后世史学影响甚巨，且在编年释义中，亦偶有史料的补充，因之，仍具有某种编年史书性质，应该在史部典籍中占有一定的地位。至于《左传》，因作了大量史料补充和在史学上的重大探索而成为我国第一部比较完备的编年体史书，则是举世皆知的了。

《左传》原名《左氏春秋》，形式上虽也以鲁国隐、桓、庄、闵、僖、文、宣、成、襄、昭、定、哀十二公记事，但其内容追溯到周宣王二十三年（前 805），较《春秋》记事提前 83 年，又下延记事至智伯之灭（前 453），后延 28 年，前后共计多出百年以上。其记事特点，不仅尽力充实史料，更注意过程的叙述、场面的描写、人物的刻画，同时又新创史论，于人物事件有分析，有评说，文辞更是着意求工，曲尽其妙，使人读之兴味盎然。凡此诸端，遂使《左传》成为我国古代第一部独立的史著。换言之，《左传》虽属解释《春秋》的"传"，但它却可以离开《春秋》而显示史学著作的功能，但《春秋》如离开《左传》，不少地方将使人难明所指。由于《左传》不仅记述了春秋时期政治、军事、社会、文化等各方面的重大史实，而且集录了很多有关春秋以前的历史事实和传说，因而成为研究先秦历史的重要资料。

《左传》与《春秋》相比，史体有了重大改进，大体说有三个方面。一是丰富了史料。《春秋》宣公二年"秋九月乙丑，晋赵盾弑其君夷皋"此条史事寥寥 13 字，《左传》则衍为 534 字，详细地予以记述，才使得事件真相大白，读者明其所以。二是注意了文采。《左传》记事渊懿美茂，其语生气勃勃，文章优美，便于习诵，有利流传。三是新创了史论。《左传》记事用评论来表现是非，或以"君子曰"发端，或借引"孔子曰"代己立言，或系判断语于事尾，巧妙地将各

---

①《春秋》三传，《公羊传》《穀梁传》记事至鲁哀公十四年（前 481），《左传》则延至鲁哀公二十七年（前 468），全书记事为 255 年。

种形式的史论，组合交织于记事之中，是述史的一种“书法”。这种书法，左丘明发端于前，司马迁弘扬于后，理论概括称之为“寓论断于序事”，比《春秋》的“书”与“不书”或一字褒贬之“书法”上升不可同日而语的境界。《左传》编年记事的成就，对《资治通鉴》产生了重大的影响。上述《左传》改造《春秋》史体的三大特点，在《资治通鉴》中有淋漓尽致的发扬。

（二）汉唐时期：编年史书的确立

到了汉代，编年史书结束了草创时期，进入确立时期。具体来说，有两大标志。

其一，《史记》《汉书》创立的“本纪”编年记事的创造，是这一时期编年体确立的第一个标志。总体上，纪传体与编年体是各为一体，互相争胜于史坛，但细致分析，纪传体实际是把编年记事、人物传记、年表谱录与制度专史熔于一炉的综合体。其中“本纪”明确采用编年体为全书之纲。《史记》《汉书》的“本纪”以年、时、月、日为经，以载录大事为纬，广泛涉及政治、经济、军事、文化、民族关系乃至中外交通无不备载，强调揭示一定时期历史发展的重要线索和基本轮廓，故能成为全书之总纲，其余列传、表、志所述，无不据以为依归。这种述史体制，较之《春秋》基本不录社会经济文化史料是一个巨大的进步。《左传》载政治军事又囿于常事不书、非告无录、斤斤于礼、叙存细事、讳饰含混，乃至于黑白颠倒，有害实录。《史记》《汉书》本纪编年对先秦编年体所作的重大改造，也为《资治通鉴》所吸收。

其二，此时期出现了改编纪传史而成的新型断代编年史书《汉纪》，是编年体确立的第二个标志。《汉纪》为东汉末荀悦所编。起因是汉献帝读《汉书》，苦其“文繁难省”，乃命荀悦删之，荀悦在建安五年（200）完成改编《汉书》的编年史书《汉纪》三十卷。是书以“辞约事详，论辩多美”[①] 著称于世。

所谓改编，并非就《汉书》各帝本纪加以简单串联，而是统驭全书材料，分类排比，再撷其精要，足以显示历史发展脉络者，用编年之法表现出来。荀悦改编《汉书》的成功为后世编年史书，特别是《资治通鉴》的修撰提供了宝贵的经验。此外，荀悦还有三大创新：一是首创了断代编年史书，其后专写一个王朝的编年史书接踵而起，《汉纪》所起的开山引导作用，不能被低估。二是首开

---

①《后汉书》卷六十二《荀悦传》。

以“纪”名编年之例，即改“春秋”为“纪”，它不只是一个称谓问题，实则寓有纲纪的深意。“盖纪者，纲纪庶品，网罗万物”[①]，取纪以名编年之史，表明其纪事原则不是有闻必录，洪纤靡失，而是突出重大事件，纲纪万物，以表现一代之史。三是首为自立凡例与著书意图以统驭全书。综上，《汉纪》在史体方面的创新，使编年体正式确立，后世史家给予了高度评价。刘知幾在《史通》中论史体的发展，提出了“六家”“二体”之说，就是以班固断代的《汉书》和荀悦断代的《汉纪》作为纪传，编年二体的代表总结理论，肯定了荀书确立编年体的历史地位。近代学者亦给予《汉纪》高度评价。梁启超称《汉纪》是“现存新编年体之第一部书”[②]。金毓黻说《汉纪》为司马光修《通鉴》之所本[③]，都是很有见地的。

在东汉末年荀悦《汉纪》的影响之下，魏晋南北朝时期，断代编年史书大兴。一国之史，往往一部纪传史出，旋即有一部编年史与之相配，更有先出编年后出纪传，乃至仅有编年而无纪传者。编年史书蜂起，与纪传史书争胜于史坛，形成自春秋、战国以后编年史书发展史上的又一次高潮。其中，影响较大的有袁宏《后汉纪》、孙盛《晋阳秋》、干宝《晋纪》、王韶之《晋安帝阳秋》、裴子野《宋略》、何之元《梁典》以及王邵《齐志》等。因种种原因，流传下来的只有袁宏《后汉纪》一种。袁书对编年体又有丰富与发展，是编年体确立时期堪与《汉纪》相媲美的一部力作。

二、《资治通鉴》的特点与成就

唐初修《晋书》《梁书》《陈书》《北齐书》《周书》《隋书》《南史》《北史》，确立纪传体为正史编修体例，编年体的发展势头相对低落。至北宋《资治通鉴》出，编年体又重振雄风，进入了编年史书的成熟时期。

《通鉴》总结了以往编年史家的经验，发展和完善了这种古老的体裁，使编年体得以重振，代表了我国古代编年史的最高成就。兹从以下六个方面略述其体制特点与成就。

---

①《史通》卷二《本纪》。

② 梁启超:《中国历史研究法》，华东师范大学出版社 1995 年版，第 25 页。

③ 参见金毓黻:《中国史学史》，商务印书馆 1999 年版。

（一）预先制定严密的工作程序和体例细则，以指导编纂全过程

司马光修纂《资治通鉴》，开创了主编全面负责的集体分工合作制。司马光为全书主编，刘恕、刘攽、范祖禹为主要的协编。《通鉴》编书程序，分为三大环节，先作丛目，次成长编，最后定稿。前两步工作由协编者分段负责，大体分工是刘攽负责汉史长编，刘恕负责魏晋南北朝史、隋史及五代史长编，范祖禹负责唐史长编。五代史也归刘恕。刘恕中途病死，未完的南北朝部分归为刘攽，五代部分归为范祖禹。最后定稿由司马光一人独立完成。丛目制作之法，首先在广泛阅读原始文献的基础之上，按时间顺序列出事题目录，叫作“事目”，然后为事目作注，即将收入各目之资料，注明篇卷出处，因事目繁多，故谓之“丛目”。长编又称“草卷”，实即初稿，制作之法，是根据丛目提供的线索，将史料重新检阅一次，然后经过取舍、综合、诠次，写出编年史雏形。长编写成后，交由主编“笔削”，作进一步加工，又有“粗删”“细删”的程序，以期定稿趋于完美。司马光在修《通鉴》之前先拟定出《通鉴释例》一卷，确定全书用语、格式等方面凡例36条，后又与刘恕反复商讨，定出纪元、薨卒等多项义例，又对范祖禹进行工作指示，全面申述丛目及长编修撰细则。这些规则，为所有编写人员所遵守，成功地体现在整个编书实践中。以上种种措施，皆为编书质量提供了保证，使《通鉴》在结构谨严、体例统一方面，能够卓然高出于传统编年史书。

（二）主干材料与辅翼材料交相为用，使编年体史书体制一新

为什么要编《资治通鉴》？司马光自道原因说：“每患迁、固以来，文字繁多，自布衣之士，读之不遍，况于人主，日有万机，何暇周览？臣常不自揆，欲删削冗长，举撮机要，专取关国家盛衰，系生民休戚，善可为法，恶可为戒者，为编年一书，使先后有伦，精粗不杂。”[①] 可见《通鉴》之修，实存在满足士子学史需要和提供君主治国借鉴两方面的原因。由于前者，必须写成“举其大略”的比较全面反映历史内容的通史；由于后者，必须强调政治史，以便从“国家盛衰”与“生民休戚”中引出“善可为法，恶可为戒”的历史借鉴，二者的综合，遂造成了主干材料与辅翼材料交相为用的述史体制应运而生。《通鉴》着重叙述历代重大政治事件和战争，以“穷探治乱之迹”，同时对于重要历史人物的言论事迹，各类典章制度的沿革，民族间的交往，经济的发展，习俗的变迁，历法

---

① 司马光:《进〈资治通鉴〉表》。

的进步之类，皆有扼要的记述，以为“生民休戚”之表征和“治乱兴衰”之基托。所以胡三省说：“温公作《通鉴》，不特纪治乱之迹而已。至于礼乐、历数、天文、地理，尤致其详。读《通鉴》者，如饮河之鼠，各充其量而已。”[①] 纪传体广载史事，各类史料按纪、传、表、志，分体著录，做到分而不散。《通鉴》则熔纪、传、表、志等材料于一炉，用编年线索加以贯穿，使之统而不分。如此述史，于中心突出之际，兼收包罗宏富之功，既便于总结历史治乱兴衰的经验教训，又便于全面表现社会历史的概貌。此例之设，为编年体注入了新的血液，使编年史书真正建立起了与纪传史书并驾齐驱的体制基础。

（三）首创史料考异之法以取信，使编年述史体制臻于精善

《通鉴》载述1362年的历史，面对史料极其浩繁，如何考订鉴别，成为一大难题。为了准确记事，对相互矛盾的史料，必须有所取舍，对各有短长的记载，必须综合诠次。司马光将此等去取诠次的情形，写成《通鉴考异》三十卷，随附《通鉴》并行，由此创造了史料考异之法，也开启了修史之家“自著一书，明所以去取之故”的先例，遂使古老编年体臻于精善。考异之例一开，对后世史家震动甚大，有作为而又实事求是的史家，争相效仿之。如《通鉴》协编者之一范祖禹之子范冲，南宋高宗朝时重修北宋《神宗实录》，即著《神宗实录考异》五卷，以明对旧录删改去取之由。此外，李焘等一些史家，在他们的编年著作中，更将考异文字直接附于正文有关史事条下，体式又有所推进。

（四）系年方法进一步改进

时间本位是编年史书最根本的特征，也是它区别于其他史体的最主要依据。在标准编年体式中，被记载下来的所有史实，无不一一与其确定的时间相联系，并被嵌入相应的日、月、时、年、年号、君主、朝代的严密序列当中。如此述史，便于把握大势，使一定时期历史发展的概貌，由远及近地展现在读者面前。如何编年记事，前节评述了《春秋》《汉纪》，乃至《史记》《汉书》的本纪已经奠定了基础，至《资治通鉴》又有改进。具体说，系年的改进，主要有以下三项。

1.《通鉴》纪年汲取了当时历法的最新成就。古代用干支纪年，要推定朔闰，

---

①《资治通鉴》卷第二百一十二，胡注。

必然牵涉历法，而历法精粗不一，自然导致纪年的准确程度呈现差异。北宋著名天文历法专家刘羲叟著《长历》一书，相当精密。司马光即采用《长历》辨定典籍所载史事的朔闰、甲子，因使纪年错误较少。

2.《春秋》《左传》记事叙次的原则，如注家杜预所概括，乃“以事系日，以日系月，以月系时（季），以时系年”。《通鉴》因系通史，又加上“以年（号）系君主，以君主系朝代”，则其纪年体式为“以事系日，以日系月，以月系时，以时系年，以年系号，以号系朝”。例如曹操之死，《通鉴》记为“魏纪·世祖文皇帝（曹丕）·黄初元年：春季，正月，武王（曹操）至洛阳；庚子，薨”。汉武帝以前，没有年号，鲁庄公某年、秦始皇某年、汉高祖某年之类，是当时通行的纪年法，还不属“以年号系君主”，《通鉴》以前没有编年体通史，断代编年，自然没有在行文中标明朝代的必要。可见，《通鉴》改进纪年法，也是时代变化、史学发展的必然结果。

3. 诸侯并立，王朝分裂，各国对峙时期，《通鉴》纪年，只取一国、一帝年号；又更号改元之岁，皆取最后一个年号。这种纪年方法，容易示人主从亲疏，并产生“头齐脚不齐”的感觉，有待进一步改进，但能使全书行文简明、体例划一，也是无法否认的。

（五）叙论分出，突出史论地位，创新史论体式

所谓叙论分出，是指在编年史书中，史事的叙述与撰史者的评论明确分开，并突出史论的地位。一般来说，史事的叙述，严格依据有关史料来写，“悉从论纂，皆有凭依”[①]，不得向壁虚造。史而有论，乃是史学著作区别于单纯史料汇编的重要标志。我国古人撰史，向来重视“事”“文”“义”的有机联系。《通鉴》史论，即是为“义”而发之作。自《左传》创立史论体式以来，有作为的史家，无不致力于此，写出脍炙人口的力作。《通鉴》既以“资治”为重要编书目的，则发掘、阐发史义的文字，便不能不提到突出地位。表现在数量方面，据精确统计，《通鉴》全书设史论 218 篇，其中有不少千言以上的大论，这在我国古代史书的编撰中是空前的。内容方面，除一般的讨论为政得失、赏善惩恶外，更围绕以礼治国思想反复宣扬，并对史学功能、经史关系乃至编修凡例之类，展开广泛评说。《通鉴》突出史论地位，是与它主要作为政治史的体制相吻合的。

---

① 司马光：《进〈稽古录〉表》，《稽古录》，商务印书馆印，明翻宋刊本。

《通鉴》史论，分为两大类型：一是司马光自撰之论，以“臣光曰”发端；一是借引前人成说之论，以借引史家姓名或著作名发端。前者可称“自论”，后者可称“借论”。《通鉴》对欲评之事，一般一事一论，或自论，或借论。间亦有同时借引两则成说，或借引一则成说之后又作“臣光曰”，即以二论共评一事者。《通鉴》全书，共设借论 99 篇，征引作者 35 家。其中：

孟轲 1 篇，荀况 2 篇，贾谊 1 篇，司马迁 2 篇，扬雄 6 篇，班彪 3 篇，班固 15 篇，仲长统 1 篇，荀悦 8 篇，傅玄 1 篇，华峤 1 篇，陈寿 5 篇，徐众 1 篇，孙盛 5 篇，习凿齿 6 篇，鱼豢 1 篇，虞喜 1 篇，干宝 1 篇，荀崧 1 篇，袁宏 3 篇，袁准 1 篇，范晔 3 篇，崔鸿 2 篇，沈约 4 篇，裴子野 11 篇，萧子显 1 篇，萧方 1 篇，颜之推 1 篇，陈岳 2 篇，李延寿 2 篇，权德舆 1 篇，李德裕 1 篇，柳芳 1 篇，苏冕 1 篇，欧阳修 2 篇。

借引成说立论，发自左丘明，司马光加以弘扬，广泛借引成说，将借论与自论有机地结合起来，构成遍布本书之经络，无疑应是对编年体式的一种创新。

（六）主体著作与成套系列著作联为一气，使编年史体气象万千

《通鉴》因记事时限太长，虽极简要之能事，亦洋洋三百万余言，颇难掌握。为方便阅读，提高史著的社会效益，司马光以《通鉴》为中心，先后编写了一系列著作，以与主体互相发明。除《通鉴考异》三十卷起辨析增广史料的作用外，“又略举事目，年经国纬，以备检寻，为《目录》三十卷”[①]。

《通鉴目录》与一般书籍的标题目录不同，其特点是“年经国纬，著其岁阳岁名于上，而各标《通鉴》卷数于下，又以刘羲叟《长历》气朔、闰月及列史所载七政之变著于上方，复撮书中精要之语散于其间。次第厘然，具有条理”[②]。实为一内容提要性的大事年表。《目录》与《考异》随《通鉴》同时上奏宋神宗，是《通鉴》主要的两部辅翼之作。此外，又恐《目录》过于简略，复有《通鉴举要历》八十卷，《通鉴节文》六十卷，以为简编。加上修《通鉴》之前撰写的《通鉴释例》一卷，载录修书凡例及与协编者来往信札，又《历年图》五卷，“上自周威烈王二十三年，下尽周世宗显德六年，略举每年大事，编次为图”[③]。总上六种辅翼著作，共 186 卷，与《通鉴》正文 294 卷交相辉映，从不同侧面增强了

① 司马光：《进〈资治通鉴〉表》。

②《四库全书总目》卷四七“资治通鉴目录”条。

③《温国文正司马公集》卷五一《乞令校定资治通鉴所写稽古录劄子》。

《通鉴》这部编年体通史巨著的表现力。可以说这是编年体的一项重大革新。

《资治通鉴》引领编年体史书蓬勃发展，仿其体制继起者，或添前，或续后，自宋讫清，逐步形成了一套从古到今的编年史系统丛书，举其要者，有12种，书目如次：

1.《通鉴外纪》十卷，目录五卷　北宋刘恕撰。

2.《汉纪》三十卷　东汉荀悦撰。

3.《后汉纪》三十卷　东晋袁宏撰。

4.《资治通鉴》二百九十四卷　北宋司马光等撰。

5.《续资治通鉴长编》五百二十卷　南宋李焘撰。

6.《建炎以来系年要录》二百卷　南宋李心传撰。

7.《宋元资治通鉴》六十四卷　明薛应旂撰。

8.《明纪》六十卷　清陈鹤撰。

9.《明通鉴》一百卷　清夏燮撰，亦为明代编年史。

10.《国榷》一百零八卷　明末清初谈迁撰。

11.《资治通鉴后编》一百八十四卷　清徐乾学撰。

12.《续资治通鉴》二百二十卷　清毕沅撰。

这就是与二十四史纪传史系统相辅相补的编年史系列，不一一备述。但没有一部编年史书可与《资治通鉴》相颉颃。胡应麟《史书占毕》说："编年之史，备于司马氏。"这个"备"字，应视为对《通鉴》完善编年体历史功绩的确评。

三、《资治通鉴》的内容与价值

（一）《资治通鉴》的主要内容

中国传统史学强调经世致用，《资治通鉴》把这一主旨发挥到极致。书名《资治通鉴》虽然是宋神宗所赐，实为司马光之本旨，顾名思义，即史学要"鉴于往事，有资于治道"。既然是"垂鉴资治"，所以司马光选用材料以及叙述内容，"专取关国家盛衰，系生民休戚，善可为法，恶可为戒者"。这就决定了《资治通鉴》全部内容落实在"治、乱、兴、衰"四字上，用今语说，是一部政治军事史。司马光着墨于国家治乱，写得最多的是君主的贤愚、官吏的好坏。司马光认为“国亡治乱，尽在人君”[①]，因此特别重视为君之道。司马光把历史上的君主，依据他们的才能与功业，分为创业、守成、衰替、中兴、乱亡五类。“创业之君”，如汉高祖、光武帝、隋文帝、唐太宗等，削平群雄，统一中夏，“智勇冠一时”，乃非常之人，干非常之事。这些君主的光辉业绩，《资治通鉴》写得很详细，供人敬仰与效法。“守成之君”，能把创业之君留下的家业发扬光大，如汉文帝、汉景帝、北魏孝文帝等，他们是守成的代表人物。司马光说，守成之君“必兢兢业业，以奉祖考之法度，弊则补之，倾则扶之，不使耄老有叹息之音，以为不如昔日之乐，然后可以谓之能守成矣。”[②]司马光称美文景，借引班固的话说：“扫除烦苛，与民休息，移风易俗，黎民醇厚，周云成康，汉言文景，美矣。”[③]中兴之君，指能拨乱反正，把处于危机或急剧衰落的国家引导上正轨，转危为安，使政治重新归于治。汉宣帝是中兴之君的典型，司马光借班固的话赞颂说：“孝宣之治，信赏必罚，综核名实。政事、文学、法理之士，咸精其能。至于技巧、工匠、器械，自元成间鲜能及之。亦足以知吏称其职，民安其业也。”[④]衰替之君，即昏庸之主，他们“习于宴安，乐于怠惰，人之忠邪，混而不分，事之得失，置而不察，苟取目前之佚，不思永远之患”，以至“祖考之业”日益衰微。西汉元帝、成帝，东汉桓帝、灵帝，都是昏庸之主。最坏的是乱亡之君，他们“心不入德义，性不受法则，舍道以趋恶，弃礼以纵欲，谗谄者用，正直者诛，荒淫无厌，刑杀无度，神怒不顾，民怨不知”，结果是“敌国丧之”“下民判之”，[⑤]只有破家亡国了。亡国之君十之八九都是昏暴淫逸的乱亡之君，秦二世、陈后主是其尤者。创业、守业、中兴三类君主，是贤圣的明君，是司马光提供学习的榜样。衰替、乱亡之主，是司马光提供借鉴、警世的标识，在叙述中给予揭露和鞭挞。司马光发扬传统史学惩恶劝善的思想，应予肯定。

战争是政治斗争的最高形式。古代国之大事，在祀与戎。司马光在《资治通鉴》中用力写各种战争，有改朝换代、群雄逐鹿的战争，创业之主平乱诛暴的战争，雄主御辱与开拓的对外战争，农民起义与王朝镇压的战争，《资治通鉴》都作了绘声绘色的描写。司马光总结战争经验，各种战争，在不同年代、不同地

① 司马光：《稽古录》卷十六，商务印书馆印，明翻宋刊本。

② 司马光：《稽古录》卷十六，商务印书馆印，明翻宋刊本。

③ 司马光：《稽古录》卷十六，商务印书馆印，明翻宋刊本。

④ 司马光：《稽古录》卷二十七，商务印书馆印，明翻宋刊本。

⑤ 司马光：《稽古录》卷十六，商务印书馆印，明翻宋刊本。

域、不同将帅指挥下有不同的结果。有国有家者，不可以不知兵，写战争就是要总结强国用兵的兵法。顾炎武评论说："《通鉴》承左氏而作，其中所载兵法甚详。凡亡国之臣，盗贼之佐，苟有一策，亦具录之。朱子《纲目》大半削去，似未达温公之意。"①

司马光轻文学，明人李因笃说"《通鉴》不载文人"指此。大诗人屈原，《通鉴》只字未提。司马迁写《史记》，为文学家立专传，大量录载文学作品，评价屈原《离骚》"虽与日月争光可也"，认为司马相如赋"虽多虚辞滥说，然其要归引之节俭，此与《诗》之风谏何异"。两司马的态度大相径庭。文人参与的政治活动，与王朝、社会有重大关系的涉政文章，司马光仍不遗弃。如录载司马相如的《谏猎书》，录载唐宋八大家之韩愈的《谏佛骨表》《送浮屠文畅师序》，柳宗元的《梓人传》《种树郭橐驼传》。司马光轻文学家及文学的政治作用，既不必为之讳，也不必为之病，这就是他的立场。

《资治通鉴》对于正史诸志中关于礼仪、刑罚、职官、食货等方面的内容，颇多采录，如西汉除肉刑、东汉立石经、曹魏九品官人法、西晋罢州郡兵、北周创府兵等。涉及土地制度与民生的财赋制度作为重要的政治内容，亦纳入书中，如商鞅变法，文景时期的轻徭薄赋，北魏孝文帝的均田制，唐德宗实行的两税法，以及水、旱丰歉等记载不遗余力。当然，比起纪传史来，综合史的内容大大减少，突出的是政治军事，这是编年史书的一个特点。

由于《资治通鉴》吸收《左传》《汉纪》，以及纪传史之"本纪"叙事的优点，在政治军事中关注礼乐、历数、天文、地理、经济、文化等内容，因此《通鉴》是一部内容宏富的古代政治编年通史。简括条列其述史内容，主要有以下十个方面：

1. 帝王的即位、治绩与丧葬、评说；

2. 重要历史人物的活动与卒年；

3. 经济、政治制度的变革与重要的法令颁布；

4. 社会各阶级、阶层尖锐复杂的矛盾斗争；

5. 重大的军事活动与战争；

6. 民族关系；

7. 中外关系；

---

① 顾炎武:《日知录》卷二十六。

8. 重要的科技文化的发明与发现；

9. 生产工具和生产技术的改进；

10. 重大的自然变化与灾害。

（二）《资治通鉴》的史学价值

《资治通鉴》的史学价值，在史学、史体、史料三个方面都有突出的创造，试简析如下。

1. 史学方面。史学价值，指帮助人们了解历史、认识历史、总结历史。作为鸿篇巨制，《资治通鉴》较为详尽地反映了中国古代从战国周威烈王二十三年至五代后周显德六年，公元前403年至959年，共1362年的历史，熔铸于史事内容中的史学价值有三个方面。

第一，贯通古今。《通鉴》一书在手，历代大事囊括其中，兴衰得失汇聚眼前。这一优点，其他任何一部史籍无可比拟。清人张之洞、近人梁启超作了画龙点睛的评价。张之洞说："若欲通知历朝大势，莫如《资治通鉴》及《续通鉴》。"① 梁启超说："司马温公《通鉴》亦天地一大文也。其结构之宏伟，其取材之丰赡，使后世有欲著通史者，势不能不据为蓝本，而至今卒未能有逾之者焉。"②

第二，政治史为中心。司马光《进〈资治通鉴〉表》明确其著书目的说："专取关国家盛衰，系生民休戚，善可为法，恶可为戒者，为编年一书。"知往鉴今，其要在政治，《通鉴》的价值亦在此，这是读《通鉴》要牢牢把握的。

第三，以史为鉴。这一点经历了历史的考验，正如胡三省所说："为人君不知《通鉴》，则欲治而不知自治之源，恶乱而不知防乱之术。为人臣不知《通鉴》，则上无从事君，下无以治民。为人子不知《通鉴》，则谋身必至于辱先，作事不足以垂后。乃如用兵行师，创法立制，而不知迹古人之所以得，鉴人之所以失，则求胜而败，图利而害，此必然者也。"③

2. 史体方面。在我国史体发展史上，编年体占有重要位置，一是开众体之先，二是奠众体之基。无论是中国还是世界，按年月日记事，是人类最早用于编写史书的方法，也就是人类创造的最古老的史体。从这个意义上，可以说编年体

---

① 张之洞：《𬨎轩语》，清光绪三年刻本。

② 梁启超：《新史学》，商务印书馆2014年版，第90页。

③ 胡三省：《新注资治通鉴序》。

乃开众体之先，即史体之祖。中国编年体经历了自草创、确立直至成熟的过程。在其自身发展的同时，又给后起其他史体以普遍的深刻影响。《资治通鉴》追附交错的叙事，编年之中带纪事本末的辅助，对一些事件的前因或过程加以补叙，多用“初”字起笔，避免了割裂。《通鉴》已经达到史家叙事得心应手的境界。由《通鉴》又派生出袁枢的《通鉴纪事本末》以及朱熹的《资治通鉴纲目》，成为南宋以后流行的史书体裁。特别是《通鉴》完备的时间本位叙事，为各种史体奠定了基础。

3. 史料方面。司马光对史料的处理，考异取信已如前述，这里补述搜罗宏富。司马光说，他搜集史料“遍阅旧史，旁及小说，简牍盈积，浩如烟海”①。后人考证司马光采用的资料有 300 余种。宋人高似孙《纬略》说：“《通鉴》采正史之外，其用杂史诸书凡二百二十二家。”清人胡元常录《通鉴考异》所载书名，作《通鉴引书考》凡得 272 种。近人张煦侯据《资治通鉴》和《通鉴考异》所引各书加以考索，分为正史、编年、别史、杂史、霸史、传记（附碑碣）、秦汉（附别集）、地理、小说、诸子共十类，得 301 种。《河北师范学院学报》1987 年第 2 期载陈光崇先生的《〈通鉴〉引用书目的再检核》，拾遗补阙，考定为 359 种。司马光实际引用的书目不止此数，足见其用力之勤，为后进述史者树立了榜样。

司马光从宋英宗治平三年（1066）奉命编写《资治通鉴》，到宋神宗元丰七年（1084）完成，历时 19 年，耗尽了司马光一生的心血。在这 19 年中，司马光“研精极虑，穷竭所有，日力不足，继之以夜”，把全部精力投入这部书上。由此可见，要写出一部历史名著，作者要付出何等高昂的代价。司马光的付出，换来了《资治通鉴》的永垂不朽。《资治通鉴》自问世以来，一直享有很高的声誉。宋神宗钦赐书名《资治通鉴》。明人胡应麟说：“自有书契以来，未有如《通鉴》者。”清人王鸣盛说：“此天地间必不可无之书，亦学者必不可不读之书也。”②清人浦起龙对《资治通鉴》产生的影响作了高度评价，浦氏说，国史“上起三国（指韩赵魏列为诸侯），下终五季，弃编年而行纪传，史体偏缺者五百余年，至宋司马氏光始有《通鉴》之作，而后史家二体，到今两行，坠绪复续，厥功伟哉”③。这是说《资治通鉴》带动了编年史书的复兴，产生了贯通中国历史的编年

① 司马光：《进〈资治通鉴〉表》。

② 参见王鸣盛：《十七史商榷》卷一百，中国书店 1937 年版。

③ 参见浦起龙：《史通通释》卷十二，商务印书馆 1930 年版。

史书系列，与纪传体全史交相辉映。司马光对中国史学的贡献，铸就了他在中国史学史上崇高的历史地位。

司马光写《资治通鉴》既不写上古，又不写后周之灭，止于禅让之前，一部通史，无头无尾，总给人以遗憾之感，其实这正是司马光的用心处。《资治通鉴》始于周威烈王命韩、赵、魏三家为诸侯，由此写了一篇史论，批评周王违背了名与器不可假人的礼，开启了礼坏乐崩，表明司马光维护帝王权威，臣下不可越礼犯分的思想。《资治通鉴》下限不书宋周禅代，既为本朝回护，隐讳赵匡胤从孤儿寡母手中夺权的尴尬，也为自己避免触讳，少惹麻烦。中国历史上的文字狱，历史学家首当其冲，因此我们不能苛责司马光效法南史氏吧。由此可知，《资治通鉴》无头无尾，皆寓意良深，这也曲折地反映了中国封建社会的某种特色吧！著名史学大家有如司马光者，也未敢轻越雷池一步！

本书节选秦汉、隋唐两个历史时期，跨周（战国）、秦、西汉、隋、唐五个朝代，分为四册。第一册，讲述秦王朝的兴亡，起于周威烈王二十三年至西汉惠帝七年，即公元前 403 年至公元前 188 年，凡 216 年史事；第二册，讲述西汉盛世，起于吕太后元年至汉武帝后元二年，即公元前 187 年至公元前 87 年，凡 101 年史事；第三册，讲述隋王朝的兴亡，起于隋文帝开皇元年至唐高祖武德元年，即 581 年至 618 年，凡 38 年史事；第四册，讲述大唐盛世，起于唐高祖武德二年至唐太宗贞观二十三年，即 619 年至 649 年，凡 31 年史事。四册合计节选 386 年史事，约占 1362 年史事 30% 的时段；原文共 47 卷，约 50 万字，占全书字数的 15%。时段占全书的 30%，字数只占全书的 15%，因为战国时段二百年，纪事简略故也。整个战国时段，就是秦王朝的统一过程，故纳入秦王朝兴亡的史事中。所选秦汉与隋唐，恰是两个兴亡交替的改朝换代，也是中华民族两个极盛的时代，合称汉唐盛世。秦与隋，两个统一乱世的强大王朝，都是二世亡国，随后兴起的汉唐盛世，像是一个周期的重演，节选这两个时段讲述兴亡交替的史事，有着重大的借鉴意义。

本书准确把握《资治通鉴》全书脉络，对所选段落史事做简洁明快的今注与今译，附录重大史事人物的评说。这是一个宏观与微观相结合的读史方法，是一个创新型的选本，是一部具有普及性的中级读物，适宜大众读者欣赏阅览，将使你开卷有益。

目录

卷第一　周纪一

周威烈王二十三年至烈王七年（前403—前369）

【起著雍摄提格（戊寅，前403），尽玄黓困敦（壬子，前369），凡三十五年。】

【大事提要】

本卷为《资治通鉴》开篇，记事自公元前403年到公元前369年，凡三十五年。当周威烈王二十三年至周烈王七年。本卷所载大事，主要有五个方面：其一，周威烈王册封韩、赵、魏三家为诸侯，周王室丢失了名分，受到司马光的批评，这标志德义时代的终结，王室权威坠地。其二，韩、赵、魏三家灭智氏而分晋，智伯最强，却恃才傲物，不修德义而必亡，也受到了司马光的批评。其三，魏文侯任贤使能而称霸。吴起遇贤君得以发挥才智为国立功，带兵打仗，天下无敌。后来，吴起遇昏君，声名受诽谤，最终以悲剧结局。其四，写魏武侯不立嫡子，死后诸子争位导致魏国差点灭亡，说明家天下太子为国本的道理。其五，本卷穿插豫让报知己、聂政刺韩相侠累，颂扬义士。总之，本卷记事以德义二字贯穿始终。

【原文】

威烈王[①]

二十三年（戊寅，前403年）

初命晋大夫魏斯、赵籍、韩虔为诸侯[②]。

臣光曰[③]：臣闻天子之职莫大于礼[④]，礼莫大于分[⑤]，分莫大于名[⑥]。何谓礼？纪纲[⑦]是也。何谓分？君臣是也。何谓名？公、侯、卿、大夫是也。

夫以四海[⑧]之广，兆民之众[⑨]，受制于一人，虽有绝伦之力，高世[⑩]

之智，莫不奔走而服役[11]者，岂非以礼为之纪纲哉！是故天子统三公[12]，三公率诸侯[13]，诸侯制卿大夫[14]，卿大夫治士庶人[15]。贵以临贱[16]，贱以承贵[17]。上之使[18]下犹心腹[19]之运手足，根本[20]之制支[21]叶，下之事上犹手足之卫[22]心腹，支叶之庇[23]本根，然后能上下相保而国家治安[24]。故曰天子之职莫大于礼也。

文王序《易》[25]，以乾、坤为首[26]。孔子系之曰[27]："天尊地卑，乾坤定矣[28]，卑高以陈，贵贱位矣[29]。"言君臣之位犹天地之不可易也。《春秋》抑[30]诸侯，尊王室[31]，王人虽微[32]，序[33]于诸侯之上，以是[34]见圣人于君臣之际未尝不惓惓[35]也。非有桀、纣之暴[36]，汤、武之仁[37]，人归之[38]，天命之，君臣之分当守节伏死[39]而已矣。是故以微子[40]而代纣则成汤配天[41]矣，以季札而君吴则太伯血食矣[42]。然二子[43]宁亡国而不为者，诚以[44]礼之大节不可乱也。故曰礼莫大于分也。

夫礼，辨贵贱，序[45]亲疏，裁[46]群物，制庶事[47]。非名不著[48]，非器不形[49]。名[50]以命之，器以别[51]之，然后上下粲然[52]有伦，此礼之大经[53]也。名器既亡，则礼安得独在哉[54]！昔仲叔于奚有功于卫[55]，辞邑而请繁缨[56]，孔子以为不如多与之邑。惟名与器，不可以假[57]人，君之所司也[58]；政亡则国家从之[59]。卫君待孔子而为政，孔子欲先正名[60]，以为名不正则民无所措手足[61]。

夫繁缨，小物也，而孔子惜之；正名，细务[62]也，而孔子先之[63]；诚以名器既乱则上下无以相保故也。夫事未有不生于微而成于著，圣人之虑远，故能谨其微而治之，众人[64]之识近[65]，故必待其著而后救之；治其微则用力寡而功多，救其著则竭力而不能及也。《易》曰"履霜坚冰至[66]"，《书》[67]曰"一日二日万几[68]"，谓此类也。故曰分莫大于名也。

呜呼！幽、厉失德[69]，周道日衰[70]，纲纪散坏[71]，下陵上替[72]，诸侯专征[73]，大夫擅政[74]。礼之大体什[75]丧七八矣，然文、武之祀犹绵绵相属者[76]，盖以周之子孙尚能守其名分故也。何以言之？昔晋文公[77]有大功于王室[78]，请隧[79]于襄王，襄王不许，曰："王章[80]也。未有代德而有二王[81]，亦叔父之所恶也[82]。不然，叔父有地而隧[83]，又何请[84]焉！”文公于是惧而不敢违。是故以周之地则不大于曹、滕[85]，以周之民则不众于邾、莒[86]，然历数百年，宗主天下[87]，虽以晋、楚、齐、秦之强不敢加[88]者，何哉？徒以[89]名分[90]尚存故也。

至于季氏之于鲁[91]，田常之于齐[92]，白公之于楚[93]，智伯之于晋[94]，其势皆足以逐君而自为，然而卒不敢者，岂其力不足而心不忍哉，乃畏奸名犯分而天下共诛[95]之也。今晋大夫暴蔑[96]其君，剖分晋国[97]，天子既不能讨，又宠秩[98]之，使列于诸侯，是区区[99]之名分复[100]不能守而并弃[101]之也。先王之礼于斯尽矣！

或者以为当是之时，周室微弱，三晋[102]强盛，虽欲勿许，其可得[103]乎！是大不然。夫三晋虽强，苟不顾天下之诛而犯义侵礼，则不请于天子而自立矣。不请于天子而自立，则为悖逆[104]之臣。天下苟有桓、文之君[105]，必奉[106]礼义而征之。今请[107]于天子而天子许之，是受天子之命而为诸侯也，谁得而讨之！故三晋之列于诸侯，非三晋之坏礼[108]，乃天子自坏之也。

呜呼！君臣之礼既坏矣，则天下以智力相雄长[109]，遂使圣贤之后为诸侯者，社稷[110]无不泯绝[111]，生民之类糜灭几尽[112]，岂不哀哉！

（以上为第一段，写公元前403年周威烈王册命韩、赵、魏三家为诸侯，以为《资治通鉴》的开端。“臣光曰”批评周天子丢失名分，是德义时代的终结。）

【注释】

①威烈王：名午，周考王之子，东周第二十任国君，公元前425年至公元前402年在位。 ②初：起始。命：古时天子封爵曰命。 晋：周朝所封诸侯国名，周成王封弟叔虞于唐，叔虞子燮父改国号为晋，后被赵、魏、韩三家大夫瓜分而亡国。事详《史记·晋世家》。大夫：西周分封政体的第三级。王室为中央政权，诸侯和大夫为地方政权。诸侯由天子分封，大夫由诸侯分封，但对周天子仍然称臣，叫“陪臣”。魏斯：魏桓子之孙，魏国的创业之君魏文侯，公元前445年至公元前396年在位。事详《史记·魏世家》。 赵籍：赵献侯之孙，赵国的创业之君赵烈侯，公元前408年至公元前400年在位。事详《史记·赵世家》。 韩虔：韩武子之子，韩国的创业之君韩景侯，公元前408年至公元前400年在位。事详《史记·韩世家》。周威烈王二十三年，公元前403年，始命魏斯、赵

籍、韩虔为诸侯。司马光认为周威烈王此举破坏了名分，标志德治以礼时代的终结，历史进入强兵并敌的暴力时代。历史称之为战国，《资治通鉴》起于是年，发表批评扰乱名分的史论。 ③臣光曰：司马光发表评论的起首语。所著《通鉴》要上呈皇上，故称“臣”。按，司马光（1019—1086），字君实，陕州夏县（今山西夏县）人，北宋时杰出的史学家。历仕仁宗、英宗、神宗、哲宗四朝，官至宰相。1066年至1084年，前后历时19年主持编撰《资治通鉴》。 ④礼：此指国家的法律制度、典礼仪式，以及社会行为的准则、规范的总称。 ⑤分：身份，指君、臣、父、子，以及各种人际关系的等级秩序。⑥名：指各种爵位。 ⑦纪纲：又作“纲纪”，即国家法度、法纪。 ⑧四海：指全天下，全国。 ⑨兆民：指万民。众：多。 ⑩绝伦、高世：均指能力优于常人。 ⑪服役：受人役使。 ⑫统：领导。三公：辅佐国君的最高军政长官。周的三公为太师、太傅、太保。汉之三公为丞相、太尉、御史大夫。 ⑬率：统领。诸侯：古代帝王分封的地方藩国国君。⑭制：掌控。卿大夫：《礼记 · 王制》曰“诸侯之上大夫卿、下大夫、上士、中士、下士，凡五等”。此指五等爵位。三代时官称为三等，即卿、大夫、士。 ⑮治：理。以上统、率、制、治四字变文，均是领导、把控之意，一级掌控一级，从天子、三公、诸侯、卿大夫到士庶，成为宝塔结构。士：官府胥吏。庶人：底层百姓。 ⑯贵以临贱：高贵的人统治卑贱的人。临：统治。 ⑰贱以承贵：卑贱的人要接受尊贵的人统治。承，接受。⑱使：使唤，命令。 ⑲心腹：偏义复词，即心。 ⑳根本：同义复词，均指根。树之主根为本。 ㉑支：枝之假借。 ㉒卫：保卫，保护。 ㉓庇：寄托，依托。 ㉔治安：谓政治清明，社会安定。 ㉕文王：姓姬名昌，周武王之父。殷时封国在岐山之下，为西方诸侯之长，称西伯。武王灭殷建周，尊其为文王。序，通“叙”，述。《易》:《周易》，即《易经》，简称《易》，是儒家六经之一，讲说哲理变化的一部重要典籍。 ㉖为首:《易经》共六十四卦，乾、坤为第一、二卦，故曰“为首”。 ㉗孔子（前551—前479）：名丘，字仲尼，春秋末期鲁国人。我国古代思想家、教育家，儒家学派的创始人。事详《史记 · 孔子世家》。系：解说。 ㉘天尊地卑，乾坤定矣：见《周易 · 系辞上》。高亨《周易大传今注》：“尊，高也；卑，下也。乾为天，坤为地，天尊地卑，则乾尊坤卑，因之以定。”㉙卑高以陈，贵贱位矣：见《系辞上》。以，通“已”。陈，列、显示。位，通“立”。这里是说天高为贵，地卑为贱；天高地卑之势已明，则天贵地贱之位因此而定。 ㉚《春秋》：书名。相传是孔子删削鲁国史的一部编年史，起隐公元年（前722）至哀公十四年（前481）共十二公，242年的历史。抑：贬。 ㉛王室：指周王室。 ㉜王人：犹言周王室之官。微：贱。 ㉝序：列。 ㉞以是：因此。 ㉟惓（quán）惓：恳切，忠谨。㊱桀、纣之暴：桀，夏朝末代国君，姓姒名履癸。桀王暴虐，诸侯归汤。汤率众伐桀，流放桀于南巢（在今安徽巢湖），夏亡。事详《史记·夏本纪》。纣，商朝末代国君，姓子名辛，又名受。纣王残酷昏乱，周武王伐纣，在公元前1046年牧野（今河南新乡北）之战中，商军倒戈，纣兵败自焚而死。事详《史记·殷本纪》。 ㊲汤、武之仁：汤，商朝开国之君，姓子名履，本为夏朝诸侯，起兵伐桀，立国为商朝。事详《史记·殷本纪》。武，周武王，文王之子，姓姬名发，灭纣，即天子位，为周王朝开国之君。事详《史记·周本纪》。 ㊳归：往。之：指汤、武。 ㊴守节伏死：意谓君辱臣死。 ㊵微子：即微子启，帝乙的长子，纣之庶兄。纣即位，无道，微子启数谏不听，于是去国隐伏。周灭商，称臣于周，封于宋以治殷遗民，为宋国的始祖。事详《史记·宋微子世家》。 ㊶成汤配天：成汤，即汤。配天，意思是和上天享受同样的祭祀。“是故”句是说：如果微子启取代纣而继承帝乙为商王，那么商不至于灭国，成汤就与上天一样永远享受祭祀。㊷“以季札”句：意谓若季札当仁不让，吴国不会亡，吴太伯将永享血食。季札：吴太伯传至十九世，为吴王寿梦，寿梦有子四人，季札为少子而贤。寿梦临终嘱诸子，王位兄终弟及，依次传位到季札。季札辞让，导致长子诸樊之子公子光与三子余昧之子吴王僚争国，至于吴王夫差而亡国。太伯：即春秋时吴国始祖吴太伯。太伯是古代周族首领古公亶父周太王的长子。太王次子仲雍，少子季历。太王想立季历，以便传位给季历之子姬昌，即周文王。太伯避位让贤，带领仲雍逃到荆蛮，立号勾吴，史称吴太伯。太伯让贤成就周朝八百年天下，季札沽名让位吴国灭亡。事详《史记·吴太伯世家》。 ㊸二子：指微子、季札。 ㊹诚以：实在是因为。 ㊺序：序列，分别。 ㊻裁：裁度，衡量。㊼制：决断。庶：众。 ㊽名：名位，爵号。著：显现。 ㊾器：此特指古代钟、磬等乐器，以及数量、悬挂方式，象征一个人的身份和地位。帝王钟室四面墙壁皆悬挂叫“宫悬”；诸侯三面悬挂，去其南面乐器，叫“曲悬”；大夫只在左右两面墙悬挂，叫“判悬”；士仅在东面墙或阶间悬挂，叫“特悬”。形：显现，表现。指“宫悬”“曲悬”“判悬”“特悬”，这些乐器体现名位、爵号。 ㊿名：名称。指爵名是爵位的称呼。 ⑤①别：区别。指器物是用来区别人的职位。 ⑤②粲然：清楚鲜明。 ⑤③大经：大是大非，大义，方向。⑤④“名器既亡”二句：谓丢失了名器，礼怎么能存在。指名与器是维系国家体制的基础。亡：丢失。 ⑤⑤昔仲叔于奚有功于卫：事见《左传·成公二年》。是年春，齐侯进攻鲁国北部边境，卫侯派遣孙良夫等攻打齐国。在交战中，卫国的新筑大夫仲叔于奚救了孙良夫。 ⑤⑥辞邑而请繁缨：仲叔于奚辞邑而请繁缨，要的是一个身份。辞邑：仲叔于奚救了孙良夫，卫国人把温邑赏赐给他，他谢绝了。请繁缨：要求得到繁缨。诸侯所乘马的马腹带叫繁缨，象征主人身份。 ⑤⑦假：借。 ⑤⑧君之所司也：司，掌管，专有。名与器为国君所专有，是权力的象征。 ⑤⑨“政亡”句：政，政权。如果国君丢失了政治权力，国家也就随之灭亡了。⑥正名：纠正名分上的用词，一定要名与实相符。⑥民无所措手足：百姓不知怎么办，连手脚都不知道摆在哪里好。⑥细务：小事。⑥先之：把它放在首位。之，指正名。⑥众人：一般人。⑥识近：目光短浅。⑥履霜坚冰至：《易经·坤卦·初六》爻辞。踏在下霜的地面上，便知道快要结冰了。比喻人事的吉、凶皆逐渐而来。⑥《书》:《尚书》，又称《书经》，儒家六经之一，是一部上古政治文献的汇编。⑥一日二日万几：见《书·皋陶谟》。孔安国注曰："几，微也，言当戒惧万事之微。"微，即征兆、苗头。此言每天都有成千上万件事情的苗头出现，一定要当心，戒惧处理。⑥幽、厉失德：谓周幽王、周厉王昏暴无德失去民心。幽，周幽王（前795—前771），周宣王之子，名宫湦（shēng）。好谗谄，不理国事。宠爱褒姒，废申后及太子宜臼，终于遭到申后联合犬戎攻伐，被杀于骊山之下，西周亡。厉，周厉王（？—前828），周夷王之子，名胡，暴虐无道。国人谤王，使监谤者，人莫敢言，道路以目。万民沸腾，共叛袭王，厉王奔彘。幽厉事详《史记·周本纪》。⑦周：周王朝。道：政治措施。⑦散坏：破坏，败坏。⑦下陵上替：在下位者欺侮在上位者，在位者权势日衰。陵，通"凌"，侵犯、欺侮。替，衰败。⑦诸侯专征：指齐桓公、晋文公、宋襄公、楚庄王、秦穆公等春秋五霸互相攻杀，专事征伐。⑦大夫擅政：春秋时，晋之六卿韩氏、赵氏、魏氏、范氏、中行氏、智氏，齐之陈（田）氏，宋之乐氏，郑之罕氏，鲁之季氏、孟氏、叔孙氏，皆大夫专政。擅，专。⑦什：同"十"。⑦文、武：周文王、周武王。祀：谓子孙世世代代祭祀不绝。灭国即绝祀。因此，"祀"指政权的存续。绵绵：连续不断。属：连接。⑦晋文公（前697—前628）：姓姬名重耳，献公之子，春秋五霸之一。⑦有大功于王室：鲁僖公二十四年（前636）周襄王弟太叔带攻王，襄王出奔氾（fán，今河南襄城县南），太叔居温（今河南温县西南）。次年，晋文公发师围温，迎襄王入于王城，杀太叔带。晋文公平太叔带之乱，大功指此。⑦请隧：隧，地下通道，此指天子之墓深有隧相通。晋文公请隧，请求天子允许其死后按天子礼下葬，其实是对名分的过分要求，天子不许。⑧王章：王者的葬礼。章，典章制度。⑧未有代德而有二王：还没有取代周室的德行而有两个王。文公是诸侯，而用天子的葬礼，故曰"二王"。⑧叔父：《仪礼·觐礼》曰"同姓小邦，则曰叔父"。此指晋文公。恶（wù）：忌讳，不同意。⑧隧：用作动词。挖人葬的地道。⑧请：请示，求。此言要求周襄王批准。⑧曹：国名，姬姓，周武王封其叔振铎于曹，都曹丘，故城在今山东定陶区西南。鲁哀公八年（前487）为宋所灭。滕：国名，姬姓，周文王第十四子叔绣，武王封之于滕，今山东滕州市西南有古滕城，即滕国。⑧邾（zhū）：国名，曹姓，至周为鲁附庸，亦称邾娄，后改曰邹。初都今山东曲阜市东南，后都今山东邹城市东南，战国时为楚所灭。莒（jǔ）：国名，己姓，旧都介根，今山东胶州市西南，后迁莒，今山东莒县。 ⑧⑦宗主天下：为诸侯的共主。 ⑧⑧加：凌，侵犯。 ⑧⑨徒以：只是因为。⑨⑩名分："宗主天下"的名分。 ⑨①季氏之于鲁：鲁大夫季氏，鲁庄公之幼弟季友，自鲁僖公时为相以来，世专鲁政。季平子逐昭公，季康子逐哀公，然终身为臣，不敢篡国。事详《史记·鲁周公世家》。 ⑨②田常之于齐：田常即田成子，又名田恒，汉避孝文讳，改"恒"为"常"。春秋时陈国公子完因内乱奔齐，改称为田氏。其后田釐子事齐景公为大夫，至田乞立悼公，自为相，专齐政。田乞死，田常继位，杀简公，立平公，齐国之政尽归田氏。然亦不敢自立。事详《史记·田敬仲完世家》。 ⑨③白公之于楚：白公，楚平王太子建之子名胜，随父逃避费无忌的谗害，去楚至宋，宋乱逃至郑。郑杀太子建，胜奔吴，后回归楚，号白公。白公请楚攻郑，欲报父仇，楚令尹子西、司马子期应允，还未发兵，晋伐郑，子西、子期反助郑。白公怒，反楚，杀子西、子期，劫楚惠王，叶公征讨，白公兵败自杀。 ⑨④智伯之于晋：智伯，晋六卿之一，在六卿中最强。智伯攻晋出公，出公道死。智伯未敢篡晋，乃奉哀公骄而立之。事详《史记·晋世家》。 ⑨⑤奸名犯分：奸，干犯。诛：讨伐。 ⑨⑥暴蔑：轻慢。⑨⑦剖分晋国：剖分，瓜分。周贞定王十六年，晋出公二十二年（前453）赵、魏、韩灭智伯，遂三分晋国。 ⑨⑧宠秩：宠爱而授以官爵。秩，序官赐爵。 ⑨⑨区区：微小，残存。 ⑩⓪复：又。 ⑩①并：通"屏"，弃：除。 ⑩②三晋：公元前453年晋国赵氏、魏氏、韩氏三家大夫联合灭智氏，三分晋国成为赵、魏、韩三国，史称"三晋"。⑩③得：能。 ⑩④悖逆：叛逆，犯上作乱。 ⑩⑤桓、文之君：桓，齐桓公，名小白，春秋五霸之一，公元前685年至公元前643年在位。文，晋文公。 ⑩⑥奉：遵循。 ⑩⑦请：主语为"三晋"。 ⑩⑧坏礼：毁坏、破坏礼制。 ⑩⑨以智力相雄长：用智谋和武力相争，决定谁强谁弱谁为霸主。 ⑪⓪社稷：土、谷之神，合称"社稷"，为国家政权的代称。历代王朝，建国必立社稷坛，灭人之国，必毁其国的社稷。 ⑪①泯绝：消灭。⑪②糜灭几尽：破碎毁灭，几乎死绝。

【译文】

威烈王

周威烈王二十三年（戊寅，前403）

本年起始册命晋国大夫魏斯、赵籍、韩虔为诸侯。

臣司马光评论说：臣听说天子职掌的事务，没有什么比礼还要重大的；

说到礼，没有什么比规定上下名分更重大的；说到名分，没有什么比名位更重要的。什么是礼呢？作为规矩法度的纪纲就是礼。什么叫名分呢？君臣上下就是名分。什么叫名位呢？公、侯、卿、大夫就是名位。

全天下广阔的疆土，生活着的亿万民众，都要接受天子一个人的统治，即使有超凡绝伦的气力，盖过一世之人的才智，没有不为天子奔走服役的，难道不是用礼的纪纲维系吗？所以天子统带三公，三公率领诸侯，诸侯制控卿大夫，卿大夫治理士人和庶民。尊贵的高高在上，临视低贱的，而低贱的奉承尊贵的；在上位的指使在下位的，如同心腹使唤手脚动作、树根树干控制树枝树叶一样；而下位的侍奉在上位的，如同手脚护卫心腹、树枝树叶庇荫树干树根一样。只有这样，才能上下相保，国家才能得到治理、安定。所以说天子的职事没有比维护礼更重要的啊！

周文王编次《周易》卦位，把乾、坤两卦放在首位。孔子作《系辞》说："天高地低，乾尊坤卑的地位便安定了。地卑天尊已经排定，天贵地贱也就定位了。"这就是说君在上臣在下的位置如同天尊地卑一样是不可改变的。《春秋》贬抑诸侯，尊重王室，周王室的势力虽已衰微，而地位仍在诸侯之上，由此可见圣人对君臣的上下关系从来都是念念不忘的。如果没有像夏桀、商纣的残暴，商汤、周武王的仁厚，人心归附，天意安排，君与臣的名分，只能是君辱臣死而已。所以，如果让微子启替代纣为商王的话，那么成汤就永远是商的祖先，享受与天同样的祭祀；如果以季札为吴国国君，那么太伯就永远被供奉在宗庙享受血食。然而这两个人宁愿亡国也不做国君的原因，实在是因为礼的规矩不可以被扰乱。所以说，礼之中没有什么比上下名分更重要的。

礼，是用来分辨贵贱等级，序列亲疏关系，裁定一切事物，规定各种事务的，没有名号就无法称谓，没有器物就不能显现，所以用名号来称呼，用器物来分别，然后上下尊卑井然有序，这就是礼的大义。如果名号和器物都抛弃了，那么礼制又怎么能够独自存在呢？先前仲叔于奚有功于卫国，他辞去赏赐给他的食邑，而请求赏一个马腹带上的装饰繁缨。孔子认为宁可多赏给他食邑，只有名号和器物不可以随便给人，这是国君要牢牢掌管的。如果政治权力丢失了，那么国家随后将被灭亡。卫国国君把国政交给孔子治理，孔子要做的首先就是正名分，认为名分不正则民连手脚都不知道该放在哪里。

说到繁缨，只是一个小器物，而孔子十分珍惜它；正名分，只是一件小事务，而孔子却把它放在首位，实在是因为如果把名分和器物的规矩搞混乱了，那么君臣上下的正常关系就不可能保持啊。一切事物都是从细微处发生而日益壮大的。圣人考虑长远，所以才能谨慎地在事态隐微时就治理它；一般人的见识浅薄，所以一定要等到事态显现之后才去救治它。在隐微时就着手治理，那么用力少而功效大；在显现时才去救治，那么竭尽全力也往往不能奏效。《周易》说："当踩在下霜的地面时，就知道结冰的严寒快到了。"《尚书》说："每天都有隐微的苗头发生。"说的就是这类情况。所以说名分之中没有什么比名位更重大的。

唉！周幽王、周厉王失去大德，周朝的政治一天天衰败，纲纪破坏，居下位的侵凌居上位的，居上位的权力衰落，诸侯专擅征伐大权，大夫专擅诸侯的国政，礼制的规范十之七八已经丧失。然而周文王、周武王的宗庙祭祀仍能绵绵不断，原因是周朝的子孙们还能恪守名分啊。为什么这样说呢？从前，晋文公为周王室立有大功，向周襄王请求死后能像周王一样享用由隧道下葬棺柩的礼仪，周襄王不允许，说："这是下葬天子的规矩啊。没有取代周室的德行而有两个天子，这也是叔父你所厌恶的。不然的话，叔父你自己在辖地上挖一条下葬的隧道，又何必来请示呢！"晋文公因此惶惧而不敢违抗。所以，论周王的辖地不比曹国、滕国大，说到周王的民众也不比邾国、莒国多，然而经历了几百年，仍旧为天下宗主，即使像晋、楚、齐、秦那样的强国也不敢侵凌它，是什么原因呢？只是因为名分还存在的缘故啊。

说到鲁国的季氏、齐国的田常、楚国的白公、晋国的智伯，他们的势力都足以驱逐国君而自立，然而他们最终没敢这样做，难道是他们势力不够或良心不忍吗？只不过是惧怕冒犯名分而招致全天下的共同讨伐啊。如今晋国大夫侵凌、蔑视他们的国君，瓜分晋国，天子既不能讨伐他们，反而宠爱、授给他们爵秩，让他们位列诸侯，就这样，周王连这一点点名分也守不住，把它丢弃了，先王的礼制也就完全丧失了。

有人认为那个时候周王室衰微积弱，而韩、赵、魏强大力盛，虽然想不给他们名号，但哪能做得到呢！这种说法大错特错。韩、赵、魏虽然强盛，假如他们不顾忌全天下人的诛讨而侵犯礼，那么就不会向周天子请示而直接自立为诸侯。不向周天子请示而自立，那就成为犯上作乱的悖逆之臣。天下如果有齐桓公、晋文公那样的国君，一定会尊奉礼而征讨他们。如今是他们请示了周天子而得到允许，接受天子的册命被立为诸侯，谁也不能够去讨伐他们了！所以韩、赵、魏列为诸侯，不是韩、赵、魏破坏了礼制，而是周天子自己破坏了礼制。

唉！君臣上下的礼制已经破坏了，那么天下的人就以智谋实力互相争雄争长了，于是当年受周先王分封而成为诸侯国君的圣贤后裔，国家没有不被灭亡的，天下民众离散灭亡殆尽，这难道不使人哀痛吗！

【原文】

初，智宣子①将以瑶②为后，智果③曰："不如宵④也。瑶之贤于人者五，其不逮⑤者一也。美鬓长大⑥则贤，射御足力⑦则贤，伎艺毕给⑧则贤，巧文辩慧⑨则贤，强毅果敢⑩则贤；如是而甚不仁。夫以其五贤陵人⑪而以不仁行之，其谁能待⑫之？若果立瑶也，智宗必灭。"弗听，智果别族⑬于太史⑭，为辅氏。

赵简子⑮之子，长曰伯鲁，幼曰无恤。将置后⑯，不知所立，乃书训戒之辞于二简⑰，以授二子曰："谨识之⑱！"三年而问之，伯鲁不能举其辞⑲；求⑳其简，已失之矣。问无恤，诵其辞甚习㉑；求其简，出诸袖中而奏之㉒。于是简子以无恤为贤，立以为后。

简子使尹铎为晋阳㉓，请曰："以为茧丝㉔乎？抑为保障㉕乎？"简子曰："保障哉！"尹铎损其户数㉖。简子谓无恤曰："晋国有难㉗，而无以㉘尹铎为少㉙，无以晋阳为远，必以为归㉚。"

及智宣子卒，智襄子为政㉛，与韩康子㉜、魏桓子㉝宴于蓝台㉞。智伯戏康子而侮段规㉟。智国㊱闻之，谏曰："主不备难㊲，难必至矣！"智伯曰："难将由我。我不为难，谁敢兴之！"对曰："不然。《夏书》有之㊳：'一人三失，怨岂在明，不见是图㊴。'夫君子能勤小物，故无大患㊵。今主一宴而耻人之君相㊶，又弗备，曰'不敢兴难㊷'，无乃不可乎㊸！蚋、蚁、蜂、虿㊹，皆能害人，况君相乎！"弗听。

智伯请㊺地于韩康子，康子欲弗与㊻。段规曰："智伯好利而愎㊼，不与，将伐我；不如与之。彼狃㊽于得地，必请于他人；他人不与，必向之以兵㊾。然后我得免于患而待事之变矣。"康子曰："善。"使使者致万家之邑㊿于智伯。智伯悦。又求地于魏桓子，桓子欲弗与。任章51曰："何故弗与？"桓子曰："无故索52地，故弗与。"任章曰："无故索地，诸大夫必惧；吾与之地，智伯必骄。彼骄而轻敌，此惧而相亲[53]；以相亲之兵待[54]轻敌之人，智氏之命必不长矣。《周书》[55]曰：'将欲败之，必姑辅[56]之。将欲取之，必姑与[57]之。'主不如与之，以骄智伯[58]，然后可以择交[59]而图[60]智氏矣，奈何[61]独以吾为智氏质[62]乎！"桓子曰："善。"复[63]与之万家之邑一。

智伯又求蔡[64]、皋狼[65]之地于赵襄子，襄子弗与。智伯怒，帅[66]韩、魏之甲[67]以攻赵氏[68]。襄子将出，曰："吾何走[69]乎？"从者曰："长子[70]近，且城厚完[71]。"襄子曰："民罢力[72]以完之，又毙死以守之[73]，其谁与[74]我！"从者曰："邯郸[75]之仓库实[76]。"襄子曰："浚民之膏泽以实之，又因而杀之[77]，其谁与我！其晋阳乎[78]，先主[79]之所属[80]也，尹铎之所宽也[81]，民必和[82]矣。"乃走晋阳。

三家[83]以国人围而灌之，城不浸[84]者三版[85]；沈灶产蛙，民无叛意。智伯行水[86]，魏桓子御，韩康子骖乘[87]。智伯曰："吾乃今[88]知水可以亡人国也。"桓子肘康子，康子履桓子之跗[89]，以汾水可以灌安邑，绛水可以灌平阳也[90]。絺疵[91]谓智伯曰："韩、魏必反矣。"智伯曰："子何以知之？"絺疵曰："以人事知之。夫从[92]韩、魏之兵以攻赵，赵亡，难必及韩、魏矣。今约胜赵而三分其地，城不没者三版，人马相食，城降有日[93]，而二子无喜志[94]，有忧色，是非反而何[95]？"明日，智伯以絺疵之言告二子[96]，二子曰："此夫谗人[97]欲为赵氏游说，使主疑于二家而懈[98]于攻赵氏也。不然，夫二家岂[99]不利[100]朝夕分赵氏之田[101]，而欲为危难不可成之事乎！"二子出，絺疵入曰："主何以臣之言告二子也？"智伯曰："子何以知之？"对曰："臣见其视臣端而趋疾[102]，知臣得其情故也。"智伯不悛[103]。絺疵请使于齐[104]。

赵襄子使张孟谈[105]潜出见二子[106]，曰："臣闻唇亡则齿寒[107]。今智伯帅韩、魏以攻赵，赵亡则韩、魏为之次矣。"二子曰："我心知其然也；恐事未遂[108]而谋泄，则祸立[109]至矣。"张孟谈曰："谋出二主之口，入臣之耳，何伤也！"二子乃潜与张孟谈约，为之期日而遣之[110]。襄子夜使人杀守堤之吏，而决水灌智伯军。智伯军救水而乱，韩、魏翼而击之[111]，襄子将[112]卒犯[113]其前，大败智伯之众。遂杀智伯，尽灭智氏之族[114]。唯辅果在[115]。

臣光曰：智伯之亡也，才胜德也。夫才与德异[116]，而世俗莫之能辨[117]，通谓之贤，此其所以失人也[118]。夫聪察强毅[119]之谓才，正直中和[120]之谓德。才者，德之资[121]也；德者，才之帅[122]也。云梦[123]之竹，天下之劲[124]也；然而不矫揉[125]，不羽括[126]，则不能以入坚。棠谿之金[127]，天下之利[128]也；然而不镕范[129]，不砥砺[130]，则不能以击强[131]。是故才德全尽[132]谓之“圣人”，才德兼亡[133]谓之“愚人”；德胜才谓之“君子”，才胜德谓之“小人”。凡取人之术，苟不得圣人、君子而与之[134]，与其得小人，不若得愚人。何则？君子挟[135]才以为善，小人挟才以为恶。挟才以为善者，善无不至矣[136]；挟才以为恶者，恶亦无不至矣[137]。愚者虽欲为不善，智不能周[138]，力不能胜[139]，譬如乳狗[140]搏人，人得而[141]制[142]之。小人智足以遂其奸[143]，勇足以决[144]其暴，是虎而翼者也[145]，其为害岂不多哉！夫德者人之所严[146]，而才者人之所爱；爱者易亲，严者易疏，是以察者[147]多蔽于才[148]而遗于德[149]。自古昔以来，国之乱臣，家之败子，才有余而德不足，以至于颠覆[150]者多矣，岂特[151]智伯哉！故为国为家者苟能审于才德之分[152]而知所先后[153]，又何失人之足患哉[154]！

（以上为第二段，追书公元前453年，韩、赵、魏三家共灭智伯而分晋。至此，晋六卿只剩韩、赵、魏三家。继以“臣光曰”评论作结，指出智氏之灭，德不继其才故也，是以德重于才。）

【注释】

①智宣子：晋大夫荀林父的弟弟荀首，即智庄子，因食采邑于智，故别为智氏。②瑶：智伯瑶即智襄子，智宣子之子。 ③智果：智氏之族。又作知过、智国。 ④宵：智宣子的庶子。 ⑤不逮：过错，不足。 ⑥美鬓长大：是说智瑶一表人才，鬓发好看，身材高大。章校：他本“鬓”作“鬒”。 ⑦射御足力：精通骑射。 ⑧伎艺毕给：通晓各种技能。毕，全。给，足。 ⑨巧文辩慧：能文善辩。慧，善。 ⑩强毅果敢：坚强果断。 ⑪五贤：五种长处。指上文“美鬓长大”“射御足力”“伎艺毕给”“巧文辩慧”“强毅果敢”。陵，通“凌”，侵犯。 ⑫待：宽待、容忍。 ⑬别族：从智氏家族分出，另立门户。 ⑭太史：官名。掌定氏姓。 ⑮赵简子：名鞅，赵襄子无恤之父。 ⑯置后：立继承人。 ⑰简：古代用来写字的狭长竹片或木片。 ⑱谨识之：牢牢记住简上写的“训戒

之辞”。⑲举其辞：将简上的训诫辞语背诵出来。⑳求：求索。㉑诵：背诵。习：熟。㉒出诸袖中：从袖中取出。诸，之于。奏：呈上。㉓“简子”句：赵简子委任尹铎治理晋阳。尹铎：赵简子家臣。为：治理。晋阳：邑名，在今山西太原市西南。㉔以为茧丝：抽茧丝，不尽不止。譬喻像抽茧丝一样尽量搜刮人民财富。㉕抑：或。保障：优厚百姓如筑城堡以自障，即藏富于民。㉖损其户数：犹言减轻赋税。《国语·晋语九》韦昭注：“损其户，则民优而税少。”㉗难（nàn）：有难，祸患。㉘无以：不能，不可。㉙少：轻。㉚归：依靠。㉛为政：掌管晋国政权。㉜韩康子：韩宣子之曾孙、韩庄子之子，名虎，晋六卿之一。事详《史记·韩世家》。㉝魏桓子：襄子之子，文侯之祖父，名驹，晋六卿之一。事详《史记·魏世家》。㉞蓝台：地名。㉟段规：韩康子的家相。㊱智国：即智果、智过。㊲主：指智伯。春秋以来，大夫的家臣称大夫为“主”。难：据章校，他本无“难”字。按《国语·晋语九》亦无“难”字。㊳《夏书》有之：今本《尚书·五子之歌》有此文。㊴“一人三失”三句：一个人有了多次失误，就埋下积怨，难道积怨是明显地产生的吗？都是由小事而起，所以事故未萌发时，应事先图谋，使人不怨。三失：多次。见（xiàn）：显露。㊵君子能勤小物，故无大患：君子能在小事上谨慎，就能避免大的祸患。物：事。㊶耻人之君相：指上文“戏康子而侮段规”。㊷不敢兴难：指上文“谁敢兴之”。㊸无乃不可乎：恐怕不行吧。无乃，恐怕。㊹蚋（ruì）：《说文》有“秦、晋谓之蚋，楚谓之蚊，亦连称蚊蚋。”虿（chài）：蝎子一类的毒虫。此言蚋、蚁、蜂、虿这些小虫，皆能毒害人。㊺请：求，索。㊻与：予，给。㊼愎（bì）：傲慢固执。㊽狃（niǔ）：贪受。㊾向之以兵：对他使用武力。㊿致：呈献，赠送。万家之邑：指大县。51任章：魏桓子相。52索：同上文之“请”，求也。53此：指韩氏、赵氏“诸大夫”。相亲：互相团结。54待：对付。55《周书》：《书经》无此文，似《老子》之言，留在《周书》选篇之中。王应麟《困学纪闻》卷二：“任章引《周书》，岂苏秦所读《周书》《阴符》者欤？老氏之言，范蠡、张良之谋皆出于此。”56辅：助。57与：给。58骄智伯：使智伯骄，让他被胜利冲昏头脑而丧失警惕。59择交：选择联盟。60图：谋。61奈何：为什么。62质：箭靶子，目标。此句意为，为什么让我魏氏当作智伯的箭靶子呢。63复：也，又。64蔡：据《战国策·赵策一》第二章鲍彪注改“蔡”作“蔺”，是。蔺：故城在今山西离石西。65皋狼：故城在离石西北。66帅：通“率”，率领。67甲：兵，军队。68赵氏：赵襄子无恤。69走：往，投奔。70长子：今山西长子县。71厚完：指城墙厚实完好。72罢力：精疲力竭。罢，通“疲”。73毙死以守之：即以死守之，毙，死。74与：帮助，支持。75邯郸：赵都，今河北邯郸市。76仓库实：藏谷多，车马兵甲多。77浚民之膏泽以实之，又因而杀之：地方官榨取了百姓财富充实了仓库，我现在又来屠杀百姓。浚（jùn），榨取。膏泽，财富。 ⑱其晋阳乎：还是去晋阳吧。其，表决定的语气。⑲先主：指襄子之父赵简子。 ⑳属：叮嘱。此指前文赵简子对襄子言“无以晋阳为远，必以为归”的叮嘱。 ㉑尹铎之所宽也：尹铎在晋阳待民宽厚。 ㉒和（hè）：响应，拥护。 ㉓三家：指智伯、魏桓子、韩康子。国人：都城之民。 ㉔浸：淹没。 ㉕版：高二尺为一版。亦作“板”。 ㉖行水：察看水势。行，巡视、视察。 ㉗魏桓子御，韩康子骖乘：魏桓子在前居中驾车，韩康子在后为陪乘，居智伯之右，相当于今之侍从、警卫。韩、魏畏智伯之强，故作谦卑。智伯之傲慢，由此可见。 ㉘乃今：而今，如今。㉙肘：用肘触，作动词。履：踩。跗（fū）：用脚踩。魏桓子、韩康子不敢明言，双方以肘、足相触，暗通其意。 ㉚汾水可以灌安邑，绛水可以灌平阳：汾水流经平阳，绛水流经安邑。《史记·魏世家》泷川资言《考证》云：“《水经》六《浍水注》《梁书·韦睿传》‘汾水’‘绛水’互易为是，此与《秦策》同讹。”泷川说是，当改。 ㉛絺（旧读chī，今读xī）疵：亦作“郗疵”“郄疵”。晋之公族。 ㉜从：跟随。 ㉝有日：指日可待。 ㉞志：心意。 ㉟非反而何：不是背叛又是什么？而，则。 ㊱二子：指魏桓子、韩康子。 ㊲谗人：挑拨是非的人。 ㊳懈：放松。 ㊴岂：难道。 ⑩⓪利：贪。⑩①田：领地。 ⑩②视臣端：眼睛直勾勾地看着我发愣。趋疾：急匆匆地走过去了。这是说韩康子、魏桓子看到絺疵，惊慌畏惧的神情。 ⑩③悛（quān）：觉悟，醒悟。 ⑩④絺疵请使于齐：絺疵因不被智伯信任，故请求使齐以避祸。 ⑩⑤张孟谈：赵襄子家臣。 ⑩⑥潜出见二子：秘密出城去联络魏桓子、韩康子。 ⑩⑦唇亡则齿寒：古谚语。见《左传·僖公五年》传。如果嘴唇没有了，牙齿就会受寒。比喻关系密切，利害相关。 ⑩⑧遂：成。⑩⑨立：立刻。 ⑪⓪期日：约定日期。遣之：送回张孟谈。 ⑪①翼而击之：左右夹击。 ⑪②将：带领。 ⑪③犯：进攻。 ⑪④灭智氏之族：事在晋出公二十二年，当周贞定王十六年（前453）。 ⑪⑤辅果：即智果。因不被智伯信任，乃从智氏家族分出，另立门户，姓辅氏。⑪⑥才与德异：才与德是两码事。 ⑪⑦莫之能辨：即“莫能辨之”。辨，区别。之，谓才与德。 ⑪⑧通谓之贤，此其所以失人也：只看到一点长处，就说他什么都好，这就是看错人的原因。通，都。失，错误，此用作动词。 ⑪⑨聪察强毅：聪慧、明察、魄力、坚毅。 ⑫⓪正直中和：端正、本直、中庸、适中。 ⑫①才者，德之资：才能是品德的凭借资本。 ⑫②帅：统帅、主宰。 ⑫③云梦：古泽薮名，是云泽、梦泽两湖的合称，分跨今湖北省长江南北。江北为云泽，江南为梦泽，面积广八九百里，后世淤成陆地，今曹湖、洪湖、梁子湖、斧头湖等数十湖泊，星罗棋布，若连若断，皆古云梦之遗迹。 ⑫④劲：坚韧。 ⑫⑤矫揉：使曲者变直为矫，使直者变曲为揉。言矫正使直。 ⑫⑥羽括：给箭加上羽毛。括：箭末端受弦处。一作“筈”。 ⑫⑦棠谿：亦作“棠溪”，故址在今河南省，古代著名的宝剑产地。金：指铜。 ⑫⑧利：优良。 ⑫⑨不镕范：指没有经过铸造的铜。镕范，铸器之模型。 ⑬⓪不砥砺：不经过磨砺。砥砺，磨石。分言之，细者为砥，粗者为砺。⑬①击：砍，刺。强：坚硬，此指铠甲。 ⑬②全：全面。尽：极点。 ⑬③亡：无。 ⑬④与之：用之。 ⑬⑤挟：持，怀。 ⑬⑥善无不至：没有什么不做的善，即无善不做。 ⑬⑦恶亦无不至：没有什么不作的恶，即无恶不作。 ⑬⑧周：完备，周密。 ⑬⑨胜：任，承担。⑭⓪乳狗：育子的母狗。 ⑭①得而：得以，能够。 ⑭②制：制服，控制。 ⑭③足以：可以，能够。遂：完成。奸：做坏事。 ⑭④决：变文，同遂，完成。 ⑭⑤是虎而翼者也：这是给老虎加上了翅膀。 ⑭⑥严：尊敬。 ⑭⑦察者：推荐人的人。 ⑭⑧蔽于才：被才所蒙蔽。 ⑭⑨遗于德：忘掉了德。 ⑮⓪颠覆：翻转过来，此指灭国败家。 ⑮①特：独，只。 ⑮②审于才德之分：了解才能与品德的区别。 ⑮③知所先后：知道才与德何者应放在第一位，何者次之。 ⑮④又何失人之足患哉：又怎么会重蹈看错人的覆辙呢。足，蹈。

【译文】

起初，智宣子想要立儿子智瑶为继承人，族人智果说：“不如智宵。智瑶超过别人有五个方面，他不如别人只有一个方面。鬓发好看身材高大超过别人，射箭驾车力气大超过别人，技能全面娴熟超过别人，巧于文辞能言善辩超过别人，刚强果断超过别人。有这些优点却不仁爱宽厚。若智瑶用这五个方面的优势欺压人却不仁爱宽厚，还有谁能够宽容他？如果立智瑶为继承人，智氏宗族一定遭到灭亡。”智宣子不听从智果的意见。智果便在掌管族氏的太史那里另外登记了族氏，叫作辅氏。

赵简子的儿子，长子名叫伯鲁，幼子名叫无恤。赵简子将要确立继承人，不知道立谁为好，便把训诫写在两个竹简上，分别交给两个儿子，说道：“认真记住这诫辞。”过了三年问他们，伯鲁不能背诵出训诫的文辞；要他交出书写训诫的竹简，伯鲁已经丢失了。再问无恤，无恤流利地背诵了训诫；要他交出竹简，他从衣袖里拿出来交给赵简子。于是赵简子认为无恤贤能，确立他作为继承人。

赵简子委派尹铎去治理晋阳，尹铎请示问道：“是要像抽取茧丝一样，不停地征收百姓的赋税呢，还是像筑堡垒屏障一样，不断地加固它，使百姓财物日益丰厚呢？”赵简子回答说：“那就筑堡垒屏障吧！”尹铎便减少晋阳的居民户数，以减少税额。赵简子对无恤说：“晋国一旦有危难，你一定不要小看尹铎，不要认为晋阳远，一定要把它当作依靠。”

智宣子死了之后，智襄子掌管国家政事，有一次，他与韩康子、魏桓子在蓝台宴会。智伯瑶戏弄韩康子而且侮辱韩康子的家相段规。智果听到这件事，便规劝智伯瑶说："您不防备祸难，祸难一定会到来！"智伯瑶回答说："祸难将由我发起。我不发起祸难，谁敢兴起祸难！"智果又说："不是这样。《夏书》里说：'一个人有了多次失误，就埋下了积怨，难道积怨是明显地产生吗？积怨都是由小事引起的。'君子能在小事上谨慎，就能避免大的祸难。现今主公在一次宴会上就羞辱了别人家的君和相，而又不防备，还说'谁敢兴起祸难'，恐怕是不可以的吧！蚊子、蚂蚁、蜜蜂、蝎子这些小虫都能毒害人，何况是人家的君和相呢！"智伯瑶没有听取。

智伯瑶向韩康子索要土地，韩康子不想给他。段规说："智伯贪利而且固执，不给他土地，他就要侵伐我们，不如给他。他得了土地会更加贪婪傲慢，一定还会向别人索要土地，别人不给，他一定对其用兵强取，然后，我们就能够免除祸患而等待事态的变化。"康子说："好。"就派使者割让给智伯万家的县邑。智伯很高兴，又向魏桓子索要土地，魏桓子不想给。魏桓子的相任章说："为什么不给他？"桓子说："无缘无故索要土地，所以不给。"任章说："智伯无缘无故索要土地，各位大夫必然惧怕，我们给了智伯土地，他一定骄傲，他骄傲而后轻敌，各位大夫却因惧怕而互相团结；以互相团结的兵众对付轻敌的人，智氏的命运一定不会长久。《周书》上说：'要想打败他，一定要先辅助他。要想取得，一定要先给予。'您不如给他土地，以使智伯骄慢，然后我们可以选择同盟而图谋智伯。为什么要把我们魏氏当作智伯的箭靶子呢！"魏桓子说："很好。"这样魏桓子又给了智伯一万家的县邑。

智伯又向赵襄子索要蔡、皋狼两邑的土地，赵襄子不给他。智伯大怒，率领韩、魏的甲卒进攻赵氏。襄子将要出逃，问身边的人："我到哪里去呢？"随从的人说："长子县路程最近，而且城墙厚实完好。"襄子说："那里的民众竭尽全力修筑好城邑，现在又要他们拼死命去守护它，还有谁会与我同心同力！"随从的人又说："邯郸的仓库充实，可以到那里去。"襄子说："榨取了人民的脂膏而充实了仓库，又因战争让他们送命，还有谁会与我同心同力！恐怕还是去晋阳好，先主嘱咐过的，尹铎治理宽厚，那里的民众一定团结。"于是便逃往晋阳。

智伯、魏桓子、韩康子三家联合包围并放水淹灌晋阳，晋阳城墙没有被淹没的只剩下三版六尺高，城中的炉灶被淹没并聚集了青蛙，城里的民众却没有背叛的意思。智伯乘车察看水势，魏桓子为他御车，韩康子手持武器坐在车子的右边为骖乘。智伯得意地说："我今天才知道水可以灭亡别人的国家。"魏桓子听了这话后，用胳膊肘顶触了一下韩康子，韩康子也用脚踩了一下魏桓子的脚背，因为汾水可以淹灌魏氏的安邑，而绛水可引去淹灌韩氏的平阳城。絺疵对智伯说："韩、魏一定会反叛。"智伯问道："你怎么知道他们要反叛？"絺疵说："从人情事理推知的。我们胁迫韩、魏的兵众随从我们攻打赵氏，赵氏灭亡后，灾难一定会转到韩、魏头上。现在我们约定战胜了赵氏，三家瓜分赵氏的土地，晋阳城墙没有淹浸的只剩三版六尺高，城里的人宰食马肉，晋阳城的投降指日可待，而韩康子、魏桓子却没有高兴的心情，反而有忧虑的神色，这不是反叛的迹象又是什么呢？"第二天，智伯把絺疵的话告诉了韩康子、魏桓子，他们两人听了之后说："这是说坏话的人在替赵氏游说，使大夫您怀疑我们两家，而松懈对赵氏的围攻。不是这样的，我们两家难道对早晚都会到手的赵氏土地不关心，而想去做危险又不可能成功的事吗？"韩康子、魏桓子出来后，絺疵进去对智伯说："主公为什么把我的话告诉他们二人？"智伯回答说:"你怎么知道的？"絺疵说:"我见他们二人打量我之后迅速地走开了，这是他们猜到我已察觉到了他们的想法的缘故。"智伯依然满不在乎。絺疵便请求出使到齐国去。

赵襄子派自己的宰臣张孟谈为使，暗地里出城见韩康子、魏桓子，说："我听说唇亡齿寒。现今智伯率领韩、魏攻击赵氏，赵氏灭亡了，就要轮到韩、魏了。"韩康子、魏桓子说："我们心里明白是这样，但是恐怕要做的事情还没有成算，计谋就泄露了，那样祸患立刻就会来临。"张孟谈说："谋划出自你们二位大夫之口，入于我的耳，这有什么妨害？"韩康子、魏桓子便暗中与张孟谈约定了行动的日期，送张孟谈回到晋阳城。赵襄子在夜里派人杀死了守堤的官吏，决堤放水淹灌智伯的军队。智伯的军队忙于救水而散乱，韩、魏军从侧翼攻击智伯军，赵襄子率领士卒进击智伯军的前锋，大败智伯的部众，杀了智伯，诛灭智氏全族。只有辅果因别立了族氏而得以保全。

臣司马光评论说：智伯的灭亡，是因为他的才干超过了品德。说到才与德是一个人两种不同的属性，而世俗的人没有谁能分辨，把才和德一并称为贤，这正是把人看错的原因。耳聪目明、性情刚强果决叫有才能，性情正直、中庸和顺叫有品德。才能是品德的凭借，品德是才能的统帅。云梦泽出产的竹子，是天下最坚韧的，然而不经过揉曲矫直，不安羽毛、箭镞，那么就不可能作为利箭射穿坚硬的东西。棠谿出产的铜，是天下最优良的，然而不经铸造，不经磨砺，就不能成为剑击刺强韧的东西。因此，才德全备的人称为圣人，才德两缺的人称为愚人，品德多于才能的人称为君子，才能多于品德的人称为小人。大凡选取人才的原则是，假使不能有圣人、君子这样的人才供选取，与其得到小人，不如得到愚人。这是为什么呢？因为君子凭借才能而行善，小人凭借才能而作恶。凭借才能做善事的，能处处行善；凭借才能做恶事的，就无恶不作了。愚人虽想做不善的事，但他的智力不周全，才能不能胜任，作不了恶，这如同尚在哺育幼子的母狗冲击人，人们能够制服它。小人的智力足以做成奸邪之事，勇力足以造成横暴，这是猛虎增添翅膀，他们的危害难道不是更大吗！有德的人令人尊敬，有才的人使人喜爱；对喜爱的人往往容易宠信，对尊敬的人往往敬而远之，所以察选人才者经常被人的才干蒙蔽而忘记了考察他的品德。从古到今，邦国的乱臣，家庭的败子，他们都是才能有余而品德不足，以致亡国败家的实在太多了，难道只是智伯一个人吗？所以治国理家的人如果能够明察才能与品德的区分，并知道把哪个放在首位，哪个放在后边，那么，又怎么会重蹈看错人的覆辙呢！

【原文】

三家[①]分智氏之田。赵襄子漆智伯之头，以为饮器[②]。智伯之臣豫让[③]欲为之报仇，乃诈为刑人[④]，挟匕首[⑤]，入襄子宫中涂厕[⑥]。襄子如[⑦]厕心动[⑧]，索[⑨]之，获豫让。左右欲杀之，襄子曰：“智伯死无后，而此人欲为报仇，真义士也，吾谨避之耳。”乃舍[⑩]之。豫让又漆身为癞[⑪]，吞炭为哑。行[⑫]乞于市，其妻不识也。行见其友，其友识之，为之泣曰：“以子之才，臣事赵孟[⑬]，必得[⑭]近幸[⑮]。子乃为所欲为，顾[⑯]不易邪？何乃[⑰]自苦如此？求以报仇[⑱]，不亦难乎[⑲]！”豫让曰：“既已委质[⑳]为臣，而又求杀之，是二心也。凡吾所为者，极难耳。然所以为此者，将以愧天下后世之为人臣怀二心者[㉑]也。”襄子出，豫让伏[㉒]于桥下。襄子至桥，马惊；索之，得豫让，遂杀之。

襄子为伯鲁之不立[㉓]也，有子五人，不肯置后[㉔]。封伯鲁之子于代[㉕]，曰代成君[㉖]，早卒；立其子浣[㉗]为赵氏后。襄子卒[㉘]，弟桓子[㉙]逐浣而自立；一年卒[㉚]。赵氏之人曰：“桓子立非襄主意。”乃共杀其子，复迎浣而立之，是为献子[㉛]。献子生籍，是为烈侯[㉜]。魏斯者，魏桓子之孙也，是为文侯[㉝]。韩康子生武子[㉞]；武子生虔，是为景侯[㉟]。

（以上为第三段，写豫让为知己报仇，赵襄子让国。）

【注释】

①三家：指赵、魏、韩。 ②饮器：盛酒之器。 ③豫让：《战国策·赵策一》第四章："晋毕阳之孙豫让，始事范、中行氏而不悦，去而就智伯，智伯宠之。"按，毕阳：春秋时晋国的义士，事见《国语·晋语五》。 ④诈为：伪装成。刑人：判徒刑做苦工的人。 ⑤挟：持。匕首：短剑，长一尺八寸。 ⑥宫中：住宅中。涂厕：整修厕所。⑦如：往。 ⑧心动：心惊。 ⑨索：搜查。 ⑩舍：释放。 ⑪癞：癞疮。 ⑫行：去，往。 ⑬事：侍奉。赵孟：赵襄子无恤。 ⑭得：能。 ⑮近幸：亲近宠信。 ⑯顾：岂。⑰何乃：为何竟……？ ⑱求以报仇：用这种办法来报仇。求以，在"以"后省介词宾语"之"。 ⑲不亦难乎：岂不是太难了吗？ ⑳委质：献礼，此指献身。委，献。质，通"贽"。古人初次见尊者的礼品。 ㉑将以：欲以，想用（之）来……。省掉的"之"即上句的"此"。愧……者：让为人臣怀二心的人感到惭愧。 ㉒伏：埋伏。 ㉓为：因为。伯鲁：赵简子的太子，赵襄子之兄。不立：指伯鲁被废，不能作继承人。 ㉔不肯置后：襄子不肯立自己的儿子为继承人。 ㉕代：战国时国名，为赵襄子所灭。故地在今河北蔚县一带。 ㉖代成君：《史记·赵世家》《索隐》有"代成君名周。" ㉗浣（huàn）：代成君之子赵浣。《史记·赵世家》泷川资言《考证》引王维桢曰："赵襄子舍子不立，而立侄之子，以念兄不立之故。" ㉘襄子卒：襄子立三十三年卒。据《六国年表》在周威烈王元年（前425）。 ㉙桓子：赵简子之子，襄子弟，名嘉。 ㉚一年卒：在位一年即卒，时为周威烈王二年（前424）。 ㉛献子：即献侯。公元前423年至公元前409年在位。㉜烈侯：公元前408年至公元前387年在位。 ㉝文侯：魏桓子之孙魏斯，魏国创立之君。公元前445年至公元前396年在位。见《史记·魏世家》。 ㉞武子：名启章。公元前424年至公元前409年在位。 ㉟景侯：公元前408年至公元前400年在位。

【译文】

韩、赵、魏三家瓜分了智氏的土地。赵襄子把智伯的头颅涂上油漆，作为饮酒的器皿。智伯的家臣豫让想替智伯报仇，于是扮成受了刑罚的犯人，带着匕首，混进赵襄子的住宅中涂刷厕所。赵襄子走进厕所时，心中有异样的感觉，便让人搜查厕所，抓到了豫让。赵襄子身边的人想要杀死豫让，赵襄子说："智伯死了没有后代，这个人想为他报仇，是真正的义士啊，我小心回避他罢了。"于是放走了豫让。豫让又在身上涂上油漆长满癞疮，把炭吞进咽喉变成哑巴，在市上乞讨，他的妻子也认不出来。他后来在市上乞讨时，遇见了朋友，认出了他，朋友为他的惨状而哭泣，说：“凭你的才能，臣服而侍奉赵襄子，一定会得到亲近宠信，你就能为所欲为，再去想报仇的事，难道不是很容易吗？你何必自讨苦吃成这样？用这种方式来报仇，不是很难的吗！”豫让说：“既然舍身做了人家的臣属，又想要杀死人家，这就是怀有二心啊，凡是我已经做过的都是堂堂正正的事，这是极难做到的。然而我之所以要这样做，就是要让天下后世做了人臣而又怀二心的人感到惭愧。”有一天赵襄子外出，豫让埋伏在桥下。当赵襄子到了桥上时，拉车的马惊恐起来，赵襄子搜查出豫让，终于把他杀了。

赵襄子因为哥哥伯鲁没有被立为主君，自己虽然有五个儿子，但不肯确立自己的儿子为继承人，就封伯鲁的儿子在代地，称为代成君。代成君死得早，又立代成君的儿子浣作为赵氏的继承人。赵襄子死了之后，赵襄子的弟弟桓子驱逐浣而自立为赵氏主君，一年之后便死了。赵氏的族人说：“桓子自立不是赵襄子的本意。”于是，便共同杀死了桓子的儿子，又迎接浣回来为赵氏主君，浣就是赵献子。献子生赵籍，赵籍就是赵烈侯。魏斯，是魏桓子的孙子，他就是魏文侯。韩康子生武子，武子生虔，虔就是韩景侯。

【原文】

魏文侯以卜子夏[①]、田子方[②]为师。每过段干木之庐必式[③]。四方贤士多归之。

文侯与群臣饮酒，乐，而天雨，命驾将适野[④]。左右曰：“今日饮酒乐，天又雨，君将安之[⑤]？”文侯曰：“吾与虞人期猎[⑥]，虽乐，岂可无一会期[⑦]哉！”乃往，身自罢之[⑧]。

韩借师于魏以伐赵。文侯曰：“寡人与赵，兄弟也，不敢闻命[⑨]。”赵借师于魏以伐韩，文侯应之亦然。二国皆怒而去。已而[⑩]知文侯以[⑪]讲于己也，皆朝于魏。魏于是始大于三晋[⑫]，诸侯莫能与之争。

使乐羊[⑬]伐中山[⑭]，克之；以封其子击[⑮]。文侯问于群臣曰：“我何如主？”皆曰：“仁君。”任座[⑯]曰：“君得中山，不以封君之弟而以封君之子，何谓仁君！”文侯怒，任座趋出。次问翟璜[⑰]，对曰：“仁君。”文侯曰：“何以知之？”对曰：“臣闻君仁则臣直。向者[⑱]任座之言直，臣是以知之。”文侯悦，使翟璜召任座而反[⑲]之，亲下堂迎之，以为上客。

文侯与田子方饮，文侯曰：“钟声不比[⑳]乎？左高[㉑]。”田子方笑。文侯曰："何笑？"子方曰："臣闻之，君明乐官，不明乐音[22]。今君审[23]于音，臣恐其聋于官也[24]。"文侯曰："善。"

子击出，遭[25]田子方于道，下车伏谒[26]。子方不为礼。子击怒，谓子方曰："富贵者骄人乎？贫贱者骄人乎？"子方曰："亦[27]贫贱者骄人耳，富贵者安敢骄人！国君而[28]骄人则失其国，大夫而骄人则失其家[29]。失其国者未闻有以国待之者也，失其家者未闻有以家待之者也[30]。夫士贫贱者，言不用[31]，行不合[32]，则纳履而去耳[33]，安往而不得贫贱哉[34]！"子击乃谢之[35]。

文侯谓李克[36]曰："先生尝有言曰：'家贫思良妻，国乱思良相。'今所置非成则璜[37]，二子何如？"对曰："卑不谋尊，疏不谋戚[38]。臣在阙门之外[39]，不敢当[40]命。"文侯曰："先生临事勿让[41]！"克曰："君弗察故也。居[42]视其所亲，富视其所与[43]，达视其所举[44]，穷[45]视其所不为，贫视其所不取，五者[46]足以定之[47]矣，何待克哉[48]！"文侯曰："先生就舍[49]，吾之相定矣。"李克出，见翟璜。翟璜曰："今者[50]闻君召先生而卜[51]相，果[52]谁为之？"克曰："魏成。"翟璜忿然作色[53]曰："西河守[54]吴起[55]，臣所进[56]也。君内以邺为忧[57]，臣进西门豹[58]。君欲伐中山，臣进乐羊。中山已拔[59]，无使守之，臣进先生。君之子无傅[60]，臣进屈侯鲋[61]。以耳目之所睹记[62]，臣何负于魏成[63]！"李克曰："子言[64]克于子之君者，岂将比周以求大官哉[65]？君问相于克，克之对如是。所以知君之必相魏成者，魏成食禄千钟[66]，什九在外，什一在内[67]；是以东得卜子夏、田子方、段干木。此三人者，君皆师之[68]；子所进五人者，君皆臣之[69]。子恶得[70]与魏成比也！"翟璜逡巡再拜[71]曰："璜，鄙人[72]也，失对[73]，愿卒[74]为弟子！"

吴起者，卫[75]人，仕于鲁[76]。齐人伐鲁，鲁人欲以为将，起取[77]齐女为妻，鲁人疑之，起杀妻以求将，大破齐师。或谮之鲁侯[78]曰："起始事曾参，母死不奔丧，曾参绝[79]之；今又杀妻以求为君将。起，残忍薄行人[80]也！且以鲁国区区[81]而有胜敌之名，则诸侯图[82]鲁矣。"起恐得罪，闻魏文侯贤，乃往归[83]之。文侯问诸[84]李克，李克曰："起贪而好色；然用兵，司马穰苴[85]弗能过也。"于是文侯以为将，击秦，拔五城。

起之为将，与士卒最下者同衣食，卧不设席[86]，行不骑乘[87]，亲裹赢粮[88]，与士卒分劳苦。卒有病疽[89]者，起为吮[90]之。卒母闻而哭之。人曰："子，卒也，而将军自吮其疽，何哭为[91]？"母曰："非然也。往年吴公吮其父疽，其父战不旋踵[92]，遂死于敌。吴公今又吮其子，妾[93]不知其死所[94]矣，是以哭之。"

燕湣公薨[95]，子僖公立[96]。

二十四年（己卯，前402）

王崩[97]，子安王[98]骄立。

盗杀楚声王[99]，国人[100]立其子悼王[101]。

（以上为第四段，写魏文侯励精图治，选择贤相良将。）

【注释】

①卜子夏（前507—？）：即卜商，字子夏，春秋晋国温（今河南温县）人，孔子学生，小于孔子44岁。长于文学，相传曾讲学于西河，为魏文侯师。 ②田子方：战国时魏人，名无泽，亦单称"方"，学于子贡，魏文侯师。 ③段干木：晋国大驵（zǎng），有贤名。魏时，学于子夏，魏文侯曾以爵禄招他，辞不受。庐：住宅。式：古代车厢前用来扶手的横木，立乘车上，伏身扶式，表示敬意。后写作"轼"。 ④驾：帝王车乘。适：往。野：郊外。 ⑤安之：去何处。 ⑥虞人：掌管山林苑囿的小吏。期猎：约定打猎。 ⑦无一会期：不去赴约。一，语词。期，约会。 ⑧身自罢之：亲自前往告知因雨罢猎。 ⑨敢：表客气。闻命：承命，受命。 ⑩已而：以后。 ⑪以：通"已"。 ⑫大于三晋：在三晋中最强。大，强。 ⑬乐羊：魏文侯将。 ⑭中山：春秋时鲜虞国，为白狄之别种，战国时称中山。据杨宽《战国史》，中山疆域有今河北西部高邑、宁晋、元氏、赵县、石家庄、灵寿、平山、行唐、曲阳、唐县、定州市一带。初都顾（今河北定州市），后都灵寿（今河北灵寿县）。魏文侯十九年（前406），魏文侯灭中山武公。 ⑮击：魏武侯姬击，文侯之子，公元前396年至公元前371年在位。 ⑯任座：魏文侯臣，以直言为文侯上宾。 ⑰翟璜：魏文侯上卿，又作"翟黄"。 ⑱向者：刚才。 ⑲反：通"返"，召任座返回。 ⑳不比：不协调。比，和，协调。 ㉑左高：此是编钟，故言左边的音高。 ㉒君明乐官，不明乐音：国君只要了解管理音乐的官员就行了，不必具体了解音乐。 ㉓审：了解，熟悉。 ㉔臣恐其聋于官也：我担心您对乐官会一无所知啊。聋，无知。 ㉕遭：遇。 ㉖伏谒：谒见尊者，伏地跪拜。 ㉗亦：唯，只有。 ㉘而：表示假设，相当于"如果"。 ㉙国君领地称"国"，大夫领地称"家"。 ㉚"失其国者"两句：失掉国就不会再有国，失掉家就不会再有家。待，备用。国与家，都没有备用，失去了不会再有。 ㉛言不用：建议不被采用。 ㉜行不合：行为不合要求。 ㉝纳履而

去耳：穿上鞋子走掉完事了。去，离去。 ㉞安往而不得贫贱哉：反正走到哪里还不都是贫贱呗。 ㉟谢之：向田子方道歉。谢，道歉。之，代田子方。 ㊱李克：又作“里克”，子夏弟子。魏文侯灭中山，封太子击为中山君，李克任相。 ㊲置：立。此指选择，任用。成：魏文侯弟魏成。璜：翟璜。 ㊳卑不谋尊，疏不谋戚：卑贱者不去参与决定尊贵者的事，疏远者不去参与决定近亲者的事。卑、疏，李克自指。尊、戚，指魏成、翟璜。 ㊴阙门：指朝廷。古代官、庙及墓门前的牌坊式高建筑物称“阙”，通常左右各一，建成高台，台上有楼观，因两侧楼观，相对如阙，故称“阙”，或阙门。在阙门之外，即指地方官。此句李克自谓是一个地方官，与国君关系疏远，地位低下，不足以言国事。 ㊵当：担当，承受。 ㊶让：推辞。 ㊷居：平时。 ㊸所与：和什么人交朋友。 ㊹达：贵。举：推荐。 ㊺穷：困窘。 ㊻五者：上举居、富、达、穷、贫五种情况。 ㊼定之：确定人选。又见《韩诗外传》卷三第六章。 ㊽何待克哉：还用得着我说吗。 ㊾就舍：回府去吧。就，归。 ㊿今者：现今。 51卜：择。 52果：究竟。 53忿然：发怒的样子。作色：变脸色，指严肃或发怒。 54西河：今陕西与山西间之黄河，古称“西河”。因河出禹门口折而向南成由北向南流的西方之河。河之东称河东，河之西称河西。守（shòu）：古时地方长官，后为郡守、太守、刺史的简称。 55吴起：卫人，历任鲁、赵、楚三国，春秋时著名兵法家，与孙武齐名。事详《史记·孙子吴起列传》。 56进：举荐。 57以邺为忧：担心赵国进攻邺。邺，今河北临漳县西南。 58西门豹：复姓西门，为邺令。事详《史记·滑稽列传》褚少孙补《西门豹传》。 59中山已拔：魏灭中山在周威烈王二十年，魏文侯四十年（前406）。 60傅：教导。 61屈侯鲋：复姓屈侯，战国时贤人。 62以耳目之所睹记：就耳闻目睹的这几点。 63臣何负于魏成：我哪一点比不上魏成。负，欠缺，比不上。 64子言：据章校，他本“子”下有“之”字。按，《魏世家》有“之”字，“子之言”是。言：进言，推荐。 65岂将：难道想要。比周：结党营私。以：用来。求：谋求。 66禄：俸禄。钟：计量单位，六石四斗为一钟。 67什九在外，什一在内：十分之九钟用在广交贤士，十分之一钟留给家人用。 68师之：尊之为师。 69臣之：任之为臣。 70恶（wū）得：怎么能。 71逡（qūn）巡：迟疑了一下。再拜：恭敬地拜了两拜。 72鄙人：浅陋的人，粗人。 73失对：失言，指刚才回答得不恰当。 74卒：终身。 75卫：周武王同母少弟、康叔姬封之封国，传位25代36任国君，至君角，初都朝歌，数迁后都野王。于秦二世元年（前209）废为庶人。事详《史记·卫康叔世家》。 76鲁：春秋诸侯国名。周武王封其弟周公旦于鲁，国都曲阜（今山东曲阜），公元前256年被楚所灭。事详《史记·鲁周公世家》。 77取：通“娶”。 78谮（zèn）：造谣中伤。之：于。鲁侯：据泷川资言《考证》，鲁侯为鲁穆公，公元前407年至公元前377年在位。 ⑲绝：断绝关系。 ⑳薄行人：小人。薄，刻薄，不诚实。 ㉑区区：微不足道。 ㉒图：谋取。 ㉓归：投奔。 ㉔诸：之于。之，指吴起。 ㉕司马穰苴（jū）：春秋齐人，姓田，名穰苴，为齐国大司马，故称司马穰苴。齐景公时，退燕晋之师，一战成名。事详《史记·司马穰苴列传》。 ㉖卧不设席：就地而卧，不设席。 ㉗行不骑乘：徒步而行，不用车马。 ㉘亲裹赢粮：亲自包扎并挑起士兵行军用的粮食。赢：负担。 ㉙疽（jū）：毒疮。 ㉚吮（shǔn）：口吸。 ㉛何哭为：为什么哭。为，语尾助词。 ㉜战不旋踵：奋力作战不后退。 ㉝妾：古时妇女自谦之称。 ㉞死所：死在哪里，谓将英勇作战而死。 ㉟燕湣公：燕孝公之子，公元前433年至公元前403年在位。薨（hōng）：《礼记·曲礼下》："诸侯死曰薨。" ㊱僖公：湣公之子，公元前402年至公元前373年在位。 ㊲王崩：周威烈王死。崩，《礼记·曲礼下》："天子死曰崩。" ㊳安王：周威烈王子，名骄，公元前401年至公元前376年在位。 ㊴楚声王：楚简王之子，名当，公元前407年至公元前402年在位。 ⑩⓪国人：京都士庶众民。 ⑩①悼王：名疑，一名类，公元前401年至公元前381年在位。

【译文】

魏文侯尊崇卜子夏、田子方为老师，每次车驾经过段干木的庐舍前一定手扶车轼俯首致敬，因此四方贤士多来归服他。

魏文侯与众臣一起喝酒，十分快乐，这时天却下起雨来，魏文侯命令车驾赶往郊外。他身边的人都说："今天饮酒正快乐，何况天又下起了雨，主君您想去哪里？"魏文侯说："我已和管山林的虞官约定了要打猎，即使现在很快乐，但怎么可以失约呢？"于是乘车前去，亲自告诉管山林的虞官因为下雨取消打猎。

韩国派人向魏国借兵要攻打赵国。魏文侯说："我与赵国是兄弟之邦，不能答应你们的要求。"赵国派人向魏国借兵去攻打韩国，魏文侯也像回答韩国的请求一样回答赵国。韩、赵二国的使者都气愤地离开魏国。不久都明白了魏文侯对邻国的友好，便都朝服魏国。魏国于是便在三晋中开始当了老大，诸侯国没有谁能与他争雄。

魏文侯派乐羊去攻打中山国，灭了中山，把它封给自己的儿子击。魏文侯问臣子们："我是怎样的国君？"臣子们都回答说："是仁爱的国君。"任座说："国君您取得了中山，不把它封给您的弟弟而把它封给自己的儿子，怎么能说是仁爱的国君！"魏文侯听了十分愤怒，任座赶快退出朝堂。魏文侯接着问翟璜，翟璜回答说："是仁爱的国君。"魏文侯说："你凭什么知道我是仁爱的国君？"翟璜回答说："我听说国君仁爱臣子就正直。刚才任座的话是那样的正直，我由此知道您是仁爱的国君。"魏文侯听后十分高兴，便派翟璜去将任座请回朝堂，并亲自下堂迎接任座，待他为上客。

魏文侯与田子方一起饮酒，魏文侯说："钟声好像不和谐，编钟左边的音偏高。"田子方听后发笑。文侯问："你笑什么？"田子方说："我听说，国君应当明察追究乐官，不必去审订乐音。现今国君您对乐音明察秋毫，我担心您放松对乐官的管理。"文侯说："你说得好。"

魏文侯的儿子击一次外出，在路上遇见了田子方，便下车拜见问好。田子方不回礼，子击愤怒地对田子方说："是富贵的人以傲慢待人呢，还是贫贱的人以傲慢待人呢？"田子方说："只能是贫贱的人才可以傲慢待人罢了，富贵的人怎么敢以傲慢待人！身为国君而以傲慢待人就会失去国家，身为大夫而以傲慢待人就会失去封地。失掉国就不会再有国，失去封地就不会再有封地。至于贫贱之士，他们的言论不被采用，他们的行事不合要求，就穿上鞋子一走了事，走到哪里不都是贫贱罢了。"子击这才向田子方道歉。

魏文侯对李克说："先生你曾经说过这样的话：'家贫时依靠贤良的妻子，国乱时依靠贤能的丞相。'现今选择一位丞相，不是魏成就是翟璜，这两位哪个更好些？"李克回答说："卑下的人不参与尊长的事务，疏远的人不参与亲近的事务。我远在宫廷之外，不敢参与评论。"魏文侯说："先生你对国家大事可不要推让！"李克说："这是主君不详细考察的缘故啊。对于臣下，平时要了解他所亲近的人，富有时要了解他所相交的人，显达时要了解他所举荐的人，卑贱时要了解他不谋求钻营，贫困时要了解他不贪取财物。了解这五个方面就足以选定丞相了，哪里还要等我李克来插嘴！"魏文侯说："先生你回府上休息吧，我的丞相已经选定了。"李克退出后，遇见翟璜。翟璜说："刚才听说主君请先生去商议选择丞相的事，究竟哪一位被选定？"李克说："魏成。"翟璜听后愤愤不平变了脸色，说："西河的守令吴起，是我推荐任用的。主君担忧国内的邺，我推荐了西门豹。主君想要攻伐中山国，我举用乐羊。中山攻克之后，缺一个守护的人，我举用先生你。主君的儿子没有老师辅导，我举荐了屈侯鲋。以这些大家听得见看得见的事实，我哪一点不如魏成呢！"李克说："你之所以在主君面前推荐我李克，难道是要结党营私谋取大权吗？主君现在向我李克询问谁可以当丞相，我李克就是如此回答的。我之所以能知道主君一定会任用魏成为丞相，是因为魏成的食禄有千钟，其中十分之九使用在外结交贤士，只有十分之一使用在家内作生活费用。因此他在东边结交了卜子夏、田子方、段干木，这三个人，主君都把他们尊为老师。你所举荐的五个人，主君都把他们当作臣子。你怎能与魏成相比！”翟璜听后惭愧地踱步，两次拜谢说：“我翟璜是个粗鄙的人，刚才对话失礼，希望终身做先生的学生！”

吴起是卫国人，在鲁国做官。齐国攻鲁国，鲁国想任用吴起为将，但是吴起娶了齐国女子为妻，鲁国人起了疑心，吴起就杀了妻子来换取担任鲁国的将军，把齐军打得大败。有人向鲁侯说他的坏话：“吴起最初侍奉曾参，母亲死了也不回家去守丧，曾参于是与吴起绝交赶走了他，现今他又杀了妻子来换取担任您的将帅。吴起，是一个残忍刻薄的人！何况以小小的鲁国竟有战胜敌国的声名，那么诸侯国就会合谋来攻伐鲁国了。”吴起知道后恐怕招致罪过，听说魏文侯贤明，于是前往归附他。魏文侯向李克询问吴起的为人，李克说：“吴起这个人贪婪而又好女色，然而用兵打仗，就是司马穰苴也不能超过他。”于是魏文侯以吴起为将，攻打秦国，攻取了五座城。

吴起做了将军，他和最下级的士兵穿一样的衣服，吃一样的饭。睡觉时不铺置床席，行军时不骑马不乘车，亲自背负粮食，与士兵同甘共苦。有个士兵患痈疽，吴起为他吮吸脓血。那个士兵的母亲听到这个消息悲伤哭泣。有人问她：“你的儿子是普通士兵，而将军亲自为他吸吮痈疽脓血，还哭什么呢？”士兵的母亲说：“不是这样。从前吴公吸他父亲的脓疽，他父亲作战时勇往直前，从不退却，被敌人杀死。吴公现在又吸吮我儿子的脓疽，我不知道儿子又将死在哪里，因此为他哭泣。”

燕湣公死了，他的儿子僖公继立。

周威烈王二十四年（己卯，前402）

周威烈王死了，他的儿子安王姬骄继位。

强盗杀死楚国声王，楚国人拥立声王的儿子为悼王。

【原文】

安王

元年（庚辰，前401）

秦伐魏，至阳孤[①]。

二年（辛巳，前400）

魏、韩、赵伐楚，至桑丘[②]。

郑[3]围韩阳翟[4]。

韩景侯[5]薨，子烈侯[6]取立。

赵烈侯[7]薨，国人立其弟武侯[8]。

秦简公[9]薨，子惠公[10]立。

三年（壬午，前399）

王子定奔晋[11]。

虢山[12]崩，壅河[13]。

四年（癸未，前398）

楚[14]围郑，郑人杀其相驷子阳[15]。

五年（甲申，前397）

日有食之。

三月，盗杀韩相侠累[16]。侠累与濮阳[17]严仲子[18]有恶[19]。仲子闻轵[20]人聂政[21]之勇，以黄金百溢[22]为政母寿[23]，欲因以报仇。政不受，曰："老母在，政身未敢以许[24]人也！"及母卒，仲子乃使政刺侠累。侠累方坐府上，兵卫甚众，聂政直入上阶，刺杀侠累，因自皮面决眼[25]，自屠[26]出肠。韩人暴[27]其尸于市，购问[28]，莫能识。其姊嫈闻而往，哭之曰："是轵深井里[29]聂政也！以妾[30]尚在之故，重自刑以绝从[31]。妾奈何[32]畏殁身之诛[33]，终灭[34]贤弟之名！"遂死于政尸之旁。

六年（乙酉，前396）

郑驷子阳之党[35]弑繻公[36]，而立其弟乙，是为康公[37]。

宋悼公[38]薨，子休公[39]田立。

八年（丁亥，前394）

齐伐鲁，取最[40]。

郑负黍[41]叛，复归韩[42]。

九年（戊子，前393）

魏伐郑。

晋烈公[43]薨，子孝公倾[44]立。

十一年（庚寅，前391）

秦伐韩宜阳[45]，取六邑[46]。

初，田常生襄子盘[47]，盘生庄子白，白生太公和[48]。是岁[49]，齐田和迁齐康公于海上，使食一城，以奉其先祀[50]。

十二年（辛卯，前390）

秦、晋战于武城[51]。

齐伐魏，取襄阳[52]。

鲁败齐师于平陆[53]。

十三年（壬辰，前389）

秦侵晋[54]。

齐田和会[55]魏文侯、楚人、卫人于浊泽[56]，求为诸侯。魏文侯为之请于王及诸侯，王许之。

（以上为第五段，写周安王之时，魏文侯任贤使能，称霸诸侯。）

【注释】

①阳孤：邑名，故城在今山西垣曲县东南。《史记·六国年表》《魏世家》作“阳狐”。 ②魏、韩、赵伐楚，至桑丘：《史记·楚世家》有“悼王二年（前400）三晋来伐楚，至乘丘而还。”按，桑丘，齐邑，在今河北保定市徐水区西南。此“桑丘”当是“乘丘”之误。乘丘，楚邑，故城在今山东济宁市兖州区西。桑丘，燕地，非楚邑。 ③郑：春秋时小国，姬姓，伯爵，周宣王庶弟友始受封，即桓公。初都棫林（今陕西华州区西北），武公始徙新郑（今河南新郑市）。周烈王元年（前375），韩灭郑。事详《史记·郑世家》。 ④阳翟：韩景侯时国都，在今河南禹州市。 ⑤韩景侯：韩武子之子，名虔，韩国始封国君。周威烈王二十三年（前403）始命韩景侯虔为诸侯，公元前408年至公元前400年在位。 ⑥烈侯：韩景侯之子，名取，公元前399年至公元前387年在位。 ⑦赵烈侯：赵献侯之子，名籍，公元前408年至公元前400年在位。 ⑧武侯：佚名。《史记·六国年表》称赵武公，公元前399年至公元前387年在位。 ⑨秦简公：昭子之弟，怀公之子，公元前414年至公元前400年在位。 ⑩惠公：佚名，公元前399年至公元前387年在位。 ⑪王子定：安王子姬定。奔：逃。 ⑫虢（guó）山：山名，在今河南三门峡市西南。 ⑬壅河：堵塞黄河。 ⑭楚：亦称荆，芈（mǐ）姓国。周成王封熊绎为子爵，这是楚受封之始。西周时期熊绎子孙不断扩大领土，立国号为楚。传至第四十君楚王负刍，于公元前223年为秦所灭。事详《史记·楚世家》。 ⑮驷子阳：郑繻公之相。 ⑯侠累：《战国策·韩策三》作韩傀。侠，姓。傀又作“廆”“傫”。 ⑰濮阳：县名，县治在今河南滑县。 ⑱严仲子：《战国策·韩策二》作严遂，又称严仲翁，韩烈侯宠臣。 ⑲有恶：有仇怨。 ⑳轵：县名，县治在今河南济源市东南。 ㉑聂政：战国时的刺客。其事迹见《战国策·韩策二》第二十二章、《燕策二》第五章、《史记·刺客列传·聂政

传》。㉒溢：黄金重量单位，二十两（或二十四两）为一溢，字又作“镒”。㉓寿：通“酬”，献礼，致敬。㉔许：承诺。《礼记·曲礼上》：“父母存，不许友以死。”㉕自皮面决眼：聂政自毁面容挖眼，使人不可辨认，保守行刺者的秘密，用以保护家人。皮，《说文》：“剥取兽革者谓之皮。”此指割裂脸面。决，他本作“抉”。决眼，挖出眼睛。㉖屠：剖开。㉗暴：露，此指抛尸于市。㉘购问：悬赏征求，重金收买。㉙深井里：里名，在济源市南30里。㉚妾：古时妇女自谦之称。㉛重自刑以绝从：狠狠地自毁面容，不可辨认。刑，残毁。从，通“踪”，踪迹，线索。㉜奈何：怎么能。㉝殁身之诛：遭杀身之祸。㉞灭：埋没。㉟党：党羽。㊱繻（xū，又读rú）公：郑幽公之子，名姬骀，一作幽公之弟。公元前422年至公元前396年在位。㊲康公：幽公弟姬乙。公元前395年至公元前375年在位。㊳宋悼公：昭公之子，名购由，公元前403年至公元前396年在位。㊴休公：悼公之子，名田，公元前395年至公元前373年在位。㊵最：据章校，他本“最”下有“韩救鲁”三字。按，最，疑当作“冣”，与聚音义相同。《集韵》：“聚或作‘郰’”，同“陬（zōu）”。陬，在今山东曲阜市东南。㊶负黍：邑名，在今河南登封市。㊷复归韩：《史记·郑世家》有“繻公十六年（前407）郑伐韩，败韩兵于负黍。”又：“郑君乙（即郑康公）立二年，郑负黍反，复归韩。”㊸晋烈公：名姬止，公元前419年至公元前393年在位。㊹孝公倾：《史记·晋世家》“倾”作“颀”，《世本》作“倾”。公元前392年至公元前378年在位。㊺宜阳：县名，今河南宜阳县。㊻邑：《周礼·地官·小司徒》有“九夫为井，四井为邑。”㊼田常：即田成子，齐相田乞之子。乞死，田常代立为相，田常卒，子襄子盘又代立为相。田氏三世为齐相，姜齐之政已归田氏。㊽太公和：田庄子白之子，庄子卒田和代立为齐相。姜齐康公十九年（前386）请周天子立为齐侯，纪元年，为田齐开国君，公元前386年至公元前384年在位。㊾是岁：指周安王十一年，当姜齐康公十四年，即公元前391年。㊿奉其先祀：供奉祖先祭祀。(51)武城：邑名，今陕西华州区东。(52)襄阳：按，襄阳应从《史记·魏世家》《六国年表》作“襄陵”。邑名，今河南睢县。(53)平陆：邑名，在今山东汶上县北。(54)晋：指代魏国。据《史记·六国年表》《魏世家》“晋”皆作“阴晋”，指秦侵犯魏国的阴晋。阴晋邑，在今陕西华阴市东。(55)会：古代诸侯之间的双边或多国盟会。(56)浊泽：故城在今河南长葛市西北。

【译文】

安王

周安王元年（庚辰，前 401）

秦国进犯魏国，进军到了阳孤。

周安王二年（辛巳，前 400）

魏、韩、赵联合攻打楚国，攻进桑丘。

郑国围攻韩国的阳翟。

韩景侯死了，他的儿子取继位，是为韩烈侯。

赵烈侯死了，赵国人立他的弟弟继位，是为赵武侯。

秦简公死了，他的儿子惠公继位。

周安王三年（壬午，前 399）

王子姬定出奔到晋国。

虢山崩塌，堵塞黄河。

周安王四年（癸未，前 398）

楚军围攻郑国，郑国人杀死了国相驷子阳。

周安王五年（甲申，前 397）

发生了日食。

三月，强盗刺杀了韩国的国相侠累。侠累与濮阳人严仲子有仇。严仲子听说轵邑人聂政勇敢，便以黄金一百镒送给聂政的母亲祝寿，想依靠聂政去报仇。聂政不接受，说："老母在世，我聂政不敢把自身许诺给别人！"等到聂政的母亲死了，严仲子就派聂政去刺杀侠累。侠累正坐在相府厅堂上，卫护的士兵很多，聂政径直冲上台阶，杀死了侠累，并用刀挖出自己的眼睛，剖腹出肠。韩国人将他的尸体暴露在街市上，悬赏征求辨识的人，没有人能够辨认出来。聂政的阿姊聂嫈听到消息后前往暴尸的街市，抚着尸体哭泣说："这是轵邑深井里的聂政，他因为我还在人世的缘故，所以伤害自己来断绝线索。我怎能因怕死被杀头，就永远埋没我贤弟的声名呢！"于是就自杀，死在了聂政尸体的旁边。

周安王六年（乙酉，前 396）

郑国驷子阳的党徒杀死郑繻公，拥立繻公的弟弟乙，即郑康公。

宋悼公死了，他的儿子田继位为宋休公。

周安王八年（丁亥，前394）

齐国攻打鲁国，占领了最地。

郑国的负黍背叛郑国，重新归附韩国。

周安王九年（戊子，前393）

魏国攻打郑国。

晋烈公死了，他的儿子倾继位为晋孝公。

周安王十一年（庚寅，前391）

秦国攻打韩国的宜阳，夺取了六个邑的地方。

当初，田常生了襄子田盘，田盘生了庄子田白，田白生了太公田和。这一年，齐国的田和把齐康公迁徙到海上，给了他一座城的食邑，用以供奉祭祀他的姜氏先人。

周安王十二年（辛卯，前390）

秦国和晋国在武城开战。

齐国攻打魏国，占领了襄陵。

鲁国军队在平陆击败了齐军。

周安王十三年（壬辰，前389）

秦国侵犯魏国的阴晋。

齐国的田和，在浊泽会见魏文侯、楚国人、卫国人，请求列为诸侯。魏文侯替田和向周安王及其他诸侯请求，周安王答应了这一请求。

【原文】

十五年（甲午，前387）

秦伐蜀①，取南郑②。

魏文侯薨③，太子击立，是为武侯④。

武侯浮⑤西河而下，中流⑥顾谓吴起曰："美哉山河之固，此魏国之宝也！"对曰："在德不在险⑦。昔三苗氏⑧，左洞庭⑨，右彭蠡⑩；德义不修⑪，禹⑫灭之。夏桀之居⑬，左河济⑭，右泰华⑮，伊阙⑯在其南，羊肠⑰在其北；修政不仁⑱，汤放⑲之。商纣之国，左孟门⑳，右太行㉑，常山㉒在其北，大河㉓经其南；修政不德㉔，武王㉕杀之。由此观之，在德不在险。若君不修德，舟中之人皆敌国也！"武侯曰："善。"

魏置相，相田文㉖。吴起不悦，谓田文曰："请与子论功可乎？"田文曰："可。"起曰："将[27]三军，使士卒乐死[28]，敌国不敢谋，子孰与起[29]？"文曰："不如子。"起曰："治百官[30]，亲万民[31]，实府库[32]，子孰与起？"文曰："不如子。"起曰："守西河，秦兵不敢东乡[33]，韩、赵宾从[34]，子孰与起？"文曰："不如子。"起曰："此三者子皆出[35]吾下，而位居吾上，何也？"文曰："主少国疑[36]，大臣未附[37]，百姓不信，方是之时[38]，属之[39]子乎，属之我乎？"起默然良久曰："属之子矣！"

久之，魏相公叔[40]尚主[41]而害[42]吴起。公叔之仆曰："起易去[43]也。起为人刚劲自喜[44]。子先言于君曰：'吴起，贤人也，而君之国小，臣恐起之无留心也。君盍试延以女[45]，起无留心，则必辞[46]矣。'子因[47]与起归而使公主辱子，起见公主之贱子也，必辞，则子之计中[48]矣。"公叔从之，吴起果辞公主。魏武侯疑之[49]而未信[50]，起惧诛[51]，遂奔[52]楚。

楚悼王[53]素闻其贤，至则任之为相。起明法审令[54]，捐不急之官[55]，废公族疏远者[56]，以抚养[57]战斗之士，要[58]在强兵，破[59]游说之言从横者[60]。于是南平百越[61]，北却[62]三晋，西伐秦，诸侯皆患楚之强；而楚之贵戚大臣多怨[63]吴起者。

秦惠公[64]薨，子出公[65]立。

赵武侯[66]薨，国人复立烈侯[67]之太子章，是为敬侯[68]。

韩烈侯[69]薨，子文侯[70]立。

十六年（乙未，前386）

初命齐大夫田和为诸侯。

赵公子朝作乱[71]，奔魏；与魏袭邯郸[72]，不克。

十七年（丙申，前385）

秦庶长改逆献公于河西而立之[73]；杀出子[74]及其母，沈[75]之渊旁。

齐伐鲁。

韩伐郑，取阳城[76]；伐宋，执宋公[77]。

齐太公薨，子桓公午立[78]。

十九年（戊戌，前383）

魏败赵师于兔台[79]。

二十年（己亥，前382）

日有食之，既[80]。

二十一年（庚子，前381）

楚悼王薨，贵戚大臣作乱，攻吴起；起走之王尸而伏之[81]。击起之徒因射刺起，并中王尸。既葬，肃王[82]即位，使令尹[83]尽诛[84]为乱者；坐起[85]夷宗[86]者七十余家。

二十二年（辛丑，前380）

齐伐燕，取桑丘。魏、韩、赵伐齐，至桑丘[87]。

二十三年（壬寅，前379）

赵袭卫，不克。

齐康公薨，无子，田氏遂并齐而有之。

是岁，齐桓公亦薨，子威王因齐立[88]。

二十四年（癸卯，前378）

狄[89]败魏师于浍[90]。

魏、韩、赵伐齐，至灵丘[91]。

晋孝公[92]薨，子靖公俱酒[93]立。

（以上为第六段，写吴起在魏而魏强，功高遭忌而奔楚，楚悼王任吴起为相推行改革，以悲剧终。田氏代姜姓为齐诸侯。）

【注释】

①蜀：古国名，今四川西部及陕南地区。 ②南郑：蜀邑，今陕西省汉中市南郑区。 ③魏文侯薨：据陈梦家《六国纪年》，文侯卒在周安王六年，即公元前396年，此有误。 ④武侯：魏文侯之子，名击。公元前395年至公元前370年在位。 ⑤浮：乘船游玩。 ⑥中流：半途。 ⑦在德不在险：国家政清民和则强，而不在地形险要。 ⑧三苗氏：相传三苗是尧、舜时的诸侯，舜时被迁到三危。三危一说今甘肃敦煌一带，一说今甘肃岷山西南。 ⑨洞庭：即今洞庭湖。 ⑩彭蠡：即今江西鄱阳湖。 ⑪德义不修：不修德行，不讲信义。 ⑫禹：传说古帝，鲧之子，姓姒，名文命，治水有功，受舜禅，国号夏。事详《史记·夏本纪》。 ⑬桀：夏朝末代君主。居：所都之地。相传桀都安邑在今山西夏县。 ⑭河济：黄河、济水。 ⑮泰华：泰山、华山。 ⑯伊阙：山名，伊水经流其间，形成缺口，故名“伊阙”，又名龙门，在今河南洛阳市南。 ⑰羊肠：即羊肠坂。太行山的坂道，因山形曲屈如羊肠，故名。在今山西境内。 ⑱修政不仁：不行德政。 ⑲放：流放。 ⑳孟门：太行山险隘，在今河南焦作市东北。 ㉑太行：山名，在今河南沁阳市北。 ㉒常山：即恒山，在今河北曲阳县西北。 ㉓大河：黄河。 ㉔修政不德：即“修

政不仁”。㉕武王：周武王。㉖田文：与齐国孟尝君田文同名。《吕氏春秋·执一》作“商文”。㉗将：统帅。㉘乐死：甘心拼死作战。㉙子孰与起：您跟我比谁强。㉚治百官：管理文武百官。㉛亲万民：使百姓亲附。㉜实府库：使府库充实。古时府谓储藏财货之处，库谓储藏兵器之处。㉝东乡：向东侵扰。乡，通“向”。㉞宾从：归服。宾，服。㉟出：居于，处在。㊱疑：犹疑不定，不安定。㊲未附：不亲近。㊳方是之时：当此之时。㊴属：委托、交给。之：指国政。㊵公叔：公叔座，亦作“公叔痤”，曾连任魏武侯、魏惠王相国。㊶尚主：语不通。据章校：他本“尚”字下有“魏公”二字，是。古代帝王之女称公主，尚主，即尚公主，娶公主。不言娶而言尚，尚，通“上”，高攀，尊崇之意。㊷害：畏忌。㊸去：除掉。㊹自喜：《史记·吴起列传》有“吴起为人节廉而自喜名也。”则此“自喜”是说喜好名声，爱面子。㊺君盍试延以女：君何不以嫁女迎聘他作考验。盍（hé），何不。延，迎聘。㊻辞：推辞，不同意。㊼因：则，就使。㊽中（zhòng）：行，可以。《礼记·礼器》郑玄注：“犹成也。”㊾疑之：怀疑吴起。㊿未信：不信任。51诛：惩罚、诛杀。52奔：逃，投奔。53楚悼王：楚声王之子，名芈疑，一名类，公元前401年至公元前381年在位。54明法审令：明确法规，审定律令。即严明法令。55捐：裁减。不急之官：冗员。56废公族疏远者：废除王族中疏远者的俸禄。57以：用来。抚养：抚慰战士的家属，供养战士。58要：关键，目的。59破：排除。60从横者：游说之士。61百越：古南方越族聚居区域的统称。今江、浙、闽、粤之地皆为越族所居。勾践六世孙无强被楚破败后，诸子散处海上，有闽越、瓯越、西越、骆越，统称“百越”。62却：退，打退。63怨：仇恨。64秦惠公：简公之子，公元前399年至公元前387年在位。65出公：名出子，又名小主，公元前386年至公元前385年在位。66赵武侯：《史记·六国年表》《赵世家》并作“赵武公”。67烈侯：名籍，献侯之子，赵开国国君，公元前408年至公元前387年在位。68敬侯：公元前386年至公元前375年在位。69韩烈侯：名取，景侯之子，公元前399年至公元前387年在位。70文侯：史佚名，据《史记·六国年表》载，公元前386年至公元前377年在位。71赵公子朝作乱：《史记·赵世家》曰“敬侯元年，武公子朝作乱。”武公，赵烈侯之弟。72邯郸：今河北邯郸市，赵都。73庶长：商鞅变法，定秦爵二十级，从第十级左庶长到第十八级大庶长皆为庶长级，属武官，相当于卿。改：人名。逆：迎。献公：秦灵公之子，名连，又名师隰，公元前384年至公元前362年在位。河西：按，《史记·秦本纪》《正义》云：“西者，秦州西县。”则“河”字涉下文而衍。西县，在今甘肃天水西南。74出子：即秦出公。75沈：沉之借字。76阳城：邑名，今河南登封市东南。77宋公：宋休公，悼公之子，名田，公元前395年至公元前

370年在位。 ⑱子桓公午立：据《史记》中《六国年表》《田敬仲完世家》，桓公午立，事在周安王十八年（前384）。六年，公元前379年卒，威王立。 ⑲兔台：台名，在今河北大名县东。 ⑳既：尽，指日全食。 ㉑伏之：爬到楚悼王尸上。 ㉒肃王：悼王之子，名熊臧，公元前380年至公元前370年在位。 ㉓令尹：春秋、战国时期楚国执政官名，职掌相当于宰相、相国。 ㉔诛：杀。 ㉕坐起：因射杀吴起而获罪。坐，株连获罪。㉖夷宗：荡平宗族，即灭族。 ㉗桑丘：邑名，今河北徐水西南。 ㉘子威王因齐立：威王乃齐桓公田午之子，齐太公田和之孙，公元前356年至公元前320年在位。 ㉙狄：又作"翟"，泛指我国古代北部的少数民族。战国后期，戎、狄融合为匈奴族。 ㉚浍（huì）：水名，源出今山西翼城东北浍山下，西经侯马市，在新绛县注入汾河。 ㉛灵丘：邑名，在今山东高唐县南。 ㉜晋孝公：据《史记·六国年表》，晋孝公在位共十五年，公元前392年至公元前378年在位。 ㉝靖公俱酒：晋国末代之君，在位二年被废为庶民，晋绝祀。

【译文】

周安王十五年（甲午，前387）

秦国攻打蜀国，夺取了南郑。

魏文侯死了，太子击继位，这就是武侯。

魏武侯坐船沿西河顺流而下，船行驶到河的中流时，魏武侯对吴起说："华山、黄河天险坚固，多么美好啊，真是魏国的大宝！"吴起回答说："国家的大宝在于施行德政，而不在于依靠天险。古代三苗氏，西有洞庭湖，东有彭蠡泽，但不施行德义，夏禹就将它消灭了。夏桀所统治的疆域，东边有黄河、济水，西边有泰山、华山，伊阙山在它的南边，羊肠坂在它的北面，但不施行仁政，商汤就将他放逐了。商纣的国境内，西边有孟门山，东边有太行山，常山在它的北境，黄河流经它的南境，但施政不仁德，周武王就把他杀了。由此看来，国家的大宝在于施行德政而不在于依靠山河天险。假使主君你不施行德政，那么这船中的人都是敌国人呢！"武侯说："这话说得很好。"

魏国任用田文为相。吴起不高兴，对田文说："请允许我同你比比功绩，可以吗？"田文说："行。"吴起说："统率全国的军队，使士兵作战英勇，视死如归，敌国不敢来侵犯，你能和我比吗？"田文说："我不如你。"吴起又说："管理众多的官员，安定广大百姓，使府库充实，你能和我比吗？"田文回答说："我不如你。"吴起接着又说："守卫西河，秦国的军队不敢向东进攻魏国，韩、赵两国都来臣服，你能和我比吗？”田文说：“我不如你。”吴起说：“这三个方面你都不如我，而官职地位却在我之上，这是为什么？”田文说：“主君年少，国家不稳定，大臣们不亲近，老百姓猜疑不安，在这样的时候，是把相的职务交给你，还是交给我呢？”吴起沉默了一阵说：“该交给你！”

过了很长时间，魏国的国相公叔娶公主为妻，而以吴起为忌。公叔的仆人说：“除掉吴起很容易。吴起为人刚劲，喜好名声。相公你到主君面前说：‘吴起是贤能的人，而主君你的国家小，我担心吴起没有长远留在魏国的想法，主君你何不用招他为婿的办法试一试。吴起如果没有留在魏国的想法，那就一定会推辞的。’相公你便邀请吴起一起回家，让公主羞辱你。吴起看见公主如此看不起相公你，就一定会辞谢娶公主为妻，那么相公你的计谋就成功了。”公叔听从了仆人的计策，吴起果然推辞娶公主为妻。魏武侯怀疑吴起，因此不信任他，吴起担心被杀头，便投奔楚国。

楚悼王一向听说吴起贤能，吴起到了楚国就被任用为国相。吴起严明法规，审定律令，除去冗杂的官员，废除疏远公族的俸禄，用来抚慰战士的家属，供养战士，施强国战略，破除游说之士宣扬的合纵连横言论。于是在南方平定了百越，在北方逼退三晋，向西方攻伐秦国，诸侯各国都害怕楚国的强大，但楚国国内的贵戚和大臣多怨恨吴起。

秦惠公死了，他的儿子出公继位。

赵武侯死了，赵国人又拥立赵烈侯的太子章，即赵敬侯。

韩烈侯死了，他的儿子文侯继位。

周安王十六年（乙未，前386）

这一年册命齐国大夫田和为诸侯。

赵国的公子朝作乱，出奔到魏国，伙同魏国偷袭邯郸，没有成功。

周安王十七年（丙申，前385）

秦国名叫改的庶长到河西迎接秦灵公的儿子，将其立为国君，即秦献公。秦献公杀了出子和他的母亲，把尸体沉没在深潭里。

齐国攻打鲁国。

韩国攻打郑国，夺取了阳城；又攻打宋国，抓住了宋公。

齐太公田和死了，他的儿子桓公田午继位。

周安王十九年（戊戌，前383）

魏国军队在兔台打败了赵国军队。

周安王二十年（己亥，前382）

发生日全食。

周安王二十一年（庚子，前381）

楚悼王死了。楚国贵戚大臣们作乱，吴起遭到围攻。吴起奔走伏卧在楚悼王尸体旁，攻击吴起的人用乱箭射击，吴起和楚悼王尸体都中了箭。丧葬完毕，楚肃王即位，命令令尹将作乱的人全都杀掉，因攻打吴起而被诛灭宗族的有七十余家。

周安王二十二年（辛丑，前380）

齐国攻打燕国，夺取了桑丘。魏、韩、赵三国救燕攻打齐国，也进兵到了桑丘。

周安王二十三年（壬寅，前379）

赵国偷袭卫国，没能取胜。

齐康公死了，没有儿子，姜氏至此灭亡，田氏于是取代姜氏占有齐国。

这一年，田氏齐桓公也死了，他的儿子田因齐继位。

周安王二十四年（癸卯，前378）

狄人在浍地打败了魏国军队。

魏、韩、赵攻打齐国，到达灵丘。

晋孝公死了，他的儿子晋靖公名叫俱酒的继位为国君。

【原文】

二十五年（甲辰，前377）

蜀伐楚，取兹方①。

子思言苟变于卫侯②曰："其才可将五百乘③。"公曰："吾知其可将；然变也尝为吏④，赋于民⑤而食人二鸡子⑥，故弗用也。"子思曰："夫圣人之官⑦人，犹匠之用木⑧也，取其所长，弃其所短；故杞梓连抱⑨而有数尺之朽，良工不弃。今君处战国之世⑩，选爪牙之士⑪，而以二卵弃干城之将⑫，此不可使闻于邻国也。"公再拜曰："谨受教⑬矣！"

卫侯言计非是⑭，而群臣和⑮者如出一口⑯。子思曰："以吾观卫，所谓'君不君，臣不臣⑰'者也！"公丘⑱懿子曰："何乃若是⑲？"子思曰："人主自臧⑳，则众谋不进㉑。事是㉒而臧之，犹却众谋㉓，况和非以长恶乎㉔！夫不察事之是非而悦人赞己，暗莫甚焉㉕；不度理之所在而阿谀求容[26]，谄莫甚焉[27]。君暗臣谄，以居百姓之上，民不与[28]也。若此不已[29]，国无类[30]矣！”

子思言于卫侯曰：“君之国事将日非[31]矣！”公曰：“何故？”对曰：“有由然焉[32]。君出言自以为是，而卿大夫[33]莫敢矫其非[34]；卿大夫出言亦自以为是，而士庶人[35]莫敢矫其非。君臣既自贤[36]矣，而群下同声贤之[37]，贤之则顺而有福，矫之则逆而有祸[38]，如此则善安从生[39]！《诗》曰[40]：‘具曰予圣[41]，谁知乌之雌雄[42]？’抑亦似君之君臣乎[43]！”

鲁穆公[44]薨，子共公奋[45]立。

韩文侯薨，子哀侯立。

二十六年（乙巳，前376）

王崩，子烈王喜[46]立。

魏、韩、赵共废晋靖公为家人[47]而分其地[48]。

（以上为第七段，写卫国弱小且君臣浑浑噩噩，坐以待亡。魏韩赵三家灭晋后嗣。）

【注释】

①兹方：《史记·楚世家》有“肃王四年，蜀伐楚，取兹方，于是楚为扞关以距之。”扞关在重庆奉节东，兹方当在扞关上游不远。 ②子思（前483—前402）：孔丘之孙，孔鲤之子，名伋，字子思，为鲁穆公师。《礼记》中的《中庸》相传为子思所著。苟变：战国卫人。卫侯：卫慎公，怀公之子，名颓，公元前414年至公元前383年在位。 ③将：率领。乘（shèng）：一辆兵车称一乘，有甲士三人，步卒七十二人。五百乘，三万七千五百人。 ④吏：据下文“赋于民”，当是税务官。 ⑤赋于民：向民收税。⑥鸡子：鸡蛋。 ⑦官：任用。 ⑧犹匠之用木：如同木匠选择木材。 ⑨杞梓（qǐ zǐ）：木名，此指良材。连抱：合抱之大木。 ⑩战国之世：战乱时代。 ⑪爪牙之士：得力的助手。 ⑫干城之将：捍卫国家之将。 ⑬谨受教：我接受你的指教。 ⑭言计非是：说的计谋不对。 ⑮和（hè）：随声附和。 ⑯如出一口：异口同声。 ⑰君不君，臣不臣：君不像君，臣不像臣。即君不守君道，臣不守臣道。 ⑱公丘：复姓。 ⑲何乃若是：不至于是这样，还不到这一步。 ⑳自臧：自以为是。臧，善，高明。 ㉑进：进言，献计。 ㉒事是：事情做对了。事，治、办理。 ㉓犹却众谋：还会堵塞言路。却，退、堵塞。 ㉔况和非以长恶乎：更何况做错了还沉醉在附和声中，难道不是助长邪恶吗？㉕暗莫甚焉：真是糊涂到极点。暗：不明、糊涂。 ㉖阿谀求容：一味地奉承取悦于人。

㉗谄莫甚焉：拍马屁到了极点，丢死人了。谄，献媚、拍马屁。 ㉘与：助，拥护。 ㉙已：止。 ㉚国无类：国家灭亡。无类，没有活口，即灭族、灭种。 ㉛国事日非：国家政事一天不如一天，即一天天衰败、没落。 ㉜有由然焉：当然有原因。由，原因。 ㉝卿大夫：卿和大夫。亦泛指高级官员。 ㉞矫其非：纠正错误。 ㉟士庶人：士人和老百姓。亦泛指百姓。 ㊱自贤：自我吹捧为圣贤。 ㊲群下：属下，包括民吏和民众。同声贤之：同声附和吹捧。 ㊳顺：顺从，谄谀。逆：违逆，批评。 ㊴善安从生：善政从何处产生。 ㊵"《诗》曰"句：见《诗·小雅·正月》。 ㊶具曰予圣：毛亨传曰"君臣俱自谓圣也。" ㊷谁知乌之雌雄：郑玄笺曰"君臣贤愚适用，如乌之雌雄相似，谁能别异之乎。"这是用《诗》比喻君臣半斤八两，都是一路货色。 ㊸抑亦似君之君臣乎："君"应作"卫"，据《孔丛子》改。此言，或者可能就是指的你们卫国君臣罢。亦，语中助词。 ㊹鲁穆公：元公之子，名显，又名衍，又名不衍。公元前407年至公元前377年在位。 ㊺共公奋：共公，又作恭公，名奋，公元前377年至公元前355年在位。 ㊻烈王喜：周烈王，名姬喜，安王之子，东周第三十二任国君，又作周夷烈王，公元前376年至公元前369年在位。 ㊼家人：平民。 ㊽分其地：吕祖谦《大事记》曰"所分者绛与曲武。"晋君残剩的最后一点领地被瓜分。

【译文】

周安王二十五年（甲辰，前377）

蜀国攻打楚国，夺取了兹方。

子思在卫侯面前举荐苟变说："他的才干可以统率五百乘兵车。"卫侯说："我知道他可当将领，可是苟变曾经做过官吏，他收取百姓的赋税，竟然白吃民家两个鸡蛋，因此我没有任用他。"子思说："圣人任人为官，就像匠人用木料，要用他的长处，扬弃他的短处。即使是良好的杞梓树有几人合抱那么粗大，可也有几尺的朽材，而精良的工匠也不抛弃它。现在主君你身处大混乱环境，选拔爪牙要有勇武的人才，却因为白吃两个鸡蛋而抛弃能捍卫国家的将才，这样可笑的事不可让邻国知道。"卫侯再三拜谢说："恭敬地接受你的教诲。"

卫侯说的计谋不对，可是臣子们却随声附和，异口同声。子思说："在我看来，卫国真是'君不像君，臣不像臣'啊！"公丘懿子说："何至于这样？"子思说："人主自以为谋略高明，众人就不会说话。即使人主的谋略是对的，也会堵塞言路，更何况是使人附和自己错误的谋略，这岂不是助长邪恶吗？不考察事理的对错只喜欢别人吹捧自己，没有比这更糊涂的了；做臣子的不忖度事理的对与错，只一味奉承以求得宠爱，没有比这更糟糕的了。主君糊涂而臣子拍马屁，如此君臣高居在百姓之上，民众是不会支持这样的国家的。这样的情况不停止，国家就要灭亡了！”

子思对卫侯说：“主君的国家将一天天坏下去！”卫侯说：“什么缘故呢？”子思回答说：“这是有原因的。主君你说话自以为是，而卿大夫们没有谁敢纠正你说得不对的地方；卿大夫们说话也自以为是，而士庶平民没有谁敢纠正他们说得不对的地方。既然君臣都自以为是，那民众也就同声赞扬君臣。赞扬君臣，顺从而有福，纠正错误便违逆而有祸。像这样，良好的政治又从哪里产生！《诗经》说：‘都说自己是圣人，谁能辨明乌鸦的雄与雌？’这说的大概也就像你们卫国君臣吧！”

鲁穆公死了，他的儿子奋继位为鲁共公。

韩文侯死了，他的儿子哀侯继位。

周安王二十六年（乙巳，前376）

周安王死了，他的儿子喜继位，是为周烈王。

魏、韩、赵共同废掉晋靖公，使他成为平民，并瓜分了他的土地。

【原文】

烈王

元年（丙午，前375）

日有食之。

韩灭郑，因徙都之[①]。

赵敬侯薨，子成侯种[②]立。

三年（戊申，前373）

燕败齐师于林狐[③]。

鲁伐齐，入阳关[④]。

魏伐齐，至博陵[⑤]。

燕僖公[⑥]薨，子桓公[⑦]立。

宋休公[⑧]薨，子辟公[⑨]立。

卫慎公[⑩]薨，子声公训[⑪]立。

四年（己酉，前372）

赵伐卫，取都鄙[⑫]七十三。

魏败赵师于北蔺[13]。

五年（庚戌，前371）

魏伐楚，取鲁阳[14]。

韩严遂[15]弑哀侯[16]，国人立其子懿侯[17]。初，哀侯以韩廆[18]为相而爱严遂，二人甚相害也。严遂令人刺韩廆于朝，廆走[19]哀侯，哀侯抱之；人刺韩廆，兼及哀侯。

魏武侯薨，不立太子，子罃[20]与公中缓[21]争立，国内乱。

六年（辛亥，前370）

齐威王来朝。是时周室微弱，诸侯莫朝，而齐独朝之，天下以此益贤威王。

赵伐齐，至鄄[22]。

魏败赵师于怀[23]。

齐威王召即墨大夫[24]，语之曰："自子之居即墨也[25]，毁言日至。然吾使人视即墨，田野辟[26]，人民给[27]，官无事[28]，东方[29]以宁；是子不事吾左右[30]以求助也！"封之万家[31]。召阿[32]大夫，语之曰："自子守[33]阿，誉言[34]日至。吾使人视阿，田野不辟，人民贫馁[35]。昔日赵攻鄄，子不救；卫取薛陵[36]，子不知；是子厚币事吾左右[37]以求誉也！"是日[38]，烹[39]阿大夫及左右尝誉者。于是群臣耸惧[40]，莫敢饰诈[41]，务尽其情[42]，齐国大治，强于天下。

楚肃王[43]薨，无子，立其弟良夫，是为宣王[44]。

宋辟公薨，子剔成立[45]。

七年（壬子，前369）

日有食之。

王崩[46]，弟扁立，是为显王[47]。

魏大夫王错出奔韩[48]。公孙颀[49]谓韩懿侯曰："魏乱[50]，可取也。"懿侯乃与赵成侯合兵伐魏，战于浊泽[51]，大破之，遂围魏[52]。成侯曰："杀罃，立公中缓，割地而退，我二国之利也。"懿侯曰："不可。杀魏君，暴[53]也；割地而退，贪也。不如两分之[54]。魏分为两，不强于宋、卫，则我终无魏患矣。"赵人不听。懿侯不悦，以其兵夜去[55]。赵成侯亦去。罃遂杀公中缓而立，是为惠王。

太史公曰：魏惠王之所以身不死，国不分者，二国之谋不和也。若从一家之谋[56]，魏必分矣。故曰："君终，无适子[57]，其国可[58]破也。"

（以上为第八段，写周烈王初年，魏武侯死后，因为没有立嫡，诸子争位而内乱，魏国差一点被韩、赵瓜分。）

【注释】

①韩灭郑：韩王灭了郑国。郑国末代之君为郑康公，幽公之弟，名乙阳，一名乙，公元前395年至公元前375年在位。徙都：韩都五迁。韩氏始封韩原，在今陕西韩城市南。公元前566年，韩宣子徙都居州，在今河南武陟县西南，公元前479年，韩贞子徙都平阳，今山西临汾市西北。公元前416年韩武子迁都宜阳，今河南宜阳县西。韩景侯时又迁都阳翟，今河南禹州市。韩哀侯灭郑又徙都郑，今河南新郑市。 ②成侯种：赵第四代国君，名种。公元前374年至公元前350年在位。 ③林狐：邑名，地点不详。 ④阳关：邑名，今山东泰安市南。 ⑤博陵：县名，今山东聊城市博平镇。 ⑥燕僖公：据《史记·燕世家》，湣公之子。僖，作釐。公元前402年至公元前373年在位。 ⑦桓公：据《史记·六国年表》，燕桓公，公元前371年至公元前362年在位。 ⑧宋休公：悼公之子，名田，公元前395年至公元前373年在位。 ⑨辟公：名辟兵，公元前372年至公元前370年在位。 ⑩卫慎公：公元前414年至公元前373年在位。 ⑪声公训：慎公之子，名训，公元前372年至公元前362年在位。 ⑫都鄙：公卿大夫之采邑，王子弟所食邑。 ⑬北蔺：赵邑名，今山西离石西。 ⑭鲁阳：楚邑名，今河南鲁山县西。 ⑮严遂：韩烈侯宠臣，称严仲子，又称严仲翁。 ⑯哀侯：据《史记·韩世家》为文侯之子。 ⑰懿侯：哀侯之子。 ⑱韩廆：《战国策·魏策四》第二十七章曰"聂政之刺韩傀也，白虹贯日。""廆"即"傀"。韩廆，《史记·刺客列传》作"侠累"。 ⑲走：至也。 ⑳子罃（yīng）：魏武侯之子，名罃，又作莹，又作婴，魏第三代国君魏惠王，后迁都大梁，又称梁惠王。公元前369年至公元前319年在位。 ㉑公中缓：魏武侯之子，与惠王争为太子，后奔赵。"中"通"仲"，兄弟中排行第二，是魏惠王之弟。 ㉒鄄（juàn）：齐邑名，今山东鄄城县北。 ㉓怀：赵邑名，今河南武陟县西南。 ㉔即墨大夫：即墨，齐邑名，今山东平度市东南。大夫，齐国邑之长官称大夫。 ㉕居即墨也：任即墨大夫以来。 ㉖田野辟：荒地都已开垦。 ㉗给（jǐ）：足。 ㉘官无事：官府没有积滞不办的事。 ㉙东方：指齐国东部。 ㉚事吾左右：讨好我左右的那些当权的人。事，侍、奉承，巴结讨好。 ㉛封之万

家：于是封给即墨大夫一万户的食邑。 ㉜阿：齐邑名，今山东阳谷县东北。 ㉝守：掌管。 ㉞誉言：赞美之辞。 ㉟贫馁：贫穷饥饿。 ㊱薛陵：齐邑名，今山东阳谷县东北。 ㊲厚币事吾左右：拿重金买通了我左右那些当权的人。 ㊳是日：当天。 ㊴烹：古代一种酷刑，用鼎煮杀人。 ㊵竦惧：害怕。竦，通“竦”，惧。 ㊶饰诈：造假欺诈。 ㊷情：真实情况。 ㊸楚肃王：悼王之子，名熊臧，公元前380年至公元前370年在位。 ㊹宣王：公元前369年至公元前340年在位。 ㊺剔成：宋第三十一君，公元前369年至公元前329年在位。 ㊻王崩：周烈王死。 ㊼显王：周烈王子弟，名扁，东周第二十三任国君，公元前368年至公元前321年在位。 ㊽魏大夫王错出奔韩：方诗铭、王修龄《古本竹书纪年辑证》有罃“错本罃党，其‘出奔韩’之故未详”。 ㊾公孙颀（qí）：魏人。《史记·魏世家》：“公孙颀自宋入赵，自赵入韩。” ㊿魏乱：指魏武侯不立太子，子罃与公中缓争立，国内乱。 (51)浊泽：今山西运城市西南。 (52)围魏：包围了魏都安邑。按，魏都安邑邻近浊泽。 (53)暴：残暴，此指残暴的恶名。 (54)两分之：分魏为二，让魏罃和公中缓都做国君。 (55)夜去：指韩军乘夜撤退，抛弃同盟。 (56)一家之谋：指韩、赵两家之中任何一家的意见。 (57)适子：适，通“嫡”，正妻所生之子曰“嫡子”。嫡子只有一个，所以传位要传嫡子，避免诸子争位。 (58)可：大约、大概。

【译文】

烈王

周烈王元年（丙午，前375）

发生日食。

韩国灭亡郑国，于是迁都到郑国都城新郑。

赵敬侯死，他的儿子种继位为赵成侯。

周烈王三年（戊申，前373）

燕国在林狐打败了齐国军队。

鲁国攻打齐国，进入阳关。

魏国攻打齐国，抵达博陵。

燕僖公死了，他的儿子桓公继位。

宋国休公死了，他的儿子辟公继位。

卫慎公死了，他的儿子训继位为卫声公。

周烈王四年（己酉，前372）

赵国攻打卫国，夺取都鄙大小城邑七十三个。

魏国在北蔺打败了赵国军队。

周烈王五年（庚戌，前371）

魏国攻打楚国，夺取了鲁阳。

韩国人严遂杀了韩哀侯，韩国人立哀侯的儿子为韩懿侯。当初，哀侯任用韩廆为相而又宠爱严遂，于是韩廆、严遂两人争权互生仇恨。严遂派刺客在朝堂上刺杀韩廆，韩廆奔向哀侯，哀侯抱住韩廆；刺客刺杀了韩廆，也一并杀了哀侯。

魏武侯死了，没有立太子，武侯的儿子罃与公中缓争夺君位，国内大乱。

周烈王六年（辛亥，前370）

齐威王朝见周烈王。这时王室衰微，诸侯没有谁来朝见的，只有齐国来朝见周王，天下的人更加认为齐威王贤明。

赵国攻打齐国，进兵到了鄄地。

魏国在怀地打败了赵国军队。

齐威王召见即墨大夫，对他说："自从你在即墨任职以来，指责你的话天天都能听到。然而我派人到即墨巡视，看到田野开辟出来，人民生活富足，官府廉明，东方得以安宁。你不会奉承我身边的人以求得到帮助啊！"于是将食邑万户封给即墨大夫。齐威王又召见阿邑大夫，对他说："自从你掌管阿邑以来，赞誉你的话天天都听得到。我派人巡视阿地，看到的是田野没有开辟，人民贫穷饥饿。前些时赵国进攻鄄地，你不去救援；卫国占领了薛陵，你竟然不知道。你是用丰厚的财物贿赂我身边的人以求得赞誉！"当天，烹杀了阿邑大夫以及身边曾经赞誉阿邑大夫的人。于是臣子们十分惊恐，没有谁再敢作伪欺诈，都能竭诚供职，齐国因此得到大治，称强于天下。

楚肃王死了，没有儿子，国人拥立了他的弟弟良夫，这就是楚宣王。

宋辟公死了，他的儿子剔成继位。

周烈王七年（壬子，前369）

发生日食。

周烈王死了，他的弟弟姬扁继位，这就是周显王。

魏国大夫王错逃奔到韩国。公孙颀对韩懿侯说："魏国内乱，可以去攻取它。"懿侯便与赵成侯联合出兵攻打魏国，在浊泽开战，大败魏军，并包围了魏国都城。赵成侯说："把罃杀了，立公中缓，要魏国割让土地，我们即可退兵，这是我们韩、赵两国共同的利益啊！"韩懿侯说："不能这样。杀魏君，是残暴的行为；要魏国割让土地我们才退兵，这是贪心的表现。不如把魏国一分为二，这样，它就不会比宋、卫小国强，那么我们就再也不会有来自魏国的祸患了。”赵成侯不同意这个办法。韩懿侯很不高兴，把他的军队连夜撤走。赵成侯也带领自己的军队撤离魏国。罃便杀了公中缓自立为国君，他就是魏惠王。

太史公说：魏惠王之所以未被杀死、国家也没有被瓜分，原因是韩、赵两国的谋略不一致。假如依从一家的谋略，魏国必然被瓜分了。所以说:“国君死后，没有嫡生子，他的国家是可以灭亡的。”

【评析】

司马光名分论

周威烈王册命韩、赵、魏三家为诸侯，王室名分丧失。《资治通鉴》以周威烈王册命韩、赵、魏三家为诸侯开端，凸显司马光“名分不可丢失”的历史观，故以“臣光曰”评论为述史起笔。幽厉之后，周王室东迁，王室权威式微，东周襄、惠之后，王室权威进一步衰落。周威烈王册命韩、赵、魏三家为诸侯，名分丢失，王权坠地，德义终结，暴力滋起，历史时势为之一变，也就是由春秋时代进入战国时代。“臣光曰”之后，追述三家分晋，在公元前453年，也就是说，册命三家为诸侯，已由三家分晋注定了。暴力取代了德义，周王室名分不守是没办法的事，也可以说是用手中的名分换取苟延残喘。“臣光曰”讲的是大道理，周威烈王遵守的是现实，即便是做傀儡，也还有一个王室的名义。

卷第二　周纪二

周显王元年至四十八年（前368—前321）

【起昭阳赤奋若（癸丑，前368），尽上章困敦（庚子，前321），凡四十八年】

【大事提要】

本卷记事起公元前368年至公元前321年，凡四十八年。当周显王元年至显王四十八年，即周显王之一代天子。本卷所载大事，主要有五个方面：其一，战国初期的霸主魏国在齐、秦两大国夹攻下衰落。魏惠王好战，任用庞涓，想重振魏国雄风，由于惠王才能平庸，不能任用大才，既失商鞅，又失孙膑，结果东败于齐，丧失太子申；西败于秦，失地河西。魏国离开安邑，迁都大梁，国土缩小，从此国势式微。其二，秦孝公求贤，任用商鞅变法，秦国迅速崛起，东向争雄，战国逐鹿中原，秦国成为主导。其三，商鞅变法取得富国强兵的成功，给历史留下改革的成功经验，无疑应予高度评价。但商鞅暴力施政，外交用诈，悲剧下场给历史留下负面清单，亦应吸取深刻的教训。其四，周显王时代，战国进入中期，七国争雄，合纵连横兴起，公元前333年苏秦拜六国相印，同年张仪入秦开启连横，保持秦国强大，两人为当时策士之代表人物，可以说是时代的弄潮儿。其五，孟尝君率先登上历史舞台，开养士之风，乃当时列国争夺人才之时势使然。

【原文】

显王

元年（癸丑，前368）

齐伐魏，取观津[①]。

赵侵齐，取长城[②]。

三年（乙卯，前366）

魏、韩会于宅阳[③]。

秦败魏师、韩师于洛阳。

四年（丙辰，前365）

魏伐宋[④]。

五年（丁巳，前364）

秦献公[⑤]败三晋[⑥]之师于石门[⑦]，斩首六万。王赐以黼黻[⑧]之服。

七年（己未，前362）

魏败韩师、赵师于浍[⑨]。

秦、魏战于少梁[⑩]，魏师败绩[⑪]；获魏公孙痤[⑫]。

卫声公[⑬]薨，子成侯速[⑭]立。

燕桓公[⑮]薨，子文公[⑯]立。

秦献公薨，子孝公[⑰]立。孝公生二十一年矣。是时河、山以东强国六[⑱]，淮、泗之间小国十余[⑲]，楚、魏与秦接界。魏筑长城[⑳]，自郑滨洛以北有上郡[㉑]；楚自汉中[㉒]，南有巴、黔中[㉓]；皆以夷翟遇秦[㉔]，摈斥之[㉕]，不得与中国之会盟[㉖]。于是孝公发愤，布德修政，欲以强秦。

（以上为第一段，写战国七雄并立混战，秦国受到东方六国轻视，秦孝公继位，发愤图强，布德修政以强秦。）

【注释】

①观津：省称“观”，魏邑名，故城在今河南省清丰县南。 ②长城：齐的长城是利用原有堤防，连接山脉，陆续扩建而成，所以又称“长城钜坊”。坊，通“防”。《水经·济水注》：“平阴城南有长城，东至海，西至济，河道所由，名坊门。” ③宅阳：魏邑名，故城在今河南省荥阳市西南十七里。又作“北地”“北宅”。 ④宋：国名。周公平乱，诛武庚，封殷纣王之庶兄微子启于宋以续殷祀。其疆域有今河南省东南部和今山东省、江苏省、安徽省之间一部分。国都睢阳，在今河南省商丘市西南。 ⑤秦献公：秦灵公之子，名连，又名师隰，公元前384年至公元前362年在位。 ⑥三晋：指赵、魏、韩三国。 ⑦石门：山名，又名石门山、石门道，在今山西省运城市西南。 ⑧黼黻（fǔ fú）：古代礼服上绣的花纹。黼，黑白相间如斧形的花纹。黻，黑青相间如亚形的花纹。⑨浍（huì）：浍水，在今山西省翼城南，西流经曲沃，入汾水。 ⑩少梁：魏邑名，在今陕西省韩城西南。 ⑪败绩：指军队溃败，全军覆没。 ⑫公孙痤：魏将名。《史记·秦

本纪》及《魏世家》云“虏其将公孙痤”。⑬卫声公：卫慎公之子，名训，又作驯，公元前372年至公元前362年在位。⑭成侯速：卫声公之子，名速，公元前361年至公元前333年在位。⑮燕桓公：燕釐公之子，公元前372年至公元前362年在位。⑯文公：燕桓公之子，公元前361年至公元前333年在位。⑰孝公：秦献公之子，名渠梁，任用商鞅变法，秦国富强。公元前361年至公元前338年在位。⑱河、山：指黄河、华山。强国六：指秦之山东六国，即燕、齐、赵、魏、韩、楚。⑲淮、泗之间：即淮北、泗上地区，包括淮水、泗水两河中下游所经地域。其间者为今江苏之徐州及淮安北境，山东之济宁及兖州南境、安徽之泗县等地。小国十余：即所谓“泗上十二诸侯”，战国时十二个小国，为邹、鲁、陈、蔡、宋、卫、滕、薛、费、任、郯、邳等十二国。⑳魏筑长城:《史记·魏世家》曰“惠王十九年（前352）筑长城，塞固阳。”泷川资言《考证》:“《水经》引《纪年》‘魏惠王十二，龙贾帅师筑城于西边。’盖魏筑长城在惠王十二年以前，至此（指惠王十九年）而竣也。”㉑自郑滨洛以北有上郡：从郑县（今陕西省华州区）开始，沿洛河北上，直抵上郡。上郡：今陕西省延安、榆林一带。㉒汉中：楚郡名，今陕西省汉中市为中心的陕南地区及湖北省西北郧阳地区。㉓巴、黔中：楚郡名。巴郡当今四川省东部及湖北省西部一带，黔中郡当今湖北省西部、北部及贵州省东部一带地。㉔皆以夷翟遇秦：指中原各诸侯国都用对待夷狄的态度对待秦国。古时称东方各部族为夷，北方各部族为狄。翟，同“狄”。遇，对待。㉕摈斥：排斥。之：指秦国。㉖得：能。与：参预。中国：指中原各诸侯国。

【译文】

显王

周显王元年（癸丑，前368）

齐国攻打魏国，夺取了观津。

赵国侵犯齐国，攻占了齐国的长城。

周显王三年（乙卯，前366）

魏国、韩国按约定在宅阳会盟。

秦国军队在洛阳打败了魏、韩两国联军。

周显王四年（丙辰，前365）

魏国攻打宋国。

周显王五年（丁巳，前364）

秦国军队在石门打败了魏、韩、赵三国联军，斩首六万。周显王把有黼黻文彩的礼服赏赐给秦献公。

周显王七年（己未，前362）

魏国军队在浍地打败了韩、赵两国联军。

秦国和魏国在少梁开战，魏国军队大败。秦军俘虏了魏国的将军公孙痤。

卫声公死了，他的儿子速继位为卫成侯。

燕桓公死了，他的儿子燕文公继位。

秦献公死了，他的儿子秦孝公继位。孝公出生已有二十一年了。这时黄河、华山以东有六个强国，淮水和泗水之间有十多个小国，楚国、魏国与秦国是邻国。魏国修筑长城，从郑邑开始延伸到洛水之滨，往北置有上郡；楚国则从汉中郡起始，往南则有巴郡、黔中郡之地，与秦接壤。东方各国都把秦国当夷狄看待，排斥它，不让它参与中原各国的约会和订盟，于是秦孝公发愤图强，实施德政，想使秦国强大。

【原文】

八年（庚申，前361）

孝公下令国中曰："昔我穆公[①]，自岐、雍[②]之间修德行武[③]，东平晋乱[④]，以河为界[⑤]，西霸戎翟[⑥]，广[⑦]地千里，天子致伯[⑧]，诸侯毕贺，为后世开业甚光美[⑨]。会[⑩]往者厉、躁、简公、出子[⑪]之不宁，国家内忧，未遑外事[⑫]。三晋攻夺我先君河西地[⑬]，丑莫大焉。献公即位，镇抚[⑭]边境，徙治栎阳[⑮]，且欲东伐，复穆公之故地，修[⑯]穆公之政令。寡人思念先君之意，常痛于心。宾客群臣有能出奇计强秦者，吾且[⑰]尊官[⑱]，与之分土[⑲]。"于是卫公孙鞅[⑳]闻是令下，乃西入秦。

公孙鞅者，卫之庶孙[㉑]也，好刑名之学[㉒]。事魏相公叔痤，痤知其贤，未及进。会病，魏惠王往问之曰："公叔病如有不可讳[㉓]，将奈社稷何[㉔]？"公叔曰："痤之中庶子[㉕]卫鞅，年虽少，有奇才，愿君举国而听之[㉖]！"王嘿然[㉗]。公叔曰："君即不听[㉘]用鞅，必杀之，无[㉙]令出境！"王许诺而去。公叔召鞅谢[㉚]曰："吾先君而后臣，故先为君谋，后以告子。子必速行矣！"鞅曰："君不能用子之言任臣，又安能用子之言杀臣乎！"卒[㉛]不去。王出，谓左右曰："公叔病甚[㉜]，悲乎，欲令寡人以国听卫鞅也！既又劝寡人杀之，岂不悖[㉝]哉！"卫鞅既至秦，因嬖臣[㉞]景监以求见孝公，说[㉟]以富国强兵之术[㊱]；公大悦，与议国事。

十年（壬戌，前359）

卫鞅欲变法，秦人不悦。卫鞅言于秦孝公曰："夫民不可与虑始[37]，而可与乐成[38]。论至德者不和于俗，成大功者不谋于众[39]。是以圣人苟[40]可以强国，不法其故[41]。"甘龙[42]曰："不然[43]。缘法[44]而治者，吏习而民安[45]之。"卫鞅曰："常人[46]安于故俗[47]，学者[48]溺于所闻[49]，以此两者[50]，居官守法[51]可也，非所与论于法之外也[52]。智者作法[53]，愚者制焉[54]；贤者更礼[55]，不肖者拘焉[56]。"公曰："善。"以卫鞅为左庶长[57]，卒[58]定变法之令。令民为什伍[59]而相收司[60]、连坐[61]，告奸者与斩敌首同赏[62]，不告奸者与降敌同罚[63]。有军功者，各以率受上爵[64]。为私斗者[65]，各以轻重被刑大小[66]。僇力本业[67]，耕织致粟帛多者，复其身[68]。事末利及怠而贫者[69]，举以为收孥[70]。宗室非有军功论，不得为属籍[71]。明尊卑爵秩等级[72]，各以差次[73]，名[74]田宅、臣妾、衣服。有功者显荣，无功者虽富无所芬华[75]。

令既具未布[76]，恐民之不信，乃立三丈之木于国都市南门[77]，募民有能徙置北门者予十金[78]。民怪之，莫敢徙。复曰："能徙者予五十金！"有一人徙之，辄予五十金[79]。乃下令[80]。

令行期年[81]，秦民之国都言新令之不便者以千数[82]。于是[83]太子犯法。卫鞅曰："法之不行，自上犯之[84]。太子，君嗣[85]也，不可施刑。"刑其傅[86]公子虔，黥其师[87]公孙贾。明日，秦人皆趋令[88]。行之十年，秦国道不拾遗，山无盗贼，民勇于公战，怯于私斗[89]，乡邑大治[90]。秦民初言令不便者，有来言令便。卫鞅曰："此皆乱法之民也！"尽迁之于边[91]。其后民莫敢议令。

臣光曰：夫信者，人君之大宝[92]也。国保于民[93]，民保于信[94]。非信无以使民[95]，非民无以守国[96]。是故古之王者不欺四海[97]，霸者不欺四邻，善为国[98]者不欺其民，善为家者不欺其亲。不善者反之：欺其邻国，欺其百姓，甚者欺其兄弟，欺其父子。上不信下，下不信上，上下离心，以至于败。所利不能药[99]其所伤，所获不能补其所亡[100]，岂不哀哉！昔齐桓公[101]不背曹沫[102]之盟，晋文公[103]不贪伐原之利[104]，魏文侯不弃虞人之期[105]，秦孝公不废徙木之赏[106]。此四君[107]者，道非粹白[108]，而商君尤称刻薄[109]，又处战攻之世，天下趋于诈力，犹且不敢忘信以畜[110]其民，况为四海治平[111]之政者哉！

韩懿侯薨，子昭侯立。

（以上为第二段，写秦孝公求贤，商鞅入秦变法，使秦国迅速崛起，国富兵强。“臣光曰”论诚信是立国立身之本。）

【注释】

①穆公：名任好，春秋五霸之一，在西边戎狄地区辟地千里。公元前659年至公元前621年在位。 ②岐：岐山，在今陕西省岐山县东北。 雍：邑名，在今陕西省凤翔区东南。 ③修德行武：施行德政，崇尚武功。 ④东平晋乱：向东平定了晋国的内乱。扶植晋文公执晋政。事详《史记·秦本纪》。 ⑤以河为界：言秦国的疆界向东发展直至黄河。 ⑥翟：同“狄”。 ⑦广：开辟。 ⑧天子致伯：周天子给予霸主称号。 伯：通“霸”。 ⑨甚光美：非常光大美好。 ⑩会：碰上，恰巧。 ⑪厉、躁、简公、出子：秦国四代国君。 厉：秦厉公，秦悼公之子，亦曰“厉共公”，公元前476年至公元前443年在位。 躁：秦躁公，秦厉公之子，公元前442年至公元前429年在位。 简公：秦怀公之子，公元前414年至公元前400年在位。 出子：秦惠公之子，公元前386年至公元前385年在位。 ⑫未遑外事：没来得及顾及外交。遑，闲暇。 ⑬河西地：指黄河以西地区，在今陕西省东北部。 ⑭镇抚：安抚。 ⑮徙治：迁都。栎（yuè）阳：今陕西省富平县东南。按，事在秦献公二年（前383）。 ⑯修：实行。 ⑰且：将。 ⑱尊官：提升官位。尊，用作动词，提高。 ⑲与之分土：赐给他们封地。 ⑳公孙鞅：即卫鞅，卫国贵族的后代，入秦变法，秦孝公任用为相，封于商，故号商鞅。事详《史记·商君列传》。 ㉑庶孙：旁支或姬妾所生子孙。 ㉒刑名之学：“刑名”亦作“形名”。战国时以法家申不害、韩非为代表的学派，主张循名责实，慎赏明罚。后人称他们的学说为“刑名之学”，省称“刑名”。 ㉓如有：据章校，他本二字互乙，与《史记·商君列传》和《魏世家》同。此“如有”，当作“有如”，即“如果”。 不可讳：死的委婉说法。讳，忌讳，避讳。此指死的代名词。 ㉔将奈社稷何：国家将怎么办？社，土神。稷，谷神。“社稷”为天子、诸侯所祭祀，因此是国家的代称。 ㉕中庶子：官名，掌管卿、大夫家族的事务。 ㉖愿：希望。 举国而听之：让全国都听从他的。即把管理国家的大权交给卫鞅。 ㉗嘿然：沉默无言的样子。嘿，同“默”。 ㉘即：如果。 听：听从，同意。 ㉙无：同“毋”，不要。 ㉚召：叫来。 谢：道歉。 ㉛卒：终于。 ㉜病甚：病得太重。 ㉝悖：荒谬，糊涂。 ㉞嬖（bì）臣：受宠信的近臣。 ㉟说（shuì）：游说，让人听从自己的意见。 ㊱术：办法。 ㊲虑始：谋划开创事业。 ㊳乐成：乐享其成。 ㊴“论至德”二句：讲论大理的人，不附和庸俗的见解；成就大功的人，不找庸人谋划。

㊵苟：只要。 ㊶不法其故：不必遵行旧的法典制度。法，效法，遵守。 ㊷甘龙：人名。秦孝公时职位较高的官吏。 ㊸不然：不是这样的。 ㊹缘法：沿袭现行的旧法。 ㊺吏习：官吏习惯于旧法。 民安：百姓安于现状。 ㊻常人：指平庸的人，墨守成规的人。 ㊼故俗：旧的习惯。 ㊽学者：这里指食古不化的教条主义学究。 ㊾溺于所闻：局限于自己所知道的旧事旧习。溺，沉湎，引申为“局限”。 ㊿此两者：指“常人”和“学者”。 51居官：占着官位。 守法：墨守成法。 52非所与论于法之外也：不能和他们讨论现行法规以外的事，指“变法”。 53作法：创立新法。 54制焉：受成法的制约，谓只会守法、循法。 55贤者：贤能的人。此指能变法的人。 更礼：改革旧礼制。 56不肖者：无德无才的人。 拘焉：拘泥守旧。 57左庶长：秦国二十级爵位的第十级为左庶长，属于卿一级的高爵。 58卒：终于。 59什伍：把居民按五家为“伍”、十家为“什”的军事模式组织起来。 60相收司：互相监督揭发。 按：收司，同“牧伺”，指主动监视。 61连坐：“什”“伍”中一家有罪，其他各家如不告发，则与犯罪者按同罪受罚，称连坐，即株连受罚。 62告奸者与斩敌首同赏：《史记·商君列传》《索隐》有“告奸一人则得爵一级，故云‘与斩敌首同赏’也”。 63不告奸者与降敌同罚：新法，隐藏奸人，本人处刑，家人没入官府为奴婢，与降敌同罪。 64各以率受上爵：各按功劳大小依条例的规定升爵受赏。率（lǜ），通“律”，条例规定的标准。 65为私斗者：为私利争斗的人。 66各以轻重被刑大小：各按照情节轻重分别处以大小不同的刑罚。 67僇力本业：努力从事农业。 68复其身：免除本人的劳役或赋税。复，免除。 69事末利：从事工商业。 怠而贫者：因懒惰而贫穷的人。 70举以为收孥：全家拘捕。他们的妻子、儿女属籍官府为奴婢。举，全部，一律。收孥，古时，一人犯法，妻、子连坐，没收为官府奴婢，谓之“收孥”。 71“宗室”二句：国君的族人凡是没有军功的，取消其宗室资格，不准再入族谱。论，论定，评定。属籍，宗室的谱牒。 72明尊卑爵秩等级：明确规定尊卑爵禄的等级界限与标准。 73各以差次：标明军功之大小为各级爵禄的等级次序。 74名：占有。 75“无功者”句：意谓无军功而富有的人得不到尊显的政治地位。 芬华：尊荣。指政治地位尊贵显耀。 76具：准备就绪。 布：公布。 77国都市南门：秦国都城南门的市场。古代的国都，前面是朝廷，在城市中心；后面是市场，靠近南城门；左面是祖庙，右面是社稷。 78募：招求。 徙置北门：把三丈长的木头从南门移放到北门。 十金：值十万铜钱。汉代一金指黄金一斤，称一镒，值万钱。 79辄予五十金：立即兑现奖赏五十镒黄金。以此表明令出必行，绝不欺骗。辄，就，立刻。 80乃下令：于是公布了新法令。 81期（jī）年：一整年。 82“秦民之国都”句：秦国各地到国都请愿说新法不好的人以千为单位计数。之，至，往。以千数，言其人多。 83于是：在这

时。⑧④法之不行，自上犯之：新法行不通是由于上面的人带头触犯它。⑧⑤君嗣：国君的继承人。⑧⑥傅：太傅。⑧⑦黥（qíng）：古代一种肉刑，即墨刑。在犯人脸上刺成记号或文字并涂上墨。师：太师。⑧⑧趋令：遵守法令。趋，向，遵奉。⑧⑨怯于私斗：不敢为个人私利而争斗。⑨⓪乡邑：乡村和城市。大治：社会秩序良好。⑨①尽迁之于边：把议论新法的人全部迁移到边远地区。⑨②大宝：最贵重的宝物。⑨③国保于民：国家因老百姓拥护而安定。保，安定。⑨④民保于信：老百姓因国家统治者讲信用而安定。⑨⑤非信无以使民：没有信用，就不能使用老百姓。⑨⑥非民无以守国：没有老百姓就不能守卫住国家。⑨⑦四海：全国。⑨⑧为国：治国。⑨⑨药：治疗，医治。⑩⓪亡：失，损失。⑩①齐桓公：名小白，春秋五霸之一，公元前685年至公元前643年在位。⑩②曹沫：鲁人，又作曹刿，为鲁庄公（前693—前662在位）将，与齐战，三败，丧师失地。鲁庄公十三年（前681），鲁庄公与齐桓公会盟于柯（今山东省阳谷县东北50里），曹沫在盟会上扶持齐桓公，要求尽归齐所侵鲁地，桓公应允。事详《史记·刺客列传》。⑩③晋文公：献公之子，名重耳，春秋五霸之一，公元前636年至公元前628年在位。⑩④不贪伐原之利：《左传·僖公二十五年》载，晋文公讨伐原国，命令包围原国到了第三天，原国不投降，就下令撤兵。到时晋文公果然下令撤兵三十里，原国人得知诚心投降。⑩⑤魏文侯不弃虞人之期：魏文侯与虞人期猎，到了约定的日子，天下大雨，魏文侯不失信前往，大得人心，魏国由此成为强国。弃，废掉，取消。虞人，掌管帝王苑囿的小吏。期，约会。⑩⑥秦孝公不废徙木之赏：见前周显王十年，商鞅变法移木取信的事件。⑩⑦四君：齐桓公、晋文公、魏文侯、秦孝公。⑩⑧粹白：纯粹。⑩⑨称：叫作，可以说是。刻薄：冷酷无情，残忍寡恩。⑪⓪畜：养育。⑪①治平：清平，指政治清明，社会安定。

【译文】

周显王八年（庚申，前361）

秦孝公在国都下令说："从前我们的祖先穆公，在岐山、雍都之间发展，施行德政，建立武备，向东平定了晋国的祸乱，以黄河为国界，在西方称霸于戎狄，扩大了千里土地，周天子册封我们为方伯，诸侯们都来庆贺，为后代的发展开创了美好的基业。不幸后来厉共公、躁公、简公、出子这几代政局不宁，国家内有忧患，没有时间处理外部事务。三晋进攻我秦国并夺取了先君已有的河西地方，没有什么比这更使人羞愧耻辱的了。到了献公即位之后，安抚边境，迁都到了栎阳，并且打算向东攻伐，恢复穆公时的原有国土，实施穆公时的政令。我思念先君复兴秦国的本意，时常悲痛于心。宾客们、臣子们，凡是能够出奇计使秦国强大的，我将给他加官晋爵，并给他分封土地。”卫国的公孙鞅听到秦孝公下了这样的求贤令，就向西进入秦国。

公孙鞅是卫国公族，庶出儿孙，爱好刑名之学，侍奉魏国的国相公叔痤。公叔痤知道公孙鞅贤能，但还没有来得及向魏王推荐进用。正巧公叔痤身患重病，魏惠王前来看望公叔痤，并询问说：“公叔你的病若有什么意外，我们的国家该怎么办？”公叔痤说：“我的属下中庶子卫鞅，虽然年轻，却是一个奇才，希望君王把国家大政交给他。”魏惠王沉默不说话。公叔痤接着说：“君王如果不任用卫鞅，一定杀掉他，不要让他离开国境。”魏惠王应允后便离开了。公叔痤召见卫鞅，并向卫鞅致歉说：“我先忠于国君，后对臣僚负责，所以我首先替国君谋划，然后告知你，你一定要赶快逃走。”卫鞅说：“国君如果不能听相公的话任用我，又怎么会听你的话杀掉我呢？”卫鞅终于没有离开魏国。魏惠王出了相府，对身边的人说：“公叔病得太严重了，真使人难过啊！他要我把国家大政交给卫鞅，过了一会又劝我杀掉卫鞅，这难道不是荒唐糊涂吗？”卫鞅于是就到了秦国，通过秦孝公的宠臣景监求见秦孝公，用富国强兵之术游说秦孝公，秦孝公非常高兴，于是和卫鞅讨论国家大事。

周显王十年（壬戌，前 359）

卫鞅想变法，秦国人不高兴。卫鞅对秦孝公说：“平民百姓不能与他们谋划创业，只可同他们共享成功。因此讲论大理的人，不附和庸俗的见解，成就大事的人不与平凡的人谋划。所以圣人只要达到强国的目的，就不必遵守旧有的典章制度。”甘龙说：“不是这样，沿用旧法来治理国家，不但官吏熟习，而且民众安于现状。”卫鞅说：“平庸的人安于守旧，迂腐的学究拘泥于自己的见闻，依靠这两种人，要他们占着官位遵守法制是可以的，但不能够同他们讨论法律之外的事情。聪明的人建立法制，愚蠢的人只会死守着它；贤能的人更改礼制，而不肖的人只能默默遵守。”秦孝公说：“说得好。”于是任命卫鞅为左庶长，终于制定了变法的法令。下令民户建立什伍组织，实行互相检举和连坐法，告发奸邪的人可以得到如同斩杀敌人首级一样的赏赐，不告发奸邪的人与投降敌人的人一样论罪。立有军功的人，按其所达到的标准得到国家的封爵；结仇私斗的人，按其情节的轻重处以不同的刑罚。尽力从事农桑本业的人，按照耕织所得的粟和帛的数量，多的人，免除他本人的徭役；从事工商末业营利的人，以及因怠惰陷于贫困的人，受到检举后，全家人的妻子、儿女都被拘捕为官府奴婢。宗室中没有军功的，不能够入宗属的籍谱。辨明尊卑爵位官秩的等级，各以其级别品第享有相应的田宅、臣妾及服饰。有功的显示尊贵荣华，无功的虽富有但不可以有显示荣耀的地位。

变法法令已制定但还没公布，担心民众不服从，于是在国都南门的市场竖立了三丈高的木头，布告招募一个有能力把木头搬运到城北门的人，奖给十金。民众对此十分奇怪，没有谁敢去搬运。于是再一次下令说："能搬移的人奖给五十金！"有一个人前来把它搬移到了北门，当场奖给他五十金，这才公布了变法的法令。

变法法令实施一年后，秦国各地到国都请愿说法令不便的人数以千计。在这时，太子带头犯法。卫鞅说："新法令得不到推行，是由于在上位的人触犯了新法。太子是国君的继承人，不可以用刑。"便把太子的太傅公子虔处以刑罚，把太师公孙贾处以黥刑。第二天，秦国民众全都遵守法令。新法在秦国施行了十年，秦国境内路上的东西没人捡，山中没有强盗，民众勇敢地为国作战，害怕结仇私斗，乡间、都邑得到很好的治理。秦国民众中当初有说新法不便的人，现在又说新法很好，卫鞅说："这些都是扰乱法令的刁民！"把他们全都流放到边地。从此以后，没有人敢议论国家的政令。

臣司马光评论说：说到诚信，它是国君的大宝。国家安定靠的是民众，民众安定靠的是诚信。没有诚信就没有办法驱使民众，没有民众就没有办法守卫国家。因此，古代的君王不欺骗全国民众，称霸的人不欺骗四邻，善于治国的君王不欺骗民众，善于理家的人不欺骗亲属。不善于治理的人则相反，欺骗邻国，欺骗百姓，甚至欺骗兄弟、父子。上级不相信下级，下级不相信上级，上下离心离德，以至于败亡。所得到的利益不足以医治它所受到的创伤，所得到的收获不足以补救它所遭受的损失，这难道不是很可悲的吗？从前齐桓公不违背与曹沫订的盟誓，晋文公不贪图攻伐原国的利益，魏文侯不违背同管理山泽的人的约定，秦孝公不废除给搬移木头的人的奖赏令。这四位国君的行为并不纯粹清白，商鞅尤其被称为刻薄寡恩的人，又处于战国攻伐不已的时代，天下都崇尚诈力，他们尚且不敢忘记以诚信来抚养他们的人民，何况今日治理一统天下的当政者？

韩懿侯死了，他的儿子韩昭侯继位。

【原文】

十一年（癸亥，前358）

秦败韩师于西山[①]。

十二年（甲子，前357）

魏韩[②]会于鄗[③]。

十三年（乙丑，前356）

赵、燕会于阿[④]。

赵、齐、宋会于平陆[⑤]。

十四年（丙寅，前355）

齐威王、魏惠王会田[⑥]于郊。惠王曰："齐亦有宝乎？"威王曰："无有。"惠王曰："寡人国虽小，尚有径寸[⑦]之珠，照车前后各十二乘者十枚。岂[⑧]以齐大国而无宝乎？"威王曰："寡人之所以为宝者与王异[⑨]。吾臣有檀[⑩]子者，使守南城，则楚人不敢为寇[⑪]，泗上十二诸侯[⑫]皆来朝；吾臣有盼子[⑬]者，使守高唐[⑭]，则赵人不敢东渔于河[⑮]；吾吏有黔夫[⑯]者，使守徐州[⑰]，则燕人祭北门[⑱]，赵人祭西门，徙而从者七千余家[⑲]；吾臣有种首者，使备盗贼，则道不拾遗[⑳]。此四臣者，将照千里，岂特[㉑]十二乘哉！"惠王有惭色。

秦孝公、魏惠王会于杜平[㉒]。

鲁共公[㉓]薨，子康公毛[㉔]立。

十五年（丁卯，前354）

秦败魏师于元里[㉕]，斩首七千级[㉖]，取少梁[㉗]。

魏惠王伐赵，围邯郸[㉘]。楚王[㉙]使景舍[㉚]救赵。

十六年（戊辰，前353）

齐威王使田忌[㉛]救赵。

初，孙膑[㉜]与庞涓[㉝]俱学兵法。庞涓仕魏[㉞]为将军，自以能[㉟]不及孙膑，乃召之[㊱]。至，则以法断其两足而黥之，欲使终身废弃。齐使者至魏，孙膑以刑徒阴见[㊲]，说[㊳]齐使者，齐使者窃载与之齐[㊴]。田忌善[㊵]而客待之[㊶]，进[㊷]于威王。威王问兵法，遂以为师[㊸]。于是威王谋救赵，以孙膑为将，辞以刑余之人不可[㊹]。乃以田忌为将而孙子为师，居辎车[㊺]中，坐为计谋[㊻]。

田忌欲引兵[47]之赵。孙子曰："夫解杂乱纷纠者不控拳[48]，救斗者[49]不搏撠[50]。批亢捣虚[51]，形格势禁[52]，则自为解[53]耳。今梁、赵相攻，轻兵锐卒必竭于外[54]，老弱疲于内。子不若[55]引兵疾走[56]魏都[57]，据其街路[58]，冲其方虚[59]，彼必释[60]赵以自救。是我一举解赵之围而收弊于魏[61]也。"田忌从之。十月，邯郸[62]降魏。魏师还，与齐战于桂陵[63]，魏师大败。

韩伐东周[64]，取陵观、廪丘[65]。

楚昭奚恤为相[66]。江乙[67]言于楚王曰："人有爱其狗者，狗尝溺[68]井，其邻人见，欲入言之，狗当门而噬之[69]。今昭奚恤常恶臣之见[70]，亦犹是也[71]。且人有好扬人之善者，王曰：'此君子也，'近[72]之；好扬人之恶者，王曰：'此小人也，'远[73]之。然则且[74]有子弑其父、臣弑其主者，而王终已[75]不知也。何者？以王好[76]闻人之美而恶闻[77]人之恶也。"王曰："善！寡人愿两闻之[78]。"

（以上为第三段，写齐魏桂陵之战，齐救赵大败魏军。这是孙膑与庞涓斗智的第一个回合。）

【注释】

①西山：山名，自河南宜阳熊耳山东连至嵩山，南至鲁山县，皆韩之西山。 ②韩：据章校，他本"韩"作"赵"。《史记·六国年表》"韩"作"赵"。 ③鄗（hào）：赵邑，今河北省高邑县与柏乡县之间。 ④阿：赵邑名，在今河北省保定市东北。 ⑤平陆：齐邑名，在今山东省汶上县北。 ⑥田：又作"畋"，打猎。 ⑦径寸：直径一寸。 ⑧岂：难道。 ⑨"寡人"句：寡人所认为的宝与大王的不同。 ⑩檀：姓。 ⑪为寇：进犯。 ⑫泗上十二诸侯：见前卷显王七年"淮泗之间小国十余"注。 ⑬盼子：田盼。田王族。 ⑭高唐：齐邑名，在今山东省高唐县东北。 ⑮东渔于河：向东到齐国黄河里来捕鱼。喻赵国不敢向东侵犯齐国。 ⑯黔夫：与下文提及的种首，皆为齐臣。 ⑰徐州：古地名，今河北徐水。 ⑱燕人祭北门：燕国人畏惧齐国，故在齐北境祭祀以求福。 ⑲徙而从者七千余家：迁徙跟随黔夫的有七千余家。 ⑳道不拾遗：路上没有人敢拾取别人遗失的东西。 ㉑岂特：岂止，何止。 ㉒杜平：魏河西邑名，在今陕西省澄城县东南。 ㉓鲁共公：鲁穆公之子，名奋，鲁国第二十九君，公元前376年至公元前353年在位。 ㉔康公毛：鲁共公之子，名屯，《鲁周公世家》作"屯"。"毛"字误。公元前354年至公元前344年在位。 ㉕元里：地名，今陕西省澄城县东南。 ㉖级：量词，一颗人头。杀敌获一颗人头，称斩敌一级。 ㉗少梁：魏邑，今陕西韩城市南。此时为秦所夺。

㉘邯郸：赵都，今河北邯郸市。㉙楚王：楚宣王熊良夫，肃王之弟，公元前369年至公元前340年在位。㉚景舍：楚将。㉛田忌：齐将。㉜孙膑：战国时齐人，是孙武的后世子孙，生卒年不详，约与商鞅同时。传附《史记·孙子吴起列传》。㉝庞涓：魏将，据银雀山汉墓竹简《孙膑兵法》，庞涓在桂陵之役战败，于马陵之役被杀。㉞仕魏：《史记·孙子吴起列传》曰"为惠王将军。"㉟能：才干。㊱召之：邀请孙膑。㊲以刑徒阴见：以罪犯的身份秘密会见齐使。阴，暗中。㊳说（shuì）：说服别人听从自己的意见。㊴窃载与之齐：秘密地把孙膑装在车上和他一道去到齐国。之，去，至。㊵善：赞许，赏识。㊶客待之：以上宾之礼款待孙膑。㊷进：举荐。㊸遂以为师：于是尊孙膑为老师。㊹辞以刑余之人不可：拿刑余之人为理由推辞不能担任全军主将。刑余之人，指受过肉刑，身残受辱，已不是一个完人。按：孙膑在魏被断两足，又被黥面。㊺辎车：有篷的车。㊻坐为计谋：坐在军营出谋划策，不直接参加战斗。㊼引兵：率领军队。㊽解开乱丝不能用拳头去乱砸。杂乱纷纠：乱成一团的丝，比喻事情杂乱无章很难解开。控拳：握紧拳头。㊾救斗者：劝解打斗的人。㊿搏撠：揪住，意思是加入进去帮着打。51批亢捣虚：控制对方要害而击其空虚。亢（gāng），咽喉。引申为要害。52形格势禁：迫使打斗双方在形势上就受到阻遏和限制，即迫使形势变化。格，阻遏。禁，限制。53自为解：打斗的双方便自然解开。54轻兵锐卒必竭于外：精锐的士兵必定在国外精疲力尽。轻兵，轻装快捷的士兵。锐卒，精良锐利的士卒。55不若：不如。56疾走：火速前往。57魏都：大梁，今河南省开封市。58据其街路：占据敌方的交通要道。59冲其方虚：攻击敌方防备空虚的地方。60释：放弃。61收弊于魏：从魏国的疲弊中找到战机。62邯郸：指赵军。63桂陵：古地名，今河南省长垣市西北。64东周：东周王室后期分裂成为西周、东周两个小国，此东周即其中之一的东周。周考王封其弟揭于王城，即王室所居之洛阳，是为河南桓公。桓公之孙惠公又封其少子于巩，今河南巩义市，在王城之东，号东周，惠公在王城号西周。周显王二年，赵与韩分周为二，正式成为西周、东周两小国，周王居于西周的王城，是名义上的周天子。65陵观、廪丘：两邑名，东周领地，在今河南省境内，具体所在不详。66昭奚恤：楚宣王时令尹。楚令尹为辅佐君王的最高军政长官，平时为相，战时为帅。67江乙：楚宣王臣。68溺（niào）：同"尿"。69狗当门而噬之：狗堵在门口就咬他。噬（shì），咬。70常恶臣之见：常常忌恨我，不让我和大王见面。恶（wù），忌恨。71亦犹是：如同"狗当门而噬之"一样。72近：亲近。73远：疏远。74且：若。75终己：终身。76好（hào）：喜欢。77恶（wù）闻：不喜欢听。78两闻之：两方面的话都要听。

【译文】

周显王十一年（癸亥，前358）

秦国军队在韩国的西山打败了韩军。

周显王十二年（甲子，前357）

魏国、韩国在鄗邑会盟。

周显王十三年（乙丑，前356）

赵国、燕国在阿邑会盟。

赵国、齐国、宋国在平陆邑会盟。

周显王十四年（丙寅，前355）

齐威王、魏惠王在齐郊打猎。魏惠王问："齐国也有珍宝吗？"齐威王说："没有。"魏惠王说："我的国家虽然小，尚且还有直径一寸的珍珠，珠光能照亮十二乘的车队的有十枚之多，难道堂堂大齐国却没有珠宝吗？"威王说："我看重的珍宝与惠王你看重的珍宝不相同。我有个臣子叫檀子，派他去镇守南城，楚国人就不敢来侵犯，泗水流域的十二个诸侯都来朝见齐国。我有个臣子叫盼子，派他去守卫高唐，赵国人就不敢东下黄河来捕鱼。我的属吏有个叫黔夫的，派他镇守徐州，燕国人就害怕了，燕国人在北门设祭求福，赵国人也在西门设祭求福，燕、赵两国人来归附徐州的有七千多家。我还有个臣子叫种首，派他负责防备盗贼，于是社会风气大变，民众路不拾遗。这四位臣子，他们的光芒可照耀千里，哪里只是十二乘的车队呢？"魏惠王听后露出了惭愧的神色。

秦孝公、魏惠王在杜平会盟。

鲁共公死了，他的儿子毛继位，是为鲁康公。

周显王十五年（丁卯，前354）

秦军在元里城打败魏军，斩首七千级，夺取了少梁邑。

魏惠王攻打赵国，包围了邯郸。楚王派景舍去救赵国。

周显王十六年（戊辰，前353）

齐威王派田忌救赵国。

当初，孙膑与庞涓一起学习兵法，庞涓在魏国任将军，自认为才能不如孙膑，就要心眼请孙膑来魏国。孙膑到后，庞涓便陷害他，以刖刑砍断他的两脚，又以黥刑刺他的脸，想使孙膑终身残疾不能出任将帅。齐国使者来到魏国，孙膑以刑徒的身份暗中求见，游说齐国使者，齐国使者偷偷地把孙膑载上车一起返回齐国。田忌十分看重孙膑，待以客礼，又推荐给齐威王。威王向孙膑请教兵法，于是尊孙膑为老师。齐威王打算出兵救赵，任命孙膑为将，孙膑辞谢，认为受过刑的人不能担任将帅。齐威王便任命田忌为将，孙膑为军师，乘坐在有篷盖的车中，为田忌出谋划策。

田忌打算领兵直驱赵国救援。孙膑说："解开杂乱纷纠的东西，不可以用拳头猛击，解救互相打斗的人，也不可以动手直接搏斗攻击，应打击敌方要害，直捣其空虚的地方，造成形势的变化，那么打斗的人便自然会解开。现在魏国和赵国交战，魏国的精兵锐卒一定倾巢而出，老弱之人困守在国内；你不如领兵快速奔袭魏国的都城，占领它的交通要道，冲击它防备空虚的地方，魏军一定会解除赵国的围困而回师自救，这样我军既能解除赵国的围困，还可以从魏军疲败中找到战机。"田忌听从了孙膑的计谋。十月，邯郸投降了魏国。魏军回师，与齐军在桂陵交战，魏军大败。

韩国攻打东周，夺取了陵观和廪丘。

楚国的昭奚恤被任用为国相。江乙对楚王说："有一个人喜欢自己养的狗，有一次这只狗向井里撒尿，这个人的邻居看见了，想进去告诉狗的主人，这只狗却挡在门口咬他。如今昭奚恤不高兴我来面见大王，就像这只狗。如果有人好褒扬别人的长处，大王你就说：'这是一个君子啊'，便亲近他；对于好张扬别人缺点的人，大王你就说：'这是一个小人'，便疏远他。然而，如果有儿子弑杀父亲，臣子弑杀君主，大王你却永远都不会知道。为什么呢？因为君王你喜欢听别人的优点，而讨厌听对别人的指责。"楚王说："说得好，这两方面的言论我都愿意听。"

【原文】

十七年（己巳，前352）

秦大良造[①]伐魏。

诸侯围魏襄陵[②]。

十八年（庚午，前351）

秦卫鞅围魏固阳[③]，降之。

魏人归赵邯郸，与赵盟漳水[④]上。

韩昭侯[⑤]以申不害[⑥]为相。

申不害者，郑之贱臣[⑦]也，学黄、老[⑧]、刑名，以干[⑨]昭侯。昭侯用为相，内修[⑩]政教，外应[⑪]诸侯，十五年[⑫]，终申子之身，国治兵强。

申子尝请仕其从兄[13]，昭侯不许，申子有怨色。昭侯曰："所为[14]学于子者，欲以治国也。今将听子之谒而废子之术乎，已其行子之术而废子之请乎[15]？子尝教寡人修功劳[16]，视次第[17]；今有所私求，我将奚[18]听乎？"申子乃辟舍请罪[19]曰："君真其人[20]也！"

昭侯有弊袴[21]，命藏之。侍者曰："君亦不仁者[22]矣。不赐左右而藏之！"昭侯曰："吾闻明主爱一嚬一笑[23]，嚬有为嚬[24]，笑有为笑。今袴岂特嚬笑哉[25]！吾必待有功者。"

十九年（辛未，前350）

秦商鞅筑冀阙[26]宫庭于咸阳[27]，徙都之[28]。令民父子、兄弟同室内息者为禁[29]。并诸小乡聚[30]，集[31]为一县，县置令、丞[32]，凡[33]三十一县。废井田[34]，开阡陌[35]，平斗、桶、权、衡、丈、尺[36]。

秦、魏遇于彤[37]。

赵成侯薨，公子緤与太子[38]争立。緤败，奔韩。

二十一年（癸酉，前348）

秦商鞅更为赋税法[39]，行之。

二十二年（甲戌，前347）

赵公子范袭邯郸，不胜而死。

二十三年（乙亥，前346）

齐杀其大夫牟[40]。

鲁康公薨，子景公偃立[41]。

卫更贬号曰侯[42]，服属[43]三晋。

二十五年（丁丑，前344）

诸侯会于京师[44]。

二十六年（戊寅，前343）

王致伯[45]于秦，诸侯皆贺秦。秦孝公使公子少官帅师会诸侯于逢泽[46]以朝王。

二十八年（庚辰，前341）

魏庞涓伐韩。韩请[47]救于齐。齐威王召大臣而谋曰："蚤救孰与晚救[48]？"成侯[49]曰："不如勿救。"田忌[50]曰："弗救则韩且折而入于魏[51]，不如蚤救之。"孙膑曰："夫韩、魏之兵未弊[52]而救之，是吾代韩受魏之兵，顾反[53]听命于韩也。且魏有破国之志[54]，韩见亡，必东面[55]而诉于齐矣。吾因深结韩之亲而晚承魏之弊[56]，则可受重利而得尊名[57]也。”王曰：“善！”乃阴许韩使而遣之[58]。韩因恃齐[59]，五战不胜，而东委国于齐[60]。

齐因起兵[61]，使田忌、田婴、田盼将之[62]，孙子为师[63]，以救韩，直走魏都[64]。庞涓闻之，去[65]韩而归。魏人大发兵，以太子申为将，以御齐师。孙子谓田忌曰：“彼三晋[66]之兵素悍勇而轻齐，齐号为怯[67]。善战者因其势而利导之[68]。《兵法》[69]：‘百里而趣利者蹶上将，五十里而趣利者军半至[70]。’”乃使齐军入魏地为十万灶，明日为五万灶，又明日为二万灶。庞涓行三日，大喜曰：“我固知齐军怯，入吾地三日，士卒亡者过半[71]矣！”乃弃其步军，与其轻锐倍日并行[72]逐之。孙子度其行[73]，暮当至马陵[74]。马陵道狭而旁多阻隘[75]，可伏兵，乃斫[76]大树，白而书之[77]曰：“庞涓死此树下！”于是令齐师善射者万弩[78]夹道而伏，期日[79]暮见火举而俱发。庞涓果夜到斫木下，见白书，以火烛之[80]。读未毕，万弩俱发，魏师大乱相失[81]。庞涓自知智穷[82]兵败，乃自刭[83]，曰：“遂成竖子之名[84]！”齐因乘胜大破魏师，虏太子申。

成侯邹忌恶[85]田忌，使人操十金[86]，卜于市[87]，曰：“我，田忌之人[88]也。我为将三战三胜，欲行大事[89]，可乎？”卜者出，因使人执之。田忌不能自明[90]，率其徒攻临淄[91]，求[92]成侯。不克，出奔楚。

（以上为第四段，写孙膑与庞涓斗智的第二个回合，孙膑凭借齐国军队救援韩国，在马陵大败魏军，史称马陵之战。两个回合，两战之后，魏国迅速衰落。）

【注释】

①大良造：秦爵第十六级，又称大上造。据章校，他本“大良造”下有“卫鞅”二字。 ②襄陵：在今河南省睢县西。 ③固阳：故城在今内蒙古包头市北固阳县。 ④漳水：经河北省临漳县南，东流至馆陶县注入卫河。 ⑤韩昭侯：亦称韩釐侯，名武。公元前362年至公元前333年在位。 ⑥申不害（约前385—前337）：郑国人，战国中期法家，曾任韩昭侯相，使韩“国治兵强”。 ⑦贱臣：低级官吏。 ⑧黄、老：指“黄老之学”，崇尚无为而治，形成于战国末期而兴盛于西汉初期，至汉武帝实行“罢黜百家，独尊儒术”，其后黄老之学式微。 ⑨干（gān）：向权势者请谒仕进。 ⑩修：调整，治理。 ⑪应：应对，交往。 ⑫十五年：指申不害相韩十五年。据《史记·韩世家》：“韩昭侯

八年（前355）申不害相韩，二十二年（前341）申不害死。”正十五年。 ⑬请仕其从兄：申不害向韩昭侯为其堂兄求官。 ⑭所为：所以。 ⑮“今将”二句：现今是听从先生的请示而废弃先生的学说呢，还是实践先生的学说而废弃先生的请示呢？ 将：当，应该。 听：听从，同意。 谒：请求。 废：废弃，抛开。 术：办法，学说。 已其：还是。 ⑯修功劳：即“循功劳”，按功行赏。修，遵循。 ⑰视次第：即“因能而受官”，按能力强弱委任不同等级的官职。 次第：等级。 ⑱奚：何。 ⑲辟舍请罪：迁出正宫，移居别处，请求惩处。辟，通“避”。 ⑳真其人：真正是言行一致的那种人。 ㉑弊袴：破裤。弊，通“敝”。 ㉒不仁者：吝于财而爱财的人。 ㉓爱一嚬一咲：不随便轻易地皱一次眉或一次微笑。嚬（pín），同“颦”，皱眉。咲，古“笑”字。 ㉔嚬有为嚬：皱一次眉也要深思熟虑有所为。有为，有所为，有目的。 ㉕袴岂特嚬咲哉：裤虽破，岂是一嚬一笑能比拟的吗？ ㉖冀阙：即“魏阙”。古代宫廷正门前两边的城楼，相对如阙，称“阙门”，为公布法令的地方。 ㉗咸阳：故城在今陕西省咸阳市东北20里。 ㉘徙都之：秦初都雍，今陕西省宝鸡市凤翔区南，秦孝公徙都咸阳。 ㉙令民父子、兄弟同室内息者为禁：下令老百姓父子兄弟同住一室的严加禁止，按秦地旧俗袭戎狄风俗，男女长幼同在一间屋杂居。息，止息，居处。 ㉚聚：村落。 ㉛集：合并。 ㉜令：一县之长。大县万户以上之长称县令，小县之长称县长。 丞：县丞，县令的副手。 ㉝凡：共。 ㉞井田：周代实行的一种土地制度。以方九百亩为一里，划为九区，形如“井”字，故名。中区为公田，外八区为私田，八家私田同养公田。公事毕，然后治私田。 ㉟开阡陌：铲除井田上田间小道的疆界。 阡陌：田间小路，南北为阡，东西为陌。 ㊱平斗、桶、权、衡、丈、尺：统一度量衡制度。平，统一标准，使之公平。斗、桶：量器名，六斗为一桶。权，秤锤。衡，秤杆。 ㊲彤：邑名，在今陕西省华州区西南。 ㊳太子：指赵肃侯，成侯子，名语，公元前349年至公元前326年在位。 ㊴更为赋税法：更新旧的赋税法，制定新的赋税法，允许土地私有，并可自由买卖。 ㊵大夫牟：《史记·六国年表》作“大夫牟辛”。 ㊶康公：鲁共公之子，名屯。公元前352年至公元前344年在位。 景公：鲁康公之子，名偃，公元前343年至公元前315年在位。 ㊷卫更贬号曰侯：周成王封康叔为卫侯，是五等爵的第一级“公”爵，由于卫日益小弱，至是贬为第二等的“侯”爵。五等爵为公、侯、伯、子、男。 ㊸服属：顺从归属。战国时卫归属为魏之附庸。 ㊹京师：今河南省洛阳市。 ㊺致伯：天子封给“诸侯首领”的称号。伯，通“霸”。 ㊻逢泽：在今开封市东北。 ㊼请：求。 ㊽蚤救孰与晚救：早救好还是晚救好？ ㊾成侯：邹忌，齐威王的相国。 ㊿田忌：齐威王将。 51折而入于魏：转过来投靠魏国。 52弊：通“敝”，疲困。 53顾反：同义复词，即“反而”。

㊽破国之志：灭掉韩国的意图。 ㊾东面：向东。 ㊿吾因深结韩之亲：我就秘密和韩国结好。深，藏，秘密。 晚承魏之弊：慢慢等待魏国疲惫。晚，拖延，等待。 ⑰可受重利而得尊名：可以收到重大利益并获得扶弱抑强的好名声。受，收到，取得。 ⑱乃阴许韩使而遣之：就暗中把出援的打算告诉韩国使者并送他回去。 ⑲韩因恃齐：韩国因为依仗有齐国支持便与魏战。 ⑳委国于齐：投靠齐国。委，委托，引申为投靠。 ㉑起兵：发兵。 ㉒田婴：齐国孟尝君田文的父亲靖国君，齐威王少子，封于薛，故又称薛公。 田盼：又称盼子，田婴同族。 将：率领。 ㉓孙子：孙膑。 师：军师，相当于参谋长。 ㉔直走：直指，直往。 魏都：大梁。 ㉕去：撤离。 ㉖三晋：统称赵、魏、韩，此处指魏。 ㉗齐号为怯：齐国被称作怯懦。 ㉘善战者：善于用兵的人。 因其势而利导之：指齐军要利用魏军认为齐兵胆怯这一形势，伪装胆怯逃跑，引诱魏兵深入。因，趁势，利用。 ㉙《兵法》：指《孙子兵法》。 ㉚“百里而趣利者”二句：急行军一百里路程去争利，先头部队的将领将遭受挫败；紧赶五十里路程去争利，部队只有一半能到达。 趣：取，争。 蹶（jué）：挫折，失败。按，《孙子兵法 · 军争篇》：“百里而争利，则擒三将军……五十里而争利，则蹶上将军，其法半至。”为二句所本。 ㉛亡者过半：谓逃亡的齐军超过了半数。 ㉜倍日并行：两天的路程合在一天走完。按，“倍日”“并行”同义，皆“兼程”之义，重言加强语势。 ㉝度其行：推测庞涓追兵的行程。度（duó），推测，估量。 ㉞马陵：齐地名，在今河南范县西南。 ㉟阻隘：地势险要。 ㊱斫：削。 ㊲白：削去树干外皮，露出白木。 书之：在白木上写字。 ㊳善射者万弩：善于使用弩弓的弓箭手一万人。 ㊴期日：约定日期。两军交战，设伏诱敌，不可能约定时间，《史记 · 孙子吴起列传》作“期曰”，指约定齐兵，当庞涓中伏举火时齐声大喊“庞涓死此树下”。《通鉴》改“期曰”为“期日”，是推测魏兵到时，前文有“度其行”，下文有“果夜到”，可证“期日”二字不误。 ㊵以火烛之：用火照树上的字。烛，照，照亮。 ㊶相失：魏军溃乱，相互失去联系。 ㊷智穷：一点办法也没有了。 ㊸自刭：自杀。刭，用刀割脖子。 ㊹遂成竖子之名：竟然让这小子成了名。竖子，骂人的话，即“臭小子”。 ㊺恶（wù）：憎恨。 ㊻金：金币重量单位，二十两为一金。金，又作“镒”。 ㊼卜：占卜，预测吉凶祸福。 市：市场，人聚集之处。 ㊽我，田忌之人：诈称是“田忌之人”，达到陷害田忌的目的。 ㊾大事：特大政治事件，隐喻发动兵变，夺取政权。 ㊿自明：自己说清楚。 ⑨①徒：部下。 临淄：齐都，故城在今山东临淄北。 ⑨②求：讨要。

【译文】

周显王十七年（己巳，前352）

秦国的大良造卫鞅攻打魏国。

诸侯国围攻魏国的襄陵。

周显王十八年（庚午，前351）

秦国的卫鞅围攻魏国的固阳，固阳投降。

魏国将夺来的邯郸归还给赵国，与赵国在漳水上盟誓。

韩昭侯任用申不害为相。

申不害原本是郑国的一个低级官吏，学习黄、老、刑名的学说，用来游说韩昭侯求取官职。韩昭侯用为国相，在国内修明政治和教化，在国外结交诸侯。在申不害任职的十五年间，韩国得到治理，兵力强盛。

申不害曾经为堂兄请求官职，韩昭侯不允许，申不害很不高兴。韩昭侯说："寡人向先生学习的目的，是用来治理国家。现在寡人是答应先生的请求而废弃先生的学说呢，还是实践先生的学说而废弃先生的请求呢？先生曾经指教寡人奖励建功立业的人，按能力大小用人；现在先生却私求于寡人，寡人该听先生哪一种意见呢？"申不害听后离开座席向韩昭侯请罪说："主君真是一个实践刑名学说的好国君。"

韩昭侯有一条破裤子，他让侍从收藏起来。侍从说："主君太舍不得了，不赏赐给身边的人还要收藏起来。"韩昭侯说："我听说贤明的君主很讲究一次皱眉和一次微笑。一次皱眉和一次微笑，都要用在当用的地方，现在这条旧裤哪是一个皱眉、一个微笑所能比的呢？我一定要把它赏赐给有功的人。"

周显王十九年（辛未，前350）

秦国的卫鞅在咸阳建筑城阙和宫廷，并把国都迁徙到咸阳。下令禁止百姓家庭不分长幼尊卑地父子、兄弟混居一堂，把那些小乡合并，组织为县，每县设置县令、县丞，总共有三十一个县。废除井田制度，开辟田界道路，统一全国的度量衡制度。

秦军和魏军在彤邑相遇。

赵成侯死了，公子緤与太子争立为国君。公子緤失败，投奔韩国。

周显王二十一年（癸酉，前348）

秦国商鞅改革了赋税法，在全秦国施行。

周显王二十二年（甲戌，前347）

赵公子范偷袭邯郸，战死。

周显王二十三年（乙亥，前346）

齐国杀了大夫牟。

鲁康公死了，他的儿子偃继位为鲁景公。

卫国公爵被贬降为侯爵，臣服依附于三晋。

周显王二十五年（丁丑，前344）

诸侯在京师洛阳会盟。

周显王二十六年（戊寅，前343）

周显王封秦国国君为一方诸侯之长，诸侯都来祝贺秦国。秦孝公派一个公子少官率军队在逢泽与诸侯相会，并朝见周显王。

周显王二十八年（庚辰，前341）

魏国庞涓攻打韩国。韩国向齐国求救。齐威王召集大臣们商议，说："早去救，还是晚去救，哪个办法更好？"成侯邹忌说："还是不救为好。"田忌说："不救，韩国就会转过来投靠魏国，不如早救为好。"孙膑说："韩国和魏国的军队还没有打得疲惫就去援救，等于是我们代替韩国去遭受魏军的攻击，这反而是听从了韩国的调遣，况且魏国有攻灭韩国的决心，韩国看到有灭亡的危险，一定会向东来告诉齐国，我们齐国既可以借此机会与韩国结交亲善，又可晚一些攻击疲惫的魏军，这样既可收到很大的利益又可取得很好的名声。"齐威王说："很好。"于是暗中答应了韩国使者的请求，让他带着救援的信息回国。韩国因倚仗有齐国支援而与魏国交战，五战五败后，才东向投靠齐国。

齐国这才起兵，派田忌、田婴、田盼率领军队，孙膑为军师，前去救援韩国，齐军直奔魏国都城。庞涓听到消息，便撤离韩国回师魏国。魏国调集大军，由太子申统领，抵御齐军。孙膑对田忌说："三晋的军队一向很强悍勇猛，轻视齐军，齐军被认为是怯懦的。善于打仗的人要因势利导麻痹敌人。《兵法》说：'一天急行军一百里去奔袭将使主将栽跟斗，一天急行军五十里去奔袭，只有一半军队能赶到。'"于是让进入魏国的齐军第一天挖了十万人吃饭的灶，第二天减为五万人吃饭的灶，第三天减为二万人吃饭的灶。庞涓追击三天，见此情况十分高兴，说："我原本就知道齐军胆小，进入我国才三天，士兵已逃亡过半数。"于是留下步兵，只率领精锐部队日夜兼程追逐齐军。孙膑估计庞涓的行程，傍晚时将到达马陵。马陵道路狭窄，而且两旁地势险要，便于埋伏士兵，孙膑就命令削掉大树的皮，露出白色树干写上一行大字："庞涓死此树下。"孙膑又命令齐军中善射的弓箭手一万人埋伏在狭道两旁，约定在夜晚看见有人举火就万弩齐发。庞涓果然在天黑时赶到削掉皮的大树下面，看见白色树干处写了字，就用火把照着看。他还没有读完这行字，齐军万弩齐发，魏军混乱四散。庞涓自己知道智穷计竭，军队溃败，便自刎而死，说："竟让孙膑这小子成名了！"齐军乘胜大败魏军，俘虏了魏国的太子申。

齐国成侯邹忌厌恶田忌，便暗中派人带着十镒黄金到街上去占卜，说："我是田忌的部下。田忌任命我为将领，三战三胜，现在想在齐国起兵夺权，这事吉利吗？"当这个占卜的人出来后，成侯就派人把他抓了起来。田忌没有机会说明冤情，就率领自己的部下攻打临淄，想抓住邹忌。结果没有取胜，只好投奔到楚国。

【原文】

二十九年（辛巳，前340）

卫鞅言于秦孝公曰："秦之与魏，譬若人之有腹心之疾①，非魏并秦，秦即②并魏。何者？魏居岭厄之西③，都安邑④，与秦界河⑤，而独擅⑥山东⑦之利。利⑧则西侵秦，病⑨则东收地⑩。今以君之贤圣，国赖以盛；而魏往年大破于齐⑪，诸侯畔⑫之，可因此时伐魏。魏不支秦⑬，必东徙。然后秦据河、山之固⑭，东乡⑮以制诸侯，此帝王之业也。"公从之，使卫鞅将兵伐魏。魏使公子卬⑯将而御之。

军既相距⑰，卫鞅遗公子卬书曰："吾始与公子骥⑱，今俱为两国将，不忍相攻，可与公子面相见盟⑲，乐饮而罢兵⑳，以安秦、魏之民。"公子卬以为然，乃相与会㉑。盟已，饮，而卫鞅伏甲士㉒，袭㉓虏公子卬，因攻魏师，大破之。

魏惠王恐，使使献河西之地㉔于秦以和。因去安邑，徙都大梁。乃叹曰："吾恨不用公叔之言！"

秦封卫鞅商於十五邑㉕，号曰商君。

齐、赵伐魏。

楚宣王薨，子威王商㉖立。

三十一年（癸未，前338）

秦孝公薨，子惠文王㉗立，公子虔之徒㉘告商君欲反，发吏捕之。商君亡之魏。魏人不受㉙，复内㉚之秦。商君乃与其徒之商於，发兵北击郑㉛。秦人攻商君，杀之，车裂以徇㉜，尽灭其家㉝。

初，商君相秦，用法严酷，尝临渭论囚㉞，渭水尽赤。为相十年，人多怨之。赵良㉟见商君，商君问曰："子观我治秦孰与五羖大夫㊱贤？"赵良曰："千人之诺诺㊲，不如一士之谔谔㊳。仆请终日正言而无诛㊴，可乎？"商君曰："诺。"赵良曰："五羖大夫，荆之鄙人㊵也，穆公举之牛口之下㊶，而加之㊷百姓之上㊸，秦国莫敢望㊹焉。相秦六七年㊺而东伐郑，三置晋君㊻，一救荆祸㊼。其为相也，劳不坐乘㊽，暑不张盖㊾。行于国中㊿，不从车乘[51]，不操干戈[52]。五羖大夫死，秦国男女流涕，童子不歌谣[53]，舂者不相杵[54]。今君之见也[55]，因嬖人[56]景监以为主；其从政[57]也，凌轹[58]公族，残伤百姓。公子虔杜门[59]不出已八年矣。君又杀祝欢[60]而黥公孙贾。《诗》曰[61]：'得人者兴，失人者崩[62]。'此数者，非所以得人[63]也。君之出也，后车[64]载甲，多力而骈胁者[65]为骖乘，持矛而操闟戟[66]者旁车而趋。此一物不具，君固不出[67]。《书》曰[68]：'恃德者昌，恃力者亡。'此数者，非恃德也。君之危若朝露[69]，而尚贪商於之富，宠[70]秦国之政，畜[71]百姓之怨。秦王一旦捐宾客[72]而不立朝，秦国之所以收君者[73]岂其微哉[74]！"商君弗从。居五月而难作[75]。

（以上为第五段，写商鞅伐魏，兵可诈外交不可诈，不择手段地擒公子卬，犯立身不诚信之大忌，不免下场悲惨。）

【注释】

①腹心之疾：喻严重的、根本的祸患。 ②即：则，就。 ③岭厄：山岭中有险要的隘口。岭，山岭，指今山西中条山一带。 ④安邑：魏旧都，今山西夏县西北。 ⑤界河：以河为界。河，即黄河。 ⑥擅：专有，独占。 ⑦山东：指华山或崤山以东地区。⑧利：条件有利时。 ⑨病：条件不利时。 ⑩东收地：向东拓展地盘。收，取得，占有。 ⑪大破于齐：被齐国打得大败。指齐魏马陵之战，魏大败，太子被掳，将军庞涓死。 ⑫畔：通"叛"。 ⑬不支：抵挡不住。 ⑭河、山之固：指黄河、崤山的形势险要，十分稳固。 ⑮乡：通"向"。 ⑯公子卬：魏国公族将领，卫鞅的老朋友。 ⑰距：通"拒"，对抗。 ⑱驩：通"欢"，友好。 ⑲面相见盟：当面会见，盟誓友好。 ⑳乐饮：痛痛快快地饮宴。 罢兵：双方撤兵。 ㉑相与会：相互面见。 ㉒伏甲士：埋伏全副武装的士兵。 ㉓袭：突然出击。 ㉔河西之地：指山陕交界黄河以西地区，今陕西韩

城市、合阳一带。 ㉕商於十五邑：指今陕西省商州区至河南省内乡县一带。商，故城在今陕西省商州区东；於，故城在今河南省内乡县。 ㉖威王商：楚威王，名熊商，公元前339年至公元前329年在位。 ㉗惠文王：即秦惠王，名驷，孝公之子。公元前337年至公元前311年在位。十四年（前324）更为元年，称王。 ㉘公子虔：惠王为太子时之傅，商君变法时，太子犯法，刑其傅公子虔。 徒：党徒，党羽。 ㉙魏人不受：受，接纳。《史记·商君列传》："魏人怨其欺公子卬而破魏师，弗受。" ㉚内：古"纳"字。㉛郑：古郑县，故城在今陕西渭南市华州区北。 ㉜车裂：残酷的极刑，俗称"五马分尸"。被刑者的四肢及头缚在五辆车上，以五马驾车，同时分驰，撕裂肢体。 徇：示众。㉝尽灭其家：诛杀全家。 ㉞临渭论囚：在渭水边判决犯人行刑。 渭：渭水，东流经秦都咸阳南，流至潼关入黄河。 论：定罪，判刑。 ㉟赵良：秦国隐士。 ㊱五羖大夫：指百里奚。事详《史记·秦本纪》。羖（gǔ），黑色公羊。百里奚为奴，秦用五张黑色公羊皮赎身，故称五羖大夫。 按：百里奚，复姓百里，名奚。奚，即为奴仆之称。 ㊲诺诺：随声附和。 ㊳谔谔：直话直说，正色进谏。 ㊴无诛：不会受到责备。 ㊵荆：楚国的别称。 鄙人：粗俗之人。 ㊶举：提拔。 牛口之下：是说百里奚替人家饲养牛。㊷加之：凌驾于。 ㊸百姓：百官。 ㊹望：怨恨，不满。 ㊺相秦六七年：马非百《秦集史》"百里奚"条考证，"'六七年'应是'二十七年'之讹。奚以穆公五年入秦为政，至三十二年伐郑，正是二十七年也。" ㊻三置晋君：指穆公九年（前651），秦送晋公子夷吾回国，立为惠公；穆公二十二年（前638），秦送晋公子圉回国，立为怀公；穆公二十四年（前636）送晋公子重耳回国，立为文公。 ㊼一救荆祸：指秦穆公二十八年（前632），晋楚城濮之战，秦助晋败楚，阻遏了楚国北进的祸乱。 ㊽坐乘：指百里奚不使用有座位的安车。古时车载皆立乘，有地位的老弱者使用的安车才有座位。㊾盖：车用大伞称盖。 ㊿国中：京都中。 51不从车乘：不用随从的车辆。 52不操干戈：不带防卫的武器。 53歌谣：唱歌。 54相杵：捣米时发出的劳动号子。杵，捣米的工具。 55今君之见也：指商鞅初见秦孝公。 56嬖人：受国君宠信的人。 57从政：执政。58凌轹（lì）：欺压，加害。 59杜门：闭门。 60祝欢：不详其人，与公孙贾并提，亦当太子师傅行列中人。 61《诗》曰：引文不见于《诗经》，当在逸诗中。 62崩：崩溃，衰败。 63得人：指得人心。 64后车：随从车辆。 65骈胁者：指肌肉发达的壮汉，看不见肋骨。骈胁，肋骨相连一片。 66闟（xì）戟：长戟。 67君固不出：你就不敢外出。68《书》曰：引文不见《尚书》，当在逸书篇中。 69朝露：早上露珠，太阳一出即被蒸发，喻瞬息即逝。 70宠：贪恋，把持。 71畜：通"蓄"，积累，此指积怨。 72捐宾客：抛弃宾客，死的委婉说法。 73收君者：想要抓捕你的人。 74岂其微哉：难道还少吗？ ⑮难作：灾祸发生，指车裂商鞅。

【译文】

周显王二十九年（辛巳，前340）

卫鞅对秦孝公说："秦魏两国势不两立，就好比一个人有心腹内的疾病，不是魏国吞并秦国，就是秦国吞并魏国，为什么呢？魏国在中条山险阻的西面，它建都在安邑，与秦国以黄河为界，而独自占有崤山以东的地势优势，形势有利时它就向西侵犯秦国，不利时它就向东夺取地盘。现在有主君你的贤圣，国家因此而强盛。而魏国往年被齐国打得大败，诸侯国都背叛它，可以趁这个时候进攻魏国。魏国抵挡不住秦国的进攻，一定向东迁都，然后我们就可占据黄河、崤山的险阻，向东去控制诸侯各国，这是建立帝王的大业啊。"秦孝公听从了卫鞅这个计谋，派遣卫鞅率领军队去攻打魏国。魏国派公子卬统率军队对抗秦军。

秦、魏两国军队相互对峙，卫鞅写信给公子卬说："我当初与你十分友好，现今各自担任为秦、魏两国的将领，我不忍心互相残杀，我同公子相见盟誓，快乐地饮酒后撤兵，使秦、魏两国的人民安居乐业。"公子卬认为这样很好，于是就同卫鞅相会。盟誓完毕，正当饮酒祝贺之时，卫鞅埋伏的甲士袭击并俘虏了公子卬，乘机攻击魏军，魏军大败。

魏惠王很害怕，派出专使奉献河西的土地给秦国以求和。并因此离开安邑，把都城迁到大梁。魏惠王于是感叹说："我悔恨没有听从公叔痤的话。"

秦国封给卫鞅商於十五邑的土地，称他为商君。

齐国、赵国攻打魏国。

楚宣王死了，他的儿子商继位为楚威王。

周显王三十一年（癸未，前338）

秦孝公死了，他的儿子秦惠文王继位。公子虔这帮人上书指控商君想谋反，秦惠王派出官吏去抓他。商君逃往魏国，魏国人不接受他，又把他送回秦国。商君便同他的部属前往商於，出兵向北攻打郑县。秦国人攻打商君，并把他杀了，五马分尸以示众，诛杀了他的全家。

当初，商君被任用为秦相，制定法律十分严酷，他曾在渭水边判决处斩死囚，致使渭水被血染成了红色。他担任秦相十年，很多人怨恨他。赵良见到商君，商君问他说："你看我治理秦国，与五羖大夫相比，谁更贤能？"赵良回答说："上千人的阿谀奉承，比不上一个正直人敢于直言不讳。我请求说一整天正直的话，而您不责罚我，行吗？”商君说：“行。”赵良说：“五羖大夫是楚国的一个粗人，秦穆公从牧养牛的奴仆中提拔任用他，地位居于百官之上，秦国人没有谁敢说句不满的话。百里奚在任秦国相的六七年中，与晋国合兵向东攻打郑国，三次参与拥立晋国的国君，一次挽救了楚国的祸难。他担任国相，疲劳时也不乘车，炎热的天，车上不加伞盖。他在国都巡视，没有随从的车辆，不带干盾戈矛等武器。五羖大夫死时，秦国全国的男女都痛哭流涕，小孩子不咏唱歌谣，舂杵的人不发出劳动的号子声。如今说到您，初次见国君，靠的是宠臣景监引见；您掌理国政，欺凌秦国的公族，残害百姓，公子虔闭门不出已经有八年了。您又杀死了祝欢而且把公孙贾处以黥刑。《诗经》上说：‘得人者兴，失人者崩。’您做的这几个方面，没能得到民心啊。您在出行的时候，随从的车载着甲士，威猛和健壮的人做您车上的骖乘，手持着矛和长戟的卫士前呼后拥地跟随车子行进。这些东西缺了一样，您就不敢出行。《尚书》上说：‘恃德者昌，恃力者亡。’您依靠的这些东西，都不是仁德。您的危险如同早晨的露水一样，没有多少时间了，却还贪恋商於地方的富庶，专擅秦国的政令，蓄积百姓的怨恨。假如秦王离去不再立于朝廷，秦国要加害于您的人难道会少吗？”商君不听从赵良的话，只过了五个月就大难临头了。

【原文】

三十二年（甲申，前337）

韩申不害卒。

三十三年（乙酉，前336）

宋太丘社亡[①]。

邹人孟轲[②]见魏惠王。王曰：“叟，不远千里而来，亦有以利吾国乎？”孟子曰：“君何必曰利，仁义而已矣！君曰何以利吾国，大夫曰何以利吾家，士庶人曰何以利吾身，上下交征利[③]而国危矣。未有仁而遗其亲者也[④]，未有义而后其君[⑤]者也。”王曰：“善。”

初，孟子师子思[⑥]，尝问牧民[⑦]之道何先。子思曰：“先利之[⑧]。”孟子曰：“君子所以教民，亦仁义而已矣，何必利？”子思曰：“仁义固所以利之也[⑨]。上不仁则下不得其所，上不义则下乐为诈也。此为不利大矣。故《易》曰[⑩]：‘利者，义之和[⑪]也。’又曰：‘利用安身，以崇德也[⑫]。’此皆利之大者也[⑬]。”

臣光曰：子思、孟子之言，一[14]也。夫唯仁者为知仁义之为利[15]，不仁者不知也。故孟子对梁王直以仁义而不及利者，所与言之人异故也。

三十四年（丙戌，前335）

秦伐韩，拔宜阳[16]。

三十五年（丁亥，前334）

齐王、魏王[17]会于徐州[18]以相王[19]。

韩昭侯作高门[20]，屈宜臼[21]曰："君必不出此门[22]。何也？不时[23]。吾所谓时者，非时日也。夫人固有利、不利时。往者君尝利矣，不作高门。前年秦拔宜阳，今年旱，君不以此时恤民之急[24]而顾[25]益奢，此所谓时诎举赢[26]者也。故曰不时。"

越王无强[27]伐齐。齐王使人说之以伐齐不如伐楚之利，越王遂伐楚。楚人大败之，乘胜尽取吴故地，东至于浙江。越以此散[28]，诸公族争立，或为王，或为君，滨于海上，朝服[29]于楚。

（以上为第六段，写义与利两者，在仁德的基础上两者是统一的。）

【注释】

①太丘：地名。在今河南省永城市西北。 社亡：土地神社倒塌。 ②邹：古国名，故都，在今山东邹城市。 孟轲（约前372—前289）：字子舆，弘扬孔子学说的大儒，其学说主张见《孟子》一书。 ③交征利：互相只讲利益。交，互相，一起。征，夺取。④未有仁而遗其亲者也：从来没有讲仁爱的人会遗弃他的双亲啊。 ⑤后其君：怠慢他的君王。 ⑥子思：孔子之孙，名伋，《中庸》作者。 ⑦牧民：治民。 ⑧先利之：首先要让百姓得到利益，即关爱民生。 ⑨仁义固所以利之也：仁义本来就是为民谋福利的。即统治者最大的仁就是为民谋利。 ⑩《易》曰：引文见《易·乾卦·文言》。 ⑪利者，义之和：利与义两者相辅为用，密不可分。和，和谐，相辅。 ⑫"利用"二句：有了生活保障，德义才能发扬光大。即《管子》说的"仓廪实而知礼节，衣食足而知荣辱"。⑬利之大者也：利的最高价值表现。大，最高的，最大的，此指最高价值。 ⑭一：相同，一致。 ⑮为利：据章校，有的版本无"为"字。 ⑯宜阳：韩国大邑，军事重镇，故城在今河南省宜阳县西。 ⑰齐王、魏王：《史记·六国年表》作"齐宣王"与"魏襄王"。 ⑱徐州：古邑名，今山东省滕州市东南。 ⑲相王：互相承认为王。 ⑳作高门：

兴建高大的阙门。 ㉑宜臼：楚国大夫。 ㉒必不出此门：一定出不了这座高门。《史记·韩世家》，作高门的第二年，高门成，韩昭侯卒，果然没能出入此门。 ㉓不时：不合时宜。 ㉔恤：体恤。 急：困难。 ㉕而顾：回头看，引申为反而，反其道。 ㉖时诎举嬴：倒行逆施。《史记·韩世家》《集解》引徐广曰："时衰耗而作奢侈。"诎，同"屈"，不足，此指时艰，困厄。韩国此时兵败失地，又遇大旱。嬴，丰嬴，盛时。韩昭侯在国家困厄时大兴土木，不合时宜。《通鉴》注，胡三省评论"时诎举嬴"说："言国家多难而势诎，此时宜恤民之急，而举事反若有嬴余者，失其所以为国之道矣。" ㉗无强：越王勾践后裔第七世越王。 ㉘越以此散：越国因此败亡。以，因，由。散，溃散，败亡。㉙朝服：投降。朝，朝见。服，顺服。

【译文】

周显王三十二年（甲申，前337）

韩国申不害去世。

周显王三十三年（乙酉，前336）

宋国在太丘封立的神社倒塌。

邹国人孟轲求见魏惠王，魏惠王说："先生不远千里而来，能给我的国家带来什么利益吗？"孟子说："主君为什么要说利益呢，只说仁义吧！国君说怎样有利于自己的邦国，大夫说怎样有利于我的家邑，士庶平民说怎样有利于自身，上上下下互相只讲利益，这样国家就危险了。从来没有守仁德的人会遗弃他的双亲，也从来没有讲忠义的人会怠慢他的君王。"魏惠王说："说得好！"

当初，孟子拜子思为老师，曾经询问治理百姓应先做哪一件事。子思说："先让百姓得到利益。"孟子说："君子所用以教导民众的，只讲仁义就够了，何必讲利益！"子思说："仁义本来就是用来为民众谋利的啊。居上位的不行仁德，那么下面的人便不能得到他应得的东西；居上位的人不行义，那么下面的人便全力做欺诈的事，这样带来的不利最大。所以《易经》里说：'利益与义是对应的。'又说：'有了生活保障，德义才能发扬光大。'这都是利益中最重要的方面。"

臣司马光评论说：子思和孟子说的是一致的。只有行仁德的人能够明白仁义是利，不行仁德的人是不明白的。所以孟子对魏惠王只说仁义而不说利益，是因为所交谈的对象不同罢了。

周显王三十四年（丙戌，前335）

秦国攻打韩国，攻克宜阳。

周显王三十五年（丁亥，前334）

齐王、魏王在徐州会盟，互相推重称王。

韩昭侯建造高大的宫门，屈宜臼说："你一定出不了这座高大的门楼。为什么呢？是因为不合时宜。我所说的时宜不是说时机。人本来有有利的和不利的时机，过去你有过有利的时机，那时不建造高大宫门。前年秦国攻取了宜阳，今年又是天旱，你不在这时体恤人民的急难，反而更加奢侈，这恰恰是在时势艰难时办了时势顺利的事，所以说不合时宜。"

越王无强攻打齐国。齐王派人去越国游说，说攻打齐国比不上攻打楚国有利，越王便攻打楚国。楚国人把越国打得大败，乘胜占据了全部吴国旧有的土地，东进到浙江。越国从此败散，越国宗室各公族争立为王，有的称王，有的称君，居于滨海地方，全都臣服于楚国。

【原文】

三十六年（戊子，前333）

楚王伐齐[①]，围徐州。

韩高门成，昭侯薨，子宣惠王[②]立。

初，洛阳人苏秦[③]说秦王以兼天下之术，秦王不用其言。苏秦乃去，说燕文公曰："燕之所以不犯寇[④]被甲兵[⑤]者，以赵之为蔽其南[⑥]也。且秦之攻燕也，战于千里之外；赵之攻燕也，战于百里之内。夫不忧百里之患而重千里之外[⑦]，计无过于此者[⑧]。愿大王与赵从亲[⑨]，天下为一[⑩]，则燕国必无患矣。"

文公从之，资[⑪]苏秦车马，以[⑫]说赵肃侯曰："当今之时，山东之建国[⑬]莫强于赵，秦之所害[⑭]亦莫如赵。然而秦不敢举兵伐赵者，畏韩、魏之议[⑮]其后也。秦之攻韩、魏也，无有名山大川之限[⑯]，稍蚕食[⑰]之，傅国都而止[⑱]。韩、魏不能支[⑲]秦，必入臣于秦[⑳]。秦无韩、魏之规则祸中于赵矣[㉑]。臣以天下地图案之[㉒]，诸侯之地五倍于秦，料度[㉓]诸侯之卒十倍于秦。六国[㉔]为一[㉕]，并力西乡[㉖]而攻秦，秦必破矣。夫衡人者[㉗]皆欲割诸侯之地以与[㉘]秦，秦成[㉙]则其[㉚]身富荣，国被秦患而不与其忧[㉛]，是以衡人日夜务以秦权恐愒诸侯[㉜]，以求割地。故愿大王熟计[㉝]之也！窃[㉞]

为大王计，莫如一[35]韩、魏、齐、楚、燕、赵为从亲[36]以畔[37]秦，令天下之将相会于洹水[38]上，通质结盟[39]，约曰：‘秦攻一国，五国各出锐师，或桡[40]秦，或救之。有不如约者，五国共伐之！’诸侯从亲以摈秦，秦甲[41]必不敢出于函谷[42]以害山东矣。”肃侯大说[43]，厚待苏秦，尊宠赐赉[44]之，以约于诸侯。

会[45]秦使犀首伐魏，大败其师四万余人，禽将龙贾，取雕阴[46]，且欲东兵[47]。苏秦恐秦兵至赵而败[48]从约，念莫可使用于秦者[49]，乃激怒张仪[50]，入之于秦。

张仪者，魏人，与苏秦俱事鬼谷先生[51]，学纵横之术，苏秦自以为不及也。仪游诸侯无所遇[52]，困于楚[53]，苏秦故召而辱之[54]。仪恐[55]，念诸侯独秦能苦赵[56]，遂入秦。苏秦阴[57]遣其舍人[58]赍[59]金币资仪，仪得见秦王[60]。秦王说之，以为客卿[61]。舍人辞去[62]，曰：“苏君忧秦伐赵败从[63]约，以为非君莫能得秦柄[64]，故激怒君，使臣阴奉给君资，尽苏君之计谋也[65]。”张仪曰：“嗟乎！此吾在术中而不悟[66]，吾不及苏君明矣。为吾谢苏君，苏君之时[67]，仪何敢言[68]！”

于是苏秦说韩宣惠王[69]曰：“韩地方九百余里，带甲[70]数十万，天下之强弓、劲弩、利剑皆从韩出。韩卒超足[71]而射，百发不暇止[72]。以韩卒之勇，被坚甲，蹠劲弩[73]，带利剑，一人当百，不足言[74]也。大王事[75]秦，秦必求宜阳[76]、成皋[77]。今兹效之[78]，明年复求割地。与[79]则无地以给之，不与则弃前功，受后祸。且大王之地有尽而秦之求无已[80]，以有尽之地逆[81]无已之求，此所谓市怨结祸[82]者也。不战而地已削矣！鄙谚曰[83]：‘宁为鸡口，无为牛后[84]。’夫以大王之贤，挟[85]强韩之兵，而有牛后[86]之名，臣窃[87]为大王羞[88]之。”韩王从其言。

苏秦说魏王[89]曰：“大王之地方千里，地名[90]虽小，然而田舍、庐庑之数[91]，曾无所刍牧[92]。人民之众，车马之多，日夜行不绝，輷輷殷殷[93]，若有三军之众。臣窃量[94]大王之国不下楚[95]。今窃闻大王之卒，武士[96]二十万，苍头[97]二十万，奋击[98]二十万，厮徒[99]十万；车六百乘[100]，骑[101]五千匹，乃[102]听于群臣之说，而欲臣事[103]秦[104]。故敝邑[105]赵王使臣[106]效[107]愚计，奉明约[108]，在大王之诏诏之[109]。”魏王听之。

苏秦说齐王[110]曰：“齐四塞[111]之国，地方二千余里，带甲数十万，粟如丘山。三军[112]之良，五家之兵[113]，进如锋矢[114]，战如雷霆[115]，解如风雨[116]。即有军役[117]，未尝倍[118]泰山，绝清河[119]，涉[120]渤海也。临淄之中七万户，臣窃度[121]之，不下户三男子，不待发于远县[122]，而临淄之卒固已二十一万矣。临淄甚富而实[123]，其民无不斗鸡、走狗、六博、阘鞠[124]。临淄之涂，车毂击[125]，人肩摩[126]，连衽成帷[127]，挥汗成雨。夫韩、魏之所以重畏[128]秦者，为与秦接境壤也[129]。兵出而相当[130]，不十日而战，胜存亡之机[131]决矣。韩、魏战而[132]胜秦，则兵半折[133]，四境不守[134]；战而不胜，则国已[135]危亡随其后。是故韩、魏之所以重与秦战而轻为之臣也[136]。今[137]秦之攻齐则不然。倍韩、魏之地[138]，过卫阳晋[139]之道，经乎亢父[140]之险，车不得方轨[141]，骑不得比行[142]。百人守险，千人不敢过也。秦虽欲深入则狼顾[143]，恐韩、魏之议其后也。是故恫疑、虚喝、骄矜[144]而不敢进，则秦之不能害齐亦明矣。夫不深料秦之无奈齐何[145]，而欲西面而事之，是群臣之计过[146]也。今无臣事秦之名而有强国之实，臣是故愿大王少留意计之[147]。”齐王许之。

乃西南说楚威王[148]曰：“楚，天下之强国也，地方六千余里，带甲[149]百万，车千乘，骑万匹，粟支[150]十年，此霸王之资[151]也。秦之所害[152]莫如楚，楚强则秦弱，秦强则楚弱，其势不两立。故为大王计，莫如从亲[153]以孤秦。臣请令山东之国[154]奉四时之献[155]，以承大王之明诏[156]。委社稷[157]，奉宗庙[158]，练士厉兵[159]，在大王之所用之[160]。故从亲则诸侯割地以事楚，衡合则楚割地以事秦。此两策者相去远矣，大王何居焉[161]？”楚王亦许之。

于是苏秦为从约长[162]，并相六国[163]，北报赵，车骑辎重拟于王者[164]。

齐威王薨，子宣王辟强[165]立；知成侯卖田忌[166]，乃召而复之[167]。

燕文公薨，子易王[168]立。

卫成侯薨，子平侯[169]立。

（以上为第七段，写战国中期，秦国崛起与东方六国争雄，合纵连横之士兴起。先是苏秦主张合纵抗秦，为六国盟主，受六国相印。）

【注释】

①楚王：指楚威王，于七年伐齐，大败于徐州。 ②宣惠王：昭侯之子，公元前332年至公元前312年在位。 ③苏秦：战国时著名纵横家，游说六国合纵抗秦，拜六国相印。事详《史记·苏秦列传》。 ④犯寇：遭到侵犯。犯，遭受。寇，侵略，侵犯。 甲兵：作动词用，指代战争。 ⑤甲：铠甲。兵：兵器。 ⑥为蔽其南：在燕的南面作屏障。蔽，屏障。 ⑦“不忧百里之患”句：意谓不担心百里之内赵国可能犯边的祸患，却看

重千里之外对秦国的防备。 ⑧计无过于此者：谋略没有比这更错误的了。 ⑨愿大王与赵从亲：希望韩王与赵王同心结成联盟。愿：希望。 从亲：合纵相亲，结成联盟。从，通“纵”，合纵。东方齐、楚、燕、赵、魏、韩六国结成南北一线抗秦的联盟称合纵。⑩天下为一：六国联盟统一行动。 ⑪资：资助，供给。 ⑫以：用来。 ⑬建国：建立的国家，指东方六国。一说“建国”是“战国”之误，《管子》《战国策》《史记》已有“战国”一词。两说均通，其义则一，不必改字。 ⑭害：患。 ⑮议：算计、图谋。⑯限：阻，隔，屏障。 ⑰稍：渐渐。 蚕食：像蚕吃桑叶一样，比喻一点一点逐步侵占。 ⑱傅国都而止：一直逼近韩、魏的国都为止。傅，近。 ⑲支：抵抗、对付。 ⑳入臣于秦：向秦国归顺称臣。 ㉑规：同前文的“议”，算计、图谋，背后使绊。 中(zhòng)：指箭中靶。谓赵国将受祸。 ㉒地图案之：即察验地图，比较秦与东方六国的大小。案，检核，察验。 ㉓料度：推测，估计。 ㉔六国：赵、魏、韩、楚、燕、齐六国。 ㉕为一：合纵为一。为，如果。 ㉖并：合。 乡：通“向”。 ㉗衡人者：主张组织连横阵线的那一帮人。衡，通“横”，连横。东西为横，东方国家，与秦联合成东西一线，攻击他国称“连横”。 ㉘与：给。 ㉙秦成：与秦国讲和了。 ㉚其：指“衡人”。 ㉛国：指与秦讲和的国家。 被：遭受。患祸。 而不与其忧：横人却不与诸侯共忧患。其，指诸侯。 ㉜务：一心一意。 以：用，凭借。 权：权势，威势。 恐愒：即恐吓。 诸侯：东方六国。 ㉝熟计：深思熟虑。 ㉞窃：个人看法，谦辞。谦指自己或自己的意见。 ㉟一：犹“联合”。 ㊱从亲：合纵。 ㊲畔：通“叛”，犹言“对抗”。《赵策二》第一章“畔秦”作“傧秦”；傧通“摈”，对抗。 ㊳洹(huán)水：水名，在今河南省。 ㊴通质结盟：通过交换人质结为同盟。通，犹“交换”。质，人质。古时两国交好或结盟，为了取信于对方，派自己的亲信去对方作抵押，称“人质”。如果派国君的儿子去做人质，称“质子”，派大臣去作抵押，称“质臣”。 ㊵桡(náo)：削弱。 ㊶甲：指军队。 ㊷函谷：关名。自崤山以西、潼关以东通称函谷，为秦的险要关口。崤山与潼关间，大山中裂，绝壁千仞，有路如槽，深险如函，故名“函谷”，亦称“崤函”。 ㊸说：同“悦”。 ㊹尊宠：尊重爱信。赐赉(lài)：赏赐。赉，赏给。 ㊺会：正巧，刚好赶上。 ㊻雕阴：邑名，在今陕西渭南市华州区东。㊼东兵：向东进军。 ㊽败：毁坏，瓦解。 ㊾念：考虑。 可使用于秦者：能够派到秦国去出使的人。 ㊿激怒：煽动张仪发奋。 张仪：苏秦同学，师事鬼谷子，与苏秦齐名的连横家，《史记》有《张仪列传》。 (51)鬼谷先生：即鬼谷子，战国时隐居鬼谷的贤者。《隋书·经籍志》著录有《鬼谷子》三卷，据考证为六朝时人所伪托。 (52)游：游说。 遇：得志，飞黄腾达。 (53)困于楚：张仪曾为楚相门客，被疑为贫穷且品行不端之人，有人说他偷窃了楚相之玉璧，遭到暴打。事详《史记·张仪列传》。㊿召而辱之：张仪困于楚，投靠故人苏秦，苏秦故意冷落张仪，不为礼而辱之，激怒使之入秦。㊵仪恐：《史记·张仪列传》作“仪怒”。此“恐”字为“怒”字之讹。㊶苦赵：使赵国困苦，即伤害赵国。㊷阴：暗中。㊸舍人：门客。㊹赍（jī）：赠送。㊺秦王：指秦惠王，公元前337年至公元前311年在位。㊻客卿：不是本国人担任的卿位称客卿。㊼辞去：告辞离去。㊽从：通“纵”。㊾柄：权。㊿尽苏君之计谋：这些全都是苏秦先生的计谋。㊿此吾在术中而不悟：如此说来，我在他的计谋之中却没有觉察到。㊿苏君之时：指苏秦掌权之时。㊿仪何敢言：我敢说什么呢。㊿韩宣惠王：又作“韩宣王”，史失其名，昭侯之子，韩国第七代国君，公元前332年至公元前312年在位。㊿带甲：战士。㊿超足：疑为“超距”。据《史记·王翦列传》，超距是练习臂力的一种功法。㊿百发不暇止：连续不断地发射，中途不停歇。㊿蹠劲弩：用脚踩而发射的强弓。蹠（zhí），踩，踏。劲，强。㊿不足言：自不待言，不在话下。㊿事：侍奉，服事。㊿宜阳：韩大邑，在今河南省宜阳县。㊿成皋：春秋时郑的制邑，又名虎牢，在今河南省荥阳市境。宜阳、成皋自古为兵家必争之地。㊿兹：年。效：献。㊿与：予，给。㊿已：止。㊿逆：应付。㊿市怨结祸：自找怨祸。市，买，求。㊿鄙谚曰：俗话说。㊿宁为鸡口，无为牛后：比喻宁愿做一个制人的小官，也不做受制于人的大官。㊿挟：持，握，拥有。㊿牛后：犹言牛尾。㊿窃：私心。㊿羞：惭愧。㊿魏王：魏襄王，惠王之子，名嗣，魏国第四代国君，公元前318年至公元前296年在位。㊿名：名义上。㊿数（shuò）：多。㊿曾无所刍牧：竟然连打草放牧的地方也没有多少。曾，竟。刍，喂牛马的草。牧，放牧，牧养。㊿輷輷殷殷：犹言轰轰隆隆。輷輷（hōng），象声词，众声。殷殷（yǐn），象声词，像车声。㊿量：估计。㊿不下楚：不在楚国之下，不比楚差。㊿武士：经过选拔的精锐步兵。㊿苍头：用青巾裹头以区别于其他士卒的特种部队。㊿奋击：精选善战、敢于冲锋陷阵勇于殊死决战的士卒，也写作“奋戟”“奋擳”。㊿厮徒：服杂役的人。⑩车：此指战车。乘（shèng）：古代四匹马拉的车一辆为一乘。⑩骑：战马。⑩乃：竟然。⑩臣事：以臣子的身份侍奉人。臣，如同臣，低人一等。⑩秦：据章校，他本“秦”下有“愿大王熟察之”六字。⑩敝邑：敝国，对本国的谦称。⑩赵王：指赵肃侯。臣：苏秦自称。⑩效：献出，提出。⑩奉：奉上。明：通“盟”。⑩在大王之诏诏之：犹言任凭大王决定。在，由，任凭。诏，令，命。⑩齐王：据《史记·六国年表》《苏秦列传》《战国策·齐策一》第十六章，此齐王为“宣王”，然依陈梦家《六国纪年》、方诗铭《中国历史纪年表》，周显王三十六年为齐威王二十四年。此从后一说。⑪四塞：四面有险阻。⑫三军：大国常备兵有上、中、下三军，此指全军。⑬五家之兵：杨宽《战国史》有“在战国时代，只有齐国始终没有设郡，而设有都。齐国共设有五都，除国都临淄外，四边的都具有边防重镇的性质。五都均驻有经过考选和训练的常备兵，即所谓‘技击’，也称‘持戟之士’，因而有所谓‘五都之兵’，也称为‘五家之兵’。”⑭进如锋矢：前进冲锋如锋利的箭锐不可当。⑮战如雷霆：战斗掩杀如迅雷不及躲避。⑯解如风雨：分散变动如风雨之疾速。⑰即：犹“虽”。军役：战事。⑱倍：通“背”。⑲绝：渡，横跨。清河：即济水。⑳涉：过，游渡。㉑度（duó）：推测，估计。㉒待：等。发：征发。远县：临淄以外之地。㉓实：富。㉔斗鸡：以鸡相斗的游戏。走狗：以赛狗跑为游戏。六博：古棋戏，共十二棋子，六黑六白，二人对玩。就一方言为六棋，故称“六博”。下棋时，每行一步前要掷采（骰子，或称色子）叫“博”。玩法各异，决定胜负的要求也不同。阘鞠：中国的古代足球游戏。阘（tà），通“蹋”，踢。鞠，古代一种皮球，外为皮，内为毛。㉕车毂击：来往车辆车毂互相撞击。这是说来往车辆众多，奔驰急速。毂（gǔ），车轴两端突出的部分。㉖人肩摩：挨肩擦背，形容人多。㉗衽（rèn）：衣襟。帷：帐子。㉘重畏：加倍害怕。㉙为与秦接境壤也：《史记·苏秦列传》作“为与秦接境壤界也”。又《楚世家》作“寡人与楚接境壤界”。据此，“壤”下缺“界”字。为：因。㉚相当：相抗，正面交锋。㉛胜存亡：据胡三省注，“胜”下应有“负”字，上下文意当作“胜败存亡”。机：关键。㉜而：如。㉝折：损失。㉞不守：不能固守。㉟已：通“以”，语助词。㊱“是故”句：这就是韩国、魏国把与秦国作战看得很慎重而把向秦国称臣看得很随便的原因。㊲今：如果。㊳倍韩、魏之地：言韩、魏两国在其后（可以抄秦国的后路）。倍，通“背”。㊴阳晋：邑名，是通往齐国的关口，在今山东郓城西，故卫地。㊵亢（gāng）父：齐地，故城在今山东济宁市南、金乡县东北，是险隘之地。㊶车不得方轨：两车不能并排行进，指道路狭窄。方，并排。㊷骑不得比行：骑兵不能两队并行。比，同“方”，变文，都是“并”的意思。㊸狼顾：狼性多疑，行走时常常后顾，回头观望，恐人袭其后。㊹恫疑：恐惧犹疑。虚喝：虚张声势。骄矜：傲慢夸大。㊺“夫不深料秦”句：不深刻考虑秦国对齐国无可奈何这一事实。㊻过：错误。㊼少留意计之：稍加留意，仔细考虑这个问题。㊽楚威王：名熊商，宣王之子，公元前339年至公元前329年在位。㊾带甲：战士。㊿粟：泛指粮食。支：维持。(151)资：凭借。(152)害：害怕，畏惧。(153)从亲：组织合纵联盟。从，读纵。(154)山东之国：指赵、魏、韩、燕、齐、楚六国。山指崤山。(155)奉四时之献：一年四季贡献礼品。(156)承大王之明诏：接受大王英明的诏令。(157)委社稷：把国家交给你。社稷，土神、谷神，指代国家。(158)宗庙：朝廷和国家政权的代称。“奉宗庙”意同“委社稷”。 ⑮练士厉兵：训练士卒，修治武器。厉，通“砺”，制造。兵，兵器。 ⑯在大王之所用之：任凭大王指挥调遣。在，任凭。 ⑯何居焉：选择哪一个呢。 ⑯从约长：合纵联盟的盟主。 ⑯相：动词用，指出任相国。 ⑯拟于王者：与诸侯王的气派相当。拟，比拟。 ⑯宣王：齐威王之子，名辟强，公元前319年至公元前301年在位。 ⑯成侯卖田忌：事见显王二十八年“成侯邹忌恶田忌”一段，陷害田忌谋反，逼迫田忌远走楚国避难。卖，欺诈。 ⑯复之：恢复田忌的原职为齐将。 ⑯易王：燕文公太子，秦惠王之婿，公元前332年至公元前321年在位。 ⑯平侯：卫成侯之子，公元前332年至公元前325年在位。

【译文】

周显王三十六年（戊子，前333）

楚王派兵攻打齐国，包围了徐州。

韩国的高大宫门建成。韩昭侯死了，他的儿子宣惠王继位。

当初，洛阳人苏秦以兼并天下的谋略游说秦王，秦王不采纳他的建议。苏秦于是离开秦国，前往游说燕文公，说：“燕国之所以不被侵犯、不受敌军骚扰，是由于有赵国在南方作为屏障。如果秦国要攻打燕国，是在燕国千里之外作战；而赵国要攻打燕国，是在燕国百里之内兵戎相见。燕国不忧虑百里之内的战祸而关注千里之外的防备，没有比这更错误的谋略了，我希望大王与赵国结成合纵相亲的盟国，全天下的诸侯联合为一体，那么燕国就一定没有忧患了。”

燕文公听从了苏秦的建议，提供车辆马匹给苏秦，苏秦前往游说赵肃侯，说：“当今华山以东建立的国家没有比赵国更强大的了，秦国最害怕的也是赵国。然而秦国不敢发兵攻打赵国的原因，是害怕韩、魏在背后计算它。秦国攻打韩、魏，没有名山大川的阻挡，可以逐渐蚕食两国土地，直到逼近两国都城为止。韩、魏抵抗不住秦国，一定向秦国称臣；秦国没有韩、魏在暗中使绊，那么祸患就会降临到赵国头上。我对天下的地图进行分析，发现诸侯的土地比秦国多五倍，估计诸侯的兵力比秦国多十倍，如果六国合纵为一，合力向西去攻打秦国，秦国一定会被攻破。那些主张连横的人不过是要诸侯割让土地给秦国，与秦国讲和，主张连横的人就享富贵荣耀，国家受秦国侵犯而他们却不为诸侯分忧。因此，主张连横的人日夜都拿秦国来恐吓诸侯各国，以迫使他们割让土地。所以我希望大王仔细考虑这件大事！我私下为大王谋划，不如联合韩、魏、齐、楚、燕、赵各国一致对付秦国，让天下的将相在洹水岸上会盟，交换人质，缔结盟约，约定：‘假若秦国攻打其中一国，其他五国同时派出精锐军队，或者袭扰阻止秦军，或者前往战场救援。有不履行共同盟约的，其他五国就共同讨伐它！’诸侯联合来抵抗秦国，秦国军队一定不敢出函谷关来侵害山东各诸侯国。”赵肃侯听了很高兴，优待苏秦，尊敬宠信并赏赐他，让他去游说诸侯各国合纵结盟。

这时正当秦国派犀首率军攻打魏国，大败四万多魏军，擒获魏将龙贾，攻占魏邑雕阴，并打算向东进攻。苏秦怕秦军攻进赵国而使合纵盟约失败，想了想没有合适的人可派到秦国，于是激怒张仪，让他前往秦国。

张仪是魏国人，他与苏秦一起奉鬼谷先生为师，学习合纵连横的谋略，苏秦自认为比不上张仪。张仪游说诸侯还没有得到赏识，在楚国遭受困辱，苏秦故意召他到赵国来加以侮辱。张仪发怒，想到诸侯各国中只有秦国能够攻打赵国，就去了秦国。苏秦暗地里派遣自己亲近的门客带钱资助张仪，张仪因此得以进见秦王。秦王很高兴，任用张仪为客卿。那位苏秦亲信辞别张仪，说：“苏秦先生忧虑秦国攻打赵国会使合纵盟约失败，认为除了您没有谁能操纵秦国，所以故意激怒先生，并派我暗中给你资助，这些全是苏秦的计谋啊。”张仪说：“唉，我在苏秦先生的谋算中而不能察觉，我比不上苏秦先生是很明显的啊。请你代我感谢苏秦先生，只要苏秦先生掌权，我张仪就没有说话的份儿！”

于是苏秦游说韩宣惠王，说：“韩国土地方圆有九百余里，披甲的兵士有几十万，天下的强弓、劲弩、利剑都由韩国制造。韩国的士兵脚踏弩机，连续发射百支箭矢而不停。以韩国士兵的勇敢，披上坚甲，足踏劲弩，携带利剑，以一当百，不在话下。大王若屈服于秦国，秦国一定会要求你割让宜阳、成皋。今年献出了这些地方，明年他又要求割让别的土地。你要给他土地，却没有地方割让了；你不割让土地，那么就前功尽弃，遭受灾祸。况且大王的土地有限，而秦国的贪欲是无止境的，以有限的土地面对无止境的贪欲，这就叫作自找苦吃。未经交战而土地已先丧失了。俗谚说：‘宁可做鸡口，不要做牛后。’以大王的贤明，加上拥有强悍的韩国兵众，而有做牛后的声名，我背地里为大王感到羞愧！”韩王于是听从了苏秦的话。

苏秦游说魏王，说：“大王的土地方圆千里，地方虽说是小，然而国内田舍很多，竟至于没有长刍草放牧牲畜的空地。人民之众，车辆马匹之多，日夜川流不息。车马轰鸣，像有三军的气势。我私下估量大王你的国力不在楚国之下，现在我听到传闻说，大王的军队，武士有二十万，苍头军二十万，精悍勇士二十万，杂役徒众十万，兵车有六百辆，战马五千匹，却偏听了群臣的议论，想顺从秦国，所以赵王派我来进献浅薄的计谋，奉上切实可行的盟约，只等大王下诏答复订约之事。”魏王听从了苏秦的建议。

苏秦游说齐王，说：“齐国是一个四境有天险屏障的国家，土地方圆两千多里，披铠甲的士兵有几十万人，粮食堆积如山。军队精良，五都的兵员众多，前进时就像离弦之箭，作战有如雷霆的威势，收兵解散时像风雨扫过，即使有了战事，不必远离泰山，跨过清河，渡过渤海去征调。在临淄城里有七万户人家，我私下计算，每户不少于三个男子，不必等待从远方县邑发兵，而临淄的士兵就有二十一万了。临淄富庶殷实，这里的百姓都以斗鸡、走狗、六博、踢球为游戏。在去临淄的道路上，行进的车辆很多，车轴头相接触，行人肩背相摩擦，衣襟连起来可成帷帐，众人挥汗如雨。韩、魏之所以十分怕秦国，是由于它们同秦国接壤。出兵相对抗，相持不到十日，胜败存亡的大势便确定了。韩、魏如果战胜了秦国，那么兵员就会损失一半，国家四周的边境也就无力防守；如果韩、魏不能战胜秦国，那么就将面临国家灭亡的危险。正是这个缘故，韩、魏便难于对秦作战，而会轻易臣服秦国。如果秦国要进攻齐国就不是这样。它要背靠韩、魏，途经卫国阳晋的道路，必过亢父的险要地段，战车不能并排前进，战马不能并排奔跑，只要有一百人扼守险要，哪怕有一千人也不敢通过啊！秦军虽然想要深入齐国但有后顾之忧，害怕韩、魏在后面谋算它，因此感到恐惧，虚张声势吓唬韩、魏，傲慢得意却不敢进兵，那么秦国难以侵害齐国是明摆着的。不认真估量秦国不能把齐国怎么样，却打算向西臣服秦国，这是齐国群臣的失策。现在齐国没有臣服秦国的名声却有强国的实力，因此我希望大王稍加留意考虑这件事！”齐王赞同苏秦的话。

苏秦于是前往西南去游说楚威王，说：“楚国是天下的强国，土地方圆六千多里，甲士百万，战车千辆，战马万匹，积贮的粮食可供应十年，这是称霸天下的资本啊。秦国所害怕的国家没有哪个比得上楚国，楚国强大则秦国就弱小；反过来，秦国强大则楚国就弱小，秦与楚势不两立。所以我为大王谋划，最好的办法是合纵结盟孤立秦国，我要让崤山以东的国家向你供奉春、夏、秋、冬四季的礼品，接受大王英明的命令；各国把社稷宗庙托付于您，训练士卒，整备武器，任凭大王你来调动使用。所以，合纵结盟，那么诸侯各国就割献土地来侍奉楚国；实行连横，那么楚国就要割献土地去侍奉秦国。这两种策略相差真是太大了，大王要采取哪一种策略呢？”楚王也赞同了苏秦所说的话。

于是苏秦成为合纵的盟主，同时兼任六国的国相，便返回北方向赵王报告合纵盟约的成功，他乘坐的车骑以及物资与诸侯王的气派相当。

齐威王死了，他的儿子田辟强继位为齐宣王；齐宣王知道成侯邹忌陷害田忌的事，于是召回田忌恢复了他的官职。

燕文公死了，他的儿子易王继位。

卫国成侯死了，他的儿子平侯继位。

【原文】

三十七年（己丑，前332）

秦惠王使犀首欺齐、魏，与共伐赵，以败从约①。赵肃侯让②苏秦，苏秦恐，请使燕，必报齐。苏秦去赵而从约皆解③。赵人决河水以灌齐、魏之师④，齐、魏之师乃去。

魏以阴晋为和于秦，实华阴⑤。

齐王伐燕，取十城，已而复归之⑥。

三十九年（辛卯，前330）

秦伐魏，围焦、曲沃⑦。魏入⑧少梁⑨、河西⑩地于秦。

四十年（壬辰，前329）

秦伐魏，渡河，取汾阴⑪、皮氏⑫，拔焦⑬。

楚威王薨，子怀王槐⑭立。

宋公剔成⑮之弟偃袭攻剔成。剔成奔齐，偃自立为君⑯。

四十一年（癸巳，前328）

秦公子华⑰、张仪帅师围魏蒲阳⑱，取之。张仪言于秦王，请以蒲阳复与魏，而使公子繇⑲质于魏。仪因说魏王曰："秦之遇⑳魏甚厚，魏不可以无礼于秦。"魏因尽入上郡㉑十五县以谢焉。张仪归而相秦。

四十二年（甲午，前327）

秦县义渠㉒，以其君为臣。

秦归焦、曲沃于魏。

四十三年（乙未，前326）

赵肃侯薨，子武灵王㉓立。置博闻师㉔三人，左、右司过㉕三人，先问先君贵臣肥义㉖，加其秩㉗。

四十四年（丙申，前325）

夏，四月，戊午，秦初称王。

卫平侯薨，子嗣君[28]立。卫有胥靡亡之魏[29]，因为魏王[30]之后治病。嗣君闻之[31]，请以五十金买之。五反[32]，魏不与[33]，乃以左氏易之[34]。左右谏曰："夫以一都[35]买一胥靡，可乎？"嗣君曰："非子所知也。夫治无小，乱无大[36]。法不立，诛不必[37]，虽有十左氏，无益也。法立，诛必，失十左氏，无害也。"魏王闻之曰："人主之欲[38]，不听之[39]不祥。"因载而往[40]，徒献之[41]。

四十五年（丁酉，前324）

秦张仪帅师伐魏，取陕[42]。

苏秦通[43]于燕文公之夫人，易王知之。苏秦恐，乃说易王曰："臣居燕不能使燕重[44]，而在齐则燕重。"易王许之。乃伪[45]得罪于燕而奔[46]齐，齐宣王以为客卿。苏秦说齐王高宫室[47]，大苑囿[48]，以明得意，欲以敝齐[49]而为燕。

四十六年（戊戌，前323）

秦张仪及齐、楚之相会齧桑[50]。

韩、燕皆称王，赵武灵王独不肯，曰："无其实，敢处其名[51]乎？"令国人谓己曰君。

四十七年（己亥，前322）

秦张仪自齧桑还而免相，相魏。欲令魏先事秦而诸侯效之，魏王[52]不听。秦王[53]伐魏，取曲沃[54]、平周[55]。复阴[56]厚张仪益甚。

（以上为第八段，写张仪主张连横助秦，瓦解合纵。）

【注释】

①败：破坏。从约：合纵联盟。 ②让：责备。 ③解：散，瓦解。 ④"决河水"句：掘黄河堤放水淹齐魏之师。 ⑤实华阴：实，其实，就是。华阴，故阴晋，秦惠王六年更名宁晋。汉高帝改名华阴县，故曰"实华阴"。在今陕西省华阴市东。 ⑥"齐王伐燕"三句：燕文公卒，易王立。齐宣王因燕丧攻之，取十城。苏秦为燕说齐王归还了燕城。 ⑦焦：地名，故地在今河南省三门峡市西。 曲沃：邑名，在今河南省三门峡市陕州区西南40里。 ⑧入：献纳。 ⑨少梁：在今陕西省韩城市南18里。 ⑩河西：地域名，在今陕西省渭南市大荔县、华州区一带。 ⑪汾阴：邑名，故城在今山西省万荣县西南。 ⑫皮氏：邑名，故城在今山西省河津市西。 ⑬拔焦：攻下占领焦邑。 ⑭怀王：楚威王之子，名槐，公元前329年至公元前299年在位。 ⑮宋公

剔成：宋辟公之子，公元前369年至公元前329年在位。据梁玉绳《史记志疑》：“‘剔成’者‘易城’之误，盱其名，盱封于易城之地，因以为号，失其谥”。 ⑯偃自立为君：《史记·宋微子世家》有“君偃十一年自立为王。”《索隐》：“《战国策》《吕氏春秋》皆以偃谥曰康王。”公元前328年即位，称宋君偃，公元前318年自立为王，公元前286年齐闵王与魏、楚灭宋，三分其地。 ⑰公子华：《史记·张仪列传》同，《六国年表》作“公子桑”。 ⑱蒲阳：邑名，故城在今山西省隰县西北。 ⑲公子繇：马非百《秦集史》有“惠文王子也。一名通，又名通国。司马错既定蜀，更贬蜀王号为侯。王乃封繇为蜀侯，而以陈庄为相。” ⑳遇：待。 ㉑上郡：郡名。辖区在今陕西省北部及内蒙古乌审旗一带。 ㉒县义渠：以义渠为县。义渠，义渠国，其地当今陕西省北部和甘肃省的东北部，泾水、渭水以北之地。 ㉓武灵王：赵肃侯之子，名雍，公元前325年至公元前299年在位。 ㉔博闻师：备顾问的师傅名号。博闻，见多识广。 ㉕司过：主管察知人君过失，直言进谏。 ㉖肥义：肥姓，义名。武灵王父赵肃侯之臣，武灵王时为亲信大臣，惠文王时为相国并为傅，死于太子章之难。 ㉗秩：品级，俸禄。㉘嗣君：卫平侯之子，即孝襄侯，立五年贬为君。公元前324年至公元前283年在位。㉙胥靡：囚徒。 亡：逃。 之：至。 ㉚魏王：指魏襄王。 ㉛之：据章校，他本“之”下有“使人”二字。 ㉜五反：往返五次。反，通“返”。 ㉝与：许，同意。 ㉞左氏：邑名。程恩泽《国策地名考》卷十五：“在今（山东）曹县西北65里。”易：交换。㉟一都：指“左氏”。 ㊱治无小，乱无大：一个国家的治理没有小事，大乱的发生不一定起于大事。 ㊲法不立，诛不必：法令不建立，惩罚不坚决。 ㊳欲：欲治。想把国家治理得好。 ㊴之：则。 ㊵因：于是。 载而往：把胥靡载送至卫国。 ㊶徒献之：白白奉送，谓不取五十金及左氏。 按：此节与《战国策·宋卫策》第十四章及《韩非子·内储说上》所记略有不同。 ㊷陕：古县名，在今河南省三门峡市陕州区。 ㊸通：私通。 ㊹重：举足轻重。 ㊺伪：假装。 ㊻奔：逃亡。 ㊼高宫室：把宫室建得宏伟，比拟帝王之尊。 ㊽苑：园林。后来多指帝王游猎的场所。 囿：同苑，在古代指有围墙的园林。段玉裁《说文解字注》：“古谓之囿，汉谓之苑。” ㊾敝齐：拖垮齐国。敝，损失，伤害。 ㊿齧桑：魏邑，在今江苏省沛县西南。 (51)处：居。 名：称王的虚名。赵武灵王暂时不肯称王，并非要守君臣的本分，有大志而未到时机而已。 (52)魏王：指魏襄王。 (53)秦王：指秦惠文王。 (54)曲沃：显王四十二年秦归曲沃于魏，今又取之。 (55)平周：邑名，在今山西省介休市西40里。 (56)阴：暗中。

【译文】

周显王三十七年（己丑，前332）

秦惠王派犀首去欺骗齐国和魏国，要齐、魏联合起来攻打赵国，想要败坏合纵盟约。赵肃侯责备苏秦，苏秦心中害怕，请求出使到燕国，一定要报复齐国。苏秦离开了赵国，随即合纵盟约完全瓦解。赵国挖开黄河堤用河水淹灌齐、魏两国的军队，齐、魏两国军队就撤退了。

魏国割让阴晋与秦国议和，阴晋其实就是华阴。

齐宣王派兵攻打燕国，夺取了十座城邑，不久又还给了燕国。

周显王三十九年（辛卯，前330）

秦国攻打魏国，包围焦邑和曲沃。魏国把少梁及河西两地割让给秦国。

周显王四十年（壬辰，前329）

秦军攻打魏国，渡过黄河，攻占了汾阴和皮氏两地，又夺取了焦邑。

楚威王死了，他的儿子槐继位为楚怀王。

宋国国君剔成的弟弟偃袭击剔成。剔成投奔齐国，偃自立为国君。

周显王四十一年（癸巳，前328）

秦国的公子嬴华和张仪带领军队包围魏国的蒲阳邑，夺取了蒲阳。张仪向秦王进言，把蒲阳归还给魏国，还派秦公子繇去魏国当人质。张仪趁机对魏王说："秦国这样厚待魏国，魏国不可以对秦国失礼。"魏国只好把上郡十五个县全部献给秦国。张仪回到秦国被任命为国相。

周显王四十二年（甲午，前327）

秦国把义渠国置为县，把义渠的国君贬为秦臣。

秦国把焦邑、曲沃两地还给了魏国。

周显王四十三年（乙未，前326）

赵国国君肃侯死了，他的儿子赵武灵王继位。武灵王设置了三位博闻师，以及左司过、右司过各三人，在这之前首先问候了肃侯时的重臣肥义，增加了肥义的俸禄。

周显王四十四年（丙申，前325）

夏季，四月，戊午，秦国国君开始称王。

卫平侯死了，他的儿子卫嗣君继位。卫国有个罪犯逃亡到魏国，给魏国王后治病。卫嗣君听说这件事，派人到魏国请求用五十金赎回这个罪犯。卫国使者往返五次，魏国不让赎回罪犯，于是卫嗣君要用左氏邑去交换罪徒。嗣君身边的人劝说道："用一座城邑赎买一个罪犯，合算吗？"卫嗣君说："这不是你们能够明白的！国家治理没有小事，大乱发生不一定起于大事。法制不健全，该处罚的不坚决，即使有十个左氏邑，那也没有什么好处。法制健全，该罚的就罚，即使失去十个左氏邑，那也没有什么害处啊！"魏王听到这消息后说："卫国国君的这个愿望，不同意恐怕会不吉利。”于是将罪犯用囚车载回卫国，不要赎金，也不要左氏邑。

周显王四十五年（丁酉，前324）

秦国张仪率领秦军攻打魏国，夺取了陕邑。

苏秦与燕文公夫人私通，燕易王知道这件事。苏秦心中惶恐，便对燕易王说：“我留在燕国不能增加燕国的威望，而到齐国去就可以增加燕国的威望。”易王同意了苏秦的要求。于是苏秦假装在燕国犯了罪便逃到齐国，齐宣王任用苏秦为客卿。苏秦劝说齐王建造高大的宫室，扩大苑囿园池，用以彰显齐王的地位，目的是想使齐国国力凋敝，替燕国谋算。

周显王四十六年（戊戌，前323）

秦国张仪与齐国、楚国的相在齧桑会盟。

韩国、燕国都称王。唯独赵武灵王不肯称王，说：“没有称王的实力，怎么敢接受王的名号呢？”下令国内的民众称自己为国君。

周显王四十七年（己亥，前322）

秦国张仪从齧桑返回之后，表面上被免去了国相，而到魏国去任国相，想使魏国率先侍奉秦国以便诸侯各国仿效，魏王不同意。于是秦王攻打魏国，夺取了曲沃和平周两邑，暗中更加厚待张仪。

【原文】

四十八年（庚子，前321）

王崩，子慎靓王定[①]立。

燕易王薨，子哙[②]立。

齐王封田婴于薛[③]，号曰靖郭君[④]。靖郭君言于齐王曰：“五官之计[⑤]，不可不日听而数览也[⑥]。”王从之。已而厌之，悉以委靖郭君。靖郭君由是得专齐之权。

靖郭君欲城薛[⑦]，客[⑧]谓靖郭君曰：“君不闻海大鱼乎？网不能止[⑨]，钩不能牵[⑩]，荡而失水，则蝼蚁制焉[⑪]。今夫齐，亦君之水也。君长有齐，奚以薛为[⑫]！苟为[⑬]失齐，虽隆[⑭]薛之城到于天，庸足恃乎[⑮]！”乃不果城。

靖郭君有子四十[⑯]人，其贱妾之子曰文[⑰]。文通傥饶智略[⑱]，说靖郭君以散财养士。靖郭君使文主家待宾客，宾客争誉其美，皆请[⑲]靖郭君以文为嗣[⑳]。靖郭君卒，文嗣为薛公[㉑]，号曰孟尝君。孟尝君招致诸侯游士及有罪亡人，皆舍业厚遇之[㉒]，存救[㉓]其亲戚。食客常数千人，各自以为孟尝君亲己。由是孟尝君之名重天下。

臣光曰：君子之养士，以为民也。《易》曰[24]：“圣人养贤，以及万民[25]。”夫贤者，其德足以敦化正俗[26]，其才足以顿纲振纪[27]，其明足以烛微虑远[28]，其强足以结仁固义[29]。大则利天下，小则利一国。是以君子丰禄[30]以富之，隆爵[31]以尊之。养一人而及万人者，养贤之道也。今孟尝君之养士也，不恤[32]智愚，不择臧否[33]，盗其君之禄，以立私党，张[34]虚誉，上以侮[35]其君，下以蠹[36]其民，是奸人之雄[37]也，乌足尚哉[38]！《书》曰[39]：“受为天下逋逃主、萃渊薮[40]。”此之谓也。

孟尝君聘[41]于楚，楚王遗之象床[42]。登徒[43]直[44]送之，不欲行[45]，谓孟尝君门人[46]公孙戌曰：“象床之直[47]千金，苟伤之毫发，则卖妻子不足偿[48]也。足下能使仆无行[49]者，有先人之宝剑，愿献之。”公孙戌许诺，入见孟尝君曰：“小国[50]所以皆致相印于君者，以君能振达贫穷，存亡继绝，故莫不悦君之义，慕君之廉也。今始至楚而受象床，则未至之国将何以待君哉！”孟尝君曰：“善。”遂不受。公孙戌趋去[51]，未至中闺[52]，孟尝君召而反之，曰：“子何足之高，志之扬[53]也？”公孙戌以实对。孟尝君乃书门版[54]曰：“有能扬文[55]之名，止文之过，私得宝于外者，疾入谏[56]！”

臣光曰：孟尝君可谓能用谏矣。苟其言之善也，虽怀诈谖之心，犹将用之[57]，况尽忠无私以事[58]其上乎！《诗》云[59]：“采葑采菲[60]，无以下体[61]。”孟尝君有焉[62]。

（此条论赞写孟尝君不因人有缺点、错误而仍用人之善言善行的优良品质。）

韩宣惠王欲两用公仲、公叔为政[63]，问于缪留[64]。对曰：“不可。晋用六卿而国分[65]，齐简公[66]用陈成子及阚止[67]而见杀[68]，魏用犀首[69]、张仪而西河[70]之外亡。今君两用之，其多力[71]者内树党[72]，其寡力[73]者借外权[74]。群臣有内树党以骄主[75]，有外为交以削地[76]，君之国危矣！”

（以上为第九段，写战国列强争夺人才，四公子养士，齐国孟尝君首先登上历史舞台。司马光评论孟尝君，养士不择贤与不肖，有树党之私；而孟尝君从谏如流之精神风采，获得肯定。）

【注释】

①慎靓王：显王子，名定，公元前320年至公元前315年在位。靓，即“静”字。见《史记·周本纪》。 ②哙：燕易王之子，昭王之父，名哙，公元前320年至公元前312年在位。 ③齐王：指齐威王。 田婴：齐威王少子，孟尝君田文的父亲靖郭君，封于薛，又称薛公。薛，邑名，在今山东滕州市南40里。 ④靖郭君：田婴生前的封号。 ⑤五官：据《管子·小匡》，隰朋为大行，宁戚为大司田，王子城父为大司马，宾胥吾为大司理，东郭牙为大谏。以周制言之，在五大夫之列，当即齐之五官。 计：计簿，即会计所用簿册，也包括人事登记。这里是说五官将自己的工作情况定期向上报告。这个“报告”即所谓“计”。 ⑥不可不日听而数览也：大王不可不每天听取他们的汇报，并及时阅览他们的书面报告。 ⑦城薛：给薛邑筑城。“城”，用作动词。 ⑧客：指靖郭君的食客。⑨网不能止：鱼网捕不到。止，捕获，捉住。 ⑩钩不能牵：鱼钩牵不住。 ⑪“荡而失水”两句：意谓海里的大鱼可以任意地在无边无际的大海里遨游，可是它游到岸上离开了水，就会失去自由，连小小的蚂蚁和蝼蛄也能制服它。 荡而：即“荡然”，顿时消失。 蝼蚁：蝼蛄、蚂蚁。 ⑫奚以薛为：为何还要薛邑呢。奚，何。 ⑬苟为：如果。 ⑭隆：加高，筑高。 ⑮庸足恃乎：难道还靠得住吗？庸，岂，难道。足，可。恃，依仗。 ⑯四十：据章校，他本“十”下有“余”字。《史记·孟尝君列传》亦有“余”字。 ⑰文：田文，靖郭君田婴的少子，封为孟尝君。《史记》有《孟尝君列传》。⑱通：通达。 傥：倜傥，卓异不凡。 饶智略：足智多谋。 ⑲请：说项，请求。 ⑳嗣：继承人。 ㉑薛公：齐威王封田婴于薛，田文世袭，故称薛公。 ㉒舍（shè）业，修建房舍，建立家业。厚遇之：优待宾客。 ㉓存救：救济。存，慰问，抚恤。 ㉔《易》曰：引语见《颐卦·彖辞》。 ㉕圣人养贤，以及万民：国君依靠和培养贤人，为的是治理国家，把善政普及到天下万民，人人丰衣足食。圣人，指国君。贤，指贤人，有才德之士。 ㉖“其德”句：谓贤人的品德应足以敦促教化，匡正风俗。 ㉗顿纲振纪：整顿纲纪。顿、振，整顿。 ㉘“其明”句：他们的智慧足以洞察隐微，考虑长远。 明：智慧。 烛微：烛照细微，喻观察细致入微。 ㉙结仁固义：团结友爱，加固仁义。 ㉚丰禄：增多俸禄。 ㉛隆爵：提高爵位。 ㉜恤：顾及，考虑。 ㉝臧否（pǐ）：好坏。 ㉞张：夸大。 ㉟侮：欺。 ㊱蠹：损害。 ㊲奸人之雄：坏人中最突出的坏人。本指淆乱是非的辩士，后多以“奸雄”指弄权欺世、窃取高位的人。 ㊳乌足尚哉：有什么值得提倡的。

乌足，何足。尚，崇尚，提倡。 ㊴《书》曰：引文见伪古文《尚书·武成》。 ㊵受为天下逋逃主、萃渊薮：殷纣王受是天下逃亡者的窝主，是聚集罪犯的地方。受，即“纣”。萃，聚集。渊薮，渊为鱼聚处，薮为兽聚处。此泛指人和事物聚集的地方。 ㊶聘：访问。 ㊷楚王：此指楚怀王。 遗（wèi）：赠送。 象床：象牙床。 ㊸登徒：官名。㊹直：当，当班。 ㊺不欲行：登徒不想去送象牙床。 ㊻门人：即门客、食客。 ㊼直：同“值”，价值。 ㊽不足偿：抵偿不了。 ㊾无行：指不去送象牙床。 ㊿小国：当作“五国”。小，“五”字之讹。《战国策·齐策三》第九章：“孟尝君出行五国”。据《春秋后语》《太平御览·喜览》引及王念孙《读书杂志》说策文“小”字当作“五”字之误，此“小”字亦当为“五”。 51趋去：匆匆地离去。 52中闺：中门。 闺：宫中上圆下方的小门，因形如圭，故称“闺”。 53足之高，志之扬：成语“趾高气扬”出此。意思是说神气十足，得意自满之情。 54书门版：写在门板上，使出入的人都能看见。相当于现在的布告，通告。书，写。 55文：孟尝君田文自称。 56谏：提意见。 57“苟其言之善”三句：只要所提意见是正确的，即使那人怀有欺诈之心，仍然采用。此即不以人废言之意。 苟：如果，只要。 诈谖：欺诈。虽……犹将……：虽然，即使……仍然。 58事：侍奉。 59《诗》云：引文见《诗·邶风·谷风》。 60葑（fēng）：蔓菁。 菲：萝卜。61无：不，勿。 以：用。 下体：指植物根茎。 62焉：之。 63两用：同时并用。两，并。 公仲：韩朋，亦作公仲朋。 公叔：公叔伯婴。 为政：执政。 64缪（miào）留：韩人，又作“樛留”“摎留”。 65国分：指晋国被瓜分。晋六卿智氏灭范、中行氏，赵、魏、韩氏又联合灭智氏，后三分晋国，成为赵、魏、韩三个独立的诸侯国。 66齐简公：悼公之子，名壬，公元前484年至公元前481年在位。 67阚（kàn）止：字子我，简公相。又作“监止”。 68见杀：指齐简公被杀。田成子杀阚止于郭关，又杀简公子于舒州。事详《左传·哀公十五年》。 69犀首：魏阴晋人，复姓公孙，名衍，在魏曾任犀首，故号“犀首”。张仪卒，入秦为相。曾佩五国相印，为纵约长，战国时与苏秦、张仪齐名的纵横家。传附《史记·张仪列传》。 70西河：今陕西省和山西省之间的黄河段，由北向南流，古称西河。 71多力：权重，势力大。 72树党：拉帮结派，经营小团体。 73寡力：权轻，势力小。 74外权：指勾结外国的势力。 75骄主：专主之权。 骄：专横，横暴。 76削地：割让土地。

【译文】

周显王四十八年（庚子，前321）

周显王死了，他的儿子姬定继位为周慎靓王。

燕国易王死了，他的儿子哙继位。

齐王将薛地封赏给田婴，称号为靖郭君。靖郭君对齐王说："主管事务的五官上报的簿册文书，不可不当天处理并多次审阅。"齐王听从了靖郭君的建议，但不久便厌烦了这些事务，全部交付给靖郭君。靖郭君因此得以独揽齐国大权。

靖郭君想建筑薛城，他的门客对靖郭君说："你不曾听说海里的大鱼吗？网不能捕捉它，钓钩不能牵动它，可它游到岸上时，失去了海水，那么小小的蝼蛄、蚂蚁就能制服它。现在的齐国，也就是你所依赖的海水啊。你长期保有齐国，去建筑薛城做什么？假使失去齐国，你即使高筑薛城到天上，难道能靠得住吗？"靖郭君便没有筑城。

靖郭君有四十个儿子，他有一个妾生的儿子叫田文。田文通达豪爽足智多谋，他劝说靖郭君布施钱财，招收供养宾客、士人。靖郭君便让田文主持家事接待宾客，宾客们对田文的为人交口称赞，一致请求靖郭君确立田文为继承人。靖郭君死了之后，田文继承为薛公，称为孟尝君。孟尝君招收诸侯各国的游说之士和有罪逃亡者，都给他们建房舍，立居业，还接济他们的亲属。孟尝君收养的食客经常有几千人之多，这些人个个都认为孟尝君亲近自己，因此孟尝君名扬天下。

臣司马光评论说：君子收养士人，是为了民众啊。《易经》说："国君养育贤人治理国家，是为了造福天下百姓。"作为贤人的才智之士，他们的品德应足以敦促教化，匡正风俗，他们的才能应足以提振纲常，匡扶风纪，他们的智慧应足以洞察隐微，考虑长远，他们的坚强应足以团结友爱，加固情谊。从大的方面讲有利于天下，从小的方面说有利于一国，所以把丰厚的俸禄给予贤人君子，使他们富有，还要高封爵位使他们受到尊重。国家养育一个贤人而能使利益惠及万人，这才是养育贤才的正道啊。现今孟尝君养育士人，不考虑士人是智还是愚，不区别善恶，盗取国君的俸禄来建立私党，虚张名誉声望，对上欺骗他的国君，对下便是侵害了民众，这是奸伪者中的魁首，不值得推崇！《尚书》说："殷纣王是天下逃亡罪人的窝主，是聚集逃亡罪人的地方。"说的就是田文这种人。

孟尝君到楚国访问，楚王赠送孟尝君用象牙装饰的床。楚王派一位当班的登徒官护送这张象牙床，这位登徒官不想送，便对孟尝君的门客公孙戌说："象牙床价值一千金，假如它有丝毫损伤，那我即使卖妻卖子也赔不起啊。先生你若有能力不让我去护送这张象牙床，我有祖辈传下的一把宝剑，很愿意把它送给你。”公孙戌答应了登徒官的请求，便去见孟尝君说：“各个小国都愿意把相印交给你的原因，是认为你能赈济贫穷，使亡国得以保存，使面临绝灭的宗室得以延续，没有谁会拒绝你的恩义，没有谁不仰慕你的清廉。现今你刚到楚国就接受楚王赠送的象牙床，那么你还没有去到的国家，他们又将拿什么来接待你呢？”孟尝君说：“你说得对。”便没有接受象牙床。于是公孙戌赶快向外走，还没有走出宫中的小门，孟尝君就叫他回来，问：“你为什么走起路来趾高气扬，神气十足呢？”公孙戌便将实情告诉了孟尝君。孟尝君便在门板上发出布告说：“有谁能够宣扬我的名声，纠正我的过失，即使私自接受了别人馈赠的宝物，也希望赶快来规谏我！”

臣司马光说：孟尝君可以称得上是能够听从规谏的人。只要规谏的人的话是对的，即使他心怀欺诈，尚且还能接受；更何况那些没有私心，竭尽忠诚来侍奉上司的人呢？《诗经》里说：“采葑取菲，不伤它的根。”孟尝君就有这样的风度。

韩国宣惠王想任用公仲、公叔两人共同主管政务，于是便询问缪留。缪留回答说：“不好。过去晋国同时用六卿，结果国家被分裂；齐简公同时用陈成子和阚止，结果自己被杀害；魏国同时用犀首、张仪，西河之外的土地却被人占领。现今国君同时用两人管理政务，那么他们之中实力雄厚的一方便会在国内树立私党，实力弱小一方就会借用外国的势力。你的臣子中有人在国内树立私党来威胁国君，有人与国外私交来侵割国土，国君的国家就危险了。”

【评析】

魏惠王论

魏惠王好战，遭秦、齐东西夹击，魏沉沦为二等强国。本卷记事起公元前368年，迄公元前321年，凡48年，约半个世纪，正是战国中段的中前期，最大事件是魏国从霸主地位衰落，成为二等强国。公元前370年，魏惠王继魏武侯即位，战国进入中期。是年早于周显王两年。《史记·六国年表》，魏惠王三十六年（前335），魏惠王死，子魏襄王立；魏襄王十六年（前319），魏襄王死。依《竹书纪年》，魏惠王三十六年未死，而是改元为后元，后元十七年，即公元前319年才死。也就是据《竹书纪年》记载，魏惠王跨惠王、襄王两个时代，在位52年。魏惠王治魏，承父祖两代所积之资，任贤使能，魏国仍在中原保持霸主地位，一度伐韩攻赵，欲统一三晋，雄心可谓不小。但魏惠王志大才疏，只能任用二等贤才。他用庞涓为将而失孙膑；不听公叔痤之言而失商鞅；又四面树敌，攻韩赵而招来齐、秦东西夹击，丢失大片国土，从安邑迁都大梁，故魏惠王又称梁惠王。在整个战国时代，魏惠王仍能称得上是一个有为之君，在列国君主之中可列为中上，是一个成功者。魏惠王三十七年（前334），魏惠王与齐威王会于徐州，互相推重称王，也缓和了齐魏矛盾，史称“徐州相王”。不久，魏、齐、赵、燕、中山又举行会盟，史称“五国相王”，从此进入列国称王时代。战国时代诸侯称王就是从徐州会盟开始的。五国相王，东方诸侯矛盾进一步缓解，逐渐形成联合趋势，共同抗击西边崛起的秦国，战国进入了合纵连横时代。六国联合抗秦，成为“北起燕，南至楚”的纵线联合，史称“合纵”。秦国威逼东方六国与秦联合，打破合纵，成为东西一线的双边结盟，史称“连横”。苏秦是合纵的代表人物，张仪是连横的代表人物。秦惠王要打破合纵，他选定以魏国为突破口。秦惠王连年进攻魏国，在公元前322年逼迫魏惠王接受与秦联合，张仪相魏。魏惠王并不心服，公元前319年任用主张合纵的公孙衍为相驱逐张仪出境，魏国又回到合纵阵线，与楚、赵、韩、燕联合。这一年魏惠王死，魏襄王即位。魏国从此一路衰落，降为二等强国。魏国的衰落始于魏惠王好战，在这个意义上，魏惠王又是一个失败者。魏惠王一生的升沉，留给后人深刻的历史教训。

卷第三　周纪三

周慎靓王元年至赧王十七年（前320—前298）

【起重光赤奋若（辛丑，前320），尽昭阳大渊献（癸亥，前298），凡二十三年】

【大事提要】

本卷记事起公元前320年，迄公元前298年，凡二十三年，当周慎靓王元年至赧王十七年。本卷所载大事主要有六个方面：其一，公元前318年秦兵打败了东方楚、赵、魏、韩、燕的第一次五国合纵之兵，确立了连横的胜势。秦惠王又用司马错伐蜀，秦国力倍增，从此称雄诸侯。其二，燕王哙昏聩让国，燕国大乱，几乎亡国。其三，楚怀王成为燕王哙之后战国时代最大的一个昏君，既昏庸又贪婪，被张仪玩于股掌之上，在与强秦的外交中一再上当受骗，他绝交于齐，丧失了合纵盟主的地位，最终入秦不返，成了异国的囚徒，落得客死他乡的悲剧结局。其四，公元前310年秦武王即位逐张仪，连横瓦解，但秦国称雄东方的形势已不可逆转。其五，赵武灵王胡服骑射，赵国崛起，阻挡秦国东进，是合纵式微形势下的中坚。其时，秦昭王即位，亦是一位明主，他任甘茂伐韩，攻占了宜阳，为秦兵东进打开了一个缺口。韩国亲赵，秦赵决战将不可避免。其六，写战国四公子兴起，养士成风。孟尝君受困于秦，依靠食客鸡鸣狗盗之徒脱险。平原君养士，开诸子学说论辩之风。

【原文】

慎靓王

元年（辛丑，前320）

卫更贬号曰君[①]。

二年（壬寅，前319）

秦伐韩，取鄢[②]。

魏惠王薨，子襄王立[3]。孟子入见而出，语人曰[4]：“望[5]之不似人君，就之而不见所畏焉[6]。卒然[7]问曰：‘天下恶乎定[8]？’吾对曰：‘定于一[9]。’‘孰能一之[10]？’对曰：‘不嗜[11]杀人者能一之。’‘孰能与[12]之？’对曰：‘天下莫不与也。王知夫苗乎[13]？七、八月[14]之间旱，则苗槁[15]矣。天油然作云[16]，沛然下雨[17]，则苗浡然兴之矣[18]。其如是[19]，孰能御之[20]!’”

三年（癸卯，前318）

楚、赵、魏、韩、燕同伐秦，攻函谷关。秦人出兵逆之[21]，五国之师皆败走[22]。

宋初称王[23]。

四年（甲辰，前317）

秦败韩师于脩鱼[24]，斩首八万级，虏其将鳆、申差[25]于浊泽[26]。诸侯振恐[27]。

齐大夫与苏秦争宠，使人刺秦，杀之[28]。

张仪说魏襄王曰：“梁地方不至千里，卒不过三十万，地四平[29]，无名山[30]大川之限[31]，卒戍[32]楚、韩、齐、赵之境[33]，守亭、障[34]者不过[35]十万，梁之地势固战场[36]也。夫诸侯之约从，盟于洹水之上，结为兄弟以相坚[37]也。今亲兄弟同父母，尚有争钱财相[38]杀伤，而欲恃反覆苏秦之余谋[39]，其不可成亦明矣。大王不事秦，秦下兵[40]攻河外[41]，据卷衍、酸枣[42]，劫卫[43]，取阳晋[44]，则赵不南[45]，赵不南而梁不北[46]，梁不北则从道绝[47]，从道绝则大王之国欲毋危[48]不可得也。故愿大王审定计议[49]，且赐骸骨[50]。”魏王乃倍[51]从约，而因[52]仪以请成于秦[53]。张仪归，复相秦。

鲁景公薨，子平公旅[54]立。

五年（乙巳，前316）

巴、蜀[55]相攻击，俱告急于秦。秦惠王欲伐蜀，以为道险狭[56]难至，而韩又来侵，犹豫未能决。司马错[57]请伐蜀。张仪曰：“不如伐韩。”王曰：“请闻其说。”仪曰：“亲魏，善楚，下兵三川[58]，攻新城、宜阳[59]，以临二周[60]之郊，据九鼎[61]，按图籍[62]，挟[63]天子以令[64]于天下，天下莫敢不听，此王业也。臣闻争名者于朝[65]，争利者于市[66]。今三川、周室，天下之朝市也，而王不争焉[67]，顾[68]争于戎翟[69]，去[70]王业远矣！”司马错曰："不然，臣闻欲富国者务广其地，欲强兵者务富其民，欲王者务博其德[71]，三资者备[72]而王随之矣[73]。今王地小民贫，故臣愿先从事于易。夫蜀，西僻之国而戎翟之长也，有桀、纣之乱[74]，以秦攻之，譬如使豺狼逐群羊。得其地足以广国，取其财足以富民，缮兵[75]，不伤众而彼已服焉。拔[76]一国而天下不以为暴，利尽四海[77]而天下不以为贪，是我一举而名实附[78]也，而又有禁暴止乱之名。今攻韩，劫[79]天子，恶名也，而未必利也，又有不义之名，而攻天下所不欲，危矣！臣请论[80]其故。周，天下之宗室[81]也；齐，韩之与国[82]也。周自知失九鼎，韩自知亡三川，将二国并力合谋[83]，以因乎齐、赵而求解乎楚、魏[84]，以鼎与楚，以地与魏，王弗能止也。此臣之所谓危也。不如伐蜀完[85]。"王从错计，起兵伐蜀。十月取之[86]。贬蜀王，更号为侯[87]，而使陈庄[88]相蜀。蜀既属秦，秦以益强[89]，富厚[90]，轻诸侯。

苏秦既死，秦弟代、厉[91]亦以游说显于诸侯。燕相子之与苏代婚[92]，欲得燕权。苏代使于齐而还，燕王哙问曰："齐王其霸乎[93]？"对曰："不能。"王曰："何故？"对曰："不信其臣。"于是燕王专任子之[94]。鹿毛寿[95]谓燕王曰："人之谓尧贤者，以其能让天下也。今王以国让子之，是王与尧同名也。"燕王因属国[96]于子之，子之大重。或曰[97]："禹荐益而以启人为吏[98]，及老[99]而以启为不足任天下，传之于益。启与交党[100]攻益，夺之，天下谓禹名传天下于益[101]而实令启自取之[102]。今王言属国于子之而吏无非太子人者，是名属子之而实太子用事[103]也。"王因收印绶，自三百石吏已上而效之子之[104]。子之南面行王事[105]，而哙老[106]，不听政[107]，顾为臣[108]，国事皆决于子之。

六年（丙午，前315）

王崩，子赧王延[109]立。

（以上为第一段，写周慎靓王时代五年史事，写秦惠王命张仪连横瓦解六国合纵，公元前318年秦兵打败了东方楚、赵、魏、韩、燕的第一次五国合纵之兵，确立了连横的胜势。秦惠王又用司马错伐灭蜀，秦国国力倍增。）

【注释】

①卫更贬号曰君：早在周显王二十三年（前346），卫成侯十六年，卫已贬号为侯。 ②鄢：即鄢陵，故城在今河南省鄢陵县西南。 ③襄王立：陈梦家《六国纪年》

附《六国纪年表》谓魏襄王元年在慎靓王四年（前317），杨宽《战国史》附《战国大事年表》谓在慎靓王三年。《史记·六国年表》在慎靓王三年，作魏襄王元年。 ④语人曰：孟子对人说。见《孟子·梁惠王上》。语（yù），告诉。 ⑤望：远远望去。 ⑥“就之”句：靠近梁惠王看不出他有什么让人敬畏的地方。就：靠近。不见：看不到。所畏：有什么可以让人敬畏的地方。 ⑦卒然：即“猝然”，突然。 ⑧天下恶乎定：天下如何才能安定。恶乎，犹言“何所”“何如”。 ⑨定于一：天下安定在于统一。 ⑩孰能一之：谁能统一天下呢？之，指天下。 ⑪嗜：喜好。 ⑫与：服从，归服。 ⑬苗：禾苗。 ⑭七、八月：此为周历。夏历十一月为周历正月，则七、八月当夏历五、六月，正是禾苗需要雨水的时候。 ⑮槁：枯萎。 ⑯油然作云：乌云翻滚。油然，云盛的样子。 ⑰沛然下雨：倾盆大雨。沛然，雨盛的样子。 ⑱浡（bó）然兴之：蓬勃生长的样子。兴，生长。之，起调节音节的语气词。 ⑲其如是：如果是这样。其，假设连词。 ⑳孰能御之：谁能阻挡它（生长）呢。御，抵挡。 ㉑逆之：迎击秦军。㉒走：逃跑，溃散。 ㉓宋初称王：宋国君始称王。据《史记·宋微子世家》：“君偃十一年自立为王。”（即慎靓王三年）《战国策》《吕氏春秋》《墨子》《新书》都云君偃谥“康王”。 ㉔脩鱼：邑名，在今河南原阳县西南。 ㉕鲰（sōu）、申差：韩国二将。 ㉖浊泽：邑名，在今河南长葛市。 ㉗振恐：震惊恐惧。振，通“震”，震惊。 ㉘杀之：苏秦死年众说纷纭，学术界有八种说法，不具引。《史记·张仪列传》《索隐》谓在周赧王四年（前311）。 ㉙地四平：国土四面平旷无险阻。 ㉚名山：大山。 ㉛限：险阻。㉜卒戍：用士兵防守。 ㉝境：与邻国接界的边境。魏南接楚，西接韩，东接齐，北接赵。 ㉞亭：边防瞭望哨所。 障：规模较大的城堡。 ㉟过：据章校，他本“过”作“下”。按《史记·张仪列传》作“下”。作“下”为是。 ㊱固战场：原本就是四战之地。 固：本来。 ㊲相坚：共同坚守。 ㊳相：互相。 ㊴恃：依靠，依仗。 反覆：变化无常。 余谋：下策。余，《春秋公羊传注疏序》徐彦疏：“末也”。 ㊵下兵：发兵，出兵。 ㊶河外：对“河内”而言，指今河南省西北部黄河以南之地。 ㊷据：占领。 卷：邑名，在今河南新乡市与郑州市之间。 衍：邑名，在今河南郑州市北30里。 酸枣：邑名，在今河南延津县西20里。 ㊸劫卫：胁迫卫国。 ㊹阳晋：邑名，在今山东郓城县西。 ㊺赵不南：赵国不能向南支援魏国。 ㊻梁不北：魏国不能向北与赵国联络。㊼从道绝：合纵联盟的通道断绝。 ㊽毋危：没有危险。毋，通“无”。 ㊾审定计议：认真考虑做出决定。计议，决定。 ㊿赐骸骨：把这把老骨头恩赐给我，意即恩准我告老还乡。 51倍：通“背”，背弃。 52因：通过。 53请成于秦：请求跟秦国媾和。成，媾和。 54平公：鲁景公之子，名旅，又名叔，公元前314年至公元前295年在位。

⑤巴、蜀：两古国名。巴国即今四川东部及湖北西部一带。战国时其都在今重庆市北。蜀，今四川省中、西部之地，其都在今四川省成都市。⑥道险狭：道路艰险狭窄。⑦司马错：秦臣，司马迁第八世祖，秦灭蜀后，以司马错为第一任郡守。⑧三川：地区名，在今河南黄河、洛水、伊水之间，为东周王室所在地。秦并周后置为三川郡。⑨新城、宜阳：两韩邑名。新城，在今河南伊川县西南。宜阳，在今河南宜阳县西。⑩临二周：临，逼迫。二周，东周后期又分裂为东西两周。都王城，即洛阳者为西周。都巩邑，即今河南巩义市，在王城之东为东周。秦昭王五十二年（前255）灭西周，秦庄襄王元年（前249）灭东周。⑪九鼎：是一组九个大鼎。相传禹铸九鼎，夏、商、周传为国宝，为得政权之象征。秦昭王灭周，第二年把九鼎从洛阳迁到秦都咸阳，从此九鼎下落不明。⑫按：考察，掌握。图籍：地图和户籍。⑬挟：胁迫。⑭令：号令，指挥。⑮朝：朝廷。⑯市：市场。⑰不争焉：不争于三川、周室。焉，于此。⑱顾：反而。⑲戎、翟：古代称西方各部族为戎；北方各部族为翟。翟，通“狄”。⑳去：距离。㉑王（wàng）：统一天下，成就王业。博其德：推广其德政。㉒三资：成就王业的三个条件、凭借，指地、民、德。备：齐备。㉓王随之矣：统一天下成就王业的事，也就跟着自然而来了。㉔有桀、纣之乱：有夏桀、商纣时那样的政治混乱。㉕缮兵：充实军事力量。缮，修治。㉖拔：攻占，此犹言灭掉。㉗四海：为西海之讹。西海，指巴、蜀。利尽四海：擅巴蜀之利。据章校，他本“四”作“西”。按：《战国策·秦策一》第七章、《史记·张仪列传》《新序·善谋》及《文选》李善注引《战国策》文均作“西海”。当作“西”。㉘名实附：名利双收。附，益也，增加。㉙劫：以力威胁，挟持。㉚论：陈述。㉛宗室：即根本。按：各诸侯皆本出于周室，故称周室为“宗室”，或称“宗周”。㉜与国：同盟国，友邦。㉝并力合谋：努力合盟。㉞以因乎齐、赵而求解乎楚、魏：通过齐、赵谋求与楚、魏和解。求解，周、韩先与楚、魏结怨，现在谋求和解。㉟完：全。无伤败故曰“完”。㊱十月：当年十月。取：攻下。㊲贬蜀王，更号为侯：《史记·秦本纪》及《六国年表》都说“灭蜀”，与此不同。㊳陈庄：秦臣。㊴秦以益强：秦国因此更加强大。以，因。益，更。㊵富厚：物资财富丰厚。厚，多。㊶代、厉：苏代、苏厉，苏秦的两个弟弟，亦以游说显名诸侯。两人《史记》有传，附于《苏秦列传》之后。㊷婚：姻亲。㊸齐王其霸乎：齐王能称霸吗？㊹专任子之：让子之独专国政。㊺鹿毛寿：为苏代之使者。㊻属国：把国家交给……。㊼或曰：有人说。㊽“禹荐益”句：夏禹推荐伯益执政，任用启的亲信为伯益的官吏。人，犹“臣”，部属，亲信。㊾及老：指禹王年老时。⑩⓪交党：同党，朋党。⑩①禹名传天下于益：禹王名义上把国家传给了伯益。⑩②实令启自取之：实际上

又让启自己夺取了国家政权。 ⑩③用事：掌权，执政。 ⑩④“王因收印绶”二句：此言燕王哙因此收回三百石以上俸禄的官吏的印玺交给了子之。 石：官俸的计量单位，秦、汉以为官位的品级。 ⑩⑤子之南面行王事：子之受燕王哙禅位执政。 南面：古代以面向南为尊位，帝王的座位面向南，故称居帝王之位为“南面”。 行王事：行使国王的职权。 ⑩⑥哙老：燕王哙因老退休。 ⑩⑦不听政：不再执掌国政。 ⑩⑧顾为臣：反而处在臣位。 ⑩⑨赧王延：慎靓王子，名延，又名诞，公元前314年至公元前256年在位。

【译文】

慎靓王

周慎靓王元年（辛丑，前320）

卫国国君再次把自己的爵位由侯降到君。

周慎靓王二年（壬寅，前319）

秦国攻打韩国，夺取了鄢陵。

魏惠王死了，他的儿子魏襄王继位。孟子前去求见，出来之后对人说：“远看他不像一个国君，近看他没有可敬畏的地方。他突然问道：‘天下怎样才能安定？’我回答说：‘统一就能安定。’他说：‘谁能统一天下呢？’我回答说：‘不喜好杀人的人才能够统一天下。’他又问：‘谁会归服于他呢？’我回答说：‘天下人没有谁敢不归服于他的。大王知道禾苗的生长吗？七八月间天旱，禾苗枯萎了，天空忽然乌云密布，突然降雨，禾苗又蓬勃生长起来了。如果是这样，有谁能阻止它呢！’”

周慎靓王三年（癸卯，前318）

楚国、赵国、魏国、韩国、燕国共同出兵攻打秦国，进攻函谷关。秦国出兵迎战，五国的军队都失败而退走。

宋国开始称王。

周慎靓王四年（甲辰，前317）

秦国在脩鱼打败了韩国军队，斩杀八万人，在浊泽俘虏了韩国将领鲠和申差，诸侯各国都很震惊害怕。

齐国大夫与苏秦争权，齐国大夫派人行刺，成功地杀死了苏秦。

张仪对魏襄王说：“魏国的土地方圆不到千里，士兵不超过三十万，国土四方平坦，没有高山大川为屏障，士兵大多守卫在与楚、韩、齐、赵各国相连的边境，在国内守卫亭障的士兵不超过十万。魏国历来就是厮杀的战场。诸侯国订立合纵盟约，在洹水之滨结为兄弟之国，以求互相保卫。现今，同父同母的亲兄弟尚且有为争抢钱财互相残杀的，而想依靠那个反复无常的苏秦的合纵老套路，明显不能成功。大王不依附秦国，秦国出兵攻打魏国的河外地区，占据卷、衍、酸枣等县邑，胁迫卫国，占领阳晋，那么赵军不能南下，魏兵不能北上。魏兵不能北上，那么合纵的道路便被切断了。合纵的道路被切断，那么魏国想要不危险是不可能的。所以我希望大王认真考虑做出决定，并请您准许我辞去相职。”魏襄王听了张仪的话，便背弃合纵盟约，又通过张仪向秦国请求讲和。张仪回到秦国，再度出任秦国国相。

鲁景公死了，他的儿子旅继位为鲁平公。

周慎靓王五年（乙巳，前316）

巴国和蜀国出兵互相攻击，都向秦国告急求救，秦惠王想攻打蜀国，认为道路险阻难以到达，这时韩国又来进犯秦国，因此犹豫不决。司马错请求攻打蜀国。张仪说：“攻打蜀国比不上攻打韩国有利。”秦惠王说：“希望听听你的理由。”张仪说：“亲近魏国，与楚国交好，出兵到三川，攻打新城、宜阳，到达东、西两周的郊外，据有九鼎国宝，掌握天下的户口图籍，挟制周天子来号令天下，天下没有谁敢不听从的，这样可以实现帝王大业。我听说争名要在朝廷里，争利就要到市场上。现今三川地方和周王室正是天下的朝与市啊，而大王不争这些，却要纠缠于远方的戎狄小族争斗，这样就离帝王大业太远了。”司马错说：“不是这样，我听说想要国家富足就一定要扩大土地，想要兵力强盛就一定要百姓富有，想要建立帝王大业就一定要博施恩德。土地、百姓、恩德三个方面的条件具备了，那么帝王之业也就水到渠成了。现今大王的国家地少民贫，所以我希望先从容易的做起。蜀国只是一个西方偏远的国家，却是戎狄的首领，政治昏乱，如同夏桀、商纣，由我们秦国去攻伐它，好比是豺狼追逐羊群。得到蜀国的土地可以扩张国土，夺取它的财富可以使百姓殷富加强军备，不劳民伤财便可降服蜀国。攻取了一个国家，天下人却不认为残暴，获得一国的利益而天下人不认为贪婪，这是说我秦国的这次出兵名利双收，而且还有禁暴止乱的好名声。现今去攻伐韩国，劫持天子，是坏名声，而且不一定能得到实际利益，还落下不守道义的名声，攻打了全天下的人都反对攻打的地方，那是很危险的。臣请求讲明这其中的原因。周王室是全天下人敬仰的共主，又是齐国、韩国亲善的友邦。周王室知道国家重器九鼎要保不住了，韩国知道三川之地守不住了，周、韩两国将会同心合力，倒向齐国、赵国，请求与楚国、魏国和解，把九鼎送给楚国，割地给魏国，大王没办法制止，这就是秦国面临的危险。权衡比较，不如攻打蜀国取得完全的成功。”秦惠王听从了司马错的计谋，起兵攻打蜀国，在十月占领了蜀国。把蜀王贬称为侯，并派遣陈庄任蜀侯相。蜀地既然归属为秦国疆土，秦国更加强大，物资财富丰厚，更加轻视周围诸侯国。

苏秦死后，苏秦的弟弟苏代、苏厉也靠游说诸侯而扬名。燕国的国相子之与苏代结为姻亲，子之想取得燕国政权。苏代出使齐国回到燕国，燕王哙问苏代，说：“齐王能够称霸吗？”苏代回答说：“不可能。”燕王哙又问：“什么原因呢？”苏代回答说：“他不信任他的大臣。”于是燕王哙让子之独专国政。鹿毛寿对燕王说：“人们都说尧贤明，是因为尧能禅让天下。现今燕王你把燕国让给子之，你将和尧同样有禅让的名声了。”燕王哙因此把国家交给了子之，子之的权势十分显要。又有人对燕王说：“夏禹推举伯益为继位人，又用自己儿子启的臣属任官吏，到年老时认为儿子启没有能力管理天下，就把王位传给伯益。启便和他的党羽攻打伯益，夺取了王位，天下的人都说禹名义上把天下传给伯益，而实际上是让自己的儿子启夺取了天子之位。现今燕王你也把国家交给了子之，而官吏全是太子的人，这是名义上把国家托付给了子之，但实际上是太子掌握大政啊。”燕王于是收回官吏的印章，把三百石以上官吏的印章全都交给了子之，任由子之选任官吏。子之坐在国君的座位上施行国家大政，燕王哙因年老，不再参加决断政事，反而成了臣子，国家大事都由子之决断。

周慎靓王六年（丙午，前315）

周慎靓王去世，他的儿子姬延继位为周赧王。

【原文】

赧王上

元年（丁未，前314）

秦人侵义渠[①]，得二十五城。

魏人叛秦。秦人伐魏，取曲沃[②]而归其人。又败韩于岸门[③]，韩太子仓入质于秦以和[④]。

燕子之为王三年，国内大乱。将军市被与太子平谋攻子之。齐王[⑤]令人谓太子曰：“寡人闻太子将饬君臣之义[⑥]，明父子之位[⑦]，寡人之国[⑧]唯太子所以令之[⑨]。”太子因[⑩]要党聚众[⑪]，使市被攻子之，不克[⑫]。市被反攻太子。搆难[13]数月，死者数万人，百姓恫恐[14]。齐王令章子[15]将五都之兵[16]，因北地之众[17]以伐燕。燕士卒不战，城门不闭。齐人取[18]子之，醢之[19]，遂杀燕王哙。

齐王问孟子曰："或谓寡人勿取燕，或谓寡人取之。以万乘之国[20]伐万乘之国，五旬而举之[21]，人力不至于此；不取，必有天殃[22]。取之何如？"孟子对曰："取之而燕民悦则取之，古之人有行之者[23]，武王是也；取之而燕民不悦则勿取，古之人有行之者，文王是也。以万乘之国伐万乘之国，箪食壶浆以迎王师[24]，岂有他哉[25]？避水火也[26]。如水益深，如火益热[27]，亦运而已矣[28]！"

诸侯将谋救燕。齐王谓孟子曰："诸侯多谋伐寡人者，何以待之[29]？"对曰："臣闻七十里为政于天下者，汤是也[30]。未闻以千里畏人者也[31]。《书》曰[32]：'徯我后，后来其苏[33]。'今燕虐其民，王往而征之，民以为将拯己于水火之中也，箪食壶浆以迎王师。若[34]杀其父兄，系累[35]其子弟，毁其宗庙，迁其重器[36]，如之何其可也[37]！天下固畏齐之强也，今又倍地[38]而不行仁政，是动天下之兵也[39]。王速出令[40]，反其旄倪[41]，止其重器[42]，谋于燕众[43]，置君[44]而后去之[45]，则[46]犹可及止[47]也。"齐王不听。

已而燕人叛[48]。王曰："吾甚惭于孟子。"陈贾[49]曰："王无患焉。"乃见孟子，曰："周公[50]何人也？"曰："古圣人也。"陈贾曰："周公使管叔监商[51]，管叔以商畔[52]也。周公知其将畔而使之与[53]？"曰："不知也。"陈贾曰："然则圣人亦有过与[54]？"曰："周公，弟也；管叔，兄也，周公之过不亦宜乎[55]！且古之君子，过则改之；今之君子，过则顺之[56]。古之君子，其过也如日月之食[57]，民皆见之。及其更也[58]，民皆仰之[59]。今之君子，岂徒顺之，又从为之辞[60]！"

是岁，齐宣王薨，子湣王地立[61]。

（以上为第二段，写燕王哙昏聩，让国子之，导致燕国大乱，齐宣王趁机攻占了燕国，且不听孟子撤兵的劝告，为后来齐湣王遭五国进攻而身灭埋下了隐患。）

【注释】

①义渠：义渠国，在今陕西省北部和甘肃省的东北部，泾水、渭水以北地区。②曲沃：邑名，故城在今河南省三门峡市陕州区西南40里。 ③岸门：地名。在今河南

省许昌市北。 ④和：讲和，交好。 ⑤齐王：指齐宣王。 ⑥饬君臣之义：重整朝纲，夺回政权。饬（chì），整顿。 ⑦明父子之位：子继父位，这是大义；现在燕王哙禅位给子之，太子夺回君位，故言“明父子之位”。 ⑧国：据章校，他本“国”下有“虽小”二字。《战国策·燕策一》第九章、《史记·燕世家》“国”下均有“小”字。当补“小”字。⑨唯太子所以令之：完全听从太子调遣。 ⑩因：遂，随即。 ⑪要党聚众：邀约同党，聚合兵众。 ⑫克：胜。 ⑬构难：交战，即内战。 ⑭恫恐：恐惧。 ⑮章子：齐将匡章。 ⑯五都之兵：齐国未设郡而设都，共设五都，除国都临淄外，四边的边防重镇也称都。五都均驻有经过考选和训练的常备兵，即所谓“五都之兵”，也称“五家之兵”。⑰北地之众：齐国北部地区的守备部队。 ⑱取：俘获。 ⑲醢（hǎi）之：把子之等人剁成肉酱，是一种酷刑。 ⑳万乘（shèng）之国：指可以出兵车万乘的大国。四马曰乘：一乘，马四匹，甲士三人，兵卒七十二人，万乘合计七十五万人，战车万辆，马四万匹。古代以兵车多少来衡量国家的大小。当时一般认为秦、齐、楚、赵、魏、韩、燕七国为万乘大国，宋、卫、中山、东周、西周为千乘之国。 ㉑五旬：五十天。 举：占领。㉒天殃：上天降的灾祸。 ㉓有行之者：有这样做过的。 ㉔箪食壶浆以迎王师：老百姓用筐盛着干饭，用壶盛着酒浆来欢迎大王您的军队。箪（dān），古代盛饭的圆形有盖的竹器。食，饭，食物。浆，饮料的总称，如水浆，酒浆。 ㉕岂有他哉：难道还会有别的用意吗。 ㉖避水火也：不过是想逃避那种水深火热的痛苦生活罢了。 ㉗如水益深，如火益热：如果燕国被并吞，老百姓蒙受的灾难更加深重，处于水深火热之中。 ㉘亦运而已矣：那他们也就只好逃到他国啰。《尔雅·释诂》：“运，徙也。”也就是“运”有转移、逃亡的意思。 ㉙何以待之：怎么对付他们呢？ ㉚“臣闻”二句：我听说只有方圆七十里的国土而统一天下的人，商汤就是。 ㉛“未闻”句：没有听说像您这样拥有方圆一千里国土的人反而会怕人的。 ㉜《书》曰：引语见《尚书·仲虺之诰》。 ㉝徯我后，后来其苏：盼望我们的国君啊，他一到我们就能活命了。徯，期望，等待。后，君。其，表将要的虚词。苏，复活。 ㉞若：汝，你。 ㉟系累：束缚，捆绑。 ㊱迁其重器：搬走他们的传国宝器。 ㊲如之何其可也：这怎么可以呢。 ㊳倍地：增大国土一倍。指齐并燕则土地扩大一倍。 ㊴是动天下之兵也：这是招惹各国兴兵一起来讨伐齐国啊。㊵出令：发出命令。 ㊶反其旄倪：把俘虏的老头小孩送回去。反，遣返俘虏。旄，通“耄”，八九十岁的老人。倪，少年兵。 ㊷止其重器：停止搬走燕国的传国宝器。 ㊸谋于燕众：和燕国民众共同商议。 ㊹置君：扶立新的燕国国君。 ㊺去之：把军队撤出燕国。 ㊻则：如此，这样。 ㊼犹可及止：尚可来得及，阻止各国兴兵。 ㊽已而：不久，后来。 燕人叛：指燕人群起反抗齐国。 ㊾陈贾：齐国大夫。 ㊿周公：周武王弟，姬姬名旦，佐武王兴周制礼作乐的开国大臣，因采邑在周（今陕西省岐山县南），故称周公。传见《史记·鲁周公世家》。 ㊿管叔：姓姬名鲜，武王的弟弟，周公的哥哥。 监：监督。 ㊾管叔以商畔：武王灭商，封纣子武庚为诸侯。派其三个弟弟管叔、蔡叔、霍叔监督武庚的国家，史称三监。武王死后，管叔、蔡叔和武庚反叛周朝，周公平叛，杀武庚，诛管叔，贬蔡叔。畔，通“叛”。 ㊾周公知其将畔而使之与：周公是事先知道管叔将会反叛却仍派他去的吗？ ㊾过：错误。 与：同“欤”。 ㊾不亦宜乎：难道不也是合乎情理的吗？ ㊾过则顺之：有了错误，竟然将错就错。 ㊾日食：即日蚀。食，通“蚀”。 ㊾更：改。 ㊾仰之：抬头看得见，指敬仰改错的人。 ㊿岂徒顺之，又从为之辞：不仅仅将错就错，而且还要文过是非，编谎言来为自己的错误作辩护。 ㊿湣王：又作闵王，宣王之子，名地，公元前301年至公元前284年在位。

【译文】

赧王上

周赧王元年（丁未，前314）

秦军进犯义渠，夺取了二十五座城。

魏国背叛秦国。秦军攻打魏国，夺取了曲沃，却将百姓驱归魏国。秦军又在岸门打败了韩国，韩国让太子仓到秦国作人质向秦求和。

燕国的子之得到王位的第三年，国内大乱。一个名叫市被的将军与太子平合谋攻打子之。齐王派人对燕太子说：“寡人听说太子你将要整治君臣上下的名位，彰明父子相守的地位，我齐国愿听候太子的命令。”太子平随即集结党羽、聚合兵众，派市被去攻打子之，但没有取胜。市被倒戈攻击太子。酿成了几个月的祸难，死亡几万人，百姓们十分惊恐。齐王命令章子率领齐国五都的士兵，又调集齐国北境的兵众去攻打燕国。燕国士兵不抵抗，大开城门迎接齐军。齐军抓获了子之，把他剁成了肉酱，一并杀死了燕王哙。

齐宣王问孟子：“有人劝说寡人不要占领燕国，有人却又劝说寡人占领燕国。以拥有战车万辆的大国去攻打另一个战车万辆的大国，五十天就攻下了，只靠人力是不可能做到的，一定是天意的安排。不占领燕国，一定会受到上天的惩罚。把燕国占领了怎么样？”孟子回答说：“占领了燕国而燕国的人民高兴，那么就应该占领，古代的人有这样做的，周武王就是。占领燕国而燕国人民不高兴，那么就不要占领它，古代的人也有这样做的，周文王就是。以拥有战车万辆的大国去攻打另一个战车万辆的大国，人们用筐盛着饭食，用壶盛着酒浆来欢迎大王的军队，难道还有别的用意吗？他们是为了躲避水深火热的痛苦生活罢了。假如水还要更深，火还要更热，也就只好逃向别的国家了。”

各国合谋援救燕国。齐宣王对孟子说：“诸侯各国多在合谋攻伐寡人，该怎么办？”孟子回答说：“我听说只有方圆七十里的土地而能统一天下的人，商汤就是啊。没有听说有方圆千里的国家而畏惧别人的啊。《尚书》上说：‘盼望我们的国君啊，他一到，我们就能获救了。’如今燕国虐待它的民众，大王前往征讨，民众认为将从水深火热中被救出，使用筐盛着饭，用壶盛着酒来迎接大王的军队。你却杀死他们的父兄，抓捕他们的子弟，毁坏他们的宗庙，掠走他们的国家重宝，这怎么可以呢！天下各诸侯国的民众本来就害怕齐国的强大，如今又增加了一倍土地，却不施行仁政，这是招惹各国兴兵来讨伐齐国啊。大王立即发出命令，把抓捕的老人小孩送回去，停止掠夺燕国的国家重宝，与燕国民众协商，确立燕国的国君便撤离燕国，这样还来得及阻止各国兴兵救燕。”齐王没有听从孟子的建议。

不久，燕国人反叛齐国。齐宣王说：“我十分愧对孟子。”陈贾说：“大王你不必忧心这事。”于是去见孟子，说：“周公是什么人？”孟子说：“是古代的圣人。”陈贾说：“周公派管叔去监管商国的遗民，管叔据商地叛乱，周公是事先知道管叔将要叛乱而派他去的吗？”孟子说：“周公事前不知道。”陈贾又说：“那么圣人也犯错误啊。”孟子说：“周公是弟弟，管叔是兄长，周公犯错不也是合乎情理的吗？况且古代的君子，有了过错就改正它；现在所谓的君子，有了过错竟然将错就错。古代的君子，他们的过错就像日食月食，人们都能看见；等到他们改正了过错，百姓都敬仰他。现在的君子对于过错，岂止是将错就错，还要另找托辞！”

这一年，齐宣王死了，他的儿子田地继位，即齐湣王。

【原文】

二年（戊申，前313）

秦右更疾[①]伐赵。拔蔺[②]，虏其将庄豹[③]。

秦王欲伐齐，患齐、楚之从亲[④]，乃使张仪至楚，说楚王曰：“大王诚能听臣，闭关绝约于齐[⑤]，臣请献商於之地六百里[⑥]，使秦女得为大王箕帚之妾[⑦]，秦、楚嫁女娶妇，长为兄弟之国。”楚王说而许之。群臣皆贺，陈轸独吊[⑧]。王怒曰：“寡人不兴师而得六百里地，何吊也？”对曰：“不然。以臣观之，商於之地不可得而齐、秦合，齐、秦合则患必至矣。”王曰：“有说乎[9]？”对曰：“夫秦之所以重楚者，以其有齐也。今闭关绝约于齐则楚孤，秦奚贪夫孤国而与之商於之地六百里[10]！张仪至秦，必负[11]王。是王北绝齐交[12]，西生患于秦也[13]，两国[14]之兵必俱至。为王计[15]者，不若阴合而阳绝于齐[16]，使人随张仪[17]，苟[18]与吾地，绝齐未晚也。”王曰：“愿陈子[19]闭口，毋复言，以待寡人得地[20]！”乃以相印授张仪，厚赐之。遂闭关绝约于齐，使一将军随张仪至秦。

张仪详[21]堕车，不朝[22]三月。楚王闻之，曰：“仪以寡人绝齐未甚邪[23]？”乃使勇士宋遗借宋之符，北骂齐王[24]。齐王大怒，折节[25]以事秦[26]，齐、秦之交合[27]。张仪乃朝，见楚使者曰：“子何不受地？从某至某，广袤六里[28]。”使者怒，还报楚王。楚王大怒，欲发兵而攻秦。陈轸曰：“轸可发口言乎[29]？攻之不如因赂之以一名都[30]，与之并力[31]而攻齐，是我亡地于秦[32]，取偿于齐也。今王已绝于齐而责欺于秦[33]，是吾合齐、秦之交而来天下之兵也[34]，国必大伤矣！”楚王不听，使屈匄[35]帅师伐秦。秦亦发兵使庶长章[36]击之。

三年（己酉，前312）

春，秦师及楚战于丹阳[37]，楚师大败；斩甲士八万[38]，虏屈匄[39]及列侯、执珪[40]七十余人，遂取汉中郡[41]。楚王悉发国内兵[42]以复袭秦[43]，战于蓝田[44]，楚师大败。韩、魏闻楚之困，南袭楚，至邓[45]。楚人闻之，乃引兵归，割两城以请平于秦[46]。

燕人共立太子平，是为昭王[47]。昭王于破燕之后[48]。吊死问孤[49]，与百姓同甘苦，卑身[50]厚币[51]以招贤者。谓郭隗[52]曰：“齐因孤[53]之国乱而袭破燕，孤极知燕小力少，不足以报；然诚得贤士与共国[54]，以雪先王之耻[55]，孤之愿也。先生视可者[56]，得身事之[57]！”郭隗曰：“古之人君有以千金使涓人[58]求千里马者，马已死，买其首五百金而返。君大怒，涓人曰：‘死马且买之，况生者乎！马今至[59]矣。’不期年[60]，千里之马至者三。今王必欲致士[61]，先从隗始，况贤于隗者，岂远千里哉！”于是昭王为隗改筑宫而师事之[62]。于是士争趣[63]燕；乐毅[64]自魏往，剧辛[65]自赵往。昭王以乐毅为亚卿[66]，任以国政。

韩宣惠王薨，子襄王仓[67]立。

（以上为第三段，写楚怀王昏庸而贪婪，绝交于齐，遗祸于楚，被张仪玩于股掌之上。燕昭王复国求贤。）

【注释】

①右更：秦爵第十四级。 疾：人名。《史记·秦本纪》载此年“庶长疾攻赵”，左庶长为第十级，右庶长为第十一级，皆低于右更。《史记·六国年表》谓“樗里击蔺阳，虏赵将”，据此，“右更疾”，当为“右庶长樗里疾”。 ②蔺：邑名，又称蔺阳或北蔺，在今山西省离石区西。 ③庄豹：《史记·六国年表》载“虏将赵庄”，《秦本纪》谓“虏将赵庄”。《赵世家》作“赵庄”，《樗里子列传》作“壮豹”。 ④从亲：合纵联盟。从，通“纵”。⑤闭关绝约于齐：关闭使者往来的门，撕毁盟约，断绝与齐国的外交关系。 ⑥商於：指今陕西省商洛市至河南省内乡县一带地方。“商於之地六百里”包括十五邑。於作地名读wū，不能简写。 ⑦箕帚之妾：本为持箕帚的奴婢，转为妻的谦称。 箕：簸箕。 帚：笤帚。 ⑧吊：悼唁，哀悼遭遇不幸的人。 ⑨有说乎：说一说什么道理呢？ ⑩秦奚贪夫孤国而与之商於之地六百里：秦国为什么会看重孤立的楚国而白白地送他六百里的商於之地？ 奚：何，为什么。 贪：爱，看重。 与之：送给楚国。 ⑪负：背弃。 ⑫北绝齐交：北面与齐国断交。 ⑬西生患于秦：西面招惹秦国为害。 ⑭两国：指齐国和秦国。 ⑮计：考虑。 ⑯若：如。 阴合于齐：暗中与齐国联合。 阳绝于齐：公开与齐国断交。 ⑰随张仪：跟张仪回秦国。 ⑱苟：如果。 ⑲愿：希望。 陈子：陈轸。 ⑳以待寡人得地：就等着我得到商於之地六百里吧。以，则，犹也。 ㉑详：通“佯”，假装。㉒不朝：不上朝。 ㉓甚：作本字解为“彻底”，引申为真诚。《战国策·秦策四》第四章高诱注：“甚，谓诚也。” 邪：吗，呢，表疑问的语气词。 ㉔“乃使”二句：《战国策·秦策二》第一章作“乃使勇士往詈齐王”，《史记·张仪列传》作“乃使勇士至宋，借宋之符，北骂齐王”，又《楚世家》作“乃使勇士宋遗北辱齐王”，疑《通鉴》乃合《张仪列传》《楚世家》为此文。 符：跨国通使的凭证，如今之护照。 胡三省注：齐是既闭关绝约，不通外交，故遣勇士借宋符使齐。 ㉕折节：委屈自己，甘为人下。 ㉖事秦：侍奉秦国。 ㉗齐、秦之交合：齐、秦两国联合，结成同盟。 ㉘广袤六里：即方圆六里，东西为“广”，南北为“袤”。 ㉙发口言乎：可以开口说话吗？ ㉚“攻之”句：攻打秦国，还不如送一个大都邑给秦国。 赂：送给。 名都：大邑。 ㉛力：据章校，他本“力”作“兵”。 按：《史记·张仪列传》作“并兵”。并力、并兵，义相同。 ㉜亡地于秦：损失一名都。 ㉝责欺于秦：追究秦国的欺骗。 ㉞“是吾合齐、秦之交”句：这是我们在推动齐、秦两国交好而招来诸侯的大军进攻啊。 ㉟屈匄：楚将。《史记·六国年表》载楚怀王十七年“秦败我将匄”。 ㊱庶长：秦爵共二十级，十级至十二级，为左、

右庶长，相当于卿。章：即秦将魏章。㊲丹阳：丹水之阳，在今陕西省丹水北岸，丹凤县东南，河南省淅川县西。㊳甲士：披甲的士卒。泛指全副武装的精锐士兵。㊴虏屈匄：《史记·张仪列传》作“杀屈匄”。㊵执珪：楚国的爵位名，为最高爵位。珪也写作“圭”。㊶汉中郡：楚怀王时设置，辖境有今陕西省东南部及湖北省西北部。㊷悉发国内兵：结集全国军队。㊸复袭秦：再一次进攻秦国。㊹蓝田：县名，在今陕西省蓝田县西。㊺邓：邑名，在今河南省漯河市东南。㊻请平于秦：请求与秦媾和。㊼昭王：燕王哙之子，于国难中平乱即位，为燕国中兴之主。公元前311年至公元前279年在位。㊽后：据章校，他本“后”下有“即位”二字。《史记·燕世家》“后”下有“即位”二字。㊾吊死问孤：哀悼死者，慰问孤寡。㊿卑身：对别人谦卑。(51)厚币：优厚的礼品。币：《仪礼·士相见礼·疏》有“玉、马、皮、圭、璧、帛皆称币。”(52)郭隗（wěi）：燕处士。(53)孤：古时王、侯自谦称“孤”。(54)共国：共同治理国家。(55)以雪先王之耻：用来洗刷先王被齐王残灭的耻辱。以，来。雪，洗除。(56)视：考察。可者：可以“与共国”的人。(57)得身事之：一定亲自侍奉他。(58)涓人：在宫中掌管清洁洒扫之事的人，即亲近左右的人。涓：清洁。(59)今至：即至，就要来了。王引之《经传释词》卷四谓：今，与“即”同义。(60)期（jī）年：一周年。(61)致士：招揽人才。(62)师事之：此言，燕昭王把郭隗当老师一样来侍奉。事，侍奉。(63)趣：投奔，奔往。(64)乐毅：战国时中山国灵寿（今河北省平山县东北）人，著名的军事家。传见《史记》卷二十。(65)剧辛：赵人，至燕国为大将后，为赵将庞煖所擒。(66)亚卿：上卿为朝中最高级的官职，亚卿仅次于上卿。(67)襄王：又作“襄哀王”，韩宣惠王之子，名仓，公元前311年至公元前296年在位。

【译文】

周赧王二年（戊申，前313）

秦国派一个名叫疾的官员率兵攻打赵国，攻下蔺邑，俘虏了赵国的将领庄豹。

秦惠王想攻打齐国，却担心齐国与楚国是会盟国，于是派张仪到楚国，游说楚怀王，说：“大王你假如真能接受我的建议，跟齐国断交，终止合纵盟约，我请求秦国把商於的六百里土地奉献给大王，让秦王室之女成为大王身边洒扫庭院的婢妾，秦楚两国之间嫁女娶妇，永远结为兄弟之邦。”楚怀王很高兴就答应了。大臣们都向楚怀王祝贺，只有陈轸难过。楚怀王发怒说：“寡人不费一兵一卒得到六百里的土地，为什么你还不高兴呢？”陈轸回答说：“事情不是这样的。

依我看，商於的六百里土地不可能得到，而齐国、秦国还会相互联合，齐、秦联合，那么祸难一定落到楚国头上。”楚怀王说：“能说一说道理吗？”陈轸说：“秦国之所以看重楚国，是因为楚国背后有齐国的合纵，现在与齐国断交，终止合纵盟约，楚国就孤立了，秦国怎么会看重孤立的楚国给它商於的六百里土地呢！张仪回到秦国，一定会背弃大王。大王在北面与齐国断交，西面引来了秦国的祸患，齐、秦两国之兵一定联合打到楚国来。为大王着想，不如对齐国暗中交好而表面上绝交，派人随同张仪到秦国去，假如秦国给了我们土地，那时再断绝与齐国的关系也不迟。”楚怀王说：“希望你闭上嘴巴，不要说这些扫兴的话，等着看寡人取得秦国的土地！”于是楚怀王把相印送给张仪，丰厚地赏赐他。便与齐国断交，终止合纵盟约，派了一位将军随从张仪到秦国去。

张仪假装从车上掉下来摔伤，三个月不上朝。楚怀王听到张仪不上朝的消息后，说：“张仪大概是认为寡人与齐国断交做得还不够真诚吗？”于是楚怀王派勇士宋遗到宋国借了一道符书，北上到齐国谩骂齐王。齐王大怒，只得委屈自己侍奉秦国，这样齐、秦两国便交好联合了。张仪这才上朝，召见楚王使者说：“你怎么还没有接受赠送的土地？从某地至某地，有六里多见方。”使者发怒，回来报告楚怀王。楚怀王大怒，想调集军队攻打秦国。陈轸说：“我可以开口讲话吗？攻打秦国还不如送一个名都给秦国，与秦国联兵攻打齐国，这样我们虽然丢了一块地方给秦国，还可以从齐国取得补偿。现今大王你已经对齐国绝交，又去责备秦国的欺骗行为，这样我们会更加推动齐秦两国交好而招来天下的强兵啊，国家一定会大受损失！”楚王不听陈轸的话，派将军屈匄率领军队去攻打秦国。秦国也派魏章任庶长，率兵迎击楚国军队。

周赧王三年（己酉，前312）

春季，秦国的军队与楚国军队在丹阳大战，楚国军队大败，秦军斩杀了楚军甲士八万人，俘虏了将军屈匄以及侯爵、有执珪爵位的七十多人，还夺取了楚国汉中郡。楚王调发国内全部兵力再次打击秦军，在蓝田大战，楚军又大败。韩国、魏国听到楚国战败，处于危困，向南进兵袭击楚国，到了邓县。楚军听到这消息，便撤军返回楚国，割让了两座城邑向秦国求和。

燕国人共同拥立太子平，即燕昭王。燕昭王是在燕国被齐攻破之后即位的。他哀悼死者，慰问孤寡，与百姓同甘共苦，自己谦卑地用重金招纳贤才。燕昭王对郭隗说：“齐国趁我国内乱，出兵攻打我们国家，我很明白燕国弱小，不能够报仇。但是如果真能得到贤能的人一起来管理国家，洗雪先王被齐国残灭的耻辱，这是我的愿望啊。先生若看到可用的人才，我将亲自去侍奉他！”郭隗说：“古代的国君有拿出千金让自己的侍臣去求购千里马的，这位侍臣去买时，千里马已经死了，侍臣便用五百金买了千里马的头颅回来见国君。国君大怒，侍臣说：‘死马我们尚且都要买来，更何况是活马呢？千里马就要来了。’不到一年，国君得到了三匹真正的千里马。现在大王一定要招纳贤士，就从我郭隗开始，何况比我郭隗更贤能的人，他们难道会因千里之远而不来燕国吗？”于是燕昭王给郭隗改建宫室，又以尊师的礼节敬重他。贤士们都争着奔赴燕国：乐毅从魏国前往，剧辛从赵国前往。燕昭王任用乐毅为亚卿，把国家大政交给他管理。

韩国宣惠王死了，他的儿子仓继位为韩襄王。

【原文】

四年（庚戌，前311）

蜀相杀蜀侯①。

秦惠王使人告楚怀王，请以武关之外易黔中地②。楚王曰：“不愿易地，愿得张仪而献黔中地。”张仪闻之，请行③。王曰：“楚将甘心于子④，奈何⑤行？”张仪曰：“秦强楚弱，大王在，楚不宜敢取臣⑥。且臣善其嬖臣⑦靳尚，靳尚得事幸姬⑧郑袖，袖之言，王无不听者。”遂往。楚王囚，将杀之。靳尚谓郑袖曰：“秦王甚爱张仪，将以上庸⑨六县及美女赎之。王重地尊秦，秦女必贵而夫人斥⑩矣。”于是郑袖日夜泣于楚王曰：“臣各为其主耳。今杀张仪，秦必大怒。妾请子母俱迁江南，毋为秦所鱼肉⑪也！”王乃赦张仪而厚礼之。张仪因说楚王曰：“夫为从者无以异于驱群羊而攻猛虎，不格明矣⑫。今王不事秦，秦劫⑬韩驱⑭梁而攻楚，则楚危矣。秦西有巴、蜀，治船积粟⑮，浮岷江⑯而下，一日行五百余里，不至十日而拒扞关，扞关惊则从境以东尽城守矣⑰，黔中、巫郡⑱非王之有。秦举甲⑲出武关，则北地绝⑳。秦兵之攻楚也，危难在三月之内，而楚待诸侯之救在半岁之外㉑，夫待弱国之救，忘强秦之祸，此臣所为大王患也。大王诚能听臣，臣请令秦、楚长为兄弟之国，无相攻伐。”楚王已得张仪而重出黔中地，乃许之㉒。

张仪遂之韩㉓，说韩王㉔曰：“韩地险恶山居，五谷㉕所生，非菽㉖而麦，国无二岁之食㉗；见卒㉘不过二十万。秦被甲㉙百余万。山东之士㉚被甲蒙胄㉛以会战，秦人捐甲徒裼以趋敌㉜，左挈人头，右挟生虏㉝。夫战孟贲、乌获[34]之士以攻不服之弱国，无异垂千钧[35]之重于鸟卵之上，必无幸矣[36]。大王不事秦，秦下甲据宜阳[37]，塞成皋[38]，则王之国分[39]矣，鸿台之宫，桑林之苑[40]，非王之有也。为大王计，莫如事秦以攻楚，以转祸而悦秦[41]，计无便于此者[42]！”韩王许之。

张仪归报，秦王封以六邑[43]，号武信君。复使东说齐王[44]曰：“从人[45]说大王者必曰：‘齐蔽于三晋[46]，地广民众，兵强士勇，虽有百秦，将无奈齐何’。大王贤其说[47]而不计其实[48]。今秦、楚嫁女娶妇[49]，为昆弟[50]之国；韩献宜阳；梁效河外[51]；赵王入朝[52]，割河间[53]以事秦。大王不事秦，秦驱韩、梁攻齐之南地[54]，悉赵兵[55]，渡清河[56]，指博关[57]，临菑、即墨[58]非王之有也！国一日见攻[59]，虽欲事秦，不可得也！”齐王许张仪。

张仪去，西说赵王[60]曰：“大王收率天下以摈秦[61]，秦兵不敢出函谷关十五年。大王之威行于山东，敝邑[62]恐惧，缮甲厉兵，力田积粟[63]，愁居慑处[64]，不敢动摇[65]，唯大王有意督过之[66]也。今以大王之力[67]，举巴、蜀，并汉中，包两周[68]，守[69]白马之津[70]。秦虽僻远，然而心忿含怒之日久矣。今秦有敝甲凋兵[71]军于渑池[72]，愿渡河，逾漳，据番吾[73]，会邯郸之下，愿以甲子合战[74]，正殷纣之事[75]。谨使使臣先闻左右[76]。今楚与秦为昆弟之国[77]，而韩、梁称东藩[78]之臣，齐献鱼盐之地[79]，此断赵之右肩也。夫断右肩而与人斗，失其党而孤居，求欲毋危得乎！今秦发三将军，其一军塞午道[80]，告齐使渡清河[81]，军于邯郸之东，一军军成皋，驱[82]韩、梁军于河外，一军军于渑池，约四国为一[83]以攻赵，赵服必四分其地。臣窃为大王计，莫如与秦王面相约而口相结[84]，常为兄弟之国也。”赵王许之。

张仪乃北之燕，说燕王[85]曰：“今赵王已入朝[86]，效[87]河间以事秦。大王不事秦，秦下甲[88]云中、九原[89]，驱赵而攻燕，则易水、长城[90]非大王之有也！且今时齐、赵之于秦，犹郡县也，不敢妄举师以攻伐。今王事秦，长无齐、赵之患矣。”燕王请献常山之尾五城以和[91]。

张仪归报，未至咸阳[92]，秦惠王薨，子武王[93]立。武王自为太子时，不说张仪；及即位，群臣多毁短[94]之。诸侯闻仪与秦王有隙[95]，皆畔衡[96]，复合从。

（以上为第四段，写张仪游说六国与秦连横，功败垂成。）

【注释】

①蜀相：陈庄。 蜀侯：原蜀王，周慎靓王五年秦惠王取蜀，被贬为侯。 ②“请以”句：秦惠王请求用秦国武关外的土地交换楚国的黔中郡。 请：要求。 武关：秦国东南边的关隘，在今陕西省丹凤县东南，楚入秦必经之道。 易：交换。 黔中地：战国时楚地，今湖南省西部、北部及贵州省东部一带。楚置黔中郡。 ③请行：请求出使楚国。 ④楚将甘心于子：谓楚怀王一定要杀了您张仪心里才痛快。将，将要，一定。甘心，快意，痛快。 ⑤奈何：干吗？为什么？ ⑥楚不宜敢取臣：楚王恐怕不敢捉拿我。宜，大概，恐怕。 ⑦嬖（bì）臣：受宠幸的近臣。 ⑧幸姬：宠爱的夫人。 ⑨上庸：地区名，当今湖北省西北部及陕南东部之地。 ⑩斥：被排斥，疏远。 ⑪鱼肉：指菜板上的鱼和肉任人宰割，比喻被欺凌，被杀戮。 ⑫“夫为从者”二句：说起合纵抗秦，如同驱赶羊群去攻击猛虎一样，羊群打不过猛虎是明摆着的事。 无以异：一样，没有什么差别。 格：斗，敌，抗拒。 ⑬劫：胁持。 ⑭驱：迫使。 ⑮治船积粟：备办船只，装运粮食。 ⑯岷江：长江支流，在今四川省中部，贯穿南北。 ⑰“扞关惊”句：若扞关告急，那么楚国扞关以东的全境都要戒严守城了。扞关：关名，在古巴郡鱼复县，即今重庆奉节。 惊：惊动，告急。 境：楚境。扞关为楚之西境，则“从境以东”指扞关以东楚国的全境国土。 尽城守：只有守备之力。尽，当读为“仅”。 ⑱巫郡：今重庆东部。 ⑲举甲：发兵。 ⑳北地绝：指楚与韩、魏接壤的北边之地被割裂。 绝：断绝，切断。 ㉑半岁之外：半年之后。 ㉒“楚王已得张仪”二句：楚怀王已得张仪，却又舍不得割让黔中地与秦，就同意了张仪的意见与秦和好。实际上，楚怀王是以不杀张仪并与秦国和好为条件，换得了不割让黔中地。所以《史记·张仪列传》载有楚怀王的话说“许仪而得黔中，美利也”。 重出：难以拿出，舍不得拿出。 ㉓遂：于是，就。 ㉔韩王：韩襄王。 ㉕五谷：说法不一，通指稻、麦、稷、黍、菽。此当指五谷杂粮的一般通称。 ㉖菽：豆类的总称。 ㉗无二岁之食：存粮不够两年。 ㉘见卒：现有的兵力，国家常备兵力。见，同“现”。 ㉙被甲：穿上铠甲的士卒，同上句的“见卒”。 ㉚山东之士：指齐、楚、燕、赵、魏、韩六国的兵力。 ㉛蒙胄：戴上头盔。 ㉜捐甲徒裼以趋敌：不穿铠甲，赤膊上阵，冲向敌人。 捐：弃。 徒裼：袒胸露臂。 ㉝左挈人头，右挟生虏：左手提着人头，右手挟持俘虏。挈（qiè）：提，举。挟（xié）：用胳膊夹住。 虏：俘虏。 ㉞孟贲（bēn）、乌获：两人均是古代的大力士。 ㉟钧：古代计量单位，三十斤为一钧。 ㊱必无幸：言必破无疑。 无：不。 幸：言幸免于破碎。 ㊲下甲据宜阳：出兵占据宜阳。宜阳，韩邑，在今河南省宜阳县。 ㊳塞成皋：封锁成皋。成皋，又名虎牢，在今河南省荥阳市。成皋自古为兵家必争之地。 ㊴分：被割裂，被分割。 ㊵宫、

苑：顾祖禹《读史方舆纪要》说此宫、苑“都在韩都城内”。苑，古时帝王游乐打猎的场所。㊶悦秦：使秦高兴。“悦”为形容词使动用法。㊷无便于此者：没有比这更好的办法了。便，利。㊸六邑：《史记·张仪列传》作“五邑”。邑，城市。㊹齐王：齐宣王。㊺从人：主张合纵联盟的人。从，通“纵”。㊻蔽于三晋：有三晋作屏障。三晋，指赵、魏、韩。蔽，屏障。㊼贤其说：赞成这一说法。贤，赞赏。㊽不计其实：不考虑实际效果。㊾秦、楚嫁女娶妇：秦嫁女即楚娶妇。㊿昆弟：兄弟。51献、效：变文义同，即奉献。河外：对“河内”而言，指今河南省西北部黄河以南之地。52赵王入朝：此指秦赵渑池之会。言赵王在渑池朝秦。渑池，赵邑名，在今河南省渑池县西。53河间：故城在今河北省河间市东南，滹沱河与漳河之间。54齐之南地：齐国南部之地。55悉赵兵：动员赵国的全部兵力。悉，全部。56清河：水名，即济水，在齐、赵两国之间，发源于今河南省内黄县南。57博关：关名，在今山东聊城境内。58临菑（zī）：齐都，故城在今山东省淄博市临淄区北。菑，又作“甾”“淄”。即墨：邑名，故城在今山东省平度市东南。59一日：一旦。见攻：被进攻。60赵王：赵武灵王。61“大王收率”句：大王联合并领导天下各国对抗秦国。收：联合。率：领导。摈：对抗，排斥。62敝邑：对本国的谦称。63力田积粟：努力耕种，储积粮食。64愁居慑处：“愁居”与“慑处”义同，犹言小心谨慎，居处不安。65不敢动摇：不敢轻举妄动。66唯大王有意督过之：只有大王存心挑剔、指责。67今以大王之力：此处行文疑有误，因“举巴蜀、并汉中”等事，系秦王所为，与赵王无关。68包：取。两周：东周、西周。此指东周后期，在周王室洛阳地区分裂出的东西两周。69守：扼守。70白马之津：即白马口，渡口名，在今河南滑县东北。71敝甲凋兵：残兵败将，乃谦卑委婉之辞。敝，破烂。凋，损伤。72军于渑池：驻扎在渑池。73河、漳、番吾：黄河、漳水、番吾邑。番（pó）吾：在今河北省邯郸市南70里，即今磁县。74甲子合战：周武王伐纣在甲子之日，此言喻赵为纣，秦将讨伐，是向赵发出的最后通牒和请战书，施加恫吓。75正殷纣之事：恰如武王伐纣，乃正义之举。正，符合。76先闻左右：让大王身边的人先知晓。闻，告知。左右，古人于国君不直呼，以“左右”“执事”等代指国君。77昆弟之国：秦女嫁楚，故称昆弟之国。78东藩：犹言东面的属国。古代称分封及臣服的国家为藩国。79齐献鱼盐之地：此时齐国未献地给秦，张仪夸大其说以恫吓赵国。80塞午道：切断午道。午道：《史记·张仪列传》《索隐》有“此午道当在赵之东，齐之西也。午道地名也。”按：《楚世家·正义》谓午道，在博州西境。博州故城在今山东省聊城市西北15里。正在赵、齐之间。81清河：水名，即济水，在今山东省境内。82驱：使，迫使。83四国为一：秦、齐、魏、韩四国，联合一致。84面相约而口相结：此言秦赵结为同盟，而相约两王相会。口相结，指歃血为盟。古时定盟约，双方以牲畜之血含于口内或涂于口旁，表示信誓。 ⑮燕王：燕昭王。 ⑯入朝：本指属国、外国使臣或地方官员拜见天子。此言赵王朝拜秦王，是说赵国已臣服秦国。 ⑰效：献。⑱下甲：出兵。 ⑲云中：赵地名，故城在今内蒙古自治区呼和浩特市托克托东北。 九原：赵邑名，故城在今内蒙古自治区包头市西北。 ⑳易水：在今河北省易县南。 长城：燕易水长城，燕文公时所筑。 ㉑常山：山名，即恒山，五岳之北岳，在今河北曲阳西北。此言常山山脚五城，在燕国的西南边界。 ㉒咸阳：秦的国都，故城在今陕西省咸阳市东北。 ㉓武王：惠王之子，名荡，公元前310年至公元前307年在位。 ㉔毁：诽谤。 短：指责缺点，揭发过失。 ㉕隙：矛盾，怨恨。 ㉖畔衡：背离连衡阵线。 畔：通“叛”。

【译文】

周赧王四年（庚戌，前311）

秦国附属国蜀国的国相杀死了蜀国侯。

秦惠王派人去告诉楚怀王，希望用武关以外的土地换取楚国的黔中郡。楚怀王说：“不愿意交换土地，希望得到张仪后，献黔中给秦国。”张仪听到这消息后，便请求前往楚国。秦惠王说：“楚国恨不得杀了你才甘心，你为何还要去呢？”张仪说：“秦国强大楚国衰弱，有大王你在，楚国不敢加害于我。而且我与楚王的宠臣靳尚很要好，靳尚正侍奉楚王的宠姬郑袖，郑袖说的话，楚王没有不听从的。”张仪于是前往楚国。楚怀王拘禁了张仪，打算杀了他。靳尚对郑袖说：“秦王十分宠信张仪，将要用上庸等六县的地方，还有秦国美女赎回张仪。大王看重这些地方而尊重秦国，秦国来的美女一定受到宠幸，而夫人就要被冷落了。”于是郑袖日夜对着楚王哭泣说：“当臣子的都不过是各为其主罢了。现今杀了张仪，秦王一定大怒。妾请求与儿子都迁到江南去，不要等秦国来凌辱宰割我们！”楚王便宽恕了张仪，并且以厚礼接待他。张仪于是游说楚王，说：“实行合纵抗秦，如同驱赶羊群去攻击猛虎一样，羊群显然打不过猛虎。现今楚王你不侍奉秦国，秦国假如挟迫韩国驱使魏国来攻击楚国，那么楚国就危险了。秦国西境有巴蜀之地，在那里建造舟船，积贮粮食，战船顺着岷江东下，一天就可行驶五百多里，不到十天便迫近扞关。扞关受到惊扰，那么扞关以东的楚国土地全都要戒严守城了，黔中和巫郡将不属于楚王了。秦国调动甲士出武关，那么楚国北方的土地便被隔绝。秦兵攻击楚国，楚国的存亡在三个月以内，然而楚国等待诸侯各国的援救却要在半年以后。等待弱国的援救，却忘记强大秦兵的威胁，这是我为大王忧虑的。大王若能听从我的意见，我可让秦国、楚国永远成为亲如兄弟的邻国，不再互相攻伐。”楚王已得到了张仪，又舍不得割让黔中郡给秦国，就同意了张仪的意见。

张仪又到韩国，游说韩王说：“韩国地势险恶多山，生产的五谷不是豆类便是小麦，国家没有积存两年的粮食，现有的兵卒不过二十万人。秦国披甲的士卒就有一百余万。崤山以东各国的士兵披上铠甲戴上头盔来交战，秦国军队却丢开铠甲、赤膊上阵，他们左手提着人头，右手挟持俘虏。秦国用孟贲、乌获那样的力士来出战，攻打不顺服的弱国，就像垂挂千钧的重物在鸟卵上面一样，没有能够幸存的。大王不侍奉秦国，秦国出兵占据宜阳，阻塞成皋的要道，那么大王的国家就分裂为二了，鸿台的宫殿，桑林的苑囿，就不再为大王所有了。为大王您自己考虑，不如事奉秦国去攻击楚国，这样回避祸患而使秦国欢心，没有比这办法更为可行的了！”韩王答应了张仪。

张仪回到秦国报告了秦惠王，秦惠王封给张仪六座城邑，尊称他为武信君，又派张仪去东面游说齐宣王，说：“主张合纵的人游说大王，一定是这样说的：‘齐国以魏、韩、赵三晋作为屏蔽，地域广大人民众多，军力强大战士勇猛，即使有一百个秦国，也不能把齐国怎么样。’大王认为他说得好而不考察这些话的实际情况。现今秦国与楚国之间互相嫁女娶妇，结为兄弟之邦；韩国向秦国奉献宜阳；魏国向秦国奉献河外；赵王朝见秦王，割让河间的地方侍奉秦国。大王不侍奉秦国，秦国驱使韩、魏攻击齐国的南境，发动赵国的全部兵力，渡过清河，直指博关，这样临淄、即墨两地就不是齐王所有的了！国家一旦受到攻击，那时即使想事奉秦国，已不可能了！”齐宣王答应了张仪。

张仪离开齐国，向西到赵国游说赵武灵王，说：“大王联合并统率天下各国对抗秦国，秦国军队有十五年不敢东出函谷关。大王的威名传扬于崤山以东各国，我的国家为此而感到恐惧，整治甲胄，训练士兵，努力耕作，积贮粮食，平时都担忧惶恐，不敢轻举妄动，唯恐大王你有意追究我秦国的过失啊。现今秦国依托大王的力量，占据巴蜀之地，兼并汉中郡，包揽东西两周的地方，扼守白马津口。秦国虽地处偏远，然而心中愤恨含怒的日子已经很久了。现在秦国有破甲残兵驻扎在渑池，准备渡过黄河，越过漳水，占据番吾，与赵国军队在邯郸城下相会，希望在甲子日交战，像周武王伐纣一样。秦王郑重地派我先行告知大王的左右。现今楚国与秦国已结为兄弟友好的邻国，韩、魏对秦王称为东边的藩卫臣属，齐国向秦国奉献了盛产鱼盐的地方，这是斩断了赵国的右肩啊！断了右肩还要与人搏斗，失去了结盟之国，已到这种情况了，没有危险可能吗？现今秦国要调动三路军队，一路阻塞齐、赵相交的午道，通知齐军使他们渡过清河，驻扎在邯郸的东面；另一路军驻扎在成皋，驱使韩、魏两国军队进入河外；还有一路军驻扎在渑池，三路大军包括秦、齐、韩、魏四国军队，将合力为一来攻打赵军，赵国降服后由四国瓜分它的土地。我私下为大王考虑，不如与秦王当面相约，作为兄弟之国。”赵武灵王答应了张仪。

张仪于是北行前往燕国，游说燕昭王，说：“现在赵王已经入朝秦王，献出河间侍奉秦国。大王不侍奉秦国，秦国出动甲兵到云中郡、九原郡，驱使赵国攻打燕国，那么易水、长城就不归大王所有了。而且现今齐国、赵国对于秦国来说，就好像是所属的郡县一样，它们不敢轻举妄动出兵攻打。现在燕王侍奉秦国，就会长期不受齐国、赵国侵害。”燕昭王听后便请献出常山山脚的五座城邑给秦国来求和。

张仪回秦国报告，还没到达咸阳，秦惠王便去世了，他的儿子秦武王继位。秦武王自从身为太子时，就不喜欢张仪，等到即位之后，臣子们多来中伤张仪，指责他的短处。诸侯各国听说张仪和秦王之间有嫌隙，都背弃张仪游说建立的连横，再次实行合纵。

【原文】

五年（辛亥，前310）

张仪说秦武王曰：“为王计[①]者，东方有变[②]，然后王可以多割[③]得地也。臣闻齐王[④]甚憎臣，臣之所在，齐必伐之。臣愿乞其不肖之身以之梁[⑤]，齐必伐梁，齐、梁交兵[⑥]而不能相去[⑦]，王以其间[⑧]伐韩，入三川，挟天子[⑨]，案图籍[⑩]，此王业也！”王许之。齐王果伐梁，梁王恐。张仪曰：“王勿患[⑪]也！请令齐罢兵。”乃[⑫]使其舍人[⑬]之楚，借使[⑭]谓齐王曰：“甚矣王之托仪于秦也[⑮]！”齐王曰：“何故？”楚使者曰：“张仪之去秦也固与秦王谋[⑯]矣，欲齐、梁相攻而令秦取三川也。今王果伐梁，是王内罢国[⑰]而外伐与国[⑱]，而信仪于秦王也[⑲]。”齐王乃解兵还[⑳]。张仪相魏一岁，卒。

仪与苏秦皆以纵横之术游诸侯[㉑]，致位[㉒]富贵，天下争慕效之。又有魏人公孙衍[㉓]者，号曰犀首，亦以谈说显名。其余苏代、苏厉、周最、楼缓[24]之徒，纷纭遍于天下，务以辩诈相高[25]，不可胜纪[26]；而仪、秦、衍最著。

孟子论之曰[27]：或谓[28]："公孙衍张仪岂不大丈夫[29]哉；一怒而诸侯惧，安居而天下熄[30]？"孟子曰："是恶足为大丈夫哉[31]！君子立天下之正位[32]，行天下之正道[33]，得志则与民由之[34]，不得志则独行其道[35]，富贵不能淫[36]，贫贱不能移[37]，威武不能诎[38]，是之谓大丈夫。"

扬子《法言》曰[39]：或问："仪、秦学乎鬼谷术而习乎纵横言，安中国者各十余年，是夫[40]？"曰："诈人[41]也，圣人恶诸[42]。"曰："孔子读而仪、秦行[43]，何如也？"曰："甚矣凤鸣[44]而鸷翰[45]也！""然则子贡不为欤[46]？"曰："乱而不解，子贡耻诸[47]，说而不富贵，仪、秦耻诸[48]。"或曰："仪、秦其才矣乎，迹不蹈已[49]？"曰："昔在任人，帝而难之[50]。不以才乎[51]？才乎才，非吾徒之才也[52]！"

秦王使甘茂[53]诛蜀相庄。

秦王、魏王会于临晋[54]。

赵武灵王纳吴广之女孟姚[55]，有宠，是为惠后。生子何。

（以上为第五段，写战国之世为纵横家提供了政治舞台，苏秦、张仪名显于世。孟子、扬雄两条借论评游说之士为了个人富贵而乱天下，不是大丈夫。）

【注释】

①计：考虑。 ②东方：华山以东，此指六国。 有变：指发生战争。 ③割：取。 ④齐王：指齐宣王。 ⑤乞：求。 不肖：不贤，没出息。此为张仪自谦之辞。 梁：魏都大梁。今河南省开封市。 ⑥交兵：交战。 ⑦不能相去：扭打一起难分难解，不能分开。 ⑧以其间：趁此时机。 ⑨挟：挟制。 天子：指周赧王，此时在西周。 ⑩案：考察。图籍：地图和户籍。 ⑪患：担忧。 ⑫乃：于是。 ⑬舍人：其地位比宾客、门下为低。 ⑭借使：假借楚使的名义。 ⑮甚矣王之托仪于秦也："王之托仪于秦也甚矣"的倒装。句意是说，大王让张仪取信于秦王，您太看重张仪了。 ⑯固与秦王谋：原本是和秦王谋划好的。固，本来。 ⑰内罢国：使国内疲困。罢，通"疲"。 ⑱与国：盟国。齐、魏本是盟国。 ⑲信仪于秦王也：齐国如出兵攻魏，就使张仪取信于秦王。 ⑳解兵

还：解围引兵返齐。㉑游诸侯：游说诸侯。㉒致位：获得尊位。㉓公孙衍：姓公孙名衍，魏阴晋（今陕西省华阴市）人，在魏曾任犀首，故号“犀首”。张仪死后，公孙衍入秦为大良造，后入魏为将，曾佩五国相印，为纵约长，战国时与苏秦、张仪齐名的纵横家。《史记》有传，附于《张仪列传》后。㉔周最：周的公子。最字应作“冣”。楼缓：赵人，初为赵武灵王臣，曾为秦相，主张连横。㉕相高：互争高下。㉖纪：通“记”，记载。㉗孟子曰：见《孟子·滕文公下》。㉘或谓：有人说。㉙大丈夫：有志气、有节操、有作为的男子汉。㉚安居而天下熄：（他们）要安静下来天下就太平无事。熄，火灭，指没有战争。㉛是恶足为大丈夫哉：这样的人怎么可以称得上是大丈夫呢。恶（wū），何，怎么。㉜正位：指“礼”。㉝正道：指“义”。㉞得志则与民由之：得志时就跟老百姓一起顺着这条道前进。由，循，遵照。㉟独行其道：独自坚持走这条道路。㊱富贵不能淫：厚禄高官不能乱我的心。淫，乱，放纵。㊲贫贱不能移：家贫位卑不能改变我的志。移，改变。㊳威武不能诎：威武相逼不能折我的节。诎，屈，弯曲。㊴扬子（前53—前18）：名雄，字子云，成都人，西汉末年著名的辞赋家、哲学家，埋头著述，仿《周易》作《太玄》，仿《论语》作《法言》。《汉书》有传。㊵是夫：是吗？㊶诈人：专行诈伪之人。㊷圣人恶诸：圣人厌恶他们。诸，之。㊸孔子读而仪、秦行：读孔子之书而行张仪、苏秦之事。㊹凤鸣：比喻言语高尚。㊺鸷翰：比喻样子可憎。鸷，猛禽。翰，羽翼。㊻子贡不为欤：子贡不也做过游说的事吗。《史记·仲尼弟子列传》：“子贡一出，存鲁，乱齐，破吴，强晋而霸越。”㊼乱而不解，子贡耻诸：子贡以乱而不解为耻。㊽说而不富贵，仪、秦耻诸：张仪、苏秦以游说人君得不到富贵为耻。《战国策·秦策一》第二章：“苏秦曰：‘嗟乎，贫贱则父母不子，富贵则亲戚畏惧。人生世上，势位富厚盖可忽乎哉！’”说（shuì），游说。㊾迹不蹈已：不走别人走过的路。蹈，践，踏。㊿昔在任人，帝而难之：从前选用人才，即使如大圣人尧、舜，也难以辨别。任，用。51不以才乎：不就是才干吗？52非吾徒之才：可不是我们这些人所说的才。53甘茂：下蔡（今安徽省凤台县）人，学百家之说，官至秦左丞相。《史记》有《甘茂列传》。54临晋：邑名，在今陕西省大荔县东南。55纳：娶。吴广：赵人，武灵王之臣。孟姚：又名娃嬴。

【译文】

周赧王五年（辛亥，前310）

张仪向秦武王进言，说：“替大王你谋划，东方的韩、魏等国若有战乱，大王你才可以多获得土地。我听说齐王十分憎恨我，我在哪个国家，齐国就要攻伐它。请让我这个不才的人前去魏国，这样齐国一定会攻打魏国，齐、魏两国交战各不相让，大王可趁这个时机攻打韩国，进入三川地方，挟制周天子，掌控天下的版图，就可以建立帝王的大业啊！”秦武王同意张仪的请求。齐王果然出兵攻打魏国，魏王惶恐。张仪说：“魏王不要忧虑！我可以让齐国撤兵。”张仪就派了他的舍人前往楚国，假借楚国使者的名义去对齐王说：“大王让张仪取信于秦王，您太看重张仪了！”齐王说：“这是为什么？”楚国使者说：“张仪离开秦国原本是与秦王谋算好了的，他们想让齐魏两国相互攻伐，而让秦国趁此机会夺取三川。现今齐王您果然攻打魏国，这是齐王您对内使国家疲惫，对外却去攻伐友好会盟的国家，让张仪更加被秦信任。”齐王便撤兵回国。张仪任魏国国相一年，便去世了。

张仪与苏秦都以合纵连横的谋略游说诸侯各国，得到了富贵的地位，天下人都争相效法。魏国人公孙衍，号犀首，也以游说而扬名。其余的有苏代、苏厉、周最、楼缓这些人，纷纭而起，遍于天下，以论辩诡诈的游说争高下，这些人和事，不可能详尽记述；其中张仪、苏秦、公孙衍最为著名。

孟子评论说：有人说：“公孙衍、张仪难道不是大丈夫吗？他们一发怒就使诸侯恐惧，他们安静下来天下就太平无事。”孟子说：“这样的人哪是大丈夫呢？君子站在天下最正确的位置上，走在天下最正直的道路上，得志时就与民众一起顺着这条道路走，不得志时就独自坚持走这条路，富贵的诱惑不能动摇我的心意，贫贱的处境不能改变我的志向，威武逼迫不能使我屈服，这才称得上大丈夫。”

扬雄《法言》说：有人问：“张仪、苏秦学了鬼谷子的谋略术，运用合纵连横之术，各自使中原国家安定了十多年，是这样吗？”回答说：“他们都是诡诈的人，圣人厌恶他们。”又问：“读孔子的书而做张仪、苏秦那样的事，又怎么样呢？”回答说：“太丑恶了，这好像有凤鸟的和鸣却长着凶猛鸷鸟的羽毛！”“如此说来，子贡不也做过游说的事吗？”回答说：“看见国家有祸乱却不能解救，子贡对此感到耻辱。游说而不能得到富贵，张仪、苏秦对此感到耻辱。子贡和张仪、苏秦不是一路人。”又有人问：“张仪、苏秦他们不蹈袭前人的陈迹行事，他们的才能可以称得上出众吧？”回答说：“从前选用人才，即便是古代圣王尧舜也难以辨别。这难道不是任才使能吗？你说的才能，不是我们这些人所说的才能啊！”

秦武王派甘茂去诛杀蜀相陈庄。

秦武王与魏襄王应约在临晋相会。

赵武灵王娶了吴广的女儿孟姚，受到宠爱，立为惠后，生了儿子何。

【原文】

六年（壬子，前309）

秦初置丞相，以樗里疾为右丞相①。

七年（癸丑，前308）

秦、魏会于应②。

秦王使甘茂约魏以伐韩，而令向寿③辅行④。甘茂令向寿还，谓王曰："魏听臣矣，然愿王勿伐！"王迎甘茂于息壤⑤而问其故。对曰："宜阳大县，其实郡也⑥。今王倍数险⑦，行千里攻之，难。鲁人有与曾参⑧同姓名者杀人，人告其母，其母织自若⑨也。及三人告之，其母投杼⑩下机，逾墙而走⑪。臣之贤不若曾参，王之信臣又不如其母，疑臣者非特⑫三人，臣恐大王之投杼也⑬。魏文侯令乐羊⑭将而攻中山⑮，三年而拔之。反⑯而论功，文侯示之谤书一箧⑰。乐羊再拜稽首⑱曰：'此非臣之功，君之力也！'今臣，羁旅⑲之臣也。樗里子、公孙奭挟韩而议之⑳，王必听之，是王欺魏王㉑而臣受公仲侈之怨也㉒。"王曰："寡人弗听也，请与子盟！"乃盟于息壤。秋，甘茂、庶长封帅师伐宜阳。

八年（甲寅，前307）

甘茂攻宜阳，五月而不拔，樗里子、公孙奭果争之㉓。秦王召甘茂，欲罢兵。甘茂曰："息壤在彼㉔。"王曰："有之㉕。"因大悉起兵以佐甘茂㉖，斩首六万，遂拔宜阳。韩公仲侈入谢㉗于秦以请平㉘。

秦武王好以力戏㉙，力士任鄙、乌获、孟说㉚皆至大官。八月，王与孟说举鼎，绝脉㉛而薨；族㉜孟说。武王无子，异母弟稷为质于燕，国人逆㉝而立之，是为昭襄王㉞。昭襄王母芈八子㉟，楚女也，实宣太后。

（以上为第六段，写秦昭王任用甘茂为将，排除干扰，攻占了韩国的宜阳。）

【注释】

①樗（chū）里疾：秦惠王异母弟，居渭南阴乡樗里，俗谓之"樗里子"，亦曰"褚里

疾”，名疾，武王时为左丞相。《史记》有传。 ②应：邑名，在今河南省宝丰县。 ③向寿：秦昭王母宣太后娘家的亲戚，武王时已为亲信。 ④辅行：副使。 ⑤息壤：靠近魏国的秦邑。一说在咸阳东。 ⑥宜阳大县，其实郡也：宜阳是韩国的大县，相当一个郡。 ⑦倍数险：越过重重险阻。如崤山、函谷关等。 ⑧曾参：字子舆，春秋末鲁国武城（今山东省费县）人，孔丘的学生，以孝著称。 ⑨织自若：照常织布。若，如。 ⑩投杼（zhù）：扔掉梭子。 ⑪逾墙而走：翻墙逃跑。 ⑫非特：不止。 ⑬臣恐大王之投杼也：我担心大王也会像曾参的母亲不信任曾参那样不信任我。 ⑭乐羊：魏文侯将，伐取中山，魏文侯封乐羊以灵寿。 ⑮中山：春秋时鲜虞国，为白狄之别种，战国时称中山。其疆域当今河北省西部。 ⑯反：通“返”。 ⑰谤书：群臣背地诽谤乐羊的书简。 箧（qiè）：盛物的器具，大曰箱，小曰箧。 ⑱再拜稽首：再拜，两次拜。稽首，叩头。 ⑲羁旅：长期客居异乡。 ⑳“樗里子、公孙奭（shì）”句：樗里疾、公孙奭的母亲都是韩国人，他们仗着和韩国这种关系而非议攻韩。 ㉑欺魏王：已与魏约伐韩，因樗里疾、公孙奭非议而中止伐韩，故言“欺魏王”。 ㉒臣受公仲侈之怨也：公仲，韩相，名侈。甘茂伐韩，若被秦武王中止，则公仲侈必认为伐韩非王之意，乃甘茂之计，故茂“受公仲侈之怨也”。怨，恨。 ㉓争之：争论伐韩这件事。 ㉔息壤在彼：这是甘茂提醒秦武王不要忘记“息壤之盟”，是批评秦武王委婉含蓄的说法。 ㉕有之：有的。意思是说，我没有忘记“息壤之盟”。 ㉖大悉起兵：大规模地出动秦军。 佐：援助。 ㉗谢：请罪。 ㉘请平：请求媾和。 ㉙好以力戏：喜好以力角斗。戏，角力，角斗。 ㉚任鄙、乌获、孟说：都是秦大力士。秦昭王十三年秦相穰侯举荐任鄙为汉中郡守。 ㉛绝脉：血管崩断，《史记·秦本纪》《赵世家》并作“绝膑”，膝盖骨崩裂。 ㉜族：灭族。 ㉝逆：迎接。 ㉞昭襄王：名稷，一名则，武王异母弟，公元前306年至公元前251年在位。 ㉟芈八子：本是楚国人，后成为秦惠王的姬妾，姓芈，被封为八子，故称芈八子。

【译文】

周赧王六年（壬子，前309）

秦国开始设置丞相，任用樗里疾为右丞相。

周赧王七年（癸丑，前308）

秦武王与魏襄王相约在应邑会盟。

秦武王派甘茂到魏国相约联合攻打韩国，命令向寿作为副使同行。甘茂让向寿返回秦国，向秦王报告说：“魏王已经同意了，然而臣希望大王还是不要攻打韩国！”秦王在息壤迎接甘茂，并询问不攻打韩国的原因。甘茂回答说：“韩国的宜阳是大县，其实也可称郡。现今大王要越过函谷关等多重险要，行军千里去攻打韩国，这是很困难的。过去鲁国有一个与曾参同姓名的杀了人，有人去报知曾参的母亲，曾参的母亲听了后照常织布。等到第三个人来报知曾参杀人的事，曾参的母亲赶快丢掉梭子走下织机，翻越围墙而逃走。臣的才干比不上曾参，大王对臣的信任比不上曾参母亲对儿子的信任，怀疑我的又不止三个人，臣恐怕大王也要丢掉梭子啊。”魏文侯命令乐羊为将去攻中山国，经过三年攻下了中山国，返回魏国论功时，魏文侯出示攻击、诽谤乐羊的书信一箱。乐羊一再跪拜叩头说：“这不是臣的功劳，而是国君的威力啊！现今臣是客居异乡的臣子，假如亲韩的樗里子、公孙奭来非议攻韩的事，大王一定会听从他们的，这样就等于是大王欺骗了魏王，而我却被韩国国相公仲侈认为是罪魁祸首。”秦王听后说：“寡人不听从他们的议论，寡人与你一起盟誓！”于是秦王与甘茂在息壤盟誓。秋季，甘茂和名叫封的庶长率领军队攻打韩国的宜阳。

周赧王八年（甲寅，前 307）

甘茂攻打宜阳，五个月没有攻下。樗里疾、公孙奭果然出面争论伐韩的事，秦王召回甘茂，打算撤兵。甘茂说：“息壤还在吧。”秦王说：“息壤是还在。”于是大举出兵援助甘茂，斩杀韩军六万，攻下了宜阳。韩国相公仲侈来到秦国请罪求和。

秦武王喜好大力士比赛的游戏，把大力士任鄙、乌获、孟说都提拔为大官。八月，秦武王和孟说比赛举鼎，因血管崩断而死，于是孟说全家都被杀死。秦武王没有儿子，他同父异母的弟弟嬴稷在燕国做人质，国人把他迎接回来立为秦王，这就是秦昭襄王。昭襄王的母亲芈八子，是楚国的女子，也就是宣太后。

【原文】

赵武灵王北略①中山之地，至房子②，遂至③代，北至无穷④，西至河⑤，登黄华⑥之上。与肥义⑦谋胡服骑射⑧以教百姓，曰：“愚者所笑，贤者察⑨焉。虽驱世⑩以笑我，胡地、中山，吾必有之！”遂胡服。

国人皆不欲，公子成⑪称疾不朝。王使人请之曰：“家听于亲⑫，国听于君。今寡人作教易服⑬而公叔不服，吾恐天下议己⑭也。制国有常⑮，利民为本⑯；从政有经⑰，令行为上⑱。明德先论于贱⑲，而从政先信于贵⑳，故愿慕公叔之义㉑以成胡服之功也。”公子成再拜稽首曰：“臣闻中国㉒者，圣贤之所教也㉓，礼乐之所用也㉔，远方之所观赴也㉕，蛮夷之所则效也[26]。今王舍此[27]而袭远方之服[28]，变古之道[29]，逆[30]人之心，臣愿王孰图之也[31]！”使者以报[32]。王自往请之[33]，曰：“吾国东有齐、中山，北有燕、东胡[34]，西有楼烦[35]、秦、韩之边。今无骑射之备[36]，则何以守之哉？先时中山负[37]齐之强兵，侵暴吾地[38]，系累吾民[39]，引水围鄗[40]；微[41]社稷之神灵，则鄗几于不守[42]也。先君丑之[43]，故寡人变服骑射，欲以备四境之难[44]，报中山之怨[45]。而叔[46]顺中国之俗[47]，恶变服之名[48]，以[49]忘鄗事之丑，非寡人之所望也！”公子成听命，乃赐胡服；明日服而朝。于是始出胡服令而招骑射[50]焉。

九年（乙卯，前306）

秦昭王使向寿平[51]宜阳，而使樗里子、甘茂伐魏。甘茂言于王，以武遂[52]复归之韩。向寿、公孙奭争之，不能得，由此怨谗甘茂。茂惧，辍[53]伐魏蒲阪[54]，亡去[55]。樗里子与魏讲[56]而罢兵。甘茂奔齐[57]。

赵王[58]略中山地，至宁葭[59]；西略胡地，至榆中[60]。林胡[61]王献马。归，使楼缓[62]之秦，仇液[63]之韩，王贲[64]之楚，富丁[65]之魏，赵爵[66]之齐；代相赵固主胡[67]，致[68]其兵。

楚王与齐、韩合从。

十年（丙辰，前305）

彗星见[69]。

赵王伐中山，取丹丘[70]、爽阳[71]、鸿之塞[72]，又取鄗、石邑[73]、封龙[74]、东垣[75]。中山献四邑以和[76]。

秦宣太后异父弟曰穰侯魏冉[77]，同父弟曰华阳君芈戎；王之同母弟曰高陵君[78]、泾阳君[79]。魏冉最贤，自惠王、武王时，任职用事[80]。武王薨，诸弟争立，唯魏冉力能立昭王。昭王即位，以魏冉为将军，卫咸阳。是岁，庶长壮及大臣、诸公子谋作乱，魏冉诛之；及惠文后[81]皆不得良死[82]，悼武王后[83]出居[84]于魏，王兄弟不善者，魏冉皆灭之。王少，宣太后自治事，任魏冉为政，威震秦国。

十一年（丁巳，前304）

秦王、楚王[85]盟于黄棘[86]；秦复与楚上庸[87]。

十二年（戊午，前303）

彗星见。

秦取魏蒲阪、晋阳[88]、封陵[89]；又取韩武遂[90]。

齐、韩、魏以楚负其从亲[91]，合兵伐楚。楚王使太子横为质于秦以请救。秦客卿通将兵救楚，三国引兵去[92]。

十三年（己未，前302）

秦王、魏王、韩太子婴会于临晋，韩太子至咸阳而归；秦复与魏蒲阪。

秦大夫有私与楚太子斗[93]者，太子杀之[94]，亡归[95]。

十四年（庚申，前301）

日有食之，既[96]。

秦人取韩穰[97]。

蜀守煇[98]叛秦，秦司马错往诛之。

秦庶长奂会韩、魏、齐兵伐楚，败其师于重丘，杀其将唐眛[99]；遂取重丘。

赵王伐中山，中山君奔齐[100]。

十五年（辛酉，前300）

秦泾阳君为质于齐[101]。

秦华阳君伐楚，大破楚师，斩首三万[102]，杀其将景缺，取楚襄城[103]。楚王恐，使太子为质于齐以请平[104]。

秦樗里疾卒，以赵人楼缓为丞相。

赵武灵王爱少子何，欲及其生而立之[105]。

（以上为第七段，写赵武灵王实施胡服骑射改革，赵国兵强，灭了中山国。）

【注释】

①略：夺取。 ②房子：邑名，在今河北省高邑县西南。 ③至：据章校，他本“至”作“之”。《史记·赵世家》“至”作“之”。当据改。 ④无穷：胡三省注曰“自代北出塞外，大漠数千里，故曰‘无穷’。” ⑤河：黄河。 ⑥黄华：黄河侧之山名。 ⑦肥义：赵武灵王父赵肃侯之臣，武灵王时为信臣，惠文王时为相国并为傅。 ⑧胡服骑射：穿胡人的服装，练习骑马射箭。 ⑨察：看得很清楚。 ⑩驱世：举世。驱，通“举”。 ⑪公子成：赵肃侯之弟，赵武灵王的叔父。 ⑫亲：指父母。 ⑬作教易服：发令改革服装。作，兴，起，发。 ⑭议己：据章校，他本“己”作“之”。《史记·赵世家》作“议之”。当据改。 ⑮制国有常：治理国家有法规。制，通“治”。 ⑯本：根本。 ⑰经：常法，原则。 ⑱令行为上：执行命令是最高准则。上，最高的，首要的。 ⑲明德

先论于贱：宣扬道德必须先在下层百姓中实践。⑳从政先信于贵：要想贯彻政令，必先使贵戚遵奉。从政，施行政令。㉑愿慕公叔之义：希望效法公叔的榜样。慕，仿效。义，正义行为，即榜样。㉒中国：中原地带。㉓圣贤之所教也：圣人贤人在那里进行教育。㉔礼乐之所用也：是实行礼乐制度的地方。㉕远方之所观赴：是远方的人向往景仰的地方。㉖蛮夷之所则效：是蛮夷部族学习的楷模。则，法则，楷模。㉗舍此：放弃、丢掉中原礼仪。㉘袭远方之服：穿胡服。袭，承袭，穿。㉙道：方法。㉚逆：违反。㉛孰图之也：深思熟虑这件事。孰，古“熟”字。图，谋划。㉜使者以报：使者把公子成这番话报告给了赵武灵王。㉝请之：劝说公子成。㉞东胡：我国古代东北部一个少数民族，在内蒙古南部、辽宁一带。㉟楼烦：古部落，分布在今山西省北岢岚、宁武一带。㊱备：防备，守备。㊲负：依仗。㊳侵暴吾地：侵犯劫掠我国土地。㊴系累吾民：捆绑，掳掠我国民众。㊵鄗（hào）：邑名，在今河北省柏乡县北20里。㊶微：无，要不是。㊷几于不守：几乎守不住。㊸先君丑之：先君以此为可耻。丑，可耻。㊹备四境之难：防备四面边境的灾祸。㊺怨：怨仇。㊻叔：“伯、仲、叔、季”兄弟行次之称，指公子成。㊼顺中国之俗：因袭中原的习俗。㊽恶（wù）变服之名：反对变服的命令。恶，憎恶，反对。名，号令，命令。㊾以：而。㊿招骑射：招募训练骑马射箭的士兵。(51)平：平定，安抚。(52)武遂：邑名，在今山西垣曲东南。(53)辍：停止。(54)蒲阪：津渡名，在今山西永济市西。(55)亡去：逃跑了。(56)讲：《说文》曰“和解也。”(57)奔齐：投奔齐国。(58)赵王：赵武灵王。(59)宁葭（jiā）：亦作“蔓葭”，县名，在今河北省石家庄市西北。(60)榆中：县名，在今陕西省榆林市。(61)林胡：古部族名，战国时分布在今山西省朔州市至内蒙古自治区境内。(62)楼缓：赵人，初为赵武灵王臣，武灵王死，入秦，曾为秦昭王丞相。(63)仇液：《战国策》又作“仇郝”“仇赫”“机郝”，实一人而异名。战国时曾为宋国丞相。(64)王贲：赵臣。(65)富丁：赵人。(66)赵爵：当是赵人。(67)主胡：驻守胡地。主，《广雅·释诂三》曰“守也。”(68)致：招收。(69)见：同“现”。(70)丹丘：邑名，在今河北省曲阳县西北。(71)爽阳：《史记·赵世家》作“华阳”，即恒山地区，在今河北省曲阳县西北。(72)鸿之塞：关塞名。《赵世家》作“鸱之塞”，《正义》以为当作“鸿上塞”。在今河北省唐县西北。(73)石邑：邑名，又名石城。在今河北省石家庄市西南。(74)封龙：山名，在今河北省元氏县西北。(75)东垣：邑名，在今河北省石家庄市东北。(76)和：请和。(77)穰侯：魏冉，秦昭王以夺取的韩国穰邑封魏冉，故称穰侯。穰邑在今河南省邓州市东南。昭王时穰侯曾为秦相国。《史记》有《穰侯列传》。(78)高陵君：秦昭王同母弟，名悝（kuī）。(79)泾阳君：秦昭王同母弟，名市。穰侯魏冉、华阳君芈戎、泾阳公子市、高陵公子悝，当时称为“四贵”。(80)用事：执政。 ⑧惠文后：《史记·穰侯列传》曰“武王母号曰惠文后。” ⑧不得良死：死于非命。⑧悼武王后：即秦武王之后，武王死不久，故加“悼”字。 ⑧出居：据章校，他本“居”作“归”。《秦本纪》作“出归魏”，《六国年表》作“来归”，《穰侯列传》作“逐武王后出之魏”。按：武王后为魏女，作“归”字是，当据改。 ⑧楚王：指楚怀王。⑧黄棘：邑名，在今河南省新野县东北。 ⑧上庸：地域名，今湖北省西北部及陕南东部。 ⑧晋阳：《史记·魏世家》作“阳晋”，所指为一地，邑名，在今山西省虞乡西。⑧封陵：邑名，在今陕西省风陵渡东。 ⑨取韩武遂：赧王九年“以武遂复归之韩”，今又取之。 ⑨“齐、韩、魏”句：赧王九年，楚、齐、韩三国结为合纵联盟。 负：背。 从亲：合纵联盟。 ⑨三国引兵去：齐、韩、魏三国率兵解围离开楚国。 ⑨斗：斗殴。 ⑨杀之：杀秦大夫。 ⑨亡归：逃回楚国。 ⑨既：日全食。 ⑨穰：韩邑名，在今河南省邓州市东南，为秦所夺。 ⑨煇：人名。 ⑨“败其师”二句：指败楚师杀唐昧，即史称“垂沙之事”。公元前301年，齐相孟尝君田文合纵齐、魏、韩三国攻楚，齐将匡章、魏将公孙喜、韩将暴鸢联军进攻楚的方城，在泌水（今唐河）旁的垂沙大败楚军，杀死楚将唐昧（或作“唐蔑”）。 ⑩中山君奔齐：《史记·赵世家》有“惠文王三年（周赧王十九年，公元前296年）灭中山桓公。”则此“中山君”或即“中山桓公”。 ⑩马非百《秦集史·人物传二之四》：“昭王七年，王闻孟尝君贤，乃先仍泾阳君市质于齐，以求见孟尝君。” ⑩斩首三万：《史记·楚世家》作“楚军死者二万”。 ⑩襄城：邑名，在今河南省襄城县。 ⑩太子：即后来继位的楚顷襄王芈横。楚襄王为太子之时，曾质于齐。⑩“赵武灵王”二句：《史记·楚世家》载赵武灵王二十七年（前299）“立王子何以为主”，纪年从次年算。

【译文】

赵武灵王向北侵占中山国，经房子城，抵达代郡，再向北直至大漠数千里，又西行到黄河，登上黄河岸边的黄华山，与大臣肥义谋划穿胡人的服装、练习骑射技术教化老百姓。赵武灵王说：“愚蠢的人笑话我，聪明的人却能明辨。即便全天下的人都来耻笑我也无所谓，我要的是能占有胡人居住的地方和中山国。”于是改穿胡服。

赵国人不愿意穿胡服，公子成假称身体有病，不来朝见。赵武灵王派人说服他，说：“家事要听从父母，国事要听从国君。现今寡人颁布命令改穿胡服，而叔父您不服从，寡人担心全国的人都要议论这件事。治理国家有章法，那就是以民众的利益为根本；管理政事有法规，那就是以执行命令为最高准则。宣扬道德首先要在百姓中实践，而推行政令却要先在显贵中实行，所以我希望仰仗叔父的榜样来推动改穿胡人服装的事业成功！”公子成叩头再拜说：“我听说中国是在圣贤之人教化下，实行礼乐制度，令远方的人向往景仰，是蛮夷之人推崇效法的地方。现今君王你舍弃这些而去穿胡服，更改古代以来的规则，违背民心，我希望您慎重考虑此事！”使者把这些话转告赵武灵王。赵武灵王亲自去劝说公子成，说：“我国东面有齐国、中山国，北面有燕国、东胡，西面有楼烦、秦国、韩国的边境。现今没有骑射的武备，那用什么来守卫国家呢？过去中山国依仗齐国的强大军队作靠山，侵犯我国的土地，拘捕我国的人民，引来河水围灌鄗城，要是没有宗国土地神灵的保佑，那鄗城几乎不能保全了。我们先辈君王对这事感到耻辱，所以寡人改变服装，学习骑射，就是想用这个办法防备国家四方边境的危难，报中山国侵犯之仇。而叔父您却因循旧俗，反对变服的命令，忘记了鄗城的耻辱，这不是我希望的啊！”公子成听从了赵武灵王的话，赵武灵王于是赐给他胡人的服装，第二天公子成穿上胡服上朝。于是，赵王开始颁行改穿胡服的命令，招募练习骑射的战士。

周赧王九年（乙卯，前 306）

秦昭襄王派向寿去平抚宜阳，又派樗里子、甘茂去攻打魏国。甘茂向秦昭襄王进言，把武遂归还给韩国。向寿和公孙奭争论这件事，没有达到目的，因此怨恨并诬蔑甘茂。甘茂害怕了，便停止了对魏国蒲阪的进攻，逃亡出走。樗里子只好与魏国议和撤兵。甘茂投奔齐国。

赵武灵王攻占中山国的土地，直到宁葭，又向西攻占胡人的土地，到达榆中。林胡王向赵王进献马匹。赵武灵王回到赵国，派楼缓到秦国，仇液到韩国，王贲到楚国，富丁到魏国，赵爵到齐国进行外交；又派代郡的相赵固驻守胡地，招收胡兵。

楚怀王与齐、韩两国合纵抗秦。

周赧王十年（丙辰，前 305）

彗星出现。

赵武灵王攻打中山国，占领了丹丘、爽阳、鸿之塞等地，又占领了鄗、石邑、封龙、东垣等地。中山国向赵王献出四座城邑来求和。

秦国宣太后有一个异父弟穰侯魏冉，还有一个同父弟华阳君芈戎；昭襄王的同母弟一位是高陵君，另一位是泾阳君。这四个人中魏冉最贤能，魏冉在惠王和武王时就管理政事。武王死后，武王的几个弟弟争立为王，只有魏冉有能力控制朝政，他拥立了昭襄王。昭王即位以后，任用魏冉为将军，戍卫咸阳。这一年，名叫壮的庶长与大臣、公子们图谋作乱，魏冉诛杀了他们；甚至昭襄王的母亲惠文王后也死于非命，昭襄王的嫂嫂悼武王后出居魏国，昭襄王的兄弟中凡是怀异心的，魏冉都把他们杀掉。昭襄王年少，宣太后便亲自执掌国政，任用魏冉掌管政务，声威震动整个秦国。

周赧王十一年（丁巳，前 304）

秦昭襄王与楚怀王在黄棘会盟；秦国把上庸归还给楚国。

周赧王十二年（戊午，前 303）

彗星出现。

秦国攻取了魏国的蒲阪、晋阳、封陵等地，又攻占了韩国的武遂。

齐国、韩国、魏国讨伐背弃合纵盟约的楚国，三国联合攻打楚国。楚王派太子横到秦国去做人质，请求秦国出兵救援。秦国派了一个名叫通的客卿率领军队救助楚国，齐、韩、魏三国联军于是撤离楚国。

周赧王十三年（己未，前 302）

秦王、魏王、韩国太子婴在临晋会盟。韩国太子婴访问了咸阳之后才返回韩国，秦国把蒲阪归还给了魏国。

秦国大夫同楚国人质太子横争斗，太子横杀了这位秦国大夫，逃回了楚国。

周赧王十四年（庚申，前 301）

发生了日全食。

秦国军队攻占了韩国的穰城。

蜀郡守煇背叛秦国，秦国的司马错前往诛杀了煇。

秦国名叫奂的庶长会合韩、魏、齐三国的军队攻打楚国，在重丘大败楚军，杀死了楚国的将领唐昧，又攻占了重丘。

赵武灵王攻打中山国，中山国的国君投奔齐国。

周赧王十五年（辛酉，前 300）

秦国派泾阳君到齐国做人质。

秦国的华阳君率兵攻打楚国，把楚军打得大败，斩杀三万人，还杀死了楚国的将领景缺，并攻占了楚国的襄城。楚王很害怕，派太子到齐国做人质以换取两国和解。

秦国的丞相樗里疾病死，秦王任命赵国人楼缓为丞相。

赵武灵王喜爱小儿子赵何，想在自己还在世时立赵何为王。

【原文】

十六年（壬戌，前299）

五月戊申，大朝东宫[①]，传国于何[②]。王庙见[③]礼毕，出临朝[④]，大夫悉为臣。肥义为相国[⑤]，并傅王。武灵王自号“主父[⑥]”。主父欲使子治国，身胡服[⑦]，将士大夫西北略胡地。将自云中[⑧]、九原[⑨]南袭咸阳，于是诈自为使者[⑩]，入秦，欲以观秦地形及秦王之为人。秦王不知，已而怪其状甚伟，非人臣之度[⑪]，使人逐之；主父行已脱关[⑫]矣，审问[⑬]之，乃主父也。秦人大惊。

齐王、魏王会于韩[⑭]。

秦人伐楚，取八城。秦王遗楚王书曰：“始寡人与王约为兄弟，盟于黄棘，太子入质，至驩[⑮]也。太子陵[⑯]杀寡人之重臣，不谢而亡去[⑰]。寡人诚不胜怒[⑱]，使兵侵君王之边。今闻君王乃令太子质于齐以求平。寡人与楚接境，婚姻相亲；而今秦、楚不驩，则无以令诸侯[⑲]。寡人愿与君王会武关[⑳]，面相约，结盟而去，寡人之愿也！”

楚王患之，欲往恐见欺[㉑]，欲不往恐秦益怒[㉒]。昭睢[㉓]曰：“毋行而发兵自守耳[㉔]！秦，虎狼也，有并诸侯之心，不可信也！”怀王之子兰[㉕]劝王行，王乃入秦。秦王令一将军诈为王[㉖]，伏兵武关，楚王至则闭关劫[㉗]之，与俱西，至咸阳，朝章台[㉘]，如藩臣礼，要以割巫、黔中郡。楚王欲盟，秦王欲先得地。楚王怒曰：“秦诈我，而又强要[㉙]我以地！”因不复许。秦人留之。

楚大臣患之，乃相与谋[㉚]曰：“吾王在秦不得还，要以割地，而太子为质于齐；齐、秦合谋，则楚无国[㉛]矣。”欲立王子之在国者。昭睢曰：“王与太子俱困于诸侯，今又倍[㉜]王命而立其庶子，不宜[㉝]！”乃诈赴于齐[㉞]。齐湣王[㉟]召群臣谋之，或曰：“不若留太子以求楚之淮北[㊱]。”齐相曰[㊲]：“不可！郢[㊳]中立王，是吾抱空质[㊴]而行不义于天下也。”其人[㊵]曰：“不然，郢中立王，因与其新王市[㊶]曰：‘予我下东国，吾为王杀太子。不然，将与三国[㊷]共立之。’”齐王卒用其相计而归楚太子。楚人立之[㊸]。

秦王闻孟尝君之贤，使泾阳君为质于齐以请。孟尝君来入秦，秦王以为丞相。

（以上为第八段，写楚怀王昏聩糊涂，与强秦外交，一再上当受骗，最终入秦不返。）

【注释】

①东宫：太子所居之宫。 ②传国于何：即赵惠文王，武灵王之子，名何，公元前298年至公元前266年在位。 ③庙见：古代继位之君即位或封建诸王必拜谒祖庙，称“庙见”。 ④临朝：上朝处理国事。 ⑤肥义为相国：肥义，武灵王父赵肃侯之臣，武灵王时为信臣，惠文王时为相国并为傅。 ⑥自号“主父”：言为国之主、为国之父；一说，言其子主国而自己只是父亲。惠文王即位时只有12岁，其父禅位，所以有这样的称呼。 ⑦身胡服：指武灵王亲自穿上胡服。身，亲自。 ⑧云中：故城在今内蒙古自治区呼和浩特市与托克托之间。 ⑨九原：今内蒙古自治区包头市西北。 ⑩诈自为使者：自己伪装成使者的身份。 ⑪非人臣之度：不是一个人臣的气度。 ⑫脱关：出了秦国的关口。脱：离开。 ⑬审问：仔细察问。 ⑭韩：此“韩”为韩国。次年有“齐、韩、魏出击秦于函谷”之事。 ⑮驩：同“欢”。 ⑯陵：欺凌。通“凌”。 ⑰不谢而亡去：不认错不道歉就逃回去了。此指赧王十三年“秦大夫有私与楚太子斗者，太子杀之，亡归”一事。 ⑱诚不胜怒：真是怒不可遏。 ⑲令诸侯：号令诸侯。 ⑳武关：秦国南边的关隘，在今陕西省商南县东南，河南省淅川县西北。楚人入秦必经之道。 ㉑见欺：被欺。 ㉒益怒：更怒。 ㉓昭睢：楚之谋臣。 ㉔毋行而发兵自守耳：大王不要去，派军队守住边界就是了。 ㉕子兰：据章校，他本“子”下重“子”字。《史记·楚世家》复“子”字，当补。 ㉖诈为王：伪称为秦王。 ㉗劫：劫持。 ㉘章台：秦王离宫台名，旧址在今陕西省西安市长安区西南。 ㉙要（yāo）：要挟。 ㉚相与谋：共同商议。㉛无国：没有了国君，等于国亡。 ㉜倍：通“背”，违背。 ㉝不宜：不合适，不恰当。 ㉞诈赴于齐：伪称楚怀王已死去齐国报丧。赴，通“讣”，报丧。 ㉟齐湣王：又作“闵王”，齐宣王之子，名地，公元前301年至公元前284年在位。 ㊱淮北：楚国东部与齐国接壤之地，今江苏省连云港市海州区及山东临沂一带，因在淮河以北，故称淮北。又因处于淮河下游，属楚国东部之地，又称“下东国”。 ㊲齐相：或当是孟尝君田文。㊳郢：指楚的国都，今湖北省江陵县北之纪南城。 ㊴抱空质：此言楚怀王死于秦，太子质于齐，如果齐国扣留太子，楚国另立新王，则扣留太子也无益，所以说是“抱空质”。㊵其人：即前文“或曰”之人，据《战国策·齐策三》第一章，是苏秦。 ㊶市：交易，此指提出交换条件。 ㊷三国：齐、韩、魏。 ㊸楚人立之：即楚顷襄王，又称楚襄王，怀王之子，名横，公元前298年至公元前263年在位。

【译文】

周赧王十六年（壬戌，前 299）

五月二十六日，赵武灵王在东宫举行盛大朝会，把王位传给赵何。新王赵何拜祀祖庙的礼仪完毕之后，便身居王位主持朝政，他属下的大夫们都成为朝廷大臣。肥义被任用为相国，并为新王太傅。赵武灵王自称“主父”。主父想让儿子治理国政，自己身穿胡服，率领士大夫向西北攻占胡地。计划从云中、九原等地迂回向南袭击咸阳。他假扮为赵国使者，进入秦国，亲自考察秦国地形以及秦昭襄王的为人。秦昭襄王不知他是赵国的主父，相见之后觉得他气度非凡，不像一个为臣子的人，赶紧派人追逐主父，主父一行也急行赶路离开了秦国边关。秦昭襄王仔细察问赵国使臣的身份，才知道他就是主父，秦国人十分震惊。

齐湣王、魏襄王在韩国会盟。

秦军攻打楚国，占领了八座城邑。秦昭襄王给楚怀王写信说：“当初寡人和楚王你相约结为兄弟，在黄棘盟誓，楚太子来秦国做人质，双方关系融洽。楚太子杀死了我亲近的大臣，不道歉就逃离秦国，寡人实在是非常愤怒，所以派了军队去攻占你的边境。现今听说你竟让太子到齐国当人质以求修好。寡人与楚国边境相连，是互通婚姻的亲近国家；现今秦楚两国不融洽，就不可能号令诸侯各国。我希望与你在武关相会，当面结盟，然后离开，这是寡人的愿望。”

楚怀王很害怕到武关去，担心去了受骗，不去又担心秦国更加愤怒。昭睢说：“不要到武关去，同时要部署军队加强边防！秦国就像虎狼，有并吞诸侯的野心，不要相信它。”楚怀王的儿子子兰劝说楚怀王到武关去，楚怀王于是进入秦国。秦昭襄王命令秦国一员将军假扮为王，在武关埋下伏兵，楚怀王一进关就被绑架，被秦兵劫持向西，到达咸阳，在章台宫朝见秦昭襄王。秦昭襄王用藩臣的礼仪接待楚怀王，要求楚国割让巫郡、黔中郡的土地。楚怀王要求订立盟约，秦昭襄王却要先得到土地。楚怀王愤怒地说：“秦国欺骗我，还强迫我割让土地。”楚怀王始终不答应割地，秦昭襄王便扣留了楚怀王。

楚国大臣十分忧虑这件事，就一起商量对策说：“我们的大王在秦国回不来，要求割地，而太子在齐国做人质，如果齐秦两国合谋对付楚国，楚国将会灭亡。”楚国大臣打算拥立尚在国中的王子为楚王。昭睢说：“楚王与太子都被困在外国，如果又违背楚王的任命，拥立庶出的儿子为楚王，是不应当的。”于是假传楚怀王已死，给齐送去讣告。齐湣王召集群臣商议，有人说：“不如扣留楚太子，要求楚国割让淮北的土地。”齐国的国相说：“不可以！楚国郢都另立了楚王，我们齐国就空有人质，会被天下人指责为不讲道义的。”那个建议扣留楚太子的人又说：“齐相说得不对。郢都拥立了新楚王，趁这机会与新楚王做一笔交易，说：‘给我们齐国割让楚国东边的土地，齐国替楚国新王杀掉楚太子。楚国新王不同意，齐、韩、魏三国将共同拥立楚太子为王。’”齐湣王最终采纳了齐相的计谋让楚太子回国。楚国人便拥立太子为楚王。

秦昭襄王听说孟尝君贤明，就派泾阳君到齐国做人质，请求换取孟尝君。孟尝君来到秦国，秦昭襄王任用他为秦国丞相。

【原文】

十七年（癸亥，前298）

或谓秦王曰：“孟尝君相秦，必先齐而后秦；秦其[①]危哉！”秦王乃以楼缓为相，囚孟尝君，欲杀之。孟尝君使人求解于秦王幸姬[②]，姬曰：“愿得君狐白裘[③]。”孟尝君有狐白裘，已献之[④]秦王，无以应姬求[⑤]。客有善为狗盗[⑥]者，入秦藏中[⑦]，盗狐白裘以献姬。姬乃为之言于王而遣之[⑧]。王后悔，使追之[⑨]。孟尝君至关，关法，鸡鸣而出客，时尚蚤[⑩]，追者将至，客有善为鸡鸣者，野鸡[⑪]闻之皆鸣。孟尝君乃得脱归[⑫]。

楚人告于秦曰：“赖社稷神灵，国有王矣[⑬]！”秦王怒，发兵出武关击楚，斩首五万，取十六城。

赵王封其弟[⑭]为平原君。平原君好士，食客尝[⑮]数千人。有公孙龙者[⑯]，善为坚白同异之辩[⑰]，平原君客之。孔穿自鲁适赵[⑱]，与公孙龙论“臧三耳”[⑲]，龙甚辩析[⑳]。子高弗应，俄而[㉑]辞出，明日复见平原君。平原君曰：“畴昔[㉒]公孙之言信辩[㉓]也，先生以为何如？”对曰：“然。几能令‘臧三耳’矣[㉔]。虽然，实难[㉕]！仆愿得又问于君[㉖]：今谓‘三耳’甚难而实非也，谓‘两耳’甚易而实是也[㉗]，不知君将从易而是者乎，其亦从难而非者乎[㉘]？”平原君无以应[㉙]。明日，谓公孙龙曰：“公无复与孔子高辩事也[㉚]！其人理胜于辞；公辞胜于理，终必受诎[㉛]。”

邹衍过赵[㉜]，平原君[㉝]使与公孙龙论“白马非马”[㉞]之说。邹子曰：“不可。夫辩者[㉟]，别殊类使不相害[㊱]，序异端使不相乱[㊲]。抒意通指[㊳]，明其所谓[㊴]，使人与知焉[㊵]，不务相迷也[㊶]。故胜者不失其所守[㊷]，不胜者得其所求[㊸]。若是，故辩可为也[㊹]。及至烦文以相假[㊺]，饰辞以相惇[㊻]，巧譬以相移[㊼]，引人使不得及其意[㊽]，如此害大道[㊾]。夫缴纫争言而竞后息[50]，不能无害君子[51]，衍不为也。”座皆称善[52]。公孙龙由是遂诎[53]。

（以上为第九段，写孟尝君受困于秦，依靠鸡鸣狗盗之徒而脱险。）

【注释】

①其：将。 ②幸姬：受宠爱的妃子。 ③狐白裘：《史记·孟尝君列传》曰“孟尝君一狐白裘，直千金，天下无双。” ④献之：献给。 ⑤无以应姬求：不能答应幸姬的要求。 ⑥狗盗：古代指披狗皮作狗形以盗物者。 ⑦藏中：仓库里。 ⑧遣之：把孟尝君释放了。 ⑨使追之：即派人追孟尝君。 ⑩蚤：通“早”。 ⑪野鸡：郊外之鸡。 ⑫脱归：遁逃，潜逃，回到齐国。 ⑬国有王矣：立了顷襄王。 ⑭弟：据章校，他本“弟”下有“胜”字。平原君即赵惠文王之弟赵胜。 ⑮尝：通“常”。 ⑯公孙龙：字子秉，战国时赵人，名家。约生活在公元前325年至公元前250年。 ⑰坚白同异之辩：《公孙龙子》有“坚白论”，是影响较大的一篇著作。他根据视觉和触觉功能的不同，对“坚白石”的认识是：“视不得其所坚而得其所白”，“拊不得其所白而得其所坚”，由此得出“坚石”与“白石”不能混为一谈，“坚性”与“白色”不可同时得知的结论。他把感性认识与理性认识绝对化、夸大化了，否认两者之间的辩证关系。史称“离坚白”学派。⑱孔穿：孔子六世孙，字子高。 适：去。 ⑲臧三耳：《孔丛子·公孙龙》同，《吕氏春秋·淫辞》作“藏三牙”。历来说者莫衷一是。公孙龙的诡辩术，不细究。 ⑳辩析：谓分辨甚精微。 ㉑俄而：不久。 ㉒畴昔：往日，此指“昨天”。 ㉓信辩：甚辩，很有说服力。 ㉔几能令“臧三耳”矣：似乎能说明石含有坚、白性质的理论了。 ㉕虽然，实难：不过，这种理论实难成立。 ㉖仆愿得又问于君：我想再请教您。 ㉗今谓“三耳”两句：如果认为石含有坚、白、石三种性质，这种理论难以成立，实际上是错误的；如果认为石含有两种性质，即石、坚或者石、白，这种理论是容易成立的，实际上是正确的。 ㉘“不知君将”两句：不知您将选择理论容易成立而肯定正确的观点呢，还是选择理论难以成立而肯定错误的观点呢？从，听从，选择。其亦，或者。 ㉙无以应：无言以对。 ㉚公无复与孔子高辩事也：您不要再和孔穿辩论了。 ㉛终必受诎：最后一定会把你搞得理屈词穷。诎，同“屈”。 ㉜邹衍：后于孟轲，与公孙龙同时，论辩家。 ㉝平原君：战国四公子之一。赵惠文王的弟弟赵胜，初封于平原（故城在今山东省平原县南25里），故号平原君，后又封在东武城（故城在今山东省武城县西40里）。平原君相赵惠文王及赵孝成王。《史记》有《平原君列传》。 ㉞“白马非马”之说：《公孙龙子》有《白马论》，最有影响，其重要论题是“白马非马”。公孙龙认为“白马”与“马”是两个不同的概念，“马”是说形体的，“白”是说马的颜色的。称呼马的颜色和形体结合的概念，

“白马”不等于只称呼马的形体的概念“马”，所以说“白马非马”。 ㉟辩者：所谓辩论。㊱别殊类使不相害：（是用来）区别不同种类的事务，使它们彼此不相妨害。 ㊲序异端使不相乱：表达不同的见解，使它们彼此不相淆乱。 ㊳抒意通指：表达个人的心意。抒、通：陈述，表达。 指：旨意。 ㊴明其所谓：公开他们要说的话。 ㊵与知：全都了解。与，通“举”。 ㊶不务相迷：并不是尽力让人迷惑不解。 ㊷胜者不失其所守：辩论胜利的人不会失掉他应有的立场。 ㊸不胜者得其所求：辩论失败的人也会得到他所希望得到的道理。 ㊹辩可为也：辩论是可以进行的。 ㊺烦文以相假：用繁杂的文辞使辩论偏离了中心。假（xiá），通“遐”，远。 ㊻饰辞以相悖：巧饰言辞使辩论与中心悖谬。悖，偏离作“惇”，依《韩诗外传》改。 ㊼巧譬以相移：用巧妙的比喻来转移辩论的中心。 ㊽引人使不得及其意：引导别人使其离开辩论的主题，而不能把握住本意。㊾如此害大道：这样做，就伤害了真理。 ㊿缴纫争言而竞后息：互相争论，纠缠不清，一直到面红耳赤方才罢休。 纫：据章校，他本“纫”作“纷”。《别录》作“纷”，当改“纫”作“纷”。缴（jiǎo）纷，纠缠不清。 51不能无害君子：不能说不会伤害一个君子的身份。 52座皆称善：在座的人都称赞邹衍说得很好。 53公孙龙由是遂诎：从此公孙龙就不再辩论了。

【译文】

周赧王十七年（癸亥，前298）

有人对秦昭襄王说：“孟尝君担任秦国的相，一定是先为齐国打算然后才为秦国着想。秦国正陷入危险！”秦昭襄王于是又任命楼缓为相，并囚禁了孟尝君，想杀掉他。孟尝君派人找到秦王宠姬请求她出主意，宠姬说：“想要得一件白色的狐腋皮袍。”孟尝君确实有一件白色的狐腋皮袍，但已献给秦昭襄王了，不能答应宠姬的要求。孟尝君的门客中有一位擅长偷盗的人，他混入秦昭襄王府库中，盗出白色狐腋皮袍献给了那位宠姬。宠姬便为孟尝君的事向秦昭襄王进言，秦昭襄王便遣送孟尝君回到齐国。孟尝君刚走，秦昭襄王又后悔了，派人去追孟尝君。孟尝君早一步到了秦国的函谷关，按照关法的规定，要到鸡鸣叫时才能开关。当时天还早，追赶的人很快就要赶到，孟尝君门客中有擅长学鸡叫的，郊野的鸡听到了都叫起来。孟尝君这才出了关回到齐国。

楚国派使臣通告秦昭襄王说：“依靠天地和祖宗保佑，我们的国家又有君王了！”秦昭襄王听了后大怒，派遣军队出武关攻打楚国，斩杀楚军五万人，占领了十六座城邑。

赵惠文王封他的弟弟赵胜为平原君。平原君喜欢养士，他门下的食客常有几千人。有一位叫公孙龙的，擅长“坚白同异”这类论题的辩说，平原君收留他为食客。孔穿从鲁国来到了赵国，与公孙龙辩论有没有三个耳朵的问题。公孙龙十分精微的辩解，驳得孔穿哑口无言，不一会儿便告辞出来。第二天孔穿又来见平原君。平原君说：“昨天公孙龙的话真是雄辩啊，先生认为怎么样？”孔穿回答说：“确实是这样。他差不多真让奴婢长出三个耳朵了。话虽然是这样，但奴婢实在长不出三个耳朵来！我来向平原君您请教：现今辨析，把奴婢长有三个耳朵这样的难题说得头头是道，实际是假的；而奴婢只长有两个耳朵这样容易的事说得不清不楚，实际是真的，您相信哪一个呢？”平原君没法回答。第二天，平原君对公孙龙说：“你不要再跟孔穿辩论了！他这个人有道理却说不清，你的说辞滔滔不绝实际没道理，你最终一定会失败的。”

邹衍到赵国访问，平原君让他与公孙龙辩论“白马非马”的问题。邹衍说：“不可以。辩论，是辨别不同的事类，让它们不相妨害，明列出各种不同的主张，以便不至淆乱。公开他们要说的话，使人都能明白它的含义，并不是一心让人迷惑不解。所以辩论取胜的一方不会失去维护的道理，不能取胜的一方也能够从中得到他所要追求的道理，这样的辩论是可以进行的。凭借文辞繁杂偏离中心，用巧言饰辞来颠倒是非，用花言巧语来转移命题，使人不能捉摸它的意旨，这样就损害了真理。那些纠缠不放，用喋喋不休的争辩来占上风的人，有失君子风度，我邹衍是不参与这样的辩论的。”在座的人听了都称赞邹衍说得好。公孙龙从此就不再辩论了。

【评析】

赵武灵王胡服骑射改革

本卷所载历史，赵武灵王胡服骑射改革是最大的亮点。赵武灵王，赵肃侯赵语之子，名雍，战国时赵国第六代国君，公元前325年至公元前299年在位。赵武灵王即位之时，正值秦国商鞅变法之后走向鼎盛的秦惠王、秦昭襄王时代。这时魏国衰落，丧失了河西之地。赵国西境与强秦相连。秦国大举东进，赵国首当其冲，北方中山国与林胡、楼烦又是赵国长期的夙敌。赵武灵王面对严峻的形势，坚决果断地实施改革。赵武灵王改革后，赵国成了中原强国。胡服骑射改革的第二年，即公元前306年，西攻林胡，略地至榆中（今内蒙古包头以西河套地区），接着又对中山发起了大规模进攻，五年之间灭亡了中山。赵国开拓了大片领土，国土几乎扩大一倍。

赵武灵王胡服骑射与商鞅变法，是司马迁花大力气记述的两种改革模式，以供后世借鉴。赵武灵王胡服骑射是渐进式的改革，长期蓄势，化解对立面的阻力，用了二十年时间改革成功。商鞅变法，暴风骤雨，用强权高压执行，立竿见影，当年就见成效。渐进式改革必然有许多妥协，见效慢，但所花成本小，负面影响小；暴风骤雨式改革彻底除旧布新，见效快，但所花成本巨大，负面影响也大。这两场改革在《史记》中许多用语雷同，此为司马迁有意昭示读者要对照来读，后人借鉴要对照权衡利弊。《资治通鉴》记述大大简化，深入研讨则要对照《史记》。

卷第四　周纪四

周赧王十八年至四十二年（前297—前273）

【起阏逢困敦（甲子，前297），尽著雍困敦（戊子，前273），凡二十五年】

【大事提要】

本卷记事起公元前297年至公元前273年，凡二十五年。当周赧王十八年至赧王四十二年。本卷所载大事主要有七个方面：其一，楚怀王与赵武灵王以悲剧谢幕，使人叹惋。楚怀王曾为六国合纵盟主，因贪利误听张仪邪说，最终入秦不返，客死于秦。赵武灵王胡服骑射，灭中山，假称使臣入秦考察，何其壮也。晚年废长立少，导致赵国内乱，饿死沙丘，又何其昏也。其二，宋康王、齐湣王穷兵黩武而丧身，宋国破，齐国亦差点灭亡。其三，田单复齐，因功高震主一度遭齐襄王疏远，后襄王纳谏，君臣相知如初。其四，蔺相如使秦，不辱君命，完璧归赵，渑池之会勇折秦昭襄王，退让廉颇演绎出将相和的历史佳话。其五，燕惠王信谗，又中齐反间计，逐走乐毅，失人才使燕国从此衰弱不振。其六，秦将白起崭露头角，用兵野蛮，破赵魏联军的华阳之战，杀降魏卒十三万，沉赵卒二万于河。其七，春申君上书秦昭襄王，说秦亲楚以图韩、魏，避免了秦、韩、魏联合攻楚。楚怀王与顷襄王两代屈身事仇，到春申君上书，反映了东方六国争相事秦，以苟延时日，从此张仪连横之策得势。

【原文】

赧王中

十八年（甲子，前297）

楚怀王亡归。秦人觉之，遮楚道[①]。怀王从间道走赵[②]。赵主父[③]在代[④]，赵人不敢受[⑤]。怀王将走魏，秦人追及之，以归[⑥]。

鲁平公薨，子缗公贾立[⑦]。

十九年（乙丑，前296）

楚怀王发病，薨于秦，秦人归其丧。楚人皆怜之[8]，如悲亲戚[9]。诸侯由是不直秦[10]。

齐、韩、魏、赵、宋同击秦，至盐氏[11]而还。秦与韩武遂、与魏封陵以和[12]。

赵主父行新地[13]，遂出代；西遇楼烦[14]王于西河而致其兵[15]。

魏襄王薨，子昭王[16]立。

韩襄王薨，子釐王咎[17]立。

二十年（丙寅，前295）

秦尉错[18]伐魏襄城[19]。

赵主父与齐、燕共灭中山，迁其王[20]于肤施[21]。归，行赏，大赦，置酒[22]，酺五日[23]。

赵主父封其长子章于代，号曰安阳君[24]。

安阳君素侈[25]，心不服其弟[26]。主父使田不礼[27]相之。李兑[28]谓肥义曰："公子章强壮而志骄，党众而欲大[29]，田不礼忍杀[30]而骄，二人相得[31]，必有阴谋。夫小人有欲，轻虑浅谋[32]，徒[33]见其利，不顾其害，难必不久矣。子任重而势大[34]，乱之所始而祸之所集[35]也。子何不称疾毋出[36]而传政于公子成[37]，毋为祸梯[38]，不亦可乎[39]！"肥义曰："昔者主父以王属[40]义也，曰：'毋变而度[41]，毋易而虑[42]，坚守一心[43]，以殁而世[44]！'义再拜受命而籍之[45]。今畏不礼之难而忘吾籍[46]，变孰大焉[47]！谚曰：'死者复生，生者不愧[48]。'吾欲全吾言[49]，安得[50]全吾身乎！子则有赐而忠我[51]矣。虽然[52]，吾言已在前[53]矣，终不敢失[54]！"李兑曰："诺，子勉之矣[55]！吾见子已今年耳[56]。"涕泣而出。

李兑数[57]见公子成以备田不礼。肥义谓信期[58]曰："公子章与田不礼声善而实恶[59]，内得主而外为暴[60]，矫令[61]以擅一旦之命[62]，不难为也[63]。今吾忧之，夜而忘寐，饥而忘食，盗出入[64]不可以不备。自今以来[65]，有召王者[66]必见吾面，我将以身先之[67]，无故[68]而后王可入也。"信期曰："善。"

主父使惠文王朝群臣而自从旁窥之，见其长子傫然[69]也，反北面为臣，诎[70]于其弟，心怜[71]之，于是乃欲分赵而王公子章于代。计未决而辍[72]。主父及王游沙丘[73]，异宫[74]，公子章、田不礼以[75]其徒作乱，诈以主父令召王。肥义先入，杀之。高信即与王战[76]。公子成与李兑自国至[77]，乃起[78]四邑之兵入距难[79]，杀公子章及田不礼，灭其党。公子成为相，号安平君[80]；李兑为司寇[81]。是时惠文王少，成、兑专政。

公子章之败也，往走主父[82]；主父开之[83]。成、兑因围主父[84]。公子章死，成、兑谋曰："以章故，围主父；即解兵[85]，吾属夷矣[86]！"乃遂围之，令："宫中人后出者夷！"宫中人悉出。主父欲出不得，又不得食，探雀鷇[87]而食之。三月余，饿死沙丘宫。主父定死[88]，乃发丧赴诸侯[89]。主父初以长子章为太子，后得吴娃[90]，爱之，为不出者数岁。生子何，乃废太子章而立之。吴娃死，爱弛[91]；怜故太子，欲两王之，犹豫未决，故乱起。

秦楼缓免相，魏冉[92]代之。

（以上为第一段，有两大历史事件。一是楚怀王客死于秦，二是赵武灵王因内乱饿死在沙丘。楚怀王曾为六国盟主，因贪地而绝齐亲秦，乃至入秦不返；赵武灵王胡服骑射灭中山，因废长立幼导致赵国内乱，两王均以悲剧终，令人叹惜。）

【注释】

①遮楚道：拦住楚怀王回楚国的路。 ②间道走赵：从小路逃亡到赵国。 ③赵主父：即赵武灵王。 ④代：古国名，为赵所并。在今河北省蔚县一带及山西省东北部。 ⑤受：接纳。 ⑥以归：即"以之归"，把他带回秦国。以，带领。 ⑦缗公：平公之子，名贾，又作"缗"，同"愍"，公元前295年至公元前273年在位。此依梁玉绳《汉书人表考》。 ⑧怜：哀。 ⑨亲戚：此指父母兄弟。 ⑩不直秦：不认为秦国有理。 ⑪盐氏：古地名，即今山西省运城市，一名司盐城。 ⑫"秦与韩"句：周赧王十二年，秦取韩武遂，取魏封陵，今归还韩、魏。和，媾和。 ⑬行新地：巡视新取得的土地中山。行，巡视。 ⑭楼烦：部族名，在今山西省宁武、岢岚等地。 ⑮致其兵：招收楼烦部族的一些士兵。 ⑯昭王：名遬遫，魏襄王之子，公元前295年至公元前277年在位。 ⑰釐王：韩襄王之子，名咎，公元前295年至公元前273年在位。 ⑱尉错：指秦都尉司马错。 ⑲襄城：邑名，在今河南省襄城县西。 ⑳王：中山桓公。 ㉑肤施：旧县名，今陕西省榆林市东南。 ㉒置酒：摆开酒宴。 ㉓酺（pú）五日：聚会饮酒，庆贺五天。在古代是国家发布的一道政令。 ㉔安阳君：据《史记·赵世家》曰"惠文王三年（前296）封长子

章为代安阳君。” ㉕素侈：一向奢侈放纵。 ㉖不服其弟：不服其弟何为赵王。 ㉗田不礼：教唆安阳君发动政变，导致赵主父饿死，为公子成、李兑所杀。 ㉘李兑：赵惠文王四年与赵成平定公子章之乱，因功任为司寇（司法长官），后为赵相，封为奉阳君。 ㉙欲大：野心很大。 ㉚忍杀：残忍好杀。 ㉛相得：彼此投合。 ㉜轻虑：考虑轻率。 浅谋：谋划不周密。 ㉝徒：只，仅。 ㉞任重而势大：责任重大而权势大。 ㉟“乱之所始”句：谓肥义是田不礼打击的目标，既是动乱的起点，也是灾祸指向的终点。 ㊱称疾毋出：声称有病，不出家门。 ㊲传政于公子成：把政务交给公子成。 ㊳祸梯：祸阶，谓祸之所由来。梯，阶梯，比喻凭借，途径。 ㊴不亦可乎：不也可以吗？ ㊵属：托付，委托。 ㊶毋变而度：不要改变你的气度。而，你。 ㊷毋易而虑：不要改变你的思虑。 ㊸坚守一心：坚持到底，永不变心。 ㊹以殁而世：直到你离开人世。以，语助。 ㊺“义再拜”句：肥义拜了两拜，才接受主父委托的使命，还特地做了记录。再拜，表示极尊敬。 ㊻忘吾籍：忘掉我的记录承诺。 ㊼变孰大焉：变节忘恩没有比这更严重的了。 ㊽死者复生，生者不愧：如果死者复活，活着的人面对他不应感到惭愧。 ㊾欲：要。 言：诺言。 ㊿安得：哪能。怎么可以。 51子则有赐而忠我：您已赐教我并且忠心为我。 52虽然：尽管如此。 53言已在前：有言在先。 54失：食言，背弃自己的诺言。 55子勉之矣：您就尽力而为吧。勉，努力，尽力。 56吾见子已今年耳：我恐怕只有今年能见到您了。已，止。 57数（shuò）：屡次，多次。 58信期：《史记 · 赵世家 · 索隐》作“高信”。 59声善而实恶：表面上说得好听，实际十分险恶。 60内得主：在内得到主父的宠信。 外为暴：在外肆意残暴。 61矫令：假传主父的命令。 62擅一旦之命：一旦专有王命。指公子章突然杀害惠文王而登王位。 63不难为：不怕做。意思是什么都干得出来。 64盗出入：指公子章出入于主父左右。 65自今以来：从今以后。 66召王者：请求见王的。 67身先之：自己先去见。 68无故：平安无事。 69儽（lěi）然：垂头丧气的样子。 70诎：通“屈”，屈服。 71怜：怜惜，爱怜。 72辍：中止。 73沙丘：地名，在今河北省平乡县东北20里。 74异宫：分别住在不同的行宫。 75以：带领。 76高信即与王战：高信立即跟惠文王一起与公子章之徒作战。 77国至：从国都赶来，当时赵都为邯郸。 78起：调动。 79入距难：进入沙丘宫平定叛乱。距，通“拒”，抵抗。难，变乱，叛乱。 80号安平君：因公子成能平乱而安国，故号为“安平君”。 81司寇：官名，夏、殷已有，周为六卿之一，掌管刑狱、纠察等事。 82往走主父：逃到主父所住行宫。 83开之：开宫门接纳公子章。 84主父：据章校，他本“父”下有“宫”字。《史记 · 赵世家》“父”下有“宫”字，当补“宫”字读。 85即解兵：如果撤离了包围的军队。 86吾属夷矣：我们这帮人就会灭族。 87探雀鷇（kòu）：在鸟窝里摸取刚孵化出来的幼鸟。雀鷇，刚孵化出尚待哺食的幼鸟。 ⑧⑧定死：确定已死无疑。 ⑧⑨赴诸侯：向各诸侯报丧。赴，通“讣”，讣告，报丧。 ⑨⓪吴娃：赧王五年，“赵武灵王纳吴广之女孟姚，有宠，是为惠后，生子何。”吴娃，即孟姚。 ⑨①爱弛：主父不再偏爱太子何。弛，减退。 ⑨②魏冉：穰侯，秦昭王母宣太后同母弟。《史记》有《穰侯列传》。

【译文】

赧王中

周赧王十八年（甲子，前297）

楚怀王逃回楚国，秦国人发觉后，便在他回归的路上拦截。楚怀王从偏僻的小路逃到赵国。赵主父正在代地，赵国官员不敢接纳楚怀王，楚怀王将要逃往魏国，秦国人追了上来，把楚怀王带回秦国。

鲁平公死了，儿子姬贾继位为鲁缗公。

周赧王十九年（乙丑，前296）

楚怀王发病，死在秦国，秦国人把楚怀王灵柩送回楚国。楚国人都十分悲痛，像哀伤自己的亲人一样。各诸侯国对秦国非常不满。

齐国、韩国、魏国、赵国、宋国一起出兵攻打秦国，到了盐氏邑后便各自撤退班师。秦国把武遂归还韩国，把封陵归还给魏国，以求讲和。

赵主父视察刚刚灭掉的中山国，于是离开代郡，在西行到西河郡途中遇见楼烦王，招收了一批楼烦的士兵。

魏襄王死了，他的儿子继位为魏昭王。

韩襄王死了，他的儿子咎继位为韩釐王。

周赧王二十年（丙寅，前295）

秦国都尉司马错带兵攻打魏国的襄城。

赵主父与齐国、燕国共同灭掉了中山国，把中山王迁徙到肤施县。主父回到赵国后，论功行赏，大赦罪人，允许全国民众大摆酒宴庆祝，欢乐相聚五天。

赵主父将他的大儿子赵章封到代郡，号称安阳君。

安阳君素来奢侈骄横，对他的弟弟继位为王心中不服，主父派田不礼辅佐安阳君。李兑对肥义说：“公子章强悍而意气骄横，党羽多而贪欲大，田不礼为人残忍好杀又骄横，这两个人互相勾结，很投缘，一定会策划阴谋。小人有了贪欲，便会思虑轻浮、谋划浅薄，只看到能获利，不顾及将会发生的危害和后果，灾难一定很快就会到来。先生肩负重任而且权势大，将是动乱的起点也是灾祸指向的终点。先生何不托病让出权力交给公子成，不要成为招祸的阶梯，不也是很好吗？”肥义说：“先前主父把新王托付给我，对我说：‘不要改变你的气度，不要改变你的思虑，坚持到底，永不变心，直到离开人世！’我肥义拜了又拜，才接受了主父委托的使命，还特地做了记录，如今因害怕田不礼发动祸乱而忘掉我自己的誓言，变节忘恩，没有比这更严重的事了。俗话说：‘如果死了的人重新活过来，活着的人面对也无须感到惭愧。’我想保全我的誓言，怎能只考虑保全生命呢！你已经赐教于我且是真心为我好，尽管如此，我已有言在先，绝不背弃自己的诺言。”李兑说：“好，那你自己保重吧，我恐怕只有今年能见到您了。”说完，李兑流着眼泪离开了。

李兑多次与公子成见面，商议防备田不礼。肥义对信期说：“公子章与田不礼话说得好听，实际上十分险恶，由于内有主父做靠山，所以在外十分暴戾，假传主父命令，突然一天发动政变，他们是做得出来的。如今使我十分忧虑，夜晚睡不着觉，饿了吃不下饭，窃国大盗在主父身边，不得不防啊。从今以后，凡有人来请求见大王的一定要先来见我，我要亲自先去看一看，没有什么异常情况，大王才可进去。”信期说：“好。”

主父在惠文王朝见群臣时自己在旁边察看，他看到自己的长子公子章颓丧的样子，反而北面行礼，屈尊于他的弟弟，心里怜爱他，便想把赵国分割给他，让他在代地为王，但这计划没有最终决定就停止了。主父同惠文王在沙丘巡游，不住在一个宫里，公子章、田不礼便发动自己的党徒作乱，假托主父的命令召见惠文王。肥义按照预先的商定，先进去见公子章，结果被他们杀死。高信便与惠文王同公子章的党徒们交战。公子成和李兑从国都邯郸赶到，于是便调动四邑的官兵入宫平定暴乱，杀死了公子章和田不礼，灭了他们的党徒。公子成为国相，号称安平君；李兑为司寇。这时惠文王年轻，公子成、李兑便掌握朝政。

公子章战败时，逃往主父的行宫；主父打开宫门接纳他。公子成、李兑因此包围了主父行宫。公子章被杀后，公子成和李兑商量说：“由于公子章作乱，我们包围了主父行宫；如果现在就撤走官兵，那么我们就要被加罪灭掉了！”于是继续围住主父行宫，并下令：“宫中最后出来的要杀头！”宫中的人全都出来了。主父想出宫却被禁止，在宫中没有食物，只好捕捉待哺的幼鸟充饥，拖了三个多月，主父饿死在沙丘宫。断定主父确实死了，赵国才向各诸侯国发出讣告。主父最初把长子立为太子，后来娶得吴娃，十分宠爱，因此几年都不出宫门。吴娃生了儿子赵何，主父就废了太子章而立赵何为太子。吴娃死了之后，主父对太子何也就不那么偏爱了；心里怜悯原来的太子章，便想把赵何、赵章两人都立为王，但又犹豫不决，因此便发生了暴乱。

秦国楼缓被免去相位，魏冉代替楼缓为国相。

【原文】

二十一年（丁卯，前294）

秦败魏师于解[①]。

二十二年（戊辰，前293）

韩公孙喜[②]、魏人伐秦。穰侯荐左更[③]白起[④]于秦王以代向寿将兵，败魏师、韩师于伊阙，斩首二十四万级[⑤]，虏公孙喜，拔五城。秦王以白起为国尉[⑥]。

秦王遗[⑦]楚王书曰："楚倍[⑧]秦，秦且率诸侯伐楚，愿[⑨]王之饬士卒[⑩]，得一乐战[⑪]！"楚王患之，乃复与秦和亲。

二十三年（己巳，前292）

楚襄王迎妇于秦。

臣光曰：甚哉秦之无道也，杀其父[⑫]而劫其子[⑬]；楚之不竞[⑭]也，忍其父而婚其仇[⑮]！呜呼，楚之君诚得其道[⑯]，臣诚得其人[⑰]，秦虽强，乌得陵之哉[⑱]！善乎荀卿论之[⑲]曰："夫道，善用之则百里之地可以独立[⑳]，不善用之则楚六千里而为仇人役[㉑]。"故人主不务得道而广有其势，是其所以危也。

秦魏冉谢病免，以客卿烛寿为丞相。

二十四年（庚午，前291）

秦伐韩，拔宛[㉒]。

秦烛寿免。魏冉复为丞相，封于穰与陶[㉓]，谓之穰侯。又封公子市[㉔]于宛，公子悝于邓[㉕]。

二十五年（辛未，前290）

魏入河东地四百里[㉖]、韩入武遂[㉗]地二百里于秦。

魏芒卯[㉘]始以诈见重。

二十六年（壬申，前289）

秦大良造白起、客卿错[29]伐魏，至轵[30]，取城大小六十一。

二十七年（癸酉，前288）

冬，十月，秦王称西帝，遣使立齐王为东帝，欲约与共伐赵。苏代自燕来[31]，齐王[32]曰："秦使魏冉致帝[33]，子以为何如？"对曰："愿王受之而勿称[34]也。秦称之，天下安之，王乃称之，无后[35]也。秦称之，天下恶[36]之，王因[37]勿称，以收天下[38]，此大资也[39]。且伐赵孰与伐桀宋利[40]？今王不如释帝以收天下之望[41]，发兵以伐桀宋，宋举[42]则楚、赵、梁、卫皆惧矣。是我以名尊秦[43]而令天下憎之[44]，所谓以卑为尊[45]也。"齐王从之，称帝二日而复归之[46]。十二月，吕礼自齐入秦[47]。秦王亦去帝，复称王。

秦攻赵，拔杜阳[48]。

二十八年（甲戌，前287）

秦攻赵[49]，拔新垣、曲阳[50]。

二十九年（乙亥，前286）

秦司马错击魏河内[51]。魏献安邑以和，秦出其人归之魏[52]。

秦败韩师于夏山[53]。

宋有雀生䳭[54]于城之陬[55]。史占之曰[56]："吉。小而生巨[57]，必霸天下。"宋康王喜，起兵灭滕[58]，伐薛[59]，东败齐，取五城，南败楚，取地三百里，西败魏军，与齐、魏为敌国，乃愈自信其霸。欲霸之亟成[60]，故射天笞地[61]，斩社稷[62]而焚灭之，以示威服鬼神。为长夜之饮[63]于室中，室中人呼万岁，则堂上之人应之，堂下之人又应之，门外之人又应之，以至于国中[64]，无敢不呼万岁者。天下之人谓之"桀宋"。齐湣王起兵伐之，民散，城不守。宋王奔魏，死于温[65]。

三十年（丙子，前285）

秦王会楚王于宛[66]，会赵王于中阳[67]。

秦蒙武[68]击齐，拔九城。

齐湣王既灭宋而骄，乃南侵楚，西侵三晋[69]，欲并二周[70]，为天子。狐咺正议[71]，斮之檀衢[72]。陈举直言，杀之东闾。

燕昭王日夜抚循[73]其人，益以富实[74]，乃与乐毅[75]谋伐齐。乐毅曰："齐，霸国之余业[76]也，地大人众，未易[77]独攻也。王必欲伐之，莫如约赵及楚、魏。”于是使乐毅约赵，别使使者连楚、魏，且令赵啖秦以伐齐之利[78]。诸侯害[79]齐王之骄暴[80]，皆争合谋与燕伐齐。

三十一年（丁丑，前284）

燕王悉起兵，以乐毅为上将军[81]。秦尉斯离[82]帅师与三晋之师会之。赵王以相国印授乐毅，乐毅并将秦、魏、韩、赵之兵以伐齐[83]。齐湣王悉国中之众以拒之，战于济西[84]，齐师大败。乐毅还秦、韩之师，分魏师以略宋地，部[85]赵师以收河间。身率燕师[86]，长驱逐北[87]。剧辛[88]曰：“齐大而燕小，赖诸侯之助以破其军，宜及时攻取其边城以自益，此长久之利也。今过而不攻，以深入为名，无损于齐，无益于燕而结深怨，后必悔之。”乐毅曰：“齐王伐功矜能[89]，谋不逮下[90]，废黜贤良，信任谄谀，政令戾虐[91]，百姓怨怼[92]。今军皆破亡，若因而乘之，其民必叛，祸乱内作，则齐可图也。若不遂乘之，待彼悔前之非，改过恤下而抚其民，则难虑也。”遂进军深入。齐人果大乱失度[93]，湣王出走。乐毅入临淄，取宝物、祭器[94]，输之于燕[95]。燕王亲至济上[96]劳军，行赏飨士[97]；封乐毅为昌国[98]君，遂使留徇[99]齐城之未下者。

齐王出亡之卫，卫君辟宫舍之[100]，称臣而共具[101]。齐王不逊[102]，卫人侵之[103]。齐王去[104]奔邹、鲁，有骄色；邹、鲁弗内[105]，遂走莒。楚使淖齿[106]将兵救齐，因为齐相。淖齿欲与燕分齐地，乃执湣王而数之[107]曰：“千乘、博昌[108]之间，方数百里，雨血沾衣[109]，王知之乎？”曰：“知之。”“嬴、博[110]之间，地坼及泉[111]，王知之乎？”曰：“知之。”“有人当阙[112]而哭者，求[113]之不得，去[114]则闻其声，王知之乎？”曰：“知之。”淖齿曰：“天雨血沾衣者，天以告也[115]；地坼及泉者，地以告也；有人当阙而哭者，人以告也。天、地、人皆告矣，而王不知诫焉，何得无诛！”遂弑王于鼓里[116]。

（以上为第二段，写宋康王、齐湣王穷兵黩武而丧身。）

【注释】

①解（xiè）：县名，故城在今山西省临猗县西南。 ②公孙喜：韩国将领。《史记·六国年表》云：“秦败我伊阙，斩首二十四万，虏将喜。” ③左更：秦爵第十二级，相当于卿。 ④白起：郿（故城在今陕西省眉县东北）人，善用兵，秦昭王时封为武安君，战胜攻取共七十余城。后与秦相范雎不和，称病不起，削职为民，并流放到阴密（今甘肃省灵台县西50里），刚出国都，就被赐死于杜邮（今陕西省咸阳市东20里）。传见《史

记》卷七十三。 ⑤级：《后汉书 · 光武帝纪上》李贤注曰“秦法，斩首一赐爵一级，故因谓斩首为级。” ⑥国尉：即太尉，官名，秦至西汉设置，为全国军政首长，与丞相、御史大夫并称“三公”。 ⑦遗（wèi）：赠与。 ⑧倍：通“背”，背叛。 ⑨愿：希望。 ⑩饬士卒：整顿军队。 ⑪得一乐战：让我们痛痛快快地打一仗。 ⑫杀其父：指楚怀王被囚在秦而困死。 ⑬劫其子：指秦昭王送信给楚襄王以战争威胁。劫，威胁。 ⑭不竞：不能与秦争。 ⑮忍其父而婚其仇：容忍其父被囚杀之耻，还与仇国联姻。 ⑯楚之君诚得其道：楚国国君假如真能治理国家。诚，如果。 ⑰得其人：得到治国贤人。 ⑱乌得陵之哉：怎能随意欺凌楚国呢！乌，何，哪，怎么。得，能。陵，通“凌”，欺凌。 ⑲荀卿论之：见《荀子 · 仲尼》。 ⑳善用之：善于运用治国方略。《荀子》中“地可”作“国足”。 ㉑“不善用之”句：治国方略使用不当，像楚国拥有六千里的土地还被仇国使役。仇人：指秦国。役：役使。 ㉒宛：本楚、韩两属之地，《史记 · 秦本纪》：“昭王十五年，大良造攻楚取宛。”又《韩世家》：“釐王五年，秦拔我宛。”故城在今河南省南阳市。 ㉓陶：定陶，故城在今山东省菏泽市定陶区西北4里。 ㉔公子市：泾阳君，秦昭王同母弟。初封泾阳，号泾阳君。 ㉕公子悝（kuī）：高陵君，秦昭王同母弟。初封高陵，号高陵君。邓：今河南省邓州市。 ㉖河东：黄河以东，今山西省西南部。 ㉗武遂：赧王八年秦取韩武遂，九年秦归韩武遂，十二年秦又取之，十九年又归韩。 ㉘芒卯：魏将，又作“孟卯”。 ㉙错：司马错。 ㉚轵：邑名，在今河南省济源市东南。 ㉛苏代自燕来：《史记 · 田敬仲完世家》同。 ㉜齐王：齐湣王。 ㉝致帝：送帝号给齐。 ㉞受之而勿称：接受帝号，但不立即称帝。 ㉟无后：还不算晚。 ㊱恶（wù）：憎恶。 ㊲因：由于。 ㊳收天下：收揽天下人心。 ㊴此大资也：这是大利啊。资，财货，引申为利。 ㊵伐赵孰与伐桀宋利：进攻赵国与进攻无道的宋国哪一个更有利。桀宋，宋君偃无道，荒淫暴虐，被称为“桀宋”。 ㊶释帝以收天下之望：放弃帝号用来赢得诸侯的信任。望，威望，引申为“信任”。 ㊷宋举：攻取了宋国。 ㊸名尊秦：名义上尊秦。 ㊹令天下憎之：使天下的人憎恨秦王。 ㊺以卑为尊：《老子 · 三十九章》有“贵以贱为本，高以下为基。”《礼记 · 表记》：“君子虽自卑，而民敬尊之。”皆以退为进之意。 ㊻复归之：又送还帝号改称为王。之，帝号。 ㊼吕礼自齐入秦：吕礼，秦国五大夫，使齐赠帝号，由齐返回秦国。五大夫，秦爵第九段。 ㊽杜阳：《史记 · 赵世家》作“梗阳”，《六国年表》作“桂阳”，《集解》：“徐广曰‘一作梗’。”按：“桂阳”非，不是赵地，秦邑，属扶风。梗阳：赵邑名，在今山西省太原市西南清徐县。 ㊾秦攻赵：据章校，他本“赵”作“魏”。《史记 · 六国年表》《魏世家》并作攻“魏”是。 ㊿新垣、曲阳：两魏邑名，新垣故城在今山西省垣曲县东南。曲阳故城在今河南省济源市西。 (51)河内：地区名，指今河南省西北部黄河以北地区。 ㊷秦出其人归之魏：秦国把安邑的魏国人赶出，让他们回到魏国去。 ㊸夏山：未详。 ㊹雀生鹯（zhān）：麻雀孵出了猛禽鹯鸟。 ㊺城之陬：城墙的角落。 ㊻史占之曰：史官占卜后说。史，在王左右的史官，担任祭祀、星历、卜筮、记事等职。占，占卜，古代用龟甲、蓍草占卜推断吉凶祸福。 ㊼小而生巨：小麻雀孵生出了大鸟。巨，大。 ㊽滕：滕国，约在今河南延津一带。 ㊾薛：邑名，今山东省滕州市南40里。 ㊿亟（jí）：快速。 (61)射天笞地：用牛皮袋盛着血，悬挂起来用箭射它，称为“射天”。做地神而鞭打它，叫作“笞地”。 (62)斩社稷：砍断社稷神主。斩，断。社稷，指土神、谷神的牌位。 (63)长夜之饮：通宵饮酒。 (64)国中：全都城。 (65)温：属魏地，今河南省温县西。 (66)宛：楚邑名，今河南省南阳市。 (67)中阳：县名，在今山西省中阳县东。 (68)蒙武：骜之子，骜事昭王。按：此时击齐者，应是蒙骜而不是蒙武。 (69)三晋：赵、魏、韩三国。 (70)二周：周王室洛阳分出去的东周、西周。 (71)狐咺：齐臣。又作狐爰、狐援。正议：直言批评。下文“直言”义同。 (72)斮（zhuó）：斩。檀衢：古时行刑之处。下文“东闾”同。 (73)抚循：慰勉抚恤。“循”犹“抚”，二字义同。 (74)益以富实：更加富裕殷实。 (75)乐毅：魏国名将乐羊之后，为燕昭王的大将，率兵伐齐，破齐七十余城。昭王死，惠王疑乐毅，乐毅乃奔赵。传见《史记》卷八十。 (76)霸国之余业：齐国从春秋时代的桓公到战国时代的田齐威王、宣王都名显天下，所以乐毅称“霸国之余业”。余业，遗留的基业。 (77)未易：不宜随便，不轻举妄动。 (78)令赵啖秦以伐齐之利：让赵国以伐齐之利劝诱秦国。啖（dàn），以利引诱，劝诱。 (79)害：畏惧，怕。 (80)骄暴：骄横暴虐。 (81)上将军：最高军事将领。 (82)尉：武官名。斯离：人名。 (83)伐齐：此役乐毅牵燕师与秦并三晋会合，楚国随后加入，此次伐齐之役实际有秦、楚、燕、赵、韩、魏六国联军参战。 (84)济西：济水以西之地，与赵国黄河以东一带的边境相临。 (85)部：部署，安排。 (86)身率燕师：乐毅亲自统领燕军。 (87)长驱逐北：跃马扬鞭，一直不停追赶败军。 (88)剧辛：赵人，仕燕，后与赵战为赵将庞煖所擒。 (89)伐功矜能：夸耀自己的功劳和才能。 (90)谋不逮下：《盐铁论·刺议》有“谋及下者无失策。”逮，及。 (91)戾虐：暴虐。 (92)怼（duì）：怨恨。 (93)失度：举止失当。 (94)祭器：祭祀时所陈设的各种礼器。 (95)输之于燕：运送到燕国。之，至。 (96)济上：济水之上。 (97)飨士：用酒食招待军士。 (98)昌国：邑名，在今山东省淄博市东北。 (99)徇：巡视，引申为攻取。 (100)辟宫舍之：让出王宫给齐王住宿。辟，通“避”。 (101)共具：摆上酒席。共，通“供”，献。具，包含器具，引申为酒食、筵席。 (102)不逊：傲慢无礼。 (103)侵之：攻击齐湣王。 (104)去：离卫。 (105)内：通“纳”，接待。 (106)淖（zhuō）齿：楚公族。 (107)数（shǔ）之：列举其罪状。 (108)千乘、博昌：齐两邑名。千乘故城在今山东省博兴县西、高青县北。博昌故城在今山东省博兴县西南。 ⑽雨血：下血。雨作动词。 ⑾嬴：故城在今山东省济南市莱芜区西北。 博：故城在今山东省泰安市东南。 ⑾地坼及泉：地裂泉涌。坼（chè），地震造成的裂缝。 ⑿当阙：在宫门前。阙，宫门的代称。 ⒀求：寻找。 ⒁去：离开。 ⒂天以告也：这是天告诫你。 ⒃鼓里：莒地名。

【译文】

周赧王二十一年（丁卯，前294）

秦军在解地打败了魏军。

周赧王二十二年（戊辰，前293）

韩国的公孙喜联合魏国攻打秦国。秦国穰侯向秦昭襄王推荐左更白起取代向寿领兵，在伊阙打败魏、韩联军，斩杀二十四万人，活捉公孙喜，攻占了五座城邑。秦昭襄王晋升白起为国尉。

秦昭襄王送信给楚顷襄王说："楚国背叛了秦国，秦国将要联合诸侯各国攻打楚国，希望整顿好士兵，痛快地打一仗。"楚顷襄王害怕了，重新与秦国修好。

周赧王二十三年（己巳，前292）

楚顷襄王从秦国迎妇成姻。

臣司马光说：秦国的横蛮无道真是太过分了，害死楚怀王又威逼怀王的儿子顷襄王；楚国软弱不争气，忍下杀父之仇，反与有仇的秦国通婚！唉，楚国国君假如真能治理国家，任用的大臣又都是贤能的人，那么秦国虽然强大，又怎能随意欺凌楚国呢！荀卿说得好："治国的方略，用得恰当，即使百里小国也可以独立天下，用得不恰当，像楚国拥有六千里土地的国家也会被敌国奴役。"所以人主若不全心讲求治国的方略，空有极大的权势，这正是走向危亡的原因。

秦国的魏冉称病辞去丞相职务，以客卿烛寿为丞相。

周赧王二十四年（庚午，前291）

秦军攻打韩国，夺取了宛邑。

秦国烛寿被免去丞相职位。魏冉复出任丞相，秦封给他穰和陶两地，称为穰侯。秦昭襄王又把宛封给公子市，把邓封给公子悝。

周赧王二十五年（辛未，前 290）

魏国把河东四百里土地献给秦国，韩国把武遂二百里土地献给秦国。

魏国的芒卯以诈术而被重用。

周赧王二十六年（壬申，前 289）

秦国的大良造白起、客卿司马错攻打魏国，抵达轵地，夺取大小城邑六十一座。

周赧王二十七年（癸酉，前 288）

冬季，十月，秦昭襄王自称西帝，遣使拥立齐湣王为东帝，想与齐国共同攻打赵国。苏代从燕国来到齐国，齐湣王问他："秦王派魏冉来约请我为东帝，你的意见如何？"苏代回答说："希望齐王您接受称帝的名义，但不立即称帝。秦王先称帝，如果天下安然无事，那时齐王您再称帝也不算晚。秦王先称帝，如果天下的人都厌恶他，您由于没有称帝，趁此收揽天下的人心，这才能获得最大的利益啊！况且攻打赵国与攻打和夏桀一样有恶名的宋国相比，哪个更有利可图呢？现今齐王您不如放弃帝号以赢得诸侯的信任，调动军队去攻伐暴桀的宋国，征服宋国后，楚国、赵国、魏国、卫国都会恐惧。这是我齐国以尊秦为名，实际是让天下的人憎恨秦王，正是我们以卑为尊的计策啊！"齐湣王听从苏代的意见，称帝两天后又改称为王。十二月，吕礼从齐国回到秦国，秦昭襄王也去掉帝号，又改称为王。

秦军攻打赵国，攻克杜阳。

周赧王二十八年（甲戌，前 287）

秦军攻打赵国，夺取了新垣和曲阳。

周赧王二十九年（乙亥，前 286）

秦国派司马错进攻魏国的河内。魏国献出安邑求和，秦国将安邑百姓驱赶回魏国。

秦军在夏山打败韩军。

宋国发生麻雀在城墙角落里孵生出鹯鸟的怪事。掌管卜筮的太史对此进行占卜说："这是吉兆。小鸟孵生出了大鸟，宋国一定会称霸天下。"宋康王很高兴，便出兵去攻打滕国，征伐薛邑，向东打败齐国，夺取五座城邑；向南进攻打败楚国，夺取了三百里的地方；又西进魏军，与齐国、魏国相敌对。于是更加自信能成为霸主，一心想要尽快成就霸业，因此箭射苍天，笞击大地；砍杀社稷神主，并把它焚毁，以显示威力能压服鬼神。又在宫中彻夜饮酒作乐，宫中的人高呼万岁，大堂上的人应声高呼，大堂下面的人又应声高呼，在门外的人又应声高呼，以至在整个国都内，没有人敢不高呼万岁的。天下的人称他为昏暴的“桀宋”。齐湣王出兵攻伐宋康王，宋国百姓四处逃散，都城失守，宋康王便逃奔到魏国，死在温邑。

周赧王三十年（丙子，前285）

秦昭襄王在宛县与楚顷襄王会盟，在中阳邑与赵惠文王会盟。

秦将蒙武率军攻打齐国，夺取了九座城邑。

齐湣王灭了宋国之后十分骄横，于是南进侵犯楚国，西进侵犯赵、魏、韩三国，又想并吞东周和西周，最后做天子。狐咺直言批评，被湣王杀死抛尸在檀台的要道上。陈举直言进谏，被杀死在齐都的东门外。

燕昭王日夜安抚百姓，国家因此更加富强殷实，便与乐毅商量攻伐齐国。乐毅说：“齐国保留有春秋称霸以来的雄厚基业，地方大，人口多，我燕国不宜轻易单独去攻打齐国。大王你一定要攻打它，不如联合赵国及楚国、魏国共同讨伐。”于是派乐毅去邀请赵国，另外派使者联络楚国、魏国，又让赵国出面以伐齐有大利来引诱秦国。诸侯各国都害怕齐湣王的骄横强暴，都争着与燕国结盟攻打齐国。

周赧王三十一年（丁丑，前284）

燕昭王大举出兵讨伐齐国，任命乐毅为上将军。秦国派出名叫斯离的国尉统率军队与魏、韩、赵三国的军队会合。赵惠王还把赵国相印交给了乐毅，乐毅统领秦、魏、韩、赵等国的军队去攻打齐国。齐湣王出动全国兵力抵抗诸国联军，双方在济水的西岸大战，齐军大败。乐毅送走秦、韩两国军队，分派魏国军队去进攻原宋国的土地，部署赵国军队收取河间，自己率领燕国军队长驱直入，追击溃乱的齐军。燕军将领剧辛说：“齐国大，燕国小，依靠诸侯各国军队的帮助才打败了齐军，应该及时攻取它的边境城邑来扩大燕国领土，这是长久之利啊。现今只是行军绕过齐国的城邑而不攻占它，名为深入齐国腹地，实际上对齐国没有什么损害，对燕国没有好处却又结下深仇，日后一定会后悔的。”乐毅说：“齐王夸耀个人的功劳和才能，刚愎自用，不与下属沟通，废黜贤良人士不用，信任阿谀奸诈之徒，政令暴虐，百姓怨恨，现今齐军失败溃散，如果乘胜追击，齐国百姓一定会叛乱，祸乱将在齐国内部兴起，那么齐国就可以占领了。如果不在这时乘势前进，等到齐王悔悟过失，改正错误，关心和安抚他的民众，到那时形势的发展就难以预料了。”于是继续进军深入齐国。齐国百姓果然大乱，不遵守法制的约束，齐湣王只得逃走。乐毅进入临淄，掠取齐国的宝物、祭器，运送到燕国。燕昭王亲自到济水上慰劳军队，论功行赏犒劳士卒；封乐毅为昌国君，并让乐毅留在齐国继续攻打那些尚未攻下的城邑。

齐湣王逃往卫国，卫国国君让出宫室给他居住，向他称臣，供奉酒食器具。齐湣王傲慢不逊，卫国人气愤地攻击他。齐湣王离开卫国，投奔邹国、鲁国，态度依旧自高自大，邹国、鲁国不接纳他，齐湣王于是逃到莒邑。楚国派淖齿率领军队援助齐国，被任命为齐国国相。淖齿想与燕国瓜分齐国领土，便囚禁了齐湣王，当面数落他的罪状说："千乘和博昌之间方圆几百里地，天降血雨沾湿了百姓的衣裳，齐王你知道吗？"齐湣王说："知道的。"又问："在嬴和博之间，大地崩塌，泉水上涌，齐王你知道吗？"齐湣王回答说："知道。"又问："有人对着阙门哭泣，当人们到阙门去寻找时见不到人，离开阙门时又能听到哭泣的声音，你知道吗？"齐湣王回答说："知道。"淖齿说："天降血雨，是天给你的警告；地崩泉涌，是大地给你的警告；有人对着阙门哭泣，是人给你的警告。天、地、人都警告了，而齐王你却不知道自我约束、警戒，怎么能说你不该死呢！"于是在鼓里杀害了齐湣王。

【原文】

荀子论之[①]曰：国者，天下之利势也[②]。得道以持之[③]，则大安也，大荣[④]也，积美之源[⑤]也。不得道以持之，则大危也，大累[⑥]也，有之不如无之；及其綦也，索为匹夫，不可得也[⑦]。齐湣、宋献是也[⑧]。

故用国者义立而王[⑨]，信立而霸，权谋立而亡[⑩]。

挈国以呼礼义[⑪]，而无以害之[⑫]。行一不义，杀一无罪，而得天下，仁者不为也。拣然扶持心国，且若是其固也[⑬]。之所与为之者[⑭]，之人则举义士也[⑮]。之所以为布陈于国家刑法者，则举义法也[⑯]。主之所极然，帅群臣而首向之者，则举义志也[⑰]。如是，则下仰上以义矣，是基定也[⑱]。基定而国定，国定而天下定。故曰：以国济义[⑲]，一日而白[⑳]，汤、武是也[㉑]，是所谓义立而王也。

德虽未至[㉒]也，义虽未济[㉓]也，然而天下之理略奏[㉔]矣，刑赏已诺信于天下矣[㉕]，臣下晓然皆知其可要也[㉖]。政令已陈，虽睹利败，不欺其民[㉗]；约结已定[㉘]，虽睹利败，不欺其与[㉙]；如是，则兵劲城固[30]，敌国畏之；国一綦明[31]，与国信之[32]；虽在僻陋之国[33]，威动天下[34]，五伯是也[35]。是所谓信立而霸也。

挈国以呼功利[36]，不务张其义、齐其信[37]，唯利之求[38]；内则不惮诈其民而求小利焉[39]，外则不惮诈其与[40]而求大利焉；内不修正其所以有[41]，然常欲人之有[42]。如是，则臣下百姓莫不以诈心待其上矣。上诈其下，下诈其上，则是上下析[43]也。如是，则敌国轻[44]之，与国疑之[45]，权谋日行[46]而国不免危削[47]，綦之而亡[48]，齐湣、薛公[49]是也。故用强齐[50]，非以修礼义也[51]，非以本政教[52]也，非以一天下[53]也，绵绵常以结引驰外为务[54]。故强，南足以[55]破楚，西足以诎秦[56]，北足以败燕，中足以举宋[57]，及以[58]燕、赵起而攻之，若振槁然[59]，而身死国亡，为天下大戮[60]，后世言恶则必稽焉[61]。是无他故焉，唯其不由礼义而由权谋也[62]。

三者[63]，明主之所谨择[64]也，仁人之所务白[65]也。善择者制人[66]，不善择者人制之[67]。

乐毅闻昼邑[68]人王蠋[69]贤，令军中环昼邑三十里无入[70]。使人请蠋，蠋谢[71]不往。燕人曰："不来，吾且屠[72]昼邑！"蠋曰："忠臣不事二君，烈女不更二夫[73]。国破君王，吾不能存，而又欲劫之以兵[74]；吾与其不义而生，不若死！"遂经[75]其颈于树枝，自奋绝脰而死[76]。燕师乘胜长驱，齐城皆望风奔溃[77]。乐毅修整[78]燕军，禁止侵掠，求齐之逸民[79]，显而礼之[80]。宽[81]其赋敛，除[82]其暴令，修[83]其旧政，齐民喜悦。乃遣左军渡胶东、东莱[84]；前军循泰山以东至海[85]，略琅邪[86]；右军循河、济[87]，屯阿、鄄以连魏师[88]；后军旁[89]北海以抚[90]千乘；中军据临淄而镇[91]齐都。祀桓公、管仲[92]于郊，表贤者之闾，封王蠋之墓。齐人食邑于燕者二十余君，有爵位于蓟者百有余人[93]。六月之间，下齐七十余城，皆为郡县。

秦王、魏王、韩王会于京师[94]。

（以上为第三段，写宋康王、齐湣王穷兵黩武而丧身。写荀子评论礼义、诚信乃立国之本，指出用权谋诈术治国是亡乱之源。）

【注释】

①荀子论之：见《荀子·王霸》。 ②国者，天下之利势也：国家就是集中了天下最

高的利益和权势。《荀子》原文是两句话："国者，天下之利用也；人主者，天下之利势也。""天下之利用"，指国家机器是最有力的工具，人君掌握了这一工具就获得了"天下之利势"。 ③得道以持之：要运用正确的规则来掌握它。道，指正确的治国方略。之，指国家政权和人主的权势。 ④大荣：大繁荣，最强盛。 ⑤积美之源：聚集一切美好业绩和声誉的源泉。 ⑥大累：大负担，大灾难。 ⑦"及其綦也"三句：君主不能用正确的规则治理国家，形势恶化到了极点，想要当个平头百姓，都不可能啊。綦（qí），极。索，求，想要。匹夫，普通老百姓。 ⑧齐湣、宋献是也：齐湣王、宋康王就是这样。宋献，指宋康王。 ⑨故用国者义立而王：所以治理国家的人，遵循道义就可称王天下。 用国者：治理国家的人。 义：符合当政时代的政治要求与道德标准的言行。⑩"信立"二句：恪守信用可以称霸天下，使用权术诈谋就要亡国。 ⑪挈国以呼礼义：治理国家要提倡礼义。挈，执掌，治理。 呼：提倡。 ⑫无以害之：没有谁能加害他。⑬拆然扶持心国，且若是其固也：像磐石那样坚定地用礼义来约束心志和管理国家，那么国家的稳定也如磐石一样。拆（luò）然，石头坚固的样子。固，如磐石一样坚固。⑭之所与为之者：凡是和他一道这样治理国家的人。 ⑮之人则举义士也：那些人都是仁义之士。举义，即遵守当时国家政治要求与道德标准，举义士，这样的人士，也就是仁义之士。 ⑯"之所以"二句：能把国家刑法内容公布于众，那么刑法的全部内容都是合于仁义的。即合于仁义的刑法是敢于公布于众的。布陈，公布，公开。 举义法：全部合于"义"的法。 ⑰"主之所极然"三句：君主极力如此主张，就是率领臣子们向往礼义之事，为其终极目标。 极然：全力这样做。 举义志：以追求礼义为终极目标。 ⑱"如是"三句：真是这样，那么在下位的臣属和百姓都会用礼义来敬仰国君，这样国家的根基就稳固了。 基定：根基稳固。 ⑲以国济义：举国上下都实行"义"。 ⑳一日而白：一天就能推行全国。一日，形容很快。白，成就显赫，昭著，即推向全国。 ㉑汤、武是也：商汤王、周武王就是榜样。 ㉒德虽未至：仁德即使未能达到最高顶点。未至，未达到完美程度。 ㉓义虽未济：礼义即使还没有全部实现。 ㉔天下之理略奏：治理天下政理大体齐备。略，基本，大体。奏，通"凑"，齐备。 ㉕刑赏已诺信于天下矣：刑罚、赏赐已成体系，得到全天下人的认可和信服。 ㉖臣下晓然皆知其可要也：臣下清楚地知道诚信是一切的核心。要，要害，核心。 ㉗"政令已陈"三句：政令已明确颁布，得失利弊也看得分明，绝不可以欺骗民众。 欺其民：不欺骗，不失信于民，政令必须贯彻。㉘约结已定：指国家之间缔结的盟约。 ㉙虽睹利败，不欺其与：得失利弊已十分鲜明，绝不可以欺诈盟国。与，相与，指盟国。 ㉚兵劲城固：兵强城坚。 ㉛国一綦明：举国上下一致，制度彰显。綦，通"期"，约定，指国家制度法令。 ㉜与国信之：盟国信赖。

㉝僻陋之国：偏远的国家。 僻陋：偏僻。 ㉞威动天下：声威震动天下。 ㉟五伯是也：五霸就是这样的国家。伯，通“霸”。荀子所说的五霸指春秋时的齐桓公、晋文公、楚庄王、吴王阖闾、越王勾践。 ㊱挈国以呼功利：治理国家只提倡功利。功利，指眼前的功效和利益。 ㊲不务张其义、齐其信：不致力于发扬礼义、坚守信用。张，发扬。齐，一致，统一。这里指一贯到底的坚持。 ㊳唯利之求：唯利是图。 ㊴不惮诈其民而求小利：不顾一切地欺诈老百姓来追求小利。 不惮：不怕。 ㊵诈其与：欺诈相交的国家。㊶内不修正其所以有：不好好开发国内已有的土地、百姓。修正，治理，开发。以，通“已”。 ㊷然常欲人之有：却总想占有别国的土地、百姓。 ㊸析：分离，离心离德。㊹轻：轻视，看不起。 ㊺与国疑之：受到国家怀疑。 ㊻权谋日行：权谋诡计一天比一天盛行。 ㊼危削：危险削弱。 ㊽綦之而亡：达到极点就要灭亡。 ㊾齐湣、薛公：齐湣王、孟尝君。 ㊿用强齐：指齐湣王掌握了强大的齐国。 51非以修礼义也：不在齐国修仁行义。非以，不用。指不依靠、不凭借强齐之势。 52非以本政教：不凭借强齐来整治礼义教化。 本：根本，引申为整治。 53一天下：用诚信规范天下。一，统一，规范。54“绵绵”句：只是不停地驾驭战车奔驰在外为要务。 绵绵：经常不断地。 结引驰外：驾驭战车奔驰在外，即马不停蹄地争战，亦可解为交结与国向外扩张，但是此解不符合史实，齐湣王是单打独斗，东奔西突。 55足以：完全可以。 56诎秦：使秦屈服。诎，通“屈”。 57举：占有。 58及以：到了。 59若振槁然：像摧枯拉朽一样。 60为天下大戮：成为天下的奇耻大辱。戮，耻辱。 61后世言恶则必稽焉：后世的人谈起坏人坏事都引齐湣王为借鉴。稽，考察，借鉴。 62唯其：只是因为。 63三者：指前文所说用国的三种样式，义立而王、信立而霸、权谋立而亡，即义、信、权谋三者。 64谨择：慎重选择。 65务白：必须明白。 66制人：控制、统治别人。 67人制之：被别人控制。 68昼邑：据章校，他本“昼”作“画”。下均同。 画邑：在今山东省淄博市临淄区西北30里。69王蠋：齐国的爱国贤士。 70无入：不准人进入。 71谢：拒绝。 72屠：《荀子·议兵》杨倞注：“谓毁其城，杀其民，若屠者然也。” 73不更二夫：不再嫁。夫，据章校，他本“夫”下有“齐王不用吾谏，故退而耕于野”十二字。《史记·田单列传》有此十二字，当补。 74劫之以兵：用武力胁迫。 75经：用绳系脖子上吊。 76自奋绝脰而死：用力摆动扭断脖子而死。奋，用力摆动。脰（dòu），脖子。 77望风奔溃：齐人远远望见燕师，甚至听到风声就溃散逃跑。 78修整：约束。 79逸民：隐逸贤士。 80显而礼之：使齐之逸民显贵，待以厚礼。 81宽：减轻。 82除：取消。 83修：重新实行。 84胶东：今山东省胶河以东。 东莱：郡名，在今山东省莱州市。 85前军循泰山以东至海：前锋沿着泰山东行推进到海滨。循，顺。 86略琅邪：夺取了琅邪。琅邪，郡名，在今

山东省青岛市境内。 ⑧⑦河、济：黄河、济水。 ⑧⑧阿、鄄以连魏师：驻扎在阿、鄄两地联络魏国军队。阿，齐之东阿，在今山东省阳谷县东北阿城镇。鄄（juàn），故城在今山东省鄄城北。 ⑧⑨旁（bàng）：靠近。 ⑨⑩抚：控制。 ⑨①镇：镇守。 ⑨②桓公：齐桓公，春秋五霸之一。管仲（？—前645）：名夷吾，又名敬仲，齐国人，佐齐桓公成就霸业。传见《史记》卷六十二。 ⑨③蓟：蓟丘，燕都，在今北京市西。 ⑨④秦王：昭襄王。 魏王：昭王。 韩王：釐王。 京师：《史记·六国年表》《魏世家》《韩世家》均记"会西周"。据此，则京师当指西周之王城，在今河南省洛阳市西。

【译文】

荀子评论说：国家，就是集中了天下最高的利益和权势。运用正确的规则来管理它，那么就会出现大安定、大繁荣，是积聚美好事物的源泉。不运用正确的规则管理它，那就会有大灾难、大负担，掌握有国家的大权还不如没有。等到形势极度恶化，想要做个平民百姓，都不可能。齐湣王、宋康王就是这样。

所以治理国家的人，遵循道义的就可称王，实践诚信的就可称霸，用权术诈谋治理国家就会灭亡。

治理国家倡导礼义，没有谁能加害他、动摇他。做一件不义的事、杀一个无罪的人就能换取天下，仁德的人不会这样做。像磐石一样坚定地用礼义约束心志和管理国家，那么国家的稳定也坚如磐石。凡是和他一道这样做的人，都是仁义之士。能把国家刑法的内容公布于众，那刑法的全部内容都是合于仁义的。君主极力如此主张，就是率领臣子们向往礼义为终极目标。真是这样，那么在下位的臣属和百姓都用礼义来敬仰国君，这样国家的根基就稳固了。根基稳固国家就稳定，国家稳定天下就安定。所以说举国上下都推行礼义，一天就能推向全国，商汤、周武王就是这样的人，这就是遵循道义而称王。

即使仁德还没达到最高境界，礼义虽然还没全部实现，但是治理天下的政理大体齐备，刑罚赏赐已成体系，得到天下人的认可和信服，臣下清楚地知道诚信是一切的核心。政令已经颁布，得失利弊也看得明白，绝不可以欺骗民众；诸侯国之间的盟约已经缔结，得失利弊已十分鲜明，绝不可以欺骗盟国；如果真是这样，那么国家就兵力强盛，城池坚固，敌国很害怕；举国上下一致，彰显信用，盟国信赖；即使是偏远的国家，它的声威也能震动天下，春秋五霸就是这样啊。这就是践行诚信而称霸天下。

治理国家只提倡功利，不致力于发扬礼义，坚守信用，唯利是图；对内不顾一切地欺诈老百姓以达到获利的目的，对外不顾一切地欺诈相交的国家以求利益最大化；不好好开发国内的土地、百姓，却时常想去占有别国的土地、百姓，正由于此，臣下和百姓没有不用欺诈的心态对待君王的。君王欺诈臣下和百姓，臣下和百姓欺诈君王，这样上下就分崩离析了。也正由于此，国家将受到敌国的轻视，盟国的怀疑，权谋诡计一天比一天盛行，国家不能避免危险削弱，达到极点就要灭亡，齐湣王和薛公孟尝君就是这样。所以齐湣王尽管掌控了强大的齐国，却不以此修行仁义，整治礼义政教，用诚信规范天下，只是以不停地驾驭战车奔驰在外为要务。因此，当它强大时，兵锋南指打败了楚国，兵锋西向使秦国屈服，兵锋北向足以打破燕国，兵锋指向中土灭了宋国。等到燕国、赵国联兵进攻齐国，如同摧枯拉朽一样，齐湣王自己惨死，齐国破亡，成为全天下的奇耻大辱，后世说到暴君时都以齐湣王为借鉴。这没有别的原因，就是因为他不崇尚礼义而沉溺权术。

以上所说礼义、诚信、权谋三种立国情况，是贤明国君应该谨慎选择的，仁德国君必须明白的。善于选择的人可以控制别人，不善于选择的人被别人所控制。

乐毅听说昼邑人王蠋很贤明，下令军中不得进入昼邑周围三十里以内。派人去请王蠋，王蠋辞谢不来。燕国人便威胁说："你不来，我们就要屠灭昼邑的全城百姓！"王蠋说："忠臣不事二主，烈女不嫁二夫。现在国家破灭，君主死亡，我不能保全，而你们又想用武力来威逼我；我与其不仁不义而偷生，还不如死！"便把脖子吊在树枝上，自己用力摆动，扭断脖子而死。燕国军队乘胜长驱直入，齐国各个城邑的民众都闻风逃跑。乐毅约束燕军，禁止侵害掠夺百姓，又寻访齐国的隐逸贤士，使他们显贵，待以厚礼。减轻赋税，取消齐国原有的暴政，实行齐国从前宽松的政策，齐国的民众都很高兴。乐毅于是调遣左路军渡过胶莱河到达胶东、东莱；前锋循着泰山东行到海滨，取得琅邪；右路军沿着黄河、济水方向前进，驻扎在阿、鄄两地以联络魏国军队；后路军沿着北海以安抚千乘地方；中路军占据临淄而镇守齐国的都城。又在郊外祭祀齐桓公、管仲，表彰贤者居住的村落，在王蠋的坟墓上增厚封土。齐国有二十多人得到燕国封赐的采邑，有一百多人在蓟都享有爵位。在六个月内，乐毅攻下齐国七十多座城邑，都设置为郡县。

秦昭襄王、魏昭王、韩釐王在原周朝的京师会盟。

【原文】

三十二年（戊寅，前283）

秦、赵会于穰[①]。秦拔魏安城[②]，兵至大梁而还。

齐淖齿之乱，湣王子法章变姓名为莒太史敫家佣[③]。太史敫女奇[④]法章状貌，以为非常人，怜[⑤]而常窃[⑥]衣食之，因与私通。王孙贾[⑦]从湣王，失王之处[⑧]，其母曰[⑨]："汝朝出而晚来，则吾倚门而望；汝暮出而不还，则吾倚闾[⑩]而望。汝今事王，王走，汝不知其处，汝尚何归焉！"王孙贾乃入市中呼曰："淖齿乱齐国，杀湣王。欲与我诛之者袒右[⑪]！"市人从者四百人，与攻淖齿，杀之。于是齐亡臣[⑫]相与[⑬]求湣王子，欲立之。法章惧其诛己，久之乃敢自言，遂立以为齐王[⑭]，保莒城以拒燕，布告国中曰："王已立在莒矣！"

赵王得楚和氏璧[⑮]，秦昭王欲之，请易以十五城[⑯]。赵王欲勿与，畏秦强；欲与之，恐见欺。以问蔺相如[⑰]，对曰："秦以城求璧而王不许，曲[⑱]在我矣。我与之璧而秦不与我城，则曲在秦。均[⑲]之二策，宁许以负秦[⑳]。臣愿奉璧而往；使秦城不入，臣请完璧而归之！"赵王遣之。相如至秦，秦王无意偿赵城。相如乃以诈绐[㉑]秦王，复取璧，遣从者怀之[㉒]，间行[㉓]归赵，而以身待命于秦[㉔]。秦王以为贤而弗诛，礼而归之。赵王以相如为上大夫[㉕]。

卫嗣君薨，子怀君[㉖]立。嗣君好察微隐[㉗]，县令有[㉘]发褥而席弊[㉙]者，嗣君闻之，乃赐之席。令大惊，以君为神。又使人过关市[㉚]，赂之以金[㉛]，既而召关市[㉜]，问有客过与汝金，汝回遣之[㉝]；关市大恐。又爱泄姬，重如耳[㉞]，而恐其因爱重以壅己[㉟]也，乃贵薄疑[㊱]以敌如耳[㊲]，尊魏妃以偶[㊳]泄姬，曰："以是相参[㊴]也。"

荀子论之曰[㊵]：成侯、嗣君，聚敛计数[㊶]之君也，未及取民也[㊷]。子产[㊸]，取民者也，未及为政也[㊹]。管仲，为政者也，未及修礼也[㊺]。故修礼者王，为政者强，取民者安，聚敛者亡。

三十三年（己卯，前282）

秦伐赵，拔两城[46]。

三十四年（庚辰，前281）

秦伐赵，拔石城[47]。

秦穰侯复为丞相。

楚欲与齐、韩共伐秦。因欲图周。王使东周武公谓楚令尹[48]昭子[49]曰："周不可图也。"昭子曰："乃图周，则无之；虽然，何不可图？"武公曰："西周之地，绝长补短，不过百里。名为天下共主[50]，裂其地不足以肥国[51]，得其众不足以劲兵[52]。虽然，攻之者名为弑君。然而犹有欲攻之者，见祭器[53]在焉故也。夫虎肉臊[54]而兵利身[55]，人犹攻之；若使泽中之麋蒙虎之皮[56]，人之攻之也必万倍矣。裂楚之地，足以肥国[57]，诎楚之名，足以尊王[58]。今子欲诛残[59]天下之共主，居[60]三代之传器[61]，器南，则兵至矣[62]！于是楚计辍不行[63]。

三十五年（辛巳，前280）

秦白起败赵军，斩首二万，取代光狼城[64]。又使司马错发陇西[65]兵，因蜀攻楚黔中[66]，拔之。楚献汉北[67]及上庸地[68]。

三十六年（壬午，前279）

秦白起伐楚，取鄢[69]、邓、西陵[70]。

秦王使使者告赵王，愿为好会[71]于河外渑池[72]。赵王欲毋行[73]，廉颇[74]、蔺相如计曰："王不行，示赵弱且怯也。"赵王遂行，相如从。廉颇送至境，与王诀[75]曰："王行，度道里会遇之礼毕[76]，还不过三十日[77]；三十日不还，则请立太子以绝秦望[78]。"王许之。

会于渑池。王与赵王饮，酒酣，秦王请赵王鼓瑟[79]，赵王鼓之。蔺相如复请秦王击缶[80]，秦王不肯。相如曰："五步之内，臣请得以颈血溅大王[81]矣！"左右欲刃[82]相如，相如张目叱之[83]，左右皆靡[84]。王不怿[85]，为一击缶[86]。罢酒，秦终不能有加于赵[87]。赵人亦盛为之备[88]，秦不敢动。赵王归国，以蔺相如为上卿，位在廉颇之右[89]。

廉颇曰："我为赵将，有攻城野战之功。蔺相如素贱人[90]，徒[91]以口舌而位居我上。吾羞，不忍[92]为之下！"宣言曰："我见相如，必辱之！"相如闻之，不肯与会；每朝，常称病，不欲争列[93]。出而望见[94]，辄引车[95]避匿。其舍人皆以为耻。相如曰："子视廉将军孰与秦王[96]？"曰："不若[97]。"相如曰："夫以秦王之威而相如廷叱之[98]，辱其群臣[99]。相如虽驽[100]，独[101]畏廉将军哉！顾[102]吾念之，强秦所以不敢加兵[103]于赵者，徒以吾两人在也。今两虎共斗，其势不俱生。吾所以为此者，先国家之急而后私仇也。"廉颇闻之，肉袒负荆至门谢罪[104]，遂为刎颈之交[105]。

（以上为第四段，写齐田单和民众拥立齐湣王之子法章为齐王，杀淖齿，为齐湣王报仇雪恨；又写赵国蔺相如使秦不辱君命，完璧归赵，渑池之会勇折秦昭襄王，退让廉颇将相和而赵强。）

【注释】

①会于穰：《史记·赵世家》赵惠文王十六年（前283）无会穰事。《六国年表》《秦本纪》《楚世家》并记秦、楚会于穰。穰，在今河南省邓州市东南。 ②安城：邑名，在今河南省原阳县西南。 ③太史敫（jiǎo）家佣：太史敫，人名。太史，复姓。 家佣：仆人。 ④奇：认为……特异。 ⑤怜：爱。 ⑥窃：暗中；偷偷地。 ⑦王孙贾：人名。王孙，复姓。 ⑧失王之处：不知湣王逃到何处。 ⑨其母曰：王母所说的意思是，母爱子超过子爱王，其母要求王孙贾像母爱子一样地爱齐湣王。 ⑩闾：里巷。 ⑪袒右：脱衣之右袖，露出右臂及肩。 ⑫亡臣：逃亡在外的大臣。 ⑬相与：相互聚在一起。 ⑭齐王：齐襄王，名法章，湣王之子，公元前283年至公元前265年在位。 ⑮和氏璧：春秋时楚人和氏（卞和）所得的宝玉，称和氏璧。 ⑯请易以十五城：要求用十五城交换。 ⑰蔺相如：战国赵人，初为宦者令舍人，赵惠文王时，因完璧归赵、渑池会有功，任为上卿（宰相）。传见《史记》卷八十一。 ⑱曲：理亏。 ⑲均：衡量，比较。 ⑳负秦：让秦理亏。 ㉑诈：假，伪。绐（dài）：诳骗。 ㉒怀之：怀里揣着和氏璧。 ㉓间行：秘密地从小路走。 ㉔待命于秦：等候秦王的处置。 ㉕上大夫：大夫最高级，仅次于卿。 ㉖怀君：卫怀君，公元前283年至公元前253年在位。 ㉗微隐：埋藏很深非常隐秘的事。见《韩非子·内储说下》。 ㉘有：或，有时。 ㉙发褥而席弊：揭开褥子露出了破席子。 发褥：揭开褥子。 弊：破。 ㉚关市：关，道路上的关卡。市，都邑里的市场。 ㉛赂之以金：给管理关市之吏贿赂。 ㉜召关市：召来管理关市之吏。 ㉝回遣之：退还贿赂之金。 ㉞如耳：人名。曾做魏大夫，后仕卫，又为韩臣。 ㉟壅己：使自己受蒙蔽。 ㊱薄疑：卫嗣君宠臣。 ㊲敌如耳：与如耳抗衡。 ㊳偶：对立，抵制。 ㊴相参：互相牵制。 ㊵荀子论之曰：见《荀子·王制》。 ㊶聚敛计数：搜刮民财，锱铢必较。 ㊷未及取民也：没有能够争取民心。 ㊸子产（？—前522）：姓公

孙名侨，字产，春秋时郑国大夫，曾为相国。㊹为政：设施政教。㊺修礼：修治礼义。㊻两城：《六国年表》赵惠文王十七年（前282），“秦拔我两城”。据杨宽《战国史·战国大事年表》，秦所拔两城为蔺、祁二城。蔺邑在今山西吕梁市离石区西，祁邑在今山西祁县东南。㊼石城：即石邑，在今山西吕梁市离石区。㊽令尹：楚令尹，王之下的最高行政长官，即齐、秦等国的丞相。㊾昭子：昭鱼，即昭奚恤。㊿共主：共同尊奉的宗主，即周天子。51肥国：使国富裕。52劲兵：增强兵力。53祭器：祭祀时所用的礼器，特别指九鼎之类三代传国之祭器。54臊：腥臊。55兵利身：喻虎有爪牙，如同士兵有利刃在身。56麋蒙虎之皮：假如野泽中的麋鹿披上贵重的虎皮。意谓麋肉好吃，加上如虎之皮，又无利兵在身，那么攻击它的人比捕虎的多一万倍。此虎皮比喻祭器，若楚在周取祭器，如同麋鹿披上虎皮，定会招来诸侯国的攻打与争夺，楚则危也。57裂楚之地，足以肥国：瓜分楚国的土地，可以使国家富庶。58诎楚之名，足以尊王：屈服楚国的美名，可以使国君尊荣。诎，通“屈”。王，据章校，他本“王”作“主”。《史记·楚世家》作“尊主”，当改“王”字为“主”。59诛残：诛杀，残杀。60居：占有。61传器：指象征王朝政权的传国宝器，即九鼎。62器南，则兵至矣：九鼎南迁，讨伐楚国的大军就紧跟着来了。63计辍不行：图周的计划就中止不实行。辍，止。64光狼城：在今山西省高平市西。65陇西：地区名。因陇山而得名，当今甘肃临夏、临潭以西。66黔中：指楚国巫郡以及江南地，秦夺取以后改置为黔中郡。67汉北：汉水北岸之地。包括宛（今河南省南阳市）、叶（今河南省叶县）、邓（今河南省邓州市）、随（今湖北省随县）等地。68上庸：在今湖北省竹山县西南。69鄢：即鄢郢，今湖北省宜城市西。70西陵：邑名，故城在今湖北省宜昌市西北。71好会：友好之会，盟会。72渑池：邑名，在今河南省渑池县西。73毋行：不去。74廉颇：赵良将，曾为上卿，封平信君。传见《史记》卷八十二。75诀：别。76“度道里”句：计算路程以及与秦王相会礼仪完成。度：估计，计算。道里：代指行程。会遇之礼毕：两国国君见面和会谈的礼仪完成。77还不过三十日：来回路不超过三十天。78绝秦望：断绝秦国要挟的念头。79鼓瑟：奏瑟。瑟，二十五弦琴。80击缶：敲瓦盆。缶（fǒu），一种盛酒的瓦器，敲击以表节拍。81以颈血溅大王：用颈血溅洒大王，意谓要与秦王同归于尽。82刃：杀。83张目叱之：瞪大眼睛，大声呵斥秦王左右的人。84靡：散乱倒退。85怿：喜悦，高兴。86为一击缶：为大家敲了一下瓦盆。87加于赵：占到赵国的上风。88盛为之备：作了充分准备。89右：尊，上。90素贱人：本来是一个卑贱的人。素，一向，原来。91徒：只不过。92不忍：不耐，不愿意。93争列：争位次的先后。94望见：远远看见廉颇。95辄引车：就调转车子。辄，就，马上。引，退，此指调头。 ⑯廉将军孰与秦王：廉将军与秦王比谁厉害。 ⑰不若：廉将军不如秦王厉害。 ⑱廷叱之：在秦朝廷当众呵斥他。 ⑲辱其群臣：此指请秦王击缶。 ⑳驽：劣马，喻愚笨，拙劣。 (101)独：岂，难道。 (102)顾：但。 (103)加兵：进兵侵犯。 (104)"肉袒负荆"句：裸露身体，背上荆条，到蔺相如府上道歉。"负荆请罪"成语出此。 肉袒：解衣袒露出身体。 负荆：背着荆杖，表示愿受责罚。荆，荆棘的枝条，古代常用来做刑杖。 (105)刎颈之交：友谊深挚，可以同生死共患难的朋友。

【译文】

周赧王三十二年（戊寅，前 283）

秦昭襄王与赵惠文王在穰地会盟。秦军攻下了魏国的安城，进兵到大梁城才班师回国。

当齐国发生淖齿之乱时，湣王的儿子法章改名换姓，在莒邑太史敫家当佣人。太史敫的女儿惊异于法章的相貌，觉得不像是普通人的气质，就怜爱他，暗地里给法章衣服和食物，还和法章私通。王孙贾是齐湣王的随从，他不知道齐湣王的下落。王孙贾的母亲说："你早上出门傍晚归来，我就靠在门口盼你回来，你黄昏时出门，我就站立在里巷的路口等待。现今你事奉齐王，齐王跑了，你却不知道在哪里，你还有脸回来？"王孙贾于是来到街市中大喊说："淖齿祸乱齐国，杀了齐王，凡是想和我一起去替齐王报仇杀淖齿的人请露出右膀！"街市上跟随王孙贾的有四百人，一起去攻击淖齿，杀了他。于是逃亡的齐臣相互聚在一起寻找齐湣王的儿子，要拥立他为齐王。法章害怕这些人杀害自己，过了很久才敢说出自己的身份，于是被立为齐王，保卫莒城，抗击燕军。齐王向全国发出布告，说："齐王已在莒城即位了！"

赵惠文王得到了楚国的和氏璧，秦昭襄王想要占有，就提出用十五座城邑与赵国交换。赵惠文王不想给，又害怕秦国的强大；想把和氏璧给秦昭襄王交换土地，又担心被秦昭襄王欺骗。赵惠文王询问蔺相如，蔺相如回答说："秦国用城邑来交换和氏璧，而大王您不答应，赵国理屈。若把和氏璧给了秦国，秦国却不给赵国城邑，那么理屈就在秦国一方。权衡这两个对策，我们宁可答应以璧换城，使秦国理屈。臣愿意带和氏璧前往秦国；假如秦国的城池不给我赵国，我保证使和氏璧完好无损地归还赵国！"赵惠文王便派蔺相如持璧前往秦国。蔺相如到了秦国，秦昭襄王没有把城邑交换给赵国的意思，蔺相如于是用巧言骗了秦昭襄王，取回和氏璧，派遣随从怀揣和氏璧，从小路返回赵国，蔺相如自己留在秦国听任处置。秦昭襄王赞赏蔺相如的贤能，没有杀他，礼送蔺相如回到赵国，蔺相如回到赵国后，赵惠文王任用蔺相如为上大夫。

卫国卫嗣君去世，他的儿子继位，即卫怀君。卫嗣君在位喜欢窥伺观察别人的隐私。有个县令在家有时掀开褥子露出了破席子，被嗣君打听到了，便赐给县令一条好席子。县令十分惊恐，把嗣君当作神。嗣君又派人暗访关市，用金钱贿赂关市主管。过了一阵便召来关市主管，责问他私收了过客的金钱，责令退还，关市主管也十分恐慌。卫嗣君很宠爱泄姬，重视大臣如耳，但又担心泄姬、如耳倚仗宠爱和重视反过来蒙蔽自己，于是提拔大臣薄疑，使他和如耳匹敌，尊崇魏妃，使她和泄姬相当，卫嗣君说："用这些办法使他们相互牵制。"

荀子评论说：卫成侯、卫嗣君是搜括民众财物斤斤计较的国君，没有赢得民心拥护。郑国子产是能够招揽民心的人，但还没有管理好国家政务。管仲是管好了国家政务的人，但没有做到倡导礼义。所以遵循礼法的人称王，管理好政务的人能使国家富强，赢得民心的人能使国家安定，而搜括财物的人只能灭亡。

周赧王三十三年（己卯，前 282）

秦军攻打赵国，夺取了两座城邑。

周赧王三十四年（庚辰，前 281）

秦军攻打赵国，攻占了石城。

秦国的穰侯再次被任用为国相。

楚国想和齐、韩两国共同讨伐秦国，顺便灭掉西周。周赧王派东周的武公对楚国的令尹昭子说："西周是不可图谋占领的。"昭子回答说："想去攻占西周是没有的事。尽管没有图谋西周，倒是问一句为什么不可以占领西周？"武公说："西周现在的地方，取长补短，也不超过方圆一百里。名义上却是天下共同的君主，占据了它的土地不能使国家富足，得到它的民众不能使国家兵力强盛。尽管无利可图，但进攻它的人罪名却是臣下犯上弑君。但还是有人想攻占它，主要是古代祭祀重器还在那里的缘故。老虎身上的肉腥臊，它的爪牙如同士兵的利刃在身，但是人们还要想去猎杀它；假使野泽中的麋鹿披上诱人的虎皮，那么攻击麋鹿的会比攻击老虎的人还要多出一万倍。瓜分楚国的土地，可以使国家富有，屈服楚国的美名，可以使国君享受称王的尊荣。现今你想杀掉天下共主，据有夏、商、周三代传世的祭器国宝，把这些祭器南运到楚国，那么讨伐楚国的军队也就压境了！”于是，楚国中止了攻占西周的计划。

周赧王三十五年（辛巳，前280）

秦国的白起打败了赵国军队，斩杀二万人，夺取了代郡的光狼城。又派司马错调动陇西的军队，通过蜀地攻击楚国的黔中，并占领了它。楚国又被迫割让汉水以北及上庸的土地。

周赧王三十六年（壬午，前279）

秦国的白起攻打楚国，夺取了鄢邑、邓邑、西陵等地。

秦昭襄王派出使者通告赵惠文王，希望在黄河外的渑池友好会盟。赵惠文王不想会盟，廉颇、蔺相如商议说：“赵王不去会盟，就显得我赵国国势衰弱而且怯懦。”赵惠文王于是决定前往渑池，蔺相如扈从。廉颇送到赵国的边境上，便与赵惠文王告别说：“大王您去渑池，计算路程以及与秦王相会的礼仪完成，到返回时间不超过三十天；假如三十天不见大王回来，那就请求立太子为赵王，以断绝秦国勒索的企图。”赵惠文王答应了这一请求。

秦昭襄王、赵惠文王在渑池会盟。秦昭襄王与赵惠文王饮酒，饮到高兴时，秦昭襄王请赵惠文王鼓瑟，赵惠文王奏了一曲。蔺相如也请秦昭襄王击缶，秦昭襄王不肯。蔺相如说：“在这五步之内，臣将用颈血溅洒大王了！”秦昭襄王的随从想抽刀杀害相如，相如瞪目大声呵斥，这些随从都畏缩地倒退了。秦昭襄王心中很是不爽，只得击了一下缶。直到宴会结束，秦国始终没能占到赵国的上风；赵国人也做了充分的防备，秦国不敢轻举妄动。赵惠文王回国后，任用蔺相如为上卿，地位在廉颇之上。

廉颇说：“我担任赵国的将领，有攻城野战的功劳。蔺相如本来是地位低贱的人，凭一张伶俐的嘴巴取得的地位却居我之上，我感到羞耻，不能忍下这口气！”还公开宣称：“我要是遇到了相如，一定要羞辱他一番！”蔺相如听到这些话，不肯与他碰面；每次朝见，常常推托有病不参加，不想跟廉颇争地位高低。出门看见廉颇，便掉转车头回避躲开。蔺相如身边亲近的人都感到羞耻。蔺相如说：“你们看廉颇的威势比起秦王来怎么样？”身边亲近人都说：“他比不上秦王。”蔺相如说：“以秦王那样的威势，我蔺相如都敢在宫廷上呵斥他，羞辱他的臣子；我虽然无能，难道单单怕一个廉将军吗！我想到的是，强横的秦国之所以不敢进军侵犯赵国，就因为有我和廉将军两人在啊。现今两虎相斗，势必不能并存。我这样做，是把国家的利益放在第一位，然后才考虑私人的怨恨啊！”

廉颇听到这些话，便袒露身体，背负荆条，到蔺相如门前请罪。廉颇和蔺相如便成了同生共死的好朋友。

【原文】

初，燕人攻安平①，临淄市掾②田单在安平，使其宗人③皆以铁笼傅车轊④。及城溃，人争门而出，皆以轊折车败⑤，为燕所擒；独田单宗人以铁笼得免，遂奔即墨⑥。是时齐地皆属燕，独莒⑦、即墨未下，乐毅乃并右军、前军以围莒，左军、后军围即墨。即墨大夫出战而死。即墨人曰："安平之战，田单宗人以铁笼得全，是多智习兵⑧。"因共立以为将以拒燕。乐毅围二邑，期年⑨不克，及令解围，各去城九里而为垒⑩，令曰："城中民出者勿获⑪，困者赈之⑫，使即⑬旧业，以镇⑭新民。"三年而犹未下。或谗之于燕昭王曰："乐毅智谋过人，伐齐，呼吸之间⑮克七十余城。今不下者两城耳，非其力不能拔，所以三年不攻者，欲久仗兵威以服齐人，南面而王耳⑯。今齐人已服，所以未发者，以其妻子在燕故也。且齐多美女，又将忘其妻子。愿王图之！"昭王于是置酒大会⑰，引言者而让之⑱曰："先王⑲举国以礼贤者，非贪土地以遗子孙也。遭所传德薄，不能堪命⑳，国人不顺。齐为无道，乘孤国之乱以害先王。寡人统位㉑，痛之入骨，故广延㉒群臣，外招宾客，以求报仇。其有成功者，尚欲与之同共燕国㉓。今乐君亲为寡人破齐，夷㉔其宗庙，报塞㉕先仇，齐国固乐君所有，非燕之所得也。乐君若能有齐，与燕并为列国，结欢同好，以抗诸侯之难㉖，燕国之福，寡人之愿也。汝何敢言若此！"乃斩之㉗。赐乐毅妻以后服㉘，赐其子以公子之服；辂车乘马㉙，后属百两㉚，遣国相奉而致之乐毅，立乐毅为齐王。乐毅惶恐不受，拜书㉛，以死自誓。由是齐人服其义，诸侯畏其信，莫敢复有谋者。

顷之，昭王薨，惠王立。惠王㉜自为太子时，尝不快于乐毅。田单闻之，乃纵反间于燕㉝，宣言曰："齐王已死，城之不拔者二耳。乐毅与燕新王有隙㉞，畏诛而不敢归，以伐齐为名，实欲连兵南面王齐。齐人未附㉟，故且缓攻即墨以待其事㊱。齐人所惧，唯恐他将之来，即墨残㊲矣。"燕王固已疑乐毅，得齐反间，乃使骑劫代将而召乐毅㊳。乐毅知王不善㊴代之，遂奔赵。燕将士由是愤惋㊵不和。

田单令城中人，食必祭其先祖于庭㊶，飞鸟皆翔舞而下城中㊷。燕人怪之，田单因宣言曰："当有神师下教我。"有一卒曰："臣可以为师乎？"因反走[43]。田单起引还[44]，坐东乡[45]，师事之[46]。卒曰："臣欺君。"田单曰："子勿言[47]也！"因师之，每出约束[48]，必称神师[49]。乃宣言曰："吾唯惧燕军之劓所得齐卒[50]，置之前行[51]，即墨败[52]矣！"燕人闻之，如其言。城中见降者尽劓，皆怒，坚守，唯恐见得[53]。单又纵反间，言："吾惧燕人掘吾城外冢墓[54]，可为寒心[55]！"燕军尽掘冢墓，烧死人。齐人从城上望见，皆涕泣，共欲出战，怒自十倍[56]。田单知士卒之可用，乃身操版、锸[57]，与士卒分功[58]；妻妾编于行伍[59]之间；尽散饮食飨士[60]。令甲卒皆伏[61]，使老、弱、女子乘城[62]，遣使约降于燕，燕军皆呼万岁。田单又收民金得千镒，令即墨富豪遗[63]燕将，曰："即降[64]，愿无虏掠吾族家[65]。"燕将大喜，许之。燕军益懈[66]。田单乃收城中，得牛千余[67]，为绛缯衣[68]，画以五采龙文[69]，束兵刃于其角，而灌脂束苇于其尾[70]，烧其端，凿城数十穴，夜纵牛，壮士五千随其后。牛尾热，怒而奔燕军。燕军大惊，视牛皆龙文，所触尽死伤。而城中鼓噪[71]从之，老弱皆击铜器为声，声动天地[72]。燕军大骇[73]，败走[74]。齐人杀骑劫，追亡逐北[75]，所过城邑皆叛燕，复为齐[76]。田单兵日益多，乘胜，燕日败亡，走至河上，而齐七十余城皆复[77]焉。乃迎襄王于莒；入临淄，封田单为安平君[78]。

齐王以太史敫之女为后，生太子建。太史敫曰："女不取媒[79]，因自嫁，非吾种也[80]，污吾世[81]！"终身不见君王后，君王后亦不以不见故失人子之礼。

赵王封乐毅于观津[82]，尊宠之，以警动[83]于燕、齐。燕惠王乃使人让[84]乐毅，且谢之[85]曰："将军过听[86]，以与寡人有隙，遂捐燕归赵[87]。将军自为计[88]则可矣，而亦何以报先王之所以遇[89]将军之意乎？"乐毅报书曰："昔伍子胥说听于阖闾而吴远迹至郢[90]；夫差弗是也，赐之鸱夷而浮之江[91]。吴王不寤[92]先论[93]之可以立功，故沈子胥而不悔；子胥不蚤[94]见主之不同量[95]，是以至于入江而不化[96]。夫免身立功以明先王之迹，臣之上计也[97]。离毁辱之诽谤，堕先王之名，臣之所大恐也[98]。临不测之罪[99]，以幸为利[100]，义之所不敢出也[101]。臣闻古之君子，交绝不出恶声[102]，忠臣去国，不洁其名[103]。臣虽不佞[104]，数奉教于君子矣[105]。唯君王之留意焉[106]！"于是燕王复以乐毅子间为昌国君，而乐毅往来复通燕[107]，卒于赵，号曰望诸[108]君。

（以上为第五段，写燕惠王信谗忌惮乐毅，齐国田单施反间计使燕惠王逐走乐毅，这才大败燕军，复兴了齐国。）

【注释】

①安平：邑名，在今山东省淄博市东北。 ②市掾（yuàn）：管理市政的辅助人员。③宗人：近房的族人。 ④以铁笼傅车軎：用铁皮笼罩在车轴头上。铁笼：铁皮帽，铁箍。傅：通“附”，箍住。軎（wèi）：车轴的两端。 ⑤败：坏。 ⑥即墨：邑名，今山东省平度市东南。 ⑦莒：邑名，今山东省莒县。 ⑧习兵：熟悉兵法。 ⑨期（jī）年：一周年。 ⑩垒：营垒。 ⑪获：抓捕。 ⑫赈之：救济他们。之，出城的人。 ⑬即：就。⑭镇：安抚。 ⑮呼吸之间：一呼一吸的时间，言时间很短，犹言顷刻之间。 ⑯南面而王耳：古代以坐北朝南为尊位，故帝王、诸侯见群臣，或卿大夫之位。此谓乐毅有称王的野心。 ⑰大会：大宴群臣。 ⑱引言者而让之：拉出进谗言的人当面斥责。引，援引，拉出。言者，那些讲谗言的人。让，责备。 ⑲先王：燕王哙。 ⑳不能堪命：言燕王哙让位给子之，子之不能胜任传国的重托。堪，胜任。 ㉑统位：执掌国家政权。㉒广延：广泛礼请，邀请。 ㉓同共燕国：共同享有燕国。燕昭王曾说：“诚得贤士以共国，以雪先王之耻，孤之愿也。”事见《燕世家》。 ㉔夷：平。 ㉕报塞：报复。 ㉖难：兵难，祸难。 ㉗之：指那些向燕昭王说乐毅坏话的人。 ㉘后服：王后的服装。 ㉙辂（lù）车：多指帝王用的大车。 乘（shèng）马：四匹马。 ㉚后属百两：辂车后的扈从车队一百辆。两，同“辆”。 ㉛拜书：写信给别人的敬辞。㉜惠王：昭王之子，史失其名，公元前278年至公元前272年在位。 ㉝纵：肆意，大张旗鼓，此作动词用，施展。 ㉞“乐毅”句：乐毅与燕国新王有嫌隙。 新王：指惠王。 隙：隔阂，矛盾。 ㉟附：归附。 ㊱事：“连兵南面王齐”之事。 ㊲即墨残：即墨城将被攻破。 ㊳“乃使骑劫”句：便派骑劫替代乐毅统兵。 骑劫：燕将。 将：统兵。 召：召回。 ㊴不善：不怀好意，欲杀乐毅。 ㊵愤惋：愤恨。惋，怨恨。㊶食必祭其先祖于庭：每次吃饭时，必须先在庭院里摆供品祭祀祖先。 ㊷飞鸟皆翔舞而下城中：使得众多飞鸟因争食祭祀的食物，都飞到城上空盘旋翱翔再下去啄食。㊸因反走：（说完）转身就跑。 ㊹田单起引还：田单起身把他请回来。引还，把那士兵请回。 ㊺坐东乡：请他面向东坐。乡，通“向”。 ㊻师事之：用侍奉老师的礼节来侍奉他。 ㊼勿言：不要声张。 ㊽出约束：发号施令。 ㊾必称神师：一定说是神师的主意。 ㊿劓所得齐卒：把俘虏的齐兵割掉鼻子。劓（yì），古代割掉鼻子的酷刑。

㉛置之前行：把他们放在燕军的最前列做先锋。 ㉜败：败亡。 ㉝见得：被俘虏。 ㉞冢墓：祖宗坟墓。 ㉟可为寒心：那可是真让人心酸。 ㊱怒自十倍：士气高涨。 ㊲乃身操版、锸：田单于是亲身操持板、锸工具。身，亲自。版，筑墙夹板。锸，挖壕的铁锹。 ㊳分功：各自劳动修筑工事。 ㊴行伍：古代军队编制，五人为伍，二十五人为行，故以"行伍"泛指军队。 ㊵飨士：用酒食款待士卒。 ㊶甲卒皆伏：披甲士兵都埋伏起来。甲卒，即武装的士卒。伏，隐藏起来。 ㊷乘城：登城防守。 ㊸遗（wèi）：送。 ㊹即降：马上、很快就要投降。 ㊺愿无虏掠吾族家：希望不要抢劫我的家族。愿，希望。 ㊻益懈：更加松懈。 ㊼得牛千余：在即墨城中收集到千余头牛。 ㊽为绛缯衣：给牛做紫红色绢衣。 ㊾画以五采龙文：绢衣上画着五颜六色的蛟龙花纹。 ㊿灌脂束苇于其尾：牛尾上捆上浸满油的芦苇。 (71)鼓噪：击鼓呐喊。 (72)声动天地：喊杀声震天动地。动，震。 (73)骇：惊。 (74)败走：战败逃跑。 (75)追亡逐北：燕军溃散逃命，齐军紧紧追赶。 (76)复为齐：又成为齐国的城邑。 (77)复：收复。 (78)封田单为安平君：因田单安定国家，平定国难；又因田单为安平人，以即墨为基地，收复齐国七十余城，故以安平封田单。 (79)女不取媒：你没有通过媒人。女，通汝，你。取，采取。 (80)非吾种也：犹言"非吾家所出"，不是我们家的人。 (81)污吾世：犹言给我丢人现眼。污，玷污。世，身。 (82)观津：邑名，在今河北省武邑县东。 (83)警动：震动。警，通"惊"，震动。 (84)让：责备，指斥。 (85)谢之：向乐毅表示歉意。 (86)过听：误听了流言蜚语。 (87)捐燕归赵：抛弃燕国，投奔赵国。 (88)自为计：为个人打算。 (89)遇：待遇。此指燕昭王对乐毅的知遇之恩。 (90)"昔伍子胥"句：从前伍子胥的计谋被吴王阖闾采纳，致使吴国军队远征到了楚国郢都。 伍子胥：楚平王时大夫伍奢之子，平王冤杀伍奢，子胥奔吴引兵破楚郢都。传见《史记》卷六十六。 说听于阖闾（hé lǘ）：意见被吴王阖闾所接受。 吴远迹至郢：吴师能远征深入楚国郢都。 (91)"夫差弗是也"两句：继位的吴王夫差不是这样，他赐死伍子胥，还把他的尸体装在皮袋里漂浮在江上。 弗是：不认为子胥的意见是对的。 鸱夷：皮囊。 (92)寤：明白，了解。 (93)先论：指伍子胥生前的见解、主张，即劝夫差拒绝越国求和及停止攻打齐国的主张。 (94)蚤：通"早"。 (95)主之不同量：阖闾与夫差两吴王气度不同。 不同量：指器度、才识不相同。 (96)"是以"句：以至于不改初衷，落得尸体被沉入江中。 不化：不变，不改初衷。指伍子胥仍然以对待阖闾的态度（忠心耿耿，直言正谏）对待夫差。 (97)"夫免身立功"二句：离开燕国，免遭大祸，保全大功，用以发扬先王的业绩，这是我的上策。 (98)"离毁辱之诽谤"三句：遭受诽谤和羞辱，毁坏先王的名声，这是我最害怕的事。 离：通"罹"，遭受。 毁辱：诋毁，侮辱。 (99)不测之罪：多指死罪，也指大罪。 (100)以幸为

利：指燕惠王担心乐毅与赵谋燕。⑩义之所不敢出也：从道义上讲，我是不能做出这等事的。⑩交绝不出恶声：断绝交情，不说己长而谈彼短。⑩“忠臣”两句：忠臣离开本国去到别国，不说国君的坏话，不标榜自己。洁：同“絜”，饰，明，有标榜的意思。⑩不佞：无才能，古时自谦之辞。⑩数奉教于君子矣：屡受君子们的教导。言外之意是，不会乘燕之敝而伐燕。⑩唯君王之留意焉：希望君王你注意到这些。唯：同“惟”，希望。留意焉：对此事要深思熟虑，认真考虑。⑩复通燕：仍旧交好燕国。⑩望诸：胡三省注曰“泽名，本齐地；毅自齐奔赵，赵人以此号之，本其所从来也。”

【译文】

当初，燕国人进攻安平邑，临淄的一个小官田单正在安平，他让自己同宗族的人都用铁皮笼罩在车轴头上。到了城邑失守人们逃散时，大家争抢拥挤出城门，都因为车轴头折断车子损坏而被燕军捉拿，只有田单宗族的人因有铁笼而得以安全逃脱，一路逃到了即墨。当时齐国的地方都被燕国占领，只剩下莒和即墨两座城邑没被攻下。燕将乐毅集结了右军和前军去包围莒城，左军与后军包围即墨。守卫即墨的大夫出战身死。即墨的人们说：“安平战役时，田单宗族的人因为车轴安装铁笼得到保全，可见田单智谋多，熟悉兵战大事。”便共同拥立田单为大将来抵御燕军。乐毅包围莒、即墨二邑，一年未能攻下，便命令燕军解除包围，两地燕军退到离城九里的地方建立营垒，并下令说：“城里的人出来不要去抓捕，贫困的还要赈济他们，使他们能重操旧业，用这办法安抚齐国新降附的百姓。”过了三年，乐毅还是没有攻下莒和即墨两座城邑，有人向燕昭王说乐毅的坏话：“乐毅的智谋出众，攻打齐国，一口气便攻下七十余座城邑，现今没有攻下的只有两座城邑，不是乐毅能力攻不下，而他三年攻不下的原因是想长期依靠兵力威势去镇服齐国人，然后好南面称王啊。现今齐国人心已服，乐毅还没有称王，是因为他的妻室、儿子还在燕国的缘故。而且齐国美女很多，他也许已经忘了妻室、儿子了。希望大王要有防备！”燕昭王于是摆设酒宴大会群臣，当面斥责进谗言的人说：“先王以整个燕国的名义礼敬贤士，不是为了贪得土地留给子孙，他不幸遇到继承人德行欠缺，不能胜任管理国家的大业，国内百姓不安定。齐国不讲道义，趁我们国家内乱害死先王，自从寡人继位以来，怨恨深入骨髓，才广泛延请群臣，在外招揽宾客贤士，为的是报仇雪恨。有能够取得成功的，我愿与他共同分享燕国大权。现在乐毅将军亲自为寡人攻破齐国，铲平它的宗庙，报了我燕国先王的仇恨，齐国本来就是乐毅将军占有的，不是我燕国的领土。乐毅将军如果能够领有齐国，与燕国同为平等的国家，结为友好同盟，抵抗诸侯各国侵扰的祸难，这是燕国的大福，也是寡人的愿望啊！你为什么敢说出这样的话！”于是杀了进谗言的人。燕王把王后的服装赏赐给乐毅的妻子，把王室公子的服装赏赐给乐毅的儿子，把诸侯王乘坐的四马大车以及仪仗随从的车子一百辆送给乐毅；派遣国相将礼物奉送给乐毅，并正式封乐毅为齐王。乐毅惶恐不安，坚决不接受，敬拜燕昭王，写了一封辞书，表示了自己誓死不变。从此齐国人敬服乐毅的德义，各诸侯国敬畏他的诚信，没有谁敢再谋算他。

不久，燕昭王去世，燕惠王继位。燕惠王从当太子时，就不喜欢乐毅。田单听到这个消息，便对燕国施用反间计。扬言说：“齐王已经死去，齐国的城邑没有被燕国攻下的只有两座罢了。乐毅与燕国的新王有嫌隙，害怕被杀而不敢回到燕国，现在以伐齐为名，实际想继续掌控兵力来称王。因为齐国人还没有归附，所以暂时拖延进攻即墨，用来等待时机在齐国称王。齐国人害怕的是燕国别的将领到来，即墨就将被残灭了。”燕惠王原本就怀疑乐毅，又受到齐国的反间计挑拨，便派骑劫去替代乐毅。乐毅心知惠王起了杀心，于是投奔赵国，燕国的将士因此气愤怨恨，心中不平。

田单下令城里的人吃饭时，一定要在庭院中祭祀他们的祖先，四处飞鸟看见地上有食物都盘旋落到城中。燕国人看到这种情况感到很奇怪，田单借此又散布说：“一定会有天神从天上下来教导我。”有一个士卒说：“我可以做神师吗？”说完之后转身就跑。田单起身把他请回来，让他面东而坐，自己把他当作神师对待。那士卒说：“我骗了你。”田单说：“你不要这样说！”便把他当作老师。每次发布号令，一定称说是神师的意思。又扬言说：“我真担心燕军把俘获的齐兵割掉鼻子作为前导，要是这样的话，即墨就要亡了！”燕国人听到这些话，就照着去做。即墨城中的齐兵看到投降的士兵全被割去鼻子，都十分愤怒，便坚守即墨城，唯恐被燕军俘获。田单又用反间计，散布说：“我害怕燕军挖掘即墨城外的先人坟墓抛尸，那样真使人寒心啊！”燕军果然把即墨城外的坟墓全都挖开，焚烧尸体，齐人从城上看见了，个个痛哭流涕，大家都想出城作战，士气倍增。田单知道士气高昂可以出战了，于是自己亲自操持板、锸工具，与士兵一起筑城；又把自己的妻妾编入作战队伍中；散发所有食品犒飨士兵。又命令披甲的士兵都埋伏起来，只以老弱女子登城守卫。又派遣使者到燕军那里交涉齐军投降的待遇；燕军听到这些消息都高呼万岁。田单又征集民间藏金一千镒，让即墨城里的富豪送给燕国的将领，说：“即墨很快就要投降了，希望不要抢劫我们的家族！”燕军将领十分高兴，答应了富豪们的请求。燕军更加松懈。田单征集城中的牛，共有千余头，在牛身上披裹上用大红色的绸绢制作的彩衣，绣上五彩龙纹，又在牛角上捆绑兵刃，还在牛尾上捆绑苇条，灌上油脂，苇条末端点火燃烧，在城墙上凿开几十个洞，夜里从洞中放出牛，五千壮士跟随在牛后面。当牛尾烧着时，牛群惊恐愤怒一直冲向燕军。燕军看到牛身上都有龙纹，十分震惊，被牛角撞上的燕军士兵非死即伤。即墨城中的人，也都击鼓高呼着跟着齐军前进，守在城上的老弱妇女都敲击铜器，声音震动天地。燕军十分惊恐，溃败逃跑。齐国人杀了燕将骑劫，追杀逃亡的燕军，齐军经过的城邑都反叛燕国，又成了齐国的土地。田单的军队乘胜追击，人数一天比一天多；燕国的军队天天败逃四散，一直逃到了黄河边，齐国七十多座城池全都收复了。于是前往莒城迎接齐襄王；襄王进入齐国都城临淄，封田单为安平君。

齐襄王把太史敫的女儿立为王后，生了太子田建。太史敫说：“女子不用媒人就私自出嫁，这不是我家的子女，玷污了我的家世。”终身不愿见齐王后，王后也不因为父亲不相见而失去做女儿的礼节。

赵惠文王把观津分封给乐毅，很尊敬宠信他，以此震动威慑燕、齐两国。燕惠王于是派人去责备乐毅，同时表示歉意，说：“将军你误听了流言，认为与寡人有嫌隙，便抛弃了燕国投奔到赵国。将军你替自己打算是可以的，但你拿什么来报答我燕国先王厚待将军的深意呢？”乐毅回信说：“从前伍子胥的计谋被吴王阖闾采纳，致使吴国军队远征到了楚国的郢都；继位的夫差却不是这样，他赐死伍子胥，还把他的尸体装进皮袋里漂浮在江上。继位的夫差不明白伍子胥先前的计谋可以立功勋，所以把伍子胥沉没在江里而不悔悟；伍子胥没能够及早预见到阖闾和夫差两位君主气度不同，以至于不改初衷，落得尸体被沉入江中。臣离开燕国，免遭大难，保全大功，用以显扬先王的业绩，这是我最好的计谋。遭受诽谤和羞辱，毁坏先王的名声，这是我最害怕的事。陷入深罪大恶，用来追求个人的荣幸利益，在德义上臣不会做这样的事。臣听说古代的君子，即使与人断绝了交往，也不说人家的坏话；忠臣离弃了自己的国家，也不会损害国君的声誉来标榜自己的名声。我虽然没有才能，但是已深受古今君子的教导。希望君王你注意到这些！”于是燕惠王又任用乐毅的儿子乐间为昌国君，乐毅也往返于燕、赵两国，与燕国相通，后来死在赵国，号称望诸君。

【原文】

田单相齐，过淄水[①]，有老人涉淄而寒，出水不能行。田单解其裘而衣之[②]。襄王恶之[③]，曰："田单之施于人[④]，将[⑤]以取我国乎？不早图，恐后之[⑥]变也。"左右顾无人，岩下[⑦]有贯珠者[⑧]，襄王呼而问之曰："汝闻吾言乎？"对曰："闻之。"王曰："汝以为何如？"对曰："王不如因以为己善[⑨]。王嘉[⑩]单之善，下令曰：'寡人忧民之饥也，单收而食之；寡人忧民之寒也，单解裘而衣之；寡人忧劳[⑪]百姓，而单亦忧之，称寡人之意。'单有是善而王嘉之，单之善亦王之善也。"王曰："善。"乃赐单牛酒。后数日，贯珠者复见王曰："王朝日宜召田单而揖之于庭[⑫]，口劳之[⑬]。乃布令求百姓之饥寒者，收穀[⑭]之。"乃使人听[⑮]于闾里[⑯]，闻大夫之相与语者曰："田单之爱人，嗟，乃王之教也！"

田单任貂勃[⑰]于王。王有所幸臣九人，欲伤安平君[⑱]，相与语于王曰："燕之伐齐之时，楚王使将军[⑲]将万人而佐齐。今国已定而社稷已安[⑳]矣，何不使使者谢于楚王？"王曰："左右孰可？"九人之属曰："貂勃可。"貂勃使楚，楚王受而觞之[㉑]，数月不反[㉒]。九人之属相与语曰[㉓]："夫一人之身而牵留万乘者，岂不以据势也哉[㉔]！且安平君之与王也，君臣无异而上下无别。且其志欲为不善，内抚百姓，外怀[㉕]戎翟，礼天下之贤士，其志欲有为[㉖]，愿王察之！"异日[㉗]，王曰："召相单而来！"田单免冠、徒跣、肉袒[㉘]而进，退而请[㉙]死罪，五日而王曰："子无罪于寡人。子为子之臣礼，吾为吾之王礼而已矣。"貂勃从楚来，王赐之酒。酒酣[㉚]，王曰："召相单而来！"貂勃避席稽首[㉛]曰："王上者孰与周文王[㉜]？"王曰："吾不若也。"貂勃曰："然，臣固知[㉝]王不若也。下者孰与齐桓公[㉞]？"王曰："吾不若也。"貂勃曰："然，臣固知王不若也。然则周文王得吕尚[㉟]以为太公，齐桓公得管夷吾以为仲父[㊱]，今王得安平君而独曰'单'，安得此亡国之言乎[㊲]！且自天地之辟，民人之始，为人臣之功者，谁有厚于安平君者哉？王不能守王之社稷，燕人兴师而袭齐，王走而之城阳[㊳]之山中，安平君以惴惴[㊴]即墨三里之城，五里之郭[㊵]，敝卒七千人，禽其司马而反千里之齐，安平君之功也。当是之时，舍城阳而自王，天下莫之能止。然而计之于道，归之于义[㊶]，以为不可[㊷]，故栈道木阁而迎王与后于城阳山中，王乃得反，子临百姓[㊸]。今国已定，民已安矣，王乃曰‘单’[44]，婴儿之计不为此也[45]。王亟杀[46]此九子者以谢安平君，不然，国其危矣！”乃杀九子而逐其家[47]，益封安平君以夜邑[48]万户。

田单将攻狄，往见鲁仲连[49]。鲁仲连曰：“将军攻狄，不能下也。”田单曰：“臣以即墨破亡余卒破万乘之燕，复齐之墟[50]，今攻狄而不下，何也？”上车弗谢而去[51]，遂攻狄，三月不克。齐小儿谣[52]曰：“大冠若箕[53]，修剑拄颐[54]。攻狄不能下，垒枯骨成丘。”田单乃惧，问鲁仲连曰：“先生谓单不能下狄，请闻其说[55]。”鲁仲连曰：“将军之在即墨，坐则织蒉，立则仗锸[56]，为士卒倡[57]曰：‘无可往矣！宗庙亡矣！今日尚矣！归于何党矣[58]！’当此之时，将军有死之心，士卒无生之气[59]，闻君言莫不挥泣奋臂而欲战，此所以破燕也。当今将军东有夜邑之奉，西有淄上之娱，黄金横带而骋乎淄、渑之间[60]，有生之乐，无死之心，所以不胜也。”田单曰：“单之有心，先生志之矣[61]。”明日，乃厉气循城[62]，立于矢石之所[63]，援枹鼓之[64]；狄人乃下。

初，齐湣王既灭宋[65]，欲去孟尝君。孟尝君奔魏，魏昭王以为相，与诸侯共伐破齐。湣王死，襄王复国，而孟尝君中立为诸侯，无所属。襄王新立，畏孟尝君，与之连和。孟尝君卒，诸子争立，而齐、魏共灭薛，孟尝君绝嗣[66]。

（以上为第六段，写齐襄王忌惮田单功高而疏远，因纳谏而诛佞臣，尊礼田单，君臣和好如初。）

【注释】

①淄水：在今山东省，流经临淄东南。 ②衣之：给老人穿上。衣（yì），拿衣服给人穿。 ③恶之：十分厌恶田单。 ④施于人：笼络人心。 ⑤将：据章校，他本“将”下有“欲”字。《战国策·齐策六》第四章“将”下有“欲”字，当补“欲”字。 ⑥后之：恐怕要落后手，意谓田单先下手。 ⑦岩下：殿堂下。 ⑧贯珠者：宫内串连珠的匠人。此当是回宫之后的事。 ⑨王不如因以为己善：大王不如把田单的善行作为自己的善行。 ⑩嘉：称赞，表彰。 ⑪忧劳：忧念。劳，忧。 ⑫揖之于庭：在大庭以礼待他。 ⑬口劳之：亲口慰劳他。 ⑭穀：养。 ⑮听：打听。 ⑯闾里：泛指乡里，此指群众中。 ⑰任：保举。 貂勃：齐人，又作“刁勃”。 ⑱伤：害。 安平君：田单。 ⑲将军：指淖齿。 ⑳国已定而社稷已安：国家已经安定。“国已定”“社稷已安”同义。

㉑楚王受而觞之：楚王接受礼品设宴款待貂勃。觞，古代酒杯。向人劝酒也称“觞”，此指设宴劝酒。㉒反：通“返”。㉓语曰：据章校，他本“语”下有“于王”二字。㉔“夫一人”二句：他一个使臣能让大国的国君出面挽留，难道不是仗着安平君权大势重吗？牵，挽。㉕怀：安抚使归服。㉖有为：有所作为，指阴谋篡权。为：据章校，他本“为”下有“也”字，当补。㉗异日：以后，有一天。㉘免冠、徒跣、肉袒：脱帽、赤脚、光着身子，古时谢罪时表示恭敬或惶恐的形体。徒跣（xiǎn）：赤脚步行。㉙请：要求。㉚酒酣：饮酒尽兴时。㉛避席稽首：离开座席，叩头下拜。避席：离开自己的座席，表示不安而肃然起敬之意。稽首：叩头至地，为最恭敬的跪拜礼，一般为臣拜君之礼。㉜“王上者”句：大王上与周文王比怎么样。㉝固知：原本就知道。㉞齐桓公：春秋五霸之一，姜齐国君，公元前685年至公元前643年在位。㉟吕尚：姜尚，辅佐周文王的西周开国功臣。㊱仲父：叔父，又称亚父，即事之如父。一说“仲”指管仲之“仲”，非是。㊲“安得”句：哪能用这种亡国的话呢？安：何，为什么。得：出。㊳城阳：县名，故城在今山东鄄城县东南。按：此城阳为莒城之误。齐襄王法章落魄在莒县而非城阳。㊴惴惴：岌岌可危。㊵城、廓：内城曰城，外城曰廓。㊶计之于道，归之于义：从道义上考虑，以德义为依归。计，考虑。归，依归。㊷以为不可：认为不能违背道义。㊸子临百姓：把老百姓当作自己的儿子一样看待。临，有治理的意思。㊹王乃曰“单”：大王却呼叫安平君的名字“单”。㊺“婴儿”句：即便是小孩子也不这样想。㊻亟杀：立即诛杀。㊼逐其家：驱逐他们全家。㊽夜邑：今山东省莱州市。夜，通“掖”。㊾鲁仲连：战国时齐人，解人危难，不计报酬，终身不仕。传见《史记》卷八十三。㊿墟：土地。(51)弗谢而去：不辞而别。谢：告辞。(52)小儿谣：童谣，在儿童中流行的歌谣。(53)大冠若箕：高大的战帽像簸箕。大冠：武官所戴的帽子。箕：簸箕。(54)修剑拄颐：长长宝剑与人齐。拄：支。颐：腮。(55)说：道理。(56)坐则织蒉，立则仗锸：休息时就同士兵一起编竹筐，劳作时就同士兵一起挥锹锸。仗：持，握。锸，挖土的工具。(57)倡：同“唱”。鼓动、激励士兵。(58)“无可往矣”四句：没有退路了，国家宗庙已经灭亡了，今天若不齐心协力，真的是无家可归了。党：齐语所指居所。(59)无生之气：不求苟活的勇气。(60)淄、渑之间：淄水、渑水之间。两水在今山东境内临淄地区。(61)“单之有心”二句：我田单已有决心了，感谢先生的激励。有心：有殊死、决死之心。上文言“有死之心”“所以破燕”；以后“无死之心”“所以不胜”。志：通“识”，《说文》：“识，知也。”知，了解，此指激励。(62)厉气循城：振奋意气，巡行城下。厉气：鼓励斗志。(63)立于矢石之所：站在容易

受到弓矢弹石攻击的地方。所，处，地方。《战国策》《吕氏春秋》作“所及”，亦通。64援枹鼓之：田单亲自拿起鼓槌击鼓，即亲赴战场第一线。援：持。枹（fú）：鼓槌。鼓：击鼓。65灭宋：赧王二十九年（前286）齐灭宋。66绝嗣：无继承人。

【译文】

田单担任齐国的国相，一次过淄水时，有一位老人因过淄水受了冻，到岸边后不能行走，田单便脱下自己的皮袍给他穿上。齐襄王听到这事很厌恶，说：“田单这样给人施恩惠，是不是想要取代寡人呢？我不早点防备，恐怕以后会有变故。”襄王看到周围没有人，只是殿堂下有位串珍珠的匠人，便招他过来问道：“你听见我说的话了吗？”匠人回答说：“听见了。”襄王又问：“你认为怎么样？”匠人回答说：“大王你不如把田单的善行化为自己的善行。大王你嘉奖田单的善行，下令说：‘寡人忧虑百姓饥饿，田单收留他们给予粮食。寡人担忧人民受寒冻，田单脱下自己的皮袍给他们穿。我担忧百姓受劳苦，而田单也很忧虑这事，田单的行为很合我的心意。’田单有这些善行而大王嘉奖他，那么田单的善行也就是大王你的善行啊！”襄王说：“很好。”于是赐给田单牛、酒。过了几天，串珍珠的匠人又来见襄王说：“大王应当在朝见群臣的日子把田单召到殿庭上向他拱手行礼，亲口慰劳他，还要下令寻找百姓中还有受饥寒的人，收养他们。”之后襄王又派人到民居里巷中去打探情况，听到大夫们议论说：“田单爱护百姓，是齐王教他这样做的啊！”

田单向齐襄王举荐貂勃。齐襄王有九位宠信的臣子，想要中伤安平君田单，便一起对齐襄王说：“燕国攻打齐国的时候，楚王派遣将军率领一万人来帮助齐国。现今国家已经安定，何不派一个使臣向楚王致谢呢？”齐襄王说：“左右大臣中谁合适出使？”九位宠臣便说：“貂勃可以。”貂勃便出使到了楚国，楚顷襄王接受齐襄王的礼品而宴请貂勃，貂勃过了几个月都没有返回齐国。九位宠臣又一起对齐襄王说：“一个使臣能让大国的君主出面挽留，难道不是仗着安平君权大势重吗！况且安平君与大王之间，本是君臣却没有什么差异，位分上下也没有差别。而且安平君心怀不良的动机，他对内安抚百姓，对外怀柔戎狄，礼遇天下的贤士，他是怀有异心，希望大王要明察啊！”这之后的一天，齐襄王说：“召丞相田单来！”田单头不戴冠，脚不穿鞋，袒肩露体地进来，退出时还请赐死罪。过了五天，齐襄王对田单说：“你对寡人没有什么罪过，只不过是你行你的臣子礼，我行我的君王礼罢了。”貂勃从楚国回来，齐襄王赏赐酒宴，喝到高兴时，齐襄王说："召丞相单来！"貂勃离开座席，叩头下拜说："大王上与周文王相比怎么样？"齐襄王说："寡人比不上周文王。"貂勃说："确实是这样，我原本知道大王比不上周文王，那下与齐桓公相比怎么样？"齐襄王说："寡人也比不上齐桓公啊！"貂勃说："确实是这样，我原本也知道大王比不上齐桓公。可是周文王得到吕尚，却尊他为太公；齐桓公得到管夷吾，却尊他为仲父；现今大王你得到安平君，却只叫他的名为'单'，哪能用这亡国的话语呢！况且自从天地开辟，有人类以来，做人臣而立功的，有谁能比安平君更深厚的呢？齐王没能守住国家，燕国人出兵攻袭齐国，齐王你逃往城阳山中，安平君凭借岌岌可危周长只有三里的城墙，方圆只有五里的外城，城内只有疲惫的七千士兵，力擒敌军大将，收复了齐国千里之地，这是安平君的功劳啊！在这个时候，安平君如果舍弃城阳而自己称王，天下没有谁能阻挡。然而，从道义上考虑，以德义为依归，安平君认为不能这样做，所以架设栈道木阁到城阳山中迎接大王和王后，大王才得以返回齐国都城，治理百姓。现今国家已安定，民众已安居，大王却'田单、田单'地叫，即便是小孩子也知道不该这样啊。请大王赶快杀掉这九个宠臣以敬谢安平君，否则，国家就会危险了！"齐襄王于是杀了九个宠臣并驱逐了他们的家属，把夜邑的万户加封给了安平君。

田单将要去攻打狄邑，特地去问鲁仲连。鲁仲连说："将军你去攻打狄邑，是不可能攻下的。"田单说："我只用即墨城的齐国败兵余卒便打败了拥有万乘战车的燕军，收复了齐国原有的土地，现今攻打不下狄邑，这不可能！"田单气呼呼的，没有告辞就出门上车离开了鲁仲连，领兵去攻打狄邑，攻了三个月没能攻下。齐国的小儿唱歌谣说："高高的战帽像簸箕，长长的宝剑与人齐，攻打狄邑不能下，堆起的枯骨成山丘。"田单听到很是担忧，就去请教鲁仲连，说："先生你说我田单不能攻下狄邑，请说说其中的道理。"鲁仲连回答说："将军你在即墨时，休息时就同士兵一起编竹筐，劳作时同士兵一样挥锹锸，你鼓动士兵们说：'没有退路了，国家宗庙已经灭亡了！今天若不齐心协力，那可真是无家可归了！'当时将军你有视死如归的决心，士兵们有不求苟活的勇气，听到你的话没有谁不是挥泪奋臂求战的，这是能够打败燕国的原因。现今将军你东有夜邑封地租赋的供奉，西有淄水上的欢娱游乐，身上穿着饰有黄金的衣带，骑马驰骋在淄水与渑水之间，只想活着快乐，没有战死的决心，这就是不能打胜仗的原因。"田单说："我田单已有决心了，感谢先生的激励。"第二天，田单便振奋意气，巡行城下，站在容易受到弓矢弹石攻击的地方，亲自拿起鼓槌击鼓，指挥士兵前进，于是攻克了狄邑。

当初，齐湣王灭了宋国，想驱逐孟尝君。孟尝君便投奔到了魏国，魏昭王任用孟尝君为相，联合诸侯一起打败了齐国。齐湣王死后，齐襄王恢复了对齐国的统治，而孟尝君中立为诸侯，不归属任何一个国家。襄王新立为齐王，害怕孟尝君，便与孟尝君重结和好。孟尝君死后，他的儿子们争权夺利，齐国、魏国就联合灭掉了薛地，孟尝君再没有继承人。

【原文】

三十七年（癸未，前278）

秦大良造白起伐楚，拔郢，烧夷陵[①]。楚襄王兵散，遂不复战，东北徙都于陈[②]。秦以郢为南郡，封白起为武安君。

三十八年（甲申，前277）

秦武安君定巫、黔中，初置黔中郡[③]。

魏昭王薨，子安釐王[④]立。

三十九年（乙酉，前276）

秦武安君伐魏，拔两城。

楚王收东地[⑤]兵，得十余万，复西取江南十五邑[⑥]。

魏安釐王封其弟无忌为信陵君[⑦]。

四十年（丙戌，前275）

秦相国穰侯伐魏。韩暴鸢[⑧]救魏，穰侯大破之，斩首四万。暴鸢走开封[⑨]。魏纳[⑩]八城以和。穰侯复伐魏，走芒卯[⑪]，入北宅[⑫]。魏[⑬]人割温[⑭]以和。

四十一年（丁亥，前274）

魏复与齐合从。秦穰侯伐魏，拔四城，斩首四万。

鲁湣公薨，子顷公雠[⑮]立。

四十二年（戊子，前273）

赵人、魏人伐韩华阳[⑯]。韩人告急于秦，秦王弗救。韩相国谓陈筮[⑰]曰："事急矣！愿公虽病，为一宿之行[⑱]！"陈筮如[⑲]秦，见穰侯。穰侯曰："事急乎？故使公来。"陈筮曰："未急也。"穰侯怒曰："何也？"陈筮曰："彼韩急则将变而他从[⑳]；以未急，故复来耳。"穰侯曰："请发兵矣。"乃与武安君及客卿胡阳救韩，八日而至，败魏军于华阳之下，走芒卯，虏三将，斩首十三万。武安君又与赵将贾偃战，沈其卒二万人于河。魏段干子[21]请割南阳[22]予秦以和。苏代[23]谓魏王曰："欲玺[24]者，段干子也；欲地者，秦也。今王使欲地者制玺，欲玺者制地[25]，魏地尽矣！夫以地事秦，犹抱薪救火，薪不尽，火不灭。"王曰："是则然也[26]。虽然[27]，事始已行[28]，不可更矣[29]。"对曰："夫博之所以贵枭[30]者，便则食，不便则止。今何王之用智不如用枭也？"魏王不听，卒以南阳为和，实脩武[31]。

韩釐王薨，子桓惠王立[32]。

（以上为第七段，写秦破赵、魏联军的华阳之战。）

【注释】

①夷陵：陵名，后为区，在今湖北省宜昌市夷陵区。 ②陈：今河南淮阳。 ③黔中郡：秦侵楚地所置郡，在今湖南省洞庭湖以西，包括湖南省沅水、澧水流域，湖北省清江流域，重庆市黔江流域。 ④安釐王：名圉（yǔ），昭王之子，公元前276年至公元前243年在位。釐，同"僖"。 ⑤东地：楚国东境淮、汝之地。 ⑥江南：《史记·楚世家》作"江旁"。 ⑦信陵君：战国四公子之一。传见《史记》卷七十七。 ⑧暴鸢：韩将。⑨走开封：逃到开封。 开封：邑名，今河南省开封市南。 ⑩纳：奉献，割让。 ⑪走芒卯：赶跑了魏将芒卯。 ⑫北宅：即宅阳，故城在今河南省荥阳西南。 ⑬魏：据章校，他本"魏"上有"遂围大梁"四字。 大梁：魏都，今河南省开封市。 ⑭温：魏邑，在今河南省温县西。 ⑮顷公：湣公之子，名雠。公元前272年至公元前249年在位。 ⑯华阳：在今河南省新郑市西北。 ⑰陈筮：人名。事迹不详，不同典籍有多种记载。《韩世家·集解》引徐广说："一作田筌"，《索隐》引《战国策》作"田茶"，今本《战国策·韩世家三》第十五章作"田苓"，《太平御览·游说览》作"由余"。 ⑱一宿之行：一日的行程。《左传·庄公三年》传："凡师一宿为舍。"古时行军一日三十里，为一舍，舍亦可称为宿。 ⑲如：往。 ⑳"彼韩急"句：那韩真到了危急的时候就会转向投靠别的国家。彼，若，那韩国。 他从：投靠别的国家，指赵、魏。 ㉑段干子：《战国策》作"段干崇"。 ㉒南阳：今河南省获嘉县一带。 ㉓苏代：苏秦之弟，亦游说之士。㉔玺：印。 ㉕"今王"二句：如今魏王你让想得到魏国土地的秦掌控大王的相印，让想得到相印的人支配大王的土地。 制：掌控，支配。 ㉖是则然也：是这个道理。然：对的。 ㉗虽然：即使这样。 ㉘已行：已经实施。 ㉙不可更矣：不能改变了。 ㉚贵枭：看重枭。古代棋戏，有五个木骰子，其上刻有枭、卢、雉、犊、塞等形。行博时掷骰子

中采，然后行棋，得枭者为上采，最贵。 ㉛实脩武：实际割让的土地是脩武。脩武：邑名，今河南省获嘉县。 ㉜桓惠王：公元前332年至公元前312年在位。

【译文】

周赧王三十七年（癸未，前278）

秦国大良造白起攻打楚国，占领了郢都，放火焚烧了夷陵。楚顷襄王的军队溃散，终于不能再战，便把楚国的都城向东北迁移到了陈县。秦国把郢地置为南郡，以功封白起为武安君。

周赧王三十八年（甲申，前277）

秦国的武安君白起完全控制了楚国巫和黔中地方，秦国设置了黔中郡。

魏昭王死了，他的儿子继位为安釐王。

周赧王三十九年（乙酉，前276）

秦国的武安君白起攻打魏国，夺取了两座城邑。

楚顷襄王集结楚国东境各地方的士兵达十多万人，便又转向西境进攻，收复了长江以南十五邑的地方。

魏国的安釐王封他的弟弟无忌为信陵君。

周赧王四十年（丙戌，前275）

秦国相国穰侯攻打魏国。韩国的暴鸢率军去援救魏国，穰侯把暴鸢打得大败，斩杀四万人。暴鸢逃奔到开封。魏国割让给秦国八座城邑来求和。穰侯再一次攻打魏国，迫使魏国相芒卯逃走，穰侯率兵进攻到了北宅，魏国割让温县求和。

周赧王四十一年（丁亥，前274）

魏国又与齐国合纵抗击秦国。秦国穰侯攻打魏国，攻下四座城池，斩杀四万人。

鲁湣公死了，他的儿子雠继位为鲁顷公。

周赧王四十二年（戊子，前273）

赵国、魏国联合攻打韩国的华阳。韩国向秦国告急求援，秦昭襄王不派兵去救援。韩国的相国对陈筮说："战事危急，你虽然有病，还得靠你赶往秦国求援！"陈筮便前往秦国，去见穰侯。穰侯说："战事危急了吧！因此派你到秦国来。"陈筮说："不危急啊。"穰侯发怒说："为何这样说？"陈筮说："那韩国真到了危急时候就会转而去投靠别的国家，现在因为战事还不危急，所以来请求援助。”穰侯说：“我决定发救兵了。”于是与武安君白起以及客卿胡阳援救韩国，急行军八日赶到了华阳，在华阳城下打败了魏国军队，芒卯逃走。白起俘虏了魏国的三位将军，斩杀十三万人。武安君白起又与赵国的将领贾偃交战，俘获赵军两万人，沉于黄河淹死。魏国的段干子请求割让南阳给秦国求和。苏代对魏安釐王说：“想得到魏国相印的，是段干子，想得到魏国土地的，是秦国。现今魏王你让想得到土地的秦国掌控大王的相印，让想得到相印的人支配大王的土地，那魏国的土地就快被瓜分完了。而且用土地去事奉秦国，就像抱着薪柴去救火，薪柴不烧完，火就不会熄灭。”魏安釐王说：“你说的有道理。即使如此，但这事已开始实施，不能改变了。”苏代回答说：“博戏之所以看重枭棋，有利就吃子，无利就不行棋。现今为什么大王你用智谋还比不上用枭棋呢？”魏安釐王不听苏代的意见，终于让出南阳来求和，实际是割让脩武这个地方。

韩国釐王死了，他的儿子继位为桓惠王。

【原文】

韩、魏既服于秦，秦王将使武安君与韩、魏伐楚，未行，而楚使者黄歇[①]至，闻之，畏秦乘胜一举而灭楚也，乃上书曰：“臣闻物至则反，冬、夏是也[②]；致至则危，累棋是也[③]。今大国[④]之地，遍天下有其二垂[⑤]，此从生民已来，万乘之地未尝有也。先王三世[⑥]不忘接地于齐[⑦]，以绝从亲之要[⑧]。今王使盛桥[⑨]守事于韩，盛桥以其地入秦，是王不用甲[⑩]，不信威[⑪]，而得百里之地，王可谓能矣！王又举甲[⑫]而攻魏，杜大梁之门[⑬]，举河内[⑭]，拔[⑮]燕、酸枣、虚、桃[⑯]，入邢[⑰]，魏之兵云翔而不敢捄[⑱]，王之功亦多矣！王休甲息众，二年[⑲]而后复之，又并蒲、衍、首垣以临仁、平丘，黄、济阳婴城而魏氏服[⑳]。王又割濮磨之北[㉑]，注齐、秦之要[㉒]，绝楚、赵之脊[㉓]，天下五合六聚而不敢捄[㉔]，王之威亦单矣[㉕]！王若能保功守威，绌攻取之心[㉖]，而肥仁义之地[㉗]，使无后患[㉘]，三王不足四，五伯不足六也[㉙]！王若负[㉚]人徒之众，仗兵革之强，乘毁魏之威[㉛]，而欲以力臣天下之主[㉜]，臣恐其有后患也。《诗》曰[㉝]：‘靡不有初，鲜克有终[㉞]。’《易》曰[㉟]：‘狐涉水，濡其尾[㊱]。’此言始之易，终之难也。昔吴之信越也，从而伐齐，既胜齐人于艾陵[㊲]，还为越王禽于三江之浦[㊳]。智氏之信韩、魏也，从而伐赵，攻晋阳城[㊴]，胜有日矣[㊵]，韩、魏叛之，杀智伯瑶于凿台之下[㊶]。今王妒楚之不毁[㊷]，而忘毁楚之强韩、魏也[㊸]，臣为王虑而不取也[44]。夫楚国，援也[45]；邻国，敌也。今王信韩、魏之善王[46]，此正吴之信越也[47]，臣恐韩、魏卑辞除患而实欲欺大国也[48]。何则？王无重世[49]之德于韩、魏而有累世之怨焉。夫韩、魏父子兄弟接踵[50]而死于秦将十世矣，故韩、魏之不亡，秦社稷之忧也。今王资之与攻楚，不亦过乎[51]！且攻楚将恶出兵[52]？王将借路于仇雠之韩、魏乎？兵出之日而王忧其不反[53]也。王若不借路于仇雠之韩、魏，必攻随水右壤[54]，此皆广川、大水、山林、谿谷[55]，不食之地[56]。是王有毁楚之名而无得地之实也。且王攻楚之日，四国[57]必悉起兵而应王。秦、楚之兵构而不离[58]；魏氏将出而攻留、方与、铚、湖陵、砀、萧、相，故宋必尽[59]；齐人南面攻楚，泗上必举[60]。此皆平原四达[61]膏腴之地。如此，则天下之国莫强于齐、魏矣。臣为王虑，莫若善楚。秦、楚合而为一以临韩[62]，韩必敛手而朝[63]；王施[64]以东山之险[65]，带以曲河之利[66]，韩必为关内之侯[67]。若是而王以十万戍郑[68]，梁氏寒心[69]，许、鄢陵婴城而上蔡、召陵不往来也[70]。如此，魏亦关内侯矣。大王壹善楚[71]而关内两万乘之主注地于齐[72]，齐右壤[73]可拱手而取也[74]。王之地一经两海[75]，要约[76]天下，是燕、赵无齐、楚[77]，齐、楚无燕、赵也。然后危动燕、赵[78]，直摇齐、楚[79]，此四国者不待痛而服矣[80]。”王从之，止武安君而谢韩、魏[81]，使黄歇归，约亲于楚[82]。

（以上为第八段，写春申君上书秦昭襄王，避免了秦韩魏联合攻楚。东方六国争相亲秦，以苟延时日。）

【注释】

①黄歇：楚春申君。传见《史记》卷七十八。 ②物至则反，冬、夏是也：事情发展到极点，就要向它的反面发展，冬去夏来就是这样。至，极。 ③致至则危，累棋是也：东西放到最高点，形势就很危险，垒棋子就是这样。致，达到。 ④大国：指秦国。⑤二垂：指秦国横跨西北，占有两个边陲。垂，通“陲”，边。 ⑥先王三世：当年为秦昭王三十四年，“先王三世”，指上推三代，即秦武王、秦惠文王、秦孝公。 ⑦接地于齐：让秦国与齐国连接。秦、齐中隔韩、魏、赵，使韩、魏、赵成为秦国领土的一部，秦则可以“接地于齐”。意思是不忘吞并韩、魏、赵三国。 ⑧以绝从亲之要：用以切断诸侯各国合纵攻秦的纽带。绝：切断。要：同“腰”，纽带。山东合从，韩、魏是其腰。⑨盛桥：即始皇之弟成蟜。盛，通“成”；桥，通“蟜”。 ⑩不用甲：不使用武力。

甲，兵士。⑪不信威：不施展威势。信，通“伸”。⑫举甲：发兵。⑬杜大梁之门：堵塞大梁的门户。杜：堵塞。大梁：魏都，今河南省开封市。门：要道，要口。⑭举河内：占有河内。河内：地区名，为今河南省东北部黄河以北地区。⑮拔：攻下。⑯燕、酸枣、虚、桃：皆在今河南省延津县一带。⑰入邢：又吞并了邢丘。邢丘，魏邑，在今河南温县。⑱云翔而不敢捄：徘徊观望不敢去救援。捄，救。⑲二年：休兵二年。按：应作三年。“拔燕、酸枣、虚、桃”在始皇五年，“并蒲、衍、首垣”在始皇九年，其间正隔三年。⑳“又并”二句：又攻下了蒲、衍、首垣等地，兵临仁、平丘，包围了黄、济阳，魏国就屈服了。蒲：邑名，在今河南省长垣市西南。衍：邑名。在今河南省郑州市北30里。首垣：邑名，在河南省长垣市东北25里。临：威胁。仁：地名，当在平丘附近。平丘：故城在今长垣市西南50里。黄：《战国策》作“小黄”，靠近外黄。外黄，在今河南省杞县东北60里。济阳：故城在今河南省兰考县与山东省曹县间。㉑濮磨之北：指今河南濮阳。㉒注齐、秦之要：打通了通往齐国和秦国的要道。㉓绝楚、赵之脊：切断了楚国与赵国的交通。脊与要义同。脊梁与腰，指要害，此为交通要道、枢纽。按：赵，《战国策》作“魏”，下文皆“韩、魏”连言，此句当改“赵”作“魏”。㉔天下五合六聚而不敢捄：各国诸侯多次会盟互相观望而不敢救援。五合六聚，多次盟会。五、六，非定数，言其多次。㉕王之威亦单矣：大王的威望空前无比。单：通“惮”，强大。㉖绌攻取之心：减少进攻的野心。绌：通“黜”，消除，减少。㉗肥仁义之地：巩固已占有的地方。肥，加厚，巩固。㉘使无后患：使国家没有后顾之忧。㉙“三王、五伯”两句：那是可以和三王、五霸相提并论的功业。三王，指夏、商、周三代开国圣王，即大禹、商汤、周文、周武等王。五伯，春秋五霸。不足四、不足六，谓第四王、第六霸正等待秦昭王去补足，即秦昭王可与三王、五霸相提并论。㉚负：与下文“仗”同义，依仗，凭恃。㉛乘毁魏之威：乘着击败魏国的威势。㉜欲以力臣天下之主：想用武力使天下各诸侯国君臣服。臣，使其称臣。㉝《诗》曰：引诗见《诗·大雅·荡》。㉞“靡不”两句：做任何事总有个开头，但很少能做到善始善终。靡，无。鲜，少。克，能。㉟《易》曰：引文见《易·既未》。㊱狐涉水，濡其尾：是说小狐渡河，水漫其尾，因无后劲儿，终难渡河。濡，浸湿。㊲艾陵：齐地名，在今山东莱芜东北。公元前485年，吴败齐于艾陵。㊳“还为”句：回师后吴王在三江水滨被越王擒拿。还，指吴王回师。禽，通“擒”。三江之浦：松江、娄江、东江，三江会合之口，在苏州东南三十里。按：公元前494年，吴王夫差大败越王勾践，勾践臣服吴王，诱使吴王北伐齐，败齐艾陵，西与晋争霸。公元前482年吴王与晋举行黄池之会，越国乘机伐吴，掳吴太子。吴王回师以厚礼与越讲和。公元前475年，越又伐吴，至公元前473年，被越国困在姑苏之山（今苏州市西北）的夫差终于自杀。 ㊴晋阳城：今太原市。 ㊵胜有日矣：胜利指日可待。智伯要挟韩、魏共围赵，水灌晋阳城，不没者三版，胜利在望。 ㊶“韩、魏叛之”二句：智伯瑶约韩、魏共伐赵，后韩、魏、赵联合共灭智伯，智伯被杀于凿台之下。 凿台：在今山西晋中市榆次区南洞过（涡）水侧。 ㊷“今王”句：现今大王对没有毁灭楚国感到不快。 妒：忌恨，不快。 ㊸“而忘”句：却忘记了毁灭楚国会使韩、魏强大。 ㊹不取也：这样做是不可取的，不明智的。 ㊺夫楚国，援也：楚国是秦国的友邦。 ㊻善王：对秦国亲善、友好。 ㊼此正吴之信越也：这正如当初吴国相信越国一样。正，诚，正是。 ㊽“臣恐”句：我担心韩魏用谦卑的言辞来消除秦国施压的祸患，实际上是要欺骗秦国。 ㊾重世：同累世，即世世代代。 ㊿接踵：一个接一个，相继。 (51)“今王资之”二句：现今大王帮助韩、魏联合攻楚，岂不是大错特错吗？ 资之：提供军备给韩、魏。 过：大错特错。 (52)恶出兵：从哪儿出兵。韩、魏挡在楚的前面，秦攻楚，从哪条线路出兵呢？恶（wū），何，哪儿。 (53)反：同“返”，指还兵。谓秦若攻楚，韩魏断其后，秦将没有退还的路线。 (54)随水右壤：今湖北省随县西部之地，即当时楚西部之地，故称“右壤”。 (55)谿谷：即溪谷。谿，溪的异体字。 (56)不食之地：即“不毛之地”，不生五谷之地。 (57)四国：指韩、魏、齐、燕四国。 (58)秦楚之兵构而不离：秦、楚两国交战将无休无止。 构：结，指交战。 不离：不分，无休无止。若四国响应，秦将抽不出身。 (59)“魏氏将出”句：魏必然出兵进攻留、方与等地，将全部占有原来宋国的土地。 留：故城在今江苏省沛县东南55里。 方与：今山东省鱼台县北。铚（zhì）：在今安徽省宿州市西南46里。 萧：在今安徽省萧县北10里。 相：今安徽省宿州市西北。 (60)泗上必举：泗水上的土地必将被齐占领。 泗上：泗水流域之地，在今江苏省西北部，春秋时楚北界。 举：攻下，占领。 (61)四达：交通四通八达。 (62)临韩：进逼韩国。 (63)韩必敛手而朝：韩国一定拱手向秦国称臣。 敛手：拱手，表示恭顺臣服。 (64)施：利用，依靠。 (65)东山之险：指咸阳以东的华山、崤山等地的险塞地势。 (66)带以曲河之利：加上蜿蜒曲折的黄河的便利。 带：义同上句的“施”，凭借，拥有，加上。 曲河：通称河曲，指今山西永济市一带的黄河由北向南，曲折而东的形势。 (67)关内之侯：即下文之“关内侯”，乃比喻之义。言秦、楚联合，威胁韩，韩必服秦，如此，秦据山东之险，有黄河之利，韩国失去独立，只不过相当于秦国所封的一个“关内侯”而已。 (68)以十万戍郑：用十万秦军戍守韩国都城新郑。 戍：军队驻防。 (69)梁氏寒心：魏国胆寒害怕。 (70)“许、鄢陵”句：魏国的许昌、鄢陵两城将收缩防守，楚国的上蔡、召陵两地被切断，与魏国不往来了。 许：故城在今河南省许昌市东。鄢陵：故城在今河南省鄢陵县西南。上蔡：故城在今河南省上蔡县西10里。召（shào）陵：故城在今河南省郾城区东35里。 ⑦壹善楚：专心亲楚，只要亲楚。 ⑦关内两万乘之主注地于齐：韩、魏地接于齐，只要秦国拥有韩、魏两个万乘之君为关内侯，等于秦国的土地与齐接壤。注：连接。 ⑦齐右壤：齐国西部地区。南向右为西，左为东。 ⑦拱手而取也：不费力气就可取得。拱手：喻容易。 ⑦王之地一经两海：秦王的土地从西海一直到东海。两海：西流沙瀚海，东大海。 ⑦要约：约束、控制。 ⑦燕、赵无齐、楚：指燕、赵没有齐国、楚国的援助与同盟。下句相反，齐、楚没有燕、赵的援助与同盟，是“无燕、赵也”。 ⑦危动燕、赵：危逼燕、赵。 ⑦直摇齐、楚：摇撼齐、楚。摇：动摇、震撼。 ⑧不待痛而服矣：等不到遭受沉重打击就臣服了。痛：痛击，沉重打击。 ⑧止武安君而谢韩、魏：停止派武安君攻打楚国，并向韩、魏两国致歉。 ⑧约亲于楚：与楚国定立友好盟约。

【译文】

韩国、魏国向秦国屈服后，秦昭襄王打算派武安君白起与韩、魏两国军队共同攻打楚国。军队还没有出发，楚国的使者黄歇就到了秦国，听到秦国等要攻打楚国的事，害怕秦国乘胜一举便把楚国灭掉，于是给秦昭襄王上书说：“我听说事物到了极点时就要走向反面，冬天、夏天就是这样转化的；东西放到最高点，形势就很危险，就像堆叠在一起的棋子。现今秦国的土地，横跨西北，占有两个边陲，这是自古以来拥有万乘车马的大国从未达到的。秦先王武王、惠文王以及秦孝公三代以来一直不忘夺取各国土地与齐国接壤，以此断绝诸侯国合纵攻秦的纽带。如今大王派出盛桥在韩国任职，韩国便将他所管辖的土地交给了秦国，这样大王不动一兵一卒，也不用威胁利诱，就白白地得到百里的土地，大王真是能干啊！大王又兴兵攻魏，堵塞都城大梁的门户，攻下了河内，夺取了燕、酸枣、虚、桃等地，又挥兵进入邢丘，魏国的军队徘徊观望而不敢去救援，大王的功劳可谓多啊！大王休兵两年，再征讨，又攻下了蒲、衍、首垣等地，兵临仁、平丘，包围了黄、济阳，魏国就屈服了。大王又割取了濮磨以北地区，打通了通往齐国和秦国的要道，断绝了楚赵之间的交通，各国诸侯多次会商互相观望而不敢去救援，大王的威望也是空前的。大王如果能保持已有的功业和威望，减少进攻的野心，而在疆土内广施仁义，巩固已占有的地盘，做到没有后顾之忧，那是可以和三王、五霸相提并论的功业。假如大王依仗人多势众，依靠甲兵的强大，乘着灭掉魏国的威势，想用武力让天下各诸侯君主臣服，臣担心这会有后患啊！

《诗》里面说：‘做事往往都有好的开头，但很少能做到善始善终。’《易》里面说：‘小狐狸过河，沾湿了它的尾巴。’这是说开头容易，但圆满终结就很难。从前吴国听信了越国，北上攻打齐国，在艾陵已取得了胜利，回师后吴王在三江水滨却被越王捉拿。智氏听信韩、魏，用兵攻打赵氏，围攻晋阳城，到了指日可胜的时候，韩、魏背叛，在凿台之下杀了智伯瑶。现今大王对没有毁灭楚国感到不快，却忘记了毁灭楚国会使韩、魏强大，臣为大王考虑，这是不可取的。楚国是与秦国交好的国家；韩、魏邻国，是秦国敌对的国家。现今大王轻信韩、魏，这正像吴王相信越王一样，我担心韩、魏用谦卑的言辞，以此消除祸患，实际上是要欺骗秦国。为什么这样说呢？秦王对韩、魏没有两代的恩德，却有世世代代的积怨。韩、魏两国君王的父子兄弟相继死于秦国刀兵之下的将近有十代了，所以韩、魏不灭亡，实在是秦国的忧患。现今大王帮助他们联合攻打楚国，岂不是大错特错！况且你攻打楚国又将怎样出兵呢？大王若是要向敌国韩、魏借路经过，到了出兵之日就会担心秦军回不来。大王如果不向敌国韩、魏借路，就一定要进攻随水以西的地方，这些地方都是广袤的山川、大河、山林、溪谷，是不能垦耕的土地。这样大王有毁灭楚国的名声而没有占得实用的土地。而且当大王攻打楚国的时候，韩、魏、齐、燕四国都一定会起兵响应大王，秦、楚两国军队交战不休，魏国就将出兵进攻留、方与、铚、湖陵、砀、萧、相，过去宋国原有的土地必然被全部攻占；齐国趁机向南攻打楚国，泗水上的土地必将被占领，这一带都是四通八达的平原，肥沃的土地，这样，天下诸侯各国就没有谁能比齐、魏更强大的了。臣为大王设想，不如与楚国亲善为好。秦国、楚国联合进逼韩国，韩国一定拱手向秦国称臣，大王利用咸阳以东华山及崤山的险要地势，加上蜿蜒曲折奔流的黄河的便利，韩国一定成为秦国控制在关内的诸侯国。到了这一步，大王调发十万士兵戍守韩国的都城新郑，那么魏国就会寒心丧胆，魏国的许、鄢陵两座城邑将收缩防守，楚国的上蔡、召陵便被隔断，与魏国不相往来了。这样，魏国也成了秦国控制在关内的诸侯国。大王只要亲善楚国，而关内这两个拥有万辆兵车的大国的土地原本就与齐国相连，这样齐国西边的土地就可以很容易取得。大王的土地便直接从东海到西海，控制着天下，这就使燕国、赵国没有了齐国、楚国的联合，齐国、楚国没有了燕国、赵国的联合。然后危逼燕、赵，摇撼齐、楚，这四个国家等不到遭受攻打便屈服秦国了。”秦昭襄王听从了黄歇上书的意见，停止派武安君去攻打楚国，并向韩、魏两国致歉，让黄歇返回楚国，与楚国相约结为友好的邻国。

【评析】

廉蔺交欢，将相和而赵强

本卷所载七国争雄，是张仪连横之策得势的时期，许多英杰登场。著名的有乐毅、田单、廉颇、蔺相如，“战国四公子”中的两位——孟尝君、春申君登场表演。最大亮点是廉蔺交欢，将相和而赵强，演奏了一曲高扬爱国主义的赞歌。蔺相如智勇双全，出使秦国维护了赵国的利益。他用智慧和勇敢挫败了秦昭王君臣勒索的野心，完璧归赵，使得渑池之会强秦未能占上风。廉颇是赵国的大将，英勇善战，别国都十分畏惧廉颇。渑池之会，廉颇是蔺相如的坚强后盾，因此廉颇也是立有大功的。蔺相如心里很清楚，将相和是凝聚国民的核心，也是国家兴旺安全的保证。所以，当廉颇不服，要折辱蔺相如的时候，蔺相如退让三分使廉颇感悟，最终将相和而赵强。蔺相如面对秦王，不畏强暴，表现出他的大智大勇；蔺相如在同僚面前表示了退让，顾全大局，先国家而后私仇，同样是大智大勇。激昂是勇敢，忍辱也是一种勇敢。一个人的智勇，只有与国家利益紧密相连，为捍卫国家利益才能得到最大限度的发扬。

卷第五　周纪五

周赧王四十三年至五十九年（前272—前256）

【起屠维赤奋若（己丑，前272），尽旃蒙大荒落（乙巳，前256），凡十七年】

【大事提要】

本卷记事起公元前272年到公元前256年，凡十七年，当周赧王四十三年至赧王五十九年。本卷所载大事主要有六个方面：其一，写秦赵阏与之战，赵将马服君赵奢大败秦军，是秦赵争雄的第一场大战。其二，写范雎入秦，说秦昭襄王实施远交近攻策略蚕食东方诸侯，荐良将白起，使秦昭襄王称雄于东方。范雎以忠臣事主的名义，助秦昭襄王剥夺太后及四贵权力，取得了秦国相位。其三，写秦赵长平大战，此战起于秦将白起公元前264年的陉城之战，结束于公元前257年楚、魏救赵解邯郸之围，前后八年。公元前260年秦赵长平主力决战，秦胜赵败，从此赵国一蹶不振。其四，写秦赵长平之战推动了楚、魏、赵三国合纵抗秦，赵平原君、楚春申君、魏信陵君齐聚长平之战历史舞台，合力击秦军解邯郸之围。其五，写韩国大商人吕不韦奇货可居，投机政治，催生了后来统一六国的秦始皇，秦庄襄王异人之子嬴政。其六，秦灭西周。

【原文】

赧王下

四十三年（己丑，前272）

楚以左徒[①]黄歇侍太子完[②]为质于秦。

秦置南阳郡[③]。

秦、魏、楚共伐燕。

燕惠王薨，子武成王[④]立。

四十四年（庚寅，前271）

赵蔺相如[5]伐齐，至平邑[6]。

赵田部吏[7]赵奢收租税，平原君[8]家不肯出；赵奢以法治之，杀平原君用事者[9]九人。平原君怒，将杀之。赵奢曰："君于[10]赵为贵公子，今纵君家而不奉公，则法削[11]，法削则国弱，国弱则诸侯加兵[12]，是[13]无赵也，君安得有此富乎[14]！以君之贵，奉公如法[15]则上下平，上下平则国强，国强则赵固，而君为贵戚，岂轻于天下邪[16]！"平原君以为贤[17]，言之于王[18]。王使治国赋[19]，国赋太平，民富而府库实。

四十五年（辛卯，前270）

秦伐赵，围阏与[20]。赵王召廉颇、乐乘[21]而问之曰："可救否？"皆曰："道远险狭，难救。"问赵奢，赵奢对曰："道远险狭，譬犹两鼠斗于穴中，将勇者胜。"王乃令赵奢将兵救之。去[22]邯郸三十里而止，令军中曰："有以军事谏者死[23]！"

秦师军武安[24]西，鼓噪勒兵[25]，武安屋瓦尽振[26]。赵军中候[27]有一人言急救武安，赵奢立斩之。坚壁[28]二十八日不行，复益增垒[29]。秦间[30]入赵军，赵奢善食遣之[31]。间以报秦将，秦将大喜曰："夫去国三十里而军不行，乃增垒，阏与非赵地也！"赵奢既已遣间，卷甲而趋[32]，一日一夜而至，去阏与五十里而军，军垒成。秦师闻之，悉甲[33]而往。赵军士许历请以军事谏，赵奢进之。许历曰："秦人不意[34]赵至此，其来气盛[35]，将军必厚集其陈[36]以待之；不然，必败。"赵奢曰："请受教[37]！"许历请刑[38]，赵奢曰："胥后令邯郸[39]。"许历复请谏[40]，曰："先据北山[41]上者胜，后至者败。"赵奢许诺，即发万人趋之[42]。秦师后至，争山不得上；赵奢纵兵击秦师[43]，秦师大败，解[44]阏与而还。赵王封奢为马服君[45]，与廉、蔺同位[46]；以许历为国尉[47]。

穰侯言客卿灶于秦王，使伐齐，取刚、寿以广其陶邑[48]。

（以上为第一段，写秦赵阏与之战，赵将马服君赵奢大败秦军。）

【注释】

①左徒：战国时楚官名。传达命令的官，位次于令尹，为楚贵臣。 ②太子完：即后来的楚考烈王。完又作"元"。 ③南阳郡：郡治宛城，在今河南南阳市。 ④武成王：燕惠王之子，史失名，公元前271年至公元前258年在位。 ⑤蔺相如：赵人，初

为赵国宦官头目缪贤的门客，出使秦国完璧归赵，拜为上大夫，又拜为上卿。传见《史记》卷八十一。 ⑥平邑：在今河南省南乐县东北。 ⑦田部吏：征收田赋的下级官吏。⑧平原君：赵胜，战国四公子之一。传见《史记》卷七十六。 ⑨用事者：管事的人。⑩于：在。 ⑪“今纵君家”二句：现今放纵你的管家不奉公守法交租税，这样国家法令就要削弱。纵：放任。奉公：尊重公家。 ⑫加兵：用武力进攻。 ⑬是：则。 ⑭君安得有此富乎：你又怎能享有这些财富呢？安得：怎么能。 ⑮如法：遵守法令。 ⑯岂轻于天下邪：难道会被天下人轻视吗？ ⑰以为贤：认为赵奢贤能。贤，能，善。 ⑱言之于王：把赵奢举荐给赵王。 ⑲治国赋：管理国家的赋税。 ⑳阏（yù）与，今山西省和顺县西。《史记·赵奢传》：“秦伐韩，军于阏与”，徐孚远《史记测议》：“阏与本赵地，伐韩而军阏与，假道也，亦以胁赵。” ㉑乐乘：《史记·乐毅列传》曰“乐间之宗也。”㉒去：离开。 ㉓有以军事谏者死：敢以军事进言的一律处死。这是赵奢迷惑秦军的计谋。 ㉔军武安：驻扎在武安。武安：赵邑，今河北省武安市西南。 ㉕鼓噪勒兵：擂鼓呐喊，操练军队。 ㉖振：通“震”。 ㉗候：侦察敌情的军吏。 ㉘坚壁：坚守营垒。㉙复益增垒：还要增修营垒工事。复：又，再。益，同增，加倍形容。 ㉚间：间谍。㉛善食遣之：用好饭好菜款待后放他回去。 ㉜卷甲而趋：卷起铠甲，轻装急进。见《孙子·军争》。 ㉝悉甲：全军。 ㉞不意：没有料到。 ㉟其来气盛：他们来势很猛。㊱厚集其陈：集中兵力。陈：通“阵”，交战时的战斗队列。 ㊲请受教：愿意接受建议。 ㊳请刑：要求死刑。赵奢曾令军中曰：“有以军事谏者死。” ㊴胥后令邯郸：等待回到邯郸请赵王处置。胥：通“须”，等待。 ㊵许历复请谏：临战时许历又请进言。㊶先据北山：抢先占领阏与的北山。 ㊷趋之：赶上去。 ㊸纵兵击秦师：指挥全军进攻秦兵。 ㊹解：解除包围。 ㊺马服君：马服，山名，在今河北省邯郸市西北，赵王以此山名为赵奢封号。奢死葬于此山上。 ㊻与廉、蔺同位：与廉颇、蔺相如地位相同。廉、蔺二人为上卿，赵奢亦为上卿。 ㊼国尉：官名，仅次于将军。 ㊽取刚、寿以广其陶邑：夺取刚邑、寿邑以扩大穰侯的封邑陶邑。刚：邑名，在今山东省宁阳县东北。寿：邑名，在今山东省东平县西南。陶邑：在今山东省定陶区西北。

【译文】

赧王下

周赧王四十三年（己丑，前272）

楚国任命左徒黄歇侍奉太子完出使秦国为人质。

秦国建置南阳郡。

秦国、魏国、楚国共同攻打燕国。

燕惠王死了，他的儿子武成王继位。

周赧王四十四年（庚寅，前 271）

赵国蔺相如攻打齐国，进兵到达平邑。

赵国主管征收田地租税部门的官员赵奢收取租税，平原君家不肯交纳；赵奢依据相关法令治罪，杀了平原君的九个管家，平原君发怒，将要杀死赵奢。赵奢说："平原君你是赵国的贵公子，现今放纵你的管家不奉公守法交租税，这样国家法令就要削弱；法令削弱，国家就要衰弱；国家衰弱，那么诸侯就会兴兵来侵略，赵国就保不住了，你又怎能享有这些财富呢？由于你的地位尊贵，带头奉公守法就上下一心；上下一心国家就强大；国家强大赵国就稳固，而你身为贵戚，难道会被天下人看轻吗！"平原君认为赵奢贤能，便向赵惠文王推荐他。赵惠文王任命赵奢管理国家赋税，国家赋税十分公平，民众富足而国家府库充实。

周赧王四十五年（辛卯，前 270）

秦国进攻赵国，围攻阏与城。赵惠文王召集廉颇、乐乘等询问阏与告急的事，说："可以去救援吗？"廉颇等都说："路途遥远而且险隘难行，很难救援。"又询问赵奢，赵奢回答说："路途遥远而且险隘难行，就像两只老鼠在洞穴中相斗，将是勇敢无畏的一方取胜。"赵惠文王于是命令赵奢率军去救援阏与。赵奢离开邯郸三十里便扎营驻守，下令全军说："有敢以军事进言的处死！"

秦国军队驻扎在武安城的西边，秦军操练，擂鼓呐喊，武安城的屋瓦都受震动。赵军中一位侦察军官进言要急速援救武安城，赵奢立即把他杀了，坚守营垒二十八日不出兵，还要增修营垒工事。秦国的间谍进入赵军驻地，赵奢用好饭好菜款待后放他回去。这个间谍把侦探到的情况报告给秦国将领，秦国将领很高兴地说："赵军离国都邯郸城三十里便扎营驻守，还在增修营垒工事，阏与不属于赵国了！"赵奢放走秦国间谍之后，便率领全军卷起铠甲轻装急进，行军一天一夜便赶到阏与，在距离阏与城五十里处扎下营垒。赵军营垒刚刚完成，秦军听到这消息，便出动全军甲士前来交战。赵军的军士许历请求以军事进言，赵奢接见了他。许历说："秦军没有料到赵军这样快速赶来，秦军进攻气势汹汹，士气高昂，将军一定要集中兵力来对付秦军；不这样做，就一定会失败。"赵奢说："很愿意接受你的意见！"许历请求给予他触犯军令的处分，赵奢说："等到回邯郸后处分。"许历又请进言，说："先占据北山高地的一方得胜，后到北山来争夺的失败。"赵奢赞同，就调遣一万人赶到北山。秦军随后赶到，与赵军争夺北山，仰攻而不能上；赵奢全线出击秦军，秦军大败，解除了对阏与的包围，撤退回国。赵惠文王封赵奢为马服君，与廉颇、蔺相如地位相同；任命许历为国尉。

穰侯向秦昭襄王推荐客卿灶，派灶去攻打齐国，夺取刚邑、寿邑以扩大穰侯的食邑陶邑。

【原文】

初，魏人范雎[1]从中大夫[2]须贾使于齐，齐襄王闻其辩口[3]，私赐之金及牛、酒。须贾以为雎以国阴事告齐[4]也，归而告其相魏齐。魏齐怒，笞击[5]范雎，折胁[6]，摺齿[7]。雎佯死，卷以箦[8]，置厕中，使客醉者更溺之[9]，以惩后[10]，令无妄言[11]者。范雎谓守者[12]曰："能出我[13]，我必有厚谢。"守者乃请弃箦中死人。魏齐醉，曰："可矣。"范雎得出。魏齐悔，复召求之[14]。魏人郑安平遂操范雎亡匿[15]，更姓名曰张禄。

秦谒者[16]王稽使于魏，范雎夜见王稽。稽潜载与俱归[17]，荐之于王[18]，王见之于离宫[19]。范雎佯[20]为不知永巷[21]而入其中，王来而宦者怒逐之，曰："王至！"范雎谬曰[22]："秦安得王[23]，秦独有太后、穰侯耳！"王微闻其言[24]，乃屏左右[25]，跽而请曰[26]："先生何以幸教[27]寡人？"对曰："唯唯[28]。"如是者三。王曰："先生卒[29]不幸教寡人邪？"范雎曰："非敢然也[30]！臣，羁旅[31]之臣也，交疏[32]于王，而所愿陈者皆匡君之事[33]，处人骨肉之间[34]，愿效愚忠而未知王之心也，此所以王三问而不敢对者也。臣知今日言之于前，明日伏诛[35]于后，然臣不敢避也。且死者，人之所必不免也，苟可以少有补于秦而死，此臣之所大愿也。独恐[36]臣死之后，天下杜口裹足[37]，莫肯乡[38]秦耳！"王跽曰："先生，是何言也！今者寡人得见先生，是天以寡人溷先生而存先王之宗庙也[39]。事无大小，上及太后，下至大臣，愿先生悉以教寡人，无疑寡人也！"范雎拜，王亦拜。范雎曰："以秦国之大，士卒之勇，以治诸侯，譬若走韩卢而博蹇兔也[40]，而闭关十五年，不敢窥兵于山东[41]者，是穰侯为秦谋不忠，而大王之计亦有所失也。"王跽曰："寡人愿闻失计！"然左右多窃听者，范雎未敢言内[42]，先言外事[43]，以观王之俯仰[44]。因进曰："夫穰侯越韩、魏而攻齐刚、寿，非计也。齐湣王南攻楚，破军杀将，再辟地千里[45]，而齐尺寸之地无得焉者，岂不欲得地哉？形势不能有也[46]。诸侯见齐之罢敝[47]，起兵而伐齐[48]，大破之，齐几于亡，以其伐楚而肥韩、魏也[49]。今王不如远交而近攻[50]，得寸则王之寸也，得尺亦王之尺也[51]。今夫韩、魏，中国之处，而天下之枢也[52]。王若用霸[53]，必亲中国以为天下枢，以威[54]楚、赵，楚强则附赵，赵强则附楚[55]，楚、赵皆附，齐必惧矣，齐附则韩、魏因可虏也[56]。"王曰："善。"乃以范雎为客卿，与谋兵事。

四十六年（壬辰，前269）

秦中更胡伤攻赵阏与，不拔[57]。

（以上为第二段，写范雎入秦，说秦昭王实施远交近攻策略蚕食东方六国。）

【注释】

①范雎：曾为秦昭王相国，封为应侯。传见《史记》卷七十九。 ②中大夫：议论政事之官，当时大夫分上、中、下三级。 ③辩口：能言善辩。 ④以国阴事告齐：把魏国的秘密泄露给齐国。 阴事：秘密事，机密事。 ⑤笞击：用竹板责打。 ⑥折胁：打断肋骨。 ⑦摺齿：打掉牙齿。 ⑧箦（zé）：竹席。 ⑨更溺之：轮流往范雎身上撒尿。溺，同"尿"，作动词用。 ⑩以惩后：用来警戒以后的人。 ⑪妄言：胡说，指谈论出卖国家机密。 ⑫守者：看守范雎的人。 ⑬出我：放我出去。 ⑭召求之：寻找范雎。 ⑮操范雎亡匿：带着范雎逃亡藏匿。 ⑯谒者：官名。掌管接纳宾客，通报传达。⑰稽潜载与俱归：王稽秘密载着范雎一起回到秦国。 潜：暗中，秘密。 ⑱荐之于王：把范雎推荐给秦昭王。 ⑲离宫：别宫，行宫，帝王在国都正宫以外的居室。 ⑳佯：假装。 ㉑永巷：宫中长巷。 ㉒谬曰：故意瞎说。 ㉓秦安得王：秦国哪有什么王。㉔王微闻其言：秦昭王隐约听到范雎的谬言。 ㉕屏左右：遣退左右侍从的人。屏（bǐng），回避。 ㉖跽而请曰：秦昭王长跪着向范雎请教说。 长跪：古人席而坐，就是跪坐在席上，抬起身子即成长跪状态，挺直上身，表示庄重、恭敬。 ㉗幸教：祈求别人教导自己的谦词。 ㉘唯唯：是是，恭敬的应声。 ㉙卒：终究。 ㉚非敢然也：不敢这样。 ㉛羁（jī）旅：寄居他乡。 ㉜交疏：相交疏远。 ㉝"而所"句：可我想要说的是匡助国君的事。 愿陈：想要说的。 匡：纠正。 ㉞处人骨肉之间：牵涉到国君与亲属骨肉之间的关系。 处：插手，牵涉。 骨肉：父子兄弟等至亲。此指秦昭王与其母宣太后以及昭王舅穰侯之间的关系。 ㉟伏诛：受极刑。伏，通"服"。 ㊱独恐：只是担心，只怕。 ㊲杜口裹足：闭口不说，止步不敢前来。 ㊳乡：通"向"。 ㊴"是天以寡人"句：是上天替寡人烦扰先生来保全我秦国先王的宗庙啊。溷（hùn）：烦扰。 ㊵"譬若"句：好比是放出韩卢名犬去猎取跛足的兔子。 走韩卢：放出韩卢追赶。 博蹇兔：猎取跛足的兔子。 ㊶山东：华山、崤山以东六国，重点指三晋韩、赵、魏。 ㊷未敢言内：

不敢说国内朝廷的事，指宣太后、穰侯专权事。 ㊸先言外事：只先说秦国对外的事，指穰侯对外政策失误的事。 ㊹以观王之俯仰：用以观察秦昭王的态度。 观：试探。 俯仰：低头与抬头，借指人的内心起伏、动态。 ㊺再辟地千里：又扩张国土千里。指齐滑王灭宋，扩地千里。 ㊻形势不能有也：这是形势使齐国不能占有夺取的土地。 形势：指齐与列国的关系。齐滑王称霸犯了列国众怒，招来燕赵等五国进攻，齐国差点灭亡。 ㊼罢敝：疲惫困顿。罢，通“疲”。 ㊽伐齐：指公元前284年燕昭王派乐毅为将，联合赵、魏、楚、秦共伐齐国事。 ㊾以其伐楚而肥韩、魏也：因为齐国攻打楚而肥了韩、魏。 肥：富饶，引申为得利。此以齐之失利喻穰侯越国远攻之失计，将为害整个国家。 ㊿远交而近攻：与远方的国家交好而进攻邻近的国家。范雎相秦，为统一六国建远交近攻之策，蚕食和削弱韩、赵、魏三晋增强秦国，为后来秦始皇统一打下坚实基础。 ㉛得寸、得尺：都指得土地。 ㉜“中国之处”二句：指韩、魏处于中原之地是天下的中心。中国，即中原。枢，中心，门户。 ㉝用霸：称霸。 用：据章校，他本“用”作“欲”。“欲霸”，想要称霸。“用”字义长。 ㉞威：威慑。 ㉟楚强则附赵，赵强则附楚：楚国强，秦国就支持赵国削弱楚国；赵国强，秦国就支持楚国削弱赵国。 ㊱虏：通“掳”，收服，臣服。 ㊲“秦中更”二句：秦国委派中更胡伤进攻赵国的阏与邑，没有成功。 中更：秦国二十等爵第十三级。 胡伤：卫人。

【译文】

当初，魏国人范雎跟随中大夫须贾出使齐国，齐襄王听说范雎能言善辩，便私下赏赐给他黄金和牛、酒。须贾以为范雎向齐王出卖了国家机密，回魏国后他将这事报告了国相魏齐。魏齐大怒，鞭打范雎，打断了他的肋骨和牙齿。范雎装死，身体被人用席卷着，放置在厕所中，让喝醉了酒的客人轮流去向他撒尿。魏齐用这样的办法惩戒以后的人，不准随便谈论国家的机密。范雎对看守的人说：“把我放出去，我一定有丰厚的酬谢。”看守的人于是向魏齐请求扔掉竹席中的死人。魏齐酒醉，说：“可以扔出去。”范雎得以逃出。魏齐后悔，又下令搜捕范雎。魏国人郑安平于是带着范雎逃亡藏匿，改名为张禄。

秦国的谒者王稽正出使魏国，范雎选择在一个夜晚去见王稽。王稽暗地里载着范雎一起返回秦国，把范雎推荐给秦昭襄王，秦昭襄王在离宫召见范雎。范雎装作不知王宫中的道路而进入永巷中，管理永巷的宦官发怒驱逐范雎说：“大王来了！”范雎故意说：“秦国哪里有国王，秦国只有太后和穰侯罢了！”秦昭襄王警觉地听到了范雎说的话，于是要左右随从回避，向范雎长跪请教说：“先生你拿什么来指教寡人？”范雎回答说：“嗯。”像这样与秦王对答了三次。秦昭襄王说：“先生你到底愿不愿意指教寡人呢？”范雎说：“臣不敢随便说啊！臣只是客居秦国的人，与大王没有交往。臣想要说的匡助国君的事，牵涉到国君与亲属宗族骨肉之间的关系，我愿意奉献赤诚的忠心，但不了解大王的本意，这就是大王三次问臣而臣不敢回答的原因。臣知道今天向大王陈说，即使明天就会伏罪被杀，但臣也不敢回避不说啊。况且死是人们避免不了的事，假如能够对秦国稍有补益而死，这是我最大的愿望啊！臣只怕自己死后，天下的人闭口不敢陈说，止步不敢前来，没有谁肯再来归向秦国罢了。”秦昭襄王长跪着说：“先生，你这是什么话！现今寡人能够见到先生，是上天替寡人烦扰先生来保全我秦国先王的宗庙啊。你要陈述的事情不论大小，上至于我的太后，下至于秦国的大臣，都希望先生毫无保留地指教寡人，不要怀疑寡人！”范雎拜谢秦昭襄王，秦昭襄王也回拜范雎。范雎说：“凭着秦国的强大，士兵的勇猛，去攻取诸侯各国，就好比是放出韩卢名犬去猎取跛足的兔子。但是秦国却闭关十五年，不敢出兵华山以东，这是穰侯为秦国谋划不忠诚，而且大王的谋略也有失误的地方。”秦昭襄王又长跪着说：“寡人希望听到谋略失误的地方！”但是秦昭襄王身边有许多偷听谈话的人，范雎还不敢说朝廷内部的事，只能先说秦国外部的事，用以观察秦昭襄王的态度，便进言说：“穰侯要越过韩、魏两国去攻打齐国的刚、寿两邑，不是好计谋。先前齐湣王向南攻打楚国，打败楚国，杀了楚国的将领，又扩张千里土地，结果齐国连一尺一寸土地都没有得到，难道齐国不想得到土地吗？这是形势使它不能占有啊。诸侯各国看到齐国军民疲困力乏，便起兵攻打齐国，大败齐军，齐国差点灭亡，因为它攻打楚国而肥了韩、魏。现今大王你不如与远方的国家交好而攻打邻近的国家，这样，取得一寸土地，大王就增加一寸土地，取得一尺土地，大王就增加一尺土地。现今韩、魏位于中原，是天下的中枢。大王想要称霸，一定要亲近中原之地以控制天下的中枢，这样可以威服楚、赵。楚国强，秦国就亲附赵国削弱楚国；赵国强，秦国就亲附楚国削弱赵国。楚、赵两国都亲附秦国，齐国一定会害怕，齐国亲附了秦国，那么韩、魏便可攻取了。”秦昭襄王说：“很好。”于是任用范雎为客卿，参与谋划军事。

周赧王四十六年（壬辰，前 269）

秦国委派一个名叫胡伤的中更率兵进攻赵国的阏与邑，没有成功。

【原文】

四十七年（癸巳，前268）

秦王用范雎之谋，使五大夫绾[1]伐魏，拔怀[2]。

四十八年（甲午，前267）

秦悼太子质于魏而卒[3]。

四十九年（乙未，前266）

秦拔魏邢丘[4]。范雎日益亲，用事[5]，因承间说王曰："臣居山东时，闻齐之有孟尝君，不闻有王；闻秦有太后、穰侯，不闻有王。夫擅国[6]之谓王，能利害[7]之谓王，制杀生[8]之谓王。今太后擅行不顾[9]，穰侯出使不报[10]，华阳、泾阳[11]击断无讳[12]，高陵进退不请[13]，四贵[14]备而国不危者，未之有也。为此四贵者下，乃所谓无王也[15]。穰侯使者操王之重[16]，决制[17]于诸侯，剖符于天下[18]，征敌伐国[19]，莫敢不听；战胜攻取则利归于陶[20]，战败则结怨于百姓而祸归于社稷。臣又闻之，木实繁者披其枝，披其枝者伤其心；大其都者危其国，尊其臣者卑其主[21]。淖齿管齐[22]，射王[23]股，擢王筋，悬之于庙梁[24]，宿昔而死[25]。李兑管赵，囚主父于沙丘，百日而饿死。今臣观四贵之用事，此亦淖齿、李兑之类也。夫三代[26]之所以亡国者，君专授政于臣，纵酒弋猎[27]；其所授者[28]妒贤疾能，御下蔽上[29]以成其私，不为主计，而主不觉悟，故失其国。今自有秩以上至诸大吏，下及王左右，无非相国之人者[30]。见王独立于朝[31]，臣窃为王恐，万世之后[32]有秦国者[33]，非王子孙也！"王以为然，于是废太后，逐穰侯、高陵、华阳、泾阳君于关外[34]，以范雎为丞相，封为应侯[35]。

魏王使须贾聘于秦[36]，应侯敝衣间步[37]而往见之。须贾惊曰："范叔固无恙乎[38]！"留坐饮食[39]，取一绨袍[40]赠之。遂为须贾御[41]而至相府，曰："我为君先入通于相君[42]。"须贾怪其久不出，问于门下[43]，门下曰："无范叔；乡者[44]吾相张君也。"须贾知见欺[45]，乃膝行入谢罪[46]。应侯坐，责让之，且曰："尔[47]所以得不死者，以绨袍恋恋[48]尚有故人之意耳！"乃大供具[49]，请诸侯宾客；坐须贾于堂下[50]，置莝、豆[51]于前而马食之[52]，使归告魏王曰："速斩魏齐头来！不然，且屠大梁[53]！"须贾还，以告魏齐。魏齐奔赵，匿于平原君家。

赵惠文王薨，子孝成王丹[54]立；以平原君为相。

五十年（丙申，前265）

秦宣太后薨。九月，穰侯出之陶。

臣光曰：穰侯援立昭王[55]，除其灾害，荐白起为将，南取鄢、郢，东属地于齐[56]，使天下诸侯稽首而事秦。秦益强大者，穰侯之功也。虽其专恣骄贪足以贾祸[57]，亦未至尽如范睢之言。若睢者，亦非能为秦忠谋，直欲得穰侯之处[58]，故搤其吭[59]而夺之耳。遂使秦王绝母子之义，失舅甥之恩。要之，睢真倾危之士[60]哉！

（以上为第三段，写范睢危言耸听游说秦昭襄王，排斥太后及四贵的权力，以忠诚事主的名义夺取了秦国相位，受到司马光的批评，司马光说范睢真是一个危险诡诈的人。）

【注释】

①五大夫：秦爵第九级。绾（wǎn）：人名。 ②拔怀：夺取了怀邑。怀邑，在今河南武陟县西南。 ③悼太子卒：《史记·秦本纪》有“昭襄王四十年悼太子死魏，归葬芷阳。” ④邢丘：在今河南省温县东20里平皋故城。 ⑤用事：执政。 ⑥擅国：专断国政，不受牵制。 ⑦能利害：能决定国家的利与害。 ⑧制杀生：掌握全国的生杀大权。制，控制，决定。 ⑨擅行不顾：独断专行，不顾一切。 ⑩不报：不向秦王回报。 ⑪华阳：华阳君芈戎，宣太后同父弟。 泾阳：泾阳君市，昭王同母弟。 ⑫击断无讳：拿主意、做决定肆无忌惮。击断，即“决断”。 ⑬高陵进退不请：高陵君悝（kuī）（昭王同母弟）进出朝廷不请示。 ⑭四贵：指穰侯、高陵、华阳、泾阳四君。 ⑮“为止”两句：在这四贵的专权之下，这就是臣所说的秦国无主啊。为，于，在。 ⑯穰侯使者操王之重：穰侯派遣使臣，凭借大王的崇高地位。操，持，凭。重，尊。 ⑰决制：专断控制。 ⑱剖符于天下：四贵对天下进行剖符封赏。 剖符：古代帝王分封诸侯或功臣，将符节剖分为二，双方各执其半，以为凭证，称为“剖符”。 ⑲征敌伐国：穰侯执政三十年，其中二十七年连年征战。 ⑳陶：穰侯的封地，今山东省菏泽市定陶区。 ㉑“木实”四句：树木的果实太多就要压断树枝，树枝压断了就会伤害树干。封地的都邑过大就要危害国家，大臣的地位高了就会使君主的地位卑下。披，折，裂。 ㉒管齐：掌握齐国大权。 ㉓王：齐湣王。 ㉔庙梁：庙堂的大梁。 ㉕宿昔而死：折磨一夜直到死。昔，通“夕”。 ㉖三代：夏、商、周。 ㉗君专授政于臣，纵酒弋猎：国君把政权交给臣下，自

己纵酒射猎。纵酒：任情放纵饮酒取乐。弋猎：打猎。弋（yì），带绳的箭，用来射鸟。㉘其所授者：指专国政的宠信大臣。疾：嫉妒。㉙御下蔽上：控制臣下，蒙蔽君上。㉚“今自有秩”三句：现今从领有俸禄的最低级官吏直至各大官吏，甚至大王你身边的侍从，没有不是相国的人。有秩：初级小吏。大吏：朝中大臣。㉛见王独立于朝：如今大王是孤立于朝。㉜万世之后：即万岁之后，讳言秦昭王死后。㉝有秦国者：得到秦国政权的人。㉞于关外：逐四贵离开国都到函谷关外自己的封邑去。穰侯至陶，高陵至邓，泾阳至宛，皆在函谷关外。故言“关外”。㉟应侯：应邑在今河南省鲁山县东30里。㊱聘于秦：出使秦国。聘：古代诸侯与诸侯遣使访问。㊲敝衣：破旧的衣服。间步：从小路徒步。㊳范叔：范雎，字叔。固无恙乎：原来没有事啊。恙，忧，病。范雎作为“箦中死人”而被弃，故有此惊语。㊴留坐饮食：留范雎坐下，一起喝酒吃饭。㊵绨（tí）袍：厚绸制作的上衣。㊶御：驾车赶马。㊷相君：对相国的尊称。㊸门下：守门的侍卫。㊹乡者：刚才。㊺见欺：受骗上当。㊻膝行入谢罪：用双膝行走进相府去向范雎请罪。㊼尔：你。㊽恋恋：顾念，形容念旧之情。㊾大供具：大摆筵席。㊿坐须贾于堂下：安排须贾坐在堂下。51莝（cuò）、豆：铡碎的草和豆拌在一起的马饲料。52马食（sì）之：像喂马一样地让须贾吃。53屠大梁：毁灭魏都大梁城。捣毁城池，屠杀城内居民。54孝成王丹：赵国国君，公元前265年至公元前245年在位。55援立昭王：扶立秦昭王。《史记·穰侯列传》：“武王卒，诸弟争立，唯魏冉力为能昭王。”56属地于齐：言开拓疆域至东面与齐连接。57贾（gǔ）祸：招来灾祸。58处：处所，此指地位。59搤其吭：用力掐住喉咙。吭（háng）：喉咙。60倾危之士：危险诡诈的人。

【译文】

周赧王四十七年（癸巳，前268）

秦昭襄王用范雎的计谋，派五大夫绾去攻打魏国，夺取了怀邑。

周赧王四十八年（甲午，前267）

秦国的悼太子在魏国作人质死去。

周赧王四十九年（乙未，前266）

秦国夺取了魏国的邢丘邑。范雎一天比一天亲近秦王，掌握政事，便趁势找了个恰当的机会向秦昭襄王进言说：“臣在崤山以东时，听到齐国有孟尝君，没听说有齐王；听到秦国有太后、穰侯，没听说有秦王。掌控国家大权的称为王，能够决定国家利与害的称为王，掌握杀生大权的称为王。现今太后专擅国事不顾念君王，穰侯出使也不报告君王，华阳君、泾阳君拿主意，做决断，毫无忌讳，高陵君进出朝廷不请示，有这四位权贵在朝，国家不危险是不可能的。在这四位权贵的专权下，这就是臣所说的没有秦王啊。穰侯凭借大王的崇高地位派遣使者，对诸侯进行控制，对天下进行剖符封赏，征讨敌国，没有谁敢不听从的。战争攻取有收获，利益就归陶邑；战事失利了，百姓怨恨，这祸害便转嫁给国家。我还听说这样的事，树木的果实太多会压断树枝，压断树枝就伤害树干；封地的都邑大了就会危害国家，大臣的地位高了就会使君主卑下。淖齿掌管齐国的大权，用箭射齐湣王的大腿，抽齐湣王的筋，还把齐湣王悬吊在庙堂的梁上，折磨一夜直到死。李兑掌管赵国的大权，把主父囚禁在沙丘宫里，一百天后活活被饿死。臣现今观察四位权贵的专权程度，他们活像淖齿、李兑一类的人啊。夏、商、周三代亡国的原因，是国君把政权交给臣下，自己纵酒、射猎；而所宠信授权的人嫉贤妒能，控制臣下，蒙蔽君上，一心图谋私利，完全不为君主打算，而君主又不觉悟，所以便丧失了国家。现今从领有俸禄的最低级官吏直至各大官吏，甚至大王你身边的侍从，没有不是相国的人。看到大王在朝廷上孤零零的，臣私下里为大王忧虑，恐怕大王万世之后，拥有秦国的已经不是大王你的子孙了！”秦昭襄王认为范雎说得对，于是废掉太后，驱逐穰侯、高陵君、华阳君、泾阳君到关外去，任用范雎为丞相，封他为应侯。

魏景湣王派须贾出使秦国，应侯穿上破旧的衣服从便道步行前往去见须贾。须贾惊愕地说：“范叔你还好吧？”又挽留范雎坐下供给饭食，拿出一件粗绨袍送给他。范雎便替须贾驾车到了秦国相府，说：“我为先生先进去通报给相君。”须贾奇怪范雎进去很久不出来，便向相府的门卫询问，门卫说：“这里没有范叔，刚才那位是我们的丞相张先生。”须贾知道被骗上当，于是用双膝行走，进去向范雎谢罪。应侯高高坐在上位，责备须贾，如是说：“你之所以还能活着，是因你送绨袍顾念着我，还有旧人相怜的情意！”于是大摆酒食器具，宴请各诸侯国宾客。让须贾坐在堂下，把铡碎的草料、豆子放在他面前，用喂马的饲料给他吃，让他回去报告魏景湣王说：“快快把魏齐的头送来！否则，我就要杀尽魏都大梁城的人！”须贾回到魏国，把这事报告给魏齐。魏齐投奔到赵国，藏匿在平原君家中。

赵惠文王死了，他的儿子赵丹继位为孝成王，任用平原君为丞相。

周赧王五十年（丙申，前 265）

秦国的宣太后死了。九月，穰侯被迫离开秦国都城前往他的封地陶邑。

臣司马光评论说：穰侯拥立昭王，排除危及他的灾害。推荐白起担任秦国的大将，向南进军夺取了鄢城、郢都，向东扩张领土，与齐国的边界相连接，使天下诸侯都俯首事奉秦国。秦国日益强大，是穰侯的功劳。虽然穰侯专断骄横贪心招祸，但也没有都像范雎所说的那样。像范雎这样的人，也不是想为秦国尽忠出谋，只是想得到穰侯的地位，所以便要掐住他的喉咙而夺取他的地位罢了。于是导致秦王断绝了与太后的母子情义，失去与穰侯舅甥之间的恩情。总之，范雎才是真正危险诡诈的人啊！

【原文】

秦王以子安国君为太子①。

秦伐赵，取三城。赵王新立②，太后用事③，求救于齐。齐人曰："必以长安君④为质。"太后不可。齐师不出，大臣强⑤谏。太后明谓左右曰："复言长安君为质者，老妇必唾其面⑥！"左师⑦触龙愿见太后，太后盛气而胥之入⑧。左师公徐趋而坐，自谢曰："老臣病足，不得见久矣，窃自恕；而恐太后体之有所苦⑨也，故愿望见太后。"太后曰："老妇恃辇而行⑩。"曰："食得毋衰乎？"曰："恃粥耳。"太后不和之色稍解⑪。左师公曰："老臣贱息⑫舒祺，最少，不肖⑬，而臣衰，窃怜爱之，愿得补黑衣⑭之缺以卫王宫，昧死以闻⑮！"太后曰："诺。年几何矣？"对曰："十五岁矣。虽少，愿及未填沟壑而托之⑯。"太后曰："丈夫亦爱少子乎？"对曰："甚于妇人。"太后笑曰："妇人异甚⑰。"对曰："老臣窃以为媪之爱燕后贤于长安君⑱。"太后曰："君过矣！不若长安君之甚。"左师公曰："父母爱其子则为之计深远⑲。媪之送燕后也，持其踵而泣⑳，念其远也，亦哀之矣。已行，非不思也，祭祀则祝㉑之曰：'必勿使反㉒！'岂非为之计长久，为子孙相继为王也哉㉓？"太后曰："然。"左师公曰："今三世以前，至于赵王之子孙为侯者，其继有在者乎㉔？"曰："无有。"曰："此其近者祸及身，远者及其子孙㉕。岂人主之子侯则不善哉㉖？位尊而无功，奉厚㉗而无劳，而挟重器多也㉘。今媪尊长安君之位㉙，而封之以膏腴之地㉚，多与之重器，而不及今令有功于国㉛，一旦山陵崩㉜，长安君何以自托于赵哉？"太后曰："诺，恣君之所使之㉝！"于是为长安君约车百乘质于齐㉞。齐师乃出㉟，秦师退。

齐安平君田单将赵师以伐燕，取中阳㊱；又伐韩，取注人㊲。

齐襄王薨，子建立[38]。建年少，国事皆决于君王后[39]。

（以上为第四段，写赵国左师公善解人意，劝说赵太后送小儿子长安君为质于齐以纾国难。）

【注释】

①安国君为太子：名柱，一名式，秦昭襄王次子，封为安国君，昭襄王四十年（前267）太子死，后二年安国君为太子。 ②赵王新立：孝成王刚即位。 ③太后用事：赵太后执政。 太后：赵惠文王妻，赵孝成王母，赵威后。 ④长安君：赵太后的少子。⑤强：极力，一再。 ⑥唾其面：朝他脸上吐口水。 ⑦左师：冗散之官，优厚老臣。⑧“太后”句：太后怒气冲冲地等待他进来。 胥：等待。 ⑨苦：不适，不快。 ⑩恃辇而行：依靠人力推车行走。 ⑪稍解：怒气渐渐消解。 ⑫贱息：卑贱的儿子，犹言犬子，谦词。 息：儿子。 ⑬不肖：不贤，无能，没出息。亦为谦词。 ⑭黑衣：宫廷卫士穿黑衣，此处指“卫士”。 ⑮昧死以闻：冒着死罪来请求。昧，冒。 ⑯“愿及”句：臣希望在死之前将他托付给太后补缺。 填沟壑：死的自谦说法。 ⑰妇人异甚：女人疼爱小儿子特别厉害。异，特别。 ⑱“臣窃以为”句：臣私下认为太后疼爱女儿燕后超过疼爱长安君。媪（ǎo）：对老妇人的敬称。 燕后：赵太后之女，为燕王之后。 贤：胜。 ⑲计深远：考虑长远。 ⑳持其踵而泣：拉着燕后的脚而哭泣。 踵：脚后跟。踵，又为车之后，挽留人，用手附于车后，又称“攀辇”；或把于车辕，则称“攀辕”。㉑祝：祷告。 ㉒必勿使反：一定不要被休弃回来。反，通“返”，回来。 ㉓相继为王也哉：燕后的子孙相继为燕王吗？也哉：虚字叠用，加强语气。 ㉔“今三世以前”三句：现今三代以前的赵王，再到赵国初建的国主，他们的子孙封为侯的，他们的后代还有继承为侯的吗？三世，指孝成王、赵惠文王、赵武灵王。 至于赵王：从武灵王再往前推，直到始祖赵烈侯。 ㉕“此其近者”二句：这些王侯子孙，享有封侯时间短的灾祸殃及自身，享有封侯时间长的灾祸落到他们的子孙。 按：自赵烈侯以后，赵国数次发生诸子争夺君位的内乱，赵武灵王长子章，因争位被杀死，灾祸殃及武灵王自身。 ㉖岂人主之子侯则不善哉：难道说国君子孙中封侯的人都不好吗。 ㉗奉厚：俸禄优厚。 ㉘挟重器多也：拥有国家的贵重宝器太多了。 挟：持，拥有。 重器：金玉珍宝，如钟、鼎、彝器。 ㉙尊长安君之位：尊显长安君的身份、地位。 尊：作动词用，使之尊。 ㉚膏腴（yú）之地：富饶人众的地方。 ㉛而不及今令有功于国：而又不趁现今让长安君为国家立功。此句正说就是现在让长安君出质于齐，则“有功于国”。 ㉜山陵崩：天子死曰崩，此是对太后死的讳称。 ㉝恣君之所使之：任凭你去支使安排长安君。 恣：任凭。

㉞约车百乘质于齐：安排车辆一百乘派长安君出使齐国为人质。 ㉟齐师乃出：齐国这才派出了救赵的援军。 ㊱中阳：据《史记·赵世家》的《集解》《正义》，中阳应为“中人”，即中山故城，在今河北唐县东北四十里。 ㊲注人：在今河南汝州市西北。 ㊳子建立：即齐王建，齐襄王子，末代国君，公元前264年至公元前221年在位。 ㊴君王后：齐王建之母，齐襄王的王后，太史敫之女。

【译文】

秦昭襄王立儿子安国君为太子。

秦国攻打赵国，夺取了三座城邑。赵孝成王新立为赵王，太后掌管国家大政，向齐国请求救援。齐国人说：“一定要把长安君送来做人质。”太后不同意。齐国不派救兵，大臣们极力规劝太后。太后公开对大臣们说：“有谁再来劝说让长安君去做人质的，老妇一定朝他脸上吐口水！”左师公触龙希望进见太后，太后怒气冲冲地等待他来进见。左师公慢步走进坐下，道歉说：“臣脚有病，很久没能来见太后，臣私下原谅自己。因为怕太后身体有什么不适，所以希望能见太后。”太后说：“老妇靠人力推车行走。”左师公说：“饭量没有减少吧？”太后说：“只是喝一些粥食罢了。”太后的怒气渐渐消解。左师公说：“臣卑贱的儿子舒祺，是最小的儿子，没有才能，而臣又已衰老，臣私下疼爱他，希望能够补黑衣卫士的缺额让他卫护王宫，臣冒死向你请求！”太后说：“行。他年龄多大呢？”左师公回答说：“已经十五岁了。虽然年少，但臣希望在自己死去之前将他托付补缺。”太后说：“男人也疼爱小儿子吗？”左师公回答说：“比女人还疼得厉害。”太后笑着说：“女人疼得特别厉害。”左师公又回答说：“臣私下认为太后你疼爱女儿燕后要超过疼爱长安君。”太后说：“你错了！比不上疼爱长安君。”左师公说：“父母疼爱儿女就要为他谋划得深远。老太太送燕后走时，拉着她的脚而哭泣，是思量她离开得太远，也是在疼爱她啊。燕后既已走了，老太太也不是不思念她，每次祭祀都祝愿她说：‘一定不要让她回来！’这难道不是为她谋划长远，要让她的子孙相继都成为燕国的君王吗？”太后说：“是这样。”左师公说：“现今三代以前的赵王，再到赵国初建的国主，他们的子孙封为侯的，他们的后代还继承为侯的，现今还有吗？”太后说：“没有了。”左师公说：“这些王侯子孙，封侯时间短的祸殃累及自身，封侯时间长的则是祸殃落到了他的子孙辈。难道说国君的子孙封了侯的都不好吗？原因是他们地位尊贵又没有功绩，俸禄丰厚又没有劳绩，拥有的贵重宝器太多。现今太后你让长安君享有尊贵的地位，封给他肥沃的土地，多多地给他贵重的宝器，而又不趁现在让他为国家建功，一旦你有意外，长安君拿什么来使自己依托于赵国呢？”太后说：“好，任凭你去支使委派他！”于是左师公为长安君准备车一百乘到齐国做人质，齐国便派出援军，秦军于是撤退。

齐国安平君田单率领赵国军队去攻打燕国，夺取了中阳邑；又攻打韩国，夺去了注人邑。

齐襄王死了，他的儿子田建继位为齐王。田建年少，国家政事都由王后决定。

【原文】

五十一年（丁酉，前264）

秦武安君伐韩，拔九城，斩首五万。

田单为赵相。

五十二年[①]**（戊戌，前263）**

秦武安君伐韩，取南阳[②]；攻太行道[③]，绝之。

楚顷襄王疾病[④]。黄歇言于应侯曰：“今楚王疾恐不起[⑤]，秦不如归其太子。太子得立，其事秦必重而德相国无穷[⑥]，是亲与国而得储万乘也[⑦]。不归，则咸阳布衣耳[⑧]。楚更立君[⑨]，必不事秦，是失与国而绝万乘之和，非计也[⑩]。”应侯以告王。王曰：“令太子之傅[⑪]先往问疾，反而后图之。”黄歇与太子谋曰：“秦之留太子，欲以求利也。今太子力未能有以利秦也，而阳文君子二人在中[⑫]。王若卒大命[⑬]，太子不在，阳文君子必立为后[⑭]，太子不得奉宗庙[⑮]矣。不如亡秦[⑯]，与使者俱出[⑰]。臣请止[⑱]，以死当之[⑲]！”太子因变服为楚使者御而出关[⑳]；而黄歇守舍[㉑]，常为太子谢病[㉒]。度[㉓]太子已远，乃自言于王曰：“楚太子已归，出远矣。歇愿赐死[㉔]！”王怒，欲听之[㉕]。应侯曰：“歇为人臣，出身以徇其主[㉖]，太子立，必用歇。不如无罪而归之，以亲楚。”王从之。黄歇至楚三月，秋，顷襄王薨，考烈王[㉗]即位；以黄歇为相，封以淮北[㉘]地，号曰春申君。

五十三年（己亥，前262）

楚人纳州[㉙]于秦以平[㉚]。

武安君[㉛]伐韩，拔野王[㉜]。上党路绝[㉝]，上党守[㉞]冯亭与其民谋曰：“郑道已绝，秦兵日进[㉟]，韩不能应[㊱]，不如以上党归赵[㊲]。赵受我[㊳]，秦必攻之；赵被[39]秦兵，必亲韩。韩、赵为一，则可以当[40]秦矣。”乃遣使者告于赵曰：“韩不能守上党，入之秦[41]，其吏民皆安于赵[42]，不乐为秦[43]。有城市邑[44]十七，愿再拜献之大王！”赵王以告平阳君豹[45]，对曰：“圣人甚祸无故之利[46]。”王曰：“人乐吾德，何谓无故？”对曰：“秦蚕食韩地，中绝[47]，不令相通，固自以为坐而受上党也[48]。韩氏所以不入于秦者，欲嫁其祸于赵也。秦服其劳[49]而赵受其利，虽强大不能得之于弱小，弱小固能得之于强大乎[50]！岂得谓之非无故哉？不如勿受。”王以告平原君，平原君请受之。王乃使平原君往受地，以万户都三[51]封其太守为华阳君，以千户都三封其县令为侯，吏民皆益爵三级[52]。冯亭垂涕不见使者，曰：“吾不忍卖主地而食之也[53]！”

（以上为第五段，写秦将白起于公元前264年伐韩，拉开了秦与韩、赵长达八年的战略决战大幕，史称长平之战。第一阶段，秦伐韩，历时四年攻下野王邑，韩上党太守冯亭附赵，把战火引向秦赵决战。此时期，公元前263年，楚国春申君黄歇用计使入秦为人质的太子脱险回国，继位为考烈王。）

【注释】

①五十二年：以上至“秦武安君伐韩”二十二字据章校补。 ②南阳：地区名，今河南省南阳市附近。 ③太行道：指今河南省黄河以北与山西省接界的山隘。 ④疾病：病重。古称轻者为疾，重者为病。 ⑤不起：病不能治，不能愈。 ⑥“其事秦必重”句：他一定会敬重地待秦国，并永远感激相国。 事：待。 重：厚，尊。 ⑦“是亲与国”句：这将使秦国得到一个亲善友好的万乘大国。 储：将会收获、得到。 ⑧咸阳布衣：楚太子留在秦都咸阳不过一个普通百姓罢了。 布衣：普通百姓。 耳：而已，罢了。 ⑨更立君：改立别的楚公子为君。 ⑩非计也：不是计谋。 计：决策。 ⑪傅：官名，辅导太子之师。 ⑫“阳文君”句：阳文君有两个儿子在国内。 阳文君：楚顷襄王之弟。 ⑬王若卒大命：假如楚王辞世。 卒大命：“死”的讳称。卒，终。大命，寿命。 ⑭立为后：确定为楚王继承人。 ⑮不得奉宗庙：不能祭祀宗庙，即不能继承君位。宗庙，古代帝王、诸侯祭祀祖宗的地方，常用为朝廷和国家政权的代称。 ⑯亡秦：从秦逃走。 ⑰与使者俱出：与使者一起回国。出，离开秦国，回到楚国。 ⑱臣请止：臣请求留下来。 止：留下来。 ⑲以死当之：用生命来对付可能发生的一切。 ⑳“太子因变服”句：太子便改换服装，打扮成楚国使者的赶车人出了函谷关。 变服：改变服饰。 ㉑守舍：留守在楚太子的馆舍。 ㉒常为太子谢病：常常称太子有病谢绝来访的宾

客。 ㉓度：估计。 ㉔歇愿赐死：黄歇愿意接受处死。 ㉕欲听之：《史记·春申君列传》作“欲听其自杀。” ㉖出身以徇其主：把生命奉献给他的主人。 ㉗考烈王：顷襄王之子，名熊完，又名熊元，公元前262年至公元前238年在位。 ㉘淮北：地区名。淮水之北，今江苏省连云港及山东临沂一带，共十二县。 ㉙州：州陵，在今湖北省监利市东。㉚平：讲和。 ㉛武安君：秦将白起。 ㉜野王：邑名，今河南省沁阳市。 ㉝上党路绝：上党通往国都新郑邑的道路被切断。即韩国上党郡被孤立于黄河之北。 上党：郡名，今山西省东南部，治所在壶关，即今山西省长治市东南。 ㉞守：一郡的军政长官。 ㉟日进：日益进逼。 ㊱韩不能应：韩国不能来救援。 应：支撑，应对，指救援。㊲上党归赵：将上党郡归附赵国。 ㊳赵受我：赵国接受上党归附。 ㊴被：遭受。㊵当：抵抗，对抗。 ㊶入之秦：入之于秦，被秦吞没。 ㊷安于赵：安心归附于赵。㊸不乐为秦：不愿归入秦国。 ㊹城市邑：大邑。 ㊺平阳君豹：赵豹，赵惠文王同母弟。 ㊻甚祸无故之利：把没有缘故而获得利益当作大祸害。 ㊼中绝：上党与韩国内地的道路被切断。 ㊽坐而受上党：不动一兵一卒就可以轻易地拿下上党。受，取，收。㊾秦服其劳：秦国承担了战争的劳苦。 ㊿“弱小”句：弱小者难道反而从强大者那里夺得利益吗？固：岂，难道。 ⑤①万户都三：三个万户的都邑。 ⑤②益爵三级：晋升爵三级。 益：增加，晋升。 ⑤③吾不忍卖主地而食之：我不忍心出卖国君之地，而自己升官发财。食，禄廪。

【译文】

周赧王五十一年（丁酉，前264）

秦国武安君攻打韩国，占领九座城，斩杀了五万人。

田单做了赵国的国相。

周赧王五十二年（戊戌，前263）

秦国武安君攻打韩国，夺取了南阳；又进攻太行道，断绝了韩国的道路。

楚顷襄王病重。黄歇对应侯说：“现在楚王病重，恐怕不能痊愈，秦国不如把楚国太子送回去。太子要是能继位为楚王，那么他一定会敬重地事奉秦国并永远感激相国，这将使秦国得到一个亲善友好的万乘大国。如果不让楚太子返回楚国，那么他只不过是咸阳的一个平民而已。楚国另外立的君主一定不会事奉秦国，这将失去友好的邻国，断绝了与一个万乘大国亲善的机会，这不是好办法。”应侯把这些话报告给秦昭王。秦昭王说：“让太子的老师回去探望楚王的病情，回来之后再商量这件事。”黄歇与太子谋划说：“秦国留下太子，是想从中勒索利益，现今太子你的地位还不能带给秦国什么利益，而阳文君的两个儿子在楚国国内，假如楚王辞世，太子你不在国内，阳文君的儿子一定立为继位之王，这样，太子你就不能够奉祀宗庙了。现今不如从秦国逃走，与使者一起回国。臣请求留下来，用生命来对付可能发生的一切！”太子便改换服装，替楚国使者驾车出了关；黄歇却留守在楚太子的馆舍里，常常称说太子有病以婉谢来访客人。等到估计太子已经离开秦国很远了，黄歇才亲自去对秦昭王说：“楚太子已经回国，离开秦国很远了。我黄歇愿意接受处死！”秦昭王发怒，想把黄歇处死。应侯说：“黄歇作为楚国的臣子，要把生命奉献给他的主子，太子在楚国立为楚王后，一定重用黄歇。不如免了黄歇的罪让他回到楚国，这样就可亲善楚国。”秦昭王听从了应侯的话。黄歇回到楚国之后三个月，这年秋天，顷襄王死了，考烈王即位，任用黄歇为相，封给他淮北之地，号称春申君。

周赧王五十三年（己亥，前262）

楚国奉献州陵邑给秦国用以求和。

武安君白起攻打韩国，攻下野王邑。上党与外界的道路被切断，上党郡的郡守冯亭同当地的民众谋划说：“通往国都郑邑的道路已被切断，秦军一天天逼近，韩国不能来救援，不如将上党郡归附赵国。赵国接受了上党郡，秦国一定会进攻赵国；赵国受到秦军的进攻，一定会亲善韩国；韩国、赵国合力，就可以抵抗秦国了。”冯亭于是派出使者通报赵国说：“韩国没有能力守卫上党郡，若让上党郡归入秦国，但上党郡的官吏和民众都安心归附赵国，不愿归入秦国。这里拥有十七座城邑，希望敬献给大王！”赵孝成王把这件事告知平阳君赵豹，平阳君回答说：“圣人把无缘无故得到的利益看作最大的祸害。”赵王说：“上党人向往赵国的德义，怎么能说是无缘无故？”平阳君回答说：“秦国一天天蚕食韩国的土地，切断中间的太行道，不让上党与韩国内地相通，原本就是要乘机占领上党郡。韩国之所以不把上党交给秦国，是想把上党的祸患转嫁给赵国。秦国付出了战争的劳苦，而赵国却获取了上党郡的利益，即便是强大者也不能轻易从弱小者那里夺得利益，难道弱小者反而能够从强大者那里夺得利益吗！怎能说这不是无故而得利呢？所以上党郡不能要。”赵孝成王把这事告诉平原君，平原君请求接受上党郡。赵王便让平原君前去接受上党郡，把拥有万户居民的三个都邑封给上党郡太守冯亭，并封其为华阳君，把拥有千户居民的三个都邑封给上党郡的县令，并封为侯，上党郡的官吏、百姓都加三等爵。冯亭流着泪不愿见赵国的使者，说：“我不忍心卖掉君主的土地而把它作为自己享有的封邑啊！”

【原文】

五十五年（辛丑，前260）

秦左庶长王龁[①]攻上党，拔之。上党民走赵[②]。赵廉颇军于长平[③]，以按据[④]上党民。王龁因伐赵。赵军数[⑤]战不胜，止一裨将、四尉[⑥]。赵王与楼昌、虞卿[⑦]谋，楼昌请发重使为媾[⑧]。虞卿曰："今制媾者在秦[⑨]，秦必欲破王之军矣[⑩]，虽往请媾，秦将不听。不如发使以重宝附楚、魏[⑪]，楚、魏受之，则秦疑天下之合从，媾乃可成也。"王不听，使郑朱媾于秦，秦受之。王谓虞卿曰："秦内郑朱矣[⑫]。"对曰："王必不得媾而军破矣。何则？天下之贺战胜者皆在秦矣。夫郑朱，贵人也[⑬]，秦王、应侯必显重之以示天下[⑭]。天下见王之媾于秦，必不救王；秦知天下之不救王，则媾不可得成矣。"既而秦果显郑朱而不与赵媾。

秦数败赵兵，廉颇坚壁[⑮]不出。赵王以颇失亡多而更怯不战，怒，数让之[⑯]。应侯又使人行千金于赵为反间[⑰]，曰："秦之所畏，独畏马服君[⑱]之子赵括为将耳！廉颇易与[⑲]，且降矣！"赵王遂以赵括代颇将。蔺相如曰："王以名使括[⑳]，若胶柱鼓瑟耳[㉑]。括徒能[㉒]读其父书传，不知合变[㉓]也。"王不听。初，赵括自少时学兵法，以天下莫能当[㉔]；尝与其父奢言兵事，奢不能难[㉕]，然不谓善[㉖]。括母问其故，奢曰："兵，死地也[㉗]，而括易言之[㉘]。使赵不将括则已[㉙]；若必将之，破赵军者必括也。"及括将行，其母上书，言括不可使。王曰："何以[㉚]？"对曰："始妾[㉛]事其父，时为将，身所奉饭而进食者以十数[㉜]，所友者以百数[㉝]，王及宗室所赏赐者，尽以与军吏士大夫[㉞]；受命之日，不问家事。今括一旦为将，东乡而朝[㉟]，军吏无敢仰视之者；王所赐金帛，归藏于家，而日视便利田宅[㊱]可买者买之。王以为如其父，父子异心，愿王勿遣！"王曰："母置之[㊲]，吾已决矣！"母因曰："即如有不称[㊳]，妾请无随坐[㊴]。"赵王许之。

秦王闻括已为赵将，乃阴使[㊵]武安君为上将军[㊶]而王龁为裨将，令军中："有敢泄武安君将者斩！"赵括至军，悉更约束[㊷]，易置军吏[㊸]，出兵击秦师。武安君佯败而走[㊹]，张二奇兵以劫之[㊺]。赵括乘胜追造秦壁[㊻]，壁坚拒不得入[㊼]；奇兵二万五千人绝赵军之后[㊽]，又五千骑绝赵壁间[㊾]。赵军分而为二，粮道绝。武安君出轻兵[㊿]击之，赵战不利，因筑壁坚守以待救至。秦王闻赵食道绝，自如河内发民年十五以上悉诣长平[51]，遮绝[52]赵救兵及粮食。齐人、楚人救赵。赵人乏食，请粟于齐[53]，王弗许。周子[54]曰："夫赵之于齐、楚，扞蔽[55]也，犹齿之有唇也，唇亡则齿寒；今日亡赵，明日患[56]及齐、楚矣。救赵之务，宜若奉漏瓮沃焦釜然[57]。且救赵，高义也[58]；却秦师，显名也[59]；义救亡国，威却强秦。不务为此而爱粟[60]，为国计者过[61]矣！"齐王弗听。九月，赵军食绝[62]四十六日，皆内阴相杀食[63]。急来攻垒[64]，欲出[65]。为四队，四五复之[66]，不能出。赵括自出锐卒搏战，秦人射杀之[67]。赵师大败，卒四十万人皆降。武安君曰："秦已拔上党，上党民不乐为秦而归赵。赵卒反覆[68]，非尽杀之，恐为乱。"乃挟诈而尽坑杀之[69]，遗其小者[70]二百四十人归赵。前后斩首虏[71]四十五万人，赵人大震[72]。

（以上为第六段，写秦赵两军在长平主力决战，赵孝成王中秦国反间计，临阵易将，用纸上谈兵的赵括代替持重老将廉颇，赵军大败，被秦军斩杀活埋40余万人，赵国元气大伤。）

【注释】

①王龁（hé）：人名。 ②走赵：逃到赵国。 ③军：驻扎。 长平：邑名，今山西省高平市西北。 ④按据：安抚。 ⑤数（shuò）：屡次。 ⑥止：据章校，他本"止"作"亡"。当改"止"作"亡"。裨（pí）将：副将。 尉：赵国武官名，在将军之下。 ⑦楼昌：或说为楼缓的兄弟。 虞卿：姓虞，史失其名，战国游说之士，赵孝成王时为上卿。⑧发重使为媾：派出高级使臣与秦和谈。 重使：重臣为使。 ⑨今制媾者在秦：当前形势和谈的主动权掌握在秦人手里。 ⑩秦必欲破王之军矣：秦国决心要打败赵国的军队。 必：一定。 破：打败。 ⑪附楚、魏：亲近楚、魏。 附：亲近，交好。 ⑫秦内郑朱矣：秦国已接待了郑朱。内：通"纳"，接纳，接待。 ⑬贵人也：高级人物，即所谓重臣。 ⑭必显重之以示天下：一定会尊显郑朱，郑重其事地向诸侯宣传。 ⑮坚壁：坚守营垒。 ⑯数让之：多次责备廉颇。 ⑰行千金于赵为反间：在赵使用一千镒黄金施行反间计。 行：使用，携带。 ⑱马服君：赵奢。 ⑲易与：容易对付。 ⑳王以名使括：赵王看重赵括的虚名使用他。 名：名声，不实之虚名。 ㉑若胶柱鼓瑟耳：如同胶柱鼓瑟弹奏一样。 胶柱：把瑟上调弦的短轴用胶粘死，不能调松紧，弹奏不出音调的变化，喻保守固执，不知变化，打不了仗。 ㉒徒能：只能，只会。 ㉓合变：随机应变。㉔以天下莫能当：自认为天下没有人能与他匹敌。 当：相抗，匹敌。 ㉕难（nàn）：驳倒。 ㉖不谓善：不说好。 ㉗兵，死地也：用兵打仗，是要死人的。 ㉘易言之：说得

太轻易了。㉙使赵不将括则已：假如赵国不任用赵括为将便罢了。使：假如。则已：便罢了，还好。㉚何以：为什么，有何根据。㉛妾：女子自称的谦辞。㉜身所奉饭而进食者以十数：亲自捧着食物招待的人有好几十。是说赵奢在军中以师事者有好几十。㉝所友者以百数：当朋友看待的有好几百。㉞尽以与军吏士大夫：赵奢把全部赏赐都分给了军吏和士大夫。军吏：指军中僚属。士大夫：指“以十数”“以百数”的人。㉟东乡而朝：东向而坐会见部属。乡：通“向”。东向，主位，此指主帅之位。㊱日视便利田宅：每天打听哪里有便宜合适的田地房屋。视，察看，打听。㊲母置之：母亲别管儿子的事。置之，搁下别管这事儿。㊳即如有不称：如果不称职的话。即如，同义复词，如果。㊴妾请无随坐：我请求不受儿子的株连。随坐：连坐，株连受罪。㊵阴：暗中，秘密。㊶上将军：军事最高统帅。㊷悉更约束：把原来的章程办法全都换了。㊸易置军吏：撤换了一些下级军官。㊹佯败而走：假装战败逃跑。㊺张二奇兵以劫之：部署两支奇兵突击赵军。劫之：袭击赵军。㊻追造秦壁：追到秦军营垒。造，到。㊼壁坚拒不得入：（秦军）营垒顽强抵御，攻不进去。拒：抵御。㊽绝赵军之后：切断赵军的后路。㊾绝赵壁间：插入拦截在赵军与营垒之间。㊿轻兵：轻装部队。51“自如河内”句：秦昭王亲自前往河内坐镇，征发年十五岁以上的男子，全部开赴长平。如：往。发：征募。悉：全部。诣（yì）：开往，到达。52遮绝：切断，阻断。53请粟于齐：向齐国求救粮食。粟：小米，此泛指粮食。54周子：齐之谋臣，史失名。55扞蔽：屏障。56患：祸患。57“宜若”句：应该像捧着漏瓮向烧焦的锅上浇水一样。宜：差不多，应该。若：如同，像。奉：同“捧”。瓮：一种腹部较大的盛水陶器。58且救赵，高义也：况且救援赵国，是高尚的大义啊。59却秦师，显名也：打败强秦军队，可显扬名声。却：打败，打退。60不务为此而爱粟：不致力于大义和威名而吝惜粮食。61过：错了。62食绝：断粮，断炊。63内阴相杀食：赵军内部暗中互相攻杀吃人肉。阴：暗中。64急来攻垒：赵军加紧攻击秦军营垒。据章校，他本“攻”下有“秦”字。65欲出：打算突围而出。66为四队，四五复之：赵军分成四个梯队，轮番攻击四五次。67射杀之：射死了赵括。按：赵括纸上谈兵，虽有误国大罪而能死难，犹可嘉也。68赵卒反覆：赵国士兵反复无常。69乃挟诈而尽坑杀之：于是用欺诈的手段全部活埋了赵军士兵。挟诈：依靠欺骗手段。坑杀：活埋。70遗其小者：留下年幼的未成年人。71斩首虏：斩杀和俘虏。72震：惊恐。

【译文】

周赧王五十五年（辛丑，前 260）

秦国的左庶长王龁进攻上党郡，占领了上党。上党百姓投奔赵国。赵将廉颇驻军长平，便在长平收容安置上党百姓。王龁因此进攻赵国。赵军接连数次作战失利，一位副将和四个尉官战死。赵孝成王与楼昌、虞卿商议对策，楼昌请求派出重臣到秦国求和。虞卿说："现今掌握讲和主动权的是秦国。秦国决心要打败大王的军队，即使派使者去求和，秦国一定不答应。不如派使者用重宝去亲近楚国、魏国，楚国、魏国接受了重宝，秦国就会疑心天下诸侯又在合纵抗秦，这样求和才能成功。"赵孝成王不听虞卿的计议，派了郑朱到秦国求和，秦国接待了郑朱。赵孝成王对虞卿说："秦国已接待了郑朱。"虞卿回答说："大王肯定见不到和谈成功，而赵军一定会大败。为什么呢？天下去祝贺战争胜利的人现今都在秦国。郑朱，是赵国的重臣，秦王、应侯一定会尊显郑朱，郑重其事地宣传郑朱求和之事。天下的人看到赵王你已向秦求和，一定不来援救赵国；秦国知道天下诸侯不援救赵国，那么求和也就不可能实现了。"接着秦国果然大肆宣传郑朱来使而不与赵国和谈。

秦国多次打败赵军，廉颇坚守营垒不出战。赵孝成王以为廉颇因军队伤亡多而更加胆怯不敢出战，于是发怒，多次派人去责备他。秦国的应侯又派人带了千镒黄金来到赵国施行反间计，散布流言说："秦国最害怕的，只有马服君的儿子赵括为赵将，廉颇这个人好对付，他就要投降了！"赵孝成王听信了流言，便任命赵括代替廉颇为全军主帅。蔺相如说："赵王看重赵括的虚名而任用他，就像胶柱鼓瑟弹奏一样。赵括只不过能够读他父亲的兵书和论说，不知道灵活用兵的谋略。"赵王不听。当初，赵括年轻时就学习兵法，自以为天下没有谁能与他匹敌。赵括曾经与他的父亲赵奢讨论兵事，赵奢辩不过赵括，然而并不认为赵括懂兵事。赵括的母亲问赵奢这是什么缘故，赵奢说："用兵打仗是要死人的，而赵括轻率地谈论它。假如赵国不任命赵括为将便罢了，如果一定要任命他为将，使赵军覆灭的一定是赵括啊。"到了赵括任赵将就要起程时，赵括母亲向赵孝成王上书，说赵括不宜领兵打仗。赵王说："为什么？"赵括母亲回答说："我当初事奉赵括的父亲时，赵奢担任将领，亲自捧着饭去敬奉的长者有数十人，赵奢所交往的朋友有数百人，赵王及赵氏宗室赏赐给赵奢的财物，他全部分给了军吏和大夫；他接受任命的日子，不过问家里的事。现今赵括一日受命为将，便自己坐在主帅的位子，面向东方会见部属，部属们没有谁敢仰望他；大王赐给他的黄金及礼物，他全部拿回藏在家中，而常常打听哪里有好的田产房宅，可以买到的就买回来。大王认为赵括像他父亲吗？其实他们父子志向不同，希望赵王你不要派遣赵括！”赵孝成王说：“赵母您不要再提这件事了，我已经决定了！”赵括母因此便说：“假如赵括不称职，我请求赵王准许我不受儿子株连！”赵孝成王答应了赵括母亲的请求。

秦昭襄王听说赵括已经担任了赵军将领，于是暗中派遣武安君白起担任秦军的上将军，任用王龁为副将，并下令军中说：“有敢泄露说武安君任将军的处斩！”赵括到了军中，改变所有的军事部署和军令，撤换军吏，发动士兵冲出营垒进攻秦军。武安君假装失败退走，却部署两支奇兵，突袭赵军。赵括乘胜追赶到秦军阵地营垒，营垒里的军士坚决抵抗，使赵军不能攻进去；秦军部署在侧翼的一支二万五千人的奇兵切断了赵军的后路，另外一支五千骑兵又拦截在赵军营垒之间。赵军被分割为两个部分，运粮通道被切断。武安君派出灵活轻装的部队进攻赵军，赵军战斗失利，便修建营垒坚守以等待救兵。秦昭襄王听说赵军后勤粮道被切断，便亲自前往河内坐镇，征发年龄在十五岁以上的男子，全部送往长平，拦绝赵军的救兵及粮食。齐国、楚国军队救援赵军。赵国军队缺乏粮食，向齐国请求借粮，齐王建不答应。周子说：“赵国对于齐国、楚国来说，是屏障啊，就好像唇齿一样，唇亡齿寒。今天赵国灭亡，明天祸患便会降临到齐国、楚国头上了。现今援救赵国是急务，应该像捧着漏瓮向烧焦的锅上浇水一样。况且援救赵国，是高尚的义勇行动。打退秦军，可显扬名声。用义勇行动援救危亡的国家，用威势胁逼强大的秦军退却，不急着做这些事而吝惜粮食，为了国家利益，不救赵是错误的啊！”齐王建不听。九月，赵国军队断粮已有四十六天了，赵军内部暗中互相攻杀吃人肉。赵军加紧进攻秦军的营垒，想要突围，分兵四队，轮番攻击四五次，始终冲不出去。赵括亲自带领精锐士卒与秦军交战，秦军射死了赵括。赵军大败，四十万士卒全部投降。武安君白起说：“秦军已攻占了上党，上党百姓不愿意做秦民，而归附了赵国。赵国士卒反复无常，不把他们全部杀了，恐怕将来要作乱。”于是用欺诈的手段全部活埋了赵军，只留下年幼的二百四十人送回赵国，前后斩杀并俘虏四十五万人，赵国的百姓十分震惊。

【原文】

五十六年（壬寅，前259）

十月，武安君分军为三[①]，王龁攻赵武安、皮牢[②]，拔之。司马梗北定太原[③]，尽有上党地。韩、魏恐[④]，使苏代厚币[⑤]说应侯曰："武安君即[⑥]围邯郸乎？"曰："然。"苏代曰："赵亡则秦王王[⑦]矣。武安君为三公[⑧]，君能为之下乎？虽欲无为之下，固不得已矣。秦尝攻韩，围邢丘[⑨]，困上党，上党之民皆反为赵[⑩]，天下不乐为秦民之日久矣。今亡赵，北地入燕，东地入齐，南地入韩、魏，则君之所得民无几何人[⑪]矣。不如因而割之，无以为武安君功也[⑫]。"应侯言于秦王曰："秦兵劳，请许韩、赵之割地以和，且休士卒[⑬]。"王听之，割韩垣雍[⑭]、赵六城以和。正月，皆罢兵。武安君由是[⑮]与应侯有隙[⑯]。

赵王将使赵郝约事于秦[⑰]，割六县。虞卿谓赵王曰："秦之攻王也，倦而归[⑱]乎？王以其力尚能进，爱王而弗攻乎[⑲]？"王曰："秦不遗余力矣[⑳]，必以倦而归也。"虞卿曰："秦以其力攻其所不能取，倦而归，王又以其力之所不能取以送之[㉑]，是助秦自攻也。来年秦攻王，王无救矣[㉒]。"赵王计未定，楼缓至赵，赵王与之计之。楼缓曰："虞卿得其一，不得其二。秦、赵构难而天下皆说[㉓]，何也？曰：'吾且因强而乘弱[㉔]矣。'今赵不如亟割地[㉕]为和以疑天下[㉖]，慰秦之心[㉗]。不然，天下将因秦之怒[㉘]，乘赵之敝[㉙]，瓜分之，赵且亡，何秦之图[㉚]乎！"虞卿闻之，复见曰："危哉楼子之计，是愈疑天下，而何慰秦之心哉！独不言其示天下弱乎[㉛]？且臣言勿与者，非固勿与而已也。秦索六城于王，而王以六城赂齐[㉜]。齐，秦之深仇[㉝]也。其听王不待辞之毕[㉞]也。则是王失之于齐而取偿于秦，而示天下有能为也[㉟]。王以此发声[㊱]，兵未窥于境，臣见秦之重赂至赵而反媾于王也[㊲]。从秦为媾[㊳]，韩、魏闻之，必尽重王[㊴]，是王一举而结三国之亲而与秦易道[㊵]也。"赵王曰："善。"使虞卿东见齐王，与之谋秦。虞卿未返，秦使者已在赵矣。楼缓闻之，亡去。赵王封虞卿以一城。

秦之始伐赵也，魏王问于[㊶]大夫，皆以为秦伐赵，于魏便[㊷]。孔斌[㊸]曰："何谓也？"曰："胜赵，则吾因而服焉；不胜赵，则可承敝而击之。"子顺曰："不然。秦自孝公以来，战未尝屈[㊹]，今又属其良将[㊺]，何敝之承！"大夫曰："纵其胜赵，于我何损？邻之羞，国之福也[㊻]。"子顺曰："秦，贪暴之国也，胜赵，必复他求，吾恐于时魏受其师[㊼]也。先人有言：燕雀处屋，子母相哺，呴呴[㊽]焉相乐也，自以为安矣。灶突炎上[㊾]，栋宇[㊿]将焚，燕雀颜不变[51]，不知祸之将及己也。今子不悟赵破患将及己，可以人而同于燕雀乎[52]！”子顺者，孔子六世孙也。初，魏王闻子顺贤，遣使者奉黄金束帛，聘以为相[53]。子顺[54]曰：“若王能信用吾道[55]，吾道固为治世也，虽蔬食饮水，吾犹为之。若徒欲制服吾身，委以重禄，吾犹一夫耳，魏王奚少于一夫[56]!”使者固请[57]，子顺乃之魏；魏王郊迎[58]以为相。子顺改嬖宠之官以事贤才[59]，夺无任之禄[60]以赐有功。诸丧职者[61]咸不悦，乃造谤言[62]。文咨[63]以告子顺。子顺曰：“民之不可与虑始[64]久矣！古之善为政者，其初不能无谤。子产[65]相郑，三年而后谤止；吾先君[66]之相鲁，三月而后谤止。今吾为政日新[67]，虽不能及贤，庸知谤乎[68]！”文咨曰：“未识先君之谤何也？”子顺曰：“先君相鲁，人诵[69]之曰：‘麛裘而芾，投之无戾；芾而麛裘，投之无邮[70]。’及三月，政化既成，民又诵曰：‘裘衣章甫，实获我所；章甫裘衣，惠我无私[71]。’”文咨喜曰：“乃今知先生不异乎圣贤矣[72]。”子顺相魏凡[73]九月，陈大计辄不用[74]，乃喟然曰：“言不见用[75]，是吾言之不当也。言不当于主，居人之官，食人之禄，是尸利素餐[76]，吾罪深矣[77]！”退而以病致仕[78]。人谓子顺曰：“王不用子，子其行[79]乎？”答曰：“行将何之[80]？山东之国将并于秦；秦为不义，义所不入。”遂寝于家[81]。新垣固[82]请子顺曰：“贤者所在，必兴化致治[83]。今子相魏，未闻异政[84]而即自退，意者志不得乎[85]，何去之速也？”子顺曰：“以无异政，所以自退也。且死病[86]无良医。今秦有吞食天下之心，以义事之，固不获安[87]；救亡不暇，何化之兴！昔伊挚[88]在夏，吕望[89]在商，而二国不治，岂伊、吕之不欲哉？势不可也。当今山东之国敝而不振[90]，三晋割地以求安，二周折而入秦[91]，燕、齐、楚已屈服矣。以此观之，不出[92]二十年，天下其尽为秦乎[93]！”

秦王欲为应侯必报其仇，闻魏齐在平原君所[94]，乃为好言诱平原君至秦而执之[95]。遣使谓赵王曰:“不得齐首，吾不出王弟于关[96]！”魏齐穷[97]，抵虞卿[98]，虞卿弃相印，与魏齐偕亡[99]。至魏，欲因信陵君以走楚[100]。信陵君意难见之[101]，魏齐怒，自杀。赵王卒取其首以与秦，秦乃归平原君。九月，五大夫王陵复将兵伐赵。武安君病，不任行[102]。

（以上为第七段，写长平之战进程中，赵、魏两国面对秦兵压境的高压，不能合纵抗秦，争相割地赂秦以苟延时日。魏相子顺建言合纵，魏安釐王不听，子顺辞去了相位。）

【注释】

①分军为三：秦军分为三路。王龁一军，司马梗一军，白起自率一军。 ②武安：赵邑，在今河北武安市西南。 皮牢：邑名，在今山西省翼城县东。 按：武安、皮牢两地相距悬远，《史记·白起列传》无“赵武安”三字，疑为衍字。 ③太原：郡名，治晋阳，在今太原市西南。 ④韩、魏恐：据章校，他本“使”上有“恐”字。《史记·白起列传》有“恐”字。故补“恐”字，属上句读，即在“魏”字下。 ⑤厚币：厚礼。⑥即：则，就。 ⑦王：称王于天下。统一天下。 ⑧三公：是辅助皇帝的中央最高级官员，各时代名称不同。秦、汉时代的三公是左、右丞相、太尉和御史大夫，分别掌管政务、军事和监察。 ⑨围邢丘：围困刑丘。邢丘，魏邑，在河南温县东。王念孙《读书杂志》：“邢丘，魏地，非韩地。此本作‘攻韩围邢’，‘刑’下‘丘’字衍文耳。‘刑’即‘陉’之借字也。”陉邑故城在今山西省曲沃县东北。 ⑩反为赵：回归赵国。反，通“返”，回归。 ⑪无几何人：没有多少人。 ⑫“不如”两句：不如趁着这有利的形势让赵国割让土地，不要都成为武安君的战功啊。 因：趁。 割之：许韩、赵割地求和。这样白起就不必出战，就没有立功的机会了。 ⑬休士卒：让士卒休息一下。 ⑭垣雍：邑名，在今河南省原阳县西南。 ⑮由是：因此。 ⑯隙：隔阂，仇怨，矛盾。 ⑰约事于秦：订立和约服侍秦国。 ⑱倦而归：指秦军疲困退师。 ⑲爱王而弗攻乎：秦军亲爱赵王退师不进攻。 ⑳不遗余力矣：秦攻赵使用了全部力量，一点也不保留。 ㉑“王又”句：大王又把秦国力所不能取得的城邑送给秦国。 ㉒王无救矣：大王你怕是没救了。言外之意是说割地与秦讲和的办法是错误的。 ㉓“秦、赵构难”句：秦、赵两国交战，天下的诸侯都高兴。 构难：交战。 说：同“悦”。 ㉔吾且因强而乘弱：我将借强国的力量去战胜弱国。 因：借重，依靠。 ㉕亟割地：赶快割地。 ㉖疑天下：迷惑天下诸侯。 ㉗慰秦之心：安慰秦国的贪婪野心。 慰：宽慰，满足。 ㉘怒：因贪婪生发的怨怒。 ㉙敝：国困，疲弱。 ㉚何秦之图：还能对秦国怎么样。 ㉛“危哉楼子之计”四句：楼缓说的计策很危险，这会让天下诸侯更加怀疑赵国，哪能安慰秦国的野心啊，唯独不说这样做实在是向天下诸侯暴露赵国的软弱吗？ ㉜赂齐：赠送给齐国。 ㉝深仇：大仇。 ㉞不待辞之毕：言必能立刻听从，等不到把话说完。 ㉟有能为也：显示有作为有能力。 ㊱王以此发声：大王把齐、赵两国友好的消息张扬出去，大肆宣传。 ㊲“兵未窥于境”两句：那么，齐、赵之兵还未到达秦国边境，臣将看到秦国的使者带着厚礼来到赵国，反而向大王求和了。 兵：齐、赵联军。 窥：接近。 境：秦边境。 重赂：大量财物。 反媾于王：反而向赵王求和。 ㊳从秦为媾：用这样的方式与秦谈和。 从：指赵联齐与秦讲和。 ㊴必尽重王：韩、魏一定全都敬重大王。 ㊵易道：改变主动与被

动的地位，使形势反转。从前赵受秦攻，言和则为被动，秦主动；今赵得秦重赂，秦为被动而赵主动。故云“与秦易道”。 ㊶于：据章校，他本“于”下有“诸”字。 ㊷使：利。 ㊸孔斌：孔子八世孙，字子顺，曾相魏，封文信君。后文指为“六世子孙”，应为讹误。 ㊹屈：服，败。 ㊺属其良将：交兵权于良将，即得良将辅佐。 ㊻邻之羞，国之福也：邻国失败蒙羞，正是我魏国之福啊。 ㊼于时：于此时。 受其师：遭受战争之祸。 ㊽呴呴（gòu）：鸟叫声。 ㊾灶突炎上：烟囱窜出火苗。 灶突：烟囱。 炎：火焰，火苗。 ㊿栋宇：泛指房屋。 51颜不变：意谓相乐如故。 52可以人而同于燕雀乎：难道人可以像燕雀那样无知吗？ 53“遣使者”二句：便派使者进献黄金和礼物，聘请子顺为魏相。 奉：进献。 束帛：捆为一束的五匹帛。古代用为聘问、馈赠的礼物。 54子顺曰：据章校，他本“顺”下有“谓使者”三字。《孔丛子·陈士义》有“谓使者”三字，当补此三字。 55信用吾道：确实运用我的治国方略。信，确实，真正。道，治国之道。 56“若徒欲”四句：如果只是想利用我这个人，给我很高的俸禄，那我也只是一个普通人罢了，魏王怎会缺少一个普通人呢？委：给。奚：何。 一夫：一个普通人。 57固请：坚决邀请。固，坚决，诚心。 58魏王郊迎：魏安釐王到国都郊外迎接。郊迎，远远地迎接客人，是极敬重的礼节。 59“子顺”句：子顺把嬖宠人担任的职务让有才能的人去做。嬖宠，指被君王宠爱的人。 60无任之禄：不做事只拿俸禄。 61丧职者：失掉官位的人。 62乃造谤言：于是编造诽谤的谣言。 63文咨：魏人。 64民之不可与虑始：不能和一般人谈论开创事业。此语见《商君书·更法》。 65子产：姓公孙，名侨，字子美，春秋时郑国大夫。子产为郑国相，执政二十余年，郑国大治。传见《史记》卷一百一十九。 66先君：祖上，指孔丘。孔子曾任鲁相。 67为政日新：治理国政，一天天见成效。日新，也可理解为时时有革新。 68庸知谤乎：岂能去理会那些毁谤。 知：理会。也可解为“不知”，以肯定为否定。庸知，难道我不知道谤言吗？两种解释意思一样，即不畏谤言。 69诵：顺口溜。 70“诵之曰”四句：意谓穿便服换朝服的那个大夫，抛弃他无害处；穿朝服弃便服的那个大夫，不用他无错误。即抛弃孔子如同扔掉这些衣服一样既无害处又无错误。 麛裘：裘，鹿皮衣，指便服。芾（fú）：通“韨”，指朝服。 投：扔掉。 戾：害处。 邮：错误。 71“裘衣章甫”四句：穿便服戴礼帽的那个大夫，实在合我意；那个戴礼帽穿便服的大夫，无私地施惠给我。 裘衣：便服。 章甫：殷时冠名，礼帽。 获我所：中我意。 惠我无私：给我恩惠，大公无私。此诵是颂扬孔子相鲁，三个月已见成效。 72“乃今知先生”句：如今才知先生与圣贤没有什么不同啊。 乃今：如今，现在。 不异：同。 73凡：总共。 74陈大计辄不用：提出的治国大计总是得不到采用。 陈：提出。 辄：总是。 75言不见用：说的话得不到采用。 见用：被采用。 ⑯尸利素餐：空占位子白吃饭。 尸利：空占职位，享有俸禄，而无所作为。 素餐：白吃饭，喻白拿俸禄。 ⑰吾罪深矣：我的罪过实在太重了。 深：重，大。⑱退而以病致仕：回到家里以生病为由辞官退休。 退：指退出朝廷回到家中。 致仕：退休。 ⑲行：出走，到别的国家另谋高就。 ⑳行将何之：出走又能到哪里去呢？ ㉑遂寝于家：于是高卧在家，即在家闲居。 ㉒新垣固：人名。复姓新垣，名固。 ㉓兴化致治：振兴教化，达到太平盛世。 ㉔异政：突出的政绩。 ㉕意者志不得乎：想来是不得志吧。 意者：大概，或许。 ㉖死病：不治之症。 ㉗固不获安：一定得不到安全。 ㉘伊挚：即伊尹，商的贤相，汤伐桀灭夏，伊尹之功为多。事详《史记·殷本纪》。 ㉙吕望：即吕尚、姜尚。 ㉚敝而不振：衰败毫无生气。 敝：疲惫，破败。 不振：不振作，无生气。㉛二周折而入秦：东周、西周两小国转向附从秦国。 折：转向。 入：归顺，附从。㉜不出：不超过。 ㉝“天下”句：天下一定全部并入秦国了。 其：将，一定。 尽：全部。 ㉞魏齐在平原君所：赧王四十九年魏相魏齐逃至赵，藏于平原君家。所，处。㉟“乃为好言”句：于是用甜言蜜语引诱平原君到秦国后把他拘留起来。 为：以，用。 好言：甜言蜜语。 诱：诳骗。 ㊱吾不出王弟于关：我决不让赵王你的弟弟平原君出函谷关。 王弟：平原君乃赵孝成王之弟。 关：函谷关。 ㊲穷：走投无路。 ㊳抵虞卿：到虞卿家里躲藏。时虞卿为赵相，次于平原君。 ㊴偕亡：两人一起逃亡。 ⑩⓪欲因信陵君以走楚：想通过信陵君去投靠楚国。 因：通过。 走：投奔。 ⑩①难见之：怕见魏齐。难，《释名·释言语》：“惮也。”怕。 ⑩②不任行：不能随军出征。

【译文】

周赧王五十六年（壬寅，前259）

十月，武安君白起分兵为三路：王龁一路进攻赵国的武安、皮牢，攻占了这两地。司马梗向北平定了太原，攻占了上党全部土地。韩、魏两国恐惧，便派苏代带着厚礼去劝说应侯范雎，说：“武安君就要去围攻邯郸了吗？”应侯回答说：“是这样。”苏代说：“赵国灭亡，秦国就要称王于天下了，武安君将成为秦国的三公之一，应侯你能屈居于他的地位之下吗？你虽然不想屈居其下，也不得不如此了。秦国曾经攻打韩国，包围邢丘，围困上党，上党百姓全部依附赵国，天下各国百姓不乐意做秦民的日子已经很久了。现今秦国如果灭亡赵国，赵国北部的百姓加入燕国，东部的百姓加入齐国，南部的百姓加入韩国、魏国，那么你能得到的百姓也就没有多少了。你不如趁着这有利的形势让赵国割让土地，不要让武安君独享战功啊。”应侯便对秦昭襄王说：“秦国士兵很疲劳，请允许韩国、赵国割让土地以求和，而且可以使士兵得到休养。”秦昭襄王听从了应侯的话，使韩国割让垣雍，赵国割让六座城邑来讲和。到了正月，秦国、赵国都停止了军事行动。武安君白起从此与应侯范雎有了嫌隙。

赵孝成王将要派赵郝到秦国订立和约，割让六县土地。虞卿对赵孝成王说：“秦军攻赵要夺占土地，大王您认为秦军是因为疲惫而撤回秦国呢？还是尚有进攻能力前进，只是怜悯大王您才不进攻呢？”赵王说：“秦军不遗余力地进攻，一定是因为军队疲惫而撤兵。”虞卿说：“秦国用全部兵力进攻，尚且不能攻克，士卒疲倦了撤兵回国，大王你却将秦国军力所不能取得的土地奉送给秦国，这是帮助秦国来进攻自己。到明年秦军再来进攻，大王你怕是没救了。”赵孝成王还没有定下计策，楼缓来到赵国，赵孝成王便与他商量这件事。楼缓说：“虞卿只知其一，不知其二。秦、赵两国交战，天下诸侯都高兴，这是为什么？他们说：‘我们将可以依靠强国的力量去战胜弱国了。’现今赵国不如赶快割让地方给秦国来求和，以此来迷惑诸侯，让他们认为秦、赵两国已经和好，又可以安慰秦国贪婪的野心。不这样的话，各诸侯国就将依仗秦国的怨怒，趁着赵国疲敝，瓜分赵国，赵国将要灭亡了，还能对秦国怎么样呢！”虞卿听到了楼缓的言论，又来进见赵王说：“楼缓所说的计策很危险，这会让天下诸侯更加怀疑赵国，哪里能安慰秦国的野心啊！唯独不讲这样做其实是在向天下诸侯示弱。况且臣说的不割让土地，并不是任何情况下都不割让土地。秦国向大王索要六座城邑，大王不如把这六座城邑送给齐国。齐国，是秦国的深仇大敌。不等大王把赵国割让六座城邑的话说完，齐王就会听从大王的。这就是大王在齐国失去六座城邑而将在秦国那里得到的补偿，而且又在天下诸侯面前显示出自己有能力。大王把齐、赵友好的消息放出去，那么齐、赵之兵还没有到达秦国边境，臣相信秦国的使者将带着厚礼来赵国，反而向大王求和了。这样与秦国讲和，韩国、魏国听到消息，一定都要看重大王，这会使大王一举与三个国家结为亲睦近邻，和秦国交涉也就主动了。”赵孝成王说：“这很好。”便派遣虞卿东行去见齐王建，与齐王建商讨对付秦国的事。虞卿还没有回到赵国，秦国的使者已来到赵国了。楼缓听到这消息，只好逃离赵国。赵孝成王把一座城邑赏封给虞卿。

秦国最初进攻赵国时，魏安釐王向各位当政大臣询问对魏国的影响，各位大臣都认为秦国攻打赵国对魏国有好处。孔斌问：“为何这样说呢？”大臣们回答说：“秦国打败了赵国，那么魏国就此归服秦国；如果秦国不能战胜赵国，那么魏国就可利用秦国战败疲惫之时而攻击它。”子顺说：“不是这样的。秦国自孝公以来，从未打过败仗，现在又交兵权给良将，哪里有什么疲惫可利用！”大夫们又说：“即使秦国打败了赵国，对我魏国又有什么损害呢？邻国失败的羞耻，正是我们魏国的运气啊。”子顺说：“秦国，是贪婪强暴的国家，它打败了赵国，一定又向别的国家下战书，到那时，恐怕魏国要受到它的侵略。先人说过这样的话：燕雀巢筑在房屋上，母鸟与雏鸟相哺食，呴呴地鸣叫相乐，自以为很安全。没想到屋里的炉灶烟囱火焰径向上冲，整座房子即将被焚毁，燕雀依然安乐如故，不知道祸患即将临头。现在各位大夫不醒悟，看不到赵国破灭的祸患即将降临到魏国身上，难道人可以像燕雀那样无知吗！”子顺这个人，是孔子的第六代孙。当初，魏安釐王听说子顺贤明，便派使者带上黄金和礼物，聘请子顺为魏相。子顺对使者说：“假如魏王能采用我的治国方略，一定可以实现国家的治理，即使吃蔬菜喝白水，我都会竭尽全力的。如果只是想利用我这个人，给我很高的俸禄，那我也只是一个普通人罢了，魏王怎会缺少一个普通人呢！”使者坚决请求，子顺于是前往魏国；魏安釐王到郊外来迎接子顺，任用他为魏相。子顺撤换了那些受到魏安釐王亲近宠信的官僚，而任用贤能的官员，剥夺无所事事的官员的俸禄来赏赐给有功的官员。那些失去了职务和俸禄的人都不高兴，于是制造毁谤的言论。文咨把这些谤言报告给子顺。子顺说：“一般民众，不可与他们谋划开创事业不是一天两天了！古代实施善政的人，他们开始施政时没有不受毁谤的。子产任郑国的相，三年后毁谤才停止；我的先君孔子任鲁国相，三个月以后毁谤才停止。现今我治理国政一天天见成效，虽说还赶不上贤明的人，但是岂能去理会毁谤！”文咨说：“我不知道先君孔子受到的毁谤是什么。”子顺说：“先君孔子开始为鲁相，有人讽刺说：‘穿小鹿皮裘便衣换穿黼黻朝服的那个大夫，抛弃他也无妨；穿黼黻朝服而原穿鹿皮裘的大夫，抛弃他也没错。’任鲁相三个月，政治教化已见成效，人们又传诵说：‘穿裘皮衣戴礼帽的那个大夫，实在合我意；那个穿皮裘戴礼帽的大夫，无私地施惠给我。’”文咨听后高兴地说：“如今才知道先生与圣贤没有什么不同啊。”子顺任魏国相共九个月，向魏安釐王提出的治国大计都得不到采用，于是叹气说：“说的话得不到采用，这是我说得不恰当。说的话不合主上的心意，却做主上的官，享受主上的俸禄，这是空占位子白吃饭，我的罪过实在太重了！”所以回到家里以生病为由辞去相位。有人对子顺说：“魏王不信任你，你怎么不到别处去呢？”子顺回答说：“出走又能去哪里呢？崤山以东各国都将被秦国吞并；秦国政治不仁不义，施行仁义的人是不会去的。”子顺便闲居在家。新垣固请教子顺说：“贤人居位任职的地方，一定兴教化，政治清明。现今你担任魏国相，没有听到你有特别的政绩便自行引退，想来是不得志吧，为什么这么快离开相位呢？”子顺说：“正是因为没有特别好的政绩，所以自己辞官。且不治之症是没有良医能治的。现在秦国有吞并天下的野心，用仁义去事奉它，一定得不到安全；拯救危亡都来不及，哪里还谈得上兴教化！古时伊挚在夏朝，吕望在商朝，而夏、商两国也没有得到治理，难道是伊挚、吕望不想治理好国家吗？是大势不允许啊。现在崤山以东的国家衰败不振，韩、赵、魏这三晋之国割让土地给秦国以求苟且偷安，东周、西周转向附从秦国，燕国、赵国、楚国也已经屈服了。由此看来，不过二十年，天下一定全部归秦国了！”

秦昭襄王想为应侯实现他报仇雪恨的愿望，听说魏齐躲藏在平原君家里，于是用甜言蜜语引诱平原君到秦国后把他拘留起来。又派使者对赵孝成王说：“得不到魏齐的人头，我决不让赵王您的弟弟平原君出关！”魏齐没有办法，来到虞卿那里，虞卿辞去相位，与魏齐一起逃亡。到了魏国，虞卿想通过信陵君去投奔楚国。信陵君心里怕担责，就没有接纳魏齐，魏齐很愤怒，便自杀而死。赵孝成王将魏齐的人头给了秦国，秦国便将平原君放回赵国。九月，秦国的五大夫王陵又率领军队攻打赵国。这时武安君白起病重，不能随军出征。

【原文】

五十七年（癸卯，前258）

正月，王陵攻邯郸，少利[①]，益发[②]卒佐陵；陵亡五校[③]。武安君病愈，王欲使代之。武安君曰：“邯郸实未易攻也；且诸侯之救日至。彼诸侯怨秦之日久矣，秦虽胜于长平，士卒死者过半，国内空，远绝河山[④]而争[⑤]人国都；赵应其内，诸侯攻其外，破秦军必矣。”王自命不行[⑥]，乃使应侯请之。武安君终辞疾[⑦]，不肯行；乃以王龁代王陵。

赵王使平原君求救于楚，平原君约[⑧]其门下食客文武备具者二十人与之俱[⑨]，得十九人，余无可取者。毛遂自荐于平原君。平原君曰：“夫贤士之处世也，譬若锥之处囊中，其末立见[⑩]。今先生处胜之门下三年于此矣[⑪]，左右未有所称诵，胜未有所闻，是先生无所有也[⑫]。先生不能，先生留！”毛遂曰：“臣乃今日请处囊中耳[⑬]！使[⑭]遂蚤[⑮]得处囊中，乃脱颖而出[⑯]，非特[⑰]其末见而已。”平原君乃与之俱，十九人相与目笑之[⑱]。平原君至楚，与楚王言合从之利害，日出而言之，日中不决[⑲]。毛遂按剑历阶而上[20]，谓平原君曰："从之利害[21]，两言[22]而决耳！今日出而言，日中不决，何也？"楚王怒叱[23]曰："胡不下[24]！吾乃与而君言[25]，汝何为者也[26]？"毛遂按剑而前曰："王之所以叱遂者，以楚国之众也。今十步之内[27]，王不得恃楚国之众也[28]！王之命悬于遂手[29]。吾君在前，叱者何也？且遂闻汤以七十里之地王天下[30]，文王以百里之壤而臣诸侯[31]，岂其士卒众多哉？诚能据其势而奋其威也[32]。今楚地方五千里，持戟百万[33]，此霸王之资也[34]。以楚之强，天下弗能当[35]。白起，小竖子耳[36]，率数万之众，兴师以与楚战，一战而举鄢、郢，再战而烧夷陵，三战而辱王之先人[37]，此百世之怨而赵之所羞，而王弗之恶焉[38]。合从者为楚，非为赵也。吾君在前，叱者何也？"楚王曰："唯唯[39]，诚若先生之言，谨奉社稷以从[40]。"毛遂曰："从定乎[41]？"楚王曰："定矣。"毛遂谓楚王之左右曰："取鸡、狗、马之血来[42]！"毛遂奉[43]铜盘而跪进之[44]楚王曰："王当歃血[45]以定从；次者吾君，次者遂。"遂定从于殿上。毛遂左手持盘血则右手招十九人曰："公等相与歃此血于堂下！公等录录[46]，所谓'因人成事[47]'者也。"平原君已定从而归，至于赵，曰："胜不敢[48]相天下士矣[49]！"遂以毛遂为上客[50]。

（以上为第八段，写赵平原君使楚求救，门客毛遂自荐入楚立大功，立盟成功，毛遂为平原君门下上客。）

【注释】

①少利：失利。 ②益发：增派。 ③亡五校：丧失了五校的部队。 校：校尉，武官名，低于将军。一校部队为一营垒。《汉书·卫青传》颜师古注："校者，营垒之称，故谓军之一部为一校。" ④远绝河山：自秦攻邯郸，有黄河及王屋、太行诸山的阻隔，故言。绝，横渡，隔断。 ⑤争，夺取。 ⑥王自命不行：秦昭王亲自下令，武安君仍不肯前行。 不行：不出发。 ⑦辞疾：以有病为理由而拒绝。 ⑧约：挑选。 ⑨与之俱：与平原君一起同行。 俱：为随员同去。 ⑩其末立见：它的尖端很快就会显现出来。 末：锥子的尖儿。 见：通"现"，出现，显露。 ⑪三年于此矣：至今三年了。 ⑫是先生无所有也：这是先生一无所长吧。 ⑬臣乃今日请处囊中耳：臣就在今天请求放在囊中罢了。 乃今日：就今天，现在。 ⑭使：假使，如果。 ⑮蚤：通"早"。 ⑯脱颖而出：整个锥子尖都露出。颖，禾穗芒尖，此指锥子尖。 ⑰非特：非独，不仅仅。 ⑱相与目笑之：大家以眼示意讥笑毛遂。 ⑲不决：定不下来。 ⑳毛遂按剑历阶而上：毛遂持剑

快步登阶上殿。历阶：一只脚上一级台阶，第二只脚又上一级台阶。按古礼，上台阶应该一只脚跨一级后，双脚并齐一次，再跨第二只脚。现在毛遂因事情紧急，所以不顾礼节，“历阶”而上。㉑从之利害：合纵的利害得失。从：通“纵”。㉒两言：两句话。指利和害两个字。㉓怒叱：发怒叱斥。㉔胡不下：为何不退下去。胡：通“何”，怎么。㉕吾乃与而君言：我是在与你的主子说话。而君：你的主子，主人。㉖汝何为者也：你要干什么。㉗今十步之内：现今在这十步之内。㉘王不得恃楚国之众也：楚王你不能依仗楚国的人多势众。按：毛遂按剑离楚王最近，只有十步的距离。楚执班卫士在殿外阶陛之下，远水救不了近火，故由是言。㉙王之命悬于遂手：楚王你的生命掌握我毛遂手中。悬，吊，挂，此指操控。㉚王天下：统治了天下。㉛臣诸侯：使诸侯臣服。㉜“诚能”句：实在是他们能够掌控当时的形势来发扬他们的威力啊。据其势：掌握当时的形势。奋其威：发扬他们的威力。㉝持戟百万：楚国拥有手持戈矛的战士一百万。㉞此霸王之资也：这是称霸争王的资本。资：凭借，资本。㉟天下弗能当：天下各国都不能抵挡。当：抵挡，对抗。㊱小竖子：一个平庸的小子而已。竖子：骂人的话，如同今之臭小子。㊲“一战”三句：楚顷襄王二十年（前279）秦将白起取楚鄢、郢，第二年白起烧了楚先王之墓夷陵，楚被迫徙都于陈，楚考烈王的祖父怀王已客死于秦，陵庙又被平毁，故云。㊳而王弗之恶焉：可是大王对此却不感到羞恶（wù）。怨、羞、恶，意义相同，这样层层递进，才加强了下文“合从者为楚非为赵”的力量。㊴唯唯：连声答应。较“诺”更恭敬。㊵“诚若”两句：真是像先生你说的，我敬请以楚国的土地、百姓跟从赵国。诚若：当真是。社稷：土地神、谷神，指代国家人民。从：跟从，听从。㊶从定乎：合纵联盟决定了吗？㊷取鸡、狗、马之血来：古代歃血为盟所用的牲血因等级而不同。天子用牛和马，诸侯用狗和公猪，大夫以下用鸡。这里是总言定盟所用的牲血。㊸奉：同“捧”。㊹进之：献与，献给。㊺歃血：古代举行盟会时，饮牲畜之血，或嘴上涂牲畜之血，表示诚意，这是盟会时的一种仪式。歃（shà）：同“唼”，用嘴吸取。㊻录录：随从貌，借喻平庸无能。也写作碌碌、逯逯、娽娽、鹿鹿。㊼因人成事：借他人之力办成事情。㊽敢：据章校，他本“敢”下有“复”字。《史记·平原君列传》中“敢”下并有“复”字，当补“复”字。㊾相天下士矣：品评天下的才智之士。相士：鉴别人才。㊿上客：最受尊礼的门客。

【译文】

周赧王五十七年（癸卯，前258）

正月，王陵进攻邯郸，战事失利，秦国增派兵力去援助王陵；王陵丧失了五校的部众。这时武安君已痊愈，秦昭襄王想派武安君白起去替代王陵。武安君说："邯郸实在是不容易攻下的，况且救赵的诸侯援军一天便可到达。那些诸侯怨恨秦国已经很久了，秦国虽然在长平打了胜仗，但是死亡的士卒超过了一半，国内空虚，秦军从遥远的地方越过黄河、太行山去争占别人的国都，这样赵国军队在内，诸侯援军在外夹击邯郸的秦军，打败秦军是必然的。"秦昭襄王亲自下命令，武安君仍不肯前行，于是派应侯去劝请武安君。武安君始终以疾病推辞，不肯去邯郸前线；秦昭襄王便任命王龁代替王陵。

赵孝成王派平原君到楚国求援，平原君要在他门下的食客中选取文武兼备的二十个随行人员一同前往，最后只选得十九人，其余食客没有可挑选的。毛遂向平原君推荐自己。平原君说："贤能的士人处于世上，就好比锥子放在袋子里，它的尖端很快就会显现出来。先生您在我赵胜的门下已有三年了，我身边的人没有称扬过你，我赵胜也没有听说过您有何才干，这是由于先生没有什么长处吧。你没有才能，还是留下来吧！"毛遂说："臣就在今天请求放置在袋子中罢了！假如让我毛遂早放置在袋子中，锥的锋芒早就冒出来了，不仅仅是锥的末端显现而已。"平原君于是同意毛遂为随员一起去楚国，那已选定的十九人便互相使眼色讥笑毛遂。平原君到了楚国，与楚考烈王论说合纵的利害得失，从早晨太阳出来谈到了正午时还没有定下来。毛遂手按着剑快步登阶上殿，对平原君说："合纵的利害得失，两句话便能决定！今天从太阳出来到正午还不能决断，这是为什么？"楚考烈王发怒叱斥说："还不快退下去！我是在与你的主君说话，你来干什么？"毛遂手按剑把向前靠近楚考烈王说："大王之所以叱斥我毛遂，是依仗楚国人多势众。现今在这十步之内，楚王你就不能依仗楚国的人多势众了！楚王您的命掌握在我毛遂手中。在我的主君面前，你为什么呵斥我？况且我毛遂听说商汤以七十里的国土而称王天下，周文王用百里的国土而使诸侯各国臣服，难道是他们的士卒众多吗？实在是他们能够掌控当时的形势来发扬他们的威力啊。现今楚国方圆五千里，手持戈矛的武士有一百万人，这是实现霸王大业的资本。凭着楚国这样强大，天下各国都无法抵挡。白起，只是一个平庸小子，他率领几万部众来与楚国作战，只一次大战就攻下了鄢城、郢都，第二次大战就烧毁了夷陵，第三次大战竟然焚烧了楚国先王的陵庙，这是千秋百世的仇怨，连赵国都替你羞愧，而楚王您却不厌恶秦国白起的凶横。合纵这事是为了楚国，不是为赵国啊。我的主君就在面前，楚王您叱斥我干什么？"楚考烈王说："是，是，真是像先生您说的，我敬请以楚国的土地、百姓跟从赵国。"毛遂说："合纵的事决定了吗？”楚考烈王说：“决定了。”毛遂对楚考烈王身边的臣子们说：“快取鸡、狗、马的血来!”毛遂捧起铜盘跪着进送给楚考烈王说：“大王应当先歃血以订立合纵盟约；其次歃血的是我的主君，再次歃血的是我毛遂。”于是楚王便在殿上订立合纵盟约。毛遂用左手拿着铜盘的血用右手招呼其他十九人说：“你们一同在堂下歃这些血！你们才干平平却也辛辛苦苦随从而来，‘靠着别人才成大事’的啊。”平原君订立合纵条约回归赵国，到了赵国，平原君说：“我赵胜不敢再说能品鉴天下的士人了！”于是奉毛遂为上客。

【原文】

于是楚王使春申君将兵救赵，魏王亦使将军晋鄙将兵十万救赵。秦王使①谓魏王曰：“吾攻赵②，旦暮且下③，诸侯敢救之者，吾已拔赵④，必移兵先击之⑤！”魏王恐，遣人止晋鄙，留兵壁邺⑥，名为救赵，实挟两端⑦。又使将军新垣衍间入邯郸⑧，因平原君说赵王，欲共尊秦为帝，以却其兵⑨。齐人鲁仲连⑩在邯郸，闻之，往见新垣衍曰：“彼秦者⑪，弃礼义而上首功之国⑫也。彼即肆然而为帝于天下，则连有蹈东海而死耳⑬，不愿为之民也！且梁未睹秦称帝之害故耳，吾将使秦王烹醢梁王⑭！”新垣衍快然⑮不悦曰：“先生恶能⑯使秦王烹醢梁王？”鲁仲连曰：“固也⑰，吾将言之。昔者九侯、鄂侯、文王，纣之三公也⑱。九侯有子而好⑲，献之于纣，纣以为恶⑳，醢九侯；鄂侯争之强㉑，辩之疾㉒，故脯鄂侯㉓；文王闻之，喟然而叹，故拘之牖里之库百日㉔，欲令之死。今秦，万乘之国也，梁，亦万乘之国也；俱据㉕万乘之国，各有称王之名，奈何睹其一战而胜，欲从而帝之，卒就脯醢之地乎㉖！且秦无已而帝㉗，则将行其天子之礼以号令于天下，则且变易诸侯之大臣㉘，彼将夺其所不肖而与其所贤㉙，夺其所憎而与其所爱，彼又将使其子女谗妾为诸侯妃姬㉚，处梁之宫，梁王㉛安得晏然而已乎㉜！而将军又何以得故宠乎！”新垣衍起，再拜曰：“吾乃今知先生天下之士㉝也！吾请出㉞，不敢复言帝秦矣！”

燕武成王薨，子孝王㉟立。

初，魏公子无忌㊱仁而下士㊲，致食客㊳三千人。魏有隐士㊴曰侯嬴，年七十，家贫，为大梁夷门监者㊵。公子置酒㊶大会宾客，坐定㊷，公子从车骑虚左自迎侯生㊸。侯生摄敝衣冠㊹，直上载公子上坐不让㊺；公子执辔[46]愈恭。侯生又谓公子曰："臣有客在市屠中[47]，愿枉车骑过之[48]。"公子引车入市[49]，侯生下见其客朱亥，睥睨[50]，故久立[51]，与其客语，微察公子[52]，公子色愈和[53]；乃谢客就车[54]，至公子家。公子引侯生坐上坐，遍赞宾客[55]，宾客皆惊。及秦围赵，赵平原君之夫人，公子无忌之姊也，平原君使者冠盖相属于魏[56]，让[57]公子曰："胜[58]所以自附于婚姻[59]者，以公子之高义[60]，能急人之困也[61]。今邯郸旦暮降秦而魏救不至，纵[62]公子轻胜弃之[63]，独不怜公子姊邪！"公子患之，数请魏王敕[64]晋鄙令救赵，及宾客辩士游说万端[65]，王终不听。公子乃属宾客，约车骑百余乘[66]，欲赴斗以死于赵[67]；过夷门，见侯生。侯生曰："公子勉之矣[68]，老臣不能从！"公子去，行数里，心不快，复还见侯生。侯生笑曰："臣固知[69]公子之还也！今公子无他端[70]而欲赴秦军[71]，譬如以肉投馁虎[72]，何功之有[73]！"公子再拜问计。侯嬴屏人[74]曰："吾闻晋鄙兵符[75]在王卧内，而如姬最幸[76]，力能窃之。尝闻公子为如姬报其父仇[77]，如姬欲为公子死无所辞[78]。公子诚[79]一开口，则得虎符，夺晋鄙之兵，北救赵，西却秦，此五伯[80]之功也。"公子如其言，果得兵符。公子行，侯生曰："将在外，君令有所不受[81]。有如[82]晋鄙合符而不授兵，复请[83]之，则事危矣。臣客朱亥，其人力士，可与俱。晋鄙若听，大善；不听，可使击之！"于是公子请朱亥与俱。至邺，晋鄙合符，疑之，举手视公子曰[84]："吾拥十万之众屯于境上[85]，今单车来代之[86]，何如哉[87]？"朱亥袖[88]四十斤铁椎[89]，椎杀晋鄙[90]，公子遂勒兵[91]下令军中曰："父子俱在军中者，父归！兄弟俱在军中者，兄归！独子无兄弟者，归养[92]！"得选兵[93]八万人，将之而进。

王龁久围邯郸不拔，诸侯来救，战数[94]不利。武安君闻之曰："王不听吾计，今何如矣？"王闻之，怒，强起[95]武安君。武安君称病笃[96]，不肯起。

（以上为第九段，写楚相春申君领兵救赵，魏国信陵君窃符救赵。楚、魏、赵三国合纵抗秦，赵平原君、楚春申君、魏信陵君齐聚长平之战的历史舞台。）

【注释】

①秦王使：秦王所派的使臣。②攻赵：指秦兵攻围赵都邯郸。③旦暮且下：攻下邯郸就在早晚之间。④已拔赵：攻取邯郸以后。⑤必移兵先击之：一定调转军队

首先攻击他。 之：指敢救赵的国家。 ⑥留兵壁邺：停止进军，驻扎在邺城。 邺：魏国靠近赵国的边邑，在今河北省临漳县西南。 ⑦实挟两端：实际上脚踏两只船。 挟：持。 两端：游移于救赵、畏秦两者之间。 ⑧新垣衍间入邯郸：魏王所派新垣衍从小路进入邯郸。新垣衍，人名，复姓新垣，名衍，在魏作客将军。 间：小道，即秘密入赵。⑨以却其兵：用以退秦兵。却，退。 ⑩鲁仲连：主张合纵抗秦的义士。传见《史记》卷八十三。 ⑪彼秦者：那个秦国。轻蔑语气。 ⑫上首功之国：以追求杀敌砍头多的人为大功的国家。上，通“尚”，崇尚，提倡。首功，指在战场斩敌首（头）而立功。秦国分爵位为二十级，作战时，斩得敌人的头愈多爵位愈高。 ⑬“彼即”两句：如果那秦国真的肆无忌惮在天下称了帝，那么我鲁仲连只有投赴东海一死。 即：若。 肆然：如说“肆无忌惮”。 有蹈东海：宁可跳入东海。有，宁可。蹈，跳。 ⑭烹醢梁王：把魏王烹杀剁成肉酱。 烹醢：古代的一种酷刑。 烹：煮杀。 醢：剁成肉酱。 梁王：魏王。⑮怏然：不高兴的样子。 ⑯恶（wū）能：怎么能。 ⑰固也：当然。 ⑱“昔者”二句：从前九侯、鄂侯、周文王都是纣王的三公。 九侯：又称鬼侯，封地在今河北省临漳县境。鄂侯封地在今陕西省乡宁县境。 文王：即周文王。 三公：朝中太师、太傅、太保为三公，大臣的最高品级。此处三公是对九侯等人的加衔，一种荣誉。 ⑲有子而好：有一个女儿十分漂亮。 子：女儿，女子。上古时，子为男、女的通称。 好：貌美。 ⑳纣以为恶：纣王认为丑。 恶：丑。 ㉑争之强：强争之。强，坚决，一再。争，通“诤”，谏，规劝。 ㉒辩之疾：极力为九侯辩护。 ㉓脯鄂侯：把鄂侯做成肉干。脯（fǔ）：肉干，用作动词。 ㉔拘之牖里之库百日：纣王就把周文王拘禁在羑里的牢房一百天。 牖里：也写作“羑里”，在今河南省汤阴县北。 库：牢房。 ㉕俱据：都拥有。 ㉖“奈何”三句：为什么只看到秦国打了一次胜仗，便想让它称帝，而自己却甘愿落得被做成肉干肉酱的地步呢！从而帝之：顺从地尊秦为帝。 卒就：最后落到。 ㉗且秦无已而帝：况且秦王并不满足于只是称帝。 ㉘则且变易诸侯之大臣：还要撤换诸侯各国的大臣。 变易：撤换，变更。 ㉙“彼将”句：他还要撤掉他认为不称职的人，而把职位给他认为称职的人。 夺：撤掉。 其所不肖：他认为不称职的。 其所贤：他认为称职的。 ㉚“彼又将”句：他还要把自己忌贤妒能和挑拨是非的妇人做诸侯的王妃。 谗妾：忌贤妒能、善于毁谤人的女人。 ㉛梁王：魏安釐王。 ㉜安得晏然而已乎：怎么能太太平平地过日子呢。安，焉。 ㉝天下之士：天下的贤士。 ㉞吾请出：我请求离开邯郸。 出：离开。 ㉟孝王：燕武成王之子，史失其名，公元前257年至公元前255年在位。 ㊱魏公子无忌：魏昭王少子，魏安釐王异母弟，安釐王即位，封无忌为信陵君。传见《史记》卷七十七。 ㊲仁而下士：仁爱而尊重士人。 下士：放下架子，敬礼士人。

㊳致食客：招来宾客。 ㊴隐士：古代称有学问、有才能、隐居不做官的人为隐士。㊵为大梁夷门监者：是魏都大梁城夷门的监守官吏。 夷门：东门。 ㊶置酒：设宴。㊷坐定：宾客已纷纷入座。 ㊸“公子”句：公子亲自带着随从去迎接侯嬴。 虚左：空出尊位。古代乘车以左边为尊。 自迎：亲自迎接。 侯生：侯嬴。生：先生的省称。㊹摄敝衣冠：整理身穿的破旧衣服、头戴的破旧帽子。 摄：整理。 ㊺“直上”句：侯生毫不推辞地径直坐上公子车上左边的位置。 直上：径直上车，没有推让。 ㊻执辔：握着驾马的缰绳。 ㊼臣有客在市屠中：我有一位朋友在市场屠宰牲口的地方。 ㊽愿枉车骑过之：希望车能绕道借光去看他。 枉：委屈，央烦。 过：访问。 ㊾引车入市：赶车到市场。 ㊿睥睨（pì nì）：斜着眼睛偷看。 51故久立：故意老站在那里，考验公子的耐心。 52微察公子：暗暗观察公子。 微：暗暗地。 53色愈和：脸上的神情更和悦。54乃谢客就车：才辞别朱亥上车。 55遍赞宾客：向宾客一一地介绍侯生。 遍：一一地。 赞：介绍，引见。 56“平原君”句：平原君派到魏国求援的使者车马络绎不绝地到了魏国。 冠盖：冠冕和车盖，指穿着礼服的使者与使车。 相属：络绎不绝。 57让：责备，埋怨。 58胜：赵胜，平原君自称。 59自附于婚姻：自愿依附高攀结亲。 60高义：很讲义气。 61能急人之困也：能够救助别人的急难。 急：解急，救患。作动词用。62纵：即使。 63轻胜弃之：嫌弃我赵胜不管。 64敕（chì）：古时上告下之词。此指魏王的手令。 65游说万端：百般劝说，理由无数。 万端：种种理由。 66约车骑百余乘：配备车骑一百多辆。 67欲赴斗以死于赵：想奔赴赵国前线战斗共存亡。 赴斗：奔赴前敌参加战斗。 以死于赵：与赵国共存亡。 68勉之矣：好好努力吧。 69固知：早已料到，本来就知道。 70无他端：没有别的办法。 71欲赴秦军：想去和秦军拼命。 72馁虎：饥饿的老虎。 73何功之有：是不会有好结果的。 功：效果。 74屏（bǐng）人：让身边的人回避。屏，通“摒”。 75兵符：又名铜虎符，是古代调遣军队的一种凭证。中剖为二，可分可合。国家有战事时，国君将左边一半交领军统帅，右边一半留给国君。如有新命令，国君必须将右符交使者，前往合符，命令才生效。 76如姬最幸：如姬，是魏安釐王的爱妃，最受宠爱。 77为如姬报其父仇：如姬之父被人杀，公子使客斩其仇头献如姬。 78“如姬欲为”句：如姬为了公子，即使去死也愿意。 无所辞：绝不会推辞。 79诚：如果。 80伯：通“霸”。 81“将在外”两句：国君身居朝内，不明前方战斗形势，统帅自不能盲从君命。《史记·孙子列传》：“将在军，君命有所不受。” 82有如：如果。有，如，若。 83复请：再向魏王请示。请，有“核对”的意思。 84举手视公子曰：晋鄙抬头看着公子说。手，通“首”。《孔子家语·曲礼》“首”作“手”。这里是说晋鄙俯首合符，因疑心而举首望公子。 85屯于境上：驻扎在魏国边境上。据章校，他本

"上"下有"国之重任"四字。《魏公子列传》有此四字，当补。 ⑧⑥单车来代之：指无忌只身前来，没有随从的副使。之：指晋鄙本人。 ⑧⑦何如哉：怎么回事啊？ ⑧⑧袖：藏……在衣袖中。 ⑧⑨铁椎：铁锤，状如瓜。 ⑨⓪椎杀晋鄙：用椎击死晋鄙。 ⑨①勒兵：整顿部队。 ⑨②归养：回家奉养父母。 ⑨③选兵：经挑选合格的兵士。 ⑨④数（shuò）：屡次。 ⑨⑤强起：强迫任职。 ⑨⑥病笃：病重。

【译文】

于是楚考烈王派春申君率军援救赵国，魏安釐王也派了将军晋鄙率军十万去援救赵国。秦昭襄王的使者对魏安釐王说："我进攻赵国，早晚之间就要攻下，敢去援救赵国的诸侯，等我攻下赵国后，一定调转军队首先攻击他！"魏安釐王很害怕，派人去阻止晋鄙援救赵国，让军队在魏国边邑邺城扎营停下来，表面上声称援救赵国，实际上是脚踏两只船。魏安釐王又派将军新垣衍从小路进入邯郸，通过平原君去劝说赵孝成王，想共同尊秦昭襄王为帝，让秦国退兵。齐国人鲁仲连当时在邯郸，听到这消息，便前去面见新垣衍，说："那个秦国，是抛弃礼义，以追求杀敌砍头多的人为一等功的国家。如果它真的肆无忌惮在天下称了帝，那么我鲁仲连只有投赴东海一死，不愿做它的臣民！况且这是魏王还没有看到秦王称帝的危害罢了，我将要让秦王把魏王烹杀剁成肉酱！"新垣衍怏怏不快地说："先生怎么能让秦王把魏王烹杀剁成肉酱呢？"鲁仲连说："当然可以做到，我就来说说这道理。从前九侯、鄂侯、周文王，都是纣王的三公。九侯的女儿长得很漂亮，把她献给纣王，纣王认为不美，便把九侯剁成肉酱；鄂侯替九侯极力抗争，争论很激烈，纣王就把鄂侯杀死做成肉干；周文王听到这事，只不过发声叹息，纣王就把他拘禁在羑里的牢内一百天，想让文王死掉。现在的秦国，是拥有兵车万乘的国家，魏国也是拥有兵车万乘的国家。都是拥有兵车万乘的国家，各自都有称王的名声，为什么只看到秦国打了一次胜仗，便想让它称帝，而自己却甘愿落得被杀死做成肉干肉酱的地步呢！况且秦王并不只是满足于称帝，他还要用天子的礼仪来号令天下，还要撤换诸侯各国的大臣，撤掉他认为不称职的人，而把职位给他认为称职的人，剥夺他所厌恶的，而给予他所喜欢的人。还要让忌贤妒能和挑拨是非的妇人做诸侯的王妃，把这些人安插在魏国的宫廷中，魏王又怎能安心度日呢！而新垣衍将军又怎么能保持魏王对你原来的宠信呢！"新垣衍听了立即起身，一再拜谢说："我现在知道先生是天下的贤士了！我请求离开邯郸，不敢再说尊秦为帝了！"

燕武成王死了，他的儿子孝王继位。

当初，魏国公子无忌仁爱而尊重士人，他门下的食客有三千人。魏国有一位隐士侯嬴，已经七十岁了，家境贫寒，当时是魏都大梁城夷门的监守官吏。公子无忌设宴大会宾客，宾客们已纷纷入座。公子亲自带着随从去迎接侯嬴，空出坐车左边的位置给侯嬴。侯嬴整理了一下身上穿的破旧长衣，戴着破旧帽子，毫不推辞地径直坐上公子车上左边的位置；公子手拉着御马的缰绳，态度更加恭敬。侯嬴对公子说："我有一位朋友在市场屠宰牲口的地方，希望车能绕道让我借光去看他。"公子便驾车到市场，侯嬴下车去见他的朋友朱亥，还斜眼观察公子的态度，又故意久久地站着同他的朋友谈话，暗中观察着公子，公子的态度更加和蔼；于是侯嬴告别朋友上了车，赶到了公子的府第。公子引领侯嬴坐在上座席位，向宾客一一介绍他，宾客们都很惊异。到了秦国围攻赵国邯郸时，赵国平原君的夫人，也就是魏公子无忌的姐姐，平原君派到魏国求援的车马络绎不绝地到了魏国，平原君责备公子无忌说："我赵胜之所以自愿依附高攀结亲，是因为公子您有高尚的品德，能够救助别人的急难。现在邯郸很快就要投降秦国了，而魏国的救兵却不来，即使公子嫌弃我赵胜不管，难道不怜悯您的姐姐吗！"公子很忧愁这事，多次请求魏王下令晋鄙率兵援救赵国，宾客辩士百般劝说，魏王总是不答应。公子无忌于是结集宾客，配备车骑一百多乘，想奔赴赵国前线以死相搏共存亡；车骑经过夷门时，公子面见侯嬴。侯嬴说："公子尽力而为吧，我老了，不能跟从！"公子离开侯嬴，行走了几里路，心里不高兴，又返回来见侯嬴。侯嬴笑着说："我早就知道公子会回来的！现在公子没有别的办法，就想奔赴战场与秦军拼命，就好比把肉投给饥饿的老虎，有什么好果子呢。"公子一再拜谢并询问计策。侯嬴叫别人回避之后，说："我听说调遣晋鄙的兵符在魏王的卧室内，而如姬最得魏王宠幸，她有办法窃取兵符。我曾经听说公子你替如姬报了杀父之仇，如姬为了公子，即使去死也愿意。公子你若真的向如姬开口，就可得到虎符，夺得晋鄙的军队，开往北面救援赵国，向西打退秦国，这才是五霸的功业啊。"公子依照侯嬴说的那样去做，果然得到了兵符。公子就要上路了，侯嬴说："将军在外，君王的命令有的可以不接受。假如晋鄙合了兵符而不把兵权交给你，他再请示魏王，那么事情就危险了。我的朋友朱亥是位大力士，可以与你一同去。晋鄙如果答应交兵权，那最好；如果不答应交兵权，那就让朱亥杀了晋鄙！"于是公子请朱亥一同前往。到了邺县，晋鄙合了兵符，怀疑这事，抬头对公子说："我拥有十万兵众，驻屯在魏国边境上，现在你只身前来代替我，这是怎么一回事？”朱亥袖藏四十斤的铁锥，击杀晋鄙，公子便集合兵众下令全军说：“父子两人都在军中的，父亲回家去！兄弟两人都在军中的，哥哥回家去！独生子没有兄弟的，回去供养父母！”经挑选合格的兵众有八万人，公子带领这些军队向邯郸进发。

王龁围攻邯郸好久没能攻下，诸侯派兵来援救赵国，王龁攻打多次失利。武安君听到这消息，说：“秦王不听我的计划，现在怎样呢？”秦昭襄王听到武安君说的话，十分震怒，强令武安君前去统领军队。武安君假称病重，不接受命令。

【原文】

五十八年（甲辰，前257）

十月，免武安君为士伍[①]，迁之阴密[②]。十二月，益发卒军汾城[③]旁。武安君病，未行，诸侯攻王龁，龁数却[④]，使者日至，王乃使人遣[⑤]武安君，不得留咸阳中。武安君出咸阳西门十里，至杜邮[⑥]。王与应侯群臣谋曰：“白起之迁，意尚怏怏有余言[⑦]。”王乃使使者赐之剑，武安君遂自杀。秦人怜之[⑧]，乡邑[⑨]皆祭祀焉。

魏公子无忌大破秦师于邯郸下，王龁解邯郸围走。郑安平为赵所困，将二万人降赵，应侯由是得罪[⑩]。

公子无忌既存赵，遂不敢归魏，与宾客留居赵，使将将其军还魏。赵王与平原君计，以五城封公子。赵王扫除自迎[⑪]，执主人之礼，引公子就西阶[⑫]。公子侧行辞让[⑬]，从东阶上[⑭]，自言罪过，以负于魏[⑮]，无功于赵。赵王与公子饮至暮，口不忍[⑯]献五城，以公子退让也。赵王以鄗[⑰]为公子汤沐邑[⑱]。魏亦复以信陵[⑲]奉公子。公子闻赵有处士[⑳]毛公隐于博徒[㉑]，薛公隐于卖浆家[㉒]，欲见之。两人不肯见，公子乃间步从之游[㉓]。平原君闻而非之[㉔]。公子曰：“吾闻平原君之贤，故背魏而救赵。今平原君所与游，徒豪举耳[㉕]，不求士也[㉖]。以无忌从此两人游，尚恐其不我欲[㉗]也，平原君乃以为羞乎[㉘]！”为装[㉙]欲去。平原君免冠谢[㉚]，乃止。

平原君欲封鲁连，使者三返，终不肯受。又以千金为鲁连寿[㉛]，鲁连笑曰：“所贵[㉜]于天下士，为人排患释难解纷乱而无取也[㉝]。即有取，是商贾之事[㉞]也！”遂辞平原君而去，终身不复见。

秦太子[㉟]之妃曰华阳夫人，无子；夏姬[㊱]生子异人。异人质于赵；秦数伐赵，赵人不礼之。异人以庶孽孙[37]质于诸侯，车乘进用不饶[38]，居处困不得意[39]。

阳翟大贾吕不韦适邯郸[40]，见之[41]，曰："此奇货可居[42]！"乃往见异人，说[43]曰："吾能大子之门[44]！"异人笑曰："且[45]自大君之门！"不韦曰："子不知也，吾门待子门而大。"异人心知所谓[46]，乃引与坐[47]，深语[48]。不韦曰："秦王老矣。太子爱华阳夫人，夫人无子。子之兄弟二十余人，子傒有秦国之业[49]，士仓又辅之[50]。子居中[51]，不甚见幸[52]，久质诸侯[53]。太子即位，子不得争为嗣矣[54]。"异人曰："然则奈何[55]？"不韦曰："能立适嗣者，独华阳夫人耳[56]。不韦虽贫，请以千金为子西游[57]，立子为嗣。"异人曰："必如君策[58]，请得[59]分秦国与君共之。"不韦乃以五百金与异人，令结[60]宾客。复以五百金买奇物玩好，自奉而西[61]，见华阳夫人之姊，而以奇物献于夫人，因誉子异人之贤，宾客遍天下，常日夜泣思太子及夫人，曰："异人也以夫人为天[62]！"夫人大喜。不韦因使其姊说夫人曰："夫以色事人者，色衰则爱弛[63]。今夫人爱而无子，不以繁华时[64]蚤自结于诸子中贤孝者，举[65]以为适，即[66]色衰爱弛，虽欲开一言，尚可得乎！今子异人贤，而自知中子，不得为适，夫人诚以此时拔之，是子异人无国而有国，夫人无子而有子也，则终身有宠于秦矣。"夫人以为然，承间[67]言于太子曰："子异人绝贤[68]，来往者皆称誉之[69]。"因泣曰："妾不幸无子，愿得子异人立以为子以托妾身[70]！"太子许之，与夫人刻玉符[71]，约以为嗣，因厚馈遗异人，而请吕不韦傅之[72]。异人名誉盛于诸侯。

吕不韦娶邯郸诸姬绝美者[73]与居[74]，知其有娠[75]。异人从不韦饮，见而请之[76]。不韦佯怒，既而献之。孕期年[77]而生子政[78]，异人遂以为夫人。邯郸之围，赵人欲杀之，异人与不韦行金六百斤予守者[79]，脱亡[80]赴秦军，遂得归。异人楚服[81]而见华阳夫人，夫人曰："吾楚人也，当自子之[82]。"因更其名曰楚。

五十九年（乙巳，前256）

秦将军摎[83]伐韩，取阳城[84]、负黍[85]，斩首四万。伐赵，取二十余县，斩首虏九万。赧王恐，背秦，与诸侯约从，将天下锐师出伊阙[86]攻秦，令无得通阳城。秦王使将军摎攻西周，赧王入秦，顿首受罪，尽献其邑三十六，口三万。秦受其献，归赧王于周。是岁，赧王崩。

（以上为第十段，写信陵君窃符救赵后，留赵不可归。吕不韦奇货可居，投机政治。秦灭西周。）

【注释】

①免武安君为士伍：免除武安君的官爵，降为普通士兵。 ②迁之阴密：流放到阴密。 阴密：邑名，在今甘肃省灵台县西。 ③汾城：今山西省临汾市。 ④数却：多次败退。 ⑤遣：驱逐。 ⑥杜邮：亭名，在今陕西省咸阳市东。 ⑦怏怏：因不服和不满而郁郁寡欢的样子。 余言：指怨言。 ⑧怜之：爱惜，同情白起。 ⑨乡邑：此指城乡的老百姓。 ⑩应侯由是得罪：应侯因郑安平降赵受到株连犯罪。 按：魏人郑安平匿范雎，交给秦昭王谒者王稽，因此入秦为相。范雎报郑安平救命之恩，保荐郑安平为秦将，今安平降赵，按秦法保荐人与被保荐人同罪，故范雎受株连犯死罪。⑪赵王扫除自迎：赵孝成王打扫台阶亲自迎接魏公子。古人迎接贵宾，亲自扫除以示恭迎。 ⑫就西阶：到西阶。古人升堂之礼，主人从东阶上，宾客从西阶上。 ⑬侧行辞让：侧着身子前进，表示谦退礼让。 ⑭从东阶上：自谦降等，与主人一同从东阶上。 ⑮负于魏：对不起魏国。 ⑯口不忍：说不出口。因魏公子谦让，说对不起魏国，接受五城封邑有卖国求荣之嫌，故赵王说不出口。 ⑰鄗（hào）：邑名，在今河北省高邑县东。 ⑱汤沐邑：周制，诸侯朝见天子，天子赐以王畿以内封邑，供诸侯住宿和斋戒沐浴，故称汤沐邑。汉代始以皇帝、皇后、公主等收取赋税的私邑也称汤沐邑。此指为公子私邑，即住处，略同后者。 ⑲信陵：邑名，在今河南省宁陵县西。 ⑳处士：古代称有才德隐居不做官的人。 ㉑博徒：聚赌的人。 ㉒卖浆家：卖酒的人家。 ㉓间步从之游：秘密地与毛公薛公交往。 ㉔非之：批评无忌。 ㉕徒豪举耳：空有豪侠的名声罢了。 ㉖不求士：不是真正追求贤士。 ㉗不我欲："不欲我"的倒装。 ㉘乃以为羞：竟然认为和他交往是丢面子。 ㉙为装：整理行装。 ㉚免冠谢：脱帽认错。脱帽露顶是认错的表示。 ㉛寿：以祝寿为名赠人金帛。 ㉜所贵：指贤士所看重的事物，所追求的境界。 ㉝"为人"句：替人排除祸患、清除危难、解决纠纷，而不取报酬。 ㉞商贾之事：生意买卖人的行为。 商贾：行为商，坐为贾，此泛称商人。 ㉟秦太子：昭襄王之子，名柱。初封安国君，昭王四十二年（前265）立为太子。 ㊱夏姬：异人即位为庄襄王，夏姬为夏太后。 ㊲庶孽：妃妾所生之子。犹树有孽生，故名。异人对秦太子为庶子，对昭襄王为庶孽孙。 ㊳进用不饶：财物用度不充裕。 进：通"賮"，财货。 不饶：不富裕。 ㊴居处困：日常生活贫困。 ㊵阳翟大贾吕不韦适邯郸：阳翟

的大商人吕不韦来到邯郸。阳翟：邑名，在今河南省禹州市。吕不韦：濮阳（今河南省濮阳市南）人，在韩国阳翟经商，投机政治，为秦庄襄王、秦王（即始皇初年）两代秦王国相。传见《史记》卷八十五。适：到，往。㊶见之：看到了秦异人的景况。㊷奇货可居：稀有的货物，值得囤积。居：囤积。㊸说（shuì）：说服别人使之相信。㊹吾能大子之门：我能够使你的门第光大。㊺且：将，还是。㊻心知所谓：明白他话里有话。㊼乃引与坐：于是请吕不韦一同进坐。引：请进。㊽深语：推心置腹地深谈。㊾子傒有秦国之业：子傒最有资格继承秦国的王位。子傒：秦孝文王长子，异人的异母兄。㊿士仓又辅之：指子傒又得到丞相士仓的辅佐。按：马非百《杜仓相秦考》（载1978年《历史研究》第12期）认为士仓为杜仓，“杜”的残字“土”讹为“士”。(51)子居中：你在兄弟中排行居中。(52)不甚见幸：又不怎么受宠。幸：宠爱。(53)久质诸侯：长期在诸侯国做人质。(54)子不得争为嗣矣：你无力争做太子。嗣：君位继承人太子。(55)奈何：怎么办？(56)“能立适嗣者”二句：能够立嫡为继承人的，只有华阳夫人。(57)为子西游：替你西行去秦国奔走。西游：到秦国去。(58)必如君策：真的实现了你的计谋。必：果真，如果。如：按照。(59)请得：甘愿。(60)结：交结，交友。(61)自奉而西：吕不韦亲自带着珍奇宝物，西行到秦国。奉：持，携带。(62)异人也以夫人为天：我异人唯一的依靠就是夫人。为天：为依靠。(63)色衰则爱弛：年老色衰宠爱就淡了。弛：减退。(64)繁华时：本指鲜花盛开时，喻人之青春盛年时。(65)举：举荐，提携。(66)即：如果，等到。(67)承间：利用机会。(68)绝贤：特别优秀。(69)来往者皆称誉之：来往的人都称赞他。(70)以托妾身：用来托付我的终身。(71)刻玉符：安国君把许子楚为嫡的诺言刻在玉符上以为凭证。当时秦昭王在位，太子不得私立嗣，此密为之。(72)傅之：做子楚的老师。(73)绝美者：绝代美人。(74)与居：和她同居。(75)有娠（shēn）：即“有身”，怀孕。(76)请之：要求得赵姬。(77)期年：十二个月。(78)政：即嬴政，后来统一六国的秦始皇。(79)行金六百斤予守者：花了金子六百斤给看守的人。行：拿出。予：给。守者：看守子楚的人。(80)脱亡：脱身逃跑。(81)楚服：穿楚国的服装。因华阳夫人为楚人，穿楚服就是要讨好华阳夫人。(82)当自子之：把你当作自己亲生的儿子。(83)摎（jiū）：秦将，史失其姓氏。(84)阳城：邑名。在今河南省登封市东南。(85)负黍：亭名，在今河南省登封市西南。(86)伊阙：河关，在今河南省洛阳市南龙门。

【译文】

周赧王五十八年（甲辰，前257）

十月，秦昭襄王削夺了武安君的爵位，贬为士武，把他流放到阴密。十二月，增调军队开赴至汾城旁。武安君因有病，没有前往，诸侯军打得王龁军一再退却，王龁派出求援的使者一天天到来，于是秦昭襄王派人驱赶武安君，不让他留居咸阳城。武安君走出咸阳西门十里，到了杜邮邑。秦昭襄王与应侯及臣子们商议说："白起迁出咸阳，心里露出怏怏不满，还有怨言。"秦昭襄王便派使者赐剑给白起，让他自己了断，武安君于是自杀。秦国人十分同情白起，城乡各地百姓都祭祀他。

魏公子无忌的军队在邯郸城下大败秦军，王龁解除了对邯郸的包围退走。郑安平被赵军围困，带领两万人投降赵国，应侯因此受到株连。

公子无忌援救保全了赵国，却不敢回魏国，与宾客们留在赵国居住，派遣将领率领魏军回国。赵孝成王与平原君商议，把五座城邑封给公子无忌。赵孝成王亲自打扫台阶迎接公子，实行主人的礼节，领着公子无忌从西阶而上。公子无忌侧着身子行走，谦虚礼让，随主人从东阶而上，说自己有罪过，既亏负了魏国，对赵国也无功。赵孝成王与公子无忌共饮到了太阳落山时，因为公子谦退辞让的缘故，无法说出献五城给公子的事。赵孝成王奉献鄗城为公子无忌的住处。魏国仍将原来的信陵封邑供奉给公子无忌。公子无忌听说赵国有位不做官的士人毛公隐居在赌徒中，薛公隐居在卖酒浆的人家里，便很想见到他们。这两人不肯见面，公子于是秘密地跟他们交游。平原君听到后批评公子无忌。公子无忌说："我听说平原君是一位贤人，所以才背着魏国来救赵国。现在平原君所交游的人，只是一些空有豪侠名声的人罢了，原来平原君不是追求真正的人才啊。拿我无忌的身份与这两人交游，还恐怕他们不情愿同我交游呢。平原君竟然认为丢了面子！"于是收拾行装想离开赵国。平原君脱帽道歉，公子无忌才留了下来。

平原君想赏封鲁仲连，派去的使者往返三次，鲁仲连终究不肯接受。又用千金给鲁仲连祝寿送礼，鲁仲连笑着说："天下贤士所看重的，是替人排除祸患、消除危难、解决纠纷，而不取报酬。假如索取报酬，那是商贾买卖的行为！"他辞别了平原君，终生不再相见。

秦国太子的妃子华阳夫人没有儿子，夏姬生的儿子叫异人。异人在赵国做人质，秦国多次进攻赵国，赵国人对待异人不友好。异人以非嫡亲孙子的身份在诸侯国中做人质，平时使用的车乘财物都不充裕，生活穷困，很不得意。

阳翟的大商人吕不韦来到邯郸，看见异人的情况，说："这真是稀有货物，可以囤积起来谋利！"于是登门拜访异人，对他说："我能够使您的门第光大！"异人笑着说："还是让您自己的门第光大吧。"吕不韦说："您不明白啊，我的门第要等到您的门第光大了才能光大。"异人心中明白他所说的意思，于是请吕不韦一同进坐深谈。吕不韦说："秦王已年老了。太子宠爱华阳夫人，夫人没有儿子。你的兄弟有二十多人，其中子傒有继承秦国王位的资格，他又得到丞相士仓的辅佐。你在兄弟中排行居中，又不怎么受宠，长期在诸侯国做人质。等到确立即位的太子时，你无力争做太子。"异人说："那该怎么办呢？"不韦说："能够立嫡为继嗣的人，只有华阳夫人。我吕不韦虽然贫穷，但极愿意用千金为您西行去秦国奔走，立您为继嗣人。"异人说："真的实现了你的计谋，我愿意分一半秦国与你共享。"不韦于是拿出五百金给了异人，要他结交宾客。又用五百金买珍奇宝物，自己携带西行到秦国，面见华阳夫人的姐姐，把珍奇宝物献给夫人，趁着见面的机会赞誉异人贤能，结交的宾客遍布天下，他经常日夜伤心流泪思念太子和夫人，说："我异人唯一的依靠就是夫人！"夫人十分高兴。吕不韦于是趁热打铁，鼓动夫人的姐姐劝说夫人："用美色事奉别人的，到了年老色衰时宠爱就淡了。现今夫人受到宠爱而没有儿子，不趁着年轻，早早地从众多儿子中挑一个贤明孝顺的儿子做嫡子，如果真到色衰，所受宠爱淡薄时，想开口说一句话，还有人听吗？现今异人贤明，他自己也明白是排行中间的儿子，不能够被立为嫡子做继承人。夫人真能在这时提拔异人，这就是把他当作亲生儿子，使异人本没有国家而有了国家，夫人您本没有儿子而有了儿子，那么夫人在秦国就终身受宠了。"夫人认为吕不韦说得对，便找机会对秦昭襄王太子安国君说："儿子异人最贤明，来往的人都称赞他。"于是哭泣着说："我很不幸没有儿子，希望能把异人当成自己的儿子，以托付我的终身！"太子答应了她的要求，便与夫人刻了玉符，约定立异人为嫡嗣，将丰厚的财物送给异人，并请吕不韦辅导他。异人的好名声也在诸侯中盛传开来。

吕不韦娶了邯郸城中最美丽的女人，知道她已怀孕。异人与吕不韦一同饮酒，看见这位美人，便想得到她。吕不韦假装发怒，后来把美人献给异人。这位美人怀孕十二个月，生下儿子嬴政，异人便把这位美人立为夫人。邯郸被围困时，赵国人想杀掉异人，异人和吕不韦共同行贿，花了金六百斤给看守的人，脱身逃亡到秦军中，得以返回秦国。异人穿着楚人的衣服去见华阳夫人，夫人说："我是楚国人，要把你当作自己的儿子。"因此改了异人的名字为子楚。

周赧王五十九年（乙巳，前256）

秦国一位名叫摎的将军率军攻打韩国，攻占了阳城、负黍，斩杀四万人。又攻打赵国，攻占了二十多个县邑，斩杀俘虏九万人。周赧王害怕，背叛了与秦国的盟约，同诸侯相约合纵抗秦，率领天下诸侯精锐的军队出伊阙去攻打秦国，要切断秦国通达阳城的道路。秦昭襄王派将军摎进攻西周，周赧王进入秦国，叩头认罪，把他的三十六邑和三万人口全部进献给秦国。秦国接受了他的进献，把赧王送回西周国。这一年，赧王去世。

【评析】

一场提速历史转折的秦赵八年长平大决战

本卷所述史事处于战国中期的后段，时间只有十七年，起自公元前272年，止于公元前256年，值得评述的最大事件是秦赵主力决战。这一时期，东方六国赵国最强，是阻挡秦国东进的最大障碍。秦赵决战是不可阻挡的历史大势。秦赵决战又总是从秦伐韩开始。东方六国，韩国最弱，又挡在秦国东进的最前沿，秦国东进首先灭掉的是韩国。韩最弱，又最好下手。但是唇亡齿寒，秦伐韩，赵救韩是必然之势。加之韩与赵渊源密切。晋六卿当政时，韩赵两家在政治斗争中就紧密联手，韩厥救赵孤，就是家喻户晓的故事。韩赵世代联姻，实际上就是同盟关系。公元前270年阏与之战，起于秦伐韩，赵救韩。此役赵胜秦败。公元前264年，秦将白起伐韩，开启了长达八年的长平之战。秦国经过长期准备，委派白起为主帅，复仇雪恨，加之蚕食土地，志在必得。公元前260年，韩国上党不保，赵救韩，并非平原君利令智昏，这只是一个导火索，唇亡齿寒才是赵救韩的本质。其后信陵君窃符救赵，平原君使楚，楚春申君救赵，实现韩、赵、楚、魏四国结盟。楚、魏、赵三国联军大败秦军于邯郸城下，赵国才死里逃生，但从此一蹶不振。

秦赵长平之战，赵国的失败并不是输在军事上，而是输在政治和外交上。赵韩联军以逸待劳，又在内线作战，天时地利人和都占优势。廉颇持重，避敌锋芒，用持久战拖垮秦军。即使有善战的白起也必为败军之将。无奈赵孝成王昏庸，中敌反间，临阵换将，已是兵家大忌，更何况换了一个纸上谈兵之将，军事上也输给了秦国。政治上，秦国上下一心，举国一致，十五岁以上的男子全部征发上战场、保运输。赵国政治腐败，小人当道，未见有举国一致的动员。外交上，赵孝成王和战举棋不定，未能在长平军事决战之时做好与魏、楚合纵的准备。齐国置身事外，坐看赵军粮草断绝而不伸援手。假如赵孝成王听得进蔺相如、虞卿的意见，军事上听信廉颇，外交上听信虞卿，政治上听信蔺相如，赵国人才济济，加上合纵盟国的支援，完全可以打败秦军，历史或许是另一番模样，赵国几近于称霸。长平战后，三晋削弱，东方六国失去了屏障，争相割地与秦以求和，只不过是苟延残喘罢了。长平之战，是战国时代的转折点，秦并六国已成为不可逆转之势。

卷第六　秦纪一

秦昭襄王五十二年至秦始皇帝十九年（前255—前228）

【起柔兆敦牂（丙午，前255），尽昭阳作噩（癸酉，前228），凡二十八年】

【大事提要】

本卷记事起于公元前255年，到公元前228年，凡二十八年，当为秦昭襄王五十二年至秦始皇帝十九年。本卷所载的大事，主要是以下几个方面：其一，秦灭周朝。公元前256年，秦国出兵攻打西周，西周非常恐惧，以西周三十六城、人口三万降秦，秦尽收其地，周赧王悲愤而死。从公元前255年开始，《资治通鉴》便以秦历纪年。公元前249年，东周君合纵攻秦，秦攻东周，执东周君而归，周朝彻底灭亡。其二，嬴政即位。公元前251年，执政56年的秦昭襄王嬴稷去世，其子孝文王嬴柱即位。可怜的是，秦孝文王即位三天后就死了，大概是历史上最短命的帝王。其太子子楚即位，是为秦庄襄王。三年后，庄襄王也一命呜呼。其子嬴政继位，是为秦始皇帝，开启了帝国统一的征程。其三，嬴政平乱。公元前238年，秦王嬴政举行冠礼。长信侯嫪毐因私通太后的丑事暴露，便矫诏发动叛乱，嬴政早有防备，很快平定叛乱，嫪毐落荒而逃，后被车裂，暴尸示众；文信侯吕不韦牵连其中，被免去相国职务，后被嬴政羞辱而自杀。秦国真正进入嬴政时代。其四，赵毁“长城”。老将廉颇，于赵偃即位后即被弃用，去魏，后赵国多次被秦军围困，岌岌可危，赵王思用廉颇，派使臣慰问，使臣拿了郭开的重金而予以谗毁，诬之“一饭三遗矢”，无复再用。李牧，是赵国赖以支撑危局的唯一良将，亦受谗毁，而被杀害，国亡矣！其五，秦灭“三晋”。秦王嬴政亲政后，任用尉缭和李斯等人，积极推行统一战略，至公元前228年，已消灭韩国、赵国。公元前230年，秦国派韩国叛将腾攻打韩国，俘获韩王韩安，韩国灭亡。公元前228年，秦军攻破邯郸，赵王赵迁被迫投降，赵国实际上灭亡。

【原文】

昭襄王

五十二年（丙午，前255）

河东守王稽坐与诸侯通[①]，弃市[②]。应侯日以不怿[③]。王临朝而叹[④]，应侯请[⑤]其故。王曰："今武安君死，而郑安平、王稽等皆畔[⑥]，内无良将而外多敌国，吾是以忧。"应侯惧，不知所出[⑦]。

燕客蔡泽闻之[⑧]，西入秦，先使人宣言于应侯曰："蔡泽，天下雄辩之士[⑨]；彼见王，必困君[⑩]而夺君之位。"应侯怒，使人召之。蔡泽见应侯，礼又倨[⑪]。应侯不快，因让之[⑫]曰："子宣言[⑬]欲代我相，请闻其说。"蔡泽曰："吁，君何见之晚也[⑭]！夫四时之序[⑮]，成功者去[⑯]。君独不见夫秦之商君、楚之吴起、越之大夫种，何足愿与[⑰]？"应侯谬曰[⑱]："何为不可！此三子者，义之至也，忠之尽也[⑲]。君子有杀身以成名，死无所恨[⑳]！"蔡泽曰："夫人立功，岂不期于成全[㉑]邪？身名俱全者，上也[㉒]；名可法[㉓]而身死者，次也；名僇辱[㉔]而身全者，下也。夫商君、吴起、大夫种，其为人臣尽忠致功[㉕]，则可愿矣。闳夭、周公，岂不亦忠且圣[㉖]乎？三子之可愿，孰与闳夭、周公哉[㉗]？"应侯曰："善。"蔡泽曰："然则君之主惇厚旧故，不倍功臣[㉘]，孰与孝公、楚王、越王？"曰："未知何如[㉙]。"蔡泽曰："君之功能[㉚]孰与三子？"曰："不若。"蔡泽曰："然则君身不退，患恐甚于三子矣。语曰[㉛]：'日中则移，月满则亏[㉜]。'进退赢缩，与时变化，圣人之道也[㉝]。今君之怨已雠而德已报[㉞]，意欲至矣而无变计[㉟]，窃为君危之[㊱]！"应侯遂延以为上客，因荐于王。王召与语，大悦，拜为客卿。应侯因谢病免。王新悦蔡泽计画，遂以为相国。泽为相数月，免。

（以上为第一段，写秦国国相范雎因所推荐的王稽犯通敌罪被诛而心神不宁，被辩士蔡泽取而代之。）

【注释】

①坐与诸侯通：判处通敌罪。坐：被判罪。通：勾结诸侯。②弃市：死罪斩刑，在闹市执行后陈尸示众。③不怿：不高兴，闷闷不乐。怿（yì）：悦，高兴。④临朝：上朝。叹：唉声叹气。⑤请：问。⑥畔：通"叛"。⑦不知所出：不知道

该怎么办。⑧燕客：蔡泽本燕人，故云。闻之：听到范雎被王稽、郑安平牵连的消息。⑨雄辩之士：辩才高超的人士。雄：超越。⑩困君：为难你。君：指范雎。⑪倨：傲慢不恭。⑫让之：责备蔡泽。⑬宣言：扬言。⑭吁，君何见之晚也：哎呀，您见事怎么这样迟钝啊！吁（xū）：惊怪之词。晚：迟钝。⑮夫四时之序：那春种、夏长、秋收、冬藏，四时各任其职，依序代谢更迭。⑯成功者去：四时规律轮回更替，喻范雎要功成身退。⑰“君独不见”二句：您范雎难道没看到秦国商君、楚国吴起、越国大夫种的下场吗？这有什么值得大惊小怪的。独：岂，难道。何足愿与：有什么值得仰慕的呢，您范雎何必大惊小怪呢！⑱谬曰：故意反驳，诡辩。⑲义之至也，忠之尽也：节义的准则，忠贞的典范，即义和忠都达到尽善尽美的地步。⑳死无所恨：死而无憾。恨：怨恨，遗憾。㉑期于成全：期望功成名就，全身而退。成全：指身名俱全，即性命与功名都保全，圆满无缺。㉒上也：最受人期望，第一等，指身名俱全。㉓名可法：功名可被后世效法。㉔名僇辱：声名遭受侮辱。㉕尽忠致功：竭尽忠诚而取得了功名。㉖忠且圣：既忠心耿耿而又道德高尚、智慧过人。圣：旧时指品格最高尚，智慧最高超，通达万物之理者为“圣”。㉗“三子”两句：商君、吴起、大夫种与闳夭、周公相比，谁更值得仰慕呢？㉘惇厚旧故，不倍功臣：顾念旧情，不背弃功臣。惇（dūn）厚：待人忠恳。旧故：老友。倍：通“背”。背弃。㉙未知何如：不知道能不能相比。㉚功能：功业与才干，总称功劳。㉛语曰：俗话说。㉜“日中”两句：太阳行至正午，就要偏移西沉；月亮到了圆满，就要逐渐亏损。㉝“进退赢缩”三句：该进则进，该退则退，该伸则伸，该屈则屈，应该适应形势而相应变化，这是圣人遵守的常理。㉞怨已雠：怨仇已报复，指魏齐已杀。雠，报。德已报：恩德已报答，指进用王稽、郑安平。㉟意欲至：心愿已实现。无变计：没有适应时事变化的计谋。㊱窃为君危之：我私下里替您担忧。

【译文】

昭襄王

秦昭襄王五十二年（丙午，前255）

秦国河东郡郡守王稽因犯通敌罪，被判斩刑，弃于街市。应侯范雎为此闷闷不乐。秦昭襄王在坐朝听政时唉声叹气，范雎询问其缘故。秦昭襄王说：“现在武安君白起已死，郑安平、王稽等又都背叛了，国家内无良将，外有诸多敌国，我因此而忧虑！”范雎很恐惧，但想不出用什么办法来解决。

燕国人蔡泽听说这件事情，便向西进入秦国，先让人向范雎扬言说：“蔡泽是天下能言善辩的名士，他一见到秦王，必然会使您为难，进而能够夺取您的位置。”范睢很生气，派人召蔡泽来见。蔡泽进见时，态度傲慢不敬。范睢大为不快，因此斥责蔡泽说：“你扬言要取代我做秦国的相国，那就让我听听你的见解吧。”蔡泽说：“哎呀，您见事怎么这么迟钝啊！四个季节按春生、夏长、秋实、冬藏的次序，各自完成它的使命而轮回下去。您难道没有看到秦国商鞅、楚国吴起、越国文种的下场吗？这有什么值得大惊小怪的呢？”范睢故意反驳说：“这有什么不可以的！这三个人的表现是节义的准则，忠贞的典范啊！君子可以杀身成名，并且死而无憾。”蔡泽说：“人们要建功立业，怎么会不期望着功成名就、全身而退呢？生命与功名都能保全，才是众人的愿望；功名可以为后人景仰效法而生命却已失去的，就次一等了；声名蒙受耻辱而自身得以苟全的，便是最下一等的了。商鞅、吴起、文种，他们作为臣子，竭尽全力忠于君王而取得了功名，这是可以为人仰慕的。但是，闳夭、周公不也是既忠心耿耿又道德高尚、智慧过人吗？从君臣关系上说，那三人虽然令人仰慕，可又哪里比得上闳夭、周公啊？”范睢说：“是啊。”蔡泽说：“如此说来，您的国君在顾念旧情、不背弃有功之臣这点上能与秦孝公、楚悼王、越王哪一个相比呢？”范睢说：“我不知道能不能相比。”蔡泽说：“那么，您与商鞅等三人相比，谁的功劳更大呢？”范睢说：“我不如他们。”蔡泽说：“这样的话，如果您还不引退，将遇到的灾祸恐怕要比那三位更严重了。俗话说：‘太阳升到中天就要偏斜而西，月亮圆满了就会渐见亏缺。’进退伸缩，随时势的变化进行调整以求适应，这是圣人的法则。现在您的仇也报了，恩也报了，心愿完全得到满足了，却还不做功成身退的打算，我私下里为您担忧！”范睢于是将蔡泽奉为上宾，并把他推荐给秦昭襄王。秦昭襄王召见蔡泽，与他交谈，十分喜爱他，便授予他客卿的职位。范睢随即以生病为借口，辞去了相国之职。秦昭襄王一开始就赞赏蔡泽的计策，便任命他为相国。但蔡泽任相国几个月后，就被免职了。

【原文】

楚春申君以荀卿为兰陵令①。荀卿者，赵人，名况，尝与临武君②论兵于赵孝成王之前。

王曰：“请问兵要③。”临武君对曰：“上得天时④，下得地利⑤，观敌之变动，后之发，先之至⑥，此用兵之要术⑦也。”荀卿曰：“不然。臣所闻古之道，凡用兵攻战之本⑧，在乎一民⑨。弓矢不调，则羿不能以中⑩；

六马不和，则造父不能以致远[11]；士民不亲附[12]，则汤、武不能以必胜也。故善附民者[13]，是乃善用兵者也。故兵要在乎附民而已。”

临武君曰：“不然。兵之所贵者势利也[14]，所行者变诈也[15]。善用兵者感忽悠暗[16]，莫知所从出[17]。孙、吴[18]用之，无敌于天下，岂必待附民哉[19]！”荀卿曰：“不然。臣之所道[20]，仁人[21]之兵，王者之志也[22]。君之所贵，权谋势利也[23]。仁人之兵，不可诈也。彼可诈者，怠慢者也，露袒者也[24]，君臣上下之间滑然[25]有离德[26]者也。故以桀诈桀[27]，犹巧拙有幸焉[28]。以桀诈尧，譬之[29]以卵投石，以指桡沸[30]，若赴水火，入焉焦没耳[31]。故仁人之兵，上下一心，三军[32]同力；臣之于君也，下之于上也，若子之事[33]父，弟之事兄，若手臂之扞头目而覆胸腹也[34]。诈而袭之，与先惊而后击之，一也[35]。且仁人用十里之国则将有百里之听[36]，用百里之国则将有千里之听，用千里之国则将有四海之听，必将聪明警戒[37]，和傅而一[38]。故仁人之兵，聚则成卒[39]，散则成列[40]，延则若莫邪之长刃[41]，婴之者断[42]；兑[43]则若莫邪之利锋，当之者溃[44]；圜居而方止，则若盘石然[45]，触之者角摧而退耳[46]。且夫暴国之君[47]，将谁与至哉[48]？彼其所与至者，必其民也[49]。其民之亲我欢若父母，其好我芬若椒兰[50]；彼反顾其上则若灼黥[51]，若仇雠[52]；人之情，虽桀、跖[53]，岂有肯为其所恶[54]，贼其所好[55]者哉！是犹使人之子孙自贼其父母[56]也。彼必将来告[57]，夫又何可诈也[58]！故仁人用[59]，国日明[60]，诸侯先顺者安[61]，后顺者危，敌之者削[62]，反之者亡[63]。《诗》曰[64]：‘武王载发[65]，有虔秉钺[66]，如火烈烈[67]，则莫我敢遏[68]’，此之谓也。”

孝成王、临武君曰：“善。请问王者之兵，设何道、何行而可[69]？”荀卿曰：“凡君贤者其国治，君不能者其国乱；隆礼贵义[70]者其国治，简礼贱义[71]者其国乱。治者强，乱者弱，是强弱之本也。上足印则下可用也；上不足印则下不可用也[72]。下可用则强，下不可用则弱，是强弱之常也[73]。齐人隆技击[74]，其技也，得一首[75]者则赐赎锱金[76]，无本赏矣[77]。是事小敌毳，则偷可用也[78]；事大敌坚，则涣焉离耳[79]。若飞鸟然[80]，倾侧反覆无日[81]，是亡国之兵也，兵莫弱是矣，是其去赁市佣而战之几矣[82]。魏氏之武卒[83]，以度取之[84]；衣三属之甲[85]，操十二石之弩[86]，负矢五十个[87]，置戈其上[88]，冠胄带剑[89]，赢三日之粮[90]，日中而趋百里[91]；中试则复其户[92]，利其田宅[93]。是其[94]气力数年而衰，而复利未可夺也[95]，改造则不易周也[96]。是故地虽大，其税必寡[97]，是危国之兵也[98]。秦人[99]，其生民也狭隘[100]，其使民也酷烈[101]，劫之以势[102]，隐之以阸[103]，忸之以庆赏[104]，鳍之以刑罚[105]，使民所以要利于上者，非斗无由也[106]。使以功赏相长[107]，五甲首而隶五家[108]，是最为众强长久之道[109]。故四世[110]有胜，非幸也[111]，数也[112]。故齐之技击不可以遇[113]魏之武卒，魏之武卒不可以遇秦之锐士，秦之锐士不可以当桓、文之节制[114]，桓、文之节制不可以当汤、武之仁义，有遇之者，若以焦熬投石[115]焉。兼是数国者，皆干赏蹈利之兵也[116]，佣徒鬻卖之道也[117]，未有贵上安制綦节[118]之理也。诸侯有能微妙之以节，则作而兼殆之耳[119]。故招延募选，隆势诈，上功利，是渐之也[120]。礼义教化，是齐之也[121]。故以诈遇诈，犹有巧拙焉；以诈遇齐，譬之犹以锥刀堕泰山也[122]。故汤、武之诛桀、纣也，拱挹指麾[123]，而强暴之国莫不趋使[124]，诛桀、纣若诛独夫[125]。故《泰誓》[126]曰：'独夫纣'，此之谓也。故兵大齐[127]则制天下，小齐则治邻敌[128]。若夫招延募选，隆势诈，上功利之兵，则胜不胜无常[129]，代翕代张，代存代亡，相为雌雄耳[130]。夫是谓之盗兵[131]，君子不由[132]也。"

（以上为第二段，写楚国兰陵县令荀况与临武君在赵孝成王赵丹面前辩论用兵之道，即什么情况下才可发动战争，荀况主张发动战争以仁义为根本，其标志是对人民有利，能团结人心，得到大众的拥护。）

【注释】

①荀卿（约前313—前238）：即荀况，赵人，亦称孙卿。战国末年儒家大师。传见《史记》卷七十四。 兰陵：楚县名。故邑在今山东枣庄市峄城区东。 ②临武君：楚国将领，姓名不详。 ③兵要：用兵的要旨，要领。 ④天时：阴晴寒暑的气象变化，是否宜于作战。 ⑤地利：指高城深地山川险阻的有利地势。 ⑥后之发，先之至：比敌人后发兵而先到达，即后发制人。 ⑦用兵之要术：这就是用兵的关键与方略。 ⑧本：根本，即要求。 ⑨一民：使民心团结一致。 ⑩"弓矢"两句：弓与箭不协调，就是善射的后羿也不能射中目标。后羿（yì）：相传是夏朝东方有穷氏部落的首领，擅长射箭。事见《左传·襄公四年》。 中：中的，射中目标。《荀子·议兵》作"中微"，指射中细微的目标。 ⑪"六马"两句：六马不协力一致，即使善御造父也无法将马车赶往远方。 六马：古代给皇帝驾车用六匹马。 造父：周朝人，善驾车马。 ⑫亲附：统一意志，协调

作战。⑬善附民者：使人民统一意志，听从号令的人。⑭兵之所贵者势利也：用兵所重视的是形势要有利。势利：有利的形势和有利的条件。⑮所行者变诈也：行动要运用诡诈多变。变诈：变化无常、行动隐秘、迷惑对方。⑯感忽悠暗：变化无常，神秘莫测。⑰莫知所从出：没有人料得到他会从哪里出动，即使敌人摸不清作战意图。⑱孙、吴：指孙武、吴起。⑲岂必待附民哉：不见得一定要依靠民众的依附啊！岂：难道，不见得。⑳臣之所道：我所说的。道：说。㉑仁人：道德修养高、遵行仁爱原则的人。㉒王者之志也：有统治天下的帝王之志。㉓“君之所贵”两句：您所看重的，则是权术、谋略、形势、利害。君：指临武君。㉔“彼可诈者”三句：那些可以用欺骗之术对付的，必是骄傲轻慢、疲惫衰弱的军队。怠慢：松懈，骄傲轻慢。露袒：疲弱不堪的意思。㉕滑然：圆滑，不和谐。㉖离德：离心离德，不团结。㉗以桀诈桀：比喻一个用变诈手段的人去诈骗另一个用变诈手段的人。㉘犹巧拙有幸焉：或许还有使巧的一方成功，而使拙的一方失败的可能。犹：尚且，或许。巧拙：指变诈手段高明或拙劣。幸：侥幸，可能。㉙譬之：譬如，比如。㉚以指桡沸：用手指搅动滚沸的开水。桡（náo）：搅。㉛“若赴水火”两句：如同投身到水深火热之中，人就要被烧焦淹死。㉜三军：全军。三，指上、中、下，或左、中、右三军。㉝事：侍奉。㉞“若手臂”句：如同用手臂保护头颅、眼睛、胸膛、腹部一样。扞：护卫。覆：掩藏。两字义同。㉟“诈而袭之”三句：用诈谋去突然袭击，与先惊动敌人然后再去进攻，两种方法，结果一样。㊱百里之听：指仁人统治的十里之国，耳目布置可达百里之远。㊲必将聪明警戒：他一定耳聪目明，机警而有戒备。㊳和傅而一：众人团结得如同一个人。傅：同附，团聚。王念孙《读书杂志》考证，认为“傅”是“抟”字之误。抟，聚也。㊴聚则成卒：集结起来就成铁拳部队。卒：古代军队的一种编制，百人为卒。此处非指编制一卒之众，而是指整体部队，卒为士卒之卒。㊵散则成列：分散开去就成战阵行列。㊶“延则”句：延长伸展，好似莫邪宝剑的长刃。延：横向展开的阵法。莫邪：古代传说中的宝剑名。㊷婴之者断：碰上的就要被斩断。婴：触犯，碰到。㊸兑（ruì）：古“锐”字。指仁者之师，一种短兵相接的纵队阵法，锋利无比。㊹当之者溃：遇到的就要溃败瓦解。当：抵抗。㊺“圜居”两句：扎营驻军不管圆阵方阵，都安如磐石。圜：同“圆”，指圆阵。方：指方阵。居、止：义同，指军队驻扎。㊻触之者角摧而退耳：顶撞它迅即遭到摧折而退却。角摧而退：指牛角触碰必折断而退。㊼且夫：至于，再说。暴国之君：残暴的国君。㊽将谁与至哉：能依靠谁呢？至：与之一起。㊾“彼其”两句：他们所依靠的，只能是他的民众。㊿椒、兰：都是香草。51“彼反顾其上”句：相反，想起他的君王，就好似受到烧灼与黥刑。灼：烧灼。黥：即墨刑。脸上刺字，再涂以墨。52若仇雠：就像看到有深仇大恨的敌人。53桀、跖：夏桀、盗跖。跖是传说中的江洋大盗，每天杀人，吃人肉。54为其所恶：他所厌恶的人。恶（wù）：憎恨。55贼其所好：残害他所喜好的人。贼：残害。好（hào）：喜欢。56子孙自贼其父母：子孙亲自杀害他的父母。57彼必将来告：那民众一定会来告发杀害父母的不孝子孙。58夫又何可诈也：那又有什么诈术可施呢？59仁人用：仁人执政。60国日明：国家一天天昌盛。61诸侯先顺者安：诸侯先归顺的安定。顺：归服。62敌之者削：与仁人执政对抗的诸侯被削弱。敌：对抗。63反之者亡：反叛的诸侯必然灭亡。64《诗》曰：引诗见《诗·商颂·长发》。65武王：指商朝汤王。载发：始发，始兴师。载，通“哉”，始。66有虔秉钺：诚敬地握着斧钺。虔：诚敬的样子。秉：持。钺：大斧。王者亲征多秉钺。67如火烈烈：是说队伍的气势像熊熊的烈火。68莫我敢遏：“莫敢遏我”的倒装，没有人敢来阻挡。69“请问”两句：请问君王用兵，该建立什么战略，如何运用才好呢？设：建立。道：治军路线，以及用兵战略。行：用兵，战术执行。70隆礼贵义：推崇礼教，尊贵仁义。隆、贵：二字义同，尊崇、看重。礼：不同历史时期的统治理论、社会规则、风俗习惯的总称。义：言行符合“礼”的就叫“义”。71简礼贱义：荒废礼教，鄙视仁义。简：怠慢。贱：轻视。72“上足卬”两句：君王的言行足以为人敬慕，民众才可以接受驱使；君王的言行不能为人景仰，民众也就不会服从召唤。上：君王。卬，同“仰”。用，效命，出力。73是强弱之常也：这就是强与弱的常理。74齐人隆技击：齐国人重视技击之术。隆：重视。技击：各种作战杀敌的技巧，即格斗功夫。75得一首：斩敌一人。首：一颗人头。76赐赎锱金：赐金八两换回人头。也就是斩杀敌人，一颗人头奖赏八两金子。锱（zī），古代重量单位，八两为一锱。77无本赏矣：打了胜仗，交不出人头的也没有赏赐。本赏：打了胜仗应当得到的赏赐。齐军重视个人技击得赏，不重视全军胜利给予赏赐，这样的军队就是一盘散沙，只能打小仗，不能打大仗。78是事小敌毳，则偷可用也：这样的军队，遇上了弱小的敌人，还可凑合着应付。毳：脆弱，指小敌脆弱。偷：勉强，凑合。79事大敌坚，则涣焉离耳：一旦面对强大的敌军，就会涣然离散。涣焉，涣然、涣散的样子。80若飞鸟然：像无依无靠的飞鸟一样。81倾则反覆无日：败亡颠覆就在眼前。倾侧：败亡，灭亡。反覆：颠覆，覆灭。无日：就在眼前。82“是其去赁”句：它与招募一群受雇佣的市井小人去作战相差无几。赁：雇佣。市佣：市场上等待别人雇佣，靠出卖力气为生的人。几：差不多。83魏氏：指魏国。武卒：武勇之士，格斗步兵。84以度取之：按严格的标准选取。度：考核标准。下面列数了七条标准。故魏国武卒号称精勇。85衣三属之甲：披挂重装铠甲，此标准一也。衣（yì）：穿，披挂。三属之甲：重装铠甲。用皮革制成，上身的披肩叫披膊，中缀于当胸叫胸铠，下垂于两旁叫腿裙，故称“三属之甲”。属，连缀。⑧⑥操十二石之弩：能拉开十二石的强弓，此标准之二也。石：重量单位，古代一百二十斤为一石。十二石之弩：一千四百四十斤拉力的弓。⑧⑦负矢五十个：背负五十支利箭，此标准之三也。⑧⑧置戈其上：戈扛在肩上，此标准之四也。⑧⑨冠胄带剑：头戴盔，腰佩剑，此标准之五也。胄：头盔。⑨⑩赢三日之粮：携带三天的食粮，此标准之六也。赢：担，携带。⑨①日中而趋百里：半个白天急行军一百里，此标准之七也。日中：太阳正中，半个白天。趋：急行军，半天行军百里，正常行军，负重一天五十里。急行军加快四倍。⑨②中试：考试合格。复其户：免除他家的徭役。⑨③利其田宅：分给较好的田地和住宅。⑨④是其：这些武卒，指中试的人。⑨⑤复利未可夺也：指力衰的魏国武卒，所获得的利益国家不能收回。复，指徭役赋税被免除；利，指分得的田地和住宅。⑨⑥改造则不易周也：即使改变办法也不容易做得周全。一说“改造”指重新中试周而复始。造成国家纳税服役的人越来越少，亦通。⑨⑦寡：少。指国家收入日益减少。⑨⑧是危国之兵也：指魏国挑选武卒的兵制是危害国家的军制。⑨⑨秦人：指秦国。⑩⑩狭隘：狭窄。指生计困窘。⑩①使民也酷烈：秦国对付人民的刑罚非常严酷。⑩②劫之以势：借严酷之法胁迫民众出战。劫：胁迫。⑩③隐之以阨：胡注引杨倞曰：“隐之以阨，谓隐蔽以险阨，使敌不能害。”此解指秦兵出战隐于险恶地势，即置之死地使之奋战。梁启雄《荀子简释》谓言以“狭隘”之境苦民，使之不得不从事于战。此解与前文“其生民也狭隘”相应，义更长。⑩④忸之以庆赏：习惯于战胜敌人得奖赏。忸：习惯。⑩⑤鰌之以刑罚：凭借严刑处以重罚。鰌：籍也。⑩⑥“使民”两句：迫使民众（指秦军战士）从上面获得好处，除了与敌人拼杀外，没有别的办法。无由：无路可走，没有别的办法。⑩⑦功赏相长：战功与奖赏互相促进，成正比例增长。⑩⑧五甲首而隶五家：在战场上获得敌人五个士兵的首级，能够得到役使乡里五家人的爵赏。甲，士兵。隶，役使。⑩⑨“是最为”句：这就是秦国兵员多战斗力强长期不衰的原因。众：兵员多。强：战斗力强。长久：长期不衰。道：办法，原因。⑪⑩四世：秦孝公、秦惠文王、秦武王、秦昭襄王。⑪①非幸也：不是侥幸得来的。⑪②数也：而是有必然性的。⑪③遇：遭遇，抵挡。⑪④以当桓、文之节制：却不能抵挡齐桓公、晋文公约束有方的军队。节制：有严格纪律的军队。⑪⑤以焦熬投石：用薄脆的东西去打击石头。焦熬：指“焦脆之物”。⑪⑥“兼是”两句：况且那几个国家培养的都是追求赏赐、追逐利益的将领和士兵。兼数国：包括齐、魏、秦几个国家。兼，所有。干、蹈：追逐。⑪⑦佣徒鬻卖之道也：如同雇工靠出卖劳动力挣钱那样。⑪⑧贵上：尊重君主。安制：遵守制度。綦节：极尽忠心，永不变节。 ⑲“诸侯”两句：诸侯中如有哪一个能精尽仁义之道，便可起而兼并那几个国家。微妙，尽善尽美。节，仁义、礼义。 ⑳“故招延募选”四句：故在那几个国家中，招募或选拔士兵，推重威势或变诈，崇尚论功行赏，渐渐染成了习俗。隆、上：二字同义，均推重、崇尚也。 ㉑礼义教化，是齐之也：只有尊奉礼义教化，才能使全国上下一心，精诚团结。 齐之：使他们齐心协力。 ㉒“故以诈遇诈”四句：所以用诈术对付诈术成俗的国家，尚且还有巧与拙的分别，而若用诈术对付万众一心的国家，就如同用小刀去毁坏泰山了。 遇：对付。 锥刀：小刀。堕，毁坏。 ㉓拱挹指麾：形容汤、武在指挥军队时态度从容，镇定自若。拱挹，拱手作揖。挹，通“揖”。麾，同“挥”。 ㉔趋使：被驱使。 ㉕独夫：指残酷暴虐、众叛亲离的统治者真的成了一个孤家寡人。 ㉖《泰誓》：《尚书》中篇名。 ㉗大齐：最大限度的齐心协力，大团结。 ㉘“小齐”句：一般的团结可以惩治邻近的敌国。 ㉙无常：没有定准，变化无常。 ㉚“代翕代张”三句：有时收缩，有时扩张，有时生存，有时死亡，强弱不定。 代：互相更迭，有时若此，有时若彼。 翕：收敛，收缩，引申为衰弱。 张：扩张，引申为强大。 雌雄：雌，指弱；雄，指强。 ㉛盗兵：指诈力之兵，就是强盗之兵。㉜由：用。

【译文】

楚国春申君黄歇任用荀卿为兰陵县令。荀卿是赵国人，名况，曾经与临武君在赵国孝成王赵丹面前辩论用兵之道。

赵孝成王说：“请问，什么是用兵的要旨？”临武君回答说：“上得天时，下得地利，观察敌人的变化动向，比敌人后发兵而先到达，这就是用兵的关键方略。”荀况说：“不是这样。我所听说的古人用兵的道理就是用兵攻战的根本，在于统一民众。弓与箭不协调，就是善射的后羿也不能射中目标；六匹马不协力一致，即便善御的造父也无法将马车赶往远方；士兵与民众不亲附国君，即使是商汤、周武王也不能有必胜的把握。因此，善于使民众归附的人，才是善于用兵的人。所以，用兵的要领，在于使民众依附。”

临武君说：“并非如此。用兵所重视的是形势要有利，行动要讲究诡诈多变。善于用兵的人，行事疾速、隐蔽，没有人料得到他会从哪里出动。孙武、吴起采用这种战术，天下无敌，不见得一定要依靠民众的归附啊！”荀况说：“不对，我所说的是仁人的用兵之道和要统治天下的帝王的志向。您所看重的是权术、谋略、形势、利害。仁人用兵是不能欺诈的。能够施用欺骗之术对付的是那些骄傲轻慢、疲惫衰弱的军队，以及君与臣、上级与下属之间不相和谐而离心离德的军队。因此，用夏桀的诈术对付夏桀，或许还有使巧的一方成功，而使拙的一方失败的可能。而用夏桀的骗术去对付唐尧，就如同拿鸡蛋去碰撞石头，把手指伸进滚水中搅动，就如同投身到水火之中，不是被烧焦，便是被淹死。故而仁人的军队，上下一条心，三军同出力；臣子对国君，下属对上级，犹如儿子侍奉父亲，弟弟侍奉哥哥，犹如用手臂保护头颅、眼睛、胸膛和腹部。这样的军队，用欺诈之术去袭击它，与先惊动了它而后才去攻击它是一回事。况且，仁人如果统治着十里的国家，他的耳目将布及百里；如果统治着百里的国家，他的耳目便将布及千里；如果统治着千里的国家，他的耳目就会遍及天下。这样，他必将耳聪目明、机警而有戒备，和众如一。因此，仁人的军队，集结起来，就是一支以一当百的部队；分散开时，就成战阵行列；延长伸展，好似莫邪宝剑的长刃，碰上的就被斩断；短兵精锐，仿佛莫邪宝剑的利锋，遇到的就被瓦解；安营扎寨，稳如磐石，顶撞它迅即遭到摧折而退却。再说，那些暴虐国家的君王，能依靠谁呢？他们所依靠的只能是他的民众。而他的民众爱我就如同爱他的父母，喜欢我就如同喜欢芬芳的香草。相反，想起他的君王，就好似畏惧遭受烧灼与黥刑，好似面对不共戴天的仇敌。人之常情，即便是夏桀、盗跖，也不会为他所厌恶的人去残害他所喜爱的人！这就犹如让子孙去杀害自己的父母，是根本不可能的。如此，民众一定会前来告发杀害父母的不孝子孙，那又有什么诈术可施呢？所以，由仁人治理国家，国家将日益强盛，各诸侯国先来归顺的则得到安定，后来依附的即遭遇危难；相对抗的将被削弱，进行反叛的即遭灭亡。《诗》所谓‘商汤竖起大旗，诚敬地握着斧钺，势如熊熊烈火，谁敢把我阻拦？’说的正是这种情况。”

赵孝成王、临武君说：“对啊！那么，请问君王用兵，应该建立什么教令、如何行动才好呢？”荀况答道：“总的说来，君王贤明的，国家就太平；君王无能的，国家就混乱；推崇礼教、尊重仁义的，国家就治理得好；荒废礼教、鄙视仁义的，国家就动荡不安。秩序井然的国家便强大，纲纪紊乱的国家便衰弱。这就是强与弱的根本所在。君王的言行足以为人敬慕，民众才可以接受驱使；君王的言行不能为人景仰，民众也就不会服从召唤。民众可供驱使的，国家就强大；民众不服调遣的，国家就衰弱，这就是强与弱的常理。齐国人重视兵家的格斗技巧，施展技击之术，斩获一颗人头的，赏金八两，没有斩首，打了胜仗也无赏。这样的军队，遇到弱小的敌人，还可以凑合着应付；一旦面对强大的敌军，就会涣然离散，如同天上的飞鸟，败亡覆灭就在眼前，这是亡国之军，没有比这种军队更衰弱的了，它与招募一群受雇佣的市井小人去作战相差无几。魏国按照一定的标准选拔武勇的士兵，选取时，让士兵披挂上全副铠甲，拉开十二石的强弓，身背五十支利箭，肩扛戈，头戴盔，腰佩剑，携带三天的食粮，半日急行军一百里，达到这个标准的，便为武勇之兵，即可被免除徭役，并分得较好的田地和住宅。但是这些士兵的气力几年后便开始衰退，而分配给他们的利益却无法再行剥夺，即使改换办法也不容易做得周全。故而，魏国的疆土虽大，税收却必定不多，这样的军队便是危害国家的军队了。秦国民众生计困窘，国家的刑罚却非常严酷，君王借此威势胁迫民众出战，让他们隐蔽于险恶的地势而奋战，使他们习惯于战胜获奖赏，而战败便处以刑罚，使他们为此受到钳制。这样一来，民众要想从上面获得什么好处，除了与敌人拼杀外，没有别的出路。功劳和赏赐成正比例增长，只要斩获五个甲士的人头，便可役使乡里的五户人家。这就是秦国兵员多战斗力强长期不衰的原因。所以，秦国得以四代相沿不衰，并非侥幸，而是有其必然性的。故此，齐国善技击术的军队无法抵抗魏国勇武强悍的军队，魏国勇武强悍的军队无法抵抗秦国精锐进取的军队；而秦国精锐进取的军队却不能抵挡齐桓公、晋文公约束有方的军队；齐桓公、晋文公约束有方的军队，又不能抵挡商汤、周武王仁义的军队，一旦遇上了，势必如用薄脆的东西去打石头，触之即碎。况且，那几个国家培养的都是争求赏赐、追逐利益的将领和士兵，他们就如同雇工靠出卖自己的力气挣钱那样，毫无敬爱国君，愿为国君拼死效力，安于制度约束，严守忠孝仁义的气节、情操。诸侯中如果有哪一个能够精尽仁义之道，便可起而兼并那几个国家，使它们陷入危急的境地。故在那几个国家中，招募或选拔士兵，推重威势和变诈，崇尚论功行赏，渐渐染成了习俗。但只有尊奉礼义教化，才能使全国上下一心，精诚团结。所以用诈术对付欺诈成俗的国家，还有巧拙之别；而若用诈术对付万众一心的国家，就犹如拿小刀去毁坏泰山了。所以商汤、周武王诛灭夏桀、商纣王时，从容指挥军队，强暴的国家却都无不臣服，甘受驱使，诛杀夏桀、商纣王，即如诛杀众叛亲离之人一般。《尚书·泰誓》中所说的‘独夫纣’，就是这个意思。因此军队齐心协力、众志成城，就可掌握天下；军队尚能团结合作，就可惩治临近的敌国。至于那些征召、募选士兵，推重威势诈变，崇尚论功行赏的军队，则或胜或败，变化无常；有时收缩，有时扩张，有时生存，有时灭亡，强弱不定。这样的军队，可称作盗贼之兵，而君子是不会这样用兵的。”

【原文】

孝成王、临武君曰："善。请问为将。"荀卿曰："知莫大于弃疑[1]，行莫大于无过[2]，事莫大于无悔[3]；事至无悔而止矣，不可必也[4]。故制号政令[5]，欲严以威[6]；庆赏刑罚，欲必以信[7]；处舍收藏[8]，欲周以固[9]；徙举进退[10]，欲安以重[11]，欲疾以速[12]；窥敌观变[13]，欲潜以深[14]，欲伍以参[15]；遇敌决战，必行吾所明[16]，无行吾所疑[17]；夫是之谓六术[18]。无欲将而恶废[19]，无怠胜而忘败[20]，无威内而轻外[21]，无见其利而不顾其害[22]，凡虑事欲熟而用财欲泰[23]，夫是之谓五权[24]。将所以不受命于主有三：可杀而不可使处不完[25]，可杀而不可使击不胜[26]，可杀而不可使欺百姓[27]，夫是之谓三至[28]。凡受命于主而行三军[29]，三军既定[30]，百官得序[31]，群物皆正[32]，则主不能喜，敌不能怒，夫是之谓至臣[33]。虑必先事而申之以敬，慎终如始，始终如一，夫是之谓大吉[34]。凡百事之成也必在敬之[35]，其败也必在慢之[36]。故敬胜怠[37]则吉，怠胜敬则灭；计胜欲则从，欲胜计则凶[38]。战如守，行如战，有功如幸[39]。敬谋无旷[40]，敬事[41]无旷，敬吏[42]无旷，敬众[43]无旷，敬敌[44]无旷，夫是之谓五无旷[45]。慎行此六术、五权、三至，而处之以恭敬、无旷，夫是之谓天下之将[46]，则通于神明[47]矣。"

临武君曰："善。请问王者之军制[48]。"荀卿曰："将死鼓[49]，御死辔[50]，百吏死职[51]，上大夫死行列[52]。闻鼓声而[53]进，闻金声[54]而退。顺命为上[55]，有功次之[56]。令不进而进，犹令不退而退也，其罪惟均[57]。不杀老弱，不猎禾稼[58]，服者不禽[59]，格者不赦[60]，奔命者不获[61]。凡诛，非诛其百姓也，诛其乱百姓者也[62]。百姓有捍其贼[63]，则是亦贼也。以其顺刃者生，傃刃者死，奔命者贡[64]。微子开封于宋[65]，曹触龙断于军[66]，商之服民，所以养生之者无异周人[67]，故近者歌讴而乐之，远者竭蹶而趋之[68]，无幽闲辟陋之国[69]，莫不趋使而安乐之[70]，四海之内若一家，通达之属莫不从服[71]，夫是之谓人师[72]。《诗》曰[73]：'自西自东，自南自北，无思不服。'此之谓也。王者有诛而无战[74]，城守不攻[75]，兵格不击[76]，敌上下相喜则庆之[77]，不屠城[78]，不潜军[79]，不留众[80]，师不越时[81]，故乱者乐其政[82]，不安其上[83]，欲其至也[84]。"临武君曰："善。"

陈嚣[85]问荀卿曰："先生议兵，常以仁义为本，仁者爱人，义者循理[86]，然则又何以兵为[87]？凡所为有兵者，为争夺也[88]。"荀卿曰："非汝所知也。彼仁者爱人，爱人，故恶人之害之也[89]；义者循理，循理，故恶人之乱之也。彼兵者，所以禁暴除害也，非争夺也[90]。”

燕孝王薨，子喜[91]立。

周民东亡[92]。秦人取其宝器，迁西周公于墨狐之聚[93]。

楚王迁鲁于莒而取其地[94]。

（以上为第三段，写荀况论为将之道，一个统帅的素质要具有“六术”“五权”“三至”“五不废”的原则，核心是具有最高境界的仁爱之心。）

【注释】

①知莫大于弃疑：谋虑最关键的是抛弃不明的谋划。知：通“智”，智慧，此指谋略、谋虑。疑：谋划不明。②过：过失。错误。③悔：后悔。④不可必也：不必追求一定成功，一定尽善尽美。⑤制号政令：军中的各种法规号令。⑥欲严以威：要求严厉、威重。欲：要求。⑦必以信：坚决执行，遵守信用。⑧处舍收藏：营垒仓库。⑨周以固：周密坚固。⑩徙举进退：军队的转移行动，前进后退。⑪安以重：安全而稳重。安：安全谨慎。⑫疾以速：快速敏捷。⑬窥敌：刺探敌情。观变：观察敌情的变化。⑭潜以深：隐蔽而深入，引申为行动机密。⑮伍以参：伍，通“五”。参，通“三”。伍、参用作动词，此指侦察敌情，派出间谍要三五错杂混入敌方将士之中。⑯必行吾所明：一定要按我了解清楚的情况去行动，即一定要打有把握之仗。⑰无行吾所疑：不要做自己还糊涂的事，即不打无把握之仗。无：通“勿”，不要。疑：糊涂不清。⑱六术：上述六种战略战术。号令有威，一也；赏罚必信，二也；营垒库房坚固，三也；军队行动，安全快速，四也；察敌要深入，五也；决战必胜，六也。⑲无欲将而恶废：不要只想保住将帅的职位而屈从君主而担心丢失。无：不要，作谓语，“无”后为宾语，下三句同此。⑳无怠胜而忘败：不要因急于取胜而忘记还有失败的可能。怠：《荀子·议兵》作“急”，此“怠”字误。㉑无威内而轻外：不要对内威严对外轻敌。㉒无见其利而不顾其害：不要只见到利益而不顾忌它的害处。㉓凡虑事欲熟而用财欲泰：考虑问题要仔细周详，使用钱财要慷慨宽裕。熟：深思熟虑。泰：宽裕，不吝啬。㉔五权：五种值得权衡应该考虑的情况。权：权衡。患得患失一心只想保将位，一权也；急于取胜而忘败，二权也；内严而轻外，三权也；见利而忘害，四权也；虑事不周而吝啬，五权也。㉕处不完：使军队守卫设施不完备的地方，引申为处于绝境。㉖击不胜：去打不能取胜的仗。㉗欺百姓：欺凌民众。㉘三至：坚守的三种原则。至：极。指必须遵守不可改变的原则。不带兵进入绝境，一至也；不打无取胜之仗，

二至也；不欺凌民众，三至也。㉙行三军：调动三军。㉚三军既定：三军各自到位。㉛百官得序：百官井然有序。百官，指军中的官吏各当其任，各守其职。序，次序。㉜群物皆正：军中各种事务安排停当、纳入正轨。㉝“则主不能喜”三句：即使君主奖励也不沾沾自喜，敌人激讽也不愤怒，这样的将帅是最善于治军的将帅。至臣：最好的将领。㉞“虑必先事”四句：行事前一定先要深思熟虑，步步慎重，而且始终如一，这就叫“大吉”。虑必先事：谋虑必须在行动之前。事，指“战争”。申之以敬：慎之又慎。申，重复，一再。敬，谨慎。大吉：指每战必无覆败。㉟成也必在敬之：战争的成功，一定是由于严肃对待这件事。敬：谨慎重视。㊱其败也必在慢之：战争的失败，一定是由于轻视这件事造成。慢：松懈，轻视。㊲敬胜怠：严肃胜过懈怠。㊳“计胜欲”两句：谋划胜过欲望，就事事顺利；欲望胜过谋划，就会遭遇不幸。欲，想要达到的要求。从，顺利，成功。凶，不幸，失败。㊴“战如守”三句：作战如同防守一样慎重，行军转移如同作战一样，获得成功则看作是侥幸取得。幸：侥幸，此谓不要居功自傲。㊵敬谋：严肃制定谋略。敬，严肃。无旷：不可废止。㊶敬事：严肃处理事务。㊷敬吏：严肃对待下属。㊸敬众：谨慎对待士兵。㊹敬敌：严肃对待敌人。㊺五无旷：五种不可废止的常事。即谋、事、吏、众、敌五种事务，时时敬重，天天敬重，不可须臾停止。㊻天下之将：天下无敌的将领。㊼神明：神机妙算，最高的智慧。㊽军制：军队的法令制度。㊾将死鼓：临战将军要与战鼓共存。古时作战，由主将擂鼓作为全军进攻的号令，至死也不能放弃战鼓逃奔。㊿御死辔：驾驭战车的人至死不能放松马缰绳。51死职：至死不能擅离职守。52上大夫死行列：指挥军官尽心致力，死于战阵行列。据章校，乙十一行本“上”作“士”。《荀子·议兵》“上”作“士”。此处“上”，乃“士”之讹字，当改。士大夫，指临战指挥的军官。53而：则，即。54金声：即钲声。古代作战时，以敲钲作为全军停止进攻的号令。钲是金属做成，敲钲的声音叫“金声”。55顺命为上：服从命令是第一。56有功次之：建功还在其次。57均：相等。58不猎禾稼：不践踏庄稼。猎：通“躐”，践踏。59服者不禽：不追杀不战而退的敌人。服：屈服，此指不战而退。禽：通“擒”，抓获，此指追杀。60格者不赦：不赦免抗拒格斗的敌人。格：斗，抵拒。61奔命者不获：跑来投降的敌人，不当俘虏看待。62诛其乱百姓者也：该诛杀的是那些祸害百姓的人。乱：祸害。63捍其贼：保护、窝藏敌人。64“以其”三句：所以，不战而退的人生，相拒顽抗的人死，跑来归顺的人安置。其：据章校，他本作“故”，《荀子·议兵》中“其”作“故”，当改。顺刃：不战而退。傃刃：顽抗。贡：指将俘虏贡献给统帅，与上文“奔命者不获”相左。梁启雄《荀子简释》引刘师培曰：“贡”字系“置”字之讹，

“置”字残而形似“贡”。置，放了，即赦免，不作俘虏对待。 ㊿微子开封于宋：微子名启，纣王兄，多次谏纣王不听，投降周，封于宋，刘向避汉景帝讳，改“启”为“开”。 66曹触龙断于军：曹触龙，纣之佞臣，被周武王在军中处以重刑。断：斩首。 67养生之者无异周人：给予归顺的商民的生活待遇与周人没有区别。 68“故近者，远者”两句：所以近处的人唱着歌欢乐地颂扬周天子，远方的人跌跌撞撞地前来投奔周天子。近者：离周都近的民众。远者：边远的民众。竭蹶而趋之：不辞颠仆之若，争先恐后地投奔。 69无幽闲辟陋之国：无论是多么边远荒僻鄙陋的国家。无：无论。幽闲辟陋：多么偏僻、边远。辟：通“僻”。 70莫不趋使而安乐之：周天子也要派人去关照，让民众安居乐业。 71通达之属莫不从服：周天子恩威所能达到的属国，没有不服从、归顺的。 72人师：为人表率的人。 73《诗》曰：引诗见《诗·大雅·文王有声》。 74王者：能称王天下的人，即圣明君主。有诛而无战：只诛讨不义而不挑起战争。诛：诛不义。 75城守不攻：不强攻坚固防守的敌军。 76兵格不击：不攻击顽强抵抗的敌人。格：顽强战斗。 77敌上下相喜则庆之：敌人上上下下喜悦欢庆就祝贺他们。相喜则庆：敬仰敌人的团结。 78不屠城：不洗劫屠戮敌方城镇。屠城：攻下敌方城镇，不加区别地杀光城内民众称“屠城”，又称“夷为平地”。 79不潜军：不偷袭敌人。 80不留众：不在外久留重兵，即不使军队长久地滞留在外。 81师不越时：用兵不超过规定的时间。 82乱者乐其政：那些政治混乱国家的人民欢迎王者的政治措施。 83不安其上：而不安心于自己国君的统治。 84欲其至也：盼望着王者的军队早日到来。 85陈嚣：人名。荀子的学生。 86义者循理：施行仁义的人遵循道理。 87然则又何以兵为：既然如此，又怎么兴兵打仗呢？ 88“凡所为”二句：所以一切用兵之事，都是为了争夺攻伐啊。所为：所以。 89爱人，故恶人之害之也：正因为爱人，所以才憎恶害人的人。 90“彼兵者”三句：所以，用兵的目的，在于制止暴乱，清除祸害，而不是为了争夺攻伐。 91喜：燕王喜，燕末代君，公元前254年至公元前222年在位。 92东亡：向东逃亡。 93鄲（dàn）狐：村落名，在今河南省汝州市西北。聚：村落。 94“楚王”句：楚考烈王把鲁国国君迁到莒邑，夺取了鲁国的封地。

【译文】

赵孝成王、临武君说：“对啊！那么，还请问做将领的道理。”荀况说：“谋虑最关键的是抛弃成败不明的谋划，行动最重要的是不产生过失，做事最关键的是不后悔。事情做到没有反悔就可以了，不一定要追求尽善尽美。所以，制定号令法规，要严厉、威重；赏功罚过，要坚决执行、遵守信义；营垒、后勤，要周密、严固；迁移、发动、前进、后退，要谨慎稳重，快速敏捷；探测敌情、观察敌人的变化，要行动机密，混入敌方将士之中；与敌军遭遇进行决战，一定要打有把握之仗，不打无把握之仗；这些称为‘六术’。不要为保住自己将领的职权而迎合君王的主张；不要因急于胜利而忘记还有失败的可能；不要对内威慑，而对外轻敌；不要见到利益不顾忌它的害处；考虑问题要仔细周详，使用钱财要慷慨宽裕，这些称为‘五权’。此外，将领在三种情况下不接受君王的命令可以杀死他，但不可令他率军进入绝境；可以杀死他，但不可令他率军攻打无法取胜的敌人；可以杀死他，但不可令他率军去欺凌民众，这些称为‘三至’。将领接受君王命令后即调动三军，三军各自到位，百官井然有序，各项事务均安排停当、纳入正轨，此时，即便君王奖之也不能使之喜悦，敌人激之也不能使之愤怒，这样的将领是最善于治军的将领。行事前必先深思熟虑，步步慎重，而且自始至终谨慎如一，这就叫作‘大吉’。总之，各项事业如果获得成功，必定是由于严肃对待这项事业；如果造成失败，必定是由于轻视这项事业。因此，严肃胜过懈怠，便能取得胜利，懈怠胜过严肃，便将自取灭亡；谋划胜过欲望，就事事顺利，欲望胜过谋划，就会遭遇不幸。作战如同守备一样，行军如同作战一样，获得成功则看作是侥幸取得。严肃制订谋略，不可废止；严肃处理事务，不可废止；严肃对待下属，不可废止；严肃对待兵众，不可废止；严肃对待敌人，不可废止，这些称为‘五不废’。谨慎地奉行以上‘六术’‘五权’‘三至’，并恪守‘五不废’的原则，这样的将领便是天下无人能及的将领，便是可以上通神明的了。”

临武君说：“有道理，那么请问圣明君王的军制又该怎样？”荀况说：“将领树旗击鼓号令三军，至死也不弃鼓奔逃；御手驾战车，至死也不放松缰绳；百官恪守职责，至死也不离开岗位；指挥官尽心效力，死于战阵行列。军队听到鼓声即前进，听到钲声即后退，服从命令是最主要的，建功还在其次。命令不准前进而前进，犹如命令禁止后退还要后退一样，罪过是相等的。不残杀老弱，不践踏庄稼，不追杀不战而退的人，不赦免相拒顽抗的人，不俘获跑来归顺的人。该诛杀时，诛杀的不是民众，而是祸害民众的人。但民众中如果有保护敌人的，那么他也就成为敌人了。所以，不战而退的人生，相拒顽抗的人死，跑来归顺的人则不当俘虏看待。微子启因多次规劝商纣王，后归顺周王而受封为宋国国君，专门谄谀纣王的曹触龙被处以军中重刑，归附于周天子的商朝人待遇与周朝民众没有区别，故而近处的人唱着歌欢乐地颂扬周天子，远方的人跌跌撞撞地前来投奔周天子。此外，不论是多么边远荒僻鄙陋的国家，周天子也派人去关照，让民众安居乐业，以至四海之内如同一家，周王朝恩威所能达到的属国，没有不服从、归顺的。这样的君王就叫作‘人师’，即为人表率的人。《诗经》说：‘自西自东，自南自北，无思不服’，就是指的这个。圣明君王的军队只诛讨不义而不挑起战争，不强攻坚固防守的敌军，不攻击顽固抵抗的敌人，敌人上下一心亲密团结就祝贺他们，并且不洗劫屠戮敌方的城镇，不偷袭无防备的敌人，不使将士们长久地滞留在外，军队出动作战不超过规定的时间。如此，那些混乱国家的民众都喜欢王者的施政，而不安心于受自己国君的统治，希望这种君王的军队到来。”临武君说：“你说得不错。”

陈嚣问荀况说：“您议论用兵之道，总是以仁义为根本，而仁者爱人，义者遵循情理，既然如此又怎么用兵打仗呢？一切用兵之事，都是为了争夺、攻伐啊。”荀况说：“并非像你所理解的那样。所谓仁者爱人，正因为爱人，才憎恶害人的人；义者遵循情理，正因为循理，才憎恶反叛、作乱的人。所以，用兵的目的在于禁暴除害，而不是为了争夺、攻伐。”

燕孝王去世，其子姬喜继位。

周王朝的民众向东逃亡。秦国人夺取了周王朝的宝鼎重器，并将西周文公姬咎迁移到𢠸狐之聚。

楚考烈王将鲁国国君迁到莒地，夺取了鲁国的封地。

【原文】

五十三年（丁未，前254）

摎伐魏，取吴城[①]。韩王入朝[②]。魏举国听令。

五十四年（戊申，前253）

王郊见上帝于雍[③]。

楚迁于钜阳[④]。

五十五年（己酉，前252）

卫怀君朝于魏，魏人执而杀之；更立其弟，是为元君[⑤]。元君，魏婿也。

五十六年（庚戌，前251）

秋，王薨，孝文王[⑥]立。尊唐八子为唐太后[⑦]，以子楚为太子。赵人奉[⑧]子楚妻子归之。韩王衰绖入吊祠[⑨]。

燕王喜使栗腹约欢于赵[⑩]，以五百金为赵王酒[⑪]。反[⑫]而言于燕王曰："赵壮者皆死长平[⑬]，其孤未壮，可伐也。"王召昌国君乐间[⑭]问之，对曰："赵四战之国[⑮]，其民习兵[⑯]，不可。"王曰："吾以五而伐一[⑰]。"对曰："不可。"王怒。群臣皆以为可，乃发二千乘，栗腹将而攻鄗[⑱]，卿秦攻代[⑲]。将渠[⑳]曰："与人通关约交[㉑]，以五百金饮[㉒]人之王，使者报而攻之，不祥，师必无功。"王不听，自将偏军[㉓]随之。将渠引王之绶[㉔]，王以足蹴之[㉕]。将渠泣曰："臣非自为，为王也！"燕师至宋子[㉖]，赵廉颇为将，逆击之[㉗]，败栗腹于鄗，败卿秦、乐乘于代[㉘]，追北五百余里[㉙]，遂围燕[㉚]。燕人请和，赵人曰："必令将渠处和[㉛]。"燕王使将渠为相而处和，赵师乃解去[㉜]。

赵平原君卒。

（以上为第四段，写公元前253年至公元前251年史事，写秦国昭襄王嬴稷去世，儿子嬴柱继位，是为孝文王；燕王姬喜派使臣栗腹与赵孝成王缔结友好盟约，回去后就反悔，出兵攻打赵国，结果被打得大败。）

【注释】

①吴城：又名虞城，在今山西省夏县与平陆之间。 ②韩王入朝：韩国桓惠王入秦朝见秦昭王。 ③王郊见上帝于雍：秦昭王在雍城南郊祭祀上天。雍，在今陕西省凤翔西。 ④楚迁于钜阳：楚国从陈迁都到钜阳。陈：故邑在今河南淮阳。钜阳：在今安徽省太和县东南。按：楚国受到秦国进攻，都城多次向东迁徙。楚初都丹阳（今湖北省秭归县东），楚文王时迁都郢（今湖北省江陵县北之纪南城），楚昭王时迁都鄀，称鄢郢（今湖北省宜城市东南），楚惠王时曾迁都西阳（今湖北省黄冈市东），后又迁回鄢郢，楚顷襄王时由鄢郢徙都陈，至是楚考烈王又迁都钜阳，最后楚迁都寿春。 ⑤元君：史失其名，公元前252年至公元前230年在位。 ⑥孝文王：名柱，又名式，秦昭襄王子。公元前250年在位，享国一年（实际三日）即崩。 ⑦唐八子：唐，姓；八子，秦、汉宫内女官名号。唐八子为秦孝文王生母，早死，此追尊为太后。 ⑧奉：送。尊敬之辞。 ⑨韩王衰绖入吊祠：韩桓惠王穿孝服来到秦国，吊唁祭祀秦昭王。衰绖（cuī dié）：丧服，孝服。⑩栗腹：时为燕相。约欢：订立友好盟约。 ⑪酒：敬酒，祝福，祝寿。一般作"寿"。古时借祝寿为名向人送财物，用以联络感情，或有求于人。 ⑫反：同"返"。指栗腹回到燕国。 ⑬死长平：死于秦、赵长平之战。 ⑭乐间：乐毅之子。 ⑮四战之国：四面受敌之国，其民习兵，善战善守。按：赵东邻燕、齐，西边秦、楼烦，南界韩、魏，

北迫匈奴，处四战之地。⑯习兵：善长作战。⑰五而伐一：用五倍兵力攻伐赵国。⑱鄗（hào）：在今河北省柏乡县北20里。⑲卿秦：燕将，又作“庆秦”。代：今山西省东北部及河北省蔚县一带。⑳将渠：燕大夫。㉑通关：开通关塞，与诸侯往来。约交：互订盟约。㉒饮（yìn）：斟酒给人喝，即敬酒。㉓偏军：配合主力军队的策应之师。㉔将渠引王之绶：将渠拉住燕王喜腰间结系印纽的丝带，不让燕王出征。引：拉住。绶：古代系印纽的丝带。㉕蹴之：脚踢将渠。㉖宋子：邑名，在今河北省赵县北25里。㉗逆击之：迎击燕军。㉘败卿秦、乐乘于代：《史记·燕召公世家》有“乐乘破卿秦于代。”此总括在廉颇名下。㉙追北：追击败军。北：败。㉚围燕：包围燕国都城蓟城。㉛处和：议和，讲和，缔结和好。㉜解去：解除包围离去。

【译文】

秦昭襄王五十三年（丁未，前254）

秦国将领摎率军攻打魏国，攻占了吴城。韩国国君前来朝见秦昭襄王。魏国全国听从秦昭襄王的号令。

秦昭襄王五十四年（戊申，前253）

秦昭襄王在雍城南郊祭祀上天。

楚国迁都至钜阳。

秦昭襄王五十五年（己酉，前252）

卫国卫怀君到魏国都城大梁朝见魏安釐王姬圉，魏国人将他抓住杀了，另立他的弟弟为卫国国君，是为元君。元君是魏安釐王的女婿。

秦昭襄王五十六年（庚戌，前251）

秋季，秦昭襄王去世，子嬴柱继位，是为孝文王。孝文王尊奉生母唐八子为唐太后，立儿子嬴异人为太子。于是，赵国人便将嬴异人的妻子儿女送回秦国。韩桓惠王则穿着丧服来到秦国，入殡宫悼念、祭奠昭襄王。

燕王姬喜派使臣栗腹与赵孝成王缔结友好盟约，并以五百金设置酒宴款待赵王。栗腹返回燕国后，对燕王喜说：“赵国的壮年男子都死在长平之战中了，他们的孤儿还都没有长大成人，可以去进攻赵国。”燕王喜召见昌国君乐间，询问他的意见。乐间回答说：“赵国的四境都面临着强敌，需要四面抵抗，故国中民众均已习惯于作战，不能去攻打。”燕王喜说：“我可以用五倍兵力来攻打赵国。”乐间回答说：“那也不行。”燕王喜大怒。群臣都认为可以出兵攻打赵国，燕王喜便调动两千辆战车，一路由栗腹率领，进攻鄗城；一路由卿秦率领，进攻代地。大夫将渠说："刚与赵国开通关塞，订立友好盟约，并用五百金置备酒席请赵王饮酒，而使臣一回来就发兵进攻人家，这是不吉利的，燕国军队肯定无法获得成功。"燕王喜不听将渠的劝阻，而且还亲自率领配合主力作战的部队随大军出发。将渠一把拉住燕王喜腰间结系印纽的丝带，燕王喜气得向他猛踢一脚，将渠哭泣着说："我不是为了我自己，而是为了大王您啊！"燕国军队抵达宋子，赵孝成王任命廉颇为将，率军迎击燕军，在鄗城打败栗腹的部队，在代地战胜卿秦、乐乘的部队，并乘胜追击燕军五百多里，顺势包围了燕国国都蓟城。燕王喜只得派人向赵国求和，赵国人说："一定得让将渠前来议和才行。"于是，燕王喜便任命将渠为相国，前往赵国议和，赵国军队方才退走。

这一年，赵国平原君赵胜去世。

【原文】

孝文王

元年（辛亥，前250）

冬，十月，己亥[①]，王即位[②]；三日薨。子楚立，是为庄襄王[③]；尊华阳夫人为华阳太后，夏姬为夏太后[④]。

燕将攻齐聊城[⑤]，拔之。或谮之燕王[⑥]，燕将保[⑦]聊城，不敢归。齐田单攻之，岁余不下。鲁仲连乃为书，约之矢[⑧]以射城中，遗燕将[⑨]，为陈利害[⑩]曰："为公计者，不归燕则归齐。今独守孤城，齐兵日益[⑪]而燕救不至，将何为乎[⑫]？"燕将见书，泣三日，犹豫不能自决，欲归燕，已有隙[⑬]；欲降齐，所杀虏于齐甚众[⑭]，恐已降而后见辱[⑮]。喟然叹曰："与人刃我[⑯]，宁我自刃！"遂自杀。聊城乱，田单克[⑰]聊城。归，言鲁仲连于齐[⑱]，欲爵之[⑲]。仲连逃之海上，曰："吾与富贵而诎于人[⑳]，宁贫贱而轻世肆志[㉑]焉！"

魏安釐王问天下之高士于子顺，子顺曰："世无其人也[㉒]；抑可以为次[㉓]，其鲁仲连乎！"王曰："鲁仲连强作之者[㉔]，非体[㉕]自然也。"子顺曰："人皆作之。作之不止，乃成君子；作之不变，习与体成[㉖]，则自然也。"

（以上为第五段，写公元前250年史事，写燕国将领率军攻下齐国聊城，齐国相国田单率军反攻，相持一年多，齐人鲁仲连写信给燕将劝降，燕将自杀，齐军下聊城。鲁仲连立功而不受封赏。）

【注释】

①十月：秦以十月为岁首。 己亥：即当年十月初一日。 ②王即位：秦孝文王即位。 ③庄襄王：孝文王之子，一作庄王，又曰襄王，初名异人，后变名曰楚，又名子楚。公元前249年至公元前247年在位。 ④夏太后：庄襄王之生母。 ⑤燕将：或为乐毅之部将。 聊城：今山东省聊城西北。 ⑥或谮之燕王：有人在燕王跟前说坏话。 谮：谗毁。 ⑦保：留守，固守。 ⑧约之矢：把信绑在箭杆上。约，束。 ⑨遗燕将：将信送给燕将。遗（wèi）：赠。 ⑩陈利害：分析陈述利害。 ⑪齐兵日益：齐军一天天增加。 ⑫将何为乎：您将怎么办呢？ ⑬隙：隔阂，嫌隙。 ⑭所杀虏于齐甚众：自己杀死和俘虏许多齐国人。 ⑮见辱：被辱，受辱。 ⑯刃我：杀死我。 ⑰克：攻下。 ⑱齐：据章校，他本“齐”下有“王”字。依文意当补“王”字。 ⑲爵之：封鲁仲连以爵位。 ⑳诎于人：受制于人。 诎：通“屈”。 ㉑轻世：看淡世俗荣利。 肆志：随心适意地生活。 ㉒世无其人也：世间没有这样的人。 ㉓抑：或者。 为次：求其次。 ㉔强作之者：矫情故意做作出来的。 ㉕体：本性。 ㉖习与体成：习惯于本性逐渐融合为一。

【译文】

孝文王

秦孝文王元年（辛亥，前250）

冬季，十月初一，秦孝文王正式登上王位，但孝文王在位仅三天就去世了。他的儿子嬴异人继位，是为秦庄襄王；庄襄王尊奉嫡母华阳夫人为华阳太后，尊奉生母夏姬为夏太后。

燕国的一位将领率军攻下了齐国的聊城。但是有人却在燕王喜面前说这个将领的坏话，这位将领因此而据守聊城，不敢返回燕国。齐国相国田单率军反攻聊城，为时一年多仍然攻克不下。齐人鲁仲连便写了一封信，捆在箭上射入城中给那位燕将，向他陈述利害关系，说：“替您打算，您不是回燕国就是归附齐国。而现在您独守孤城，齐国的军队一天天增多，燕国的援兵却迟迟不到，您将怎么办呢？”燕将见信后，低声哭泣了好几天，但仍然犹豫不决。他想还归燕国，可是已与燕国有了嫌隙；想投降齐国，又因杀戮、俘获的齐国人太多，而害怕降齐后会遭受屈辱。于是，长声叹息着说：“与其让人来杀我，倒不如我自杀！”便自杀身亡。聊城城内大乱，田单趁机攻下了聊城。田单凯旋后向齐王建述说鲁仲连的功绩，并要授给他爵位。鲁仲连为此逃到海边，说：“我与其因获得富贵而屈从于他人，宁可忍受贫贱而能放荡不羁、随心所欲！”

魏安釐王魏圉向孔斌询问谁是天下高士。孔斌说：“世上没有这种人。如果说可以有次一等的，那么这个人就是鲁仲连了！”安釐王说：“鲁仲连是强求自己这样做的，而不是他本性的自然流露。”孔斌说：“人都是要强求自己去做一些事情的。假如这样不停地做下去，便会成为君子；始终不变地这样做，习惯与本性渐渐相融合，也就成为自然的了。”

【原文】

庄襄王

元年（壬子，前249）

吕不韦与相国。

东周君与诸侯谋伐秦，王使相国帅师讨灭之，迁东周君于阳人聚[①]。周既不祀[②]。周比[③]亡，凡有七邑：河南、洛阳、谷城、平阴、偃师、巩、缑氏[④]。

以河南洛阳十万户封相国不韦为文信侯。

蒙骜[⑤]伐韩，取成皋、荥阳[⑥]，初置三川郡[⑦]。

楚灭鲁，迁鲁顷公于卞[⑧]，为家人[⑨]。

二年（癸丑，前248）

日有食之。

蒙骜伐赵[⑩]，取榆次、狼孟等[⑪]三十七城。

楚春申君言于楚王曰：“淮北地边[⑫]于齐，其事急[⑬]，请以为郡而封于江东[⑭]。”楚王许之。春申君因城吴故墟[⑮]以为都邑，宫室极盛。

（以上为第六段，写公元前249年至公元前248年史事，写秦庄襄王嬴异人派吕不韦率军攻打东周，东周灭亡；楚国灭亡鲁国，将其国君贬为平民；楚国春申君黄歇封到江东，在过去吴国的旧都上筑城。）

【注释】

①阳人聚：在畢狐聚西南。 ②周既不祀：周王朝尽灭。既，尽。不祀，无人主持祭祀，指亡国或绝后。 ③比：及。 ④河南：即王城，今河南省洛阳市西。 洛阳：即成周，今河南省洛阳市东北。 谷城：今河南省洛阳市西北，谷水北。 平阴：今河南省孟津县北。 偃师：今河南省偃师。 巩：今河南省巩义市西。缑（gōu）氏：在

今河南省偃师区南20里。⑤蒙骜：一作蒙傲，其先齐人，为蒙恬的祖父，骜自齐事秦昭王，官至上卿，后为秦将，秦始皇七年（前240）卒。⑥成皋：邑名。故城在今河南荥阳市。荥阳：地处冲要的军事重镇，故城在今河南省荥阳市东北。⑦三川郡：因有黄河、洛水、伊水三川而得名。郡治洛阳，故城在今河南省洛阳市东北。⑧鲁顷公：名讐，文公之子，公元前272年至公元前249年在位。卞：邑名，在今山东省泗水县东。⑨家人：平民。⑩赵：据章校，他本“赵”下有“定太原”三字。《史记·秦本纪》有此三字，当补。⑪榆次：今山西晋中市榆次区。狼孟：今山西阳曲县西北。⑫边：界，邻接。⑬事急：指防务吃紧。⑭请以为郡：要求把淮北地设置为楚国的边郡。封于江东：把春申君的封地改封在江东。江东，地区名，指今安徽芜湖市至江苏南京市一段的长江南岸地区。⑮城吴故墟：在吴国旧都筑城。吴故墟：指吴国旧都，即今苏州市。

【译文】

庄襄王

秦庄襄王元年（壬子，前249）

吕不韦担任秦国的相国。

东周国国君与各诸侯国谋划着共同攻打秦国，秦庄襄王因此派吕不韦统率军队讨灭了东周，将东周国君迁移到阳人聚。周王朝至此灭亡，再无人主持祭祀了。周朝至灭亡时共有七邑：河南、洛阳、谷城、平阴、偃师、巩、缑氏。

秦庄襄王封相国吕不韦为文信侯，将河南洛阳十万户做他的封地。

秦将蒙骜攻打韩国，夺取了成皋、荥阳，开始设置三川郡。

楚国灭亡了鲁国，把鲁顷公迁移到卞地，贬为平民。

秦庄襄王二年（癸丑，前248）

出现日食。

秦将蒙骜攻打赵国，夺取了榆次、狼孟等三十七城。

楚国春申君黄歇对楚考烈王熊元说：“淮北地区与齐国接壤，防务吃紧，请在那里设置边郡，并把我封到江东。”楚考烈王答应了他的要求。春申君便在过去吴国的旧都上筑城，作为自己的都邑，他所营造的宫室都极为华丽。

【原文】

三年（甲寅，前247）

王龁攻上党诸城，悉拔之，初置太原郡[1]。

蒙骜帅师伐魏，取高都、汲[2]。魏师数败，魏王患之，乃使人请信陵君于赵。信陵君畏得罪，不肯还，诫门下[3]曰："有敢为魏使通[4]者死！"宾客莫敢谏。毛公、薛公见信陵君曰："公子所以重于诸侯者[5]，徒以有魏也[6]。今魏急而公子不恤[7]，一旦秦人克大梁，夷先王之宗庙[8]，公子当何面目立天下乎！"语未卒[9]，信陵君色变[10]，趣驾还魏[11]。魏王持信陵君而泣，以为上将军。信陵君使人求援于诸侯。诸侯闻信陵君复为魏将，皆遣兵救魏[12]。信陵君率五国之师败蒙骜于河外[13]，蒙骜遁走[14]。信陵君追至函谷关，抑之而还[15]。

安陵[16]人缩高之子仕于秦，秦使之守管[17]。信陵君攻之不下，使人谓安陵君[18]曰："君其遣缩高，吾将仕之以五大夫[19]，使为执节尉[20]。"安陵君曰："安陵，小国也，不能必使其民[21]。使者自往请之[22]。"使吏导使者[23]至缩高之所。使者致[24]信陵君之命，缩高曰："君之幸高也，将使高攻管也[25]。夫父攻子守，人之笑也；见臣而下，是倍主也[26]。父教子倍，亦非君之所喜。敢再拜辞[27]！"使者以报信陵君[28]。信陵君大怒，遣使之安陵君所曰："安陵之地，亦犹魏也[29]。今吾攻管而不下，则秦兵及我，社稷必危矣[30]。愿君生束[31]缩高而致之[32]！若君弗致，无忌将发十万之师以造[33]安陵之城下。"安陵君曰："吾先君成侯[34]受诏襄王以守此城也，手授太府之宪[35]，宪之上篇[36]曰：'臣弑君，子弑父，有常不赦[37]。国虽大赦，降城亡子不得与焉[38]。'今缩高辞大位以全父子之义[39]，而君曰'必生致之'，是使我负襄王之诏[40]而废太府之宪也，虽死，终不敢行！"缩高闻之曰："信陵君为人，悍猛而自用[41]，此辞必反为国祸[42]。吾已全己[43]，无违人臣之义矣[44]，岂可使吾君有魏患乎！"乃之使者之舍，刎颈而死。信陵君闻之，缟素辟舍[45]，使使者谢安陵君曰："无忌，小人也，困于思虑[46]，失言于君[47]，请再拜辞罪[48]！"

王使人行[49]万金于魏以间[50]信陵君，求得晋鄙客[51]，令说魏王曰："公子亡在外十年矣[52]，今复为将，诸侯皆属，天下徒闻[53]信陵君而不闻魏王矣。"王[54]又数使人贺信陵君："得为魏王未也？"魏王日闻其毁，不能不信，乃使人代信陵君将兵。信陵君自知再以毁废[55]，乃谢病不朝[56]，日夜以酒色自娱，凡四岁而卒[57]。韩王往吊，其子荣之，以告子顺。子顺曰："必辞之以礼！'邻国君吊，君为之主。'今君不命子，则子无所受韩君也。"其子辞之[58]。

五月，丙午，王薨。太子政立，生十三年矣，国事皆决于文信侯，号称仲父[59]。

晋阳[60]反。

（以上为第七段，写公元前247年史事，写秦军进攻魏国，魏信陵君魏无忌从赵国返回，率领五国联军打败秦军，后被秦国用反间计，遭谗毁而被废，忧郁而死；秦庄襄王嬴异人去世，太子嬴政继位。）

【注释】

①太原郡：郡治晋阳，在今山西太原市西南。 ②高都、汲：县名。高都县故治在今山西省晋城市。汲县故治在今河南省卫辉市南25里。 ③诫门下：警告门客。 ④通：通报。 ⑤重于诸侯者：被诸侯尊重。 重：敬重、尊重。 ⑥徒以有魏也：就是因为有魏国啊。 徒：只是、就是。 以：因为。 ⑦不恤：不救助。恤，周济、救助。 ⑧夷先王之宗庙：将魏国先王的宗庙铲为平地，喻灭亡了魏国。 夷：平毁。 ⑨语未卒：话还没说完。卒，终。 ⑩色变：变了脸色。 ⑪趣驾还魏：立即驾车起程回魏国。趣（cù）：催促。 ⑫遣兵救魏：派兵救援魏国。 遣：派。 ⑬信陵君率五国之师败蒙骜于河外：《史记·六国年表》秦表曰"魏公子无忌率五国却我军河外，蒙骜解去。"五国：指赵、韩、齐、楚、燕五国。 河外：对"河内"而言，指今河南省西北部黄河以南之地。⑭遁走：逃跑。 ⑮抑之而还：将秦军压制在函谷关内后才领兵还魏。 抑之：压制秦兵。 ⑯安陵：小国，魏的附属国。在今河南省郾城东。又作"鄢陵"。 ⑰守管：守卫管地。管，今河南省郑州市。 ⑱安陵君：名坛，又作"缠"，亦作"纏"，坛、缠、纏字通。 ⑲"君其"两句：安陵君您能遣送缩高到我这里来，我将授给他五大夫的军职。 君：指安陵君。 其：表希望、要求的语气词。 遣缩高：信陵君想让安陵君以君王的名义迫使缩高听从信陵君的命令。故言"遣缩高"。 ⑳执节尉：享有执节的军尉。尉，低于将军的军官，校尉之省称。执节者有专杀之权。 ㉑必使其民：使其民一定从命。必，一定。 ㉒使者自往请之：让使者自己到缩高住处去邀请缩高。 请之：邀请缩高到信陵君那里任职。 ㉓使吏导使者：安陵君委派了一个小官吏引导信陵君使者。 ㉔致：致信，传达。 ㉕"君之幸高也"二句：信陵君看重我，是让我缩高去进攻管城。 幸高：

指“将仕之以五大夫”与“执节尉”之事。幸，敬重，看重。 ㉖是倍主也：这是背叛国君啊。倍，通“背”。 ㉗敢再拜辞：我冒昧地辞谢，不敢接受这一命令。 敢：冒昧，斗胆。 再拜：一拜再拜。敢再拜，辞不受命的委婉说法。 ㉘以报信陵君：使者把缩高的话回报给了信陵君。“以”后省介词宾语“之”，“之”指代缩高说的那番话。 ㉙安陵之地，亦犹魏也：安陵原本就是魏国之地。 按：安陵本魏地，魏襄王以之封其弟，故信陵君如此说。此指安陵君、缩高都是魏国人，十分义正。 ㉚社稷必危矣：魏就危急了，也就是祖国危急了。 ㉛生束：活捉捆绑。 ㉜致之：押送缩高到信陵君处。 ㉝造：至，到。 ㉞成侯：《史记·秦本纪》有“昭襄王八年，魏公子劲为诸侯。”昭襄王八年正当魏襄王之世。据此，安陵君之先君即“公子劲”也。 ㉟手授：亲授，手，指魏襄王。 太府之宪：藏于中央太府之法令。 ㊱上篇：第一篇。 ㊲有常不赦：按照惯例，即使大赦，叛臣逆子亦不赦免。 常：常法，惯例。 ㊳不得与焉：不在大赦之例。 ㊴今缩高辞大位以全父子之义：现今缩高不接受你要给他的高位，以此成全他们的父子之义。 大位：显贵的官位，指前文“五大夫”。大，尊。 按：缩高之子为敌国效力，是叛国行为，缩高若还有爱国心，定当大义灭亲，没有大位亦应去劝说儿子归国，何况予以大位呢？安陵君与缩高敌我不分，是非不明，他们的说辞，纯属诡辩。 ㊵负襄王之诏：背叛襄王的诏令。 负：背负，背叛。 ㊶悍猛而自用：性情凶暴蛮横，而且刚愎自用。此缩高泼给信陵君的污水。 ㊷此辞必反为国祸：文句不顺。据章校，他本“必反”二字互乙。《战国策·魏策四》第二十四章作“此辞反，必为国祸”。此辞反，谓使者把安陵君的这番话禀报给信陵君，将给安陵君带来祸患。反，通“返”。 ㊸吾已全己：我已保全了自己的名声。 ㊹无违人臣之义矣：我没有违背作为臣子应尽的道义。 ㊺缟素辟舍：身着素服，避住到厢房。人死为大，信陵君此举表示对缩高的敬重。 缟素：白色衣服，此指凶服。 辟舍：离舍。辟，通“避”。 ㊻困于思虑：思虑糊涂。信陵君自谓，攻管城不下思虑困惑。困，惑，乱。 ㊼失言于君：对您说了一些错话。 ㊽辞罪：道歉，请罪。 辞：信陵君所言义正，并无过错。他之缟素避舍，向安陵君请罪致歉，有矫情之嫌。 ㊾行：使用。 ㊿间：离间。 51求得晋鄙客：找到晋鄙的门客。 52亡在外十年：指信陵君在赵十余年。 亡：逃亡，避居国外。 53徒闻：只听说，只知道。 54王：指秦庄襄王。 55再以毁废：再一次，第二次遭别人的谗毁而被废免。 56谢病：推说有病。 不朝：不去朝见魏王。 57凡：总共。 卒：死亡。信陵君卒于魏安釐王三十四年（前243）。 58辞之：谢绝韩王的吊丧。 59仲父：又称“亚父”，敬之如父，犹今语之“叔父”。 60晋阳：邑名，在今山西太原市南。

【译文】

秦庄襄王三年（甲寅，前 247）

秦国大将王龁率军进攻魏国上党郡各城，全部攻取，开始设置太原郡。

秦将蒙骜率军进攻魏国，占领了高都和汲。魏军屡战屡败，魏安釐王为此而忧虑，便派人到赵国请信陵君魏无忌回国。信陵君惧怕归国后被判罪，不肯返回，并告诫他的门客们说："有胆敢给魏国使者通报消息的，处死！"于是，宾客们都不敢规劝他。毛公、薛公为此拜见信陵君，说："您之所以受到各国的敬重，只是因为强大的魏国还存在。现在魏国的情势危急，而您却毫不顾惜，如此，一旦秦国人攻陷了魏都大梁，将先王的宗庙铲为平地，您当以何面目立在天下人的面前啊！"二人的话还未说完，信陵君已脸色大变，即刻驾车赶回魏国。魏安釐王见到信陵君后握着他的手啜泣不止，随即便任命他为上将军。信陵君派人向各诸侯国求援。各国听说信陵君再次担任魏国大将，都纷纷派兵援救魏国。信陵君率领五国联军在黄河以西击败蒙骜的军队，蒙骜带着残部逃走。信陵君率军追击到函谷关，将秦军压制在关内后才领兵还魏。

魏国安陵人缩高的儿子在秦国供职，秦人让他负责守卫管城。信陵君魏无忌率军攻管城不下，便派人去见安陵君说："如果您能遣送缩高到我这里来，我将授给他五大夫的军职，并让他担任执节尉。"安陵君说："安陵是个小国，民众不一定都服从我的命令。还是请使者您自己前去邀请他吧。"于是，就委派一个小官引导魏国的使者前往缩高的住地。使者向缩高传达了信陵君的命令，缩高听后说："信陵君之所以看重我，是为了让我出面去进攻管城。为父亲的去攻城，做儿子的却守城，这是要被天下人耻笑的。况且，我的儿子如果见到我就放弃职守，那便是背叛了他的国君。做父亲的如果教儿子背叛，也不是信陵君所喜欢的行为。我冒昧地辞谢，不能接受信陵君的旨令。"使者回报给信陵君。信陵君勃然大怒，又派使者到安陵君那里说："安陵国也是魏国的领地。现在我攻打不下管城，秦国的军队就会赶到这里来攻打我，这样一来，魏国肯定就危险了。希望您能将缩高活着捆送到我这里！如果您不肯这么做，我就将调动十万大军开赴安陵城下。"安陵君说："我的先代国君成侯奉魏襄王的命令镇守此城，并亲手把太府中所藏的《国法》授给了我。《国法》的上篇说：'臣子杀君王，子女杀父亲，常法规定绝不赦免这类罪行。即使国家实行大赦，举城投降和临阵脱逃的人也都不能被赦免。'现在，缩高推辞不受您授予他的高位，以此成全他们的父子之义，而您却说'一定要将缩高活着捆送到我这里来'，如此，便是要让我违背襄王的命令并废弃太府所藏的《国法》啊！我纵然去死，也终归不敢执行您的指示！”缩高听说了这件事，说：“信陵君这个人，性情凶暴蛮横，且刚愎自用，那些话必将给安陵国招致祸患。我已保全了自己的名声，没有违背作为臣子应尽的道义，既然如此，我又岂可让安陵君遭到来自魏国内部的危害啊！”于是，便到使者居住的客舍，拔剑抹脖，自杀而死。信陵君听说这一消息后，身着素服避住到厢房，并派使者去对安陵君道歉说：“我真是个小人啊，为要攻取管城的思虑所困扰，对您说了一些不该说的话，请让我再拜，为我的罪过向您道歉！”

秦庄襄王为了挑拨信陵君与魏安釐王的关系，派人携带万金前往魏国，寻找被信陵君所杀的晋鄙的门客，让他去劝说魏安釐王道：“信陵君流亡国外十年，现在重新担任了魏国的大将，各诸侯国的将领都隶属于他，致使天下的人只听说有信陵君这个人，而不知道还有魏王您了。”秦庄襄王又多次派人奉送礼物给信陵君表示庆贺，说：“您做了魏国的国君没有啊？”魏安釐王天天都听到这类诽谤信陵君的话，不能不信，于是就令人代替信陵君统领军队。信陵君明白自己第二次因别人的谗毁而被废免，便以生病为由，不再朝见魏安釐王参与议事，日夜饮酒作乐，沉湎于女色之中，过了四年就死去了。韩桓惠王亲自来到魏国吊丧。信陵君的儿子颇以此为荣，便将这件事告诉了孔斌。孔斌却说：“你一定要按照礼制推辞掉韩王的吊唁！礼制规定：‘邻国国君前往某国吊丧，这吊丧活动应由某国的国君来主持。’现在，魏王并没有委命你代他主持吊丧仪式，因此，你也就没有资格去接待韩王来进行吊丧了。”信陵君的儿子便未接受韩桓惠王的吊丧。

五月二十六日，秦庄襄王去世。太子嬴政继位，嬴政这时只有十三岁，故一切国家大事都由文信侯吕不韦决定，号称他为“仲父”。

秦国属地晋阳反叛。

【原文】

始皇帝[①]上

元年（乙卯，前246）

蒙骜击定之[②]。

韩欲疲秦人[③]，使无东伐，乃使水工[④]郑国为间于秦[⑤]，凿泾水自仲山为渠[⑥]，并北山，东注洛[⑦]。中作而觉[⑧]，秦人欲杀之。郑国曰：“臣为韩延数年之命，然渠成，亦秦万世之利也。”乃使卒为之[9]。注填阏之水溉舄卤之地四万余顷[10]，收皆亩一钟[11]，关中由是益富饶。

二年（丙辰，前245）

麃公[12]将卒攻卷，斩首三万。

赵以廉颇为假相国[13]，伐魏，取繁阳[14]。赵孝成王薨，子悼襄王[15]立，使武襄君乐乘代廉颇。廉颇怒，攻武襄君；武襄君走。廉颇出奔魏。久之，魏不能信用。赵师数困于秦，赵王思复得廉颇，廉颇亦思复用于赵。赵王使使者视廉颇尚可用否。廉颇之仇郭开[16]多与使者金，令毁之[17]。廉颇见使者，一饭斗米[18]，肉十斤，被甲上马，以示可用。使者还报曰：“廉将军虽老，尚善饭[19]；然与臣坐，顷之三遗矢矣[20]。”赵王以为老，遂不召[21]。楚人阴使迎之[22]。廉颇一为楚将[23]，无功，曰：“我思用赵人[24]！”卒死于寿春[25]。

三年（丁巳，前244）

大饥[26]。

蒙骜伐韩，取十二城。

赵王以李牧[27]为将，伐燕，取武遂、方城[28]。李牧者，赵之北边良将也，尝居代、雁门备匈奴[29]，以便宜置吏[30]，市租皆输入莫府[31]，为士卒费，日击[32]数牛飨士[33]；习骑射，谨烽火[34]，多间谍[35]，为约曰[36]：“匈奴即入盗[37]，急入收保[38]。有敢捕虏者斩[39]！”匈奴每入，烽火谨，辄入收保不战。如是数岁，亦不亡失[40]。匈奴皆以为怯[41]，虽赵边兵亦以为吾将怯。赵王让之[42]，李牧如故。王怒，使他人代之。

岁余，屡出战，不利，多失亡，边不得田畜[43]。王复请李牧，李牧杜门[44]称病不出。王强起之[45]，李牧曰：“必欲用臣[46]，如前[47]，乃敢奉令[48]。”王许之。

李牧至边，如约。匈奴数岁无所得，终以为怯。边士日得赏赐而不用[49]，皆愿一战。于是乃具选车[50]得千三百乘，选骑[51]得万三千匹，百金之士[52]五万人，彀者[53]十万人，悉勒习战[54]；大纵畜牧[55]、人民满野。匈奴小入，佯北[56]不胜，以数十人委之[57]。单于[58]闻之，大率众来入。李牧多为奇陈[59]，张左、右翼击之[60]，大破之，杀匈奴十余万骑，灭襜褴[61]，破东胡[62]，降林胡[63]。单于奔走，十余岁不敢近赵边。

先是，天下冠带之国七[64]，而三国[65]边于戎狄：秦自陇[66]以西有绵诸、绲戎、翟、貆之戎[67]，岐、梁、泾、漆之北有义渠[68]、大荔、乌氏、朐衍之戎[69]；而赵北有林胡、楼烦之戎；燕北有东胡、山戎[70]；各分散居谿谷[71]，自有君长，往往而聚者百有余戎[72]，然莫能相一。其后义渠筑城郭以自守，而秦稍蚕食之，至惠王遂拔义渠二十五城。昭王之时，宣太后诱义渠王，杀诸甘泉[73]，遂发兵伐义渠，灭之[74]，始于陇西、北地、上郡[75]筑长城以拒胡。赵武灵王北破林胡、楼烦，筑长城，自代并阴山下[76]，至高阙[77]为塞，而置云中、雁门、代郡[78]。其后燕将秦开为质于胡，胡甚信之；归而袭破东胡，东胡却千余里。燕亦筑长城，自造阳至襄平[79]，置上谷、渔阳、右北平、辽东郡[80]以拒胡。及战国之末而匈奴始大。

（以上为第八段，写公元前246年至公元前244年三年史事，写韩国派水利专家郑国到秦国兴修水利，使秦国富强；赵国老将廉颇因谗毁而被弃用，大将李牧守卫边疆，大破匈奴，匈奴十多年不敢接近赵边。）

【注释】

①始皇帝：秦庄襄王之子，名政，继位后二十六年（前221）统一六国，建成统一的秦帝国，自号“始皇帝”，公元前246年至公元前210年在位。 ②定之：平定了晋阳叛乱。 ③疲秦人：疲困秦国。 ④水工：水利技术人员。 ⑤郑国：人名，水利工程人员。 为间于秦：郑国到秦国去替韩国当间谍。韩国为了苟延残喘，派郑国游说秦王，建议兴修水利，拖住秦国的人力物力，暂时不要东伐。 ⑥泾水：在陕西中部，自西向东流入渭河。 仲山：在今陕西省泾阳县西北。 ⑦并北山，东注洛：灌溉渠沿着北山东注洛河。 北山：泛指陕西省关中平原北面诸山。 洛：洛河，即北洛河，源今陕西省定边县东南，东流至大荔南汇渭河。 ⑧中作：工程进行到一半时。 觉：发觉。 ⑨卒为之：让郑国把工程进行到底。 ⑩“注填阏之水”句：这条水渠引淤浊而有肥效的水灌溉盐碱地四万多顷。注：引。 填阏之水：指含有淤泥十分浑浊的水，这种水可以降低土地的盐碱含量。舄（xì），通“潟”，盐碱地。卤，盐碱地。 ⑪钟：古容量单位，六斛四斗，合今219斤。 ⑫麃（biāo）公：姓麃，史失其名，秦将。大夫称公。 ⑬假相国：代理相国，假，代理，此指待遇，即名誉为相国。 ⑭繁阳：邑名，在今河南省内黄县西北。 ⑮悼襄王：名偃，公元前244年至公元前236年在位。 ⑯郭开：赵王宠臣。多受秦金的内奸。 ⑰令毁之：让使者说廉颇的坏话。 毁：诽谤。 ⑱一饭斗米：吃一

顿饭要一斗米。 ⑲尚善饭：还能吃饭。善饭：能吃，食量大。 ⑳顷之三遗矢：不一会儿就上了三次厕所。矢，通“屎”。 ㉑不召：不征召，不用。 ㉒阴使迎之：暗中派人请廉颇。阴：秘密。 ㉓一为楚将：一度任楚将。 ㉔思用赵人：愿意指挥赵国的士兵。 ㉕卒死于寿春：最后死在寿春。卒：最后，最终，竟然。寿春：取为楚都，今安徽省寿县。 ㉖大饥：五谷皆无收成，严重的饥荒。 ㉗李牧：赵之良将。传见《史记》卷八十一。 ㉘武遂、方城：两邑名。武遂故治在今河北省徐水区西北。方城故治在今河北省固安县西南。 ㉙代、雁门：两郡名。地域当今山西北部和内蒙古、河北交界地带。匈奴：古代我国北方的一个游牧民族，殷商和西周初年称“鬼方”，西周中期以后称“猃狁”，东周时称戎、狄，战国以后称匈奴。 ㉚以便宜置吏：根据需要自行任命官吏。 ㉛莫府：即幕府。本指将帅在外的营帐，此指李牧的驻军公署。 ㉜日击：每天宰杀。 ㉝飨士：以酒食犒劳将士。 ㉞谨烽火：严密防守烽火台。 ㉟多间谍：多派侦察员。 ㊱为约曰：申明约束，号令说。 ㊲即入盗：假如小股匈奴窜入边境抢掠。㊳急入收保：迅速或收缩进入营垒固守。收，收缩防守。保，通“堡”，营垒。 ㊴有敢捕虏者斩：有敢于捕捉匈奴人的，一律处斩。李牧约束部下不准抓获盗边的匈奴，故意示弱。 ㊵亦不亡失：汉方也没有伤亡损失。 ㊶怯：胆小懦弱。 ㊷让之：责备李牧。 ㊸田畜：耕种畜牧。 ㊹杜门：闭门拒绝宾客。 ㊺王强起之：赵王强迫李牧任将。 ㊻必欲用臣：此句四字，据章校，他本作“王必用臣”四字，更顺，当改。㊼如前：臣仍照从前的办法行事。 ㊽奉令：接受任命。 ㊾不用：不出战。 ㊿具选车：备齐精选的战车。 51选骑：精选的战马。 52百金之士：能得一百金赏赐的勇士。53彀者：彀者之士的省说，即善射之士。彀，拉满弓，动词用。 54悉勒习战：全部组织起来，进行作战训练。悉：全部。勒：组织起来。 55大纵畜牧：大力组织畜牧。56佯北：假败。 57委之：丢给匈奴。 58单于：匈奴君主的称号。 59奇陈：埋伏军队，出其不意袭击。陈：通“阵”。 60张左、右翼击之：像张开翅膀那样两边包抄打击敌人。 61襜褴：部族名，代北胡国。 62东胡：部族名，在匈奴以东，故名。 63林胡：部族名，在今内蒙古呼和浩特市附近。 64冠带之国七：懂得礼义的国家有七个，即指战国七雄。冠带：帽子和腰带，即服饰，引申为礼义、教化。 65三国：指秦、赵、燕。66陇：山名。在陕、甘两省之间。 67绵诸、绲戎、翟、獂之戎：此为西戎各部族名称。绵诸，分布在甘肃省天水市东部地区。绲戎，即混夷，即大戎。翟，即狄。戎、狄合称，泛指西北方少数民族。獂，分布在今甘肃省陇西县东南部。 68岐：岐山，在今陕西省岐山县境，梁：梁山，在今陕西省韩城市境。泾：泾水，渭河的支流，在陕西省中部，也称泾河。漆：漆水，在今陕西省铜川市一带。义渠：部族名，活动在今陕西省北部和甘肃省的东北部一带。 ⑲大荔：亦部族名，分布在陕西省大荔县一带。乌氏（zhī）：其部族分布在今甘肃省平凉市一带。朐（qú）衍：其部族分布在今甘肃省东北部。 ⑳山戎：民族名，又称北戎，匈奴的一支，活动地区在今河北省北部。 ㉑谿谷：山谷。 ㉒"往往"句：常常有一百多个部族聚居在一起，即一个地区常常有一百多个部族杂居，但不统属。故下文说："莫能相一"。 ㉓杀诸甘泉：杀之于甘泉宫。甘泉宫，秦所建离宫，在今陕西省淳化县甘泉山上。 ㉔灭之：秦灭义渠在秦昭王三十五年，即公元前272年。 ㉕陇西、北地、上郡：战国时秦国西北部的边郡。陇西郡治所在今甘肃临洮县南。北地郡治所在今甘肃省宁县西北。上郡治所在今陕西绥德县东南。 ㉖阴山：即今大青山，在内蒙古自治区中部。 ㉗高阙：山名，在今内蒙古自治区杭锦后旗东北，其山中断，望之若阙而名之。 ㉘云中：郡名，治所云中，在今内蒙古托克托东北。雁门：郡名，治所善无，在今山西右玉县南。代郡：治所在今河北省蔚县东北。 ㉙自造阳至襄平：燕国在造阳至襄平一线筑长城。造阳：邑名，在今河北省怀来县。襄平：邑名，在今辽宁省辽阳市。 ㉚上谷：郡名，治所沮阳，在今河北省怀来县东南。渔阳：郡名，治所渔阳，在今北京市密云区西南。右北平：郡名，治所无终，在今天津市蓟州区。辽东郡：治所襄平，在今辽宁省辽阳市。

【译文】

始皇帝上

秦始皇帝（嬴政）元年（乙卯，前246）

秦国大将蒙骜率军平定了晋阳的叛乱。

韩国想要消耗秦国国力，使它不发兵东征，便派遣水利专家郑国到秦国去，游说秦国兴修水利，从仲山起，开凿一条引泾水、沿北山东注洛河的灌溉渠。工程进行中时，秦王嬴政觉察到了韩国的意图，为此要杀郑国。郑国说："我的确是为韩国延长了几年的寿命，但是这条灌溉渠如果修成了，秦国也可享万世之利啊！"秦王政于是命他继续主持施工，完成了此项工程。这条水渠引淤浊而有肥效的水灌溉盐碱地四万多顷，每亩的收成都高达六斛四斗，秦国的关中一带因此更加富裕起来。

秦始皇帝二年（丙辰，前245）

秦国将领麃公率军进攻魏国的卷地，斩杀三万人。

赵国任命廉颇代理相国之职，率军攻打魏国，攻取了繁阳。这时，赵孝成王去世，他的儿子赵偃继位，是为悼襄王。赵悼襄王刚执政就令武襄君乐乘取代了廉颇。廉颇因此大怒，攻击乐乘，乐乘跑走了。廉颇便逃奔到魏国的都城大梁。但他在魏国很久，仍得不到信任和重用。此时，赵国的军队多次遭到秦军围困，赵悼襄王想重新任用廉颇，廉颇也渴望再为赵国效力。赵悼襄王于是派使者前往大梁，观察廉颇是否还能被任用。廉颇的仇人郭开以重金贿赂那个使者，让他在赵悼襄王面前说廉颇的坏话。廉颇会见使者时，有意一餐饭吃下一斗米、十斤肉，然后披挂铠甲，跃上战马，以此显示自己还可以率军去攻城陷阵。使者回到赵国后，向赵悼襄王报告说："廉将军虽然老了，但饭量还好；只是陪我坐着的时候，不一会就去拉了三次屎。"赵悼襄王由此认为廉颇已经老了，便不再召他回国。楚考烈王获悉了这一情况，就偷偷地派人到魏国去迎接廉颇。廉颇担任楚国的将领后，没有立下什么战功。于是，他感慨地说："我真想指挥赵国的士兵啊！"最终，他死在了楚国寿春。

秦始皇帝三年（丁巳，前244）

秦国发生大饥荒。

秦将蒙骜率军进攻韩国，夺取了十二座城池。

赵悼襄王任命李牧为大将，率军攻打燕国，占领了武遂、方城。李牧是赵国防守北部边疆的优秀将领，曾经领兵驻扎在代、雁门防备匈奴。根据当时的实际需要，他可以自行任用军吏官员，而城市的税收也都直接送到李牧的驻军公署，充作养兵的经费。李牧令人每天宰杀好几头牛，供给将士们食用，并指挥部队练习射箭和骑马，小心谨慎地把守烽火台，多多派出侦察人员打探敌情，同时申明约束，号令说："如果匈奴兵侵入边境进行掠夺，我军应立即收拾起人马、牛羊、物资等退入堡垒中固守。有胆敢逞强捕捉匈奴人的，一律处斩！"如此，匈奴兵每次入侵，李牧的军队都严谨地点燃烽火报警，然后人马、物资退入堡垒中，只守不战。这样过了好几年，也没有什么伤亡损失。匈奴人因此认为李牧胆小，就连赵国的守边官兵也认为自己的将帅太胆小了。赵悼襄王为此而责备李牧，但李牧依旧维持老样子，不做变动。赵王怒不可遏，派其他人取代李牧统兵。

此后一年多时间里，新任将领屡次率军迎击犯境的匈奴，不但屡次作战失利，损失惨重，而且边境骚扰不断，民众无法正常地耕作和放牧。赵王不得已又派人请李牧复出，李牧以生病为由闭门不出，拒绝接见来者。可是，赵悼襄王赵偃坚持非要让他重新出马不可，李牧无奈，便说："如果一定要用我，必须允许我仍照从前的办法行事，我才敢接受您的命令。"赵悼襄王只好答应了他的要求。

李牧重返北部边境，继续实行以往的约束。匈奴人几年来侵掠都毫无所获，却终究以为李牧是畏惧他们。守边军士每天得到赏赐，却不被派去抗击匈奴，所以都希望能与匈奴人大打一仗。李牧于是备齐精选的战车一千三百辆，精选的战马一万三千匹，曾获过百金奖赏的勇士五万人，能拉硬弓的善射士兵十万人，将他们全部组织起来，进行作战训练，并大力组织放牧，使放牧人遍布在边境田野。匈奴人小规模地入侵，李牧指令部队假败下来，且把数十人丢弃给匈奴。匈奴的单于听到这个消息后，随即率军大举来犯。李牧多设奇阵，指挥部队从左、右两翼进行包抄，大破敌兵，斩杀匈奴十多万人马，乘胜灭掉了代地以北的胡族襜褴，攻破东胡，迫使林胡部族归降。匈奴单于领着残兵逃奔而去，此后十多年，不敢再接近赵国边境。

在此之前，天下懂得礼义的国家有七个，其中三国的边境与戎狄部族接壤：秦国，自陇以西，有绵诸、绲戎、翟、豲等部族，岐山、梁山、泾水、漆水以北，有义渠、大荔、乌氏、朐衍等部族；赵国，北部有林胡、楼烦等部族；燕国，北部有东胡、山戎等部族。这些部族各自分散居住在山谷溪涧，有自己的君长，虽然常常有一百多个部族聚集在一起，却没有一个部族能够将各部族统一起来。稍后，义渠部开始修筑城池以求自守，而秦国则慢慢地对它进行蚕食，到了惠王嬴驷时，攻占了它二十五座城池。及至昭襄王时，宣太后将义渠王引诱到甘泉杀掉了，随后即发兵进攻义渠，灭掉了该部族，开始在陇西、北地、上郡等地修筑长城，以抵抗西北胡人的侵扰。赵武灵王赵雍率军在北方击破林胡、楼烦等部族，自代地经阴山下到高阙，修筑长城，建立要塞，并设置了云中、雁门、代郡等郡。再以后，燕国的将领秦开因曾在东胡做过人质，深得东胡的信任，返回燕国后率军袭击东胡，大破东胡兵，迫使它向北退却了一千多里。燕国于是也在造阳至襄平一线筑起长城，同时设置上谷、渔阳、右北平、辽东等郡，以抵御胡人的攻掠。直到战国末期，匈奴部族才开始强大起来。

【原文】

四年（戊午，前243）

春，蒙骜伐魏，取畼、有诡[1]。三月，军罢。

秦质子归自赵；赵太子出归国[2]。

七月，蝗，疫。令百姓纳粟千石，拜爵一级。

魏安釐王薨，子景湣王[3]立。

五年（己未，前242）

蒙骜伐魏，取酸枣、燕、虚、长平、雍丘、山阳[4]等三十城[5]；初置东郡[6]。

初，剧辛在赵与庞煖善，已而仕燕。燕王见赵数困于秦，廉颇去而庞煖为将，欲因其敝而攻之，问于剧辛，对曰："庞煖易与[7]耳！"燕王使剧辛将而伐赵。赵庞煖御之，杀剧辛，取燕师二万。

诸侯患秦攻伐无已时。

六年（庚申，前241）

楚、赵、魏、韩、卫合从以伐秦[8]，楚王为从长，春申君用事，取寿陵[9]，至函谷。秦师出，五国之师皆败走。楚王以咎[10]春申君，春申君以此益疏。观津人朱英[11]谓春申君曰："人皆以楚为强，君用[12]之而弱。其于英不然。先君时，秦善楚，二十年而不攻楚，何也？秦逾[13]黾阸之塞[14]而攻楚，不便；假道于两周[15]，背韩、魏而攻楚，不可。今则不然。魏旦暮亡[16]，不能爱许、鄢陵[17]，魏割以与秦，秦兵去陈[18]百六十里。臣之所观者，见秦、楚之日斗也。"楚于是去陈，徙寿春[19]，命曰郢。春申君就封于吴[20]，行相事。

秦拔魏朝歌及卫濮阳[21]。卫元君率其支属徙居野王[22]，阻其山[23]以保魏之河内。

七年（辛酉，前240）

伐魏，取汲[24]。

夏太后[25]薨。

蒙骜卒。

八年（壬戌，前239）

魏与赵邺[26]。

韩桓惠王薨，子安立[27]。

（以上为第九段，写公元前243年至公元前239年五年史事，写魏安釐王去世，子魏增继位；燕王派剧辛率兵攻打赵国，兵败；楚、赵、魏、韩、卫五国合纵联盟，共同攻打秦国，五国联军大败。）

【注释】

①畼（chàng）、有诡：均魏邑名，今在何处未详。 ②"秦质子"两句：秦、赵

两国互换的质子各自回国。 ③景湣王：名增，又名午，公元前242年至公元前228年在位。 ④酸枣：邑名，在今河南省延津县西20里。 燕：邑名，在今河南省延津县东北。 虚：邑名，在今延津县东。 长平：邑名，在今河南省西华县东北。 雍丘：邑名，在今河南省杞县北。 山阳：邑名，在今河南省焦作市东南。 ⑤三十城：据章校，他本“三”作“二”。《史记·秦始皇本纪》作“二”，当改。 ⑥东郡：治所濮阳，在今河南省濮阳市西南。 ⑦易与：容易对付。 ⑧楚、赵、魏、韩、卫合从以伐秦：秦王政六年，当公元前241年。《六国年表》只作“五国共击秦”，因齐国早已中立，五国者当指楚、赵、魏、韩、燕，此误以“卫”作“燕”。 ⑨取寿陵：攻占了寿陵。寿陵，指在位帝王给自己预建之陵为寿陵。秦始皇寿陵，即骊山陵，在今陕西临潼东，属秦蕞邑。《赵世家》记载，是年，赵将庞煖领赵、楚、魏、燕之锐师攻秦蕞，不拔，此役即春申君率五国之师攻秦为一役。是“取寿陵”，乃指五国之师一度到达而已。 ⑩咎：责怪，斥责。 ⑪观津：邑名，今河北省武邑县东南。 朱英：春申君门客。 ⑫用：治理。 ⑬逾：越过。 ⑭黾阨之塞：楚北险隘关口。名平靖关，又名黾塞，渑塞。在今河南省信阳、湖北省广水市北。 ⑮假道：借道。 两周：东周后期，洛阳王城分裂出的东周、西周两小国。 ⑯魏旦暮亡：魏灭亡只在早晚间。 旦暮：早晚，指很短的时间。 ⑰许：今河南省鄢陵县西南。 鄢陵：又称安陵，在今河南省鄢陵县北。 ⑱秦兵去陈：秦兵距离楚都陈邑百六十里。 去：距离。下文“去陈”，指离开陈邑。 去：离开。 陈：楚都，在今河南淮阳。 ⑲徙寿春：迁都到寿春。 寿春：邑名，在今安徽省寿县西南。 ⑳就封于吴：回到封地吴邑。吴，今江苏省苏州市。 ㉑朝歌：邑名，在今河南省淇县。 濮阳：卫都，故城在今河南省濮阳市西南。 ㉒野王：邑名，在今河南省沁阳市。 ㉓阻其山：凭借山的险阻。阻，仗恃。 ㉔汲：邑名，今河南省卫辉市西南。 ㉕夏太后：秦庄襄王子楚的生母夏姬。 ㉖邺：邑名，今河北省临漳县西南。 ㉗子安立：韩桓惠王子韩安继立为韩王，公元前238年至公元前230年在位。

【译文】

秦始皇帝四年（戊午，前243）

春季，秦将蒙骜进攻魏国，夺取了畼、有诡。在三月间，停止了进军。

秦国送到赵国充当人质的王子回到秦国，赵国在秦国充当人质的太子赵初也回到赵国。

七月，秦国发生蝗灾，瘟疫流行。国家下令：民众凡缴纳粮食一千石的，即授给一级爵位。

魏国安釐王魏圉去世，子魏增继位，是为魏景湣王。

秦始皇帝五年（己未，前 242）

秦将蒙骜攻打魏国，攻下酸枣、燕、虚、长平、雍丘、山阳等三十城，开始设置东郡。

当初，剧辛在赵国时与庞煖关系极好。不久，他到燕国做了官。燕王喜见到赵国的军队多次被秦军所困，廉颇离去而由庞煖担任赵军统帅，便想乘赵国衰败之机进攻它。为此，燕王询问剧辛的意见。剧辛回答道："庞煖这个人是很容易对付的！"燕王喜便派剧辛率兵攻打赵国。赵军统帅庞煖指挥军队抵抗燕军，杀了剧辛，并俘获燕兵二万人。

各诸侯国为秦国不断地进行侵略兼并而担忧不止。

秦始皇帝六年（庚申，前 241）

楚、赵、魏、韩、卫结成南北合纵联盟，共同攻打秦国。楚考烈王熊完担任纵约长，春申君执掌军务，夺取寿陵，指挥军队直逼函谷关。秦军出关迎战，五国的军队都大败而逃。楚考烈王将联军的失利归罪于春申君，春申君因此渐渐被楚考烈王疏远了。观津人朱英对春申君说："人们都认为楚国本是一个强国，只是因为由您执掌政务才衰弱下去了。但我不这么看。先王在世时，秦国与楚国相友善，二十年间从不攻击楚国，这是为什么呢？是因为秦国要越过黾阨要塞来进攻楚国，十分不便；而要借道西周与东周之间，背对着韩国和魏国来攻打楚国，又为有后顾之忧不可行。但是现在不同了。魏国朝不保夕，随时都会被灭亡，根本无力顾及它的属地许、鄢陵，一旦魏国将这两地割让给秦国，秦国军队距离楚国的都城陈就不过一百六十里了。我所看到的是秦楚两国天天陷于相互争斗之中了。"楚国于是将都城由陈迁至寿春，命名为"郢"。春申君即到他的封国吴地，仍行使相国的职权。

秦军攻下魏国的朝歌和卫国的都城濮阳。卫元君率领他的宗族迁移到河内郡的野王居住，倚仗山势险阻，保有魏国的河内。

秦始皇帝七年（辛酉，前 240）

秦军进攻魏国，夺取了汲城。

秦国夏太后去世。

秦将蒙骜去世。

秦始皇帝八年（壬戌，前239）

魏国将邺城割让给赵国。

韩桓惠王去世，子韩安继位。

【原文】

九年（癸亥，前238）

伐魏，取垣、蒲[1]。

夏，四月，寒，民有冻死者。

王宿雍[2]。

己酉，王冠，带剑[3]。

杨端和[4]伐魏，取衍氏[5]。

初，王即位，年少，太后时与文信侯私通[6]。王益壮，文信侯恐事觉[7]，祸及己，乃诈以舍人嫪毐为宦者[8]，进于太后。太后幸之[9]，生二子，封毐为长信侯，以太原为毐国，政事皆决于毐；客求为毐舍人者甚众。王左右有与毐争言者，告毐实非宦者，王下吏治毐[10]。毐惧，矫王御玺[11]发兵，欲攻蕲年宫[12]为乱。王使相国昌平君、昌文君[13]发卒攻毐，战咸阳，斩首数百；毐败走，获之。秋，九月，夷毐三族[14]；党与皆车裂灭宗[15]；舍人罪轻者徙蜀，凡四千余家。迁太后于雍萯阳宫[16]，杀其二子。下令曰："敢以太后事谏者，戮而杀之，断其四支，积于阙下！"死者二十七人。齐客茅焦[17]上谒[18]请谏。王使谓之曰："若不见夫积阙下者[19]邪？"对曰："臣闻天有二十八宿[20]，今死者二十七人，臣之来固欲满其数耳[21]。臣非畏死者也！"使者走入白之[22]。茅焦邑子同食者，尽负其衣物而逃[23]。王大怒曰："是人也[24]，故来犯吾[25]，趣召镬烹之[26]，是安得积阙下哉[27]！"王按剑而坐，口正沫出。使者召之入。茅焦徐行至前[28]，再拜谒起，称曰："臣闻有生者不讳死，有国者不讳亡；讳死者不可以得生，讳亡者不可以得存。死生存亡，圣主所欲急闻也[29]，陛下欲闻之乎？"王曰："何谓也[30]？"茅焦曰："陛下有狂悖之行[31]，不自知邪？车裂假父[32]，囊扑[33]二弟，迁母于雍，残戮谏士；桀、纣之行不至于是矣！今天下闻之，尽瓦解，无向秦者。臣窃为陛下危之！臣言已矣[34]！"乃解衣伏质[35]。王下殿，手自接之[36]曰："先生起就衣[37]，今愿受事[38]！"乃爵之上卿[39]。王自驾，虚左方，往迎太后，归于咸阳，复为母子如初。

（以上为第十段，写公元前238年史事，写秦王嬴政举行冠礼，亲政；长信侯嫪毐怕与太后私通的丑事暴露，矫诏叛乱，被诛灭。）

【注释】

①垣：邑名，在今山西省垣曲县东南。 蒲：蒲阳之省称，邑名，在今山西省隰县东南。 ②雍：秦旧都，在今陕西省凤翔区，此指雍的蕲年宫。 ③王冠：秦王举行加冕礼，表示成年。 带剑：加冕礼时带剑，表示威仪，也意味着掌权，亲政。 ④杨端和：秦将。 ⑤衍氏：邑名，在今河南郑州市北。 ⑥太后时与文信侯私通：据章校，他本“时”作“时时”。《史记·吕不韦列传》作“时时”，当补“时”字。 文信侯：吕不韦。 ⑦事觉：私通奸情败露。 ⑧“乃诈”句：使将自己的舍人嫪毐假充作宦官。 诈：伪，冒充。 嫪毐：吕不韦舍人，冒充宦官入宫与秦王母太后私通。 ⑨幸之：与嫪毐同居。 ⑩王下吏治毒：秦王将告发的事交付法官审讯。 下吏：交付法官。 治毒：审讯惩治嫪毒。 ⑪矫王御玺：盗用始皇帝印。 ⑫蕲（qí）年宫：又作“祈年宫”。在雍，秦惠公所筑，当时秦王政住此。 ⑬昌平君、昌文君：皆封号，名不详。二人均楚王室公子，或质于秦而一度为秦相国，在平嫪毒之乱中立功。昌平君在王翦灭楚后被楚残部立为荆王，不一年为秦军破掳而自杀。 ⑭夷毒三族：诛灭嫪毒全族。 夷：灭。 三族：父族、母族、妻族。即全族，全家。 ⑮党与皆车裂灭宗：嫪毒同党都被车裂灭族。 党与：党羽。 灭宗：即夷三族，灭族。 ⑯萯阳宫：《三辅黄图》曰“秦文王所筑，在今鄠县西南二十三里。” ⑰齐客茅焦：齐国人在秦做客卿或客居的人，名曰茅焦。 ⑱上谒：上书。谒，名片，此指奏书。 ⑲积阙下者：指堆积在阙下的那二十七个谏者的尸体。 ⑳二十八宿：环周天黄道上的二十八颗恒星，四方各七宿，共二十八宿。东方，角、亢、氐、房、心、尾、箕。南方，井、鬼、柳、星、张、翼、轸。西方，奎、娄、胃、昴、毕、觜、参。北方，斗、牛、女、虚、危、室、壁。宿，星宿，星座。 ㉑固欲满其数耳：原本就是为了凑满这二十八个数啊。 ㉒走入白之：跑步回宫向始皇报告。白之，告知秦始皇。 ㉓“茅焦”二句：与茅焦住在一起的同乡，因害怕受到牵连，都带着衣物四散逃走。 邑子：同乡人。 ㉔是人也：这家伙。忿怒的骂人语。 ㉕故来犯吾：竟敢故意冒犯我。犯吾，犯我禁令。 ㉖趣召镬烹之：快取大锅来烹杀他。 趣：通“促”，赶快。镬（huò）：古代的刑具大锅。 ㉗是安得积阙下哉：怎么能让他的尸体堆在阙下呢。秦王言此，忿恨之极。 ㉘徐行至前：慢吞吞地来到秦王前。卑者至尊者前要急趋细步以示敬重，徐行乃傲慢之态。 ㉙死生存亡，圣主所欲急闻也：一个人的生死存亡道理，是圣明的君王急于知道的。闻，知。 ㉚何谓也：什么道理说说看。 ㉛狂悖之行：狂妄背

理的行为。 ㉜车裂：古代酷刑，又称“轘”，或“轘刑”，俗称“五马分尸”。被刑者的四肢及头缚在五辆车上，以五马驾车，同时分驰，撕裂肢体。 假父：叔父，指秦王母太后之情夫嫪毐。 ㉝囊扑：将人装入口袋中摔死，或捶杀而死。 ㉞臣言已矣：我的话说完了。 ㉟解衣伏质：解开衣服，伏身在刑具上。 质：古代刑具，杀人所用的砧板。或作“椹”“锧”。 ㊱手自接之：秦王亲手扶起茅焦。 ㊲就衣：穿上衣。 ㊳受事：接受所教之事。 ㊴爵之上卿：授给茅焦上卿的官。爵，授官。

【译文】

秦始皇帝九年（癸亥，前238）

秦军攻打魏国，攻下垣、蒲两城。

夏季，四月，天气骤然酷寒，秦国民众有的被冻死。

秦王政住宿在雍城。

四月二十日己酉，秦王嬴政举行成年加冠礼，同时佩带宝剑。

秦国将领杨端和率军进攻魏国，夺取了衍氏。

当初，秦王政即位时年龄尚幼，太后赵姬时常与文信侯吕不韦私通。秦王政渐渐长大，吕不韦担心此事败露，给自己招致祸患，便将自己的舍人嫪毐假充作宦官，进献给太后。太后非常宠幸嫪毐，与他生了两个儿子，并封为长信侯，把太原作为嫪毐的封国，国家政事都由他来决定；宾客中请求作嫪毐舍人的非常多。秦王政身边有人曾经与嫪毐发生过争执，因此告发嫪毐实际上并不是阉割过的宦官。秦王政于是下令将嫪毐交给司法官吏治罪。嫪毐惊恐异常，便盗用御玺，假托秦王政之命调兵遣将，企图攻击秦王政居住的蕲年宫，发动叛乱。嬴政派相国昌平君、昌文君发兵攻打，在咸阳展开大战，斩杀叛军数百人，嫪毐在兵败逃跑时被秦王政的军队抓获。秋季，九月，秦王政下令诛灭嫪毐父族、母族、妻族三族，并将嫪毐党羽都处以车裂之刑，杀灭这些党羽的宗族，舍人中因罪过较轻被放逐到蜀地的共四千多家。同时，把太后迁移到雍城的萯阳宫囚禁起来，杀了她与嫪毐所生的两个儿子。秦王政还下令说：“有敢为太后的事对我进行规劝的，一律斩首，砍断四肢，堆积在宫阙之下！”于是，有二十七人为此而死。自齐国来的客卿茅焦求见秦王政。秦王政派人告诉他说：“你难道没有看见那些堆积在宫阙之下的尸体吗？”茅焦回答说：“我听说天上有二十八个星宿，现在已经死了二十七个人了，我来原本就是为了凑够那二十八位数的。我可不是那种怕死的人！”使者跑回去向秦王政报告了茅焦的话。与茅焦住在一起的同乡因害怕受到牵连，都带着衣物四散逃跑了。秦王政听到使者的报告后怒发冲冠，说："这个家伙，竟敢故意冒犯我，快取大锅来把他烹杀了，看他还如何为凑满二十八星宿而堆尸在宫阙下！"秦王政手按宝剑坐在那里，口中唾沫星乱飞，随即令使者召茅焦入见。茅焦缓缓走上前来，伏地一拜再拜后起身，声言道："我听说有生命的人不忌讳谈人死，有国家的人不忌讳谈国亡；忌讳死的人不能维持人的生命，忌讳亡的人也不能保证国家的生存。有关生死存亡的道理，是圣明的君王急于要了解的，大王想不想听我说一说呢？"秦王政说："你要谈的是什么啊？"茅焦说："大王有狂妄背理的行为，难道自己没有意识到吗？车裂假父，把两个弟弟装进囊袋中用刑具拷打致死，将母亲迁移到雍城囚禁起来，并残杀敢于进行规劝的臣子，即使是夏桀、商纣王的行为也不至于暴虐到这个地步！如今只要天下的人听说了这些暴行，人心便全都涣散瓦解，再也不会有人向往秦国了。我为此私下里替大王担忧！我的话都说完了！"于是，便解开衣服，伏身在刑具上，等待受刑。秦王政闻言顿悟，匆忙下殿，亲自用手扶起他说："请您起身穿好衣服，我现在愿意接受您的劝告！"随即授给他上卿的爵位。秦王政还亲自驾车，空出左边的尊位，往雍城迎接太后返回都城咸阳，母子关系和好如初。

【原文】

楚考烈王无子，春申君患之，求妇人宜子者[①]甚众，进之，卒无子[②]。赵人李园持其妹欲进诸楚王[③]，闻其不宜子[④]，恐久无宠[⑤]，乃求为春申君舍人。已而谒归[⑥]，故失期[⑦]而还。春申君问之，李园曰："齐王使人求臣之妹，与其使者饮，故失期。"春申君曰："聘入乎[⑧]？"曰："未也。"春申君遂纳之。既而有娠[⑨]，李园使其妹说春申君[⑩]曰："楚王贵幸君[⑪]，虽兄弟不如也。今君相楚二十余年而王无子，即百岁后[⑫]将更立兄弟，彼亦各贵其故所亲，君又安得常保此宠乎！非徒然也[⑬]，君贵，用事久，多失礼于王之兄弟，兄弟立，祸且及身矣。今妾有娠而人莫知，妾幸君未久，诚以君之重[⑭]，进妾于王，王必幸之。妾赖天而有男，则是君之子为王也。楚国尽可得，孰与身临不测之祸哉[⑮]！"春申君大然之[⑯]，乃出李园妹谨舍[⑰]，而言诸楚王[⑱]。王召入，幸之，遂生男，立为太子。

李园妹为王后，李园亦贵用事，而恐春申君泄其语，阴养死士[⑲]，欲杀春申君以灭口；国人[⑳]颇有知之者。楚王病，朱英谓春申君曰："世有无望之福[㉑]，亦有无望之祸。今君处无望之世[㉒]，事无望之主[㉓]，安可以无无望之人[24]乎！”春申君曰：“何谓无望之福？”曰：“君相楚二十余年矣，虽名相国，其实王也。王今病，旦暮薨，薨而君相幼主[25]，因而当国[26]，王长而反政，不即遂南面称孤[27]，此所谓无望之福也。”“何谓无望之祸？”曰：“李园不治国而君之仇也，不为兵[28]而养死士之日久矣。王薨，李园必先入，据权[29]而杀君以灭口，此所谓无望之祸也。”“何谓无望之人？”曰：“君置臣郎中[30]，王薨，李园先入，臣为君杀之，此所谓无望之人也。”春申君曰：“足下置之[31]。李园，弱人也，仆又善之，且何至此！”朱英知言不用，惧而亡去。

后十七日，楚王薨，李园果先入，伏死士于棘门[32]之内。春申君入，死士侠[33]刺之，投其首于棘门之外；于是使吏尽捕诛春申君之家。太子立，是为幽王[34]。

扬子《法言》曰[35]：或问：“信陵、平原、孟尝、春申益乎[36]？”曰：“上失其政，奸臣[37]窃国命，何其益乎！”

王以文信侯奉先王功大，不忍诛。

（以上为第十一段，写楚国春申君黄歇将怀有身孕的李园妹妹献给楚考烈王，楚考烈王死后，祸及自身。）

【注释】

①春申君：楚人，姓黄名歇，战国四公子之一，事楚顷襄王，为太子傅，辅太子立，是为考烈王，以歇为相，封春申君。传见《史记》卷七十八。患之：为考烈王无子之事而忧虑。求：找。妇人宜子者：指富有生育能力的女子。②卒无子：最终仍无妇女为考烈王生下儿子。③“赵人李园”句：赵国人李园带来她的妹妹想要献给考烈王。李园：春申君属吏。持：携。进诸：把她献给。④闻其不宜子：听说考烈王没有生育能力。其：指考烈王。⑤恐久无宠：李园担心妹妹进宫时间久了没生儿子会失去宠幸。⑥已而：不久。谒归：请假回家。⑦故失期：故意误期。⑧聘入乎：下了聘礼没有。如今言“订婚没有”。⑨既而：不久。有娠：怀孕了。⑩说（shuì）春申君：说服春申君。⑪贵幸君：尊重宠信您春申君。⑫即：如果。百岁后：死后。百岁，死的委婉说法。⑬非徒然也：不仅仅如此。徒，特，但。⑭诚以君之重：倘若果真以您的尊贵身份。诚：果真。重：尊贵地位、身份。⑮孰与身临不测之祸哉：这与遭受不测的

灾祸相比，哪一种结果更好呢？ ⑯春申君大然之：春申君十分赞同李园妹妹的意见。⑰乃出李园妹谨舍：于是就把李园的妹妹安置在另一所住处，并为她严加警卫。 出：离开春申君府第，另行安置。 谨舍：对李园妹妹的住所严加警卫，防止怀孕事件泄露。谨，严禁。 ⑱言诸楚王：告诉给楚王。 ⑲阴养死士：暗中豢养敢死之士。 阴：秘密，暗中。 ⑳国人：居住在国都的人，特指上层人物。 ㉑无望之福：意外的洪福。无望，意外的、非常的、未可预料的，忽然来到。俗称，天上掉下的馅饼。 ㉒无望之世：生死未可预料之世。 ㉓无望之主：喜怒不可捉摸之主。 ㉔无望之人：非凡之人。朱英自指，是春申君突然得到的帮手。 ㉕相幼主：辅佐幼主。 ㉖当国：执掌国政。 ㉗“王长”两句：待幼主长成后还政于他，或者干脆就南面称孤，自立为君。 反政：归还政权。 南面：古代以面向南为尊位，帝王的座位面向南，故称帝位为“南面”。 称孤：古代帝王自称“孤、寡”，故称孤、道寡指代君王。 ㉘不为兵：不掌握军权。 ㉙据权：独揽大权。 ㉚置臣郎中：把我安排在宫中警卫郎中的位置上。 置：安排。 郎中：宫廷警卫。 ㉛足下置之：您放弃这个想法。 足下：对朱英的敬称。 置：放弃。 ㉜棘门：古时宫门插戟，故宫门别称“戟门”。棘，通“戟”，故又称“棘门”。 ㉝侠：通“夹”。㉞幽王：考烈王之子，名悍，又作悼，又作择，公元前237年至公元前228年在位。㉟《法言》曰：引语见《法言·渊骞》。《法言》是扬雄的一部哲学著作。 ㊱益乎：有益于国吗？ ㊲奸臣：奸贼之臣，此指战国四公子为权臣。

【译文】

楚考烈王没有儿子，春申君为此非常忧虑，遍寻许多能生育的妇女进献给楚考烈王，但是她们最终仍没有为楚考烈王生下儿子。赵国人李园带来他的妹妹想要献给楚考烈王，可听说楚考烈王不能生养儿子，便担心时间久了，自己的妹妹会失去楚考烈王的宠幸。于是，他请求服侍春申君，做春申君的舍人。不久，李园告假回赵国探亲，故意超过期限才返归春申君处。春申君问他超假的原因，他说：“齐国国君派人求娶我的妹妹，我陪那位使者饮酒，所以耽误了归期。”春申君说：“已经下聘礼订婚了吗？”李园答道：“还没有。”于是，春申君便将李园的妹妹纳为妾。没过多久，李园的妹妹怀了身孕。李园即让她去劝说春申君道：“楚王非常宠信您，即便是他的亲兄弟也比不上。如今您任楚国的相国二十多年了，可楚王依旧没有儿子。如此，待他去世后将改立他的兄弟为国君，而新国君也必定要使他的旧亲信分别得到显贵，这样的话，您又如何能永久地保持住荣宠的地位呀！非但如此，而且由于您受楚王宠幸，长期执掌国事，肯定对楚王的兄弟有过许多失礼的地方，一旦他们登上王位，您就要大祸临头了。现在我怀有身孕，可还无人知晓，何况我获您宠爱时间不长，倘若果真以您的尊贵身份，将我进献给楚王，一定会得到他的宠幸。如果我依赖上天的恩赐，生下一个男孩，那么就是您的儿子要继位为王了。这样一来，楚国便全都是您的了，这与在新君王统治下身临难以预料的灾祸相比，哪一个结果更好呢？”春申君大为赞同，便将李园的妹妹送出府，安置在馆舍中居住，派人谨慎地守护，然后向楚考烈王推荐她。楚考烈王即把她召入宫中，并且很宠爱她。不久，李园的妹妹果然生了个儿子，被立为太子。

李园的妹妹成为王后后，李园也随着地位显赫，当权主事。但是他又深恐春申君黄歇将他曾指使妹妹说过的话泄露出去，便暗中豢养敢死的武士，准备让他们去杀掉春申君灭口。居住在楚国都城中的人，有不少人是知道这件事情的。不久，楚考烈王卧病不起。春申君的门客朱英对春申君说：“世上有未曾预料而到来的洪福，也有未曾预料而到来的灾祸。现在您处于生死变化不定之时，为喜怒无常的君王效力，身边怎么能没有您尚未预料却忽然来到的帮手呢？”春申君说：“什么叫作‘未预料而到来的洪福’呢？”朱英答道：“您担任楚国的相国二十多年了，虽然名义上是相国，实际上却已相当是国君了。如今楚王病重，随时都会死去，一旦病故，您即可辅助幼主，从而掌握国家大权，待幼主成年后再还政给他，或者干脆就面南而坐，自称为王。这便是所谓的‘未曾预料而到来的洪福’了。”春申君又问：“那什么是‘未曾预料而到来的灾祸’呢？”朱英说：“李园不治理国事，却是您的仇敌；不管理军务统率军队，却长期以来豢养一些勇士。如此，楚王一旦去世，李园必定抢先进入宫廷夺权，杀您灭口，这即是所谓的‘未曾预料而到来的灾祸’。”春申君再问道：“这样说来，‘尚未预料却忽然来到的帮手’又是怎么回事呢？”朱英回答说：“您将我安置在郎中的职位上，待楚考烈王去世，李园抢先入宫时，我替您杀了他除掉后患。这就是所谓的‘尚未预料却忽然来到的帮手’。”春申君说：“您就不必过问这些事了。李园是个软弱无能的人，况且我又对他很好，哪至于发展到这种地步呢？”朱英明白自己的建议不会被春申君采纳了，便因担心发生变故累及自己而逃往他乡。

十七天后，楚考烈王去世，李园果然抢先进宫，把他豢养的勇士埋伏在棘门里面。春申君一进来，勇士们即两面夹击，刺杀了他，并砍下他的头颅扔到宫门外面。接着，李园又派出官吏，把春申君的家人全部捕杀了。随后，太子熊悍继位，是为幽王。

扬雄《法言》说：有人问："信陵君、平原君、孟尝君、春申君是否有益于国家呢？"回答说："国君不理政事，奸臣窃取了国家权力，他们对国家有什么益处呢？"

秦王政因吕不韦侍奉先王功劳卓著，不忍心将他杀死。

【原文】

十年（甲子，前237）

冬，十月，文信侯免相，出就国[①]。

宗室大臣议曰："诸侯人来仕者，皆为其主游间耳[②]，请一切逐之[③]。"于是大索，逐客。客卿楚人李斯[④]亦在逐中，行，且上书曰[⑤]：

昔穆公[⑥]求士，西取由余于戎[⑦]，东得百里于宛[⑧]，迎蹇叔于宋[⑨]，求丕豹、公孙支于晋[⑩]，并国二十[⑪]，遂霸西戎。孝公用商鞅之法，诸侯亲服，至今治强[⑫]。惠王用张仪之计，散六国之从[⑬]，使之事秦[⑭]。昭王得范雎，强公室[⑮]，杜私门[⑯]。此四君[⑰]者，皆以客之功。由此观之，客何负于秦[⑱]哉！夫色、乐、珠、玉不产于秦而王服御[⑲]者众；取人[⑳]则不然，不问可否[㉑]，不论曲直[㉒]，非秦者去，为客者逐。是所重者在乎色、乐、珠、玉，而所轻者在乎人民也。臣闻太山不让土壤[㉓]，故能成其大；河海不择细流，故能就其深[㉔]；王者不却众庶，故能明其德。此五帝、三王之所以无敌也。今乃弃黔首以资敌国[㉕]，却宾客以业诸侯[㉖]，所谓藉寇兵，赍盗粮者也[㉗]。

王乃召李斯，复其官，除逐客之令。李斯至骊邑而还[㉘]。王卒用李斯之谋，阴遣辩士赍金玉游说诸侯，诸侯名士可下以财者厚遗结之[㉙]，不肯者利剑刺之，离[㉚]其君臣之计，然后使良将随其后，数年之中，卒兼天下。

十一年（乙丑，前236）

赵人伐燕，取貍阳[㉛]。兵未罢，将军王翦、桓齮、杨端和伐赵，攻邺，取九城[㉜]。王翦攻阏与、轑阳[㉝]，桓齮取邺、安阳[㉞]。

赵悼襄王薨，子幽缪王迁[㉟]立。其母，倡也[㊱]，嬖于悼襄王[㊲]，悼襄王废嫡子嘉而立之。迁素以无行[38]闻于国。

文信侯就国岁余，诸侯宾客使者相望于道[39]，请之。王恐其为变，乃赐文信侯书曰："君何功于秦，封君河南，食十万户？何亲于秦，号称仲父？其与家属徙处蜀[40]！"文信侯自知稍侵[41]，恐诛。

十二年（丙寅，前235）

文信侯饮鸩[42]死，窃葬[43]。其舍人临者[44]，皆逐迁[45]之。且曰："自今以来[46]，操国事不道[47]如嫪毐、不韦者，籍其门，视此[48]！"

扬子《法言》曰[49]：或问："吕不韦其智矣乎？以人易货[50]。"曰："谁谓不韦智者欤？以国易宗[51]。吕不韦之盗，穿窬之雄乎[52]！穿窬也者，吾见担石[53]矣，未见雒阳[54]也。"

自六月不雨，至于八月[55]。

发四郡兵助魏伐楚。

（以上为第十二段，写公元前237年至公元前235年三年史事，写秦国因文信侯吕不韦引进嫪毐作乱等事，秦王政发布《逐客令》，李斯上《谏逐客书》，秦王政大悟，停止逐客；吕不韦被秦王政羞辱，自杀而死。）

【注释】

①出就国：出都到封国去。出，离开京城。 ②皆为其主游间耳：都是为了自己国家的君主来秦国游说离间。 ③请一切逐之：请求将诸侯国的人士一律逐出秦国。一切，一律，全部。 ④李斯：楚人，入秦为吕不韦舍人，上书秦王谏逐客，入秦任廷尉，秦统一后任丞相，辅佐秦始皇立有大功，始皇死，李斯与赵高合谋立秦二世，上督责书阿谀取容，加速了秦国的灭亡，亦秦之罪臣。传见《史记》卷八十七。 ⑤上书曰：以下引文为李斯上书，后世称《谏逐客书》。 ⑥穆公：秦穆公，名任好，公元前659年至公元前621年在位，为春秋五霸之一。 ⑦由余：其先祖本晋国人，后逃亡到西戎，戎王派他出使秦国，秦穆公见其有才能，用离间计使他归秦，并用他的计谋统一了西戎各个部落。戎，古代对西方少数民族的通称。 ⑧百里：百里奚之省称。佐秦穆公称霸的贤臣。 宛：春秋时楚邑名。故城在今河南南阳市。 ⑨迎蹇叔于宋：秦穆公从宋国聘来蹇叔，任为上大夫。 ⑩求：请来。 丕豹：晋国人，其父丕郑，晋国大夫，为晋惠公所杀，丕豹奔秦，助秦攻晋。 公孙支：岐州（今陕西省宝鸡市凤翔区一带）人，字子桑，游于晋，入秦为大

夫。 ⑪并国二十：是总括五人之功说的。 ⑫治强：治理国家使之安定强盛。 ⑬散六国之从：瓦解六国的合纵。东方六国韩、赵、魏、燕、齐、楚联合抗秦，称为合纵。从，读“纵”。 ⑭使之事秦：迫使六国臣服于秦。之，指六国。 ⑮强公室：加强了王室的权力。公室，指秦昭王中央政权机构。 ⑯杜私门：堵塞抑制私人豪强势力。指范雎帮助秦昭王从魏冉等权贵家族手中夺回实权。 ⑰四君：指秦穆公、秦孝公、秦惠文王、秦昭襄王。 ⑱何负于秦：没有对不起秦国的地方。负，对不起。 ⑲服御：使用。 ⑳取人：用人。 ㉑不问可否：不问可不可用。可否，是否适用，是否相宜。 ㉒不论曲直：不讲是非曲直。 ㉓不让土壤：不辞让细小的土壤。让，推辞，拒绝。 ㉔“河海”二句：河海不择除细流，故能成就其深广。 择：挑剔。 就：成就。 ㉕“今乃”句：现今您抛弃那些不是秦国籍的士人百姓，使他们去帮助敌国。 黔首：百姓。黔，黑色。 资：帮助。 ㉖业诸侯：为各诸侯国效力。指把宾客推到其他诸侯国去建功立业。 ㉗“藉寇兵”句：把武器借给敌人，把粮食送给盗匪。赍（jī）：送，赠。 ㉘骊邑：在今陕西临潼区东北。 还：追还回京。 ㉙“诸侯名士”句：对各诸侯国有名望、有势力的人，凡是可以用钱财贿赂的，使出重金收买。 下：使之屈服。 厚遗：重金贿赂。 ㉚离：离间。 ㉛貍阳：邑名，在今河北省任丘市与文安县之间。 按：《史记·赵世家·正义》以为“貍”为“渔”之误。渔阳，在今北京市密云区西。 ㉜攻邺，取九城：邺，邑名，在今河北临漳县西南。 按：攻邺之役，王翦为主将，桓齮为次将，杨端和为末将。 ㉝阏（yù）与：邑名。在今山西和顺县西北。轑（lǎo）阳：邑名，又作“橑阳”。在今山西左权县。 ㉞安阳：邑名，在今河南安阳市东南。 ㉟幽缪王迁：赵国末代国君，公元前235年至公元前228年在位。 ㊱倡也：歌舞艺人。 ㊲嬖（bì）于悼襄王：受到赵悼襄王的宠爱。 ㊳无行：品行不端。 ㊴使者相望于道：探望文信侯的人频繁往来于道。相望，络绎不绝。 ㊵处蜀：安置在蜀。处，安置，流放。 ㊶稍侵：渐渐受到逼迫。 ㊷饮鸩（zhèn）：喝下毒酒。 ㊸窃葬：被偷偷安葬。 ㊹临者：参加丧礼的人。 ㊺逐迁：驱逐出京，或迁移离境（指故土）。 ㊻自今以来：从今以后。 ㊼操国事不道：负责政事而胡作非为。 ㊽籍其门，视此：将其家族的所有人口财产没收入官，照此办理。籍，登记没收。古代的一种重刑，除对当事人施刑外，家属人口入官为奴，财产没收。 ㊾《法言》曰：引文见《法言·渊骞》。 ㊿以人易货：指吕不韦投机政治，资助秦质子异人为秦国君继承人，以为“奇货可居”这一事件。 51以国易宗：用封国换取了宗族的灭亡。“国”谓吕不韦的封国河南洛阳，是说洛阳之封，最终导致身诛家灭。 52穿窬之雄乎：钻洞逾墙的窃贼高手啊。 53担石：一担一石之粮，比喻微小。石，一百二十斤。 54雒阳：洛阳。吕不韦封文信侯，食蓝田十二邑，后以雒阳为其封国，与“担石”不可比。 ㊺自六月不雨，至于八月：从六月起没有下雨，直到八月。即大旱从六月到八月。

【译文】

秦始皇帝十年（甲子，前237）

冬季，十月，文信侯吕不韦被罢免相国之职，离开京城，到他的封国河南洛阳去。

秦国的王族大臣们建议说："各诸侯国到秦国做官谋职的人，大都是为了自己的君王来游说，以挑拨离间我们君臣上下之间的关系。因此，请大王将他们一律驱逐出境。"于是，秦王政下令全国实行大搜索，驱逐外来人。客卿、楚国人李斯也在被逐之列。他在临离开前上书秦王说：

从前穆公招纳贤才，由西部戎地选得由余，东方宛城物色到百里奚，在宋国找到了蹇叔，晋国寻求到丕豹和公孙支。如此，秦国得以兼并二十多个封国，而称霸西戎。孝公任用商鞅实行变法，使各国都亲和服从，以至今日天下大治，国势强盛。惠王采纳张仪的策略，拆散六国的合纵联盟，使它们为秦国效力。昭王得到范雎的辅佐，加强了王室的权力，遏制了贵族家族的势力。这四位君王，都是依靠客卿的作用而建功立业的。如此看来，客卿有什么地方辜负了秦国啊！美色、音乐、珠宝、美玉都不产在秦国，可大王搜集来使用、享受的却很多。但对人的取舍却不是这样，不问可不可用，不论是非曲直，凡非秦国人就一概不用，凡是客卿就一律驱逐。似此便是只看重美色、音乐、珠宝、美玉等，相反轻视人才了。我听说泰山不辞让细小的泥土，故能成就其巍峨；河海不择除细流，故能成就其深广；圣贤的君王不抛弃民众，故能明示他的恩德。这便是五帝三王所以能无敌于天下的原因。现在您抛弃那些非秦国籍的士人百姓，使他们去帮助敌国；辞退那些外来的宾客，令他们去为各诸侯效力，这就是所谓的把武器借给入侵者，把粮草送给盗匪了。

秦王政看了李斯所上的这封书信，要立即召他入见，恢复他的官职，并撤销了《逐客令》。此时，李斯已走到骊邑，接到秦王诏令后立刻返回。秦王政最终采用了李斯的计策，暗中派遣能言善辩的人携带金珠宝玉去游说各国国君，对各国有名望、有势力的人，凡是可以用钱财贿赂的，便出重金收买，结交他们；凡是不肯受贿的，便持利剑刺杀他们；挑拨各国国君与臣民之间的关系，离间他们的感情，然后派出良将率兵攻打各国。这样，几年之内，秦国终于兼并了天下。

秦始皇帝十一年（乙丑，前236）

赵国人进攻燕国，夺取貍阳。战事还没有结束，秦国的大将王翦、桓龁、杨端和已率军攻打赵国，攻打邺地，占领了九个城邑。其中王翦领兵攻打阏与、轑阳，桓龁率军夺取了邺城、安阳。

赵悼襄王赵偃去世，子赵迁继位，是为幽缪王。赵迁的母亲原是歌舞艺人，深得悼襄王的宠幸。为此，悼襄王废掉了正妻所生的长子赵嘉，将赵迁立为太子。而赵迁向来因品行不端而闻名全国。

秦国文信侯吕不韦返回封国一年多。在这期间，各诸侯国的宾客、使者纷纷前往邀请他，车马络绎不绝，在道上前后相望。嬴政为此担心吕不韦会生出什么变故，便写信给他说："您为秦国立下了什么功劳呢？秦国封您在河南，享用十万户封地的收入？您与秦国有什么亲近关系，而要称您为'仲父'？您还是携带家属迁往蜀地居住吧！"吕不韦自知逐渐受到侵害逼迫，很害怕被杀掉。

秦始皇帝十二年（丙寅，前235）

秦国文信侯吕不韦饮毒酒自杀身亡。他的家人暗地里将他埋葬了。秦王政下令，吕不韦的舍人凡是参加了哭吊的，一律驱逐、迁徙出境，并说："从今以后，操持国家政事的人，凡像嫪毐、吕不韦一样淫乱无道的，将其家族的所有财产没收入官，照此办理！"

扬雄《法言》说：有人问："吕不韦聪明吗？拿人做货物，进行交易。"回答说："谁说吕不韦是聪明人啊！用封国换取了宗族的灭亡。吕不韦这个偷东西的人，是穿墙行窃的奸雄啊！穿墙行窃的人，我见过担负斗石之量的，没见过窃取洛阳的啊！"

秦国从六月到八月，一直没有下雨。

秦国调动四个郡的兵力，援助魏国进攻楚国。

【原文】

十三年（丁卯，前234）

桓龁伐赵，败赵将扈辄于平阳[①]，斩首十万，杀扈辄。赵王以李牧为大将军，复战于宜安、肥下[②]，秦师败绩，桓齮奔还。赵封李牧为武安君。

十四年（戊辰，前233）

桓齮伐赵，取宜安、平阳、武城[③]。

韩王纳地效玺[④]，请为藩臣[⑤]，使韩非来聘[⑥]。韩非者，韩之诸公子也，善刑名法术之学[⑦]，见韩之削弱，数以书干韩王[⑧]，王不能用。于是韩非疾治国不务求人任贤[⑨]，反举浮淫之蠹而加之功实之上[⑩]，宽则宠名誉之人，急则用介胄之士[⑪]，所养非所用，所用非所养。悲廉直不容于邪枉之臣[⑫]，观往者得失之变，作《孤愤》《五蠹》《内、外储》《说林》《说难》五十六篇，十余万言。

王[⑬]闻其贤，欲见之。非为韩使于秦，因上书说王曰："今秦地方数千里，师名[⑭]百万，号令赏罚[⑮]，天下不如。臣昧死[⑯]愿望见大王，言所以破天下从之计[⑰]。大王诚[⑱]听臣说，一举而天下之从不破，赵不举，韩不亡，荆[⑲]、魏不臣，齐、燕不亲，霸王之名不成，四邻诸侯不朝，大王斩臣以徇国[⑳]，以戒[㉑]为王谋不忠者也。"王悦之，未任用。

李斯嫉之，曰："韩非，韩之诸公子也。今[㉒]欲并诸侯，非终为韩不为秦，此人情也。今王不用，久留而归之，此自遗患[㉓]也；不如以法诛之[㉔]。"王以为然，下吏治非[㉕]。李斯使人遗非药，令早自杀。韩非欲自陈，不得见。王后悔，使人赦之，非已死矣。

扬子《法言》曰[㉖]：或问："韩非作《说难》之书而卒死乎说难[㉗]，敢问何反也[㉘]？"曰："'说难'盖其所以死乎[㉙]！"曰："何也？""君子以礼动[㉚]，以义止，合则进，否则退，确乎不忧其不合也[㉛]。夫说人而忧其不合，则亦无所不至矣[㉜]。"或曰[㉝]："非忧说之不合，非邪？"曰："说不由道[㉞]，忧也。由道而不合，非忧也。"

臣光曰：臣闻君子亲其亲以及人之亲，爱其国以及人之国[㉟]，是以功大名美而享有百福也。今非为秦画谋，而首欲覆其宗国以售其言[㊱]，罪固不容于死矣[㊲]，乌足愍哉[㊳]！

（以上为第十三段，写公元前234年至公元前233年两年史事，写韩王韩安向秦国割地、称臣；韩非得不到重用，去秦，劝说秦王政拆散合纵联盟，而李斯妒才杀之；韩非以灭亡母国证实其主张，遭到司马光非议。）

【注释】

①平阳：邑名，在今山西临汾市西南。 ②宜安：县名，在今河北藁城区西南。 肥下：即肥累，邑名。在今山西昔阳县西南。 ③武城：邑名，在今河北省磁县南。 ④纳地效玺：割让土地，献出国君的大印。 ⑤藩臣：为附庸臣服。藩，古代封国称藩。 ⑥韩非：韩国贵族子弟，战国时法家学者，著有《韩非子》。传见《史记》卷六十三。 来聘：诸侯对天子遣使访问。 ⑦善刑名法术之学：精通刑名法术的学说。 刑名：指刑赏与名份配合，主张“循名责实，慎赏明罚”。 法术：“法”与“术”的合称。法即统治者的刑赏法令。术就是驾驭群臣的办法。 ⑧干韩王：请求韩王录用。干，有求于人。 ⑨疾治国不务求人任贤：痛恨韩王治国不致力于访求人才。 疾：痛恨。 务：致力于。 ⑩“反举”句：反而推崇虚浮、淫乱无能的蠹虫，把他们安置在与实际功劳不相称的高位上。 举：推崇，提拔。 浮淫之蠹：轻薄淫逸的无用之人，蛀虫。韩非在《韩非子·五蠹》中把儒者、游侠、纵横家、患御者（怕服兵役者）、工商之民等五种人称为“五蠹”，主张要对“五蠹”实施专政打击。 ⑪“宽则”“急则”二句：国家和平宽松时宠爱那些徒有虚名的学者，国家紧急时就征用那些披甲戴盔的武士。 名誉之人：即“浮淫之士”。 介胄之士：披甲戴盔的武士。介，铠甲。胄，古时作战用的头盔。 ⑫“悲廉直”句：悲伤忧愤那些廉洁正直的人遭受奸邪不正的权臣排斥。 廉直：指廉洁正直的人。 邪枉：不正派。 ⑬王：秦王，即后来的秦始皇。 ⑭名：号称。 ⑮号令赏罚：号令严明，赏罚有信。 ⑯昧死：冒死罪。 ⑰从之计：合纵联盟的抗秦策略。 ⑱诚：如果，当真。 ⑲荆：楚的别称。 ⑳徇国：在全国示众。 ㉑戒：惩戒。 ㉒今：如。 ㉓遗患：留下祸患。 ㉔以法诛之：找借口依据法律杀掉他。 ㉕下吏治非：交付司官审理，办韩非的罪。 ㉖《法言》曰：引文见《法言·问明》。 ㉗死乎说难：死于游说之难。乎，于。《韩非子》有《说难》篇，专讲游说人君的困难，是在死亡线上游走。 ㉘敢问何反也：我冒昧地请问，是什么原因使他的行为与言论相违背呢？指韩非既然专题论说了游说之难，自己却又死于游说。 ㉙“说难”盖其所以死乎：游说之难大概就是他致死的原因啊。盖，大概。 ㉚以礼动：根据礼行动。 ㉛“确乎”句：如此（指合于礼义游说）根本不用去担心，自己的主张是否符合别人的意志。依礼义游说绝无危险。 ㉜“夫说人”两句：游说别人而又担心自己的说辞不合别人的心意，那就各种手段无所不用了。指担心说辞不合别人的心意而猜度揣摩本身就不正，必然危险了。 ㉝或曰：有人问。 ㉞由道：遵循礼义。 ㉟“臣闻君子”二句：我听说，君子由亲近自己的亲人而至亲近别人的

亲人，由热爱自己的国家而至热爱别人的国家。亲其亲：爱自己的父母。以及人之亲：从而推广到爱别人的父母。《孟子·梁惠王上》："老吾老以及人之老，幼吾幼以及人之幼"，《墨子·兼爱》："视人之国若视其国，视人之家若视其家，视人之身若视其身"，与此义同。㊱"而首欲"句：首先就是要以灭亡他的祖国来证实他的主张。覆：灭亡。宗国：祖国，韩国。言：学说，主张。㊲罪固不容于死：犯下此类罪过本来就是死有余辜啊。不容于死：死也不值得同情。㊳乌足愍哉：哪里还值得怜悯呢？

【译文】

秦始皇帝十三年（丁卯，前234）

秦将桓齮率军攻打赵国，在平阳击败赵将扈辄的军队，斩杀十万人，并杀了扈辄。赵王赵迁任命李牧为大将军，领兵在宜安、肥下与秦军再战，秦师大败，桓齮逃奔回秦国。赵王因此封李牧为武安君。

秦始皇帝十四年（戊辰，前233）

秦将桓齮进攻赵国，夺取了宜安、平阳、武城。

韩王安向秦国割让土地，并献出国王的大印，请求作为秦国的附庸，派遣韩非为使节到秦国拜见、问安。韩非是韩国的公子之一，精通刑名法术学说。他看到韩国国力日益削弱，多次写信给韩王求取录用，但总是得不到韩王的任用。于是，韩非深恶韩王治国不致力于访求人才，选任贤能，反而推崇虚浮、淫乱无能的蠹虫之辈，把他们安置在与实际功劳不相称的高位上；国势宽松时骄纵宠爱那些徒有虚名的学者，国势紧急时就征用那些披甲戴盔的武士；平日培养的人不足为用，今日所用之人又非平日所养。为廉洁正直的人遭受奸邪不正的权臣排斥而悲伤忧愤。他考察了以往的得失变化，撰写了《孤愤》《五蠹》《内储》《外储》《说林》《说难》等五十六篇文章，十多万字。

秦王政听说韩非是个德才兼备的人，便想约见他。韩非正好作为韩国的使者来到秦国，就趁机写信呈给秦王政，劝说道："现今秦国的疆域方圆数千里，军队号称百万，号令严明，赏罚公平，天下没有一个国家能够比得上。而我鲁莽地冒死渴求见您一面，是想说一说破坏各国合纵联盟的计略。您如果真能听从我的主张，那么，您如果不能一举拆散天下的合纵联盟，占领赵国，灭亡韩国，使楚国、魏国臣服，齐国、燕国归顺，不能令秦国确立霸主威名，使四周邻国的国君前来朝拜，就请您把我杀了在全国示众，以此告诫那些为君王出谋划策而不忠诚的人。"秦王政读后，心中颇为喜悦，但一时还没有任用他。

李斯很忌妒韩非，便对秦王政说："韩非是韩国的一个公子。如今您想吞并各国，韩非最终还是要为韩国利益着想，不会为秦国尽心效力的，这也是人之常情。现在您不用他，而让他在秦国长期逗留后再放他回去，这等于是自留后患啊！还不如依法将他除掉算了。"秦王政认为李斯说得有理，便把韩非交给司法官吏治罪。李斯又派人送毒药给韩非，让他及早自杀。韩非试图亲自向秦王政陈述冤情，但却无法见到秦王。不久，秦王政有些后悔，就派人去赦免韩非，可是韩非已经死了。

扬雄《法言》说："有人问：'韩非著《说难》篇议论游说之难，而他自己最终竟又死于说难，那么，我冒昧地请问，是什么原因使他的行动与言论相违背呢？'回答是：'游说之难大概就是他致死的原因啊！'那人问：'这是为什么？'答道：'君子依照礼制行动，按照道义停止，所鼓吹的学说合乎礼义就前进，不合乎礼义就后退。如此根本不用去担心自己的主张是否符合别人的意志。去劝说别人而又顾虑自己的说辞不合别人的心意，那么，各种手段也就无所不用了。'有人问：'韩非正是担忧自己的主张与对方的意志不相吻合，不是吗？'答道：'游说他人却不遵照礼义准则，这是值得忧虑的。如果遵循了礼义准则，只是主张与他人的心意不合，便不必担忧了。'"

臣司马光说："我听说，君子由亲近自己的亲人而至亲近别人的亲人，由热爱自己的国家而至热爱别人的国家，因此才能功勋卓著，名声美好，从而享有百福。如今韩非为秦国出谋献策，首先就是要以灭亡他的祖国来证实他的主张，犯下此类罪过，本来就是死有余辜的，哪里还值得怜悯呢？"

【原文】

十五年（己巳，前232）

王大兴师伐赵，一军抵邺，一军抵太原，取狼孟、番吾①；遇李牧而还。

初，燕太子丹尝质于赵，与王善②。王即位，丹为质于秦，王不礼③焉。丹怒，亡归。

十六年（庚午，前231）

韩献南阳④地。九月，发卒受地于韩。

魏人献地[⑤]。

代地震，自乐徐[⑥]以西，北至平阴[⑦]，台屋墙垣太半[⑧]坏，地拆[⑨]东西百三十步。

十七年（辛未，前230）

内史胜[⑩]灭韩，虏韩王安，以其地置颍川郡[⑪]。

华阳太后薨。

赵大饥。

卫元君薨，子角立[⑫]。

十八年（壬申，前229）

王翦将上地兵下井陉[⑬]，端和将河内兵共伐赵。赵李牧、司马尚[⑭]御之。秦人多与赵王嬖臣郭开金，使毁牧及尚，言其欲反。赵王使赵葱[⑮]及齐将颜聚代之。李牧不受命，赵人捕而杀之；废司马尚。

十九年（癸酉，前228）

王翦击赵军，大破之，杀赵葱，颜聚亡[⑯]，遂克邯郸，虏赵王迁。王如[⑰]邯郸，故[⑱]与母家有仇怨者皆杀之。还，从太原、上郡归。

太后[⑲]薨。

王翦屯中山以临燕。赵公子嘉帅其宗数百人奔代，自立为代王[⑳]。赵之亡，大夫稍稍[㉑]归之，与燕合兵，军上谷[㉒]。

楚幽王薨，国人立其弟郝[㉓]。三月，郝庶兄负刍[㉔]杀之，自立。

魏景湣王薨，子假立。

燕太子丹怨王[㉕]，欲报之，以问其傅鞠武。鞠武请西约三晋，南连齐、楚，北媾[㉖]匈奴以图秦。太子曰："太傅之计，旷日弥久[㉗]，令人心惛然[㉘]，恐不能须也[㉙]。"顷之，将军樊於期[㉚]得罪，亡之燕；太子受而舍之[㉛]。鞠武谏曰："夫以秦王之暴而积怒于燕，足为寒心[㉜]，又况闻樊将军之所在乎！是谓委肉当饿虎之蹊[㉝]也。愿太子疾遣樊将军入匈奴！"太子曰："樊将军穷困于天下，归身于丹，是固丹命卒之时也[㉞]，愿更虑之[㉟]！"鞠武曰："夫行危以求安，造祸以为福，计浅而怨深[㊱]，连结一人之后交[㊲]，不顾国家之大害，所谓资怨而助祸[㊳]矣！"太子不听。

太子闻卫人荆轲之贤，卑辞厚礼而请见之。谓轲曰："今秦已虏韩王，又举兵南伐楚，北临赵。赵不能支秦[㊴]，则祸必至于燕。燕小弱，数困于兵，何足以当秦[40]！诸侯服秦，莫敢合从。丹之私计愚，以为诚[41]得天下之勇士使于秦，劫秦王[42]，使悉反诸侯侵地[43]，若曹沫之与齐桓公，则大善矣[44]；不可[45]，因而刺杀之。彼大将擅兵于外[46]而内有乱，则君臣相疑，以其间[47]，诸侯得合从，其破秦必矣。唯荆卿留意焉[48]！”荆轲许之。

于是舍荆卿于上舍[49]，太子日造门下[50]，所以奉养荆轲，无所不至。及王翦灭赵，太子闻之惧，欲遣荆轲行。荆轲曰：“今行而无信[51]，则秦未可亲也[52]。诚得樊将军首与燕督亢之地图[53]，奉献秦王，秦王必说见臣[54]，臣乃有以报[55]。”太子曰：“樊将军穷困来归丹[56]，丹不忍也！”

荆轲乃私见樊於期曰：“秦之遇将军，可谓深矣[57]，父母宗族皆为戮没[58]！今闻购将军首[59]，金千斤，邑万家，将奈何？”於期太息流涕曰：“计将安出[60]？”荆卿曰：“愿得将军之首以献秦王，秦王必喜而见臣，臣左手把其袖，右手揕其胸[61]，则将军之仇报而燕见陵之愧除矣[62]！”樊於期曰：“此臣之日夜切齿腐心也[63]！”遂自刎。太子闻之，奔往伏哭，然已无奈何，遂以函盛其首[64]。

太子豫求[65]天下之利匕首，使工以药焠之[66]，以试人，血濡缕[67]，人无不立死者。乃装为遣荆轲[68]，以燕勇士秦舞阳为之副，使入秦。

（以上为第十四段，写公元前232年至公元前228年五年史事，写韩国、魏国割献土地给秦国；秦将王翦率军攻打并消灭赵国；燕太子姬丹用鸡蛋去碰石头，不听太傅鞠武的意见，派侠客荆轲前去行刺秦王嬴政。）

【注释】

①番吾：又作“鄱吾”，县名，在今河北磁县。 ②与王善：与出生在赵国的秦王政相友善。按：秦王政生父异人质于赵，故政生于赵。 ③不礼：无礼。 ④南阳：地域名，即今河南南阳市。 ⑤魏人献地：《秦始皇本纪》有“魏献地于秦，秦置丽邑”。今陕西省西安市临潼区东。“丽”亦作“骊”。 ⑥乐徐：邑名，在今河北保定市满城区西北。 ⑦平阴：邑名。在今山西阳城县东南。 ⑧太半：大半，三分之二。 ⑨地坼（chè）：大地裂开。 ⑩内史：官名，掌京师及其附近地区行政的最高长官。 胜：《秦始皇本纪》《六国年表》并作“腾”。 ⑪颍川郡：有今河南省登封市以东，尉氏县以西，包括舞阳县与临颍县等地。郡治阳翟，在今河南省禹州市。 ⑫角：卫君角，卫末代君，公元前240年至公元前209年在位。 ⑬井陉（xíng）：关名，在今河北省井陉县。 ⑭司马尚：赵之将军。 ⑮赵葱：赵国将领。 ⑯亡：逃走。 ⑰如：往，至。 ⑱故：从前。 ⑲太后：始皇帝母。

⑳代王：赵公子嘉，悼襄王嫡子，王迁兄，自立为代王，公元前227年至公元前222年在位。㉑稍稍：渐渐。㉒军：驻扎。上谷：郡名，属燕，有今河北省北部部分地区，治所沮阳，在今河北省怀来县东南。㉓郝：《史记·楚世家》有"幽王卒，同母弟犹代立，是为哀王。"《六国年表》"犹"作"郝"。㉔负刍：楚末代君，公元前227年至公元前223年在位。㉕怨王：怨秦王对己无礼。王，即后来的秦始皇。㉖媾：媾和，结盟。㉗旷日弥久：荒废拖延的日子更加长久。旷，空，废。弥，更加。㉘惛然：忧闷烦乱，惛，通"闷"。㉙不能须：等不及。须，等待。㉚樊於期（wū jī）：秦将，叛逃到燕。㉛受而舍之：接纳樊於期并安置在燕住下。之，指樊於期。㉜寒心：惊心，害怕。㉝委肉当饿虎之蹊：把肉弃置在饿虎进出的小道上。委：弃。当：在。蹊：小径，小道。㉞"是固丹"句：这本来就是我丹应当舍命保护他的时候。命卒：命尽，舍命。命卒之时，豁出一条命的时候。㉟愿更虑之：希望重新考虑这件事。㊱计浅而怨深：谋略浅薄却还要加深仇怨。㊲后交：新朋友。㊳资怨而助祸：积蓄仇怨并助长灾祸。指燕太子丹结交樊於期，增加秦国对燕国的怨恨，而助长灾祸的速来。㊴支秦：抵抗秦国。㊵当秦：对抗秦国，与"支秦"同义。㊶诚：如果，当真。㊷劫秦王：以生死胁迫秦王。劫，胁迫。㊸使悉反诸侯侵地：迫使秦王把兼并来的土地全部归还给诸侯各国。悉，全部。反，通"返"，归还。㊹"若曹沫"二句：就像曹沫当年逼迫齐桓公归还给鲁国被占领土一样，这当然是最好的了。曹沫：鲁人，为鲁庄公将，与齐战，三败，丧失了大片鲁国土地。齐鲁在柯盟会，曹沫执匕首在盟会坛上胁迫齐桓公全部归还侵鲁之地。曹沫传见《史记》卷八十六。㊺不可：不答应。㊻擅兵于外：指秦国大将拥兵在国都之外。擅兵，掌控、统领军队。㊼以其间：利用这个机会。㊽留意焉：认真考虑这件事啊。焉，之，指入秦劫秦王这件事。㊾舍上舍：安排住进最豪华的府第。㊿日造门下：每天登门拜访。(51)无信：没有使秦王相信的信物。(52)秦未可亲也：秦王不可能靠近。亲，接近，靠近。(53)燕督亢之地图：燕国督亢地区的地图。督亢：燕国南部肥沃之地。约当今河北省易水东北涿州、固安一带。(54)说见臣：高兴地接见我。说，通"悦"。(55)臣乃有以报：我才有机会劫秦王回报您。以报，拿出东西来回报，指劫秦王成功。(56)"樊将军"句：樊将军在穷途末路时来投靠我。归：投靠。(57)秦之遇将军，可谓深矣：秦国对待您，可以说是太残忍了。遇，对待。深，太残忍，太残酷。秦诛灭了樊於期全家。(58)戮没：戮，诛灭。没，没收为官奴婢。(59)购：悬赏，高价收买。(60)计将安出：你有什么办法吗？(61)"臣左手、右手"两句：我左手拉住秦王的袖子，右手持匕首刺他的胸膛。揕(zhèn)：刺进。(62)见陵之愧：被欺凌的耻辱。陵，通"凌"。愧，耻辱。(63)"此臣之"句：这正是我日日夜夜切齿捶胸渴求实现的啊。切齿：

咬牙切齿。腐心：捶胸顿足。腐，通“拊”。“切齿腐心”皆深恨的情状。㊽函盛其首：用匣子装上樊於期的人头。函，匣子。㊿豫求：预先寻找。豫，通“预”。 ⑥以药焠之：用毒药水淬火炼在匕首上。焠（cuì），淬火。制造刀、剑时，把烧红了的刀、剑浸入水或其他液体中，急速冷却，使之硬化。 ⑥血濡缕：被刺伤，浸出一丝儿血。 ⑧乃装为遣荆轲：于是，准备行装，委派荆轲入秦。

【译文】

秦始皇帝十五年（己巳，前232）

秦王政出动大军进攻赵国，一路军队抵达邺地，一路军队抵达太原，攻克了狼孟、番吾，因遇到李牧统领的赵军抵抗而撤回。

当初，燕国太子姬丹曾在赵国作人质，与生在赵国的秦王政相友善。待到嬴政即位，姬丹又在秦国充当人质。但这时，秦王政却不以礼相待。太子丹一怒之下逃回燕国。

秦始皇帝十六年（庚午，前231）

韩国割献南阳之地给秦国。九月，秦国派遣军队前往韩国接收。

魏国割献土地给秦国。

代地发生地震，自乐徐以西，北到平阴，楼台房屋墙垣大半塌毁，土地开裂一条大缝，东西宽一百三十步。

秦始皇帝十七年（辛未，前230）

秦国内史腾率军灭掉了韩国，俘获韩王安。秦国在韩国领土上设置了颍川郡。

秦王政的祖母华阳太后去世。

赵国发生大饥荒。

卫元君去世，子卫角继位。

秦始皇帝十八年（壬申，前229）

秦将王翦统率驻扎在上地的军队攻下井陉，杨端和率领河内驻军一同进攻赵国。赵国的大将李牧、司马尚领兵顽强抵抗秦军。于是，秦国派人用重金收买赵王迁的宠臣郭开，让他在赵王迁面前诋毁李牧和司马尚，说他们企图兴兵反叛赵国。赵王迁因此便派赵葱及齐国的将领颜聚取代他们。李牧拒不接受命令，赵王迁便将他抓住杀了，并撤换了司马尚。

秦始皇帝十九年（癸酉，前228）

秦将王翦率军攻打赵国，大败赵兵，杀赵葱，颜聚逃跑。秦军于是攻下邯郸，俘虏了赵王迁。秦王政亲自驾临邯郸，将过去与他母亲家有仇怨的人全部杀了。然后回驾，经太原、上郡返归秦都咸阳。

秦王政的母亲、太后赵姬去世。

秦将王翦领兵驻扎在中山，以监视、威慑燕国。赵国的公子赵嘉统率他的宗族数百人逃往代地，自立为代王。赵国灭亡后，在逃的赵国官员们逐渐投归代王，与燕国合兵一处，共同驻扎在上谷。

楚幽王去世，国人立他的弟弟熊郝为王。三月，熊郝的庶兄负刍杀死了他，自立为楚王。

魏景湣王魏增去世，子魏假继位。

燕国太子丹怨恨秦王政，想要实施报复。为此，征求太傅鞠武的意见。鞠武建议太子丹西与韩、赵、魏三晋订约，南与齐、楚联合，北与匈奴媾和，赖此共同图谋秦国。太子丹说："太傅的计略虽好，但要实现它却是旷日持久的事情，令人内心烦闷、焦躁，恐怕不能再等待了。"不久，秦国将领樊於期在本国获罪，逃到燕国。太子丹接纳了他，并让他住下。鞠武规劝太子丹说："仅凭秦王的暴虐以及对燕国积存的愤怒、怨恨，就足以令人寒心的了，更何况他还将获悉樊将军被收留在燕国了呢！这就等于把肉弃置在饿虎往来的小道上。希望您尽快将樊将军送到匈奴去！"太子丹说："樊将军走投无路，归附于我，这本来就是我应当舍命保护他的时候，请您还是考虑一下其他的办法吧！"鞠武说："做危险的事情来求取安全，制造灾祸以祈求幸福，谋略浅薄而导致积怨加深，为了结交一个新的朋友，而不顾及国家将遭受大的危害，这就是所谓的积蓄怨仇并助长灾祸了！"太子丹对鞠武的劝说置之不理。

太子丹听说卫国人荆轲很贤能，便携带厚礼，以谦卑的言辞去求见他。太子丹对荆轲说："现在，秦国已俘虏了韩王，又乘势举兵向南进攻楚国，向北威逼赵国。赵国无力对付秦国，那么灾难就要降临到燕国的头上了。燕国既小又弱，多次为战争所拖累，哪里还能够抵挡住秦国的攻势啊！各诸侯国都屈服秦国，没有哪个国家敢于再合纵抗秦了。目前，我个人的计策颇愚鲁，认为如果真能获得一位天下最大无畏的勇士，让他前往秦国胁迫秦王，迫使他将兼并来的土地归还给各国，就像曹沫当年逼迫齐桓公归还鲁国丧失的领土一样，如此当然是最好的了。假若不行，便乘机刺杀掉秦王。秦国的大将拥兵在外，而国内发生动乱，于是，君臣之间相互猜疑。趁此时机，各国如能够合纵抗秦，就一定可以打败秦军。希望您留心这件事情。”荆轲答应了充当刺客赴秦。

太子丹于是安排荆轲住进上等客舍，并天天亲往舍中探望，凡能够进送、供给荆轲的东西，没有不送到的。及至秦将王翦攻灭了赵国，太子丹闻讯后惊恐不已，便想送荆轲出行。荆轲说：“我现在前往秦国，但没有令秦人信任我的理由，这就未必能够接近秦王。倘若果真得到樊将军的头颅和燕国督亢的地图奉献给秦王，秦王必定很高兴地召见我，那时我才能够劫持秦王来回报您。”太子丹说：“樊将军在穷途末路时来投奔我，我实在不忍心杀他啊！”

荆轲于是私下里会见樊於期，说：“秦国对待您，可以说是残酷之极，您的父母、宗族都被诛杀或没收为官奴了！现在听说秦国悬赏千斤黄金、万户封地购买您的头颅，您打算怎么办呢？”樊於期叹息地流着泪说：“那么，你有什么办法吗？”荆轲说：“希望能得到您的头颅献给秦王，秦王见此必定欢喜而召见我，那时我左手拉住他的袖子，右手持匕首刺他的胸膛。这样一来，您的大仇得报，燕国遭受欺凌的耻辱也可以消除了！”樊於期说：“这正是我日日夜夜切齿捶胸渴求实现的事情啊！”随即拔剑自刎。太子丹闻讯急奔而来，伏尸痛哭，但已经无可奈何了，就用匣子盛装起樊於期的头颅。

此前，太子丹已经预先求取到天下最锋利的匕首，令工匠把匕首烧红浸入毒药之中，又用这染毒的匕首试刺人，只需渗出一丝血，人就没有不立刻倒毙的。于是，便准备行装，送荆轲出发，又派燕国的勇士秦舞阳当他的助手，二人作为使者前往秦国。

【评析】

黄歇论

黄歇是一个富有传奇色彩的人物，聪明绝顶，少有人能够企及，宋代诗人苏轼评论他“宏才伟略，大度深思，三千珠履，百万雄师，名列四杰，声振华夏”；而说他愚笨，大概是他连自己的命运都没有能力掌握，徒死他人之手。从司马光在本卷中记载的黄歇身上，可以感悟到以下四点。

首先，黄歇心存杂念，妄想固位，而让他人有空可钻。黄歇对于楚国，可以说是立下大功，以身涉险，让太子熊完逃离秦国，得以继位。而熊完即位后，就让黄歇担任国相，掌控楚国权柄二十五年，一直宠幸有加，使得相权赫赫。但问题就出在这里，熊完没能生下儿子，一旦谢世，将来王位落入他人之手，黄歇将如何自处？这确实是让黄歇担心不已的事情。黄歇正因为有“心病”，被奸人李园钻了空子，殊不知这是犯了滔天大错啊！对于李园的诡计，黄歇言听计从，成了李园手中的一颗棋子而不自知，一步步走向绝路。一旦心中有了私念，就无法摆脱邪恶之人设下的圈套，结果把自己套在里面了。秦朝的李斯不就是这样吗？赵高的“你与蒙恬相比，在扶苏心目中的位置如何”的一句设问，就把他打倒了。的确，李斯在扶苏心目中不如蒙恬，但是，他没有看到扶苏是一个正人君子。结果，李斯犯下了不可饶恕的罪过，葬送了秦朝，也葬送了自己。而这杯苦酒，是李斯自己一手酿成的啊！黄歇也是如此，可他比李斯死得痛快，一刀下去，就呜呼哀哉，来不及思考，来不及悔恨。当然，黄歇如果悔恨，也是无济于事了！这是“私念”二字害了他啊！

其次，有个成语叫作“人面兽心”，“人面”可以感觉，而“兽心”却难以捉摸。李园善于伪装，善于估摸人心，因而得以诡计成功。黄歇生于战国时期，当时的豢养宾客之风非常盛行，而黄歇的宾客情结则非常重，门下有食客三千。李园就是装成他的宾客，实现了自己的邪恶计划。黄歇好客，总以为宾客是在为他着想，为他谋划。李园正是利用了黄歇的这种潜意识，达到了自己的目的。后来，宾客朱英识破了李园的这套鬼把戏，劝说黄歇，而黄歇根本不相信，总觉得李园弱得像个奴才似的，怎么可能做出这种毒恶的事情来呢？其实，这就是李园的成功之处，他在黄歇身上施展了诡计，成功地骗过了黄歇。当然，这诡计并不是十分高明，只是他伪装得比较巧妙，利用了黄歇重义，才达到了自己的目的。如果李园显得非常强悍，又耀武扬威，那他一定不能成功。看来，伪装是实现阴谋诡计的最好道具。西汉末年的王莽，能够篡夺汉朝权柄，其实靠的也是伪装，“王莽谦恭未篡时”。王莽谦恭俭让，礼贤下士，实际上却是沽名钓誉。不过，这些人虽然得势一时，终究还是没有好下场。王莽如此，李园也是如此。

后来，熊完的弟弟听说熊完的儿子不是亲生的，便毫不犹豫地杀掉了时为太后的李园妹妹，又尽灭李园之家，总算为黄歇出了一口恶气。

再次，宾客朱英早知黄歇会有无妄之灾，但却未能救得了黄歇，徒有应对之举。所谓“当事者昏，旁观者清”，长期为黄歇宾客的朱英，倒是看出李园的诡计，他曾提醒黄歇说：“李园不是领兵大将，却在暗中豢养刺客，这事已经很久了。楚王死后，李园必定入宫，据本奏议，假传君王命令杀死您灭口。”这已经说得很清楚了，可黄歇被李园的假象蒙蔽，总觉得李园不会如此行事。而朱英也想出了对策，就是请黄歇将他安插在王宫当差，在楚王死后，李园入宫，就杀死李园，一了百了。应当说，朱英所说还是有道理的，这叫作“不怕一万，就怕万一”。如果真的有了“万一”，那就是万劫不复。但黄歇太相信李园了，未能听进朱英所言，朱英只好逃出避祸。黄歇的做法太过粗疏，没有做好防备，而让李园奸计得逞。而朱英，作为黄歇的宾客，得到黄歇的厚待，一次建言没有被采纳，难道就可以弃之不顾而逃之夭夭、明哲保身吗？这难道是作为宾客应尽的责任吗？唐代诗人杜牧评说：“烈士思酬国士恩，春申谁与快冤魂？三千宾客总珠履，欲使何人杀李园？”朱英面对黄歇的死难，难道不应该感到羞愧吗？

最后，应对黄歇豢养宾客做出如何评价？纵观战国四公子，有不少宾客还是起了作用的，如信陵君魏无忌的侯嬴、朱亥，平原君赵胜的毛遂，孟尝君田文的冯谖，以及鸡鸣狗盗之徒。而春申君黄歇呢？“珠履三千”，也就是这个朱英，他虽然明智建言，但没有起到任何作用。看来，黄歇豢养的宾客是徒有形式，不用宾客的才能与智慧，最后自己死于无妄，这实在是对徒有虚名的养士三千莫大的讽刺！

卷第七　秦纪二

秦始皇帝二十年至秦二世皇帝元年（前227—前209）

【起阏逢阉茂（甲戌，前227），尽玄黓执徐（壬辰，前209），凡十九年】

【大事提要】

本卷记事起于公元前227年，到公元前209年，凡十九年，当为秦始皇帝二十年至秦二世皇帝元年。本卷所载的大事，主要是以下几个方面：其一，六国灭亡。秦王嬴政运用“笼络燕齐，稳住魏楚，消灭韩赵，远交近攻，逐个击破”的方略，从公元前230年到公元前221年，用了十年时间，先后灭掉了山东韩、赵、魏、楚、燕、齐六国，统一天下，结束中国自春秋以来长达五百多年的诸侯割据纷争局面。其二，嬴政称帝。秦王嬴政消灭六国、统一天下，建立以汉族为主体的中央集权国家，自认为功劳胜过三皇五帝，自称“始皇帝”，建立三公九卿制度，废除分封制，实行郡县制，同时推行书同文、车同轨，统一度量衡；对外北击匈奴，南征百越，修筑万里长城。其三，嬴政去世。秦始皇嬴政实现统一后，修筑驰道，先后五次巡视全国，足迹所至，北到今天的秦皇岛，南到江浙、湖北、湖南地区，东到山东沿海地区，到处刻石纪功。公元前210年，进行最后一次巡游，南下云梦，沿长江东至会稽，在西返途中于沙丘病逝。其四，胡亥即位。秦始皇去世后，中车府令赵高伙同丞相李斯，采用极端阴谋手段，杀掉长子扶苏，立小儿子胡亥为“二世皇帝”。胡亥追求“极乐世界”，视治国为儿戏，又听从赵高挑拨，杀掉蒙氏兄弟，杀尽诸位公子、大臣，实行严刑酷法，很快短命而亡。其五，陈胜起义。秦朝实行严酷刑罚，民怨沸腾，大有土崩瓦解之势。陈胜、吴广篝火狐鸣、揭竿而起，伐无道，诛暴秦，正式称王，定国号为“张楚”。其一呼百应，迅速蔓延至全国各地，刘邦、项梁、田儋等纷纷起兵响应，武臣、韩广、田儋、魏咎等割据称王。

【原文】

始皇帝下

二十年（甲戌，前227）

荆轲至咸阳，因①王宠臣蒙嘉卑辞以求见；王大喜，朝服②，设九宾③而见之。荆轲奉图而进于王④，图穷而匕首见⑤，因把王袖而揕之；未至身，王惊起，袖绝。荆轲逐王，王环柱而走⑥。群臣皆愕⑦，卒起不意⑧，尽失其度⑨。而秦法，群臣侍殿上者不得操尺寸之兵⑩，左右以手共搏之，且曰："王负剑⑪负剑！"王遂拔以击荆轲，断其左股⑫。荆轲废⑬，乃引匕首擿王⑭，中铜柱。自知事不就⑮，骂曰："事所以不成者，以欲生劫之⑯，必得约契以报太子也⑰！"遂体解荆轲以徇⑱。王于是大怒，益发兵⑲诣赵，就王翦以伐燕，与燕师、代师⑳战于易水之西，大破之。

二十一年（乙亥，前226）

冬，十月，王翦拔蓟㉑，燕王及太子率其精兵东保辽东㉒，李信㉓急追之。代王嘉遗燕王书，令杀太子丹以献。丹匿衍水㉔中，燕王使使斩丹，欲以献王，王复进兵攻之。

王贲㉕伐楚，取十余城。王问于将军李信曰："吾欲取荆，于将军度用几何人而足㉖？"李信曰："不过用二十万。"王以问王翦，王翦曰："非六十万人不可。"王曰："王将军老矣，何怯㉗也！"遂使李信、蒙恬㉘将二十万人伐楚；王翦因谢病归频阳㉙。

二十二年（丙子，前225）

王贲伐魏，引河沟㉚以灌大梁。三月，城坏。魏王假降，杀之，遂灭魏。

王使人谓安陵君㉛曰："寡人欲以五百里地易安陵。"安陵君曰："大王加惠㉜，以大易小，甚幸。虽然，臣受地于魏之先王㉝，愿终守之，弗敢易！"王义而许之㉞。

李信攻平舆㉟，蒙恬攻寝㊱，大破楚军。信又攻鄢郢㊲，破之，于是引兵而西，与蒙恬会城父㊳。楚人因随之㊴，三日三夜不顿舍㊵，大败李信，入两壁㊶，杀七都尉㊷；李信奔还。

王闻之，大怒，自至频阳谢王翦曰："寡人不用将军谋，李信果辱秦军。将军虽病，独忍弃寡人乎！"王翦谢："病不能将。"王曰："已矣，勿复言[43]！”王翦曰：“必不得已用臣，非六十万人不可！”王曰：“为听[44]将军计耳。”于是王翦将六十万人伐楚。王送至霸上[45]，王翦请美田宅甚众。王曰：“将军行矣，何忧贫乎！”王翦曰：“为大王将，有功，终不得封侯[46]，故及大王之向臣，以请田宅为子孙业耳[47]。”王大笑。王翦既行，至关[48]，使使还请善田者五辈[49]。或曰[50]：“将军之乞贷亦已甚矣[51]！”王翦曰：“不然。王怚中而不信人[52]，今空国中之甲士而专委于我，我不多请田宅为子孙业以自坚[53]，顾令王坐而疑我矣[54]。”

二十三年（丁丑，前224）

王翦取陈以南至平舆。楚人闻王翦益军而来，乃悉国中兵以御之；王翦坚壁不与战。楚人数挑战，终不出。王翦日休士洗沐，而善饮食，抚循[55]之；亲与士卒同食。久之，王翦使人问：“军中戏乎？”对曰：“方投石、超距[56]。”王翦曰：“可用矣！”楚既不得战，乃引而东[57]。王翦追之，令壮士击，大破楚师，至蕲南[58]，杀其将军项燕[59]，楚师遂败走。王翦因乘胜略定城邑[60]。

二十四年（戊寅，前223）

王翦、蒙武[61]虏楚王负刍，以其地置楚郡[62]。

（以上为第一段，写公元前227年至公元前223年五年史事，写荆轲刺杀秦王政失败，秦王加速统一进程，派出三路大军东伐，李信一军攻燕、王贲一军攻魏、王翦一军伐楚，燕破魏亡楚灭。）

【注释】

①因：通过。 ②朝服：穿了上朝的礼服。 ③设九宾：举行外交上最隆重的礼仪。九宾，由九个傧相依次传呼、接引使者上殿。 ④“荆轲”句：荆轲手捧地图进献给秦王政。奉：捧。 进：献。 ⑤图穷而匕首见：地图展到尽头露出了匕首。见，同“现”，露。 ⑥王环柱而走：秦王政绕着柱子奔跑。环，环绕。 ⑦愕：惊愕，吓呆了。⑧卒起不意：事发仓促，大出意料。卒（cù）：同“猝”，突然。 起：发生。 不意：出人意料。 ⑨尽失其度：群臣全都失去了常态，不知所措。度，气度，常态。 ⑩不得操尺寸之兵：不得携带任何兵器。尺寸之兵，小小的兵器。 ⑪王负剑：大王，把剑推上背。负，背。剑挎腰间，推上背，便于拔出。 ⑫股：大腿。 ⑬荆轲废：荆轲残废。左腿断，已无战斗力。 ⑭乃引匕首擿王：于是举起匕首投掷秦王。 引：举起。 擿：同“掷”。 ⑮事不就：事不成，指劫秦王失败。 ⑯以欲生劫之：只是想活捉你。 ⑰“必

得”句：一定要强迫你订立契约，退还诸侯侵地，以此回报燕太子丹啊。约契：归还侵夺诸侯土地的契约。⑱遂体解荆轲以徇：于是，荆轲被分尸示众。⑲益发兵：增派军队，大发兵。⑳代师：赵代王嘉之兵。㉑蓟：燕都，在今北京市西郊。㉒保：据守。辽东：地域名，今辽宁省辽河以东地。㉓李信：字有成，秦将。㉔衍水：即太子河，在辽宁省东南部。㉕王贲：王翦之子，秦将。㉖度用几何人而足：估计需要出动多少军队才足够伐楚。度，推测，估计。几何，多少。㉗怯：胆小。㉘蒙恬：蒙骜之孙，秦将。传见《史记》卷八十八。㉙频阳：县名，县治在今陕西富平县东北。㉚河沟：黄河鸿沟之省说。引黄河入淮的人工渠，绕大梁城的一段称鸿沟。㉛安陵君：名坛，《汉书人表》作“壇”，《说苑·权谋》作“缠”，三字可通假。安陵：魏的附庸国，地不足五百里，在今河南省鄢陵县西北。㉜加惠：给予恩惠。㉝臣受地于魏之先王：始封之安陵君是魏襄王之弟，此安陵君是其后裔，故称“受地于魏之先王”。㉞王义而许之：秦王嘉许安陵君守义而同意了他的请求。㉟平舆：邑名，在今河南省平舆县西北。㊱寝：即寝丘，邑名，在今河南固始县。㊲鄢郢：楚都郢陈，秦白起破楚都郢之后所迁之都，在今河南淮阳。㊳城父：邑名，在今河南平顶山市西北。㊴随之：紧紧尾追李信、蒙恬军。㊵不顿舍：不停宿休息。顿舍，停歇，住宿。㊶入两壁：攻入秦军两座营垒。壁，营垒。㊷都尉：职位略次于将军的将官。㊸已矣，勿复言：好啦，不要再这么说了。指王翦不要再称病了。㊹为听：就听，依你的。㊺霸上：地名，在今陕西西安市东。㊻不得封侯：秦朝废分封，故王翦有是言。㊼“故及”二句：趁着大王现在正看重我，请求赏赐田宅，好为子孙留下产业啊。向，爱，近，看重。业，产业。㊽关：武关，在今陕西商南县东南。㊾善田：良田。五辈：五批。㊿或曰：有人说。51乞贷：要求。已甚：太过分。52王怚中而不信人：秦王心性粗暴多猜忌不信人。怚，通“粗”，粗暴。53自坚：使自己的地位坚固牢靠。54“顾令”句：秦王反倒要无缘无故地对我怀疑啊。顾令：反而会使。坐而疑我：空闲下来就怀疑我，即无缘无故怀疑我。坐：闲下来。55抚循：安抚慰问。56方：正在。投石、超距：古代军中的习武练功活动。投石，投掷训练。超距，跑跳训练。57引而东：楚军向东撤退。58至蕲南：追击楚军到蕲县之南。蕲：县名，县治在今安徽省宿州市南。59项燕：楚将，项梁之父，项羽的叔祖父。60略定城邑：攻占平定各个城镇县邑。61蒙武：蒙骜之子，蒙恬之父，秦将，佐王翦，任伐楚副将。62以其地置楚郡：将并吞的楚国之地设置郡县。

【译文】

始皇帝下

秦始皇帝二十年（甲戌，前 227）

荆轲到达秦国都城咸阳，通过秦王政的宠臣蒙嘉，以谦卑的言辞求见秦王政，秦王政大喜过望，穿上君臣朝会时的礼服，安排朝会大典迎见荆轲。荆轲手捧地图进献给秦王政，图卷全部展开，匕首出现，荆轲乘势抓住秦王政的袍袖，举起匕首刺向他的胸膛。但是，未等荆轲近身，秦王政已惊恐地一跃而起，挣断了袍袖。荆轲随即追逐秦王政，秦王政绕着柱子奔跑。这时，殿上的群臣都吓呆了，事发仓促，大出意料，群臣全都失去了常态。秦国法律规定，在殿上侍从的群臣不得携带任何武器。因此，大家只好徒手上前扑打荆轲，并喊道："大王，把剑推上背！"秦王政将剑推到背上，将剑套倾斜，剑柄向前，随即拔出剑来回击荆轲，砍断了他的左大腿。荆轲肢体残废无法再追，便把匕首向秦王政投掷过去，却击中了铜柱。荆轲知道行刺之事已经无法完成，就大骂道："此事之所以不能成功，只是想活捉你以后强迫你订立契约，归还所兼并的土地，以此回报燕太子啊！"于是，荆轲被分尸示众。秦王政为此勃然大怒，增派军队到赵国去，随王翦的大军攻打燕国。秦军在易水以西与燕军和代王的军队会战，大破燕、代之兵。

秦始皇帝二十一年（乙亥，前 226）

冬季，十月，秦将王翦攻下燕都蓟城，燕王喜和太子丹率领精兵向东图保辽东，秦将李信领兵急追。代王赵嘉送信给燕王喜，要他杀掉太子丹，将头颅献给秦王政。太子丹这时躲藏在衍水一带，燕王喜即派使节前往衍水杀了太子丹，准备把他的头颅献给秦王政。但秦王政再次发兵攻打燕国。

秦将王贲进攻楚国，攻陷了十多座城邑。秦王政询问将军李信说："我想要夺取楚国，根据你的推测，需要出动多少人的军队才足够？"李信说："不过用二十万人。"秦王政又询问王翦，王翦说："非六十万人的大军不可。"秦王政说："王将军已经老了，怎么如此胆小啊！"便派李信、蒙恬率领二十万人进攻楚国。王翦于是称病辞职，返回故乡频阳。

秦始皇帝二十二年（丙子，前 225）

秦将王贲率军攻打魏国，引汴河的水灌淹魏国都城大梁。三月，大梁城垣塌毁。魏王假投降，被秦军杀死。魏国灭亡。

秦王政派人去通知安陵君说："我想要用五百里的土地换你的安陵国。"安陵君说："大王您施加恩惠给我，用大换小，真是太幸运了。虽然如此，我这小国的土地是受封于魏国上代国君的，我愿意终生守护它，不敢交换！"秦王嬴政赞许他信守道义，便应允了他的请求。

秦将李信进攻楚国平舆，蒙恬攻打寝地，大败楚军。李信再攻鄢郢，攻下了该城，于是，率军西进，到城父与蒙恬的军队会合。楚军趁机尾随在后，三天三夜不停宿休息，予以反击，大败李信的军队，攻入秦军的两个营地，斩杀了七个都尉。李信率领残部逃奔回秦国。

秦王政听到这个消息，暴跳如雷，亲自前往频阳向王翦道歉，说："我没有采用将军的计策，而李信果然使秦军蒙受了耻辱。现在将军你虽然患病，但忍心抛下我不管吗？"王翦仍然推辞说："我实在是病得不能领兵打仗了。"秦王政说："好啦，不要再这么说了！"王翦说："如果不得已一定要用我的话，非用六十万人的军队不可！"秦王政答道："就按照将军的主张行事吧。"于是，王翦率领六十万大军攻打楚国。秦王政亲自送行到霸上。王翦请求秦王政赏赐他相当多的良田美宅。秦王政说："你就出发吧，为什么还要担心日后贫穷呀！"王翦说："身为大王您的将领，虽然立下战功，但最终仍不能被封侯，所以趁着大王现在正看重我，请求赏赐田宅，好为子孙留下产业啊！"秦王政听后大笑不止。王翦率军开拔，到达武关，又陆续派遣五批使者向秦王政请求赏赐良田。有人说："将军您向秦王求讨东西，也太过分了吧！"王翦回答道："不是这样。大王心性粗暴而多猜忌，如今将国中的武装士兵调拨一空，专门托付给我指挥，我若不借多求赏赐田宅为子孙谋立产业，稳固自己的地位，大王反倒要无缘无故地对我有所怀疑啊！"

秦始皇帝二十三年（丁丑，前224）

秦将王翦率领大军取道陈丘以南，到达平舆。楚国听说王翦增兵而来，便出动国中的全部兵力抵抗秦军。王翦下令坚守营寨，不与楚军交锋。楚军多次到营前挑战，秦军始终不出战。王翦每天让兵士休息、洗沐，享用好的饮食，安抚慰问他们，并亲自与他们共同进餐。这样过了很长一段时间，王翦派人打听："军中进行什么游戏啊？"回答说："兵士们正在玩投石、跳跃的游戏。"王翦便说："这样的军队可以用来作战了。"此时，楚军已无法与秦军交锋，就挥师向东而去。王翦随即率军尾追，命令兵士们发起冲击，大败楚军，直至蕲县之南，斩杀楚国将军项燕，楚军于是溃败逃亡。王翦乘胜夺取并平定了楚国的一些城镇。

秦始皇帝二十四年（戊寅，前223）

秦将王翦、蒙武俘获了楚国国君熊负刍，在楚地设置楚郡。

【原文】

二十五年（己卯，前222）

大兴兵，使王贲攻辽东，虏燕王喜。

臣光曰：燕丹不胜一朝之忿[①]以犯虎狼之秦，轻虑浅谋，挑怨速祸[②]，使召公之庙不祀忽诸[③]，罪孰大焉！而论者或谓之贤，岂不过哉[④]！

夫为国家者，任官以才，立政以礼，怀民以仁，交邻以信[⑤]。是以官得其人，政得其节[⑥]，百姓怀其德，四邻亲其义。夫如是，则国家安如磐石，炽如焱[⑦]火，触之者碎，犯之者焦，虽有强暴之国，尚何足畏哉！丹释此不为[⑧]，顾以[⑨]万乘之国，决匹夫之怒[⑩]，逞盗贼之谋[⑪]，功隳身戮[⑫]，社稷为墟[⑬]，不亦悲哉！

夫其膝行、蒲伏，非恭也[⑭]；复言、重诺，非信也[⑮]；糜金、散玉，非惠也[⑯]；刎首、决腹，非勇也[⑰]。要之，谋不远而动不义，其楚白公胜[⑱]之流乎！

荆轲怀其豢养之私，不顾七族[⑲]，欲以尺八匕首强燕而弱秦，不亦愚乎！故扬子论之[⑳]，以要离为蛛蝥之靡，聂政为壮士之靡，荆轲为刺客之靡，皆不可谓之义[㉑]。又曰："荆轲，君子盗诸[㉒]。"善哉！

王贲攻代，虏代王嘉。

王翦悉定荆江南地[㉓]，降百越之君[㉔]，置会稽郡[㉕]。

五月，天下大酺[㉖]。

初，齐君王后[㉗]贤，事秦谨[㉘]，与诸侯信[㉙]；齐亦东边海上[㉚]。秦日夜攻三晋、燕、楚，五国各自救，以故齐王建立四十余年不受兵[㉛]。及君王后且死，戒[㉜]王建曰："群臣之可用者某。"王曰："请书之。"君王后曰："善！"王取笔牍受言[㉝]，君王后曰："老妇已忘矣。"君王后死，后胜相齐，多受秦间金[㉞]。宾客入秦，秦又多与金。客皆为反间，劝王朝秦，不脩[㉟]攻战之备，不助五国攻秦，秦以故得灭[㊱]五国。

齐王将入朝[37]，雍门司马[38]前曰："所为立王者，为社稷耶，为王耶？"王曰："为社稷。"司马曰："为社稷立王，王何以去社稷而入秦[39]？"齐王还车而反。

即墨大夫[40]闻之，见齐王曰："齐地方数千里，带甲[41]数百万。夫三晋大夫皆不便秦[42]，而在阿、鄄[43]之间者百数；王收[44]而与之百万人之众，使收[45]三晋之故地，即临晋之关[46]可以入矣。鄢郢[47]大夫不欲为秦，而在城南下者百数，王收[48]而与之百万之师，使收楚故地[49]，即武关[50]可以入矣。如此，则齐威可立，秦国可亡，岂特保其国家而已哉！"齐王不听。

（以上为第二段，写公元前222年史事，写秦王灭燕、灭代，王翦将楚国灭亡。司马光批评燕太子丹不举用贤才发愤图强，而遣刺客做无谓牺牲，荆轲非义士。）

【注释】

①燕丹：燕太子丹。 不胜一朝之忿：不能忍受一时的激愤。胜（shèng）：克制，承受。 一朝：一时。 忿：同"愤"。 ②挑怨速祸：挑起怨恨，加速灭亡。 ③召公之庙不祀忽诸：供奉燕国始祖召公的宗庙祭祀忽然中断。 召公：燕开国君姬奭。 不祀：宗庙断了烟火，喻国家灭亡。 忽诸：一下子，突然。诸，语助词。 ④岂不过哉：岂不是错了吗！过，错。 ⑤"夫为国家者"五句：对于治理国家的君王来说，任命有才能的人为官，按照礼制确立政策法规，以仁爱之心安抚百姓，凭借信义结交邻国。 ⑥官得其人，政得其节：官职由有才的人担任，政事得到礼教的节制。 ⑦焱（yàn）：火焰。⑧丹释此不为：燕太子丹放弃这条路不走。 释：放弃。 此：指"任官以才，立政以礼，怀民以仁，交邻以信"。 ⑨顾以：反而。 ⑩决匹夫之怒：决于个人之怒，引申为排解个人的私愤。决，定。匹夫，个人。 ⑪逞盗贼之谋：炫耀盗贼式的谋略。逞，仗恃，炫耀。盗贼，指荆轲。 ⑫功隳身戮：功业被毁坏，身命遭杀戮。隳（huī）：毁。⑬社稷为墟：江山社稷化作废墟。 社稷：土神和谷神，代指国家。 墟：废墟，指国灭。⑭"夫其"三句：跪着前行，伏地而进，并不表示恭敬。 蒲伏：爬行。 ⑮复言、重诺，非信也：言必行，重承诺，并不表示守信。 复言：实践诺言。 重诺：重承诺。两者均表示言必行之意。 ⑯"糜金"句：过度耗费金钱，散发玉器，并不表示施恩。 糜：通"靡"，散。 ⑰"刎首"句：自割颈部，自剖肚腹，并不表示勇敢。决腹，剖腹。 ⑱白公胜：名胜，号白公。楚平王之孙、太子建之子，其父遭少师无忌谗害，被杀于郑国。

白公欲报父仇，未成功后自杀身亡，祸及叔父。比喻燕太子丹与白公胜同类，成事不足，败事有余。⑲“荆轲”二句：荆轲心怀报答太子丹豢养的私情，而不顾及全家七族人遭株连。七族，自曾祖至曾孙。⑳扬子论之：引语见扬子《法言·渊骞》。㉑“以要离”四句：说到要离的死，是蜘蛛、毒虫一类的死；聂政的死，是壮士一类的死；荆轲的死，是刺客一类的死，这些人都不能算是义士。要离、聂政、荆轲，三人均为古代刺客，传见《史记》卷八十六。蛛蝥（máo）：蜘蛛。靡：为，行为。此指刺客的赴死行为。㉒荆轲，君子盗诸：荆轲，用君子的道德来衡量，可算是一个大盗贼。此据汪荣宝《法言义疏》引吴秘云：“以君子之道类之则大盗耳。”诸，语尾助词。按：此条“臣光曰”完全否定荆轲刺秦的行为，认为是违反仁爱礼义，逞个人的私愤而不顾家族国家的安危，是强盗行为，招祸之胎。还空谈人才治国、礼义兴国的迂腐之论，而不顾国家危亡旦夕奋起一搏的高义，殊不可取。㉓“王翦”句：王翦全部平定了楚国长江以南的地区。荆：楚国。江南：指洞庭湖以东长江以南地区，这是战国末年楚迁都寿春后的版图。㉔降百越之君：臣服百越各部族君长。古越族有众多部族，号称百越，在今福建、广东两省。㉕会稽郡：当今苏浙两省大部地区，郡治吴，在今苏州市。㉖天下大酺：特许全国举行大规模的聚会宴饮。大酺：大张筵席。酺（pú），聚餐。按：秦汉时平时不许三人以上无故饮酒，违者罚金。在国家喜庆之时，皇帝下令天下大酺。公元前222年，秦灭楚，至是韩、赵、魏、燕、楚五国已灭，天下略定，秦王特令天下大酺。㉗君王后：襄王即位，立太史敫之女为王后，史称君王后。㉘事秦谨：侍奉秦国小心周到。谨，恭谨。㉙信：诚敬。㉚东边海上：东部边境与海相接。㉛不受兵：未经受战争。㉜戒：通“诫”，告诫。㉝王取笔牍受言：等到齐王建取来笔和木简写遗言。牍，古代写字用的木简。㉞多受秦间金：齐相后胜大量接受秦国间谍的重金贿赂。秦间：秦国间谍。㉟脩：同“修”，整治，打造。㊱得灭：能灭。㊲入朝：入秦朝见秦王。㊳雍门：齐都临淄西门名。司马，武官名。㊴去社稷而入秦：丢弃自己的国家而到秦国去呢？去，离开，丢弃。社稷，指代齐国。㊵即墨大夫：即墨地方长官。即墨，县名，故治在今山东省平度市东南。㊶带甲：战士。㊷“夫三晋”句：现今韩、赵、魏三国的官员都不接受秦国的统治。三晋：指韩、赵、魏。便：利。不便秦：不为秦谋利，即不接受秦国的统治。㊸阿、鄄：皆齐邑名。阿，齐东阿之省称，故治在今山东省阳谷县东北阿城镇。鄄（juàn）：故治在今山东省鄄城北。㊹收：合，结集，指结集军队。㊺收：此“收”为收拾，收复。㊻临晋之关：即秦之临晋关，在今陕西省大荔县西南。㊼鄢郢：楚都，指代楚国。㊽收：聚集逃亡城南的楚之士大夫。㊾收楚故地：收复被秦占领的楚地。㊿武关：秦国南面的关隘，在今陕西省商南县东南。

【译文】

秦始皇帝二十五年（己卯，前222）

秦国大举兴兵，派王贲率兵进攻辽东，俘获了燕国国君姬喜，燕国灭亡。

臣司马光说：燕国太子丹不能忍受一时的激愤而去冒犯如狼似虎的秦国，虑事轻率，谋划浅薄，以致挑起怨恨，加速了灭亡之祸，使供奉燕国始祖召公的宗庙祭祀忽然中断，罪过没有比这个更大的了！而有的评论者还把太子丹说成是德才兼备的人，这岂不是错了吗！

对于治理国家的君王来说，任命有才能的人为官，按照礼制确立政策法规，以仁爱之心安抚百姓，凭借信义结交邻国。这样，官员由有才干的人担任，政事得到礼教的节制，百姓怀念君王的德行，四邻亲近友善，恪守信义。这样，国家则会安如磐石，炽如火焰，触犯它的一定被撞得粉碎，挨着它的一定被烧得焦头烂额。如此，即便是有强暴的敌国存在，又有什么值得畏惧的呢？太子丹放弃这条路不走，反而置万辆战车的大国于不顾，去排解个人的私愤、炫耀盗贼式的谋略，结果是功名被毁坏，身命遭杀戮，江山社稷化作废墟，这难道不是十分令人悲痛的事情吗？

跪着前进，伏地而行，并不表示恭敬；言必行，重承诺，并不表示守信；过度耗费金钱，散发玉器，并不表示施恩；自割颈部，自剖肚腹，并不表示勇敢。这种种问题的关键在于，只顾眼前利益不能深谋远虑，而行动不合乎礼义，似此不过是楚国为复仇而丧生的白公胜之流罢了！

荆轲心怀报答太子丹豢养的私情，不顾及全家七族之人会受到牵连，想要用一把短小的匕首使燕国强大、秦国削弱，这难道不是愚蠢至极吗？所以，扬雄对此评论说，要离的死，是蜘蛛、毒虫一类的死；聂政的死，是壮士一类的死；荆轲的死，是刺客一类的死。这些人都不能算是义士。他又说："荆轲，按照君子的道德观念来看，他是一个大盗贼。"此话说得多好啊！

秦将王贲率军攻打代国，俘获代王嘉。

秦将王翦全部平定楚国长江以南的地区，降服百越的首领，设置了会稽郡。

五月，秦国命令特许全国举行大规模的聚会宴饮。

当初，齐国的君王后贤惠有才干，使齐国能小心周到地事奉秦国，对其他各诸侯国奉守信义。齐国东靠大海，不与秦国相邻。而那时秦国日夜不停地进攻韩、赵、魏、燕、楚等国，这五国分别忙于调兵自救，无暇他顾，所以齐王建在位四十多年未遭逢过战乱。君王后即将去世时，告诫齐王建说："群臣中可以任用的是某某。"齐王建说："请让我把名字写下来。"君王后说："好吧。"但等到齐王建取来笔和木牍，准备记下她的话时，君王后却说："我已经忘记了。"君王后去世后，后胜出任齐国的相国，他大量接受秦国间谍施给他的金银财宝。而齐国的宾客进入秦国时，秦国又给以重金，使这些宾客回国后都反过来为秦国说话，劝说齐王建去朝拜秦王，不必整治、修建用作攻战的防备设施，不要去援助那五个国家进攻秦国。秦国也即因此得以灭掉了五国。

齐王建将要动身前往咸阳朝拜秦王政，齐国的雍门司马迎上前说："齐国所以要设立国君，是为了国家，还是为了国君自己啊？"齐王建说："是为了国家。"司马说："既然是为了国家才设立君王，那您为什么还要离开自己的国家而到秦国去呢？"齐王建于是下令掉转车头返回王宫。

即墨大夫听说后，进见齐王建，说："齐国国土数千里，军队数百万。现韩、赵、魏三国的官员都不愿接受秦国的统治，逃亡在阿城、鄄城之间的有数百人。大王您将这些人收拢起来，交给他们百万之多的士兵，让他们去收复韩、赵、魏三国旧日的疆土，如此，就是秦国的临晋关也可以进入了。楚国鄢郢的官员不愿受秦国驱使，逃匿在南城之下的有数百人。大王您将这些人聚集起来，交给他们百万人的军队，让他们去收复楚国原来的土地，如此，即便是武关也可以进入了。这样一来，齐国的威望得以树立，秦国则可被灭亡，这不只是保全自己的国家而已！"但是，齐王建没有接受这一建议。

【原文】

二十六年（庚辰，前221）

王贲自燕南攻齐，猝入临淄①，民莫敢格者②。秦使人诱齐王，约封以五百里之地。齐王遂降，秦迁之共③，处之松柏之间④，饿而死。齐人怨王建不早与诸侯合从，听奸人宾客以亡其国，歌之曰："松耶，柏耶，住建共者客耶⑤！"疾⑥建用客之不详⑦也。

臣光曰：从衡之说⑧虽反覆百端⑨，然大要合从者，六国之利也。昔先王建万国⑩，亲诸侯，使之朝聘⑪以相交，飨宴⑫以相乐，会盟[13]以相结者，无他，欲其同心勠力[14]以保家国也。向使[15]六国能以信义相亲，则秦虽强暴，安得而亡之哉！夫三晋[16]者，齐、楚之藩蔽[17]；齐、楚者，三晋之根柢[18]；形势相资[19]，表里相依[20]。故以三晋而攻齐、楚，自绝其根柢也；以齐、楚而攻三晋，自撤其藩蔽也。安有撤其藩蔽以媚盗[21]，曰“盗将爱我而不攻”，岂不悖哉[22]！

王初并天下[23]，自以为德兼三皇，功过五帝[24]，乃更号曰“皇帝”[25]，命为制[26]，令为诏[27]，自称曰朕[28]。追尊庄襄王为太上皇[29]。制曰：“死而以行为谥[30]，则是子议父，臣议君也，甚无谓[31]。自今以来[32]，除谥法[33]。朕为始皇帝，后世以计数，二世、三世至于万世，传之无穷。”

初，齐威、宣之时[34]，邹衍[35]论著终始五德之运[36]；及始皇并天下，齐人奏之。始皇采用其说，以为周得火德，秦代周，从所不胜[37]，为水德。始改年[38]，朝贺皆自十月朔[39]；衣服、旌旄、节旗皆尚黑[40]；数以六为纪[41]。

丞相绾言：“燕、齐、荆地远，不为置王，无以镇之[42]。请立诸子。”始皇下其议[43]。廷尉斯[44]曰：“周文、武[45]所封子弟同姓甚众，然后属[46]疏远，相攻击如仇雠，周天子弗能禁止。今海内赖陛下神灵[47]一统，皆为郡、县，诸子[48]功臣以公赋税[49]重赏赐之，甚足易制[50]，天下无异意[51]，则安宁之术[52]也。置诸侯不便[53]。”始皇曰：“天下共苦战斗不休[54]，以有侯王。赖宗庙[55]，天下初定，又复立国，是树兵也[56]；而求其宁息，岂不难哉！廷尉议是。”

分天下为三十六郡[57]，郡置守、尉、监[58]。

收天下兵聚咸阳[59]，销以为钟鐻[60]、金人十二，重各千石[61]，置宫庭[62]中，一法度衡石丈尺[63]，徙天下豪杰[64]于咸阳十二万户。

诸庙及章台、上林[65]皆在渭南。每破诸侯[66]，写放其宫室，作之咸阳北阪上[67]，南临渭，自雍门[68]以东至泾、渭，殿屋、复道、周阁[69]相属，所得诸侯美人、钟鼓以充入之。

（以上为第三段，写公元前221年史事，写秦王嬴政最后消灭齐国，统一天下，自称“始皇帝”，废除分封制，分天下为三十六郡，统一度量衡，销毁天下兵器，迁豪富于咸阳，在渭水北岸仿建六国宫殿。）

【注释】

①猝入临淄：突然攻入临淄城。 ②民莫敢格者：齐民没有敢于抵抗的人。格，斗，抵抗。 ③共：邑名，有两地。一为古国名，周文王所灭之国，在今甘肃泾川县北。一为西周所封共伯和之国，在今河南辉县市。齐王建被流放之共不详。 ④处之松柏之间：安置在荒僻的松柏之间。 ⑤住建共者客耶：让齐王住在共邑饿死的就是那些宾客啊。客，指齐奸后胜之流。 ⑥疾：痛恨。 ⑦不详：不清楚，不审慎。 ⑧从衡之说：合纵连横的主张。从，通"纵"。古代称南北为纵，东西为横。主张东方六国联合抗秦是南北联合，称为"合纵"；瓦解合纵与秦交好是东西联合，称为"连横"。 ⑨反覆百端：变化无常，多种多样。 ⑩先王建万国：《左传·哀公七年》传，"禹合诸侯于涂山，执玉帛者万国。" ⑪朝：古代诸侯定期朝见天子，报告封国情况。 聘：古代国与国之间交好遣使访问。⑫飨宴：酒食宴会。 ⑬会盟：友好盟会。 ⑭勠力：效力，共同努力。 ⑮向使：假使，如果。 ⑯三晋：指韩、赵、魏。 ⑰藩蔽：屏障。 ⑱根柢：树之根，喻基础。⑲形势相资：三晋齐楚五国的形势是互相资助。 ⑳表里相依：里外互相依赖。 ㉑媚盗：讨好强盗。 ㉒岂不悖哉：难道不是荒谬的吗？悖，荒谬，糊涂。 ㉓并天下：统一全国。并，统一。 ㉔"自以为"二句：秦始皇自己认为他的德行兼备了三皇，功业超过了五帝。三皇、五帝，传说时代的圣王，有多种说法，只各取一种。司马贞补《三皇本纪》，三皇为：伏羲氏、女娲氏、神农氏。《史记》卷一《五帝本纪》五帝为：黄帝、颛顼、帝喾、唐尧、虞舜。 ㉕皇帝：合三皇五帝的名号为"皇帝"，至尊之称。 ㉖命为制：对臣下发话（命），决断可称为制。 ㉗令为诏：以皇帝名义发布法律、文告（令）称为诏。 ㉘朕：我。上古第一人称，不分贵贱通称我为"朕"，秦始皇定为皇帝的专称，至尊无比。 ㉙太上皇：极尊之皇，高于皇帝。实际是子夺父权，给父亲的一个空头名号。此是秦始皇废谥号给已死父亲庄襄王的称号，用"太上皇"代替"庄襄王"之称。 ㉚以行为谥：一个人的谥号是以他的一生行为来命名的。 行：生平事迹。 谥：古代帝王、贵族、大臣等死后依其一生所行事迹给予的称号。 ㉛甚无谓：实在没有意思。㉜自今以来：从今以后。 ㉝除谥法：废除谥法。 按：谥法制度始于周，相传《谥法》为周公所作。秦废谥法，汉又沿用，直至清末。 ㉞齐威、宣之时：当齐威王、齐宣王的时候。 ㉟邹衍：战国末齐人，五行学说集大成者。 ㊱终始五德之运：邹衍提出的历史循环论，指朝代兴衰按五德轮替循环。邹衍把自然界水、火、木、金、土五种物质的德性相生相克和终而复始的循环变化用来说明王朝的兴废更替现象。 五行相生：木生火，火生土，土生金，金生水，水生木。 五行相克：水胜火，火胜金，金胜木，木胜土，土胜水。朝代更替为五行相克，循环往复相承，故称"终始五德之运"。夏、商、周

三个朝代的更替，就是火（周）克金（商），金克木（夏）的结果。其后则是秦以水德代周，汉以土德代秦。 ㊲所不胜：周德所不能胜的德，即以水德代周。 ㊳改年：更改一年的岁首，标志新王朝改变的历元。 按：周以建子之月（夏历十一月）为岁首，秦以建亥之月（夏历十月）为岁首。 ㊴朝贺皆自十月朔：封建时代，年初一群臣要入朝庆贺，秦改历后，以十月一日为新年朝贺之日。朔，初一，此指元旦日。 ㊵“衣服”句：衣服、旗帜、符节等都崇尚黑色。 旌旄：以旄牛尾装饰的旗。 节旗：符节，使者所持的凭证。 尚黑：崇尚黑色。 ㊶数以六为纪：以六作为计数的单位。按五行相生相克的序数，水克火的序数为六，所以秦尊“六”。如“符”规定为方六寸，长度规定六尺为一步之类。 ㊷“不为”二句：不在那里设立封王，便不能镇抚。 ㊸下其议：把这个建议下达群臣讨论。 ㊹廷尉：官名，秦九卿之一，为最高的司法长官。 斯：李斯。 ㊺周文、武：周文王，周武王。 ㊻后属：后代。 ㊼神灵：圣明。 ㊽诸子：皇室太子之外的各位皇子。 ㊾以公赋税：用公家的，即用国家的赋税。 ㊿甚足易制：非常容易控制。 (51)无异意：同心同德。 (52)安宁之术：安定国家的策略。 (53)不便：不利。 (54)天下共苦战斗不休：天下人都吃尽了无休止的战乱之苦。 (55)赖宗庙：全靠祖宗神灵。 (56)是树兵也：这是种下战乱的祸根啊。 树：种，动词用。 (57)三十六郡：三川、河东、南阳、南郡、九江、鄣郡、会稽、颍川、砀郡、泗川、薛郡、东郡、琅邪、齐郡、上谷、渔阳、右北平、辽西、辽东、代郡、巨鹿、邯郸、上党、太原、云中、九原、雁门、上郡、陇西、北地、汉中、巴郡、蜀郡、黔中、长沙、内史。 (58)郡置守、尉、监：秦朝地方实行郡县制，郡的最高三位长官，行政长官称郡守，位第一；军事长官称郡尉，位第二；监察长官为郡守之副称监御史。郡下置县。一县之长，大县称令，小县称长。郡县长官皆由中央任命，随时可以任免调动。 (59)收天下兵聚咸阳：收缴全国的兵器输送到京师咸阳。兵，指兵器。 (60)钟鐻：钟，铜钟。鐻（jù），同“虡”，古代悬挂钟或磬的架子，其两旁的柱子叫鐻。 (61)石（shí）：重量单位，一石一百二十斤。 (62)宫庭：指宫中廷院。庭，通“廷”。 (63)一法度衡石丈尺：统一了全国度量衡制度。 (64)豪杰：《史记·秦始皇本纪》作“豪富”。 (65)章台、上林：指章台宫、上林苑。两者均在渭水之南。 (66)每破诸侯：每次消灭一个诸侯国。 (67)“写放”二句：就摹画、仿照该国的宫室，在咸阳城北的山坡上同样建造一座。 写放：模仿。写，模写。放（fǎng），仿效，模拟。 作：建造。 北阪：咸阳城北边的山坡。 (68)雍门：地名，在今陕西境内。 (69)复道：楼阁之间架木构成的通道。 周阁：四周有窗户和栏杆可供远眺的楼阁。

【译文】

秦始皇帝二十六年（庚辰，前221）

秦将王贲率军从燕国向南进攻齐国，突然攻入都城临淄，齐国百姓中没有敢于抵抗的。秦国派人诱降齐王建，约定封给他五百里的土地。齐王建于是投降了，但是，秦国却将他迁移到共地，安置在松柏之间，最终被饿死。齐国人埋怨齐王建不早参与诸侯国的合纵联盟，却听信奸佞、宾客的意见，致使国家灭亡，故为此编成歌谣说："松树啊，柏树啊，使田建迁住共地饿死的是宾客啊！"痛恨齐王建任用宾客不审慎考察。

臣司马光说：合纵、连横的学说，虽然反复无常，但其中最主要的是合纵符合六国的利益。从前，先王封立大量封国，亲近爱抚各国诸侯，使他们通过拜会、探访来增进相互交往，用酒宴招待他们以增进欢乐友好，实行会盟而增进团结联合，不为别的，就是希望他们能够同心协力共保国家。假如当初六国能以信义相互亲善，那么秦国虽然强暴，六国又怎么能被它灭掉呢？韩、赵、魏三国，是齐、楚两国的屏障，而齐、楚两国则是韩、赵、魏三国的基础，它们在形势上相互依托，表里间相互依赖。所以，韩、赵、魏三国进攻齐、楚是自断根基；而齐、楚两国攻打韩、赵、魏三国，则是自撤屏障。哪里有自己拆毁屏障以讨好盗贼，并且还说"盗贼将会爱惜我而不攻打我"，这难道不荒谬吗？

秦王嬴政刚刚兼并六国，统一天下，自认为兼备了三皇的德行，超过了五帝的功业，于是，便改称号为"皇帝"，皇帝出命称为"制书"，下令称为"诏书"，自称为"朕"，追尊父亲庄襄王嬴异人为太上皇，并发布命令说："君王死后依据他生前的行为加定谥号，这是儿子议论父亲，臣子议论君王，实在没有意思。从今以后，废除为帝王上谥号的制度。我为始皇帝，后继者以序数计算，称为二世皇帝、三世皇帝，以至万世，一代一代无穷尽地传下去。"

当初，齐威王、齐宣王的时候，邹衍研究创立了金、木、水、火、土终而复始的"五德终始"学说。到了秦始皇帝兼并天下时，齐国人将此说奏报给秦始皇。始皇采纳了这套学说，认为周朝是火德，秦朝取代周朝，从火不能胜水来推算，应是水德。于是，开始下令更改岁历，新年朝见皇帝与祝贺典礼都从十月初一开始，以十月初一为元旦；衣服、旗帜、符节等都崇尚黑色，计数以六为一个单位。

秦朝丞相王绾说："燕、齐、楚三国的故地距都城咸阳过于遥远，不在那里设置侯王，便不能镇抚。因此，请分封诸位皇子为侯王。"秦始皇将这一建议交给大臣评议。廷尉李斯说："周文王、周武王分封的子弟族人非常多，他们的后代彼此疏远，相互攻击如同仇敌，周天子也无法加以制止。现在四海之内，仰仗皇上的圣明获得统一，全国都划分为郡县，对各位皇子及有功之臣，用国家征收的赋税重重给予赏赐，这样就可以非常容易地进行控制，使天下人对秦朝不怀二心，才是安定国家的方略。分封诸侯则不适宜。"秦始皇说："天下人都吃尽了无休止的战争之苦，全是因为有诸侯王存在的缘故。今日依赖祖先的在天之灵，使天下初步平定，假如又重新封侯建国，便是自己招引兵事、培植战乱，如此而想求得宁静、安息，岂不是极其困难的事情啊！廷尉的主张是对的。"

秦始皇于是下令把全国划分为三十六个郡，每个郡都设置郡守、郡尉、监御史。

又下令收缴全国民间所藏的兵器，运送并汇集到咸阳，熔毁后铸成大钟和钟架，以及十二个铜人，各重千石，放置在宫廷中；并统一了全国的度量衡制度，将各地富豪十二万户迁移到咸阳，置于朝廷的监控之下。

秦朝祭祀祖先、神灵的宗庙等处所和章台宫、上林苑都设在渭水南岸。而秦国每征服一个国家，就摹画、仿照该国的宫室，在咸阳城北的山坡上同样建造一座。如此南临渭水，自雍门向东至泾水、渭水相交处，宫殿屋宇、天桥、楼阁相连接，所获得的各国美女、钟鼓等乐器都安置在里边。

【原文】

二十七年（辛巳，前220）

始皇巡陇西、北地①，至鸡头山②，过回中③焉。

作信宫④渭南，已，更命曰极庙⑤。自极庙道通骊山，作甘泉⑥前殿，筑甬道⑦自咸阳属之，治驰道⑧于天下。

二十八年（壬午，前219）

始皇东行郡、县，上邹峄山⑨，立石⑩颂功业。于是召集鲁儒生⑪七十人，至泰山下，议封禅⑫。诸儒或曰："古者封禅，为蒲车⑬，恶⑭伤山之土石、草木；扫地而祭，席用菹秸⑮。"议各乖异⑯。始皇以其难施用，由此绌⑰儒生。而遂除车道⑱，上自太山阳至颠⑲，立石颂德；从阴道[20]下，禅于梁父。其礼颇采太祝[21]之祀雍上帝所用，而封藏皆秘之[22]，世不得而记也[23]。

于是始皇遂东游海上，行礼祠[24]名山、大川及八神[25]。始皇南登琅邪[26]，大乐之，留三月，作琅邪台[27]，立石颂德，明得意[28]。

初，燕人宋毋忌、羡门子高[29]之徒称有仙道、形解销化之术[30]，燕、齐迂怪之士[31]皆争传习之。自齐威王、宣王、燕昭王皆信其言，使人入海求蓬莱、方丈、瀛洲[32]，云此三神山在勃海中，去人不远[33]。患[34]且至，则风引船去[35]。尝有至者，诸仙人及不死之药皆在焉[36]。及始皇至海上，诸方士[37]齐人徐市[38]等争上书言之，请得斋戒[39]与童男女求之。于是遣徐市发童男女数千人入海求之。船交[40]海中，皆以风为解[41]，曰："未能至，望见之焉。"

始皇还，过彭城[42]，斋戒祷祠，欲出周鼎泗水[43]，使千人没水求之，弗得。乃西南渡淮水，之衡山、南郡[44]。浮江至湘山祠[45]，逢大风，几不能渡。上问博士曰："湘君[46]何神？"对曰："闻之：尧女，舜之妻，葬此。"始皇大怒，使刑徒三千人皆伐湘山树，赭其山[47]。遂自南郡由武关归。

初，韩人张良[48]，其父、祖以上五世相韩[49]。及韩亡，良散千金之产，欲为韩报仇。

二十九年（癸未，前218）

始皇东游，至阳武[50]博浪沙[51]中，张良令力士操铁椎[52]狙击[53]始皇，误中副车[54]。始皇惊，求，弗得；令天下大索十日[55]。

始皇遂登之罘[56]，刻石；旋[57]，之琅邪，道上党入[58]。

三十一年（乙酉，前216）

使黔首自实田。

三十二年（丙戌，前215）

始皇之碣石[59]，使燕人卢生求羡门[60]，刻碣石门[61]。坏城郭，决通堤坊[62]。始皇巡北边，从上郡入。卢生使入海还，因奏《录图书》[63]曰："亡秦者胡也[64]。"始皇乃遣将军蒙恬发兵三十万人，北伐匈奴。

三十三年（丁亥，前214）

发诸尝逋亡人、赘婿、贾人为兵[65]，略取南越陆梁地[66]，置桂林、南海、象郡[67]；以谪徙民五十万人戍五岭[68]，与越杂处[69]。

蒙恬斥逐[70]匈奴，收河南[71]地为四十四县。筑长城，因地形，用制险塞[72]；起临洮至辽东[73]，延袤[74]万余里。于是渡河[75]，据阳山[76]，逶迤[77]而北。暴师[78]于外十余年，蒙恬常居上郡[79]统治之；威振匈奴。

（以上为第四段，写秦始皇统一六国后巡行郡县，记公元前220年至公元前214年七年史事。始皇派人入海求仙，讨论封禅，曾遭刺客袭击；派遣将军蒙恬攻打匈奴，筑造长城。）

【注释】

①陇西：郡名，治所狄道，即今甘肃省临洮县。 北地：郡名，治所义渠，在今甘肃省庆阳市西南。 ②鸡头山：当指今甘肃省平凉市西的崆峒山。 ③回中：秦宫名，在今陕西省宝鸡市凤翔区西。 ④信宫：长信宫，又名咸阳宫。 ⑤极庙：指宫庙像天极，故曰“极庙”。 按：天极，指北极星。古人认为北极星正处在天球的中央，秦始皇建庙以象征“天极”，借以表示自己的最高权威。二世改极庙为皇家祖庙。 ⑥甘泉：宫名。一名云阳宫。在陕西淳化县西北的甘泉山上。 ⑦甬道：两旁筑有夹墙的通道。 ⑧驰道：行车大道，宽五十步，路中间三丈宽的部分种树为界，专供皇帝行车。 ⑨邹峄山：即峄（yì）山，今山东省邹城市东南。 ⑩立石：树碑。 ⑪鲁儒生：鲁地的儒生。鲁，地区名，指先秦鲁国地区，在今山东泰山以南，以曲阜为中心的地区。其地是孔子的故乡，儒学发达。 ⑫封禅：古代帝王祭天地的大典。在泰山上筑土为坛祭天，向天报告事业的成功，答谢上天之功，称封；在泰山下梁父上辟场祭地，报地之德，称禅。 ⑬蒲车：用蒲草裹住车轮的车，使行走时减少颠簸，又称安车，且不伤草木。这种车常用于祭告天地或迎接贤士。 ⑭恶（wù）：不让，以免。 ⑮席用葅秸：用麦秸枯草作垫席。葅（zū），枯草。秸，农作物脱粒后剩下的茎。 ⑯乖异：不一致。 ⑰绌：斥退，排除。 ⑱除车道：修建一条通车的大道。 ⑲上自太山阳至颠：从泰山南一直通到山顶。阳，山南水北为阳。 ⑳阴道：北边山道。阴，山北水南为阴。 ㉑太祝：官名，掌管祝词和祈祷，隶属奉常。 ㉒封藏皆秘之：礼仪记载皆封藏保密。 ㉓世不得而记也：世人无法获悉并记录下来。 ㉔行礼：举行仪式。 祠：祭祀。 ㉕八神：古人敬奉的八大神主，即天、地、兵、阴、阳、月、日、四时。各有祭祀之所。天主，祭天齐渊水；地主，祭太山、梁父；兵主，祭蚩尤；阴主，祭三山；阳主，祭之罘山；月主，祭莱山。日主，祭成山；四时主，祭琅琊。 ㉖琅邪：山名，山东青岛市境内。 ㉗琅邪台：齐威王、越王勾践先后在琅邪山筑台，秦始皇再次复建。 ㉘明得意：表明自己万事称心如意。 ㉙宋毋忌、

羡门子高：是当时的所谓仙人。㉚形解销化之术：古代方士说修道可以成仙，把死叫作“形解”，亦作“尸解”，即所谓“形化”。㉛迂怪之士：怪诞迂阔，不切实际的人。㉜蓬莱、方丈、瀛洲：传说中的三座神山。㉝去人不远：距离人间并不遥远。㉞患：担心。㉟风引船去：风把船吹走了。㊱在焉：在那里。㊲方士：方术之士。古代自称能访仙炼丹以求长生不老的人。起源于燕、齐近海地区，以此骗取统治者的信任。㊳徐市（fú）：一作“徐福”，琅邪人，方士，入海求仙，一去不返。㊴斋戒：古人准备向神祷告，为了表示恭敬虔诚，要实行斋戒，独身禁欲，洗澡换衣，不喝酒，不吃荤。㊵交：进入。㊶以风为解：因风大刮走了船而不能到达三神山为解释。㊷彭城：县名，在今江苏徐州市。㊸欲出周鼎泗水：想要打捞沉没在泗水中的周鼎。出，打捞。周鼎，相传大禹所铸九个大鼎，历夏、商、周为传国重宝。秦昭王灭周，把九鼎从洛阳迁到秦都咸阳，其中一鼎沉入泗水。泗水：流经彭城的淮水支流。㊹衡山、南郡：两郡名。衡山郡治邾，在今湖北黄冈市东南。南郡郡治郢，在今湖北江陵县西北。㊺湘山祠：湘山上祭祀湘君的神祠。湘山，一名君山，又名洞庭山，在洞庭湖中。㊻湘君：相传舜帝巡视南方，死于苍梧，葬于九嶷山，舜的二妃娥皇、女英，都是尧的女儿，在洞庭湖的君山闻讯投水殉节，化为湘水女神，称“湘君”。㊼赭其山：使其山光秃。赭，赤红色，光秃秃的土色。㊽张良：韩臣遗少，佐汉高祖定天下，封留侯。传见《史记》卷五十五。㊾其父、祖以上五世相韩：张良的父亲、祖父曾经做过五代韩相。按：祖父开地相韩昭侯、宣惠王、襄哀王，父平相僖王、悼惠王，共五世。㊿阳武：县名，县治在今河南原阳县东南。51博浪沙：地名，在河南原阳县境。52铁椎：形状像瓜的一种铁锤。椎，通“锤”。53狙（jū）击：暗中埋伏，乘机袭击。54副车：随行的车辆。55大索十日：大张旗鼓地戒严搜捕十天。56之罘（fú）：山名，在今山东烟台市西北的芝罘半岛上。57旋：还，指返途。58道上党入：取道上党返回京城咸阳。上党，郡名，郡治长子，在今山西长子县西。59碣石：山名，在今河北昌黎县北。60羡门：传说中碣石山仙人的名字。61刻碣石门：直接在碣石山口崖壁上刻碑文。62坏城郭，决通堤坊：七字为衍文。《史记会注考证》认为是铭辞误入史文。63《录图书》：如后世的谶纬之书。谶是秦汉间巫师、方士编造的预言吉凶的隐语。纬是汉代神学迷信附会儒家经义的一类书。64亡秦者胡也：这是一句谶语。当时北方匈奴称为胡人，秦始皇认为“胡”指的就是匈奴。65“发诸”句：秦朝征发那些曾经逃亡的人，因贫困而入赘女家的男子、商贩等入伍当兵。逋亡人：因逃避兵役、劳役及他事而逃亡的人。赘婿：男子到女家为婿随女方之姓，称入赘，即赘婿。有的卖身为奴，过期不赎，主人为其配妻，仍为奴，亦称赘婿。贾人：商人。秦代，这几种人的社会地位很低，凡有苦役、戍边，总先强制他们去。⑯陆梁地：指今两广之地。⑰桂林、南海、象郡：秦拓地岭南陆梁地所置新郡。桂林郡治中留，在今广西壮族自治区桂平市西南。南海郡治番禺，在今广州市。象郡郡治临尘，在今广西壮族自治区崇左市。⑱戍：守卫。五岭：大庾岭、始安岭、临贺岭、桂阳岭、揭阳岭。⑲与越杂处：与南越的本地人一起杂居。⑳斥逐：驱逐。㉑河南：地区名，指今内蒙古自治区河套以南地区。㉒用制险塞：用以控制险关要塞。㉓临洮（táo）：县名，即今甘肃岷县。辽东：今辽宁辽河以东。㉔延袤：绵延伸展。袤，延。㉕渡河：万里长城跨过黄河。㉖阳山：阴山最西的一段，即今内蒙古自治区乌拉特后旗的狼山。㉗逶迤（wēi yí）：形容山势弯弯曲曲、延续不断。㉘暴（pù）师：野战军队经常受风霜雨露之苦。㉙上郡：郡名，郡治肤施，在今陕西榆林市东南。

【译文】

秦始皇帝二十七年（辛巳，前220）

秦始皇出巡陇西、北地，到鸡头山而还，经过回中宫。

秦始皇在渭水南岸兴建长信宫，竣工后改名为极庙宫。从极庙筑路通到骊山，兴造甘泉宫前殿，修筑甬道连接咸阳，又以咸阳为中心筑驰道通往全国各地。

秦始皇帝二十八年（壬午，前219）

秦始皇帝嬴政出巡东部各郡、县，登上邹地的峄山，树立石碑，赞颂秦朝的功勋业绩；召集过去鲁地崇信儒学的文人七十名，到泰山下商议祭祀天地的封禅之事。诸儒生中有的说："古时候的君王封禅，用蒲草裹住车轮，不愿伤害山上的土石草木；扫地祭祀时所使用的席子都是用草编成的。"各人的议论很不相同。秦始皇认为众人所说的很难实际采用，便因此而贬退儒生，并且下令开通车道，从泰山南麓上到顶峰，竖立石碑歌颂自己的功德，又从泰山北面顺道而下，到梁父山祭地。祭祀仪式颇采用秦国古时在雍城由太祝令主持祭祀上帝的形式。这些礼仪记载都被封藏保密了，世人无法获悉并记录下来。

于是，秦始皇随即向东出游沿海各地，祭礼名山大川及天、地、兵、阴、阳、月、日、四时八神。然后南登琅邪山，兴致勃勃，在那里逗留了三个月，还建造了琅邪台，立石碑颂德，表明自己得意于天下。

当初，燕国人宋毋忌、羡门子高一类人声称世上有一种成仙之道、人老死后尸解骨化升天的法术，燕国、齐国的迂腐、怪异之士都争相传授和学习。齐威王、齐宣王、燕昭王都相信他们的话，派人到海上去寻求蓬莱、方丈、瀛洲三座神山，据说这三座仙山在渤海之中，距离人间并不遥远。只是凡人将要到达，风就把船吹走了。不过也曾有人到过这三山，看见各位神仙和长生不死的药均在那里。待到始皇帝嬴政出游海滨时，通晓神仙方术的人如故齐国人徐市等，纷纷争着上书谈这些事情，请求准许斋戒后率领童男童女往海上寻求神山。始皇于是派遣徐市征发数千名童男童女入海求仙。但是，船行海上后，均因风大刮走了船，未能到达三神山。不过他们仍然说："虽然没有能够到达仙山，可是已经望见了。"

秦始皇还归咸阳途中，经过彭城，举行斋戒，祈祷祭祀，想要打捞沉没在泗水中的周鼎。故而遣一千人潜入泗水寻找，结果毫无所得。于是，始皇又向西南渡过淮水，到达衡山、南郡；再泛舟长江，到湘山，祭祀湘君。适逢大风，几乎不能渡过湘水。始皇问博士道："湘君是什么神仙啊？"博士回答说："听说她是尧帝的女儿，舜帝的妻子，死后就葬在这里。"始皇大怒，令三千名被判刑服劳役的罪犯将湘山的树木统统砍光，裸露出赤红的土壤和石块。然后，从南郡经武关返回咸阳。

早先，韩国人张良的父亲、祖父曾经做过五代韩相。乃至韩国灭亡，张良尽散千金家产，想要为韩国报仇。

秦始皇帝二十九年（癸未，前 218）

秦始皇出巡东方，到达阳武县的博浪沙时，张良让大力士手持铁锤袭击始皇，但却误中随天子车驾而行的副车。始皇大惊失色，想抓住刺客，但未能抓到，于是，下令全国进行十天的大搜捕。

始皇随后登上芝罘山，刻石颂德。归途中前往琅邪，取道上党，回到咸阳。

秦始皇帝三十一年（乙酉，前 216）

秦始皇下令全国百姓向朝廷自报所占土地的数额。

秦始皇帝三十二年（丙戌，前 215）

秦始皇出巡抵达碣石，派故燕国人卢生求访仙人羡门。又在碣石山门刻碑文歌功颂德，拆毁城郭，决通堤防。此后，秦始皇巡视北部边境，从上郡返回都城。卢生受派遣入海求仙后归来，随即抄录《录图书》上"使秦朝灭亡的是胡"的谶语奏报给秦始皇。秦始皇便派将军蒙恬率领三十万大军，向北攻打匈奴。

秦始皇帝三十三年（丁亥，前 214）

秦朝征召那些曾经逃亡的人、因贫穷而入赘女家的男子、商贩等入伍当兵，攻掠夺取南越的陆梁地，设置了桂林、南海、象郡等郡；并将受贬谪的人五十万流放到五岭守边，与南越的本地人杂居一处。

秦将蒙恬率军驱逐匈奴人，收复了河南（今黄河以南河套地区），设置四十四个县，接着就修筑长城，凭借地形而建，用以控制险关要塞，起自临洮，直至辽东，绵延一万多里。蒙恬于是又领兵渡过黄河，占据阳山，向北曲折前进。军队在野外扎营，风餐露宿十多年，蒙恬则常驻上郡指挥军队，威震匈奴。

【原文】

三十四年（戊子，前213）

谪治狱吏不直及覆狱故失者，筑长城及处南越地①。

丞相李斯上书曰："异时②诸侯并争，厚招游学③。今天下已定，法令出一④，百姓当家⑤则力农工⑥，士⑦则学习法令。今诸生不师今⑧而学古，以非当世⑨，惑乱黔首⑩，相与非法教⑪；人闻令下⑫，则各以其学议之，入则心非⑬，出则巷议⑭，夸主以为名⑮，异趣以为高⑯，率群下以造谤。如此弗禁，则主势降乎上⑰，党与成乎下⑱。禁之便⑲！臣请史官非秦记⑳皆烧之；非博士官所职㉑，天下有藏《诗》、《书》、百家语㉒者，皆诣守、尉杂烧之㉓。有敢偶语㉔《诗》、《书》弃市㉕；以古非今者族㉖；吏见知不举㉗，与同罪。令下三十日，不烧，黥为城旦㉘。所不去者，医药、卜筮、种树之书。若有欲学法令者，以吏为师。"制曰："可。"

魏人陈馀㉙谓孔鲋㉚曰："秦将灭先王之籍㉛，而子为书籍之主，其危哉！"子鱼曰："吾为无用之学，知吾者惟友。秦非吾友，吾何危哉！吾将藏之以待其求；求至，无患矣㉜。"

三十五年（己丑，前212）

使蒙恬除直道㉝，道九原㉞，抵云阳㉟，堑山堙谷㊱千八百里；数年不就㊲。

始皇以为咸阳人多，先王之宫庭㊳小，乃营作朝宫渭南上林苑中㊴，先作前殿阿房㊵，东西五百步，南北五十丈，上可以坐万人，下可以建五丈旗㊶，周驰为阁道㊷，自殿下直抵南山㊸，表南山之颠以为阙㊹。为复道，自阿房度渭，属之咸阳，以象天极阁道绝汉抵营室也㊺。隐宫、徒刑者七十万人，乃分作阿房宫或作骊山㊻。发北山石椁㊼，写㊽蜀、荆地材㊾皆至；关中㊿计宫三百，关外51四百余。于是立石东海上朐界中52，以为秦东门。因徙三万家骊邑[53]，五万家云阳，皆复[54]不事十岁。

卢生说始皇曰："方中[55]：人主时为微行以辟恶鬼[56]。恶鬼辟，真人至[57]。愿上所居宫毋令人知，然后不死之药殆[58]可得也！"始皇曰："吾慕真人！"自谓"真人"，不称"朕"。乃令咸阳之旁二百里内宫观[59]二百七十，复道、甬道[60]相连，帷帐、钟鼓、美人充之[61]，各案署不移徙[62]。行所幸[63]，有言其处者，罪死。始皇幸梁山宫[64]，从山上见丞相车骑众，弗善[65]也。中人[66]或告丞相，丞相后损车骑[67]。始皇怒曰："此中人泄吾语！"案问[68]，莫服[69]，捕时在旁者，尽杀之。自是后，莫知行之所在。群臣受决事者[70]，悉于咸阳宫。

侯生、卢生相与讥议[71]始皇，因亡去[72]。始皇闻之，大怒曰："卢生等，吾尊赐之甚厚[73]，今乃[74]诽谤我！诸生在咸阳者，吾使人廉问[75]，或为妖言[76]以乱黔首[77]。"于是使御史悉案问诸生。诸生传相告引[78]，乃自除[79]犯禁者四百六十余人，皆坑[80]之咸阳，使天下知之，以惩后；益发谪徙边[81]。始皇长子扶苏谏曰："诸生皆诵法孔子[82]。今上皆重法绳之[83]，臣恐天下不安。"始皇怒，使扶苏北监蒙恬军[84]于上郡。

（以上为第五段，写公元前213年至公元前212年两年史事：一为秦始皇焚书坑儒；二是长子扶苏劝谏，被派到上郡，监长城军。）

【注释】

①"谪治狱吏"两句：流放那些营私舞弊的司法官吏去修筑长城或到南越去服苦役。谪：流放。治狱吏不直：徇私枉法、办案不公。覆狱故失：核查案件故意释放有罪的人、让无罪的人下狱。南越地：今两广地区，即岭南地区，古时为南方越人所居，故称南越地。秦并南越，置桂林、象郡、海南诸郡，亦为流放罪人之所。②异时：从前，指战国时代。③厚招游学：用高官厚禄招揽游说之士。④法令出一：法令由皇帝统一颁布。⑤当家：主持家业。⑥力农工：努力从事农业、手工业生产。⑦士：即诸生，主要指儒生。⑧不师今：不遵守现今的法规、法令。⑨以非当世：用儒学批评当今社会。非，批评，诽谤。⑩惑乱黔首：蛊惑民众。⑪相与非法教：聚在一起指责现行制度。法教，法治，引申为现行制度。⑫令下：新法颁布。⑬入则心非：入朝则心怀不满。⑭出则巷议：离开朝廷就在街头巷尾批评议论。⑮夸主以为名：在君主前夸夸其谈，以此来沽名钓誉。⑯异趣以为高：标新立异，以此来抬高自己。⑰主势降乎上：君主的权势在社会上层下降。⑱党与成乎下：臣下拉帮结派的活动蔓延民间。

⑲禁之便：唯有严禁这些才对国家有利。⑳秦记：秦国史书，为秦史官所记。㉑非博士官所职：除博士官因职务所需者。㉒百家语：诸子百家的著作。㉓杂烧之：集中起来焚毁。杂，集中。㉔偶语：相聚议论。㉕弃市：处死于闹市以示众。㉖以古非今者族：借古讽今的灭族。㉗见知不举：知情不报。㉘黥（qíng）为城旦：黥，脸上刺字。城旦，古代刑罚名，指判处三年苦役的徒刑。要在犯人脸上刺字，涂上墨，使之永不消掉，往往流放边地筑长城。㉙陈馀：魏国名士，秦末随众起义，曾为代王。传见《史记》卷八十九。㉚孔鲋：字甲，又字子鱼，孔子八世孙，秦末曾参加农民起义军，任陈涉的博士。死于陈下。㉛灭先王之籍：指秦始皇焚书坑儒事件。籍，书籍，典籍。㉜“子鱼曰”云云：见《孔丛子·独治》，略有不同。㉝除：开辟，修筑。直道：古道路名，从秦都咸阳直通河套。㉞九原：郡名，治所在今内蒙古包头市西北。㉟云阳：郡名，治所在今陕西淳化西北。㊱堑山堙（yīn）谷：开凿大山，填塞峡谷。堑，开凿。堙，填塞。㊲就：完成。㊳宫庭：读“宫廷”。庭，通“廷”。㊴“乃营作”句：便命人在渭南上林苑中建筑宫殿。营作：营造，修建。朝宫：帝王的朝会宫殿。渭南：渭水以南。苑：养禽兽种树木的场所。后来多指帝王游乐打猎的场所。㊵阿房（ē páng）：地名，在今陕西省西安市西北。阿，近。房，通“旁”。阿房宫建在咸阳宫附近，直到秦亡未命名，因前殿在阿房，故称“阿房宫”。项羽入关，焚毁阿房宫，遗址在今西安市西郊赵家堡和大沽村之间，尚存殿基夯土台址。㊶建五丈旗：谓阿房宫前殿空高可竖立五丈高的旗。建，竖立。㊷周驰为阁道：周围是车马驰行的天桥。阁道：复道，天桥。㊸南山：终南山，在咸阳南。㊹表南山之颠以为阙：在终南山顶建造双阙作为标志。表，标志。阙，古代宫殿、陵墓前的高建筑物，形如牌坊，左右各一。㊺“以象天极”句：以此象征天上的北极星，阁道星横越银河抵达营室宿。天极：北极星，古人认为象征帝王所居的中宫。阁道、营室：皆古星座名。阁道星，指仙后座内的六颗星，古人认为象征沟通银河两岸的天桥。营室星，指天马座内的两颗星，古人认为象征野营。绝：横渡。汉：指银河。㊻“隐宫”两句：征发受宫刑和判处其他徒刑的囚犯七十万人，分别修筑阿房宫或修建骊山秦始皇陵墓。隐宫：即宫刑，又称腐刑，阉割男子的生殖器。施行宫刑之后，受刑者要关闭在不透风的温室里静养一百天，所以称“隐宫”。作骊山：在骊山为秦始皇预建坟墓。骊山，在今陕西省西安市临潼区东南。㊼发北山石椁：到北山去开发石料。㊽写：运送。㊾材：木材。㊿关中：古地区名，指函谷关以西、大散关以东的渭水流域一带。(51)关外：即关东，指函谷关以东广大地区。(52)“于是”句：于是在东海郡的朐县界内竖立石阙，作为秦朝东方的大门。朐（qú）：东海郡朐县，县治在今江苏省连云港市西南。(53)徙三万家骊邑：

迁徙三万家到骊邑。 ⑭复：免除赋税劳役。 ⑮方中：方法。 ⑯时为微行：不时地暗中秘密出行。微行，便装隐秘出行。 辟恶鬼：躲避恶鬼。辟，通“避”。 ⑰真人至：仙人到来。真人，道家修炼得道成仙的人。 ⑱殆：差不多，可能，大概。 ⑲宫观：宫殿楼观。 ⑳复道、甬道：天桥、夹道。 ㉑帷帐、钟鼓、美人充之：宫殿、楼观内都布置了帷幕、钟鼓等器物，安排了美人、宫女等侍从。 ㉒各案署不移徙：按照要求布置好以后不许再移动。案，通“按”。 ㉓行所幸：皇帝所到之处称临幸。 ㉔梁山宫：秦行宫，在今陕西省乾县北。 ㉕弗善：很不高兴。 ㉖中人：宦官。 ㉗损车骑：减少了随从的车骑人员。 ㉘案问：审问。 ㉙莫服：没有一个人招认服罪的。 ㉚受决事者：接受皇上的决定、诏令的人。 ㉛讥议：指责。 ㉜亡去：逃跑了。 ㉝吾尊赐之甚厚：我很看重他们，赏赐十分优厚。 ㉞乃：竟然。 ㉟廉问：查访。廉，察看。 ㊱或为妖言：有人制造妖言。妖言，荒诞不经的邪说。秦有诽谤、妖言之罪。汉初废除。汉武帝又复立腹诽罪，甚于妖言罪。 ㊲乱黔首：迷惑百姓。 ㊳传相告引：互相告发，彼此牵连。 ㊴乃自除：于是，秦始皇亲自判决。 ㊵坑：活埋。 ㊶益发谪徙边：征发更多的流放人员去防守边塞。 ㊷诸生皆诵法孔子：那些儒生都是读孔子的书，效法孔子的为人。 ㊸今上皆重法绳之：而今皇上却用严厉的法令来制裁。 ㊹监蒙恬军：任蒙恬的监军。

【译文】

秦始皇帝三十四年（戊子，前 213）

秦朝将徇私枉法、知人有罪却释放出狱、无罪却下狱的司法官吏流放去修筑长城，或到南越地区守边。

丞相李斯上书说：“过去诸侯各国纷争，以高官厚禄招来游说之士。现在天下已定，法令统一出自朝廷，民众百姓就要致力于耕田做工，读书人就要学习法令规章。但今日的儒生却不学习现代事务，只知一味地效法古代，并借此非议现实，蛊惑、扰乱民众，聚在一起指责现行制度，并以此教导百姓；闻听命令颁下，就纷纷根据自己的学说、主张妄加评议，入朝时心怀不满，出朝后便街谈巷议，在君主前夸夸其谈以提高自己的声望，标新立异以显示自己的高明，煽动、引导一些人攻击诽谤国家法令。这种情况如不禁止，就势必造成君王的权势下降，臣下结党纳派活动蔓延民间。唯有禁止这些才有利于国家！因此，我建议史官将除秦国史记之外的所有史书全部烧毁；除博士官按职责收藏外，天下凡有私藏《诗》《书》、诸子百家著作的人，一律按期将所藏之书交到郡守、郡尉处，一并焚毁。有敢于相聚私语谈论《诗》《书》的处死；借古讽今的诛杀九族；官吏发现这种事情不举报的与以上人同罪。此令颁布三十天后仍不将私藏书籍烧毁的，判处黥刑，并罚处修筑长城劳役的城旦刑。不予焚烧的，是医药、占卜、种植的书。如果想要学习法令，应以官吏为师。”始皇下令说：“好。”

故魏国人陈馀对孔子的八世孙孔鲋说：“秦朝将要毁灭掉前代君王的书籍，而你正是书籍的拥有人，这实在是太危险了！”孔鲋说：“我所治的是一些看来无用的学问，真正了解我的只有朋友。秦朝并不是我的朋友，我会遇到什么危险呀！我将把书籍收藏好，等待着有人征求，一旦来征求，我也就不会有什么灾难了。”

秦始皇帝三十五年（己丑，前212）

秦始皇派蒙恬负责开通直道，从九原直到云阳，挖掘大山，填塞峡谷，长达一千八百里，几年没有完工。

秦始皇认为都城咸阳的人口过多，而先代君王营造的宫廷又嫌小，便命人在渭南上林苑中建筑宫殿，先修前殿阿房宫，长宽东西五百步，南北五十丈，上面可坐一万人，下面则能竖立五丈高的旗帜，周围是车马驰行的天桥，从前殿下直达南山，在南山的顶峰上建造牌楼作为标志。又筑造天桥，从阿房渡过渭水，与咸阳城相接，由此象征天上的北极星、阁道星横越银河抵达营室宿。征发受宫刑和判处其他徒刑的囚犯七十万人，分别修筑阿房宫或建造骊山始皇帝陵墓，并凿掘用作套棺的北山的石料，采伐蜀、荆两地的木材，都先后运到。在关中兴建宫殿共有三百座，关外营造宫殿四百多座。于是，在东海郡的朐县界内竖立石阙，作为秦朝东部的大门，又将三万家迁移到骊邑，五万家迁移到云阳，均免除十年的赋税徭役。

卢生劝说秦始皇道：“有一种方法，就是皇上不时地暗中秘密出行，借此躲避恶鬼。而避开了恶鬼，神仙真人便会来到。故此希望您所居住的宫室不要让别人知道，然后不死之药大概可以得到！”始皇说：“我敬慕真人！”于是就自称“真人”，不再称“朕”，并下令咸阳城周围二百里内的二百七十处宫殿楼台，都用天桥、甬道相连接，帷帐、钟鼓及美女充斥其间，各自按部署登记，不做迁移。始皇巡行到某处居住下来，有敢于透露出他的驻地的，即获罪处死。始皇曾前往梁山宫，从山上望见丞相李斯的随行车马非常多，很不高兴。宦官、近臣中有人将这事告诉了李斯，李斯随即减少了他的车马。始皇愤怒地说：“这一定是宫中人泄露了我的话！”于是，审问随从人员，但是没有人承认。始皇就下令捉拿当时在场的人，全部杀掉。从此以后，再也没有人知道始皇到了什么地方。群臣中凡有事情要奏报并接受皇帝裁决的，便全都到咸阳宫等候。

侯生、卢生相互讥讽、评议秦始皇的暴虐，并因此逃亡而去。始皇听说后勃然大怒，说："卢生等人，我尊敬他们，赏赐十分优厚，现在竟然敢诽谤我！这些儒生在咸阳的，我曾派人去查访过，其中有的人竟妖言惑众！"于是，令御史逮捕并审问所有的儒生。儒生们彼此告发，始皇亲自判处违法犯禁的人有四百六十多名，将他们全部在咸阳活埋了，还向全国宣布，让大家都知道这件事情，以惩戒后世；同时，谪罚更多的人流放到边地戍守。始皇的长子扶苏为此劝说道："那些儒生们全都诵读并效法孔子的言论。而今您全部用重法惩处他们，我担心天下会因此不安定。"始皇大为恼火，派扶苏赴上郡去监督蒙恬的军队。

【原文】

三十六年（庚寅，前211）

有陨石于东郡①。或刻其石曰："始皇死而地分。"始皇使御史逐问②，莫服；尽取石旁居人诛之，燔其石。

迁河北榆中③三万家，赐爵一级。

三十七年（辛卯，前210）

冬，十月，癸丑，始皇出游；左丞相斯从，右丞相去疾守④。始皇二十余子，少子胡亥最爱，请从；上许之。

十一月，行至云梦⑤，望祀⑥虞舜于九疑山⑦。浮江下⑧，观藉柯⑨，渡海渚⑩，过丹阳⑪，至钱唐⑫，临浙江⑬。水波恶⑭，乃西百二十里，从陿中渡⑮。上会稽⑯，祭大禹，望于南海⑰，立石颂德。还，过吴⑱，从江乘⑲渡。并海上⑳，北至琅邪、之罘。见巨鱼，射杀之。遂并海西，至平原津㉑而病。

始皇恶言死㉒，群臣莫敢言死事㉓。病益甚㉔，乃令中车府令行符玺事赵高为书赐扶苏曰㉕："与丧㉖，会咸阳而葬㉗。"书已封，在赵高所，未付使者。

秋，七月，丙寅㉘，始皇崩于沙丘平台㉙。丞相斯为上崩在外，恐诸公子及天下有变，乃秘之不发丧㉚，棺载辒凉车㉛中，故幸宦者骖乘㉜。所至㉝，上食㉞、百官奏事如故，宦者辄从车中可其奏事㉟。独胡亥、赵高及幸宦者五六人知之。

初，始皇尊宠蒙氏㊱，信任之。蒙恬任外将，蒙毅常居中参谋议，名为忠信，故虽诸将相莫敢与之争。赵高者，生而隐宫[37]；始皇闻其强力[38]，通于狱法[39]，举以为中车府令，使教胡亥决狱[40]；胡亥幸之。赵高有罪，始皇使蒙毅治之；毅当高法应死[41]。始皇以高敏于事[42]，赦之，复其官。

赵高既雅得[43]幸于胡亥，又怨蒙氏，乃说胡亥，请诈以始皇命诛扶苏而立胡亥为太子。胡亥然其计[44]。赵高曰："不与丞相谋，恐事不能成。"乃见丞相斯曰："上赐长子书及符玺，皆在胡亥所。定太子，在君侯与高之口耳。事将何如[45]？"斯曰："安得亡国之言[46]！此非人臣所当议也！"高曰："君侯[47]材能、谋虑、功高、无怨、长子信之，此五者皆孰与蒙恬[48]？"斯曰："不及也。"高曰："然则长子即位，必用蒙恬为丞相，君侯终不怀通侯[49]之印归乡里明矣！胡亥慈仁笃厚[50]，可以为嗣。愿君审计而定之！"

丞相斯以为然，乃相与谋，诈为受始皇诏，立胡亥为太子；更为书赐扶苏，数以不能辟地立功[51]，士卒多耗，数上书[52]，直言诽谤[53]，日夜怨望不得罢归为太子[54]；将军恬不矫正，知其谋；皆赐死，以兵属裨将王离。

扶苏发书[55]，泣，入内舍，欲自杀。蒙恬曰："陛下居外，未立太子；使臣将三十万众守边，公子为监，此天下重任也。今一使者来，即自杀，安知其非诈！复请而后死，未暮也[56]。"使者数趣[57]之。扶苏谓蒙恬曰："父赐子死，尚安复请[58]！"即自杀。蒙恬不肯死，使者以属吏[59]，系诸阳周[60]；更置李斯舍人为护军[61]，还报。胡亥已闻扶苏死，即欲释蒙恬。会蒙毅为始皇出祷山川，还至。赵高言于胡亥曰："先帝欲举贤立太子久矣，而毅谏以为不可；不若诛之！"乃系诸代[62]。

（以上为第六段，写公元前211年秦始皇生前天下已出现造反端倪，有人在东郡掉落的陨石上刻字说："始皇死而地分"。第二年，公元前210年始皇出巡，病死沙丘，中车府令赵高与丞相李斯密谋发动宫廷政变，假传遗诏，赐死长子扶苏，立小儿子胡亥为帝，秦政权旁落宦官赵高之手。）

【注释】

①东郡：郡名。治濮阳，在今河南濮阳市南。 ②逐问：逐个审问。 ③河北：《史记·秦始皇本纪》作"北河"。指河套地区的黄河段为北河，此指这一地区。 榆中：今陕

西榆林市。④去疾守：右丞相冯去疾留守咸阳。去疾，人名，姓冯。⑤云梦：古泽薮名。在今湖北京山市以南、枝江市以东、蕲春县以西、湖南华容县以北大片地区。⑥望祀：遥祭。⑦九疑山：一作“九嶷山”，又名苍梧山。在今湖南省宁远县南。⑧浮江下：乘船沿长江东下。浮，水上航行。⑨藉柯：地名。今属何处不详。⑩海渚：“海”为“江”字之误。江渚，又名牛渚，即今采石矶，在今安徽省当涂西北长江南岸。⑪丹阳：县名，县治在今安徽当涂东北小丹阳镇。⑫钱唐：县名，即今杭州市。⑬浙江：即钱塘江。⑭水波恶：水波汹涌险恶。⑮从陿中渡：从江面狭窄处渡江。陿，同“狭”。⑯会稽：山名，在今浙江绍兴市南。⑰南海：即今东海。⑱吴：县名，治所在今江苏苏州。⑲江乘：县名，治所在今江苏句容市东北。江乘渡口为长江下游重要津渡。⑳并海上：沿海北上。㉑平原津：平原县境的黄河渡口。平原，县名，治所在今山东平原县南。㉒恶言死：一向讳说“死”字。㉓死事：死后如何料理后事的事。㉔病益甚：病情越来越沉重。甚，剧，加重。㉕“乃令”句：才命中车府令、兼掌符玺事务的赵高写诏书给长子扶苏说。中车府令：秦官名，掌管皇帝的车辆，往往以宦官充任。行，代理，兼职。赵高以中车府令兼管符玺事务。符玺事，指保管虎符、玺印以及盖印等事务，由专职符玺郎掌管。诏书要加盖印玺才能生效。㉖与丧：回京咸阳参与丧事。㉗会咸阳而葬：到咸阳会齐后再举行丧礼。㉘七月，丙寅：七月二十日。㉙沙丘平台：沙丘宫的平台。沙丘宫，战国时赵王所建行宫，在今河北省平乡县东北。㉚不发丧：不发布秦始皇死亡的消息。㉛辒（wēn）凉车：密闭曰辒，旁开可通风为辌，此当是一种封闭严密而又有通风设备的车。辌同“凉”。因为秦始皇棺载辒凉车，后就成为丧车的专名。㉜故幸宦者骖乘：用秦始皇生前宠信的宦官作陪乘。骖乘，即陪乘。古代乘车主座在左，驾车者居中，居右陪坐的叫“骖乘”。㉝所至：皇帝所到之处。㉞上食：给皇帝进献食物。㉟可其奏事：批准臣下的报告。㊱蒙氏：蒙恬兄弟。㊲生而隐宫：（赵高）一出生就阉割了。隐宫，指宫刑。㊳强力：指办事能力很强。㊴狱法：刑法。㊵胡亥：始皇少子，即秦二世。决狱：审理和判决诉讼案。㊶毅当高法应死：蒙毅依法判处赵高死刑。当：判处。法：依法。㊷敏于事：会办事。敏，勤勉，灵活。㊸雅得：一向得到。㊹然其计：同意赵高的计策。然，同意。㊺事将何如：这件事将怎么办呢？㊻安得亡国之言：怎么能讲出这种亡国的话。亡国之言，李斯认为赵高有意搞阴谋，会使秦国灭亡，所以称为“亡国之言”。㊼君侯：秦汉时丞相依例封侯，故敬称“君侯”。㊽此五者皆孰与蒙恬：才能、谋略、功勋、人缘、受主上信任，所有这五项你（君侯李斯）比得上蒙恬吗？㊾通侯：即秦制二十级爵位最高级之“彻侯”，为避汉武帝刘彻讳，改“彻侯”为“通侯”，又称“列侯”。㊿笃厚：诚实厚道。51数以不能辟地立功：斥责扶苏没能开拓疆土建立功勋。数，责备。辟地，开拓疆域。 ㊾数上书：多次上奏。㊿直言诽谤：明目张胆地数落父皇。直言，说话一针见血，引申为明目张胆。 ㊿罢归为太子：解除监军职务回京作太子。 ㊿发书：拆开诏书。 ㊿未暮也：未晚，不迟。 ㊿数趣：多次催促。趣，通“促”。 ㊿尚安复请：怎么还要再请示。 ㊿以属吏：就把他交给司法官。 ㊿系诸阳周：囚禁在阳周。阳周，县名，治所在今陕西子长市西北。 ㊿更置李斯舍人为护军：改置李斯的舍人担任护军都尉。护军，武官名，即护军都尉，调节各将领的关系。护，督统。 ㊿乃系诸代：便将蒙毅囚禁在代郡。诸，之于。

【译文】

秦始皇帝三十六年（庚寅，前211）

有陨石坠落在东郡。有人在陨石上刻字说：“始皇死而地分。”秦始皇于是派御史逐个查问当地的人，但是没人承认此事是自己干的。始皇便下令将居住在陨石附近的人全部捉拿处死，并焚化了那块石头。

秦朝迁移三万户到黄河以北、榆中一带垦殖荒地，每户授予爵位一级。

秦始皇帝三十七年（辛卯，前210）

冬季，十月，癸丑（疑误），秦始皇帝嬴政出游，左丞相李斯陪同前往，右丞相冯去疾留守咸阳。始皇有二十多个儿子，小儿子胡亥最受宠爱，他要求随始皇出巡，获始皇准许。

十一月，秦始皇帝嬴政一行到达云梦，向着九疑山遥祭葬在那里的舜帝。然后乘船顺长江而下，观览江边礁石，渡过海边岛屿，经过丹阳，到达钱唐，来到浙江边。因江潮波涛汹涌，便向西行驶一百二十里，从富阳与分水之间的狭窄处渡江。随后，始皇登上会稽山，祭祀大禹，遥望南海，刻立巨石歌功颂德。然后，起驾返回，归途中经过吴地，从江乘县渡过长江，沿海北上，抵达琅邪、之罘。始皇看见大鱼，便发箭将鱼射杀。接着，又沿海边西行，到了平原津后便病倒了。

秦始皇很忌讳谈论“死”字，因此，群臣中没有人敢提死后料理后事的事情。待到他病势更加沉重时，才命中车府令、兼掌符玺事务的赵高写诏书给长子扶苏，说：“参加丧事处理，灵柩到咸阳后安葬。”诏书已封好，但却搁置在赵高处，没有交给使者送出。

秋季，七月二十日，秦始皇在沙丘宫平台去世。丞相李斯因皇帝在都城外病逝，唯恐各位皇子及天下发生什么变故，于是就秘不发丧，将棺材停放在能调节冷暖的辒凉车中，由始皇生前最宠信的宦官在车的右边陪乘。所到一地，上呈餐饭、百官奏报事务，都与过去一样，宦官即从车中接受并批复奏事。只有胡亥、赵高及受宠信的宦官五六个人知道内情。

当初，秦始皇尊重宠信蒙氏兄弟，很信任他们。蒙恬在外担任大将，蒙毅则在朝中参与商议国事，称为忠信大臣，即便是高级将领或丞相，也没有敢与他们一争高低的。赵高一生下来就被阉割了。始皇听说他办事能力很强，并且通晓刑法，便提拔他担任了中车府令，让他教导小儿子胡亥学习审理判决诉讼案。胡亥非常信任他。赵高曾经犯下大罪，始皇派蒙毅惩治他。蒙毅认为赵高依法应被处死，但始皇因赵高办事灵活而赦免了他，并恢复了他的官职。

赵高既然素来得到胡亥的信任，恰又怨恨蒙氏兄弟，便劝说胡亥，让他诈称始皇遗命杀掉扶苏，立胡亥为太子。胡亥同意了赵高的计策。赵高又说："这件事情如果不与丞相合谋进行，恐怕不能成功。"随即约见丞相李斯，说："皇上赐给扶苏的诏书及符玺都在胡亥那里。定立太子之事只在您我口中的一句话罢了。这件事将怎么办呢？"李斯说："怎么能够说出这种亡国的话呀！此事不是我们这些为人臣子的人应当议论的啊！"赵高道："您的才能、谋略、功勋、人缘以及获得扶苏的信任，这五点全部拿来与蒙恬相比，哪一点比得上他呢？"李斯回答："都比不上他。"赵高说："既然如此，那么只要扶苏即位，就必定任用蒙恬为丞相，您最终不能怀揣通侯的印信返归故乡的结局已经是显而易见的了！而胡亥仁慈忠厚，是可以担当皇位继承人的。希望您慎重地考虑一下，做出定夺！"

丞相李斯听后，认为赵高说得有理，便与他共同谋划，诈称接受了始皇的遗诏，立胡亥为太子，又篡改始皇给扶苏的诏书，指斥他多年来不能开辟疆土、创立功业，却使士兵大量伤亡，并且数次上书，直言诽谤父皇，日日夜夜地抱怨不能获准解除监军职务，返归咸阳当太子；而将军蒙恬不纠正扶苏的过失，并参与和了解扶苏的图谋。因此命令他们自杀，将兵权移交给副将王离。

扶苏接到诏书，哭泣着进入内室，打算自杀。蒙恬说："皇上在外地，并未确立谁是太子。他派我率领三十万军队镇守边地，令您担任监军，这乃是天下的重任啊！现在仅仅一个使者前来传书，我们就自杀，又怎么能知道其中是不是有诈呢？让我们再奏请证实一下，然后去死也不晚啊！"但是，使者多次催促他们自行了断，扶苏于是对蒙恬说："父亲赐儿子死，哪里还需要再请示查实呢！"随即自杀。蒙恬不肯死，使者便将他交给官吏治罪，囚禁在阳周；改置李斯的舍人担任护军，然后回报李斯、赵高。胡亥这时已听说扶苏死了，便想释放蒙恬。恰逢蒙毅代替始皇外出祈祷山川神灵求福后返回，赵高即对胡亥说："始皇想要荐举贤能确定你为太子已经很长时间了，可是蒙毅一直劝阻他，认为不可如此。现在不如就把蒙毅杀掉算了！"于是，逮捕了蒙毅，将他囚禁到代郡。

【原文】

遂从井陉抵九原[1]。会暑，辒车臭，乃诏从官令车载一石鲍鱼以乱之[2]。从直道至咸阳，发丧。太子胡亥袭位[3]。

九月，葬始皇于骊山，下锢三泉[4]；奇器珍怪，徙藏满之。令匠作机弩，有穿近者辄射之[5]。以水银为百川、江河、大海[6]，机相灌输[7]。上具天文[8]，下具地理[9]。后宫[10]无子者，皆令从死。葬既已下[11]，或言工匠为机[12]，藏皆知之[13]，藏重即泄[14]。大事尽[15]，闭之墓中[16]。

二世欲诛蒙恬兄弟。二世兄子子婴[17]谏曰："赵王迁杀李牧而用颜聚，齐王建杀其故世忠臣而用后胜，卒皆亡国。蒙氏，秦之大臣、谋士也，而陛下欲一旦弃去之。诛杀忠臣而立无节行之人[18]，是内使群臣不相信而外使斗士之意离也[19]！"二世弗听，遂杀蒙毅及内史恬[20]。恬曰："自吾先人及至子孙，积功信于秦三世矣[21]。今臣将兵[22]三十余万，身虽囚系[23]，其势足以倍畔[24]。然自知必死而守义[25]者，不敢辱先人之教以不忘先帝也！"乃吞药自杀。

扬子《法言》曰[26]：或问："蒙恬忠而被诛，忠奚可为也[27]？"曰："壍山堙谷[28]，起临洮击辽水[29]，力不足而尸有余[30]，忠不足相也[31]。"

臣光曰：始皇方毒天下而蒙恬为之使[32]，恬不仁可知矣。然恬明于为人臣之义，虽无罪见诛，能守死不贰[33]，斯亦足称也[34]。

（以上为第七段，写傀儡皇帝秦二世冤杀蒙恬、蒙毅兄弟，自毁长城，秦朝的祸乱由此起矣！蒙恬的愚忠受到扬雄和司马光的批评，而蒙恬尽臣节之义又得到了司马光的肯定。）

【注释】

①井陉（xíng）：井陉口之省称，关隘名，即今河北井陉关。 ②鲍鱼：腌咸鱼，气

味腥臭。以乱之：用鱼臭混淆尸臭。③袭位：继承皇位，此指即位。④下锢三泉：把铜熔化后灌进墓穴深处，堵塞地下水。下锢，灌熔铜使锢塞。三泉，三重泉，形容很深。⑤有穿近者辄射之：如有人掘墓靠近就自动射杀。⑥以水银为百川、江河、大海：用水银做成百川、江河、大海。按：据1985年3月29日《光明日报》报道，秦始皇陵墓考古队历时十二年，通过调查钻探，发现地宫中有大量集中的水银存在，分布面积达一万二千平方米，其他地方则无。水银的分布构成几何图案，这些图案可以反映地宫的部分结构。⑦机相灌输：用机械的力量使水银在川、河、海里流动不息。按：世上无永动机，此乃秦人的妄想，如同始皇求长生。⑧上具天文：顶上装饰有日、月、星、辰等天象。⑨下具地理：底下有山水郡县城郭等景物图形。⑩后宫：指嫔妃。⑪葬既已下：安葬完毕。⑫或言工匠为机：有人说，墓里的机弩都是工匠做的。⑬藏皆知之：指墓内藏的大量珍宝工匠都知道。⑭藏重即泄：陪葬品十分贵重必然要被泄露出去。藏重，指藏品十分贵重、丰厚。⑮大事尽：安葬完毕。⑯闭之墓中：那些工匠全都封闭在墓中。⑰子婴：此从《秦本纪》《秦始皇本纪》作"二世兄子"，而《李斯列传》作"始皇弟"。秦二世担心政权不稳，杀灭诸兄及十公主姐妹，怎能留下"兄子"？二世篡夺始皇嫡子扶苏之位，"兄子"更不可能是扶苏之子。当从《李斯列传》，应是秦始皇远房之弟。子婴为王，立四十六日降沛公刘邦，为项羽所杀。⑱立无节行之人：使用节操品德不端的人。⑲斗士之意离也：使战斗之士离心离德。意离，意志涣散，离心离德。⑳内史恬：内史蒙恬。内史，治理京师咸阳的行政长官，为蒙恬加官。㉑积功信于秦三世矣：指蒙氏效力秦朝建立功业和忠信已经三代了。功信，功劳忠信。三世，指蒙恬祖父蒙骜、父蒙武，以及蒙恬、蒙毅祖孙三代效力于秦。㉒将兵：统兵。㉓囚系：拘禁、囚禁。㉔倍畔：同"背叛"。㉕守义：守住臣下忠君的准则。㉖《法言》曰：引文见《法言·渊骞》。㉗忠奚可为也：为君尽忠还有什么可值得做的呢？奚，何。㉘堑山堙谷：挖山填谷。堑，同"錾"。㉙起临洮击辽水：西起临洮，东接辽水。"击"字不符此处语境，当系讹字。《史记·蒙恬列传》："起临洮属之辽东"。属，连接。㉚力不足而尸有余：威力不足而造成的尸体却有余。汪荣宝《法言义疏》："谓用民之力而不惜民之死，民力匮而死者多耳。"㉛忠不足相也：蒙恬的这种忠不足以辅助君王。相，辅翼。㉜始皇方毒天下而蒙恬为之使：当秦始皇正荼毒天下时，蒙恬甘愿受他驱使。毒：祸害。使：用，役使，为之效力。㉝不贰：没有二心。㉞斯亦足称也：这也是很值得称道的了。称，颂扬，显名。

【译文】

皇室车队于是从井陉抵达九原。当时正值酷暑，装载始皇遗体的辒凉车散发出恶臭，胡亥等便指示随从官员在车上装载一石鲍鱼，借鲍鱼的臭味混淆腐尸的气味。从直道抵达咸阳后，发布治丧的公告。胡亥继承了皇位。

九月，将秦始皇安葬在骊山皇陵，把铜熔化后灌进去，堵塞住地下深处的水。又运来各种奇珍异宝，藏满墓穴。还下令工匠制作带有机关的弓弩，遇到穿入靠近墓穴的人，便自动射杀。用水银做成百川、江河、大海，以机械灌注输送。墓穴顶部布有天文图像，底部设置地理模型。后宫嫔妃凡未生子女的，命令她们全部陪葬。下葬后，有人说工匠们制造隐藏的机械装置，知道其中的全部秘密，陪葬的珍宝十分贵重，必然要被泄露出去。于是，待安葬完毕，那些工匠即被尽数封闭在墓穴中。

秦二世皇帝胡亥想要杀掉蒙恬兄弟二人，他哥哥的儿子子婴劝他说："赵王赵迁杀掉李牧而用颜聚，齐国田建杀掉前代的忠臣而用后胜，结果最终都亡了国。蒙恬兄弟是秦国的重臣、谋士，皇上却打算一下子就把他们抛弃、除掉。似此诛杀忠臣而扶立节操品行不端的人，是在内失去群臣的信任，在外使将士们意志涣散啊！"但是，二世不听从劝告，随即杀掉了蒙毅，并要杀内史蒙恬。蒙恬说："我们蒙家自我的先人起直至子孙，在秦国建立功业和忠信已经三代了。如今我领兵三十多万，身体虽然被囚禁，但我的势力仍然足以进行反叛。可是我知道自己必定得死，却还是要奉守节义，是因为我不敢辱没祖先的教诲，并表示我不忘先帝的大恩大德啊！"于是，即吞服毒药自杀身亡。

扬雄《法言》说："有人问：'蒙恬赤胆忠心却被杀掉了，忠诚还有什么用呢？'"回答说："开山填谷，修筑长城，西起临洮，东接辽水，威力不足而造成的尸体却有余，蒙恬的这种忠诚是不足以辅助君王的。"

臣司马光说："秦始皇正荼毒天下时，蒙恬甘受他的驱使，如此蒙恬的不仁义是可知的了。但是蒙恬明白为人臣子应守的道义，虽然没有罪而被处死，仍能够宁死忠贞不渝，不生二心，故而这也是很值得称道的了。"

【原文】

二世皇帝上

元年（壬辰，前209）

冬，十月，戊寅，大赦。

春，二世东行郡县[①]，李斯从；到碣石，并海[②]，南至会稽；而尽刻始皇所立刻石，旁著大臣从者名，以章[③]先帝成功盛德而还。

夏，四月，二世至咸阳，谓赵高曰："夫人生居世间也，譬犹骋六骥过决隙也[④]。吾既已临天下[⑤]矣，欲悉[⑥]耳目之所好，穷心志之所乐[⑦]，以终吾年寿，可乎？"高曰："此贤主之所能行而昏乱主之所禁也。虽然，有所未可，臣请言之：夫沙丘之谋，诸公子及大臣皆疑焉；而诸公子尽帝兄，大臣又先帝之所置也。今陛下初立，此其属意怏怏皆不服[⑧]，恐为变[⑨]；臣战战栗栗[⑩]，唯恐不终[⑪]，陛下安得为此乐乎！"二世曰："为之奈何？"赵高曰："陛下严法而刻刑[⑫]，令有罪者相坐[⑬]，诛灭大臣及宗室；然后收举遗民[⑭]，贫者富之，贱者贵之[⑮]。尽除先帝之故臣，更置陛下之所亲信者，此则阴德归陛下[⑯]，害除而奸谋塞[⑰]，群臣莫不被润泽[⑱]，蒙厚德，陛下则高枕肆志宠乐矣[⑲]。计莫出于此[⑳]！"二世然之。乃更为法律[㉑]，务益刻深，大臣、诸公子有罪，辄下高鞫治之[㉒]。于是公子十二人僇死[㉓]咸阳市，十公主矺死于杜[㉔]，财物入于县官[㉕]，相连逮者不可胜数[㉖]。

公子将闾昆弟三人[㉗]囚于内宫，议其罪独后[㉘]。二世使使令将闾曰："公子不臣[㉙]，罪当死！吏致法[㉚]焉。"将闾曰："阙廷[㉛]之礼，吾未尝敢不从宾赞[㉜]也；廊庙之位，吾未尝敢失节[㉝]也；受命应对[㉞]，吾未尝敢失辞[㉟]也；何谓不臣？愿闻罪而死！"使者曰："臣不得与谋[㊱]，奉书从事[㊲]！"将闾乃仰天大呼"天"者三，曰："吾无罪！"昆弟三人皆流涕，拔剑自杀。宗室[㊳]振恐。

公子高欲奔，恐收族[㊴]，乃上书曰："先帝无恙[㊵]时，臣入门赐食[㊶]，出则乘舆[㊷]，御府[㊸]之衣，臣得赐之，中厩[㊹]之宝马，臣得赐之。臣当从死而不能[㊺]，为人子不孝，为人臣不忠。不孝不忠者，无名以立于世[㊻]，臣请从死，愿葬骊山之足。唯上幸哀怜之[㊼]！"书上，二世大说[㊽]，召赵高而示之[㊾]，曰："此可谓急乎[㊿]？"赵高曰："人臣当忧死不暇，何变之得谋[51]！”二世可其书，赐钱十万以葬。

复作[52]阿房宫。尽征材士五万人为屯卫咸阳[53]，令教射。狗马禽兽当食者多[54]，度不足[55]，下调郡县[56]，转输菽粟、刍稿，皆令自赍粮食[57]；咸阳三百里内不得食其谷[58]。

（以上为第八段，写公元前209年上半年史事，写胡亥继位为二世皇帝，尽力追求享乐；赵高添油加醋，又使出坏主意，实行严刑酷法，杀尽诸位公子和大臣；胡亥下令重新营修阿房宫，民怨沸腾。）

【注释】

①行郡县：巡视郡县。 ②并海：沿着海岸。 ③章：通“彰”，显扬。 ④“譬犹”句：好比驾着六匹骏马飞奔过缝隙一般的短促。 骋：奔驰。 六骥：六匹千里马驾的车子。 决隙：裂缝。 ⑤临天下：统治天下。 ⑥悉：尽情享有。 ⑦穷心志之所乐：享尽我心意中所喜欢的任何事物。 ⑧此其属意怏怏皆不服：这些公子臣僚正怏怏不服。 此其属：这一帮人，这一班人。 怏怏：怨恨的样子。 ⑨恐为变：怕会作乱。 ⑩臣战战栗栗：我（赵高）心惊胆战。栗，害怕。 ⑪不终：没有好结果。 ⑫严法而刻刑：严厉的法律，残酷的刑罚。严，严苛。刻，残酷。 ⑬相坐：株连。 ⑭收举遗民：收罗提拔遗民。 ⑮贫者富之，贱者贵之：使贫穷的富裕起来，卑贱的高贵起来。富之、贵之：使其富，使其贵。 ⑯阴德归陛下：受提拔的人私下感念陛下。阴德，心中记下恩德。 ⑰塞：杜绝。 ⑱润泽：雨露滋润。喻恩惠。 ⑲“陛下”句：皇上就可以高枕无忧，纵情享乐了。 高枕：无忧无虑。 肆志：为所欲为。 宠乐：尊荣安乐。 ⑳计莫出于此：没有比这更好的计谋了。出，超过。 ㉑更为法律：修改、修订法律。 ㉒下高鞠治之：交给赵高审讯治罪。鞠，通“鞫”，穷究，审讯。 ㉓僇死：杀死。僇，通“戮”，杀。 ㉔十公主矺死于杜：十公主在杜县被分裂肢体而死。矺（zhé），同“磔”，古代一种分裂肢体的酷刑。杜，县名，治所在今陕西西安市西南。 ㉕财物入于县官：财产全部充公。入，没收。县官，指朝廷、官府。 ㉖相连逮者不可胜数：受牵连被逮捕的人无法统计。相连，株连。逮，被捕。不可胜数，数也数不清。 ㉗昆弟三人：指将闾等三个同母兄弟。 ㉘议其罪独后：只有将闾兄弟三人在最后定罪。 ㉙不臣：不尽臣道，即不忠君。 ㉚致法：执行判决。 ㉛阙廷：与下文“廊庙”，均指宫廷。 ㉜宾赞：掌司仪的人。 ㉝失节：违背礼节。 ㉞应对：酬答。 ㉟失辞：言辞失当。 ㊱与谋：参与定罪。 ㊲奉书从事：奉命办事。书，诏书。 ㊳宗室：皇族。 ㊴恐收族：担心连累家族。 ㊵无恙：无忧，无病。 ㊶入门：入宫。 按：据章校，他本“门”作“则”，“入则赐

食”，与下文“出则乘舆”相对。 ㊷出则乘舆：外出则赐我乘车。 ㊸御府：皇帝内府。㊹中厩：宫中马房。 ㊺从死而不能：从死先帝没能做到。 ㊻无名以立于世：没有理由活在世上。无名，无理，无颜。 ㊼唯上幸哀怜之：希望皇上可怜我。唯，通“惟”，希望。 ㊽说：通“悦”。 ㊾示之：把公子高的上书给赵高看。 ㊿此可谓急乎：这可以说是太急迫了。急，走投无路。是说会不会激起变故。 (51)“人臣”二句：作为臣子担心死亡还来不及呢，哪里能有空闲图谋造反呀！此谓“严法而刻刑”收到了实效。(52)复作：恢复建造阿房宫。因丧事停工，现在继续建造，故说“复”。 (53)“尽征”句：尽行征调五万名身强力壮的人去咸阳驻防守卫。 材士：健壮勇武的战士。 (54)狗马禽兽当食者多：谓五万征调之士，加上养狗马禽兽，要消耗大量的粮食。 当食者：指材士及狗马禽兽所需的粮食和饲料。 (55)度（duó）不足：估计供应不足。 (56)下调郡县：从下面各郡县征调。 (57)“转输”两句：转运粮食和饲料都必须自己携带粮食。 菽：豆类的总称。 粟：谷子。 刍稿：饲料。 赍：供给（带）。 (58)“咸阳”句：不得在咸阳三百里内买粮食吃。

【译文】

二世皇帝上

秦二世皇帝元年（壬辰，前 209）

冬季，十月初十戊寅，实行大赦。

春季，秦二世向东出巡郡县，李斯随从前往。一行人到达碣石后，又沿海南下至会稽。途中，二世将秦始皇过去所立的刻石全部加刻上了字，并在旁边刻上随从大臣的名字，以此表彰先帝的丰功盛德，然后返回。

夏季，四月，秦二世到达咸阳，对赵高说：“人生在世，就犹如驾着六匹骏马飞奔过缝隙一般的短促。我既然已经统治天下，就想要尽享我的耳目所喜闻乐见的全部东西，享尽我心意中所喜欢的任何事物，直到我的寿命终结，你认为这行吗？”赵高说：“这是贤能的君主能做而昏庸暴乱的君王不能做的事情。虽然如此，还有不可做的地方，请让我来陈述一下：沙丘夺权之谋，诸位公子和大臣都有所怀疑。而各位公子都是您的哥哥，大臣又都是先帝所安置的。如今皇上您刚刚即位，这些公子臣僚正怏怏不服，恐怕会发生事变。我尚且战战栗栗，生怕不得好死，皇上又怎么能够这样享乐呀！”二世说：“那该怎么办呢？”赵高说：“皇上应实行严厉的法律、残酷的刑罚，使有罪的人株连他人，这样可将大臣及皇族杀灭干净，然后收罗提拔遗民，使贫穷的富裕起来，卑贱的高贵起来，并把先帝过去任用的臣僚全都清除出去，改用皇上的亲信。这样一来，他们就会私下感念您的恩德；祸害被除掉，奸谋被堵塞，群臣没有不蒙受您的雨露润泽、大恩厚德的。如此，皇上就可以高枕无忧，纵情享乐了，再没有比这个更好的计策了！”二世认为赵高说得有理，于是，便修订法律，务求更加严厉苛刻，凡大臣、公子犯了罪，总是交给赵高审讯惩处。这样，有十二位公子在咸阳街市上被斩首示众，十名公主在杜县被分裂肢体而死，他们的财产全部充公，受牵连被逮捕的人更是不可胜数。

公子将闾兄弟三人被囚禁在内宫，单单搁置到最后才议定罪过。秦二世皇帝派使臣去斥令将闾说：“你不尽臣子的职责，罪该处死！由行刑官执法吧！”将闾说：“在宫廷的礼仪中，我未曾敢不听从司仪人员的指挥；在朝廷的位次上，我未曾敢超越本分违背礼节；受皇上的命令应对质询，我未曾敢言辞失当说过什么错话，这怎么叫作不尽为臣子的职责呢？希望听你们说说我的罪过，然后再去死！”使臣说：“我不与你作什么商量，只奉诏书行事！”将闾便仰天大呼三声“天啊”，说：“我没有罪！”兄弟三人都痛哭流涕，随即拔剑自杀。整个皇室均为此震惊恐惧。

公子高打算逃亡，但又害怕株连族人，因此，上书说：“先帝未生病时，我入宫便赐给我饮食，外出便赐给我乘车，先帝内府的衣服，我得到赏赐，宫中马厩里的宝马，我也得到赏赐。我本应跟随先帝去死，却没能这样做。似此作为儿子便是不孝，作为臣子便是不忠。不孝不忠的人是没有资格生存在世上的。因此我请求随同先帝去死，愿被葬在骊山脚下。希望皇上垂怜。”书上给了二世，二世高兴异常，召见赵高，给他看公子高的上书，说：“这可以算是急迫无奈了吧？”赵高道：“作为臣子担心死亡还来不及呢，哪里能有空闲图谋造反的事呀！”二世随即允准了公子高的上书，并赐给他十万钱作为安葬费。

秦二世下令重新营建阿房宫，又尽行征调五万名身强力壮的人去咸阳驻防守卫，让他们教习射御。这批人和狗马禽兽要消耗的粮食很多，估计会供不应求，二世便下令到郡县中调拨，转运输送豆类、谷物、饲草、禾秆到都城，但规定押运民夫都自带口粮，同时还下令咸阳城三百里之内不准食用这批谷物。

【原文】

秋，七月，阳城人陈胜[①]、阳夏人吴广起兵于蕲[②]。是时，发闾左戍渔阳[③]，九百人屯大泽乡[④]，陈胜、吴广皆为屯长[⑤]。会天大雨，道不通，度已失期[6]；失期，法皆斩[7]。陈胜、吴广因天下之愁怨[8]，乃杀将尉[9]，召令徒属曰："公等皆失期当斩；假令毋斩，而戍死者固什六七[10]。且壮士不死则已，死则举大名[11]耳！王、侯、将、相宁有种乎[12]！"众皆从之。

乃诈称[13]公子扶苏、项燕，为坛而盟，称大楚[14]；陈胜自立为将军，吴广为都尉[15]。攻大泽乡，拔之；收而攻蕲[16]，蕲下。乃令符离[17]人葛婴将兵徇蕲以东[18]；攻铚、酂、苦、柘、谯[19]，皆下之。行收兵[20]；比至陈[21]，车六七百乘，骑千余，卒数万人。攻陈，陈守、尉皆不在[22]，独守丞与战谯门[23]中，不胜；守丞死，陈胜乃入据陈。

初，大梁人张耳、陈馀[24]相与为刎颈交[25]。秦灭魏，闻二人魏之名士，重赏购求之[26]。张耳、陈馀乃变名姓，俱之陈，为里监门[27]以自食。里吏尝以过笞[28]陈馀，陈馀欲起[29]，张耳蹑之[30]，使受笞。吏去，张耳乃引陈馀之桑下，数之曰[31]："始吾与公言何如[32]？今见小辱[33]而欲死一吏乎！"陈馀谢之。陈涉既入陈，张耳、陈馀诣门上谒[34]。陈涉素闻其贤，大喜。

陈中豪桀父老请立涉为楚王，涉以问张耳、陈馀。耳、馀对曰："秦为无道，灭人社稷，暴虐百姓；将军出万死之计[35]，为天下除残[36]也。今始至陈而王之，示天下私[37]。愿将军毋王[38]，急引兵而西；遣人立六国后[39]，自为树党[40]，为秦益敌[41]；敌多则力分，与众则兵强[42]。如此，则野无交兵，县无守城[43]，诛暴秦，据咸阳，以令诸侯；诸侯亡而得立，以德服之，则帝业成矣[44]！今独王陈，恐天下懈也[45]。"陈涉不听，遂自立为王，号"张楚[46]"。

当是时，诸郡县苦[47]秦法，争杀长吏以应涉。谒者从东方来[48]，以反者闻[49]。二世怒，下之吏[50]。后使者至[51]，上问之，对曰："群盗鼠窃狗偷[52]，郡守、尉方逐捕，今尽得，不足忧也。"上悦。

陈王以吴叔为假王[53]，监诸将以西击荥阳[54]。

张耳、陈馀复说陈王，请奇兵[55]北略赵地。于是陈王以故所善陈人武臣为将军，邵骚为护军，以张耳、陈馀为左、右校尉[56]，予卒三千人，徇赵[57]。

陈王又令汝阴[58]人邓宗徇九江郡[59]。当此时，楚兵数千人为聚者不可胜数。

葛婴至东城[60]，立襄强[61]为楚王。闻陈王已立，因杀襄强还报。陈王诛杀葛婴。

陈王令周市[62]北徇魏地。以上蔡[63]人房君蔡赐为上柱国[64]。

陈王闻周文[65]，陈之贤人也，习兵，乃与之将军印，使西击秦。

武臣等从白马[66]渡河，至诸县，说其豪桀[67]，豪桀皆应之；乃行收兵，得数万人；号武臣为武信君。下赵十余城[68]，余皆城守[69]；乃引兵东北击范阳[70]。范阳蒯彻[71]说武信君曰："足下[72]必将战胜而后略地[73]，攻得然后下城[74]，臣窃以为过矣。诚听臣之计，可不攻而降城，不战而略地，传檄[75]而千里定；可乎？"武信君曰："何谓也？"彻曰："范阳令徐公，畏死而贪，欲先天下降[76]。君若以为秦所置吏，诛杀如前十城，则边地之城皆为金城、汤池[77]，不可攻也。君若赍臣侯印[78]以授范阳令，使乘朱轮华毂[79]，驱驰燕、赵之郊，即燕、赵城可无战而降矣。"武信君曰："善！"以车百乘、骑二百、侯印迎徐公。燕、赵闻之，不战以城下者[80]三十余城。

陈王既遣周章，以秦政之乱，有轻秦之意，不复设备。博士孔鲋[81]谏曰："臣闻兵法：'不恃敌之不我攻[82]，恃吾不可攻[83]。'今王恃敌而不自恃，若跌而不振[84]，悔之无及也。"陈王曰："寡人之军，先生无累焉[85]。"

周文行收兵至关[86]，车千乘，卒数十万，至戏[87]，军焉。二世乃大惊，与群臣谋曰："奈何？"少府章邯[88]曰："盗已至，众强，今发近县[89]，不及矣。骊山徒多[90]，请赦之，授兵[91]以击之。"二世乃大赦天下，使章邯免骊山徒、人奴产子[92]，悉发[93]以击楚军，大败之。周文走[94]。

（以上为第九段，写秦二世法律更加苛酷，引起天下怨愤，陈胜首难，发动起义，天下云集响应。秦将章邯率领骊山刑徒反击，陈涉遣将周文西进失败。）

【注释】

①阳城：县名，治所在今河南登封市东南告成镇。 陈胜：字涉，与吴广同为我国封建社会第一次农民起义领袖。传见《史记》卷四十八《陈涉世家》。 ②阳夏（jiǎ）：县名，治所在今河南太康县。 吴广：字叔。蕲（qí）：县名，治所在今安徽宿州市南。 ③发闾左戍渔阳：征发闾左平民到渔阳去屯戍守边。 闾左：指住在里巷左边的居民。秦制，富户住闾右，贫民住闾左。 渔阳：县名，治所在今北京市密云区西南。 ④大泽

乡：乡名，在今安徽省宿州市东南刘村集附近。 ⑤屯长：行军途中被临时指派的领队。⑥失期：误期，不能按预定时间到达渔阳。 ⑦法皆斩：按秦法都要处死。 ⑧愁怨：痛苦怨恨。 ⑨将尉：秦时大县有二县尉，带领戍卒的县尉故称“将尉”。 ⑩戍死者固什六七：戍边而死的战士原本就要占到十之六七。固，原本，必然。 ⑪举大名：图大事，立大名。 ⑫宁有种乎：难道是天生的吗？宁，岂，难道。种，指祖传、遗传，引申为天生。 ⑬诈称：冒称，假传。此以百姓敬仰的秦太子扶苏、楚项燕为号召。 ⑭称大楚：号称“大楚”。大楚，张大楚国，扩大原来六国时的楚国，表示陈胜志在灭秦，非只复楚。 ⑮都尉：低于将军的武职。 ⑯收而攻蕲：集中兵力攻蕲。 ⑰符离：县名，治所在今安徽宿州市东北。 ⑱徇蕲以东：一路号召攻略蕲县以东地区。徇，巡示，号召。⑲铚：县名，在今安徽宿州市西南。酂（cuó）：县名，在今河南永城市西。 苦：县名，在今河南鹿邑县东。 柘：县名，在今河南柘城县北。 谯：县名，在今安徽亳州。 ⑳行收兵：沿途招兵，扩大队伍。 ㉑比至陈：等到到达陈郡时。陈，郡名，郡治在今河南周口市淮阳区。 ㉒陈守、尉皆不在：陈郡郡守、郡尉都逃跑了。郡守，一郡的行政长官。郡尉，一郡的军事长官。 ㉓谯门：城门上可以望远的高楼。 ㉔张耳、陈馀：秦末追随陈涉起义的两位英雄，传见《史记》卷八十九。 ㉕刎颈交：友谊深挚，生死与共，断颈无悔。 ㉖重赏购求之：悬重赏通缉张耳、陈馀。购求，收买征求。 ㉗里监门：看守里门的人。里，古代居民区。周代二十五户为里，后世户数有变更。 ㉘笞（chī）：用鞭或竹板打。 ㉙欲起：不愿受辱，要起来与里吏抗争。 ㉚蹑之：踩陈馀，示意不让他起来。 ㉛数（shǔ）之曰：责备陈馀说。 ㉜始吾与公言何如：当初我是怎么对你说的。 ㉝见小辱：受一点小委屈。 ㉞诣门上谒：登门呈上名片。谒，古代自我介绍的简片，如今之名片。 ㉟出万死之计：冒极大的生命危险起兵反秦。 ㊱为天下除残：替全天下的人除害。残，指秦暴虐无道，是大祸害。 ㊲示天下私：自立为王，等于告诉天下人，起义是为了个人私利。 ㊳毋王：不要称王。 ㊴立六国后：扶立六国国君的后裔。即重建战国时的东方六国：齐、楚、燕、韩、赵、魏。后：后代。 ㊵自为树党：为自己建立同盟军。 ㊶为秦益敌：给秦朝增加敌对势力。 ㊷与众则兵强：同盟多了，兵力必然强大。与，同盟。 ㊸则野无交兵，县无守城：这样一来，在野外没有军队与我们交战，在县城没有秦兵守卫。此谓六国复立，各县皆叛秦为六国效力，则野无秦兵，县无秦卒。 ㊹则帝业成矣：那么，您的帝王大业就完成了。按：据章校，他本“则”字前有“如此”二字。 ㊺天下懈也：天下瓦解，四分五裂。 ㊻张楚：即前文的“大楚”，张大楚国。 ㊼苦：怨恨、痛苦。 ㊽谒者从东方来：谒者出使从东方归来。谒者，官名，掌传达，有时也奉命出使。按：据章校，他本“者”下有“使”字，是说秦朝谒者出使东方返咸阳。㊾以反者闻：把造反的人报告二世。闻，奏，上达。㊿下之吏：把谒者交给司法官治罪。下，交给，下发。(51)后使者至：以后回来的使者到达京师。(52)鼠窃狗偷：如同鼠、狗窃食，喻小偷小摸。(53)以吴叔为假王：任用吴广为代理王。吴叔，吴广字叔。(54)监诸将以西击荥阳：督率众将向西攻击荥阳。荥阳，县名，军事要冲，县治在今河南荥阳市东北。(55)奇兵：出乎敌人意料而突然袭击的军队。(56)校尉：职位次于将军的武官名。(57)徇赵：攻取旧时赵国的土地。(58)汝阴：县名，治所在今安徽阜阳。(59)九江郡：郡治寿春，在今安徽寿县。(60)东城：县名，治所在今安徽定远县东南。(61)襄强：秦二世元年八月被葛婴立为楚王，随即九月被杀。(62)周市（fú）：陈涉部将，魏人。(63)上蔡：县名，治所在今河南上蔡县西10里。(64)上柱国：战国时楚官，为最高武官，地位仅次于令尹。(65)周文：又名周章，陈涉部将。(66)白马：黄河渡口名，故址在今河南滑县东北。(67)豪桀：即豪杰。桀，通“杰”。(68)下赵十余城：攻下赵地十多座县城。(69)城守：据城固守，指未能攻下之城。(70)范阳：县名。治所在今河北徐水区北。(71)蒯彻：即蒯通，因避汉武帝刘彻讳而改。游说辩士，后为淮阴侯韩信谋士，劝韩信背叛刘邦自立。《史记》《汉书》皆有传。(72)足下：称对方的尊敬之词。古代下称，同辈相称，皆可称足下。(73)略地：攻占土地、城池。(74)攻得然后下城：先进攻得手然后才能占领城池。攻得，攻破了守敌。下城，取得城邑。(75)传檄：宣布檄文。檄（xí），古代用以征召、声讨的文书。(76)先天下降：率先投降。(77)金城、汤池：形容城防坚固严密，不易攻破。金城，像金属铸造的城墙。汤池，像翻滚着开水的护城河。汤，沸水。(78)赍臣侯印：送臣侯印。指给臣以封侯的权力。侯印，侯的印玺。(79)朱轮华毂：红漆车轮，彩绘车毂。古代指显贵者乘的车子。毂（gǔ），车轮的中心部位，周围与车辐的一端相接，中可以插轴。(80)不战以城下者：不抵抗便举城投降的人。(81)孔鲋：孔子八世孙，秦博士。(82)不我攻：“不攻我”的倒装。(83)不可攻：不能被敌攻破。(84)“今王”二句：如今大王凭借敌人不来进攻，而不是依靠自己设防不怕为敌所攻，一旦遭遇挫折就不能奋起。不振：不能奋起，不可挽救。(85)无累焉：不必操心了。(86)关：指函谷关。(87)戏：水名，源出骊山鸿谷，东经戏亭，北入渭。此指戏亭，在今陕西临潼东。(88)少府：官名，为九卿之一，掌山海池泽收入和皇室手工业制造，为皇帝的私府。章邯：字少荣，为秦二世少府，任秦将，镇压了陈胜、项梁的起义军，后降项羽，封为雍王，为“三秦王”之一。楚汉相争时，章邯助项羽被汉军攻杀。(89)今发近县：现今征发附近各县的兵力。(90)骊山徒多：在骊山服劳役的刑徒众多。按：修骊山陵的刑徒达七十万人。(91)授兵：发授兵器。(92)人奴产子：奴婢所生之子。(93)悉发：全部征发骊山刑徒从军。(94)周文走：周文率领的起义军战败逃走。

【译文】

秋季，七月，阳城人陈胜、阳夏人吴广在蕲县聚众起兵。当时，秦王朝征召闾左平民百姓到渔阳去屯戍守边，九百人途中屯驻在大泽乡，陈胜、吴广均被指派为屯长。恰巧遇上天降大雨，道路不通，推测时间已无法按规定期限到达渔阳。而按照秦法规定，延误戍期，一律处斩。于是，陈胜、吴广便趁着天下百姓生计愁苦、对秦朝的怨恨，杀掉押送他们的将尉，召集戍兵号令说："你们都已经延误了戍期，当被杀头。即使不被斩首，因长久在外戍边而死去的本来也要占到十之六七。何况壮士不死则已，要死就要图大事！王侯将相难道是天生的吗？"众人全都响应。

陈胜、吴广便诈以已死的扶苏和故楚国的大将项燕为名，培土筑坛，登到上面宣布誓约，号称"大楚"。陈胜自立为将军，吴广为都尉。起义军随即攻下大泽乡，接着招收义兵扩军，进攻蕲邑。蕲邑夺取后，即令符离人葛婴率军攻掠蕲以东地区，相继攻打铚、酂、苦、柘、谯等地，全都攻下了。义军沿路招收人马，等到达陈地时，已有战车六七百辆，骑兵千余人，步兵数万人。攻打陈城时，郡守和郡尉都不在，只有留守的郡丞在城门抵抗义军，未能取胜，郡丞被打死。陈胜于是领兵入城，占据了陈地。

当初，大梁人张耳、陈馀结为同生死、共患难的朋友。秦国灭魏时，听说两个人是魏国的名士，便悬重赏征求他们。张耳、陈馀于是改名换姓，一起逃到了陈地，充任里门看守来糊口。管理里巷的官吏曾经因陈馀出了小过失而鞭笞他，陈馀想要与那官吏抗争，张耳踩着他的脚，让他接受鞭笞。待那小官离开后，张耳将陈馀拉到桑树下，数落他说："当初我是怎么对你说的？现在遇上一点小的侮辱，就想跟一个小官吏拼命啊！"陈馀为此道了歉。及至陈胜率领义军进入陈地，张耳、陈馀便前往陈胜的驻地通名求见。陈胜一向听说他俩很贤能，故而非常高兴。

恰逢陈地中有声望的地方人士和乡官请求立陈胜为楚王，陈胜就拿这件事来询问张耳、陈馀的意见。二人回答说："秦王朝暴乱无道，兼灭别人的国家，残害百姓。而今您冒万死的危险起兵反抗的目的，就是要为天下百姓除害啊。现在您才到达陈地即要称王，是向天下人显露您的私心。因此希望您不要称王，而是火速率军向西，派人去扶立六国国君的后裔，替自己培植党羽，以此为秦王朝增树敌人。秦的敌人多了，兵力就势必分散，大楚联合的国家多了，兵力就必然强大。这样一来，在野外，没有军队与其交战；在县城，没有秦兵守卫。铲除残暴的秦朝政权，占据咸阳，以号令各诸侯国。灭亡的诸侯国得到复兴，您施德政使它们服从，您的帝王大业就完成了！如今只在一个陈县就称王，恐怕会使天下人斗志松懈了。”陈胜没有听从这一意见，即自立为楚王，号称“张楚”。

在那时，各郡县的百姓都苦于秦法的残酷苛刻，因此，争相诛杀当地长官，响应陈胜。秦朝的谒者出使东方归来，把陈胜反叛的情况奏报给秦二世。二世勃然大怒，将谒者交给司法官吏审问治罪。于是，以后回来的使者，二世向他们询问情况，他们便回答说：“一群盗贼不过是鼠盗狗偷之辈，郡守、郡尉正在追捕他们，现在已经全部抓获，不值得为此忧虑了。”二世大为喜悦。

陈胜任命吴广为代理楚王，督率众将领向西攻击荥阳。

张耳、陈馀又劝说陈胜，请出奇兵向北攻取原来赵国的土地。于是，陈胜便任命他过去的好友、陈地人武臣为将军，邵骚为护军，张耳、陈馀为左、右校尉，拨给士兵三千人，攻取故赵国的土地。

陈胜又令汝阴人邓宗率军攻略九江郡。这时，楚地数千人为一支的军队，数不胜数。

葛婴到达东城后，立襄强为楚王。后来听说陈胜已立为楚王，就杀了襄强，返回陈县奏报。但陈胜仍然将葛婴杀掉了。

陈胜令周市率军向北攻取故魏国的土地；任命上蔡人、封号“房君”的蔡赐为上柱国。

陈胜听说周文是陈地德才兼备的人，通晓军事，便授给他将军的印信，命他领兵向西进攻秦朝。

武臣等人从白马津渡过黄河，来到赵地的各县，劝说当地有声望的人士。这些地方的人纷纷响应。武臣等便沿途收取兵众，得数万人，武臣号称为“武信君”。武臣的大军接连攻下故赵国的十几个城池，其他的城池都固守不降。武臣便率军向东北攻击范阳。范阳人蒯彻劝武信君说：“您一定要先打胜仗而后才能扩大地盘，先进攻得手然后才能取得城池，我私下里认为这是一个错误。您如果真听从我的计策，就可以不进攻便使城池投降，不作战便能夺取土地，传送一篇征召、声讨的文书，便可使千里之地平定，这样就可以啊！”武臣说：“你说的是什么意思呀？”蒯彻道：“范阳县令徐某，怕死且贪得无厌，他想在别的县之前投降。您如认为徐某是秦朝所任用的官吏，就如同杀戮前面那十城的秦朝官员一样杀了他，那么边地所有的城池都将固若金汤，无法攻下了。假如您送给我侯印，让我授给范阳县令，使他乘坐王侯显贵所乘的车子，驱驰在旧燕、赵国的城外，那么燕、赵的城池就可不战而降了。”武臣说：“好吧！”即拨给蒯彻一百辆车、二百名骑兵及君侯的印信去迎接徐县令。燕、赵旧地风闻此消息后，不战便举城投降的就有三十多个城池。

陈胜已经派出了周文的部队，便因秦朝的政治混乱，而生有轻视秦朝的意思，不再设置防备。博士孔鲋规劝说：“我听兵法上说：‘不依靠敌人不来攻我，而是仰仗我之不可以被攻破。’如今您凭借敌人不来进攻，而不依靠自己设防不怕为敌所攻，一旦遭遇挫折不能奋起，则悔恨也来不及了。”陈胜说：“我的军队，就不必烦劳先生您操心了。”

周文沿路收取兵士到达函谷关，已是战车千辆，兵士几十万人，至戏水，驻扎了下来。秦二世这时才大惊失色，连忙与群臣商议说：“怎么办呢？”少府章邯说：“盗贼已兵临城下，人多势强，现在征调附近各县的军队抵抗，已经来不及了。不过，发配在骊山服营建劳作的夫役很多，请赦免他们，并发给他们兵器，让他们去迎击敌军。”二世于是下令大赦天下，命章邯免除骊山的刑徒、奴婢所生之子不能充当战士的限制，将他们全部征发去攻打楚军，大败周文的军队，周文逃跑。

【原文】

张耳、陈馀至邯郸，闻周章却[①]，又闻诸将为陈王徇地还者[②]多以谗毁得罪诛，乃说武信君令自王[③]。八月，武信君自立为赵王，以陈馀为大将军，张耳为右丞相，邵骚为左丞相；使人报陈王。陈王大怒，欲尽族武信君等家[④]而发兵击赵。柱国房君谏曰：“秦未亡而诛武信君等家，此生一秦也[⑤]；不如因而贺之[⑥]，使急引兵西击秦。”陈王然之，从其计，徙系[⑦]武信君等家宫中，封张耳子敖为成都君[⑧]，使使者贺赵，令趣[⑨]发兵西入关。张耳、陈馀说赵王曰：“王王赵[⑩]，非楚意[⑪]，特以计贺王[⑫]。楚已灭秦，必加兵于赵。愿王毋西兵[⑬]，北徇燕、代[⑭]，南收河内[⑮]以自广。赵南据大河[⑯]，北有燕、代，楚虽胜秦，必不敢制赵[⑰]；不胜秦，必重赵[⑱]。赵乘秦、楚之敝，可以得志于天下[⑲]。”赵王以为然，因不西兵，而使韩广略燕[⑳]，李良略常山[㉑]，张黡略上党[㉒]。

（以上为第十段，写张耳、陈馀佐武臣开辟河北战场，建立赵国，四出略地。）

【注释】

①却：败退。 ②徇地还者：为陈胜攻城略地得胜回来的诸将。徇，夺取。 ③自王：自立为王。 ④尽族武信君等家：尽灭武臣等人的家族。族，灭族。 ⑤生一秦也：又一个秦朝复生啊，即又树一敌。 ⑥因而贺之：顺水推舟，庆贺武信君为王。 ⑦徙系：迁徙囚禁。指软禁武臣等人的家属为人质。 ⑧成都君：把成都封给张敖为君。成都，邑名，即今四川成都市。君，低于侯的封君。 ⑨趣：催促，赶快。 ⑩王王赵：大王在赵地称王。 ⑪非楚意：这不是楚国陈胜王的本意。 ⑫特以计贺王：祝贺称王不过是权宜之计罢了。 ⑬毋西兵：不要往西进军去攻灭秦国。 ⑭北徇燕、代：向北进军攻取燕、代之地。 ⑮河内：地区名。当今河北南部黄河北岸地区。 ⑯南据大河：南面扼守黄河。 ⑰制赵：制约赵国。 ⑱重赵：看重赵国，谓赵国地位加重。 ⑲得志于天下：实现志向统一天下。 ⑳略燕：攻取燕地。 ㉑常山：郡名，郡治在今河北元氏县西北。㉒上党：郡名，郡治在今山西长治市北。

【译文】

张耳、陈馀到达邯郸，听到周文撤退的消息，又听说为陈胜攻城略地后归还的众将领，多因谗言陷害而获罪，遭到诛杀，便劝说武臣，让他自己称王。八月，武臣自立为赵王，任命陈馀为大将军，张耳为右丞相，邵骚为左丞相，并派人报知陈胜。陈胜大怒，想要尽灭武臣等人的家族，发兵攻打。柱国房君蔡赐劝说道："秦朝尚未灭亡，就杀掉武臣等人的家族，这是又一个秦朝复生啊！不如趁此庆贺他为王，令他火速率军向西进攻秦朝。"陈胜认为说得有理，便听从他的计策，把武臣等人的家属迁移到宫中软禁起来，封张耳的儿子张敖为成都君，派使者前去祝贺赵王即位，催促他赶快发兵向西入函谷关。张耳、陈馀劝赵王武臣说："您在赵地称王，并非楚王陈胜的本意，所以祝贺您称王，不过是个权宜之计。一旦楚国灭掉了秦朝，必定要发兵攻打赵国。因此，希望您不要向西出兵，而是领兵往北攻占旧燕地、代地，向南收取河内，以此扩大自己的地盘。这样一来，赵国南面可以扼守黄河，北面有燕、代旧地可为声援，楚国即便战胜了秦国，也肯定不敢制约赵国。楚国如果不能战胜秦国，赵国的分量就必然加重。如此，赵国趁秦、楚两家疲惫衰败之机崛起，即可以得行己志，达到统治天下的目的了。"赵王认为说得不错，于是，便不向西进军，而是派韩广领兵夺取燕国故土，李良攻取常山，张黡攻打上党。

【原文】

九月，沛人刘邦起兵于沛[①]，下相人项梁起兵于吴[②]，狄人田儋起兵于齐[③]。

刘邦，字季，为人隆准、龙颜[④]，左股有七十二黑子[⑤]。爱人喜施[⑥]，意豁如[⑦]也；常有大度，不事家人生产作业[⑧]。初为泗上亭长[⑨]，单父人吕公[⑩]，好相人[⑪]，见季状貌，奇之，以女妻之[⑫]。

既而季以亭长为县送徒骊山，徒多道亡[⑬]。自度比至[⑭]皆亡之，到丰西泽[⑮]中亭，止饮[⑯]，夜，乃解纵[⑰]所送徒曰："公等皆去，吾亦从此逝矣[⑱]！"徒中壮士愿从者十余人。

刘季被酒[⑲]，夜径泽中[⑳]，有大蛇当径，季拔剑斩蛇。有老妪[㉑]哭曰："吾子，白帝子[㉒]也，化为蛇，当道；今赤帝子[㉓]杀之！"因忽不见。刘季亡匿于芒、砀[㉔]山泽之间，数有奇怪；沛中子弟闻之，多欲附者[㉕]。

及陈涉起，沛令欲以沛应之。掾、主吏萧何、曹参[㉖]曰："君为秦吏，今欲背之，率沛子弟，恐不听。愿君召诸亡在外者，可得数百人，因劫众，众不敢不听。"乃令樊哙[㉗]召刘季。刘季之众已数十百人矣。

沛令后悔，恐其有变，乃闭城城守[㉘]，欲诛萧、曹。萧、曹恐，逾城保刘季[㉙]。刘季乃书帛射城上，遗沛父老，为陈利害。父老乃率子弟共杀沛令，开门迎刘季，立以为沛公[㉚]。萧、曹等为收沛子弟，得三千人，以应诸侯。

（以上为第十一段，写刘邦起义，号沛公。）

【注释】

①沛：县名，县治在今江苏沛县。刘邦是沛县丰镇人，故初起于沛县。西汉建立，丰镇升格为县。与沛县并称丰沛。 ②下相：县名，县治在今江苏宿迁市西南，为项氏祖籍地。 吴：今江苏省苏州市。项梁、项羽为秦朝通缉要犯，藏匿于吴，故起兵反秦于吴。 ③狄：县名，县治在今山东博兴县西，原属齐地。田儋（dān）：曾起兵自立为齐王，被秦朝章邯所杀。传见《史记》卷九十四。 ④隆准：高鼻梁。 龙颜：上额突起，像龙额。古人认为是帝王之相。 ⑤左股有七十二黑子：左大腿上有七十二颗黑痣。七十二为五行数字一行的数目，故特别书出。 子：读"痣"。 ⑥喜施：喜欢施舍财物。 ⑦意豁如：性格开朗豁达。 ⑧不事家人生产作业：不安于从事平民百姓的日常耕作。 家人：平民百姓。 生产作业：指农业耕作。 ⑨泗上：泗水岸边。此指江苏沛

县东泗水之滨的泗水亭。亭长：秦时十里一亭，置亭长，掌管治安、接待之事。刘邦曾为泗水亭长。⑩单（shàn）父：县名，治所在今山东单县。吕公：刘邦岳父。⑪相人：给人看相。⑫以女妻之：嫁女给刘邦为妻。⑬道亡：中途逃跑。⑭比至：等到至骊山时。⑮丰西泽：丰邑西边的一片洼地。⑯止饮：在泽中亭停留下来休息饮酒。⑰解纵：解开绳索放掉囚徒。⑱"公等"二句：你们都逃走吧，我也从此逃命去了。逝，逃跑。⑲被酒：乘着酒兴。⑳夜径泽中：夜间从小路走进湖沼地。径：小路。此用作动词，抄小路走。㉑老妪（yù）：老年的妇女。㉒白帝子：白帝的儿子，象征秦的子孙。白帝：古代传说中的五天帝之一，位于西方。秦襄公供奉白帝，自称为白帝的子孙，白帝成为秦的象征。㉓赤帝子：赤帝的儿子，象征汉家子孙。赤帝：传说中五天帝之一，位于南方，刘邦自称是赤帝的子孙。西方金，南方火，按五德终始，火克金。赤帝子杀白帝子，预示汉灭秦。㉔芒、砀：二山名，在今安徽砀山县东南，芒山在北，砀山在南，其间相距8里。㉕多欲附者：许多人想要去跟随刘邦。附，追随。㉖掾、主吏：县令属官。此指沛县狱吏掾曹参、主吏掾萧何。狱吏掾管刑狱，主吏掾管政务。萧何、曹参：西汉开国功臣，《史记》《汉书》均有两人的传。㉗樊哙：刘邦同乡，原以屠狗为业，后为刘邦得力将领，曾任左丞相，封舞阳侯。传见《史记》卷九十五。㉘闭城城守：关闭城门，据城防守。㉙逾城保刘季：翻过城墙投靠刘邦以自保。㉚沛公：沛县县令。楚制，县令为公，刘邦从楚制称公。

【译文】

九月，沛人刘邦在沛地起兵，下相人项梁在吴地起兵，狄人田儋在齐国旧地起兵。

刘邦，字季，为人高鼻梁、眉骨突起如龙额，左大腿上有七十二颗黑痣，对人友爱宽厚，喜欢施舍财物给人，心胸开阔，素来有远大的志向，不安于从事平民百姓的日常耕作。起初，刘邦担任泗水亭长，单父县人吕公，喜爱给人相面，看见刘邦的形状容貌，认为很不寻常，便将女儿嫁给了他。

不久，刘邦以亭长身份，奉县里委派遣送被罚服营建劳作的夫役到骊山去，途中许多夫役逃亡。刘邦据此推测待到骊山时，人已经都跑光了，于是便在行至丰乡西面的泽中亭后，停下来休息饮酒，到了晚上，便释放所遣送的夫役们说："你们都走吧，我也从此逃命去了！"夫役中年轻力壮的汉子愿意跟随他的有十多人。

刘邦喝醉了，夜间从小道走进湖沼地，遇到一条大蛇挡在道上，他随即拔剑斩杀了大蛇。一位老妇哭着说："我的儿子是白帝的儿子啊，化为蛇，挡在小道上，而今却被赤帝的儿子杀了！"说罢就忽然不见了踪影。刘邦随后逃亡，隐藏在芒、砀的山泽中，这山泽间常常出现怪异现象。沛县中的年轻人闻讯后，大都想要去归附他。

及至陈胜起兵，沛县县令打算举城响应，主吏掾萧何、狱吏掾曹参说："您身为秦朝官吏，现在想要背叛朝廷，以此率领沛县的青年起兵，恐怕他们不会听从您的号令。望您把那些逃亡在外的人召集起来，可得数百人，借此威胁大众，众人便不敢不服从了。"县令于是便命樊哙去召刘邦来见，这时刘邦的部众已有百十来人了。

县令事后很懊悔，担心召刘邦等人来，会发生什么变故，就下令关闭城门，防守城池，并要诛杀萧何、曹参。萧、曹二人大为惊恐，翻过城去投奔刘邦以求自保。刘邦便在绸绢上草就一书，用箭射到城上，送给沛县的父老，陈说利害关系。父老们便率领年轻一辈一起杀掉了县令，敞开城门迎接刘邦，拥立他为"沛公"。萧何、曹参为刘邦召集沛县青年，得三千人，以此响应诸侯抗秦。

【原文】

项梁者，楚将项燕子也，尝杀人，与兄子籍避仇吴中。吴中贤士大夫皆出其下。籍少时学书[①]，不成，去[②]；学剑[③]，又不成。项梁怒之。籍曰："书，足以记名姓而已！剑，一人敌，不足学；学万人敌[④]！"于是项梁乃教籍兵法[⑤]，籍大喜，略知其意，又不肯竟学[⑥]。籍长八尺余，力能扛鼎，才器过人[⑦]。

会稽[⑧]守殷通闻陈涉起，欲发兵以应涉，使项梁及桓楚将。是时，桓楚亡在泽中[⑨]。梁曰："桓楚亡，人莫知其处，独籍知之耳。"梁乃[⑩]诫籍持剑居外，梁复入，与守坐，曰："请召籍，使受命召桓楚。"守曰："诺。"梁召籍入。须臾[⑪]，梁眴[⑫]籍曰："可行矣[⑬]！"于是籍遂拔剑斩守头。项梁持守头，佩其印绶[⑭]。门下大惊[⑮]，扰乱；籍所击杀数十百人[⑯]，一府中皆慑伏[⑰]，莫敢起。

梁乃召故所知豪吏[⑱]，谕以所为起大事，遂举吴中兵[⑲]，使人收下县[⑳]，得精兵八千人。梁为会稽守，籍为裨将[㉑]，徇下县[㉒]。籍是时年二十四。

田儋，故齐王族也。儋从弟[㉓]荣，荣弟横，皆豪健[㉔]，宗强[㉕]，能得人[26]。周市徇地至狄，狄城守。田儋详[27]为缚其奴，从少年之廷[28]，欲谒杀奴[29]，见狄令，因[30]击杀令，而召豪吏[31]子弟曰："诸侯皆反秦自立。齐，古之建国也[32]；儋，田氏，当王！"遂自立为齐王，发兵以击周市。周市军还去。田儋率兵东略定齐地[33]。

韩广[34]将兵北徇燕，燕地豪桀欲共立广为燕王。广曰："广母在赵，不可！"燕人曰："赵方西忧秦，南忧楚，其力不能禁我。且以楚之强，不敢害赵王将相之家，赵独安敢害将军家乎！"韩广乃自立为燕王。居数月，赵奉燕王母家属归之。

赵王与张耳、陈馀北略地燕界，赵王间出[35]，为燕军所得。燕囚之，欲求割地；使者往请，燕辄杀之。有厮养卒走燕壁[36]，见燕将曰："君知张耳、陈馀何欲？"曰："欲得其王耳。"赵养卒笑曰："君未知此两人所欲也。夫武臣、张耳、陈馀，杖马箠下赵数十城[37]，此亦各欲南面而王，岂欲为将相终已耶[38]！顾其势初定[39]，未敢参分而王[40]，且以少长先立武臣为王，以持赵心[41]。今赵地已服，此两人亦欲分赵而王，时未可耳[42]。今君乃囚赵王。此两人名为求赵王，实欲燕杀之；此两人分赵自立。夫以一赵尚易燕[43]，况以两贤王左提右挈而责杀王之罪，灭燕易矣[44]！"燕将乃归赵王，养卒为御而归[45]。

周市自狄还，至魏地，欲立故魏公子宁陵君咎[46]为王。咎在陈，不得之魏。魏地已定，诸侯皆欲立周市为魏王。市曰："天下昏乱，忠臣乃见。今天下共畔秦[47]，其义必立魏王后乃可。"诸侯固请立市，市终辞不受；迎魏咎于陈，五反，陈王乃遣之，立咎为魏王，市为魏相。

是岁，二世废卫君角[48]为庶人，卫绝祀。

（以上为第十二段，写项梁、田儋起义。各路起义军，自武臣称为赵王后，田儋称为齐王，韩广立为燕王，魏咎立为魏王，秦朝分崩离析，各路起义兵马也是各自占据地盘，一盘散沙。）

【注释】

①学书：学习认字和写字。 ②不成，去：没学到家，半途而废。 去：放弃学书。 ③学剑：学剑习武。 ④学万人敌：学习可以抵抗万人的本领，即战略战术。 ⑤兵法：用兵作战，克敌制胜的策略和方法。 ⑥不肯竟学：没有耐心不愿完成学业。竟，终，完成。 ⑦才器过人：才干、气度、识见超过一般的人。 ⑧会稽：郡名，郡治吴县，在今

苏州市。 ⑨桓楚亡在泽中：桓楚亡命隐藏在江湖中。桓楚，吴中奇士，遭秦廷通缉而亡命。 ⑩梁乃：据章校，他本“乃”下有“出”字。《项羽本纪》有“出”字，当增“出”字读。 ⑪须臾：不一会。 ⑫眴（shùn）：使眼色。 ⑬可行矣：可以动手了。 ⑭佩其印绶：佩带上郡守的官印。 印：印章。 绶：穿缚印纽的带子。 ⑮门下大惊：郡守的侍从护卫们见状十分惊慌。 门下：指郡守的侍从护卫之人。 ⑯数十百人：不定数，或八九十，或一百，即一百来人。 ⑰慑伏：吓得趴在地上。 ⑱所知豪吏：所熟悉的精干官吏。 ⑲举吴中兵：调集吴中的兵员。 ⑳收下县：征集下属各县的丁壮。 ㉑裨将：副将。 ㉒徇下县：镇抚会稽郡属各县。 ㉓从弟：堂弟。 ㉔豪健：地方上有威望的人物。 ㉕宗强：即强宗，势力大的宗族，大族。 ㉖能得人：有号召力。 ㉗详：通“佯”，假装。 ㉘从少年之廷：一伙年轻人跟随着到官府。 ㉙欲谒杀奴：想以杀奴告官。谒，告。古时杀奴需事先报告官府。田儋用此办法来靠近狄令。 ㉚因：趁机。㉛豪吏：有声望有权势的官吏。 ㉜齐，古之建国：齐国是古时候就受天子封立的国家。此指姜齐，为周武王所封，齐文化源远流长。 ㉝略定齐地：平定了旧时齐国的土地。㉞韩广：韩广原是上谷郡守的属官卒史，为赵王武臣率兵徇燕地，故上谷郡豪杰官吏推以为燕王。 ㉟间出：为隐藏身份，避人注目而改换便装出行。 ㊱有厮养卒走燕壁：有一个赵军伙夫跑到燕军的营地。 厮养卒：杂役，伙夫。 ㊲杖马箠下赵数十城：手持马鞭攻下赵国数十城。 杖：握。 马箠：马鞭。 ㊳“岂欲”句：难道甘心于一辈子做将相吗？ ㊴顾其势初定：不过是考虑大势初定。 顾：考虑，因为。 ㊵未敢参分而王：不敢立即三分土地自立为王。参，通“叁”，指赵王武臣、张耳、陈馀并立为三。 ㊶“且以少长”二句：暂且按年龄的长幼，先立武臣为王，用以安定赵地的民心。且，权宜，暂且。 ㊷时未可耳：时机尚未成熟罢了。 ㊸一赵尚易燕：一个赵国进攻燕国尚且轻而易举。 ㊹“况以”两句：更何况两位贤王左右夹攻，而以杀赵王之罪追究责任，灭掉燕国就更容易了。 ㊺养卒为御而归：那位伙夫为赵王驾车回归。 ㊻宁陵君咎：战国时魏公子咎封为宁陵君。宁陵，邑名，故址在今河南宁陵县南。 ㊼畔秦：叛秦。畔，通“叛”。 ㊽卫君角：卫国国君姬角。

【译文】

项梁是故楚国大将项燕的儿子，因曾经杀过人，与他哥哥的儿子项羽逃到吴中躲避仇家。吴中有声望的士人的才能都在项梁之下。项羽少年时学习识字和写字，学不成即抛开了，去练习剑法击刺之术，又未学成。项梁为此非常生气，项羽说：“识字写字，记记名姓就行了！学剑也不过是只能抵挡一人，不值得去学。

要学就学那种可以抵抗万人的本事！”项梁因此便教授项羽兵法，项羽喜不自胜，但是在略知兵法大意之后，又不肯学下去了。项羽身长八尺多，力能独自举鼎，才干、器度超过了一般人。

会稽郡郡守殷通听到陈胜起兵抗秦的消息后，想要发兵响应陈胜，便令项梁和桓楚指挥所发动兵马。这时，桓楚正亡命江湖之中。项梁说：“桓楚在逃亡中，没有人晓得他在什么地方，只有项羽知道他的行踪。”项梁就嘱咐项羽持剑候在外面，自己又进去与郡守同坐，说：“请您召见项羽，让他接受命令去召回桓楚。”殷通说：“好吧。”项梁叫项羽入内受命。不一会儿，项梁向项羽使了个眼色，说：“可以动手了！”项羽随即拔剑斩下了殷通的头颅。项梁手提郡守的头颅，佩戴上郡守的官印。郡守的侍从护卫们见状惊慌失措，混乱不堪，被项羽所击杀的有百十来人，一府之人都吓得趴在地上，没有一个敢于起身的。

项梁随后便召集他从前熟悉的有势力的强干官吏，把要起事反秦的道理讲给他们知晓，即征集吴中的兵员，命人征集郡下所属各县丁壮，得到精兵八千人。项梁自己做了会稽郡郡守，以项羽为副将，镇抚郡属各县。项羽此时年方二十四岁。

田儋是故齐国国君田氏的族人。他的堂弟田荣，田荣的弟弟田横，都势力雄厚，家族强盛，颇能博得人心。楚将周市带兵巡行占领地方，到达了狄县，狄县闭城固守。田儋假意将他的奴仆捆绑起来，让一伙年轻人跟着来到县衙门，想要进见县令，报请准许杀奴。待见到狄县县令时，田儋即趁势击杀了他，随后召集有声望有权势的官吏和青年说：“各诸侯都反叛秦朝自立为王了。齐国是古时候就受封建立的国家。我田儋，是齐王田氏族人，应当为齐王！”于是，即自封为齐王，发兵攻击周市。周市的军队退还。田儋随即率军向东攻取、平定了旧齐国的土地。

赵国将领韩广带兵往北攻掠故燕国的土地。燕地有势力的豪强打算共同拥立韩广为燕王。韩广说：“我的母亲尚在赵国，不可以这么做。”燕地的人说：“赵国正西边担忧秦国的威胁，南面忧虑楚国的威胁，它自己的力量已不能禁止我们。况且以楚国的强大，还不敢杀害赵王将相的家属，赵国难道就敢加害您的家属吗？”韩广于是自立为燕王。过了几个月，赵国即将韩广的母亲和家属送回了燕国。

赵王武臣与张耳、陈馀在燕国边界处夺取土地。武臣抽空悄悄外出，被燕军俘获。燕国将他囚禁起来，想据此要求赵国割让土地。赵国的使者赴燕请求放人，都被燕国杀了。这时，赵军有一个伙夫跑到燕军的营地，进见燕将说："您知道张耳、陈馀想要干什么吗？"燕将回答说："只是想要得到他们的国王罢了。"赵军伙夫笑着说："您并不知道这两个人所要的是什么啊。武臣、张耳、陈馀，持马鞭，唾手攻克故赵国的数十城，张、陈二人也是各自想要面向南称王，哪里会甘心于一辈子做将相啊！不过是因为大势初定，不敢即三分土地自立为王，故暂且按年龄的长幼，先立武臣为王，以此安定赵国的民心。现在赵地已经平定顺服了，这两人便也想分赵国土地而称王，只是时机尚未成熟罢了。而今您正好囚禁了赵王，此二人名为求释赵王，实则想让燕国将赵王杀掉，以使他们俩分赵国而自立。一个赵国尚且不把燕国放在眼里，更何况两个贤能的国君相互扶持，来声讨您杀害赵王的罪行啊！如此，灭掉燕国是很容易的了！"燕军将领于是便归还赵王，由那位伙夫驾车送他返回了赵国。

周市从狄县回楚，到达故魏国土地时，想要立故魏国公子宁陵君魏咎为王。但魏咎恰巧在陈县陈胜那里，不能到魏地来，而魏地已经平定，诸侯便都想立周市为魏王。周市说："天下昏乱，忠臣即出现。如今天下共同反叛秦朝，依此道义，必定要立故魏国国君的后裔才行。"诸侯坚持请求拥立周市，周市最终还是推辞没有接受，派人到陈县迎接魏咎，往返五次，陈胜才将魏咎送还，立他为魏王，周市担任魏相。

这一年，秦二世将卫国国君卫角废为平民，卫国灭亡。

【评析】

秦灭六国论

公元前238年，秦王嬴政铲除了丞相吕不韦和长信侯嫪毐集团，开始亲政，以后，从公元前230年攻打韩国，到公元前221年消灭齐国，用十年时间，扫平了关东韩、赵、魏、楚、燕、齐六国，结束了中国自春秋以来长达五百多年的诸侯割据局面，建立了中国历史上第一个中央集权国家。对此，历代论说纷纭，见仁见智。如何对秦灭六国做出一个客观公正的评说？

首先，秦国经历了数代人的艰辛努力，一步步向前迈进，才逐步强大起来，奠定了比较雄厚的基础。回顾秦国的历史，秦国由弱小到强大，在列国争强的时代快速崛起。公元前770年，秦襄公派兵护送周平王东迁，被封为诸侯，赐封岐山以西之地，秦国正式成为周朝的诸侯国。秦穆公时，先后灭掉西方戎族所建立的十二个国家，开辟国土一千多里，稳定了后方。而在战国初期，魏国连年进攻秦国，夺取了河西之地，秦国被迫退守到洛水以西。到了秦孝公时，任用商鞅进行变法，秦国由此与日俱强，逐渐成为战国中后期最为强大的国家。商鞅变法，为秦国一统霸业奠定了雄厚的人力、物力、财力基础。而后，秦惠文王嬴驷称王，消灭了巴国和蜀国，东进而无后顾之忧矣。秦昭襄王嬴稷时，任用战将白起，担任秦国将领三十多年，东出攻城七十多座，歼灭近百万敌军，曾在伊阙之战中大破魏韩联军，攻陷楚国国都郢城，长平之战重创赵国主力，使秦国雄起，而关东六国黯然失色。这些，成为秦王嬴政统一六国不可或缺的基础条件。

其次，秦王嬴政具有雄才大略，是完成华夏一统的铁腕领袖人物。换句话说，如果没有嬴政的恢宏气度、博大胸襟以及铁血情怀，即使有再好的基础，也不能完成统一大业。嬴政十三岁时即王位；二十二岁举行冠礼，铲除了丞相吕不韦和长信侯嫪毐集团，开始亲政，重用李斯、尉缭，制定了“灭诸侯，成帝业，为天下一统”的政治方略，采纳了尉缭破六国合纵的策略，“毋爱财物，赂其豪臣，以乱其谋”，从内部分化瓦解敌国；继承了历代远交近攻政策，确定了先弱后强、先近后远、各个击破的攻战策略，即“笼络燕、齐，稳住魏、楚，消灭韩、赵，远交近攻”。先攻韩、赵，“赵举则韩亡，韩亡则荆、魏不能独立，荆、魏不能独立则可一举而坏韩、败魏、拔荆，东以弱齐、燕”，将关东六国逐一消灭。诚如李贽在《藏书》中说：“始皇帝，自是千古一帝也。始皇出世，李斯相之，天崩地坼，掀翻一个世界。是千古英雄挣得一个天下。”章太炎在《秦政记》中说：“虽四三皇、六五帝，曾不足比隆也。”

再次，关东六国相互攻杀而又内部攻斗，自挖根基，自毁长城，自掘坟墓。秦国在做着“统一梦”，而关东六国在做什么梦呢？他们在互相拆台，挖彼此的墙脚；饮鸩止渴，绝自己的寿命，是在做着“灭亡梦”！逐个说来，齐国是东方的强国，但逐渐徒有虚名，只图自保，坐观其他国家对秦国的抗争，自以为得计，实际上是自折羽翼，其他国家灭亡了，齐国的死期也就到来了。韩国本来就是三晋中最为弱小的国家，早已臣服于秦国，只有挨打的份儿，即使是摇尾乞怜，也终将断送其性命。魏国曾经是战国初期最为强大的国家，而魏安釐王昏庸无能，当信陵君魏无忌窃符救赵，联合各诸侯国合纵抗秦，取得河外大捷时，他不但不借机复国，反而听信秦国离间挑拨之言，罢免信陵君，失去了东山再起的可贵时机，这真是活得不耐烦了，自作孽，不可活！赵国，赵武灵王时期倡导胡服骑射，革新政治，富国强兵，国势为之一振。而以后，赵王一代不如一代，屡被秦兵攻打，赵王忠奸不分，对良将廉颇、李牧等不予任用，听信谗言妄加诛杀，自毁“长城”，哪有不亡的道理？燕国在燕昭王时，励精图治，疆域扩大，国力日强，而燕王喜当政，不但不与近邻赵、齐修好，而且发动混战，劳民伤财，国力亏耗，即使是秦国不出兵攻打，他也撑不下去啊！楚国是南方大国，曾经在关东居于领袖地位，自秦将白起攻陷楚国郢都后，国势大为减弱，到了楚考烈王当政的前后，徒有虚名而已，哪里是秦国的对手？因此，当秦王嬴政发起统一战争，摧枯拉朽，犹如秋风扫落叶，一阵狂风吹过，大地白茫茫一片，真是干净！

最后，关东六国犬牙交错，浑然一体，但他们根本弄不清楚互保与自保，以及一荣俱荣、一损俱损的道理，都想损他人以利己，结果损他人就是损自己，既损了他人也不利自己，何况还是在自损呢？在战国时期，有两种外交战略，即合纵与连横。合纵就是南北纵列的国家联合起来，共同对付强国，阻止齐、秦两国兼并弱国；连横就是秦国或齐国拉拢一些国家，共同进攻另外一些国家。合纵的目的在于联合许多弱国抵抗一个强国，以防止强国的兼并。连横的目的在于侍奉一个强国以为靠山从而进攻另外一些弱国，以达到兼并和扩展土地的目的。当秦国的势力不断强大起来，成为东方六国的共同威胁时，合纵则成为六国合力抵抗强秦，连横则是六国分别与秦国联盟，以求苟安。秦国的连横活动，目的是破坏六国间的合纵，以便孤立各国，各个击破。可是在当时，关中六国并没有觉悟到这一点，而是在自觉不自觉地互相拆台，互相攻打，争斗不休，克敌一万，自损八千，结果互相打得气喘吁吁，而给秦国可乘之机。而当他们“互弱”（互相攻斗）与“自弱”（内部纷争）后，与秦国昨日是友好盟军，今日则是仇人相见，秦国的大军攻来，他们又无能为力，动弹不得，坐等上门，秦军还没有发动攻势，他们就扯起了白旗，将江山拱手让人，即使是抵而抗之，也是徒劳挣扎。

由上可见，秦国攻灭六国，统一天下，具备了主客观条件，秦国是主攻手，关东六国则是暗中配合，天时、地利、人和，三者皆备，具有历史的必然性。

卷第八　秦纪三

秦二世皇帝二年至三年（前208—前207）

【起昭阳大荒落（癸巳，前208），尽阏逢敦牂（甲午，前207），凡二年】

【大事提要】

本卷记事起于公元前208年，到公元前207年，凡二年，当为秦二世二年至三年。本卷所载的大事，主要是以下几个方面：其一，陈胜败亡。秦将章邯组织骊山囚犯向义军反扑。周文攻进关中，孤军作战而失败；吴广在荥阳被部下杀死，全军覆没；陈胜于公元前208年被车夫庄贾杀害。刘克庄诗说："辛苦佣耕久，饥寒谪戍余。竟令秦失鹿，首为汉驱鱼。"其二，李斯灭族。秦始皇死后，李斯与赵高合谋，伪造遗诏，迫令始皇长子扶苏自杀，立少子胡亥为二世皇帝。后为赵高所忌，设计陷害，屈打成招，被迫承认谋反，于公元前208年被腰斩，并被夷三族。其三，项羽救赵，巨鹿大战。秦将章邯、王离将赵王赵歇、丞相张耳围困于巨鹿城，岌岌可危。楚王熊心派上将军宋义率兵救援，但逗留不进。项羽诛杀宋义，率军救赵，巨鹿大战，击破章邯、王离统率的秦军主力，威震诸侯，被举为上将军，后迫使章邯投降，封其为雍王。其四，胡亥被杀。胡亥继位后，丞相赵高窃国弄权，指鹿为马，为所欲为；胡亥只知道吃喝玩乐，实行严刑酷法，陈胜起义，一倡而天下应，秦国土崩瓦解，赵高被胡亥斥责，眼看大势已去，便与女婿咸阳县令阎乐、弟弟赵成商议，杀掉胡亥。胡亥也是算罪有应得。其五，子婴为王，诛杀赵高。公元前207年，丞相赵高逼杀秦二世，本想自己称帝，发现群臣和将领们都不支持他，无可奈何，不得不迎立子婴，去其帝号，拥立为王；让子婴斋戒，到宗庙参拜祖先，接受传国玉玺。子婴厌恶赵高，趁此机会，杀掉赵高，灭其三族。

【原文】

二世皇帝下

二年（癸巳，前208）

冬，十月，泗川监平将兵围沛公于丰[①]，沛公出与战，破之；令雍齿守丰[②]。十一月，沛公引兵之薛[③]。泗川守壮兵败于薛，走至戚[④]；沛公左司马得杀之[⑤]。

周章出关，止屯曹阳[⑥]，二月余，章邯追败之；复走渑池[⑦]，十余日，章邯击，大破之。周文自刎，军遂不战。

吴叔围荥阳[⑧]；李由为三川守[⑨]，守荥阳，叔弗能下。楚将军田臧[⑩]等相与[⑪]谋曰："周章军已破矣，秦兵旦暮至[⑫]。我围荥阳城弗能下，秦兵至，必大败，不如少遗兵守荥阳[⑬]，悉精兵迎秦军。今假王骄[⑭]，不知兵权[⑮]，不足与计事，恐败。"因相与矫王令[⑯]以诛吴叔，献其首于陈王。陈王使使赐田臧楚令尹印[⑰]，以为上将[⑱]。

田臧乃使诸将李归等守荥阳，自以精兵西迎秦军于敖仓[⑲]，与战；田臧死，军破。章邯进兵击李归等荥阳下，破之，李归等死。阳城人邓说将兵居郯[⑳]，章邯别将击破之。铚人伍逢将兵居许[㉑]，章邯击破之。两军皆散，走陈[㉒]，陈王诛邓说。

二世数诮让[㉓]李斯："居三公[㉔]位，如何令盗如此！"李斯恐惧，重爵禄，不知所出[㉕]，乃阿二世意[㉖]，以书对曰："夫贤主者，必能行督责之术[㉗]者也。故申子[㉘]曰：'有天下而不恣睢[㉙]，命之曰[㉚]"以天下为桎梏[㉛]"者，无他焉，不能督责，而顾以其身劳于天下之民[㉜]，若尧、禹然，故谓之桎梏也。'夫不能修申、韩之明术[㉝]，行督责之道，专以天下自适[㉞]也；而徒务苦形劳神，以身徇百姓[㉟]，则是黔首之役，非畜天下者也[㊱]，何足贵哉！故明主能行督责之术以独断于上，则权不在臣下[㊲]，然后能灭仁义之途[㊳]，绝谏说之辩[㊴]，荦然行恣睢之心而莫之敢逆[㊵]。如此，群臣、百姓救过不给[㊶]，何变之敢图[㊷]！"二世说[㊸]，于是行督责益严，税民深者为明吏[㊹]，杀人众者为忠臣，刑者相半于道[㊺]，而死人日成积于市[㊻]；秦民益骇惧思乱。

赵李良已定常山[㊼]，还报赵王[㊽]。赵王复使良略太原[㊾]；至石邑[㊿]，秦兵塞井陉[51]，未能前。秦将诈为二世书以招良。良得书未信，还之邯郸，益请兵[52]。未至，道逢赵王姊出饮[53]，良望见，以为王，伏谒道旁。王姊醉，不知其将，使骑谢李良[54]。李良素贵[55]，起，惭其从官[56]。从官有一人曰："天下畔秦[57]，能者先立。且赵王素出将军下，今女儿乃[58]不为将军下车，请追杀之！"李良已得秦书，固欲反赵，未决；因此怒，遣人追杀王姊，因将其兵袭邯郸。邯郸不知，竟杀赵王、邵骚。赵人多为张耳、陈馀耳目者[59]，以故二人独得脱。

（以上为第一段，写代理楚王吴广率军围攻荥阳，久攻不下，将军田臧杀之；田臧被陈胜任为大将军，后战死；秦二世皇帝胡亥责备李斯，李斯上书"督责"；赵国将领李良叛变杀赵王武臣，张耳、陈馀逃脱。）

【注释】

①泗川：即泗水郡，治所相县，在今安徽淮北市西北。 监：郡的监察官。 平：和下文的"壮"皆人名。 丰：沛县所属乡镇，西汉建立升格为县，即今江苏省丰县。 ②令雍齿守丰：派雍齿守卫丰镇。 雍齿：沛公刘邦同乡，丰人，随刘邦起兵，守丰背叛，后回归刘邦，高祖封其为什方侯。 ③薛：县名。治所在今山东薛城。 ④走至戚：秦泗川郡守壮逃到戚县。 走：逃跑。戚，县名，治所在今山东滕州市南。 ⑤"沛公"句：沛公左司马曹无伤俘获了壮，杀了他。左司马，武官名，掌军政。沛公左司马曹无伤，秦灭后投靠项羽，出卖军情被刘邦诛杀。得，获得，俘虏。 ⑥曹阳：亭名，在今河南灵宝市东。 ⑦渑（miǎn）池：邑名，在今河南渑池县西。 ⑧吴叔：叔，吴广的字。荥（xíng）阳：县名，军事重镇，治所在今河南荥阳市东北。 ⑨李由：秦丞相李斯的儿子，当时为三川郡守。 三川郡：在今河南省西部，郡治在洛阳。 ⑩田臧：吴广部将。 ⑪相与：相互，一起。 ⑫秦兵旦暮至：秦军很快就会到来。旦暮，早晚，喻时间很短。 ⑬少遗兵守荥阳：留下少量的兵围困荥阳。遗，留。 ⑭今假王骄：现今代理王吴广自高自大。骄，傲慢自大。 ⑮不知兵权：不懂兵家权谋，用兵艺术。 ⑯矫王令：假传陈王的命令。矫，诈，假传。 ⑰赐田臧楚令尹印：陈王赐给田臧楚令尹印绶，给予楚丞相的加官，重其权威。 ⑱上将：将军的最高衔，统领全军。 ⑲敖仓：秦所建大粮仓的粮仓名，故址在今河南荥阳市东北敖山上。 ⑳邓说（yuè）：陈胜的将领。郯（tán）：县名，治所在今山东郯城县北。 按：《陈涉世家》《正义》和《索隐》均以"郯"为"郏"字的形误。郏，在今河南郏县，距阳城较近，章邯在荥阳击败李归后南下攻郏县及许昌，在情理之中；郯城远，章邯兵力不可能到达。 ㉑铚（zhì）：县名，治所在今安徽濉溪县。 伍逢：陈胜部将。 许：县名，县治在今河南许昌市东。 ㉒走陈：逃到楚都陈郡。

㉓诮让：责备。 ㉔三公：秦时丞相、太尉、御史大夫为三公。 ㉕不知所出：不知该怎么办。 ㉖阿二世意：迎合二世之意。 ㉗督责之术：督察臣下而责罚的方法。督责，相互监视揭发，即鼓励告密，为李斯所发明，流毒无穷。 ㉘申子：战国时法家申不害。传见《史记》卷六十三。 ㉙恣睢：为所欲为。 ㉚命之曰：这就叫作。 ㉛桎梏：镣铐。桎，脚镣。梏（gù），手铐。 ㉜“而顾”句：自己反而为老百姓操劳。 ㉝修申、韩之明术：实行申子、韩非子高明的统治术。 ㉞专以天下自适：一心将天下作为使自己快乐的资本。自适，使自己肆意快乐。 ㉟“而徒务”两句：反而偏要劳身苦心地去为百姓效力。 ㊱“则是”两句：这样就成为平民百姓的奴仆，不能算是统治天下的君主了。黔首之役：百姓的奴仆。畜：统治。 ㊲权不在臣下：大权不致旁落于臣下之手。 ㊳灭仁义之途：堵塞讲仁义之人的道路，即排斥儒者。 ㊴绝谏说之辩：封住说士之口，以排斥纵横家。 ㊵“荦然”句：独自称心如意地为所欲为，谁也不敢抵触反抗。荦（luò）然：特立独行的样子。 莫之敢逆：没人敢违抗。 ㊶救过不给：补救过失还来不及呢。 ㊷何变之敢图：哪里还敢去图谋什么变故。 ㊸说：通“悦”。 ㊹税民深者为明吏：向人民征收重税的官吏被认为是贤明的官吏。 ㊺刑者相半于道：路上的行人有一半是判处受刑的罪犯。 ㊻死人日成积于市：死人的尸体天天成堆地积陈在街市中。 ㊼李良：武臣的部将，叛赵杀武臣，降章邯。 常山：郡名，郡治在今河北省元氏县西北。 ㊽赵王：武臣，二世元年八月至邯郸自立为赵王。 ㊾太原：郡名，郡治在今太原市西南。 ㊿石邑：县名，在今石家庄市西南。 51井陉（xíng）：关名，今河北省井陉县东北井陉关。 52益请兵：请求增加援兵。 53出饮：出外饮宴。据章校，他本“饮”下有“从百余骑”四字，故下文有“良望见，以为王”。 54使骑：派了一个骑士。 谢：答谢。 55素贵：向来显贵。 56惭其从官：当着随从官员的面感到非常惭愧。 57畔秦：叛秦。畔，通“叛”。 58乃：竟然。 59耳目者：指通风报信的人。

【译文】

二世皇帝下

秦二世皇帝二年（癸巳，前208）

冬季，十月，秦朝名叫平的泗川郡监，率军将刘邦包围在丰地，刘邦出兵应战，打败了秦军，即命雍齿守卫丰地。十一月，刘邦领兵去攻打薛地，名叫壮的泗川郡守，在薛地吃了败仗后，逃到戚地。刘邦的左司马曹无伤将他捉住，杀掉了。

楚国将领周文率军退出函谷关，到曹阳亭后驻扎下来，过了两个多月，秦将章邯领兵追击，打败了楚军。周文又逃到渑池，十多日后，章邯发起攻击，大败周文。周文自杀，楚军于是不再作战。

代理楚王吴广率军围攻荥阳，秦朝李由为三川郡守，固守荥阳，吴广不能攻下。楚将军田臧等便相互商议说："周文的军队已被打败了，秦军很快就会到来。我们围攻荥阳城不下，秦军一到，必将大败我军，不如留一小部分兵力围守荥阳，而调动全部精兵迎击秦军。但现在代理楚王的吴广自高自大，不懂得灵活用兵，不值得与他谋划对策，否则，恐怕会坏事。"因此，就一起假传楚王陈胜的命令，杀掉了吴广，又将吴广的头颅献给陈胜。陈胜派使者把楚令尹的官印赐给田臧，并任命他为上将军。

田臧于是令李归等将领继续围攻荥阳，自己亲率精兵向西，至敖仓迎击秦军，与秦兵交锋，田臧战死，楚军大败。章邯进军荥阳城下攻打李归等，击败了楚军，李归等将领战死。楚将阳城人邓说领兵屯居在郯地，章邯的另一路部将击败了邓说的军队。铚地人伍逢率军驻扎在许地，章邯又发兵将伍逢打败。邓、伍两军都溃散而逃奔到陈地，陈胜为此杀掉了邓说。

秦二世多次谴责李斯，说："身居三公高位，如何使盗贼猖狂到这种地步！"李斯很是恐惧，但他又很贪恋官爵利禄，不知如何是好，便迎合二世的心意，上书应答说："贤明的君王，必定是能对臣下施行察罪责罚之术的人。所以申不害说：拥有天下却不肆情放纵，说'把天下当作自己镣铐'的原因，并不是别的，就在于不能对臣下明察罪过，施行惩处，反而以自身之力为天下平民百姓操劳，即如唐尧、大禹那样，故此称之为'镣铐'。不能研习申不害、韩非的高明法术，实行察罪责罚的手段，一心将天下作为使自己快乐的资本，反而偏要劳身苦心地去为百姓效命，似此就成为平民百姓的奴仆，不能算是统治天下的君王了。这有什么值得崇尚的呢？所以，贤明的君王能施行察罪责罚之术，在上独断专行，这样权力就不会旁落到下属臣僚手中，然后才能阻断实施仁义的道路，杜绝规劝者的论辩，独自称心如意地为所欲为，谁也不敢抵触反抗。如此，群臣、百姓想要补救自己的过失还来不及呢？哪里还敢去图谋什么变故！"二世十分高兴，便更加严厉地实行察罪惩处，把向百姓征收重税的人当作有才干的官吏，把杀人多的官员当作忠臣，结果路上的行人有一半是受过刑罚的罪犯，死人的尸体天天成堆地积陈在街市中，秦朝的百姓因此愈加惊骇恐惧，盼着发生动乱。

赵国将领李良已经平定了常山，回报赵王武臣。赵王又派他去夺取太原。李良领兵抵达石邑时，秦军布防在井陉口，赵军无法继续前进。秦将伪造二世的书信，用以招降李良。李良接到书信后没有相信，率军返回邯郸，请求增援兵力。尚未到达邯郸，在途中遇到赵王的姐姐外出饮宴归来。李良望见，以为是赵王来了，连忙在道旁伏地拜谒。赵王的姐姐酩酊大醉，不知道他是将官，仅命随行骑兵向他致意。李良向来尊贵，起身后，回看他的随从官员，自觉羞惭极了。随员中有一人说道："天下反叛秦朝，有能耐的人先立为王。况且赵王的地位一向比您低，而今一个女流之辈就不肯为您下车还礼，故请求追杀她！"李良已得到过二世的书信，原本就想反叛赵国，只是还未最终做出决断。于是，便借着一时的愤怒，派人追上去杀掉了赵王的姐姐，并趁势率军袭击邯郸。邯郸守兵毫无察觉，致使李良终于杀掉了赵王和左丞相邵骚。赵国人中有许多是张耳、陈馀的耳目，及时通报消息，二人因此得以独自脱逃。

【原文】

陈人秦嘉、符离人朱鸡石等起兵①，围东海守于郯②。陈王闻之，使武平君畔为将军，监郯下军③。秦嘉不受命，自立为大司马④；恶属⑤武平君，告军吏⑥曰："武平君年少，不知兵事，勿听！"因矫以王命杀武平君畔。

二世益遣长史⑦司马欣、董翳⑧佐章邯击盗。章邯已破伍逢，击陈柱国房君⑨，杀之；又进击陈西张贺⑩军。陈王出监战。张贺死。

腊月⑪，陈王之汝阴⑫，还，至下城父⑬，其御⑭庄贾杀陈王以降。初，陈涉既为王，其故人皆往依之。妻之父亦往焉，陈王以众宾待之，长揖不拜⑮。妻之父怒曰："怙乱僭号⑯，而傲长者，不能久矣！"不辞而去。陈王跪谢，遂不为顾⑰。客出入愈益发舒⑱，言陈王故情。或说⑲陈王曰："客愚无知，颛妄言⑳，轻威㉑。"陈王斩之。诸故人皆自引去㉒，由是无亲陈王者。陈王以朱防为中正㉓，胡武为司过㉔，主司群臣㉕。诸将徇地至，令之不是，辄系而罪之㉖。以苛察为忠㉗；其所不善者，弗下吏，辄自治之㉘。诸将以其故不亲附，此其所以败也。

陈王故涓人将军吕臣为苍头军㉙，起新阳㉚，攻陈，下之，杀庄贾，复以陈为楚；葬陈王于砀㉛，谥曰隐王㉜。

初，陈王令铚人宋留将兵定南阳㉝，入武关㉞。留已徇南阳，闻陈王死，南阳复为秦；宋留以军降，二世车裂留以徇。

魏周市将兵略丰、沛，使人招雍齿。雍齿雅㉟不欲属沛公，即以丰降魏。沛公攻之，不克。

赵张耳、陈馀收其散兵，得数万人，击李良；良败，走归章邯。

客有说耳、馀曰："两君羁旅[36]，而欲附赵[37]，难可独立[38]；立赵后，辅以谊，可就功[39]。"乃求得赵歇。春，正月，耳、馀立歇为赵王，居信都[40]。

东阳宁君、秦嘉闻陈王军败，乃立景驹[41]为楚王，引兵之方与[42]，欲击秦军定陶[43]下；使公孙庆使齐，欲与之并力俱进。

齐王曰："陈王战败，不知其死生，楚安得不请而立王！"公孙庆曰："齐不请楚而立王，楚何故请齐而立王！且楚首事[44]，当令于天下。"田儋[45]杀公孙庆。

秦左、右校[46]复攻陈，下之。吕将军走[47]，徼兵复聚[48]，与番盗黥布[49]相遇，攻击秦左、右校，破之青波[50]，复以陈为楚。

黥布者，六人也[51]，姓英氏，坐法黥[52]，以刑徒论输骊山[53]。骊山之徒数十万人，布皆与其徒长豪桀交通[54]，乃率其曹耦[55]亡之江中为群盗。番阳令吴芮[56]，甚得江湖间民心，号曰番君。布往见之，其众已数千人。番君乃以女妻之，使将其兵击秦。

（以上为第二段，写楚王陈胜被叛徒车夫杀死，亦是咎由自取；张耳、陈馀收拾残兵，拥立赵歇为赵王；东阳人宁君和秦嘉拥立景驹为楚王；吕臣与鄱阳县盗贼英布相遇，合兵打败秦军，重新以陈为楚都。）

【注释】

①陈人秦嘉："陈"，《史记·陈涉世家》作"陵"，《汉书·陈胜传》作"凌"，陵、凌通，本字应作"陵"。陵，县名，在今江苏宿迁市东南。符离：县名，在今安徽宿州市西南。起兵：聚众起义。②东海：郡名，治所郯县，在今山东郯城县北，故又称郯郡。③监郯下军：监管围郯的五支义军部队，包括秦嘉、朱鸡石、董緤、郑布、丁疾等五部。④大司马：一国的最高军事长官。秦时称太尉，汉武帝改称大司马。此为秦嘉自称。⑤恶属：不愿隶属，即不受节制。⑥军吏：军事长官，是对军队各级将官的总称。⑦长史：官名。丞相府、大将军府掌理总务的官，为诸吏之长。⑧司马欣、董翳：两人为章邯副将，与章邯三人归降项羽，被封为三秦王。⑨柱国房君：陈王的上柱国蔡赐，封房君，抗击秦军，与楚都陈共存亡，死难国事。⑩张贺：陈王部将。⑪腊月：夏历十二月。⑫汝阴：县名，在今安徽阜阳市。⑬下城父：古地名，在今安

徽蒙城县西北。 ⑭御：车夫。 ⑮长揖不拜：陈胜见岳父只行拱手礼而不跪拜。长揖，至亲平辈相见所行的最高拱手礼，拱手自上而至极下。拜，跪拜叩头礼，下跪低头与腰平，两手至地。 ⑯怙乱僭号：乘乱取利，冒用王号。 ⑰遂不为顾：扬长而去，不作回头一顾，气愤之极。 ⑱发舒：随便放肆。 ⑲或说：有人劝说，实乃进谗言。 ⑳颛妄言：专门胡说八道。颛，通“专”。 ㉑轻威：损害陈胜的威信。 ㉒自引去：自动离开。引，退，离。 ㉓中正：陈胜所设主管人事的官，掌百官考核升迁。 ㉔司过：陈胜所设负责监察百官过失的官。 ㉕主司群臣：主管考核、监察群臣。 ㉖“诸将”三句：派往各地攻城略地的将领，回到陈县后，只要有稍不听从陈王命令的，就被抓起来治罪。㉗苛察：严求细察，吹毛求疵。 ㉘“其所不善者”三句：凡是朱防、胡武不喜欢的人，不送交司法官审理，即擅自作主张处置。 ㉙“陈王故涓人”句：先前在陈王左右担任洒扫的近侍吕臣将军，建立了一支青巾裹头的苍头军。 涓人：也称中涓，职掌洒扫及传达宾客的近侍。 ㉚新阳：县名，在今安徽省太和县西北。 ㉛砀：秦郡名，郡治砀县，在今安徽砀山县。 ㉜谥曰隐王：谥（shì），古代帝王、贵族、大臣等死后以其一生所行事迹给予盖棺论定的称号叫“谥”。谥法起于西周。陈涉功业未成，故谥曰“隐”。㉝南阳：秦郡名，治所宛，在今河南省南阳市。 ㉞武关：关隘名，在今陕西丹凤县东南。 ㉟雅：一向。 ㊱羁旅：客居他乡。 ㊲而欲附赵：想要赵国人归附。 ㊳难可独立：难以单独成功。张耳、陈馀外来人，不依靠赵地人缘势力，难以成功。 ㊴立赵后，辅以谊，可就功：拥立原赵国后裔，用仁义辅助，才能成功。谊，通“义”，仁义。㊵信都：县名，在今河北邢台市。 ㊶景驹：楚旧贵族，后为项梁击败，身死。 ㊷方与：县名，在今山东鱼台县西北。 ㊸定陶：县名，在今山东菏泽市定陶区西北。 ㊹首事：发难，首倡，最先起兵伐秦。 ㊺田儋：田齐后裔，自立为齐王，为章邯所杀。传见《史记》卷九十四。 ㊻左、右校：指章邯属下的左、右两翼秦军，率军将领为校官。校，低于将军的武官。 ㊼吕将军走：吕臣从陈县败走。 ㊽徼兵复聚：吕臣收集散兵重新整合。徼（yāo）：收集。 ㊾番盗黥布：在鄱阳县聚义的黥布。番（pó）：即鄱阳，县名，在今江西省鄱阳县东北。黥（qíng）布：即英布，因被黥刑，故称黥布。后投奔项羽，常为先锋大将，归汉封淮南王，谋反被诛。传见《史记》卷九十一《黥布列传》。 ㊿青波：县名，在今河南新蔡县西南。 51六人也：黥布六县人。六，西周封国名，秦改为县，在今安徽六安市东北。 52坐法黥：因犯法受黥刑。黥刑，在脸上刺字。 53以刑徒论输骊山：判处徒刑发配骊山服劳役。论，判罪。输，发配。 54徒长：刑徒的头目。 交通：交往。 55曹耦：同类人，指囚徒。曹，辈。耦，类。 56番阳令吴芮：番阳县令吴芮，号“番君”，参加反秦起义，项羽封他为衡山王，入汉后为长沙王。

【译文】

陈人秦嘉、符离人朱鸡石等聚众起兵，将东海郡守围困在郯地。陈胜闻讯，即派名叫“畔”的武平君任将军，督率围攻郯城的各路军队。秦嘉不接受这个命令，自立为大司马，并由于不愿意隶属于武平君而告诉他的军吏说：“武平君年少，不懂用兵之事，不要听他的！”随即假传陈胜的命令，杀了武平君畔。

秦二世增派长史司马欣、董翳辅助章邯攻打盗贼。章邯已击败伍逢，并攻击在陈地的楚上柱国房君蔡赐，杀掉了他。接着，又进击陈地西侧张贺的军队。陈胜亲自上阵督战，张贺还是战死了。

腊月，陈胜前往汝阴，返归时到达下城父，他的车夫庄贾将他杀死，投降了秦军。当初，陈胜已做了楚王，他过去的朋友们纷纷前往投靠。陈胜的岳丈也去了，但陈胜对他却以普通宾客相待，只是拱手高举行见面礼，并不下拜。陈胜的岳父因此生气地说：“依仗着叛乱，超越本分自封帝王，且对长辈傲慢无礼，不能长久！”随即不辞而走。陈胜急忙跪下道歉，老人终究不予理会。陈胜的一位故人进进出出愈益放纵，谈论陈胜的往事。于是，有人就劝陈胜道：“客人愚昧无知，专门胡说八道，有损您的威严。”陈胜便把这位故人杀了。如此，陈胜昔日的朋友都自动离去，从此再也没有亲近他的人了。陈胜又任命朱防为中正，胡武为司过，专管督察群臣的过失。众将领攻城略地，回到陈县后，只要有稍不听从陈胜命令的，即被抓起来治罪。他们以苛刻纠察同僚的过失为忠诚之举，对于不喜欢的人，不送交司法官员审理，即擅自进行处置。众将领因此都不再亲近依附于陈胜。这是陈胜失败的原因。

过去在陈胜左右担任洒扫的近侍、将军吕臣建立了一支青巾裹头的苍头军，在新阳起兵，进攻陈地，克复后杀了庄贾，重又以陈地为楚都，将陈胜葬在砀县，谥号为“隐王”。

起初，陈胜命铚人宋留率军平定南阳，进入武关。宋留已攻下南阳，听到陈胜死亡的消息后，南阳重又被秦军占领；宋留领兵投降，二世将他车裂示众。

魏国周市率军夺取丰、沛，派人招降雍齿。雍齿平素就不愿意归属刘邦，于是即举丰邑降魏。刘邦攻丰邑，没能攻下。

赵国张耳、陈馀收集逃散的士兵，得数万人，随即攻打李良。李良兵败而逃，归降了章邯。

宾客中有人劝说张耳、陈馀道：“二位作客他乡，要想使赵国人归附，是很难独立获得成功的。若拥立故赵国国君的后裔，并以仁义辅助他，便可以成就功业。”二人于是找到了赵歇。春季，正月，张耳、陈馀立赵歇为赵王，驻居信都。

东阳人宁君和秦嘉听说陈胜兵败，便拥立景驹为楚王，领兵前往方与，打算在定陶攻打秦军，即遣公孙庆出使齐国，想要与齐国合力共同进军攻秦。

齐王说：“陈胜战败，至今生死不明，楚国怎么能不请示齐国便自行立王呢？”公孙庆道:“齐国不请示楚国即立王，楚国为什么要请示齐国后才立王呢！况且楚国首先起事，理当号令天下。”齐王田儋于是就将公孙庆杀了。

秦朝的左、右校尉率军再次攻下陈地，吕臣兵败逃跑，收集散兵重新聚合后，与在鄱阳县聚义的英布相遇，合兵攻打秦朝的左、右校尉，在青波打败秦军，重新以陈为楚都。

英布是六地人，姓英，因犯法被判处黥刑，以刑徒定罪后被发配到骊山服苦役。当时赴骊山服劳役的犯人有数十万，英布与其中的头目和强横有势力的人都有交往，后来他率领一伙人逃亡到长江一带，聚结为盗匪。鄱阳县令吴芮，很受江湖中百姓的爱戴，被称为“番君”。英布便前往求见，这时英布的部众已达数千人。番君将自己的女儿嫁给英布，命他率领部众攻击秦军。

【原文】

楚王景驹在留[①]，沛公往从之。张良亦聚少年百余人欲往从景驹，道遇沛公，遂属焉；沛公拜良为厩将[②]。良数以《太公兵法》[③]说沛公；沛公善之，常用其策；良为他人言，皆不省。良曰：“沛公殆天授！”故遂留不去[④]。

沛公与良俱见景驹，欲请兵以攻丰。时章邯司马𡰱[⑤]将兵北定楚地，屠相，至砀[⑥]。东阳[⑦]宁君、沛公引兵西，与战萧[⑧]西，不利，还，收兵聚留。

二月，攻砀，三日，拔之；收砀兵得六千人，与故合九千人。三月，攻下邑[⑨]，拔之；还击丰，不下。

广陵人召平为陈王徇广陵[⑩]，未下。闻陈王败走，章邯且至，乃渡江，矫陈王令，拜项梁为楚上柱国，曰：“江东已定，急引兵西击秦！”梁乃以八千人渡江而西。闻陈婴已下东阳，遣使欲与连和俱西[⑪]。陈婴者，故东阳令史[⑫]，居县中，素信谨[⑬]，称为长者[⑭]。东阳少年杀其令，相聚得二万人，欲立婴为王。婴母谓婴曰：“自我为汝家妇，未尝闻汝先世之有贵者。今暴得大名⑮，不祥；不如有所属⑯。事成，犹得封侯；事败，易以亡，非世所指名⑰也。”婴乃不敢为王，谓其军吏曰：“项氏世世将家，有名于楚；今欲举大事，将非其人不可⑱。我倚名族，亡秦必矣！”其众从之，乃以兵属梁⑲。

英布既破秦军，引兵而东；闻项梁西渡淮，布与蒲将军皆以其兵属焉。项梁众凡⑳六七万人，军下邳㉑。

景驹、秦嘉军彭城㉒东，欲以距梁㉓。梁谓军吏曰：“陈王先首事，战不利，未闻所在。今秦嘉倍㉔陈王而立景驹，大逆无道！”乃进兵击秦嘉，秦嘉军败走。追之，至胡陵㉕，嘉还战。一日，嘉死，军降。景驹走死梁地㉖。

梁已并秦嘉军，军胡陵，将引军而西。章邯军至栗㉗，项梁使别将㉘朱鸡石、馀樊君与战。馀樊君死；朱鸡石军败，亡走胡陵。梁乃引兵入薛㉙，诛朱鸡石。

沛公从骑㉚百余往见梁；梁与沛公卒五千人，五大夫将㉛十人。沛公还，引兵攻丰，拔之。雍齿奔魏。

项梁使项羽别攻襄城㉜，襄城坚守不下；已拔，皆坑之，还报。

（以上为第三段，写张良投奔刘邦，多次献策，得到赏识；项梁率领八千子弟渡江而西，统领了陈婴、英布、蒲将军的军队，兼并了秦嘉的军队，声威渐壮；刘邦三攻丰邑而夺之；项羽攻下襄城而屠之。）

【注释】

①留：县名，在今江苏沛县东南。 ②厩将：管理厩马的官。 ③《太公兵法》：相传为太公吕尚所著。太公，即姜尚，字子牙，号太公望，佐周文王、周武王建周，封于齐。传见《史记》卷三十二。 ④遂留不去：张良于是留下辅佐沛公不再他往。 ⑤尸：古“夷”字。 ⑥相：县名，泗水郡郡治，在今安徽宿州市西北。 砀：县名，县治在今河南夏邑县东。 ⑦东阳：县名，县治在今江苏盱眙县东南。 ⑧萧：县名，县治在今安徽萧县西北。 ⑨下邑：县名，县治在今安徽砀山县。 ⑩广陵：县名，县治在今江苏扬州市。 ⑪连和俱西：结成联盟，一同西进。 ⑫令史：县令属下的书吏。 ⑬素信谨：一向诚信谨慎。 ⑭长者：忠厚有德行的人。 ⑮暴得大名：突然得到称王的大名声。 ⑯有所属：依托于人。 ⑰非世所指名：不是社会上指名道姓的知名人物，即不会遭通缉。 ⑱将非其人不可：作为将帅非这人不可。 ⑲乃以兵属梁：于是陈婴把军队交

给了项梁。 ⑳凡：总计。 ㉑下邳：县名，县治在今江苏邳州市西南。 ㉒彭城：县名，县治在今江苏徐州市。 ㉓距梁：抗拒项梁。距，通“拒”。 ㉔倍：通“背”，背叛。 ㉕胡陵：县名，县治在今山东鱼台县东南。 ㉖走死梁地：败逃死于梁地。梁地，泛指六国时魏境。 ㉗栗：县名，县治在今河南夏邑县。 ㉘别将：另一支军队的将领。 ㉙薛：县名，县治在今山东滕州市东南。 ㉚从骑（jì）：随从的骑兵。 ㉛五大夫将：五大夫级的将领。五大夫，秦爵二十级的第九级。 ㉜襄城：县名，县治在今河南襄城县西。

【译文】

楚王景驹驻居留地，刘邦前往归附。张良也聚集青年一百多人，打算前去投奔景驹，途中遇到刘邦，就归属了他，刘邦授给张良负责车马后勤的将领之职。张良多次用《太公兵法》的道理向刘邦献策，刘邦很赏识他，常常采用他的计策。张良向其他人讲述《太公兵法》，那些人都不能领悟。张良因此说道：“沛公大概是天赋之才吧！”于是，便留下来不再他往。

沛公刘邦与张良一同进见景驹，想请求增拨兵力，以反攻丰邑。这时，秦将章邯、司马尸向北占领楚国的土地，洗劫屠戮相城后，抵达砀城。东阳人宁君、刘邦随即领兵西进，在萧县的西面与秦军交锋，但因出战失利而退回，收拢兵力聚集在留城。

二月，刘邦等攻打砀城，历时三日，攻下了该城，收编了砀城的降兵，得六千人，与以前的兵力汇合一处，达到九千人。三月，刘邦等又率军攻打下邑，攻下后，回击丰城，却仍然未能攻下。

广陵人召平为陈胜攻夺广陵，但没有能攻下。这时他听说陈胜兵败逃亡，章邯的军队就要来到，便渡过长江，假传陈胜的命令，授予项梁楚上柱国的官职，说：“长江以东已经平定，应火速率军向西攻打秦军！”项梁于是就率领八千人渡过长江往西进发。听到陈婴已经攻克了东阳的消息，项梁即派出使者，想要与陈婴联合起来共同西进。陈婴过去是东阳县的令史，居住在县城中，为人一向诚信谨慎，被称作长者。东阳县的年轻人杀掉了县令，相聚得两万人，欲拥立陈婴为王。陈婴的母亲对陈婴说：“自从我嫁到你们家以来，还不曾听说你的祖先中有过地位显赫的人。而今突然获得大的名声，不是什么好兆头。不如依附归属于他人，这样，事情成功了，仍然得以封侯；事情失败了，也容易逃亡，因为不是世上被指名道姓的人物。”陈婴于是不敢称王，对他的军官们说：“项姓世世代代为将门，在楚国享有盛名，如今想要办大事，将帅就非这种人不可。我们依靠名家望族，灭亡秦朝便是必定的了！”他的部下听从了他的话，即让部队归项梁统率。

英布已经击败了秦军，便领兵东进。听说项梁要西渡淮河，英布和蒲将军就都将他们的部队归属于项梁指挥了。项梁这时的部众共有六七万人，驻扎在下邳。

楚王景驹、将领秦嘉驻军在彭城东面，想要抵抗项梁。项梁对军官们说:“陈胜首先起事，作战不利，不知去向。现在秦嘉背叛楚王陈胜而拥立景驹，实属大逆不道！”便进军攻打秦嘉，秦嘉的军队大败而逃。项梁领兵追击到胡陵，秦嘉回师对战了一天，秦嘉战死，他的军队即归降了。景驹逃跑，死在了梁地。

项梁已经兼并了秦嘉的军队，就驻扎在胡陵，将要率军西进。章邯的军队这时抵达栗城，项梁便命令统一军的将领朱鸡石、余樊君与章军交战。余樊君战死，朱鸡石的队伍吃了败仗，逃奔胡陵。项梁于是率军进入薛城，杀了朱鸡石。

刘邦率领一百多名随从去拜见项梁。项梁给刘邦增拨了士兵五千人，五大夫级的军官十名。刘邦回去后，又领兵进攻丰邑，攻下了该城。雍齿投奔魏国。

项梁派项羽从另一路攻打襄城，襄城坚守，一时攻不下。待到攻下后，项羽即将守城军民全部活埋，然后回报项梁。

【原文】

梁闻陈王定死[①]，召诸别将会薛计事，沛公亦往焉。居鄛人范增[②]，年七十，素居家[③]，好奇计，往说项梁曰:“陈胜败，固当[④]。夫秦灭六国，楚最无罪。自怀王入秦不反，楚人怜之至今[⑤]。故楚南公[⑥]曰:‘楚虽三户，亡秦必楚[⑦]。’今陈胜首事，不立楚后而自立，其势不长。今君起江东，楚蜂起之将[⑧]皆争附君者，以君世世楚将，为能复立楚之后也[⑨]。”于是项梁然其言[⑩]，乃求得楚怀王孙心于民间，为人牧羊；夏，六月，立以为楚怀王，从民望也。陈婴为上柱国，封五县，与怀王都盱眙[⑪]。项梁自号为武信君。

张良说项梁曰:“君已立楚后，而韩诸公子横阳君成[⑫]最贤，可立为王，益树党[⑬]。”项梁使良求韩成，立以为韩王。以良为司徒[⑭]，与韩王将千余人西略韩地，得数城，秦辄复取之；往来为游兵颍川[⑮]。

章邯已破陈王，乃进兵击魏王于临济[⑯]。魏王使周市出，请救于齐、楚；齐王儋[⑰]及楚将项它皆将兵随市救魏。章邯夜衔枚击[⑱]，大破齐、楚军于临济下，杀齐王及周市。魏王咎为其民约降；约定，自烧杀。其弟豹亡走楚，楚怀王予魏豹数千人，复徇魏地[19]。齐田荣收其兄儋余兵，东走东阿[20]；章邯追围之。齐人闻田儋死，乃立故齐王建之弟假为王，田角为相，角弟间为将，以距[21]诸侯。

秋，七月，大霖雨[22]，武信君[23]引兵攻亢父[24]，闻田荣之急，乃引兵击破章邯军东阿下；章邯走而西。田荣引兵东归齐。武信君独追北[25]，使项羽、沛公别攻城阳[26]，屠之[27]。楚军军濮阳[28]东，复与章邯战，又破之。章邯复振[29]，守濮阳，环水[30]。沛公、项羽去，攻定陶[31]。

八月，田荣击逐齐王假，假亡走楚[32]，田间前救赵，因留不敢归。田荣乃立儋子市为齐王，荣相之。田横为将，平齐地。章邯兵益盛，项梁数使使告齐、赵发兵共击章邯。田荣曰："楚杀田假，赵杀角、间，乃出兵。"楚、赵不许。田荣怒，终不肯出兵。

（以上为第四段，写项梁在薛城召集诸将议事，成为义军的实际首领，范增建议拥立楚王后代，于是找到牧羊人熊心，立为王；项梁率军大败秦将章邯军队；齐王田儋被秦军袭杀，堂弟田荣拥立田市为王。）

【注释】

①定死：确死无疑。 ②居鄛：县名，县治在今安徽境内，具体不详。 范增：项羽的谋士。项羽尊称为亚父，但信任不专，在楚汉最紧急之时，项羽中刘邦反间计疏远范增，范增气愤，后生病不治而亡。 ③素居家：一直家居，未出外任事。 ④固当：本该如此。 ⑤楚人怜之至今：楚国人至今怀念楚怀王。 ⑥楚南公：楚国人南公，战国末人，史失其名，只有号，预言家。《汉书·艺文志·阴阳家》有"《南公》三十一篇"。 ⑦楚虽三户，亡秦必楚：楚南公留下的预言。 ⑧蜂起之将：纷纷起义的诸将领。蜂起：如蜂之起，言众多。 ⑨"以君"二句：正因为您家世世代代为楚将，确实是拥立楚王后代最合适的人啊，这就是众将争相归附您的缘故。 为：确实是。 ⑩项梁然其言：项梁认为范增的话很对。 按：范增劝说项梁拥立楚王后代，成为后来项羽为霸王的障碍，其实是馊主意。 ⑪盱眙（xū yí）：县名，县治在今江苏盱眙县东北。 ⑫横阳君成：即韩成，封横阳君，韩国后裔。 ⑬益树党：增树党羽，即增加楚国的同盟军。 ⑭司徒：周时为掌教化的官，秦汉时为理民的执政长官。 ⑮为游兵颍川：在颍川流动作战。 颍川：郡名，治所阳翟，即今河南省禹州市。 ⑯临济：城名，在今河南封丘县东。 ⑰齐王儋：田儋。 ⑱夜衔枚击：趁夜偷袭。 衔枚：古代秘密行军，为了防止喧哗，命令士

兵口横衔枚，两头用绳子系在颈上，叫“衔枚”。枚，形如筷子。⑲复徇魏地：重新夺回魏国的领地。徇，夺取。⑳东阿：县名，县治在今山东阳谷县东北。㉑距：抗拒。距，通“拒”。㉒大霖雨：连续多天降大雨。㉓武信君：项梁。㉔亢父（gāng fǔ）：县名，县治在今山东济宁市南。㉕追北：追赶败军。北，败逃。㉖城阳：县名，即成阳，县治在今山东菏泽东北60里。㉗屠之：杀戮城阳城中军民。㉘濮阳：县名，县治在今河南濮阳南。㉙复振：重整旗鼓，士气重新高涨。㉚环水：修建护城河，即环城挖沟引水，加固防守。㉛定陶：县名，交通要冲，县治在今山东菏泽市定陶区西北。㉜楚：据章校，他本“楚”下有“田角亡走赵”五字。《史记·田儋列传》作“齐相角亡走赵”，当依章校补此五字。

【译文】

项梁听说陈胜确实死了，便将各部将领召集到薛城议事，刘邦也前往参加。居鄛人范增，年已七十，一向住在家中，好出奇计，前去劝说项梁道：“陈胜的失败是本来就应当的。秦朝灭亡六国，楚国最没有罪过。且自从怀王到秦国后一去不返，楚国人至今都怀念他。因此楚南公说：‘楚国即便是只剩下三户人家，灭亡秦国的也必定是楚国。’如今，陈胜首先起事反秦，不拥立楚王的后裔而自立为王，他的势力不能长久。现在您在江东起兵，楚地蜂拥而起的将领都争相归附您，正是因为您家世世代代是楚国的将领，故而能够重新拥立楚王后代啊！”项梁当时认为他说得很对，就从民间寻找到楚怀王的孙子熊心，熊心这时正在为人家放羊；到了夏季，六月，项梁即拥立他为楚怀王，以顺从百姓的愿望。陈婴任楚国的上柱国，赐封五县，跟随怀王建都盱眙。项梁则自号为武信君。

张良劝说项梁道：“您已经拥立了楚王的后代，韩国的各位公子中，横阳君韩成最为贤能，可以立为王，以增树党羽。”项梁于是便派张良找到韩成，立他为韩王。由张良任韩国的司徒，随韩王率领一千多人向西攻取过去韩国的领地，夺得数城，但秦军随即又夺了回去。如此，韩军便在颍川一带来回流动作战。

章邯已经打败了楚王陈胜，随即进兵临济攻打魏王魏咎。魏王派周市出临济城，向齐、楚两国求援。齐王田儋和楚将项它都率军随周市去援救魏国。章邯便在夜间命士兵口中衔枚进行突袭，在临济城下大败齐、楚的军队，杀了齐王和周市。魏王为他的百姓而订约投降，降约确定后，即自焚而亡。魏咎的弟弟魏豹逃奔楚国，楚怀王熊心给了魏豹数千人，重新夺取魏国的领地。齐国田荣收集他的堂兄田儋的余部，向东撤退到东阿。章邯随后追击包围了田荣的军队。齐国人这时听说田儋已死，便拥立已故齐王田建的弟弟田假为齐王，田角任相国，田角的弟弟田间为将军，以对抗诸侯国。

秋季，七月，大雨连绵不止。武信君项梁率军攻打亢父，听说田荣危急，就领兵到东阿城下打败了章邯的军队。章邯向西逃跑。田荣于是率军往东返回齐国。项梁独自引兵追击败逃的秦军，派项羽、刘邦从另一路攻打城阳，屠灭了全城。楚军驻扎在濮阳东面，重又与章邯的军队交战，再次打败了秦军。章邯重新振作起来，坚守濮阳，挖沟引水环城自固。项梁、刘邦因此撤兵，去攻打定陶。

八月，田荣追击齐王田假，田假逃奔到楚国。田间在此之前到赵国请求救兵，也就留在赵国不敢回去了。田荣便立田儋的儿子田市为齐王，田荣自任齐相，田横为将军，平定齐国的领地。这时章邯的兵力增大，项梁几次派使者去通告齐国和赵国出兵共同攻打章邯。田荣说："如果楚国杀掉田假，赵国杀了田角、田间，我就出兵。"楚、赵两国不答应，田荣于是大怒，始终不肯出兵。

【原文】

郎中令[①]赵高恃恩专恣[②]，以私怨诛杀人众多；恐大臣入朝奏事言之，乃说二世曰："天子之所以贵者，但以闻声，群臣莫得见其面故也。且陛下富于春秋[③]，未必尽通诸事；今坐朝廷，谴举有不当者[④]，则见短[⑤]于大臣，非所以示神明[⑥]于天下也。陛下不如深拱禁中，与臣及侍中习法者待事[⑦]，事来有以揆之[⑧]。如此，则大臣不敢奏疑事[⑨]，天下称圣主矣。"二世用其计，乃不坐朝廷见大臣，常居禁中；赵高侍中用事[⑩]，事皆决于赵高。

高闻李斯以为言[⑪]，乃见丞相曰："关东群盗多，今上急益发繇，治阿房宫，聚狗马无用之物[⑫]。臣欲谏，为位贱[⑬]，此真君侯[⑭]之事；君何不谏？"李斯曰："固也，吾欲言之久矣。今时上不坐朝廷，常居深宫。吾所言者，不可传也[⑮]；欲见，无间[⑯]。"赵高曰："君诚能谏，请为君候上间，语君[⑰]。"于是赵高侍二世方燕乐[⑱]，妇女居前，使人告丞相："上方闲，可奏事。"丞相至宫门上谒[⑲]。

如此者三。二世怒曰："吾常多闲日，丞相不来；吾方燕私，丞相辄来请事[⑳]！丞相岂少我哉，且固我哉[㉑]？"赵高因曰[㉒]："夫沙丘之谋，丞相与[㉓]焉。今陛下已立为帝，而丞相贵不益[㉔]，此其意亦望裂地而王[㉕]矣。且陛下不问臣，臣不敢言。丞相长男李由为三川守，楚盗陈胜等皆丞相傍县之子[26]，以故楚盗公行[27]，过三川，城守不肯击[28]。高闻其文书相往来[29]，未得其审[30]，故未敢以闻[31]。且丞相居外，权重于陛下。”二世以为然，欲案[32]丞相；恐其不审[33]，乃先使人按验三川守与盗通状[34]。

（以上为第五段，写郎中令赵高弄权；秦二世胡亥深居宫中，只管吃喝玩乐；右丞相冯去疾、左丞相李斯、将军冯劫上书规劝，二世大怒，赵高趁势设下圈套，治罪李斯。）

【注释】

①郎中令：官名，九卿之一，掌管宫殿门户及百官出入，防卫宫禁重地。 ②恃恩专恣：仗着受皇帝恩宠而专权自恣。按：恃恩，指赵高矫始皇遗诏，杀太子扶苏，二世始得即位。专恣，独断专行，为所欲为。 ③富于春秋：年轻。富，多。春秋，年岁。④谴举有不当者：若有赏罚不当之处。谴：责罚。举：选拔，奖赏。 ⑤见（xiàn）短：暴露自己的短处。 ⑥示神明：显示自己的神奇英明。 ⑦“陛下”二句：皇上不如拱手深居宫禁之中，与我和熟悉法令规章的侍中们在一起等待事务奏报。深拱：深居宫中，不理政务。与臣：与我，赵高自指。侍中：皇帝的侍从人员。习法者：熟悉法令的人。待事：接待大臣奏事。 ⑧揆之：研究处理。 ⑨疑事：疑难不实之事。⑩侍中用事：指赵高侍奉二世左右，独断专权。 ⑪高闻李斯以为言：赵高听到李斯对二世“深拱禁中”这件事有不满的言论。以为言，以之为言。之，指赵高让二世深拱之事。 ⑫“今上”三句：关东盗贼风起云涌，而现今皇上却加紧征调夫役去修建阿房宫，并搜集狗马一类的无用玩物。上：指秦二世。发繇：征调夫役。繇，同“徭”，指服劳役的人。 ⑬为位贱：因为地位卑贱。 ⑭君侯：秦汉时丞相例封列侯，故称君侯。⑮不可传也：无法传达给皇上。 ⑯无间：没有空，没有机会。 ⑰“请为”二句：让我为你打听，一等皇帝有空我就通知你。候，等候。语，告知。 ⑱方燕乐：正在宴饮取乐。燕，通“宴”。 ⑲上谒：求见。 ⑳“吾方”二句：我正在闲居休息，丞相就来请示奏报。燕私：欢宴休息之时。请事：请求奏事。 ㉑“丞相”二句：丞相这不是轻视我吗，还是根本就看不起我？少：轻视。且：还是。固：根本，原本。 ㉒因曰：趁机说。 ㉓与：参与。 ㉔贵不益：地位并没提高。 ㉕裂地而王：割地称王。 ㉖傍县之子：邻县人氏，老乡。意谓陈胜是李斯同乡，所以李斯之子李由纵容他们造反。 ㉗公行：指盗贼公然横行。 ㉘城守不肯击：指李由只是据城防守，不出击盗贼。 ㉙文书相往来：书信相通，勾结盗贼。文书：公函、信件。往来：互通。 ㉚未得其审：还没找到确切证据。审，详情，核实。 ㉛以闻：把这情况报告陛下。闻，奏报。 ㉜案：审

判。 ㉝不审：不真实，不确切。 ㉞“乃先”句：于是，就先派人去审核三川郡守李由勾结盗贼的情况。 按验：查验。 通：暗中勾结。 状：具体情况。

【译文】

秦朝郎中令赵高仰仗着受皇帝恩宠而专权横行，因私怨而杀害了很多人，因此，害怕大臣们到朝廷奏报政务时揭发他，就劝秦二世说：“天子之所以尊贵，不过是因为群臣只能听到他的声音，而不能见到他的容颜罢了。况且皇上还很年轻，未必对件件事情都熟悉，现在坐在朝廷上听群臣奏报政务，若有赏罚不当之处，就会把自己的短处暴露给大臣们，似此便不能向天下人显示圣明了。所以，皇上不如拱手深居宫禁之中，与我和熟习法令规章的侍中们在一起等待事务奏报，大臣们将事务报上来再研究处理。这样，大臣们就不敢奏报是非难辨的事情，天下便都称道您为圣明的君主了。”二世采纳了赵高的建议，不再坐朝接见大臣，常常住在深宫之中，赵高侍奉左右，独掌大权，一切事情都由他来决定。

赵高听说李斯对此不满而有非议，便去会见丞相李斯说：“关东地区的盗贼纷纷起来闹事，现在皇上却加紧增征夫役去修建阿房宫，并搜集狗马一类无用的玩物。我想进行规劝，但因地位卑贱不敢言。这可实在是您的事情啊，您为什么不去劝说呢？”李斯说：“本来是该如此啊，我早就想说了。但如今皇上不坐朝接见大臣听取奏报，经常住在深宫中，我要说的话，不能传达进去，想要觐见，又没有机会。”赵高说：“如果您真的要进行劝说，就请让我在皇上得空的时候通知您。”于是，赵高等到秦二世正在欢宴享乐、左拥右抱时，派人通知李斯，说：“皇上正有空闲，可以进宫奏报事情。”李斯即到宫门求见。

如此接连三次，秦二世大怒，说道：“我常常有空闲的时候，丞相不来。我正在闲居休息，丞相就来请示奏报！丞相这不是轻视我吗，还是根本就看不起我？”赵高便趁机说道：“沙丘伪造遗诏、逼扶苏自杀的密谋，丞相参与了。现在皇上已立为皇帝，而丞相的地位却没有提高，他怕是也想割地称王了。而且，皇上如不问我，我还不敢说，丞相的长子李由任三川郡守，楚地盗贼陈胜等都是丞相邻县的人，因此这些盗贼敢于公然横行，以致经过三川城的时候，李由只是据城防守不肯出击。我听说他们还相互有文书往来，只是还没找到确切证据，所以没敢奏报给皇上。况且丞相在外面，权势比皇上还大。”二世认为赵高说得有理，便想查办丞相，但又怕事实不确切，于是，就先派人去审核三川郡守与盗贼相勾结的情况。

【原文】

李斯闻之，因上书言赵高之短[1]曰："高擅利擅害[2]，与陛下无异。昔田常相齐简公，窃其恩威，下得百姓，上得群臣，卒弑简公而取齐国[3]，此天下所明知也。今高有邪佚之志[4]，危反之行[5]，私家之富，若田氏之于齐矣，而又贪欲无厌[6]，求利不止，列势次主[7]，其欲无穷，劫[8]陛下之威信，其志若韩玘为韩安相也[9]。陛下不图，臣恐其必为变也。"二世曰："何哉！夫高，故宦人[10]也；然不为安肆志[11]，不以危易心[12]，洁行修善[13]，自使至此[14]，以忠得进，以信守位，朕实贤之[15]；而君疑之，何也？且朕非属赵君，当谁任哉[16]！且赵君为人，精廉强力[17]，下知人情，上能适朕[18]；君其勿疑！"二世雅爱[19]赵高，恐李斯杀之，乃私告赵高。高曰："丞相所患者独高；高已死，丞相即欲为田常所为[20]。"

是时，盗贼益多，而关中卒发东击盗者无已[21]。右丞相冯去疾、左丞相李斯、将军冯劫进谏曰："关东群盗并起，秦发兵诛击，所杀亡甚众，然犹不止。盗多，皆以戍、漕、转、作事苦[22]，赋税大也[23]。请且止[24]阿房宫作者，减省四边戍、转。"二世曰："凡所为贵有天下者，得肆意极欲[25]，主重明法，下不敢为非[26]，以制御四海矣[27]。夫虞、夏之主，贵为天子，亲处穷苦之实以徇百姓[28]，尚何于法[29]！且先帝起诸侯，兼天下，天下已定，外攘四夷以安边境，作宫室以章得意[30]；而君观先帝功业有绪[31]。今朕即位，二年之间，群盗并起，君不能禁，又欲罢先帝之所为，是上无以报先帝，次不为朕尽忠力，何以在位！"下去疾、斯、劫吏[32]，案责他罪[33]。去疾、劫自杀；独李斯就狱[34]。二世以属赵高治之[35]，责[36]斯与子由谋反状，皆收捕宗族、宾客。赵高治斯，榜掠千余[37]，不胜痛，自诬服[38]。

斯所以不死者，自负其辩[39]，有功，实无反心，欲上书自陈[40]，幸二世寤而赦之[41]。乃从狱中上书曰："臣为丞相治民，三十余年矣[42]。逮秦地之狭隘[43]，不过千里，兵数十万。臣尽薄材，阴行[44]谋臣，资之[45]金玉，使游说诸侯；阴修甲兵[46]，饬政教[47]，官斗士[48]，尊功臣；故终以胁韩，弱魏，破燕、赵，夷齐、楚[49]，卒兼六国，虏其王，立秦为天子。又北逐胡、貉[50]，南定百越[51]，以见秦之强[52]。更克画[53]，平斗斛、度量[54]、文章[55]，布之天下，以树秦之名。此皆臣之罪也，臣当死久矣！上幸尽其能力，乃得至今。愿陛下察之！”书上，赵高使吏弃去不奏，曰：“囚安得上书！”

赵高使其客十余辈诈为御史、谒者、侍中，更往覆讯斯[56]，斯更以其实对[57]，辄使人复榜之。后二世使人验斯[58]，斯以为如前[59]，终不敢更言[60]。辞服[61]，奏当上[62]。二世喜曰：“微[63]赵君，几为丞相所卖[64]！”及二世所使案[65]三川守由者至，则楚兵已击杀之。使者来，会丞相下吏[66]，高皆妄为反辞以相傅会[67]，遂具斯五刑论[68]，腰斩[69]咸阳市。斯出狱，与其中子俱执[70]。顾[71]谓其中子曰：“吾欲与若[72]复牵黄犬，俱出上蔡[73]东门逐狡兔，岂可得乎！”遂父子相哭，而夷三族[74]。二世乃以赵高为丞相，事无大小皆决焉。

（以上为第六段，写李斯下狱，受尽极刑，屈打成招，被灭三族。）

【注释】

①短：过错。 ②高擅利擅害：赵高专擅赏罚大权。擅，专断。利，封赏。害，惩罚。 ③弑简公而取齐国：田常终于杀了齐简公而篡夺了齐国。事详《史记·田敬仲完世家》。 ④邪佚之志：指叛逆之心。邪，邪恶，此指叛逆。佚，放任胡为。 ⑤危反之行：危害反叛的行为。 ⑥贪欲无厌：贪得无厌，没有满足的时候。 厌：满足。 ⑦列势次主：地位权势仅次于皇上。次，比，等，仅次。 ⑧劫：窃取。 ⑨“其志”句：他的野心就如同韩玘为韩王安的丞相那样了。 志：指野心。 韩玘（qǐ）：韩国末代君韩王安的相国，大权在握，控制了韩王安。此事史文缺载，而为近世的李斯、胡亥所知，故李斯引以为二世戒。 ⑩故宦人：过去是个宦官。 ⑪不为安肆志：不因为处境安逸就肆意妄为。 ⑫不以危易心：不会因处境危急而改变忠心。 ⑬洁行修善：品行廉洁，以善自勉。 ⑭自使至此：才使自己得到今天的地位。 ⑮朕实贤之：我确实认为他贤明。 ⑯“且朕”二句：况且我不依靠赵高，又当任用谁呢？属：托付，依靠。 ⑰精廉强力：精明廉洁，强干有能力。 ⑱“下知”二句：对下能了解人情民心，对上能适合我的心意。 ⑲雅爱：一向宠信，非常喜欢。 ⑳“丞相”句：丞相李斯将要效法田常，杀害胡亥篡权。 ㉑无已：没有止境。 ㉒戍、漕、转、作事苦：由于兵役、水陆运输，以及建宫建陵等事劳苦不堪。 戍：征兵戍边。 漕：水运。 转：陆运。 作：役作。指大兴土木。 ㉓赋税大也：赋税太重。 ㉔且止：暂时停止。 ㉕“凡所为”二句：凡是尊贵到拥有天下的，就在于能为所欲为，尽情享受。 ㉖“主重”两句：君主重在修明法制，臣下便不敢为非作歹。 ㉗以制御四海：凭这个统治天下。制御，掌控，统治。 ㉘以徇百

姓：为老百姓献身。 ㉙尚何于法：还有什么可效法的呢？ ㉚作宫室以章得意：修建宫室用以彰显得意的心情。章，通“彰”。 ㉛功业有绪：功业的开创。绪，头绪，开创。㉜下吏：交付司法官审讯。 ㉝案责他罪：追究其他罪责。 ㉞就狱：被下狱。 ㉟属赵高治之：委托赵高治李斯的罪。 ㊱责：追查。 ㊲榜掠千余：笞打一千多板。榜掠，捶击拷问。 ㊳诬服：冤屈地认罪。 ㊴辩：能言善辩。 ㊵自陈：陈述自己的冤情。㊶幸二世寤而赦之：希望秦二世醒悟将他赦免。寤，明白过来。 ㊷三十余年：李斯自公元前247年入秦算起至公元前208年入狱止，活动秦国政坛三十九年。 ㊸逮秦地之陕隘：曾赶上当初秦国疆域狭小。逮，及，赶上。 ㊹阴行：暗中派遣。 ㊺资之：资助他们。 ㊻阴修甲兵：暗中整饰武备。 ㊼饬政教：整治政令教化。 ㊽官斗士：提拔敢战善斗的将士做官。 ㊾“故终以”句：故而终于能以此协迫韩国、削弱魏国，击破燕国、赵国，铲平齐国、楚国。 ㊿北逐胡、貉（mò）：在北方驱逐胡人、貉人。胡，指匈奴。 (51)南定百越：在南方戡定了百越部族。百越，我国南方两广、福建，在古代越人部族众多，统称百越。 (52)以见秦之强：用以显扬秦国的强大。见，同“现”，显示。(53)更克画：改革文字。更，改变。克，通“刻”，指文字写法。 (54)平斗斛、度量：统一度量衡。平，统一。斗，量器，十升为一斗。 斛：量器，十斗为一斛。度，量长度的标准。量，量容积的标准。 (55)文章：礼乐制度。 (56)“赵高使其客”二句：赵高派他的门客十余人次假充御史、谒者、侍中，轮番审讯李斯。 客：赵高门客同党。 诈为：假扮作。 御史：职掌监察弹劾。 谒者：掌皇帝行礼时傧相赞礼。 (57)斯更以其实对：李斯则翻供以实情对答。 (58)验斯：核对李斯口供。 (59)如前：如以前一样，说实话就要受苦刑。 (60)更言：改口供。 (61)辞服：招供服罪。 (62)奏当上：呈奏判决书给二世皇上。当，判决书。上，指二世。 (63)微：无，没有。 (64)卖：欺骗。 (65)案：调查。 (66)下吏：交付司法官吏审讯。 (67)“高皆”句：赵高便捏造了李由谋反的罪证，与李斯的罪状牵合在一起。 妄为反辞：捏造李由谋反的罪证。妄，虚假不实。 傅：同“附”，牵强附会。(68)遂具斯五刑论：于是判决李斯按腰斩死刑定罪。 具：判决。 五刑：秦汉五刑是黥、劓（割鼻）、刖（斩左、右足）、斩首、碎尸。腰斩死刑要遍受五刑。 论：定罪。 (69)腰斩：拦腰斩断。腰斩死刑在闹市执行示众。 (70)中子：次子。 俱执：一同押解。 (71)顾：回头。 (72)若：汝，你。 (73)上蔡：邑名，在今河南省上蔡县西南，李斯故乡。 (74)夷三族：杀灭父族、母族、妻族。

【译文】

李斯听说了这件事情，就上书揭发赵高的短处，说：“赵高专擅赏罚大权，他的权力跟皇上没有什么区别了。从前田常当齐国国君简公的相国，窃取了齐简公的恩德威势，下得百姓拥戴，上获群臣支持，终于杀掉了简公，夺取了齐国，这是天下周知的史事啊。如今赵高有邪恶放纵的心意、阴险反叛的行为，他私家的富足，与田氏在齐国一样，而又贪得无厌，追求利禄不止，地位权势仅次于君王，欲望无穷，窃取皇上的威信，他的野心就犹如韩玘为韩王韩安的丞相时那样了。皇上不设法对付，我怕他必定会作乱。"二世说："这是什么话！赵高本来就是个宦官，但他却从不因处境安逸而胡作非为，不因处境危急而改变忠心，他的行为廉洁向善，靠自己的努力才得到今天的地位。他因忠诚而得到进用，因守信义而保持职位，我确实认为他贤能。但您却怀疑他，这是为什么呢？而且我不依靠赵高，又当任用谁呀？何况赵高的为人，精明廉洁，强干有能力，对下能了解人情民心，对上能适合我的心意，就请您不要猜疑了！"二世非常宠信赵高，唯恐李斯把他杀掉，便暗中将李斯的话告诉了赵高。赵高说："丞相所担心的只是我一个人，我死了，丞相就要干田常所干的那些事情了。"

此时，盗贼日益增多，而秦朝不停地征发关中士兵去东方攻打盗贼。右丞相冯去疾、左丞相李斯、将军冯劫便为此提出规劝说："关东群盗同时起事，秦朝发兵进剿，诛杀的非常多，但仍然不能止息。盗贼之所以多，都是由于兵役、水陆运输和建筑等事劳苦不堪，赋税太重的缘故啊！恳请暂时让修建阿房宫的役夫们停工，减少四方戍守边防的兵役、运输等徭役。"二世说："大凡能尊贵至拥有天下的人，就在于能够为所欲为、极尽享乐，君主重在修明法制，臣下便不敢为非作歹，凭此即可驾驭天下了。虞、夏的君主，虽然高贵为天子，却处于穷苦的境地，为百姓献身，这还有什么可效法的呢？况且先帝由诸侯起家，兼并了天下，天下已经平定，就对外排除四方蛮族以安定边境，对内兴修宫室以表达得意的心情，而你们看到了先帝是如何开创功业的。如今我即位，两年的时间里，盗贼便蜂拥而起，你们不能加以禁止，又想要废弃先帝创立的事业，这即是上不能报答先帝，下不能为我尽忠效力，如此，你们凭什么占据着这些官位呢？"于是，就将冯去疾、李斯、冯劫交给司法官吏，审讯责罚他们的其他罪过。冯去疾、冯劫自杀了，只有李斯被下至狱中。二世即交给赵高处理，查究李斯与儿子李由谋反的情况，将他们的家族、宾客全都逮捕了。赵高惩治李斯，笞打他一千余板，李斯不堪忍受苦痛，含冤认罪。

李斯之所以没有自杀，是因为他自恃能言善辩，有功劳，实无反叛之心，想要上书做自我辩解，希望秦二世能够幡然醒悟，将他赦免。于是，在狱中上书，说："我任丞相治理百姓，已经三十多年了。曾赶上当初秦国疆土狭小，方圆不过千里，士兵仅数十万的时候。我竭尽自己微薄的才能，暗地里派遣谋臣，供给他们金玉珍宝，让他们去游说诸侯，同时暗中整顿武装，整治政令、教化，提拔敢战善斗的将士，尊崇有功之臣。故而终于能以此胁迫韩国，削弱魏国，击破燕国、赵国，铲平齐国、楚国，最终兼并六国，俘获了它们的国君，拥立秦王为天子。接着，又在北方驱逐胡人、貉人，在南方戡定百越部族，以显扬秦朝的强大。并改革文字，统一度量衡和礼乐制度，颁布于天下，以树立秦朝的威名。这些都是我的罪状啊，早就应当被处死了！只是由于皇上希望我竭尽所能，才得以活到今日。故望皇上明察！"奏书呈上后，赵高却命狱吏丢弃而不予上报，并且说："囚犯怎么能上书！"

赵高派他的门客十多人假充御史、谒者、侍中，轮番审讯李斯，李斯则翻供以实情对答，于是赵高就让人再行拷打他。后来二世派人去验证李斯的供词，李斯以为还与以前一样，便终究不敢更改口供，在供词上承认了自己的罪状。判决书呈上去后，二世高兴地说："如果没有赵君，我几乎就被丞相出卖了！"待二世派出去调查三川郡守李由的人抵达三川时，楚军已经杀死了李由。使者回来，正逢李斯被交给司法官吏审问治罪，赵高即捏造了李由谋反的罪证，与李斯的罪状合在一起，于是，判李斯死刑，在咸阳街市上腰斩。李斯走出监狱时，与他的次子一同被押解，李斯便回头对次子说："我真想和你重牵黄狗，共同出上蔡东门去追逐狡兔，但哪里还能办得到呢！"于是，父子二人相对痛哭。李斯三族的人都被诛杀了。二世便任命赵高为丞相，事无巨细，全由赵高决定。

【原文】

项梁已破章邯于东阿，引兵西，北至定陶[①]，再破秦军。项羽、沛公又与秦军战于雍丘[②]，大破之，斩李由。项梁益轻秦，有骄色。宋义谏曰："战胜而将骄卒惰者，败。今卒少惰矣[③]，秦兵日益，臣为君畏[④]之！"项梁弗听。乃使宋义使于齐，道遇齐使者高陵君显[⑤]，曰："公将见武信君乎？"曰："然。"曰："臣论[⑥]武信君必败；公徐行[⑦]即免死，疾行则及祸。"二世悉起兵益章邯[⑧]击楚军，大破之定陶，项梁死。

时连雨，自七月至九月。项羽、沛公攻外黄[⑨]未下，去，攻陈留[⑩]；闻武信君死，士卒恐，乃与将军吕臣[⑪]引兵而东，徙怀王自盱眙都彭城。吕臣军彭城东；项羽军彭城西；沛公军砀。

魏豹下魏二十余城；楚怀王立豹为魏王。

后九月[12]，楚怀王并吕臣、项羽军，自将之；以沛公为砀郡长，封武安侯，将砀郡兵；封项羽为长安侯，号为鲁公；吕臣为司徒[13]，其父吕青为令尹。

章邯已破项梁，以为楚地兵不足忧[14]，乃渡河[15]，北击赵，大破之；引兵至邯郸，皆徙其民河内[16]，夷其城郭[17]。张耳与赵王歇走入钜鹿城[18]，王离[19]围之。陈馀北收常山[20]兵，得数万人，军钜鹿北；章邯军钜鹿南棘原[21]。赵数请救于楚[22]。

高陵君显在楚，见楚王曰："宋义论武信君之军必败；居数日，军果败。兵未战而先见败征[23]，此可谓知兵[24]矣！"王召宋义与计事而大说之[25]，因置以为上将军[26]，项羽为次将[27]，范增为末将[28]，以救赵。诸别将[29]皆属宋义，号为"卿子冠军[30]"。

初，楚怀王与诸将约："先入定关中者王之[31]。"当是时，秦兵强，常乘胜逐北[32]，诸将莫利先入关[33]；独项羽怨秦之杀项梁，奋[34]，愿与沛公西入关。怀王诸老将[35]皆曰："项羽为人，慓悍猾贼[36]，尝攻襄城[37]，襄城无遗类[38]，皆坑之[39]；诸所过无不残灭[40]。且楚数进取，前陈王、项梁皆败，不如更遣长者[41]，扶义而西[42]，告谕秦父兄。秦父兄苦其主久矣，今诚得长者往，无侵暴，宜可下[43]。项羽不可遣；独沛公素宽大长者，可遣。"怀王乃不许项羽，而遣沛公西略地，收陈王、项梁散卒以伐秦。

沛公道砀[44]，至阳城与杠里[45]，攻秦壁[46]，破其二军。

（以上为第七段，写武信君项梁接连几次打败秦军，骄傲懈怠，被秦军一举消灭；楚怀王熊心遣将伐秦，约定"先入定关中者王之"；任命宋义为上将军，统军救援巨鹿赵军；派遣刘邦西进，一路攻打秦军。）

【注释】

①北至定陶：北，据章校，他本"北"作"比"。《史记·项羽本纪》作"比"，当改"北"作"比"，比，等到。 ②雍丘：县名，县治在今河南杞县。 ③卒少惰矣：战士的士气稍稍有些怠惰。少，通"稍"。 ④畏：担忧。 ⑤高陵君显：封于高陵的贵臣，名显，姓氏不详。 ⑥论：推断。 ⑦徐行：慢行。 ⑧悉起兵益章邯：征发秦国全部兵力增援章邯。 悉：全部。 益：增援。 ⑨外黄：县名，县治在今河南省杞县东北60里。 ⑩陈留：县名，县治在今河南省开封市东南陈留城。 ⑪吕臣：楚将军，后归顺刘邦，封

为宁陵侯。 ⑫后九月：闰九月。 ⑬司徒：此指主管后勤的军需官。 ⑭不足忧：不必担心。 ⑮河：黄河。 ⑯河内：地区名，泛指今河南东北部黄河以北地区。 ⑰夷其城郭：铲平了邯郸的城墙。 城：内城。 郭：外城。 ⑱钜鹿城：县名，县治在今河北平乡县西南。 ⑲王离：秦将，王翦之孙，蒙恬死后，王离率领长城军，此时被章邯征调围巨鹿。后被项羽所俘。 ⑳常山：郡名，郡治元氏，今河北元氏县西北。 ㉑棘原：地名，在今河北省平乡县南。 ㉒请救于楚：向楚国请求救援。 ㉓败征：失败的征兆。 ㉔知兵：懂得用兵，善于作战。 ㉕大说之：十分喜欢他。说，通“悦”。 ㉖置以为上将军：安排他为众将之首。上将军，众将首领，第一将军，故下文称“冠军”。 ㉗次将：排名第二，副将。 ㉘末将：排名第三。 ㉙别将：其他将领，隶属宋义为部将。按，次将、末将，地位高于别将，为宋义副手，参决谋议。 ㉚卿子冠军：卿子，当时对男子的美称，犹言“公子”。宋义为上将军，故有“卿子冠军”之称。 ㉛先入定关中者王之：谁先攻入关中灭秦，谁就在关中称王。这是楚怀王与伐秦众将的约定，也是对先入关者的重奖。 关中：地区名，指陕西中部渭水中下游平原地区，因在函谷关以西，散关以东，萧关以南，武关以北的四关之中，故称关中。王（wàng）：封为王，用作动词。 ㉜常乘胜逐北：秦军经常乘胜追击逃敌。 ㉝莫利先入关：没有人认为先入关为有利。 按：先入关者先遇强敌，故无利。 ㉞奋：激愤不已。 ㉟诸老将：指楚旧时遗臣，他们妒忌项羽，怂恿怀王钳制项羽，令项羽北救赵隶属于宋义。 ㊱慓（piāo）悍：轻捷勇猛。 猾贼：奸猾凶残。 ㊲襄城：秦县名，县治即今河南襄城县。 ㊳无遗类：全部杀光，没留下一个人。 ㊴皆坑之：活埋了襄城军民。 ㊵“诸所过”句：所有项羽经过的地方，无不遭到残杀毁灭。 ㊶更遣长者：改派宽厚持重的人。 ㊷扶义而西：仗义向西进军。扶义，仗义，以仁义为号召。 ㊸宜可下：关中应该是可以攻下的。 ㊹道砀：取道砀，从砀进军。 按：刘邦驻军于砀，故从砀西进。 ㊺至阳城与杠里：到达阳城、杠里。阳城，乃城阳之倒。城阳，即“成阳”。《史记·高祖本纪》作“成阳”，县名，县治在今山东鄄城县东南。杠（jiāng）里：地名，在城阳西。 ㊻壁：营垒。

【译文】

武信君项梁已在东阿击败了章邯的军队，就领兵西进，等到达定陶时，再度打垮秦军。项羽、刘邦又在雍丘与秦军交战，大败秦军，斩杀了三川郡守李由。项梁于是更加轻视秦军，显露出骄傲的神色。宋义便规劝道：“打了胜仗后，如果将领骄傲、兵士怠惰，必定会失败。现在兵士已经有些怠惰了，而秦兵却在一天天增多，我替您担心啊！”但项梁不听从劝告，竟又派宋义出使齐国。宋义在途中遇到齐国的使者高陵君显，问他道："您要去会见武信君吗？"显回答说："是啊。"宋义道："我论定武信君必会失败。您慢点去当可免遭一死，快步赶去就将遭受祸殃。"这时，秦二世调动全部军队增援章邯攻打楚军，在定陶大败楚军，项梁战死。

时值连绵阴雨，自七月到九月下个不停。项羽、刘邦攻打外黄，未能攻下，便撤军，转攻陈留，听说项梁已死，楚兵惊恐，项羽、刘邦就和将军吕臣一起率军东撤，并把怀王熊心从盱眙迁出，建都彭城。吕臣驻军彭城东面，项羽驻扎在彭城西面，刘邦则屯驻砀地。

魏豹率军攻下了故魏国的二十多个城池，楚怀王即封魏豹为魏王。

闰九月，楚怀王合并吕臣、项羽二人的军队，由自己统率，任命刘邦为砀郡长，封为武安侯，统领砀郡兵马；封项羽为长安侯，号称鲁公；任命吕臣为司徒，他的父亲吕青为令尹。

章邯已经击垮了项梁的部队，便认为楚地的兵事不值得忧虑，就渡过黄河，向北攻打赵国，大败赵军，而后率军抵达邯郸，将城中百姓全部迁徙到河内，铲平了邯郸的城郭。张耳与赵王歇逃入巨鹿城，秦将王离领兵将巨鹿团团围住。陈馀向北收集常山的士兵，得到几万人，驻扎在巨鹿北面，章邯驻军巨鹿南面的棘原。赵王于是几次向楚国请求救援。

这时，齐国的使者高陵君显正在楚国，就进见楚怀王心，说："宋义推论武信君的军队必败，过了几天，项军果然失败。军队尚未开战就能预见到败亡的征兆，这可以说是颇懂得兵法了！"楚怀王即召宋义前来商议事情，十分喜欢他，因此便任命他为上将军，项羽为次将，范增为末将，领兵去援救赵国。各路部队的将领也都归宋义统领，号称他为"卿子冠军"。

当初，楚怀王与各路将领约定："谁先攻入关中，谁就在关中称王。"这时候，秦军还很强大，经常乘胜追击逃敌，故楚将中没有一个人认为先入关是有利的，唯独项羽怨恨秦军杀了项梁，激愤不已，愿同刘邦一起西进入关。楚怀王手下的老将们都说："项羽这个人，迅捷勇猛、狡诈凶残，曾经在攻破襄城时，将城中军民统统活埋了。凡是他经过之处，无不遭到残杀毁灭。况且楚军几次进攻，在前的陈胜、项梁都失败了，因此不如改派敦厚老成的长者，以仁义为号召，率军向西进发，对秦国的父老兄弟们讲明道理。而秦国父老兄弟为他们君主的暴政所苦累已经很久了，如果现在真能有位宽厚的长者前往，不施行侵夺暴虐，关中应当是可以攻下的了。项羽不可派遣，只有刘邦向来宽宏大量，有长者气度，可以派遣。”楚怀王于是没有答应项羽的请求，而派刘邦西进夺取土地，收容陈胜、项梁的散兵游勇，以攻击秦军。

刘邦率军取道砀地，到达阳城、杠里，攻打秦军营垒，击败了秦军的两支部队。

【原文】

三年（甲午，前207）

冬，十月，齐将田都畔[①]田荣，助楚救赵。

沛公攻破东郡尉于成武[②]。

宋义行至安阳[③]，留四十六日不进。项羽曰：“秦围赵急，宜疾引兵渡河；楚击其外，赵应其内，破秦军必矣！”宋义曰：“不然。夫搏牛之虻，不可以破虮虱[④]。今秦攻赵，战胜则兵疲，我承其敝[⑤]；不胜，则我引兵鼓行而西[⑥]，必举秦矣[⑦]。故不如先斗秦、赵[⑧]。夫被坚执锐[⑨]，义不如公；坐运筹策[⑩]，公不如义。”因下令军中曰：“有猛如虎，狠如羊，贪如狼[⑪]，强不可使者[⑫]，皆斩之！”

乃遣其子宋襄相齐，身送之至无盐[⑬]，饮酒高会[⑭]。天寒，大雨，士卒冻饥。项羽曰：“将勠力[⑮]而攻秦，久留不行。今岁饥民贫[⑯]，士卒食半菽[⑰]，军无见粮[⑱]，乃饮酒高会。不引兵渡河，因赵食[⑲]，与赵并力攻秦，乃曰‘承其敝’。夫以秦之强，攻新造之赵[⑳]，其势必举。赵举秦强，何敝之承！且国兵新破[㉑]，王坐不安席，扫境内而专属于将军[㉒]，国家安危，在此一举。今不恤[㉓]士卒而徇其私[㉔]，非社稷之臣[㉕]也！”

十一月，项羽晨朝[㉖]上将军宋义，即其帐中[㉗]斩宋义头。出令军中曰：“宋义与齐谋反楚，楚王阴令[㉘]籍诛之！”当是时，诸将皆慑服[㉙]，莫敢枝梧[㉚]，皆曰：“首立楚者，将军家也；今将军诛乱[㉛]。”乃相与共立[㉜]羽为假上将军[㉝]。使人追宋义子，及之齐，杀之。使桓楚报命于怀王。怀王因使羽为上将军[㉞]。

（以上为第八段，写楚国上将军宋义带领军队救赵，到达安阳，停留四十六天，又把儿子宋襄送去齐国为相，并置酒高会；项羽诛杀宋义，派桓楚向楚怀王熊心报告，被任为上将军，统率救赵军队。）

【注释】

①畔：通“叛”。 ②东郡：郡名，治所濮阳，在今河南濮阳县西南。 成武：县名，县治在今山东成武县。 ③安阳：邑名，在今山东曹县东南。 ④“夫搏牛”二句：咬牛的牛虻却不能咬破小小的虱子。牛虻喻秦军，虮虱喻巨鹿，城小而坚，秦军屯于坚城之下，不能马上攻破；即使攻破了，也必然疲敝。虮，虱卵。虮虱，虱子的统称。 ⑤承其敝：趁秦军疲惫之时击灭之。 ⑥鼓行而西：大张旗鼓地向西进兵。 ⑦必举秦矣：一定攻取秦国。 ⑧先斗秦、赵：让秦、赵两国先打。 ⑨被坚执锐：披坚甲，执利兵，谓冲锋陷阵。被，同“披”。坚，指铠甲。锐，指兵器。 ⑩坐运筹策：坐在军帐中运用谋略。 ⑪猛如虎，狠如羊，贪如狼：此皆以生活实际作比喻，当是流行的俗语。狠如羊，两羊相斗，先退后冲，十分凶狠。 ⑫强不可使者：倔强不听命令的人。 ⑬无盐：地名，在今山东省东平县东南。 ⑭饮酒高会：大摆筵席，宴请宾客。高会，盛会。 ⑮将勠力：正应当并力、合力。 ⑯岁饥民贫：荒年民困。 ⑰半菽：半菜半粮，指粗劣的饭食。菽，豆的总名。 ⑱见粮：存粮。 见：同“现”。 ⑲因赵食：是说楚军应急往赵地，利用赵地的粮草以为军需。 ⑳新造之赵：新建立的赵国。 ㉑国兵新破：指楚军大败于定陶，项梁死，楚王心移避彭城。国兵，楚人自称其本国军队。 ㉒“扫境内”句：倾一国之兵交给了宋义指挥。 扫：悉数。 境内：全国。 ㉓恤：体怜。 ㉔徇其私：徇私情，谋私利，指宋襄相齐事。徇，图谋，与前文“徇下县”“徇广陵”之“徇”不同。㉕非社稷之臣：不是忠实于国家的大臣。 ㉖晨朝：早上参见。 ㉗即其帐中：就在宋义的营帐中。 ㉘阴令：密令。 ㉙慑服：畏惧屈服。 ㉚枝梧：枝为屋架之小柱，梧为斜柱。枝梧，支撑屋盖，引申为抵触、抗拒。 ㉛今将军诛乱：如今又是将军诛除了乱臣贼子。 按：这是半句话，“今将军诛乱”，又立了新功，应该坐第一把交椅为上将军，由于心急又恐惧，说话不成整句，只说了半句，众将军惶恐之态跃然纸上。 ㉜相与共立：共同推立。 ㉝假上将军：代理上将军。 ㉞怀王因使羽为上将军：楚怀王因此让项羽担任上将军。因使，顺水推舟，承认既成事实。 按：项羽夺回军权。

【译文】

秦二世皇帝三年（甲午，前207）

冬季，十月，齐将田都背叛相国田荣的指令，领兵协助楚国援救赵国。

沛公刘邦在成武打败了东郡郡尉。

楚国上将军宋义带领军队到达安阳，停留了四十六天不进兵。项羽说：“秦军围困赵军形势紧急，应火速领兵渡过黄河，如此由楚军在外攻击，赵军在内接应，打败秦军就是一定的了！”宋义说：“不对。要拍打叮咬牛身的大虻虫，而不可以消灭牛毛中的小虮虱。现在秦军攻赵，打胜了，军队就会疲惫，我们即可乘秦军疲惫之机发起进攻；打不胜，我们就率军擂鼓西进，这样必定能够攻下秦国了。所以不如先让秦、赵两军相斗。身披铠甲、手持锐利的武器冲锋陷阵，我不如您；但运筹帷幄、制定策略，您却不如我。”因此，在军中下达命令说：“凡是猛如虎、狠如羊、贪如狼、倔强不服从指挥的人，一律处斩！”

楚国上将军宋义随后派他的儿子宋襄到齐国为相，并亲自把他送到无盐县，大摆宴席招待宾客。当时天气寒冷，大雨不停，士兵饥寒交迫。项羽便说：“本当合力攻秦，却长久地滞留不前。而今年成荒歉，百姓贫困，士兵吃的是蔬菜拌杂豆子，军中没有存粮，竟然还要设酒宴盛会宾客，不领兵渡过黄河，取用赵地的粮食作军粮，与赵军合力击秦，却说什么‘乘秦军疲惫之机发动进攻’，以秦军的强盛攻打新建立的赵国，势必战胜。赵国被攻占，秦军必然更加强大，哪里还会有疲惫的机会可乘？况且，我军刚刚吃了败仗，楚王坐立不安，集中起全国的兵力交付给将军，国家安危，在此一举。现在不体恤士兵，只图谋一己私利，不是以国家为重的忠臣啊！”

十一月，项羽早晨进见上将军宋义时，就在营帐中斩了宋义的头。出帐后即向军中发布号令说：“宋义与齐合谋反楚，楚王密令我杀了他！”这时，众将领都因畏惧而屈服，无人敢于抗拒，一致说：“首先拥立楚王的是将军您家中的人，如今又是您诛除了乱臣贼子。”于是，就共同推立项羽为代理上将军。项羽即派人去追赶宋义的儿子宋襄，追至齐境，将他杀了。并派遣桓楚向楚怀王熊心报告情况，怀王便让项羽担任了上将军。

【原文】

十二月，沛公引兵至栗[①]，遇刚武侯[②]，夺其军四千余人，并之；与魏将皇欣、武满军合攻秦军，破之。

故齐王建孙安下济北[③]，从项羽救赵。

章邯筑甬道属河[④]，饷王离[⑤]。王离兵食多，急攻钜鹿。钜鹿城中食尽、兵少，张耳数使人召前陈馀[⑥]。陈馀度兵少[⑦]，不敌秦，不敢前。数月，张耳大怒，怨陈馀，使张黡、陈泽往让陈馀[⑧]曰：“始吾与公为刎颈交，今王与耳旦暮且死，而公拥兵数万，不肯相救，安在其相为死[⑨]！苟必信[⑩]，胡不赴秦军俱死[⑪]；且有十一二相全[⑫]。”陈馀曰：“吾度前终不能救赵，徒尽亡军[13]。且馀所以不俱死，欲为赵王、张君报秦[14]。今必俱死，如以肉委饿虎[15]，何益！”张黡、陈泽要以俱死。馀乃使黡、泽将五千人先尝秦军[16]，至，皆没[17]。

当是时，齐师、燕师皆来救赵，张敖亦北收代兵[18]，得万余人，来，皆壁馀旁[19]，未敢击秦。

项羽已杀卿子冠军，威震楚国，乃遣当阳君[20]、蒲将军将卒二万渡河救钜鹿[21]。战少利[22]，绝章邯甬道，王离军乏食。陈馀复请兵[23]。项羽乃悉引兵渡河，皆沈船[24]，破釜、甑[25]，烧庐舍，持三日粮，以示士卒必死[26]，无一还心[27]。于是至则围王离，与秦军遇，九战[28]，大破之；章邯引兵却[29]。诸侯兵乃敢进击秦军，遂杀苏角[30]，虏王离；涉间不降，自烧杀。当是时，楚兵冠诸侯[31]；军救钜鹿[32]者十余壁，莫敢纵兵[33]。及楚击秦，诸侯将从壁上观[34]。楚战士无不一当十，呼声动天地，诸侯军无不人人惴恐[35]。于是已破秦军，项羽召见诸侯将；诸侯将入辕门[36]，无不膝行而前[37]，莫敢仰视。项羽由是始为诸侯上将军，诸侯皆属焉。

于是赵王歇及张耳乃得出钜鹿城谢诸侯。张耳与陈馀相见，责让陈馀以不肯救赵；及问张黡、陈泽所在，疑陈馀杀之，数以问馀。馀怒曰：“不意君之望臣深也！岂以臣为重去将印哉[38]？”乃脱解印绶[39]，推与张耳；张耳亦愕不受[40]。陈馀起如厕[41]。客有说张耳曰：“臣闻‘天与不取，反受其咎[42]。’今陈将军与君印，君不受；反天不祥[43]。急取之！”张耳乃佩其印，收其麾下[44]。而陈馀还，亦望张耳不让，遂趋出[45]，独与麾下所善数百人之河上泽中渔猎。赵王歇还信都。

（以上为第九段，写张耳与赵王赵歇被围困在巨鹿城，日夜盼望陈馀领兵来救，陈馀自度无法取胜而没有出兵；项羽率领楚军救援巨鹿，英勇无比，打败秦军，各路诸侯无不佩服，拥戴项羽为各路诸侯统帅。）

【注释】

①栗：县名，县治在今河南省夏邑县。 ②刚武侯：史失其姓名。 ③“故齐王”句：原齐王田建的孙子田安攻占了济北地。 济北：济水以北之地，今山东聊城地区。④筑甬道属河：修筑甬道连接黄河。 甬道：两旁筑有墙壁的通道，如现在的交通壕，为防御敌人袭击劫夺。属（zhǔ）：连接。 河：黄河。 ⑤饷王离：给王离供应军粮。 饷：军粮。 ⑥召前陈馀：通报陈馀向前进攻秦军以救巨鹿。 ⑦度兵少：估计、比较自己兵

少。度（duó）：估计。 ⑧往让陈馀：前往责备陈馀。让，批评。 ⑨安在其相为死：同生死的誓言哪里去了。 ⑩苟必信：如果真守信用。 ⑪胡不赴秦军俱死：何不攻击秦军与我们一同战死？胡，何，为什么。 ⑫且有十一二相全：或许还有十分之一二的可能战胜秦军保全性命。 ⑬徒尽亡军：白白地让全军覆没。 ⑭报秦：向秦军报仇。 ⑮如以肉委饿虎：如同把肉送给饿虎。委，扔给。 ⑯先尝秦军：先去试攻秦军。 ⑰至，皆没：一去就全军覆没了。 ⑱张敖：张耳子。 收代兵：结集了代地的士兵。 ⑲壁馀旁：在陈馀兵营旁扎营驻守。壁，营垒。 ⑳当阳君：黥布。 ㉑渡河救钜鹿：河，指漳河。漳河流经今河北省南部，楚军渡漳河始至巨鹿。 ㉒战少利：初战取得小胜。 ㉓陈馀复请兵：陈馀再次向项羽请求救兵。 ㉔沈船：沉船。沈，通“沉”。 ㉕破釜、甑：打破炊具。釜（fǔ），饭锅。甑（zèng），蒸饭用的炊具。 ㉖必死：不胜即死，拼死作战。㉗无一还心：沉船，破釜甑，烧庐舍，都表示自断退路，无一生还的必死决心，用以激励全军死中求活。 ㉘九战：多次战斗。九表示多数。 ㉙章邯引兵却：章邯领兵退却。㉚苏角：秦将。 ㉛冠诸侯：压倒诸侯，为诸侯之冠。 ㉜军救钜鹿：语不顺，“军”字上当有“诸侯”二字。《史记·项羽本纪》《汉书·项籍传》均有“诸侯”二字。 ㉝莫敢纵兵：十余壁诸侯，没人敢出兵作战。 纵兵：出动军队。 ㉞从壁上观：都在营垒上观战。 ㉟惴恐：战栗畏惧。 ㊱辕门：即营门。军队驻扎，以战车为阵，车辕竖起相对为门，故称营门为辕门。辕，车前驾牲畜的两根直木。 ㊲膝行而前：两膝跪地向前行走。㊳“不意”二句：没有想到你对我的怨恨有这样深，难道你以为我就舍不得放弃这颗将军印吗？望：怨恨。 重：珍惜，看重，舍不得。 ㊴印绶：指印。绶，系印纽的丝带。㊵张耳亦愕不受：张耳也是惊愕不肯接受。 按：陈馀突如其来的辞职举动让张耳惊愕。㊶如厕：上厕所。 ㊷天与不取，反受其咎：古谚语，《国语·越语下》作“天予不取，反为之灾”，意谓机不可失。 ㊸反天不祥：逆天不吉利。 ㊹收其麾下：接收了陈馀的军队。麾（huī）下，旗下，部下。麾，古代大将的指挥旗。 ㊺遂趋出：于是快步跑出。

【译文】

十二月，刘邦率军到达栗县时，遇上刚武侯，夺过他手中的部队四千多人，与自己的队伍合并起来，同魏将皇欣、武满的军队联合攻打秦军，打败了对手。

原来齐国国君田建的孙子田安攻下济水以北的地区，跟随项羽援救赵国。

秦将章邯修筑甬道连接黄河，为王离供应军粮。王离军中粮食充足，即加紧攻打巨鹿。巨鹿城内粮尽兵少，张耳便几次派人去叫陈馀前来营救。陈馀估计自己兵力不足，打不过秦军，故不敢到巨鹿来。如此过了几个月，张耳勃然大怒，埋怨陈馀，派遣张黶、陈泽前去责备陈馀说："当初我和你结为生死之交，而今赵王和我很快就要死了，你拥兵数万，却不肯出手救援，赴难同死的精神到哪里去了？如果真守信用，何不攻击秦军而与我们一同战死，似此还有十分之一二能打败秦军保全性命的希望。"陈馀说："我揣测自己前去终究不能救赵，只会白白地使全军覆没。何况我之所以不和张耳同归于尽，是想为赵王、张耳向秦军报仇啊！现在一定要共同赴死，就如同把肉送给饿虎，有什么好处呢！"但张黶、陈泽要挟陈馀一同去死，陈馀于是便让张黶、陈泽率领五千人先去试试秦军的力量，结果到了那里就全军覆没了。

当时，齐军、燕军都来救赵，张敖也到北面收集代地的士兵，得到一万多人，但是来后却都在陈馀军队的旁边安营扎寨，不敢进攻秦军。

项羽已经杀了"卿子冠军"宋义，威震楚国，就派当阳君英布和蒲将军领兵两万渡过漳河援救巨鹿。战事稍稍有利，即截断章邯所修的甬道，使王离的军队粮食短缺。陈馀于是又请求增援兵力。项羽便率领全军渡过漳河，都凿沉船只，砸毁锅、甑，烧掉营舍，只携带三天的口粮，以此表示军队将决一死战、毫无退还之意。因此，楚军一到巨鹿，就包围了王离，与秦军接战，经过多次交锋，大败秦军。章邯领兵退却。各国的援兵这时才敢于出击秦军。随即杀了苏角，俘获了王离。涉间不肯投降，自焚而死。此时，楚军的雄威压倒了诸侯军；援救巨鹿的诸侯国的军队有营垒十多座，却都不敢发兵出击。待到楚军攻打秦军的时候，诸侯军的将领都在营垒上观战。见楚军兵士无不以一当十，喊杀声惊天动地，诸侯军人人都惊恐不已。这样，打败了秦军后，项羽便召见诸侯军将领。这些将领们进入辕门时，没有一个不是跪着前行的，谁也不敢仰视。项羽从此成为诸侯军的上将军，各路诸侯都归他统率了。

此时，赵王赵歇、张耳才得以出巨鹿城拜谢各国将领。张耳与陈馀相见，责备陈馀不肯营救赵王。待问及张黶、陈泽的下落时，张耳怀疑是陈馀将他两人杀了，即几次追问陈馀。陈馀发怒说："想不到你对我的责怨如此之深啊！难道你以为我就舍不得放弃这将军的官印吗？"于是解下印信绶带，推给张耳。张耳也是愕然不肯接受。陈馀起身去上厕所，宾客中有人劝说张耳道："我听说：'上天的赐予如不接受，反而会招致祸殃。'现在陈将军给您印信，您不接受，如此违反天意，很不吉祥。还是赶快取过来吧！"张耳便佩戴上陈馀的官印，接收了他的军队。而等陈馀回来时，也颇怨恨张耳的不辞让，就急步走出，只偕同他手下的亲信几百人到漳河岸边的水泽中捕鱼猎兽去了。赵王赵歇返回信都。

【原文】

春，二月，沛公北击昌邑[1]，遇彭越[2]；彭越以其兵从沛公。越，昌邑人，常渔钜野泽中[3]，为群盗[4]。陈胜、项梁之起，泽间少年相聚百余人，往从彭越曰："请仲为长。"越谢曰[5]："臣不愿也。"少年强请，乃许；与期旦日日出会[6]，后期者斩。旦日日出，十余人后，后者至日中。于是越谢曰："臣老，诸君强以为长。今期而多后，不可尽诛，诛最后者一人。"令校长斩之[7]。皆笑曰："何至于是[8]！请后不敢。"于是越引一人斩之，设坛祭[9]，令徒属[10]，皆大惊，莫敢仰视。乃略地，收诸侯散卒，得千余人，遂助沛公攻昌邑。

昌邑未下，沛公引兵西过高阳[11]。高阳人郦食其[12]，家贫落魄[13]，为里监门[14]。沛公麾下骑士适食其里中人[15]，食其见，谓曰："诸侯将过高阳者数十人，吾问其将皆握龊[16]，好苛礼[17]，自用[18]，不能听大度之言[19]。吾闻沛公慢而易人[20]，多大略[21]，此真吾所愿从游[22]，莫为我先[23]。若见沛公[24]，谓曰：'臣里中有郦生，年六十余，长八尺，人皆谓之狂生[25]。生自谓"我非狂生"。'"骑士曰："沛公不好儒[26]，诸客冠儒冠来者[27]，沛公辄解其冠[28]，溲溺其中[29]，与人言，常大骂；未可以儒生说也[30]。"郦生曰："第言之[31]。"骑士从容言[32]，如郦生所诫者[33]。

沛公至高阳传舍[34]，使人召[35]郦生。郦生至，入谒[36]。沛公方倨床[37]，使两女子洗足而见郦生。郦生入，则长揖不拜[38]，曰："足下欲助秦攻诸侯乎，且[39]欲率诸侯破秦也？"沛公骂曰："竖儒[40]！天下同共苦秦久矣[41]，故诸侯相率而攻秦，何谓助秦攻诸侯乎！"郦生曰："必聚徒、合义兵诛无道秦[42]，不宜倨见长者[43]！"于是沛公辍洗[44]，起，摄衣[45]，延郦生上坐[46]，谢之[47]。郦生因言六国从横时[48]。沛公喜，赐郦生食，问曰："计将安出？"郦生曰："足下起纠合之众[49]，收散乱之兵，不满万人；欲以径入强秦，此所谓探虎口者也；夫陈留[50]，天下之冲[51]，四通五达之郊也[52]；今其城中又多积粟。臣善其令[53]，请得使之令下足下[54]；即不听[55]，足下引兵攻之[56]，臣为内应。"于是遣郦生行，沛公引兵随之，遂下陈留；号郦食其为广野君[57]。郦生言其弟商[58]。时商聚少年得四千人，来属沛公，沛公以为将，将陈留兵以从。郦生常为说客，使诸侯。

三月，沛公攻开封[59]，未拔；西与秦将杨熊会战白马[60]，又战曲遇[61]

东，大破之。杨熊走之荥阳[62]，二世使使者斩之以徇[63]。

夏，四月，沛公南攻颍川[64]，屠之。因张良，遂略韩地。时赵别将司马印方欲渡河入关，沛公乃北攻平阴[65]，绝河津[66]南，战洛阳东。军不利，南出轘辕[67]，张良引兵从沛公；沛公令韩王成[68]留守阳翟，与良俱南。

六月，与南阳守齮战犨东[69]，破之，略南阳郡；南阳守走保城，守宛。沛公引兵过宛，西；张良谏曰："沛公虽欲急入关，秦兵尚众，距险[70]；今不下宛，宛从后击，强秦在前，此危道也！"于是沛公乃夜引军从他道还，偃旗帜[71]，迟明[72]，围宛城三匝[73]。南阳守欲自刭，其舍人[74]陈恢曰："死未晚也[75]。"乃逾城见沛公曰："臣闻足下约先入咸阳者王之。今足下留守宛，宛郡县连城数十，其吏民自以为降必死，故皆坚守乘城[76]。今足下尽日止攻[77]，士死伤者必多；引兵去宛，宛必随足下后。足下前则失咸阳之约[78]，后有强宛之患。为足下计，莫若约降封其守[79]；因使止守[80]，引其甲卒与之西。诸城未下者，闻声争开门而待足下，足下通行无所累[81]。"沛公曰："善！"秋，七月，南阳守齮降，封为殷侯；封陈恢千户[82]。

引兵西，无不下者。至丹水[83]，高武侯鳃、襄侯王陵[84]降。还攻胡阳[85]，遇番君别将梅鋗[86]，与偕攻析、郦[87]，皆降。所过亡得卤掠[88]，秦民皆喜。

（以上为第十段，写刘邦率领军队一路向西，沿途得到聚兵于巨野泽的彭越、高阳谋士郦食其、南阳郡守舍人陈恢等人的帮助，势如破竹，迅速平定南阳各郡县。）

【注释】

①昌邑：县名，县治在今山东金乡县西北。 ②彭越：字仲，昌邑人，秦末起兵，助汉王刘邦破项羽。西汉建立，封梁王。传见《史记》卷九十。 ③钜野泽：亦称大野泽，在今山东巨野县。 ④为群盗：聚众为盗。 ⑤越谢曰：彭越推辞说。 ⑥"与期"句：和大伙约定第二天清晨太阳出来时集合。期：约定。旦日：第二天。会：集合。 ⑦令校长斩之：下令校长杀那个最后迟到的人。校长，彭越指定执行军法的官员。⑧何至于是：哪至于这样啊！ ⑨设坛祭：设立土坛，以人头祭祀，用来严明法纪。⑩令徒属：号令徒众。 ⑪高阳：乡名，在今河南杞县西南。 ⑫郦食其（lì yì jī）：见汉

高祖时年六十余，常为说客，出使诸侯。传见《史记》卷九十七。 ⑬落魄：困窘失意。⑭为里监门：做了个看管里门的小吏。里，聚居的村落。 ⑮适食其里中人：正好是郦食其同一个里的人。适，正好，恰巧。 ⑯握龊（chuò）：器量狭小。 ⑰好苛礼：好拘泥于繁琐的礼节。 ⑱自用：自以为是。 ⑲大度之言：恢宏豁达的言论。 ⑳慢而易人：傲慢看不起人。 ㉑多大略：富有远大的谋略。 ㉒此真吾所愿从游：这人真是一个我愿意结交的朋友。游，交游，交往。 ㉓莫为我先：没有人为我介绍。先，引见，介绍。㉔若见沛公：你去见沛公。 若：汝，你。 ㉕狂生：疯老头。 ㉖不好儒：不喜欢儒生。 ㉗冠儒冠来者：戴儒生帽子的人来了。 ㉘辄解其冠：总是摘下他的帽子。 ㉙溲溺其中：往儒生帽子里撒尿。溲（sōu）：尿。 溺：同“尿”。 ㉚未可以儒生说也：你可不能以儒生的身份去游说。 ㉛第言之：只管把这些话告诉沛公。 ㉜骑士从容言：那个骑兵落落大方地把郦食其嘱托的话转告给了沛公。 ㉝如郦生所诫者：完全依照郦食其嘱咐的那样。 ㉞传（zhuàn）舍：古时供行人休息住宿的处所，旅馆。 ㉟召：请。㊱入谒：进见。 ㊲倨床：叉腿坐在床边。倨，通“踞”，叉开腿坐着。见宾客而倨坐，不整饬仪容，是一种不礼貌的态度。 ㊳长揖不拜：深深作揖不下拜。 按：郦生长揖不拜，表示不卑不亢。 ㊴且：还是。 ㊵竖儒：骂人语，如说你这个浑小子。 ㊶苦秦久矣：被秦祸害太久了。 ㊷诛无道秦：讨伐丧失道义的秦朝。 ㊸不宜倨见长者：就不应该用这种傲慢无礼的态度来接见年长的人。 ㊹辍洗：停止了洗脚。 ㊺摄衣：整饬容装。㊻延上坐：请坐上座。 ㊼谢之：向郦食其赔礼。 ㊽言六国从横时：讲战国时各诸侯国合纵连横互相斗争的时势，借以为鉴。时，时势。 ㊾纠合之众：临时聚合的大众，即乌合之众。 ㊿陈留：县名，县治在今河南陈留。 (51)天下之冲：天下的交通要道。冲，要冲，枢纽。 (52)四通五达之郊也：四通八达的地方。郊，地方，处所。 (53)臣善其令：我与陈留县令交好。善，友好。 (54)使之令下足下：让陈留县令向你投降。下，降服。(55)即不听：如果不听从。 (56)引兵攻之：领兵攻城。 (57)广野君：郦食其替刘邦谋划扩大势力范围，所以号“广野君”。 (58)郦生言其弟商：郦食其劝说他的弟弟郦商，来投刘邦。郦商归汉，多立战功，封曲周侯。传见《史记》卷九十五。 (59)开封：县名，县治在今河南开封市南。 (60)白马：县名，县治在今河南滑县东。 (61)曲遇：邑名，在今河南省中牟县东。 (62)荥阳：县名，县治在今河南荥阳市东北。 (63)徇：示众。 (64)颍川：郡名，郡治阳翟，在今河南禹州。 (65)平阴：县名，县治在今河南省孟津区东。境内平阴津为黄河重要渡口。 (66)绝河津：封锁黄河渡口。 按：刘邦欲先定关中，所以绝河津，堵截司马卬使其不得渡河。 (67)轘辕：在今河南省洛阳市偃师区东南，山路险峻，是有名的要隘。(68)韩王成：即横阳君韩成。 (69)南阳：郡名，治所宛县，在今河南省南阳市。齮（yǐ）：

秦南阳太守吕齮。犨（chōu）：县名，县治在今河南鲁山县东南。 ⑦⓪距险：凭险固守，以拒敌人。距，通“拒”。 ⑦①偃旗帜：放倒旗帜，隐藏起来。 ⑦②迟明：接近天亮。迟，比，近。 ⑦③围宛城三匝：将宛城重重包围。匝，环绕一周。 ⑦④舍人：左右亲近的人。⑦⑤死未晚也：等等再死也不迟。按：这是陈恢说词的最后一句话，等我陈恢去游说沛公有条件投降，如不可能，再死不迟。 ⑦⑥故皆坚守乘城：所以全都登城防守。 ⑦⑦今足下尽日止攻：现今你整日停留在这里攻打宛城。止攻，被拖在这里攻城。 ⑦⑧失咸阳之约：耽误了先入关为王的约定。 ⑦⑨莫若约降封其守：还不如订约受降，加封南阳郡守。⑧⓪因使止守：借此留下南阳郡守替你守城。止守，留守。 ⑧①通行无所累：西进就会畅行无阻。 ⑧②千户：食邑千户的侯爵。 ⑧③丹水：县名，故城在今河南淅川县西丹水（汉水支流）北岸。 ⑧④高武侯鳃（sāi）：《功臣表》所载之戚鳃。 襄侯王陵：汉初官右丞相，封安国侯，襄侯是此时的封号。 ⑧⑤胡阳：县名，县治在今河南唐河县南。 ⑧⑥番（pó）君：吴芮，在秦做番阳（即今鄱阳）令，故称番君；后参加反秦起义，汉初封长沙王。梅鋗（juān）：吴芮的部将。 ⑧⑦析：县名，县治在今河南西峡县。 郦：县名，县治在今河南南阳市西北。 ⑧⑧亡得卤掠：不得掳掠。亡，通“无”，不。卤，通“掳”。

【译文】

春季，二月，沛公刘邦向北攻打昌邑，遇到彭越，彭越即带领他的部队跟随了刘邦。彭越是昌邑人，经常在巨野湖泊中捕鱼，与人结伙为强盗。陈胜、项梁起事抗秦时，水泽中的青年一百多人聚合起来，前去追随彭越，说道：“请您出任首领。”彭越推辞说：“我不愿意啊。”青年们竭力请求，彭越才答应了，并与他们约定次日清晨太阳出来时集合，迟到的即斩首。第二天日出后，有十多个人晚到，最迟的直至中午才来。彭越于是抱歉地说：“我已经老了，你们执意要推举我为头领。如今到了约定时间而许多人迟到，不能够都杀掉，那么就将最后到达的一个人斩首吧。”即命校长杀那个人。大家都笑道：“哪至于这样啊！以后再不敢如此就是了。”彭越这时拉出那人杀了，设立土坛以人头祭祀，号令所属部下。部属们都惊恐万状，无人敢抬头望他。彭越随后便领兵攻夺土地，收集诸侯军中的散兵游勇，得到一千多人，协助刘邦攻打昌邑。

昌邑城没有攻下，沛公刘邦率军西进经过高阳。高阳人郦食其，家境贫寒，落魄飘零，做了个看管里门的小吏。刘邦部下中一名骑兵正好是郦食其的同乡，郦食其见到他时，对他说：“诸侯军将领路过高阳的有几十人，我打听到这些将领都器量狭小，好拘泥于繁文缛礼，自以为是，听不进气度豁达、抱负恢宏的言论。我还听说刘邦为人傲慢而看不起人，富于远见卓识，这真是我所愿意结交的人啊，可惜没有人为我引荐。你如果见到刘邦，就告诉他说：‘我的乡里中有个郦生，六十多岁了，身高八尺，人们都称他为狂生。但他自己却称自己不是狂生。’”这名骑兵说：“沛公不喜欢儒生，每当宾客中有戴着儒生帽子来的，沛公总是脱下他的帽子，在里面撒尿。与人谈话的时候，也常常破口大骂。所以，你不可以儒生的身份前去游说他。”郦食其说：“你只管把这些话告诉他吧。”骑兵便将郦食其嘱托的话从容地转达给了刘邦。

刘邦到了高阳的旅舍，派人召郦食其来见。郦食其一到，即进见。这时刘邦正叉开两腿坐在床上，让两个女子给他洗脚，如此便接见郦食其。郦其食进来，只是拱手高举，行相见礼而不跪拜，说道：“您是想要协助秦朝攻打诸侯国呢，还是想要率领各路诸侯击败秦朝呢？”刘邦骂道：“没见识的儒生！天下的人共同受秦朝暴政苦累已经很久了，所以各国相继起兵攻秦，怎么说是帮助秦朝攻打诸侯呀？”郦食其说：“您若确实想聚集群众、会合正义的军队去讨伐暴虐无道的秦朝，就不该如此傲慢无礼地接见年长的人！”刘邦于是停止洗脚，起身整理好衣服，请郦食其在尊客席上就座，向他道歉。郦食其便谈起了六国合纵连横的时势。刘邦很高兴，赏饭给郦食其吃，并问道：“计策将如何制定？”郦食其说：“您从一群乌合之众中起事，收拢了一些散兵游勇，部众还不足一万人，就想靠此径直去攻打强大的秦朝，这就像是用手去掏虎口啊！陈留是天下的要冲，四通八达的枢纽地区，现在城中又贮存有许多粮食，而我恰与陈留县令交情不错，请您让我出使陈留，劝他向您投降；假如他不听从劝告，您就领兵攻城，我做内应。”刘邦于是派郦食其出发，自己率军跟随，随即降服了陈留，便封郦食其为广野君。郦食其对他的弟弟郦商说了这些事。当时郦商就召集青年，得到四千人，前来归属刘邦，刘邦任用郦商为将军，命他率领陈留的部队相随。郦食其则常常作为说客，出使各诸侯国。

三月，刘邦攻打开封，没有攻下；便西进，在白马与秦将杨熊会战，又在曲遇东面打了一仗，大败秦军。杨熊逃到荥阳，秦二世派使者去将他斩首示众。

夏季，四月，刘邦向南进攻颍川，屠戮了一番。因得到张良的辅助，攻取了故韩国的领地。这时，赵军所属部将司马卬要渡过黄河进入函谷关，刘邦于是就向北进攻平阴，切断黄河渡口南部地区，在洛阳东面与秦军交锋。但因作战不利，向南撤出轘辕关，张良领兵跟随刘邦；刘邦即命韩王韩成留守阳翟，自己与张良一起南下。

六月，刘邦率军在犨县东与郡守吕齮交战，击败了秦军，夺取了南阳郡。南阳郡守败逃，回保城池，固守郡的治所宛城。刘邦领兵绕过宛城西进。张良劝他说：“您虽然想要尽快入关，但是目前秦军尚兵多势众，且又可据险顽抗，倘若现在不攻下宛城，一旦宛城守敌从背后夹击，前面又有强大的秦军阻挡，将是很危险的！”刘邦于是连夜率军抄小道返回，放倒旗帜，在天没亮时，将宛城重重围住。南阳郡守见状想自杀，他的舍人陈恢说：“想要寻死还早了点儿吧。”就翻越城墙去见刘邦，说：“我听说您曾受楚怀王之约，先攻入咸阳的关中称王。如今您滞留在这里攻打宛城，而宛城很大，连城数十座，城内军民自认为投降也是必死无疑，故都登城坚守。现在您整日停留在这里攻城，士兵死伤的必定很多，如果您率军撤离宛城，宛城的守军肯定要尾随追击。这样一来，您在前则耽误了先入咸阳者称王的约定，在后则有遭到强大的宛城守军夹击的忧患。我为您着想，还不如订约招降，加封南阳郡守，仍让他留守郡中，而率领他的军队一道西进。这样，那些没有投降的城邑，闻讯就会争先恐后地打开城门等候您的到来，届时您就可以通行无阻了。”刘邦说：“好！”秋季，七月，南阳郡守吕齮举城投降，刘邦封他为殷侯；并封给陈恢享用一千户的赋税收入。

于是，沛公刘邦率军西进，所过城邑没有不降服的。待到达丹水时，高武侯戚鳃、襄侯王陵也归降了。刘邦又回攻胡阳，遇见番君属下的将领梅鋗，便与他一同攻打析地和郦地，二地都投降了。刘邦命令军队所过之处不得掳掠，秦地的百姓都非常喜悦。

【原文】

王离军既没，章邯军棘原①，项羽军漳南②，相持未战。秦军数却，二世使人让章邯。章邯恐，使长史欣请事③；至咸阳，留司马门④三日，赵高不见⑤，有不信之心。长史欣恐，还走其军⑥，不敢出故道⑦。赵高果使人追之，不及。欣至军，报曰：“赵高用事于中⑧，下无可为者⑨。今战能胜，高必疾妒吾功；不能胜，不免于死。愿将军孰计之⑩！”

陈馀亦遗章邯书⑪曰：“白起⑫为秦将，南征鄢郢⑬，北坑马服⑭，攻城略地，不可胜计，而竟赐死。蒙恬⑮为秦将，北逐戎人⑯，开榆中地⑰数千里，竟斩阳周⑱。何者？功多，秦不能尽封，因以法诛之⑲。今将军为秦将三岁矣，所亡失以十万数；而诸侯并起滋益多⑳。彼赵高素谀日久㉑，今事急，亦恐二世诛之，故欲以法诛将军以塞责㉒，使人更代将军以脱其祸[23]。夫将军居外久，多内郤[24]，有功亦诛，无功亦诛。且天之亡秦，无愚智皆知之。今将军内不能直谏，外为亡国将[25]，孤特独立[26]而欲常存，岂不哀哉！将军何不还兵与诸侯为从[27]，约共攻秦，分王其地[28]，南面称孤[29]！此孰与身伏鈇质[30]，妻子为戮乎？”

章邯狐疑，阴使候始成使项羽[31]，欲约[32]。约未成，项羽使蒲将军日夜引兵渡三户[33]，军漳南[34]，与秦军战，再破之。项羽悉引兵击秦军汙水上[35]，大破之。章邯使人见项羽，欲约。项羽召军吏[36]谋曰：“粮少，欲听其约[37]。”军吏皆曰：“善！”项羽乃与期洹水南殷虚上[38]。已盟，章邯见项羽而流涕，为言赵高[39]。项羽乃立章邯为雍王[40]，置楚军中；使长史欣为上将军，将秦军为前行。

瑕丘申阳[41]下河南，引兵从项羽。

（以上为第十一段，写秦朝赵高专权，司马欣入朝而不得相见，不被信任，弄得秦将章邯左右不是人；陈馀分析利弊，劝其投降；章邯深感危机重重，有功也要被杀，无功也要被杀，就投奔项羽，被封为雍王。）

【注释】

①棘原：地名，在今河北平乡县南。②漳南：漳水南岸。③请事：请示。④司马门：皇宫的外门。宫墙内各处有卫士，门外有司马指挥的卫士把守，故总称宫廷外门为司马门。臣下入宫，在此听候宣召。⑤不见：不接见。⑥还走其军：逃回到自己的军营。⑦出故道：走原路。⑧用事于中：专权于朝中。⑨下无可为者：在下位的人不可能有所作为。⑩孰计之：认真考虑该怎么办。孰，通“熟”，指深思熟虑。⑪遗（wèi）章邯书：送给章邯一封信。遗，送。书，信。⑫白起：秦昭王时大将，屡建奇功，竟蒙冤被昭王赐死。传见《史记》卷七十三。⑬南征鄢郢：公元前279年白起伐楚，次年取楚都郢。鄢即今湖北宜城，郢都即今湖北江陵。⑭北坑马服：公元前260年白起败赵长平军，活埋赵将马服君赵括率领的赵国士兵四十余万人。马服，马服君之省称，赵将赵奢的爵号，其子赵括袭爵。⑮蒙恬：秦大将军，逐匈奴，筑长城，功勋卓著，始皇死，赵高在沙丘政变中假造秦始皇遗诏赐死蒙恬。⑯戎人：指匈奴。⑰开榆中地：开拓疆域榆中地区，当今内蒙古自治区包头以南河套地区。⑱竟斩阳周：蒙恬被下狱阳周，迫令其自杀。斩，犹言死。阳周，县名，县治在今陕西子长市北。⑲因以法诛之：以法令为借口杀掉他们。⑳滋益多：越来越多。滋，增生，漫延。㉑素谀日久：一直蒙蔽二世很久了。谀，阿谀奉承，此指蒙蔽。㉒以塞责：用以掩饰自己的罪行。㉓脱其祸：

逃脱自己的灾祸。 ㉔多内郤：与朝廷有很多矛盾。内，指朝廷内部。郤，同“隙”，裂痕，隔阂，矛盾。 ㉕亡国将：亡国的将军。 ㉖孤特独立：孤立无援。特，茕茕孑立。㉗还兵与诸侯为从：倒戈与起义军联合。 ㉘分王其地：瓜分秦地各自为王。王（wàng），称王。 ㉙南面称孤：南向称孤道寡。南面，古代帝王座位向南，故“南面”指有帝王之位。 ㉚身伏鈇质：身受死刑。鈇质即斧锧，锧为斩人的砧。 ㉛“阴使”句：秘密派一个叫始成的军候到项羽那里。 ㉜欲约：想要签订和约，其实是谈投降条件。 ㉝三户：三户津，漳河的一个渡口，在河北临漳县西。 ㉞军漳南：前文“项羽军漳南”，既“渡三户”，则此“南”当是“北”之误。 ㉟击秦军汙（yú）水上：击秦军于汙水岸边。汙水，在河北省临漳县西南，今已涸。 ㊱军吏：军官。 ㊲听其约：同意章邯议和的要求。 ㊳“项羽”句：项羽与章邯约定在洹水南面的殷墟上会晤。期：约定。洹（huán）水：即今河南省安阳市北的安阳河。 殷虚：即殷墟，殷代都城遗址，即今河南省安阳市西小屯村。 ㊴为言赵高：对项羽诉说赵高弄权误国，陷害忠良之事。为言，与……诉说。 ㊵雍王：三秦王之一的雍地秦王。 雍：县名，县治在今陕西宝鸡市凤翔区南。 ㊶瑕丘申阳：瑕丘县人申阳。 瑕丘：县名，县治在今山东兖州东北。

【译文】

秦将王离的军队已经覆没，章邯的军队驻扎在棘原，项羽的军队则屯驻在漳水的南面，两军对垒相持，尚未交战。秦军几次后撤，秦二世为此派人去责问章邯。章邯非常恐惧，派遣长史司马欣前去请示事务。司马欣抵达咸阳后，在皇宫的外门司马门逗留了三天，赵高也不予接见，表示出不信任的意思。长史司马欣惊恐，奔回他的军中，不敢再走原路。赵高果然派人来追赶他，但是没有追上。司马欣回到章邯军中，报告说：“赵高在朝中专权，下面的人不可能有所作为的。如果作战能够获胜，赵高必定会嫉妒我们的功劳；不能取胜，便免不了一死。希望您对此要仔细斟酌！”

陈馀也写信给章邯说：“白起是秦国的大将，他率军南征楚国的都城鄢郢，北战活埋马服君赵括的大军，攻城夺地，不可胜数，最后却被赐死。蒙恬是秦国的大将，他北逐匈奴，开拓榆中之地几千里，最后在阳周被斩杀。这是为什么呢？是因为功绩太多，秦国不能全部给以封赏，就以法令为借口诛杀了他们。如今您任秦将已经三年了，伤亡损失的兵力也以十万计，而诸侯国仍然蜂拥而起，越来越多。那赵高一向阿谀奉承，时日已久，现在情势紧急，他也害怕被二世杀掉，所以就想用秦法杀您，借此搪塞罪责；派人替代您，借此逃脱他的灾祸。您领兵在外的时间很久，朝廷内多有仇怨，有功也要被杀，无功也要被杀。况且上天要灭亡秦朝，这是无论愚蠢还是聪慧的人都知道的事情。而今您在内不能直言规劝，在外又将成亡国的将军，茕茕孑立，却想要长久地生存，难道不可悲吗！您何不就倒戈与各诸侯军联合，约定共同攻秦，瓜分秦朝的土地而称王，南向称孤道寡呀！这与身伏斧砧遭斩杀，妻子儿女被杀戮相比，哪一个结局更好呢？”

章邯狐疑不决，暗地里派遣名叫始成的侦察官出使项羽军中，想要签订和约。和约未达成，项羽派蒲将军领兵昼夜兼行地渡过漳水三户渡口，驻扎在漳水南面，与秦军交锋，再次打败了他们。项羽随后又统领全军在汙水边进攻秦军，大败他们。章邯于是派人求见项羽，想订立和约。项羽即召集军官们商议说：“现在军中粮食短缺，我想答应他们议和的要求。”军官们都说：“可以。”项羽便与章邯约定在洹水南面的殷墟上会晤。订立盟约后，章邯进见项羽，流着泪向他诉说赵高的所作所为。项羽就立章邯为雍王，将他安顿在楚军中，并命长史司马欣任上将军，率领秦军为先头部队。

瑕丘人申阳去到河南，领兵追随项羽。

【原文】

初，中丞相[①]赵高，欲专秦权，恐群臣不听，乃先设验[②]，持鹿献于二世曰：“马也。”二世笑曰：“丞相误邪，谓鹿为马？”问左右，或默[③]，或言马以阿顺[④]赵高，或言鹿者。高因阴中诸言鹿者以法[⑤]。后群臣皆畏高，莫敢言其过。

高前数言“关东盗无能为也[⑥]”；及项羽虏王离等，而章邯等军数败[⑦]，上书请益助[⑧]。自关以东，太抵尽畔秦吏，应诸侯[⑨]；诸侯咸率其众西乡[⑩]。八月，沛公将数万攻武关，屠之[⑪]。高恐二世怒，诛及其身，乃谢病[⑫]，不朝见。

二世梦白虎啮其左骖马，杀之[⑬]。心不乐，怪问占梦[⑭]。卜曰[⑮]：“泾水为祟[⑯]。”二世乃斋[⑰]于望夷宫[⑱]，欲祠泾水，沈四白马。使使责让高以盗贼事。

高惧，乃阴与其婿咸阳令阎乐及弟赵成谋曰：“上不听谏；今事急，欲归祸于吾。欲易置上[⑲]，更立子婴。子婴仁俭，百姓皆载其言[⑳]。”乃使郎中令为内应[㉑]，诈为有大贼，令乐召吏发卒追，劫乐母置高舍[㉒]。遣乐将吏卒千余人至望夷宫殿门，缚卫令仆射[㉓]，曰：“贼入此，何不止？”

卫令曰："周庐设卒甚谨[24]，安得贼敢入宫！"乐遂斩卫令，直将吏入[25]，行射郎、宦者[26]。郎、宦者大惊，或走，或格[27]；格者辄死，死者数十人。

郎中令与乐俱入，射上幄坐帏[28]。二世怒，召左右；左右皆惶扰不斗[29]。旁有宦者一人侍，不敢去[30]。二世入内，谓曰："公何不早告我，乃至于此！"宦者曰："臣不敢言，故得全；使臣早言，皆已诛，安得至今！"阎乐前即二世[31]，数曰[32]："足下骄恣[33]，诛杀无道[34]，天下共畔足下，足下其自为计[35]！"二世曰："丞相可得见否？"乐曰："不可！"二世曰："吾愿得一郡为王。"弗许。又曰："愿为万户侯。"弗许。曰："愿与妻子为黔首，比诸公子[36]。"阎乐曰："臣受命于丞相，为天下诛足下；足下虽多言，臣不敢报！"麾其兵进[37]。二世自杀。

阎乐归报赵高。赵高乃悉召诸大臣、公子，告以诛二世之状[38]，曰："秦故王国[39]；始皇君天下[40]，故称帝。今六国复自立，秦地益小，乃以空名为帝，不可；宜如故[41]，便。"乃立子婴为秦王。以黔首葬二世杜南宜春苑中[42]。

九月，赵高令子婴斋戒，当庙见[43]，受玉玺。斋五日，子婴与其子二人谋曰："丞相高杀二世望夷宫，恐群臣诛之，乃诈[44]以义立我。我闻赵高乃与楚约[45]，灭秦宗室而分王关中。今使我斋、见庙，此欲因[46]庙中杀我。我称病不行，丞相必自来；来则杀之。"高使人请子婴数辈[47]，子婴不行。高果自往，曰："宗庙重事[48]，王奈何不行？"子婴遂刺杀高于斋宫，三族高家以徇[49]。

遣将兵距峣关[50]，沛公欲击之。张良曰："秦兵尚强，未可轻。愿先遣人益张旗帜于山上为疑兵[51]，使郦食其、陆贾往说秦将，啖以利[52]。"秦将果欲连和[53]；沛公欲许之。张良曰："此独其将欲叛，恐其士卒不从；不如因其懈怠击之[54]。"沛公引兵绕峣关，逾蒉山[55]，击秦军，大破之蓝田[56]南。遂至蓝田，又战其北，秦兵大败。

（以上为第十二段，写秦朝丞相赵高指鹿为马，独操秦朝大权，与女婿咸阳县令阎乐、弟弟赵成商议，杀掉胡亥，拥立子婴；子婴利用斋戒参拜祖先的机会，杀掉赵高，灭其三族；刘邦率军直奔咸阳。）

【注释】

①中丞相：禁中丞相。赵高为中人（宦官），又在禁中执政，故名。 ②设验：试探。③或默：有的人沉默不说话。 ④阿顺：曲意附和。 ⑤高因阴中诸言鹿者以法：赵高暗中借秦法陷害那些说真话是鹿的人。阴中，暗中伤害。 以法：捏造罪名，用法律害人。⑥无能为也：成不了气候。 ⑦数（shuò）败：多次打败仗。 ⑧上书请益助：上奏请求增派援军。 ⑨“大抵”二句：大体上全都背叛秦朝官吏，响应诸侯。 大抵：大都，大体。 畔：通“叛”。 ⑩西乡：西向。乡，通“向”。 ⑪屠之：屠灭全城。 ⑫谢病：告病，称说有病。 ⑬“二世”二句：秦二世梦见一只白虎咬他的左骖马，并把马咬死。啮（niè）：咬。 左骖马：左边拉车的马。 杀之：指白虎咬死了左骖马。 ⑭占梦：以圆梦为职业的人。 ⑮卜曰：卦辞上说。 ⑯泾水为祟：泾水神作怪。泾水，渭水支流，在咸阳附近注入渭水。 ⑰斋：斋戒。古人在祭祀或举行盛典之前几天不饮酒、不吃荤，沐浴别居，清心寡欲，以示虔敬，叫斋戒。 ⑱望夷宫：宫名，故址在今陕西泾阳县东南。临泾水北望泾河平原，故称“望夷宫”。夷，指泾河平原。 ⑲易置上：更换皇帝。 ⑳百姓皆载其言：百姓都拥护他说的话。载，通“戴”，拥护，爱戴。 ㉑郎中令为内应：赵高弟赵成为郎中令，故为内应。 ㉒劫乐母置高舍：劫持阎乐的母亲软禁在赵高家里做人质。㉓缚卫令仆射：把卫令仆射捆绑起来。 ㉔周庐设卒甚谨：宫内围墙内外各区庐舍的值勤卫士巡逻得非常谨严。周庐，古代皇宫周围所设警卫庐舍。 ㉕直将吏入：带着官兵一直进入宫内。 ㉖行射郎、宦者：一边跑一边射杀郎官和宦官。 ㉗或走，或格：有的逃跑，有的抵抗。 ㉘射上幄坐帏：箭射到二世的幄坐和帏帐上。幄（wò）坐，帐内帝、后的座位。 ㉙惶扰：惊慌混乱。 不斗：不抵抗，不护卫二世。 ㉚不敢去：不敢离开二世。 ㉛阎乐前即二世：阎乐向前靠近二世。 ㉜数曰：责备二世说，指列举罪状。 ㉝足下骄恣：足下骄横放纵。 按：足下，称对方的敬辞，古代下对上，多为平辈相称。阎乐不称二世为“陛下”，可见已不承认胡亥为皇帝了。 ㉞诛杀无道：滥杀无辜，是个无道的昏君。 ㉟其自为计：希望你自己拿主意，这是逼迫二世自杀的用语。㊱比诸公子：给我享受与诸公子同等的待遇。比，同等。 ㊲麾其兵进：指挥士兵向前。㊳告以诛二世之状：报告诛杀二世的经过。 ㊴秦故王国：秦国从前本是个王国。 ㊵君天下：统一了天下。 ㊶宜如故：应还像先前一样称王才合适。据章校，他本“宜”下有“为王”二字。《史记·秦始皇本纪》有“为王”二字，当补。 ㊷“以黔首”句：按照平民规格把秦二世埋葬在杜县南宜春苑里。宜春苑，秦离宫有宜春宫，宫东为宜春苑。㊸庙见：朝拜祖庙。此是皇帝即位后，第一次到宗庙拜祖先会群臣、受印玺的典礼。

㊹诈：欺诈，此处作“佯”字解。 ㊺赵高乃与楚约：《史记·高祖本纪》有“赵高已杀二世，使人来，欲约分王关中，沛公以为诈”云云，则是与刘邦约。 ㊻因：趁。 ㊼数辈：多批、多次。 ㊽宗庙重事：国家大事。 ㊾三族高家以徇：诛杀赵高家三族示众。三族，父族、母族、妻族。徇，示众。 ㊿距：通“拒”。峣（yáo）关：峣山关口。峣山在今陕西。 (51)疑兵：为了虚张声势迷惑敌人而布置的军队。 (52)啖（dàn）以利：用利益引诱。 (53)连和：结盟，此处为接受投降条件。 (54)因其懈怠击之：趁着秦兵麻痹大意击败他。按：张良之计是击溃秦军，免生后患。 (55)蒉山：山名，在今陕西蓝田县南。 (56)蓝田：县名，县治即今陕西省蓝田县。

【译文】

当初，中丞相赵高想独操秦朝大权，但又担心群臣不服，于是便先进行试探，牵来一只鹿献给秦二世，赵高说：“这是马啊。”二世笑道，说：“你错了吧？怎么把鹿叫作马？”即询问侍立左右的大臣们，群臣有的沉默不语，有的说是马以迎合赵高，有的则说是鹿。于是，赵高暗中借秦法陷害了那些明说是鹿的人。此后，群臣都畏惧赵高，没有人敢谈论他的过错。

赵高以前曾多次说“关东的盗贼成不了大事”，待到项羽俘获王离等人，而章邯等人的军队也多次被打败，赵高才上书请求增兵援助。这时自函谷关以东，大体上全都背叛秦朝官吏，响应诸侯；诸侯也都各自统率部众向西进攻。八月，沛公刘邦率领几万人攻打武关，屠灭了全城。赵高恐怕秦二世为此发怒，招致杀身之祸，就托病不出，不再朝见二世。

秦二世梦见一只白虎咬他的左骖马，并把马咬死，因此心中闷闷不乐，颇觉奇怪，便询问占梦的人。占梦人卜测说：“是泾水神在作祟。”二世于是就在望夷宫实行斋戒，想祭祀泾水神，将四匹白马沉入河中，并为盗贼的事派人去责问赵高。

赵高愈加害怕，即暗中与他的女婿咸阳县令阎乐、他的弟弟赵成商议说：“皇上不听规劝，而今情势紧急，便想嫁祸于我。我打算更换天子，改立二世哥哥的儿子子婴为皇帝。子婴为人仁爱俭朴，百姓们都拥护他说的话。”随即命郎中令作为内应，诈称有大盗，令阎乐调兵遣将去追捕，同时劫持阎乐的母亲安置到赵高府中。又派阎乐率领官兵一千多人来到望夷宫殿门前，将卫令仆射捆绑起来，说：“大盗进里面去了，为什么不进行阻拦？”卫令道：“宫墙周围设置卫兵，防守非常严密，怎么会有盗贼敢溜入宫中啊！”阎乐就斩杀了卫令，带兵径直闯进官去，边走边射杀郎官和宦官。郎官、宦官惊恐万状，有的逃跑，有的抵抗，而反抗者即被杀死，这样死了几十人。

郎中令和阎乐于是一同入内，箭射秦二世的座位、帷帐。二世怒不可遏，召唤侍候左右的卫士，但近侍卫士都慌乱不堪，没有上前抵抗。二世身旁只有一名宦官服侍着，不敢离去。二世入内对这个宦官说："你为什么不早告诉我呀，竟至于到了这个地步！"宦官道："我不敢说，所以才能保全性命；如果我早说了，已经被杀掉了，哪里还能活到今日！"阎乐这时走到二世面前，数落他说："您骄横放纵，滥杀无辜，天下人都背叛了您，您还是自己打算一下吧！"二世说："我可以见丞相吗？"阎乐道："不行！"二世说："我希望得到一个郡来称王。"阎乐不准许。二世又说："我愿意作万户侯。"阎乐仍不答应。二世于是说："那么我甘愿与妻子儿女去做平民百姓，像各位公子的结局那样。"阎乐道："我奉丞相的命令，为天下百姓诛杀您，您再多说，我也不敢禀告！"随即指挥他的士兵上前。二世就自杀了。

阎乐回报赵高，赵高便召集全体大臣、公子，告诉他们诛杀二世的经过，并说道："秦国从前本是个王国，始皇帝统治了天下，因此称帝。现在六国重又各自独立，秦朝的地盘越来越小，仍然以一个空名称帝，不可如此。应还像过去那样称王才合适。"便立子婴为秦王，并用平民百姓的礼仪把二世葬在了杜县南面的宜春苑中。

九月，赵高让子婴斋戒，到宗庙参拜祖先，接受国君的印玺。斋戒五天后，子婴与他的两个儿子商量说："丞相赵高在望夷宫杀了二世皇帝，害怕群臣将他杀掉，才假装依据礼义拥立我为王。我听说赵高曾经与楚军约定，消灭秦朝的宗室之后，在关中分别称王。如今他让我斋戒，赴宗庙参拜，这是想乘朝见宗庙之机杀了我啊。我若托病不去，丞相必定会亲自前来请我，他来了就杀掉他。"赵高派了几批人去请子婴，子婴就是不动身。赵高果然亲自前往，说道："参拜宗庙是重大的事情，大王您为何不去啊？"子婴即在斋宫刺杀了赵高，并诛杀赵高家三族的人示众。

秦王子婴调兵遣将到峣关增援，刘邦就想去攻打峣关的秦军。张良说："秦军还挺强大的，不可轻视。希望您先派人上山去多多张挂旗帜，作为疑兵，再命郦食其、陆贾前往游说秦朝的将领，对他们加以利诱。"秦将果然想与刘邦的军队联合。刘邦打算准许他们联合的请求。张良道："这还只是那些将领想要反叛秦朝，恐怕他们的兵士还不会服从。不如就乘着秦军麻痹大意时攻击他们。"刘邦于是便领兵绕过峣关，越过蒉山，袭击秦军，在蓝田的南面大败秦军。随后抵达蓝田，又在蓝田北面与秦军交战，秦军土崩瓦解。

【评析】

赵高亡秦论

赵高在秦朝的灭亡上，起了举足轻重的作用，甚至可以说起到了绝对性的作用。可以说是秦朝灭亡的第一罪人！何以见得？

第一，赵高在秦始皇嬴政病逝后，发动沙丘政变，与丞相李斯合谋伪造诏书，逼迫秦始皇长子扶苏自杀，另立其幼子胡亥为帝。三人沆瀣一气，而以赵高为首谋，将秦国的根基动摇，这本身就是一个天大的错误。胡亥是赵高的学生，胡亥的能力，赵高当然清楚，赵高拥立胡亥的重要原因，即因为胡亥好掌控，可以弄权专政，为所欲为。其卑鄙行为，断送秦朝矣！

第二，赵高谋害忠良，铲除异己，无所不用其极，使得国无良臣，奸佞当道。赵高伙同李斯，把胡亥推上帝位后非常心虚，生怕有一天阴谋暴露。因此，他鼓动胡亥杀戮秦室公子和大臣，到了丧心病狂的地步。他首先要谋害的是蒙氏兄弟。胡亥杀死扶苏后，便想释放蒙恬，但赵高深恐蒙氏再次贵宠用事，对自己不利，执意要消灭蒙氏，便散布谣言，说在拥立太子的问题上，蒙毅曾在秦始皇面前毁谤胡亥，胡亥于是囚禁并杀死了蒙毅，又派人前往阳周去杀掉了威震匈奴的蒙恬，真是“凤凰在笯兮，鸡鹜翔舞”！赵高还蛊惑胡亥，要杀尽公子王孙和朝廷大臣，说：“沙丘之谋，诸公子和大臣们都在怀疑，这些人难保不怀有二心。我每每想到这些，就战战兢兢，恐有不测。心腹大患不除，皇上又怎能安乐一世呢？”就是这样几句话，让胡亥起了杀心，一下子就杀掉了十二个公子、十个公主。他们无辜被杀，天理不容！当时的右丞相冯去疾、左丞相李斯、将军冯劫三位重臣联合向秦二世进谏，在赵高的怂恿下，秦二世将他们逮捕法办，冯去疾与冯劫不愿受辱，皆自杀而死，李斯求活，讨好秦二世，上书“督责”，助长胡亥，把秦朝推向灭亡的深渊，而后被赵高诬陷，下狱治罪，屈打成招，以谋反罪灭其三族，真是天大的冤案！后来，赵高猖獗到极点，指鹿为马，将一些正直的大臣杀害殆尽。有奸邪无比的赵高如此，秦朝焉得不亡？

第三，赵高把胡亥当作自己弄权干政的傀儡，助长了胡亥的邪恶之心，加速了秦朝的灭亡。胡亥本来就贪图享乐，认为做皇帝就是为了追求极乐，“欲悉耳目之所好，穷心志之所乐”。而心术不正的赵高，乘机煽动，认为这是“贤能之主所能行而昏乱之主所禁”，简直是荒唐透顶！赵高还出了个馊主意，当然也是别有用心，就是叫胡亥拱手深居宫禁之中，只管淫乐，群臣只能听到他的声音，而不能见到他的容颜。这样，把胡亥与大臣隔绝开来，而赵高在其中兜售其奸，胡作非为。

第四，赵高私欲熏心，为虎作伥，推行严刑峻法，犹如火上浇油，把秦朝推向熊熊烈火之中。秦朝刚刚统一，各方面的矛盾非常尖锐，如何用正确的方略来治理国家？这是一个非常关键的问题。用司马迁的话来说就是“秦之初灭诸侯，天下之心未定，痍伤者未瘳”，当务之急是“振百姓之急，养老存孤，务修众庶之和”。而赵高则是怂恿胡亥“严法而刻刑，令有罪者相坐”，胡亥深以为然，“乃更为法律，务益刻深”。结果，秦国“奸伪并起，而上下相遁，蒙罪者众，刑戮相望于道，而天下苦之”，导致秦国的土崩瓦解之势迅速形成，被义军群起而推翻，只是早晚的事情了！

有赵高如此，秦国不亡何待？后人评论说：“赵高无过人之志，而居万人之位，是以倾覆秦国而祸殃其宗。”诚哉是言！

卷第九　汉纪一

汉高帝元年至二年（前206—前205）

【起旃蒙协洽（乙未，前206），尽柔兆涒滩（丙申，前205），凡二年】

【大事提要】

本卷记事起于公元前206年，到公元前205年，凡二年，当为汉高帝元年至二年。本卷所载的大事，主要是以下几个方面：其一，子婴投降。公元前206年，刘邦率大军攻破武关，攻下峣关，兵临咸阳，屯兵霸上，派人劝说秦王子婴投降。子婴眼看大势已去，用绳绑缚自己，坐上白马拉的车，穿着白色衣服，携带玉玺、兵符等物，亲到刘邦军前投降，秦朝灭亡。子婴在位仅四十六天。其二，项羽分封。项羽消灭了秦军主力后，率领诸侯军向关中挺进，攻破函谷关；进入咸阳后，屠毁咸阳城，杀掉子婴，烧掉宫室；然后主持分封，自封为西楚霸王，共封了十八个诸侯王，埋下诸多隐患。其三，还定三秦。项羽封刘邦为汉王，王巴、蜀、汉中；将关中封给三个秦朝降将。刘邦建都南郑，任命韩信为大将军，于公元前206年亲率汉军走陈仓道，突袭关中，攻下陈仓，东进咸阳，水淹废丘，历时八个月，平定三秦，为重新统一中国，建立了强大根据地。其四，项羽攻齐。项羽分封后，齐、赵诸侯叛乱，项羽率军前往平乱。公元前205年，项羽北至城阳，齐王田荣引兵会战，被击败，逃往平原，被民众杀死。项羽烧杀掳掠，齐人聚集反叛，田荣弟田横收募散兵，在城阳攻打项羽，收复城邑，立田荣子田广为齐王。其五，彭城大战。公元前205年，刘邦还定三秦后，率领大军进攻彭城。因彭城精兵猛将都随项羽去攻打齐国了，被刘邦攻下，刘邦因此忘乎所以。项羽留下诸将攻齐，自率精骑三万疾驰南下，与汉军大战，大破汉军，斩杀十多万人；汉军几乎全军覆没，刘邦仓皇逃奔。

【原文】

太祖高皇帝[1]上之上

元年[2]（乙未，前206）

冬，十月[3]，沛公至霸上[4]；秦王子婴素车、白马[5]，系颈以组[6]，封皇帝玺、符、节[7]，降轵道旁[8]。诸将或言诛秦王[9]。沛公曰："始怀王遣我，固以能宽容[10]。且人已降，杀之不祥[11]。"乃以属吏[12]。

贾谊论曰[13]：秦以区区[14]之地致万乘之权[15]，招八州而朝同列[16]，百有余年[17]，然后以六合为家[18]，殽、函为宫[19]；一夫作难[20]而七庙堕[21]，身死人手[22]，为天下笑者，何也？仁谊不施而攻守之势异也[23]。

沛公西入咸阳，诸将皆争走金帛财物之府分之[24]；萧何独先入收秦丞相府图籍[25]藏之，以此沛公得具知天下阸塞[26]、户口多少、强弱之处。

沛公见秦宫室、帷帐、狗马、重宝、妇女以千数，意欲留居之。樊哙谏曰："沛公欲有天下耶，将为富家翁耶？凡此奢丽之物，皆秦所以亡也，沛公何用焉！愿急还霸上，无留宫中！"沛公不听。张良曰："秦为无道，故沛公得至此。夫为天下除残贼[27]，宜缟素为资[28]。今始入秦，即安其乐，此所谓'助桀所虐'。且忠言逆耳利于行，毒药苦口利于病，愿沛公听樊哙言！"沛公乃还军霸上。

十一月，沛公悉召诸县父老、豪杰[29]，谓曰："父老苦秦苛法久矣！吾与诸侯约，先入关者王之[30]；吾当王关中。与父老约[31]，法三章耳[32]：杀人者死，伤人及盗抵罪[33]。余悉除去秦法，诸吏民皆案堵如故[34]。凡吾所以来，为父老除害，非有所侵暴[35]；无恐[36]！且吾所以还军霸上，待诸侯至而定约束耳[37]。"乃使人与秦吏行县、乡、邑[38]，告谕之[39]。秦民大喜，争持牛、羊、酒食献飨军士[40]。沛公又让不受，曰："仓粟多，非乏，不欲费民[41]。"民又益喜，唯恐沛公不为秦王。

（以上为第一段，写沛公刘邦率先领兵进入关中，秦王子婴投降，刘邦封秦府库，还军霸上，又与秦地父老约法三章，废除秦朝的严刑苛法，民众都欢喜异常，争相慰问，唯恐刘邦不在关中为王。）

【注释】

①太祖高皇帝：太祖，为庙号；高皇帝，为谥号。古代帝王死后，在太庙，即祖庙立室奉祀追尊的名号叫庙号。根据皇帝本人一生行迹给予的盖棺论定评语叫谥号。庙号在前谥号在后，构成全号：太祖高皇帝。 按：诸侯、卿大夫、德高望重的大臣，死后亦可立谥号。谥号起于西周，共有一百零五字，无“高”字。 胡注引张晏曰：“以帝为功最高而特起此名焉。” ②元年：汉纪年之始年。公元前206年项羽封刘邦为汉王，故是年为汉纪元之开始。 ③十月：阴历十月，秦以十月为岁首，汉初亦尊此例。 ④霸上：又作“灞上”。地名，在今陕西西安市东，因地处霸水以西的高原上而得名。 ⑤素车、白马：古时送葬的礼仪，此示投降。 ⑥系颈以组：亡国之君出降，用丝带把象征国家权柄的玺印系在脖子上，表示投降服罪。 ⑦封皇帝玺、符、节：手捧封好的皇帝玉玺、符、节。玺，皇帝印章。符，调兵用的铜质虎符，命将时所用，帝、将各持一半，相合以验真伪。 节：遣使所用竹节状物，上加旄饰。 ⑧降轵道旁：跪伏在轵道亭旁。 轵道：亭名，在今陕西咸阳东北。 ⑨或言诛秦王：有人谏言诛杀秦王子婴。 ⑩固以能宽容：就是认为我能宽大容人。固，本来，就是。以，认为。 ⑪杀之不祥：杀降不吉利。 ⑫乃以属吏：于是把子婴交给主管官吏处理。 ⑬贾谊论曰：此条借论节选自贾谊《过秦论》上篇。贾谊（前200—前168）：河南洛阳人，西汉初著名政论家、辞赋家，与晁错齐名，并称“贾晁”。传见《史记》卷八十四。 ⑭区区：极言其小，指秦原有疆域狭小。 ⑮万乘之权：指天子。万乘，万乘战车的兵力。 ⑯招八州而朝同列：控制拥有八州之地与秦国同等的六国诸侯前来朝拜。招（qiāo），取得，控制。八州，指六国疆域。全天下九州，秦据雍州，六国分别居于其他八州：兖州、冀州、青州、徐州、豫州、荆州、扬州、梁州。朝同列，使同列来朝。同列，指六国：齐、楚、燕、韩、赵、魏。⑰百有余年：从秦孝公变法至秦始皇统一六国，即公元前356年至公元前221年，凡136年。 ⑱以六合为家：以天下为一家私有。六合，天下。 ⑲殽、函为宫：把殽山、函谷关作为自己的宫墙。 ⑳一夫作难：指陈胜起义。作难，发难，奋起反抗。 ㉑七庙堕：使宗庙焚毁。 七庙：天子的宗庙奉祀七代祖先。是王朝的代称。 堕：同“隳”，焚毁。㉒身死人手：指秦二世被赵高杀死，子婴被项羽杀死。 ㉓仁谊不施而攻守之势异也：不施仁义而使攻和守的形势反转了啊。谊，同“义”。 按：六国纷争，故秦始皇兼并天下用暴力，在统一天下以后，形势发生变化，应顺从民意施仁义，才能守成，继续施用暴力，所以被人民推翻。 ㉔“诸将”句：众将领都争先恐后地奔往秦朝贮藏金帛财物的府库瓜分财宝。 争走：争先恐后奔往。 ㉕图籍：图书户籍。 ㉖天下阨塞：全国的险关要塞。 ㉗为天下除残贼：为天下人民扫除残暴之贼。《孟子·梁惠王下》：“贼（损害）

仁者谓之‘贼’，贼义者谓之‘残’。残贼之人谓之‘一夫’。”成语“民贼独夫”出此。一夫，孤立无援的独夫。㉘宜缟素为资：应该以崇尚生活俭朴为号召。缟素，丧服，引申为生活俭朴，如同居丧时的生活。资，凭借。㉙父老、豪杰：父老，父辈老人，对众乡亲老人的敬称。豪杰，乡中有声望的人。㉚王之：称王关中。㉛与父老约：与众乡亲约定，即向众宣誓。㉜法三章耳：只有三条法规。即下文所说：杀人者死罪，一条；打伤人与盗窃判相等罪责，第二、第三条。㉝抵罪：当其罪，判与罪刑适量的责罚。抵，当，相应。㉞案堵如故：指生活一切照常，平安无事。案堵，即居住的墙垣没有任何变动，安居也。㉟侵暴：侵犯残害。㊱无恐：不要害怕。㊲待诸侯至而定约束耳：只是等待各路诸侯到来一同订立一个约束大家的规章罢了。㊳行县、乡、邑：巡视县、乡、城镇。㊴告谕之：向民众讲明道理。告谕，宣告，宣传。㊵献飨（xiǎng）军士：拿出酒食款待、慰劳将士。㊶不欲费民：不想让百姓破费。

【译文】

太祖高皇帝上之上

汉高帝元年（乙未，前206）

冬季，十月，沛公刘邦率军抵达霸上。秦王子婴乘素车、驾白马，颈上系着绳子以示投降服罪，手捧封好的皇帝玉玺和符节，伏在轵道亭旁向刘邦投降。众将领中有人主张杀掉子婴。刘邦说：“当初怀王之所以派我前来，就是认定我能宽容人。何况人家已经降服了，还要杀掉人家，这样做是不吉利的。”于是便将子婴交给了主管官员处置。

贾谊评论说：秦国凭借一点点地盘发展到掌有万乘大国的权势，控制冀、兖、青、徐、扬、荆、豫、梁八州，使得与秦国地位相等的六国诸侯前来朝拜，经过了一百多年。然后以天下为家，以崤山、函谷关为宫。但是，一人发难，便使宗庙被毁，自身死于他人之手，令全天下的人讥笑，这是为什么呀？是由于不施仁义，而使攻和守的形势反转了啊！

沛公刘邦领兵向西进入咸阳，众将领都争先恐后地奔往秦朝贮藏金帛财物的府库瓜分财宝，唯独萧何率先入宫，取秦朝丞相府的地理图册、文书、户籍簿等档案收藏起来。刘邦借此全面了解了天下的山川要塞、户口的多少以及财力物力的分布情况。

刘邦看到秦朝的宫室、帷帐、各种狗马、贵重宝器和宫女数以千计，便想留下来在皇宫中居住。樊哙劝说道："您是想拥有天下，还是只想当一个富翁呢？这些奢侈华丽之物，都是招致秦朝覆灭的东西，您要它们有什么用呢？望您尽快返回霸上，不要滞留在宫里！"刘邦不听。张良说："秦朝因为不施行仁政，所以您才能够来到这里。而为天下人铲除残民之贼，应该以崇尚生活俭朴为号召。现在刚刚进入秦的都城，就要安享其乐，这就是人们所说的'助桀为虐'了。况且忠言逆耳利于行，良药苦口利于病，望您能听取樊哙的劝告！"刘邦于是率军返回霸上。

十一月，刘邦将各县的父老和有声望的人全都召集起来，对他们说："父老们遭受秦朝严刑苛法的苦累已经很久了！我与各路诸侯约定，先入关中的人为王。据此，我就应该在关中称王了。如今与父老们约法三章：杀人者处死，伤人者和抢劫者依法治罪。除此之外，秦朝的法律统统废除，众官吏和百姓都照旧安定不动。我之所以到这里来，是为了替父老们除害，不是来欺凌你们的，请你们不要害怕！况且，我之所以领兵回驻霸上，不过是为了等各路诸侯到来后订立一个约束大家行为的规章罢了。"随即派人和秦朝的官吏一起巡行各县、乡、城镇，向人们讲明道理。秦地的民众都欢喜异常，争相拿着牛、羊、酒食来慰问、款待刘邦的官兵。刘邦又辞让，不肯接受，说道："仓库中的粮食还很多，并不缺乏，不想让百姓破费。"百姓于是更加高兴，唯恐刘邦不在秦地称王。

【原文】

项羽既定河北，率诸侯兵欲西入关①。先是，诸侯吏卒、繇使、屯戍过秦中者②，秦中吏卒遇之多无状③。及章邯以秦军降诸侯，诸侯吏卒乘胜多奴虏使之④，轻折辱秦吏卒⑤。秦吏卒多怨，窃言曰⑥："章将军等诈吾属降诸侯⑦。今能入关破秦，大善；即不能⑧，诸侯虏吾属而东，秦又尽诛吾父母妻子，奈何？"诸将微闻其计⑨，以告项羽。项羽召黥布、蒲将军计曰："秦吏卒尚众，其心不服；至关不听⑩，事必危。不如击杀之，而独与章邯、长史欣、都尉翳入秦。"于是楚军夜击坑秦卒⑪二十余万人新安⑫城南。

或说沛公曰⑬："秦富十倍天下，地形强⑭。闻项羽号章邯为雍王⑮，王关中，今则来，沛公恐不得有此。可急使兵守函谷关⑯，无内诸侯军⑰；稍征关中兵⑱以自益，距之⑲。"沛公然其计，从之。

已而项羽至关，关门闭；闻沛公已定关中，大怒，使黥布等攻破函谷关。

十二月，项羽进至戏[20]。沛公左司马[21]曹无伤使人言项羽曰："沛公欲王关中，令子婴为相，珍宝尽有之[22]。"欲以求封[23]。项羽大怒，飨士卒，期旦日击沛公军[24]。当是时，项羽兵四十万，号百万，在新丰鸿门[25]；沛公兵十万，号二十万，在霸上。

范增说项羽曰："沛公居山东[26]时，贪财，好色；今入关，财物无所取，妇女无所幸[27]，此其志不在小。吾令人望其气[28]，皆为龙虎，成五采[29]，此天子气也。急击勿失！"

（以上为第二段，写项羽平定河北，坑秦降卒二十余万，进兵关中。沛公已先一月入关，封闭关门。项羽听说刘邦要在关中称王，下令军中次日灭沛公。）

【注释】

①关：函谷关。 ②"先是"二句：在这之前，起义军中的官兵有的曾因服徭役或屯戍经过关中。 诸侯吏卒：指起兵反秦的各路将士。 繇使：被征为徭役。 屯戍：驻守边疆。 秦中：关中。 ③遇之多无状：对待诸侯吏卒粗暴无礼。 ④奴虏使之：把投降的秦兵当奴隶、俘虏使唤。 ⑤轻折辱秦吏卒：任意折磨和凌辱秦军将士。轻，随意。 ⑥窃言曰：暗中议论说。 ⑦诈吾属降诸侯：欺骗我们投降诸侯军。 ⑧即不能：如果不能破秦。 ⑨微闻其计：暗中听到了秦吏卒的议论。微闻，听到风声。计，议论。 ⑩至关不听：谓秦将士到了关中不服从命令。 ⑪夜击坑秦卒：在夜晚攻杀活埋了秦卒。坑，活埋。 ⑫新安：县名，县治在今河南渑池县东。 ⑬或说沛公曰：有人向刘邦建言。据《楚汉春秋》，说沛公者为解先生。 ⑭地形强：地势非常险要。形，形势。强，固，险要。 ⑮号章邯为雍王：给章邯的封号叫雍王。 ⑯可急使兵守函谷关：可要火速派兵防守函谷关。此关是河南通往关中的门户。 ⑰无内诸侯军：不要放进诸侯军。内，通"纳"，收纳，放进。 ⑱稍征关中兵：逐步征召关中兵。 ⑲距之：抵抗项羽。距，通"拒"。 ⑳至戏：到达戏水亭。 戏：戏水，源出骊山，下流入渭。戏水亭在今陕西西安市临潼区东北30里。 ㉑左司马：司马，掌军需之官，一军两员，分左、右。 ㉒珍宝尽有之：刘邦"封秦重宝财物府库"以待诸侯，尽有之乃曹无伤的捏造、挑拨。 ㉓欲以求封：曹无伤想通过进谗言求得项羽的封号。 ㉔期旦日击沛公军：约定第二天攻打沛公军。 期：约定。 旦日：次日。 ㉕新丰鸿门：新丰，秦时郦邑，汉改名新丰，在今陕西西安市临潼区东北。鸿门，地名，即前文戏水亭所在地，项羽驻军于此，后名项王营。

㉖山东：崤山以东。战国时泛指六国或六国土地。 ㉗幸：亲近。 ㉘望其气：秦汉时讲神仙方术的人托言望云气可以测知吉凶，又说在天子所居之处有异样的五彩云气，叫天子气。 ㉙皆为龙虎，成五采：天宫的云全都成为龙虎形状的五彩云，此迷信之说，一种宣传手段。

【译文】

项羽已经平定了黄河以北的地区，就想率领各路诸侯军向西进入关中。在此之前，诸侯军中的官兵有的曾因服徭役或屯戍经过关中一带，秦地的官兵多无礼地对待他们。待到章邯率领秦军投降了诸侯军后，诸侯军的官兵便凭借胜势，把秦军官兵当作奴隶和俘虏来使唤，随便侮辱秦军官兵。秦军官兵大多因此而生出怨恨的情绪，暗地里议论说："章将军等人骗咱们投降诸侯军，如今如果能够攻入关中击灭秦朝，当然是大好事；如果不能，诸侯军将咱们掠持到东方去，而秦朝又尽杀咱们的父母妻子儿女，那可怎么办啊？"诸侯军的将领们暗中查听到了这些议论，即报告给项羽。项羽于是召集英布、蒲将军商量说："目前军中秦朝的官兵还很多，他们内心并不顺服，如果到了函谷关不听从调遣，情势必会危急。所以，不如将他们除掉，只和章邯、长史司马欣、都尉董翳等进入秦地。"楚军便于夜晚在新安城南面袭击、活埋了秦兵二十多万人。

有人劝说沛公刘邦道："关中地区比天下其他地方要富足十倍，而且地势险要。听说项羽封章邯为雍王，让他在关中称王。现在如果他来了，您恐怕就不能占据这个地方了。可以火速派兵把守函谷关，不让诸侯军进来，并逐步征召关中兵，以此增加自己的实力，抵御他们。"刘邦认为此计可行，就照着办了。

不久，项羽到达函谷关，但是关门紧闭。项羽听说刘邦已经平定了关中，勃然大怒，派英布等人攻破了函谷关。

十二月，项羽进军到戏水。刘邦的左司马曹无伤派人告诉项羽说："沛公想要在关中称王，任秦王子婴为相，奇珍异宝全都占有了。"企图借此求得项羽的封赏。项羽听说后，怒不可遏，就让兵士们饱餐一顿，打算次日攻打刘邦的军队。这时，项羽拥兵四十万，号称百万大军，驻扎在新丰县的鸿门；刘邦拥兵十万，号称二十万，驻军霸上。

范增劝项羽说："刘邦住在崤山之东时，贪财而又好色。现今入关，却不搜取财物，不宠幸女色，这表明他的志向不小啊。我曾命人观望他那边的云气，都显示出龙虎的形状，出现五彩，这是天子之气啊！宜赶快进攻他，不要错过了时机！”

【原文】

楚左尹项伯[1]者，项羽季父也，素善张良[2]，乃夜驰之沛公军，私见张良，具告以事[3]，欲呼与俱去，曰：“毋俱死也[4]！”张良曰：“臣为韩王[5]送沛公；沛公今有急，亡去，不义，不可不语[6]。”

良乃入，具告沛公。沛公大惊。良曰：“料公士卒足以当[7]项羽乎？”沛公默然曰：“固不如也。且为之奈何？”张良曰：“请往谓项伯，言沛公之不敢叛也。”沛公曰：“君安与项伯有故[8]？”张良曰：“秦时与臣游[9]，尝杀人，臣活之[10]。今事有急，故幸来告良[11]。”沛公曰：“孰与君少长[12]？”良曰：“长于臣。”沛公曰：“君为我呼入，吾得兄事之[13]。”

张良出，固要[14]项伯；项伯即入见沛公。沛公奉卮酒为寿[15]，约为婚姻[16]，曰：“吾入关，秋毫不敢有所近[17]，籍吏民[18]，封府库而待将军。所以遣将守关者，备他盗之出入与非常也。日夜望将军至，岂敢反乎！愿伯具言臣之不敢倍德[19]也。”项伯许诺，谓沛公曰：“旦日不可不蚤自来谢[20]。”沛公曰：“诺。”

于是项伯复夜去，至军中，具以沛公言报项羽[21]；因言曰：“沛公不先破关中，公岂敢入乎！今人有大功而击之，不义也；不如因善遇之。”项羽许诺。

沛公旦日从百余骑[22]来见项羽鸿门，谢曰：“臣与将军戮力[23]而攻秦，将军战河北，臣战河南；不自意[24]能先入关破秦，得复见将军于此。今者有小人之言[25]，令将军与臣有隙[26]。”项羽曰：“此沛公左司马曹无伤言之；不然，籍何以至此[27]！”项羽因留沛公与饮[28]。范增数目项羽[29]，举所佩玉玦以示之者三[30]；项羽默然不应。范增起，出，召项庄[31]，谓曰：“君王为人不忍[32]。若入前为寿[33]，寿毕，请以剑舞，因击沛公于坐，杀之。不者[34]，若属皆且为所虏[35]！”

庄则入为寿，寿毕，曰：“军中无以为乐，请以剑舞[36]。”项羽曰：“诺。”项庄拔剑起舞。项伯亦拔剑起舞，常以身翼蔽沛公[37]，庄不得击。

于是张良至军门见樊哙。哙曰：“今日之事何如？”良曰：“今项庄拔剑舞，其意常在沛公也[38]。”哙曰：“此迫矣[39]，臣请入，与之同命[40]！”哙即带剑拥盾入[41]。军门卫士欲止不内，樊哙侧其盾以撞[42]，卫士仆地[43]。

遂入，披帷立[44]，瞋目视项羽[45]，头发上指[46]，目眦尽裂[47]。项羽按剑而跽[48]曰："客何为者[49]？"张良曰："沛公之参乘樊哙也。"项羽曰："壮士！赐之卮酒[50]！"则与斗卮酒[51]。哙拜谢，起，立而饮之。项羽曰："赐之彘肩！"则与一生彘肩[52]。樊哙覆其盾于地[53]，加彘肩其上，拔剑切而啖之[54]。项羽曰："壮士复能饮乎？"樊哙曰："臣死且不避，卮酒安足辞！夫秦有虎狼之心，杀人如不能举，刑人如恐不胜[55]；天下皆叛之。怀王与诸将约曰：'先破秦入咸阳者，王之。'今沛公先破秦，入咸阳，毫毛不敢有所近，还军霸上以待将军。劳苦而功高如此，未有封爵之赏，而听细人之说[56]，欲诛有功之人，此亡秦之续耳[57]，窃为将军不取[58]也！"项羽未有以应，曰："坐！"樊哙从良坐。

坐须臾，沛公起如厕，因招樊哙出。沛公曰："今者出，未辞也[59]，为之奈何？"樊哙曰："如今人方为刀俎[60]，我方为鱼肉[61]，何辞为[62]！"于是遂去。鸿门去霸上四十里，沛公则置车骑[63]，脱身独骑[64]；樊哙、夏侯婴、靳强、纪信[65]等四人持剑、盾步走，从骊山下道芷阳[66]，间行趣霸上[67]。留张良使谢项羽，以白璧献羽，玉斗与亚父[68]。沛公谓良曰："从此道至吾军，不过二十里耳。度[69]我至军中，公乃入。"沛公已去，间至军中[70]，张良入谢曰："沛公不胜杯杓[71]，不能辞，谨使臣良奉白璧一双，再拜献[72]将军足下；玉斗一双，再拜奉亚父足下。"项羽曰："沛公安在？"良曰："闻将军有意督过之[73]，脱身独去，已至军矣。"项羽则受璧，置之坐上。亚父受玉斗，置之地，拔剑撞而破之，曰："唉[74]，竖子不足与谋[75]！夺将军天下者，必沛公也；吾属今为之虏矣！"沛公至军，立诛杀曹无伤。

（以上为第三段，写项羽叔父项伯泄露军情给张良，沛公得以定计赴鸿门宴会，宴席上刀光剑影，拉开楚汉相争序幕，刘邦机智脱险。）

【注释】

①左尹：楚官名，令尹的助手。 项伯：名缠，字伯，项羽的族叔，楚亡后，刘邦封他为射阳侯，赐姓刘。 ②张良：字子房，祖、父相韩五王，反秦起义后，张良为韩王成司徒，随刘邦西征入关，故下文云："臣为韩王送沛公。"张良为刘邦谋主，封留侯。传见《史记》卷五十五。 ③具告以事：把事一一地全都告诉张良。事，指曹无伤告密与范增献计之事。 ④毋俱死也：不要跟刘邦一块儿去死。毋，勿，不要。 ⑤韩王：韩

诸公子名成，项羽立为韩王。 ⑥语：告诉。 ⑦当：匹敌。 ⑧安：何以。 有故：有交情。 ⑨游：交游，交友。 ⑩臣活之：我救了他的命。 ⑪幸来告良：幸亏他来告知我。 ⑫孰与君少长：你们俩年纪谁大谁小。孰与，用于询问两事物的比较连词。 ⑬吾得兄事之：我应当用对待兄长的礼节接待他。得，当。兄，用为动词。 ⑭固要：坚决邀请。 要：通“邀”，请，求。 ⑮奉卮酒为寿：敬酒祝福。奉卮（zhī），举杯。 奉：捧，举。 卮：古代盛酒器。 为寿：敬酒祝福。 ⑯约为婚姻：约定做儿女亲家。 按：刘邦与项羽为盟兄弟，此与项羽之叔结为亲家，足见其随机应变的政治手腕。 ⑰秋毫不敢有所近：丝毫也不敢贪占。秋毫，秋天的动物换毛时刚长出的细毛，喻微小。 ⑱籍吏民：登记官吏和百姓的户籍。籍，登记户籍，用作动词。 ⑲倍德：背信弃义。倍，通“背”。 ⑳蚤自来谢：早早地到来亲自向项羽道歉。蚤，通“早”。 ㉑具以沛公言报项羽：项伯一一把沛公说的话转告项羽。 ㉒从百余骑：带领随从一百多位骑兵。骑（jì）：一人一马，名词。 ㉓戮力：合力，并力。 ㉔不自意：自己没料到。 ㉕今者有小人之言：现今遭到坏人挑唆。 ㉖隙：隔阂。 ㉗籍何以至此：我项籍何至于这样。 按：项羽自觉理亏，出卖线人，真是幼稚可笑。 ㉘与饮：一起共饮。 ㉙范增数目项羽：范增好几次给项羽使眼色。目，用作动词。 ㉚举所佩玉玦以示之者三：范增举起他所佩戴的玉玦三次示意项羽杀掉刘邦。玉玦，一种半圆形的佩玉。玦，与“决”谐音，举玉玦示意项羽下决心杀刘邦。 ㉛项庄：项羽的堂弟。 ㉜不忍：不狠心，心肠软。 按：一是项羽“仁而爱人”，心肠软；二是年轻，缺乏政治经验。 ㉝若入前为寿：你进帐上前去敬酒。 ㉞不者：否则。不，通“否”。 ㉟若属皆且为所虏：你们这些人终将成为他的俘虏。 ㊱“军中”二句：军营中没有什么可以为乐的，请求舞剑助兴。 ㊲以身翼蔽沛公：用身体像鸟用翅膀一样掩护沛公。 ㊳“其意”句：项庄舞剑的用意是奔着沛公去的。其意，用意，不可告人的心思。 ㊴此迫矣：形势很危急了。 ㊵与之同命：与沛公同生死。此句为双关语，谓与项羽拼了。 ㊶哙即带剑拥盾入：樊哙全副武装拿着宝剑和盾牌闯了进去。拥，持有。 ㊷侧其盾以撞：横着盾牌撞击卫士。 ㊸卫士仆地：卫士被撞倒在地。 ㊹披帷立：揭开军帐站立在项羽对面。 按：《史记·项羽本纪》载，项羽东向坐，樊哙“披帷西向立”，正站在项羽对面，摆出拼命的架式。 ㊺瞋目视项羽：瞪大了眼睛直视项羽。 ㊻头发上指：头发向上竖起，极言其愤怒之状。 ㊼目眦尽裂：眼眶睁得都裂开了。眦（zì），眼角。 按：极意夸张。 ㊽按剑而跽：提剑跪起。古人席地而坐，两膝着地，臀部坐在小腿上，如若起身就成长跪姿势，这就是跽。项羽按剑而跽，是准备搏斗的戒备姿势。 ㊾客何为者：这人是干什么的？ ㊿赐之卮酒：给他一杯酒。 51斗卮酒：容一斗的大酒杯。一说“斗”字衍，对照下文不当是衍字。 52生彘肩：生猪腿。此乃项羽下属故意为难樊哙所为，而且没有切割的刀俎，致使樊哙以盾为俎，以剑为刀，生啖猪肩，一派豪气。 ⑤③覆其盾于地：将盾牌反扣地上，即将平面向上做俎板。⑤④啖之：大口吞食。 ⑤⑤"杀人"二句：杀人唯恐不能杀光，处罚人唯恐不重。 ⑤⑥细人之说：小人的谗言。 ⑤⑦此亡秦之续耳：这是继续走秦朝灭亡的道路罢了。 ⑤⑧窃为将军不取：我私心以为将军的做法不可取。 ⑤⑨未辞也：没有告辞。 ⑥⓪刀俎：宰割者。俎，砧板。 ⑥①鱼肉：喻处于被人任意宰割的地位。 ⑥②何辞为：还告什么辞？为，反问句尾助词。 ⑥③置车骑：丢下来时所带车骑。置，搁下，留下。 ⑥④脱身独骑：为了动静小，偷偷牵了一匹马，所以刘邦独骑，樊哙等步从。脱身，极言赶快逃走的情状。 ⑥⑤樊哙、夏侯婴、靳强、纪信：四人为刘邦心腹部将。 ⑥⑥道芷阳：经过芷阳。芷阳，县名，县治在今陕西省西安市长安区东。 ⑥⑦间行趣霸上：抄小路急行，回归霸上军营。 ⑥⑧玉斗：玉制大酒杯。 亚父：项羽敬尊范增为亚父。 ⑥⑨度（duó）：估计。 ⑦⓪间至军中：指张良估计刘邦等人抄小路已回到了军中。 ⑦①不胜杯杓：酒量小，已经喝醉了。杯杓，酒的代称。 ⑦②再拜献：谦词，郑重奉上的意思。 ⑦③有意督过之：有意责备他的错误。⑦④唉：叹恨之声。 ⑦⑤竖子不足与谋：这小子不能和他谋事。范增明骂项庄，暗斥项羽优柔寡断。

【译文】

楚国的左尹项伯，是项羽的叔父，向来与张良交好，便连夜驰马到刘邦军中，私下里会见张良，将这些事情一五一十地对他说了，想要叫张良同他一起离开，说道："你可别跟刘邦一块儿死啊！"张良说："我曾为韩王伴送沛公，而今沛公遇有急难，我却逃走了，这是不义的行为，我不能不告诉他。"

于是，张良即进去将项伯的话全都告诉了刘邦。刘邦大吃一惊。张良说："您估计一下您的兵力足够抵挡项羽的军队吗？"刘邦沉默了一会儿，说："的确是不如他呀。这可该怎么办呢？"张良说："请让我去告诉项伯，说您是绝不敢背叛项羽的。"刘邦说："您是怎么与项伯成为故交的啊？"张良说："在秦朝的时候，项伯与我有交往，他曾经杀过人，我救了他。现在事情紧急，幸亏他前来告诉我。"刘邦说："你与他谁大谁小？"张良说："他比我大。"刘邦说："您替我请他进来，我将把他当作兄长来对待。"

张良于是出去，坚持邀项伯入内，项伯便进去与刘邦相见。刘邦手捧酒杯向项伯敬酒祝福，并与他约定，结为亲家，说："我进入关中，连毫毛般微小的东西都不敢沾边，只是登记官民，封存府库，等待着项将军的到来。之所以派将领把守函谷关，是为了防备有其他盗贼出入和有非常情况发生。我日日夜夜盼望着项将军驾临，哪里敢谋反啊！望您能把我不敢背信弃义的情况详尽地反映给项将军。”项伯答应了，对刘邦说：“你明日不可不早些来亲自向项王道歉啊。”刘邦说：“好吧。”

项伯于是当夜就赶了回去，到达军营后，将刘邦的话一五一十地报告给项羽，并趁机道：“要不是刘邦先攻下关中，您又怎么敢进来呀？如今人家建立了大功，还要去攻打人家，这是不义的。不如好好地对待他。”项羽同意了。

第二天，刘邦带领一百多位骑兵到鸿门来见项羽，道歉说：“我与将军您合力攻秦，您在黄河以北作战，我在黄河以南战斗，没料到自己能先进入关中破秦，得以在这里与您重新相见。如今有小人之言搬弄是非，使您和我之间产生了隔阂。”项羽说：“这是您的左司马曹无伤散布的流言，不然的话，我何至于如此啊！”项羽于是留刘邦与他一起宴饮。范增频频向项羽递眼色，并三次举起他所佩戴的玉玦暗示项羽杀掉刘邦，项羽只是默然不语，毫无反应。范增便起身出去招呼项庄，对他说：“项王为人心慈手软，还是你进去上前给刘邦敬酒，敬完酒，你就请求表演舞剑，然后乘势在坐席上袭击刘邦，杀了他。不然的话，你们这些人都将成为他的阶下囚了！”

项庄即入内为刘邦祝酒，敬完酒后，项庄道：“军营中没有什么可用来取乐的，就请让我来为你们舞剑助兴吧。”项羽说：“好哇。”项庄于是拔剑起舞。项伯见状也起身拔剑起舞，并时时用身子遮护刘邦，使得项庄无法行刺。

这时，张良来到军门见樊哙。樊哙说：“今天的事情怎么样了？”张良说：“现在项庄拔剑起舞，他的用意却常在沛公身上啊。”樊哙道：“事情紧迫了，我请求进去，与他拼命！”樊哙随即带剑持盾闯入军门。军门的卫士想要阻止他进去，樊哙就侧过盾牌一撞，卫士扑倒在地。樊哙于是入内，掀开帷帐站立在那里，怒目瞪着项羽，头发直竖，两边的眼角都睁裂开了。项羽手按剑，跪起身，说道：“来客是干什么的？”张良说：“是沛公的陪乘卫士樊哙。”项羽道：“真是壮士啊！赐给他一杯酒喝！”左右的侍从即给了他一大杯酒。樊哙拜谢后，起身站着一饮而尽。项羽说：“再赐给他猪腿吃！”侍从们便又拿给他一条猪腿。樊哙将他的盾牌倒扣在地上，把猪腿放在上面，拔出剑来切，大口地吃了。项羽说：“壮士，你还能再喝酒吗？”樊哙道：“我连死都不怕，一杯酒难道还值得我推辞吗？秦王的心肠狠如虎狼，杀人唯恐杀不完，用刑惩罚人唯恐不够重，致使天下的人都起而反叛他。怀王曾与各路将领约定说：‘先打败秦军进入咸阳城的人，在关中为王。’现在，沛公最先击溃秦军，进入咸阳，毫毛般微小的东西都不敢染指，就率军返回霸上等待您的到来。这样劳苦功高，您非但不给予封地、爵位的奖赏，还听信小人的谗言，要杀有功之人。这是在重蹈秦朝灭亡的覆辙呀，我私下认为您这种做法不可取！”项羽无话可答，就说：“坐吧。”樊哙于是在张良的身边坐下了。

坐了一会儿，刘邦起身去上厕所，趁机招呼樊哙出来。刘邦说：“我现在出来，没有告辞，怎么办啊？”樊哙道：“现在人家好比是屠刀和砧板，我们则是鱼肉，如此还告什么辞呀？”于是，他们就这么走了。鸿门与霸上相距四十里，刘邦撇下车马，抽身独自骑马而行，樊哙、夏侯婴、靳强、纪信等四人手拿剑和盾牌，快步相随，经骊山下，取道芷阳，抄小路奔向霸上。留下张良，让他向项羽辞谢，将白璧敬献给项羽，玉杯敬献给亚父范增。刘邦临行前对张良说：“从这条路到我们军营，只不过二十里地。您估计着我已经抵达军中时，再进去。”刘邦已走，抄小道回到军营，张良方才进去告罪说：“沛公禁不起酒力，无法来告辞，谨派我张良捧上白璧一双，郑重地敬献给将军；玉杯一双，敬呈给亚父。”项羽说：“沛公现在哪里呀？”张良道：“他听说您有要责备他的意思，便抽身独自离去，现在已经回到军中了。”项羽就接受了白璧，放到坐席上。亚父范增接受玉杯后搁在地上，拔剑击碎，说：“唉，这小子不值得与他共谋大业！夺取项将军天下的人，必定是刘邦。我们这些人眼看着就要被他俘获了！”刘邦到达军中，立即杀掉了曹无伤。

【原文】

居数日，项羽引兵西，屠咸阳，杀秦降王子婴，烧秦宫室，火三月不灭；收其货宝、妇女而东。秦民大失望。

韩生说项羽曰：“关中阻山带河，四塞之地[①]，地肥饶，可都以霸[②]。”项羽见秦宫室皆已烧残破，又心思东归，曰：“富贵不归故乡，如衣绣夜行[③]，谁知之者！”韩生退曰：“人言楚人沐猴而冠耳[④]，果然[⑤]！”项羽闻之，烹韩生。

项羽使人致命怀王[⑥]；怀王曰：“如约[⑦]。”项羽怒曰：“怀王者，吾家所立耳，非有功伐[⑧]，何以得专主约[⑨]！天下初发难时，假立诸侯后以伐秦[⑩]。然身被坚执锐首事[⑪]，暴露于野[⑫]三年，灭秦定天下者，皆将相诸君与籍之力也。怀王虽无功，固当分其地而王之。”诸将皆曰：“善！”

春，正月，羽阳尊[13]怀王为义帝，曰：“古之帝者，地方千里，必居上游。”乃徙义帝于江南，都郴[14]。

二月，羽分天下王诸将。羽自立为西楚霸王，王梁、楚地九郡，都彭城[15]。羽与范增疑沛公[16]，而业已讲解[17]，又恶负约[18]，乃阴谋曰：“巴、蜀道险[19]，秦之迁人[20]皆居之。”乃曰：“巴、蜀亦关中地也[21]。”故立沛公为汉王，王巴、蜀、汉中，都南郑[22]。

而三分关中[23]，王秦降将，以距塞汉路[24]：章邯为雍王，王咸阳以西，都废丘[25]；长史欣者，故为栎阳狱掾[26]，尝有德于项梁；都尉董翳者，本劝章邯降楚；故立欣为塞王，王咸阳以东，至河，都栎阳；立翳为翟王，王上郡，都高奴[27]。

项羽欲自取梁地，乃徙魏王豹为西魏王，王河东[28]，都平阳。瑕丘[29]申阳者，张耳嬖臣[30]也，先下河南郡[31]，迎楚河上[32]，故立申阳为河南王，都洛阳。韩王成因故都[33]，都阳翟[34]。赵将司马卬定河内[35]，数有功，故立卬为殷王[36]，王河内，都朝歌[37]。徙赵王歇为代王[38]。赵相张耳素贤，又从入关，故立耳为常山王[39]，王赵地，治襄国[40]。当阳君黥布为楚将，常冠军，故立布为九江王，都六[41]。番君吴芮率百越佐诸侯，又从入关，故立芮为衡山王，都邾[42]。义帝柱国共敖将兵击南郡[43]，功多，因立敖为临江王，都江陵[44]。徙燕王韩广为辽东王，都无终[45]。燕将臧荼从楚救赵，因从入关，故立荼为燕王，都蓟[46]。

徙齐王田市为胶东王，都即墨[47]。齐将田都从楚救赵，因从入关，故立都为齐王，都临菑[48]。项羽方渡河救赵，田安下济北数城，引其兵降项羽，故立安为济北王，都博阳[49]。田荣数负[50]项梁，又不肯将兵从楚击秦，以故不封。

成安君陈馀弃将印去[51]，不从入关，亦不封。客多说项羽曰：“张耳、陈馀，一体[52]有功于赵，今耳为王，馀不可以不封。”羽不得已，闻其在南皮[53]，因环封之三县[54]。番君将梅鋗功多，封十万户侯[55]。

（以上为第四段，写项羽烧毁秦朝宫殿，分封十八王，尊奉楚怀王熊心为义帝，将其迁移到江南；自立为西楚霸王，管辖原魏国和楚国的九个郡，建都彭城；随后主持分封，封刘邦为汉王，管辖巴、蜀、汉中地区，建都南郑。）

【注释】

①四塞之地：四面有险可守的地方。关中东有函谷关，南有武关，西有散关，北有萧关。 ②可都以霸：可以建都称霸。 ③衣绣夜行：穿着锦绣的衣服在黑夜出行。所以下文说“谁知之者”。 ④沐猴而冠：猕猴戴人帽，徒具人形，不能办人事。 ⑤果然：真是这样。 ⑥致命怀王：向怀王报告灭秦经过，并请示善后。 ⑦如约：按先前约定的办。即“先入关者王之”。 ⑧功伐：功劳，功勋。 ⑨专主约：独断主持约定。 ⑩“假立”句：暂时拥立过去各诸侯国国君后裔为王，以利讨伐秦国。 ⑪身被坚执锐首事：身披坚固的铠甲，手执锐利的武器，首先起事。 ⑫暴露于野：在野外日晒雨淋，风餐露宿。 ⑬阳尊：表面上推重。 ⑭郴（chēn）：郴县，县治，即今湖南省郴州市。 ⑮“羽自立”三句：项羽自封为西楚霸王，管辖原魏国和楚国的九个郡，建都彭城。 西楚：据《史记·货殖列传》，今豫东、皖北与江苏西北地区为西楚。彭城以东、长江下游一带为东楚；长江中部江南一带为南楚。 霸王：诸侯盟主。项羽建都的彭城在西楚，故称“西楚霸王”。 九郡：九郡之说，众说纷纭。据王先谦《汉书补注》说，当是楚郡、泗水、薛郡、东海、黔中、会稽、南阳、砀郡、东郡等九郡。 ⑯疑沛公：疑忌刘邦有统一天下的野心。 ⑰讲解：和解。 ⑱恶负约：害怕承担撕毁怀王“先入定关中者王之”之约的罪名。恶（wù）：畏忌，害怕。 ⑲巴、蜀道险：与中原交通不便，项羽于是把刘邦封在那里。 ⑳迁人：指流放的罪犯。 ㉑巴、蜀亦关中地：巴、蜀战国时为秦所并，在函谷关之西，故云亦关中地。 ㉒汉中：郡名，郡治即在南郑。 南郑：县名，县治即今陕西汉中市。 ㉓三分关中：项羽分关中为雍、塞、翟三国。 ㉔距塞汉路：切断刘邦回关中的通路。距，通“拒”。拒塞，阻断。 ㉕废丘：县名，县治在今陕西省兴平市东南。 ㉖栎（yuè）阳：县名，县治在今陕西临潼区东北。 狱掾：主管狱囚的官吏。 ㉗高奴：县名，县治在今陕西延安东北。 ㉘河东：郡名，郡治平阳，在今山西临汾市西南。 ㉙瑕丘：县名，县治在今山东省济宁市兖州区。 ㉚嬖臣：宠幸之臣。 ㉛河南郡：即秦的三川郡，当今河南西北部黄河以南地区。郡治洛阳，即今洛阳市。 ㉜迎楚河上：在郡境的黄河岸上迎接楚军。 ㉝因故都：仍居旧都。因，沿袭。 ㉞阳翟（zhái）：县名，县治在今河南省禹州市。阳翟为韩旧都。 ㉟河内：地区名，包括今河南黄河以北、山西东南部。 ㊱殷王：因封于殷商故地，故名。 ㊲朝歌：本殷都，故城在今河南淇县东北。 ㊳代王：项羽徙赵歇为代王。代在战国时为赵的一个郡，地跨今山西省的东北部和河北省的西北部。 ㊴常山王：张耳。 常山：郡名，战国为赵地，本名恒山，因避汉文帝讳，改为常山，在今河北石家庄一带。 ㊵襄国：县名，县治在今河北邢台市西南。 ㊶九江王：黥布。 九江：郡名，郡治六县，在今安徽六安市北。 ㊷衡山王：吴芮，都邾。封

地包括今湖南省全部，以及广东北部、湖北东部，因境内有五岳之一衡山，故名。郴：县名，县治在今湖北黄冈市西北。㊸南郡：郡名，其辖境约当今湖北省襄阳以南地区。㊹临江王：共敖，都江陵。江陵，县名，县治在今湖北荆州市之江陵城。㊺辽东王：韩广，都无终。无终，县名，县治在今天津市蓟州区。㊻燕王：臧荼，都蓟。蓟，原燕国之都，在今北京市西郊。㊼胶东王：田市，都即墨。即墨，县名，县治在今山东平度市东南。㊽齐王：田都，都临菑。临菑，原齐国故都，在今山东淄博市临淄区。菑，通"淄"。㊾济北王：田安，都博阳。博阳，王伯祥《史记选》疑为齐之博临邑，故城在今山东聊城境内。㊿数（shuò）负：多次得罪。51陈馀弃将印去：指巨鹿之战后，张耳责备陈馀畏秦兵不救援危城，陈馀一怒之下弃印出走，没有带兵追随项羽，故不封。52一体：一同，一样。53南皮：县名，县治在今河北南皮县东北。54环封之三县：把环绕南皮的三个县封给陈馀。55十万户侯：食采邑十万户的列侯。

【译文】

隔了几天，项羽领兵西进，洗劫、屠杀咸阳城，杀了已经投降的秦王子婴，放火焚烧秦朝宫室，大火燃烧三个月不熄。随即搜取秦朝的金银财宝和妇女向东而去。秦地的百姓为此大失所望。

韩生劝说项羽道："关中依恃山川河流为屏障，是四面都有险要可守的地方，土地肥沃，可以在此建都称霸。"项羽却一方面看到秦朝的宫室都已焚烧得残破不堪，一方面又惦记着返回东方的家乡，便说："富贵了而不归故乡，就如同身穿锦绣华服在夜间行走，谁能看得到啊！"韩生退下去后说道："人家说楚人像是猴子戴上人的帽子，果然如此！"项羽听到这话后，立即将韩生烹杀而死。

项羽派人去回报并请示楚怀王，怀王说："照先前约定的办。"项羽暴跳如雷，说："怀王是我们家扶立起来的，并非因为他建有什么功绩，怎么能够一个人做主定约呢？全国起兵反秦伊始，暂时拥立过去各诸侯国国君的后裔为王，以利攻打秦朝。但是，身披坚固的铠甲、手持锐利的兵器首先起事，风餐露宿三年之久，终于灭亡秦朝，平定天下，都是各位将相和我的力量啊！不过，怀王虽然没什么功劳，却还是应当分给他土地，尊他为王。"众将领都说："是啊！"

春季，正月，项羽便假意尊推怀王为义帝，说道："古代的帝王辖地千里，却必定要居住在江河的上游地带。"于是，就把义帝迁移到长江以南，定都在长沙郡的郴县。

二月，项羽划分天下土地，封各位将领为侯王。他自立为西楚霸王，管辖原魏国和楚国的九个郡，建都彭城。项羽与范增怀疑刘邦有夺取天下的野心，但双方已经讲和了，且又不愿意背上违约的罪名，于是就暗地里策划道："巴、蜀两地道路艰险，秦朝流放的罪犯都居住在那里。"随即扬言："巴郡、蜀郡也是关中的土地。"由此，立刘邦为汉王，统辖巴、蜀两地和汉中郡，建都南郑。

接着，项羽又把关中分割为雍、塞、翟三部分，将秦朝的降将封在那里为王，借以抵御阻挡刘邦：封章邯为雍王，管制咸阳以西地区，建都废丘；长史司马欣过去是栎阳县的狱掾，曾经对项梁有恩；而都尉董翳，劝说过章邯归降楚军，因此便立司马欣为塞王，统领咸阳以东至黄河一带，建都栎阳；封董翳为翟王，领有上郡地区，建都高奴。

项羽打算自己占有魏地，就改封魏王豹为西魏王，统辖河东郡，建都平阳。瑕丘县的申阳是张耳的宠臣，曾经率先攻下河南郡，在黄河边迎接楚军，所以立申阳为河南王，建都洛阳。韩王成仍居旧都，建都阳翟。赵将司马卬平定了河内郡，屡立战功，因此，封司马卬为殷王，管制河内地区，建都朝歌。改封赵王歇为代王；赵国的相国张耳向来贤能，又跟随入关，故立张耳为常山王，统领赵地，建都襄国。当阳君英布为楚将，勇冠三军，所以立英布为九江王，建都六地。番君吴芮率领百越部族之兵协助诸侯军，也随从进关，因此封吴芮为衡山王，建都邾县。义帝的柱国共敖领兵攻打南郡，功劳卓著，故封共敖为临江王，建都江陵。改封燕王韩广为辽东王，建都无终。燕将臧荼跟随楚军救援赵国，随即跟着入关，由此立臧荼为燕王，建都蓟地。

改封齐王田市为胶东王，建都即墨。齐将田都随楚军救赵，随即跟着进关，所以立田都为齐王，建都临淄。当项羽正要渡河救赵时，齐王田建的孙子田安攻下济北数城，率领他的军队投降项羽，因此封田安为济北王，建都博阳。田荣曾多次背弃项梁，又不肯领兵跟随楚军攻秦，所以不封。

成安君陈馀抛弃将军的印信离去，不追随入关，也不封。宾客中有多人劝说项羽道："张耳、陈馀一样对赵有功，如今既封张耳为王，陈馀也就不可不封。"项羽不得已，听说陈馀正在南皮，就把南皮周围的三个县封给了他。番君的部将梅鋗功劳较多，即封他为十万户侯。

【原文】

汉王怒，欲攻项羽；周勃、灌婴、樊哙皆劝之。萧何谏曰："虽王汉中之恶[①]，不犹愈于死乎[②]？"汉王曰："何为乃死也？"何曰："今众弗如，百战百败，不死何为！夫能诎于一人之下而信于万乘之上者，汤、武是也[③]。臣愿大王王汉中，养其民以致贤人[④]，收用巴、蜀[⑤]，还定三秦[⑥]，天下可图也。”汉王曰：“善！”乃遂就国[⑦]；以何为丞相。

汉王赐张良金百镒[⑧]，珠二斗；良具[⑨]以献项伯。汉王亦因令良厚遗项伯[⑩]，使尽请汉中地[⑪]，项王许之。

夏，四月，诸侯罢戏下兵，各就国[⑫]。项王使卒三万人从汉王之国[⑬]。楚与诸侯之慕从者数万人[⑭]，从杜南入蚀中[⑮]。张良送至褒中[⑯]，汉王遣良归韩[⑰]；良因说汉王烧绝所过栈道[⑱]，以备诸侯盗兵，且示[⑲]项羽无东意。

田荣闻项羽徙齐王市于胶东，而以田都为齐王[⑳]，大怒。五月，荣发兵距[㉑]击田都，都亡走楚。荣留齐王市，不令之胶东。市畏项羽，窃亡之国[㉒]。荣怒[㉓]，六月，追击杀市于即墨，自立为齐王。

是时，彭越在钜野，有众万余人，无所属。荣与越将军印，使击济北。秋，七月，越击杀济北王安[㉔]。荣遂并王三齐[㉕]之地，又使越击楚。项王命萧公角[㉖]将兵击越，越大破楚军。

张耳之国[㉗]，陈馀益怒曰：“张耳与馀，功等也；今张耳王，馀独侯，此项羽不平！”乃阴使张同、夏说[㉘]说齐王荣曰：“项羽为天下宰[㉙]，不平，尽王诸将善地，徙故王于丑地[㉚]。今赵王乃北居代[㉛]，馀以为不可。闻大王起兵，不听不义[㉜]；愿大王资馀兵[㉝]击常山，复赵王[㉞]，请以赵为扞蔽[㉟]！”齐王许之，遣兵从陈馀。

项王以张良从汉王，韩王成又无功，故不遣之国[㊱]，与俱至彭城[㊲]，废以为穰侯[㊳]；已，又杀之。

（以上为第五段，项羽主持分封后，诸侯各就国，立脚未稳，新的矛盾产生。汉王刘邦不服分封，图谋东归；田荣兼并了齐、济北、胶东三齐土地，随即又让彭越攻打楚国；陈馀认为张耳的功劳与他相等，项羽分封不公平，向田荣借兵赶走张耳，另立赵王。）

【注释】

①恶：坏，不好。 ②不犹愈于死乎：不是比死还好些吗？愈，胜，强。 ③“夫能诎”两句：能够屈居于一人之下而伸展于万乘大国之上的，是商汤王和周武王。诎：通“屈”。信：通“伸”。 ④致贤人：招揽贤人。 ⑤收用巴、蜀：收用巴、蜀二郡的

资财。 ⑥还定三秦：挥师还击，夺回雍、翟、塞三国所占关中之地。 ⑦就国：到自己封国去。 ⑧镒：金二十两或二十四两为一镒。 ⑨具：全部。 ⑩因令良厚遗项伯：趁便让张良也给项伯送厚礼。因，因此，趁便。遗，赠送。 ⑪使尽请汉中地：让项伯替刘邦请求项羽把汉中地全部封给刘邦。尽请，尽最大努力请求。 ⑫诸侯罢戏下兵，各就国：各路诸侯都离开主帅项羽，回到各自的封国去。罢，离开。戏下，即“麾下”，帅旗下，指主将项羽。 ⑬“项王”句：项王派三万士兵随从汉王前往他的封国汉中。 按：刘邦在霸上已拥兵十万，现在从者仅三万，可见项羽已解散了他的大部分兵力。 ⑭慕从者数万人：因仰慕而追随汉王的有几万人。 按：慕从者，其实是被项羽遣散的士兵又回到各自的主子身边。汉王带到汉中的士众，仍有近十万人。 ⑮从杜南入蚀中：从杜县南边进入蚀中谷道。 杜：县名，县治在今陕西西安市东南。蚀（lì）中，谷道名，在今西安市西南。 按：刘邦从杜南出发是走子午道，进入蚀中则向西走转入褒斜道。汉中越秦岭有三条通道，东子午谷，中傥骆道，西褒斜道。子午谷最险，不利大军行走，刘邦驻兵霸上在东，由东转西乃正常行军。 ⑯褒中：邑名，在今陕西勉县东南，是褒斜道的南口。 ⑰归韩：回归韩王成。 ⑱烧绝所过栈道：烧毁所过的全部栈道。栈道，在悬崖绝壁上凿孔支架木桩，铺上木板而成的架空的通道。亦称“栈阁”。 ⑲示：告示。⑳田荣：原齐国王族后裔，随其堂兄田儋起兵重建齐国。儋死，立战国齐末代君田建之弟田假为齐王，田荣逐王假而立儋子市为齐王。至是，项羽徙田市为胶东王，立田都为齐王。胶东王都即墨，齐王都临淄。田都，田假部将。 ㉑距：通“拒”。 ㉒窃亡之国：偷偷地逃出到自己的封国。即田市出走即墨。 ㉓荣怒：田荣恼恨项羽不封己为王。㉔济北王安：战国齐末代君田建孙田安，项羽立以为济北王。 ㉕三齐：秦亡，项羽把齐国故地分封给三人为王，田市为胶东王，田都为齐王，田安为济北王，皆在今山东省东部，统称“三齐”。 ㉖萧公角：曾任萧县县令，名角，楚国称县令为公。 ㉗国：封国。㉘张同、夏说（yuè）：为陈馀将，夏说后为代相，被韩信所破。 ㉙天下宰：为天下的主宰、主持。 ㉚丑地：坏地。 ㉛今赵王乃北居代：现今赵王被迁居到北边的代郡了。赵王，赵歇，陈馀故主。 ㉜不听不义：不接受乱命。是说不接受项羽不合理的命令。㉝愿：希望。 资馀兵：以兵资助我陈馀。 ㉞复赵王：恢复赵王原有的领地。 ㉟扞蔽：屏障。 ㊱不遣之国：不让韩成到自己的封国。 ㊲与俱至彭城：让韩成同项羽一起到了彭城。也就是项羽扣留了韩成。 ㊳废以为穰侯：把韩成贬为穰县侯。穰，县名，县治在今河南邓州。

【译文】

汉王大怒，想要攻打项羽。周勃、灌婴、樊哙也都鼓动他开打。萧何规劝他说：“在汉中当王虽然不好，但不比死强些吗？”汉王说：“哪里就至于死呀？”萧何说：“如今您兵众不如项羽，百战百败，不死又能怎么样呢？能够屈居于一人之下而伸展于万乘大国之上的，是商汤王和周武王。我希望大王您立足汉中，抚养百姓，招引贤才，收用巴、蜀二郡的资财，然后挥师东进，平定雍、翟、塞三秦之地，如此天下可以夺取了。”汉王说：“好吧！”于是，就去到他的封地，任用萧何为丞相。

汉王赐给张良黄金百镒，珍珠两斗。张良把这些东西全都献给了项伯。汉王因此也命张良赠送厚礼给项伯，让项伯代他请求项羽将汉中地区全部封给刘邦，项羽答应了这一请求。

夏季，四月，各路诸侯都离开主帅项羽，回到各自的封国去。项羽即派三万士兵随从汉王刘邦前往他的封国。楚军与其他诸侯军中因仰慕而追随汉王的有好几万人，他们从杜县南面进入蚀中通道。张良送行到褒中，汉王叫张良回到韩王那里去。张良劝说汉王烧断他们经过的栈道，不仅可以防备诸侯的军队来犯，而且向项羽表示没有东还的意图。

田荣听说项羽改封齐王田市到胶东，而立齐将田都为齐王，怒火中烧。五月，田荣出兵拦攻田都，田都逃往楚国。田荣就留下齐王田市，不让他到胶东去。田市惧怕项羽，便偷偷地逃向他的封国胶东。田荣恼怒之极，即在六月追击到即墨，杀了田市，自立为齐王。

这时，彭越在巨野，拥有兵众一万多人，尚无归属。田荣就授给彭越将军官印，命他攻打济北王田安。秋季，七月，彭越击杀了济北王田安。田荣于是兼并了齐、济北、胶东三齐的土地，随即又让彭越攻打楚国。项羽命萧公角率军迎击彭越，彭越大败楚军。

张耳来到封国，陈馀更加愤怒了，说道：“张耳与我功劳相等，现在张耳为王，而我却只是个侯，这是项羽分封不公平！”就暗中派遣张同、夏说去游说齐王田荣道：“项羽作为天下的主宰，很不公平，把好的地方全都分给了各将领，而把原来的诸侯王改封到差的地方。现在赵王就往北到代郡去了，我认为这是不妥的。听说大王您起兵抗争，不听从项羽不道义的命令，因此希望您能资助我一些兵力去攻打常山，恢复赵王原有的领地，并请把赵国作为齐国的外卫藩屏！”齐王田荣同意了，随即派兵跟随陈馀。

西楚霸王项羽因为张良曾经追随汉王刘邦，且韩王韩成又毫无战功，所以就不让韩成到封国去，而是让他随自己一起到了彭城，把他废为穰侯，而后又杀了他。

【原文】

初，淮阴人韩信[1]，家贫，无行，不得推择[2]为吏，又不能治生商贾[3]，常从人寄食饮[4]，人多厌之。信钓于城下，有漂母[5]见信饥。饭信[6]。信喜，谓漂母曰："吾必有以重报母[7]。"母怒曰："大丈夫不能自食[8]；吾哀王孙[9]而进食，岂望报乎！"淮阴屠中[10]少年有侮信者曰："若虽长大[11]，好带刀剑，中情怯耳[12]。"因众辱之曰："信能死[13]，刺我；不能死，出我袴下[14]！"于是信孰视之[15]，俛[16]出袴下，蒲伏[17]。一市人皆笑信，以为怯。

及项梁渡淮，信杖剑从之[18]；居麾下[19]，无所知名[20]。项梁败，又属项羽，羽以为郎中[21]；数以策干羽[22]，羽不用。汉王之入蜀，信亡楚归汉，未知名。为连敖[23]，坐当斩[24]；其辈十三人皆已斩，次至信，信乃仰视，适见滕公[25]，曰："上不欲就天下乎[26]，何为斩壮士[27]？"滕公奇其言，壮其貌，释而不斩；与语，大说之[28]，言于王。王拜以为治粟都尉[29]，亦未之奇也[30]。

信数与萧何语，何奇之。汉王至南郑，诸将及士卒皆歌讴思东归，多道亡[31]者。信度[32]何等已数言王，王不我用[33]，即亡去。何闻信亡，不及以闻[34]，自追之。

人有言王曰："丞相何亡。"王大怒，如失左右手。居一二日，何来谒王[35]。王且怒且喜[36]，骂何曰："若亡，何也？"何曰："臣不敢亡也，臣追亡者耳。"王曰："若所追者谁？"何曰："韩信也。"王复骂曰："诸将亡者以十数，公无所追；追信，诈也[37]！"何曰："诸将易得耳；至如信者，国士无双[38]。王必欲长王汉中[39]，无所事信[40]；必欲争天下，非信无可与计事者[41]。顾王策安所决耳[42]！"王曰："吾亦欲东耳，安能郁郁久居此乎[43]！"何曰："计必欲东[44]，能用信，信即留，不能用信，终亡耳。"王曰："吾为公以为将[45]。"何曰："虽为将，信不留。"王曰："以为大将。"何曰："幸甚！"

于是王欲召信拜之。何曰："王素慢无礼[46]；今拜大将，如呼小儿，此乃信所以去也。王必欲拜之，择良日，斋戒，设坛场，具礼[47]，乃可耳。”王许之。诸将皆喜，人人各自以为得大将。至拜大将，乃韩信也，一军皆惊。

（以上为第六段，写韩信从无赖到大将军。韩信家贫，在乡里受到凌辱；投奔项梁，又归项羽，无所知名；改投汉王刘邦，开始也不被重视，又离去，而萧何识才，将其追回，劝说刘邦，拜其为大将军。）

【注释】

①淮阴：县名，县治在今江苏省淮安市淮阴区。 韩信：初从项梁举兵，后归刘邦，拜为大将，为汉室打下半壁江山，封齐王，后徙为楚王，再后被告谋反，废为淮阴侯，被灭三族。传见《史记》卷九十二。 ②推择：推选。 ③治生商贾：做买卖来谋生。④常从人寄食饮：经常到别人家吃闲饭。 寄食：乞讨饮食。 ⑤漂母：在河边漂洗丝帛的老大娘。母，对中老年妇女的尊称，如今之大娘、阿姨。 ⑥饭信：给韩信饭吃。⑦必：一定。 重报母：重重地报答您老人家。 ⑧大丈夫不能自食：一个大男人不能自食其力。 ⑨哀王孙：可怜你这位公子。王孙，古时对人的尊称，如称“公子”。 ⑩屠中：屠宰市中。 ⑪若虽长大：你虽然身高体壮。若，你。 ⑫中情怯耳：内心却是胆小如鼠。 ⑬能死：敢死，不怕死。 ⑭不能死：怕死。 出我袴下：从我的胯下爬过去。袴，通“胯”。 ⑮孰视之：仔细打量。孰，通“熟”，仔细。 按：韩信熟视，其实是认真思考与一个无赖拼命值不值。 ⑯俛：同“俯”，趴下身体。 ⑰蒲伏：同“匍匐”，爬行。 ⑱杖剑从之：持剑投军项梁。 ⑲麾下：部下。 ⑳知名：出名。 ㉑郎中：随身警卫。 ㉒以策干羽：给项羽献计。干，请求，进献。 ㉓连敖：楚官名，掌接待宾客。 ㉔坐当斩：因犯法判处斩刑。 ㉕滕公：汉王心腹将夏侯婴。 ㉖上不欲就天下乎：汉王难道不想取得天下吗？就，成就，获得。 ㉗壮士：好汉，指意气豪壮而勇敢的人。㉘大说之：非常高兴，恨相见之晚。说，通“悦”。 ㉙治粟都尉：管理粮饷的军官。㉚未之奇：“未奇之”的倒装。没有看重他。 ㉛道亡：在行进路上逃亡，即半途逃亡。㉜信度（duó）：韩信猜想。 ㉝不我用：不用我。 ㉞不及以闻：来不及把韩信逃走的事报告汉王。 ㉟居：过了。 谒王：拜见汉王。 ㊱王且怒且喜：汉王高兴见萧何回来，一想到萧何逃跑又十分恼怒。 ㊲诈也：撒谎。 ㊳国士无双：全国最顶尖的一个人，找不出第二个。 ㊴王必欲长王汉中：大王只想永久地做一个汉中王。 必：只是，仅仅。㊵无所事信：没有什么事用得着韩信。 ㊶非信：除了韩信。 计事者：商议大事的人。㊷顾王策安所决耳：只看大王对“长王汉中”与“争天下”做哪种选择了。 ㊸安能郁

郁久居此乎：哪能窝窝囊囊老待在这里呢？郁郁，忧郁沉闷，窝窝囊囊。 ㊹计必欲东：决计向东进取，即与项羽争天下。 ㊺吾为公以为将：我看你的面子任命韩信为将军。为公，看你的面子。 ㊻王素慢无礼：大王你向来傲慢无礼。 ㊼具礼：全套拜将的正式仪式。

【译文】

当初，淮阴人韩信，家境贫寒，没有好的德行，不能被推选去做官，又不会经商做买卖谋生，常常跟着别人吃闲饭，人们大都讨厌他。韩信曾经在城下钓鱼，有位在水边漂洗丝绵的老太太看到他饿了，就拿饭来给他吃。韩信非常高兴，对那位老太太说："我将来一定会重重地报答您老人家。"老太太生气地说："男子汉大丈夫不能养活自己！我不过是可怜你才给你饭吃，难道是希图有什么报答吗？"淮阴县屠宰市中有位青年人侮辱韩信说："你虽然身材高大，好佩带刀剑，但内心却是胆小如鼠。"并趁机当众羞辱说："韩信，你要是真的不怕死，就来刺我。如果怕死，就从我的胯下爬过去！"韩信仔细打量了那青年一会儿，便俯下身子，从他的双腿间钻了过去，匍匐在地。满街市的人都嘲笑韩信，认为他胆小。

待到项梁渡过淮河北上，韩信持剑去投奔他，留在项梁军中，一直默默无闻。项梁失败后，韩信又归属项羽，项羽任他为郎中。韩信曾多次向项羽献策以求重用，但项羽却不予采纳。汉王刘邦进入蜀中，韩信又逃离楚军归顺了汉王，仍然不被人看重，只做了个接待宾客的小官。后来，韩信犯了法，应当判处斩刑，与他同案的十三个人都已遭斩首，轮到韩信时，韩信抬头仰望，刚好看见了滕公夏侯婴，便说道："汉王难道不想得取天下吗？为什么要斩杀壮士啊！"滕公觉得他的话不同凡响，又见他外表威武雄壮，就放了他而不处斩，并与他交谈，欢喜异常，随即将这情况奏报给了汉王。汉王于是授给韩信治粟都尉的官职，但还是不认为他有什么不寻常之处。

韩信好几次与萧何谈话，萧何感觉他不同于常人。待汉王刘邦到达南郑时，众将领和兵士都唱歌思念东归故乡，许多人中途就逃跑了。韩信估计萧何等人已经多次向汉王荐举过他，但汉王没有重用他，便也逃亡而去。萧何听说韩信逃走了，没有来得及向汉王报告，就亲自去追赶韩信。

有人告诉汉王说："丞相萧何逃跑了。"汉王大发雷霆，仿佛失掉了左右手一般。过了一两天，萧何来拜谒汉王。汉王又怒又喜，骂萧何道："你为什么逃跑呀？”萧何说：“我怎么会逃跑呢？我是去追赶逃跑的人呀。”汉王说：“你追赶的人是谁呀？”萧何说：“是韩信。”汉王又骂道：“将领们逃跑的已是数以十计，你都不去追，说是去追韩信，纯粹是撒谎！”萧何说：“那些将领很容易得到。像韩信这样的人，却是天下无双的杰出人才啊！大王您如果只想长久地在汉中称王，自然没有用得着韩信的地方；假如您要争夺天下，除了韩信，就没有可与您图谋大业的人了。只看您做哪种选择了！”汉王说：“我也是想要东进的，怎么能够忧郁沉闷地老待在这里呢？”萧何说：“如果您决计向东发展，那么能任用韩信，韩信就会留下来，如果不能重用他，他终究还是要逃跑的。”汉王说：“那我就看在你的面子上任他为将军吧。”萧何说：“即便是让韩信做将军，韩信也是不会留下来的。”汉王说：“那就任他为大将军吧。”萧何说：“太好了。”

于是，汉王就想召见韩信授给他官职。萧何说：“大王您向来傲慢无礼，现在要任命大将军了，却如同呼喝小孩儿一样，这便是韩信要离开的原因啊！您如果要授给他官职，就请选择吉日，进行斋戒，设置拜将的坛台和广场，举行授职的完备仪式，这才行啊。”汉王应允了萧何的请求。众将领闻讯都很欢喜，人人都以为自己会得到大将军的职务。但是，等到任命大将军时，竟然是韩信，全军都惊讶不已。

【原文】

信拜礼毕，上坐[①]。王曰：“丞相数言将军，将军何以教寡人计策？”信辞谢[②]，因问王曰：“今东乡争权天下[③]，岂非项王耶？”汉王曰：“然。”曰：“大王自料，勇悍仁强孰与项王[④]？”汉王默然良久，曰：“不如也。”

信再拜贺曰[⑤]：“惟信亦以为大王不如也。然臣尝事之，请言[⑥]项王之为人也：项王喑噁叱咤[⑦]，千人皆废[⑧]，然不能任属贤将[⑨]；此特匹夫之勇耳[⑩]。项王见人，恭敬慈爱，言语呕呕[⑪]，人有疾病，涕泣分食饮；至使人[⑫]，有功当封爵者，印刓敝[⑬]，忍不能予[⑭]；此所谓妇人之仁[⑮]也。项王虽霸天下而臣诸侯，不居关中而都彭城；背义帝之约，而以亲爱王[⑯]，诸侯不平；逐其故主而王其将相[⑰]，又迁逐义帝置江南，所过无不残灭；百姓不亲附，特劫于威强耳[⑱]。名虽为霸，实失天下心，故其强易弱[⑲]。今大王诚能反其道[⑳]，任天下武勇，何所不诛[㉑]；以天下城邑封功臣，何所不服[㉒]；以义兵从思东归之士，何所不散[㉓]！且三秦王为秦将[㉔]，将秦子弟数岁矣，所杀亡不可胜计[㉕]；又欺其众[㉖]，降诸侯[㉗]，至新安，项王诈坑秦降卒二十余万，唯独邯、欣、翳得脱。秦父兄怨此三人，痛入骨髓。今楚强以威王此三人，秦民莫爱也。大王之入武关，秋毫无所害；除秦苛法，与秦民约法三章；秦民无不欲得大王王秦者。于诸侯之约㉘，大王当王关中，关中民咸知之；大王失职㉙入汉中，秦民无不恨者。今大王举而东，三秦可传檄而定㉚也。”

于是汉王大喜，自以为得信晚。遂听信计，部署诸将所击㉛；留萧何收巴、蜀租，给军粮食。

八月，汉王引兵从故道㉜出，袭雍㉝；雍王章邯迎击汉陈仓㉞。雍兵败，还走；止，战好畤㉟，又败，走废丘㊱。汉王遂定雍地，东至咸阳；引兵围雍王于废丘，而遣诸将略地。塞王欣、翟王翳皆降，以其地为渭南、河上、上郡㊲。令将军薛欧、王吸出武关，因王陵兵以迎太公、吕后㊳。项王闻之，发兵距之阳夏㊴，不得前。

王陵㊵者，沛人也，先聚党数千人，居南阳，至是始以兵属汉。项王取陵母置军中，陵使至，则东乡坐陵母㊶，欲以招陵。陵母私送使者，泣曰：“愿为老妾语陵㊷：善事汉王。汉王长者㊸，终得天下，毋以老妾故持二心㊹。妾以死送使者！”遂伏剑而死㊺。项王怒，亨陵母㊻。

项王以故吴令郑昌为韩王㊼，以距汉㊽。

张良遗项王书曰：“汉王失职，欲得关中；如约即止，不敢东㊾。”又以齐、梁反书遗项王㊿曰：“齐欲与赵并灭楚。”项王以此故无西意，而北击齐。

燕王广不肯之辽东；臧荼击杀之，并其地[51]。

是岁，以内史沛周苛为御史大夫[52]。

项王使趣义帝行[53]，其群臣、左右稍稍叛之[54]。

（以上为第七段，写韩信汉中对，分析楚汉两方形势，向汉王刘邦献上战胜项羽的策略；而后从故道出汉中，打败雍王章邯，塞王司马欣、翟王董翳也都投降，平定三秦，东出秦关。）

【注释】

①上坐：汉王就座。 ②信辞谢：韩信谦让了一番。 ③东乡：向东。乡，通“向”。 争权天下：争夺主宰天下之权，即争天下。 ④勇悍仁强：个人的勇敢、猛悍、仁爱、刚强四个方面。 孰与项王：与项王比，谁强呢？孰，通“谁”。 ⑤信再拜贺

曰：韩信拜了两拜赞佩地说。贺，贺喜，此为敬佩，赞许。汉王谦和就能得人，值得庆贺。 ⑥请言：请允许我说一说。请，表示谦敬。 ⑦喑噁叱咤（yìn wù chì zhà）：厉声喝斥，怒吼。喑噁，发怒声。 叱咤：发怒吆喝。 ⑧废：因惊吓畏缩不知所措的样子。⑨任属贤将：放手使用有才能的将领。 ⑩特：只不过。 匹夫之勇：指不用智谋，单凭个人血气之勇，并无大用。 ⑪呕呕（xū xū）：婆婆妈妈，形容语言温和的样子。⑫使人：所任用的人。 ⑬印刓敝：刻好的官印，在自己手里摩弄得把印角都磨平了。刓（wán）通"玩"。 ⑭忍不能予：即"不忍予"。还舍不得授给应受封的人。忍，舍得。能，语助词。 ⑮妇人之仁：女人见识，只认小恩小惠，不明大局，不识大体。 ⑯以亲爱王：把自己亲信和偏爱的人封王。 ⑰逐其故主：驱逐原来的诸侯国主，指迁徙齐王田市、赵王赵歇等。 ⑱特：只不过。 劫于威强耳：在他的威力逼迫下勉强服从而已。劫，胁迫。强（qiǎng），勉强。 ⑲其强易弱：他现在虽强很容易就会变弱。 ⑳反其道：不逞匹夫之勇，不行妇人之仁。 ㉑何所不诛：还有什么敌人不能消灭。 ㉒何所不服：还有什么人不心悦诚服。 ㉓"以义兵"两句：率领正义之师顺从思念东归故乡的将士，还有什么敌人打不垮。以，率领。从，顺从。散，溃散，打垮。 ㉔三秦王为秦将：指雍王章邯、塞王司马欣和翟王董翳，原是秦将，不得人心。 ㉕所杀亡不可胜计：指三秦王率领的士卒死的逃的多得无法统计，不知有多少。 ㉖欺其众：三秦王欺骗了部下的士兵。㉗降诸侯：指降项羽。 ㉘诸侯之约：指楚怀王与诸将之约，"先入定关中者王之"的约定。 ㉙失职：指汉王失去关中王的封地与爵号。 ㉚三秦可传檄而定：是说刘邦取关中不必打仗，只要发布一道声讨敌人的文告（檄）就可以平定。 按：以上韩信拜将答汉王之问，可称为楚汉相争的"汉中对"。韩信从天时、地利、人和三个方面论说楚汉相争以弱克强的策略。《通鉴》摘引自《史记·淮阴侯列传》。 ㉛部署诸将所击：安排众将领所要攻击的目标。 ㉜故道：县名，县治在今陕西凤县西北。 ㉝袭雍：袭击雍王章邯。袭，突然进攻，攻其不备。 ㉞陈仓：县名，县治在今陕西宝鸡市东。 ㉟好畤（zhì）：县名，县治在今陕西乾县东。 ㊱废丘：县名，县治在今陕西兴平市东南。 ㊲渭南：郡名，后来为京兆。 河上：后来为左冯翊（píng yì）。 上郡：郡名，郡治肤施，在今陕西榆林市。 ㊳因王陵兵以迎太公、吕后：会合王陵的军队去迎接太公和吕后。因，凭借，依仗，此为会合。 按：王陵兵，当时驻扎在南阳。 太公：刘邦的父亲。 吕后：名雉，字娥姁，刘邦妻。 ㊴阳夏（jiǎ）：县名，县治在今河南省太康县。 ㊵王陵：秦末起兵有众数千人，活动在南阳一带，归刘邦后官至丞相，封安国侯。 ㊶东乡坐陵母：接待王陵使者时，让王陵母向东坐，以便招降王陵。古以东向为尊。乡，通"向"。 ㊷语陵：告语王陵。 ㊸汉王长者：汉王是宽厚大度的人。 ㊹二心：三心二意，不专一，不忠诚。

㊺伏剑而死：用剑自杀而死。王陵母以死激励王陵投汉。 ㊻烹陵母：烹，煮杀。陵母已死，项羽烹死者适见其残暴无道，毫无政治头脑。 ㊼吴令郑昌为韩王：郑昌，项羽部将，首任吴县县令。项羽废韩王韩成，今以郑昌为韩王拒汉。 ㊽距汉：抵抗汉兵。距，通“拒”。 ㊾如约即止，不敢东：按照怀王的旧约，刘邦得到关中，就停止进兵，不再向东。这是张良为麻痹项羽并为刘邦“定三秦”找的借口。 ㊿又以齐、梁反书遗项王：又把齐国田荣、梁地彭越反叛楚国的文书送给项王。 齐：指田荣。 梁：指彭越。 51并其地：燕王臧荼杀了辽东王韩广，兼并了辽东地域。 52“以内史”句：汉王调任内史周苛为御史大夫。 内史：掌治京畿地方的长官。御史大夫，副丞相，权位高于内史。周苛，汉三年守荥阳，骂项羽，项羽攻下荥阳烹杀了周苛。 53趣义帝行：项羽催促义帝赶快离开彭城到郴县去。 54左右稍稍叛之：指义帝的近侍逐渐背离了义帝。

【译文】

授任韩信的仪式结束后，汉王就座，说道：“丞相屡次向我推荐您，您将拿什么计策来开导我呀？”韩信谦让了一番，就乘势问汉王道：“如今向东去争夺天下，您的对手不就是项羽吗？”汉王说：“是啊。”韩信说：“大王您自己估量一下，在勇敢、猛悍、仁爱、刚强等方面，与项羽比，谁强呢？”汉王沉默了许久，说：“我不如他。”

韩信拜了两拜，赞许说：“我韩信也认为大王您在这些方面比不上他。不过，我曾经侍奉过项羽，就请让我来谈谈他的为人吧：项羽厉声怒斥呼喝时，上千人都吓得不敢动，但是他却不能任用有德才的将领，这不过是匹夫之勇罢了。项羽待人，恭敬慈爱，言语温和，别人生了病，他会怜惜地流下泪来，把自己所吃的东西分给病人，但当所任用的人立了功，应该赏封爵位时，他却把刻好的印捏在手里，玩得磨去了棱角还舍不得授给人家。这便是人们所说的妇人的仁慈啊！项羽虽然称霸天下而使诸侯臣服，但却不占据关中而是建都彭城；背弃义帝怀王的约定，把自己亲信、偏爱的将领分封为王，诸侯愤愤不平。他还驱逐原来的诸侯国国王，而让诸侯国的将相为王，又把义帝迁移逐赶到江南。他的军队经过的地方没有不遭到残害毁灭的，民众都不愿亲近依附他，只不过是迫于他的威势勉强归顺罢了。如此种种，使他名义上虽然还是霸主，实际上却失去了天下人的心。所以，他的强盛很容易转化为虚弱。现在大王您如果真能反其道而行之，任用天下英勇善战的人才，那么，还有什么对手不能诛灭啊！把天下的城邑封给有功之臣，那么，还有什么人会不心悦诚服的呢？用正义的军事行动去顺从惦念东归故乡的将士们，那还有什么敌人打不垮、击不溃呀？况且，分封在秦地的三个王都是过去秦朝的将领，他们率领秦朝的子弟作战已经有好几年了，被杀死和逃亡的多得数也数不清；而他们又欺骗自己的部下，投降了诸侯军，结果到达新安时，遭到项羽诈骗而活埋的秦军降兵有二十多万人，唯独章邯、司马欣、董翳得以脱身不死。秦地的父老兄弟们怨恨这三个人，恨得痛彻骨髓。现今项羽倚仗自己的威势，强行把此三人封为王，秦地的百姓没有爱戴他们的。大王您进入武关时，秋毫无犯，废除了秦朝的严刑苛法，与秦地的民众约法三章，秦地的民众没有不希望您在关中做王的。而且按照原来与诸侯的约定，大王您理当在关中称王，这一点关中的民众都知道。您失掉了应得的王位来到汉中，对此，秦地的民众没有不怨恨的。如今大王您起兵向东，三秦之地只要发布一道征讨的文书就可以平定了。”

汉王于是大喜过望，自认为韩信这个人才得到得太迟了，随即就听从韩信的计策，部署众将领所要攻击的任务，留下萧何收取巴、蜀两郡的租税，为军队供给粮食。

八月，汉王领兵从故道出来，袭击雍王章邯。章邯在陈仓迎击汉军，兵败逃跑；在好畤停下来，与汉军再战，又被打败，逃往废丘。汉王随即平定了雍地，东进到咸阳，率军在废丘包围了雍王章邯，并派遣将领们去攻夺各地。塞王司马欣、翟王董翳都投降了，汉王便把他们的地盘设置为渭南、河上、上郡。又命将军薛欧、王吸领兵出武关，会合王陵的军队去迎接太公和吕后。项羽闻讯，出兵到阳夏阻拦，汉军因此无法前进。

王陵，是沛人，早先曾聚集党徒几千人，住在南阳，至这时起，他带领部队归属了汉王。项羽便把王陵的母亲抓到军中，王陵为此派出的使者来到项羽的军营后，项羽就让王陵的母亲面向东而坐，想要借此招降王陵。王陵母亲私下里为使者送行，老泪纵横地说：“望您替我对王陵说：好好地侍奉汉王，汉王是宽厚大度的人，终将取得天下。不要因为我的缘故而对汉王怀有二心。我则用一死来送使者您！”说罢就伏剑自杀了。项羽勃然大怒，即将王陵的母亲烹了。

项羽任命前吴县县令郑昌做韩王，以抵抗汉军。

张良写信给项羽说：“汉王失去应得的封职，想要得到关中，等到实现先前的约定，就会停止作战，不敢东进了。”接着又把齐国田荣、梁地彭越反叛楚国的文书送给项王，说：“齐国想要同赵国一起灭掉楚国。”项羽因此无西进之意，而向北去攻打齐国。

燕王韩广不肯到辽东去做辽东王，臧荼就击杀了他，兼并了他的领地。

这一年，汉王刘邦任用内史、沛人周苛为御史大夫。

项羽派人催促义帝赶快到郴地去，义帝的群臣、近侍便逐渐背叛了义帝。

【原文】

二年（丙申，前205）

冬，十月，项王密使九江、衡山、临江王击义帝，杀之江中①。

陈馀悉三县兵②，与齐兵共袭常山③。常山王张耳败，走汉，谒汉王于废丘；汉王厚遇之④。陈馀迎赵王于代，复为赵王。赵王德陈馀⑤，立以为代王⑥。陈馀为赵王弱，国初定，不之国⑦，留傅赵王⑧；而使夏说⑨以相国守代。

张良自韩间行归汉⑩：汉王以为成信侯。良多病，未尝特将⑪，常为画策臣⑫，时时从汉王。

汉王如陕⑬，镇抚⑭关外父老。

河南王申阳降，置河南郡⑮。

汉王以韩襄王孙信为韩太尉⑯，将兵略韩地。信急击韩王昌于阳城，昌降。十一月，立信为韩王；常将韩兵从汉王。

汉王还都栎阳⑰。

诸将拔陇西⑱。

春，正月，项王北至城阳⑲。齐王荣将兵会战，败，走平原⑳，平原民杀之。项王复立田假为齐王。遂北至北海㉑，烧夷㉒城郭、室屋，坑田荣降卒，系虏㉓其老弱、妇女，所过多所残灭。齐民相聚叛之。

汉将拔北地㉔，虏雍王弟平㉕。

三月，汉王自临晋㉖渡河。魏王豹㉗降，将兵从；下河内，虏殷王卬㉘，置河内郡㉙。

（以上为第八段，写汉王刘邦平定三秦，张良归汉封为成信侯，为刘邦出谋划策；常山王张耳、河南王申阳、韩王韩昌投降刘邦；刘邦立原韩襄王孙子韩信为韩王；项羽攻灭齐王田荣，齐都遭到毁灭性破坏。）

【注释】

①杀之江中：义帝行进在长江途中遭到杀害。九江王黥布、衡山王吴芮、临江王共

敖均受到项羽密令层层阻击杀灭义帝，最终不知为谁所杀，史事缺失。②悉三县兵：全部结集南皮等三个县的兵力。③袭常山：攻袭常山王张耳。④厚遇之：张耳受到隆重接待。遇，待。⑤赵王德陈馀：赵王感恩陈馀。⑥立以为代王：赵王封立陈馀为代王。⑦不之国：陈馀不到自己的封国上任。⑧留傅赵王：陈馀留在赵国辅佐赵王。傅，辅佐。⑨夏说：陈馀的谋士。⑩间行归汉：抄小道秘密地回到汉王处。⑪特将：单独统率军队。特，独。⑫画策臣：谋臣。画策，出谋划策。⑬如陕：到陕县汉军前线。陕：县名，县治在今河南省三门峡市西。⑭镇抚：安抚慰问。⑮河南郡：郡治洛阳，在今洛阳市东北。⑯韩襄王孙信：战国时韩襄王之孙韩信，追随刘邦入汉中，至是任命为韩王太尉，领兵略定韩地封为韩王，后守边降匈奴被汉兵击杀。为了与淮阴侯韩信区别，史书一般称"韩王信"。传见《史记》卷九十三。韩太尉：为韩王韩成的太尉。太尉，一国的最高军政长官。⑰栎阳：县名，县治在今陕西临潼东北，时为汉王临时都城。⑱陇西：郡名，辖今甘肃省东南部，郡治狄道，在今甘肃省临洮县东北。⑲城阳：县名，县治在今山东菏泽市东北。⑳平原：县名，县治在山东平原县南。㉑北海：郡名，今山东省临淄以东、莱州市以西一带。㉒烧夷：烧毁夷平。㉓系虏：拘缚虏掠。㉔北地：郡名，郡治义渠，在今甘肃宁县西北。㉕平：章邯之弟章平。㉖临晋：临晋关，又称蒲津关、蒲坂关，为黄河渡口，在今山西永济市西，接陕西省大荔县东。㉗魏王豹：项羽封他为西魏王，豹不满，背楚归汉，后又叛汉，为韩信所俘。传见《史记》卷九十。㉘卬：司马卬。㉙河内郡：治所怀县，在今河南武陟县西南。

【译文】

汉高帝二年（丙申，前205）

冬季，十月，项羽秘密派遣九江王、衡山王、临江王去攻打义帝，在长江上杀死了他。

陈馀出动三县的全部兵力，与齐军合力袭击常山。常山王张耳兵败逃奔到汉地，在废丘拜见汉王。汉王很是优待他。陈馀到代地迎回了原来的赵王歇，恢复了他的王位。赵王因此对陈馀感恩戴德，立他为代王。陈馀考虑到赵王歇的力量还很弱小，国中局势又刚刚稳定，便不去自己的封国，留下来辅佐赵王，而派夏说以相国的身份去镇守代国。

张良从韩地抄小道回到汉王处，汉王封张良为成信侯。张良体弱多病，未曾独自领兵打仗，而是经常作为出谋划策的谋臣，时时跟随在汉王身边。

汉王到陕县去，安抚关外的父老。

河南王申阳投降了汉王，汉王设置了河南郡。

汉王任用原韩襄王的孙子韩信为韩国太尉，领兵攻夺韩地。韩信在阳城加紧攻打韩王韩昌，韩昌被迫投降。十一月，汉王立韩信为韩王；韩王信常常率领韩国军队跟随着汉王。

汉王返回都城栎阳。

众将领们攻下了陇西。

春季，正月，西楚霸王项羽往北到达城阳。齐王田荣领兵与楚军会战，兵败后，田荣逃到平原，平原的百姓把他杀了。项羽于是又重立田假为齐王。接着，项羽就北进至北海一带，焚烧、铲平城郭、房屋，活埋田荣的降兵，掳掠齐国的老弱、妇女，经过的地方多遭到破坏毁灭。齐国的民众因此便纷纷聚集起来反叛项羽。

汉王的将领攻陷北地，俘获了雍王章邯的弟弟章平。

三月，汉王从临晋关渡过黄河。魏王豹投降，领兵追随汉王；汉军攻下河内，俘虏了殷王司马卬，设置河内郡。

【原文】

初，阳武[①]人陈平，家贫，好读书。里中社[②]，平为宰[③]，分肉甚均。父老曰："善，陈孺子[④]之为宰！"平曰："嗟乎，使平得宰天下，亦如是肉矣！"及诸侯叛秦，平事魏王咎于临济[⑤]，为太仆[⑥]，说魏王，不听。人或谗之，平亡去。

后事项羽，赐爵为卿[⑦]。殷王反[⑧]，项羽使平击降之；还，拜为都尉，赐金二十镒。

居无何[⑨]，汉王攻下殷[⑩]。项王怒，将诛定殷将吏。平惧，乃封其金与印，使使[⑪]归项王；而挺身间行[⑫]，杖剑亡，渡河，归汉王于修武[⑬]，因魏无知[⑭]求见汉王。汉王召入，赐食，遣罢就舍[⑮]。平曰："臣为事来，所言不可以过今日。"于是汉王与语而说之[⑯]。问曰："子之居楚何官？"曰："为都尉。"是日，即拜平为都尉，使为参乘，典护军[⑰]。诸将尽讙曰："大王一日得楚之亡卒，未知其高下，而即与同载[⑱]，反使监护长者！"汉王闻之，愈益幸平[⑲]。

汉王南渡平阴津[⑳]，至洛阳新城[㉑]。三老董公遮说[㉒]王曰："臣闻'顺德者昌，逆德者亡'；'兵出无名[㉓]，事故不成'。故曰：'明其为贼，敌乃可服[24]。’项羽为无道，放杀其主[25]，天下之贼也。夫仁不以勇，义不以力[26]，大王宜率三军之众为之素服[27]，以告诸侯而伐之[28]，则四海之内莫不仰德[29]，此三王之举[30]也。”

于是汉王为义帝发丧，袒而大哭[31]，哀临三日[32]，发使告诸侯曰：“天下共立义帝，北面事之[33]。今项羽放杀义帝江南，大逆无道！寡人悉发关中兵，收三河士[34]，南浮江、汉以下[35]，愿从诸侯王击楚之杀义帝者！”

使者至赵，陈馀曰：“汉杀张耳，乃从。”于是汉王求人类张耳者[36]斩之，持其头遗陈馀；馀乃遣兵助汉。

田荣弟横收散卒，得数万人，起城阳；夏，四月，立荣子广为齐王，以拒楚。项王因留，连战，未能下。虽闻汉东[37]，既击齐，欲遂破之而后击汉，汉王以故得率诸侯兵[38]凡五十六万人伐楚。

到外黄[39]，彭越将其兵三万余人归汉。汉王曰：“彭将军收魏地得十余城，欲急立魏后。今西魏王豹，真魏后。”乃拜彭越为魏相国，擅将其兵略定梁地[40]。汉王遂入彭城，收其货宝[41]、美人，日置酒高会[42]。

（以上为第九段，写陈平背楚投汉，得到重用；项羽杀掉义帝熊心，刘邦反其道，为义帝发丧，号召各诸侯国起兵攻打项羽；项羽被齐事滞留，无暇分身，刘邦率军攻入彭城，被胜利冲昏头脑，日置酒高会。）

【注释】

①阳武：县名，县治在今河南原阳县东南。 ②里中社：里（乡村）中的土地神祠。 ③宰：祭祀活动的主持人。 ④陈孺子：陈家这小子，姓陈的后生。 按：孺子，小子，是一种昵称。 ⑤临济：邑名，在今河南封丘县东。 ⑥太仆：秦汉官九卿之一，管理帝王车马。 ⑦赐爵为卿：只是享有卿的待遇，没有卿的实职。 ⑧殷王反：据章校，他本“反”下有“楚”字。《史记·陈丞相世家》同。 ⑨居无何：待了不久。 ⑩攻下殷：攻占了殷王地。殷王封地在今河南省，都朝歌，今河南淇县。 ⑪使使：派遣使者。 ⑫挺身间行：独身从小道逃亡。 ⑬修武：邑名，在今河南获嘉县。 ⑭因魏无知：通过魏无知。因，通过，依靠。 魏无知：刘邦的近臣。 ⑮遣罢就舍：让他吃完饭到客舍去休息。遣，让，使。 ⑯说之：十分喜欢陈平。说，通“悦”。 ⑰典护军：掌理护军之职。护军，监督和协调诸将事务。 ⑱同载：同乘一辆车。指陈平为参乘。 ⑲愈益幸平：更加亲近陈平。幸，宠信，亲近。 ⑳平阴津：渡口名，在今河南孟津东北。 ㉑新城：县名，县治在今河南伊川县西南。 ㉒三老：古代掌教化的官。秦置乡三老，汉置县

三老，东汉以后有郡三老。董公：董老先生，史失其名。《高祖本纪·正义》引《楚汉春秋》云：“董公八十二遂封为成侯。”遮说：拦路进谏。㉓兵出无名：出兵要有正当的名义，无名则为贼兵，非正义之师。名：名义，理由。㉔明其为贼，敌乃可服：布告天下，说明要讨伐的人是乱臣贼子，敌人才可以征服。㉕放杀其主：放，指迁义帝于郴；杀，指杀之江中。㉖仁不以勇，义不以力：仁德之师不逞一时之勇，正义之军不拼一己之力。㉗为之素服：为义帝穿丧服。㉘伐之：讨伐“天下之贼”项羽。㉙莫不仰德：没有人不仰慕你汉王的德行。㉚此三王之举：这是如同夏、商、周三代圣王的行动啊。㉛袒而大哭：袒露着左臂，痛哭流涕。袒：脱衣袖露臂。古时凡事不论吉凶皆袒左。㉜哀临三日：全军举哀三天。临：公祭。聚众举哀，祭吊死者。㉝北面事之：北面称臣。北面：向北。古代君主向南而坐，臣下向北朝见。㉞收三河士：结集河南、河东、河内的全部士兵。㉟南浮江、汉以下：向南沿长江、汉水而下。浮，顺流。㊱类张耳者：找了一个与张耳很相像的人。类：像，似。㊲虽闻汉东：项羽已经听到了汉军向东进攻的消息。㊳诸侯兵：追随汉王的有五路诸侯之师，五诸侯是常山王张耳、河南王申阳、韩王郑昌、魏王魏豹、殷王司马卬。㊴外黄：县名，县治在今河南民权县西北。㊵擅将其兵略定梁地：让彭越独自率领自己的兵马去夺取魏地。擅将，独领。略定，攻克平定。梁地，魏地。㊶货宝：财货珍宝。㊷日置酒高会：每天都大摆酒席宴会。按：汉王轻易得彭城，天天沉醉在胜利的喜悦中，松懈防范项羽的反扑，此为汉王兵败彭城伏笔。

【译文】

起初，阳武人陈平，家境贫寒，喜好读书。乡里祭祀土地神，陈平主持分配祭肉，将祭肉分得非常均匀。乡里的父老们便说：“好啊，陈家的小子做主持分祭肉的人了！”陈平却说道：“哎呀，如果我能够主持天下，也会像分配这祭肉一样公平合理的！”到诸侯国反叛秦朝时，陈平在临济侍奉魏王魏咎，任太仆。他曾向魏王献策，但是魏王不听。有的人就在魏王面前恶语中伤他，陈平就逃离魏王而去。

后来，陈平又为项羽做事，项羽赐封给他卿一级的爵位。殷王司马卬反楚时，项羽即派陈平去攻打并降服了殷王。陈平领兵返回，项羽就授任他都尉之职，赏赐给他黄金二十镒。

过了不久，汉王攻占了殷地。项羽为此怒不可遏，准备杀掉那些参与平定殷地的将领和官吏。陈平很害怕，便把他所得的黄金和官印封裹好，派人送还给项羽；随即独身持剑抄小路逃亡，渡过黄河，到修武去投奔汉王，通过魏无知求见汉王。汉王于是召陈平进见，赐给他酒饭，让他吃完饭到客舍中去歇息。陈平说：“我是为要事来求见您的，所要说的不能够延迟过今日。”汉王即与他交谈，颇喜欢他的议论，便问道：“你在楚军中任的是什么官职呀？”陈平说：“任都尉。”刘邦当天就授予陈平都尉之职，让他做自己的陪乘官，负责监督各部将领。将领们因而不服气，都喧哗鼓噪起来，说：“大王您得到一名楚军的逃兵才一天，还不了解他本领的高低，就与他同乘一辆车子，而且还让他来监护我们这些有资历的老将！”汉王听到这种种非议后，却更加宠信陈平了。

汉王率军南下渡过平阴津，抵达洛阳新城。新城县的三老董公拦住汉王，劝说道：“我听说：‘顺德者昌，逆德者亡。’‘师出无名，事情就不能成功。’所以说：‘点明要讨伐的人是乱臣贼子，敌人才可以被征服。’项羽行事大逆不道，放逐并杀害了他的君主义帝，实在是令天下人痛恨的逆贼啊。仁德之士不逞一时之勇，正义之军不拼一己之力。大王您应当率领三军将士为义帝穿上丧服，以此通告诸侯王，共同攻打项羽。这样一来，四海之内没有人不仰慕您的德行，这可是像夏、商、周三王那样的行为啊！”

汉王于是为义帝发丧，袒露着左臂，痛哭流涕，全体举哀三天，并派使者向各路诸侯通报说：“天下共同拥立义帝，对他北面称臣。现在项羽却在江南杀害了义帝，纯属大逆不道！我要出动关中的全部兵马，征收河南、河东、河内地区的士兵，乘船沿长江、汉水南下，愿意追随诸侯王去攻打楚国这个杀害义帝的逆贼！”

汉王的使者到了赵国，陈馀说：“汉王如果能把张耳杀了，我就跟随汉王。”汉王于是寻找到一个与张耳很相像的人，杀掉了他，拿他的头送给陈馀，陈馀便派兵援助汉军。

田荣的弟弟田横四处收拢散兵游勇，得到几万人，即从城阳起兵反楚。夏季，四月，田横拥立田荣的儿子田广为齐王，抗拒楚军。项羽为此留在齐地，与齐军接连作战，但没有能够攻下城阳。项羽虽然听说汉王刘邦东进，可是既然已经在攻击齐国，就想待打败齐军后再去攻打汉王的军队。汉王因此得以统率各路诸侯军共约五十六万人攻打楚国。

汉军抵达外黄时，彭越率领他的部队三万多人归顺了汉王刘邦。汉王说：“将军您夺取了魏地的十多个城邑，想要尽快扶立原魏国国君的后代。如今西魏王魏豹便是真正的魏国后裔呀。”随即任命彭越为魏国的相国，让他独自率领自己的部队去攻夺、平定梁地。汉王接着就攻入彭城，搜罗财宝美女，天天设置酒宴，大会部将宾朋。

【原文】

项王闻之，令诸将击齐，而自以精兵三万人南，从鲁出胡陵至萧①。晨，击汉军而东至彭城，日中，大破汉军。汉军皆走，相随入谷、泗水②，死者十余万人。

汉卒皆南走山，楚又追击至灵璧东睢水上③；汉军却，为楚所挤④，卒十余万人皆入睢水，水为之不流。围汉王三匝⑤。会⑥大风从西北起，折木，发屋⑦，扬沙石⑧，窈冥昼晦⑨，逢迎楚军⑩，大乱坏散⑪，而汉王乃得与数十骑遁去⑫。欲过沛收家室⑬，而楚亦使人之沛取汉王家；家皆亡⑭，不与汉王相见⑮。

汉王道逢孝惠、鲁元公主⑯，载以行。楚骑追之，汉王急，推堕二子车下⑰。滕公为太仆⑱，常下收载之；如是者三，曰："今虽急，不可以驱，奈何弃之⑲！"故徐行⑳。汉王怒，欲斩之者十余；滕公卒保护，脱二子㉑。

审食其从太公㉒、吕后间行求汉王㉓，不相遇，反遇楚军；楚军与归，项王常置军中为质㉔。

是时，吕后兄周吕侯为汉将兵㉕，居下邑㉖；汉王间往从之，稍稍收其士卒㉗。诸侯皆背汉，复与楚㉘。塞王欣、翟王翳亡降楚。

田横进攻田假，假走楚，楚杀之；横遂复定三齐㉙之地。

汉王问群臣曰："吾欲捐关以东㉚；等弃之㉛，谁可与共功者㉜？"张良曰："九江王布，楚枭将㉝，与项王有隙㉞；彭越与齐反梁地；此两人可急使㉟。而汉王之将，独韩信可属大事㊱，当一面㊲。即欲捐之，捐之此三人㊳，则楚可破也！"

初，项王击齐，征兵九江，九江王布称病不往，遣将将军数千人行。汉之破楚彭城，布又称病不佐楚。楚王由此怨布，数使使者诮让㊴，召布。布愈恐，不敢往。项王方北忧齐、赵，西患汉，所与者独九江王㊵；又多布材㊶，欲亲用之，以故未之击㊷。

汉王自下邑徙军砀，遂至虞㊸，谓左右㊹曰："如彼等者，无足㊺与计天下事！"谒者随何㊻进曰："不审陛下所谓㊼。"汉王曰："孰能为我使九江[48]，令之发兵倍楚[49]？留项王数月[50]，我之取天下可以百全[51]。”随何曰：“臣请使之！”汉王使与二十人俱。

五月，汉王至荥阳，诸败军皆会，萧何亦发关中老弱未傅者[52]悉诣荥阳，汉军复大振。楚起于彭城，常乘胜逐北[53]，与汉战荥阳南京、索间[54]。

楚骑来众，汉王择军中可为骑将者，皆推故秦骑士重泉人李必、骆甲[55]；汉王欲拜之。必、甲曰：“臣故秦民，恐军不信臣；愿得大王左右善骑者傅之[56]。”乃拜灌婴为中大夫[57]，令李必、骆甲为左右校尉，将骑兵击楚骑于荥阳东，大破之，楚以故不能过荥阳而西。汉王军荥阳，筑甬道属之河[58]，以取敖仓[59]粟。

（以上为第十段，写西楚霸王项羽回军攻下彭城，汉军大败，刘邦狼狈出逃；刘邦抵达荥阳，收合溃散士兵，征发关中老少，建立骑兵队伍，劝说九江王英布起兵叛楚，汉军士气再次大振，楚汉相争进入相持阶段。）

【注释】

①鲁：县名，县治在今山东曲阜。 胡陵：县名，县治在今山东鱼台县东南。 萧：县名，县治在今安徽萧县北。 ②谷、泗水：二水名，谷水为泗水支流，在彭城东北入于泗水。泗水为山东省境内之河，经彭城东，向南入淮水。 ③灵壁：县名，县治在今安徽宿州市西北。 睢水：又名濉河，流经今安徽省灵壁，至江苏省宿迁市南入泗水。“睢水上”指在灵壁以东的一段。 ④挤：冲击推压。 ⑤三匝：包围了好几层。三，表多数。匝，四周环绕合围。 ⑥会：正赶上。 ⑦发屋：掀去屋顶。 ⑧扬沙石：飞沙走石。 ⑨窈冥昼晦：天昏地暗，白昼如同黑夜。窈冥，幽暗昏黑。晦，昏暗。 ⑩逢迎楚军：指楚军迎着扑面而来的飞沙走石。 ⑪坏散：楚汉两军阵容混乱。 ⑫遁走：四散奔逃。 ⑬收家室：接取家眷。 ⑭家皆亡：刘邦家眷，闻乱逃难，都已走散。 ⑮不与汉王相见：没有能够与汉王相见。 ⑯孝惠：刘邦嫡子惠帝刘盈。 鲁元公主：刘盈之姐。嫁张耳之子张敖，生子张偃，封为鲁王，她生前为鲁太后，死后谥元，故云“鲁元”。 按：此处“孝惠”“鲁元”，皆追书之辞。 ⑰推堕二子车下：楚军尾追，刘邦嫌车重不能疾驰，故把子、女推下车。 ⑱滕公为太仆：滕公，夏侯婴，为刘邦驾车。西汉建立，夏侯婴官太仆，此为追书之辞。 ⑲“今虽急”三句：现在尽管情势紧急，车子也不可赶得太快，怎能抛下孩子呢？ ⑳故徐行：为保护孩子，夏侯婴只能慢慢赶车。 ㉑滕公卒保护，脱二子：滕公终于保护着两个孩子，脱离了危险。 ㉒审食其（yì jī）：吕后幸

臣，后封辟阳侯，为左丞相，文帝时，被淮南王刘长所杀。太公：刘邦父亲。㉓间行求汉王：从小路寻找汉王。㉔置军中为质：安置在军营中作人质。㉕周吕侯：吕后兄吕泽。“周吕”为封号。此追书之辞。为汉将兵：替汉王带领一支军队。㉖居下邑：驻扎在下邑。下邑，县名，县治在今安徽砀山县东。㉗稍稍收其士卒：逐渐收编一些溃散的士兵。㉘复与楚：重新亲附项羽。㉙三齐：项羽分齐地立了三个齐王，田市为胶东王，田都为齐王，田安为济北王，故称三齐。㉚捐关以东：把函谷关以东之地送人，让其立功共破楚。㉛等弃之：送人与抛弃是一样的。㉜谁可与共功者：谁是可以与我共建统一天下功业的人？㉝布：黥布。枭将：猛将。枭，猛禽，喻勇猛。㉞隙：隔阂，矛盾。㉟急使：可立即使用。㊱可属大事：可以托付大事。㊲当一面：独当一面。当，承担。一面，一个方面的重任。㊳捐之此三人：你要送出的关东地就赏给这三个人吧。之，关以东之地。三人，黥布、彭越、韩信。㊴诮让：谴责。㊵所与者独九江王：项羽的同盟只有九江王。与，亲附，同盟。㊶又多布材：又看重九江王黥布的才能。多，看重，欣赏。㊷未之击：才没有攻打黥布。㊸虞：县名，县治在今河南虞城县。㊹左右：指汉王的亲随侍从。㊺无足：不可以，没有。㊻谒者：官名，掌接待宾客，传达文书。随何：辩士，说降黥布归汉，顶五万之师，官至护军中尉。㊼不审：不明白。所谓：所说的意思。㊽九江：指九江王黥布。㊾倍楚：背叛楚国。倍：通“背”，叛。㊿留项王数月：把项羽拖住几个月。留，指让黥布拖住项羽，中止项羽借彭城大战的乘胜进攻。51百全：万无一失。52未傅者：指法律免除不服兵役的老弱人群。未傅，没有载入服役簿籍。秦汉时二十至二十三岁入簿（中间有变化），五十六岁免归田里。傅，著。言著名籍，给公家服役。53逐北：追击败军。北，败逃。54京：邑名，在今河南荥阳市东南。索：索亭，即今荥阳。汉军在京索一带阻击楚军取得胜利，止住了项羽的进攻，楚汉相争进入相持。55重泉：县名，在今陕西省蒲城县东南。李必、骆甲：降汉的秦将，汉王任用二人为校尉组建骑兵。校尉，低于将军的武官。56傅之：李必、骆甲愿为汉王亲信将的辅佐。傅，辅佐。之，汉王身边的亲信将，即李必、骆甲请求汉王派个亲信将做领导。57中大夫：议论之官，隶属郎中令，直接服务于帝王。58属之河：筑甬道一直连接到黄河岸，以便取敖仓之粮。属（zhǔ），连接。之，到。59敖仓：秦在荥阳北敖山上修建的大粮仓，下临黄河。

【译文】

霸王项羽听到这个消息，立即命令众将领继续攻打齐国，自己则亲领精兵三万人南进，从鲁地出胡陵，抵达萧地。清晨，楚军从萧地袭击汉军，向东直打到彭城，至中午时分，大败汉军。汉军将士都纷纷奔逃，相跟着涌入谷水、泗水，死了十几万人。

这时，汉军兵士全都往南向山里逃去。楚军又穷追不舍，尾随到灵璧东面的睢水边上。汉军仓皇退却，被楚军逼迫，十多万兵士全部落入睢水，致使河水都阻塞得流不动了。楚军将汉王重重包围起来。这时恰巧大风从西北刮起，风势摧枯拉朽，树倒屋塌，飞沙走石，地暗天昏，迎头卷向楚军，楚军被吹得阵脚大乱，零落奔逃。汉王因此才得以偕同几十骑人马趁乱溜走。汉王想经过沛县去接取家眷，而楚国也派人到沛县去掳掠汉王的家眷。家眷们于是都狼狈逃散，没有与汉王见面。

汉王在途中遇到他的嫡长子刘盈和长女鲁元公主，就用车子载着他们一起走。楚军骑兵疾追过来，汉王慌急，把两个孩子推下车去。滕公夏侯婴担任掌管车马的太仆，他总是下车把两个孩子收载起来，这样做了三次，于是，滕公说道："尽管现在情势紧急，车子也不可赶得太快，怎么能抛下孩子呢？"所以就慢慢地赶车。汉王很是恼火，有十几次想杀掉滕公。就这样，滕公终于保护着两个孩子脱离了险境。

审食其随太公、吕后从小路寻找汉王，没有遇见汉王，反而碰上了楚军。楚军就将他们一起带回，项羽便把他们安置在军营中作为人质。

这时候，吕后的哥哥周吕侯为汉王领兵驻在下邑，汉王即抄小路去投奔他，逐渐收集到属下一些溃散的兵士。诸侯王于是又都背叛了汉王，重新去亲附楚王。塞王司马欣、翟王董翳也逃亡降楚。

田横进攻田假，田假逃到楚国。楚国杀掉了田假，田横于是再次平定了三齐的土地。

汉王询问群臣说："我想舍弃函谷关以东地区作为封赏，你们看有谁可以与我共同建功立业呀？"张良说："九江王英布，是楚国的一员猛将，他同项王之间有些隔阂；另外，彭越正联合齐王田荣在梁地起兵反楚。这两个人可以立即使用。再就是汉王您的将领中，唯有韩信可以托付大事，独当一面。如果您要把关东作为赏地赏给这三个人，楚国就可以被打败了！"

当初，项羽攻打齐国时，曾征调九江的兵力，九江王英布以生病为借口不亲自前往，而是派将领率领几千人去跟随项羽。汉军攻破楚国彭城时，英布又托病不去援助楚军。楚王因此非常怨恨英布，多次派使者去责备他，并要召见他。英布愈加害怕，不敢前往。项羽因正在为北方齐、赵两国和西面汉国的反楚势力担忧，而能够亲附的只有英布一人，且又器重他的才能，打算亲近他加以重用，所以才没有攻打他。

汉王从下邑转移到砀地驻扎，随后到了虞地，对身边的随行官员说："像你们这样的人，没人可以共商天下大事！"谒者随何进言说："不知大王指的是什么？"汉王说："有谁能为我出使到九江王那里，让他起兵叛楚？只须把项羽拖住几个月，我夺取天下就十分有把握了。"随何便说道："我请求出使！"汉王就派他带领二十个人一同前往。

五月，汉王抵达荥阳，诸路兵败溃散的队伍都会合到那里，萧何也征发关中不列入服役名册的老老少少，把他们全部送往荥阳，汉军再度士气大振。这时，楚军以彭城为据点，经常乘胜追逃逐败，与汉军在荥阳南面的京邑、索亭之间交战。

楚军来了许多骑兵，汉王于是就在军中挑选可以担当骑兵将领的人，大家都推举过去秦军的骑士重泉人李必、骆甲出任，汉王便打算授任他俩。李必、骆甲说："我们原是秦朝的人，恐怕军中将士不信服我们，因此，甘愿辅佐大王您身边善于骑射的将领。"汉王便任命灌婴为中大夫，任用李必、骆甲为左右校尉，率领骑兵在荥阳东面迎击楚军骑兵，大败楚军，楚军因此无法越过荥阳西进。汉王驻军荥阳，修筑甬道通向黄河，以靠它运取敖仓的粮食。

【原文】

周勃、灌婴等言于汉王曰："陈平虽美如冠玉①，其中未必有也②。臣闻平居家时盗其嫂③；事魏不容④，亡归楚⑤；不中⑥，又亡归汉。今日大王尊官之，令护军。臣闻平受诸将金，金多者得善处⑦，金少者得恶处。平，反覆乱臣也，愿王察之！"

汉王疑之，召让魏无知⑧。无知曰："臣所言者能也⑨，陛下所问者行也⑩。今有尾生、孝己⑪之行，而无益胜负之数，陛下何暇用之乎⑫！楚、汉相距⑬，臣进⑭奇谋之士，顾其计诚足以利国家不耳⑮。盗嫂、受金，又何足疑乎！"

汉王召让平曰："先生事魏不中，事楚而去，今又从吾游，信者固多心乎⑯？"平曰："臣事魏王，魏王不能用臣说⑰，故去事项王。项王不能信人，其所任爱⑱，非诸项⑲，即妻之昆弟⑳，虽有奇士不能用。闻汉王能用人，故归大王。臣裸身来㉑，不受金无以为资㉒。诚臣计画有可采者[23]，愿大王用之；使无可用者，金具在[24]，请封输官[25]，得请骸骨[26]。”汉王乃谢[27]，厚赐，拜为护军中尉[28]，尽护诸将。诸将乃不敢复言。

魏王豹谒归[29]视亲疾；至则绝河津[30]，反为楚。

六月，汉王还栎阳。

壬午，立子盈[31]为太子；赦罪人。

汉兵引水灌废丘，废丘降，章邯自杀。尽定雍地[32]，以为中地、北地、陇西郡[33]。

关中大饥，米斛万钱[34]，人相食。令民就食蜀、汉[35]。

初，秦之亡也，豪桀争取金玉[36]，宣曲任氏独窖仓粟[37]。及楚、汉相距荥阳，民不得耕种，而豪桀金玉尽归任氏，任氏以此起，富者数世[38]。

秋，八月，汉王如荥阳，命萧何守关中侍太子[39]，为法令约束[40]，立宗庙、社稷、宫室、县邑[41]；事有不及奏决者，辄以便宜施行[42]，上来以闻[43]。计关中户口，转漕[44]、调兵以给军，未尝乏绝。

汉王使郦食其往说魏王豹，且召之。豹不听，曰：“汉王慢而侮人，骂詈诸侯[45]、群臣如骂奴耳，吾不忍[46]复见也！”于是汉王以韩信为左丞相[47]，与灌婴、曹参俱击魏[48]。

汉王问食其：“魏大将谁也？”对曰：“柏直。”王曰：“是口尚乳臭[49]，安能当韩信[50]！”“骑将谁也？”曰：“冯敬。”曰：“是秦将冯无择子也，虽贤，不能当灌婴。”“步卒将谁也？”曰：“项它[51]。”曰：“不能当曹参。吾无患矣！”韩信亦问郦生：“魏得无用周叔为大将乎？”郦生曰：“柏直也。”信曰：“竖子[52]耳！”遂进兵。

魏王盛兵[53]蒲坂以塞临晋[54]。信乃益为疑兵[55]，陈船欲渡临晋，而伏兵从夏阳以木罂渡军[56]，袭安邑[57]。魏王豹惊，引兵迎信。九月，信击虏豹，传诣荥阳[58]；悉定魏地，置河东、上党、太原郡。

汉之败于彭城而西也[59]，陈馀亦觉张耳不死，即背汉。韩信既定魏，使人请兵三万人，愿以北举燕、赵，东击齐，南绝楚粮道。汉王许之，乃遣张耳与俱，引兵东，北击赵、代[60]。

后九月[61]，信破代兵，禽夏说于阏与[62]。信之下魏破代，汉辄使人收其精兵[63]诣荥阳以距楚。

（以上为第十一段，写汉王刘邦重用陈平、张良等谋士，在成皋对峙项羽；萧何镇守关中，侍奉太子；韩信与灌婴、曹参一起开辟北方战场，韩信俘获了魏王魏豹，攻下了代国，在河北高奏凯歌。）

【注释】

①冠玉：帽子用美玉作装饰，外表好看，内中空虚。 ②其中未必有也：腹中未必有奇策妙计。 ③盗其嫂：与他的嫂子私通。 ④不容：不容于人，待不下去。 ⑤归：投靠。 ⑥中：中意。 ⑦善处：好的待遇。 ⑧召让魏无知：宣召责备魏无知。 ⑨能：才能。 ⑩行：品行。 ⑪尾生、孝己：尾生守信，孝己孝顺，两人是品德优秀的人。相传尾生与一女子约会桥下，女子未至而洪水涌来，尾生守约在原地不动被淹死。孝己是殷高宗之子，孝顺后母如同生母，仍受后母之馋遭放逐而死。 ⑫何暇用之乎：哪有闲工夫去使用他们呢。 ⑬楚、汉相距：楚汉相持不下。距，通“拒”。 ⑭进：推荐。⑮“顾其计”句：只是考虑他的计谋是否对国家有用罢了。 顾：考虑。 诚：真正、确实。 不：同“否”。 ⑯信者固多心乎：一个守信义的人原本就是这样三心二意的吗？信者，坚守信约的人。 固：原本。 多心：三心二意。 ⑰说：主张。 ⑱任爱：信任和宠爱。 ⑲诸项：姓项的本家人。 ⑳昆弟：兄弟。 ㉑臣裸身来：我赤条条空手而来。裸身，空身。 ㉒资：费用，日常开销。 ㉓“诚臣”句：如果我的计策还有可取的地方。诚，如果。 ㉔金具在：金钱原封未动。 ㉕封输官：封存上交官府。 ㉖请骸骨：请求辞职。 ㉗谢：道歉。 ㉘拜为护军中尉：任命陈平为监督诸将的护军中尉。 ㉙谒归：请假回家。 ㉚绝河津：切断蒲津关的黄河渡口，阻止汉军东渡。 ㉛盈：汉惠帝刘盈。㉜尽定雍地：完全平定了雍王的领地。 ㉝“以为”句：把雍地设置为中地、北地、陇西三个郡。中地郡，郡治长安，即右扶风，在今西安市长安区。北地郡，郡治在今甘肃宁县西。 ㉞米斛万钱：米一斛值一万钱。平价半斛数十钱。斛，十斗。 ㉟就食蜀、汉：去蜀、汉谋生。 ㊱争取金玉：争先恐后夺取金玉财宝。争取，争夺。 ㊲宣曲任氏独窖仓粟：只有宣曲的任氏挖窖贮存粮食。宣曲，地名，武帝时建有离宫宣曲，旧址在今陕西西安市长安区西南。窖仓粟，挖地窖为仓库储粮食。 ㊳富者数世：家中富有，延续好几代。 ㊴太子：刘盈，后来的惠帝。 ㊵为法令约束：制定法令规章供大众遵守。为，制定。约束，遵守。 ㊶县邑：指建立县、邑的办事机构。 ㊷辄以便宜施行：酌情灵活处理。辄，总是，酌情。便宜，权宜，灵活。 ㊸上来以闻：等汉王回关中后再作报告。㊹转漕：运送军粮草料。转，陆运。漕，水运。 ㊺骂詈（lì）诸侯：责骂诸侯。 ㊻不忍：不愿。 ㊼左丞相：秦置左、右丞相，以右为尊。汉王承其制。此左丞相系加官，只是一个名号，尊其地位，而无实职。 ㊽俱击魏：一起攻打魏豹之国。 按：韩信为大将独当一面，汉王派了三位心腹将在韩信左右掌控军事。张耳为监军，曹参、灌婴为副将。

曹参统步兵，灌婴统骑兵。㊾口尚乳臭：言少不经事，弱不任职，如婴儿未离乳母之怀。㊿安：何，怎么。当：对抗。51项它（tuó）：又作“项佗”。52竖子：臭小子。53盛兵：结集重兵。54塞临晋：阻塞、封锁临晋关。55疑兵：虚张旗鼓以迷惑敌人。56“而伏兵”句：而埋伏的奇袭部队从夏阳用木罂偷渡黄河。夏阳：县名，县治在今陕西韩城市南。木罂：木制大腹小口瓮，缚在身上渡河。57安邑：县名，县治在今山西夏县西北。58传诣荥阳：把魏豹用驿站车押送到荥阳。传，驿站的车。按：汉王行辕在荥阳。59汉之败于彭城而西：汉二年四月，刘邦率领张耳等五王的军队，乘项羽攻齐的机会，突袭楚国，攻入彭城，项羽回军猛攻，大败汉军，刘邦向西败退。此即著名的彭城之战，汉王联军五十六万被项羽的三万轻骑兵击溃。60北击赵、代：赵王歇、代王陈馀，两国均在西魏的北面。61后九月：即汉二年，公元前205年闰九月。62禽：通“擒”。夏说：代国的相国。阏与：邑名，在今山西和顺县西北。63收其精兵：征调韩信的精锐之兵。

【译文】

周勃、灌婴等人对汉王说：“陈平虽然外表俊美如装饰帽子的秀玉，但腹中却未必有什么真才实学。我们听说陈平在家时曾与他的嫂子私通；为魏王做事时因不能被容纳而逃去投奔楚国；在楚国依然得不到重用，就又逃奔过来降汉。现在大王您却这么器重他，授给他很高的官职，命他来监督各部将领。我们获悉陈平接受将领们送的金钱，金钱给得多的人就能得到较好的对待，金钱给得少的人就会遭到极差的待遇。如此看来，陈平是个反复无常的乱臣贼子，希望大王您明察！”

汉王于是对陈平有了猜疑，随即召他的引荐人魏无知前来责问。魏无知说：“我推荐陈平时说的是他的才能，大王现在责问的是他的品行。如今如果有人虽然具有尾生、孝己那样守信义、重孝顺的品行，却没有决定胜负命运的才能，大王又哪会有什么闲心去使用他们啊！现今楚汉抗衡，我荐举腹怀奇谋异计的人，只是考虑他的计策是否对国家有利，至于私通嫂子、收取贿赂，又有什么值得去怀疑的呢？”

汉王随即再召陈平来见，责问他说：“你侍奉魏王意不相投，就去侍奉楚王，而后又离开，如今又来与我共事，守信义的人原本都是这样三心二意吗？”陈平说：“我侍奉魏王，魏王不能采纳我的主张，所以我才离开他去为项羽服务。项羽不能信任使用人才，而所任用宠信的人，不是项姓本家，就是他老婆的兄弟，即便是有奇谋的人他也不用。我听说汉王能够用人，因此才来归附大王您。但我赤条条空手而来，不接受金钱就无法应付日常开销。假如我的计策确有值得采纳的地方，便望大王您采用它；假如毫无价值不堪使用，那么金钱都还在这里，请让我封存好送到官府中，并请求辞去官职。”汉王于是向陈平道歉，重重地赏赐他，授任他为护军中尉，监督全军所有的将领。众将领们再也不敢说三道四了。

魏王拜谒汉王，请求返回魏地，探视双亲的疾病。他一到魏国，就绝断黄河渡口，倒戈投降楚国。

六月，汉王返回栎阳。

六月初五日，汉王立嫡长子刘盈为太子，大赦罪犯。

汉军引水灌淹废丘，废丘城守军投降，章邯自杀。汉军于是完全平定了雍地，设置了中地、北地、陇西等郡。

关中发生大饥荒，一斛米卖到万钱，人们饿得自相残食。汉王便让关中的百姓到蜀、汉之地去谋生。

当初，秦朝灭亡的时候，豪强之士都争先恐后地夺取金玉等财宝，唯独宣曲任氏挖窖贮存粮食。待到楚、汉在荥阳相持不下时，百姓无法耕种土地收获粮食，豪强们便把金玉全都给了任氏来交换粮食，任氏从此起家，数代富有。

秋季，八月，汉王前往荥阳，命萧何留守关中服侍太子。萧何着手制定法令规章，建立宗庙、社稷、宫室、县邑机构，遇事如来不及奏报汉王裁决，就酌情灵活处理，待汉王回来时再汇报。他在关中还管理人口户籍，运输粮草，调拨士兵补给汉军兵员，从来没有缺乏、断绝过。

汉王派郦食其去劝说魏王豹，并召他前来。魏王豹不听，说：“汉王为人傲慢无礼，好侮辱别人，责骂诸侯、群臣如同斥骂奴隶一般，我不愿意再去见他！”汉王于是就任命大将军韩信为左丞相，与灌婴、曹参一起去攻打魏国。

汉王询问郦食其道：“魏国的大将是谁呀？”郦食其回答说：“是柏直。”汉王说：“这是个乳臭未干的毛孩子，怎么能抵挡得了韩信！”又问：“骑将是谁啊？”郦食其回答说：“是冯敬。”汉王说：“他是秦将冯无择的儿子，虽然贤能，却也无法抵抗灌婴。”接着再问道：“步兵的将领又是什么人呀？”郦食其说：“是项它。”汉王道：“这个人抵挡不了曹参。如此我没有什么可担心的啦！”韩信也询问郦食其：“魏国没有用周叔作为大将吗？”郦食其回答说：“用的人是柏直。”韩信于是说：“一个臭小子罢了！”随即进兵魏国。

魏王豹在蒲坂部署重兵以阻挡从临晋方面来的韩信军队。韩信便增设疑兵，排列出船只，好像要在临晋渡河发起进攻，而让埋伏的部队从夏阳身缚木瓮渡河，袭击安邑。魏王豹大惊失色，连忙领兵迎战韩信。九月，韩信进击俘获了魏王豹，将他押解去荥阳，全部平定了魏地，设置了河东、上党、太原等郡。

汉军在彭城兵败西撤时，陈馀也已察觉到张耳并没有死，便立即背叛了汉王。韩信已经平定了魏地，就派人向刘邦请求增兵三万人，愿用这些兵力北进去攻下燕、赵的领地，向东去攻打齐国，往南断绝楚军的粮道。汉王准许了他的请求，并派张耳与他一起领兵东进，往北去攻打赵国和代国。

闰九月，韩信击垮代军，在阏与抓获了代国的相国夏说。当韩信攻破魏、代两国后，汉王即派人调他的精锐部队去荥阳抵御楚军。

【评析】

项羽败亡论

公元前206年，是中国历史上的转折之年。这一年，秦王子婴向刘邦投降，标志着秦朝灭亡，历史进入新的时期，即楚汉相争时期。项羽在相争的初期，力量非常强大，刘邦根本不是他的对手，但风云际会，峰回路转，刘邦逐渐强大，而项羽逐渐削弱，以致败亡。项羽的败亡，并不是后来在垓下之战才导致的失败，而是在他强盛之时，就埋下了失败的隐患，失败是他的必然结果。这里仅对本卷所记载的楚汉相争前两年项羽的所作所为做出评论。

首先，项羽在鸿门宴上优柔寡断，放走刘邦，才有了后来的楚汉相争。项羽裹挟着胜利的雄风，率领各路诸侯进入关中，可恼的是，刘邦已经率先进入，并且封锁关门，把他挡在关外。对于有四十万大军的项羽来说，这并不算什么，刘邦不肯放而进，那就打而进，靠“拳头”开路，这是项羽的看家本领。项羽入关，进军到新丰鸿门，打算灭了力量弱小的刘邦。可就在这时，出了岔子，项羽的叔父左尹项伯把信息透露给了汉军的张良以及刘邦，让刘邦与张良有了应对的策略，以至于有了扭转乾坤的机会！而后，刘邦亲赴鸿门，便有了千古流传的“鸿门宴”，项羽的谋臣范增力主杀掉刘邦，而项羽则模棱两可，才有了后来的项庄舞剑、樊哙闯宴、刘邦逃走。如果当时项羽狠下心，把刘邦杀了，则历史的发展，可能就是另一番模样。或许刘邦被杀，将有一场血拼；或许还会有张邦、李邦。但纵观当时的风云人物，没有哪一个能和刘邦相比，因而，项羽也不可能具有如此强劲的对手。机不可失，时不再来，项羽将要对自己的“妇人之仁”付出灭亡的代价！

其次，项羽烧秦宫室，思念东归，放弃立国之地，将自己置于万劫不复的被动之中。项羽进入秦都咸阳，干了些什么呢？史书记载是：“引兵西屠咸阳，杀秦降王子婴，烧秦宫室，火三月不灭。”原来，项羽到了咸阳，就做了一件事，就是烧杀掳掠，把咸阳变成一片焦土。好好的一座城市，就被这么无情地毁了！项羽是自己毁了自己、毁了前程啊！因而也就失去了咸阳，失去了三秦，失去了天下。当时，秦王子婴已经投降了，咸阳已经没有对手了，是可以直接过去“拥抱”了，可是，项羽的脑海只有“复仇”，使出浑身解数不是“破坏”就是“毁灭”，全没有“建设”或“发展”二字，这样的人，能担当建立国家的重任吗？项羽的这一行为，就判处了自己在政治上的死刑！接着，项羽就收其货宝妇女，打算引兵东归。有人对项羽说：“关中阻山河四塞，地肥饶，可都以霸。”而项羽想的则是：“富贵不归故乡，如衣绣夜行，谁知之者！”说到底，项羽得胜了，是要在家乡炫耀，显摆自己，而不是继续把事业向前推进，建立一统的国家。正如时人所说，项羽是一只穿衣戴帽的猴子而已！

再次，项羽主持分封，捧了一只“烫手的山芋”，怎么做都不可能得到圆满的结局。其实，分封本身就是一个致命的错误，项羽就没有想过像秦始皇当年那样，建立一个“大楚帝国”；也没有像刘邦后来那样，苦心经营，统一天下。这时候的项羽，本身就有统一天下的基础条件啊！结果，他丝毫不稀罕这个来之不易的局面，他只要当一个霸王而已！他要将大好江山拱手相送，分封给十八路诸侯，结果由一个统一的国家变成了十八个国家，这天下怎么能不乱呢？项羽自以为是天下唯我独尊的霸王，有能力、有实力，能够面对和处理这一切，这实在是有些托大了。后来的事实证明，项羽只是充当了“救火队长”，这边的“火”还没有扑灭，那边的“火”又着了，救着救着，这“火”就烧到自己身上来了，而自己也葬身于“火海”了！

最后，项羽放逐义帝，并派兵追杀，虽然称心如意，但给了对手刘邦以口实，是政治上极不成熟的表现。项羽与义帝熊心，说到底，只是偶合而已，两人貌合神离，“同床异梦”，才有了后来的放逐、追杀行为。事情要追溯到项梁。当年，项梁主持各路诸侯的“英雄会”，并没有想立一个什么王来管住自己，而范增出了这个馊主意，才从山沟里找到熊心这个牧羊娃，让他凭空当上了怀王。熊心当上怀王，没有任何实权，被项梁牢牢地掌控着，倒好像项梁是主宰，而他是部下，他从内心并不感激项家，甚至想要摆脱项家，或者将项家消灭掉，他才能够“咸鱼”翻身，能够掌控楚国。机会终于来了，项梁去世后，熊心采取了几个应对措施，任命宋义为上将军，将项羽作为副手，后面还有范增，分明是用宋义和范增来压住项羽；在入关为王问题上，熊心做出“先破秦入关者王之”的决策，而只派遣当时力量比较弱小的刘邦一路向西，叫项羽去救援巨鹿，对项羽表现出明显的不信任和排斥，而项羽也深知这一点，才有了后来的杀宋义而夺军救巨鹿。即使是后来项羽统领各路诸侯，风光无限，熊心还是那句话，就是“先入关中为王”，从不改口，把项羽气得半死。从人格上来说，熊心是完美无缺的，即使是自己置身于虎口，也仍然不改初衷。而此时的项羽，自以为放逐、杀掉熊心，就万事大吉了，但与其把义帝放逐、杀灭，还不如干脆把义帝晾在一边，也主动得多。项羽政治不成熟，封王去请示，多此一举；不听就放逐，错上加错，于是好戏才刚开头。刘邦抓住这一机会，做足了文章，以项羽“大逆不道，杀君不臣”之名，缟素三军，会盟诸侯，号召天下共同讨伐项羽，引发了“楚汉之争”，让项羽陷于非常被动的地步。这义帝熊心，倒是帮了刘邦的大忙啊！而对于项羽来说，这一壶苦酒，是他亲自酿成的啊！

仅以上四点，就可以看出，在项羽处于鼎盛时期，就显现出败亡的端倪！而项羽的失败和灭亡，是他自己亲手造成的，既怨不得天，也尤不得人！并非如他所说的“天亡我”，而是“我自亡”矣！

卷第十　汉纪二

汉高帝三年至四年（前204—前203）

【起强圉作噩（丁酉，前204），尽著雍阉茂（戊戌，前203），凡二年】

【大事提要】

本卷记事起公元前204年，迄公元前203年，凡二年，当为汉高帝三年至四年。本卷所载的大事，主要是以下几个方面：其一，井陉之战，韩信灭赵。公元前204年，韩信统率汉军，越过太行山，对赵国发起攻击。赵王赵歇、赵军主帅陈馀听说后集结大军于井陉口防守。韩信以不到三万的兵力，背水列阵，奇袭赵营，出奇制胜，一举歼灭了号称二十万的赵军，阵斩陈馀，活捉赵歇，灭亡了赵国。其二，随何策反，英布投汉。公元前204年，刘邦要攻打楚国，但忌惮楚国大将英布的骁勇善战，于是，就指使谒者随何去策反英布。随何接受指令，前去游说。当时，英布与项羽已有嫌隙，担心项羽起了杀心。随何加以点拨，杀死项羽使者，英布背楚投汉，被封为淮南王。其三，楚汉相争，荥阳相持。刘邦据守荥阳，与项羽对峙，双方进入相持状态。项羽发动攻势，多次切断甬道，使汉军乏食。刘邦采纳陈平之谋，派奸细散布流言，离间项羽君臣关系，项羽中计，范增愤然辞去。楚军围困刘邦，刘邦遣使求和，采用金蝉脱壳之计，而后复振。其四，食其说齐，不幸遭烹。郦食其在楚汉对峙相持阶段，建议汉王刘邦夺取荥阳，占据敖仓，获得巩固的据点和粮食补给；后又出使齐国，劝说齐王田广归汉，齐王于是放弃战备，以七十余城降汉。而后，汉大将军韩信嫉妒其功，发兵袭击齐国，田广以为被骗，就烹杀了郦食其。其五，潍水之战，击杀龙且。韩信袭破齐国都城临淄，项羽派遣大将龙且率军救援齐王田广。龙且轻视韩信，又急求战功，率军与韩信军队隔着潍水摆开阵势。韩信用奇计，在龙且军渡河时挥军猛烈截杀，杀死龙且，楚军大败，取得潍水之战全胜。公元前203年，平定齐地。

【原文】

太祖高皇帝上之下

三年（丁酉，前204）

冬十月，韩信、张耳以兵数万东击赵。赵王及成安君陈馀闻之，聚兵井陉口[①]，号二十万。

广武君李左车[②]说成安君曰：“韩信、张耳乘胜而去国远斗[③]，其锋不可当[④]。臣闻‘千里馈粮，士有饥色；樵苏后爨，师不宿饱’[⑤]。今井陉之道，车不得方轨[⑥]，骑不得成列[⑦]；行数百里[⑧]，其势粮食必在其后。愿足下假臣奇兵[⑨]三万人，从间路绝其辎重[⑩]；足下深沟高垒[⑪]勿与战。彼前不得斗，退不得还，野无所掠[⑫]，不至十日，而两将之头可致于麾下[⑬]；否则必为二子所禽矣。”成安君尝自称义兵[⑭]，不用诈谋奇计，曰：“韩信兵少而疲，如此避而不击，则诸侯谓吾怯而轻来伐我[⑮]矣。”

韩信使人间视[⑯]，知其不用广武君策，则大喜，乃敢引兵遂下。未至井陉口三十里，止舍[⑰]。夜半，传发[⑱]，选轻骑二千人，人持一赤帜[⑲]，从间道萆山[⑳]而望赵军。诫[㉑]曰：“赵见我走[㉒]，必空壁[㉓]逐我；若疾入赵壁[㉔]，拔赵帜，立汉赤帜。”令其裨将传餐[㉕]，曰：“今日破赵会食[㉖]！”诸将皆莫信，佯应[㉗]曰“诺”。信曰：“赵已先据便地为壁[㉘]；且彼未见吾大将旗鼓[㉙]，未肯击前行[㉚]，恐吾至阻险而还也。”乃使万人先行，出，背水陈[㉛]；赵军望见而大笑[㉜]。

平旦[㉝]，信建大将旗鼓[㉞]，鼓行出井陉口[㉟]；赵开壁击之，大战良久。于是信与张耳佯弃鼓旗，走水上军[㊱]；水上军开入之[㊲]，复疾战。赵果空壁争汉旗鼓，逐信、耳。信、耳已入水上军，军皆殊死战[㊳]，不可败。信所出奇兵二千骑共候赵空壁逐利[㊴]，则驰入赵壁，皆拔赵旗，立汉赤帜二千[㊵]。赵军已不能得信等[㊶]，欲还归壁；壁皆汉赤帜，见而大惊[㊷]，以为汉皆已得赵王将矣，兵遂乱，遁走[㊸]，赵将虽斩之，不能禁也。于是汉兵夹击，大破赵军，斩成安君泜水上[㊹]，禽赵王歇。

诸将效首虏[㊺]，毕贺[㊻]，因[㊼]问信曰：“兵法：‘右倍山陵，前左水泽[㊽]。’今者将军令臣等反背水陈，曰‘破赵会食’，臣等不服，然竟以胜[㊾]。此何术也？”信曰：“此在兵法，顾诸君不察耳！兵法不曰‘陷之死地而后生，置之亡地而后存[㊿]’？且信非得素拊循士大夫[51]也，此所谓

‘驱市人[52]而战之’，其势非置之死地，使人人自为战[53]；今予之生地，皆走[54]，宁尚可得而用之乎[55]！”诸将皆服，曰：“善！非臣所及也。”

（以上为第一段，写汉大将军韩信率领不到三万的兵力攻打赵国，在井陉口背水列阵，奇袭赵营，一举歼灭号称二十万的赵军，阵斩主将陈馀，活捉赵王歇，灭亡赵国，留下了“破赵会食”的千古佳话。）

【注释】

①聚兵：结集重兵。井陉（xíng）口：为太行八隘之一，称井陉关，又叫土门关，在今河北井陉县东北的井陉山上。 ②李左车：赵国的谋士，广武君是他的封号。 ③乘胜：乘取代的胜势。 去国远斗：离开本国远征。 ④锋不可当：士气正盛不可抵挡。锋，锐势，势头，士气。 ⑤“千里馈粮”四句：古代谚语。是说千里送粮解不了近饥，靠临时打柴生火做饭，经常吃不饱肚子。樵，打柴。苏，割草。爨，烧饭。师，军队。宿，久，经常。 ⑥方轨：两车并行。方，并列。轨，车。 ⑦成列：排成行列。 ⑧行数百里：行军队伍拉开几百里。 ⑨假臣奇兵：借我一支奇袭部队。奇兵，出其不意攻击敌人。 ⑩从间路绝其辎重：抄小路去切断对方的辎重粮草。绝，切断。辎重，载运物资的车辆，主要是粮饷。 ⑪深沟：挖深护营的战壕。 高垒：加高兵营的围墙。 ⑫野无所掠：在野外没有什么东西可抢。 ⑬致于麾下：送到将军的帐前。致，送达。麾下，旗下，对统帅的尊称。 ⑭义兵：正义之师。 ⑮而轻来伐我：就会轻易地来攻打我们。 ⑯间视：暗中刺探。 ⑰止舍：停下来扎营。 ⑱传发：传令出发。 ⑲赤帜：红旗。 ⑳从间道萆山：从小道上山隐蔽起来。萆，通“蔽”。 ㉑诫：下达必须执行的死命令。 ㉒走：败逃。 ㉓空壁：全军出动。 ㉔若疾入赵壁：你们迅速冲入赵军营垒。 若：你们。 疾：赶快。 ㉕裨将传餐：派副将传送一些食品给战士。传餐，分发一些干粮食品，如今之快餐，暂作充饥。 ㉖破赵会食：等攻破赵军后再正式集合会餐。 ㉗佯应：假意答应。 ㉘赵已先据便地为壁：赵军已抢先占据有利地势安营扎寨。便地，有利的地势。为壁，扎下营垒。 ㉙大将旗鼓：军中帅旗和仪仗鼓吹。 ㉚前行（háng）：先头部队。 ㉛出：出井陉口。 背水陈：面向赵军，背向河水，摆开阵势。水，指绵蔓水，发源于山西省寿阳县东，东经河北井陉县，流入滹沱河。陈，同“阵”。 ㉜大笑：得意地狂笑。赵军笑汉军的“背水阵”违背兵法，处于险地。 按：韩信以“处之死地而后生”这一兵法原理而布“背水阵”，此为兵行险棋，不可乱用。 ㉝平旦：天刚亮。 ㉞建大将旗鼓：打出大将的旗鼓。 ㉟鼓行出井陉口：汉军鼓乐喧天地开出了井陉口。 ㊱走水上军：汉军逃回河边的背水阵。 ㊲开入之：大开营门让逃回的汉军进营。 ㊳殊

死战：以一当十拼死战斗。 ㊴逐利：争夺战利品。 ㊵立汉赤帜二千：两千汉兵在赵营插了两千面红旗。立，插。 ㊶得信等：活捉韩信等人。 ㊷见而大惊：赵军望见自己营垒插遍汉军旗帜，惊慌失措。大惊，惊慌丧胆。 ㊸遁走：赵兵逃跑。 ㊹泜（chí）水：水名，即今槐河，源出河北赞皇县西南，东流入滏阳河。 ㊺效首虏：呈上敌人的首级和俘虏。效，献。 ㊻毕贺：全都向韩信道贺。 ㊼因：趁机。 ㊽右倍山陵，前左水泽：布军列阵要右边和背面靠山，前边和左边临水。倍，通"背"。《孙子·行军》："丘陵堤防，必处其阳，而右背之。" ㊾竟以胜：终于取胜。 ㊿"陷之"两句：是说必须把军队置于危困的境地，士兵就能发挥最大的战斗力，绝处逢生。《孙子·九地》："投之亡地然后存，陷之死地然后生。夫众陷于害，然后能为胜败。" 51素拊循士大夫：平时训练有素的将士。素，一向。拊循，训练。士大夫，指将士。 52市人：集市上的人群，即乌合之众。 53"其势"二句：照此情况，一定要把军队安排在绝死之地，使每个人都为自己的生存而拼死战斗。 54今予之生地，皆走：如今给他们留下活路，全都跑光了。 55"宁尚"句：难道还能够用他们去冲锋陷阵吗？宁：怎么，难道。 尚可得：还能够。

【译文】

太祖高皇帝上之下

汉高帝三年（丁酉，前204）

冬季，十月，韩信和张耳率领几万名士兵向东攻打赵国。赵王歇和成安君陈馀闻讯，就在井陉口集结部队，号称二十万大军。

赵国广武君李左车劝说成安君陈馀道："韩信、张耳乘胜势离开本国远征，锋芒锐不可当。我听说'从千里之外供给军粮，士兵会面有饥色；临时拾柴割草来做饭，军队常常食不果腹'。而今井陉这条路，车辆不能并行，骑兵不能成列，行军队伍前后拉开几百里，依此形势，随军的粮草必定落在大部队的后面。望您暂时拨给我三万人作为突击队，抄小路去截断对方的辎重粮草，而您则深挖壕沟、高筑营垒，坚守不出战。这样一来，他们向前无仗可打，退后无路可回，野外又没有什么东西可抢，如此不到十天，韩信、张耳这两个将领的头颅就可以献到您的帐前了；否则，肯定要被他们二人所俘获。"但陈馀曾经自称是义兵，不屑于使用诈谋奇计，故说："韩信兵力单薄且又疲惫不堪，对这样的军队还避而不击，各诸侯便会认为我胆怯而随便来攻打我了。"

韩信派人暗中打探消息，得知陈馀没有采纳广武君的计策，高兴异常，因此，便率军径直前进，在距离井陉口三十里的地方停下来宿营。到了半夜时分，韩信传令部队出发，挑选两千名轻骑兵，每人手拿一面红旗，从小道上山隐蔽起来，观察赵军的动向，并告诫他们说："交战时赵军看到我军退逃，必定会倾巢出动来追赶我们，你们就趁机迅速冲入赵军营垒，拔掉赵军的旗帜，遍插汉军的红旗。"又命他的副将传送一些食品给将士，说："等到今天打败赵军后再会餐！"众将领们都不相信，只是假意应承说"好吧"。韩信说："赵军已经抢先占据了有利的地形安营扎寨，而且他们没有看见我军大将的旗鼓，是不肯出兵攻打我们的先头部队的，这是因为他们怕我军到了险要的地方，遇阻后就会撤回去。"韩信随即派遣一万人打先锋，开出营寨，背靠河水摆开阵势。赵军望见后都哄然大笑。

天刚蒙蒙亮的时候，韩信打出了大将的旗鼓，鼓乐喧天地出了井陉口。赵军洞开营门迎击，双方激战了很久。这时，韩信和张耳便假装丢旗弃鼓，逃回河边的阵营。河边部队大开营门放他们进去，然后又和赵军激战。赵军果然倾巢出动，争抢汉军抛下的旗鼓，追逐韩信和张耳。韩信、张耳进入河边的阵地后，全军都拼死奋战，赵军无法打败他们。韩信派出的两千名骑兵突击队，等到赵军将士全体出动去追逐争夺战利品时，立刻奔驰进入赵军营地，拔掉所有的赵军旗帜，插上两千面汉军红旗。赵军无法抓获韩信等人，便想退回营地，但却看到自己的营垒中遍是汉军的红旗，都惊慌失措，以为汉军已将赵王的将领全部擒获了，于是，兵士们大乱，纷纷逃跑，赵将不停地斩杀逃兵，也无法阻止溃败之势。汉军随即前后夹击，大败赵军，在泜水边杀了陈馀，活捉了赵王歇。

将领们献上敌人的首级和俘虏，都向韩信祝贺，并趁势问韩信说："兵法上说：'布军列阵要右边和背面靠山，前面和左边临水。'而这次您却反而让我们背水布阵，还说什么'等到打败赵军后再会餐'，我们当时都很不信服，但是最终取胜了，这是什么战术呀？"韩信说："这战术也是兵法上有的，只不过你们没有留意罢了！兵法上不是说'陷之死地而后生，置之亡地而后存'吗？况且我所率领的并不是平时训练有素的将士，这就是所谓的'驱赶着街市上的平民百姓去作战'，势必非把他们置于死地，使他们人人为各自的生存而战不可；如果给他们留下活路，他们就会逃走了，那样一来，还能用他们去冲锋陷阵吗？"将领们于是都心悦诚服地说："对啊！您的谋略的确非我们能比啊！"

【原文】

信募生得[①]广武君者予千金。有缚致麾下者[②]，信解其缚，东乡坐[③]，师事之[④]。问曰："仆欲北伐燕，东伐齐，何若[⑤]而有功？"广武君辞谢[⑥]曰："臣，败亡之虏[⑦]，何足以权大事乎[⑧]！"信曰："仆闻之：百里奚居[⑨]虞而虞亡，在秦而秦霸；非愚于虞而智于秦也，用与不用，听与不听也。诚令[⑩]成安君听足下计，若信者亦已为禽矣[⑪]；以不用足下，故信得侍[⑫]耳。今仆委心归计[⑬]，愿足下勿辞！"

广武君曰："今将军涉西河，虏魏王，禽夏说；东下井陉，不终朝[⑭]而破赵二十万众，诛成安君；名闻海内，威震天下，农夫莫不辍耕释耒，褕衣甘食，倾耳以待命者[⑮]，此将军之所长也。然而众劳卒罢[⑯]，其实难用。今将军欲举倦敝之兵，顿之燕坚城之下[⑰]，欲战不得[⑱]，攻之不拔[⑲]，情见势屈[⑳]；旷日持久[㉑]，粮食单竭[㉒]。燕既不服，齐必距境[㉓]以自强。燕、齐相持而不下，则刘、项之权未有所分[㉔]也，此将军所短也。善用兵者，不以短击长而以长击短。"

韩信曰："然则何由[㉕]？"广武君对曰："方今为将军计，莫如按甲休兵[㉖]，镇抚赵民[㉗]，百里之内，牛酒日至，以飨士大夫[㉘]；北首燕路[㉙]，而后遣辨士奉咫尺之书[㉚]，暴其所长于燕[㉛]，燕必不敢不听从。燕已从而东临齐[㉜]，虽有智者，亦不知为齐计[㉝]矣。如是，则天下事皆可图也[㉞]。兵固有先声而后实者[㉟]，此之谓也。"韩信曰："善！"从其策，发使使燕，燕从风而靡[㊱]。

遣使报汉，且请以张耳王赵，汉王许之[㊲]。楚数使奇兵渡河击赵，张耳、韩信往来救赵，因行定赵城邑[㊳]，发兵诣汉。

（以上为第二段，写汉大将军韩信虚心听从赵国降将李左车的意见，不急着出兵攻打燕国，而是宣其兵威，派使者出使燕国，劝其投降；韩信抗击楚军，平定赵地，还派兵增援汉王。）

【注释】

①募：悬赏。 生得：活捉。 ②有缚致麾下者：有人缚送李左车到韩信帐前。麾下，旗下，此指韩信军帐，即韩信。 ③东乡坐：面向东坐。乡，通"向"。汉初以东向为尊。 ④师事之：韩信以师礼对待李左车。 ⑤何若：如何。 ⑥辞谢：谦让。 ⑦臣，败亡之虏：我是一个兵败国亡的俘虏。 ⑧何足以权大事乎：哪有资格来谋划大事啊！权：衡量，谋划。 ⑨百里奚：春秋时虞国大夫，虞君不听百里奚劝谏而亡国，秦穆公重用百里奚为秦相，秦国称霸。 ⑩诚令：如果能使。 ⑪"若信"句：像我韩信

这样的人也早就被俘虏了。禽，同“擒”。 ⑫得侍：能够侍奉左右而求教。 ⑬委心归计：全心全意地听从你的计谋。委心，倾心，真心。归，依从。 ⑭不终朝：不到一个早上。 ⑮“农夫”三句：农夫们无不放下农具停止耕作，只图穿好的吃好的，侧耳倾听，等候你进军的号令。 辍耕释耒：停止耕种放下农具。耒（lěi），犁上的木柄，这里借指农具。 褕衣甘食：穿好的吃好的。褕，美。这几句胡三省解释为，当时远方的人害怕韩信的声威，胆战心惊，不事耕作，吃好穿好，过一天算一天，不作长远打算。 ⑯众劳卒罢：百姓劳苦，士卒疲困。罢，通“疲”。 ⑰“今将军”二句：现今将军想要调动疲惫困乏的军队，围攻燕国防守坚固的城池。 举：率领。 倦敝：疲惫劳乏。 顿：停留，围攻。 坚城：防守坚固的城池。 ⑱欲战不得：想打打不了，敌人坚守不出。 ⑲不拔：打不下城池。 ⑳情见势屈：我方的军事真情暴露给敌方，自己的威势也就随之减弱。见（xiàn），显露。 ㉑旷日：耗费时日。 持久：拖延很久。 ㉒单竭：耗尽。单，通“殚”，同竭，尽。 ㉓距境：拒守边境。距，通“拒”。 ㉔刘、项之权未有所分：刘邦和项羽双方胜负的趋势便也难见分晓。 权：秤锤，这里指胜负的比重。 未有所分：分不出来。㉕然则何由：既然这样，那怎么办呢？然则：既然如此，那么。 何由：走哪条道呢，即该怎么办呢。由，从，遵循。 ㉖按甲休兵：停止战事，休养士卒。 ㉗镇抚赵民：安顿抚慰赵国民众。 ㉘飨士大夫：犒赏将士。飨，宴请。 ㉙北首燕路：将部队向北移动，指向通往燕国的道路。北首，北向。 ㉚咫尺之书：即书信。八寸为咫，当时写书信的竹简为八寸简，称咫尺。 ㉛暴其所长于燕：把自己的优势显示给燕国。暴（pù），显露。㉜东临齐：向东逼进齐国。 ㉝不知为齐计：不知如何为齐出谋划策。 ㉞皆可图也：就都好办了。图，设法对付。 ㉟“兵固有”句：用兵之道原本便有先造声势而后才实际行动的。 声：宣传攻势。 实：指进行军事行动。 ㊱从风而靡：顺着风倒下去，喻燕立即投降。 ㊲汉王许之：汉王听从韩信之请立张耳为赵王。 按：韩信为张耳请王已犯军人干政之忌，取死之道。此为韩信后来请王齐地，以及汉王夺赵兵伏笔。 ㊳行定赵城邑：韩信在救赵的行动过程中占领安定了赵国城邑。

【译文】

韩信悬赏千金，征求能活捉广武君李左车的人。不久，就有人将李左车绑送到韩信帐前。韩信立刻为他松绑，让他面朝东而坐，把他当作老师来对待，并问李左车道：“我想要向北进军攻打燕国，向东征伐齐国，该如何做才能建立功绩呢？”李左车推辞说：“我不过是一个兵败国亡的阶下囚罢了，哪里有资格来谋划大事啊！”韩信说：“我听说，百里奚在虞国而虞国灭亡，在秦国而秦国称霸，这并不是由于他在虞国时愚蠢，在秦国时却聪明，而在于国君用不用他，接不接受他的建议。如果成安君陈馀果真采纳了您的计策，像我韩信这样的人也早就被俘虏了，只是因为他不接受您的意见，所以我才能够侍奉在您身边向您请教啊！现在，我全心全意地听从您的计策，还望您不要推辞。”

李左车于是说：“如今您渡过西河，俘获魏王，生擒夏说；东下井陉口，用不到一个早上的时间就打垮了赵军二十万人马，杀了成安君，名闻海内，威震天下，使农民们慑于您的声势，无不放下农具停止耕作，只图穿好的吃好的，侧耳倾听，等候您进军的号令，这是您用兵的长处所在。但是，百姓实已劳苦不堪，兵士也已疲惫之极，实际状况是很难再用他们去继续攻战了。现在，您想要调动疲惫困乏的全部军队去停扎在燕国防守坚固的城池下面，结果是想打打不了，要攻又攻不下，军队内情暴露在敌前，威势也就随之减弱，如此旷日持久，粮食必将耗尽。且燕国这样弱小的国家都不肯屈服，齐国必定要据守边境逞一时之强。这么一来，燕、齐两国都与汉军对峙，相持不下，刘邦和项羽双方胜负的趋势便也难见分晓，这即是您用兵的短处所在了。善于用兵的人，从不以自己的短处去攻击他人的长处，而是要用自己的长处去对付他人的短处。”

韩信说：“既然如此，那么该怎么办呢？”李左车答道：“现在为您谋算，不如按兵不动，暂作休整，安顿抚慰赵国的百姓，使方圆百里之内，天天都有人送来牛肉美酒，宴请犒劳众将士。将部队向北移动，指向通往燕国的道路，然后派遣能言善辩的说客拿着一封书信去向燕国炫耀自己的长处，燕国肯定不敢不听从。燕国已经顺服了，即可向东威临齐国。如此，纵使有聪明之人，也不知道该怎样为齐国出谋划策了。这样，天下大事就都可图谋成功了。用兵之道原本便有先造声势而后才实际行动的，我这里所说的就是这个道理。”韩信说：“不错。”随即采用李左车的计策，派使者出使燕国，燕国听到消息后，就立即归降了。

韩信于是派人回报汉王，请求封张耳为赵王，刘邦应允了。这时，楚国屡次派遣突击队渡过黄河袭击赵国，张耳、韩信往来奔波，救援赵国，乘势夺取所经过的赵国的城邑，随即又调兵遣将赴汉王处增援。

【原文】

甲戌晦[①]，日有食之[②]。

十一月，癸卯晦，日有食之。

随何至九江，九江太宰主之[③]，三日不得见。随何说太宰曰：“王之不见何，必以楚为强，汉为弱也。此臣之所以为使[4]。使[5]何得见，言之而是，大王所欲闻也；言之而非，使何等二十人伏斧质[6]九江市，足以明王倍汉而与楚也[7]。”太宰乃言之王[8]。

王见之。随何曰：“汉王使臣敬进书大王御者[9]，窃怪[10]大王与楚何亲[11]也？”九江王曰：“寡人北乡[12]而臣事之。”随何曰：“大王与项王俱列为诸侯，北乡而臣事之者，必以楚为强，可以托国也。项王伐齐，身负版筑[13]，为士卒先。大王宜悉九江之众，身自将之[14]，为楚前锋；今乃发四千人以助楚。夫北面而臣事人者，固若是乎？汉王入彭城，项王未出齐也。大王宜悉九江之兵渡淮，日夜会战彭城下[15]；大王乃抚[16]万人之众，无一人渡淮者，垂拱[17]而观其孰胜。夫托国于人者，固若是乎？大王提空名以乡楚而欲厚自托[18]，臣窃为大王不取也[19]！然而大王不背楚者，以汉为弱也。夫楚兵虽强，天下负之以不义之名[20]，以其背盟约而杀义帝也。汉王收诸侯[21]，还守成皋、荥阳，下蜀、汉之粟[22]，深沟壁垒[23]，分卒守徼乘塞[24]。楚人深入敌国八九百里[25]，老弱转粮[26]千里之外。汉坚守而不动，楚进则不得攻，退则不能解[27]，故曰楚兵不足恃也[28]。使[29]楚胜汉，则诸侯自危惧而相救；夫楚之强，适足以致天下之兵耳[30]。故楚不如汉，其势易见也。今大王不与万全之汉而自托于危亡之楚，臣窃为大王惑之[31]！臣非以九江之兵足以亡楚也[32]；大王发兵而倍楚[33]，项王必留；留数月，汉之取天下可以万全。臣请与大王提剑而归汉，汉王必裂地而封大王[34]；又况九江必大王有也[35]。”九江王曰：“请奉命[36]。”阴许畔楚与汉[37]，未敢泄也[38]。

楚使者在九江，舍传舍[39]，方急责布发兵[40]。随何直入，坐楚使者上，曰：“九江王已归汉，楚何以得发兵？”布愕然。楚使者起。何因说布曰：“事已构[41]，可遂杀[42]楚使者，无使归[43]，而疾走汉并力[44]。”布曰：“如使者教[45]。”于是杀楚使者，因起兵而攻楚。

楚使项声、龙且攻九江，数月，龙且破九江军。布欲引兵走汉，恐楚兵杀之，乃间行与何俱归汉。

十二月，九江王至汉。汉王方踞床洗足[46]，召布入见。布大怒，悔来，欲自杀；乃出就舍，帐御、饮食、从官皆如汉王居[47]，布又大喜过望[48]。于是乃使人入九江；楚已使项伯收九江兵，尽杀布妻子[49]。布使者颇得故人、幸臣[50]，将众数千人归汉。汉益[51]九江王兵，与俱屯成皋。

（以上为第三段，写汉王刘邦派使者随何出使九江王，策动黥布叛楚归汉，削弱了楚国的实力。）

【注释】

①晦：农历月末，每月的最后一天。 ②食：日食。 ③九江太宰主之：九江王太宰出面接待随何。 太宰：官名，掌管膳食。 ④此臣之所以为使：这正是我出使的原因。 ⑤使：如果，假使。 ⑥伏斧质：被处死。斧质，杀人刑具。质，砧板。 ⑦倍汉而与楚：谓九江王背叛汉王而与楚王相亲善。倍，通“背”。 ⑧太宰乃言之王：太宰于是向九江王作了通报。 ⑨进书大王御者：呈书信给大王。御者，替大王赶车的人。随何谦称，进书不敢直呈大王，呈献给大王的赶车人传达。 ⑩窃怪：私下感到奇怪，迷惑。 ⑪何亲：什么关系，为何这样亲近。 ⑫北乡：向北。乡，通“向”。古代君主面南而坐，臣向北而朝。黥布以臣事项羽，故言。 ⑬身负版筑：背负修筑营墙的墙版和筑杵。 版：筑墙用的夹板。 筑：筑墙用的筑杵。 ⑭身自将之：亲自率领将士。 ⑮“日夜”句：日夜兼程奔赴彭城会合楚军作战。 ⑯抚：拥有。 ⑰垂拱：垂衣拱手，喻袖手旁观。 ⑱“大王”句：大王是借依附楚国之名而想要行独立自主之实。 提空名以乡楚：借着依靠楚国的空名。乡，通“向”，依靠，依附。 ⑲不取：不可取，不能这样做。 ⑳“天下”句：在天下人面前背上了不义的恶名。负，背上。 ㉑收诸侯：联合诸侯。 ㉒下蜀、汉之粟：运来蜀地和汉中的粮食。下，指蜀粮顺江而下。 ㉓深沟壁垒：犹“深沟高垒”，深挖沟，高筑墙。 ㉔分卒守徼乘塞：分兵把守边防要塞。徼（jiào），边境亭障。塞，险要关口。 ㉕深入敌国八九百里：楚自彭城至荥阳、成皋，中隔敌国梁地八九百里。 ㉖转粮：运粮。 ㉗解：脱身，指脱离战场。 ㉘不足恃：不值得依赖。 ㉙使：如果。 ㉚致天下之兵：招致全天下的人来攻击。 ㉛惑之：困惑不解。 ㉜“臣非以”句：我并不认为九江王的兵足可以灭亡楚国。 非以：不认为。 ㉝倍楚：背叛楚国。 ㉞必裂地而封大王：一定会割地封你为王。裂地，割地，划分疆域。 ㉟“又况”句：再说九江之地仍为大王所有。又况，更何况，再说。 ㊱奉命：遵命。 ㊲阴许畔楚与汉：秘密地承诺背叛楚国归附汉王。阴，暗中，秘密。 ㊳未敢泄也：没敢泄露，即没有公开宣布。 ㊴舍传（zhuàn）舍：安置住在客馆。 ㊵方急责布发兵：正加紧督促黥布发兵援楚。 责：要求。 ㊶事已构：事已至此。指大王归汉之事已定。构，成，定。 ㊷遂杀：就杀，立即除掉。 ㊸无使归：不要让楚使回归。 ㊹疾走汉并力：火速投奔汉王合力抗楚。 ㊺如使者教：就按您说的办。 使者：指汉使随何。 ㊻踞床洗足：两脚

岔开坐在床上洗足。踞坐，傲慢无礼的样子。按：刘邦此举先杀黥布之气，俗语，下马威。㊼帐御：泛指屋内陈设及日用品。从官：随从官员。如汉王居：与汉王的住所相同。㊽大喜过望：结果比原来希望的更好，因而感到特别高兴。布见寓所与汉王一样气派，故大喜过望，刘邦的御人之术非同一般。㊾尽杀布妻子：项羽尽灭黥布的妻室儿女，即灭族。㊿故人：老朋友。幸臣：宠信的大臣。51益：加强，增加。

【译文】

十月，甲戌晦（己亥朔，无甲戌，疑误），发生日食。

十一月，癸卯晦（己巳朔，无癸卯，疑误），发生日食。

汉军谒者随何来到九江王英布处，九江王太宰出面接待他，连过三天仍未能见到英布。于是，随何便劝太宰说："九江王之所以不接见我，必定是由于他认为楚国强大，汉国弱小。而这正是我此次出使的原因啊！假如能让我见到九江王，如说得有理，就是大王想要听到的；如说得不对，就将我们二十人在九江国的街市上斩首，这将足够表明九江王背叛汉王而与楚王交好了。"太宰便把这些话报告给了英布。

英布于是召见随何。随何说："汉王派我敬呈书信给大王您，是因为我们私下里有些疑惑，不知大王您和楚王是什么关系。"英布说："我是面朝北以臣子的身份事奉他。"随何说："大王您与楚王同列诸侯，地位相等，而您却面北向他称臣，肯定是认为楚国强大，可以作为九江国的靠山了。但当项王攻打齐国，背负修筑营墙的墙版和筑杵，身先士卒地冲杀时，您本应出动九江国的全部兵力，亲自率领他们去为楚军打先锋，可您却只调拨四千人去支援楚军。面向北事奉他人的臣子，该是这个样子吗？汉王攻入彭城时，项王还没有离开齐地回师，您理应率领九江国的全部兵力抢渡淮河，日夜兼程奔赴彭城会合楚军作战，而您拥兵万人，却无一人渡过淮河，只是袖手旁观。把江山社稷托付给别人的人，应该是这个样子的吗？您这是要借依附楚国之名而行独立自主之实，我私下里认为您的这种做法是不可取的！然而，您还不背弃楚国，不过是因为您以为汉国弱小罢了。但是，楚国的军队虽然强大，在天下人面前却背上了不义的恶名，这是由于它既违背盟约又杀害义帝的缘故。而汉王联合诸侯，率军回守成皋、荥阳，运来蜀地和汉中的粮食，深挖壕沟，加固营垒，分兵把守边防要塞。楚军则因反攻荥阳、成皋，深入反楚的梁地八九百里，老弱残兵从千里之外转运粮食，汉军却只坚守不出战。这么一来，楚军进不能攻取，退又无法脱身，所以说楚军是不值得依赖的。如果楚军战胜了汉军，各诸侯便会人人自危而相互救援。这么一来，楚军的强盛，反倒招致天下的军队都来与它抗衡了。所以，楚国不如汉国的形势，是显而易见的。现在，您不与万无一失的汉国结好，却要把自身托付给行将灭亡的楚国，我暗中对您的这种做法困惑不解。我并不认为九江国的兵力足够用来消灭楚军，而是觉得您如能起兵反叛楚国，项王就必定得留下来，只要拖住项王几个月，汉王夺取天下就会万无一失了。我请求随您一起提剑归汉，汉王保证会划分一块土地封给您，更何况九江国必定也仍旧归您所有啊！”英布于是说：“那就遵命了。”即暗中许诺随何叛楚归汉，只是一时还不敢走漏风声。

楚国使者在九江，住在客舍中，正加紧督促英布发兵援楚。随何径直闯入客舍，坐到楚国使者上面的座位上，说：“九江王已经归汉，楚国凭什么来征调他的军队？”英布听了大吃一惊。这时楚国使者便起身要走。随何乘势劝英布说：“事已至此，可以立即杀掉楚国使者，不要让他回去，而您立即火速投奔汉王，与汉军协力作战。”英布说：“就按照您指教的办。”于是，杀掉了楚国使者，趁机起兵攻打楚国。

楚国派项声、龙且进攻九江国，历时几个月，龙且打败了九江国的军队。英布便想领兵逃奔汉国，因害怕楚军会截杀他，就与随何拣小路行走，一起逃归汉国。

十二月，九江王英布抵达汉军驻地。汉王刘邦当时正坐在床边洗脚，立即召英布进见。英布为此怒火中烧，后悔来到这里，想要自杀。待出来后进入为自己安排的客舍，发现那里的陈设、饮食、侍从官员都与汉王的住所相同，便又喜出望外。于是，就派人到九江国去联络。这时，楚王已派项伯收编了九江军，并把英布的妻子儿女都杀了。英布的使者找到不少英布的旧友和宠信的臣僚，带领着几千人回到汉王处。汉王随即增拨兵力给英布，与英布的军队一起驻扎在成皋。

【原文】

楚数侵夺汉甬道，汉军乏食。汉王与郦食其谋桡楚权[①]。食其曰：“昔汤伐桀，封其后于杞；武王伐纣，封其后于宋[②]。今秦失德弃义，侵伐诸侯，灭其社稷，使无立锥之地。陛下[③]诚能[④]复立六国之后，此其君臣、百姓必皆戴陛下之德[⑤]，莫不向风慕义[⑥]，愿为臣妾[⑦]。德义已行，陛下南乡称霸，楚必敛衽而朝[⑧]。”汉王曰：“善！趣刻印[⑨]，先生因行佩之矣[⑩]。”

食其未行，张良从外来谒[⑪]。汉王方食[⑫]，曰：“子房前[⑬]！客有为我计桡楚权者，”具以郦生语告良，曰：“何如？”良曰：“谁为陛下画此计者？陛下事去矣[14]！”汉王曰：“何哉？”对曰：“臣请借前箸[15]，为大王筹之[16]：昔汤、武封桀、纣之后者，度[17]能制其死生之命也；今陛下能制项籍之死命乎？其不可一也。武王入殷，表商容之闾[18]，释箕子之囚[19]，封比干之墓[20]；今陛下能乎？其不可二也。发巨桥之粟[21]，散鹿台之钱[22]，以赐贫穷；今陛下能乎？其不可三也。殷事已毕，偃革为轩[23]，倒载干戈[24]，示天下不复用兵；今陛下能乎？其不可四也。休马华山之阳，示以无为[25]；今陛下能乎？其不可五也。放牛桃林之阴，以示不复输积[26]；今陛下能乎？其不可六也。天下游士[27]，离其亲戚，弃坟墓，去故旧，从陛下游者，徒欲日夜望咫尺之地[28]。今复立六国之后，天下游士各归事其主，从其亲戚，反其故旧、坟墓，陛下谁与取天下乎[29]？其不可七也。且夫楚唯无强，六国立者复桡而从之，陛下焉得而臣之[30]？其不可八也。诚用[31]客之谋，陛下事去矣！”汉王辍食，吐哺[32]，骂曰：“竖儒几败而公事[33]！”令趣销印[34]。

荀悦论曰[35]：夫立策决胜之术，其要有三：一曰形，二曰势，三曰情[36]。形者，言其大体得失之数也[37]；势者，言其临时之宜、进退之机也[38]；情者，言其心志可否之实也[39]。故策同、事等而功殊者[40]，三术不同也。

初，张耳、陈馀说陈涉以复六国，自为树党；郦生亦说汉王。所以说者同而得失异者，陈涉之起，天下皆欲亡秦；而楚、汉之分未有所定，今天下未必欲亡项也。故立六国，于陈涉，所谓多己之党而益秦之敌也；且陈涉未能专天下之地也，所谓取非其有以与于人[41]，行虚惠而获实福也。立六国，于汉王，所谓割己之有而以资敌[42]，设虚名而受实祸也。此同事而异形者也[43]。

及宋义待秦、赵之毙，与昔卞庄刺虎同说者也[44]。施之战国之时，邻国相攻，无临时之急，则可也。战国之立，其日久矣，一战胜败，未必以存亡也；其势非能急于亡敌国也，进乘利，退自保，故累力待时[45]，乘敌之毙[46]，其势然也。今楚、赵所起，其与秦势不并立[47]，安危之机，呼吸成变，进则定功[48]，退则受祸。此同事而异势者也。

伐赵之役，韩信军于泜水之上而赵不能败[49]。彭城之难，汉王战于睢水之上，士卒皆赴入睢水而楚兵大胜。何则？赵兵出国迎战，见可而进[50]，知难而退，怀内顾之心[51]，无出死之计[52]；韩信军孤在水上，士卒必死[53]，无有二心，此信之所以胜也。汉王深入敌国，置酒高会[54]，士卒逸豫[55]，战心不固[56]；楚以强大之威而丧其国都，士卒皆有愤激之气[57]，救败赴亡之急[58]，以决一旦之命[59]，此汉之所以败也。且韩信选精兵以守，而赵以内顾之士[60]攻之；项羽选精兵以攻，而汉以怠惰之卒应之。此同事而异情者也。

故曰：权不可豫设[61]，变不可先图[62]；与时迁移，应物变化[63]，设策之机也[64]。

（以上为第四段，写汉王刘邦因汉军粮食短缺，与谋臣郦食其谋划如何削弱楚国实力，郦食其提出分封六国后代，培植党羽，给项羽树敌，张良力主不可实行，刘邦立即采纳。荀悦的评论透彻地解析了张良的建议。）

【注释】

①桡（náo）楚权：削弱楚国的实力。 ②“昔汤伐桀”四句：据《史记》的《陈杞世家》，周武王灭商，封夏后于杞以祀禹；《宋世家》，周成王封纣庶兄微子启于宋承商祀。此云汤封夏后于杞，周武王封商后于宋，郦食其之言有误。 ③陛下：臣称皇帝为“陛下”，此时刘邦未称帝，乃追书之辞。 ④诚能：真能，如果能。 ⑤戴陛下之德：感激皇上恩德。 戴：感激。 ⑥莫不向风慕义：无一不向往大王的风范，仰慕大王的仁义。 ⑦愿为臣妾：愿做大王的臣民。 ⑧敛衽而朝：整肃衣服，恭恭敬敬地朝拜汉王。敛，束。衽，衣襟。 ⑨趣刻印：赶快催促刻六国王印。 ⑩先生因行佩之：先生就可带上六国王印出使各国了。行，指出使。 ⑪谒：拜见。 ⑫方食：正在吃饭。 ⑬子房：张良字。 前：让他上前来。 ⑭事去矣：统一天下的大事完了。 ⑮前箸：指刘邦面前的筷子。 ⑯筹之：指筹划形势。筹，计算，筹谋。 ⑰度（duó）：估计。 ⑱表商容之闾：把商容的旧居特别标示出来，表示对商容的尊敬。表，标记。商容，殷纣时贤臣。 ⑲释箕子之囚：武王灭纣，释放了被囚禁的箕子。箕子，纣的远房叔父，谏纣不听，为纣所囚。 ⑳封比干之墓：武王灭纣，重新修整了比干的坟墓。封，坟上加土。比干，纣王叔父，多次谏纣，被剖心而死。 ㉑发巨桥之粟：发放巨桥粮仓的粮食。巨桥，商纣积粟的

粮仓名，故址在今河北曲周县东北。 ㉒散鹿台之钱：散发鹿台府库的金钱。鹿台，亦名南单台，为商纣储财之所，故址在殷都朝歌城中，朝歌即今河南淇县。 ㉓偃革为轩：废弃战车，改作乘车。偃，息，废除。革，指军用的兵车。为，改造成。轩，平时载人的车。 ㉔倒载干戈：倒置兵器。载，置，收藏。干，盾。戈，矛。 ㉕“休马”二句：把战马放养到华山的南面，显示不再驱使。 华山：在今陕西华阴市南。阳，山南为阳。 ㉖“放牛”二句：将牛放牧到桃林的北面，表示不再用来运输粮草。 桃林：即桃林塞，在今河南灵宝市西。 阴：山北为阴。 输积：运送屯积的粮草。 ㉗游士：游说之士。 ㉘望咫尺之地：希望得到一块封地。咫尺，比喻狭小。 ㉙谁与取天下：你和谁夺取天下。 ㉚“且夫”三句：况且，当今只有楚国强大，尚无超过它的，假如复立的六国后代又屈从楚国，那么，大王还怎么使他们臣服于汉呢？唯：通“惟”，只有。 无强：无可匹敌，最强。强，当，敌。 复桡而从之：又会屈从楚国。 ㉛诚用：真使用，假如使用。 ㉜辍食：停止吃饭。 吐哺：把正在口里嚼的饭吐出。 哺：在口里咀嚼着的食物。 ㉝“竖儒”句：这书呆子几乎坏了老子的大事。 而公：你的老子。刘邦惯用的骂人俗语，又作“乃公”。 ㉞令趣销印：立即下令赶快销毁那些印玺。 ㉟荀悦论曰：此条借论引自荀悦《汉纪》。荀悦（148—209）：东汉颍川颍阴（今河南许昌）人，字仲豫，政论家，历史学家。汉献帝时官至秘书监、侍中。著有《申鉴》《汉纪》。传见《后汉书》卷六十二。 ㊱“其要”四句：要取得战场胜算，要点有三：一是形，战场布局；二是势，战场变化的形势；三是情，取胜的意志与决心。 ㊲大体得失之数：总体胜败的布局与趋向。 ㊳临时之宜、进退之机：把握临时对阵的灵活处理与随机应变的进退形势。 ㊴心志可否之实：意志的坚定还是懈怠的实际心理。 ㊵功殊：效果各异。 ㊶取非其有以与于人：陈胜立六国后，把不是自己的东西分给别人。 ㊷割己之有而以资敌：刘邦若立六国后，则是把自己的胜利果实送给敌对势力。 ㊸此同事而异形者也：说到陈胜与汉王立六国后，这便是事情相同，而得与失的趋向完全不同。 ㊹“及宋义”与“昔卞庄”二句：再比较宋义先斗秦、赵与卞庄子先斗二虎的同一策略，宋义身死，卞庄子获利的形势吧。 按：《史记·项羽本纪》载，秦二世三年，宋义救赵，留兵安阳不进，曰：“今秦攻赵，战胜则兵疲，我承其敝；不胜，则我引兵鼓行而西，必举秦矣。故不如先斗秦、赵。”因贻误军机为项羽所杀。《战国策·秦策二》第二章：“有两虎诤人而斗者，卞庄子将刺之，管与止之曰：‘虎者戾虫，人者甘饵也。今两虎诤人而斗，小者必死，大者必伤，子待伤虎而刺之，则是一举而兼两虎也。无刺一虎之劳，而有刺两虎名。’” ㊺故累力待时：所以在可以积蓄的形势下，此策略可用。 ㊻跪：败伤。 ㊼势不并立：即“势不两立”。 ㊽定功：成功。定，《汉纪》正作“成”。 ㊾赵不能败：赵军不能打败韩信的背水之军。

⑩见可而进：看到有利就进攻。可，适宜，有利。 ⑪怀内顾之心：怀着贪生怕死的心理。 ⑫无出死之计：毫无出战拼死一搏的打算。 出死：效死，献出生命。 ⑬士卒必死：士兵不拼死战斗必然会死。 ⑭置酒高会：盛大的宴会。 ⑮士卒逸豫：士兵安逸享乐。 ⑯战心不固：战斗意志不坚强。 ⑰愤激之气：义愤填膺的豪气，即士气高昂。 ⑱救败赴亡之急：急于挽救败局，无所畏惧地奔向死亡。 ⑲以决一旦之命：用以决出一时的胜败命运。 ⑳内顾之士：瞻前顾后贪生怕死的士兵。 ㉑权不可豫设：权宜应变不可能预先设计。 ㉒变不可先图：事态的变化不可以事先谋划。 ㉓应物变化：根据客观条件而变化。 ㉔设策之机也：这是制定策略的关键。

【译文】

楚军屡次袭击、截夺汉军运粮的通道，使汉军粮食短缺。汉王刘邦因此与郦食其谋划如何削弱楚国的实力。郦食其说："从前，商汤攻打夏桀，将夏桀的后裔封在杞国；周武王攻打商纣，将商纣王的子孙封在宋国。如今，秦朝丧失德行、背弃道义，侵伐各诸侯国，灭掉各国后，使诸侯的后代无立锥之地。大王如果真能重新扶立六国的后裔，当今六国的君臣、民众都对大王感恩戴德，无一不向往大王的风范，仰慕大王的仁义，都甘愿做大王的臣民。如此，德义已经施行，大王即可面向南，居帝位而称霸天下，楚王也必定会整理衣冠，肃然起敬地前来朝拜了。"汉王说："好！赶快去刻制印玺，您就可带上它们出使各国了。"

郦食其尚未起程，张良从外面回来谒见汉王。汉王当时正在吃饭，说道:"子房，你过来！宾客中有人为我策划了削弱楚国实力的办法。"随即把郦食其的话都告诉了张良，说:"你看怎么样呀？"张良道:"什么人为大王谋划了这个计策？大王统一天下的大业就要完了！"汉王说："为什么呢？"张良答道："我请求借用您面前的筷子，来为您指划一下目前的形势：从前商汤、周武王之所以封立夏桀、商纣王的后裔，是因为估量到自己可以掌握他们的生死大权。可是，如今大王能够决定项羽灭亡的命运吗？这是不可封六国后代的第一个理由。周武王进入殷商的都城，标示商纣王时的贤人商容的旧居，释放了被囚禁的箕子，翻修比干的坟墓。如今大王能够这样做吗？这是不可封六国后代的第二个理由。周武王曾经发放商纣王巨桥粮仓的粮食，散拨鹿台府库的金钱，以赈济贫苦百姓。如今大王可以这么做吗？这是不可封六国后代的第三个理由。殷商灭亡后，周武王废弃战车，改为乘车，倒置兵器，以向天下人表示不再用兵。如今大王能这样做吗？这是不可封六国后代的第四个理由。把战马放养在华山的南面，以显示让它们休息不再驱用。如今大王能这么做吗？这是不可封六国后代的第五个理由。将牛放牧到桃林的北面，以表示不再用它们运输粮草辎重。如今大王能这样做吗？这是不可封六国后代的第六个理由。天下游说之士，之所以远离自己的父母兄弟，抛弃自己祖先的坟墓，离开自己的老友，跟随大王辗转奔波，为的就是得到那日思夜想的一点点封地。假如今天重新封立六国后代，使天下游说之士各自回去事奉他们的君主，伴随他们的父母妻儿，返归他们旧友、祖坟所在的故土，那么，大王还依靠谁去夺取天下呢？这是不可封六国后代的第七个理由。况且，当今只有楚国强大，尚无超过它的，假如复立的六国后代又屈从楚国，那么，大王还怎么使他们臣服于汉呢？这是不可封六国后代的第八个理由。如果真的采用了那位宾客的计策，大王统一天下的大业可不就完了吗？”汉王听了这番话后，饭也不吃了，吐出口中的食物，骂道：“这个书呆子几乎坏了老子的大事！”立即下令赶快销毁那些印玺。

荀悦评论说：确立决定胜负策略的方法，要点有三：一是形，二是势，三是情。所谓“形”，说的是得与失大体上的趋向；所谓“势”，说的是对临时情况灵活应付和对进与退随机应变的形势；所谓“情”，则指的是意志坚定向上还是懈怠的实际心理。所以采用的策略相同，所干的事情相等，而取得的功效却各异，就是由于这三个方法运用得不同的缘故。

当初，张耳、陈馀劝说陈胜借恢复六国，来为自己培植党羽；郦食其也是这样劝说汉王的。之所以劝说的内容相同，得与失却各异，是因为陈胜起事时，天下的人都想要灭亡秦朝；而如今楚、汉的胜负之分还无定势，天下的人未必都想要项羽覆灭。所以，重立六国的后裔，对陈胜来说，是为自己广植党羽而给秦朝增树强敌。况且陈胜那时并没有能独占天下之地，即所谓把不是自己的东西取来送给别人，行施恩惠之虚名，获得福益之实惠。但重立六国之后，对汉王来说，却是所谓的分割自己拥有的东西去资助敌人，空有虚名而实受祸害。这便是所做的事情相同，可得与失的趋向各异的例子。

谈到宋义劝说项羽，先让秦、赵两国相斗，待秦军疲惫后再乘机攻秦，自己却终被项羽杀了，与卞庄子刺杀老虎时，管竖子劝他等待两虎相搏，双方有伤亡时再乘机刺虎，卞庄子最后果然获得二虎，两次的游说之辞也都相同。但这套说辞，施用在战国时，邻国相互攻打，没有临时情势变化的危急发生，还是可以的。因为战国局面的确立，日子已经很久了，一次战役的胜与败，未必就会决定一个国家的生存和灭亡。那时的进退变化形势决定了一个国家不能够急于使敌国灭亡，而是进可以凭借有利条件，退也能够自保安全，故可以积蓄力量，等待时机，乘敌方精疲力尽，再去进攻。这是灵活行事、随机应变的形势所造成的。但今日楚、赵两国起兵抗秦，与秦势不两立，安全与危亡的机会，在呼吸的一瞬间就会发生变化，因此进即能建立功绩，退就将遭受祸殃。这便是事情相同，而灵活应付和随机应变的形势、时机各异的例子。

汉军攻打赵国的战役，韩信率军驻扎在地形不利的水边上，但赵军却无法打败他；彭城遭陷落一仗，汉王也在睢水岸边作战，但士兵却被赶入睢水，楚军大获全胜。这是为什么呢？赵军出国迎战汉军，见到可以打赢就前进，知道难于取胜就后退，怀着贪生怕死的心理，毫无出阵拼死一搏的打算；而韩信的军队孤立无援地列阵在水边，士兵背水作战，不进就必死无疑，故将士们都不怀二心，抱定决一胜负的信念。这即是韩信所以能获胜的原因。汉王深入敌国，摆设酒宴盛会宾朋，士兵们享受安逸欢乐，求战心理不稳固；而楚军凭着它的威势却丧失了自己的国都，将士们都义愤填膺，急于挽救败局，无所畏惧地奔向死亡，以决出一时的胜败命运。这便是汉军失败的原因。况且韩信挑选精兵坚守阵地，赵军却用瞻前顾后的士兵去攻打他；项羽选择精兵发动进攻，汉军却用怠惰散漫的将士去对付他。这就是所做的事情相同，而坚定与懈怠的心理各异的例子。

所以说，应事的权宜机变是不能够预先设计的，事态的变化是不能够事先谋划的；随时机的变化而变化，应事物的变化而变化，是制定策略的关键。

【原文】

汉王谓陈平曰：“天下纷纷，何时定乎[①]？”陈平曰：“项王骨鲠[②]之臣，亚父、钟离眛、龙且、周殷之属[③]，不过数人耳。大王诚能捐[④]数万斤金，行反间[⑤]，间[⑥]其君臣，以疑其心[⑦]；项王为人，意[⑧]忌信谗，必内相诛，汉因举兵而攻之，破楚必矣。”汉王曰：“善！”乃出黄金四万斤与平，恣所为[⑨]，不问其出入[⑩]。

平多以金纵反间于楚军[⑪]，宣言：“诸将钟离眛等为项王将，功多矣，然而终不得裂地而王，欲与汉为一，以灭项氏而分王其地。”项羽果意不信钟离眛等。

夏，四月，楚围汉王于荥阳，急；汉王请和，割荥阳以西者为汉。亚父劝羽急攻荥阳；汉王患之。项羽使使至汉，陈平使为大牢具[12]。举进[13]，见楚使，即佯惊曰："吾以为亚父使，乃[14]项王使！"复持去[15]，更以恶草具[16]进楚使。楚使归，具以报项王[17]；项王果大疑亚父。亚父欲急攻下荥阳城，项王不信，不肯听。亚父闻项王疑之，乃怒曰："天下事大定矣，君王自为之，愿赐骸骨归！"未至彭城，疽发背而死[18]。

（以上为第五段，写汉王刘邦听从谋士陈平的建议，离间项羽君臣关系，钟离眛、范增都受到中伤，特别是范增被逐，疽发背而死，项羽失去主心骨，从此走下坡路。）

【注释】

①纷纷：混乱。 定：安定。 ②骨鲠：刚直。鲠，正直。 ③亚父：范增，项羽重要谋臣。 钟离眛：项羽的将领，羽死，投靠韩信，后被迫自杀。 龙且：项羽属下猛将，救援齐军，被韩信所杀。 周殷：项羽的大司马，后降汉。 ④捐：拿出。 ⑤反间：诱使敌方的间谍或其他人反为我用，制造其内讧，伺机取胜。 ⑥间：离间。 ⑦疑其心：使其互相猜疑。 ⑧意：猜疑。 ⑨恣所为：任意使用。恣，任意。 ⑩不问其出入：不过问他开支的情况。 ⑪纵反间于楚军：大量派出间谍人员到楚军中进行反间工作。⑫大：古"太"字。 太牢具：丰盛隆重最高规格的筵席。太牢，指祭祀或筵席，牛、羊、豕齐备。 ⑬举进：献上。 ⑭乃：却是，怎么是。 ⑮持去：把太牢具撤除。⑯更以恶草具：更换粗劣饭食。 ⑰具以报项王：把上述情况一一地报告给项王。 ⑱疽发背而死：背上毒疮发作而死。疽（jū），结成块状的恶疮，浮浅的为痈，深层的为疽。

【译文】

汉王刘邦对陈平说："天下纷扰混乱，到什么时候才能安定呀？"陈平说："项王身边刚直不阿的臣子，如亚父范增、钟离眛、龙且、周殷之辈，也不过几个人罢了。大王您如果确能拿出几万斤黄金，施用反间计，离间楚国的君臣关系，使他们内心互相猜疑，而项羽的为人原就猜忌多疑，容易听信谗言，这样一来，他们内部必然会自相残杀，我们即可乘机发兵去攻打他们，如此击败楚军是一定的了。"汉王说："对啊！"便取出黄金四万斤交给陈平，任凭他自行活动，不过问他使用的情况。

陈平于是用许多黄金雇请间谍到楚军中去进行离间活动，扬言说：“各位将领如钟离眛等人为项王领兵打仗，功劳卓著，但是却终究不能分得一块土地而称王，因此，他们便想与汉军联合起来，借此灭掉项氏，瓜分楚国的土地，各自称王。”项羽果然有所猜忌，不再信任钟离眛等人。

夏季，四月，楚军在荥阳围攻汉王，形势紧急。汉王向项羽请求议和，将荥阳西面的地区划归汉国。但范增却劝项羽火速攻打荥阳，汉王为此忧心忡忡。这时项羽派使者前往汉王处，陈平置备了丰富盛大的宴席，命人端去款待楚国的使者，一见到楚使，就假装惊讶地说：“我还以为是亚父的使者呢，原来竟是项王的使者啊！”随即将酒菜又端了出去，改换粗劣的饭菜送给楚使食用。楚使回国后，把这些情况汇报给了项羽，项羽果然又对范增大加猜疑。范增想要加紧攻下荥阳城，项羽不信任他，不肯听从他的意见。范增听说项羽对他有怀疑，便怒气冲冲地说：“天下事大体上已有定局了，您自己干吧，希望能准许我辞职回家！”于是，范增踏上了归途，还没有到达彭城时，就背上毒疮发作死去了。

【原文】

五月，将军纪信言于汉王曰：“事急矣！臣请诳楚[①]，王可以间出。”于是陈平夜出女子东门二千[②]余人，楚因四面击之。纪信乃乘王车，黄屋，左纛[③]，曰：“食尽，汉王降。”楚皆呼万岁，之城东观。以故汉王得与数十骑出西门遁去，令韩王信与周苛、魏豹、枞公守荥阳。羽见纪信，问：“汉王安在？”曰：“已出去矣。”羽烧杀信。周苛、枞公相谓曰：“反国之王[④]，难与守城！”因杀魏豹。

汉王出荥阳，至成皋，入关，收兵欲复东。辕生说汉王曰：“汉与楚相距荥阳数岁，汉常困。愿君王出武关，项王必引兵南走。王深壁勿战[⑤]，令荥阳、成皋间且得休息，使韩信等得安辑[⑥]河北赵地，连[⑦]燕、齐，君王乃复走荥阳。如此，则楚所备者多，力分[⑧]；汉得休息，复与之战，破之必矣！”汉王从其计，出军宛、叶间[⑨]。与黥布行收兵[⑩]。羽闻汉王在宛，果引兵南；汉王坚壁不与战。

汉王之败彭城，解而西也[⑪]，彭越皆亡其所下城[⑫]，独将其兵北居河上，常往来为汉游兵击楚[⑬]，绝其后粮。是月，彭越渡睢，与项声、薛公战下邳[⑭]，破，杀薛公。羽乃使终公守成皋，而自东击彭越。汉王引兵北，击破终公，复军成皋。

六月，羽已破走彭越，闻汉复军成皋，乃引兵西拔荥阳城，生得周苛。羽谓苛：“为我，将以公为上将军，封三万户。”周苛骂曰：“若不趋降汉[15]，今为虏矣；若非汉王敌也！”羽烹周苛，并杀枞公而虏韩王信，遂围成皋。汉王逃，独与滕公共车出成皋玉门[16]，北渡河，宿小修武[17]传舍。

晨，自称汉使，驰入赵壁[18]。张耳、韩信未起，即其卧内，夺其印符以麾召诸将，易置之[19]。信、耳起，乃知汉王来，大惊。汉王既夺两人军，即令张耳循行，备守赵地[20]。拜韩信为相国[21]，收赵兵未发者击齐[22]。诸将稍稍[23]得出成皋从汉王。楚遂拔成皋，欲西；汉使兵距之巩[24]，令其不得西。

（以上为第六段，写项羽围困刘邦于荥阳，形势危急，纪信假扮刘邦投降，刘邦逃脱；刘邦驰入韩信军帐，接管了他的军队。）

【注释】

①诳楚：扮作刘邦欺骗楚军。 ②二千：《史记·项羽本纪》“二千”上有“被甲”二字。 ③黄屋：天子用车，以黄绸做顶篷。左纛（dào）：天子用车，左边插着用犛牛尾或雉鸡尾做的装饰物。 ④反国之王：骂魏豹之语。魏豹原被项羽封为西魏王，刘邦伐楚，豹又归汉；刘邦败于彭城，豹又反汉。后韩信破魏虏豹，刘邦赦免了他。 ⑤深壁勿战：深沟高垒坚守，不要出战，只牢牢地牵引住项羽。 ⑥安辑：安抚。辑，安。 ⑦连：联合。 ⑧力分：兵力分散。 ⑨出军宛、叶间：汉军活动在宛、叶一带。宛城在今河南省南阳市。叶（shè）邑，在今河南叶县。 ⑩行收兵：沿路征集兵员。 ⑪解而西：向西溃散。 ⑫亡其所下城：丢掉了所攻占的城邑。亡，丢掉。 ⑬为汉游兵击楚：作为汉军的游击部队往来袭击楚军。 ⑭下邳：县名，县治在今江苏邳州市。 ⑮趋（cù）：赶快。 ⑯玉门：成皋北门。 ⑰小修武：邑名，县治在今河南获嘉县境。 ⑱赵壁：赵军营垒。 ⑲“夺其”二句：夺了韩信的帅印和兵符，用指挥旗召集诸将，调动了他们的职位。麾：用于指挥军队的旗帜。易置：调动职位。 ⑳“即令”二句：就任命张耳为行政官巡视、守备赵地。 ㉑拜韩信为相国：授予韩信相国的职衔。虚加空名提升韩信，作为被夺军之安慰。 ㉒收赵兵未发者击齐：结集未被调往荥阳的军队进攻齐国。 ㉓稍稍：陆续。 ㉔距之巩：在巩县抗击楚军。距，通“拒”。巩，县名，在今河南巩义市西南。

【译文】

五月，将军纪信告诉汉王说："事态紧急！我请求去迷惑一下楚军，您就可以悄悄地溜出荥阳城了。"随即由陈平趁着黑夜把两千多名妇女放出城东门，楚军立刻便从四面围攻这群妇女；纪信于是乘坐汉王的车驾，黄绸车盖、车衡左边的装饰物等一应俱全，驶到楚军前，说："我军粮食已经吃光了，汉王前来乞降。"楚军都山呼万岁，涌到城东观望。汉王因此得以带领几十骑人马从西门出城逃走，命韩王信与周苛、魏豹、枞公继续把守荥阳。项羽见到纪信后问道："汉王在哪里呀？"纪信说："已经出城了。"项羽于是烧死了纪信。周苛、枞公这时相互商议说："背叛汉国、反复无常的魏豹，很难让人和他一道守城！"随即就杀了魏豹。

汉王出了荥阳，到达成皋，进入函谷关，收集兵马，准备再次东进。辕生劝汉王说："汉军与楚军已在荥阳相持好几年了，汉军常常陷入困境。现在希望您能从武关出兵，项羽见状必定会领兵南下。而您则修筑深沟高垒，坚守不出战，使荥阳、成皋一线的汉军得到休整；同时，派韩信等人去安抚黄河以北赵地的军民，联合燕、齐两国，然后，您再奔赴荥阳。如此一来，楚军需要多处设防，兵力就会分散，汉军却得到了休整，这样重与楚军交锋，打垮他便是必定无疑的了！"汉王采纳了辕生的计策，出兵到宛、叶一带，并与英布一路上收集兵马。项羽听说汉王在宛，果然领兵南下，汉王却只是坚守营垒，不与楚军交战。

汉王在彭城吃了败仗，军队向西溃退，彭越这时又失去了他原来攻下的所有城镇，便独自率领他的部队向北留驻黄河沿岸，经常作为汉军的游击部队往来袭击楚军，断绝楚军后方的粮草供给。同月，彭越渡过睢水，与项声、薛公在下邳交战，打败了楚军，杀掉了薛公。项羽于是派终公守卫成皋，而自己率军向东去攻打彭越。汉王乘机领兵北进，击垮了终公的防军，又在成皋驻扎下来。

六月，项羽已打跑了彭越。听说汉军再次驻军成皋后，项羽就领兵西进，攻下荥阳，生擒了周苛。项羽对周苛说："你若归降，我将任命你为上将军，并分给你三万户的封地。"周苛斥骂道："你不赶快投降汉王，眼看着就要被俘虏了。你绝不是汉王的对手！"项羽便烹杀了周苛，并杀了枞公，俘获了韩王信，随即包围了成皋。汉王刘邦逃跑，只身与滕公夏侯婴共乘一辆车子出成皋城的玉门，往北渡过黄河，投宿在小修武驿站的客舍中。

次日清晨，汉王自称是汉国的使者，奔驰进入赵军营地。这时，张耳、韩信还没有起床。汉王闯入他们的卧室，夺走他们的印信兵符，用指挥旗召集众将领，调换了众将的职位。韩信、张耳起床后才知道汉王来了，大吃一惊。汉王就夺了两人手下的军队，即命张耳去巡行收集兵员，守备赵地；授予韩信相国的职位，让他集结赵国尚未征发的部队去攻打齐国。汉军将领们陆陆续续地从成皋逃出，继续追随汉王。楚军于是便攻下了成皋，接着又打算西进。汉王即派兵在巩县抵御楚军，使他无法西进。

【原文】

秋，七月，有星孛于大角[①]。

临江王敖薨[②]，子尉嗣。

汉王得韩信军，复大振。八月，引兵临河，南乡[③]，军小修武，欲复与楚战。郎中[④]郑忠说止汉王，使高垒深堑勿与战。汉王听其计，使将军刘贾、卢绾[⑤]将卒二万人，骑数百，渡白马津[⑥]，入楚地，佐彭越，烧楚积聚[⑦]，以破其业[⑧]，无以给项王军食而已。楚兵击刘贾，贾辄坚壁不肯与战，而与彭越相保[⑨]。

彭越攻徇梁地[⑩]，下睢阳、外黄[⑪]等十七城。

九月，项王谓大司马曹咎[⑫]曰："谨守[⑬]成皋！即[⑭]汉王欲挑战，慎勿与战，勿令得东而已[⑮]。我十五日必定梁地，复从将军[⑯]。"羽引兵东行，击陈留[⑰]、外黄、睢阳等城，皆下之。

汉王欲捐[⑱]成皋以东，屯[⑲]巩、洛以距楚。郦生[⑳]曰："臣闻'知天之天者[㉑]，王事可成'；王者以民为天，而民以食为天。夫敖仓，天下转输[㉒]久矣，臣闻其下乃有藏粟甚多。楚人拔荥阳，不坚守敖仓，乃引而东，令適卒分守成皋[㉓]，此乃天所以资汉也[㉔]。方今楚易取而汉反却[㉕]，自夺其便[㉖]，臣窃以为过矣[㉗]！且两雄不俱立，楚、汉久相持不决，海内摇荡[㉘]，农夫释耒[㉙]，工女下机[㉚]，天下之心未有所定也。愿足下急复进兵，收取荥阳，据[㉛]敖仓之粟，塞[㉜]成皋之险，杜[㉝]太行之道，距蜚狐之口[㉞]，守白马之津，以示诸侯形制之势[㉟]，则天下知所归矣[㊱]。"王从之，乃复谋取敖仓。

食其又说王曰："方今燕、赵已定，唯齐未下。诸田宗强[㊲]，负海、岱[㊳]，阻河、济[㊴]，南近于楚，人多变诈；足下虽遣数万师，未可以岁月破也。臣请得奉明诏说齐王，使为汉而称东藩[㊵]。"上曰："善！"

乃使郦生说齐王曰："王知天下之所归乎[㊶]？"王曰："不知也。天下何所归？”郦生曰：“归汉！”曰：“先生何以言之？”曰：“汉王先入咸阳；项王负约，王之汉中。项王迁杀义帝；汉王闻之，起蜀、汉之兵击三秦，出关而责义帝之处[42]。收天下之兵[43]，立诸侯之后；降城即以侯其将[44]，得赂即以分其士[45]；与天下同其利，豪英贤才皆乐为之用。项王有倍约之名[46]，杀义帝之负[47]；于人之功无所记，于人之罪无所忘；战胜而不得其赏，拔城而不得其封，非项氏莫得用事[48]；天下畔之[49]，贤才怨之，而莫为之用。故天下之事归于汉王，可坐而策也[50]！夫汉王发蜀、汉，定三秦；涉西河，破北魏[51]；出井陉，诛成安君[52]；此非人之力也，天之福也[53]！今已据敖仓之粟，塞成皋之险，守白马之津，杜太行之阪[54]，距蜚狐之口；天下后服者先亡矣。王疾先下汉王[55]，齐国可得而保也[56]；不然，危亡可立而待也[57]！”

先是，齐闻韩信且东兵[58]，使华无伤、田解将重兵屯历下[59]，军以距汉。及纳郦生之言，遣使与汉平[60]，乃罢历下守战备，与郦生日纵酒为乐。

韩信引兵东，未度平原[61]，闻郦食其已说下齐，欲止。辨士蒯彻[62]说信曰：“将军受诏击齐，而汉独发间使下齐，宁有诏止将军乎[63]，何以得毋行也[64]？且郦生，一士，伏轼掉三寸之舌[65]，下齐七十余城；将军以数万众，岁余乃下赵五十余城。为将数岁，反不如一竖儒之功乎[66]！”于是信然之，遂渡河。

（以上为第七段，写汉王刘邦得到韩信的军队，士气重又大振；接受郦食其的建议，谋取敖仓；协助彭越，烧毁楚国积聚的粮草，破坏楚国的后勤基地；派郦食其出使齐国，凭轼下东藩，降下齐国七十城。）

【注释】

①有星孛于大角：有彗星出现在大角星旁。孛（bèi），彗星出现时光芒四射的现象。彗星带芒，故又称孛星。古人认为彗星出现为不祥之兆，预示有大战斗发生。 大角：星名，北天的橙色亮星，属亢宿，在摄提间，即牧夫座第一星。《史记·天官书》《正义》：“大角一星在两摄提间，人君之象也。” ②敖薨：临江王共敖死了。 ③南乡：南向。乡，通“向”。 ④郎中：帝王警卫官。 ⑤刘贾：刘邦堂兄，汉初封荆王，后为黥布所杀。 卢绾：刘邦的同乡好友，汉初封长安侯，后封燕王，因谋反逃入匈奴。 ⑥白马津：黄河津渡名，在河南滑县北。 ⑦积聚：指军中储备的粮草。 ⑧以破其业：用以破坏楚

国的后备基础。⑨相保：相互救援。⑩徇梁地：攻占梁国土地。徇：掠取。⑪睢阳：县名，县治在今河南商丘市南。外黄：县名，县治在今河南杞县东北。⑫大司马：官名，掌管军政的高级官员。曹咎：原为蕲县狱掾，曾救助项梁脱罪，深受项梁、项羽亲信，封为海春侯。⑬谨守：小心谨慎地守住。⑭即：如果。⑮勿令得东而已：不让汉军东进就行了。⑯复从将军：再与将军会合。从，聚合，会合。⑰陈留：郡名，治所陈留，今河南陈留。⑱捐：放弃。⑲屯：驻守。⑳郦生：郦食其。㉑知天之天者：懂得天之所以为天这一道理的人。按：天，是天下所有人赖以生存，不可缺少的事物，则“天之天”，比喻重要事物中最重要的事物，喻事物的关键。㉒转输：转送运输。㉓令適卒分守成皋：只派一些获罪的士兵分守成皋。適，通“谪”，因罪被征来的刑徒士兵。㉔此乃天所以资汉也：这真是上天对汉军的帮助啊。按：项羽占荥阳，不乘势西进，却东攻彭越，又令疲惫的谪卒守成皋，丧失了扩大战果的时机，所以说天助汉军。㉕却：后退。㉖自夺其便：自己放弃了有利的时机。夺：丧失。便：利。㉗过矣：大错特错。㉘海内摇荡：全国动荡。摇，动。㉙释耒：放下农具，停止耕作。㉚工女下机：织女离开织机，不再纺纱织布。㉛据：占有。㉜塞：堵塞。㉝杜：切断。㉞距：通“拒”，扼制。蜚狐口：要隘名，在今河北涞源县北、蔚县东南。㉟形制之势：凭借控制的有利地形制服敌人的形势。㊱天下知所归：天下人都知道自己的归宿。即投向刘邦。㊲诸田宗强：田氏宗族，势力强大。㊳负海、岱：以东海、泰山为依靠。负，仗恃，依靠。㊴阻河、济：依仗黄河、济水的阻隔。㊵东藩：东边的属国。㊶所归乎：人心所向吗？㊷责义帝之处：责问、追查义帝的下落。㊸收天下之兵：结集全国的兵员。㊹侯其将：封攻下城池的将领为侯。㊺“得赂”句：获得了财物就把它封赐给手下的士兵。赂，财货。㊻倍约之名：违约背信的恶名。倍，通“背”。约，指怀王与诸将约“先破秦入咸阳者王之”。㊼杀义帝之负：杀害义帝忘恩负义的行为。负：背恩忘德。㊽用事：掌权，任官。㊾畔：通“叛”。㊿可坐而策：足不出户坐着就可策算得出，言形势显而易见。51北魏：指魏豹的西魏，其地位于黄河以北，故称“北魏”。52成安君：陈馀的封号。53天之福：上天保佑。54太行之阪：即羊肠坂道，在今山西省晋城市天井关南，地形险要。55王疾先下汉王：大王你要赶快投降汉王。疾，赶快。下，投降，归顺。56齐国可得而保也：齐国便可以得到保全。57危亡可立而待也：危亡的结局片刻就会到来。立而待，即“立待”，很短时间。58且东兵：将领军东击齐。59重兵屯历下：重兵驻防历下。历下，历城，邑名，在今山东济南。60与汉平：有条件的投降。平，媾和。61平原：平原津，当时黄河渡口，在今山东省平原县西南。62蒯彻：因避汉武帝刘彻讳，改为蒯通，在韩信军为谋士。63“而汉”两句：而汉王只不过另派密使去劝降齐国，难道又另发出诏令制止将军进攻了吗？独：只不过。间使：密使。按：蒯彻认为进攻与劝降是汉王的两手策略，韩信趁齐不备而攻之，没有违背汉王的命令。㊹毋行：停止进军。㊺伏轼掉三寸之舌：俯身在车前的横木上摇动那三寸不烂之舌就立了大功，极言其轻而易举。㊻反不如一竖儒之功乎：反倒不如一个书呆子的功劳啊！

【译文】

秋季，七月，有异星出现于大角星旁。

临江王共敖去世，他的儿子共尉继位。

汉王得到韩信的军队后，士气再次大振。八月，领兵来到黄河岸边，向南驻扎在小修武，想要与楚军再战。郎中郑忠劝阻汉王，让他高筑营垒、深挖壕沟，不要与楚军交锋。汉王听从了他的计策，派将军刘贾、卢绾率领步兵两万人、骑兵几百人，渡过白马津，进入楚地，协助彭越，烧毁楚国积聚的粮草辎重，以破坏楚国的后备基础，使它无法再给前方项羽的军队供给粮草。楚军进攻刘贾，刘贾总是坚守营垒不肯与楚军交战，而与彭越相互呼应救援。

彭越攻夺故梁国的土地，攻下了睢阳、外黄等十七个城邑。

九月，项羽对大司马曹咎说：“谨慎地把守成皋！如果汉军要来挑战，你也千万不可应战，只须不让他东进就行了。我十五天之内必能平定梁地，再与你汇合到一起。”项羽随即领兵向东进发，攻打陈留、外黄、睢阳等城，都攻下了。

汉王想放弃成皋以东地区，驻扎到巩县、洛阳，以抗拒楚军西进。郦食其说道：“我听说：‘懂得天之所以为天这一道理的人，帝王的事业可以成功。’治理天下的国君把百姓当作天，而百姓则把粮食当作天。敖仓作为天下转运粮食的集散地已经很久了，我听说那里贮藏的粮食非常之多。现在楚军攻下荥阳，竟然不坚守敖仓，却领兵东去，只派些因获罪被罚充军的兵士分守成皋，这真是上天对汉军的帮助啊！目前，楚军容易攻取，汉军反倒退却，自己贻误有利战机，我私下里认为这是个过错！而且两雄不可并立，楚、汉长久地相持不下，使得海内动荡不定，农夫放下农具停止耕作，织女离开织机不再纺纱织布，普天之下民心惶惶没有归属。因此，希望您赶快再度进兵，收复荥阳，占有敖仓的粮食，扼守住成皋的险要，断绝太行的通道，在蜚狐隘口设防抵抗，把守白马津，向诸侯显示汉军已占据有利地形能够克敌制胜的态势，这么一来，天下人便都知道自己的归宿了。”汉王接受了郦食其的建议，随即又去谋取敖仓。

郦食其于是又劝说汉王道："目前，燕国和赵国都已平定，只有齐国尚未攻下。而今齐国的田氏宗族势力强大，以东海、泰山为依靠，黄河、济水为屏障，南面临近楚国，百姓多狡诈善变，您即使派遣几万人的军队去攻打，也无法在一年或数月的短时间内攻下。为此，我请求准许我奉您的命令，前去游说齐王田广，使他归顺汉国，自称作汉国东面的藩属。"汉王说："好！"

汉王即派郦食其去劝说齐王道："大王，您可知道天下的人心所向吗？"齐王说："不知道啊。天下人都归向哪里呀？"郦食其说："归向汉王！"齐王说："您为什么这样说呢？"郦食其说："是汉王率先攻入咸阳的，但项羽却背弃先前的盟约，让汉王到汉中去作王。项羽随后又迁徙并杀害了义帝。汉王闻讯，即调动蜀、汉的军队攻打三秦，出函谷关，责问义帝的下落。同时，收集天下的兵员，扶立诸侯的后裔，封攻下城池的将领为侯，获得了财物就把它们封赐给手下的士兵，与天下人同享利益。因此，豪杰英雄和贤能才士都乐意为汉王驱使。而项羽有违约背信的恶名以及杀害义帝忘恩负义的罪责，并且对将士的功劳毫不记在心中，对其过失却总是耿耿于怀；将士打了胜仗得不到奖赏，攻陷了城镇得不到赐封，不是项姓的人就没有谁能够当权主事，致使天下人都反叛他，贤能才士都怨恨他，无人愿意为他效力。所以，天下大业将归属汉王，是显而易见的了！汉王从蜀、汉出兵，平定三秦，渡过西河，打垮北魏，出井陉，杀成安君陈馀，这些并不是靠人的力量，而是仰赖上天降下的洪福啊！现在，汉军已经占有了敖仓的粮食，扼守了成皋的险要，控制了白马津，断绝了太行的山路，设防在蜚狐隘口。依此形势，天下诸侯后来归服的当会先遭覆灭的命运了。大王您若抢先降服汉王，齐国便可以得到保全，否则的话，危亡的结局片刻就会到来！"

在此之前，齐国听说韩信将要领兵东进，即派华无伤、田解率重兵驻扎在历下，以抵御汉军。待到齐王采纳了郦食其的建议，派使者与汉王媾和后，齐王便解除了历下城的战备防守，与郦食其天天纵情地饮酒作乐。

这时，韩信领兵东来，尚未从平原津渡过黄河，就听说郦食其已经劝说齐国归降了，便想停止前进。辩士蒯彻劝韩信说："您受汉王命令攻打齐国，而汉王不过是另派密使去劝降齐国，难道又发出了命令，让将军您停止进攻？您怎么不继续前进了？况且，郦食其这个人，不过是个说客，俯身在车前的横木上，驶入齐国去鼓弄他的三寸不烂之舌，凭此便降服了齐国七十多个城池；而您统率着几万人马，历时一年多才攻下赵国的五十多座城池。这样看来，您做大将军几年，反倒不如一个书呆子的功劳大了！"韩信因此同意了蒯彻的意见，即率军渡过黄河。

【原文】

四年（戊戌，前203）

冬，十月，信袭破齐历下军，遂至临淄。齐王以郦生为卖己，乃烹之；引兵东走高密[1]，使使之楚请救。田横走博阳[2]，守相田光走城阳[3]，将军田既军于胶东。

楚大司马咎[4]守成皋，汉数挑战，楚军不出。使人辱之，数日，咎怒，渡兵汜水[5]。士卒半渡，汉击之，大破楚军，尽得楚国金玉、货赂[6]，咎及司马欣皆自刭汜水上。汉王引兵渡河，复取成皋，军广武[7]，就敖仓食[8]。

项羽下梁地十余城，闻成皋破，乃引兵还。汉军方围钟离眛于荥阳东，闻羽至，尽走险阻[9]。羽亦军广武，与汉相守。数月，楚军食少。项王患之，乃为俎[10]，置太公[11]其上，告汉王曰："今不急下[12]，吾烹太公！"汉王曰："吾与羽俱北面受命怀王，约为兄弟，吾翁即若翁[13]；必欲烹而翁[14]，幸分我一杯羹[15]！"项王怒，欲杀之。项伯曰："天下事未可知；且为天下者不顾家[16]，虽杀之无益，只益祸耳[17]！"项王从之。

项王谓汉王曰："天下匈匈[18]数岁者，徒以[19]吾两人耳。愿与汉王挑战，决雌雄，毋徒苦天下之民父子为也[20]！"汉王笑谢曰："吾宁斗智，不能斗力。"项王三令壮士出挑战，汉有善骑射者楼烦[21]辄射杀之。项王大怒，乃自被甲持戟挑战。楼烦欲射之，项王瞋目叱之，楼烦目不敢视，手不敢发，遂走还入壁[22]，不敢复出。汉王使人间问之[23]，乃项王也，汉王大惊。

于是项王乃即汉王[24]，相与临广武间而语[25]。羽欲与汉王独身挑战。汉王数羽曰[26]："羽负约，王我于蜀、汉，罪一；矫杀卿子冠军，罪二；救赵不还报，而擅劫诸侯兵入关，罪三；烧秦宫室，掘始皇帝冢[27]，收私其财[28]，罪四；杀秦降王子婴，罪五；诈坑秦子弟新安二十万，罪六；王诸将善地而徙逐故王，罪七；出逐义帝彭城，自都之，夺韩王地，并王梁、楚，多自与，罪八；使人阴杀义帝江南，罪九；为政不平，主约不信，天下所不容，大逆无道，罪十也。吾以义兵从诸侯诛残贼，使刑余罪人击公，何苦乃与公挑战[29]！"

羽大怒，伏弩射中汉王。汉王伤胸，乃扪足曰[30]："虏中吾指[31]。"汉王病创卧，张良强请汉王起行劳军，以安士卒，毋令楚乘胜。汉王出行军，疾甚[32]，因驰入成皋。

（以上为第八段，写汉大将军韩信攻下齐国；汉王刘邦乘胜收复成皋，驻扎广武，取用敖仓粮食；战线东移，楚汉两军对峙广武。项羽要单挑刘邦，刘邦宁肯斗智，不肯斗力，数说项羽十大罪状，项羽暗箭射伤刘邦。）

【注释】

①走：逃往。高密：县名，县治在今山东高密市西南。②博阳：邑名，在今山东省泰安市东南。③守相：代理相国。城阳：县名，县治在今山东鄄城县东南。④大司马咎：曹咎。⑤渡兵汜水：领兵渡过汜水应战。汜（sì）水，水名，源于今河南省巩义市东南的方山，北流经成皋东入黄河。⑥货赂：财物。⑦广武：城名，在今河南省荥阳市东北广武山上。⑧就敖仓食：靠近敖仓取得军粮。就，靠近。⑨尽走险阻：汉军全部撤到险要地带。⑩为俎：制了一张高几案。⑪太公：刘邦的父亲。⑫下：投降。⑬吾翁即若翁：我的父亲就是你的父亲。⑭必欲烹而翁：你一定要煮杀你的父亲。⑮幸分我一杯羹：希望分给我一杯肉汤。⑯且为天下者不顾家：再说争夺天下的人是不顾及家人的。⑰只益祸耳：只不过是增加祸患罢了。⑱匈匈：动乱，纷扰。⑲徒以：只是因为。⑳毋徒苦天下之民父子为也：此句“毋徒苦……为”，是“毋为徒苦……”的倒装，意谓：不要再做让天下黎民百姓白白地忍受病苦之事了。㉑楼烦：北方善骑射的少数民族。汉军的优秀射手选自楼烦。㉒遂走还入壁：随即逃回营垒。㉓间问之：暗中打听。㉔即汉王：靠近汉王。㉕“相与”句：相互隔着广武涧对话。间：通“涧”。广武间，即广武涧。㉖汉王数羽曰：汉王数落项羽罪过说。数，责备。㉗掘始皇帝冢：据《光明日报》1985年3月29日报道，始皇陵考古队历时12年，在始皇陵，虽发现了两个盗洞，但没有接近地宫，可见项羽掘冢未遂。㉘收私其财：收取财物以为私有，指项羽劫掠秦宫室美女输入彭城。㉙何苦乃与公挑战：何苦要与你单独挑战。按：此不合刘邦自称“乃公”口吻，此句当作“何苦与乃公挑战”，意为：你有什么资格与你老子单独挑战。㉚乃扪足曰：却趁势俯身摸着脚说。㉛虏中吾指：这贼子射中我的脚趾了。㉜疾甚：伤势加重。

【译文】

汉高帝四年（戊戌，前203）

冬季，十月，韩信打败了齐国的历下守军，随后一直打到齐国的都城临淄。

齐王田广认为郦食其出卖了自己，就烹杀了他。然后领兵向东逃往高密，派使者到楚国去请求救援。田横这时逃奔博阳，守相田光逃奔城阳，将军田既驻扎在胶东。

楚国大司马曹咎驻守成皋，汉军屡次挑战，楚军只是坚守不出。汉军于是派人到阵前百般辱骂曹咎，一连几天，激得曹咎暴怒，即领兵横渡汜水。楚国的士兵刚渡过一半，汉军就对它发起攻击，大败楚军，缴获了楚国的全部金银玉器和财物。曹咎和长史司马欣都在汜水之畔自杀身亡。汉王随即领兵渡过黄河，再次收复成皋，驻扎到广武，取用敖仓的粮食做军粮。

项羽攻下了梁地十多个城邑后，听说成皋又被攻破，就率军返回。这时，汉军正在荥阳东面围攻钟离眛，听说项羽大军到了，就全部撤往险要的地方。项羽也在广武驻扎下来，与汉军对峙。这样过了几个月，楚军粮食短缺。项羽很是担忧，便架设肉案，把刘邦的父亲放到上面，通告汉王刘邦说："今日你如不赶快投降，我就烹杀了太公！"汉王说："我曾与你一起面向北作为臣子接受楚怀王的命令，盟誓结为兄弟，因此，我的父亲就犹如你的父亲。假如你一定要煮杀你的父亲，那么望你也分给我一杯肉羹！"项羽怒不可遏，想要杀掉太公。项伯说："天下的事情不可预料。况且有志争夺天下的人是不顾及自己家人的，即使杀了太公也没什么好处，不过徒增祸患罢了！"项羽依从了他的话。

项羽对汉王刘邦说："天下沸沸扬扬地闹腾了好几年了，只是由于我们两个人相持不下的缘故。现在我愿意向你挑战，一决雌雄，不要再让天下的老百姓白白地忍受煎熬了！"汉王笑着推辞说："我宁肯斗智，不肯斗力。"项羽便连着三次命楚军壮士出阵挑战，但次次都被汉营中善于骑射的楼烦士兵射杀了。项羽因此勃然大怒，就亲自披甲持戟上阵挑战。楼烦士兵又想要射项羽，项羽这时愤怒地瞪着大眼厉声喝斥，使楼烦士兵双眼不敢直视项羽的目光，双手不敢张弓发箭，随即奔回营垒，不敢再露面了。汉王派人悄悄地探听那挑战者是谁，才知道竟是项羽本人，为此大吃一惊。

这时的项羽便靠近汉王，相互隔着广武涧对话。项羽想要单独向汉王挑战。汉王历数项羽的罪状说："你项羽违背先约，封我到蜀、汉为王，这是第一条罪状；假托怀王的命令，杀害卿子冠军宋义，是第二条罪状；救赵之后不回报怀王，竟擅自胁迫诸侯军入关，是第三条罪状；焚烧秦朝宫室，掘毁秦始皇陵墓，盗取财物据为私有，是第四条罪状；诛杀已经归降的秦王子婴，是第五条罪状；采用欺诈手段，在新安活埋了已经归顺的二十万秦兵，是第六条罪状；把好的地方封给各将领，却迁徙放逐原来的诸侯王，是第七条罪状；将义帝逐出彭城，自己在那里建都，侵夺韩王的封地，并在梁、楚之地称王称霸，竭力扩充自己的地盘，是第八条罪状；派人到江南杀了义帝，是第九条罪状；执政不公平，主持盟约不守信义，为天下所不容，实属大逆不道，是第十条罪状。如今我率领正义的军队随各诸侯一起征讨你这残虐的贼子，只须让那些受过刑罚的罪犯来攻打你就行了，又何苦要与你单独挑战呢？”

项羽闻言大怒，用暗伏的弩箭射中了汉王。汉王胸部负伤，却摸着脚说："这贼子射中我的脚趾了！”汉王因受创伤而卧床休息，张良却坚持请他起身去军中抚慰将士，以安定军心，不要让楚军乘势取胜。汉王于是出去巡视军营，但终因伤势加重，而赶赴成皋养伤。

【原文】

韩信已定临淄，遂东追齐王①。项王使龙且将兵，号二十万，以救齐，与齐王合军高密②。

客或说龙且曰："汉兵远斗穷战③，其锋不可当。齐、楚自居其地④，兵易败散⑤。不如深壁⑥，令齐王使其信臣招所亡城⑦；亡城闻王在，楚来救，必反汉。汉兵二千里客居齐地，齐城皆反之，其势无所得食，可无战而降也。”龙且曰："吾平生知韩信为人，易与耳⑧！寄食于漂母，无资身之策⑨；受辱于袴下，无兼人⑩之勇；不足畏也。且夫救齐，不战而降之，吾何功！今战而胜之，齐之半可得也⑪。”

十一月，齐、楚与汉夹潍水而陈⑫。韩信夜令人为万余囊，满盛沙，壅水上流⑬；引军半渡击龙且，佯不胜，还走⑭。龙且果喜曰："固知信怯也！”遂追信。信使人决壅囊⑮，水大至，龙且军太半⑯不得渡。即急击⑰杀龙且，水东军散走⑱，齐王广亡去。信遂追北⑲至城阳，虏齐王广。汉将灌婴追得齐守相田光，进至博阳⑳。田横闻齐王死，自立为齐王，还击婴，婴败横军于嬴下㉑。田横亡走梁，归彭越。婴进击齐将田吸于千乘㉒，曹参击田既于胶东㉓，皆杀之，尽定齐地。

立张耳为赵王。

汉王疾愈，西入关。至栎阳，枭故塞王欣头栎阳市㉔。留四日，复如军㉕，军广武。

韩信使人言汉王曰："齐伪诈多变，反覆之国也；南边楚㉖。请为假王[27]以镇之。”汉王发书[28]，大怒，骂曰：“吾困于此，旦暮望若来佐我[29]；乃欲[30]自立为王！”张良、陈平蹑汉王足[31]，因附耳语曰：“汉方不利，宁能禁信之自王乎[32]！不如因而立之[33]，善遇，使自为守；不然，变生[34]。”汉王亦悟，因复骂曰：“大丈夫定诸侯[35]，即为真王耳，何以假为！”

春，二月，遣张良操印立韩信为齐王，征其兵击楚。

（以上为第九段，写韩信平定了齐国都城临淄后，向东追击齐王田广；项羽派龙且率领大军前去援救，两军在潍水大战，韩信取得全胜；而后向汉王刘邦请求封为代理齐王，刘邦不得已而允之，韩信自己种下杀身之祸。）

【注释】

①齐王：田广。 ②高密：县名，县治在今山东高密市西南。 ③穷战：拼死作战。穷，极。 ④自居其地：指在本乡本土。 ⑤易败散：因眷恋家室，故“易败散”。《孙子·九地》：“诸侯自战其地为散地。” ⑥深壁：深沟高垒，坚守不战。 ⑦“令齐王”句：让齐王派遣他的心腹大臣去收复已经失去的城邑。 ⑧易与耳：容易对付。 ⑨无资身之策：毫无养活自己的办法。资身，养生，糊口。 ⑩兼人：超过他人。 ⑪齐之半可得也：半个齐国就可以归我了。 ⑫潍水：即今山东省的潍河。陈：摆开阵势。陈，通“阵”。 ⑬壅水上流：堵住潍水的上游。 ⑭还走：往回奔逃。 ⑮决壅囊：挖开堵塞在潍水上游的沙袋。 ⑯太半：大半，三分之二。 ⑰急击：快速攻击。 ⑱水东军散走：阻留在潍水东岸的楚军四散奔逃。 ⑲追北：追赶败兵。北，败。 ⑳博阳：邑名，今山东泰安市东南。 ㉑嬴下：嬴县城下。嬴县治所在今山东济南市莱芜区西北。 ㉒千乘：县名，县治在今山东博兴县东北。 ㉓田既：齐胶东将军。胶东：封国名，治所在即墨，今山东平度市东南。 ㉔枭：悬头示众。栎阳是原塞王司马欣的都城，故刘邦将其头带到栎阳示众。 ㉕复如军：又回到军中。如，往。 ㉖南边楚：南面接近楚国。 ㉗假王：暂时立为代理的王。 ㉘发书：打开书信。 ㉙旦暮望若来佐我：朝思暮想地盼你来协助我。若，你。 ㉚乃欲：竟然想。 ㉛蹑汉王足：暗中踩汉王的脚。暗示刘邦不应显露不满情绪。 ㉜宁能禁信之自王乎：哪能禁止韩信自立为王呢！ ㉝不如因而立之：不如顺水推舟立他为王。因，趁势，顺水推舟。 ㉞变生：兵变发生。 ㉟大丈夫定诸侯：一个男子汉平定了诸侯。指韩灭魏，取代，定赵、燕、齐等诸侯。

【译文】

韩信已经平定了临淄，即向东追击齐王田广。项羽派龙且领兵，号称二十万大军，前来援救齐国，在高密与齐王的军队会师。

宾客中有人劝说龙且道："汉军远离本土，拼死战斗，锋芒锐不可当。而齐、楚两军在自己的家门口作战，士兵容易逃散。因此不如修筑深沟高垒固守，让齐王派遣他的心腹大臣去收复已经丢失的城邑。已丧汉军之手的城邑听说自己的君王还健在、楚军前来救援时，必定都会反叛汉军。汉军客居在远离本土两千里的齐地，如果齐国的城邑全起来反叛，汉军势必无处取得粮草，这样就可以不战而使他们投降了。"龙且说："我一向了解韩信的为人，容易对付得很！他曾经依赖漂洗丝绵的老太太分给他饭吃，毫无养活自己的办法；还曾蒙受从人胯下爬过去的耻辱，毫无胜过他人的勇气。这样的人实在不值得害怕。况且，现在援救齐国，未打一仗便使汉军主动投降，我还有什么功劳可谈啊！若与他交锋而战胜了他，半个齐国就可以归我了。"

十一月，齐、楚两国的军队隔着潍水摆开阵势。韩信命人连夜赶做了一万多个袋子，装满沙土，堵住潍水的上游，然后，率领一半部队渡河去袭击龙且，随即假装战败，往回奔逃。龙且果然高兴地说："我本来就知道韩信胆小如鼠嘛！"于是，渡潍水追击韩信。韩信立即派人挖开堵塞在潍水上游的沙袋，大水立刻奔泻而下，龙且的军队因此大部分没能渡过河去。韩信迅速组织反击，杀了龙且，阻留在潍水东岸的楚军四散奔逃，齐王田广也逃走了。韩信随即追逐败兵到了城阳，俘获了田广。汉军将领灌婴这时追击捉住了齐国守相田光，进军到博阳。田横听说齐王田广已死，就自立为齐王，回头迎击灌婴的队伍，灌婴在嬴城下打败了田横的军队。田横逃往梁地，归顺了彭越。灌婴接着又进军到千乘，攻打齐将田吸，曹参则在胶东进攻田既，将田吸、田既都杀掉了，全部平定了齐地。

汉王立张耳为赵王。

汉王箭伤痊愈后，西入函谷关。抵达栎阳时，斩杀过去的塞王司马欣，在栎阳街市中悬其首示众。逗留栎阳四天后，汉王重返汉军，驻扎在广武。

韩信派人向汉王上书说："齐国伪诈多变，是个反复无常的国家，而且它的南边又临近楚国。请让我暂时代理齐王去镇抚齐国。"汉王打开书信一看，就大发雷霆，骂道："我被困在这里，朝思暮想地盼你来协助我，你却想要自立为王！"张良、陈平连忙暗踩汉王的脚，接着就凑到他的耳边低声说："汉军目前正处在不利的形势中，哪能禁止韩信擅自称王啊！倒不如趁势立他为王，好好地对待他，让他自行镇守齐国。不然的话，可能会发生兵变。”汉王这时也醒悟过来，乘机又改口骂道：“大丈夫平定了诸侯国，要做就做正式的君王，何必只当个代理国王呢！”

春季，二月，汉王即派张良带着印信去封韩信为齐王，并征调他的部队去攻打楚军。

【原文】

项王闻龙且死，大惧，使盱台[1]人武涉往说齐王信曰：“天下共苦[2]秦久矣，相与勠力[3]击秦。秦已破，计功割地，分土而王之[4]，以休士卒。今汉王复兴兵而东，侵人之分[5]，夺人之地；已破三秦，引兵出关，收诸侯之兵以东击楚，其意非尽吞天下者不休，其不知厌足如是甚也[6]！且汉王不可必[7]：身居项王掌握中数矣[8]，项王怜而活之[9]；然得脱，辄倍约[10]，复击项王，其不可亲信如此。今足下虽自以汉王为厚交，为之尽力用兵，必终为所禽矣。足下所以得须臾至今者[11]，以项王尚存也。当今二王之事[12]，权在足下[13]，足下右投[14]则汉王胜，左投[15]则项王胜。项王今日亡，则次取足下。足下与项王有故[16]，何不反汉与楚连和，参分天下王之[17]！今释此时而自必于汉以击楚[18]，且为智者固若此乎[19]？”

韩信谢曰：“臣事项王，官不过郎中，位不过执戟[20]；言不听，画不用，故倍楚而归汉。汉王授我上将军印，予我数万众，解衣衣我，推食食我[21]，言听计用，故吾得以至于此。夫人深亲信我，我倍之不祥；虽死不易[22]！幸为信谢项王[23]。”

武涉已去，蒯彻知天下权在信，乃以相人之术说信[24]曰：“仆相君之面，不过封侯，又危不安；相君之背，贵乃不可言[25]。”韩信曰：“何谓也？”

蒯彻曰：“天下初发难也[26]，忧在亡秦而已。今楚、汉分争，使天下之人肝胆涂地[27]，父子暴骸骨于中野[28]，不可胜数。楚人走彭城[29]，转斗逐北[30]，乘利席卷[31]，威震天下；然兵困于京、索之间，迫西山[32]而不能进者，三年于此矣。汉王将十万之众[33]，距巩、雒[34]，阻山河之险[35]，一日数战，无尺寸之功，折北不救[36]。此所谓智勇俱困者也[37]。百姓罢极怨望[38]，无所归倚[39]；以臣料之，其势非天下之贤圣固不能息天下之祸。当今两主之命，县于足下[40]，足下为汉则汉胜，与楚则楚胜。诚能听臣之计，莫若两利而俱存之，参分天下，鼎足而居，其势莫敢先动。夫以足下之贤圣，有甲兵之众，据强齐，从赵、燕[41]，出空虚之地而制其后[42]，因民之欲，西乡为百姓请命[43]，则天下风走而响应矣[44]，孰敢不听！割大、弱强以立诸侯[45]，诸侯已立，天下服听，而归德于齐。案齐之故[46]，有胶、泗之地，深拱揖让[47]，则天下之君王相率而朝于齐矣。盖闻‘天与弗取，反受其咎；时至不行，反受其殃[48]’。愿足下熟虑之！”韩信曰：“汉王遇我甚厚，吾岂可乡利而倍义乎[49]！”

蒯生曰：“始常山王、成安君为布衣时，相与为刎颈之交[50]；后争张黡、陈泽之事[51]，常山王杀成安君泜水之南，头足异处。此二人相与，天下至欢也[52]，然而卒相禽者，何也？患生于多欲而人心难测也[53]。今足下欲行忠信以交于汉王，必不能固于二君之相与也[54]，而事多大于张黡、陈泽者；故臣以为足下必汉王之不危己[55]，亦误矣！大夫种存亡越，霸句践，立功成名而身死亡[56]，野兽尽而猎狗烹[57]。夫以交友言之，则不如张耳之与成安君者也；以忠信言之，则不过大夫种之于句践也：此二者足以观矣[58]，愿足下深虑之！且臣闻‘勇略震主者身危，功盖天下者不赏[59]’。今足下戴震主之威，挟不赏之功[60]，归楚，楚人不信；归汉，汉人震恐。足下欲持是安归乎[61]？”韩信谢曰：“先生且休矣，吾将念之[62]。”

后数日，蒯彻复说曰：“夫听者，事之候也[63]；计者，事之机也[64]；听过计失而能久安者，鲜矣[65]！故知者，决之断也[66]；疑者，事之害也。审豪厘之小计，遗天下之大数[67]，智诚知之，决弗敢行者，百事之祸也[68]。夫功者，难成而易败，时者[69]，难得而易失也；时乎时，不再来！”

韩信犹豫，不忍倍汉；又自以为功多，汉终不夺我齐，遂谢蒯彻。因去，佯狂为巫[70]。

（以上为第十段，写齐王韩信打败了项羽的干将龙且，项羽非常害怕，坐不住了，立刻派盱眙人武涉去游说韩信，劝韩信背弃汉王刘邦，三分天下，各自为王；范阳人蒯彻也如此劝说，被韩信坚决地回绝了。）

【注释】

①盱台（xū yí）：县名，在今江苏省盱眙县东北。 ②苦：痛恨。 ③勠（lù）力：合力。 ④“计功”两句：指项羽分封诸侯王。 ⑤分（fèn）：职权。 ⑥其不知厌足如

是甚也：真不知贪得无厌竟然到了如此过分的地步。厌足：满足。如是甚：实在是太过分了。⑦不可必：靠不住，不值得信赖。必，信任。⑧“身居”句：刘邦的性命捏在项王手心里多次了。⑨怜而活之：可怜刘邦让他活下来。⑩然得脱，辄倍约：但他一脱身，就背弃盟约。脱，脱身，离开危险。辄，就，总是。⑪须臾至今：苟延时日活到今天。须臾，片刻。引申为“拖延”。⑫二王之事：指汉王、项王两人成败之事。⑬权在足下：掌握在你手里。权，秤锤，决定轻重的砝码。⑭右投：向西倒向汉王。⑮左投：向东倒向项王。⑯有故：有交情。韩信曾为项羽部属郎中。⑰参分：三分，指刘邦、项羽、韩信三分天下，各自称王。参，通“三”。⑱释此时：放弃这个机会。自必于汉：自认为汉王可以信赖。⑲为智者固若此乎：作为一个明智的人，原本是这样的吗？⑳执戟：执戟的卫士，即郎中。㉑解衣衣我，推食食我：脱下衣服给我穿，推过他的食物给我吃。㉒虽死不易：即是死也不变心。易，变心。㉓幸为信谢项王：希望你替我向项王致谢。㉔以相人之术说信：用给人看相的办法劝说韩信。㉕“相君之背”两句：用隐语说动韩信，示意他背叛刘邦则大贵。㉖初发难：最初起义。㉗肝胆涂地：形容尸横遍野的惨状。㉘中野：旷野，田野。㉙楚人走彭城：楚国人从彭城起兵。按：“走”字不顺。据章校，他本“走”作“起”。《史记·淮阴侯列传》作“起”，当改作“起”。起，兴兵起事。㉚转斗逐北：辗转作战，追逃逐败。北，败逃。㉛乘利席卷：乘着胜利势如席卷。㉜迫西山：被阻隔在成皋以西的山险地带。迫，阻。㉝十万之众：据章校，他本“十”上有“数”字。《史记·淮阴侯列传》《汉书·蒯通传》“十”上并有“数”字。当补“十”上“数”字。㉞距巩、雒：据守巩县、洛阳一带抵抗楚军。距，通“拒”。雒，同“洛”。㉟阻山河之险：凭借山河地形的险要。㊱折北不救：受挫败逃，难以自救。㊲智勇俱困：智者、勇者都已困窘不堪。刘邦用智，项羽用力，两者势均力敌，相争不解。㊳罢极怨望：精疲力尽，怨声载道。罢，通“疲”。㊴归倚：依靠，依附。㊵县于足下：攥在你的手心里。县，通“悬”。㊶据强齐，从燕谓韩信占据强大的齐国，胁迫赵、燕附从。㊷出空虚之地而制其后：出击刘、项兵力薄弱的地区以牵制住他们的后方。空虚，指兵力薄弱。㊸“因民”二句：顺应百姓的意愿，向西去制止刘、项纷争，替老百姓解除疾苦、保全生命。乡：通“向”。㊹则天下风走而响应矣：那么，天下的人就会随风响应你。风走：比喻传播迅速。㊺割大、弱强以立诸侯：分割大国，削弱强国，重新分封诸侯。按：大、强指刘、项。㊻案齐之故：据守住齐国旧有的疆域。案，据守。㊼深拱揖让：恭敬谦让。㊽“盖闻”四句：古代谚语，意谓丧失机会将遭祸患。天与不取：上天的赐与不接受。时至不行：时机到来不行动。㊾吾岂可乡利而倍义乎：我怎么能因贪图私利而忘恩负义啊。乡，通“向”。倍，通“背”。 ㊿刎颈之交：共生死的朋友。言虽割颈也不反悔的交情。 ⑤①后争张黡、陈泽之事：后来为张黡、陈泽的事发生争执，二人成为仇敌。事详《史记·张耳陈馀列传》。事起章邯围巨鹿，张耳与赵王困于城中，陈馀领兵在外，寡不敌众，不敢救援。张耳派张黡、陈泽去督促，陈馀给二人五千兵试攻秦军，全部战没，张耳疑二人为陈馀所杀，不听陈馀解释，两人翻脸成仇敌。井陉口之战，张耳杀陈馀。 ⑤②至欢：交情最好。 ⑤③多欲：贪心不足。人心难测：人心不可预料。 ⑤④二君之相与：指张耳、陈馀二人的相交。 ⑤⑤必汉王之不危己：坚信汉王绝不谋害自己。 ⑤⑥立功成名而身死亡：指春秋时越国大夫文种佐越王勾践成霸业，自己功成名就被杀死。 ⑤⑦野兽尽而猎狗烹：此句为古谚语“蜚鸟尽，良弓藏；狡兔死，走狗烹”的缩写。 ⑤⑧此二者：指陈馀、文种二人被杀的结局。足以观：可以用来作为借鉴。 ⑤⑨“勇略”二句：勇敢、谋略过人会使国君感受震动，自身危险；功勋冠盖天下，则无法得到封赏。 ⑥⓪戴震主之威：拥有震主的威势。戴，拥有。挟不赏之功：握持无法封赏的伟绩。挟，持有。 ⑥①足下欲持是安归乎：您持有这样大的功绩和威势，还能到哪里去安身呢？ ⑥②念之：认真考虑。 ⑥③听：是说能听取好的谋略。事之候：事情成功的征兆。 ⑥④计：是说能谋划得当。事之机：事情成功的关键。 ⑥⑤听过计失：听错了意见，定错了谋划。能久安者，鲜矣：能长久地保有安全，天下少有。 ⑥⑥知者，决之断也：有智慧的人，做事坚决果断。 ⑥⑦“审豪厘”二句：一味在极其微小的枝节末梢问题上精打细算，往往遗漏了关系国家存亡的大事。审，精打细算。豪厘之计：一毫一厘的小事。豪，通“毫”。大数：国家大事。 ⑥⑧“智诚知之”三句：智慧足以预知事情该怎么做，而又做出了决断却不去执行，这是做一切事情的祸端。即迟疑乃百祸之首。决弗敢行：决定了不敢去做。 ⑥⑨时者：时机。 ⑦⓪佯狂为巫：蒯通就假装疯癫，扮成算命先生以避祸。

【译文】

项羽听说龙且已死，非常害怕，立刻派遣盱眙人武涉去游说齐王韩信，说：“天下人同受秦朝暴政的苦累已经很久了，因此，同心协力攻打秦朝。秦朝灭亡后，诸侯军将领按照功劳大小，划分土地，分封为王，使士兵得到休整。而今汉王又兴兵东进，侵犯人家的王位，掠夺人家的封地，已经攻陷了三秦，还要再领兵出函谷关，收集诸侯的军队向东去攻打楚国，他的心意是不吞并天下誓不罢休，贪得无厌竟然到了如此过分的地步！况且，汉王是靠不住的，他的性命多次捏在项王手里，项王因为可怜他而给他一条活路，但是他一脱身就背弃盟约，重新攻打项王，不可亲近信赖竟也到了这种地步。现在，您虽然自以为与汉王交情深厚，替他竭尽全力地用兵打仗，但是最终还是要被他拿下的。您之所以能苟延至今，就是项王还存在的缘故啊！目前，楚、汉二王成败之事，关键就在您了。您向西依附汉王，汉王就能获胜；向东投靠项王，项王就能成功。假如项王今日遭到覆灭，那么接着就轮到您灭亡了。您和项王曾经有过交情，为什么不反叛汉国来与楚国联合，三家瓜分天下，各自立为王呢？现在，您放过这个良机，下决心投靠汉王来进攻楚国，作为智者难道就是这个样子吗？”

韩信辞谢说：“我事奉项王的时候，官职不过是个郎中，地位不过是个持戟的卫士，说的话项王不听，献的计策项王不用，为此，我才背叛楚国归顺汉国。而汉王则授给我上将军的官印，拨给我几万人马，脱下他的衣服让我穿，推过他的食物让我吃，并且对我言听计从，所以我才能达到今天这个地位。人家如此亲近、信任我，我背叛人家是不吉利的。我即使死了也不会改变跟定汉王的主意！望您替我向项王致歉。”

武涉走了后，蒯彻知道天下胜负大势就取决于韩信，便用看相人的说法劝说韩信道：“我相您的面，不过是封个侯，危险又不安全；相您的背，却是高贵得无法言表。”韩信说：“这是什么意思呀？”

蒯彻说：“天下开始兴兵抗秦的时候，所担忧的只是能否灭亡秦朝罢了。如今楚、汉纷争，连年战火，使天下的百姓肝脑涂地，横遭惨死，父子老少的尸骨暴露在荒郊野外，数也数不清。楚国人从彭城起兵，辗转作战，追逃逐败，乘着胜利势如卷席，威震天下。然而，士兵困在京县、索城一带，被阻在成皋西面的山地中无法前进，于今已经三年了。汉王率领十万大军，在巩县、洛阳一带抵御楚军，凭借山河地形的险要，一天之内打几次仗，却无法取得一点点功绩，而是受挫败逃，难以自救。智者、勇者都已困窘不堪了。百姓被折腾得精疲力尽，怨声载道，民心无所归倚。据我所料，这种形势如果没有天下各国的圣贤出面，天下的祸乱就必定无法平息。目前，楚、汉二王的命运就牵系在您的手中，您为汉王效力，汉国就会获胜；您为楚王助威，楚国就会取胜。若您真肯听从我的计策，那就不如让楚、汉都不受损害，并存下去，您与他们三分天下，鼎足而立。这种形势一旦构成，便没有谁敢先行举手投足了。再凭着您的圣德贤才和拥兵众多，占据强大的齐国，迫令赵、燕两国顺从，出击刘、项兵力薄弱的地区以牵制住他们的后方，顺应百姓的意愿，向西去制止楚汉纷争，为百姓请求解除疾苦、保全生命。这样，天下的人便会闻风响应您，哪里还有谁胆敢不听从号令！

然后，您就分割大国，削弱强国，以封立诸侯。诸侯已被扶立起来，天下的人便将顺从，并把功德归给齐国。您随即盘踞齐国原有的领地，控制住胶河、泗水流域，同时恭敬谦逊地对待各诸侯国，天下的各国君王就会相继前来朝拜齐国表示归顺了。我听说：‘上天的赐予如不接受，反而会受到上天的惩罚；时机到来如不行动，反而会遭受贻误良机的灾祸。’因此，望您能对这件事情仔细斟酌！”韩信说：“汉王对我非常优待，我怎么能因贪图私利而忘恩负义啊！”

蒯彻说：“当初，常山王张耳和成安君陈馀还是平民百姓的时候，彼此就结成了生死之交，待后来为张黡、陈泽的事发生争执构怨颇深时，常山王终于在泜水南面杀掉了成安君，使成安君落了个头脚分家的结局。这二人相互交往时，感情是天下最深厚的，但最终却彼此捕杀对方，这是为什么呢？是由于祸患从无止境的欲望中产生，而这欲望使得人心难以预料啊！现在，您想要凭忠诚和信义与汉王交往，但你们两人的友好关系肯定不会比常山王、成安君二人的友情牢固，而且你们之间所涉及的事情又多比张黡、陈泽的事件大，故此，我认为您坚信汉王绝不会危害您，也是大错特错的了！大夫文种保住了濒临灭亡的越国，使勾践称霸于诸侯国，但他自己功成名就却身遭杀害，犹如野兽捕尽，猎狗即被煮杀一样。从结交朋友的角度来说，您与汉王的交情不如张耳和陈馀的交情深；从忠诚信义的角度说，您对汉王的忠信又比不过文种对勾践的忠信。这两点已经足够供您观察反思的了，望您能深入考虑。况且，我听说：‘勇敢和谋略过人，令君王为之震动的人，自身会遇危险；功勋卓著，雄冠天下的人，则无法得到封赏。’如今您拥有震撼君王的威势，挟持无法封赏的伟绩，归依楚国，楚国人不会信任您；归附汉国，汉国人将因您而震惊恐惧。那么，您带着这样的威势和功绩，想要到哪里去安身呢？”韩信推辞说：“您先别说了，我将考虑一下这件事。”

过了几天，蒯彻又劝韩信说：“善于听取意见，就能够预见事情发生的征兆；善于谋划思索，就能够把握住事情成败的关键。不善于听取意见、思考问题而能长久地维持安全的人，天下少有！所以，为人明智坚定，抉择事情时就会果断；为人犹疑多虑，处理事情时就会招来危害。一味在极其微小的枝节末梢问题上精打细算，往往遗漏掉那些关系国家生死存亡的大事，智慧足以预知事情应该如何去做，做出了决定却又不敢去执行，就会为一切事情埋下祸根。功业难得成功而容易失败，时机难以把握却容易贻误。时机啊时机，失去了就不会再回来！”

但是，韩信仍然犹豫不决，不忍心背叛汉王；而且又自认为功劳多，汉王终究不会夺走自己手中的齐国，于是就谢绝了蒯彻。蒯彻随即离去，假装疯癫，做了巫师。

【原文】

秋，七月，立黥布为淮南王。

八月，北貉燕人来致枭骑助汉[①]。

汉王下令：军士不幸死者，吏为衣衾棺敛[②]，转送其家[③]。四方归心焉[④]。

是岁，以中尉周昌为御史大夫[⑤]。昌，苛从弟也。

项羽自知少助；食尽，韩信又进兵击楚，羽患之。汉遣侯公说羽请太公[⑥]。羽乃与汉约，中分天下，割洪沟[⑦]以西为汉，以东为楚。

九月，楚归太公、吕后，引兵解而东归[⑧]。汉王欲西归，张良、陈平说曰："汉有天下太半[⑨]，而诸侯皆附；楚兵疲食尽，此天亡之时也。今释弗击，此所谓'养虎自遗患'也。"汉王从之。

（以上为第十一段，写在楚汉相争中，项羽兵疲粮尽，刘邦由弱转强，项羽与汉王刘邦约定，双方以鸿沟为界，平分天下，项羽解兵东去，刘邦也想西行回国，而张良、陈平劝说刘邦乘势追击楚军，灭亡楚国。）

【注释】

①北貉（mò）：北方少数民族。 致枭骑助汉：派勇猛的骑兵前来协助汉军。枭，猛禽，喻勇健。 ②为衣衾棺敛：为死者制备衣被、敛尸入棺。 ③转送其家：用驿站车马辗转送达死者家中。 ④四方归心焉：四面八方的人诚心归服。 ⑤中尉：武官，负责首都治安。 御史大夫：副丞相，掌监察、执法，兼管重要文书典籍。 ⑥侯公：史失其名，据《史记·项羽本纪》《汉纪》载，汉封他为平国君。 请太公：向项羽请求迎接汉王的父亲回去。 ⑦洪沟：即鸿沟，古运河，自今河南省荥阳市北引黄河水，东流，经中牟至开封，南折流入淮阳区南入颍水。 ⑧引兵解而东归：项羽领兵撤退东行回楚国。解，脱离战场撤退。 ⑨太半：大半。古人以三分之二为大半，三分之一为少半。

【译文】

秋季，七月，汉王刘邦立英布为淮南王。

八月，北方的貉族人和燕人派勇猛的骑兵前来协助汉军。

汉王下令：凡军士在战争中不幸死亡的，官吏要为他们用衣被棺木殓尸，并转送回死者家中。此令一施行，四面八方的人都心甘情愿地来归附汉王了。

这一年，汉王任命中尉周昌为御史大夫。周昌，是周苛的堂弟。

项羽自己明白楚军颇为缺乏援助力量，而且军粮已经全部吃完，韩信又在进军攻打楚军，为此十分忧虑。汉王这时派侯公前来劝说项羽，请求接汉王的父亲太公回去。项羽于是就同汉王定下条约：二人平分天下，以战国时魏惠王所开的名为“鸿沟”的运河为界，鸿沟以西划归汉王，鸿沟以东划归楚王。

九月，楚军将太公、汉王王后吕雉送归汉王，项羽随即领兵解阵而东行归去。汉王于是也想西行回国，张良、陈平便劝他道：“汉国已经得到了大半个天下，诸侯又都来归附，楚军却兵疲粮尽，这正是上天让我们灭亡楚国的大好时机啊。如今放走楚军而不去追击，这就叫作‘饲养猛虎，给自己留下后患’啊！”汉王接受了他们的意见。

【评析】

论食其“下齐”与韩信“攻齐”的是与非

在楚汉相争的第四个年头，即公元前203年，在汉国一方发生了一件怪事，即谋士郦食其逞其口舌，下齐七十余城，被诗人称为“凭轼下东藩，下齐七十城”；而后，韩信又率领大军灭了齐国。这有些令人不可思议，历来论说纷纭，莫衷一是。对此，我们究竟做何评价？

首当其冲的是，我们要弄清事情的原委。话从刘邦兵败彭城说起，当时的形势对刘邦非常不利，几次差点丢了性命。魏王豹原来投靠刘邦，看刘邦不行了，就以探视母病为由回到封国，而后封锁河关，叛汉与楚约和。刘邦派郦食其游说魏豹没有效果，便任命韩信为左丞相，率兵攻打魏国，开辟侧翼战场，用以声援正面战场。韩信从夏阳以木盆、木桶代船渡河，袭击魏都安邑，获得大胜，俘虏魏豹，平定了魏国。接着，又破赵下燕，平定了河北。此时刘邦的荥阳正面战场非常狼狈，用“金蝉脱壳”之计，逃出项羽的包围圈，单骑与夏侯婴跑到修武，径直进入韩信军中，夺取了他的印信兵符，调兵遣将，任命韩信为相国，收集没有调到荥阳的赵兵去攻打齐国。韩信大惊失色，只有唯命是从。

而刘邦做了这样的部署，又听从了谋士郦食其的建议，游说齐国。郦食其凭着他的三寸口舌，果真说动齐王降汉，撤除了历下的兵守战备，天天和郦食其一起纵酒作乐。

当韩信听到这一消息后，非常困惑，一方面是刘邦下达的作战命令，要攻打齐国；另一方面是郦食其已经说服了齐国，无须再攻打了，非常为难。这时，范阳辩士蒯彻劝说韩信道："将军奉命攻打齐国，而汉王只不过派密使说服齐国归顺，难道有命令叫您停止进攻吗？况且，郦生不过是个说客，凭三寸之舌就降服了齐国七十多个城邑，将军统率几万人马，一年多时间才攻占了赵国五十多个城邑，一个将军反倒不如一个儒生的功劳吗？"于是，韩信听从蒯彻意见，率兵渡河击齐，齐王田广认为自己被骗，于是就烹杀郦食其。韩信一举攻下齐国，杀掉齐王田广，而后有潍水之战、称王齐国等史事。

对此，如何评价？王夫之《读通鉴论》评道："郦生说下齐，齐已受命，而汉东北之虑纾，项羽右臂之援绝矣……乃韩信一启贪功之心，从蒯彻之说，疾击已降，而郦生烹；历下之军，喋血盈野，诸田卒以殄其宗。惨矣哉！贪功之念发于隐微，而血已漂橹也。"唐代诗人李白《梁甫吟》写道："君不见高阳酒徒起草中，长揖山东隆准公。入门不拜骋雄辩，两女辍洗来趋风。东下齐城七十二，指挥楚汉如旋蓬。"后来，有人为这几句诗续写道："不料韩信不听话，十万大军下历城。齐王火冒三千丈，抓了酒徒付鼎烹。"这是两种典型的评论，一说韩信"贪功"，一说韩信"不听话"，似乎过错都在韩信一方，这样的评论妥当吗？郦食其游说齐国，齐国投汉，韩信再去攻打，灭掉齐国，虽然两者都取得了成功，但这在道义上则说不通，结果郦食其被烹杀，韩信被认为"贪功""不听话"，那么，问题的根源到底出在哪里呢？

难道是郦食其错了吗？不是。郦食其向刘邦提出建议，得到刘邦的同意才去游说齐王，这正显示了郦食其的谋划能力和游说能力。通观郦食其投汉后的所作所为，他在刘邦西进、兵临陈留、前途未卜时投奔过去，用计攻克陈留，使刘邦得到大批军粮。而后，郦食其常常担任说客，以使臣的身份奔走于诸侯之间，多有建树。后人评说道："在汉朝的开国谋士中，郦食其纵酒使气，疏阔狂放，跟刘邦很对脾气，不仅富于谋略，而且敢作敢为，勇于冒险，以非凡的政治远见和卓越的军事见解，为刘邦成就大业做出了无可替代的贡献。"而郦食其积极进取，冒险说齐，后被齐王烹死，不仅是个人的悲剧，也是汉国的一个重大损失。

难道是韩信错了吗？也不尽然。刘邦对韩信下达了攻打齐国的命令，韩信正整装待发，这时听到了郦食其说下齐国的事情，他颇感意外，有些犹豫不决，一下子不知道该怎么办了，总觉得好像是嘴里吃了个苍蝇，有说不出的滋味。是进吧，齐国已同意投降了，齐国已下，无须再费力劳神，这功劳就不是自己的了；退吧，他并没有接到刘邦下达停止攻打齐国的命令，似乎也不太对劲。权衡再三，他从思想上有些偏向于退军了，后来在蒯彻的劝说下，他也认识到刘邦在其中耍了花招，更觉得郦食其的功劳里有很大一部分应属于他，他是郦食其劝降工作的军事后盾，可现在一切都好像与他无关似的，心有不甘。正好，现在是攻齐的最好时机，田横、田广正和郦食其纵酒作乐，对他疏于戒备，这使攻齐变得容易很多。因此，他才下了决心，攻打齐国。可以说，韩信的攻齐行动，即使有贪功之念，也是无可非议的，当然，这样付出的代价有点大了。如果再换一下思路，就是韩信根据已经变化的新形势，再向汉王刘邦请示，是否继续攻打齐国？按照刘邦的新决定行事，这样，虽然在时间上要拖延一些，但韩信的行为不会有半点非议，可以说是非常完美的，不会再被人说成“贪功”了。至于说韩信“不听话”，则史无所据。既然刘邦没有下达停止攻打齐国的命令，韩信就不存在“不听话”的问题。

那么问题出在哪里呢？难道是刘邦错了吗？确实是。刘邦对这一举动要负主要责任。可以看出，刘邦在其中耍了一个阴谋。他口头上答应了郦食其的建议，前来劝降，但在他的心中还是愿意韩信用兵为他彻底平定齐国，以达到一劳永逸的目的。所以，刘邦并没有把郦食其前去齐国劝降的事情通知韩信；郦食其劝降齐国之后，刘邦也没有命令韩信停止对齐国用兵。这样，他不对任何人说明意图，韩信、郦食其只能各行其是，而韩信、郦食其只能按照他的想法去做，这样，出了问题，当然该他负责啊！因此，对于郦食其的说齐与韩信的破齐，致使汉国失信于天下，要谴责的人是刘邦，而不是韩信，更不是郦食其！

话又说回来，这也许是刘邦的高明之处，如果韩信不去攻打齐国，虽然齐国被说服，难免将来不会有反复，如果再倒向项羽，对刘邦将是重大的打击。而韩信破齐，一了百了，比郦食其说齐投汉的结果要痛快得多。这样使项羽成了孤家寡人，完全失去了同盟力量，只能完全靠自己的力量去应付势力渐长的汉军向他们发起的攻势，使楚汉斗争的优势明显地倾向了刘邦一边。韩信这样做，或许正中刘邦下怀。这样的结果，牺牲了郦食其，刘邦完全可以说非他本意，而把责任推给韩信，让韩信充当替罪羊。其实，这也是刘邦的一贯做法，只看结果，不问过程，为了达到目的，不惜采用各种手段。但这样的做法，有失妥当，可以叫政治老到，也可以叫政治不诚信。

卷第十一　汉纪三

汉高帝五年至七年（前202—前200）

【起屠维大渊献（己亥，前202），尽重光赤奋若（辛丑，前200），凡三年】

【大事提要】

本卷记事起公元前202年，迄公元前200年，凡三年，当为汉高帝五年至七年。本卷所载的大事，主要是以下几个方面：其一，项羽败亡。号称“西楚霸王”的项羽主持分封后，汉王刘邦从汉中出兵进攻，项羽与其展开了历时四年的楚汉战争，其间也曾大破刘邦，但没有固定的后方补给，又猜疑亚父范增，最后反被刘邦消灭。公元前202年，项羽兵败垓下，突围至乌江边，自刎而死。其二，刘邦建汉。消灭暴秦后，刘邦被封为汉王。后从汉中出兵，与项羽争夺天下。他善于用人，善于采纳谋臣意见，充分发挥部下才能，并注意联合各地反对项羽的力量，终于反败为胜。公元前202年，刘邦于定陶即皇帝位，建立汉朝，定都长安，史称“西汉”。其三，定都关中。刘邦听从娄敬的提醒，将都城从洛阳迁到长安。娄敬从山东赶来进见刘邦，认为刘邦不应该像周朝那样以洛阳为都城，应该到关中定都。这样，在秦地固守险地，国家才能长治久安。张良同意娄敬的建议，刘邦恍然大悟，很快将都城迁到了长安。其四，论功行赏。刘邦夺取天下，认为是重用了萧何、张良、韩信三位“人杰”。定萧何为首功，封其为酂侯，食邑最多，又把萧何的位次排为第一；拟封给张良三万户，张良只选择了留地；又听从张良建议，将平时最为痛恨的雍齿封为什方侯，以安众将士之心。其五，剪灭异姓王。刘邦建国后，吸取秦亡教训，也为了安抚异姓功臣，分封了八个异姓王，即张敖为赵王，英布为淮南王，臧荼为燕王，韩信为楚王，彭越为梁王，韩襄王后代为韩王，吴芮为长沙王，后消灭臧荼，封卢绾为燕王。为了巩固皇权，陆续予以剪灭。

【原文】

太祖高皇帝中

五年（己亥，前202）

冬，十月，汉王追项羽至固陵[①]，与齐王信、魏相国越期会[②]击楚；信、越不至，楚击汉军，大破之。汉王复坚壁自守，谓张良曰："诸侯不从，奈何？"对曰："楚兵且破，二人未有分地[③]，其不至固宜；君王能与共天下[④]，可立致也[⑤]。齐王信之立，非君王意[⑥]，信亦不自坚[⑦]；彭越本定梁地，始，君王以魏豹故拜越为相国；今豹死，越亦望王[⑧]，而君王不早定[⑨]。今能取睢阳以北至谷城皆以王彭越，从陈以东傅海与韩王信[⑩]。信家在楚，其意欲复得故邑。能出捐此地[⑪]以许两人，使各自为战[⑫]，则楚易破也。"汉王从之。于是韩信、彭越皆引兵来。

十一月，刘贾南渡淮，围寿春[⑬]，遣人诱楚大司马周殷。殷畔楚[⑭]，以舒屠六[⑮]，举九江兵迎黥布，并行屠城父[⑯]，随刘贾皆会。

十二月，项王至垓下[⑰]，兵少，食尽，与汉战不胜，入壁[⑱]；汉军及诸侯兵围之数重[⑲]。项王夜闻汉军四面皆楚歌[⑳]，乃大惊曰："汉皆已得楚乎？是何楚人之多也[㉑]！"则夜起，饮帐中，悲歌慷慨，泣数行下；左右皆泣，莫能仰视[㉒]。于是项王乘其骏马名骓[㉓]，麾下[㉔]壮士骑从者[㉕]八百余人，直夜[㉖]，溃围南出驰走[㉗]。平明[㉘]，汉军乃觉之，令骑将灌婴以五千骑追之。项王渡淮，骑能属者[㉙]才百余人。至阴陵[㉚]，迷失道，问一田父[㉛]，田父绐曰"左"[㉜]。左，乃陷大泽中[㉝]，以故汉追及之。

项王乃复引兵而东，至东城[㉞]，乃有二十八骑；汉骑追者数千人。项王自度不得脱[㉟]，谓其骑曰："吾起兵至今，八岁矣；身[㊱]七十余战，未尝败北，遂霸有天下。然今卒困于此，此天之亡我，非战之罪也！今日固决死，愿为诸君快战[㊲]，必溃围，斩将，刈旗[㊳]，三胜之，令诸君知天亡我，非战之罪也。"

乃分其骑以为四队，四乡[㊴]。汉军围之数重。项王谓其骑曰："吾为公取彼一将。"令四面骑驰下[㊵]，期山东为三处[㊶]。于是项王大呼驰下，汉军皆披靡[㊷]，遂斩汉一将。是时，郎中骑杨喜[㊸]追项王，项王瞋目而叱之，喜人马俱惊，辟易数里[㊹]。项王与其骑会为三处，汉军不知项王所在，乃分军为三，复围之。项王乃驰，复斩汉一都尉，杀数十百人；复聚其骑，亡其两骑耳。乃谓其骑曰："何如？"骑皆伏曰[45]："如大王言！"

（以上为第一段，写刘邦会同韩信、彭越围攻项羽，项羽垓下战败，弃军突围，以图东山再起。项羽到达东城，只剩二十八骑，败亡已成定局，项羽认为是上天要灭亡他，不肯服输，要痛痛快快地打一仗向天抗议。）

【注释】

①固陵：邑名，在今河南太康县南。 ②期会：约期会合。 ③未有分地：没有确定封地的疆界。 ④与共天下：和他们共分天下。 ⑤可立致也：可以立即把他召来。⑥非君王意：韩信乃自请代理齐王，并非刘邦的本意。 ⑦信亦不自坚：韩信自己也不放心。自坚，自信，放心。 ⑧望王：希望正式封王。 ⑨君王不早定：汉王您却不早做决定。 按：韩信诸王，刘邦不得已而封，派出高规格使者张良到齐国宣布，但只是一个空头支票，没有划出疆界。 ⑩"今能"二句：现今，汉王若把从睢阳以北到谷城的地区封给彭越，把从陈县以东到沿海地区的区域划给韩信。 傅海：近海，沿海。 ⑪能出捐此地：能够拿出这些地方。出、捐，拿出，舍得放弃，两字义近重叠，加强语气。⑫各自为战：即各人为自己的封地而战。 ⑬寿春：县名，县治在今安徽省寿县。⑭畔楚：背叛楚国。畔，通"叛"。 ⑮以舒屠六：用舒地军队屠杀六地的军民。舒，县名，县治在今安徽舒城。 六：县名，县治在今安徽六安。 ⑯城父：邑名，在今安徽亳州东南城父村。 ⑰垓下：地名，在今安徽省灵璧县南的沱河北岸。 ⑱入壁：项羽收缩部队进入营垒。 ⑲围之数重：把楚军重重包围。 ⑳四面皆楚歌：项羽军营四面都响起了楚歌。 按：楚军多已降汉，韩信利用"四面皆楚歌"瓦解楚军士气。楚歌，楚地小曲，勾起项羽士兵的思乡之情。 ㉑是何楚人之多也：要不然，怎能有这么多楚人呢！是何，是什么原因，此作"要不然"解。 ㉒莫能仰视：都低头哭泣，没有人能够抬头看项王。不忍心看走投无路的项羽。 ㉓骓（zhuī）：毛色苍、白相杂的马。 ㉔麾下：部下。㉕骑从者：跟随的骑兵。 ㉖直夜：午夜，或当夜。 ㉗溃围南出驰走：突围往南奔驰。㉘平明：天刚亮。 ㉙骑能属者：还能跟随项王逃奔的骑士。 ㉚阴陵：县名，县治在今安徽定远县西北。 ㉛田父：老农。 ㉜绐曰"左"：欺骗项羽说向左走。 ㉝大泽：阴陵泽，在阴陵县南，今已涸。 ㉞东城：县名，在今安徽定远县东南。 ㉟度（duó）：估计。 不得脱：不能逃脱。 ㊱身：亲自参加。 ㊲快战：痛痛快快打一仗。 ㊳刈旗：砍倒敌方军旗。 ㊴四乡：向着四面。乡，通"向"。 ㊵驰下：自山头奔驰而下。㊶期山东为三处：约定在山的东面分三处集合。山，《汉书·项籍传》为四隤山，在今安徽和县北。 ㊷披靡：草木顺风倒伏的样子，比喻汉军溃散像草随风倒伏一样。

㊸杨喜：为汉骑将，封为赤泉侯。㊹辟易数里：因惊惧，吓得连人带马倒退了好几里。㊺伏：通“服”。心服。

【译文】

太祖高皇帝中

汉高帝五年（己亥，前202）

冬季，十月，汉王刘邦追击项羽到达固陵，与齐王韩信、魏国相国彭越约定日期合击楚军。但是，韩信、彭越的军队没有来，楚军攻打汉军，大败了汉军。汉王于是重又坚固营垒，加强防守，并对张良说：“诸侯不遵守信约，怎么办呢？”张良回答说：“楚军即将被打败，韩信、彭越二人没有分得确定的领地，因此，他们没有应约前来会合，是有道理的。大王您如果能与他们共分天下，就可以立即把他们召来。齐王韩信的封立，并不是您的本意，韩信自己也不放心。彭越本来平定了梁地，当初您为了魏豹的缘故，封彭越为魏国相国。而今魏豹已死，彭越也想自己称王，但您却不早做决定。现在，您可以把从睢阳以北到谷城的地区都封给彭越，把从陈县以东到沿海地区的区域都划给韩信。韩信的家乡在楚地，他的意思也是想要重新得到自己故乡的土地。您如果能拿出以上地区许给他们两人，让他们各自为自己的利益而战，那么，楚国就很容易攻破了。”汉王听从了这一建议。于是，韩信、彭越都率军前来。

十一月，汉王的堂兄刘贾南渡淮河，包围了寿春，派人去诱降楚国的大司马周殷。周殷即反叛楚国，用舒地的兵力屠灭了六地，并调发九江的部队迎接英布，一同去屠灭了城父，接着便随同刘贾等人一齐会合。

十二月，项羽到了垓下，兵少粮尽，与汉军交战未能取胜，便退入营垒固守。这时，汉军和诸侯的军队将项羽的军营重重包围起来。项羽在晚上听到汉军在四面都唱起楚歌，就大惊道：“汉军已经全部得到楚国的土地了吗？要不然楚人哪会有这么多呀！”便连夜起身，在帐中饮酒，慷慨悲歌，泪下数行，侍从人员见状也都纷纷哭泣，全不忍心抬头观看。项羽于是骑上他的名叫“骓”的骏马，部下的壮士骑马相随的有八百多人，当夜即突围，往南奔驰。天大亮时，汉军才发觉，便命令骑将灌婴率领五千名骑兵追赶。项羽渡过淮河，相随的骑兵能跟得上他的才一百多人。到达阴陵后，项羽一行人迷了路，就向一个农夫问路，农夫骗他说“往左”。项羽等往左走，却陷进了大沼泽地中。汉军因此追上了他们。

项羽于是又领兵向东奔去，到达东城，相随的只有二十八个骑兵了。这时，汉军骑兵追逐前来的有好几千人。项羽自已料想是不能脱身了，便对他的骑兵们说："我从起兵到现在，已经八年了，身经七十多次战斗，没有失败过，这才称霸于天下。但是，我今天被困在这里，这是上天要灭亡我啊，并不是我用兵有什么过错！今天，一定要一决生死，愿为你们痛痛快快地打一仗，一定要突破重围，斩杀敌将，砍倒汉旗，接连三次取胜，让你们知道是天要亡我，而不是我用兵的过错。"

随即，项羽把他的人马分为四队，向四个方向冲杀。但汉军已将他们重重包围。项羽便对他的骑兵们说："看我为你们斩杀他一员将领。"就命令骑兵们从四面奔驰而下，约定在山的东边分三处会合。接着，项羽便大声呼喝着策马飞奔而下，汉军随即溃败散乱，项羽就斩杀了一员汉将。这时，郎中骑杨喜追击项羽，项羽瞪着双眼厉声呵叱他，杨喜人马都受到惊吓，退避了好几里地。项羽便与他的骑兵们分三处相会合，汉军不知道项羽究竟在哪里，于是，分兵三路，重又把他们包围了起来。项羽随即奔驰冲杀，又斩杀了汉军的一名都尉，杀掉了汉军百十来人，重新聚拢了他的骑兵，至此仅损失了两名骑士。项羽就对他的骑兵们说："怎么样啊？"骑兵们都敬服地说："正像大王您所说的一样！"

【原文】

于是项王欲东渡乌江[①]，乌江亭长檥船待[②]，谓项王曰："江东虽小，地方千里，众数十万人，亦足王也。愿大王急渡！今独臣有船，汉军至，无以渡。"项王笑曰："天之亡我，我何渡为[③]！且籍与江东子弟八千人渡江而西，今无一人还；纵江东父兄怜而王我[④]，我何面目见之！纵彼不言，籍独不愧于心乎！"

乃以所乘骓马赐亭长，令骑皆下马步行[⑤]，持短兵接战。独籍所杀汉军数百人，身亦被十余创[⑥]。顾见[⑦]汉骑司马吕马童，曰："若非吾故人乎？"马童面之[⑧]，指示中郎骑王翳曰："此项王也。"项王乃曰："吾闻汉购[⑨]我头千金，邑万户；吾为若德[⑩]。"乃自刎而死。王翳取其头；余骑相蹂践[⑪]争项王，相杀者[⑫]数十人；最其后，杨喜、吕马童及郎中吕胜、杨武各得其一体；五人共会其体[⑬]，皆是[⑭]，故分其户[⑮]，封五人皆为列侯[⑯]。

楚地悉定，独鲁不下；汉王引天下兵欲屠之。至其城下，犹闻弦诵之声[17]；为其守礼义之国，为主死节[18]，乃持项王头以示鲁父兄[19]，鲁乃降。汉王以鲁公礼葬项王于谷城[20]，亲为发哀[21]，哭之而去。诸项氏枝属[22]皆不诛。封项伯等四人皆为列侯[23]，赐姓刘氏；诸民略在楚者皆归之[24]。

太史公曰[25]：羽起陇亩之中[26]，三年，遂将五诸侯[27]灭秦，分裂天下而封王侯，政由羽出[28]；位虽不终[29]，近古[30]以来未尝有也！及羽背关怀楚[31]，放逐义帝而自立；怨王侯叛己，难矣[32]！自矜功伐[33]，奋其私智而不师古[34]，谓霸王之业，欲以力征[35]经营天下。五年，卒亡其国[36]，身死东城；尚不觉悟而不自责，乃引[37]"天亡我，非用兵之罪也"，岂不谬哉[38]！

扬子《法言》[39]：或问："楚败垓下，方死[40]，曰'天也！'谅乎[41]？"曰："汉屈群策[42]，群策屈群力；楚憞[43]群策而自屈其力[44]。屈人者克[45]，自屈者负[46]；天曷故焉[47]！"

（以上为第二段，写乌江亭长摆渡在乌江边等待项羽，项羽有机会逃奔江东，但他放弃了，自刎向江东父老谢罪，成了一位名存千古的悲剧英雄。项羽失败归究于天的说法，受到司马迁和扬雄的批评。）

【注释】

①乌江：今安徽和县东北40里乌江埔。今和县东北苏、皖交界处的乌江镇即其故址。 ②亭长：亭是乡以下的行政机构，十里设一亭，设亭长一人。 檥船待：停船靠岸等待项羽。 ③何渡为：渡江干什么。 ④纵江东父兄怜而王我：即使江东父老怜而爱我，仍然以我为王。纵，即使。 ⑤下马步行：汉骑兵追击，项羽下马步战，已下定死战的决心。 ⑥创：伤。 ⑦顾见：回头看见。 ⑧面之：面对面观看。 按：吕马童原为项羽部将，今被认出，只好面对。 ⑨购：悬赏。 ⑩吾为若德：我就给你个方便吧。意思是我送个人情给你，拿我的人头去领赏。 ⑪相蹂践：为了争夺项羽的尸体，互相争斗践踏。 ⑫相杀者：因争抢而互相残杀的人。 ⑬五人共会其体：将五人所得项羽尸体并合。 ⑭皆是：确是项羽。 ⑮故分其户：因此把悬赏的万户分而为五。 ⑯五人皆为列侯：吕马童封中水侯，王翳封杜衍侯，杨喜封赤泉侯，杨武封吴防侯，吕胜封涅阳侯。 ⑰犹闻弦诵之声：仍然听到城中礼乐弦诵的声音。 弦：依琴瑟而咏歌。 诵：口诵歌乐之篇章。 ⑱为主死节：鲁县人为自己的君主尽忠守节。 按：汉王重兵围鲁，鲁县

人坚守而弦歌，显示了尽忠守节视死如归的气魄，汉王感动撤销屠城令。 ⑲持项王头以示鲁父兄：把项王头颅展示给鲁父兄。示意主已死，不应再守城。 ⑳以鲁公礼葬项王于谷城：按鲁公的仪礼安葬项羽于鲁县之谷城。谷城，顾炎武《日知录》卷四引宋人孙复《春秋尊王发微》说："曲阜西北有故小谷城，葬项羽谷城当即此地。" ㉑亲为发哀：汉王亲自主持项王丧礼。 发哀：发丧。 ㉒枝属：宗族旁枝。 ㉓四人皆为列侯：封项伯为射阳侯。此外，桃侯、平皋侯、玄武侯，亦项氏。 ㉔诸民略在楚者皆归之：那些被掳掠到楚国的民众仍归诸项列侯所有。即未动诸项列侯的财产奴仆。 ㉕太史公曰：司马迁的评论。此条借论摘自《史记·项羽本纪》。 ㉖羽起陇亩之中：项羽兴起于民间。 陇亩：田野，此指民间。 ㉗五诸侯：指齐、赵、韩、魏、燕五国的诸侯军。 ㉘政由羽出：政令全由项羽发布。指羽分封十八王。 ㉙位虽不终：王位未能善终。 ㉚近古：近代，指战国及秦、楚之际。 ㉛背关：放弃关中形胜之地。 背：弃。 怀楚：思东归而都彭城。 ㉜难矣：是说项羽在上述情况下还想成大事那就太难了。 ㉝自矜功伐：自以为有功。矜，夸耀。伐，功勋。 ㉞奋其私智而不师古：施展自己的聪明而不效法古人。 奋：逞，施展。 私智：个人的小聪明。 ㉟力征：只用武力征服。 ㊱卒亡其国：终于失掉了自己的国家。 ㊲引：借口。 ㊳岂不谬哉：难道不荒谬吗？ ㊴扬子《法言》：此条借论摘自《法言·重黎》。 ㊵方死：临死时。 ㊶曰"天也"，谅乎：项羽说"天亡我"，真是这样的吗？ ㊷汉屈群策：汉王融汇众人的策谋。屈，集中，融汇。 ㊸憞（duì）：憎恶。 ㊹自屈其力：只发挥个人的作用。 ㊺屈人者克：善于使用群众力量的人就能胜利。 ㊻自屈者负：只凭一己的私智必然失败。负，失败。 ㊼天曷故焉：这和天有什么关系呢？曷，何。

【译文】

这时，项羽就想东渡乌江，乌江亭长把船停泊在岸边等着他，并对项羽说："江东虽然狭小，土地方圆千里，民众几十万人，也足够称王了。望大王您火速渡江！现在只有我有船，汉军到来，无船渡江。"项羽笑着说："上天要灭亡我，我还渡江做什么呀！况且，我与江东子弟八千人渡江西征，如今没有一个人归还，纵使江东父老怜而爱我，仍然以我为王，我又有什么脸面去见他们呢？即便他们不说什么，难道我就不感到心中有愧吗？"

于是，项羽就把自己所骑的乌骓骏马送给了亭长，命令他的骑兵都下马步行，手持短兵器与汉军交战。仅项羽一人就杀死了汉军几百人，项羽自己也身受十多处伤。这时，项羽回头看见了汉军骑司马吕马童，就说："你不是我的老朋友吗？”吕马童对着项羽的面，指给中郎骑王翳说：“这就是项王！”项羽便说道：“我听说汉王悬赏千金买我的头颅，分给万户的封地，我就留给你一些恩德吧！”即自刎而死。王翳随即取下项羽的头颅。其余的骑兵便相互践踏着争抢项羽的躯体，相互残杀的有几十个人。到了最后，杨喜、吕马童和郎中吕胜、杨武各夺得项羽的一部分肢体。几个人把项羽的肢体会合，拼凑到一起，都对得上，因此便分割原来悬赏的万户封地，将五人都封为列侯。

楚地全部平定了，唯独鲁县仍然不投降。汉王刘邦率领天下的兵马，打算屠灭它。大军抵达城下，仍然能听到城中礼乐弦诵的声音。由于鲁县是信守礼义的国家，为自己的君主尽忠守节，汉军便拿出项羽的头颅给鲁县的父老看，鲁县这才投降。汉王用葬鲁公的礼仪把项羽葬在谷城，并亲自为项羽发丧举哀，哭了一阵后离去。对项羽的家族亲属都不加杀害，还把项伯等四人都封为列侯，赐他们姓刘，将过去被掳掠到楚国来的百姓们仍归还给他们统治。

太史公（司马迁）评论说：项羽起于民间，才三年就率领着齐、赵、韩、魏、燕几个诸侯国的军队灭亡了秦朝，分割天下而分封王侯，政令全由项羽发布，他的王位虽然未获终结，却也是近古以来不曾有过的了！待到项羽背弃关中而怀恋楚国故土，放逐义帝而自立为王，这时怨恨诸侯王们背叛自己，可就很难说得通了！还自我夸耀战功，一味逞个人小聪明而不效法古人，认为霸王的功业，就是要用武力攻打来经营治理天下。结果只五年的时间，终于失掉了自己的国家，自身死在东城，却还不觉悟、不责备自己，反倒借口“是上天要灭亡我，并非我用兵的过错”，这难道不是荒谬之极吗！

扬雄《法言》曰：有人问：“楚王兵败垓下，将要死的时候说道：‘是上天亡我！’可以相信这种说法吗？”回答说：“汉王尽量发挥、利用众人的计谋，这些计谋调动了众人的力量。楚王项羽憎恶采用众人的计谋，只发挥个人的作用。而善于发挥、利用众人智谋和力量的人就能取得胜利，只凭一己的智谋和力量的人就必定失败，这与上天有什么关系呢？”

【原文】

汉王还，至定陶，驰入齐王信壁[①]，夺其军[②]。

临江王共尉[③]不降，遣卢绾、刘贾击虏之。

春，正月，更立齐王信为楚王，王淮北，都下邳[④]。封魏相国建城侯彭越为梁王，王魏故地，都定陶。

令曰："兵不得休八年，万民与苦甚[⑤]；今天下事毕，其赦天下殊死[⑥]以下。"

诸侯王皆上疏请尊汉王为皇帝。二月甲午[⑦]，王即皇帝位于氾水之阳[⑧]。更王后曰皇后，太子曰皇太子，追尊先媪[⑨]曰昭灵夫人。

诏曰[⑩]："故衡山王吴芮，从百粤之兵[⑪]，佐诸侯，诛暴秦，有大功；诸侯立以为王，项羽侵夺之地，谓之番君[⑫]。其以芮为长沙王。"又曰："故粤王无诸，世奉粤祀；秦侵夺其地，使其社稷不得血食[⑬]。诸侯伐秦，无诸身率闽中[⑭]兵以佐灭秦，项羽废而弗立。今以为闽粤王，王闽中地。"

帝西都洛阳。

夏，五月，兵皆罢归家[⑮]。

诏："民前或相聚保山泽[⑯]，不书名数[⑰]。今天下已定，令各归其县，复故爵、田宅[⑱]；吏以文法教训辨告[⑲]，勿笞辱军吏卒[⑳]；爵及七大夫[㉑]以上，皆令食邑[㉒]，非七大夫已下[㉓]，皆复其身及户[㉔]，勿事[㉕]。"

帝置酒洛阳南宫[㉖]，上曰[㉗]："彻侯、诸将毋敢隐朕[㉘]，皆言其情[㉙]：吾所以有天下者何？项氏之所以失天下者何？"高起、王陵[㉚]对曰："陛下使人攻城略地，因以与之[㉛]，与天下同其利；项羽不然，有功者害之，贤者疑之，此其所以失天下也。"上曰："公知其一，未知其二。夫运筹帷幄[㉜]之中，决胜千里之外，吾不如子房[㉝]；镇国家，抚百姓，给饷馈，不绝粮道，吾不如萧何[㉞]；连[㉟]百万之众，战必胜，攻必取，吾不如韩信。三者皆人杰[㊱]，吾能用之，此吾所以取天下者也。项羽有一范增而不能用，此所以为我禽也[㊲]。"群臣说服[㊳]。

（以上为第三段，写汉王刘邦打败项羽后，建立汉朝，登上帝位，建都洛阳，总结夺取天下的原因，认为是能够任用萧何、张良、韩信三位人杰，而项羽有一范增而不能用，故被打败，大家心悦诚服。）

【注释】

①驰入：飞马直入。 壁：军营。 ②夺其军：夺了韩信的军权。 ③共尉：临江王共敖的儿子。 ④下邳：县名，县治在今江苏邳州市东。 ⑤万民与苦甚：万民饱受战乱之苦。 与：语助词，无实义。 ⑥殊死：死刑。 ⑦甲午：初三日。 ⑧氾水之阳：氾水

的北岸。汜（fàn）水，在今山东曹县北，从南济水分出，东北流入菏泽。 ⑨先媪：先母。刘邦死去的母亲。 ⑩诏曰：皇帝说。 诏：告。自秦、汉以后，皇帝颁布的命令称“诏”。 ⑪从百粤之兵：率领百越的部族军队。粤，又作“越”。百越，古部族名，福建、两广及越南广大地区散布的越人，部族众多，故称百越。 ⑫番君：又作鄱君。⑬不得血食：不能再祭祀先王之灵，即国家被灭亡。血食，言杀牲取血以祭祀。 ⑭闽中：郡名，今福建。 ⑮罢归家：遣散军队，复员归农。 罢：遣散，复员。 ⑯相聚保山泽：相聚保守在深山大泽躲避战乱。 ⑰不书名数：没有登记在户籍中。书，登记。名数，户籍。 ⑱复故爵、田宅：恢复他们过去的爵位和田地住宅。复，恢复，退还。重申前朝的身份地位有效。 ⑲吏以文法教训辨告：官吏要按照法律义理进行教导，处理纠纷。辨告，处理纠纷。 ⑳勿笞辱军吏卒：不要鞭笞侮辱复员的官兵。军吏卒，军官、士兵。 ㉑七大夫：爵位名，即公大夫，秦二十等爵中的第七级。 ㉒皆令食邑：第七级以上至第二十级的爵位都给予食邑。 按：秦制，第二十级的列侯才能享有食邑，现在七大夫以上皆令食邑，这是汉初为恢复生产，安置复员有功军人的恩惠，也是战乱后有大量无主地以及无户籍散户带来的条件。这也是对全国进行的一次恢复国家秩序的户籍整顿。㉓已下：以下。已，通“以”。 ㉔皆复其身及户：皆，指第七级以下各级爵位。复其身，免除个人徭役。户，免除户口赋税。 ㉕勿事：不予征收。 ㉖南宫：在洛阳城内，秦时洛阳已有南宫、北宫。 ㉗上曰：皇上说。上，指高帝刘邦。 ㉘彻侯：爵位名，秦二十级军功爵中最高级，汉初因袭之，多授予有功的异姓大臣。后避武帝刘彻讳，改称通侯或列侯。 毋敢隐朕：不要隐瞒我。 ㉙言其情：说老实话。情，实。 ㉚高起、王陵：大臣名。王陵，官至丞相。 ㉛因以与之：因其攻城略地之功将城邑、土地分封给他。 ㉜运筹：运用谋略。 帷幄：军帐。 ㉝子房：张良的字。 ㉞“镇国家”五句：镇守国家，安抚百姓，供给粮饷，保持运粮道路畅通，我比不上萧何。 ㉟连：统领。㊱人杰：人中俊杰。 ㊲禽：同“擒”。 ㊳说服：心悦诚服。说，通“悦”。

【译文】

汉王回军到达定陶，奔入齐王韩信的营垒，接管了他的部队。

临江王共尉仍不归降，汉王便派卢绾、刘贾攻打并俘获了他。

春季，正月，汉王改封齐王韩信为楚王，统辖淮河以北地区，都城设在下邳。封魏相国建城侯彭越为梁王，统辖魏国故地，都城设在定陶。

汉王下令说：“军队得不到休整已经八年了，万民饱受战乱之苦。现在夺取天下的大事已经完成，赦免天下判斩刑以下的所有罪犯。”

诸侯王一致上疏，请求推尊汉王为皇帝。二月初三，汉王便在汜水北面登上帝位，改称王后为皇后，王太子为皇太子，追尊先母为昭灵夫人。

汉高帝发布命令说：“原衡山王吴芮，率领百粤部族之兵，协助诸侯军，诛灭残暴的秦王朝，建有大功，诸侯立他为王，但项羽却侵夺了他的封地，称他作番君。现在改封吴芮为长沙王。”又说：“原粤王无诸，世代供奉粤国的祖宗。秦王朝侵夺了他的土地，使粤国的社稷不能再享受祭祀。诸侯攻打秦朝，无诸亲自率领闽中的军队相协助，攻灭了秦王朝，项羽却将他废掉，不予封立。现在封无诸为闽粤王，统辖闽中一带。”

汉高帝向西建都洛阳。

夏季，五月，兵士们都复员回家。

汉高帝发布命令，说：“民众中以前有的人相聚安守在深山大泽中躲避战乱，未登记入户籍中。如今天下已经平定，令这些民众各自返回他们的所在县，恢复他们过去的爵位和田地住宅；官吏应依据法律义理进行教导，处理纠纷，不得鞭笞侮辱军中官兵；凡爵位至七大夫以上的，都让他们享用封地民户的赋税收入，非七大夫爵位及其以下的，都免除其个人及一户之内的赋税徭役，不予征收。”

汉高帝在洛阳南宫举行酒宴，高帝说道：“各位列侯，各位将军，不要对我隐瞒，都来说说这个道理：我之所以能取得天下的原因是什么？项羽之所以失掉天下的原因又是什么呀？”高起、王陵回答说：“皇上派人攻城略地，攻取了城邑、土地就分封给他，与大家同享利益；项羽却不是这样，他对有功的人嫉恨，对贤能的人猜疑，这就是他失去天下的原因。”高帝说：“你们是只知其一，不知其二啊。谈到运筹帷幄之中，决胜千里之外，我不如张良；镇守国家，安抚百姓，供给粮饷，保持运粮道路畅通无阻，我不如萧何；统率百万大军，战必胜，攻必克，我不如韩信。这三位都是人中英杰，而我能够任用他们，这就是我能够取得天下的原因。项羽虽然有一个范增，却不能信任使用他，这便是项羽被我打败的原因了。”群臣都心悦诚服。

【原文】

韩信至楚[①]，召漂母，赐千金。召辱己少年令出跨下者，以为中尉[②]；告诸将相曰：“此壮士也。方辱我时，我宁[③]不能杀之邪？杀之无名[④]，故忍而就此[⑤]。”

彭越既受汉封，田横惧诛，与其徒属五百余人入海，居岛中。帝以田横兄弟本定齐地，齐贤者多附焉；今在海中，不取，后恐为乱。乃使使赦横罪，召之。横谢曰："臣烹陛下之使郦生[⑥]，今闻其弟商[⑦]为汉将；臣恐惧，不敢奉诏[⑧]，请为庶人[⑨]，守海岛中。"使还报，帝乃诏卫尉郦商曰："齐王田横即至[⑩]，人马从者敢动摇者，致族夷[⑪]！"乃复使使持节具告以诏商状[⑫]，曰："田横来，大者王，小者乃侯耳；不来，且举兵加诛焉。"

横乃与其客二人乘传诣洛阳[⑬]。未至三十里，至尸乡厩置[⑭]。横谢使者曰："人臣见天子，当洗沐[⑮]。"因止留，谓其客曰："横始与汉王俱南面称孤[⑯]；今汉王为天子，而横乃为亡虏[⑰]，北面事之，其耻固已甚矣[⑱]。且吾烹人之兄，与其弟并肩而事主[⑲]；纵[⑳]彼畏天子之诏不敢动，我独[㉑]不愧于心乎！且陛下所以欲见我者，不过欲一见吾面貌耳；今斩吾头，驰三十里间，形容尚未能败[㉒]，犹可观也。"遂自刭，令客奉[㉓]其头，从使者驰奏之[㉔]。帝曰："嗟乎！起自布衣，兄弟三人更王[㉕]，岂不贤哉！"为之流涕，而拜其二客为都尉，发卒二千人，以王者礼葬之[㉖]。既葬，二客穿其冢傍孔[㉗]，皆自刭，下从之[㉘]。帝闻之，大惊。以横客皆贤，余五百人尚在海中，使使召之；至，则闻田横死，亦皆自杀。

初，楚人季布[㉙]为项籍将，数窘辱帝[㉚]。项籍灭，帝购求[㉛]布千金；敢有舍匿[㉜]，罪三族[㉝]。布乃髡钳为奴[㉞]，自卖于鲁朱家[㉟]。朱家心知其[㊱]季布也，买置田舍[㊲]；身之洛阳见滕公[㊳]，说曰："季布何罪！臣各为其主用，职耳[㊴]；项氏臣岂可尽诛邪？今上始得天下，而以私怨求一人，何示不广也[㊵]！且以季布之贤，汉求之急，此不北走胡，南走越[㊶]耳。夫忌壮士以资敌国，此伍子胥所以鞭荆平之墓也[㊷]。君何不从容[㊸]为上言之！"滕公待间[㊹]，言于上，如朱家指[㊺]。上乃赦布，召拜郎中[㊻]，朱家遂不复见之。

布母弟丁公[㊼]，亦为项羽将，逐窘帝[㊽]彭城西。短兵接，帝急，顾[㊾]谓丁公曰："两贤岂相厄哉[㊿]！"丁公引[51]兵而还。及项王灭，丁公谒见。帝以丁公徇军中[52]，曰："丁公为项王臣不忠，使项王失天下者也。"遂斩之，曰："使后为人臣无效[53]丁公也！"

臣光曰：高祖起丰、沛以来，罔罗[54]豪桀，招亡纳叛，亦已多矣。及即帝位，而丁公独以不忠受戮[55]，何哉？夫进取之与守成[56]，其势[57]不同。当群雄角逐[58]之际，民无定主；来者受之，固其宜也。及贵为天子，四海之内[59]，无不为臣；苟不明礼义以示之[60]，使为臣者，人怀贰心以徼大利[61]，则国家其能[62]久安乎！是故断[63]以大义，使天下晓然皆知[64]为臣不忠者无所自容[65]；而怀私结恩者[66]，虽至于活己，犹以义不与也[67]。戮一人而千万人惧，其虑事[68]岂不深且远哉！子孙享有天禄[69]四百余年[70]，宜矣！

（以上为第四段，写韩信报恩，酬漂母千金，以德报怨，任无赖为中尉；田横不愿北面事奉汉高帝，自杀以明志；汉高帝赦季布而斩丁公，司马光评论处置得当。）

【注释】

①楚：韩信改封为楚王，都下邳，此“楚”当指下邳。 ②中尉：管巡城捕盗的武官。 ③宁：岂，难道。 ④名：名义。 ⑤故忍而就此：所以忍了下来，才有今天的成就。就此，今天有所成就。 ⑥郦生：郦食其。 ⑦弟商：郦食其弟郦商，其时官卫尉。⑧奉诏：接受诏命，即遵命。 ⑨庶人：普通老百姓。 ⑩即至：如果到来。 ⑪“人马从者”二句：谁敢动一动田横的随从人马，就灭他的家族。 族夷：族灭。 ⑫“乃复”句：又派使者拿着符节一一告知高帝命令郦商的情况。 节：皇帝使者所持证明身份的信物。 具告：细告，一一告知。 ⑬乘传：古代驿站用四匹马拉的车子。传（zhuàn）：传车，古代驿站的专用车辆。 诣：到。 洛阳：西汉初的临时都城，在今洛阳市东北。⑭尸乡：邑名，今河南省偃师区西。 厩置：驿站。 ⑮洗沐：沐浴。 ⑯南面称孤：面南向称王。南面，古代以坐北朝南为尊位，故帝王、诸侯见僚属皆面向南而坐。称孤，称王。 ⑰亡虏：逃亡的罪人。 ⑱其耻固已甚矣：这耻辱实在太过分了。 ⑲事主：臣事汉王。 ⑳纵：即使。 ㉑独：难道。 ㉒形容尚未能败：容貌还没有变坏。 ㉓奉：捧。㉔从使者驰奏之：田横客跟随汉使疾驰洛阳奏报。 驰奏：快马加鞭去报告。 ㉕兄弟三人更王：田儋、田荣、田横兄弟三人相继为王。 ㉖以王者礼葬之：依照诸侯王的礼仪安葬田横。 按：《史记·田儋列传·正义》曰“田横墓在偃师西十五里。” ㉗穿其冢傍孔：在坟旁挖洞穴。 ㉘下从之：倒在坑里殉葬田横。 ㉙季布：曾为项羽将，以重然诺闻名于关中，时有“得黄金百斤，不如得季布一诺”之谚。传见《史记》卷一百。 ㉚数窘辱帝：多次困窘羞辱高帝。指在楚汉战争中让汉王刘邦多次吃苦头。 ㉛购求：悬赏征求。

㉜舍匿：收留隐藏。㉝罪三族：株连三族之罪，即灭三族，父族、母族、妻族。㉞髡钳为奴：用铁箍住脖子当奴隶。髡钳：古代刑罚名。髡（kūn），剃去头发。钳，用铁箍束颈。此指季布扮成一个刑徒奴隶，逃避追捕。㉟朱家：汉初著名游侠，脱季布于危难。传见《史记》卷一百二十四。㊱其：是。㊲买置田舍：把季布买来安置在农舍。㊳身之：朱家亲自到。滕公：夏侯婴，高祖亲信，西汉开国功臣，官至太仆。传见《史记》卷九十五。㊴职：职分内的事。意谓季布忠于项羽，职责所系，乃常理，非罪也。㊵何示不广也：为什么要显示自己如此的心胸狭隘呢！㊶不北走胡，南走越：不是向北逃奔匈奴，就是向南逃奔南越。走，逃。胡，泛指北方各部族，也特指匈奴。越，南方部族，因部落多，故称百越，这里指南越。㊷"夫忌壮士"两句：忌恨壮士以此资助敌国，这是伍子胥之所以要掘墓鞭打楚平王尸体的缘由啊！忌：恨。资：助。伍子胥：楚大夫，为报父冤死之仇，借吴兵破楚鞭尸楚平王，事详《史记》卷六十六《伍子胥列传》。㊸从容：光明正大、堂而皇之地申说。㊹待间：等待机会。㊺如朱家指：完全达到了朱家的意思。指，通"旨"，意。㊻郎中：官名，属郎中令，宫廷近侍，内守门户，外充车骑。㊼丁公：丁固，季布的舅父。㊽逐窘：追迫。帝：刘邦。㊾顾：回头。㊿两贤：咱们两条好汉，指刘邦、丁固。岂相厄：难道要互相迫害吗。厄，为难，困迫。(51)引：领。(52)徇军中：绑缚丁公到军营中示众。(53)效：仿效。(54)罔罗：广泛收纳。罔，同"网"。(55)受戮：被杀。(56)进取：指开创基业。守成：指保守基业。(57)势：时势。指社会的客观形势和条件。(58)角逐：博奕，指用武力竞争取胜。角（jué），竞争。(59)四海之内：全天下，全国。(60)苟不明礼义以示之：如果不宣传让大家明白礼义。(61)怀贰心：对国君不尽忠。以：而。徼：追求。(62)其能：岂能，难道可以。反诘问句，表肯定。(63)断：判断，决断。(64)晓然皆知：人人都明明白白地知道。(65)无所自容：无处容身，意思是没有活路。(66)怀私结恩：心怀私情结恩于人，即结党营私，拉帮派。(67)虽至于活己，犹以义不与也：即使救过自己的命，依大义仍不可宽容。活己，指丁公救过刘邦的命。与，许，宽容。(68)虑事：谋事。(69)天禄：天赐的福禄，指帝位。(70)四百余年：指西汉、东汉刘姓两朝天下共四百余年。

【译文】

韩信到了楚地，召见曾经分给自己饭吃的那位漂洗丝绵的老妇，赐给她一千金；又召见曾经羞辱自己、叫自己从胯下爬过去的那个人，任命他为楚国的中尉，并告诉将相们说："这是位壮士啊！当他侮辱我时，我难道就不能杀了他吗？只是杀他没有名义，所以忍了下来，才达到了今天这样的成就。"

彭越已经受汉封，为梁王，田横怕被杀，就与他的部下五百多人进入大海，居住在岛上。高帝刘邦认为田横兄弟几人本来曾平定了齐地，齐地贤能的人大都归附了他，今流亡在海岛中，如不加以招抚，以后恐怕会作乱。于是，就派使者去赦免田横的罪过，召他前来。田横推辞说："我曾烹杀了皇上的使臣郦食其，现在听说他的弟弟郦商是汉朝的将领，我很害怕，不敢奉诏前往，只请求做个平民百姓，留守在海岛中。"使者回报，高帝便命令卫尉郦商说："齐王田横即将到来，有敢动一动他的随从人马的人，就诛灭家族！"随即再派使者拿着符节把高帝命令郦商的情况对田横一一讲明，并说道："田横如能前来，高可以封王，低也是个侯。如果不来，便要发兵加以诛杀了。"

田横便和他的两个宾客乘坐驿站的传车去到洛阳。离洛阳还有三十里，到达尸乡驿站。田横向使者道歉说："为人臣子的人觐见天子时，应当沐浴。"随即住下来，对他的宾客说："我起初与汉王一道面朝南称王，而今汉王做了天子，我却是败亡的臣虏，面北称臣伺候他，这耻辱已经非常大了，何况我还烹杀了人家的兄长，怎能同被烹杀人的弟弟并肩侍奉他们的君主呢？即便这位弟弟畏惧天子的命令不敢动我，我难道内心就不感到惭愧吗？况且，皇上想要见我的原因，不过是想看一看我的容貌罢了。现在斩下我的头颅，奔驰三十里送去，神态容貌还不会变坏，仍然可以看。"于是，就自杀，并让宾客捧着他的头颅，随同使者疾驰洛阳奏报。高帝说："哎呀！从平民百姓起家，兄弟三人相继为王，这难道不贤能吗？"为田横流下了眼泪。接着，授给田横的两个宾客都尉的官职，调拨士兵两千人，按照葬侯王的礼仪安葬了田横。下葬以后，那两位宾客在田横的坟墓旁挖了个坑，都自刎而死，倒进坑里陪葬田横。高帝听说了这件事，大为震惊，认为田横的宾客都很贤能，余下的五百人还在海岛上，便派使者去招抚他们。使者抵达海岛，这五百人听说田横已死，也都自杀了。

当初，楚地人季布，是项羽手下的将领，曾多次困窘羞辱汉王刘邦。项羽灭亡后，高帝悬赏千金捉拿季布，下令说有敢收留窝藏季布的，罪连三族。季布于是剃去头发，用铁箍卡住脖子当奴隶，把自己卖给鲁地的大侠朱家。朱家心里明白这个人就是季布，就将他买下，安置在田庄中。朱家随即到洛阳去进见滕公夏侯婴，劝他道："季布有什么罪啊？臣僚各为自己的君王效力，这是常理。项羽的臣下难道要全都杀掉吗？如今皇上刚刚取得天下，便借私人的怨恨去寻捕一个人，怎么如此显露自己胸襟的狭窄呀！况且，根据季布的贤能，朝廷悬赏寻捕他如此急迫，这是逼他不向北投奔胡人，便往南投靠百越部族啊！忌恨壮士而以此资助敌国，这是伍子胥之所以要掘墓鞭打楚平王尸体的缘由啊！您为什么不从容地向皇上说说这些道理呢？”滕公于是就待有机会时，按照朱家的意思向高帝进言，高帝便赦免了季布，并召见他，授任他为郎中。朱家从此不再见季布。

季布的舅父丁公，也是项羽手下的将领，曾经在彭城西面追困过高帝刘邦。短兵相接，高帝感觉事态危急，便回头对丁公说：“两个好汉难道要相互打斗吗？”丁公于是领兵撤还。等到项羽灭亡，丁公来谒见高帝。高帝随即把他拉到军营中示众，说道：“丁公身为项王的臣子却不忠诚，这会使项王失掉天下的人啊！”就把他杀了，并说：“让后世为人臣子的人不要效法丁公！”

臣司马光评论说：汉高祖从丰、沛起事以来，网罗强横有势力的人，招纳逃亡反叛的人，已经是相当多的了。待到登上帝位，唯独丁公因为不忠诚而遭受杀戮，这是为什么啊？这是由于进取与守成形势不同的缘故呀。当群雄并起争相取胜的时候，民众没有确定的君王，谁来投奔就接受谁，本来就该如此。待到贵为天子，四海之内无不臣服时，如果不明确礼义以显示给人看，致使身为臣子的人，人人怀有二心以图求取厚利，那么，国家还能长治久安吗？因此，汉高祖据大义做出决断，使天下的人都清楚地知道，身为臣子却不忠诚的人没有可以藏身的地方，怀揣个人目的而布施恩惠的人，尽管他救过自己的命，依照礼义仍不予宽容。似此杀一人而使千万人畏惧，考虑事情难道不是既深刻又长远吗？汉高帝的子孙享有上天赐予的禄位四百多年，是应该的啊！

【原文】

齐人娄敬戍陇西①，过洛阳，脱輓辂②，衣羊裘③，因齐人虞将军求见上④。虞将军欲与之鲜衣⑤。娄敬曰：“臣衣帛⑥，衣帛见；衣褐⑦，衣褐见；终不敢易衣。”

于是虞将军入言上；上召见，问之。娄敬曰：“陛下都洛阳，岂欲与周室比隆哉⑧？”上曰：“然。”娄敬曰：“陛下取天下与周异。周之先，自后稷封邰⑨，积德累善，十有余世，至于太王、王季、文王、武王⑩而诸侯自归之，遂灭殷为天子。及成王即位，周公相⑪焉，乃营洛邑⑫，以为此天下之中也⑬，诸侯四方纳贡职⑭，道里均矣⑮。有德则易以王⑯，无德则易以亡。故周之盛时，天下和洽⑰，诸侯、四夷莫不宾服⑱，效其贡职[19]。及其衰也，天下莫朝，周不能制也；非唯其德薄也，形势弱也。今陛下起丰、沛[20]，卷蜀、汉[21]，定三秦，与项羽战荥阳、成皋之间，大战七十，小战四十；使天下之民，肝脑涂地[22]，父子暴骨中野[23]，不可胜数，哭泣之声未绝，伤夷者未起[24]；而欲比隆于成、康之时[25]，臣窃以为不侔也[26]。且夫秦地被山带河[27]，四塞以为固[28]；卒然[29]有急，百万之众可立具也[30]。因秦之故，资甚美膏腴之地，此所谓天府[31]者也。陛下入关而都之，山东虽乱，秦之故地可全而有也。夫与人斗，不搤其亢[32]，拊其背[33]，未能全其胜也；今陛下案[34]秦之故地，此亦搤天下之亢而拊其背也。”

帝问群臣。群臣皆山东人，争言：“周王数百年，秦二世即亡。洛阳东有成皋[35]，西有殽、渑[36]，倍河[37]，乡伊、洛[38]，其固亦足恃也。”

上问张良。良曰：“洛阳虽有此固，其中小不过数百里，田地薄，四面受敌，此非用武之国也。关中左殽、函[39]，右陇、蜀[40]，沃野千里；南有巴、蜀之饶[41]，北有胡苑之利[42]。阻三面而守[43]，独以一面东制诸侯；诸侯安定，河、渭漕挽[44]天下，西给京师[45]；诸侯有变，顺流而下，足以委输[46]；此所谓金城千里[47]，天府之国也。娄敬说是也。”

上即日车驾[48]西都长安。拜娄敬为郎中，号曰奉春君，赐姓刘氏。

张良素多病[49]，从上入关，即道引[50]，不食谷[51]，杜门不出[52]，曰：“家世相韩；及韩灭，不爱万金之资，为韩报仇强秦，天下振动。今以三寸舌为帝者师[53]，封万户侯，此布衣之极，于良足矣。愿弃人间事，欲从赤松子[54]游耳。”

臣光曰：夫生之有死，譬犹夜旦之必然[55]；自古及今，固未有超然而独存者也[56]。以子房之明辨达理，足以知神仙之为虚诡矣；然其欲从赤松子游者，其智可知也[57]。夫功名之际，人臣之所难处[58]。如高帝所称者，三杰[59]而已；淮阴诛夷[60]，萧何系狱[61]，非以履盛满[62]而不止耶！故子房托于神仙，遗弃人间，等功名于外物[63]，置[64]荣利而不顾，所谓“明哲保身”者，子房有焉。

（以上为第五段，写娄敬建言汉高帝都关中，得到张良的肯定。高帝随即迁都。兴汉三杰，韩信受族诛，萧何下狱。张良功成身退，不眷念权势荣名，辟谷，隐居，不问凡间之事，是明哲保身的典范，受到司马光的好评。)

【注释】

①娄敬：赐姓刘，拜郎中，号奉春君，封为建信侯。传见《史记》卷九十九。戍：驻防。陇西：郡名。郡治狄道，在今甘肃临洮县南。②脱輓辂：解下引车的横木，即下车。脱，卸下。輓，通“挽”，拉。辂（lù），挽车的横木，缚在辕上，供人拉车使用。③衣羊裘：穿着羊皮袄。衣（yì），穿。④虞将军：汉高祖将领，娄敬老乡，史失其名。⑤鲜衣：华美的新衣。⑥帛：丝绸。⑦褐：用兽皮或粗麻制成的短衣。⑧周室：周王朝。隆：兴盛，尊威。⑨后稷：周始祖，名弃，善种庄稼，曾在尧、舜时代做过农官，教民耕种。邰：邑名，在今陕西省武功县西南。⑩太王：周文王之祖古公亶父的尊号。王季：太王幼子，文王父，名季历。季历卒，文王即位。其后文王子武王灭商，追尊季历为“王季”。⑪相：辅佐。⑫营洛邑：兴建洛邑。洛邑故址在今河南省洛阳市的瀍水东西两岸。⑬天下之中：全国的中心位置。中，中心。⑭纳贡职：交纳贡品和赋税。⑮道里均：道路里程相等。⑯有德则易以王：国君有德则容易依靠德统治天下。“以”后省介词宾语“之”。⑰和洽：和睦。⑱四夷：古代华夏族对四方少数民族的统称。东方称夷，南方称蛮，西方称戎，北方称狄。宾服：心悦诚服，指臣服。⑲效：献。职：贡品。⑳陛下起丰、沛：皇上从丰、沛起兵抗秦。丰、沛，刘邦故里。丰，丰邑，沛县所属之镇，西汉建为县。沛，沛县。㉑卷蜀、汉：席卷蜀郡、汉中郡。蜀、汉，刘邦封汉王所据有之地。㉒肝脑涂地：形容民众饱受战乱之惨烈。㉓暴骨中野：抛尸野外。㉔伤夷者未起：伤残的人还不能行走。夷，创伤。起，治愈，行走。㉕成、康之时：指周成王与周康王的时代，史称其时天下安宁，刑措不用，故用“成、康”称至治之世。㉖不侔：不相等。㉗秦地被山带河：秦地关中依靠华山，濒临黄河。被，通“披”，背靠。㉘四塞以为固：四面都有险关为屏障。关中东有函谷关，南有武关，西有散关，北有萧关，故谓“四塞”。㉙卒然：突然。卒，读“猝”。㉚具：齐备。㉛天府：天然的府库。指自然条件优越，形势险固、物产富饶之地。巴蜀、关中，古有“天府”之称。㉜搤其亢：掐住他的咽喉。搤：用力掐住。亢（gāng）：咽喉。㉝拊其背：拍击他的背。按：搤亢拊背，皆谓控制要害。㉞案：据有。㉟成皋：邑名，在今河南省荥阳市汜水镇。㊱殽：山名。在今河南洛宁县北。渑：渑塞，又名平靖关。在今湖北广水市北。㊲倍河：黄河在洛阳城北，故曰“倍河”。倍，通“背”。㊳乡伊、洛：伊、洛二水在洛阳城南，故曰“乡”。乡，通“向”。㊴殽、函：殽山和函谷关，并称“殽函”。㊵陇、蜀：四川省岷山与陇山相连，

故曰“陇蜀”。陇山为六盘山南段别称，古称陇阪，亦称陇坻。北连沙漠，南带泾渭，为关中四塞西面的险塞。 ㊶饶：物产丰富。 ㊷胡苑之利：畜牧之利。 胡苑：胡人牧养禽兽的范围。 ㊸阻三面而守：倚仗三面险要的地形防守。 按：秦地南、北、西三面皆有险阻。 ㊹漕挽：指水运和陆运。处黄河水运至渭水，自渭水登陆，陆运至长安。水运曰漕，陆运曰转。挽，拉车，即陆运。 ㊺京师：长安。 ㊻委输：转运。 ㊼金城千里：坚固的千里城墙。金城，金属铸的城墙，喻防守坚固。 按：关中千里漕转，保障京师供给，有如金城千里。 ㊽即日车驾：当日就起驾动身迁都。此夸张形容高帝刘邦从善如流。依梁玉绳《史记志疑》考证，“入都关中乃居栎阳宫，至七年始徙居长安”。 ㊾素：平日。 ㊿道引：导引，导气引体。古医家、道家的养生术。即呼吸俯仰，屈伸手足相结合的体育运动疗法。据古书记载，春秋战国时，“导引”已成为一种流行的疗病、保健和养生的方法。 (51)不食谷：亦称“辟谷”，即不吃粮食而食用药物。也就是道家所谓的养生法。 (52)杜门不出：闭门不迎宾客，不外访。 (53)“今以”句：指靠口才为刘邦出谋划策。 三寸之舌：舌长三寸，喻善言辞。 (54)赤松子：传说中的仙人。 (55)夜旦：黑夜与白昼。 (56)超然而独存者：超越自然而独立存在的事物。 (57)其智可知也：他的智慧由此可以看出来。知，认识到，看出来。 (58)“夫功名”两句：在评定功名的时候，做人臣的处境非常为难。 (59)三杰：高帝评价功臣，将淮阴侯韩信、相国萧何、留侯张良三人相提并论，称名“三杰”。 (60)诛夷：杀戮。 (61)系狱：汉十二年，萧何为民请地，触怒汉王，下狱。 (62)履盛满：脚已登上顶峰，喻功名荣显至极。 (63)等功名于外物：视功名如同身外之物。 (64)置：安置，此指抛弃，把功名利禄丢在一边。

【译文】

故齐国人娄敬去防守陇西，经过洛阳，解下绑在车前牵引的横木，穿着羊皮袄，通过齐人虞将军求见高帝刘邦。虞将军想要给他穿上华丽鲜亮的衣服，娄敬说：“我如果穿的是丝绸，就身着丝绸去进见；如果穿的是粗毛麻布，就身着粗毛麻布去进见，终究不敢冒昧地更换衣服。”

这时，虞将军便进去向高帝报告。高帝即召见娄敬，并询问他。娄敬说：“皇上定都洛阳，难道是想与周王朝一比隆盛威势吗？”高帝说：“是啊。”娄敬说：“皇上夺取天下的途径与周朝不同。周朝的祖先，从后稷被唐尧封在邰地起，积累德政善行十多代，以至于到太王、王季、文王、武王时期，诸侯自行归附，终于灭掉殷商当了天子。到了周成王登位，周公辅佐他，才营建洛邑，因为认为这里是天下的中心，各地诸侯前往交纳贡品和赋税，所走的道路里程相等。君王有德行就容易靠此统治天下，没有德行就容易因此而亡国。所以，周朝强盛的时候，天下和睦，诸侯、四方外族没有不臣服、不奉上他们的贡赋的。待到周朝衰弱时，天下没有谁前来朝贡，周朝也已无法驾驭制约了。这不仅是由于它的德行微薄，也由于形势衰弱的缘故啊！如今，皇上从丰、沛起兵抗秦，席卷蜀郡、汉中郡，平定秦地雍、塞、翟三国，与项羽在荥阳、成皋之间作战，经过大战七十次，小战四十次，使天下民众肝脑涂地，惨遭杀戮，老老少少的尸骨暴露在荒野之中，数都数不过来，哭泣的悲声还没有断绝，伤残的人员还不能行走，就想与周成王、康王时代的隆盛威势相比美，我私下里认为这是很不相称的。况且，秦地依靠华山，濒临黄河，四面都有险要关隘为屏障，如果突然有紧急情况发生，百万军队可以立即调动齐备。依靠秦地原有的基础，凭借那里富饶肥沃的土地，这就是天然府库的优势啊。皇上进入函谷关，在那里建都，崤山以东地区就算是乱了，也仍然可以完整地据有秦国的旧地。同别人争斗，不卡住他的咽喉，而从后背拍击他，是不能大获全胜的。现在，皇上如果能占据秦国的故地，这也就是扼住了天下的咽喉且又攻击它的后背了。”

汉高帝询问群臣，群臣都是崤山以东地区的人，便抢着发言，说：“周朝统治了几百年，而秦朝经历两代就灭亡了。洛阳东有成皋，西有崤山、渑池，背靠黄河，面向伊、洛二河，它的坚固也是足可依赖的。”

高帝又问张良。张良说：“洛阳虽然有这样稳固的地势，但它的中心地区狭小，方圆不过几百里，田地贫瘠，四面受敌，因此，这里不是用武之地。而关中地区东有崤山、函谷关，西有陇山、蜀地岷山，沃野千里，南有巴、蜀的富饶资源，北有胡地草场畜牧的地利。倚仗三面险要的地形防守，只用东方一面来控制诸侯。假如诸侯安定，即可通过黄河、渭河水路转运天下的粮食，西上供给京都；如果诸侯发生变故，也可顺流而下，足够用以转运物资。这就是所谓有坚固的千里城墙、富庶的天然府库啊！娄敬的建议是对的。”

高帝当天就起驾动身向西进发，定都长安，并授任娄敬为郎中，称为“奉春君”，赐姓刘。

张良向来多病，随从汉高帝进入函谷关，就静居行气，不吃粮食，闭门不出，说道：“我家的人世代做韩国的宰相，及至韩国灭亡，我不吝惜万金资财，为韩国向强大的秦朝报仇，使天下震动。如今，凭借三寸之舌成为皇帝的军师，被封为万户侯，这已是一个平民所能享有的最高待遇了，这对于我来说足够了。我只望抛开人间俗事，追随仙人赤松子去云游。”

臣司马光评论说：大凡有生就有死，犹如黑夜过后是白天一样的必然。从古至今，原本就没有超越自然而独立存在的事物。按照张良的明辨是非、通晓事理而论，他是完全知道神仙不过是些虚幻奇异的东西罢了。但他却要随同赤松子远游，他的聪明智慧是可以知道的了。功勋和名位之间，正是为人臣子的人难于长久立足之处。即如高帝刘邦所称道的，不过只三个才能出众的人罢了。但是，淮阴侯韩信被诛除，相国萧何被拘禁到狱中，这不就是由于功名已达到巅峰却还不止步的缘故吗？所以，张良借与神仙交游相推脱，遗弃人间凡事，视功名如同身外之物，把荣誉利禄抛到脑后，所谓“明哲保身”者，张良就是个榜样！

【原文】

六月，壬辰，大赦天下。

秋，七月，燕王臧荼反；上自将征之。

赵景王耳、长沙文王芮皆薨。

九月，虏臧荼。壬子，立太尉[①]长安侯卢绾为燕王。绾家与上同里闬[②]，绾生又与上同日；上宠幸绾，群臣莫敢望[③]，故特王之。

项王故将利几反[④]；上自击破之。

后九月，治长乐宫[⑤]。

项王将钟离眛，素与楚王信善。项王死后，亡归信。汉王怨眛，闻其在楚，诏楚捕眛。信初之国，行县邑[⑥]，陈兵出入[⑦]。

六年（庚子，前201）

冬，十月，人有上书告楚王信反者。帝以问诸将，皆曰：“亟发兵，坑竖子耳[⑧]！”帝默然。又问陈平，陈平曰：“人上书言信反，信知之乎？”曰：“不知。”陈平曰：“陛下精兵孰与楚[⑨]？”上曰：“不能过[⑩]。”平曰：“陛下诸将，用兵有能过韩信者乎？”上曰：“莫及也。”平曰：“今兵不如楚精而将不能及，举兵攻之，是趣之战也[⑪]，窃为陛下危之！”上曰：“为之奈何？”平曰：“古者天子有巡狩[⑫]，会诸侯。陛下第出[⑬]，伪游云梦，会诸侯于陈[⑭]。陈，楚之西界；信闻天子以好出游[⑮]，其势必无事而郊迎谒[⑯]；谒而陛下因禽之[⑰]，此特[⑱]一力士之事耳。”帝以为然；乃发使告诸侯会陈，“吾将南游云梦。”上因随以行[⑲]。

楚王信闻之，自疑惧，不知所为。或说信曰：“斩钟离眛以谒上，上必喜，无患。”信从之。

十二月，上会诸侯于陈，信持昧首谒上；上令武士缚信，载后车[20]。信曰：“果若人言：‘狡兔死，走狗烹；高鸟尽，良弓藏；敌国破，谋臣亡[21]。’天下已定，我固当烹！”上曰：“人告公反。”遂械系[22]信以归，因赦天下。

田肯贺上曰：“陛下得韩信，又治秦中[23]。秦，形胜之国也[24]，带河阻山[25]，地势便利；其以下兵[26]于诸侯，譬犹居高屋之上建瓴水也[27]。夫齐，东有琅邪、即墨之饶[28]，南有泰山之固，西有浊河之限[29]，北有勃海之利[30]；地方二千里，持戟百万；此东西秦也[31]，非亲子弟，莫可使王齐者。”上曰：“善！”赐金五百斤。

上还，至洛阳，赦韩信，封为淮阴侯。信知汉王畏恶其能[32]，多称病[33]，不朝从[34]；居常鞅鞅[35]，羞与绛、灌等列[36]。尝过[37]樊将军哙。哙跪拜送迎，言称臣，曰：“大王乃肯临臣！”信出门，笑曰：“生乃与哙等为伍[38]！”

上尝从容与信言诸将能将兵多少。上问曰：“如我能将几何？”信曰：“陛下不过能将十万。”上曰：“于君何如？”曰：“臣多多而益善耳。”上笑曰：“多多益善，何为为我禽[39]？”信曰：“陛下不能将兵而善将将，此乃信之所以为陛下禽也。且陛下，所谓‘天授，非人力[40]’也。”

（以上为第六段，写刘邦着手铲除异姓王，灭燕王臧荼；因项羽部将钟离眛匿藏楚王韩信，而以谋反罪废韩信封王为淮阴侯。韩信失势而心怀怏怏，羞与樊哙为伍，曾与刘邦谈论带兵打仗，认为自己带兵多多益善。）

【注释】

①太尉：官名，为全国行政首长，与丞相、御史大夫合称“三公”。 ②同里闬：住在同一条街巷。闬（hàn），里巷的门。 ③望：怨恨。 ④利几反：项羽败，利几为陈令，降汉，高祖封他为颍川侯，至是反叛。 ⑤长乐宫：本秦之兴乐宫，高祖改修，在长安城东隅。 ⑥行县邑：巡视所管辖的县邑。 ⑦陈兵出入：出入都派军队戒严。⑧亟：马上。 坑竖子：活埋了这小子。 ⑨孰与楚：与楚比起来谁更厉害？孰，谁，哪个。 ⑩过：超过，胜过。 ⑪趣之战也：促使他起兵反抗。 ⑫巡狩：也作“巡守”。古时皇帝巡视诸侯国所守的疆土，就是“视察”。 ⑬陛下第出：皇上只管出巡视察。第，但，只管。 ⑭陈：县名，县治在今河南淮阳。 ⑮以好出游：以友好会见诸侯而出游。

⑯郊迎谒：到郊外迎接晋见皇上。 ⑰禽：通“擒”。 ⑱特：只不过。 ⑲随以行：使者出发后，高帝随即起程南巡。 ⑳后车：随侍皇帝后面的副车。 ㉑“狡兔死”六句：古代流行的谚语。前四句是比喻，后二句是本意，言敌国既已消灭，谋臣就要被杀害了。 ㉒械系：戴上镣铐，囚禁起来。械，枷锁之类的刑具。 ㉓治秦中：建都关中。 ㉔形胜之国：地形险要能够制胜的地方。 形胜：地理位置优越，形势险要。 ㉕带河阻山：有黄河的环绕，有崤山的阻隔。 ㉖下兵：出兵。从关中东向出兵征诸侯，居高临下，故称“下兵”。 ㉗“譬犹”句：就像在高的屋脊上把水倒入瓦沟一样。比喻居高临下、势不可挡。建，倒水，泼水。瓴，瓦沟。一说“瓴”是盛水之瓶，把瓶装水倒在屋顶上，情理不顺，误。 ㉘琅邪：县名，县治在今山东诸城市东南。 即墨：县名，县治在今山东平度市东南。以两地代表齐地的富饶之区。 ㉙浊河之限：黄河的险阻。 浊河：指黄河，因河水混浊而得名。 ㉚勃海之利：指鱼盐之利。 ㉛东西秦：是说齐地形优越。物产富饶，齐在东，秦在西，而东足以与秦抗衡，所以下文说“非亲子弟，莫可使王齐”。 ㉜畏：惧怕。恶（wù）：嫉恨。 其：指韩信自己。 ㉝多：常常。 称病：声言有病，托病。 ㉞不朝从：不朝见皇上，不扈从出行。 ㉟鞅鞅：通“怏怏”，不服气，愁闷失意的样子。 ㊱绛、灌：绛侯周勃、颍阴侯灌婴。二人的功绩和声望远不如韩信，故“羞与绛、灌等列”。 ㊲过：拜访。 ㊳生乃与哙等为伍：我活着竟然落到与樊哙同列。生，活着。 ㊴禽：同“擒”。 ㊵天授，非人力：上天赐予的能力，不是靠人的努力能够取得的。

【译文】

六月初三日，汉高帝实行大赦。

秋季，七月，燕王臧荼反叛，汉高帝亲自率军征讨臧荼。

赵景王张耳、长沙王吴芮都去世了。

九月，汉高帝俘获了臧荼。二十六日，封太尉、长安侯卢绾为燕王。卢绾家与高帝是同乡，卢绾又与高帝同一天出生，高帝宠信卢绾，群臣没有敢埋怨的，因此，特立卢绾为王。

项羽过去的将领利几反叛，汉高帝又亲自带兵打败了他。

闰九月，汉高帝改建长乐宫。

项羽手下的将领钟离眛，向来与楚王韩信交好。项羽死后，他就逃出来归附了楚王韩信。汉高帝很怨恨钟离眛，听说他在楚国，就下令楚王逮捕他。这时，楚王韩信刚到他的封国，巡视所辖县邑，出入都有军队护卫。

汉高帝六年（庚子，前201）

冬季，十月，有人上书告发楚王韩信谋反。汉高帝便征求将领们的意见，大家都说："赶快发兵，把这小子活埋了！"高帝默然不语。接着又询问陈平，陈平道："有人上书告韩信谋反，这事情韩信知道吗？"高帝说："不知道。"陈平说："皇上的精锐部队与楚王的相比，谁更厉害呢？"高帝说："超不过他的。"陈平说："皇上的将领们，用兵之材有能比过韩信的吗？"高帝说："没有赶得上他的。"陈平说："现在军队不如楚国的精锐，将领又比不上韩信，却要举兵攻打他，这是促使他起兵反抗啊！我私下里为皇上感到危险！"高帝说："那该怎么办呢？"陈平说："古时候天子会巡视诸侯镇守的地方，会见诸侯。皇上只管出来视察，假装巡游云梦，在陈地会见诸侯。而陈地在楚国的西部边界，韩信听说天子怀着友好会见诸侯的心意出游，必定是全国安稳无事，便会到郊外迎接进见皇上。拜见时，皇上趁机捉住他，这是一个力士就能办到的事情。"高帝认为陈平说得不错，便派出使者去通告诸侯到陈地聚会，说："我将南游云梦。"高帝随即起程南行。

楚王韩信听说这个消息后，自己颇为疑心害怕，不知怎么办才好。这时有人劝韩信说："杀了钟离眛去进见皇上，皇上必定欢喜，如此就不会有什么祸患了。"韩信听从了他的建议。

十二月，汉高帝在陈地会见诸侯，韩信提着钟离眛的头颅拜见高帝。高帝即命武士将韩信捆绑起来，装载到随皇帝车驾出行的副车上。韩信说："果然如同人们所说：'狡猾的兔子死了，奔跑的猎狗就要被烹杀；高飞的鸟儿没了，优良的弓箭就要被收藏；敌对的国家攻破了，谋臣就要被灭亡。'如今天下已经平定，我本来就应当被煮杀了！"高帝说："有人告发你谋反。"随即用镣铐枷锁锁住韩信而归，接着，实行大赦。

田肯前来向汉高帝祝贺说："皇上拿住了韩信，又在关中建都。秦地是形势险要能够制胜的地方，以河为襟带，以山为屏障，地势便利，从这里向诸侯用兵，就好像在高屋脊上倾倒瓶中的水那样，居高临下而势不可挡了。齐地，东有琅邪、即墨的富饶物产，南有泰山的峭峻坚固，西有浊河的险阻制约，北有渤海的渔盐利益，土地方圆两千里，拥有兵力百万，可以算作是东方的秦国了，因而不是皇上嫡亲的子弟，是不可以去统治齐地的。"高帝说："对啊！"随即便赏给田肯五百斤黄金。

汉高帝归还，到了洛阳，就赦免了韩信，封他为淮阴侯。韩信知道刘邦害怕并厌恶他的才能，于是，就多次声称有病，不参加朝见和随侍出行。平日在家里总是闷闷不乐，为与绛侯周勃、将军灌婴这样的人处于同等地位感到羞耻。韩信曾去拜访将军樊哙。樊哙用跪拜的礼节送迎，口称“臣子”，说道：“大王竟肯光临我这里！”韩信出门后，讪笑着说：“我活着竟然要和樊哙等人为伍了！”

汉高帝曾与淮阴侯韩信闲谈，议论将领们能带多少兵。高帝问道：“像我这个样子能率领多少兵呀？”韩信说：“皇上不过能带十万兵。”高帝说：“对您来说怎样呢？”韩信道：“我是越多越好啊。”高帝笑着说：“你是越多越好，为什么却被我捉住了呀？”韩信说：“皇上虽然不能带兵，却善于驾驭将领，这就是我被皇上逮住的原因了。何况皇上的才能，是人们所说的‘是上天赐予的，而不是人力能够取得的’啊！”

【原文】

甲申，始剖符[①]封诸功臣为彻侯。萧何封酂侯[②]，所食邑独多。功臣皆曰：“臣等身披坚执锐，多者百余战，小者数十合[③]。今萧何未尝有汗马之劳[④]，徒持文墨议论[⑤]，顾反[⑥]居臣等上，何也？”帝曰：“诸君知猎乎？夫猎，追杀兽兔者，狗也；而发纵指示[⑦]兽处者，人也。今诸君徒能得走兽耳，功狗也[⑧]；至如萧何，发纵指示，功人也[⑨]。”群臣皆不敢言。

张良为谋臣，亦无战斗功；帝使自择齐三万户。良曰：“始，臣起下邳，与上会留[⑩]，此天以臣授陛下；陛下用臣计，幸而时中。臣愿封留足矣，不敢当[⑪]三万户。”乃封张良为留侯。

封陈平为户牖侯[⑫]，平辞曰：“此非臣之功也。”上曰：“吾用先生谋，战胜克敌，非功而何[⑬]？”平曰：“非魏无知，臣安得进[⑭]？”上曰：“若子，可谓不背本矣[⑮]！”乃复赏魏无知。

帝以天下初定，子幼，昆弟少，惩[⑯]秦孤立而亡，欲大封同姓以填抚[⑰]天下。

春，正月，丙午[⑱]，分楚王信地为二国：以淮东五十三县立从兄将军贾为荆王[⑲]，以薛郡、东海、彭城三十六县立弟文信君交为楚王[⑳]。

壬子[㉑]，以云中、雁门、代郡五十三县立兄宜信侯喜为代王[㉒]，以胶东、胶西、临菑、济北、博阳、城阳郡七十三县立微时外妇之子肥为齐王[㉓]；诸民能齐言者皆以与齐[㉔]。

上以韩王信材武[㉕]，所王北近巩、洛[㉖]，南迫宛、叶[㉗]，东有淮阳[㉘]，皆天下劲兵处[29]；乃以太原郡[30]三十一县为韩国，徙[31]韩王信王太原以北，备御胡[32]，都晋阳。信上书曰："国被边[33]，匈奴数入寇；晋阳去塞远[34]，请治马邑[35]。"上许之。

上已封大功臣二十余人，其余日夜争功不决[36]，未得行封。上在洛阳南宫，从复道[37]望见诸将，往往相与坐沙中语[38]。上曰："此何语[39]？"留侯曰："陛下不知乎？此谋反耳！"上曰："天下属安定[40]，何故反乎？"留侯曰："陛下起布衣，以此属取天下[41]；今陛下为天子，而所封皆故人所亲爱，所诛皆生平所仇怨。今军吏计功，以天下不足遍封[42]；此属畏陛下不能尽封，恐又见疑[43]平生过失及诛，故即相聚谋反耳。"上乃忧曰："为之奈何？"留侯曰："上平生所憎、群臣所共知，谁最甚者？"上曰："雍齿与我有故怨[44]，数尝窘辱[45]我；我欲杀之，为其功多，故不忍。"留侯曰："今急先封雍齿，则群臣人人自坚矣[46]。"于是上乃置酒，封雍齿为什方[47]侯；而急趋[48]丞相、御史定功行封[49]。君臣罢酒，皆喜，曰："雍齿尚为侯，我属无患矣！"

臣光曰：张良为高帝谋臣，委以心腹[50]，宜其知无不言；安有[51]闻诸将谋反，必待高帝目见偶语，然后乃言之邪！盖以[52]高帝初得天下，数用爱憎行诛赏，或时害至公[53]，群臣往往有觖望自危[54]之心；故良因事纳忠以变移帝意，使上无阿私之失[55]，下无猜惧之谋[56]，国家无虞[57]，利及后世。若良者，可谓善谏矣。

列侯毕[58]已受封，诏定元功十八人位次[59]。皆曰："平阳侯曹参，身被七十创，攻城略地，功最多，宜第一。"谒者、关内侯鄂千秋[60]进曰："群臣议皆误，夫曹参虽有野战略地之功，此特[61]一时之事耳。上与楚相距[62]五岁，失军亡众，跳身遁者数矣[63]；然萧何常从关中遣军补其处[64]，非上所诏令召[65]，而数万众会上之乏绝者数矣。又军无见粮[66]，萧何转漕关中，给食不乏。陛下虽数亡山东[67]，萧何常全关中以待陛下。此万世之功也[68]。今虽无曹参等百数，何缺于汉；汉得之，不必待以全[69]。奈何欲以一旦之功而加万世之功哉！萧何第一，曹参次之。"上曰："善！"于是乃赐萧何带剑履上殿[70]，入朝不趋[71]。

上曰："吾闻'进贤受上赏'。萧何功虽高，得鄂君乃益明。"于是因鄂千秋所食邑，封为安平侯⑫。是日，悉封何父子兄弟十余人，皆有食邑；益封何二千户。

上归栎阳。

夏，五月，丙午⑬，尊太公为太上皇⑭。

（以上为第七段，写汉高帝刘邦论功行赏，谋臣萧何、张良、陈平，首先受封，萧何封邑最多，功勋位居第一；汉高帝采张良建言，封赏有旧怨的雍齿为侯，打消了功臣们的猜疑。司马光评论，高度赞赏张良。）

【注释】

①剖符：古代帝王分封诸侯、功臣时，以竹符为信证，剖分为二，君臣各执其一，后以"剖符"为分封、授官之称。 ②酂（cuó）：县名，县治在今河南永城市西南。 ③小者数十合：少的也战斗了几十个回合。 小：少。 合：古代打斗时双方对打一次为一合，也叫"回合"。 ④汗马之劳：指征战的劳苦，亦指战功。汗马，战马奔走而出汗，喻劳苦有功。 ⑤徒：只不过。 持：依仗。 文墨：文书辞章。萧何初为刀笔吏。 议论：发发论议。 ⑥顾反：反而。 ⑦发纵指示：放开系狗绳，指示野兽所在。 ⑧功狗：功劳像猎狗。 ⑨功人：功劳如猎人。 ⑩留：县名。县治在今江苏沛县东南。 ⑪当：接受。 ⑫户牖：乡名，在今河南兰考县东北。 ⑬非功而何：不是功劳是什么呢？ ⑭安得进：哪里能够进见啊。安，何，怎么。 ⑮不背本：不忘恩。 ⑯惩：鉴于。 ⑰填抚：镇守安抚。 填：通"镇"。 ⑱丙午：正月二十一日。 ⑲淮东：指今安徽省淮河东部和南部一带。 荆王：荆，吴地，因有荆山，以山名国，故号荆王。刘邦堂兄刘贾封荆王，传见《史记》卷五十一。 ⑳楚王：刘邦同母弟刘交封楚王，王淮西地三十六县。淮西，指今安徽省淮河西部和北部一带，刘交传见《史记》卷五十。 ㉑壬子：正月二十七日。 ㉒代王：史实不详。《史》《汉》两书均未载刘邦有兄刘喜封代王事，不知《通鉴》何据。云中、雁门、代三郡，云中郡在今内蒙古托克托东北，雁门郡在今山西省西北部和内蒙古黄旗海、岱海以南，代郡在今山西省东北部和河北省北部。 ㉓齐王：刘邦长子刘肥封齐王。刘肥为刘邦为亭长时非正妻姘妇所生，故称"微时外妇"。传见《史记》卷五十二。 ㉔"诸民"句：凡讲齐语的地区、百姓，都划归齐王管辖。 ㉕以：认为。 韩王信：战国时韩王室后裔，汉封以为韩王，后降匈奴。传见《史记》卷九十三。 材武：有才能而且勇武。 ㉖近巩、洛：靠近巩邑与洛邑。巩邑在今河南巩义市，洛邑在今洛阳市东北。 ㉗迫宛、叶：迫近宛邑和叶县。迫，同近。宛邑在

今河南南阳市，叶县在今河南叶县。 ㉘淮阳：城名，在今河南淮阳区西南。 ㉙劲兵处：可以屯驻强大军队的地方。 ㉚太原郡：治所晋阳，在今山西太原市西南。 ㉛徙：迁调。 ㉜备御胡：防备抵御匈奴。 ㉝国被边：韩国北靠边界。 ㉞去塞远：晋阳离边塞遥远。 去：距离。 ㉟请治马邑：把国都从晋阳迁到马邑。马邑，县名，县治在今山西朔州市。 ㊱不决：短时没做出决定。 ㊲复道：上下有道，上者为天桥。㊳语：窃窃私语。 ㊴此何语：这些人在说些什么。 ㊵属安定：刚刚安定。 ㊶以此属取天下：依靠这帮人打天下。 ㊷遍封：所有立功的人全部有封。遍，一一，都。 ㊸见疑：被猜忌。 ㊹雍齿：沛人，从刘邦起兵，守卫丰邑降魏，反抗刘邦，制造多次困难，尔后回归多次立有战功。 有故怨：有旧怨。 ㊺窘辱：困辱。㊻自坚：心情稳定。指自己坚信能得到封赏。 ㊼什方：县名，县治在今四川什邡市南。 ㊽急趋：急速催促。趋，通“促”，催促。 ㊾定功行封：论定功劳，进行封赏。 ㊿委以心腹：视为心腹亲信。委，交心，信任。 51安有：哪能，怎么会。52盖以：这是由于。以，由于，因为。 53害至公：有损公平。 54觖望：因不满而怨恨。觖（jué）：不满。 自危：感到自己有危险。 55阿私之失：徇私而犯下错误。56猜惧之谋：猜疑恐惧而图谋不轨。 57国家无虞：国家无忧患。 58毕：全，都。59诏：皇帝下达命令。 元功：开国元勋。 十八人位次：萧何、曹参、张敖、周勃、樊哙、郦商、奚涓、夏侯婴、灌婴、傅宽、靳歙、王陵、陈武、王吸、薛欧、周昌、丁复、虫达，自第一至十八。 60鄂千秋：随刘邦起兵。时为谒者，关内侯。 61特：只是。 62相距：相拒，对抗。距，通“拒”。 63跳身遁者数矣：只身轻装逃脱好几次。跳身遁，只身轻装逃跑。跳，通“逃”。 64遣军补其处：派遣兵员补充缺额。65非上所诏令召：并不是皇上下令要他征募的。谓萧何运筹后勤绝佳，配合了前线战事。66军无见粮：军中没有了现成粮食。 67数亡山东：多次丢掉崤山以东的地方。 68万世之功：永久之功，不朽之功。 69汉得之，不必待以全：如果汉朝有了像曹参那样的人一百个，也不一定能保全天下。 70赐：特许。 带剑履上殿：带剑穿鞋上殿朝见皇上。这是帝王给有功之臣的特殊恩荣。 71趋：低头小步快走。这是古代下级见上级表示崇敬的礼节。 72“于是”二句：于是，依据鄂千秋原来所封食邑，加封为安平侯。 因：因袭，依据。 所：据章校，他本“所”字上有“故”字。《史记·萧相国世家》有“故”字，当补“故”字。 故所食邑：指原来享有关内侯的食邑。 食邑：封地，封邑。秦汉行郡县制，受封爵者在其封邑内无统治权，以封邑内民户赋税充食禄，故称封邑为食邑，得世袭。 73丙午：五月二十三日。 74太上皇：帝王对父亲的尊称。

【译文】

十二月初九，汉高帝开始把表示凭证的符信剖分成两半，朝廷与功臣各执一半为证，用这一办法来分封各功臣为彻侯。萧何封为酂侯，所享用的食邑户数最多。功臣们都说："我们身披坚硬铠甲，手持锐利兵器，多的身经百余次战斗，少的也交锋了几十个回合。如今萧何不曾有过汗马功劳，只是操持文墨，发发议论，封赏却在我们之上，这是为什么啊？"高帝说："你们知道打猎是怎么回事吗？打猎，追杀野兽兔子的是猎狗，而放开系狗绳指示野兽所在之处的是人。现在你们只不过是能捕捉到奔逃的野兽罢了，功劳就如同猎狗一样；至于萧何，却是放开系狗绳指示猎取的目标，功劳和猎人相同啊！"群臣于是都不敢说三道四了。

张良身为谋臣，也没有什么战功，汉高帝让他自己选择齐地三万户作为封地。张良说："当初，我在下邳起兵，与皇上在留地相会，这是上天把我授给皇上。此后，皇上采用我的计策，幸好有时能够获得成功。我希望封得留地就足够了，不敢承受三万户的封地。"高帝于是封张良为留侯。

汉高帝封陈平为户牖侯。陈平推辞说："我没有那么多功劳啊。"高帝说："我采纳您的计谋，克敌制胜，这不是功劳又是什么呀？"陈平说："如果没有魏无知的举荐，我哪里能够进见呀？"高帝说："像您这样，可以说是不忘本了！"随即又赏赐了魏无知。

汉高帝由于天下刚刚平定，自己的儿子年幼，兄弟又少，便以秦朝孤立而导致灭亡的教训为戒鉴，想要大肆分封同姓族人，借此镇抚天下。

春季，正月二十一，汉高帝把楚王韩信的封地分为两个王国，将淮河以东五十三个县封给堂兄将军刘贾为荆王，将薛郡、东海、彭城等地三十六个县封给弟弟文信君刘交为楚王。

正月二十七，汉高帝把云中、雁门、代郡等地五十三个县封给哥哥宜信侯刘喜做代王，把胶东、胶西、临淄、济北、博阳、城阳郡等地七十三个县封给自己平民时与同居妇人所生的儿子刘肥当齐王，百姓中能讲齐国话的人都分给了齐国。

汉高帝认为韩王韩信颇具雄才武略，而韩王韩信所管辖的地区北面紧靠巩地、洛阳，南面迫近宛、叶，东边有淮阳，都是天下可以驻扎重兵的地方，令人放心不下，就划出太原郡的三十一个县为韩国，调韩王韩信去管辖太原以北的新地区，防备抵御胡人，建都晋阳。韩王韩信上书说："韩国北靠边界，匈奴人屡次进来骚扰，都城晋阳离边塞遥远，请求改马邑为国都。”高帝允准。

汉高帝已经封赏了大功臣二十多人，其余的人日夜争功，一时决定不下来，便没能给予封赏。高帝在洛阳南宫，从天桥上望见将领们往往三人一群两人一伙地同坐在沙地中谈论着什么。高帝说：“这是在说些什么呀？”留侯张良说：“皇上不知道吗？这是在图谋造反啊！”高帝说：“天下刚刚安定下来，为了什么缘故又要谋反呢？”留侯说：“皇上由平民百姓起家，依靠这班人夺取了天下。如今皇上当了天子，封赏的都是自己亲近喜爱的老友，诛杀的都是自己生平仇视怨恨的人。现在军吏们计算功劳，认为即使把天下的土地都划作封国也不够全部封赏的了，于是，这帮人就害怕皇上对他们不能全部封赏，又恐怕因往常的过失而被猜疑以至于遭到诛杀，所以就相互聚集到一起图谋造反了。”高帝于是担忧地说：“这该怎么办呢？”留侯说：“皇上平素最憎恶并且群臣又都知道的人，是谁呀？”高帝说：“雍齿与我有旧怨，他曾经多次困辱我。我想杀掉他，但由于他功劳很多，所以不忍心下手。”留侯说：“那么，现在就赶快先封赏雍齿，这样一来，群臣也就人人都对自己能受到封赏坚信不疑了。”于是，高帝便置备酒宴，封雍齿为什方侯，并急速催促丞相、御史论定功劳进行封赏。群臣结束饮宴后，都欢喜异常，说道：“雍齿尚且封为侯，我们这些人也就没有什么可担忧的啦！”

臣司马光评论说：张良作为高帝的谋臣，被当作心腹亲信，应该是知无不言，哪有已经听说诸侯将要谋反，却一定要等到高帝眼见有人成双成对地议论，然后才述说这件事的道理啊？这是由于高帝刚刚得到天下，屡次依据自己的爱憎来诛杀、封赏，有时候就会有损公平，群臣因此往往怀有抱怨和感到自己有危险的心理。所以，张良借着这件事进送忠言，以改变高帝的心思，使在上者无偏袒私情的过失，在下者无猜疑恐惧的念头，国家无忧患，利益延及后世。像张良这样，可以说是善于劝谏了。

列侯全都受封完毕，汉高帝就命令议定获第一级功的十八个人的位次。群臣都说：“平阳侯曹参，身受七十处创伤，攻城略地，立功最多，应当排在第一位。”谒者、关内侯鄂千秋进言说：“群臣们的议论都错了。曹参虽然有野战夺地的功劳，只是战场上一时间的事情罢了。皇上与楚军相持五年，军队丧失，部众逃亡，自己只身轻装逃脱就有好几次。当时萧何经常从关中派遣兵员补充汉军的缺额，这些都不是皇上下发命令叫他干的，而关中好几万士兵开赴前线时恰好遇到皇上将少兵尽的危急时刻，这也有过好多次了。再说到军中无现成粮食，萧何从关中水陆运送，军粮供给从不缺乏。皇上尽管多次丢掉崤山以东的地盘，萧何却总能保全关中地区等待皇上归来。这些都是万世不朽的功勋啊！如今，即便没有成百个曹参这样的人，对汉室又有什么缺损呢？汉室得到他们，未必就能靠他们得以保全。怎么能将一时的功劳盖过万世的功勋啊？萧何应当位居第一位，曹参位居第二位。”高帝说：“对啊！”随即便特许萧何可以带剑、穿鞋上殿，朝见皇帝时不必行小步快走表示恭敬的常礼。

汉高帝说：“我听说：‘举荐贤能的人要受到上等的封赏。’萧何的功劳虽然卓著，是得到鄂君的申辩才更加明确的。”因此，就根据鄂千秋原来所受的封地，加封他为安平侯。这一天，萧何父子兄弟十多人，都得到了食邑。又加封给萧何两千户。

汉高帝返归栎阳。

夏季，五月二十三，汉高帝尊称父亲太公为“太上皇”。

【原文】

初，匈奴畏秦，北徙十余年。及秦灭，匈奴复稍南渡河。

单于头曼有太子曰冒顿[①]。后有所爱阏氏[②]，生少子[③]，头曼欲立之。是时，东胡强而月氏盛[④]，乃使冒顿质于月氏。既而头曼急击月氏，月氏欲杀冒顿。冒顿盗其善马骑之，亡归[⑤]；头曼以为壮[⑥]，令将万骑[⑦]。

冒顿乃作鸣镝[⑧]，习勒[⑨]其骑射。令曰：“鸣镝所射而不悉射者，斩之！”冒顿乃以鸣镝自射其善马，既又射其爱妻；左右或不敢射者，皆斩之。最后以鸣镝射单于善马，左右皆射之。于是冒顿知其可用；从头曼猎，以鸣镝射头曼，其左右亦皆随鸣镝而射。遂杀头曼，尽诛其后母与弟及大臣不听从者。冒顿自立为单于。

东胡闻冒顿立，乃使使谓冒顿：“欲得头曼时千里马。”冒顿问群臣，群臣皆曰：“此匈奴宝马也，勿与[⑩]！”冒顿曰：“奈何与人邻国而爱一马乎！”遂与之。居顷之，东胡又使使谓冒顿：“欲得单于一阏氏。”冒顿复问左右，左右皆怒曰：“东胡无道，乃求阏氏[⑪]！请击之！”冒顿曰：“奈何与人邻国爱一女子乎！”遂取所爱阏氏予东胡。东胡王愈益骄。东胡与匈奴中间，有弃地莫居[⑫]，千余里，各居其边，为瓯脱[⑬]。东胡使使谓冒顿："此弃地，欲有之。"冒顿问群臣，群臣或曰："此弃地，予之亦可，勿与亦可。"于是冒顿大怒曰："地者，国之本也，奈何予之！"诸言予之者，皆斩之。冒顿上马，令："国中有后出者斩！"遂袭击东胡。东胡初轻冒顿，不为备；冒顿遂灭东胡。

既归，又西击走月氏，南并楼烦⑭、白羊河南王⑮，遂侵燕、代，悉复收蒙恬所夺匈奴地，与汉关故河南塞⑯至朝那、肤施⑰。是时，汉兵方与项羽相距，中国罢于兵革⑱，以故冒顿得自强，控弦之士⑲三十余万，威服诸国。

秋，匈奴围韩王信于马邑。信数使使胡⑳，求和解。汉发兵救之；疑信数间使㉑，有二心，使人责让信。信恐诛，九月，以马邑降匈奴。匈奴冒顿因引兵南逾句注㉒，攻太原，至晋阳㉓。

（以上为第八段，写匈奴部落在秦朝灭亡、楚汉相争时逐渐强大起来，冒顿杀掉其父头曼单于自立，后又灭掉东胡，四处扩张，包围韩王韩信，韩王韩信举马邑城投降匈奴，匈奴趁势进攻太原，抵达晋阳。）

【注释】

①单于（chán yú）：匈奴君主称号。"撑犁孤涂单于"的省称。匈奴语"撑犁孤涂"为"天子"，"单于"为"广大"。 头曼：人名。冒顿（mò dú）：公元前207年杀父自立单于，建立军政制度，征服四邻部族，是匈奴族历史上最伟大的单于之一。西汉初侵扰汉王朝，公元前174年卒。 ②阏氏（yān zhī）：匈奴君主正妻的称号，等同汉朝的皇后。③少子：小儿子。 ④东胡：部族名，分布在今河北省和内蒙古自治区交界地带。月氏（zhī）：部族名，分布在今甘肃省西部与青海省交界地区。冒顿单于立，东胡、月氏，皆为匈奴所并。月氏残余西走中亚。 ⑤亡归：逃回匈奴。 ⑥壮：强壮勇武。 ⑦将万骑：统率一万名骑兵。 ⑧鸣镝：响箭。 ⑨习勒：训练。 ⑩勿与：不要给东胡。与，予，给。 ⑪乃求阏氏：竟然索求阏氏。乃，竟然。 ⑫弃地：荒废不用之地。 莫居：无人居住。 ⑬瓯脱：不同种姓游牧部族相邻，双方之间隔绝的缓冲地带。 ⑭楼烦：部族名，分布在今山西省和内蒙古交界地带。 ⑮白羊河南王：白羊是匈奴的一部，居住在河套以南地区，故称。 ⑯与汉关故河南塞：与汉朝以原河南塞为界。关，边关。 ⑰朝（zhū）那：县名，县治在今宁夏固原市东南。 肤施：县名，县治在今陕西榆林市东南。⑱中国罢于兵革：中原地区被战争拖累得疲惫不堪。罢，通"疲"。兵革，指战争。兵，兵器。革，甲胄。 ⑲控弦之士：能够射箭的射手，即战士。 ⑳数使使胡：多次派使者

出使匈奴。㉑间使：暗中派使者。㉒句注：山名，在今山西省代县西北。㉓太原：郡名，郡治晋阳，在今太原市西南。

【译文】

当初，匈奴畏惧秦朝，迁移到北方十多年。待到秦朝灭亡，匈奴又逐渐往南渡过黄河。

匈奴单于头曼有太子叫冒顿。后来，头曼宠爱的阏氏又生了个小儿子，头曼便想立他为太子。这时东胡部族强大，西域的月氏部族也很强盛。头曼于是派冒顿到月氏去当人质。不久，头曼加紧攻击月氏，月氏就想杀掉冒顿。冒顿却偷盗月氏人的好马骑上，逃回了匈奴。头曼由此认为冒顿强壮勇武，就让他统率万名骑兵。

冒顿便制作响箭，训练部下骑射练习，使他们习惯于听从自己的号令。下令说："看到我的响箭射出后不一齐发射的人，斩首！"冒顿随即用响箭射他的好马，接着又射他的爱妻，左右的人凡有不敢跟着发射的，都被斩杀了。最后冒顿又拿响箭射头曼单于的好马，左右的骑兵也都跟着放箭射单于的马。由此，冒顿知道这些兵士可以使用了，便在随同头曼出猎时，用响箭射头曼，他的部众即跟着响箭同射单于。最终杀死了头曼，并把他的后母和弟弟以及大臣中不听从调遣的人全部诛杀。冒顿自立为单于。

东胡听说冒顿杀父自立，便派出使者去告诉冒顿说："想要得到头曼在位时拥有的一匹千里马。"冒顿询问群臣，群臣都说："那是匈奴的一匹宝马，不能给人！"冒顿道："怎么能与人家为友好邻国，却吝惜区区一匹马呀？"随即把这匹马送给了东胡。过了不久，东胡又派使者来对冒顿说："想要得到单于的一位阏氏。"冒顿再询问左右近侍，侍臣都愤怒地说："东胡这般无礼，竟然索求阏氏！请发兵攻打它！"冒顿道："和人家是邻国，怎么能舍不得一个女子呢？"就选取自己所宠爱的阏氏送给了东胡。东胡王于是越来越骄横放纵。东胡与匈奴之间，有被废弃的土地无人居住，方圆一千多里，双方各居其一边，设立屯戍守望的哨所。东胡再次派使者对冒顿说："这些无人居住的荒地，我想得到它。"冒顿依旧召问群臣，群臣中有的说："这是块荒地，给也行，不给也行。"冒顿这时却勃然大怒，说："土地是国家的根本，怎么能够随便给人呢？"立即将那些说可以给予的臣子都杀了。冒顿接着一跃上马，下令说："国中有晚出发的人，斩首！"随即领兵去袭击东胡。东胡起初非常轻视冒顿，不设防备，冒顿因此灭掉了东胡。

冒顿获胜而归，又向西攻击赶跑了月氏，向南兼并了黄河以南的娄烦、白羊二王，随后侵掠燕、代地区，重新收复了当年被蒙恬夺走的匈奴旧地，并夺取了汉朝边关原河套以南诸要塞到朝那县、肤施县一带的大片土地。这个时候，汉军正与项羽相持，中原地区被战争拖累得疲惫不堪，因此，冒顿得以强大起来，拥有操弓射箭的士兵三十多万，威势镇服各国。

秋季，匈奴兵在马邑将韩王韩信重重包围。韩王韩信多次派使者出使匈奴，谋求和解。汉朝发兵救援，但又猜疑韩王韩信频繁私派使者是对汉室怀有二心，就派人去指责韩王韩信。韩王韩信害怕被杀，便在九月，举马邑城投降了匈奴。匈奴冒顿随即乘势领兵向南越过句注山，进攻太原，抵达晋阳。

【原文】

帝悉去秦苛仪法①，为简易②。群臣饮酒争功，醉，或妄呼③，拔剑击柱，帝益厌之④。叔孙通说上曰："夫儒者难与进取⑤，可与守成⑥。臣愿征鲁诸生，与臣弟子共起朝仪⑦。"帝曰："得无难乎⑧？"叔孙通曰："五帝异乐⑨，三王不同礼⑩；礼者，因时世⑪、人情为之节文⑫者也。臣愿颇采古礼⑬，与秦仪杂就之⑭。"上曰："可试为之，令易知⑮，度吾所能行者为之！"

于是叔孙通使⑯，征鲁诸生⑰三十余人。鲁有两生不肯行，曰："公所事者且十主⑱，皆面谀以得亲贵⑲。今天下初定，死者未葬，伤者未起，又欲起礼、乐。礼、乐所由起⑳，积德百年而后可兴也。吾不忍为公所为㉑；公去矣，无污我㉒！"叔孙通笑曰："若真鄙儒也㉓，不知时变㉔！"遂与所征三十人西㉕，及上左右为学者㉖与其弟子百余人，为绵蕞野外㉗。习之月余，言于上曰："可试观矣。"上使行礼；曰："吾能为此。"乃令群臣习肄㉘。

（以上为第九段，写汉高帝刘邦去除秦朝烦琐的礼仪，群臣饮酒争功，叔孙通征召鲁地儒生，与弟子一起制定朝廷君臣礼仪规则，在野外经过一个多月的演练，让刘邦试看。刘邦说："我能为此。"）

【注释】

①帝悉去秦苛仪法：高帝全部废除秦朝烦琐的礼仪。悉，全部。去，废除。苛，繁

琐。仪法，礼仪法规。 ②为简易：力求简便易行。 ③妄呼：乱喊乱叫。 ④益厌之：逐渐产生反感。益，日益，一天天，逐渐。 ⑤进取：指攻战夺取天下。 ⑥守成：指保守巩固国家。 ⑦起朝仪：制定朝会的礼仪。 ⑧得无难乎：该不会烦难吧。 ⑨五帝：上古传说时代的帝王。《史记》卷一《五帝本纪》以黄帝、颛顼、帝喾、唐尧、虞舜为五帝。 异乐：乐教不一样。乐，乐制，乐教。 ⑩三王：夏商周三代开国圣王，即夏禹王、商汤王、周文王与周武王。 不同礼：礼制不相同。礼，有广狭两义。广义指礼制，如规定人们行动的法则、规范、仪式的总称。狭义指礼仪，如祭祀、丧葬、军旅、朝会、冠婚等方面的仪式。 ⑪因时世：根据时代社会。 ⑫节文：对人们的言语行动加以节制修饰。文（wèn），饰。 ⑬颇采古礼：参照古礼。颇，略，稍微，参照。 ⑭杂就之：结合制定，参酌制定。 ⑮令易知：让人容易理解、明白。 ⑯使：为使者。 ⑰诸生：儒生。⑱事：侍，服务。 且十主：将近十个主子。 按：叔孙通事秦始皇、二世、陈涉、项梁、楚怀王心、项羽及刘邦共七主，“且十主”云云并非夸张。 ⑲皆面谀以得亲贵：都是靠着当面阿谀奉承而赢得亲近、尊贵。 ⑳所由起：产生。 ㉑吾不忍为公所为：我不愿去做你所要做的事。 忍：愿意。 ㉒无污我：不要玷污我。无，勿，不要。 ㉓若真鄙儒也：你们真是浅陋迂腐的儒生。鄙儒，书呆子。 ㉔不知时变：不懂得时势的变化。㉕西：西入长安。 ㉖上左右：皇上身边的近臣。 为学者：素有学术修养的人。 ㉗为绵蕞野外：在野外空旷地建立礼仪演习场。为，建立，制作。绵蕞，古代演习朝会礼仪时，牵引绳索表示演习的处所，称为绵；树立茅草表示尊卑位次，称为蕞（zuì）。 ㉘习肄：练习。

【译文】

汉高帝刘邦全部废除秦朝烦琐的礼仪，力求礼仪规则简单易行。这时，群臣们饮酒争功，喝得酩酊大醉，有的就胡喊狂呼，拔剑乱砍殿柱，高帝渐渐对这种现象产生了反感。叔孙通于是劝高帝说：“那班儒生，很难和他们一道攻打天下，但可以与他们一起保守成业坐拥天下。我愿意去征召鲁地的儒生，来同我的弟子一块儿制定臣子朝见君王的礼仪规则。”高帝说：“该不会挺烦难的吧？”叔孙通说：“五帝的乐制不一样，三王的礼制不相同。礼制，是根据时代、人情的变化，对人们的言行制定的节制规范。我想稍微采用一些古代礼制，与秦朝的仪法掺合到一起制定出来。”高帝说：“可以试着做做，但要使这种礼仪容易被人们了解，估计我所能做得到的，据此去制定它。”

于是，叔孙通就奉命作为使者，去征召了鲁地的儒生三十多人。鲁地有两个儒生不肯前往，说："您所事奉的君王将近有十个了，都是依靠当面阿谀逢迎来赢得亲近、尊贵。如今天下刚刚平定，死亡的人尚未安葬，伤残的人还不能行动，又想要制礼作乐。礼乐的产生，是积累德政上百年之后才能制作兴起的。我们不能忍心去做您所要做的事情。您去吧，不要玷污了我们！"叔孙通笑着说："你们真是浅陋迂腐的儒生啊，不懂得时势的发展变化！"随即偕同他所征召的三十人西行入关，又邀请高帝身边有学术修养的近臣和自己的弟子，共一百多人，用绳索拦出演习场所，插立茅草表示出尊卑位次，在野外演习礼仪。一个多月后，叔孙通告诉高帝说："可以试看了。"高帝于是就让他们举行礼仪演练，看完演练后说道："我能够做到这些。"就命令群臣们进行练习。

【原文】

七年（辛丑，前200）

冬，十月，长乐宫成①，诸侯群臣皆朝贺。先平明②，谒者治礼③，以次引入殿门④，陈东、西乡⑤。卫官侠陛及罗立廷中⑥，皆执兵⑦，张旗帜⑧。于是皇帝传警⑨，辇出房⑩；引诸侯王以下至吏六百石以次奉贺⑪，莫不振恐⑫肃敬。至礼毕⑬，复置法酒⑭。诸侍坐殿上，皆伏，抑首⑮；以尊卑次起上寿⑯。觞九行，谒者言"罢酒⑰"，御史执法举不如仪者，辄引去⑱。竟朝置酒⑲，无敢讙哗失礼者⑳。于是帝曰："吾乃今日知为皇帝之贵也！"乃拜叔孙通为太常㉑，赐金五百斤。

初，秦有天下，悉内㉒六国礼仪，采择其尊君、抑臣㉓者存之。及通制礼㉔，颇有所增损㉕，大抵皆袭秦故，自天子称号下至佐僚㉖及宫室、官名，少以变改。其书㉗，后与律、令同录，藏于理官㉘；法家又不复传，民臣莫有言者焉。

臣光曰：礼之为物大矣㉙！用之于身，则动静有法而百行备焉㉚；用之于家，则内外有别而九族睦焉㉛；用之于乡，则长幼有伦而俗化美焉㉜；用之于国，则君臣有叙而政治成焉㉝；用之于天下，则诸侯顺服而纪纲正焉㉞；岂直几席之上、户庭之间得之而不乱哉㉟！夫以高祖之明达，闻陆贾之言而称善㊱，睹叔孙之仪而叹息；然所以不能肩于三代之王者㊲，病于不学而已。

当是之时，得大儒㊳而佐之，与之以礼为天下㊴，其功烈㊵岂若是而止哉！惜夫㊶，叔孙生之器㊷小也！徒窃礼之糠粃㊸，以依世、谐俗、取宠㊹而已，遂使先王之礼沦没而不振，以迄于今，岂不痛甚矣哉！是以扬子讥之曰㊺："昔者鲁有大臣，史失其名。曰：'何如其大也！'曰：'叔孙通欲制君臣之仪，召先生于鲁，所不能致者二人。'曰：'若是，则仲尼之开迹诸侯㊻也非邪？'曰：'仲尼开迹，将以自用也㊼。如委已而从人㊽，虽有规矩、准绳，焉得而用之㊾！'"善乎扬子之言也！夫人儒者，恶肯㊿毁其规矩、准绳以趋[51]一时之功哉！

（以上为第十段，写叔孙通制定的朝仪完成，在长乐宫举行首次朝拜，庄严肃静，汉高帝刘邦非常高兴地说："我乃今日知为皇帝之贵也。"而司马光予以讥评，认为是使先代所建立的礼制沦没而不能振兴。）

【注释】

①长乐宫成：长乐宫建成。长乐宫，萧何改建秦代的兴乐宫而成，西汉主要宫殿之一。旧址在今陕西省西安市西北14里。汉初皇帝在此举行朝会，惠帝后朝会移至未央宫，长乐宫常为太后住所。 ②先平明：天亮之前。平明，天刚亮的时候。 ③谒者：官名，属郎中令，常管傧礼、赞礼。 治礼：主持典礼。 ④"以次"句：按次序将所有人员引导进入大殿门。引，引导。 ⑤陈东：排列在东边。 西乡：面向西。乡，通"向"。 ⑥侠陛：指侍卫站立在殿下台阶两旁。侠，通"夹"；陛，台阶。 罗立：排列站立。 ⑦执兵：手持兵器。 ⑧张旗帜：布列旗帜。 ⑨传警：皇帝将出，为他传呼警戒。俗称鸣锣开道。 ⑩辇出房：指皇帝乘坐辇车出来。辇，古代由人推拉的车子，秦、汉以后特指皇帝、后、妃乘坐的车子。 ⑪六百石：中级官员，每月得俸禄七十斛谷。这里指官阶的代称。石（shí），官俸的计量单位，秦、汉时以为官位的品级。 奉贺：祝贺。 ⑫振恐：震惊恐惧。 ⑬礼毕：朝拜完毕。 ⑭法酒：古代朝廷举行大礼时的酒宴，进酒有一定的礼数法度。 ⑮皆伏，抑首：全体弯腰、低头。依礼法卑者不得对尊者平坐而视。 ⑯上寿：敬酒祝福。 ⑰觞九行：敬过九次酒。 罢酒：宴会结束。 ⑱举不如仪者：所有违反礼仪的。 辄引去：就让他离席。 ⑲竟朝置酒：整个朝会典礼及酒宴完成。竟朝，整个朝会过程。置酒，酒宴过程。 ⑳讙哗：高声说话。讙，通"喧"。 失礼者：不合礼节的人，即人人守礼。 ㉑太常：官名，秦设奉常，掌宗庙礼仪，汉初沿用，景帝时改称"太常"。 ㉒内：通"纳"，采用。 ㉓尊君、抑臣：尊崇君主，卑抑臣

下。 ㉔通制礼：叔孙通制定礼仪规则。 ㉕颇有所增损：稍微有些增减的修订。颇，略微。 ㉖佐僚：副职和辅助性质的官员。 ㉗其书：指记载叔孙通制礼的文本。 ㉘藏于理官：收藏在司法机关。理官，法官，治狱之官。此指司法机关。 ㉙礼之为物大矣：礼的功能太大了。物，事，即指礼本身，意译为“功能”。《荀子·礼论》：“礼，上事天，下事地，尊先祖而隆君师。”可见礼是大事。 ㉚“用之于家”二句：把礼用到人身上，一切动与静就有了规范，所有行为就会完备无缺。 百行：一切行为。 ㉛“九族睦焉”二句：把礼用到家事上，内与外就井然有别，九族之间就会和睦融洽。 九族：高祖、曾祖、祖、父、本人、子、孙、曾孙、玄孙。 ㉜俗化美焉：风俗教化就会美好清明。㉝政治成焉：政治成功稳定。 ㉞纪纲正焉：法制纪律就会整肃严正。 ㉟“岂直”二句：难道仅仅只是把它作在宴会仪式之上，门户庭院之间维持秩序的吗？岂直：岂特，难道仅仅是。 几席：古代凭依的几和坐卧的席，用以指代觥筹交错的宴席。 ㊱陆贾：楚人，秦汉间著名策士，为高祖谋臣，官拜太中大夫。传见《史记》卷九十七。 称善：陆贾著《新语》，总结秦亡汉兴的原因，高帝听了称善。事详下卷十一年。 ㊲不能肩于三代之王：不能与夏商周三代圣王并列。 按：疑“肩”上脱“比”字。“比肩”为常语，即“并肩”，同等并列。 ㊳大儒：能治国平天下的学者。 ㊴为天下：治天下。 ㊵功烈：功业。 ㊶惜夫：可惜啊。夫，叹词。 ㊷之：据章校，他本“之”下有“为”字。前文有“礼之为物大矣”，句式同，疑脱“为”字。 器：器度，才略。 ㊸糠粃：糟粕。㊹依世：曲从于世俗。 谐俗：附和庸俗。 取宠：博取别人喜爱、称赞。 ㊺讥之曰：批评说。引文见《法言·五百》。 ㊻开迹诸侯：指孔子周游列国以求聘用。 ㊼将以自用也：是为了要按照自己的理想、意图行事。自用，自己的意图做事。 ㊽委己而从人：放弃自己的立场来顺从迁就他人。 ㊾焉得而用之：又怎能拿来应用呢？此指立场不稳，委己从人，制定的规矩、准绳又有何用。 ㊿恶肯：不肯。 (51)趋：追求。

【译文】

汉高帝七年（辛丑，前200）

冬季，十月，长乐宫落成，诸侯、群臣都前来参加朝贺典礼。仪式在天亮之前举行，谒者主持典礼，按次序将所有人员引导入大殿门，排列在东、西两方，侍卫官员有的在殿下台阶两旁站立，有的排列在廷中，都持握兵器，竖立旗帜。这时，皇帝乘坐辇车出来，众官员举旗传呼警戒，引导诸侯王以下至六百石级的官员依次序朝拜皇帝，无不震恐肃敬。到典礼仪式完毕，又置备正式酒宴。众侍臣官员陪坐在殿上的，都俯伏垂首，按官位的高低次序起身给皇上敬酒祝福。斟酒连敬九次，谒者宣告“结束宴饮”。御史执行礼仪规则，凡遇到不遵照仪式规则举手投足的人就将他领出去。由此，从朝贺典礼和酒宴从开始直到结束，没有出现敢大声喧哗、不合礼节的人。这时，高帝说：“我今天才知道身为皇帝的尊贵啊！”便授任叔孙通为太常，赐黄金五百斤。

当初，秦朝统一天下，收集六国的全部礼仪，选择出其中尊崇君王、卑抑臣下的规则保留下来。待到叔孙通制定礼仪规则，稍微做了一些增减，大体上都是沿袭秦朝的旧制，从天子称号以下到大小官吏及宫室、官名，更改变动不多。记载此礼仪规章的文本，后来和律、令收录在一起，收藏在司法机关。由于法家对此又不再传授，所以百姓臣僚也就没有谈论它的了。

臣司马光说：礼的功能太大了！把它用到个人身上，动与静就有了规范，所有的行为就会完备无缺；把它用到家事上，内与外就井然有别，九族之间就会和睦融洽；把它用到乡里，长幼之间就有了伦理，风俗教化就会美好清明；把它用到封国，君王与臣子就尊卑有序，政令统治就会成功稳定；把它用到天下，诸侯就归顺服从，法制纪律就会整肃严正。难道仅仅把它用在宴会仪式之上、门户庭院之间维持秩序吗？就高祖刘邦的明智通达来说，他可以聆听陆贾关于以文治巩固政权的进言而称赞极好，目睹叔孙通所定尊崇君王的礼仪而发声慨叹，但是，他之所以不能与夏、商、周三代圣明君王并列，就错在他不肯学习啊！

在那个时候，如果能够得到大儒来辅佐他，与大儒一道用礼制来治理天下，他的功勋业绩又怎么会在这一步便止住了呢？可惜啊，叔孙通的器度太小了！他只不过是窃取礼制中糠皮般微末无用的东西，借以依附时世、迎合风俗、求取宠幸罢了，这样便使先代君王所建立的礼制沦没而不振兴，以至于到了今天这个地步，难道不令人沉痛至极吗？因此，扬雄对此指责说：“从前鲁地有大儒，史书中没有记载他们的名字。有人问：‘为什么说他们是大儒呀？’回答道：‘叔孙通打算制定君臣的礼仪，便到鲁地去征召儒生，请不来的有两个，堪称大儒。’有人问道：‘既然如此，那么孔子应聘的足迹遍及诸侯国也是不对的了？’回答道：‘孔子周游列国，是为了能按照自己的意图行事。假如放弃自己的立场来顺从迁就他人，那么即便是确定了规矩、准绳，又怎么能够拿来应用呀！’”精彩啊，扬雄的评论！大儒，是不肯破坏自己原有的规矩、准绳去追求一时的功利的！

【原文】

上自将击韩王信，破其军于铜鞮[①]，斩其将王喜。信亡走匈奴；白土[②]人曼丘臣、王黄等立赵苗裔赵利为王，复收信败散兵，与信及匈奴谋攻汉。匈奴使左、右贤王[③]将万余骑，与王黄等屯广武[④]以南，至晋阳，汉兵击之，匈奴辄败走，已复屯聚[⑤]，汉兵乘胜追之。会[⑥]天大寒，雨雪[⑦]，士卒堕指者什二三[⑧]。

上居晋阳，闻冒顿居代谷[⑨]，欲击之。使人觇[⑩]匈奴，冒顿匿其壮士、肥牛马，但见老弱及羸畜[⑪]。使者十辈[⑫]来，皆言匈奴可击。上复使刘敬往使匈奴，未还；汉悉兵[⑬]三十二万北逐之，逾句注[⑭]。

刘敬还，报曰："两国相击，此宜夸矜[⑮]，见所长[⑯]；今臣往，徒见羸瘠、老弱，此必欲见短[⑰]，伏奇兵[⑱]以争利。愚以为匈奴不可击也。"是时，汉兵已业行[⑲]，上怒，骂刘敬曰："齐虏以口舌得官[⑳]，今乃妄言[㉑]沮吾军！"械系[㉒]敬广武。

帝先至平城[㉓]，兵未尽到；冒顿纵精兵四十万骑[㉔]，围帝于白登[㉕]，七日，汉兵中外不得相救饷[㉖]。帝用陈平秘计，使使间[㉗]厚遗阏氏。阏氏谓冒顿曰："两主不相困。今得汉地，而单于终非能居之也。且汉主亦有神灵，单于察之[㉘]！"冒顿与王黄、赵利期[㉙]，而黄、利兵不来，疑其与汉有谋，乃解围之一角。会天大雾，汉使人往来，匈奴不觉。陈平请令强弩傅两矢，外乡[㉚]，从解角直出。帝出围，欲驱；太仆滕公固徐行。至平城，汉大军亦到，胡骑遂解去。汉亦罢兵归，令樊哙止定[㉛]代地。

上至广武，赦刘敬，曰："吾不用公言，以困平城；吾皆已斩前使十辈矣。"乃封敬二千户为关内侯，号为建信侯。帝南过曲逆[㉜]，曰："壮哉县[㉝]！吾行天下，独见洛阳与是耳[㉞]。"乃更封[㉟]陈平为曲逆侯，尽食之[㊱]。平从帝征伐，凡六出奇计[㊲]，辄益封邑焉[㊳]。

（以上为第十一段，写韩王韩信叛汉降匈奴，汉高帝兵征韩王韩信而攻打匈奴，被围困在白登山七天七夜，用陈平之计突围脱险。）

【注释】

①铜鞮：县名，县治在今山西沁县西南。　②白土：县名，县治在今陕西神木市西。　③左、右贤王：左贤王、右贤王，匈奴官号，地位仅次于单于，皆由单于的近支贵族担任。左贤王负责统辖匈奴东部，右贤王负责统辖西部。　④屯：驻扎。　广武：县

名，县治在今山西代县西。⑤“匈奴”二句：汉军进攻，匈奴总是败逃，随后又聚集起来。按：匈奴佯败诱汉军深入。辄败走，总是败逃。⑥会：正赶上。⑦雨雪：下雪。⑧什二三：十分之二三。什，同“十”。⑨代谷：地名，在句注山北，今山西代县西北。⑩觇（chān）：侦察。⑪但见（xiàn）：只显露。老弱及羸畜：老弱之兵及瘦小牲畜。⑫十辈：十批。⑬汉悉兵：汉朝集中了全部兵力。⑭逾：越过。句注：山名，在今山西省代县西北。一名雁门山，又名西陉山，古九塞之一。⑮夸矜：炫耀。⑯见所长：展示自己的优势。⑰必欲见短：一定是想要显示自己的不足。⑱奇兵：出乎对方预料而突然袭击的部队。奇，意料之外。⑲已业行：已经出发。⑳“齐虏”句：你这个齐地混蛋，靠耍嘴皮子得官。虏：俘虏，奴隶，此作骂人语。以：凭，靠。口舌：耍嘴皮子。㉑妄言：胡说八道。沮：败坏。㉒械系：戴上镣铐，拘禁起来。㉓平城：县名，县治在今山西大同市东北。㉔纵：全线展开。骑：一人一马为一骑。㉕白登：山名，今山西大同东北。㉖中外不得相救饷：内外无法呼应救援断了粮。饷，粮。㉗间：暗中，秘密。㉘察之：仔细考虑我说的话。㉙期：约定时间会师。㉚乡：通“向”。㉛止：留下来。定：平定。㉜曲逆：县名，县治在今河北顺平县东南。㉝壮哉县：好大的县啊。壮，壮观，大。㉞与是耳：与这个县而已。㉟更封：改封。陈平原封户牖侯，今改封曲逆侯。㊱尽食之：把全县都给他作食邑。曲逆，秦时三万户，战乱后仍有五千户。㊲六出奇计：离间项羽、范增，计一；夜出女子突荥阳围，计二；蹑汉王足谏立韩信为齐王，计三；伪游云梦擒韩信，计四；解平城围，计五；从击臧荼、陈豨、英布，计六。㊳辄益封邑焉：每次妙计后都增加了封邑。辄：每每。

【译文】

汉高帝亲自领兵出征攻打韩王韩信，在铜鞮县大败韩王韩信的军队，斩杀了他的部将王喜。韩王韩信逃往匈奴，他手下的将领白土县人曼丘臣、王黄等拥立赵王的后代赵利为王，重新收拢韩王韩信的散兵败卒，与韩王韩信及匈奴合谋攻击汉军。匈奴派左、右贤王统率一万多名骑兵，同王黄等驻扎在广武以南，到晋阳作战，汉军攻打他们，匈奴兵立即败逃，随后又聚集起来，汉军乘胜追击他们。这时，恰好碰上天气酷寒，天下大雪，汉军士兵冻掉了手指的占十之二三。

汉高帝驻居晋阳，听说冒顿单于驻居在代谷，便想要去攻打他，就派人去侦察匈奴。这时冒顿把他的精壮士兵、肥壮牛马都藏了起来，只让人看见老弱残兵和瘦小的牲畜。汉军派去的使者相继回来的有十批，都报告说匈奴可以攻打。高帝于是又派刘敬出使匈奴，尚未返回，汉军就出动全部兵力三十二万向北追击匈奴，越过了句注山。

刘敬回来后报告说："两国相攻，本该炫耀显示自己的优势。但现在我到匈奴去，只看见瘦弱的牲畜和老弱的士兵，这必定是想要显露自己虚弱不堪，而埋伏奇兵以争取胜利。我认为匈奴不能攻打。"这时候，汉军业已出动，高帝大为恼火，骂刘敬说："你这个齐国的混蛋，不过是靠着耍嘴皮子得到了一官半职，现在竟又来胡言乱语阻挠我的军队前进！"用刑具把刘敬拘禁到广武。

汉高帝先抵达平城，军队尚未全部到来。冒顿全线展开精兵四十万骑，把高帝围困在白登山达七天之久。汉军这时内外无法呼应救援断了粮，高帝于是采用陈平的秘计，派使者暗中用重金贿赂冒顿的阏氏。阏氏便对冒顿说："两个帝王不应彼此困窘迫害。如今即使夺得了汉朝的土地，单于您终究不能居住在那里。况且汉朝的帝王也有神灵保护，望您明察！"冒顿与王黄、赵利约定好时间会师，但王黄、赵利的军队却迟迟不来，由此就怀疑他们与汉军有什么谋划，这才解开包围圈的一角。正好遇到天降大雾，汉军便派人在白登山与平城之间往来走动，匈奴人毫无察觉。陈平这时请求高帝命令士兵们用强弩搭上两支箭，箭朝外御敌，从解围的一角直冲出去。高帝脱出包围后，想要策马疾奔，太仆滕公夏侯婴却坚持慢慢地行走。到了平城时，汉朝的大队人马也赶到了，匈奴的骑兵便解围而去。汉军于是收兵返回，命令樊哙留下来平定代地。

汉高帝回到广武，赦免了刘敬，说道："我不采用您的意见，因此被围困在平城。我已经把先前十多批使者都杀掉了！"接着就封给刘敬二千户，爵位为关内侯，称作建信侯。高帝回师向南经过曲逆县，说道："好壮观的县啊！我走遍天下，只见过洛阳和这里罢了。"就改封陈平为曲逆侯，享用全县民户的赋税收入。陈平跟随高帝南征北战，共六次进献妙计，每次都增加了封邑。

【原文】

十二月，上还，过赵。赵王敖执子婿礼甚卑[①]，上箕倨[②]慢骂之。赵相贯高、赵午等皆怒，曰："吾王，孱王[③]也！"乃说王曰："天下豪桀并起，能者先立。今王事帝甚恭，而帝无礼；请为王杀之！"张敖啮其指出血[④]，曰："君何言之误！先人亡国，赖帝得复国，德流子孙；秋豪[⑤]皆帝力也。愿君无复出口[⑥]！"贯高、赵午等皆相谓曰："乃吾等非也。吾王长者，不倍德[⑦]；且吾等义不辱[⑧]。今帝辱我王，故欲杀之，何洿王为[⑨]！事成归王，事败独身坐[⑩]耳。"

匈奴攻代。代王喜弃国自归[11]，赦为郃阳侯[12]。辛卯[13]，立皇子如意[14]为代王。

春，二月，上至长安。萧何治[15]未央宫，上见其壮丽，甚怒，谓何曰："天下匈匈[16]，苦战数岁，成败未可知，是何治宫室过度也！"何曰："天下方未定，故可因以就宫室[17]。且夫天子以四海为家，非壮丽无以重威[18]，且无令后世有以加也[19]。"上说[20]。

臣光曰：王者以仁义为丽[21]，道德为威，未闻其以宫室填服[22]天下也。天下未定，当克己节用以趋民之急[23]；而顾[24]以宫室为先，岂可谓之知所务哉[25]！昔禹卑宫室[26]而桀为倾宫[27]。创业垂统之君[28]，躬行节俭以示子孙，其末流犹入于淫靡[29]，况示之以侈乎！乃云"无令后世有以加"，岂不谬哉！至于孝武[30]，卒以宫室罢敝天下[31]，未必不由酂侯启之也[32]！

上自栎阳徙都长安。

初置宗正官[33]，以序九族[34]。

夏，四月，帝行如洛阳[35]。

（以上为第十二段，写汉高帝回长安途经赵国，因轻视赵王，险遭赵臣贯高等人谋害。萧何主持营建未央宫，十分壮丽，开启奢侈之风。）

【注释】

①赵王敖：张耳子张敖。子婿礼：高祖长女鲁元公主为赵王敖后。甚卑：十分谦卑。②箕倨：坐而伸两脚，形如簸箕，这是一种傲慢的态度。③孱（chán）王：胆小懦弱的王。④啮其指出血：自咬其指出血，以表示至诚而为誓，决不背汉。⑤秋豪：言极细微，豪通"毫"。⑥无复出口：不要再说这样的话。⑦不倍德：不会背弃恩德，不忘德。倍，通"背"。⑧吾等义不辱：我们的原则是决不能接受污辱。⑨何洿王为：又何必连累我王呢！洿（wū）王：玷污王，陷王于不义，连累王。⑩独身坐：我等甘愿承担弑帝之罪。坐，犯罪。⑪喜：刘邦的二哥，名喜字仲。自归：向高帝自首。⑫赦为郃阳侯：赦免刘喜弃国之罪，改封为郃阳侯。郃阳，县名，县治在今陕西合阳县。⑬辛卯：十二月无辛卯日，疑误。⑭如意：戚夫人之子，后徙为赵王。⑮治：营建。⑯匈匈：纷扰，动乱。⑰因以就宫室：趁着天下未定建好宫室。⑱无

以重威：不能显示威武。重威：使威重，即充分显示威严。⑲无令后世有以加：不能让后世的建筑规模超过它。⑳上说：高帝这才高兴起来。说，同“悦”。㉑丽：美。㉒填服：安服。填，通“镇”，安。㉓趋民之急：奔走解救百姓的急难。㉔而顾：反而。㉕岂：难道。所务：急于要完成的事。㉖禹卑宫室：大禹住的很简陋。㉗桀为倾宫：夏桀建造奢华的倾宫。倾宫：高大的宫殿，望之似欲倾坠，故名。㉘创业垂统之君：开创基业把王位传承下去的君王。垂统，把基业流传下去。㉙淫靡：过分享受，恣意浪费。㉚孝武：汉武帝。㉛罢敝天下：使天下困苦穷乏。罢，通“疲”。㉜酂侯：萧何。启之：开其端，带头。㉝宗正：官名，掌管王室亲族的事务。平帝元始四年（公元4年）改名宗伯。㉞序九族：管理皇室宗族。序，管理。㉟帝行如洛阳：高帝巡视到达洛阳。

【译文】

十二月，汉高帝返回长安，途经赵国。赵王张敖对高帝行作为女婿的礼节，十分谦卑，而高帝却叉开两腿坐着，态度轻慢地责骂张敖。赵国相国贯高、赵午等人都怒火中烧，说道：“我们的大王，真是个懦弱的王啊！”随即劝赵王说：“天下豪强并起，贤能的人先称王。现在，您侍奉皇帝非常恭谨，而皇帝却如此无礼，请让我们替您杀了他！”张敖咬破自己的手指流出血来，说道：“你们怎么能说这种大错特错的话呀！先父亡国后，依赖皇帝才得以复国，德泽能够流传给子孙，一丝一毫都是皇帝的力量啊，望你们不要再这么说了！”贯高、赵午等人都相互说道：“这是我们的不是了。我们的大王是忠厚的长者，不会背弃恩德。况且我们的原则是不受人污辱，而今皇帝污辱了我王，所以想要杀掉他，又何必连累我王呢！事情干成了，则功归我王；事情失败了，则由我们独自承担罪责罢了。”

匈奴攻打代国，代王刘喜弃国，自己逃归洛阳。高帝免了他的罪，改封他为郃阳侯。十二月辛卯（疑误），封皇子刘如意为代王。

春季，二月，汉高帝抵达长安。萧何这时正主持营建未央宫，高帝见到未央宫如此壮丽，十分愤怒，对萧何说：“天下纷乱，连年受战事劳苦，如今成败尚未可知，为什么要把宫室修筑得过分豪华呢？”萧何说：“正是因为天下尚未安定，所以才可趁势营造宫室啊！更何况天子以四海为家，宫殿不壮丽就不足以显示威严，而且也不能让后世宫室的建筑规模超过它呀！”高帝这才高兴起来。

臣司马光说：圣明的君王以仁义为美丽，以道德为威，还不曾听说过有依靠宫室规模来镇服天下的。天下尚未安定，理当克制自己、节俭用度，前去解救百姓的危难，如今反倒以营建宫室为先任，这怎么能说是明白自己应有的职责呢？从前，大禹住在简陋的宫室而夏桀修建奢华的倾宫，开创业绩把王位传给后代的君王，虽然身体力行于节俭为子孙作表率，但他们之中的末流还是沦落入骄奢淫逸之中，何况向后代子孙显示奢侈呢？萧何竟谈什么“不要让后世宫室的建筑规模超过它”，这难道不荒谬吗？到了汉武帝时，终于因滥建宫室而导致天下疲惫衰败，这种局面未必不是由酂侯萧何开的头啊！

汉高帝从栎阳迁都长安。

汉朝开始设置宗正官，管理皇族宗室。

夏季，四月，汉高帝出行去洛阳。

【评析】

刘邦建国取胜的主观因素

在消灭暴秦、楚汉相争中，刘邦笑到了最后，打败了项羽，建立了汉朝。那么，刘邦为什么能够从弱小到强大，剪灭群雄，自立于世？这固然有多方面的因素，但最根本的、最关键的，还在于刘邦本身，这里说一说刘邦取胜的主观因素，主要是有以下五个方面：

第一，刘邦交游广泛，善于结交各类朋友。刘邦本身没有多少文化，是个“玩角儿”，甚至是个“混混”，年少时不务正业，喜欢赌博，也好色，有些玩世不恭，凡是作为男人的缺点，他几乎都有。但有一点，却是别人没有的，就是他广结人缘，情商高，人脉非常广，无论是官府，还是民间，甚至是三教九流，他都能“吃得开”，一般人只要和他打打照面，都会成为他的朋友，对他关照有加，甚至死心塌地为他鞍前马后奔走。他后来打天下的骨干团队，几乎都是他的铁杆朋友。一一数来，萧何、周勃、樊哙、夏侯婴、灌婴、曹参、卢绾、雍齿等都是。这无疑为刘邦的事业取得成功打下了雄厚的人才基础。而刘邦的对手项羽则相反，他的个人能力很强，即使是兵败垓下，也能显示出他的英雄本色，但他的致命弱点就是眼中只有自己，别人都不在话下，结果真的成了孤家寡人。

第二，刘邦具有仁义之心，人称之为“长者”“刘大哥”，深得人心。刘邦虽然有些顽劣，甚至“无赖”，在芸芸众生的眼中是个“另类”，但他有一个长处，就是讲仁义，恰恰与秦朝的暴虐、项羽的暴行相反，是一位“仁者”“长者”。因而，他得到人们的“抬爱”。秦朝暴酷刑罚，人们不得安生，生怕哪一天就遭遇“暴行”；项羽攻城略地，每到一处，不是屠，就是杀，实行“三光”政策，人们深恶痛绝，称之为“屠夫”。他这是在为渊驱鱼啊！而刘邦善于听从谋臣意见，爱抚民众，行仁仗义。当初，楚怀王熊心主政时，做出“先入关中者为王”的约定，而“西行”的最佳人选，就是刘邦，刘邦当时虽然力量不很强大，但有一颗仁义之心，楚怀王独让刘邦西行，被称为“扶义”入关。刘邦进入咸阳后，秋毫无犯，封秦府库，退回霸上，又与秦地父老“约法三章”，去秦苛暴，秦人欢喜若狂，担羊载酒，唯恐刘邦不为秦王；而项羽倒好，到了秦都咸阳，将咸阳宫殿一把火烧光，大火三月不灭，这其实是烧了他自己，使他失去了天下人心。刘邦与项羽的成败，在这个时候就已经见分晓了。

第三，刘邦非常“大度”，善于得人、用人，愿意听从别人的意见。刘邦本身的作战能力并不强，手不能挽弓，也没有多少气力，如果与人单挑独斗，早就被人打趴下了，但他有一个独到的长处，就是悟性高，不管什么事，或许他没有想到，只要别人一点拨，他就豁然开朗，并立即行动，凡事说干就干，具有很强的行动能力。他起兵后，遇到张良，张良熟读兵书，本来带着一百多人去投奔他人，与刘邦一阵交谈后，就像被摄魂似的，一生就跟定了刘邦，从不反悔；陈平从项羽那儿投诚过来，与刘邦一阵交谈，刘邦就非常相信他，授予监军之职，遭到老臣的嫉妒，他仍然不改初衷；刘邦称帝后，娄敬从山东过来进见，建议将都城从洛阳迁到关中，刘邦认为有理，在征求张良意见后，不顾众臣反对，随即迁都，等等，这样的事例很多。刘邦这种用人不疑、从善如流的做法，当时没有谁能够比得上。因而，他才能够成功。

第四，刘邦具有坚韧的毅力，在失败面前不灰心，不丧气，善于化解矛盾，反败为胜。刘邦开始起兵的时候，力量非常弱小，项梁拥有十万人马的时候，他只有区区几千人。项梁在薛城举行“英雄会”，他虽然也参加了，但微不足道，没有他说话的份儿，只是旁听而已。后来，项羽入关时，号称有四十万兵马，而他只有十万人。因项羽入关问题，战争一触即发，刘邦哪里是项羽的对手？刘邦听到消息，就到项羽的驻地鸿门周旋，才化险为夷。彭城大战后，刘邦被彻底打败，仓皇逃命，急急如丧家之犬，也顾不得家人和子女。但是，他的意志没有被摧垮，没有悲伤，没有哭泣，东山再起的意念非常强烈，在逃命半途举行“下邑画策”，思考打败项羽的策谋，派随何到九江去挖项羽的墙脚，说黥布归汉。接着继续与项羽争强斗胜。在荥阳相持中，刘邦被项羽团团包围，差点丢了性命，他用“金蝉脱壳”之计，逃出包围圈，又在思考着怎样与项羽相斗。可见，刘邦的抗争意识非常强烈，善于在困苦中成长，在失败中崛起，不达目的，誓不罢休。而项羽则相反，兵败如山倒时，心灰意懒，最后即使有重回江东、东山再起的机会，他也放弃了，“成全”了刘邦。

第五，刘邦的目标意识非常强烈，为了打败项羽、巩固汉朝，无所不用其极，没有什么力量能够阻止他为了目标而顽强奋斗。刘邦虽然起步晚，起点低，但他朝着目标一步一步前进，不沉沦，不徘徊，直至胜利的终点。彭城大战失败后，项羽把刘邦的父亲和妻子捉去，作为筹码，在荥阳相持的关键时刻，项羽使出了杀手锏，要烹杀刘邦的父亲，要挟刘邦投降。要是换了一般人，只好乖乖就范，因为眼看着父亲被杀而不救，这是大不孝，将来何以立足？可刘邦不管这些，他说出了一番匪夷所思的话，说他和项羽同时受命反秦，两人就是兄弟，自己的父亲就是项羽的父亲。“你杀了你的父亲，也分一杯羹给我尝尝。”这样的话，也只有刘邦能说得出口。结果成功地化解了这一危机。后来，大将军韩信取得河北大捷，灭魏，破赵，降燕，又攻下齐国，势力非常强大，韩信向刘邦请求封为代理齐王，以镇齐地。刘邦开始很不以为然，觉得韩信很不仗义，自己这边是焦头烂额，他不赶快前来增援，而要一心封王，是何居心？头脑清醒的张良分析当时的严峻形势，认为如果得罪了韩信，要吃不了兜着走。刘邦恍然大悟，迅速反应过来，说大丈夫要封王，就玩真的，还弄什么假的？就假戏真做，封韩信为齐王，让韩信非常满意，得到了韩信的拥戴。后来，刘邦相约韩信、彭越围攻项羽，而韩信、彭越不能应约，自己被项羽打得大败。这时，刘邦又听从张良意见，确定韩信、彭越二人的封地，让他们在打败项羽后得到好处，果然他们都前来合力攻打项羽，才把项羽消灭。

卷第十二　汉纪四

汉高帝八年至汉惠帝七年（前199—前188）

【起玄黓摄提格（壬寅，前199），尽昭阳赤奋若（癸丑，前188），凡十二年】

【大事提要】

本卷记事起于公元前199年，到公元前188年，凡十二年，当为汉高帝八年至汉惠帝七年。本卷所载的大事，主要有以下几个方面：其一，陆贾和越。刘邦平定中原后，赵佗已在南越称王，因国家初定，刘邦派陆贾出使南越，游说赵佗归附汉朝。陆贾细数赵佗的中原出身，斥责他忘本而不讲礼仪，指出南越和汉朝实力上的强弱悬殊，晓以情理，迫使赵佗遵从汉朝约束，接受南越王封号，称汉臣。其二，杀戮功臣。吕后性格刚毅，秉性狠毒，趁刘邦在外征战之际，与萧何用计诛杀韩信，韩信冤死于长乐宫钟室；不久，梁王彭越被刘邦废为庶人，削职流放蜀地。彭越途中遇到吕后，诉说无罪，吕后将其带回洛阳，劝说刘邦将其处死，剁成肉酱分赐其他诸侯王。其三，逼反英布。吕后诛杀了淮阴侯韩信，后又诛杀了梁王彭越，英布内心恐惧，暗中使人部署，集结军队，以备不测；部将贲赫上书言变，朝廷查验，英布无奈之下起兵造反，出兵攻打荆国、楚国。刘邦带病率军平叛，两军大战，英布战败，被诛杀。其四，刘邦去世。公元前195年，刘邦因率军攻打英布，被流矢射中，其后病重不起，于同年去世，享年六十二岁，庙号“太祖”，谥号“高皇帝”。清人诗论：“汉皇千古一英雄，休笑当年马上功。试问后来为帝者，谁人曾出范围中？”去世后，太子刘盈即位。其五，萧规曹随。汉朝刚刚建立时，人民饱受战乱之苦，迫切需要休养生息，发展经济。相国萧何顺应民意，制定了一系列鼓励人民安居乐业的积极措施。萧何去世前，举荐曹参。曹参担任相国，审时度势，继续采取“无为而治”的治国方略，国家无事，留下一段佳话。

【原文】

太祖高皇帝下

八年（壬寅，前199）

冬，上东击韩王信余寇于东垣[①]，过柏人[②]。贯高等壁人于厕中[③]，欲以要上[④]。上欲宿[⑤]，心动[⑥]，问曰："县名为何？"曰："柏人。"上曰："柏人者，迫于人也[⑦]。"遂不宿而去。十二月，帝行自东垣至[⑧]。

春，三月，行如洛阳。

令贾人毋得衣锦、绣、绮、縠、絺、纻、罽，操兵、乘、骑马[⑨]。

秋，九月，行自洛阳至；淮南王、梁王、赵王、楚王皆从[⑩]。

匈奴冒顿数苦[⑪]北边。上患之，问刘敬，刘敬曰："天下初定，士卒罢于兵[⑫]，未可以武服[⑬]也。冒顿杀父代立，妻群母[⑭]，以力为威[⑮]，未可以仁义说也。独可以计[⑯]久远子孙为臣耳[⑰]；然恐陛下不能为。"上曰："奈何[⑱]？"对曰："陛下诚能[⑲]以適长公主妻之[⑳]，厚奉遗之[㉑]，彼必慕[㉒]，以为阏氏，生子，必为太子。陛下以岁时汉所余彼所鲜数问遗[㉓]，因使辨士风谕[㉔]以礼节。冒顿在，固为子婿；死，则外孙为单于；岂尝闻外孙敢与大父抗礼[㉕]者哉！可无战以渐臣也[㉖]。若陛下不能遣长公主，而令宗室及后宫诈称公主[㉗]，彼知，不肯贵近[㉘]，无益也。"帝曰："善！"欲遣长公主。吕后日夜泣曰："妾唯太子、一女，奈何弃之匈奴！"上竟不能遣[㉙]。

（以上为第一段，写公元前199年史事，写汉高帝刘邦在东垣攻打韩王韩信的余党，回到长安，对匈奴侵扰不已感到非常忧虑，向刘敬询问对策，刘敬提出让嫡长公主和亲。刘邦同意，吕后反对，嫡长公主和亲事作罢。）

【注释】

①余寇：叛军残部。 东垣：县名，高祖十一年（前196）改名真定。县治在今河北石家庄东北。 ②柏人：县名，县治在今河北隆尧县西。 ③壁人：把人藏在夹墙中。壁，墙，用作动词。 厕：通"侧"，隐蔽的地方。 ④要上：劫杀皇上。 ⑤欲宿：打算留宿。 ⑥心动：心惊。动，惊。 ⑦迫于人也：受迫于人，即被人迫。柏，通"迫"。高帝直觉周围异样，心惊，联想，"柏人者，迫于人也"。 ⑧至：到达，指回到长安。⑨"令贾人"句：高帝下令，商人不准穿锦、绣、细绫、绮罗、绉纱、细葛布、苎麻布、毛织品，不准持兵器、乘车、骑马。 衣：穿。 锦：带花纹的丝织品。 绣：细绫。 绮：

彩色丝织品。縠（hú）：绉纱。 絺：细葛布。 纻：用苎麻织成的布。罽（jì）：毡类毛织品。 兵：兵器。 乘：驾车。 ⑩淮南王：黥布。 梁王：彭越。 赵王：张敖。 楚王：韩信。 ⑪数（shuò）苦：多次困扰。 ⑫罢于兵：疲于战争。 罢：通“疲”，疲惫。 ⑬武服：用武力征服。 ⑭妻群母：占有父亲的群妃为妻子。 按：匈奴之俗，妻群母，妻兄嫂弟媳。目的是家族财产不外流，并使人丁兴旺。 ⑮以力为威：用暴力建立权威。 ⑯独可以计：只有用高妙的策略。 ⑰久远子孙为臣：让单于的子孙世世代代为汉家之臣。 ⑱奈何：怎么做呢？ ⑲诚能：如果这样做。 ⑳以適长公主妻之：把嫡女大公主嫁给单于为妻。適，通“嫡”。 ㉑厚奉遗（wèi）之：多多赠送财礼。 ㉒彼必慕：那单于一定仰慕汉朝。慕，敬仰，亲爱。 ㉓岁时：每年按时。 以汉所余彼所鲜：拿汉朝多余的他们缺少的东西。 数问遗：多次馈赠慰问。 ㉔风谕：用委婉的语言暗示对方明白己意。风，通“讽”。 ㉕大父：祖父，外祖父。 抗礼：平起平坐。 ㉖可无战以渐臣也：可以不用打仗而使匈奴渐渐臣服。 ㉗诈称公主：冒称公主。诈，假冒。 ㉘不肯贵近：就不会尊贵亲近。 ㉙上竟不能遣：高祖最后没有把吕后所生嫡女鲁元公主远嫁匈奴。 按：鲁元公主已嫁给赵王张敖为妻，岂可夺乎，竟不遣，确实是有原因的。

【译文】

太祖高皇帝下

汉高帝八年（壬寅，前199）

冬季，汉高帝刘邦在东垣攻打韩王韩信的余党，经过赵国的柏人城。赵相贯高派人藏在厕所的夹墙中，准备行刺高帝。高帝正想留宿城中，忽然心里不安，问：“这个县叫什么？”回答说：“柏人。”高帝说：“柏人，就是受迫于人呀！”于是，没有住宿而离开。十二月，高帝从东垣城回长安。

春季，三月，汉高帝前往洛阳。

汉高帝刘邦下令，商人不准穿锦、绣、细绫、绉纱、细葛布、布、毛织品，不准持兵器、乘车、骑马。

秋季，九月，高帝一行从洛阳回到长安。淮南王、梁王、赵王、楚王都随行。

匈奴冒顿屡次侵扰汉朝北部边境。汉高帝感到忧虑，向刘敬询问对策，刘敬说：“天下刚刚安定，兵士们因兵事还很疲劳，不宜用武力去征服冒顿。但冒顿杀父夺位，把父亲的群妃占为妻子，以暴力建立权威，我们也不能用仁义去说服他。唯独可以用计策，使他的子孙长久做汉的臣属，然而我担心皇上做不到。”高帝问：“如何做呢？”回答说：“皇上如果能把嫡女大公主嫁给他为妻，又赠送丰厚的财物，他一定仰慕汉朝，以公主为匈奴的阏氏，生下儿子，肯定是太子。皇上每年四季用汉朝多余而匈奴缺乏的东西，频繁地慰问、赠送，乘机派能说善辩的人士前去讽劝和讲解礼节。这样，冒顿在世时，他本是汉朝的女婿辈；他死后，您的外孙便即位为匈奴王。难道曾听说过外孙敢和外祖父分庭抗礼的吗？我们可以不经一战而让匈奴渐渐臣服。如果皇上舍不得让大公主去，而令宗室及后宫女子假称公主，他们知道了，不肯尊敬亲近，还是没有用。”高帝说：“好！”便想让大公主去。但吕后日日夜夜哭泣着说：“我只有太子和一个女儿，为什么把她扔给匈奴！”高帝到底没有办法让大公主去。

【原文】

九年（癸卯，前198）

冬，上取家人子[①]名为长公主，以妻单于；使刘敬往结和亲约[②]。

臣光曰：建信侯谓冒顿残贼[③]，不可以仁义说[④]，而欲与为婚姻[⑤]，何前后之相违也[⑥]！夫骨肉之恩[⑦]，尊卑之叙[⑧]，唯仁义之人为[⑨]能知之；奈何欲以此服冒顿哉！盖上世帝王之御[⑩]夷狄也，服则怀之以德[⑪]，叛则震之以威[⑫]，未闻与为婚姻也。且冒顿视其父如禽兽而猎之[⑬]，奚有于妇翁[⑭]！建信侯之术，固已疏矣；况鲁元已为赵后[⑮]，又可夺乎！

刘敬从匈奴来，因言：“匈奴河南白羊、楼烦王[⑯]，去长安近者七百里，轻骑一日一夜可以至秦中[⑰]。秦中新破[⑱]，少民[⑲]，地肥饶，可益实[⑳]。夫诸侯初起时[㉑]，非齐诸田、楚昭、屈、景莫能兴[㉒]。今陛下虽都关中，实少民，东有六国之强族[㉓]，一日有变，陛下亦未得高枕而卧也[㉔]。臣愿陛下徙六国后及豪桀、名家居关中[㉕]，无事可以备胡，诸侯有变[㉖]，亦足率以东伐。此强本弱末之术也[㉗]。”上曰：“善！”十一月，徙齐、楚大族昭氏、屈氏、景氏、怀氏、田氏五族及豪桀于关中，与利田、宅[㉘]，凡十余万口。

十二月，上行如洛阳。

贯高怨家知其谋[29]，上变[30]告之。于是上逮捕赵王及诸反者。赵午等十余人皆争自刭，贯高独怒骂曰："谁令公为之？今王实无谋，而并捕王。公等皆死，谁白王不反者[31]？"乃轞车胶致[32]，与王诣[33]长安。高对狱曰[34]："独吾属为之[35]，王实不知。"吏治[36]，搒笞[37]数千，刺爇[38]，身无可击者，终不复言。吕后数言[39]："张王以公主故，不宜有此[40]。"上怒曰："使张敖据天下，岂少而女[41]乎！"不听。

廷尉以贯高事辞闻[42]。上曰："壮士！谁知者？以私问之[43]。"中大夫[44]泄公曰："臣之邑子[45]，素知之[46]，此固赵国立义不侵，为然诺者也[47]。"上使泄公持节[48]往问之箯舆[49]前。泄公与相劳苦[50]，如生平欢[51]，因问："张王果有计谋不[52]？"高曰："人情宁不各爱其父母、妻子乎？今吾三族皆以论死，岂爱王过于吾亲哉？顾为[53]王实不反，独吾等为之。"具道本指所以为者[54]、王不知状[55]。于是泄公入，具以报上。

春，正月，上赦赵王敖，废为宣平侯，徙代王如意为赵王。

上贤[56]贯高为人，使泄公具告之曰："张王已出。"因赦贯高。贯高喜曰："吾王审出乎[57]？"泄公曰："然。"泄公曰："上多足下[58]，故赦足下。"贯高曰："所以不死，一身无余者[59]，白张王不反也。今王已出，吾责已塞[60]，死不恨矣。且人臣有篡弑之名，何面目复事上哉！纵上不杀我，我不愧于心乎！"乃仰绝亢[61]，遂死。

荀悦论曰[62]：贯高首为乱谋[63]，杀主之贼[64]；虽能证明其王，小亮不塞大逆[65]，私行不赎[66]公罪。《春秋》之义大居正[67]，罪无赦可也。

臣光曰：高祖骄以失臣，贯高狠以亡君[68]。使贯高谋逆者，高祖之过也；使张敖亡国者，贯高之罪也。

诏："丙寅前有罪，殊死已下[69]，皆赦之。"

二月，行自洛阳至。

初，上诏："赵群臣宾客敢从张王者，皆族。"郎中田叔、孟舒皆处髡钳[70]为王家奴以从。及张敖既免，上贤田叔、孟舒等。召见，与语，汉廷臣无能出其右者[71]。上尽拜为郡守、诸侯相。

夏，六月，乙未晦，日有食之。

是岁，更以丞相何为相国[72]。

（以上为第二段，写公元前198年汉高帝刘邦采纳刘敬建议，以庶民女为大公主和亲匈奴；移齐、楚大族及六国后十万人充实关中。赵王张敖的相国贯高谋反，祸及赵王，被逮而后释放，降为侯爵。）

【注释】

①家人子：庶民女子。此指良家女子刚被选入宫廷，尚未取得职号的宫女。②结和亲约：订定和亲的盟约。和亲，指封建王朝利用婚姻关系与各族统治者结亲和好。③建信侯：刘敬。 残贼：残忍暴虐。 ④不可以仁义说：听不进仁义道德的理论。说，讲道理，理论。亦可解为说服，劝说。 ⑤与为婚姻：和他建立婚姻关系。 ⑥相违：互相矛盾，不一致。 ⑦恩：情爱，恩情。 ⑧尊卑之叙：长幼尊卑的秩序。叙，秩序，次序。 ⑨为：才。 ⑩御：控制，驾驭。 ⑪怀之以德：用德安抚归化的夷狄。 ⑫震之以威：用威严来震慑叛乱的夷狄。 ⑬猎之：猎杀其父。 ⑭妇翁：丈人。 ⑮况鲁元已为赵后：何况鲁元公主已为赵王张敖之妻。 ⑯河南：指今河套南。白羊、楼烦王：居住在今河套以南地区的两个匈奴王。 ⑰秦中：关中。 ⑱新破：指秦末战乱，关中残破，尚未恢复。 ⑲少民：居民稀少。 ⑳益实：移民来充实关中。 ㉑诸侯初起时：指陈胜起义时，六国旧时王族纷纷响应。 ㉒“非齐诸田”句：没有齐国的诸田和楚国的昭、屈、景等大族，大规模的反秦运动不能够发动。 诸田：指田儋、田荣、田间、田角等。楚昭、屈、景：楚国本芈性，熊氏：昭、屈、景为楚王族的三个分支。 ㉓六国之强族：指战国时期东方六国王族的后代。 ㉔未得：不能。 高枕而卧：把枕头垫得高高地睡大觉。比喻无忧无虑。 ㉕“臣愿”句：愿：希望。秦始皇灭六国后，“徙天下豪富于咸阳十二万户”，刘敬的建议乃效法秦始皇移民实关中。 ㉖诸侯有变：指汉初所封诸侯王如有异动。主要指高祖所封异姓诸侯王，如楚王韩信、梁王彭越、燕王臧荼、淮南王黥布等。 ㉗强本弱末：加强中央集权，削弱地方分权。 ㉘与利田、宅：给以便利的土地、住宅。 ㉙怨家：仇家。 谋：谋杀高祖。 ㉚上变：向朝廷检举告发谋反的非常事变。上，呈报，揭发。变，专指谋反事变。 ㉛谁白王不反者：哪个来洗刷赵王不谋反的事啊。白，表白，证明，洗刷。 ㉜轞车：囚车。 胶致：密封押送。 ㉝诣：到。 ㉞对狱：对簿公堂，接受审讯。 ㉟独吾属为之：只是我们这帮人干的。 ㊱吏治：狱吏惩处贯高。 ㊲搒笞：拷打。搒（péng），拷打。 ㊳刺剟：古代的一种酷刑。以铁器刺人身体。剟（duō），刺。 ㊴数言：多次替赵王说情。 ㊵不宜有此：不应有谋反杀害高祖的事。 ㊶岂少而女乎：难道还缺少你女儿吗。而，你。 ㊷廷尉：官名，掌管刑狱，

为九卿之一。以贯高事辞闻：把贯高的事及口供上报。 ㊸以私问之：凭私人交情问他。 ㊹中大夫：官名，掌谏议，属郎中令。 ㊺邑子：同乡。 ㊻素知之：一向和我交好。 ㊼“此固”句：这人本来就是赵国一个以义自立、不受侵辱、信守诺言的人。固：原本，本来。立义：为人仗义。 ㊽节：符节，古代使者所持的凭证。 ㊾箯舆：竹制躺椅。 ㊿与相劳苦：向他慰问辛苦。与，向。劳，慰问。 (51)如生平欢：如同往常一样欢好。生平，平日，往常。 (52)不：同“否”。 (53)顾为：然而，只是。 (54)具道：原原本本地说出。本指所以为者：当初谋反的原因。本，原本，当初。 (55)王不知状：赵王为何不知的情况。 (56)贤：赞赏，称许。 (57)审出乎：果真出狱了吗？ (58)多：称赞。 (59)一身无余者：（被打得）体无完肤。 (60)吾责已塞：我的责任也尽到了。塞，漏洞被阻塞，喻过错已弥补。 (61)绝亢（gāng）：割断喉咙。 (62)荀悦论曰：引文见《前汉纪》。 (63)首为乱谋：是策划叛乱的首犯。 (64)贼：作乱叛国危害社会的人。 (65)小亮：小信，小事情上的诚信。亮，诚信。塞：掩盖。大逆：封建时代称危害君父、宗庙、宫阙等罪行为“大逆”，为“十恶”之一。 (66)赎：抵消。 (67)大居正：遵循正道最为重要。 (68)狠：凶猛，毒辣。指谋杀高祖。亡君：指赵王张敖失国被废为侯。 (69)殊死已下：死罪以下。殊死，斩首的死刑。殊，谓身首异处。已，通“以”。 (70)髡钳：古刑罚名。髡（kūn），剃去头发。钳，用铁圈束颈。 (71)无能出其右者：是说才干没有能超过他们的。右，古时以右为尊。 (72)相国：《汉书·百官公卿表》有“高帝即位置一丞相，十一年更名相国”，此乃高帝九年，尚未置相国，此句“更以丞相萧何为相国”，当在高帝十一年下，疑有误。

【译文】

汉高帝九年（癸卯，前198）

冬季，汉高帝在庶民家找来一名女子，称之为大公主，把她嫁给匈奴单于做妻子，同时派刘敬前往缔结和亲盟约。

臣司马光说：建信侯刘敬说冒顿残暴，不能用仁义道德去说服他，又想与其联姻，为什么这样前后矛盾呀！骨肉亲人的恩情，长幼尊卑的次第，只有仁义的人才能明白，怎么能以此来降服匈奴呢？先代帝王统治夷狄的对策是：他们归服就用德来安抚，他们叛扰就用威来震慑，从没听说过用联姻的办法。况且，冒顿把生身父亲视为禽兽而猎杀，对岳父会怎么样？刘敬的计策本来就很不高明，何况公主鲁元已经成了赵王王后，又怎么能夺回来呢？

刘敬从匈奴归来，说："匈奴的河南白羊、楼烦王部落，离长安城近的只有七百里，轻骑兵一天一夜就可以到达关中。关中刚遭过战事洗劫，缺少百姓，但土地肥沃，应该加以充实。秦末，诸侯最初起事时，没有齐国田氏、楚国昭、屈、景氏的响应就不能勃兴。现在，皇上您虽然已经建都关中，实际上却没有多少人民，而东部有旧六国的强族，一旦有什么事变，您也就不能高枕而卧了。我建议皇上把旧六国的后人及地方豪强、名门大族迁移到关中居住，国家无事时可以防备匈奴，如果各地旧诸侯有变，也足以征集大军向东攻打。这是加强根本而削弱末枝的办法。"高帝说："对。"十一月，便下令迁移旧齐国、楚国的大族昭氏、屈氏、景氏、怀氏、田氏五族及豪强到关中地区，给予便利的田宅安顿，共迁来十多万人。

十二月，汉高帝前往洛阳。

赵国相国贯高的阴谋被他的仇家探知，向汉高帝举报这桩不寻常的大事。高帝下令逮捕赵王张敖及各谋反者。赵王属下赵午等十几人都争相表示要自杀，只有贯高怒骂道："谁让你们这样做的？如今赵王没有参与谋反，而被一并逮捕。你们都死了，谁来申明赵王不曾谋反的真情？"于是，被关进胶封的木栏囚车，与赵王一起押往长安。贯高对审讯官员说："只是我们自己干的，赵王的确不知情。"狱吏动刑，拷打鞭笞几千下，又用刀刺，直至体无完肤，贯高始终不再说别的话。吕后几次说："赵王张敖娶了公主，不会有此事。"高帝怒气冲冲地斥骂她："要是张敖夺了天下，难道还缺少你的女儿不成！"不予理睬。

廷尉把审讯情况和贯高的话报告汉高帝，高帝感慨地说："真是个壮士，谁平时和他要好，用私情去探听一下。"中大夫泄公说："我和他同邑，平常很了解他，他在赵国原本就是个以义自立、不受侵辱、信守诺言的人。"高帝便派泄公持节去贯高的竹床前探问。泄公慰问他的伤情，见面仍像平日一样欢洽，便套问："赵王张敖真的有谋反计划吗？"贯高回答说："以人之常情，难道不各爱自己的父母、妻子儿女吗？现在我的三族都被定成死罪，难道我爱赵王胜过我的亲人吗？因为实在是赵王不曾谋反，只是我们自己这样干的。"又详细述说当初的谋反原因及赵王不曾知道的情况。于是，泄公入朝一一报告了高帝。

春季，正月，高帝下令赦免赵王张敖，降为宣平侯，另调代王刘如意为赵王。

高帝称许贯高的为人，便派泄公去告诉他："张敖已经放出去了。"同时赦免贯高。贯高高兴地问道："我的大王真的放出去了？"泄公说："是的。"又告诉他："皇上看重你，所以赦免了你。"贯高却说："我之所以不死，被打得遍体鳞伤，就是为了表明赵王张敖没有谋反。现在赵王已经出去，我的责任也尽到了，死而无憾了。况且，我作为臣子有谋害皇帝的罪名，又有什么脸面再去事奉皇上呢？即使皇上不杀我，我就不心中有愧吗？"于是，掐断自己的颈脉，自杀了。

荀悦评论说：贯高带头谋反作乱，是个杀君的贼子。虽然他舍身证明赵王无罪，但小的优点掩盖不住大逆不道，个人的品行赎不了法律上的罪过。按照《春秋》大义，遵循正道最为重要，他的罪应是不可赦免的。

臣司马光说：汉高祖因为骄横失去了臣下，贯高因为狠毒使他的主子失掉原有的封国。促使贯高谋反行逆的，是汉高祖的过失；致令张敖亡国的，是贯高的罪过。

汉高帝颁布命令："丙寅日以前犯罪者，死罪以下，都予以赦免。"

二月，汉高帝一行自洛阳回长安。

当初，高帝颁布命令，说："赵王群臣及宾客有敢随从张敖者，满门抄斩。"但郎中田叔、孟舒等都自行剃去头发，以铁圈束颈，作为赵王家奴随从。待到张敖免罪，高帝称许田叔、孟舒的为人，下令召见，与他们交谈，发现他们的才干超过了汉朝的大臣。高帝任命两人为郡守、诸侯国相。

夏季，六月三十日，出现日食。

汉朝改任丞相萧何为相国。

【原文】

十年（甲辰，前197）

夏，五月，太上皇崩于栎阳宫①。秋，七月，癸卯，葬太上皇于万年②。楚王、梁王③皆来送葬。赦栎阳囚④。

定陶⑤戚姬有宠于上，生赵王如意⑥。上以太子仁弱⑦，谓如意类己⑧；虽封为赵王，常留之长安。上之关东，戚姬常从，日夜啼泣，欲立其子。吕后年长，常留守，益疏⑨。上欲废太子而立赵王，大臣争之⑩，皆莫能得⑪。御史大夫周昌廷争之强⑫，上问其说。昌为人吃⑬，又盛怒，曰：

“臣口不能言，然臣期期[14]知其不可！陛下欲废太子，臣期期不奉诏！”上欣然而笑。吕后侧耳于东厢[15]听，既罢，见昌，为跪谢，曰：“微君[16]，太子几废[17]！”

时赵王年十岁，上忧万岁之后不全也[18]；符玺御史[19]赵尧请为赵王置贵强相[20]，及吕后、太子、群臣素所敬惮者[21]。上曰：“谁可者？”尧曰：“御史大夫昌，其人也[22]。”上乃以昌相赵，而以尧代昌为御史大夫。

初，上以阳夏侯陈豨[23]为相国，监赵、代边兵；豨过辞[24]淮阴侯。淮阴侯挈其手[25]，辟左右[26]，与之步于庭，仰天叹曰：“子可与言乎？”豨曰：“唯将军令之[27]！”淮阴侯曰：“公之所居[28]，天下精兵处也；而公，陛下之信幸臣也[29]。人言公之畔[30]，陛下必不信；再至[31]，陛下乃疑矣；三至，必怒而自将。吾为公从中起[32]，天下可图也。”陈豨素知其能也，信之，曰：“谨奉教[33]！”

豨常慕魏无忌[34]之养士，及为相守边，告归[35]，过赵，宾客随之者千余乘，邯郸官舍皆满。赵相周昌求入见上，具言豨宾客甚盛，擅兵于外数岁，恐有变。上令人覆案[36]豨客居代者诸不法事[37]，多连引豨[38]。豨恐，韩王信因使王黄、曼丘臣等说诱之[39]。

太上皇崩，上使人召豨，豨称病不至[40]；九月，遂与王黄等反，自立为代王，劫略赵、代[41]。上自东击之。至邯郸，喜曰：“豨不南据邯郸而阻漳水[42]，吾知其无能为矣[43]。”

周昌奏：“常山[44]二十五城，亡[45]其二十城；请诛守、尉[46]。”上曰：“守、尉反乎？”对曰：“不[47]。”上曰：“是力不足，亡罪[48]。”

上令周昌选赵壮士可令将者，白见四人[49]。上嫚骂[50]曰：“竖子能为将乎？”四人惭，皆伏地；上封各千户，以为将。左右谏曰；“从入蜀、汉，伐楚，赏未遍行；今封此，何功？”上曰：“非汝所知。陈豨反，赵、代地皆豨有。吾以羽檄[51]征天下兵，未有至者，今计唯独邯郸中兵耳[52]。吾何爱[53]四千户，不以慰赵子弟！”皆曰：“善！”

又闻豨将皆故贾人，上曰：“吾知所以与之[54]矣。”乃多以金购豨将，豨将多降。

（以上为第三段，写公元前197年史事，写刘邦宠幸戚夫人，欲立其子赵王如意为太子，御史大夫周昌强谏而作罢，又担心将来赵王被吕后所害，于是置贵强相护理赵王，以周昌为赵相。监赵、代边兵的相国陈豨谋反，自封为代王，刘邦亲征。）

【注释】

①太上皇崩：高帝父死。崩，古代称帝王、皇后之死。栎阳：在今陕西省西安市临潼区东北，高祖初居于此，太上皇因居此。按：《史记·高祖本纪》《汉书·高帝纪》并云“七月太上皇崩”，此从荀悦《前汉纪》。②万年：高祖葬其父于栎阳北原。因置万年县为奉陵之邑，故城在今陕西省西安市临潼区东北。③楚王：高祖弟刘交。梁王：彭越。④赦栎阳囚：万年陵在栎阳县，故特赦栎阳囚。⑤定陶：县名，在今山东省菏泽市定陶区西北。⑥赵王如意：高祖九年立，高祖死，吕后毒死赵王。⑦太子：刘盈，后立为惠帝。仁弱：仁慈懦弱。⑧类己：像自己。⑨益疏：越来越疏远。⑩争之：规劝，反对。争，通“诤”。⑪皆莫能得：全都没能成功。⑫周昌：沛人，从刘邦起事，封汾阴侯，为人刚强直谏。廷争之强：在朝廷上强硬地争执，规劝。⑬吃：口吃，说话不顺畅。⑭期期：形容口吃的断续重叠的样子。⑮东厢：正厅东边的侧室。⑯微君：没有您，要不是您。⑰几废：险些废掉了。⑱“上忧”句：高帝担忧自己死后赵王难以保全。万岁：帝王“死”的委婉说法。不全：指赵王不能保全自己。⑲符玺御史：御史大夫的属官，掌管皇帝符信、印章。⑳置贵强相：给赵王配置一个尊贵而有能力的国相保护他。㉑素所敬惮者：平时敬畏的人，即威望极高的人。㉒其人也：他就是最合适的人选。㉓陈豨（xī）：宛朐（今山东省菏泽市西南）人，佐汉建国，因功封阳夏侯，为代相国。后反叛，兵败被杀。㉔过辞：拜访告别。㉕挈其手：握着陈豨的手。㉖辟左右：屏退左右随从。辟，通“避”，屏退。㉗唯将军令之：一切听从将军的吩咐。㉘公之所居：你所管辖的地区。㉙信幸臣：亲信而宠爱的大臣，即心腹臣。㉚畔：通“叛”。㉛再至：说你反叛的话再一次传给刘邦。㉜从中起：从京城发兵内应。㉝谨奉教：敬遵指教。㉞魏无忌：战国时魏公子信陵君，招致天下贤士，有食客三千人。㉟告归：休假回家。㊱覆案：查证。㊲诸不法事：种种违法之事。㊳多连引豨：很多不法事都牵连到陈豨。㊴韩王信：战国时韩王后裔，秦末在韩地起兵随从刘邦入关，封韩王，高祖七年叛汉入匈奴。说诱之：劝诱陈豨叛汉。㊵称病不至：假托有病不入朝。㊶劫略赵、代：率军劫掠赵国、代国。㊷豨不据邯郸而阻漳水：陈豨不占据邯郸而去扼守漳水。㊸无能为：无能为力，没有多大作为。㊹常山：常山郡，属赵。㊺亡：丢失。㊻守、尉：守，郡的行政首长。尉，郡的军事首长。㊼不：同“否”，没有反。㊽亡罪：无罪，没有罪。亡，无。㊾白见四人：报告说有四人进见。㊿嫚骂：随口谩骂。嫚，侮辱。51羽檄：插上羽毛表示紧急的公文。如近世的“鸡毛

信”。檄，古代作为征召、晓谕、声讨等的文书。 ㊾独邯郸中兵：只有守卫邯郸城的这点兵。 按：邯郸为赵地，陈豨所有，四人投汉，邯郸兵不为陈豨所有。 ㊿爱：吝惜。 ㊻所以与之：如何对付他们的办法。商人贪利，多以金收买，所以下文云“多以金购”。

【译文】

汉高帝十年（甲辰，前197）

夏季，五月，太上皇于栎阳宫去世。秋季，七月十四日，将太上皇安葬于万年陵。楚王、梁王都来送葬。汉高帝刘邦下令特赦栎阳囚犯。

定陶女子戚夫人受汉高帝宠爱，生下赵王刘如意。高帝因为太子为人仁慈懦弱，认为刘如意像自己，虽然封他为赵王，却把他长年留在长安。高帝出巡关东，戚夫人也常常随行，日夜在高帝面前哭泣，想要立如意为太子。而吕后因年老，常留守长安，与高帝越发疏远。高帝便想废掉太子改立赵王为继承人，大臣们表示反对，都未能说服他。御史大夫周昌在朝廷上强硬地争执，高帝问他理由何在。周昌说话口吃，又在盛怒之下，急得只是说：“我口不能言，但我知道不能这样做，皇上要废太子，我不奉命！”高帝欣然而笑。吕后在东厢房侧耳聆听，事过后，她召见周昌，向他跪谢说：“要不是您，太子几乎就废了。”

当时，赵王刚十岁，高帝担心自己死后他难以保全。符玺御史赵尧建议为赵王配备一个地位高而又强有力且平时能让吕后、太子及群臣敬惮的相。高帝问道：“谁合适呢？”赵尧说：“御史大夫周昌正是这样的人。”高帝便任命周昌为赵国的相，而令赵尧代替周昌为御史大夫。

起初，高帝任命阳夏侯陈豨为相国，监管赵国、代国边境部队。陈豨拜访淮阴侯韩信并向他辞行。淮阴侯握着他的手，屏退左右随从，与他在庭院中散步，忽然仰天叹息道：“有几句话，能和你说吗？”陈豨说：“只要是将军您的指示，我都听从。”韩信说：“你所处的地位，集中了天下精兵；而你，又是皇上信任的大臣。如果有人说你反叛，皇上肯定不信；再有人说，皇上就会起疑心；说第三次，皇上必定会愤怒地亲自率领大军前来攻打你。请让我为你做个内应，那么天下就可以谋取了。”陈豨平常便知道韩信的能力，相信他，于是说：“遵奉您的指教！”

陈豨常常羡慕当年魏国信陵君魏无忌养士的行为，及至他做相国驻守边境，告假回来时，经过赵国，跟随他的宾客乘坐的车有一千多辆，把邯郸城的官舍都住满了。赵相周昌见此情况，请求入京进见汉高帝刘邦，详述陈豨门下宾客盛多，又专擅兵权在外数年，恐怕会有事变，等等。高帝令人再审查陈豨宾客在代国时的种种不法之事，很多牵连到陈豨。陈豨听说后十分恐慌，韩王信趁机派王黄、曼丘臣等人来劝诱他联成一伙。

太上皇去世时，汉高帝派人来召陈豨，陈豨称病不去；九月，他便与王黄等人公开反叛，自封为代王，率军劫掠赵国、代国。高帝领兵从东面进击，到达邯郸，高兴地说："陈豨不占据邯郸而去扼守漳水，我知道他没有多大能耐了！"

赵相周昌奏报说："常山郡二十五城，有二十城都失陷了，请处死郡守、郡尉。"汉高帝问道："郡守、郡尉都反叛了吗？"周昌回答说："没有。"高帝说："这是他们力量不足，没有罪过。"

汉高帝又令赵相周昌挑选赵国壮士中可充当将领的人，周昌报告说有四个人，并让他们来进见。高帝谩骂道："你们这群小子能当将军吗？"四人大为惭愧，都伏在地上；高帝却真的赏赐各人以一千户的封邑，任用为将领。左右随从劝阻说："跟随您进兵蜀、汉，征讨楚王的功臣都没有全部封赏；今天封他们，凭的什么功劳？"高帝说："这就不是你们所能知道的了。陈豨造反，赵国、代国一带都被他占有。我用紧急军书征调天下军队，至今还没有到来的，现在估计能够调遣的只有邯郸城中这些士兵而已，我为什么还要吝惜那四个千户封邑，不用来抚慰赵国子弟呢！"属下都点头说："好主意。"

汉高帝又听说陈豨的很多部将过去都是商人，便说："我知道如何对付他们了。"下令多用黄金去收买陈豨部将，果然有大部分部将来降。

【原文】

十一年（乙巳，前196）

冬，上在邯郸。陈豨将侯敞将万余人游行[①]，王黄将骑[②]千余军曲逆[③]，张春[④]将卒万余人渡河攻聊城[⑤]。汉将军郭蒙[⑥]与齐将[⑦]击，大破之。太尉周勃道太原入定代地[⑧]，至马邑，不下，攻残之[⑨]。赵利守东垣[⑩]，帝攻拔之，更命曰真定。帝购王黄、曼丘臣以千金，其麾下[⑪]皆生致之[⑫]，于是陈豨军遂败[⑬]。

淮阴侯信称病，不从击豨，阴使[⑭]人至豨所，与通谋[⑮]。信谋与家臣夜诈诏赦诸官徒、奴[⑯]，欲发以袭吕后、太子；部署已定，待豨报。其舍人得罪于信，信囚，欲杀之。春，正月，舍人弟上变[⑰]，告信欲反状于吕后。吕后欲召，恐其傥不就[⑱]，乃与萧相国谋，诈令人从上所来[⑲]，言豨已得[20]，死，列侯、群臣皆贺。相国给信[21]曰："虽疾，强入贺。"信入，吕后使武士缚信，斩之长乐钟室[22]。信方斩，曰："吾悔不用蒯彻之计，乃为儿女子所诈[23]，岂非天哉！"遂夷信三族。

臣光曰：世或以韩信为首建大策[24]，与高祖起汉中，定三秦，遂分兵以北，禽魏，取代，仆赵，胁燕，东击齐而有之，南灭楚垓下，汉之所以得天下者，大抵[25]皆信之功也。观其距蒯彻之说[26]，迎高祖于陈[27]，岂有反心哉！良由失职怏怏[28]，遂陷悖逆[29]。夫以卢绾里闬旧恩[30]，犹南面王燕，信乃以列侯奉朝请[31]，岂非高祖亦有负于信哉！臣[32]以为高祖用诈谋禽信于陈，言负则有之；虽然[33]，信亦有以取之也[34]。始，汉与楚相距荥阳，信灭齐，不还报而自王[35]；其后汉追楚至固陵，与信期共攻楚而信不至。当是之时，高祖固有取信之心矣[36]，顾力不能耳。及天下已定，则信复何恃哉！夫乘时以徼利者[37]，市井之志也[38]；酬功而报德者，士君子之心也。信以市井之志利其身，而以士君子之心望于人，不亦难哉！是故太史公论之曰[39]："假令韩信学道谦让[40]，不伐己功，不矜其能[41]，则庶几哉[42]！于汉家勋，可以比周、召、太公之徒[43]，后世血食矣[44]！不务出此[45]，而天下已集[46]，乃谋畔逆[47]；夷灭宗族，不亦宜乎！"

将军柴武[48]斩韩王信于参合[49]。

上还洛阳，闻淮阴侯之死，且喜且怜之[50]，问吕后曰："信死亦何言？"吕后曰："信言恨不用蒯彻计。"上曰："是齐辩士蒯彻也。"乃诏齐捕蒯彻。蒯彻至，上曰："若教淮阴侯反乎？"对曰："然，臣固教之。竖子不用臣之策，故令自夷于此[51]；如用臣之计，陛下安得而夷之乎[52]！"上怒曰；"烹之[53]！"彻曰："嗟乎！冤哉烹也[54]！"上曰："君教韩信反，何冤？"对曰："秦失其鹿[55]，天下共逐之，高材疾足者先得焉。跖之狗吠尧[56]，尧非不仁，狗固吠非其主。当是时，臣唯独知韩信，非知陛下也。且天下锐精持锋[57]欲为陛下所为者甚众[58]，顾力不能耳，又可尽烹之邪？"上曰："置之[59]。"

（以上为第四段，写汉高帝刘邦攻灭叛将陈豨。吕后、萧何用计斩杀淮阴侯韩信于长乐宫钟室，刘邦得知，且喜且怜。蒯彻曾教韩信谋反，高帝赦免其罪。

司马光评论，韩信之死，自取之也。)

【注释】

①游行：流动作战。 ②骑：骑兵。 ③军曲逆：在曲逆驻扎军队。曲逆，县名，县治在今河北顺平县东南。 ④张春：陈豨部将。 ⑤聊城：县名，县治在今山东聊城市西北。 ⑥郭蒙：汉将，曾以都尉为汉守敖仓，后封东武侯。 ⑦齐将：齐国将领率领的地方部队。齐国，高帝庶长子刘肥的封国。 ⑧道太原入定代地：取道太原平定了代地。 ⑨不下，攻残之：久攻不下，攻下后大行杀戮。 ⑩赵利：陈豨部将。 东垣：县名，县治在今河北石家庄市东。 ⑪麾下：王黄、曼丘臣的部下。 ⑫生致之：生擒活捉了王黄、曼丘臣。 ⑬败：覆灭。 ⑭阴使：暗中、秘密派出使者。 ⑮通谋：勾结谋划。 ⑯官徒：古代有罪入官府供使役的人。 官奴：古代有罪入官府为主人从事无偿劳动的人。 ⑰舍人：据《史记·高祖功臣侯者年表》，舍人指栾说，他因告密被封为慎阳侯。 上变：上书密告谋反之事。 ⑱傥不就：万一不服从。傥，倘，万一。 ⑲上所来：从高祖处来，即从前线报喜回来。 ⑳言豨已得：报告陈豨已被擒获。 ㉑绐信：欺骗韩信。 ㉒长乐：长乐宫，本秦之兴乐宫，汉修饰之，故址在西安市西北郊。 钟室：宫中悬钟之室。 ㉓乃为儿女子所诈：竟然上了一个妇人的当。 儿女子：女流之辈，一个妇人，有轻蔑之意。诈，被欺诈，上当。 ㉔或以：有人认为。 大策：指韩信建议刘邦“举而东，三秦可传檄而定”。 ㉕大抵：总的说来。 ㉖距蒯彻之说：拒绝蒯彻谋反的建议。距，通“拒”。 ㉗迎高祖于陈：指高祖六年“伪游云梦，会诸侯于陈”，韩信出迎被擒。 ㉘“良由”句：实在是因为失去诸侯王的地位后怏怏不悦。 良：实在是。 怏怏：失意不快。 ㉙悖逆：大逆不道，抗命反叛。 ㉚里闬旧恩：邻居友好的交情。闬(hàn)，里巷的门。 按：卢绾与刘邦同乡，其父又与刘邦父相爱，故言。 ㉛奉朝请：古代诸侯春季朝见天子叫朝，秋季朝见叫请，因称定期参加朝会为“奉朝请”。 ㉜臣：我，司马光自称。 ㉝虽然：虽然如此，话又说回来。 ㉞有以取之：有被捉拿的客观理由。以，所。 ㉟自王：指韩信灭齐后，要求“为假王以镇之”。 ㊱固有取信之心矣：刘邦本来就有诛杀韩信的念头。 ㊲乘时以徼利者：抓住机会去谋取私利的人。 ㊳市井之志：市井小人的志向。 市井：古代城邑中买卖货物的场所。此指商人，其思想境界只会投机取巧。 ㊴太史公论之曰：即《史记·淮阴侯列传》篇末的“太史公曰”。 ㊵学道谦让：懂得君尊臣卑之道，谦虚礼让。 ㊶不伐己功，不矜其能：不夸耀自己的功劳，不矜持自己的才貌。伐、矜：都是“自我夸耀”的意思。 ㊷则庶几哉：命运就会大不相同。 ㊸比周、召、太公之徒：可以与周公、召公、太公这些人相比了。周、召、太公

即周公姬旦、召公姬奭、太公吕望。之徒，他们这些人，周初开国功臣。㊹后世血食矣：韩信的后代可以世世代代受到祭祀。血食，古代祭祀常用语，言杀牲取血以祭祀。㊺不务出此：不专心于学道谦让。出，于，在。㊻天下已集：天下已经安定之时。集：安定。㊼畔逆：造反。畔，通“叛”。㊽柴武：又名陈武，以军功封棘蒲侯。㊾参合：县名，县治在今山西阳高县南。㊿喜：欣喜除掉了威胁。怜：惜其才高功大，于心不忍。51自夷于此：自取灭亡，落得如此下场。夷：灭绝。52“陛下”句：皇上怎么能诛杀他呢？53烹之：煮死他。烹，古代用鼎镬煮人的酷刑。54冤哉烹也：煮死我实在是冤枉。55鹿：与“禄”同音，用来比喻帝位和爵位。56跖之狗吠尧：大盗跖养的狗对着圣王尧吠叫，喻各为其主。蒯通此言隐喻自己忠于主，高帝杀他就是灭忠臣。57锐精持锋：磨快武器，拿着利剑。锐，使锐利。精，纯金属。锋，锋利的武器。58所为者甚众：想要夺取天下的很多。59置之：放掉他。置，赦免。

【译文】

汉高帝十一年（乙巳，前196）

冬季，汉高帝在邯郸城。陈豨的部将侯敞率领一万多人游动袭击，王黄率领骑兵一千多人屯军曲逆，张春率领一万多士兵渡过黄河进攻聊城；汉朝将军郭蒙与齐国将军迎击，大破陈豨的军队。太尉周勃取道太原去平定代地，兵抵马邑，久攻不下，攻下后便大行杀戮。赵利守东垣城，高帝亲自率军攻下，将地名改为真定。高帝又悬赏千金捉拿王黄、曼丘臣，结果其部下都将他们活捉送来，于是，陈豨的军队溃败。

淮阴侯韩信假称有病，没有随从汉高帝去攻打陈豨，却暗中派人到陈豨那里，与他勾结谋划。韩信想在夜间与家臣用伪诏书赦免官府的有罪工匠及奴隶，打算发动他们去袭击吕后、太子。已经部署完毕，只等陈豨的消息。韩信有个门下舍人曾因得罪韩信，被囚禁起来，准备处死。春季，正月，舍人的弟弟上书举报事变，将韩信打算谋反的情况告诉吕后。吕后想把韩信召来，又担心他可能不服从，便与相国萧何商议，假装让人从汉高帝刘邦处来，说陈豨已经被擒，处死，列侯及群臣闻讯都到朝中祝贺。萧何又欺骗韩信说：“你虽然病了，也应当强挺着前来道贺。”韩信来到朝廷，吕后便派武士将他捆绑起来，在长乐宫钟室里斩首。韩信在斩首之前，叹息说：“我真后悔没有用蒯彻的计策，竟上了一个妇人的当，这难道不是天意吗？”吕后随后下令将韩信三族都连坐杀死。

臣司马光说：世人有的认为，韩信为汉高祖首先奠定开业大计，与他一同在汉中起事，平定三秦后，又分兵向北，擒获魏王，夺取代国，扑灭赵国，胁迫燕国，再向东攻击占领齐国，复向南在垓下消灭楚国，汉朝之所以能够得到天下，大致都归功于韩信。再看他拒绝蒯彻的建议，在陈地迎接高祖，哪里有反叛之心呢？实在是因为失去诸侯王的权位后怏怏不快，才陷于大逆不道。卢绾仅仅有高祖里巷旧邻的交情，就封为燕王，而韩信却以侯爵身份奉朝请；高祖难道不也有亏待韩信的地方吗？我认为：汉高祖用诈骗手段在陈地抓获韩信，说他亏待是有的；不过，韩信也有咎由自取之处。当初，汉王与楚王在荥阳相持，韩信灭了齐国，不来奏报汉王却自立为王；其后，汉王追击楚王到固陵，与韩信约定共同进攻楚王，而韩信按兵不动；当时，高祖已有诛杀韩信的念头了，只是力量还做不到罢了。待到天下已经平定，韩信还有什么可倚仗的呢？抓住机会去谋取利益，是市井小人的志向；建立大功以报答恩德，是有志操学问的君子的胸怀。韩信用市井小人的志向为自己谋取利益，却要求他人用君子的胸怀回报，不是太难了吗？所以，太史公司马迁评论说："假如让韩信学习君臣之道，谦虚礼让，不夸耀自己的功劳，不矜持自己的才能，情况大概就不同了！他对汉家的功勋，可以与周公、召公、太公吕尚等人相比，后代也就可以享有祭祀了！他不去这样做，反而在天下已定之时，图谋叛逆，被斩灭宗族，不是理所当然的吗！"

将军柴武在参合将韩王信斩首。

汉高帝回到洛阳，知道淮阴侯韩信被杀，又是欣喜又是怜惜。他问吕后："韩信临死时有什么话？"吕后说："韩信说后悔没有用蒯彻的计谋。"高帝悟道："是齐国的能辩之士蒯彻呀！"便下令齐国逮捕蒯彻。蒯彻被押来后，高帝问："是你教韩信造反吗？"回答说："是的，我确实教过。那家伙不听我的计策，所以才自取灭亡，落到这个地步；如果用我的计策，皇上怎么能够杀了他呢？"高帝勃然大怒，下令："烹杀他！"蒯彻大叫："哎呀！烹杀我实在冤枉！"高帝问道："你教韩信造反，还有何冤枉？"蒯彻说："秦朝失去江山，天下人都群起争夺，有才能、动作快的人能先得到。古时跖的狗对尧吠叫，并不是尧不仁，而是狗本来就要对不是它主人的人吠叫。当时，我作为臣子只知道有韩信，不知道有皇上啊！何况，天下磨刀霍霍，想做皇上这般大业的人很多，只是力量达不到罢了，您又能都烹杀吗？"高帝听罢，说："放了他。"

【原文】

立子恒[①]为代王，都晋阳[②]。

大赦天下。

上之击陈豨也，征兵于梁；梁王[③]称病，使将将兵诣邯郸。上怒，使人让之[④]。梁王恐，欲自往谢[⑤]。其将扈辄曰："王始不往，见让而往，往则为禽矣[⑥]。不如遂发兵反。"梁王不听。梁太仆得罪，亡走汉，告梁王与扈辄谋反。于是上使使掩梁王[⑦]，梁王不觉，遂囚之洛阳。有司治[⑧]："反形已具[⑨]，请论如法[⑩]。"上赦以为庶人，传处蜀青衣[⑪]。西至郑[⑫]，逢吕后从长安来。彭王为吕后泣涕，自言无罪，愿处故昌邑[⑬]。吕后许诺，与俱东。至洛阳，吕后白上曰："彭王壮士，今徙之蜀，此自遗患[⑭]；不如遂诛之[⑮]。妾谨[⑯]与俱来。"于是吕后乃令其舍人[⑰]告彭越复谋反。廷尉王恬开[⑱]奏请族之[⑲]，上可其奏[⑳]。

三月，夷越三族。枭越首洛阳[㉑]，下诏："有收视者[㉒]，辄捕之[㉓]。"

梁大夫栾布[㉔]使于齐，还，奏事越头下[㉕]，祠而哭之[㉖]。吏捕以闻[㉗]。上召布，骂，欲烹之。方提趋汤[㉘]，布顾曰[㉙]："愿一言而死。"上曰："何言？"布曰："方上之困于彭城，败荥阳、成皋间，项王所以遂不能西者，徒以彭王居梁地，与汉合从苦楚也[㉚]。当是之时，王一顾[㉛]，与楚则汉破，与汉则楚破[㉜]。且垓下之会[㉝]，微彭王[㉞]，项氏不亡。天下已定，彭王剖符受封[㉟]，亦欲传之万世。今陛下一征兵于梁，彭王病不行。而陛下疑以为反；反形未具[㊱]，以苛小案诛灭之[㊲]。臣恐功臣人人自危也。今彭王已死，臣生不如死，请就烹。"于是上乃释布罪，拜为都尉[㊳]。

丙午[㊴]，立皇子恢[㊵]为梁王。丙寅[㊶]，立皇子友[㊷]为淮阳王。罢东郡，颇益梁[㊸]；罢颍川郡，颇益淮阳。

夏，四月，行自洛阳至。

（以上为第五段，写梁王彭越在汉高帝讨伐陈豨时，没有亲自领兵参与而被疑造反，遭高帝突然袭击被捕流放，路遇吕后声言无罪。吕后诳骗彭越到洛阳，对高帝说："彭越壮士，不可放纵自留后患。"彭越被灭族，枭首示众。栾布奉使返回，奏示彭越头颅下，高帝壮节，赦免用为都尉。）

【注释】

①恒：即后来的汉文帝刘恒。 ②晋阳：县名，县治在今山西太原市西南。 ③梁

王：彭越。 ④让之：斥责梁王。 ⑤谢：道歉，请罪。 ⑥为禽矣：被擒拿。禽，通“擒”。 ⑦掩梁王：突然袭击梁王。掩，隐密的突然出击。 ⑧有司治：主管官员判定。治，经审讯后定罪。 ⑨反形已具：谋反罪证确凿。扈辄劝彭越谋反，而彭越不诛之，是“反形已具”。 ⑩请论如法：奏请依法惩处。谋反罪当灭族。 ⑪传处蜀青衣：押送到蜀郡青衣看管。传处，用囚车押送到流放地。 蜀：蜀郡。 青衣：在今四川雅安市北。 ⑫郑：县名，县治在陕西华州区西北。 ⑬愿处故昌邑：希望回到老家昌邑居住。昌邑，县名，县治在今山东巨野南。彭越本昌邑人，故云“故昌邑”。 ⑭遗患：留后患。 ⑮遂诛之：就此杀了他。遂，一不做二不休，干脆做了。 ⑯谨：很注意，很小心。 ⑰舍人：家臣。 ⑱廷尉：官名，掌管刑狱，为九卿之一。 王恬开：本名王恬启，避景帝刘启讳改。 ⑲奏请族之：奏请将彭越灭三族。 ⑳上可其奏：高帝予以批准。可，批准。 ㉑枭越首洛阳：割下彭越的首级在洛阳示众。 枭首：斩首悬挂示众。 ㉒收视：收殓照顾。 ㉓辄捕之：一律逮捕。辄，就，一律。 ㉔梁大夫：栾布与彭越有旧交。栾布后为燕王臧荼的将领，臧荼反，汉攻燕，俘虏了栾布。梁王彭越为他赎罪，让他任梁国的大夫。大夫，主谏议的官。 ㉕奏事越头下：在彭越的头颅下奏报。 按：栾布受故梁王彭越之命出使齐国，所以他要在彭越的人头下面向彭越奏事，以尽臣职，兼报旧恩。 ㉖祠而哭之：一边祭祀，一边大哭。祠，祭祀。 ㉗以闻：上报高祖。 ㉘方提趋汤：正要把他举起来往开水里扔。 ㉙顾曰：回头说。 ㉚“徒以”二句：只是因为彭越守住梁地，与汉联合才使楚国为难。 徒以：只是因为。 合从：联合。 苦：困难。 ㉛顾：偏向。 ㉜与：联合，破：溃败。 ㉝垓下之会：垓下会战。 ㉞微彭王：没有彭越王。微，没有。 ㉟彭王剖符受封：彭越接受符节，受封为王。剖符，破符。古代帝王分封诸侯、功臣时，以竹符为信证，剖分为二，君臣各执其一，后因以“破符”为分封、授官之称。 ㊱反形未具：没有构成谋反的事实。 ㊲以苛小案诛灭之：便以苛求细小过错判罪诛杀彭越。 苛小：苛察细小的过错。 案：通“按”，判刑。 ㊳拜：任命，授予官职。 都尉：次于将军的武官。 ㊴丙午：是年三月无丙午。《史记·汉兴以来诸侯王年表》为：“二月丙午”，即二月二十日。 ㊵恢：刘恢，高祖第五子，后徙为赵共王。 ㊶丙寅：三月十一日。 ㊷友：刘友，高祖第六子，后徙为赵幽王。 ㊸罢东郡，颇益梁：废除东郡，较大地扩充梁国。颇益，较大地增加。

【译文】

汉高帝立儿子刘恒为代王，以晋阳为都城。

汉高帝下令实行大赦。

汉高帝进攻陈豨时，向梁王彭越征兵，彭越称病，只派将军率兵赴邯郸。高帝大怒，令人前去斥责。彭越恐惧，想亲身入朝谢罪。部将扈辄说："您当初不去，受到斥责后才去，去了就会被擒，不如就势发兵反了吧。"彭越不听劝告。他的太仆因获罪逃往长安，控告梁王彭越与扈辄谋反。于是，高帝派人突袭彭越，彭越事先没有发觉，便被俘获，囚禁到洛阳。有关部门审讯的结果是："已有谋反迹象，应按法律处死。"高帝赦免他为平民，押送到蜀郡青衣居住。彭越向西到了郑地，遇到吕后从长安来。彭越向吕后哭泣，诉说自己无罪，希望能够到故地昌邑居住。吕后口中应允，与他一起东行。到了洛阳，吕后对高帝说："彭越是个壮士，如今把他流放到蜀郡，这是自留后患，不如就此杀了他。我已与他同来。"吕后又指使彭越门下舍人控告彭越再行谋反。廷尉王恬开奏请将彭越灭三族，高帝予以批准。

三月，彭越三族都被斩首。还割下彭越的首级在洛阳示众，并颁布命令："有来收殓尸体者，一律逮捕。"

梁王彭越的大夫栾布出使齐国，回来后，在彭越的头颅下奏报，一边祭祀一边大哭。官吏将他逮捕，报告汉高帝。高帝召来栾布，痛骂一番，想烹杀他。两旁的人正要提起他投入滚水中，栾布回头说："请让我说句话再死。"高帝便问道："还有什么话？"栾布说："当年皇上受困于彭城，战败于荥阳、成皋之间，项羽却不能西进，只是因为彭越守住梁地，与汉联合而使楚为难。当时，只要彭越一有倾向，与项羽联合则汉失败，与汉联合则楚失败。而且垓下会战，没有彭越，项羽就不会灭亡。如今天下已经平定，彭越接受符节，被封为王，也想传给子孙后代。如今皇上向梁国征一次兵，彭越因病不能前来，皇上就疑心以为造反；未见到反叛迹象，便以苛细小事诛杀了他。我担心功臣会人人自危。现在彭越已经死了，我活着也不如死，请烹杀我吧！"高帝认为有理，便赦免了栾布的罪过，封他为都尉。

三月丙午（三月无丙午日，疑误），高帝立皇子刘恢为梁王，十一日，立皇子刘友为淮阳王。废除东郡，较大地扩充了梁国；废除颍川郡，较大地扩充了淮阳国。

夏季，四月，高帝一行从洛阳回长安。

【原文】

五月，诏立秦南海尉赵佗[①]为南粤王，使陆贾即授玺绶[②]，与剖符通使，使和集百越[3]，无为南边患害。

初，秦二世时，南海尉任嚣病且死[4]。召龙川[5]令赵佗，语[6]曰："秦为无道，天下苦之。闻陈胜等作乱，天下未知所安。南海僻远，吾恐盗兵侵地至此，欲兴兵绝新道自备[7]，待诸侯变；会病甚。且番禺负山险，阻南海[8]，东西数千里，颇有中国人相辅；此亦一州之主也，可以立国。郡中长吏，无足与言者，故召公告之。"即被佗书[9]，行南海尉事[10]。嚣死，佗即移檄告横浦、阳山、湟谿关曰[11]："盗兵且至，急绝道，聚兵自守！"因稍以法诛秦所置长吏，以其党为假守[12]。秦已破灭，佗即击并桂林、象郡[13]，自立为南越武王。

陆生至，尉佗魋结、箕倨见陆生[14]。陆生说佗曰："足下中国人，亲戚、昆弟、坟墓在真定。今足下反天性[15]，弃冠带[16]，欲以区区之越与天子抗衡为敌国，祸且及身矣[17]！且夫秦失其政，诸族、豪桀并起，唯汉王先入关，据咸阳。项羽倍约[18]，自立为西楚霸王，诸侯皆属，可谓至强[19]。然汉王起巴、蜀，鞭笞天下[20]，遂诛项羽，灭之。五年之间，海内平定。此非人力，天之所建也[21]。天子闻君王王南越[22]，不助天下诛暴逆[23]，将相欲移兵而诛王[24]。天子怜百姓新劳苦，故且休之，遣臣授君王印，剖符通使。君王宜郊迎，北面称臣；乃欲以新造未集之越[25]，屈强于此[26]！汉诚闻之[27]，掘烧王先人冢，夷灭宗族，使一偏将将十万众临越[28]，则越杀王降汉如反覆手[29]耳！"

于是尉佗乃蹶然起坐[30]，谢陆生曰："居蛮夷中久，殊失礼义！"因问陆生曰："我孰与萧何、曹参、韩信贤？"陆生曰："王似贤也[31]。"复曰："我孰与皇帝贤？"陆生曰："皇帝继五帝、三皇之业，统理中国[32]；中国之人以亿计，地方万里，万物殷富；政由一家，自天地剖判未始有也[33]。今王众不过十万，皆蛮夷，崎岖山海间[34]，譬若汉一郡耳，何乃比于汉[35]！"尉佗大笑曰："吾不起中国[36]，故王此；使我居中国，何遽不若汉[37]！"乃留陆生与饮。

数月，曰："越中无足与语[38]。至生来[39]，令我日闻所不闻[40]。"赐陆生橐中装直千金[41]，他送亦千金[42]。陆生卒拜尉佗为南越王，令称臣，奉汉约。归报，帝大悦，拜贾为太中大夫[43]。

陆生时时前说称[44]《诗》、《书》，帝骂之曰："乃公居马上而得之[45]，安事《诗》、《书》！”陆生曰：“居马上得之，宁可以马上治之乎？且汤、武逆取而以顺守之[46]；文武并用，长久之术也。昔者吴王夫差、智伯、秦始皇，皆以极武[47]而亡。乡使[48]秦已并天下，行仁义，法先圣，陛下安得而有之！”帝有惭色，曰：“试为我著秦所以失天下、吾所以得之者及古成败之国。”陆生乃粗述[49]存亡之征[50]，凡著十二篇。每奏一篇，帝未尝不称善，左右呼万岁。号其书曰“《新语》[51]”。

（以上为第六段，写陆贾出使南越，封立原秦朝南海尉赵佗为南越王，不辱使命；陆贾还时时在刘邦面前称道《诗经》《尚书》，写成《新语》十二篇，论秦之所以亡汉之所以得，得到刘邦及群臣的称赞。）

【注释】

①赵佗：真定人，秦二世时代理南海尉，秦亡，自立为南越武王。传见《史记》卷一百一十三《南越列传》。 ②“使陆贾”句：派陆贾前往授予印信绶带。玺绶：印信和系印的彩色丝带。 ③和集百越：团结安抚百越。和，和睦，团结。集，安集，安抚。④病且死：病重将死。 ⑤龙川：县名，县治在今广东龙川县西北。 ⑥语：告语，交待后事。 ⑦绝新道自备：切断新修的道路自卫。新道，指秦朝辟地南越修筑的交通道路。 ⑧番禺：县名，为南海郡治，即今广州市。负山险，阻南海：指番禺城背靠山，前有大海阻隔，易守难攻。 ⑨即被佗书：使为赵佗写下委托书。 ⑩行：代理南海尉之职事。 ⑪移：传递文书。横浦、阳山、湟谿：三关名。横浦关，在广东省南雄市北；阳山关，在阳山县西北；湟谿关，在连州市西北。 ⑫“因稍以法”二句：逐渐利用法律诛杀秦朝所设官员，用他的同党做代理郡守。稍：逐渐的。其党：赵佗的亲信。假守：代理郡守。 ⑬击并：进攻吞并。桂林：郡名，治所在今广西桂平市西南。象郡：治所一说在象林，即今越南维川县南茶桥；一说在临尘，今广西崇左市境。 ⑭魋结（chuí jì）：即“椎髻”。椎形发髻，越俗。箕倨见陆生：伸开两脚并坐着接见陆贾，此是傲慢无礼之态。 ⑮反天性：违反天性，忘了祖宗。陆贾斥责赵佗背父母之国，不念故墓、宗族，是反天性。 ⑯弃冠带：不穿汉俗服装，抛弃汉族礼仪教化。冠带，戴帽子束腰带，是中原华夏民族的礼俗，故中国人又称冠带之国。 ⑰祸且及身矣：大祸就要临头了。 ⑱项羽倍约：项羽违背“先入关中者王之”的公约。倍，通“背”。 ⑲至强：最强。 ⑳鞭笞天下：横扫天下。鞭笞，鞭打，谓征服、横扫。 ㉑天之所建也：是上天的建树啊！㉒王（wàng）南越：做南越王。 ㉓诛暴逆：诛杀暴逆。按：暴逆，指项羽，他是一个凶暴而背信弃义的人。 ㉔移兵而诛王：调兵诛讨南越王。 ㉕新造未集之越：新近

缔造尚未安定的南越国。新造：新建立。集：安定。㉖屈强于此：对汉朝如此倔强不服从。屈强，倔强，强硬直傲不屈于人。屈，通“倔”。㉗汉诚闻之：汉朝要是知道了。诚，如果。㉘偏将：副将。临越：逼近南越。㉙如反覆手：易如反掌。㉚蹶然起坐：突然收腿正坐。按：赵佗由“箕倨”换成两膝着地而坐的正常姿势，对汉使陆贾肃然起敬。㉛王似贤也：大王似乎要高明些。贤，能，高明。㉜统理中国：统一治理中原。中国：指中原地区。㉝自天地剖判未始有也：是开天辟地以来未曾有过的大事。天地剖判：开天辟地。剖，开。判，分。㉞“皆蛮夷”二句：全都是蛮夷，又散布在崎岖的崇山大海之间。崎岖：山路高低不平，喻处境困阨。㉟何乃比于汉：怎么能与汉相比。㊱吾不起中国：我没有在中原兴起。起，兴起，发迹。㊲何遽不若汉：怎么就见得不如汉朝。何遽：怎么就，哪能。㊳越中无足与语：越地没有人能和我谈话。㊴至生来：直到先生到来。㊵不闻：未闻。不，未。㊶橐中装：囊中所装之物，指珠宝财物。直千金：价值一千两黄金。直，通“值”。㊷他送亦千金：别的赠品也值一千两黄金。㊸太中大夫：在皇帝左右掌言论的官，郎中令属官。㊹说称：引用。㊺乃公居马上而得之：你老子在马上取得天下。㊻逆取：用武力夺取。顺守：以仁义之道治国。㊼极武：穷兵黩武。㊽乡使：假使。乡，通“向”。㊾粗述：大略地论述。㊿存亡之征：国家存亡的征兆。征，征兆，苗头。(51)《新语》：今本分两卷，共十二篇。

【译文】

五月，汉高帝下令立原秦朝南海尉赵佗为南粤王，派陆贾前往授予印信绶带，颁发符节，互通使者，让他团结安抚百越，不要成为南方边境的祸害。

当初，秦二世时，南海尉任嚣病重将死，他召来龙川县令赵佗，对赵佗说：“秦朝统治暴虐无道，天下都十分怨愤。听说陈胜等人已起兵造反，天下不知怎样才能安定。我们南海虽然地处偏远，我也担心盗贼匪兵到这里来侵占地盘，想发动军队切断秦朝修筑的通往内地的新道，以自做准备，等待诸侯的变化，恰在此时我却病重。再说，我们的番禺城后山势险要，前有南海阻隔，东西几千里，有很多中原人在辅佐治理，这也是一州之主，可以建立国家。我看郡中的官员，没有人足以商议，所以召你前来，告诉你我的嘱托。”任嚣说完，便为赵佗写下委任书，请他代理南海尉的政事。任嚣死后，赵佗立即发出檄文通知横浦、阳山、湟豀关，说：“盗匪军队就要来到，各地立即断绝通道，聚兵自守。”随后，又逐渐利用法律诛杀秦朝所设官员，以他的同党做代理郡守。秦朝灭亡后，赵佗立即发兵进攻，吞并桂林、象郡，自立为南越武王。

陆贾来到南越，赵佗头上盘着南越人的头髻，伸开两脚坐着接见他。陆贾劝说赵佗："您是中原人士，亲戚、兄弟、祖先坟墓都在真定。现在您违反天性，抛弃华夏冠带，想以区区南越之地与汉朝天子相抗衡，成为敌国，大祸就要临头了！再说，秦朝丧失德政，各地诸侯、豪强纷纷起兵反抗，只有汉王能先入关中，占据咸阳。项羽背约，自立为西楚霸王，诸侯都成为他的部属，他可以说是极强大的了。但汉王起兵巴蜀后，便横扫天下，终于诛杀了项羽，消灭了楚军。五年之间，海内获得平定，这并非人力所为，而是上天的建树啊！汉朝天子听说您在南越称王，却不协助天下诛杀暴逆，文武将相都请求派兵来剿灭您。但天子怜悯百姓刚刚经过兵事劳苦，所以暂且休兵不发，派我前来授您君王印信，颁发符节，互通使臣。您应该亲自到郊外迎接，向北称臣才是，而您竟要凭借新近缔造尚未安定的南越国，对汉朝如此倔强不服从！汉朝要是知道了，掘毁焚烧您祖先的坟墓，杀光您的宗族，再派一员偏将率领十万大兵压境，那么南越人杀您投降汉朝，是易如反掌的！"

于是，赵佗大惊失色，立即离开座位，向陆贾谢罪，说："我在蛮夷民族中居住已久，太没有礼仪了。"他又问陆贾："我与萧何、曹参、韩信比，谁高明？"陆贾回答说："似乎是您高明些。"赵佗又问："那么我与汉朝皇帝比，谁高明？"陆贾说："皇帝继承三皇五帝的伟业，统一治理中原；中原人口以亿计算，土地方圆万里，万物殷实丰富；皇帝能把政权集于一家之手，是开天辟地以来未曾有过的大事。您的臣民不过几十万，还都是蛮夷，散布在崎岖的崇山大海之间，好比汉朝的一个郡而已，怎么可以与汉朝相提并论！"赵佗大笑着说："我没有在中原兴起，所以在这里称王；如果我在中原，怎么就见得不如汉朝！"说完便留下陆贾与他畅饮。

过了几个月，赵佗说："南越没有可说话的人，直到你来，才让我每天听到从未听过的事情。"又赏赐陆贾一袋珠宝，价值千金，其他馈赠也达千金之多。陆贾最后便拜赵佗为南越王，令他向汉朝称臣，遵守汉朝约定。陆贾回朝报告，汉高帝刘邦大为高兴，封陆贾为太中大夫。

陆贾时时在汉高帝刘邦面前称道《诗经》《尚书》，高帝斥骂他说："你老子是在马上打下的天下，哪里用得着《诗经》《尚书》！"陆贾反驳说："在马上得天下，难道可以在马上治理天下吗？况且商朝汤王、周朝武王都是逆上造反取天下，顺势怀柔守天下。文武并用，才是长治久安的治国方略。当年吴王夫差、智伯瑶、秦始皇，也都是因为穷兵黩武而遭致灭亡。假使秦国吞并天下之后，推行仁义，效法先圣，皇上今天怎能拥有天下！”高帝露出惭愧面容，说：“请你试为我写出秦国所以失去天下，我所以得到天下及古代国家成败的道理。”陆贾于是大略阐述了国家存亡的征兆，共写成十二篇。每奏上一篇，高帝都称赞叫好，左右随从也齐呼“万岁”。该书被称为《新语》。

【原文】

帝有疾，恶①见人，卧禁中②，诏户者无得入群臣③，群臣绛、灌④等莫敢入，十余日。舞阳侯樊哙排闼直入⑤，大臣随之。上独枕一宦者卧⑥。哙等见上，流涕曰：“始陛下与臣等起丰、沛⑦，定天下，何其壮也⑧！今天下已定，又何惫也⑨！且陛下病甚，大臣震恐；不见臣等计事，顾独与一宦者绝乎⑩？且陛下独不见赵高之事乎⑪？”帝笑而起。

秋，七月，淮南王布反。

初，淮阴侯死，布已心恐。及彭越诛，醢⑫其肉以赐诸侯。使者至淮南，淮南王方猎，见醢，因大恐，阴令人部聚兵⑬，候伺⑭旁郡警急⑮。布所幸姬⑯，病就医，医家与中大夫贲赫对门，赫乃厚馈遗，从姬饮医家；王疑其与乱⑰，欲捕赫。赫乘传诣长安上变⑱，言：“布谋反有端⑲，可先未发诛也⑳。”上读其书，语萧相国，相国曰：“布不宜有此，恐仇怨妄诬之。请系赫，使人微验㉑淮南王。”淮南王布见赫以罪亡上变，固已疑其言国阴事；汉使又来，颇有所验；遂族赫家㉒，发兵反。反书闻㉓，上乃赦贲赫，以为将军。

上召诸将问计，皆曰：“发兵击之，坑竖子耳㉔，何能为乎㉕！”汝阴侯滕公召故楚令尹㉖薛公问之。令尹曰：“是固当反。”滕公曰：“上裂地而封之，疏爵㉗而王之；其反何也？”令尹曰：“往年杀彭越，前年杀韩信㉘；此三人者，同功一体之人也㉙，自疑祸及身，故反耳。”滕公言之上，上乃召见，问薛公，薛公对曰：“布反不足怪也。使布出于上计㉚，山东非汉之有也；出于中计，胜败之数未可知也；出于下计，陛下安枕而卧矣。”

上曰：“何谓上计？”对曰：“东取吴㉛，西取楚㉜，并齐㉝，取鲁㉞，传檄燕、赵㉟，固守其所，山东非汉之有也㊱。”“何谓中计？”“东取吴，西取楚，并韩，取魏㊲，据敖仓之粟㊳，塞成皋之口㊴，胜败之数㊵未可行也。”“何谓下计？”“东取吴，西取下蔡[41]，归重于越[42]，身归长沙[43]，陛下安枕而卧[44]，汉无事矣。”上曰：“是计将安出[45]？”对曰：“出下计。”上曰：“何谓废上、中计而出下计？”对曰：“布，故丽山之徒[46]也，自致万乘之主，此皆为身，不顾后、为百姓万世虑者也。故曰出下计。”上曰：“善！”封薛公千户。乃立皇子长为淮南王[47]。

是时，上有疾，欲使太子往击黥布。太子客东园公、绮里季、夏黄公、角里先生[48]说建成侯吕释之[49]曰：“太子将兵，有功则位不益[50]，无功则从此受祸矣。君何不急请吕后，承间[51]为上泣言：‘黥布，天下猛将也，善用兵。今诸将皆陛下故等夷[52]，乃令太子将此属，无异使羊将狼，莫肯为用；且使布闻之，则鼓行而西耳[53]！上虽病，强载辎车[54]，卧而护之[55]，诸将不敢不尽力。上虽苦，为妻子自强[56]！’”于是吕释之立夜[57]见吕后。吕后承间为上泣涕而言，如四人意[58]。上曰：“吾惟竖子固不足遣[59]，而公自行耳[60]。”

于是上自将兵而东[61]，群臣居守[62]，皆送至霸上。留侯病，自强起，至曲邮[63]，见上曰：“臣宜从，病甚。楚人剽疾[64]，愿上无与争锋[65]！”因说上令太子为将军，监关中兵。上曰：“子房虽病，强卧而傅[66]太子。”是时，叔孙通为太傅[67]，留侯行少傅事[68]。发上郡、北地、陇西车骑[69]、巴蜀材官[70]及中尉[71]卒三万人为皇太子卫，军[72]霸上。

布之初反，谓其将曰：“上老矣，厌兵[73]，必不能来。使诸将，诸将独患[74]淮阴、彭越，今皆已死，余不足畏也。”故遂反。果如薛公之言，东击荆[75]。荆王贾走死富陵[76]；尽劫其兵，渡淮击楚。楚发兵与战徐、僮间，为三军，欲以相救为奇[77]。或说楚将曰：“布善用兵，民素畏之。且兵法[78]：‘诸侯自战其地为散地[79]’，今别为三[80]，彼败吾一军，余皆走[81]，安能相救！”不听。布果破其一军，其二军散走。布遂引兵而西。

（以上为第七段，写淮阴侯韩信、梁王彭越相继被杀，淮南王英布非常恐惧而被逼反。英布攻打楚王刘交，刘交兵分三路，布破其一军，另两路作鸟兽散。）

【注释】

①恶（wù）：不愿。 ②禁中：宫中。 ③诏户者：下令门卫。 无得入群臣：不准放群臣入宫。 ④绛：绛侯周勃。 灌：灌婴。 ⑤排闼直入：闯开宫门直冲而入。排，推

开，闯开。闼（tà），宫中小门。 ⑥独枕一宦者卧：独自头枕一个宦官在睡觉。 ⑦起丰、沛：从沛县、丰邑起兵。 ⑧何其壮也：多么豪壮啊！ ⑨何惫也：多么疲惫不堪。 ⑩绝：一同死。 ⑪赵高之事：指赵高于秦始皇死后，与丞相李斯伪造遗诏，逼死太子扶苏，立胡亥为二世皇帝，倒行逆施，加速了秦朝的灭亡。最后赵高又谋杀二世，被秦王子婴所杀。 ⑫醢：古代酷刑之一，把人剁成肉酱。 ⑬阴令人部聚兵：暗中派人部署结集军队。 ⑭候伺：刺探，侦察。 ⑮旁郡警急：邻郡的紧急情报。警，危险紧急的情况或消息。 ⑯幸姬：爱妾。 ⑰乱：私通。 ⑱传（zhuàn）：驿站的车马。 上变：上书报告黥布谋反。 ⑲有端：有头绪，有迹象。 ⑳先未发诛：赶在英布造反以前杀掉他。 ㉑微验：暗中调查。 ㉒族赫家：杀了贲赫的全家。 ㉓反书闻：高祖接到了英布反叛的报告。 ㉔坑竖子耳：活埋这小子。竖子，这小子，这家伙，骂人语。 ㉕何能为乎：他有什么能耐。 ㉖滕公：即夏侯婴。 故楚令尹：指先前楚国的令尹，即国相。 ㉗疏爵：分封爵位。疏，分。 ㉘往前、前年：韩信、彭越都是在高祖十一年春被杀，同年七月黥布反。此言“往年”“前年”，变化行文，避免重复呆板。 ㉙同功一体之人：他们三人功劳相同，是一类功高震主的人。一体，一类。 ㉚上计：上策。 ㉛吴：荆王刘贾都吴。 ㉜楚：楚王刘交都徐州下邳。 ㉝齐：齐悼惠王刘肥都临淄。 ㉞鲁：指春秋战国时期鲁国旧地，当时已归入楚。 ㉟燕：燕王卢绾的封国。 赵：赵隐王如意的封国，都邯郸。 ㊱山东非汉之有也：黥布用上计，那么崤山以东就不再是汉朝所有了。 按：黥布夺取吴、楚，靠海则无后顾之忧，就可全力向西与汉抗衡，故谓“上计”。 ㊲并韩，取魏：韩，为淮阳王刘友的封地。魏，为梁王刘恢的封地。 ㊳据敖仓之粟：占有敖仓的储粮。敖仓，秦时在荥阳西北敖山上建造的大粮仓。 ㊴塞成皋之口：封锁成皋的要道。成皋，今河南荥阳市，自古为兵家必争之地。 ㊵胜败之数：成败的命运。数，命运。 ㊶下蔡：县名，县治在今安徽凤台县。 ㊷归重于越：把辎重送到越地。重，辎重，一说“借重”，从别人那里得到支援，两说皆通。 ㊸身归长沙：自己栖身长沙。这时长沙王为吴芮的儿子吴臣。 按：黥布向南越、长沙边隅方向托身，是苟延残喘的行为，无进取之志，故为“下计”。 ㊹安枕而卧：高枕无忧。 ㊺是计将安出：黥布会使用哪一计策呢？是，此，指黥布。 ㊻故丽山之徒：黥布在秦末获罪被送往骊山服劳役。徒，服劳役的犯人，没有见识，不懂大局，只能出下计。“丽”通“骊”。 ㊼立皇子长为淮南王：长，刘长，刘邦第七子，封淮南王。文帝六年谋反，废为平民，流放蜀地，途中绝食而死。传见《史记》卷一百一十八、《汉书》卷四十四。 ㊽太子客：太子刘盈的宾客有“商山四皓”，即东园公、绮里季、夏黄公、角里先生。 东园公：姓唐，字宣明，居园中，因以为号。 绮里季：或曰居绮里，季其字；或曰姓乐名晖。 夏黄公：姓崔，名广，字少通，齐人，隐夏里修道，故号夏黄公。角（lù）里先生：河内轵人，姓周，名术，字元道，京师号曰霸上先生，一曰用里先生，一作角里先生。此四人须眉皆白，故称“商皓”。秦末避乱，隐于商山，故名“商山四皓”。㊾吕释之：吕后兄，太子刘盈的舅舅，高帝六年封建成侯。㊿不益：不增加，指不会超过太子。51承间：找机会。52故等夷：从前是平辈的人。刘邦旧将与刘邦平起平坐，顾虑会不服太子统领。夷，平。53鼓行而西：大张旗鼓地杀向长安。西，向西。54强载辎车：勉强乘坐卧车。辎车，有帷盖可坐卧载物的车。55卧而护之：躺着指挥。护之：监护、指挥诸将。56为妻子自强：为了妻子儿女，自己也要振作起来。自强，自己强打精神。57立夜：当夜。58如四人意：照四皓的意思说了。如，按照。59固不足遣：本来不能派他这个差事。60而公自行耳：你老子只好亲自走一趟了。61东：向东进发。62居守：留守。63曲邮：地名，在今陕西省临潼区东。64楚人：指黥布军。剽疾：强悍敏捷。65争锋：争一时之胜。66傅：辅佐。67太傅：辅导太子的官。不领官属。68行：兼任。少傅：辅导太子的官，领东宫官属。69车骑：战车战马。70材官：武卒或供差遣的低级武职。71中尉：官名，武职，掌管京师治安。72军：驻扎。73厌兵：讨厌战争。74独患：其主语是“我”。75荆：刘邦堂兄荆王刘贾的封国，即上文“东取吴”的“吴”。76走死富陵：败逃死于富陵。富陵，县名，县治在今江苏盱眙县东北。77“为三军”两句：楚军分国为三部分，想以此互相救援出奇制胜。78兵法：引语见《孙子·九地》曰“诸侯自战其地，为‘散地’。”79自战其地：在本国作战的地区。散地：战事发生在诸侯本上，战士眷恋家室，容易逃亡、溃散。80别为三：分军为三。别，分。81走：逃散。

【译文】

汉高帝生了病，讨厌见人，躺在宫中，命令守门之人不准群臣进入，周勃、灌婴等大臣都不敢进去。这样过了十几天，舞阳侯樊哙闯开宫门直冲而入，各大臣也随后跟进。只见高帝正以一个宦官为枕头，独自躺在那里。樊哙等人见了高帝，流着眼泪说：“想当年，皇上与我们一同在丰沛起事，平定天下，是何等雄壮！现在天下已经安定了，又是多么疲惫不堪！而且，皇上病重，大臣们都感到震惊恐惧；皇上不接见我们商议国家大事，难道要和一个宦官待到死吗？再说，皇上难道不知道赵高篡权的事吗？”高帝便笑着起了身。

秋季，七月，淮南王英布反叛。

起初，淮阴侯韩信被杀，英布已感到心惊。待到彭越也遭处死，高帝又把他的肉制成肉酱分赐各地诸侯。使者到了淮南，淮南王英布正在打猎，见了肉酱，大为惊恐，便暗中派人部署军队，等候邻郡报警告急。英布的一个宠姬，因病去就医，医生与中大夫贲赫住对门。贲赫便备下厚礼，陪同宠姬在医生家饮酒。英布却怀疑贲赫与宠姬私通，想抓起贲赫治罪。贲赫觉察，乘传车跑到长安城向高帝告发事变，说："英布谋反，已有迹象，应该趁他尚未发动而先行诛杀。"汉高帝读了他的举报信，对萧何说起，萧何认为："英布不至于做这种事，恐怕是仇人妄行诬告他。可以先把贲赫抓起来，派人暗中查验英布。"英布见贲赫畏罪逃去向高帝控告，本来已经疑心他会说出本国的阴谋；汉朝使者又来，查验出不少证据，他便杀光贲赫全家，发兵反叛。英布造反的报告传至朝廷，高帝于是赦免贲赫，任命他为将军。

高帝召集众将询问对策，大家都说："发兵征讨，坑杀这家伙，他有什么能耐！"汝阴侯滕公夏侯婴召来原楚国的令尹薛公，向他征求意见。薛公说："英布当然要反。"夏侯婴问道："皇上割地封给他，又分赐爵位让他称王，还有什么造反的道理？"薛公回答道："皇上前不久杀了彭越，再早些时候还杀了韩信。他们三人，功劳相同，是三位一体的，他自己疑心大祸降临，所以便造反了。"夏侯婴将此话告诉高帝，高帝于是传来薛公，问他，薛公回答说："英布造反不足为怪。但是，如果他采用上策，崤山之东便不再归汉朝所有了；如果他采用中策，两方谁胜谁负还难以预料；如果他采用下策，那么皇上就可以高枕无忧了。"

汉高帝问道："什么是他的上策？"回答说："向东攻取吴地，向西夺占楚地，吞并齐地，占据鲁地，传令给燕、赵两地，让他们固守本土，那么崤山以东就不在汉朝手中了。""什么是他的中策？""向东攻取吴地，向西夺占楚地，吞并韩地，占据魏地，掌握敖仓的储粮，阻塞成皋通道，那么谁胜谁负就难以预料。""什么是他的下策？""向东攻取吴地，向西夺占下蔡，然后把辎重送回越地，自己回到长沙，那么皇上就可以高枕无忧，汉朝就没事了。"高帝又问："他将会使用哪种计策呢？"薛公说："必使下策。"高帝问道："为什么他会舍弃上、中策而采用下策呢？"薛公回答道："英布其人，原是个骊山的刑徒，自己奋力爬到王的高位，这些都使他只顾自身，不顾以后，更不会为百姓做长远打算。所以说他必采用下策。"高帝说："好！"下令封薛公一千户。于是，立皇子刘长为淮南王。

这时，汉高帝正有病，想让太子前去进攻英布。太子的宾客东园公、绮里季、夏黄公、甪里先生劝建成侯吕释之说："太子统领大军，有了功劳，地位已无法再增高；没有功劳，便从此受祸。你何不赶快去请求吕后，抓个机会在皇上面前哭求说：‘英布是天下闻名的猛将，擅长用兵。而我方众将领又都是过去与皇上平起平坐的旧人，要是让太子指挥这些人，无异于让羊去驱使狼，无人听命于他。况且假使英布知道，便会击鼓向西，长驱直入了。皇上您虽然有病，也要勉强上帘车，躺着指挥，众将领就不敢不尽力了。皇上虽然生病困苦，为了妻子儿女，还是要自己振作起来啊！’”于是，吕释之立刻连夜求见吕后。吕后找个机会对高帝流泪哀求，照四位宾客的意思说了。高帝说：“我本知道这小子不配派遣，还是我自己去吧！”

于是，汉高帝亲自统领大军向东进发，君臣留守朝中，都送行到霸上。留侯张良生了病，也支撑身子，来到曲邮，对高帝说：“我本应随您出征，但实在病重。英布那些楚国人剽悍凶猛，望皇上不要和他硬拼！”又建议高帝让太子为将军，监领关中军队。高帝说：“张先生虽然有病在身，请勉强躺着辅佐太子。”当时，叔孙通是太子的太傅，张良代理少傅之事。高帝又下令征发上郡、北地、陇西的车骑兵，巴、蜀两地的材官及京师中尉的军队三万人，作为皇太子的警卫部队，驻扎在霸上。

英布造反之初，对部将说：“皇上老了，讨厌兵事，肯定不能前来。要是派各大将，其中我只怕韩信、彭越，但他们现在都死了。其他人全不值得担心。”所以，决心反叛。他果然像薛公说的那样，向东攻打吴地的荆王刘贾，刘贾败逃，死在富陵；英布胁迫刘贾的全部士兵，渡过淮河，攻打楚王刘交。刘交发兵在徐县、僮县一带迎战，他把军队分为三支，想以此互相救援出奇制胜。有人劝说楚王道：“英布善于用兵，人们平时就惧怕他。何况兵法说：‘诸侯在自己领土上作战，士兵极易逃散。’现在楚军分为三支，敌军只要打败其中一支，其余的就会逃跑，哪能互相援救呢？”楚王不听，结果被英布攻破一支，另外两支果然便四散了。英布于是引兵西进。

【原文】

十二年（丙午，前195）

冬，十月，上与布兵遇于蕲西①，布兵精甚。上壁庸城②，望布军置陈③如项籍军，上恶之。与布相望见，遥谓布曰：“何苦而反？”布曰：“欲为帝耳！”上怒骂之，遂大战。布军败走，渡淮，数止战，不利，与百余人走江南④，上令别将⑤追之。

上还，过沛，留，置酒沛宫⑥，悉召故人、父老、诸母、子弟佐酒⑦，道旧故为笑乐。酒酣，上自为歌，起舞，慷慨伤怀，泣数行下，谓沛父兄曰："游子悲故乡⑧。朕自沛公以诛暴逆，遂有天下；其以沛为朕汤沐邑⑨，复其民⑩，世世无有所与⑪。"乐饮十余日，乃去⑫。

汉别将击英布军洮水南、北⑬，皆大破之。布故与番君婚⑭，以故长沙成王臣⑮使人诱布，伪欲与亡走越⑯，布信而随之。番阳人杀布兹乡民田舍⑰。

周勃悉定代郡、雁门、云中地，斩陈豨于当城⑱。

上以荆王贾无后⑲，更以荆为吴国。辛丑⑳，立兄仲之子濞为吴王㉑，王三郡、五十三城。

十一月，上过鲁，以太牢祠孔子㉒。

上从破黥布归，疾益甚，愈欲易太子。张良谏不听，因疾不视事。叔孙通谏曰："昔者晋献公以骊姬之故，废太子，立奚齐，晋国乱者数十年㉓，为天下笑。秦以不蚤㉔定扶苏，令赵高得以诈立胡亥，自使灭祀㉕，此陛下所亲见。今太子仁孝，天下皆闻之。吕后与陛下攻苦食啖㉖，其可背哉㉗！陛下必欲废適而立少㉘，臣愿先伏诛㉙，以颈血污地！"帝曰："公罢矣，吾直戏耳㉚！"叔孙通曰："太子，天下本，本一摇，天下振动；奈何以天下为戏乎！"时大臣固争㉛者多；上知群臣心皆不附赵王，乃止不立。

（以上为第八段，写汉高帝带病出征黥布，得胜回故乡与父老纵酒，回到长安急欲更换太子，群臣反对作罢。）

【注释】

①遇于蕲西：两军在蕲县西交战。蕲（qí）：县名，县治在安徽宿州市南。 ②上壁庸城：高祖在庸城筑垒坚守不出城。 壁：垒。此作"坚守不出战"解。 庸城：地名，在蕲西。 ③置陈：布阵。陈，通"阵"。 ④走江南：逃到长江南岸。 ⑤别将：另派一将。 ⑥沛宫：高帝在故地沛县所建行宫，在今徐州市沛县东南二十里。 ⑦佐酒：陪同饮宴。 ⑧悲故乡：眷恋故乡。 悲：思念，眷恋。 ⑨汤沐邑：周制，诸侯朝见天子，天子赐王畿以内封邑，供诸侯住宿和斋戒沐浴，此即"汤沐邑"。后来，皇帝、皇后、公主等收取赋税和私邑也称汤沐邑。此指后者。 ⑩复其民：免除人民的赋税劳役。 ⑪世世无有所与：世世代代不用缴纳赋税。 与：指缴纳赋税。 ⑫乃去：才离去。 ⑬洮水

南、北：夹洮水南北两岸。洮水，有多种说法，从黥布由宿州市败走江南，死于鄱阳的路线来看，洮水当是泚水，今之淠水，源于大别山，经霍山、六安入淮。⑭布故与番君婚：黥布曾与鄱阳县令吴芮结有婚姻之好。吴芮，秦鄱阳县令，佐项羽反秦，汉初为长沙王。⑮成王臣：吴芮子吴臣。⑯亡走越：逃奔南越。⑰兹乡：鄱阳县乡名。田舍：农舍。⑱当城：邑名，在今河北省尉县东。⑲荆王贾：高帝六年封其从兄刘贾为荆王。十一年刘贾为黥布所杀，无后。⑳辛丑：十二月二十五日。㉑吴王：刘濞，封吴王，景帝三年反汉国除。传见《史记》卷一百六。㉒以太牢祠孔子：用太牢祭祀孔子。古时祭祀或宴会，牛、羊、猪三牲齐全称太牢。㉓晋国乱者数十年：春秋时晋献公姬诡诸有子九人，申生为太子，其母已死。献公宠姬骊姬生子奚齐，欲立为太子，于是骊姬迫使太子申生自杀，放逐诸子重耳（晋文公）、夷吾（晋惠公）等。献公死后，诸公子争位，晋国长期混乱，杀戮时起，直到晋文公回国继位，晋国才得以安定。㉔蚤：通“早”。㉕灭祀：断绝宗庙祭祀，指秦朝灭亡。㉖攻苦食啖：过艰苦的生活。攻苦，刻苦，做艰苦的工作。食啖，吃粗劣的饮食。啖，通“淡”。㉗其可背哉：怎可背弃。其，怎么，难道。㉘適：通“嫡”，指太子。少：指赵王如意。㉙伏诛：受死刑。㉚“公罢矣”二句：您不要这样，我只是开玩笑罢了。公，您。直，只是。㉛固争：坚定地直言规劝。争，通“诤”，直言。

【译文】

汉高帝十二年（丙午，前195）

冬季，十月，汉高帝与英布军队在蕲西对阵。英布军队十分精锐，高帝便在庸城坚壁固守。远远望去，英布军队的布阵如同当年的项籍军队，高帝心中厌恶。他与英布互相望见，远远地质问英布：“你何苦要造反？”英布回答说：“想当皇帝而已！”高帝怒声斥骂他，于是双方大战。英布军队败退而逃，渡过淮河，虽然几次停住阵脚再战，仍不能取胜。他只好与一百多人逃到长江南岸，高帝便另派一员将军继续追击。

高帝凯旋，路过沛县，留下来，在沛宫举行酒宴。把旧友、父老、女长辈、家族子弟全部召来陪同饮酒，共叙旧情，欢笑作乐。酒喝到畅快时，高帝自己作歌，欣然起舞，唱到慷慨伤怀之时，洒下了几行热泪。高帝对沛县父老兄弟说：“游子思念故乡。我以沛公名义起事，诛灭秦朝暴逆，才夺取了天下。现在把沛县当作我的汤沐邑，免除县中百姓的赋役，世世代代不予征收。”高帝在沛县饮酒欢乐十多天后才离去。

汉朝将军在洮水南、北追击英布残军，都大获全胜。英布曾与番君吴芮结有婚姻之好，所以，长沙成王吴臣便派人诱骗英布，假称想和他一起逃到南越去。英布果然相信，与使者前往，结果在布兹乡农民田舍被鄱阳人杀死。

周勃全部平定代郡、雁门、云中等地，在当城将陈豨斩首。

高帝因为荆王刘贾没有后人，便改荆国为吴国。十月二十五日，立兄长刘仲的儿子刘濞为吴王，管辖三个郡五十三座城。

十一月，高帝经过鲁地，用牛、羊、猪的太牢礼祭祀孔子。

汉高帝自从击败英布归来，病势更加严重，愈发想换太子。张良劝止未被接受，只好称病不过问政事。叔孙通又劝谏说："从前晋献公因为宠爱骊姬，废掉太子，另立奚齐，结果造成晋国几十年内乱，被天下耻笑。秦国也因为不早定扶苏为太子，使赵高得以用奸诈手段立胡亥为皇帝，自己使宗庙灭绝，这是皇上亲眼所见。如今太子仁义孝顺，天下都知道。吕后又与皇上艰苦创业，粗茶淡饭地共过患难，怎可背弃？皇上一定要废去嫡长子而立小儿子，我愿先受诛杀，用脖颈的鲜血涂地！"高帝只好说："你不要这样，我只是开玩笑而已！"叔孙通又说："太子，是国家的根本，根本一旦动摇，天下就会震动；怎么能用天下来开玩笑呢？"当时大臣中坚持反对的人很多，高帝明白群臣的心都不向着赵王，于是，放下此事不再提起。

【原文】

相国何以长安地陿[①]，上林中多空地[②]，弃[③]；愿令民得入田[④]，毋收稿，为禽兽食[⑤]。上大怒曰："相国多受贾人财物，乃为请吾苑！"下相国廷尉，械系之[⑥]。数日，王卫尉侍，前问曰："相国何大罪，陛下系之暴也[⑦]？"上曰："吾闻李斯相秦皇帝，有善归主，有恶自与[⑧]。今相国多受贾竖金，而为之请吾苑以媚于民[⑨]，故系治之。"王卫尉曰："夫职事[⑩]苟有便于民而请之[⑪]，真宰相事；陛下奈何乃疑相国受贾人钱乎？且陛下距楚数岁，陈豨、黥布反，陛下自将而往；当是时，相国守关中，关中摇足[⑫]，则关以西非陛下有也！相国不以此时为利[⑬]，今乃利贾人之金乎？且秦以不闻其过亡天下[⑭]；李斯之分过[⑮]，又何足法哉[⑯]！陛下何疑宰相之浅也[⑰]！"帝不怿[⑱]。

是日，使使持节赦出相国。相国年老，素恭谨，入，徒跣谢[⑲]。帝曰："相国休矣[⑳]！相国为民请苑，吾不许，我不过为桀、纣王，而相国为贤相。吾故系相国，欲令百姓闻吾过也[21]。”

陈豨之反也，燕王绾发兵击其东北[22]。当是时，陈豨使王黄求救匈奴；燕王绾亦使其臣张胜于匈奴，言豨等军破。张胜至胡，故燕王臧荼子衍出亡在胡，见张胜曰：“公所以重于燕者，以习胡事也；燕所以久存者，以诸侯数反，兵连不决也[23]。今公为燕，欲急灭豨等；豨等已尽，次亦至燕，公等亦且为虏矣[24]。公何不令燕且缓陈豨[25]，而与胡和！事宽[26]，得长王燕[27]；即有汉急[28]，可以安国[29]。”张胜以为然，乃私令匈奴助豨等击燕。燕王绾疑张胜与胡反，上书请族张胜。胜还，具道所以为者；燕王乃诈论他人[30]，脱胜家属[31]，使得为匈奴间[32]。而阴[33]使范齐之陈豨所，欲令久亡[34]，连兵勿决[35]。

汉击黥布，豨常将兵居代；汉击斩豨，其裨将降[36]，言燕王绾使范齐通计谋于豨所。帝使使召卢绾，绾称病；上又使辟阳侯审食其、御史大夫赵尧往迎燕王[37]，因验问左右[38]。绾愈恐，闭匿[39]，谓其幸臣[40]曰：“非刘氏而王，独我与长沙耳。往年春，汉族淮阴，夏，诛彭越，皆吕氏计。令上病，属任吕后[41]。吕后妇人，专欲以事诛异姓王者及大功臣。”乃遂称病不行，其左右皆亡匿。语颇泄[42]，辟阳侯闻之，归，具报上，上益怒。又得匈奴降者，言张胜亡在匈奴为燕使。于是上曰：“卢绾果反矣！”

春，二月，使樊哙以相国将兵击绾，立皇子建为燕王[43]。

诏曰：“南武侯织[44]，亦粤之世也，立以为南海王。”

（以上为第九段，写汉高帝怀疑相国萧何收买人心，下狱治罪，而后释放；燕王卢绾心怀二心，刘邦派樊哙以相国名义出征。）

【注释】

①陿：同“狭”。 ②上林中多空地：皇家上林苑中有很多空地。上林，秦所置苑名，在咸阳南，专供皇帝行猎用。汉初荒废，高祖十二年许民入苑开垦。 ③弃：荒废。④令民得入田：让民众进入苑内耕种。田，开垦种植。 ⑤“毋收稿”二句：留下禾秆不割，作为苑中鸟兽的饲料。 稿：禾秆、麦秸。 ⑥械系之：戴上刑具拘禁起来治罪。⑦系之暴：囚禁他如此严厉。 ⑧有恶自与：有过失自己承担。恶，过失。自与，留给自己。 ⑨媚于民：讨好民众。 ⑩职事：职责之事，分内之事。 ⑪苟有便于民而请之：如果有利于百姓的事向皇上请求、建议。 ⑫摇足：稍有举动。 ⑬“相国”句：萧相国不在那时为自己谋利。 为利：贪利，谋利。 ⑭不闻其过亡天下：听不到自己的过

错丢了天下。⑮分过：分担过错。⑯何足法哉：有什么值得效法呢！⑰陛下何疑宰相之浅也：皇上为什么如此轻易地怀疑相国呢？浅：薄，轻易。⑱不怿：很不愉快。⑲入，徒跣谢：萧何进宫，光着脚向高帝请罪谢恩。徒跣：赤脚。一种谢罪的表示。⑳相国休矣：相国不要这样，事情已经过去了。休矣，算了，事已过去。㉑闻吾过也：知道我的过失啊。㉒击其东北：陈豨反于代，代在燕之西南，故绾击其东北。㉓兵连不决：连年战争胜负未定。㉔且为虏矣：将要成为俘虏。且，将要。㉕且缓陈豨：暂且放过陈豨。㉖宽：情况缓和，留有余地。㉗得长王燕：便可长久地在燕称王。王（wàng），称王。㉘即有汉急：如果汉朝征讨得急。急，急变，指征讨紧急。㉙安国：凭着匈奴的外援保全燕王。㉚乃诈论他人：于是假判另外的人。论，判罪。㉛脱胜家属：开脱了张胜家属。㉜间：间谍。㉝阴：秘密。㉞久亡：长期流亡匈奴。㉟连兵勿决：持续抗汉，不作决战。㊱裨将降：副将投降汉朝。㊲迎燕王：迎请燕王卢绾入朝。㊳验问左右：查验盘问燕王身边的人。㊴闭匿：藏身在秘密处。㊵幸臣：宠信之臣。㊶属任吕后：大权委托吕后。属（zhǔ）：通"嘱"，委托。㊷语颇泄：燕王数落吕后的话有所泄露。㊸皇子建为燕王：刘建，高祖第八子。㊹织：南海王之名。

【译文】

汉相国萧何因为长安地方狭窄，而皇家上林苑中有很多空地，且荒弃不用，希望能让百姓入内耕种，留下禾秆不割，作为苑中鸟兽的饲料。汉高帝刘邦一听勃然大怒，说："相国，你一定收下了商人的大批财物，才替他们算计我的上林苑！"将萧何交付廷尉，用刑具锁铐。过了几天，一个姓王的卫尉侍奉高帝，上前探问："相国犯了什么大罪，皇上突然把他拘禁起来？"高帝说："我听说李斯做秦始皇的丞相时，有善行就归功于君王，有过失就自己承担。现在萧何接受了商人的大批财物，为他们要我的上林苑，以讨好下民，所以拘禁起来治罪。"王卫尉便劝说道："分内的事只要对百姓有利就向皇帝建议，这是真正的宰相行为，皇上为什么竟疑心相国受了商人钱财呢？况且，皇上与楚霸王作战几年，陈豨、英布造反，您亲自率军出征。当时，相国独守关中，只要关中一有动摇，函谷关以西就不再是皇上所有了！相国不在那时为自己谋利，反而在现在贪图商人的金钱吗？再说，秦朝就是因为不知道自己的过失才丧失了天下，李斯为秦始皇分担过失的作为，又有什么值得效法的呢？皇上为什么如此轻易地怀疑相国呢！"高帝听完后很不高兴。

当天，汉高帝派人持符节赦免释放了萧何。萧何年纪已老，平时对高帝很恭谨，进宫后光着脚前去谢恩。高帝说："相国您不要这样！相国为人民讨要上林苑，我不准许，我不过是夏桀、商纣那样的昏君，而相国您是贤相。我所以抓起相国，就是想让百姓知道我的过失啊！"

陈豨造反时，燕王卢绾发兵进攻他的东北面。当时，陈豨派王黄向匈奴求救；燕王卢绾也派出使臣张胜去匈奴那里，声称陈豨的军队已经失败了。张胜到了匈奴部落，原来的燕王臧荼的儿子臧衍正逃亡在那里，见了张胜便说："先生您之所以在燕国受到重用，就是因为熟悉匈奴的事务；燕国之所以能够长期存在，就是因为内地各诸侯屡次反叛，兵事连绵，久而不决。如今您为燕国考虑，想赶快灭掉陈豨等人；陈豨等人一消灭，接下来也就轮到燕国，你们也就将成为阶下囚了。您何不让燕王暂缓进攻陈豨，而与匈奴和好？情况缓和，便可以长期在燕国称王；一旦汉廷有急变，也可以借助外援保全本国。"张胜认为很对，于是，私下让匈奴帮助陈豨等人攻击燕军。燕王卢绾疑心张胜勾结匈奴反叛，上书朝廷请将张胜全家斩首。这时张胜回来了，详细说明之所以这样行事的原因，燕王于是用诈术决罪他人，开脱了张胜家属，派他去匈奴做密使。同时，暗中使范齐潜去陈豨那里，想让他长期逃亡在外，双方对峙，不作决战。

汉朝攻击英布时，陈豨时常率兵驻扎代郡。汉朝进攻杀死陈豨后，他的偏将投降，说出燕王卢绾曾派范齐去陈豨那里互通计谋。汉高帝于是派使者前去召卢绾回朝，卢绾称病不来；又派辟阳侯审食其、御史大夫赵尧前去迎接燕王，顺便查验盘问他的左右随从。燕王卢绾更加恐惧，躲藏起来。他对心腹之臣说："不是刘氏家族而称王的，只有我和长沙王了。去年春季，汉朝杀了韩信全家，夏季又处死彭越，这都是吕后的主意。如今皇上病重，大权委托吕后。吕后这个妇人，一心想找事诛杀异姓王和大功臣。"于是，称病不动身，卢绾的左右心腹也都藏匿起来。卢绾的这些话有些泄露了出去，审食其听说后，回朝详细报告高帝，高帝更加愤怒，又得到匈奴中来投降的人，说出张胜逃亡在匈奴做燕王使臣的事情。于是，高帝认定说："卢绾果真反了！"

春季，二月，汉高帝派樊哙以相国名义发兵攻击卢绾，另立皇子刘建为燕王。

汉高帝颁布命令说："南武侯织，也是南越的贵族世家，立为南海王。"

【原文】

上击布时，为流矢所中，行道，疾甚①。吕后迎良医②。医入见，曰：

"疾可治[③]。"上嫚骂[④]之曰："吾以布衣提三尺[⑤]取天下，此非天命乎！命乃在天，虽扁鹊何益[⑥]！"遂不使治疾，赐黄金五十斤，罢之。

吕后问曰："陛下百岁后，萧相国既死，谁令代之？"上曰："曹参可。"问其次，曰："王陵可，然少戆[⑦]，陈平可以助之。陈平知有余[⑧]，然难独任。周勃重厚少文[⑨]，然安刘氏者必勃也，可令为太尉。"吕后复问其次，上曰："此后亦非乃所知也[⑩]。"

夏，四月，甲辰[⑪]，帝崩于长乐宫。丁未[⑫]，发丧，大赦天下。

卢绾与数千人居塞下候伺[⑬]，幸[⑭]上疾愈，自入谢。闻帝崩，遂亡入匈奴。

五月，丙寅[⑮]，葬高帝于长陵[⑯]。

初，高祖不修文学，而性明达[⑰]，好谋，能听，自监门、戍卒[⑱]，见之如旧。初顺民心作三章之约。天下既定，命萧何次律令[⑲]，韩信申军法[⑳]，张苍定章程[㉑]，叔孙通制礼仪[㉒]；又与功臣剖符作誓[㉓]，丹书铁契[㉔]，金匮石室，藏之宗庙[㉕]。虽日不暇给[㉖]，规摹弘远矣[㉗]。

己巳[㉘]，太子即皇帝位，尊皇后曰皇太后。

初，高帝病甚，人有恶[㉙]樊哙，云："党于吕氏，即一日上晏驾[㉚]，欲以兵诛赵王如意之属。"帝大怒，用陈平谋，召绛侯周勃受诏床下[㉛]，曰："陈平亟驰传[㉜]载勃代哙将；平至军中，即斩哙头！"二人既受诏，驰传，未至军，行计[㉝]之曰："樊哙，帝之故人也，功多，且又吕后弟吕媭之夫[㉞]，有亲且贵。帝以仇怒故欲斩之，则恐后悔；宁囚而致上[㉟]，自诛之[㊱]。"未至军，为坛[㊲]，以节[㊳]召樊哙。哙受诏，即反接[㊴]，载槛车传诣长安[㊵]；而令绛侯勃代将，将兵定燕反县[㊶]。

平行[㊷]，闻帝崩，畏吕媭谗之于太后，乃驰传先去[㊸]。逢使者，诏平与灌婴屯[㊹]荥阳。平受诏，立复驰至宫[㊺]，哭殊悲，因固请得宿卫中[㊻]。太后乃以为郎中令[㊼]，使傅教惠帝。是后吕媭谗乃不得行。樊哙至，则赦，复爵邑。

太后令永巷[㊽]囚戚夫人，髡钳，衣赭衣，令舂[㊾]。遣使召赵王如意。使者三反[㊿]，赵相周昌谓使者曰："高帝属臣赵王，王年少，窃闻太后怨戚夫人，欲召赵王并诛之，臣不敢遣王。王且亦病，不能奉诏。"太后怒，先使人召昌。昌至长安，乃使人复召赵王。王来，未到，帝知太后怒，自迎赵王霸上，与入宫，自挟与起居饮食[51]。太后欲杀之，不得间[52]。

（以上为第十段，写刘邦去世，嘱托后事；太子刘盈继位；刘邦生前要杀掉樊哙，陈平随机应变，既保住了樊哙，也保住了自己；吕太后嫉妒戚夫人，将其关入永巷，又欲召杀赵王如意。）

【注释】

①行道，疾甚：行军途中，病势沉重。 ②迎良医：请来好医生。 ③疾可治：不治之症的委婉说法。 ④嫚骂：辱骂。嫚，随意。 ⑤三尺：指宝剑。 ⑥虽扁鹊何益：即使扁鹊复生也没有用。扁鹊，传说黄帝时名医，后人即以“扁鹊”称良医。 ⑦少戆：稍嫌憨直认死理。戆（gàng），迂愚而刚直。 ⑧知有余：智谋有余。知，读“智”。⑨重厚少文：稳重厚道，但缺少文才。 ⑩“此后”句：这以后的事就不是你能操心的了。 此后：指以后之事。 乃：你。 ⑪甲辰：四月二十五日。 ⑫丁未：四月二十八日。 ⑬候伺：等待观望。 ⑭幸：希望。 ⑮丙寅：五月十七日。 ⑯长陵：在今陕西省咸阳市。 ⑰性明达：秉性聪明通达，对事理有透彻的认识。 ⑱监门：守门小吏。 戍卒：守边防的士卒。 ⑲次律令：编纂法令。 ⑳申军法：申明军法。 ㉑定章程：制定历法及度量衡章程。章程，标准。 ㉒制礼仪：制定礼节仪式。 ㉓剖符作誓：剖分符节，立下誓言。 按：《史记 · 高祖功臣侯者年表》载“封爵之誓曰：‘使河如带，泰山如厉（砺）。国以永宁，爰及苗裔’”。 ㉔丹书铁契：古代帝王赐给功臣世袭的享有免罪等特权的证件。以铁为契，以丹书之。 ㉕金匮石室：古代保存书契之所。以丹写盟誓之言于铁卷，装入金匮石室，加封藏于宗庙。 ㉖日不暇给：事务繁忙，日日进行，也忙不完。 ㉗规摹弘远：指创立的制度，规模宏大。规摹，即规模。 ㉘己巳：五月二十日。 ㉙恶（wù）：诬陷。 ㉚上晏驾：皇上过世。晏驾，皇帝死的避讳说法。㉛受诏床下：在病床前接受命令。 ㉜亟驰传（zhuàn）：立即乘驿车。 ㉝行计：边走边商量。 ㉞弟吕媭之夫：樊哙是吕后妹妹吕媭的丈夫。弟，女弟，妹妹。 ㉟宁囚而致上：宁可抓起来送到皇上那里。 ㊱自诛之：让皇上自己诛杀樊哙。“自”前“上”字承前省。 ㊲为坛：筑高台。筑台宣布皇帝诏书，是隆重的礼仪。 ㊳节：符节，使者的凭证。 ㊴反接：反缚两手。 ㊵载槛车传诣长安：用栏囚车押送到长安。槛车，有木栏的囚车。传诣，通过驿站押送。 ㊶定燕反县：平定燕地参与反叛的各县。 ㊷行：在归京师途中。 ㊸去：离开。 ㊹屯：驻扎。 ㊺立复驰至宫：立刻又驱车赶至皇宫。 ㊻固请：坚决请求。 宿卫：担任宫中警卫。 ㊼郎中令：官名，九卿之一，为皇帝的侍从近

卫长官。 ㊽永巷：宫中署名，掌后宫人事，有狱可监禁有罪的宫人。此为“永巷令”的省称。 ㊾髡钳：古代刑罚名。剃去头发叫髡，用铁箍束颈叫钳。衣（yì）赭衣：穿着红色的囚衣。令舂：做舂米的活。舂，用杵臼捣去谷物的皮壳。 ㊿三反：使者三次往返。反，通“返”。 (51)自挟与起居饮食：惠帝亲自带着赵王一同吃饭睡觉。挟，携带，引申为伴随，守护。 (52)不得间：找不到机会。

【译文】

汉高帝进攻英布时，曾被流箭射中，行军路上，病势沉重。吕后请来一位良医，医生入内诊视后说：“病可以治。”高帝却破口大骂，说：“我一介布衣，手提三尺剑夺取了天下，这不是天命吗？我的生死在天，即使扁鹊复生又有什么用？”于是，不让医生治病，而赏给医生黄金五十斤，让他回去。

吕后问汉高帝：“皇上百年之后，萧何相国死了，让谁代替他呢？”高帝说：“曹参可以。”吕后再问曹参之后，高帝说：“王陵可以，但他有点憨，陈平可以帮助他。陈平智谋有余，但难以独自承担重任。周勃为人厚道，不善言辞，但将来安定刘家天下的人必定是他，可任用为太尉。”吕后再追问其后，高帝只说：“这以后的事也就不是你能操心的了。”

夏季，四月二十五日，汉高帝去世于长乐宫。二十八日，朝廷发布丧事消息，宣布实行大赦。

卢绾率领几千人住在边塞等候机会，希望高帝病愈，他好亲自入朝谢罪。他听到高帝去世的消息，便逃入匈奴。

五月十七日，将汉高帝安葬在长陵。

当初，高帝不修习学术，而秉性聪明通达，喜谋略，能采纳旁人意见，纵是守门官或戍卒，见面时也如同老熟人一般。当年他顺应民心约法三章，天下平定以后，又命令萧何整理法律、法令，韩信申明军法，张苍制定历法及度量衡章程，叔孙通研究礼仪；又与功臣剖分符节，立下誓言，用朱砂写就，以铁制成，放入国家收存重要文书的金柜石室，妥藏在宗庙中。高帝虽然众事繁多，日日进行，也忙不完，但创立制度，规模宏远。

五月二十日，太子刘盈登上皇帝大位，尊吕后为皇太后。

当初，汉高帝病重时，有人诬陷樊哙“与吕姓结党，只要有一天皇上过世，就要兴兵诛杀赵王如意及其从属”。高帝大怒，采纳陈平建议，召来绛侯周勃在床前接受命令：“陈平立刻乘驿车，载着周勃，让周勃代樊哙为将军；陈平一到军中，就砍下樊哙的头！”两人接受命令后，乘驿车前往，还未到军中，在路上商议说：“樊哙，是皇上的旧人，功劳很大，而且是吕后妹妹吕嬃的丈夫，有皇亲关系，又是尊贵之人，皇上因为一时动怒所以想杀他，恐怕日后会反悔。我们不如抓起他来送到皇上那里，让皇上自己去杀他。”他们还没有到军中，就筑了坛，用符节召樊哙前来。樊哙接受命令后，立即将手放到背后叫人把他反绑起来，用木栏囚车押送到长安；而让绛侯周勃代他为将军，率军征讨燕国谋反的诸县。

陈平一行走到中途，听到汉高帝去世的消息。陈平怕吕太后的妹妹吕嬃在吕太后面前说他的坏话，便驱驰驿车先行回都。路上，他又遇到朝廷使者，传达命令，命陈平与灌婴屯守荥阳。陈平接受命令后，立即又疾驰到宫中，哭得十分悲哀，又坚决要求亲自守卫内宫。吕太后于是任命他为掌管宫殿门户的郎中令，还让他辅导汉惠帝。此后，吕嬃便无法说陈平的坏话。樊哙一到长安，便被赦免，恢复原来的爵位和封地。

吕太后下令把戚夫人关在宫中永巷里，剃去头发，戴上刑具，穿上土红色的囚服，做舂米的苦活。她又派使者去召赵王刘如意，使者三次往返，赵相周昌对使者说：“高帝生前把赵王嘱托给我，赵王年纪小，我听说吕太后怨恨戚夫人，想把赵王召去一齐杀掉，我不敢让赵王去。而且赵王也病了，不能接受命令。”吕太后听到回报，大为愤怒，便先派人去召周昌。待周昌到了长安，才派人再去召赵王。赵王前来，还未到达时，汉惠帝听说吕太后要对赵王动怒，便亲自去霸上迎接赵王，与他一起入宫，自己带着他一同吃饭睡觉。吕太后想杀掉赵王，但找不到机会。

【原文】

孝惠皇帝[①]

元年（丁未，前194）

冬，十二月，帝晨出射。赵王年少[②]，不能蚤起[③]；太后使人持鸩[④]饮之。犁明，帝还，赵王已死。太后遂断戚夫人手足，去眼，煇耳[⑤]，饮瘖药[⑥]，使居厕中，命曰“人彘[⑦]”。居数日，乃召帝观人彘。帝见，问知其戚夫人[⑧]，乃大哭，因病，岁余不能起。使人请太后曰[⑨]：“此非人所为[⑩]。臣为太后子，终不能治天下[⑪]。”帝以此日饮为淫乐，不听政[⑫]。

臣光曰：为人子者，父母有过则谏；谏而不听，则号泣而随之。安有守高祖之业，为天下之主，不忍[13]母之残酷，遂弃国家而不恤[14]，纵酒色以伤生！若孝惠者，可谓笃于小仁而未知大谊也[15]。

徙淮阳王友为赵王[16]。

春，正月，始作长安城西北方[17]。

（以上为第十一段，写吕太后惨无人道地迫害戚夫人，又毒死赵王如意；汉惠帝刘盈得知此事，一病不起，不齿于母亲的恶行，弃国家于不顾，纵酒作乐，司马光予以讥评。）

【注释】

①孝惠皇帝：刘盈，公元前194年至公元前188年在位。“孝惠”是刘盈的谥号。《汉书·惠帝记》颜师古注：“孝子善述父之志，故汉家之谥自惠帝以下皆称‘孝’也。” ②年少：年纪小。当时赵王十二岁。 ③蚤：同“早”。 ④鸩：毒酒。传说鸩是一种毒鸟，用其羽毛浸酒，人饮则死。 ⑤去眼，煇耳：挖去眼珠，熏聋耳朵。煇（xūn）：通“熏”，用火灼烧，熏耳使聋。 ⑥饮瘖药：灌哑药，使其不能说话。 ⑦人彘（zhì）：人猪。 ⑧知其戚夫人：知道这就是戚夫人。 ⑨请太后：告诉太后。 ⑩此非人所为：这不是人干的事。 ⑪“臣为”两句：我虽然是太后的儿子，到底还是治不了这个天下。 按：惠帝自认不能使先父宠姬免祸，终究无能治天下。 ⑫不听政：不理朝政。⑬不忍：受不了。 ⑭不恤：不顾惜，不顾念。 ⑮“可谓”句：可以说只是坚守了小的仁爱，而不知道大义啊。 笃：坚守，忠实于，固执于。 谊：义。 ⑯徙：徙调，改封。 友：刘友，高祖第六子，高祖十一年封友为淮阳王。 ⑰始作长安城西北：开始修筑长安城西北面的城墙。 按：《三辅黄图》载：“惠帝元年正月，初城长安城。三年春，发长安六百里内男女十四万六千人，三十日罢。城高三丈五尺，下阔一丈五尺，六月发徒隶二万人常役。至五年复发十四万五千人，三十日乃罢。九月城成，高三丈五尺，下阔一丈五尺，上阔九尺，雉高三版，周回六十五里。”

【译文】

孝惠皇帝

汉惠帝元年（丁未，前 194）

冬季，十二月，汉惠帝刘盈凌晨便出去打猎，赵王因为年纪小，不能早起同去，吕太后便派人拿着毒酒让赵王喝。黎明，汉惠帝回宫时，赵王已经死了。吕太后又下令砍断戚夫人的手、脚，挖去眼珠，熏聋耳朵，喝哑药，让她待在厕所里，称她为“人彘”。过了几天，吕太后便召汉惠帝来看“人彘”。汉惠帝见后，问知这就是戚夫人，便大哭起来，从此患病，一年多不能起身。他派人向吕太后请求说：“这种事不是人做的。我虽然是太后的儿子，到底还是治不了这个天下。”汉惠帝因此每天饮酒作乐，不理政事。

臣司马光说：做儿子的，见父母有过失就应该劝谏；劝谏不听，就应该跟着痛哭。哪有继承汉高祖的伟业，当天下的君主，因为不忍心于母亲的残酷，便抛弃国家不顾念，纵情酒色自伤身体的道理！像汉惠帝这样，可以说只是固执于小的仁爱，而不知道大义啊！

朝廷改封淮阳王刘友为赵王。

春季，正月，开始修筑长安西北面的城墙。

【原文】

二年（戊申，前 193）

冬，十月，齐悼惠王[①]来朝，饮于太后前。帝以齐王，兄也，置之上坐[②]。太后怒，酌鸩酒置前，赐齐王为寿[③]。齐王起，帝亦起取卮[④]。太后恐，自起泛帝卮[⑤]。齐王怪之，因不敢饮，佯醉去；问知其鸩[⑥]，大恐。齐内史[⑦]士[⑧]说王，使献城阳郡[⑨]为鲁元公主汤沐邑。太后喜，乃罢归齐王[⑩]。

春，正月，癸酉，有两龙[⑪]见兰陵家人井中[⑫]。

陇西地震。

夏，旱。

郃阳侯仲薨[⑬]。

酂文终侯萧何病[⑭]，上亲自临视[⑮]，因问曰：“君即百岁后[⑯]，谁可代君者？”对曰：“知臣莫如主。”帝曰：“曹参何如？”何顿首[17]曰：“帝得之矣，臣死不恨[18]！”

秋，七月，辛未，何薨。何置田宅，必居[19]穷僻处，为家[20]，不治垣屋[21]。曰：“后世贤[22]，师吾俭[23]；不贤，毋为势家所夺[24]。”

癸巳[25]，以曹参为相国。参闻何薨，告舍人[26]：“趣治行[27]！吾将入相[28]。”居无何[29]，使者果召参。始，参微时[30]，与萧何善；及为将相，有隙[31]；至何且死，所推贤唯参。参代何为相，举事无所变更[32]，一遵何约束[33]。择[34]郡国吏木讷[35]于文辞、重厚长者[36]，即召除[37]为丞相史[38]；吏之言文刻深[39]、欲务声名者[40]，辄斥去之[41]。日夜饮醇酒[42]。卿、大夫以下吏及宾客见参不事事[43]，来者皆欲有言，参辄饮以醇酒；间[44]，欲有所言，复饮之，醉而后去，终莫得开说[45]，以为常。见人有细过[46]，专掩匿覆盖之，府中无事。

参子窋为中大夫。帝怪相国不治事，以为“岂少朕与[47]？”使窋归，以其私问参[48]。参怒，笞窋二百，曰：“趣入侍[49]！天下事非若[50]所当言也！”至朝时，帝让参曰[51]：“乃者[52]我使谏君也。”参免冠[53]谢曰：“陛下自察[54]圣武孰与高帝[55]？”上曰：“朕乃安敢望先帝[56]！”又曰：“陛下观臣能孰与萧何贤？”上曰：“君似不及也。”参曰：“陛下言之是也。高帝与萧何定天下，法令既明。今陛下垂拱[57]，参等守职[58]，遵而勿失[59]，不亦可乎？”帝曰：“善！”

参为相国，出入三年[60]，百姓歌之曰：“萧何为法，较若画一[61]；曹参代之，守而勿失。载其清净[62]，民以宁壹[63]。”

（以上为第十二段，写吕太后打算害死齐王刘肥，刘肥曲意逢迎而得免祸灾；相国萧何去世，举荐曹参继任；曹参一遵萧何律令，守而勿失，后世称为“萧规曹随”，得到百姓称赞。）

【注释】

①齐悼惠王：高祖庶长子刘肥。 ②坐：通“座”。 ③为寿：敬酒为齐王祝福。 ④取卮（zhī）：取酒杯。 ⑤泛帝卮：泼去汉惠帝手中的酒。 ⑥知其鸩：知道那是一杯毒酒。 ⑦内史：官名，治理京师及附近地域的高级官员，相当于后来的京兆尹。汉初诸侯国在丞相之下也设内史，掌民政。 ⑧士：人名。 ⑨城阳郡：辖今山东省沂南县一带，郡治莒县。 ⑩乃罢归齐王：便放走了齐王。归，回到封国。 ⑪两龙：两条蛇。

⑫见兰陵家人井中：出现在兰陵一平民家的井中。见，同“现”。兰陵，县名，县治在今山东枣庄市南峄城镇东，今有兰陵镇。⑬仲薨：刘仲去世。仲，刘喜，仲是排行，为高祖次兄。⑭萧何：封为酂侯，“文终”为他的谥号。病：此指病危。⑮临视：探望。⑯百岁后：死后。百岁，“死”的委婉说法。⑰顿首：九拜之一，即头叩地而拜。⑱不恨：没有遗憾。⑲居：居处，选位。⑳为家：修建住宅。㉑不治垣屋：从不修建高墙大屋。治，修建。垣，墙垣。㉒后世贤：子孙后代贤能。㉓师吾俭：学习我的俭朴。㉔毋为势家所夺：这些劣房差地不会被权势之家夺占。㉕癸巳：七月二十七日。㉖告舍人：通知门客。㉗趣治行：赶快准备行装。趣，通“促”，赶快。㉘入相：到朝廷去担任相国。㉙居无何：过了不久。㉚微时：卑贱而未显达的时候。㉛有隙：有隔阂，有矛盾。㉜举事无所变更：所有条令不作变更。举，一切，所有。㉝一遵何约束：一律遵照萧何当年的规定。㉞择：选用人才。㉟木讷：指人质朴而不善辞令。㊱重厚长者：端庄敦厚有德行的人。㊲召除：召来任命。㊳丞相史：丞相属官，长史以下有掾史、令史等。㊴言文刻深：言谈行文苛刻。㊵欲务声名者：一心追逐名声的官员。㊶辄斥去之：都予以解职辞掉。㊷醇酒：味道醇厚的美酒。㊸不事事：不理政事。㊹间：饮酒的间隙。㊺开说：开口劝谏。㊻细过：小的过失。㊼岂少朕与：难道是看不起我吗？少，轻视。㊽以其私问参：以私亲身份探问曹参。㊾趣入侍：赶快进宫侍奉皇上去。趣：通“促”，赶快。㊿若：你。51让参：责备曹参。52乃者：往日。53免冠：脱下帽子。古人谢罪的一种方式。54自察：自己仔细考虑。55圣武孰与高帝：圣明威武与高帝相比，哪一个强？56朕乃安敢望先帝：我怎么敢比高帝？乃，竟然，怎么。望，比。57垂拱：垂衣拱手。即垂手治国，不必亲理事务。58参等守职：我们臣下恭谨守职。59遵而勿失：遵守萧何定下的法令制度。勿失，不放弃，不违犯。60出入三年：前后整三年。61较若画一：整齐划一。较若：较然，清楚明白，引申为整齐。62载其清净：做事清净。载，执行，做事，清净，指无为政策。63民以宁壹：百姓安心。宁壹，安宁统一。

【译文】

汉惠帝二年（戊申，前193）

冬季，十月。齐悼惠王刘肥来朝见汉惠帝，在吕太后面前举行酒宴。汉惠帝认为齐王是自己的哥哥，便请他坐上座。吕太后非常恼怒，让人倒了一杯毒酒放在面前，赏赐给齐王，为他祝福。齐王刚起身要接，汉惠帝也起身来取酒杯。太后一见大惊，自己起来泼去汉惠帝手中的酒。齐王心知有怪，不敢再喝，假装酒醉离去。经打听，知道那是杯毒酒，大为惊恐。齐国一个名叫士的内史向齐王建议，使齐王献出城阳郡做吕太后女儿鲁元公主的汤沐邑。太后因此大喜，便放走了齐王。

春季，正月初四，兰陵一平民家的井中出现两条龙。

陇西发生地震。

夏季，大旱。

郃阳侯刘仲去世。

文终侯萧何病重，汉惠帝亲自前去探视，问他："您百年之后，谁可以接替您？"萧何说："最了解臣下的还是皇上。"汉惠帝又问："曹参怎么样？"萧何立即磕头说："皇上已找到人选，我死也没有什么遗憾了。"

秋季，七月初五，萧何去世。他生前购置田地房宅，必定选位于穷乡僻壤的；他修建住宅，也从不起建高墙大屋。他说："如果我的后代贤德，就学我的俭朴；如果后代不贤，这些劣房差地也不会被权势之家抢夺。"

七月二十七日，朝廷任命曹参为相国。曹参刚听说萧何去世时，就对门下舍人说："快准备行装！我要进京去做相国了。"过了不久，使者果然前来召曹参入朝。起初，曹参当平民时，和萧何相交甚好；及至做了将相，两人有些隔阂。到萧何快死时，所推举接替自己的贤能之人唯独曹参。曹参接替萧何做了相国后，所有的条令都不作变更，一律遵照萧何当年的规定。他挑选各郡各封国中为人质朴、拘谨不善言辞、敦厚的长者，召来任命为丞相的属官。对那些言谈行文苛刻、专门追逐名声的官员，都予以斥退。然后，曹参日夜只顾痛饮醇香美酒。卿、大夫以下的官员及宾客见他不管政事，来看望时都想劝说，曹参却总是劝他们喝酒；喝酒间隙中再想说话，曹参又劝他们再喝，直到喝醉了回去，始终没有机会开口说话。这样的情况成为常事。曹参见到别人犯有小错误，也一味包庇掩饰，相国府中终日无事。

曹参的儿子曹窋任中大夫之职，汉惠帝刘盈向他埋怨曹参不理政事，认为"难道是看不起我吗"，让曹窋回家时，以私亲身份探问曹参。曹参大怒，鞭打曹窋二百下，呵斥："快回宫去侍候，国家大事不是你该说的！"到了上朝时，汉惠帝责备曹参说："那天是我让曹窋劝你的。"曹参立即脱下帽子谢罪，说："皇上自己体察，圣明威武比高帝如何？"汉惠帝说："我哪里敢比高帝！"曹参又问："皇上再看我的才能比萧何谁强？"汉惠帝说："你好像不如他。"曹参便说："皇上说得太对了。高帝与萧何平定天下，法令已经明确。如今皇上垂手治国，我们臣下恭谨守职，大家认真遵守不去违反旧时法令，不就够了吗？”汉惠帝说：“对。”

曹参担任相国，前后三年，百姓唱歌称颂他说：“萧何制法，整齐划一；曹参接替，守而不失；无为而治，百姓安心。”

【原文】

三年（己酉，前192）

春，发①长安六百里内男女十四万六千人城长安②，三十日罢③。

以宗室女为公主，嫁匈奴冒顿单于。

是时，冒顿方强，为书④，使使遗高后，辞极亵嫚⑤。高后大怒，召将相大臣，议斩其使者，发兵击之。樊哙曰：“臣愿得十万众横行匈奴中！”中郎将季布曰：“哙可斩也！前匈奴围高帝于平城⑥，汉兵三十二万，哙为上将军，不能解围。今歌吟之声未绝⑦，伤夷者甫起⑧，而哙欲摇动天下⑨，妄言⑩以十万众横行，是面谩也⑪。且夷狄譬如禽兽，得其善言不足喜，恶言不足怒也。”高后曰：“善！”令大谒者⑫张释报书⑬，深自谦⑭逊以谢之，并遗以车二乘，马二驷⑮。冒顿复使使来谢，曰：“未尝闻中国礼义，陛下幸而赦之。”因献马，遂和亲。

夏，五月，立闽越君摇为东海王⑯。摇与无诸⑰，皆越王句践之后也，从诸侯灭秦，功多，其民便附⑱，故立之。都东瓯⑲，世号⑳东瓯王。

六月，发诸侯王、列侯徒隶㉑二万人城长安。

秋，七月，都厩灾㉒。

是岁，蜀湔氐反㉓，击平之。

（以上为第十三段，写公元前192年史事，着重写匈奴单于冒顿依仗强大，写信给吕太后，言辞亵渎，将军樊哙愿以十万大军征讨，中郎将季布予以谏止，汉朝回信屈辱言和；朝廷立名为摇的闽越君为东海王。）

【注释】

①发：动员。 ②城长安：修筑长安城。 ③三十日罢：只修筑三十天就停工。即只用农闲三十天筑城。 ④为书：修国书。 ⑤辞极亵嫚：措辞极为亵污傲慢。亵嫚，低俗粗鲁。 按：冒顿书中有如下辞语“孤偾之君，生于沮泽之中，长于平野牛马之域，数至边境，愿游中国。陛下独立，孤偾独居，两主不乐，无以自娱，愿以所有，易其所

无。” ⑥围高帝于平城：汉七年，韩王信勾结匈奴在太原谋反，高帝往击，在平城被冒顿单于围困七日，后用陈平计脱围。 ⑦今歌吟之声未绝：如今四方百姓哀苦之声尚未断绝。歌吟，歌唱吟咏，于此为哀吟之声。 ⑧伤夷者甫起：受伤士兵刚能起身。甫，刚刚。 ⑨摇动天下，使天下动乱不安。 ⑩妄言：胡说。 ⑪面谩：当面撒谎。谩，欺骗。⑫大谒者：官名，为谒者之长。掌管为皇帝接收文件、传达诏令、接待宾客等事宜。⑬报书：回报匈奴的国书。 ⑭深自谦：十分谦逊。谦，同“逊”，顺。 按：高后回报国书云：“单于不忘弊邑，赐之以书，弊邑恐惧。退日自图，年老气衰，发齿堕落，行步失度，单于过听，不足以自污。弊邑无罪，宜在见赦。窃有御车二乘，马二驷，以奉常驾。”上引两国书均见《汉书·匈奴传》。 ⑮遗以车二乘，马二驷：送给匈奴二乘车，马八匹。乘，一车四马为一乘。驷，计算马匹的单位。马四匹为驷。 ⑯立闽越君摇为东海王：朝廷封立名为摇的闽越君为东海王。摇，越王勾践七世孙，秦末曾助刘邦击项羽。东海，今浙江南部滨海地区。 ⑰无诸：汉五年立为闽越王，都东冶，在今福建福州市。⑱便附：顺从依附。 ⑲东瓯：在今浙江省东南部瓯江北岸永嘉县境。 ⑳世号：俗称，民间称。 ㉑徒隶：服劳役的犯人。 ㉒都厩灾：太仆的马厩起火。都厩，大厩，天子车马所在，属太仆所管。灾，失火。 ㉓蜀湔氐反：蜀郡湔氐部族反叛。湔氐，氐、羌所居之地，在今四川省松潘县西北。

【译文】

汉惠帝三年（己酉，前192）

春季，朝廷征发长安周围六百里内的男女民工十四万六千人修筑长安城，三十天结束。

汉惠帝以宗室女子作为公主，嫁给匈奴冒顿单于。

当时，匈奴单于冒顿正强大，写信派人送给吕太后，措辞极为亵污傲慢。吕太后大为愤怒，召集将相大臣，商议要杀掉匈奴来使，发兵攻打。樊哙说：“我愿意率领十万军队去横扫匈奴！”中郎将季布却说：“樊哙真该杀！从前匈奴在平城围困高帝，那时汉兵有三十二万，樊哙身为上将军，而不能解围。如今四方百姓哀苦之声尚未断绝，受伤士兵刚能起身，而樊哙却想搞乱天下，妄称以十万军队横扫匈奴。这是当面说谎！况且，匈奴好比禽兽一般，听了他的好话不必高兴，听了他的谩骂也不值得生气。”吕太后说：“说得对。”便派大谒者张释送去回信，十分谦逊地致以歉意，并送给匈奴二乘车、八匹马。冒顿接信后又派使臣前来道歉，说：“我们从不知道中原的礼义，感谢皇上的宽恕。”于是，献上马匹，与汉朝和亲友好。

夏季，五月，朝廷立名为摇的闽越君为东海王。摇与无诸，都是越王勾践的后代，曾跟随诸侯推翻秦朝，功劳不小，当地百姓归附，所以立他为王。摇建都东瓯，世人称之为“东瓯王”。

六月，朝廷征发各封国的王、侯属下刑徒奴隶二万人修筑长安城。

秋季，七月，太仆的马厩起火。

这一年，蜀郡湔氐部族反叛，朝廷出兵平定。

【原文】

四年（庚戌，前191）

冬，十月，立皇后张氏[①]。后，帝姊鲁元公主女也，太后欲为重亲[②]，故以配帝。

春，正月，举民孝、弟、力田者，复其身[③]。

三月，甲子，皇帝冠[④]，赦天下。

省法令妨吏民者[⑤]；除挟书律[⑥]。

帝以朝太后于长乐宫及间往[⑦]，数跸烦民[⑧]，乃筑复道于武库南[⑨]。奉常[⑩]叔孙通谏曰：“此高帝月出游衣冠之道也[⑪]，子孙奈何乘宗庙道上行哉[⑫]！”帝惧曰：“急坏之！”通曰：“人主无过举[⑬]。今已作，百姓皆知之矣。愿陛下为原庙渭北[⑭]，月出游之[⑮]，益广宗庙[⑯]，大孝之本。”上乃诏有司立原庙。

臣光曰：过者，人之所必不免也，惟圣贤为[⑰]能知而改之。古之圣王，患[⑱]其有过而不自知也，故设诽谤之木，置敢谏之鼓[⑲]，岂畏百姓之闻其过哉！是以仲虺美成汤曰[⑳]：“改过不吝。”傅说戒高宗[㉑]曰：“无耻过作非[㉒]。”由是观之，则为人君者，固不以无过为贤，而以改过为美也。今叔孙通谏孝惠，乃云“人主无过举”，是教人君以文过遂非[㉓]也，岂不缪哉！

长乐宫鸿台灾[㉔]。

秋，七月，乙亥[㉕]，未央宫凌室灾[㉖]；丙子[㉗]，织室灾[㉘]。

五年（辛亥，前190）

冬，雷；桃李华，枣实[29]。

春，正月，复发长安六百里内男女十四万五千人城长安，三十日罢。

夏，大旱，江河水少，谿谷水绝。

秋，八月，己丑，平阳懿侯[30]曹参薨。

六年（壬子，前189）

冬，十月，以王陵为右丞相，陈平为左丞相。

齐悼惠王肥薨。

夏，留文成侯[31]张良薨。

以周勃为太尉。

七年（癸丑，前188）

冬，发车骑、材官[32]诣荥阳，太尉灌婴将。

春，正月，辛丑朔[33]，日有食之。

夏，五月，丁卯[34]，日有食之，既[35]。

秋，八月，戊寅[36]，帝崩于未央宫。大赦天下。九月，辛丑[37]，葬安陵[38]。

初，吕太后命张皇后取他人子养之，而杀其母，以为太子[39]。既葬，太子即皇帝位，年幼；太后临朝称制[40]。

（以上为第十四段，写公元前191年至公元前188年四年史事，在吕太后淫威下，汉惠帝刘盈垂拱无为，朝廷没有什么事情记载，只是记载了修建汉高帝刘邦的原庙以及修建长安城等事，另记录了一些天象而已。）

【注释】

①张氏：赵王张敖之女。 ②重亲：亲上加亲。 ③“举民”二句：朝廷下令推荐民间孝顺父母、和睦兄长、努力耕作的人，免除本人的赋役。 复其身：免除本人的赋役。 按：孝、弟（悌）乃人伦之大事，力田为人生之根本，所以郡国要推举这样的人。④冠：男子成人进行戴帽的典礼。惠帝十七岁即位，至今二十岁始行冠礼。 ⑤省法令妨吏民者：取消法令中对官民有妨害的那些条目。省，取消，削减。 ⑥除挟书律：废除妨民的挟书律。 按：秦始皇三十四年颁布民间有私藏《诗》《书》和百家书籍者族诛的法令，称为“挟书律”。 ⑦间往：正式朝拜之外，中间小谒见。 ⑧数跸烦民：经常请道警戒，惊扰百姓。数（shuò），频繁。跸（bì），帝王出行时，开路清道，禁止通行。

⑨复道：阁道。在高楼间修建的架空通道。 武库：《三辅黄图》有“在未央宫，萧何造，以藏兵器。” ⑩奉常：官名，九卿之一，掌宗庙礼仪。 ⑪“此高帝”句：是说复道下正是每月天子将高帝衣冠从高帝寝庙中取出出游必经的通道。衣冠，指高帝生前所用衣冠，藏在高帝寝庙中。 ⑫“子孙”句：子孙后代怎么能在祖宗的道路上面行走呢。 按：惠帝行于复道上，等于高帝子孙凌驾在高帝之上，故言“乘宗庙道上行”。乘，凌驾。⑬过举：错误的行动。 ⑭愿陛下为原庙渭北：希望皇上在渭河北面再建一个原庙。原庙，再盖一座高帝庙。 ⑮月出游之：据章校，他本“月”上有“衣冠”二字，当补。⑯益广宗庙：这样也扩大了宗庙。益广，进一步扩大。 ⑰为：乃，才。 ⑱患：担心。⑲诽谤之木、敢谏之鼓：《邓析子·转辞》有“尧置敢谏之鼓，舜立诽谤之木。”欲谏者击其鼓；书其善否于表木。 ⑳仲虺美成汤曰：引语见《尚书·仲虺之诰》。 仲虺：商代汤王的左丞相。 成汤：商开国之君。 ㉑傅说（yuè）：商王武丁的大臣。 高宗：商王武丁，盘庚之弟小乙的儿子，中兴商朝。 ㉒无耻过作非：不要为了掩饰小过失而发展成为大错误。其语见《尚书·说命中》。 ㉓文过遂非：掩饰过失，顺从错误。 ㉔鸿台灾：鸿台火灾。鸿台，《三辅黄图》：“秦始皇二十七年筑，高四十丈，上起观宇，帝尝射飞鸿于台上，故号鸿台。” ㉕乙亥：七月二十日。 ㉖凌室：古代藏冰室。 ㉗丙子：七月二十一日。 ㉘织室：汉代掌管皇室丝帛织染的机构，在未央宫，有东西织室。㉙“冬、雷”句：冬季，打雷，桃树、李树开花，枣树结果。此为气候失常。 ㉚平阳懿侯：曹参在高祖六年爵平阳侯，死后又谥懿侯，故称“平阳懿侯”。 ㉛留文成侯：高祖六年封张良为留侯，死后谥文成侯。 ㉜车骑：战车战马。 材官：武卒或供差遣的低级武官。 ㉝辛丑朔：正月初一。朔，农历每月初一为朔日。 ㉞丁丑：五月二十九日。㉟既：日全食。 ㊱戊寅：八月十二日。 ㊲辛丑：九月初五。 ㊳安陵：距高祖长陵十里，在长安城北三十五里。 ㊴为太子：《史记·吕太后本纪》有“孝惠后无子，详为有身，取美人子名之，杀其母，立所名子为太子。” ㊵太后临朝称制：太后坐朝行使天子权力。

【译文】

汉惠帝四年（庚戌，前191）

冬季，十月，汉惠帝立张氏为皇后。张皇后是汉惠帝姐姐鲁元公主的女儿。吕太后想亲上加亲，所以将她嫁给汉惠帝。

春季，正月，朝廷下令推荐民间孝顺父母、和睦兄长、努力耕作的人，免除他们的赋役。

三月初七，汉惠帝行成年加冠礼，实行大赦。

朝廷检查法令中对官民有妨害的条目，废除秦律中禁止携带、收藏书籍的“挟书律”。

汉惠帝认为去长乐宫朝见太后及平时前往时，经常清道警戒，使百姓惊扰，便在武库的南面修筑了一条架空阁道路。奉常叔孙通劝阻说：“那是每月举行高帝衣冠出巡仪式的道路啊！子孙后代怎么能在祖宗的道路上面行走呢！”汉惠帝惊惧地说：“快快拆去！”叔孙通又说：“天子没有错误的举动；现在路已经修了，民众也都知道。希望皇上在渭河北面再建个原庙，可以到那里去举行高帝衣冠出巡仪式，这样也扩大了宗庙，是大孝的根本。”汉惠帝便下令有关部门修建原庙。

臣司马光说：错误，是人人都无法避免的，但只有圣贤能知而改正。古代圣明的君王，怕自己有错误不知道，所以设置批评君王的诽谤木和劝阻君王的敢谏鼓，哪里会怕民众知道自己的过错呢？所以，仲虺赞美商汤王说：“改正错误决不吝惜。”傅说劝诫商王武丁说：“不要因为怕别人耻笑便不改正过失。”由此而见，做君王的人，本来就不是以不犯错误为贤明，而是以改正错误为美德。这里叔孙通却劝谏汉惠帝说“天子没有错误的举动”，正是在教君王文过饰非，岂不太荒谬了吗？

汉朝长乐宫中鸿台发生火灾。

秋季，七月二十日，未央宫的藏冰室发生火灾。二十一日，织造室发生火灾。

汉惠帝五年（辛亥，前190）

冬季，雷声响起，桃树、李树开花，枣树结果。

春季，正月，再次征发长安周围六百里内男女民工十四万五千人修筑长安城，三十天后结束。

夏季，大旱，长江、黄河水少，溪谷干涸。

秋季，八月，平阳侯曹参去世。

汉惠帝六年（壬子，前189）

冬季，十月，朝廷任命王陵为右丞相，陈平为左丞相。

齐悼惠王刘肥去世。

夏季，留侯张良去世。

朝廷任命周勃为太尉。

汉惠帝七年（癸丑，前188）

冬季，征发战车和骑兵、步兵前往荥阳，由太尉灌婴统率。

春季，正月初一，出现日食。

夏季，五月二十九，出现日全食。

秋季，八月十二，汉惠帝在未央宫去世。实行大赦。九月初五，汉惠帝下葬在安陵。

当初，吕太后让张皇后找个别人的孩子来抚养，并杀死他的母亲，以其为太子。汉惠帝下葬后，太子登上皇帝之位，因为年幼，便由吕太后在朝廷上行使天子权力。

【评析】

韩信论

韩信，曾被刘邦认为是建立汉朝的大功臣，说："连百万之众，战必胜，攻必取，吾不如韩信。"他是刘邦分封的异姓王之一，打败项羽后，将其由齐王改封为楚王，而后贬为淮阴侯，最后被吕后用萧何计策诓骗到皇宫，被斩于长乐宫钟室。

关于韩信的死，千百年来，论说纷纭，大都为韩信鸣冤叫屈，认为韩信没有谋反，是刘邦妒害功臣。唐代诗人刘禹锡的诗说："将略兵机命世雄，苍黄钟室叹良弓。遂令后代登坛者，每一寻思怕立功。"其实，韩信之死，是死在他自己，是死在天下大势，其中有着深层次的原因，并非是简单的冤与不冤的问题。

第一，韩信与刘邦是貌合神离。韩信被刘邦的"大度""重用"所感动，而刘邦并没有被韩信的奇才、奇功所感动；韩信对刘邦是死心塌地，忠心无二；而刘邦对韩信则是心有芥蒂，仅用其才而已。韩信的军事才能，在当时可以说是盖世无双；他立下的战功，也是赫赫辉煌，没有人能够与之相比。他率军出陈仓，定三秦，擒魏，破代，灭赵，降燕，伐齐，直至垓下全歼楚军，无一败绩。从表象上看，刘邦是在重用他，起初听从萧何的建议，封他为大将军，又派兵给他开辟河北战场，取得了一连串的胜利。故此，韩信被感动了，从后来拒绝蒯彻劝其背叛刘邦的一段说辞中就完全可以看得出来，他是铁了心要跟随刘邦了。可是，刘邦如何看待韩信呢？这是很少有人注意的问题。可以说，自始至终，刘邦都是在利用和猜忌韩信，而不是如韩信自己所说的推食解衣、推心置腹地信任韩信，刘邦也不像始终信任张良那样信任韩信。刘邦拜韩信为大将军，是碍于萧何的面子，而韩信确有才能，一番对话，才使刘邦不得不佩服；而后开辟北方战场，立下奇功，刘邦对韩信常存有戒心。韩信灭赵后，刘邦潜入其卧室，“偷”其印信，调动军队；后来，消灭项羽后，刘邦故伎重演，驰入韩信军中，收夺他的兵权，而后将封给韩信的齐王改封为楚王，这哪里是把韩信当作一个功勋之臣来看待？这说明，刘邦对韩信的利用和猜忌，是从一开始就存在的，只有韩信自己一直被蒙在鼓中，所谓“当局者迷，旁观者清”罢了。可想而知，一直被刘邦利用和猜忌的韩信，一旦没有了对手，失去了战场，还有好果子吃吗？等待他的，将是什么样的后果，不是呼之欲出了吗？

第二，韩信智商很高，才华横溢，在军事上屡出奇谋，指挥若定；而在情商上，则是低能，不善于藏其锋芒，保护自己。韩信葬母，行营高敞地，一心向往的是封侯封王，完全是市井之徒的利禄观，立功忘乎所以，最终败亡，也是咎由自取。韩信取死之道有五。当韩信攻下齐国时，刘邦被项羽弄得焦头烂额，差点要了性命，正日夜盼望着韩信前来救援。韩信倒好，沉醉在功劳簿上，洋洋自得，一封书信过去，请求刘邦封他为代理齐王。在刘邦看来，这哪里是请求，分明是要挟，按照当时的实力，韩信又成了当年的项羽，刘邦无可奈何，只有答应的份儿，哪有不予准奏的能力？虽然刘邦任命韩信为齐王，但他是一百个不情愿啊！此取死之道一也。再是最后与项羽决战时，刘邦约韩信与彭越前来共同围攻项羽，韩信仍然是考虑自己的利害得失，背约而不前，刘邦提出给予优惠的分封条件，他才踊跃前来，这不分明是把自己唯利是图的市侩嘴脸暴露无遗吗？又怎么能不让刘邦恨之于心而堆笑于脸呢？此取死之道二也。三是天下太平了，韩信私藏项羽部将钟离昧，也是举措失当。钟离昧投奔韩信，是看在昔日的交情上；韩信收留钟离昧，也是情有可原，但问题是，你要么就铁了心，与钟离昧同进同退，荣辱与共，就像战国时虞卿接纳魏齐一样，为了朋友，王与侯何足道哉！封官挂印，了却人间万事；要么就与钟离昧一刀两断；或者将钟离昧转移他方；或者向朝廷陈情，如同后来朱家为季布转圜一样，但韩信是直肠子，做不到。而钟离昧为了成全韩信，自刎而死，结果把韩信弄得里外不是人，失去了朋友，也失去了汉朝的信任。在刘邦看来，韩信收留钟离昧，虽然不是谋反，但也和谋反差不多，更增加了怀恨之意。此取死之道三也。四是韩信被汉朝用计擒捉，成了“阶下囚”，曾与刘邦谈论用兵打仗，全然忘记了老虎和猫猫在玩生死游戏，还自以为是，认为自己才能比刘邦强，率兵打仗是“多多益善”。这岂不是在向刘邦示威、显摆，让刘邦浑身不自在吗？此取死之道四也。五是后来韩信已经是虎落平阳，只剩下空架子了，还说什么羞与周勃、樊哙等人为伍，感觉自己还是很了不起。这时候，韩信自己有几斤几两，怎么就不掂掂清楚呢？有道是，失时的凤凰不如鸡，到什么山上唱什么歌，识时务者为俊杰。虽然你韩信可能真的是如此想法，但也不能在言语行为上表露出来啊！这不明显的是将自己孤立起来，而自断后路？此取死之道五也。

第三，韩不反也要被逼反。在刘邦等人的头脑中，根深蒂固地存在着异姓王必反的思维定势，总认为不杀不足以维护国家安定，而韩信，就是其中的牺牲品。在刘邦等人看来，异姓王就是一个个“定时炸弹”，即使是现在不反，将来终究是要反的，迟解决不如早解决，只要他们不存在了，也就放心了。刘邦在建国后，总觉得自己在世的时日不是很多了，于是，他总是想把该做的事情都做完，不把麻烦和祸患留给下一代，这样才走得心安。刘邦所要解决的是两大问题，一是接班人问题，他总觉得太子刘盈过于文弱，不能担起治国的重任（事实也是如此），要更换赵王刘如意为接班人，这一事件要了戚夫人和赵王刘如意的命，直接导致了以后诸吕的猖獗。第二个就是解决异姓王问题，这从他分封异姓王就开始考虑了。这并不是说异姓王有没有谋反的问题，而是让不让异姓王存在的问题。在汉朝建国初期，分封异姓王，也是对这些功臣的妥善安排，要不是如此，他们心里怎么能平衡呢？纵观刘邦开始所封的七个异姓王，没有一个是真心要造反的。韩信当然也是如此，至于后来与陈豨通谋，也是被逼的。可以说韩信蒙冤，造反亦不诬，韩信长期被软禁在长安，最终走上与陈豨通谋的路，是逼上梁山。韩信就是在这样的大背景下，被吕后杀害。完全可以说，韩信的被诛杀，具有历史的必然性。我们再来推论，刘邦等人的思维定势有没有道理？他这样对待异姓王，在其有生之年，基本上都解决了，只有卢绾逃到匈奴，后来也被消灭了。这样做，虽然残酷了一些，但对于汉朝的巩固来说，确实是一件大好事。可以设想，刘邦去世后，吕后是那么不得人心，汉惠帝刘盈又是那样文弱，那些异姓王哪一个是省油的灯？又有谁能担保他们不会造反？一旦他们想要出掉心中那口恶气，造起反来，有谁能够制止得住？对于韩信，刘邦在世时，他还有几分心悦诚服，刘邦对他也忌惮三分，后来只有用智取的办法才能降服他；刘邦不在了，韩信连周勃、樊哙等人都不屑一顾，还能看得起谁？他一旦举起反旗，那汉朝还是汉朝吗？恐怕要打上个大大的问号！因此，刘邦不遗余力地剪除异姓王，对于国家来说，则是幸甚！而对于韩信来说，则是悲剧！

附录　人物与事件

提速历史转折的长平之战

就事论事，长平之战是秦赵两国争雄的一场大战役，双方动员用于第一线的兵力达一百余万人，赵军战死及被活埋达45万人，全军覆没；秦军多于赵军，50余万人参战，战死20余万人。战役前后相持半年，在公元前260年四月至九月。从长平之战的前因后果来看，这场大战役，起始于公元前264年秦将白起攻韩陉城之战，结束于公元前257年的邯郸之战，前后历时八年，前后有五国参战，即秦、赵、韩、魏、楚，是秦并六国的一场关键之战，是东西方的战略大决战。本文试作分析。

一、秦赵长平之战的背景

战国时代发生在公元前260年的秦赵长平之战，秦胜赵败，赵卒被斩杀活埋达45万人，赵国元气大伤，从此衰败。导火线是公元前262年赵孝成王听信平原君接纳韩国上党太守冯亭的投降，赵国虎口夺食，占有秦国的胜利果实，被司马迁批评为“利令智昏”。实质是赵韩唇齿相依，赵救韩，实为自保。赵王接受冯亭之降，有三个原因：其一，从地理态势增强邯郸西部的防务，上党入秦，邯郸的门户洞开。此所谓唇亡齿寒，赵不可不保；其二，秦兵东进，意在吞并各国，东方各国都清楚。坐等秦国各个击破，不如联合一拼。但谁出头联合，秦必定先打谁，所以东方各国又想联合，又不敢联合，处于两难选择。如今秦兵到了家门口，韩国又入地，入地增赵形胜，于是赵不惜一战受韩地。其三，八年前，公元前270年，秦20万大军攻韩，赵援救，秦赵阏与（今山西和顺西北）之战，赵胜秦败。此时赵国为三晋之首，有与秦抗争的能力。

有以上三个理由，平原君主张接纳冯亭是正确的决策。司马迁批评平原君

"利令智昏"，是警告人们，不要无故受益，天上不会掉馅饼，这也是对的。

赵孝成王五年，公元前261年，韩国上党太守冯亭上书赵王说："韩国无力守上党，（韩王通知）投降秦国。但上党的官民都愿归附赵国，不愿做秦国的臣民。今冯亭献上上党郡十七座城邑的地图、人口数额，全体官民向赵王叩头，再叩头，请赵王赐福上党人民，听候赵王的裁夺。"

赵王大喜，立即宣召平阳君赵豹入宫，通报这件事，征询赵豹意见，是否接纳冯亭。

赵豹说："圣人甚祸无故之利。"意思是说圣人把无故发横财看作是最大的祸害。这块烫手的山芋拿不得，一定有祸患。

赵王说："冯亭感念我赵国的德泽，怎么能说成是无故呢？"——赵王自认他的德泽远播，圣人所谓徕远人也！

赵豹说："秦国蚕食韩国土地，切断了上党的通道，认为上党已是囊中之物。秦国攻韩付出了很大代价，这不明摆着是秦国出力，赵国得利？这种便宜事，即便是大国欺负小国，小国也会反抗的。如今秦强赵弱，是弱国去夺强国的口中食，这怎么不是无功受禄，无故得利呢？再说秦国，攻韩国三年，把灌溉耕地的水都用在运输渠中运送军粮，秦国政令畅通，军力强大，急红了眼要夺韩地，赵国插一杠子，难道不是招祸吗？"

赵王说："就按你说的，不就是要打一仗吗？即使是用百万之军，攻城略地，穷年累月，还攻不下一座城池？这不费一兵一卒，坐享十七座城，又是送上门来的，是多么大一笔财富啊！"

当时的形势是，秦国是超级大国，不断向东扩张，志在统一天下。远一点说：在十七年前的公元前278年，秦将白起攻打楚国，夺取大片地方，攻破楚国都城郢都，迫使楚国向东迁都到陈（今河南淮阳），楚国破碎。

在这十三年前的公元前274年，秦攻魏大梁，杀死魏兵4万人。

在这十二年前的公元前273年，秦将白起打败赵魏联军的华阳之战，杀魏兵13万人，活捉赵兵2万人，全部沉入黄河。

在这五年前，公元前266年，赵孝成王刚即位，秦军大规模攻赵，夺走三城，齐兵来救，秦国退兵。

就拿这次战争来说：秦国在三年前就发动了攻韩，公元前264年白起攻韩，拿下陉城等五座城池，杀韩卒5万，史称秦韩陉城之战（陉在今山西曲沃境）。第二年公元前263年，秦兵攻打南阳（今河南济源，原魏地，后由韩赵掌管）太行道（羊肠坂道）。第三年，即公元前262年，秦兵攻下野王（今河南沁阳），切断了韩都与上党的太行道。冯亭降赵，其目的是引赵为援，韩赵共同抗秦。

如上所说：秦韩已经攻战三年，眼看口中食为赵所取，秦国当然不答应，赵国接受冯亭之降，就一定要与秦大战。赵豹说：无故贪利是大祸。赵王说：得十七座城池增强赵国力量，不惜与秦战。

赵豹出宫，赵王宣召平原君赵胜（赵王之弟，任相国）、宗室赵禹进宫商议此事。平原君、赵禹两人说："动员百万大军，经年累月攻不下一座城，一下能得十七座城，这是大利，机不可失。"于是赵王下定决心，接纳冯亭。赵王为了表示极为看重，派最高国务大臣平原君赵胜到上党受降。以三万户封太守冯亭，以三千户封各县城县令，世世为侯。其他官吏加爵三级，人民每人赐金六镒。上党为赵地。赵国派廉颇为大将入援上党。

冯亭辞封说："我冯亭受封有三不义：我为封疆大臣，无力守上党，不能死难殉国，一不义也；韩王命我降秦，我违背主命降赵，二不义也；我受封等于是出卖国家土地，个人得利，三不义也。"冯亭预料秦赵之间将有一场恶战，这将给赵国带来重大灾难，所以辞封。

二、长平决战

1.老将持重

赵孝成王接纳冯亭降赵后，决计与秦开战，倾全国之力迎战秦国。赵孝成王派出威镇六国的赵国宿将廉颇带兵45万入救上党与秦兵对阵。

赵将廉颇是一位持重的大将，秦人很怕他。秦将白起是秦国名将，诸侯闻之胆寒。白起作战非常野蛮，他大规模杀降、活埋、斩首、沉入黄河。秦国东进从公元前364年的石门之战起，到公元前234年的平阳之战止，130年中，秦斩杀六国士卒167万人，单是白起一人斩首坑杀的就有90万人。史称秦国为"虎狼之国"，称白起、王翦为"豺狼之徒"。由此可见，那时战争之残酷，以及秦军之野蛮。

秦军野蛮作战有以下原因：

（1）秦崛起于狄戎之地，带游牧抢掠残杀之风。

（2）商鞅变法后，以杀敌首级论功，勇战者奖，怯敌者罚，要求人人争死疆场。

（3）以野蛮杀戮震慑敌人，同时也增加了战争成本，迫使敌人拼死抵抗。这种野蛮战法是一把双刃剑。

由上，秦人作战拼的就是实力。赵得上党，增强国境的安全系数；秦要东进，更要复仇，打击抢夺者。双方都是拼全力。所以公元前261年赵进兵上党，秦赵双方调兵遣将，沉寂了一年。

公元前260年（按《秦本纪》在公元前261年）四月，秦赵两军对峙长平，在今山西高平西北。秦军前线统帅为王龁（hé）。

四月前锋接战，秦军阵斩赵军裨将赵茄。

六月，秦军攻破赵军两座哨卡城堡，杀了四个赵军尉官。

七月赵军坚壁固守，秦军又攻破赵军营寨，夺取了西垒壁，又杀了两个尉官。

赵军连败数阵，廉颇避其锋芒，秦军多次挑战，赵军岿然不动。赵王多次下达出战令，廉颇仍然不出，秦军无可奈何。

2.秦施反间计

秦军远道进攻，持久不利，强行进攻打不破赵军坚壁。双方对阵军队超过百万。持久作战，对双方都是巨大的消耗，所以赵王也急于求战，秦军更急。但持久最终对赵军有利，廉颇坚壁以待，无疑是正确的战略。秦军该如何打破僵局呢？

秦相范雎，展开外交攻势，他派出大批间谍到赵都邯郸，用千金厚币行贿赵王左右及用事大臣，说廉颇的坏话，又散布流言，说秦军最害怕“马服子”为将。马服子，就是马服君赵奢的儿子赵括。八年前的阏与之战，就是赵奢为将打败秦军的，当时赵将廉颇、乐乘都不敢为帅，赵奢一战成名。他的儿子赵括好读兵书，又好骑马射箭，又擅长夸夸其谈，认为天下善于用兵的人都不如他。赵括和父亲赵奢辩论兵法、战略，赵奢都说不过。但赵奢评论，赵括是纸上谈兵，断言赵括为将，赵军必败。但赵括在社会上却有很大的名声。秦人抓住赵王急战和赵括的虚名，反间计得以成功。赵王下令召回廉颇，用赵括为全军统帅。

3.临阵易将

临阵易将，犯兵家之大忌。但若事实证明主帅连打败仗，必须易将才能扭转败局时，也应及时换将。例如二战，英军在北非战场连连败北，丘吉尔改任蒙哥马利后，方才扭转战局。苏德战场，苏军连连败退，到斯大林格勒战役这一生死关头，斯大林改派朱可夫，转败为胜。如何易将，关键是分析胜败原因，如果优势战败，这个将必须换；如果即将全线崩溃，或主将一筹莫展，此时也须换将，打开新局面。长平之战，秦强赵弱，秦军又挟乘胜之威，硬拼打阵地战，赵军不敌是正常现象，这叫胜败兵家之常。而且廉颇没有大败，只是前沿接触，试探性战斗，廉颇立即改变战略，坚守疲敌，秦军强势一筹莫展。因为攻守形势，用力悬殊。攻方三倍于敌，才是平手，五倍于敌才有必胜把握。秦军没有这么大的优势。赵军在第一线45万人，可以说是倾全国之力了。秦军作为攻方，第一线差不多只能与赵军相当，估计约50万人，只是气势更胜，战力更强，但优势有限。后勤供应，秦军不如赵军，秦军战线长，持久不利。廉颇的坚守不战，消耗秦军士气，待其疲弊，克敌制胜，无疑是正确的战略。再说廉颇遏制了秦军的攻势，赵王换将，犯了兵家大忌。

这时换将绝对错误。因为换将意味着改变了廉颇的战略。改坚壁为进攻，也就是以短击长，蔺相如看到了这一点，他上书赵王说："赵括徒有虚名，他只会读兵书，不懂得临场变化，打仗按书本，好比弹奏琴瑟，用胶把柱子粘牢，只能弹出一个声音，哪成乐曲。"（原话：王以名使括，若胶柱而鼓瑟耳。）弹琴拉二胡，音调的高低要靠调节弦柱的松紧来转换。琴柱将弦转紧，则音急调高；琴柱将弦调松，则音缓调低。如果调弦的柱被胶粘牢，不能调弦松紧，只能弹奏一个声调，就不成乐章了。比喻赵括带兵，只懂一味进攻，蛮干，改变廉颇的战法，必然要失败。由于当时蔺相如生病，没法强谏赵王，他的一纸上奏，没有产生效果。

这时赵括的母亲出来上奏说，赵括从小就读兵书，喜欢夸夸其谈，赵括的父亲就说："我这儿子只会纸上谈兵，根本不会打仗，他若为将，兵败国亡的祸就要发生。"赵王仍然不听。

4.兵败长平

公元前260年七月底，赵括来到军中。他立刻改变廉颇的部属，下令全军出击。老成持重的军官全部罢免，将只知蛮干的愣头青提拔为军官。发出挑战书与秦军决战。

且看秦军如何动作。

秦军得知赵括为将，知道两军即将决战。秦昭王命令善战的全军统帅白起直接任前敌总指挥，到第一线取代王龁。但表面上仍是王龁为将，而且封锁了消息，敢于泄露白起到第一线的人，斩立决。王龁名声小，才能不如白起，故意示敌以弱，麻痹赵括。白起亲临前线，更加鼓舞秦军士气。

白起做了如下部署。把大军埋伏在有利地形，引诱赵军离开坚固的营寨。两军交战，秦军正面迎战的军队，激战一番后败退，赵括出动大军追击，等到赵军进入秦军的口袋后，秦军事先埋伏的两万五千骑兵从两侧同时冲出，将赵军一分为二。赵军大部分被秦军包围，一部分退回赵营，也被预先埋伏的五千骑兵挡在营内。赵军大部脱离原有阵地，来到不利的新地域。赵括赶紧收缩，在不利的新地域筑垒固守待援。秦军也不急于进攻，用预先筑好的坚固营垒，包围赵军。赵军要突围、夺路，就向秦军进攻。原来是秦军攻坚，现在转为赵军攻坚。

秦军完成对赵军的包围后，派出支军切断赵军后勤粮饷供应。秦昭王立刻在全国发起总动员，年十五岁的男子全部动员。原来是23岁为戍卒，一下子降低八岁。（二战后期，德国也征召15岁少年入伍）秦国男人，扫境以赴前线，以绝对优势歼灭赵军。

秦昭王从首都咸阳赶到前线河内坐镇，鼓舞士气。对参军的家庭赐民爵一级。

再看赵军。赵国全部精壮45万都到了前线，后面没有强大机动部队，赵军粮饷供不上，向齐国借粮。齐国宣称中立，不给一粒粮食与赵军。

到了九月，赵军已经断粮四十六日，战马吃光了，就把生病瘦弱的军人杀来吃。赵军山穷水尽，做垂死挣扎。被围的全军分为四个梯队，轮番冲锋突围，赵括在前面带头冲锋，不幸战死。赵军主将战死，军无斗志，全军投降。

数十万降军需要粮饷，秦军全部活埋赵军，只选了240个青年士兵回国报信，赵国全国震恐。

秦军杀降，有两大原因：一是节省军粮，二是消灭敌方有生力量。秦一贯是战场全歼敌军，投降了也全部杀掉。

秦赵长平之战的决战阶段，在公元前260年四月到九月，历时半年，双方作战兵力一百万，赵军45万全军覆没，秦军约50万，也死了一半，20余万。双方总计死亡70余万，在中国战争史上骇人听闻。由此可见，两国生死存亡决战之残酷。

三、邯郸保卫战

1.秦围邯郸

公元前260年十月（秦历十月为岁首），秦军兵分为三，白起复定上党，另外两军，王龁攻皮牢（在今山西翼城县境），司马梗率军攻太原。秦军经过十月、十一月、十二月，三个月征战拿下了这些地方。白起正要合兵进军邯郸，突然被命令退军回国，没有进一步扩大战果，乃至一举灭赵。这是怎么一回事呢？

长平战败，韩赵震恐，连忙请出苏代（苏秦弟弟）带了重金到秦国游说秦相范雎。

苏代对范雎说："白起全歼赵军，杀死马服子，相公知道吗？"范雎说："知道。"

苏代问："秦军即将进兵围邯郸吗？"范雎说："是的。"

苏代说："秦军围邯郸将产生怎样的后果呢？请相公听听我的分析。秦兵围邯郸，赵国必亡。赵国亡，秦王就要称帝，白起功最大，将要任用为三公，取代相公的地位，即使不取代你的地位，也一定在你之上，你能容忍吗？再说秦军攻下邯郸，也得不到赵国的国土。为什么呢？天下不愿意为秦国之民，秦军攻韩三年，眼看着要拿下上党，而上党之民投了赵国。如果秦军攻破邯郸，赵国是灭了，而赵国北部之民投到燕国，东部之民投到齐国，南部之民投到魏国、韩国。秦国得不到多少地。还不如先不灭亡赵国，秦军撤退回国休整，接受韩国、赵国的和谈，韩国割让桓雍（在今河南原阳）、赵国割让六座县城。这样，秦国不用打仗就得了地方，又阻挡了白起独占头功。秦兵休整好了，再次出兵攻赵，头功就是相公你的了。"

范雎认为苏代说得有理，就对秦昭王说："秦兵攻占数年，十分劳苦，请大王允许韩赵两国割地以和，待秦军休整后，再行进攻。这样可保秦军万无一失，而且先得两国之地。"秦昭王同意，于是在公元前259年正月撤兵，白起反对，没有效果，于是与范雎结下仇恨。

秦国丧失了乘胜灭赵的一次大好时机。

公元前259年九月，秦军经过休整，决定大举伐赵，兵围邯郸。白起称病不出，他上书说："灭赵的时机已经丧失，邯郸的防卫得到加强，秦兵难以攻破。"秦王不听。

范雎推荐五大夫王陵为秦军主帅，兵围邯郸。经过九月、十月、十一月、十二月，四个月的包围战，正月，王陵下达总攻令，一番激战，秦军丧失五校兵马，死亡四千余人。

秦军失败，秦昭王下死命令要白起到前线任主帅。白起又上书说："邯郸已固，秦军确实无力攻下。如果楚、魏救兵赶到，秦兵若不撤出，将吃大败仗。"

白起称病，坚决不出任大将。范雎亲自登门相请，白起仍然不出。秦兵围邯郸一年，没有攻破。公元前259年十月，秦将王龁代王陵，白起被罢官，贬爵为士伍，从一个大将军，跌落为普通一兵。

白起违抗君令，他知道会有如此下场，他为什么还要这样做呢？有三个原因：

（1）怨恨应侯范雎，要让范雎承受秦军失败的后果。

（2）白起自认功大，认为秦王不够信任自己，让秦军失败，以警醒秦王。

（3）白起自将，也无取胜把握。他坑了赵卒40万，赵人恨之彻骨，赵军经过休整，必然拼死防守。他宁肯抗命国君，也不做败军之将，维护个人的尊严与声望。这是白起的个性，值得崇敬。凡人才，都有个性，何况白起是常胜将军，他不打无把握之仗，无疑也是对的。但他毕竟是一个军人，不懂政治。军事始终让位于政治，在政治上，白起败给了范雎。

2.邯郸军民奋起抗秦

邯郸之战到了紧要关头，魏王派辛垣衍来到赵国，请赵王出面上书秦昭王，尊秦为帝，可以使秦军撤退。尊秦为帝，等于是投降。齐国人鲁仲连得知消息，赶到赵国与辛垣衍辩论，史称鲁仲连义不帝秦。辛垣衍辩论失败，灰溜溜逃离赵国。

赵王不投降，秦军极恼怒，再次进攻邯郸，这时邯郸传舍有一个爱国青年叫李同，他找到平原君说："你不忧虑赵国灭亡吗？"平原君说："赵国灭亡，我就要当俘虏，怎么能不忧虑呢？"

李同说："邯郸的老百姓挨饿，用人骨当柴烧，交换儿子来吃，可以说危急到了极点，但你的后宫人员有几百人，宫女穿着绸缎衣，好饭酒肉吃不完，然而老百姓连粗布衣服都没有，糟糠都吃不饱。百姓困苦，兵器耗尽，有的人用削尖的木头棒当武器。可是你的生活享用和战前一个样。一旦秦军攻破赵国，你还能保有家产吗？如果赵国能保全，你的各种家产自然也能保全。现在你如果将夫人和后宫妇女都分配到兵士中服务，家中财物拿出来赏赐战士，那将大大地鼓舞士气。"平原君立即采纳了李同的建议，拿出全部家产来募军，征得了三千敢死队。李同率领他们冲向秦军，以一当十，以十当百，秦军被杀得天昏地暗，后退了三十里。

平原君输财助军的故事，表明邯郸最高层的官员、贵族全都动员起来出人出物。赵国万众一心，誓死卫国，士气盖过了秦军。

秦军包围邯郸一年多，双方殊死战斗，秦军攻不下邯郸，而赵军只能防守，无力打败秦军，赵军期待的楚魏救兵，为何迟迟不来呢？

3.窃符救赵

邯郸之战一开始，秦赵双方都展开了外交战，赵国使者对楚、魏、齐、燕讲唇亡齿寒，要他们相救。秦昭王也派出使者要求各国中立，威胁说，谁敢救赵国，谁就要步赵国的后尘，下一个目标就全力攻击他。长平之战，邯郸被围，就是赵国为救韩国自找的，列国害怕秦国都不敢动。齐国铁定了心保持中立。燕国偏远，又弱小，不愿引火烧身。韩国已与赵并肩作战。赵国指望的，只是楚魏两国。

魏国相国信陵君，是平原君的小舅子，平原君是信陵君的姐夫，有这一层关系，信陵君催促魏王，魏王答应相救。魏王派出大将晋鄙率领十万大军，扬言救赵国，但魏王暗中命令晋鄙不出国境，驻军于邺城（今河北临漳）。魏王遣使对秦王说，魏军只为声援，并提出从中斡旋，说赵王尊秦为帝，秦国退兵。于是有魏使辛垣衍游说赵王，鲁仲连入赵与辛垣衍一场辩论。魏军屯于边境，名为救赵，实为两端，暗中与秦勾结，还想从中渔利。秦胜，魏军抢夺赵地；赵胜，名义已救。魏军观望，楚国救兵也不出。

平原君只有催逼信陵君，甚至发出狠话，说："我赵胜之所以与你联姻，我敬慕你的高义，能够急人之难。如今邯郸危急，公子袖手旁观，这叫急人之难吗？即便是公子看不起我赵胜，难道公子也忍心你的姐姐陪着我做亡国奴吗？"

信陵君感到事态严重，但他没有办法，只能带着自己的卫队家兵与亲近宾客数百人，驾一百多辆车，准备赶到赵国与平原君一起玉石俱焚。

魏公子信陵君一行从大梁东门（又称夷门）出城。魏公子尊礼的一位宾客侯嬴是夷门的门卫，魏公子向他辞行，告诉侯嬴自己赴难的决心。魏公子想的是，侯嬴一定会陪着自己去救赵国，至少也有一番送行的话，出一点主意。没想到侯嬴爱理不理，不冷不热地说："公子好自为之，臣年老没法陪公子。"多的话一句也没有。魏公子前行几里路，心中闷闷不乐，心想自己对待侯生很尊重，希望他出一个主意，他却什么话都不说，连一句勉励的话都没有，是我办错事了吗？为什么侯生说话语带嘲讽，魏公子越想越不对劲，他决定回头问个究竟。

魏公子回来，侯嬴笑着说："我知道公子一定会回来。"接着说："公子名闻天下，好端端要跑到秦军中去送死，你带的几百人等于是投给饿虎的一块肉，什么意义也没有。这不像是你急难解纷的为人啊。你有必死的决心，我却不陪你一块去送死，所以你不甘心，一定会回来问个究竟。”

魏公子一听，十分吃惊，意识到自己办错了事，于是认真严肃地向侯嬴叩头两次，行大礼，一面赔罪请教计谋。侯嬴带公子到密室，对公子说：“晋鄙领兵十万屯驻在边境。调兵的兵符在魏王宫中。魏王的宠妃如姬夫人有能力偷出来。公子替如姬报过父仇，如姬十分感激，要报答公子，肯定能给你办这件事，公子拿了兵符，夺了晋鄙的军队，北上援赵，五霸之业也。”

魏公子依计而行，果然拿到了兵符，再来向侯嬴辞行。侯嬴说：“将在外，君令有所不受。此行要有两手准备，晋鄙交出兵权更好，晋鄙不交兵权，要在瞬间当机立断，将其处决，我推荐一位猛士朱亥随行。”侯嬴又说：“公子赴难，我应当陪同。但我年老，不能远行，我计算日期，公子到达晋军中之日，就是我自杀之时，老臣以死送行。”

魏公子到达邺城，与晋鄙合符，但晋鄙不愿交权，他说：“我领十万大军驻在边境，国家重任，事先没有魏王使者通告，公子一人来也没有使者陪同，我怎能相信？”说时迟那时快，朱亥立即从衣袖中抽出铁锤，一下扎死晋鄙，说他意欲谋反，违抗王令，迟迟不进兵。然后公子下令整编军队，兄弟都在军中，或父子俱在军中，留军一人，回家一人。老弱也裁减回家。这一举措使全军振奋，共得八万精兵，士气高昂，立即向邯郸挺进。侯嬴遵守诺言自杀了。

4. 平原君使楚

平原君得知魏军出动的消息，他亲自出使楚国求救。平原君需要找二十位随从，他在三千宾客中挑出了十九位，还缺一人挑不出来。这时有一个下等宾客叫毛遂，他自荐于平原君前。

平原君问：“先生在我的门下几年了？”

毛遂答：“三年了。”

平原君说：“如果先生是一个有才干的人，到了我的门下，就好比是一把尖锐的锥子放在布袋中，它的锥尖会立即显露出来。先生既然在我门下三年，从没有人称赞过你，我也没有听见人说起你，看来先生干不了大事，还是留下来吧！”

毛遂说：“我三年在公子门下，只是做食客，没处在布袋中，今天我才要求藏进公子的布袋中。我毛遂一旦进了公子的布袋，你抽出来看一看，整把锥子都锋利，岂止是锥尖而已？”锥进布袋，比喻锥子即将使用。毛遂之意，是说你没有使用我，怎么知道我不是贤才呢？平原君想了想，觉得毛遂的话也有道理，再说时间紧迫，缺的人一时难找，就让这个说大话的毛遂随行吧！

其他十九人互相以目示意，会心地讥笑毛遂吹牛皮，只是嘴上不说。毛遂假装没看见。一路上与十九人谈笑风生，从谈吐中，平原君门客感到自己不如毛遂，从心里对他尊敬起来。

平原君一行来到楚国，与楚王商议合纵，从早上太阳一出就谈起，过了中午还没结果。临行时平原君与门客们早有交代说："这次去楚国请救兵，只能成功，不能失败。如果以和平方式谈下来，很好；如果和平方式谈不下来，你们这些人要当机立断，想出办法，果敢行动，一定要歃血结盟而归。"十九位宾客眼看当时的紧张情况，急得抓耳挠腮，你看我，我看你，拿不出办法。突然大家眼睛一亮，一致对着毛遂说："先生上。"毛遂得到大家鼓励，说："诸位配合掩护。"说完，噔噔噔上了台阶，一手按剑，面对平原君说："合纵的利与害两句话就说清楚了，干吗从日出谈到日中，还没谈完，这是为什么？"

楚王问平原君："这位客人是干什么的？"

平原君说："是我的门客。"

楚王于是呵斥毛遂说:"还不退下去！我和你主人说话，有你插嘴的份儿吗？你来干啥！退下去。"楚王声色俱厉。

毛遂手握剑柄，做出要抽出的样子，迈向楚王说："大王你敢在众目睽睽之下呵斥我毛遂，你仗恃什么？无非是仗着楚国人多。而现在我俩相距只有十步远，你依靠不了楚国人多，你的生死就靠我手中的剑来说话。你敢在我主人面前呵斥我，难道不给我主人留面子吗？我听说古代的商汤王只有七十里地，周文王只有百里之地，他们都成就了统治天下的伟业。如今楚国地方五千里，雄兵一百万，秦将白起，不过是一个粗鄙的家伙，只带了几万人，兴兵来犯楚国，一战攻下了楚国都城郢，再战烧了楚国发祥地夷陵，三战羞辱大王的祖先。这是百世不解的仇怨，连我们赵国人都感到耻辱，大王你很厉害，却不知道羞耻。合纵是为楚国，现在是你替楚国报仇雪恨的机会。我们既是请救兵，也是来帮楚国的。你把本领用错了地方，干吗喝斥我！"

楚王觉得毛遂说的有道理，看看眼前形势，来者不善，如果今天不答应合纵，毛遂们是要拼命的。

毛遂一行理又正，气势壮，摆出一副舍生拼命的架势。楚王顺水推舟，连声说："对，对！先生说得对，我要用全国之力与赵国配合抗秦。"

毛遂紧追问了一句："合纵的事定下了吗？"

楚王说："定下了。"

毛遂趁势高声说："楚王下定决心合纵结盟，把鸡、狗、马之血拿上来。"

随从人员立即献上血酒，毛遂捧着铜盘，跪着送到楚王面前，说："请大王先饮定盟酒，依次是我的主人，再后是我毛遂饮。"于是在殿上行酒，订了合纵之盟。然后毛遂对堂下的十九人说："你们就在堂下饮这盘中的余酒，对这次盟会做一个见证。你们碌碌庸庸，是靠着别人才办成事的。"

定盟后，楚国起十万大军，由相国春申君率领，浩浩荡荡来救赵国。

公元前257年十月，楚救兵抵达邯郸，秦军围攻邯郸近三年，早已疲困，在三国联军的打击下，大败而归。

5.白起之死

秦军败还，白起说："秦王不听臣之言，果然有今天。"秦王大怒，下令流放白起，立即离开咸阳。白起离开咸阳，才走了十里路，来到了杜邮。这时秦昭王又派使者追上白起，赐给白起一把宝剑，要他自裁。这是怎么一回事呢？原来应侯范雎要推卸兵败的责任，又害怕白起报复，于是添油加醋，煽风点火，向秦昭王上奏说："白起不满意流放，牢骚满腹，不是好兆头。"秦昭王警觉，害怕白起反叛，流亡他国，于是遣使赐了白起一把宝剑。白起受剑，无可奈何，对天长叹："我白起该当要死，在长平坑杀了40万赵军，我应该偿命。"说完自刎而死。

秦国人怜惜白起，觉得他死得冤。长平人恨透白起，用白菜炖豆腐，把这道菜称为白起，表示白起天天下油锅。风俗至今犹存。

一代良将白起，以悲剧终。

四、如何评价长平之战

秦赵长平之战的实质是秦在统一战争中与东方六国决雌雄的一次主力大决战，秦赵两国是主角。冯亭降赵只是导火索，从主力决战的大背景来看，秦赵长平之战应起于公元前264年。

西汉政论家贾谊《过秦论》评述秦始皇统一六国是"奋六世之余烈"，即继承发展了六代祖先积累下来的事业。六代祖先为秦孝公、秦惠王、秦武王、秦昭王、孝文王、庄襄王。这六代秦王中，功绩最大的是秦昭王。秦昭王在位56年，不断东出，侵扰六国，打了许多大仗，吞食六国疆土，使秦国有天下之半，秦昭王时代有著名战将白起，大破韩、赵、魏及楚国的秦军统帅就是白起。秦与韩、赵相持八年之久的长平之战，重大战役都是白起统领秦军，白起从未打过败仗。司马迁把白起与王翦二人合传，表彰与凸显了两人在秦统一战争中的功绩。从统一战争的角度来看，长平之战是秦与东方六国的一次大决战，是促进历史转折的关键之战。秦胜赵败，基本奠定了统一的格局。反之，历史进程则不可估计。司马迁评论说："平原君风度翩翩，是乱世中的一位佳公子，然而不识大体，俗话说'利令智昏'，他误听冯亭邪说，让赵国在长平损兵40余万，邯郸差点不守。"司马迁"利令智昏"的批评是就事论事，单从利与害角度评说，做人不要贪无妄之利，天上不会掉馅饼。无故受益是要遭报应的。但从当时天下大势来看，这场统一战争的大决战不可避免。从战争进程来看，长平之战并不是秦赵两国事先谋划的一场大战，而是秦国统一必然要发生的一场大决战，是形势的发展使然。

公元前264年秦攻韩陉城，拔五城，斩首五万，是秦韩两国的一场大战。公元前262年白起断韩太行道。公元前261年又攻拔野王，上党危急。韩上党太守冯亭对官民说："上党与韩国都城的联系已经断绝，韩国保不住上党了。秦兵天天进逼，韩国无力反击，我们不如投降赵国。赵国如果接纳了上党，秦国必然大怒，一定攻赵。赵国遭到攻击，一定亲近韩国，韩赵联合为一，那就可以抵挡秦国了。"赵国接受了上党，局势果然按照冯亭的预想发展，秦韩之战演变成了韩赵联合抗秦的大战。秦国不惜倾全国之兵，连续三年攻韩，其战略目标是一定要拿下上党，上党入秦，不仅韩国遭到极大的削弱，而且赵国的门户洞开，邯郸就暴露在秦军的视野之下。赵国接纳上党，也是为邯郸的安全保有一道屏障。赵王与平原君，当然知道冯亭的打算，也明白接纳上党必然受祸。如果不愿坐等待毙，眼看秦国各个击破，赵国必须冒险一战，这样既得上党，又得到韩国的同盟。赵国不接纳上党，可以免去长平之祸，眼前得到安宁，但秦国缓过劲来，下一个目标必然是攻打赵国。形势逼使韩赵联合，长平之战势不可免。秦攻韩之战，与秦围邯郸之战，都可视为长平之战的组成部分，前后八年，一场持久的大战，绝不是偶然的。在这一背景上评价长平之战，有如下几个意义。

（1）长平之战是秦国统一战争中划时代的一场大战役，它既是秦赵之间的一场主力决战，也是秦国与东方诸侯各国之间的一场主力大决战。东方诸侯韩、赵、魏、楚四国参战，秦国为一方，五国决战，历经八年。战役上，东方诸侯列国最终胜利，赶走了秦兵，韩国也收回了上党；战略上，秦国大胜，韩赵被彻底削弱，赵国损失巨大，太原等广大地区丧失，从此一蹶不振。秦并六国，历经夏商周近两千年封土建藩的诸侯国林立的制度，兼并成为统一的中央集权帝国制度，可以说是千年变局的历史转折，长平之战提速了这一历史转折，是这场大战役最重大的历史意义。

（2）长平之战，赵国倾全力而失败，说明东方列国单独一国不能抗秦。邯郸之战的胜利，说明秦国不能战胜东方列国的合纵。这场大战生动地证明：合纵存，则东方列国存；合纵亡，则东方列国亡。秦要统一，必须打破合纵、各个击破。在长平之战之前的半个世纪，秦国力量还不十分强大，东方列国单个可以对阵秦国，所以合纵不坚，被秦国连横打破。长平之战形势明朗，秦国野心暴露无遗，单个国家又无力对抗秦国，因此长平战后，东方列国没有形式上的合纵，而互相依存的实际合纵更加坚定。公元前247年和公元前232年，魏楚燕韩赵五国两次联合打败秦兵就是证明。齐国彻底保持中立。秦始皇亲政后，采纳尉缭的建议，用重金，用间谍战破坏合纵，还假东方列国昏庸之手自毁长城，屠杀良将。因此秦始皇只用十年工夫就灭了六国，统一天下。长平之战为双方提供了经验，最终秦国取得了胜利。

（3）长平之战从秦伐韩起始，其后赵国卷入，再后楚魏卷入，愈来愈失控，没完没了拖了八年，因此绝不是“利令智昏”四个字可以了结的。如同电视剧《亮剑》中李云龙兵围平安县城，绝不是李云龙“为老婆报仇”这五个字可以了结的，它只不过是一个导火索。李云龙打平安县城，搅动了整个中日华北战场，牵一发而动全身，恰恰是中日两国生死决战这个大局决定的。赵国接收上党也只是一个导火索，秦赵决战，秦与东方诸侯的大决战迟早要发生。公元前270年的阏与之战，也是赵救韩。秦欲吞上党，打开攻赵的门户，早就虎视眈眈。赵王救韩，保守门户，并上党，无疑是正确的。但“利令智昏”的批评，也有道理，赵国不纳上党，可以暂时免祸，从这一角度看，不要贪无妄之财，也有警示意义。

（4）战争最终是国力、军力、财力、政治力的综合较量。当时三晋韩赵魏三国土地近一半已丧失给秦国，三国的地盘加起来也只有秦国的一半，三国力量的总和也只能与秦国打个平手。秦国动员15岁以上男子出征，可以说扫境以战，才勉强赢得胜利。长平之战，如果齐国加盟，用粮食支援赵兵，秦军就要失败。救韩，秦国使者四出，警告列国不要参战，而赵国是在长平战败后才紧急求救。赵国长平之战，来得突然，赵国准备不足，不但军力失败，也是外交失败，晚了秦国一步，付出了沉重代价。

（5）秦国的野蛮战法，杀降，报复平民，也增加了统一进程的难度。东方之民，不愿为秦民。上党地区民众自救，秦国在长平之战后又经过了十二年，直到公元前248年才彻底平定上党的反抗，再次从韩国手中夺回，就是生动的明证。公元前227年，秦始皇破赵邯郸，赵公子嘉在代地一弹丸之地抗秦，经过了五年，到公元前222年最终才灭亡，也是生动的明证。但秦军彻底消灭对方有生力量，在军事角逐上也有一定意义。

长平之战产生了许多故事，留下许多成语，如：利令智昏、纸上谈兵、窃符救赵、毛遂自荐、脱颖而出、一言九鼎等。

附：长平之战系年表（前后八年）

前264年，秦白起攻韩，拔陉城，杀韩卒五万。（此为序战）

前263年，秦白起攻韩，取南阳，击韩通上党的太行道。

前262年，秦白起攻韩，取十城，断太行道。

前261年，秦白起攻韩拔野王，韩上党危急，太守冯亭拒降秦。赵救韩，赵将廉颇军于长平。

前260年，四月至九月，秦赵两军决战长平。赵临阵易将，七月以赵括代廉颇。赵败，白起坑杀赵卒45万。

前259年，秦军正月休整，九月兵围邯郸。

前258年，赵求救于楚魏。辛垣衍入赵说降。

前257年，楚魏救赵，秦军大败，秦将郑安平率二万秦军降赵，邯郸解围。

（长平之战历经八年结束。）

秦皇汉武　千秋评说

秦汉大一统时代，产生了两位伟大的君主，秦始皇、汉武帝。在中国历史上，将秦皇、汉武并提，因为两人都是秦汉大一统时代的骄子和标志性人物，他们共同创建了大一统中央集权制度，为中国历史的发展作出了重大贡献。本题对秦皇汉武作对比评析。

秦始皇，名嬴政，是统一六国大业的秦王，中国封建专制政体中央集权制度的建立者。秦始皇生于公元前259年，卒于公元前210年，享年50岁。秦始皇在公元前246年13岁时继承王位，执政37年。公元前221年，秦王嬴政统一六国，建号皇帝，称始皇帝。

汉武帝刘彻，汉景帝第十子。汉武帝生于公元前156年，卒于公元前87年，享年70岁。汉武帝在公元前140年即位，年16岁，在位54年，是中国历史上在位超过半个世纪屈指可数的帝王之一。汉武帝即位始创建年号，称建元元年。

秦始皇的最大功绩是统一六国，创立了大一统的中央集权制度，史称千古一帝。汉武帝的最大功绩是开拓疆土，创建了强大的西汉帝国，确立了汉族的历史地位，巩固了秦始皇创立的大一统中央集权制度，是中国历史上少有的雄主。

一、传奇身世

按古代宗法制度，“立嫡不立庶，立长不立贤”的原则，秦皇、汉武都不当立。而鬼使神差，两人在宫闱斗争中胜出，得立为太子，背后都与几位奇异的女人有关，夸张地说，两位雄主，都是几位奇异女人栽培出来的。当然，这只是夸张，主宰权还在男性手中，不过几位奇异女人的干政，使两位雄主的身世都带了几分传奇。

1.秦始皇生父之谜

秦始皇父是秦国自秦孝公以来第六位国君庄襄王。秦孝公变法，秦国迅速崛起，传了六世国君，秦始皇继位，所以贾谊《过秦论》称秦始皇“奋六世之余烈”即指此。庄襄王是安国君即秦孝文王的庶子，名异人。异人的母亲称夏姬，不受安国君的宠幸，因此异人被作为人质，出使在赵国。安国君最宠幸的美姬称华阳夫人，立为正夫人。华阳夫人没有生育，古代母以子贵，华阳夫人无子，年老色衰，就要失宠，这是她的隐忧。

吕不韦是韩国阳翟大贾，往来于列国，了解了秦王室的这些情况。吕不韦善于经商，不仅是大商人，而且善于从政，是一个大政治家。吕不韦看到了秦国统一的大势，他决定弃商从政，用经商之道来经营从政。他在赵国看到了秦质子异人穷困潦倒，因身份特殊，吕不韦认为其“奇货可居”[①]。吕不韦见异人在公元前260年初，当时正值秦赵长平之战，赵国几次要杀死异人，由于异人是安国君的庶子，秦王室也不管他的死活，所以异人的生活处境十分狼狈。吕不韦光临，处于绝境的异人自然高兴万分，两人谋划一桩政治交易，于是一拍即合。吕不韦送

①《史记》卷八五《吕不韦列传》。

给异人千金，异人在外交场上立刻尊贵起来。吕不韦入秦，行贿华阳夫人的姐姐，托她游说华阳夫人收养异人为儿子，异人摇身一变成为嫡子。因华阳夫人是楚国人，她改异人之名为子楚，穿楚人服装，加重乡情。子楚答应，当了国君之后重用吕不韦，甚至分国之半来回报吕不韦。

为了从根本上夯实政治基础，吕不韦挑选了一个能歌善舞、姿色绝美而风流的邯郸豪家女赵姬为妾，当有了身孕，吕不韦宴请子楚，赵姬陪伴，子楚心动，当场向吕不韦祝酒，请求把赵姬送给他。于是赵姬成了子楚夫人，足月后果然生下一个儿子。因公元前259年正月出生在赵国，于是取名赵政，后来回到秦国，改名嬴政，这就是秦始皇。

历史真是如此吗，秦始皇是吕不韦的儿子？学术界对此历来有争议，认为司马迁采录了民间故事。秦始皇是不是吕不韦的儿子，姑置不论。吕不韦达到了光大子楚之门，而后光大自己之门的目的，从一个商人转变为政客，当了秦国丞相。吕不韦执掌秦政十余年，大量引纳东方人士入秦，其中就有李斯。秦始皇执政初期，大权旁落吕不韦之手。虽然吕不韦专权，他却是致力于统一战争与统一的政治路线，为秦国的统一事业立下大功。在秦国发展史上，吕不韦是和李斯并驾齐驱的人物。秦始皇因吕不韦得立为秦王，这一铁定事实不能改变。秦始皇得益于生母赵姬，以及华阳夫人、华阳夫人姐姐的间接栽培，这也是铁的事实。司马迁如此不惜笔墨写下秦始皇的传奇身世，旨在说明雄主的不同凡响，出生就很奇特，血管里融入了奇特的基因。

2.汉武夺嫡，其母曾梦日入怀

汉景帝有5位生皇子的夫人，给他生了13个儿子。汉武帝刘彻排行第十。景帝的薄皇后是祖母薄太后指婚薄氏娘家人，景帝不喜欢，在宫中受冷落，没有生育。因此，景帝没有嫡长子，他在庶出中选立太子，产生了立贤的想法。古人认为嫡长子为太子的地位是上天认定的，是国本，不可动摇。如果更换太子，等于是一场宫廷政变，往往是流血的斗争。西汉开国皇帝刘邦，认为嫡子汉惠帝仁弱，不如戚夫人所生赵王刘如意贤能，要废太子立贤，遭到满朝文武的反对，汉高祖只好作罢，还给赵王母子带来杀身之祸，殷鉴不远，景帝废嫡立贤，不可不深思。

汉景帝四年（前153），立长子刘荣为太子，立诸子为王。十子刘彻立为胶东王，年仅4岁。当时汉景帝为了阻止窦太后逼迫自己传位给弟弟梁王刘武，只好按宗法制度正常立嗣，册立自己并不满意的长子刘荣为太子，因而景帝迟迟没有废除薄皇后，也就迟迟没有册立刘荣的生母栗姬为皇后，于是留下变数。果然，三年之后，发生了惊天动地的变化。汉景帝七年（前150），废了太子刘荣，贬为临江王，两个月后改立刘彻为太子，这就是后来的汉武帝。

景帝更换太子，由宫闱斗争引发，波及宫外政治斗争。废太子刘荣两年后被逼杀，直接间接牵连的大臣有郅都、周亚夫、窦婴等三人，都被杀头。这三位大臣，都是西汉的名臣。郅都是审理刘荣修建王宫逾制案件的大臣，他秉承景帝之意逼死废太子，废太子祖母窦太后不依不饶，诛杀了郅都。前任丞相窦婴、现任丞相周亚夫两人都反对景帝废太子。景帝为了新立太子顺利接班，预防废太子东山再起，不得不诛杀刘荣、周亚夫。周亚夫被景帝以他事下狱，绝食饿死。退休丞相窦婴也因反对汉景帝废太子刘荣，在武帝即位后遭到汉武帝的母亲王太后报复而被诛杀。刘荣、周亚夫、窦婴，他们都死于冤案。

围绕太子废立的宫闱斗争，有四个女人从不同侧面有意无意助成了刘彻笑到最后。

第一个女人是汉武帝的母亲王娡，景帝的王皇后。她是有备而来，怀有夺嫡野心。

王皇后工于心计，贪于权势，性格泼辣，办事果决，敢于冒险，野心勃勃。王娡原本嫁给了长陵人金王孙，生有一女。她听从母亲臧儿的煽动，说她和她的妹妹王儿姁都命相大贵，就坚决与金王孙离婚，抛夫弃子，自愿入宫侍奉太子汉景帝。前景未知，隐瞒婚史，冒天下之大不韪，敢于进宫，可以说是一场赌博。说来也巧，王娡姐妹都受到汉景帝的宠爱。景帝即位，册立王娡为美人。当年王美人给景帝生了一男，就是汉武帝刘彻。王美人还给景帝生有三女。当王娡怀上刘彻的时候，她就向汉景帝编造了一个“梦日入怀”的神奇故事，示意自己怀有龙种，讨取景帝的欢心，并为将来的夺嫡奠定了基础。

第二个女人是汉景帝姐姐长公主刘嫖。她不安本分，常在宫中上蹿下跳。长公主逗得母亲窦太后喜欢，窦太后死时，将她的个人财物全部赐给长公主刘嫖。窦太后极有权势，长公主在宫中更为得势。长公主又示好汉景帝，时常给景帝选美，找新欢。这夺了栗姬的爱，姑嫂二人矛盾很深。当栗姬的儿子刘荣立为太子后，长公主立即改变态度，主动向栗姬示好，长公主的目的就是要把自己的女儿配给太子，只为将来做皇后。栗姬脾气倔强，不识大体，拒绝了长公主，还说了一些不三不四的话。长公主碰壁，非常气愤，王娡看在眼里，趁机迎上，两个女人勾结在一起挤兑栗姬。长公主助推刘彻立为太子，王娡就答应要儿子刘彻娶长公主的女儿阿娇为妻，将来当了皇帝立为皇后。当时汉武帝才七岁，年龄可能比陈阿娇小得多，这些都顾不得了。汉武帝也十分聪明乖巧，他自己配合得体。《汉武故事》记载，长公主把刘彻抱坐在自己的大腿上，指着一百多个美女，让刘彻挑一个媳妇，刘彻全不中意。长公主指着自己的女儿问："阿娇好不好？"汉武帝回答说："表姐阿娇好，若得阿娇作妇，我用黄金盖一座房子给她住。""金屋藏娇"的典故就从这里得来。

于是长公主成天在汉景帝面前说栗姬的坏话，称誉胶东王刘彻多么贤能。说多了，景帝听在耳里，记在心里，他仔细观察刘彻，确实觉得刘彻在诸皇子中最聪明能干。

第三个女人是栗姬。她很不自重。有一次景帝生了病，很严重，觉得自己不行了，就找来栗姬，把诸皇子托付给栗姬，这表明景帝还没有要废太子的意思。栗姬没有抓住这次机会表现自己，哪怕是说几句假心假意的话暖暖景帝的心也好。栗姬少心眼，既不理智，又很蠢，她把平日的不满和怨恨全使出来，"怒，不肯应，言不逊"[①]。《汉武故事》记载说，栗姬骂汉景帝是"老狗"，这可能有些夸张。可是栗姬的怒，栗姬的不答应，栗姬的出言不逊，让汉景帝凉透了心，司马迁记载："景帝恚，心嗛之而未发也。"景帝十分有城府，他虽然恼怒，却没有发作。

汉景帝的沉默，已下定了废太子的决心，栗姬的大限也就快到了。

不久景帝病愈，王娡抓住时机，趁热打铁，暗中示意大行礼官上奏景帝，请册立栗姬为皇后。景帝正在气头上，大行礼官不知宫中深浅，贸然上奏，拱起了景帝的无名火，景帝误认为是栗姬在背后唆使，于是立即下诏废了太子。

王美人的这一计十分毒辣。可怜栗姬不知就里，忧心如焚，无可奈何，很快就死了。

第四个女人是窦太后，她是汉景帝的母亲，在关键时刻起了很大的作用。窦太后见景帝结发夫人薄皇后没有生儿子，就极力主张汉景帝兄终弟及，把皇位传给弟弟，也就是窦太后的小儿子梁王刘武。汉景帝为了宽母亲的心，在一次梁王入朝的皇宫家宴上顺口而出："母亲放心，我千秋之后传位梁王。"景帝自感失言，但话已出口，只好迟迟不立太子，给王美人王娡夺嫡之路留下时间经营。窦太后又极宠爱长公主，王美人又善于逢迎拉拢，最后窦太后站到了王美人一边。

---

①《史记》卷四九《外戚世家》。

栗姬、太子刘荣都没有什么罪过，但他们成了政治牺牲品，受到人们的同情。民间传说，刘荣死后，有几万只燕子在刘荣坟头上盘旋，叼泥叼草扔在刘荣的坟头上，一直把坟堆得很高很大。老百姓看到这一奇景都忍不住落泪。司马迁这样写，是强烈地谴责王美人、长公主的恶毒，以及鞭笞汉景帝的残忍，他们丧失人性不如小燕子。司马迁这般描写，是对被害的太子和栗姬表示深切的同情。

政治就是这样的残酷与无情。王美人和刘彻在复杂的斗争中胜出，在政治上得到了锻炼与成熟，确实是能者贤者。

二、掌权之路

秦皇、汉武都是年少即位，在亲政过程中经历了惊心动魄的斗争。秦始皇更是用武力夺回了权力。

1.秦王粉碎嫪毐集团

公元前246年，秦庄襄王死，嬴政继位，也就是后来统一六国的秦始皇。秦王嬴政即位时年仅13岁，政权旁落在相国吕不韦和太后宠信的假宦官嫪毐手中。庄襄王即位后，兑现诺言，任用吕不韦为相，封十万户，号曰文信侯。庄襄王短命，即位三年就死了。因此秦王嬴政年少继位，国家大政掌握在吕不韦手中，秦王嬴政尊称其为“仲父”。秦王嬴政母，庄襄王后，还是一个30余岁的中年妇女，她以王太后身份频频召吕不韦入宫，重温旧梦。秦王嬴政一天天长大，吕不韦害怕事情败露，遭灭顶之灾，遂访得一个大阴人嫪毐，拔掉嫪毐的胡须，让其冒充宦官入秦王宫侍奉王太后。太后绝爱之，封嫪毐为长信侯，把太原郡赐给嫪毐为封国。宫室车马衣服苑囿，听凭嫪毐享用，事无大小也由嫪毐说了算。嫪毐养家僮死士数千人，成为一个新兴的政治集团。嫪毐与吕不韦联手控制秦国政权，秦王嬴政只是一个傀儡。

秦王政九年，公元前238年，嬴政已经22岁，行加冠礼，正式亲政。古时男子20岁加冠，嬴政22岁加冠，已经很迟了。吕不韦不愿交出政权，他指使嫪毐起兵作乱，假传太后诏令，还盗用秦王印玺，发动县卒、卫士、官军骑兵、宾客攻打秦王所住的蕲年宫。蕲年宫不在京师咸阳，在雍，即今陕西凤翔。秦王早有准备，故意卖个破绽引蛇出洞。昌平君、昌文君做好平叛安排，秦王逼令吕不韦以相国名义平叛，在咸阳展开大战，嫪毐败下阵来。宫廷卫尉竭、内史肆等28人参加叛乱，全部斩首，嫪毐遭车裂。叛乱首领被灭族，参加叛变的随从，罪轻的判三年徒刑，重的遭流放者有4000多家。局势安定以后，第二年秦王追究吕不韦的责任，先是免官，命其回到封国，随即下令流放吕不韦到蜀地，吕不韦不愿受辱，自杀而亡。

秦王政后发制人，干净利落地平息了叛乱，夺回了政权，表现了他的雄才大略。

2.汉武帝初即位，施行建元新政

公元前140年，汉景帝病逝，汉武帝即位，当年才16岁。

汉武帝即位当年，就立即着手政治革新。他在建元元年（前140）岁首十月，发布诏令举贤良对策，这是推行新政的一个切入点。

举贤良制度是汉文帝前元二年（前178）创立的，全称叫“举贤良方正能直言极谏者”。“贤良方正”是举士的名称，“能直言极谏”是入选条件。国家要推行新的大政方针，往往借日食、水旱等灾异出现下诏求言，由公卿大臣、郡国守相等二千石以上的高官按全国各地区名额举荐贤良，到京师接受皇帝策问，这叫对策。对策内容是评议时政，建言新政措施，供皇帝采择，颇有点“议会制度”的风采。对策后，皇帝与大臣共同评定名次，授予职位，所以贤良对策又是求贤的选举制度。对策第一名称为举首。

建元元年举贤良对策的举首是董仲舒，西汉著名的大儒。汉武帝又特地给举首董仲舒下诏出了三题，董仲舒回答了三题，论证了天人关系，所以合称“天人三策”。董仲舒在对策中，提出黜刑名，崇儒术，明教化，兴太学，令郡国尽心求贤。同时宣扬《春秋公羊传》中的“大一统”学说，在思想领域主张，凡“诸不在六艺之科、孔子之术者，皆绝其道，勿使并进”[①]。汉武帝系统地接受了董仲舒的治国思想，作为巩固政权的工具。这次所举贤良，只录用儒家，治申、韩、苏、张之言的士人，一律不用，史称“罢黜百家”。嗣后，建元五年（前136）立太学，始置五经博士，史称“独尊儒术”。两个事件，合称“罢黜百家，独尊儒术”。这是汉武帝初即位实行新政的大手笔。元光元年（前134），初令郡国举孝廉各一人，皆用董仲舒之言。

举贤良之后，汉武帝调整领导班子，启用尊儒的一批人士为大臣。任命窦婴为丞相，田蚡为太尉，赵绾为御史大夫，王臧为郎中令。窦婴是窦太后的娘家侄儿，田蚡是王太后的同母异父弟。这样的安排，是汉武帝平衡他与两个太后之间

①《汉书》卷五六《董仲舒传》。

的微妙关系，一箭双雕，显示了汉武帝的政治智慧。紧接着颁布了一系列新政，汉武帝发起了向窦太后夺权的举措，更化无为政治，转向以尊儒为旗帜的多欲政治。窦太后则在伺机反扑。

建元二年（前139）岁首十月，御史大夫赵绾、郎中令王臧联名上奏，要汉武帝亲政，不再向东宫窦太后奏事。窦太后大怒，借口赵绾、王臧没办好景帝的丧事，治两人的罪，皆下狱死。丞相窦婴、太尉田蚡被免官。窦太后任用坚持黄老之术的许昌为丞相，庄青翟为御史大夫。

窦太后扼杀了建元新政。但汉武帝初试锋芒就是大手笔，生动地展示了他年少有为，以及雄才大略的气度。

三、晚景凄凉

秦始皇在位37年，汉武帝更长，在位54年。两位雄主的雄才大略，加上较长时期的执政，建立了卓越的功勋，创造了秦汉大一统的盛世。雄主志得意满，秦皇、汉武都多次巡行全国，秦始皇到处刻石颂功。两位雄主都上泰山封禅，祭告天地。两位雄主又都挑战死神，迷信方士，寻求长生，做出了许多荒唐的事。大权独揽，为所欲为，到头来成了孤家寡人，两位雄主的晚景都十分凄凉。

1.秦始皇病死沙丘

秦王亲政后任用李斯、尉缭、王翦等人，加紧进行统一战争。公元前230年首灭韩，次第灭魏、灭楚、灭赵、灭燕、灭齐，到公元前221年，十年之间兼并六国，建立了中国历史上第一个统一的中央集权的封建国家，即秦王朝。秦王建号“皇帝”，自称“始皇帝”。秦始皇在咸阳筑宫室145处，藏美女万人以上。又在渭南上林苑造朝宫前殿，史称阿房宫，殿内可容万人。始皇帝还在骊山修皇陵，坟高50余丈，周5里余，掘地极深，灌入水银为江河大海。墓中宫殿及百官位次，珠玉珍宝，不计其数。

秦始皇大修宫室陵墓，显示无边无际的权力，仍掩饰不住内心的悲凉。他求长生，神仙不来，只好望洋兴叹，他无力征服大海，可以想见他内心是多么苦恼。秦始皇的长子扶苏，仁慈贤明，受到秦始皇的器重，扶苏更得到大臣们的拥护。扶苏看不惯秦始皇大兴土木，焚书坑儒，出言劝谏，秦始皇气愤扶苏不与自己一条心，不立他为太子，还把扶苏放逐出京，发配到北边去做蒙恬的监军。秦始皇晚年，全国人民不满秦朝的暴政，已从心中的诅咒，转为明显的反抗。秦始皇三十六年，东郡落下一块陨石，当地人民在陨石上刻上“始皇帝死而地分”七个大字。这年秋天，秦始皇的使者从关东归来，夜过华阴平舒道，有一个人自称神灵，手中拿一块玉璧拦住使者说：“替我送给滈池君。”接着又说：“今年祖龙死。”使者回朝献上玉璧，奏明原委，秦始皇惊出了一身冷汗，沉默了很久才说话。秦始皇说：“山鬼只知一年的事，哪有远见。”秦始皇退朝后却对左右的人说：“祖龙是人的祖先。”龙是皇帝的象征，“祖龙”即“始龙”，始龙就是始皇。“今年祖龙死”，就是“今年始皇死”。查验玉璧，竟然是二十八年东巡时沉入泗水中祭祀河神的那块玉璧，更加使秦始皇郁闷。秦始皇召来太卜占卦，解说卦象出巡吉利。当时盛传东南有天子气。秦始皇决定十月出巡东南，以皇帝之尊去镇压东南的天子气，又出巡避邪，真是一箭双雕。这次秦始皇出巡，由于心事重重，精神不振，过钱塘江，遭到项羽小儿的蔑视，说“彼可取而代也”。看来，秦始皇最后一次出巡东南的目的并未达到。

秦始皇回京，在半道病逝于沙丘宫。胡亥篡改秦始皇遗诏，赐死扶苏，夺了政权。秦朝二世而亡，更是非秦始皇始料所及的。

2.汉武帝晚年悲剧

汉武帝希求长生不死，身边一大群方士替汉武帝炼丹制药，下海求仙。一个叫李少君的方士，自称活了几百岁，能炼丹沙成黄金，再把黄金制成饮食用具，就可延年益寿。又一个方士叫少翁，汉武帝封他为文成将军，声称可以请来神仙，最后骗术败露被杀了头。又一个方士栾大，牛皮吹得更大，说自己在海上见过安期、羡门等神仙，可以炼不死之药，汉武帝在一个月内连赐他四个将军印，即五利将军、天士将军、地士将军、大通将军，又封为乐通侯，还把卫皇后所生长公主嫁给他，荒唐之极。

汉武帝重女色，皇后两人：陈皇后、卫皇后。宠妃有王美人、李夫人、尹夫人、邢夫人、钩弋夫人等。宫闱争宠，常用当时流行的巫术害人。把仇恨的人刻成木偶，埋在地下诅咒，可以害死所仇恨之人，这一巫术叫巫蛊。陈皇后就用巫蛊害卫子夫，结果反把自己害了。奸臣江充与太子刘据有嫌隙，就诬陷皇后、太子用巫蛊诅咒汉武帝，汉武帝信以为真，成立专案调查太子、皇后，任用江充治巫蛊。江充指使人诬告丞相公孙贺父子。说公孙贺之子与阳石公主通奸，阳石公主是太子刘据的妹妹。公孙贺父子和阳石公主先被杀，接着江充诬告太子、皇后，并在太子宫中挖出了木偶。太子请求晋见汉武帝被拒绝，就诛杀了江充。江充同党告太子造反，汉武帝下诏丞相刘屈氂平叛。太子以皇后诏四处发兵，与丞相在长安城中大战。太子兵败逃出长安，被汉武帝派兵逼杀，皇后及大将军卫氏皆被诛灭。这一场京师城中的混乱，死亡近十万，太子一党被诛杀的有上万人。汉武帝失了皇后，杀了太子，精神、声望都受到沉重打击。

后元元年，宫中又发生莽何罗谋刺汉武帝的宫廷事变。汉武帝再次受到沉重的打击。第二年就病死了。

四、功过是非

历来评议秦皇、汉武都是毁誉参半，总体上，评价秦始皇，否定多于肯定，评价汉武帝，肯定多于否定。其实两人都是伟大的双重性人物，有大功亦有大过，不必去做三七开或四六分，功是功，过是过，如此评析，才能正确地吸取历史经验与教训。

1.秦始皇的功过

秦王嬴政二十六年（前221）统一中国，建立了统一的中央集权制国家。分全国为三十六郡，郡下设县。地方官由中央任免，结束了诸侯分封的政治。确定最高统治者的称号为皇帝，示意功盖五帝，地过三王，象征宏大的新气象，并与旧时代彻底决裂。国家一切重大事务由皇帝决裁，命为“制”，令为“诏”，自称曰“朕”，显示绝对权威。为了家天下的绝对巩固，嬴政自称始皇帝，以后继承人以数计，称“二世”皇帝、“三世”皇帝，至于万世，传之无穷[①]。朝廷设三公、九卿辅佐皇帝执行政务。三公为丞相（掌丞天子助理万机）、太尉（掌军政）、御史大夫（副丞相，监察百官）。又设九卿分部治事。九卿为奉常（掌宗庙礼仪）、郎中令（掌禁卫军）、卫尉（掌宫门卫兵）、太仆（掌皇帝车马）、廷尉（掌刑狱）、典客（掌民族事务）、宗正（掌皇族事务）、治粟内史（掌民政及财赋）、少府（掌山海池泽之税供皇室费用）。此外，中尉（掌京师治安）、内史（首都市长）等为列卿。

秦始皇确立土地私有，统一法律、文字、货币和度量衡。收毁天下兵器，拆除战国时各国的城郭及设防工事。修筑通向全国的交通大道，称驰道。他在京师西北修建一条通往边地的直道，在西南筑五尺道连接今四川、云南、贵州，加强对地方的控制。北筑长城，防御匈奴，南戍五岭，抚定百越。秦始皇还在不断巡

①《史记》卷六《秦始皇本纪》。

行全国各地时刻石颂功，宣扬大一统思想。

秦始皇所完成的统一和建立的中央集权制度，对中国历史的发展作出了很大的贡献，有着深远的影响。是他领导的统一战争，结束了春秋战国以来500多年诸侯割据混战的局面，给社会带来了一个安定的环境，当时天下黎民莫不虚心而仰上。是他建立的中央集权制度，完成了大统一，加强了各地区政治、经济、文化方面的联系，为我国的长期统一奠定了基础。尽管秦政暴虐，立国短暂，但其所创立的制度，在中国推行了2000多年①。

秦始皇又是一个典型的双重性人物，他功大过亦大，历代以来受到人民的唾骂。秦始皇极其残暴，烧毁诗书图籍，严重破坏文化；他又活埋议政的方士及儒生460多人，钳制思想；严刑苛法，租役繁重；他大兴土木，建宫室，修坟墓；以及连年用兵，经常役使民力在200万左右，为当时全国总人口的10%。广大人民痛苦不堪，他去世的当年就爆发了大规模的农民起义，不久，秦王朝就灭亡了。

2.汉武帝的功过

汉武帝最伟大的建树是巩固和发展了秦始皇建立的封建中央集权制度，把中华民族悠久的物质文明和精神文明推向了一个新的高峰，对历史产生了深远的影响。如果说中国曾经有过奴隶制社会，西周是它的高峰，那么西汉，特别是汉武帝时代，则踏上了封建社会第一个鼎盛时期，巩固和确立了新制度、新规范；如果说西周已进入封建领主制度，并创立了一个盛世，那么，汉武帝的建树则是完成了大一统的新世纪，他所造就的西汉盛世可以说有四个空前，即政治上空前统一，经济上空前繁荣，国力上空前强盛，文化上空前发展。可以说，汉武帝的文治武功，无论在当时还是对后世，都具有独特的历史意义。

汉武帝的文治。政治方面：元朔二年（前127），颁“推恩令”，使诸侯王分封诸子为侯，以削弱割据势力，元鼎五年（前112），酎金事件，一次削除106个列侯，给西周以来行用千余年的封建立藩制度，划了一个句号；元封五年（前106），置十三部刺史，以加强对地方的控制；元封元年（前110）封泰山；太初元年（前104）改历，定官制，完善了国家制度。经济方面：采纳桑弘羊建议，把冶铁、煮盐、铸钱收归官营；设置平准官、均输官，由官府经营运输和贸易；

① 秦始皇公元前221年统一六国，实施中央集权，到1911年辛亥革命推翻帝制，封建中央集权制度在中国推行了2132年。

元狩四年（前119）初算缗钱，征收商人资产税；元鼎三年（前114），杨可主持“告缗”，没收中产以上商贾资财，沉重地打击了商人。这一系列经济政策，在当时筹措了巨额战费，支持了对外用兵，长远的利益则是为集权政治制度创立了经济基础，影响深远。消极方面，汉武帝的经济垄断政策遏制了自由工商业的发展，影响历史亦至为深远。此外，汉武帝运用国家政权大兴水利，加固黄河堤，大造人工渠，推广“代田法”，移民西北屯田，推进了农业的发展。文化方面：建元元年罢黜百家，独尊儒术；建元三年（前138），诏选天下文学才智之士，待以不次之位；元朔五年（前124），免除太学生徭役赋税，在全国范围内推广文化教育事业；又定音律，置乐府，采集民间诗歌，这一切都具有开创性的意义。

汉武帝的武功。汉武帝一生的主要精力用于外伐四夷。西汉彻底地打垮了匈奴，保卫了先进农耕文化的持续发展，汉帝国的疆域向北推进到了今内蒙古的大部，向西开拓了河西走廊，随后进军到西域。断匈奴右臂，其势力达于西域葱岭（即帕米尔高原）之巅。汉武帝发动的这场汉匈决战，保障了古代亚洲大陆黄河流域先进农业经济文化区的发展，从而确立了中华民族的历史地位，意义极为深远。汉武帝曾两次派张骞通西域，开辟了沟通中西经济文化交流的“丝绸之路”。又派唐蒙等人开发西南夷地区，又并两越，拓境至南海。汉武帝大体奠定了中国今日之版图。

此外，汉武帝的人格魅力、智慧、胆略、才干，甚至他犯的那些错误，都将带给人们深深的启迪。

汉武帝的大过有三：第一，推行了酷吏政治，人民蒙受深重灾难；第二，迷信方术，求长生不老，导致了晚年的巫蛊案，造成政治动乱，太子不保；第三，过度使用民力，外征内作以致“海内虚耗，户口减半”[①]。有幸的是，汉武帝晚年悔悟，下轮台罪己之诏，转轨政治，用富民侯田千秋，为昭宣中兴奠定了基础，西汉也避免了亡秦之辙。

五、千秋评说

秦始皇、汉武帝是中国古代历史上屈指可数的雄主，他们建立的盖世功勋有

---

①《汉书》卷七《昭帝纪》。

目共睹。但他们的过错也带给国人深重灾难。智者见智，仁者见仁，评说秦皇、汉武，是一个永无了期的话题。

秦皇、汉武建立和巩固的中央集权制度，保证举国一致完成事业，有利于建功。秦始皇统一六国，筑长城，修驰道，靠的是举国一致。汉武帝抗击匈奴，取得辉煌胜利，靠的是举国一致。但是，由于权力的过分集中，带来许多弊端。举国一致，容易形成暴风骤雨式的运动，全民族患寒热病，造成社会动乱。权力高度集中，也给独裁者带来许多弊端，雄主的晚年多是悲剧，就是集权带来的结果。具体说，主要有三个方面：

其一，权力失衡。秦始皇过度集权，谁在皇帝身边，谁就能呼风唤雨。赵高在二世身边，他操控了宫廷政变，随意处置丞相李斯，到头来秦二世也受其害，秦朝之灭，毁于过度集权。汉初三公权重，制衡皇帝不至于过分骄纵，听得进劝谏。汉武帝一朝，前后12个丞相，6个被杀。汉武帝用内朝决策，控制外朝，丞相权轻，成了摆设。大将军卫青奏事，汉武帝可以随意召入厕所谈话。朝臣唯唯诺诺，汉武帝为所欲为，行政效率必然怠惰。汉武帝多欲，挥霍无度。汉武帝后期，财政枯竭。征和四年（前89），国家在西域轮台设置一个数千人的屯田点，国库无钱，需要加征每户四十文助边，由此可见衰竭程度。

其二，法制苛暴。秦法严酷，造成赭衣满道，囹圄不空。陈胜起义，就因秦法屯戍误期要斩首，于是揭竿而起。汉武帝实行酷吏专政，全国人民处于水深火热之中。司法官员丢开了法律条文，一心只看汉武帝的脸色行事。汉武帝想宽大处理的人，即使罪大恶极，也不惩治。汉武帝厌恶的人，枉法惩治。有人质问酷吏杜周为何不按法律条文办事，杜周说："前任皇帝的旨意写在简上就是法律，新任皇帝说的话就是判决书，这就是法律。"地方酷吏，滥杀无辜，王温舒一天就曾杀人400，血流成河，汉武帝还赞许其能。

其三，大权旁落。国家政务，千头万绪，皇帝过度集权，必然旁落于群小。宦官、外戚、权臣干政，在中国历史上层出不穷，就是皇帝权力旁落的表现形式。只要集权体制不改，宦官之祸、外戚之祸、权臣之祸就不可避免，皇帝也是人，他的七情六欲，因为集权而放大，往往成为宦官与小人弄权的突破口。汉武帝生性有两大弱点，一是迷信鬼神，希求长生；二是风流成性，迷恋女色。方术骗子、奸佞小人如江充，利用汉武帝的这两个弱点，擅权弄势，导致了武帝晚年的悲剧。

论项羽

项羽是秦汉之际时势造就的一位失败的英雄，用文学语言叫作“悲剧英雄”。西汉史学家司马迁在《史记》中特为项羽立本纪，精心撰写了一篇伟大的传记《项羽本纪》，被梁启超誉为《史记》十大名篇之一。司马迁集中笔墨刻画项羽的英雄形象，而于叙事之中揭示他失败的原因，真实地再现了项羽这一历史人物和秦汉之际的历史事势，具有很高的历史价值和文学价值。秦灭汉兴，刘邦攻下秦都咸阳，而灭亡暴秦的真正英雄是项羽，这是《项羽本纪》的历史价值；司马迁聚精会神用笔于巨鹿之战、鸿门宴、垓下突围自刎于乌江三件大事，生动地塑造了一个叱咤风云的悲剧英雄形象，这是《项羽本纪》的文学价值。

一、项羽灭秦，建立了盖世奇功

公元前209年七月，陈胜、吴广揭竿而起，向暴秦发难，天下云集响应。九月，项梁和项羽也在吴中起事，杀了会稽太守殷通。项梁自为会稽郡守和将军，任用项羽为裨将（副将），分派“吴中豪杰”为军吏，分头攻下会稽各县，整编队伍，有精兵八千人。

这年十二月，陈胜兵败战死。广陵人召平领兵在广陵（今江苏扬州东北）作战，他急中生智，打着陈胜的名义，拜项梁为楚国的上柱国（官名，军中的高级统帅），催促项梁率兵北上，西击秦军。项梁安定了江东，也借机名正言顺率军渡江，项羽为先锋。这时大江南北，黄河内外，到处都是起义军。因此北上的项梁军，没有遇上秦军的抵抗，沿途却吸收了多支起义队伍。项梁渡淮，进驻下邳，已收编了六七万人。东阳陈婴，以及吕臣、黥布、蒲将军等都来归附。当时山东境内有一支势力较大的农民军，统帅为秦嘉，他拥立了楚后裔景驹为楚王，独树一帜，不听陈胜的号令，也阻挡项梁北上。秦嘉驻军彭城。项梁命项羽等击败秦嘉，杀了景驹，进军薛城，会议诸将。居鄛人范增，年七十，好奇计，往说项梁立了楚怀王之孙熊心为楚王。这时，沛公刘邦也率军来归附。项梁十分欣赏刘邦，他命项羽与刘邦结拜为兄弟，两人并肩作战，突进中原。项梁将楚都定在盱眙城，自号武信君。这时楚军已发展到十余万人。

项羽和刘邦的联军为项梁打先锋。公元前208年六月项梁立了楚怀王之孙。

八月进兵东阿（今山东阳谷东北），大败秦军主力章邯，接着分兵追击。项梁领兵包围章邯于定陶。项羽、刘邦联军，西击秦军，攻克城阳（今山东鄄城东南）。接着又在濮阳以东大败秦军。项羽乘胜突入，转攻雍丘（今河南杞县），斩杀了李斯之子李由。李由为秦三川郡守，镇守军事重镇洛阳，李由带重兵东援章邯，被项羽斩杀。这是反秦义军诛杀的最高秦军统帅。项羽威名大振。

正当各支楚军节节胜利之时，由于项梁轻敌，秦将章邯在定陶经过休整和补充后，于公元前207年九月偷袭项梁军营，获得大胜。项梁军全军覆没，项梁被杀。这是反秦义军继陈胜死后的又一次大挫折，河南反秦战争再次转入低潮。章邯移师河北围赵。在这转折关头，楚怀王熊心进驻彭城，会议诸将，重新部署了反秦战略。彭城会议，决定集中楚兵，分为两路击秦。一路，以宋义为将军率主力北上渡河救赵，项羽为裨将，范增为末将，黥布、蒲将军等皆受宋义节制。另一路，沛公刘邦由河南西进，从武关迂回攻击秦都咸阳，乘虚进兵。项羽报仇心切，要求与沛公刘邦西征，楚怀王不许，他认为项羽“剽悍猾贼，所过无不残灭”，命项羽随宋义北上救赵，与秦军主力决战。楚怀王与诸将约，谁先入关，谁做关中王。明显地，这是让刘邦做关中王。楚怀王借项梁之死削弱项羽势力，把西路军主将项羽降为北路军副将，而刘邦从西路军副将升为了主将，地位在项羽之上。项羽当然不服，从此与楚怀王有了矛盾。

公元前207年十月，宋义率领楚军北上，他畏惧秦军，不敢渡河，把军队屯驻在安阳（今山东曹县东），滞留四十六日不进。当时“天寒大雨，士卒冻饥”。项羽主张立即进军河北，既解赵国之围，又就食于河北，宋义不听，项羽诛杀了宋义，夺取了兵权。项羽有了军权，声威显赫。他大义凛然地向全军宣称：“宋义与齐国密谋造反，不北上救赵，我奉楚怀王的手令诛杀了他。现在立即渡河救赵，到那里去吃饱饭。”全军欢呼，众将军说：“项家将军原本就是我们的首领，楚怀王也是项家将军拥立的。现在项家将军杀了叛将，完全应该。”于是众将拥举项羽为主帅，大军立即前进救赵。

项羽挥师渡河，前进到了漳河南岸，与围困赵国的秦军隔岸相峙。这时秦军气盛，兵精粮足。包围巨鹿城的是秦将王离率领的驻守长城的精锐秦军，有二十余万。章邯所部亦二十余万，保护粮道，为王离军的后援。在战场上的秦军有五十余万。诸侯救赵的各路大军，在巨鹿外围扎下十几座营盘，每支军也有数万人，包括项羽的楚军，总共有四十余万。但诸侯之军互不统属，都不敢单独与秦军作战，大家都作壁上观，秦军也不侵犯诸侯之军，只集中全力攻打巨鹿城。秦军的战略是，只要攻下巨鹿，各支诸侯军将不攻自破。巨鹿告急，赵国守将张耳派人出城督促城外赵军作战。城外赵军为陈馀率领，有数万之众。陈馀认为，赵军独进，好比以肉投饿虎，必将覆没。他分拨五千人试攻，一接触秦军，立刻被吞没。在这千钧一发之际，项羽没有被秦军的声威势大所吓倒。他首先派出勇将黥布率领两万人渡过漳河，占领滩头阵地。接着项羽亲率十几万楚军全军渡河，背水为战。项羽下令凿破渡船，打碎炊具，烧掉营落，每个战士只带三天干粮，表示了勇往直前、义无反顾的决心。这就是千古流传的破釜沉舟的故事。这一仗恰似后来韩信破赵的井陉之战，背水为阵，把全军置之死地而后生。十几万楚军，同仇敌忾，要杀出一条求生的血路，只有打败秦军，才能死中求活。因此，楚军斗志高昂，战士无不以一当十，奋勇杀敌，喊声震天动地。项羽在渡河的当天就发起了九次攻击，九战九胜。项羽直接打击的是攻城的王离军，留下章邯不打，也是各个击破秦军。结果楚军大胜，精锐的秦朝长城军急剧瓦解。项羽俘虏了秦军主帅王离，杀死了秦军副将苏角，秦军另一副将涉间自杀。最后，只有章邯军实力尚存，他顽固地与项羽相持半年多。最后秦朝大势已去，独木难支，才率领残兵二十余万，向项羽投降。

巨鹿之战，项羽全歼秦军主力，决定了秦朝覆亡的命运，有力地支援了刘邦向关中进军。公元前207年十月，刘邦早项羽两个月进入关中，秦王子婴向刘邦投降。刘邦封藏了府库，除秦苛法，与关中民约法三章，维护社会秩序，并展开政治宣传，大肆宣扬怀王之约，谁先入关，谁做秦王。于是“秦人大喜”，“唯恐沛公不为秦王”。刘邦拒绝项羽入关，派兵把函谷关把守起来。

刘邦攻下秦都咸阳，后来又建立了汉朝，按通常道理应是刘邦灭秦，西汉时人，无论皇室贵族、官僚士大夫和普通民众，都是这样认为的。但是司马迁不认为是刘邦灭秦，而把灭秦之功归于项羽，他有着鲜明的论述，既有明写，又有暗写。《陈杞世家》曰：“伯翳之后，至周平王时封为秦，项羽灭之，有本纪言。”这是明写。《太史公自序》曰：“秦失其道，豪杰并扰；项梁业之，子羽接之，杀庆救赵，诸侯立之。”这里所说“项梁业之”，指灭暴秦之业，项梁开其端，项羽接其力，灭秦的标志是项羽杀庆救赵，巨鹿之战，消灭秦军主力，诸侯拥立项羽为共主。这是暗写项羽灭秦。《陈涉世家》记述了近二十支反秦义军，只字不提刘邦的沛公军。这是司马迁故作疏漏，目的就是不承认刘邦灭秦，而归功于项氏。《陈涉世家》说，陈王死后，“会项梁立怀王孙心为楚王”。又说：“陈胜虽已死，其所遣侯王将相竟亡秦，由涉首事也。”这也是暗写项羽灭秦。司马迁运用春秋笔法，指出灭秦大业是陈涉发难，项羽灭秦。这一论断不仅打破了传统思维，而且也是反潮流思维，不合时论。这是汉王朝的统治者所不能容忍的，所以司马迁用暗写。但是一味暗写又恐读者不明，所以又用互见法在其他篇中带出一句“项羽灭秦”的明写。司马迁为表达“项羽灭秦”的观点真是煞费苦心。

那么刘邦的功绩是什么呢?《太史公自序》说：“子羽暴虐，汉行功德，愤发蜀汉，还定三秦；诛籍业帝，天下惟宁，改制易俗。作《高祖本纪》第八。”项羽灭秦以暴易暴，刘邦的功绩就是诛灭项羽，平定暴乱，恢复了天下一统的秩序。秦汉之际的改朝换代，陈胜、项羽、刘邦，三人共建奇功。《秦楚之际月表》做了明确的定评。司马迁说：“太史公读秦楚之际，曰：初作难，发于陈涉；虐戾灭秦，自项氏；拨乱诛暴，平定海内，卒践帝祚，成于汉家。五年之间，天下三嬗。”司马迁的这些观点，得到了历代史家的公认。也就是说，项羽灭秦，建立了盖世奇功，这是历代史家的定评，至今没有异议。

二、楚汉相争，有一范增不能用

项羽接受章邯投降后，率领大军渡过黄河，然后西进，直指秦都。诸侯之兵，在秦朝多曾为刑徒，痛恨秦人已极，一路上虐待秦降卒。二十余万秦降卒人心浮动，流露不满情绪。公元前207年十月，项羽行进至河南新安（今河南渑池县东），已得知刘邦入关。项羽怕入关后秦卒反叛，就在新安坑杀了二十余万秦降卒，制造了血腥的杀降惨案。早在北上渡江之初，项羽进兵河南，久攻襄城，“已拔，皆坑之”。所以司马迁评论说：“虐戾灭秦，自项氏。”项羽在反秦斗争中的这种复仇主义，虽是痛快一时，却大失人心，这是导致他成为悲剧英雄的一个重要原因。

公元前207年十二月，项羽攻破函谷关，进驻鸿门。当时刘邦驻军霸上。刘、项两军相距四十里。项羽谋臣范增向项羽进言说：“沛公居山东时，贪于财货，好美姬。今入关，财物无所取，妇女无所幸，此其志不在小，吾令人望其气，皆为龙虎，成五彩，此天子气也。急击勿失。”于是项羽下令，全军戒备，连夜造饭，立即进攻刘邦军。刘邦军十万，没有打过大仗；项羽军四十万，从血战中滚过来，两军决战，刘邦将会全军覆没。

刘邦探知消息，连忙与谋士张良商议对策。张良与项羽叔父项伯是老朋友，张良救过项伯的命。项伯夜访张良，泄露军机，劝张良逃去。张良却趁机邀项伯见刘邦，促成两人结为兄弟和儿女亲家。就这样，项伯成了刘邦的耳目和楚军内奸。项伯要刘邦赶早到项羽军中谢罪，然后告辞连夜赶回，花言巧语劝项羽设宴款待刘邦。项伯对项羽说："若不是沛公打下关中，大王怎能不费力气就入关呢？现在人家立了大功，你还要去攻打他，这是不义的。明早刘邦来拜会大王，不如借机设宴款待，两家和好如初。"项羽答应了。

第二天清早，刘邦果然来到鸿门向项羽赔罪，项羽设宴招待，这就是历史上有名的鸿门宴。刘邦在宴会席上十分谦虚，坐在下首，情意恳切地对项羽说："我和将军同心协力灭了秦朝，将军在河北作战，我在河南作战。没料到我先进了关中，今天能在这里见到将军，实在是万幸。不知是哪个小人搬弄是非，挑动将军与我不和。我派兵守函谷关，是防止别人入关，恰恰是迎接将军。"心直口快、性情爽朗的项羽，被刘邦一顿迷魂汤，灌得心花怒放。他对刘邦说："你的左司马曹无伤派人来报告，说你要做关中王。不然，我哪能进攻你呢？"范增见项羽没有杀掉刘邦的意思，就把项庄叫来，让他舞剑。项庄知道范增让他舞剑的用意，于是一边舞剑，一边杀气腾腾地靠近了刘邦。项伯起身拔剑与项庄对舞，用身子保护刘邦。张良见情势危急，连忙去叫刘邦的侍卫官樊哙救驾。樊哙是一员猛将，他全身披挂，直撞军营，打倒守门的卫士，来到宴席边，瞪圆一双虎眼，愤怒地数落项羽说："楚怀王和诸将约定，先入关者为秦王，可是，沛公进关却秋毫无犯，等待大王来安排，想不到你竟听信小人的话，要杀害劳苦功高的人。你这样做和残暴的秦朝有什么两样！"项羽不知道樊哙这一席话是预先安排好的，一时对答不上来，沉默了一会，觉得理亏，顺口夸赞樊哙："好一个壮士，你请坐吧！"紧张的气氛缓和下来。老谋深算的刘邦，趁这机会，推说上厕所，招呼樊哙溜出军营，一溜烟逃回自己军营中。刘邦利用项羽年轻，缺乏政治斗争经验，又仗恃项伯为内应，所以亲入虎穴，打探虚实，不仅化险为夷，而且弄清了内奸。他回到军营立刻杀了曹无伤。

刘邦赴会鸿门宴，有惊无险，虎口脱身，避免了在不利形势下与项羽决战，保存了实力。刘邦走后，范增十分遗憾而又颓伤地说："今天放走了刘邦，日后我们都要成为他的俘虏。"

鸿门宴后，项羽进兵咸阳。他杀了秦降王子婴，火烧秦宫室，三月不绝。有人劝他建都咸阳称帝，项羽却说："富贵不还乡，好比夜里穿绣花衣，没人知晓。"项羽放弃了称帝的机会，自称西楚霸王，而大封十八诸侯王。项羽认为分王诸侯，从此高枕无忧。殊不知封王诸侯犯了极大的错误，因为封国林立，必然要发生兼并战争。加之项羽主观独断，封王不公，他四月刚回到彭城，六月山东齐境就乱了套。齐王田市只是一个傀儡，军政权力掌握在田荣手中。田荣已据有齐境，因他没出兵援救项梁的定陶之战，项羽怀恨田荣，就用大封三齐王的办法来分裂齐国，架空田荣，当然这是行不通的。项羽又不封陈馀、彭越，这两人都在河北、河南中原地区拥有实力。田荣、陈馀、彭越三人联合起来发难。在公元前206年六月竖起了反叛项羽的大旗。项羽东征田荣，八月刘邦还定三秦，楚汉战争正式爆发。

田荣竖起反叛项羽的大旗，自称齐王。项羽大怒，率兵征讨。城阳一战，项羽打败田荣。田荣走保平原，平原士民杀了田荣，战争基本结束。可是残虐的项羽，愤怒齐民造反，大肆烧杀掳掠，激起齐地人民的反抗。田荣弟田横趁机收拾民心，立田荣之子田广为齐王，对抗项羽。这时刘邦已还定三秦，积极准备出关。他让张良写了一封信麻痹项羽。信中说，刘邦只是要做关中王，并不反叛项羽，而齐王才是楚国的死对头。项羽真的上了当，留在齐地镇压齐民。刘邦趁机出关，为义帝发丧，数落项羽罪责，号召天下诸侯共击项羽。刘邦派出使者联络诸侯，又以将军印赐彭越，令反梁地，在楚国心脏地区开花。刘邦强大的政治攻势，迎得了诸侯归心，纷纷派兵讨伐项羽。连项羽的心腹大将九江王黥布也不服从项羽调遣，坐山观虎斗。公元前205年二月，刘邦率诸侯联军五十六万攻破楚都彭城，项羽此时还陷在齐地。刘邦以为天下已定，收取楚宫室、美人、宝藏，每日置酒高会。项羽闻听都城已破，赶忙从齐地回救。项羽精选三万骑兵，日夜兼程，绕在彭城之西，从萧县发起出其不意的进攻，由西向东向彭城推进。刘邦占领彭城以后，把大军布防在彭城以东，阻挡项羽回救。汉军想不到项羽会用轻骑兵从西边的空虚之处杀来。在彭城东面用重兵布防的汉兵未见楚军的一兵一卒，而后方彭城已乱了套，被项羽打破了。在混乱中，汉兵不知楚军虚实，又正值大风沙，迎面不见人，一场混战，汉兵自相残杀，十几万人被推压在睢水中，睢水为之不流，项羽用三万精兵，打败刘邦的五十六万大军，获得了彭城大捷。这一以少胜多的光辉战绩是范增的光辉杰作。它把项羽的军事生涯推向了顶峰。

项羽乘彭城大捷，追击刘邦。刘邦的杰出战将，韩信在荥阳东南京索地区打了一场漂亮的阻击战，挫败了楚军，汉军这才凭借豫西山地在荥阳、成皋一线固守，楚汉两军都陷入胶着状态。刘邦在败逃中于下邑（今安徽砀山县东）召开军事会议，制定了持久战略。正面战场由刘邦亲自坐镇，在成皋地区阻击项羽，并把项羽吸引在坚城之下，欲攻不克，欲罢不能。用张良之计起用三大勇将，对项羽进行战略包围。其一，用韩信为将，开辟北方战场，扫平河北，进入山东，迂回包围楚国。其二，用彭越在楚国后方打游击，断粮道。其三，派说客随何入淮南说降九江王黥布，断项羽左臂，牵制项羽兵力，减轻正面战场的压力。刘邦策略一步步实现，项羽果然受阻成皋。

楚汉相持在成皋，汉兵众而弱，楚兵少而精。范增替项羽规划了破汉战略。集中兵力突破成皋防线，攻占洛阳，直指关中。只要楚兵打到洛阳，关中告急，刘邦的包围战略就将崩溃。彭城大捷后，诸侯又倒向项羽。韩信平定河北需要时日。黥布降汉，威胁项羽侧翼，亟须巩固。项羽派勇将龙且打破淮南，稳固了侧翼。公元前204年四月至九月，楚汉两军发生激战。项羽贯彻范增战略，于四月猛攻荥阳，汉王刘邦突围遁走，差点被楚军活捉。楚军攻破荥阳，杀汉将纪信，随后又攻破成皋。刘邦调虎离山，南下宛叶，吸引项羽南追，然后回军又夺回成皋。六月，楚军再破成皋，刘邦逃出至河北，夺了韩信之军，驻屯修武。然后命彭越、刘贾深入楚军后方，攻下外黄、睢阳等十七城。项羽回救，刘邦率河北之军渡河收复了成皋、荥阳。项羽回军，楚汉再度相持，战线向东移于荥阳东广武山上。九月韩信向山东进军，十月破齐历下军，十一月，韩信又打败楚龙且救齐大军，稳定了齐境，完成了对楚国的战略包围。

项羽眼看就要打破汉军的成皋防线，却为何两度中了刘邦的调虎离山之计，功败垂成呢？原来在成皋吃紧之时，刘邦采用了陈平的离间计，制造流言，说范增、钟离眛有功不得侯，要投归汉王。项羽派到汉军的使者，刘邦摆下丰盛的宴席款待。还未开宴，却故作惊讶，说这是款待使者范增的，因而重新摆出了粗劣食物款待楚使。项羽信用诸项子侄和妻兄弟，但他们都是庸才，识不透刘邦的反间计。项羽不察，误听亲信之言，怀疑范增、钟离眛。范增一气之下离开了项羽，疽发背而死，钟离眛也被削弱了兵权。项羽身边既无谋臣，又无良将，只凭个人的血气之勇，刚愎自用，连连上当，胜势丧失殆尽，而刘邦则转败为胜，最终打败了项羽。

刘邦称帝后在洛阳宫摆下庆功宴会，要群臣总结楚灭汉兴的原因。高起、王陵说："陛下性情傲慢，喜欢凌辱别人；项羽性情仁厚，注意爱护别人。虽然如此，但是陛下用人攻城略地，攻下城邑就分封给他，与天下人共享利益；而项羽却嫉贤妒能，对有功的人加以残害，对贤能的人轻易猜疑，打了胜仗不给人家授功，得了土地不给人家奖励，这就是失去天下的原因。"高祖刘邦说："公知其一，不知其二。"接着刘邦说出了一番楚亡汉兴而深切著名的道理：

夫运筹策帷帐之中，决胜于千里之外，吾不如子房。镇国家，抚百姓，给馈饷，不绝粮道，吾不如萧何。连百万之军，战必胜，攻必取，吾不如韩信。此三者，皆人杰也，吾能用之，此吾所以取天下也。项羽有一范增而不能用，此其所以为我擒也。①

三、乌江自刎，悲剧英雄落幕

公元前204年九月到公元前203年九月，刘邦与项羽对峙广武整整十三个月，战场沉寂，谁也吃不了谁。项羽斗勇，刘邦斗智，史称智力俱困，谁先后退谁失败。当刘项对峙广武期间，韩信、彭越都按兵不动，坐山观虎斗，公元前203年十月，刘项签订和约，以鸿沟为界中分天下。楚军高呼万岁，松懈斗志。项羽引兵东归，刘邦背信弃义，率领大军尾随追击。由于项羽在灭秦战争和彭城大捷中建立的声威，尚能得士众心。所以在撤退中阻击刘邦于固陵（在今河南太康县南），大败刘邦。但这时的项羽已是强弩之末，而且是一支孤军，他吃不掉刘邦，于是刘项两军又在固陵对峙。刘邦派使者告诉韩信、彭越，许诺灭了项羽，把项羽的地盘瓜分给他们为王，还装模作样画了地图。韩、彭都在刘邦调遣下四面逼拢合围项羽，楚大司马周殷也叛降刘邦，引兵从淮南北上合围项羽。北边的彭城、东边的广陵，已被韩信占领。公元前203年十二月，天寒地冻，范增的话果然应验了，项羽山穷水尽，被刘邦围困在垓下。这一回楚汉力量对比恰巧好颠倒过来了，刘邦拥众四五十万，项羽只有十万。夜间，汉军四面大唱楚歌，迷惑项羽。项羽惊惶不解地说："难道汉军把楚地都占领了么？为何有这么多人唱楚歌？"项羽心烦意乱，一个劲地喝闷酒，他不理解自己为什么会落到这步田地？他让人牵来陪他南征北战的乌骓马，面对爱妾虞姬，禁不住唱起了离别的悲歌：

力拔山兮气盖世，时不利兮骓不逝。
骓不逝兮可奈何，虞兮虞兮奈若何！

项羽一遍又一遍地慷慨悲歌，泪流不止，左右的人也一个个泣不成声，抬不起头来。英雄陷入了生离死别的窘境，他在痛苦的思索中得出结论，"时不利兮

① 此番高祖君臣对话，见《史记·高祖本纪》，又见《汉书·高帝纪》。

骓不逝”，这真是天真而执迷。项羽决定突围。东边西边的道路已被封堵，尚有南下钟离渡淮，取道东城，经乌江渡口过长江回江东。此时虞姬自尽，了却了项王的牵挂。深夜，项羽决定突围退回江东，图谋东山再起。项羽下令全军突围，他率领八百多壮士在混战中冲了出去。次日清晨，汉军摸清了项羽突围的方向，骑将灌婴受诏令率领五千骑兵追击。项羽未等全军八百壮士渡过淮河，便率领一百余骑兵南驰东城，半道迷路，向一耕田老人问路，这位老者故意指错路，让项羽西行陷入阴陵大泽中。等到项羽重又向东，再向东城进发，此时汉军骑兵已经追将上来，项羽来不及进东城，抢先渡过清流关，然后东南行进，越过九头山，且战且走，最后在四隤山被汉军包围。此时项羽身边只剩下二十八骑，但是项羽仍不服输。他对部下说：“我起兵八年，身经七十余战，从没打过败仗，所以才称霸天下。今天走投无路，是天亡我，不是我不会打仗。不信，我再打一场痛快战给你们看。我要斩将、夺旗，并为你们解围。”说罢，项羽把二十八骑分为四队，面向四方，准备四面冲击。他和部队约定了冲出以后在四隤山的东面分为三处集合。一切准备停当，汉军也包围了上来，项羽一声大喊，犹如惊雷一样，汉军纷纷倒退，有的奔跑了好几里远。项羽纵马杀入重围，斩了一名汉将。项羽二十八骑按约定聚为三处。汉军分兵为三，重又包围了项羽。项羽再次杀入重围，又杀了汉军一名都尉，杀死汉军一百多，把三处人马聚集在一起，清点人数，只损失了两骑。项羽对部众说：“我说得怎么样？”部众敬服地说：“完全像大王说的一样。”

四隤山离乌江渡口只有三十里路程，片刻工夫，项羽一行来到乌江边，正好乌江亭长摆了一只渡船请项羽赶快渡江。乌江亭长对项羽说：“江东虽小，仍有方圆数千里，几十万老百姓，足可称王。现在只有臣一只船，汉军来了，没办法渡江。”项羽只要踏上渡船，便可安全渡江。此时项羽思绪万千，提起江东，他无限感慨。项羽对亭长说：“我带领江东八千子弟北上打天下，现在无一人生还，即使江东父老怜惜我，我项羽哪有脸见江东父老？难得你有一片好心，我把这匹乌骓马送给你吧！这匹战马伴我闯南走北，所向无敌，一日可行千里，我实在不忍心杀它，你好好看待它。”项羽望着眼前浩瀚的大江，回顾身后黑压压的追兵，英雄已经走到末路。项羽改变主意，不再渡江，他不能丢下身边的二十六骑一个人去苟且偷生，他要对江东八千子弟做出负责的交代。项羽赠马亭长后，让身边的二十六骑全都下马步战，宁为玉碎，勿为瓦全。下马步战，就是决死之战。项羽又杀死了几百个汉兵，身受十几处重伤。这时项羽看到了汉军骑兵司马吕马童，说："你难道不就是我的故人吗？我听说汉王悬赏千金买我的人头，还要封万户侯，我把这个好处送给你吧！"说完，这位叱咤风云的灭秦英雄，在江边拔剑自刎了。这时项羽年仅三十一岁。

项羽的人格魅力就是绝不服输，他乌江自刎，向不平的天公发出抗议。他垓下突围本意是渡过乌江返回江东，重整旗鼓与刘邦较量，但他到了乌江边，眼看在身边的二十六骑都不能保护，东山再起的希望破灭，于是毅然改变主意，不渡乌江，以战死沙场来谢幕。因此，项羽的乌江自刎，不是怯懦者无可奈何的逃避，而是勇敢者的人生顿悟，是英雄伟人自觉承担历史责任的壮举。项羽赠马亭长，又送人头给故人，以德报怨，这与刘邦的背信弃义、忘恩负义形成了鲜明的对照。司马迁精彩淋漓地写项羽乌江自刎，悲壮谢幕，就是要留给人间一片正气。乌江自刎，是《项羽本纪》对项羽的浓墨重彩，对项羽这一艺术形象的精心刻画。一位顶天立地的英雄，屹立天地间，永久活在人们心中。乌江人民世代敬仰，在项羽自刎处立庙祭奠，至今巍峨壮观。

生当作人杰，死亦为鬼雄。
至今思项羽，不肯过江东。

这首《夏日绝句》是宋代女词人李清照怀着对项羽的崇敬心情留下的绝唱，它表达了千百年来人们对项羽英雄气概的肯定，这也正是《项羽本纪》所要阐扬的精神。

从上述的内容评述中，可以清楚地看出司马迁的思想倾向，他同情和惋惜项羽，所以《项羽本纪》不以编年纪事，而用传体精心布局，选择典型事例塑造项羽的英雄形象。前文所引《太史公自序》云："秦失其道，豪杰并扰；项梁业之，子羽接之；杀庆救赵，诸侯立之；诛婴背怀，天下非之。作《项羽本纪》第七。"这段话，表现了司马迁的卓越史识，他不以成败论英雄，把项羽的贡献放在秦末人民反暴秦的生死斗争转折关头来评价，充分肯定了项羽的历史地位，把项羽作为一个悲剧英雄来讴歌，实在难能可贵。可以说，若无司马迁之识，就无项羽的形象留在高文典册中了。

四、潮起潮落，项羽失败的原因

项羽兴灭，如潮起潮落，来势汹涌，退也匆匆。是非成败转头空，供千秋评说。项羽失败了，他是怎样失败的？《项羽本纪》透彻地揭示了这一原因，主要有四个方面。

第一，兵法不精，以力斗智。项羽是楚国世代将家之后，将门虎子，天生会打仗。项羽的祖父项燕是楚国的名将。公元前224年曾大破秦将李信军二十万。接着，秦将王翦率六十万大军来灭楚，项燕寡不敌众，兵败自杀。第二年，秦灭楚，项羽仅十岁。秦始皇通缉项氏，项羽随叔父流落到吴中避难。国破家亡的悲痛，流亡生活的凄惨，在项羽幼小的心灵中埋下了仇恨暴秦的种子。为报国仇家恨，他立志学“万人敌”。项梁教他兵法，他很高兴。但是，项羽“略知其意，又不肯竟学”。项羽这一粗犷的性格，使得他没能把兵法学到家。项羽打仗，长于治兵置阵，摧锋挫敌，而不足于权谋，疏于筹略，可以说这是他兵败自杀的原因之一。项羽天真地要与刘邦单打独斗来决胜负，刘邦说：“吾宁斗智，不能斗力。”项羽力能扛鼎，就自以为天下无敌，殊不知逞个人之能，只是匹夫之勇，用智是合众人之力，力不能胜智是明摆着的。

第二，用人唯亲，贤才遭忌。刘邦起兵，投靠项梁，与项羽约为兄弟，经常并肩作战，而第一个起来与项羽争天下的却是刘邦。这使得项羽错误地总结了生活和政治的经验，猜忌功臣，最听信项伯等亲戚的话，把人才都赶到刘邦那里去了。能征善战的韩信，得不到项羽的重用，给刘邦当了大将；足智多谋的陈平，背叛项羽，给刘邦当谋臣；甚至替项羽打天下的先锋淮南王黥布也让刘邦挖了墙脚；而项羽最信任的项伯却是一个内奸。项它、项声、曹咎、司马欣这些亲信将领一个个都是草包。项羽派出的外交人员也都是笨伯，出使汉军中的人中了刘邦的反间计，出使淮南的人帮助随何把黥布推向了刘邦。钟离昧坚守了广武阵地，反而遭到了项羽的猜疑，仅有一个谋臣范增却不能用。项羽如此草莽，焉能不败？

第三，残暴不仁，失去民心。项羽性情刚烈，直率粗暴，又由于国仇家恨的刺激演化成“悍猾贼”，残暴不仁。项羽只知杀戮、力战，不懂得争取民心，所过无不残灭。他攻襄城，久攻不下，已拔，尽坑之。他收降了秦卒二十余万，也不知处置，尽坑之。在灭秦大业中这种简单的复仇行为与人民反暴秦的朴素心理相合拍，所以还能得到诸将领的拥护。可是项羽入关屠咸阳，杀秦降王子婴，入山东烧夷齐城郭，屠杀齐民，这是因迁怒刘邦、田荣而报复人民，这毫无道理，而是为渊驱鱼，为丛驱雀了。司马迁批评说，“汉行功德，子羽暴虐”，一点也不错。所以在楚汉战争中，项羽胜利越多，敌人也越多，直到四面楚歌而后已。

第四，政治幼稚，封王失计。这是项羽失败最致命的根本原因。鸿门宴被刘邦花言巧语忽悠，项羽政治幼稚已见端倪，鸿门宴后项羽不欲刘邦为秦王，报请怀王，怀王不允，回答说“如约”，这使得项羽在政治上陷入了极端的被动，幼稚得可笑。怀王打压项羽，不让他西进击秦，降了他的主将地位，项羽不服，矫旨夺军，已经与怀王分道扬镳，还请示怀王干什么？项羽请示怀王等于是把共主地位拱手让给了怀王，已经是大为失计。请示未准，项羽就来一个大家都称王，项羽对诸侯们说：“天下初发难时，假立诸侯后以伐秦，然身被坚执锐首事，暴露于野三年，灭秦定天下者，皆将相诸君与籍之力也。义帝虽无功，故当分其地而王之。”项羽入关，有人劝他说：“关中阻山河四塞，地肥饶，可都以霸。”无论称帝或称王，占有关中就占有地利。项羽既然提出论功行赏，大家都称王，实际上是把自己摆到了与诸侯同等的地位上，只是当霸主，当老大哥，彻底失去了称帝的机会，也没有理由占据刘邦打下的关中，只好东归彭城，迁怒怀王，把他逐走，又不惜用暗杀手段来泄愤，这更是错上加错，道德信义全都送给了刘邦。假如项羽在鸿门诛了刘邦，一脚踢开怀王，称帝关中，谁曰不然！项羽真的这样做了，与刘邦胜利后诛除功臣又有什么两样？有的论者认为项羽在鸿门放走刘邦是深明大义，他若杀了友军领袖，岂不要逼反诸侯将？这些论点貌似有理，其实放在政治天平上，是经不起推敲的。项羽在军事上是一个巨人，在政治上恰是一个侏儒。阴谋手段并不是高明的政治斗争，当然不应赞许。但是，兵不厌诈，刘邦就是一个阴谋老手，最后胜利了。既然刘邦为友军，他却派兵守函谷，先失一着，而后自来谢罪，项羽斩之名正言顺，何阴谋之有？看看后世，林冲火并王伦带来了梁山泊的兴旺；李自成谋杀罗汝才并不妨碍他入主北京，这些历史事实很可以说明问题。

分封这一着棋，项羽彻底走错了，他把亲信将领封王善地，以为这样就可控制局面，殊不知诸将得地称王，就不听他的号令了，黥布封淮南王以后不听调遣就是一个典型例证。项羽封刘邦为汉中王，将章邯、董翳、司马欣封为三秦王来拒塞刘邦，实际上等于拱手将关中送与刘邦。一是关中三分而势弱；二是因项羽在新安坑杀了秦降卒二十余万，关中秦民恨透了三秦王。又，项羽封王，主观武断，未能处置好一些拥有实力的军事集团。山东田荣、河南彭越、河北陈馀皆被排斥在封王之外。所以项羽回彭城，还没来得及坐下休息，这几个军事巨头就联合起来反抗项羽。刘邦趁机明修栈道，暗度陈仓，占了关中，杀出函谷，直捣彭城，端了项羽的老窝，幸亏项羽及时回救，在彭城打了一个大胜仗，才避免了过早的覆亡。项羽封王，争论最大。论者或曰，项羽分封代表旧贵族的割据势力，开历史的倒车，必然失败。这种观点值得商榷。公元前210年，秦始皇出游天下，巡行浙江，当时项梁、项羽叔侄随众观看，项羽情不自禁地说："彼可取而代也。"可见他不是不想当皇帝，不是一心想分封。但是如果认为，项羽分封是迫于形势，那就更不符合实际。巨鹿之战，诸侯折服，强捷有力者皆归项羽旗下，成了他的部将。最大的异己刘邦，欲与项羽争衡，心有余而力不足，他像踩钢丝一样，冒死入虎穴乞和。当时，谁敢和项羽对抗？那项羽为何分封十八王？追本溯源应是范增劝项梁立楚怀王这一政治失计，给入世未久的项羽套上了绳索。项羽分封诸侯王，也是范增的策划。于是又有一种观点认为，范增非善谋之士，他对项羽的失败应负主要责任，这种观点也是不妥当的。范增只是一个谋臣，听不听还在项羽，何况智者千虑之一失并不足以导致项羽的失败。分封固然是馊主意，但设计鸿门除害、王刘巴蜀，这些主意并不坏。问题是，范增的馊主意，项羽采纳了；范增的好主意，项羽拒绝了，最后把范增赶走了，重瞳子以亲疏画界，虽有一范增而不能用，不亡何待！而那个改姓刘的项伯，却是项羽言听计从的一个笨伯和内奸！

由上分析，项羽封王失计，并不是代表旧贵族势力开历史的倒车。范增劝项羽急击刘邦，可见也是要争天下的。刘邦集团的谋臣郦食其也献策立六国后，被张良建言制止了。最后为了合击项羽，同一个张良建议刘邦封韩信、彭越为王，为了策反黥布也封了王。刘项封王，都是政治策略。不同的是，刘邦是在被动局面下利用封王的策略树羽之敌，壮大自己争取主动，项羽是在主动的鼎盛局面下，为了一个"如约"而封王，恰恰是给自己树敌，显然是政治失计。设鸿门宴的主人项羽，当年还是一个二十七岁的马背上的将军，他还不懂得用阴谋手段诛除异己，而且以形势论，项羽并不需要搞阴谋玩手段。本来，项羽用范增的计谋，封刘邦为蜀王，想把他困在巴蜀，又是张良运动项伯说情，改封刘邦为汉中王。项羽这一改动，既负背约之名，而又实授关中之实，为一大失策。他在鸿门即使杀了刘邦，也担当不起靖乱安邦的历史重任。而刘邦多次出入险地，九死一生却安然无恙。鸿门宴上，项伯保了他；彭城战败了，丁公释放了他；荥阳出逃，有纪信替死；成皋逃出，项羽不察，这一切仿佛暗中有神灵保佑似的。怪不得司马迁发出了“岂非天哉，岂非天哉！”[①]的慨叹。以今天的观点来看，这“天”就是历史必然之中的偶然取得了胜利，实质是一个老谋深算的中年战胜了一个鲁莽天真的青年，刘邦的胜利是必然的，项羽的失败是值得同情的。

上述项羽失败的四大原因，司马迁在《项羽本纪》的论赞中做了鲜明的提示，归纳为五个原因：第一，分裂天下，引起争斗；第二，背关怀楚，失去地利；第三，放逐义帝，诸侯叛乱；第四，自矜功伐，不行仁政；第五，专恃武功，失去民心。司马迁的批评，无疑是切合实际的。本文的分析，若加上失去关中地利，也是五个原因，与司马迁归纳的阐释，精神是一致的。

论刘邦

秦庄襄王三年（前247），楚国沛县丰邑镇中阳里村，一户刘姓的普通人家降生了第三个儿子，取名季。这个刘季就是西汉的开国君主，中国历史上第一个布衣皇帝刘邦。刘季是小名，刘邦是他称帝以后正式称用的大名。本文着重谈刘邦一介布衣是怎样在乱世中崛起的。楚汉相争以及称帝后的作为，略述其梗概，不作过多的评说。

一、好逸恶劳的农家子弟

刘邦之名,《史记·高祖本纪·索隐》引项岱云:“高祖小字季，即位易名邦。”小字，即小名，俗称乳名。父母给婴孩取名字，往往表达爱意，要简易、亲昵。刘季，即小三，长大就是老三。伯、仲、季，就是排行相称的顺序。但以“邦”字为名，不同寻常。古时“邦”字是国家的意思。《说文·邑部》:“邦，国也，从邑，丰声。”故以“邦”为名者，上古罕见。刘邦称帝，既以“邦”为名，为避讳，用“国”字代“邦”[②]。但无论如何，刘邦怎么得意，断不会在称帝以后取名“邦”，独占称号。刘邦起义，自立为沛公，仍称名刘季可证。所以,《索隐》

① 引自《史记·秦楚之际月表》序言。

②《汉书·高帝纪》注。

所引项岱云“即位易名邦”，有待考证。刘邦之名，由于文献不足，至今还是一个谜。极有可能是在未起事之初，在芒砀山中时，一帮无赖哥们儿呼叫的诨号，表示选择的决心，即位正式用为大名，表示贵为天子，渊源有始。

刘邦有两兄一弟，长兄名伯、次兄名仲，刘邦名季，即刘老大、刘老二、刘老三，依排行称名，小弟刘老四，若再无弟，可称刘老幺。小弟老四却有正式之名，曰刘交，或许是伯、仲、季排序之后无代字取名交，或许是刘氏发迹之后所取名，亦不可考。刘邦当泗水亭长，交游四方，一直以俗名刘季相称，表示出身平民，一般的农家子弟，在称名上没有讲究。古时地广人稀，乡村狭小，彼此以排行辈分相称，表示亲切，叫个名字，反而生疏。大户人家，男子二十要举行加冠礼，表示成人，正式取名，还要加一个代称的号叫表字。小户人家就没有这么多礼数。刘邦一直沿用小名，表现了他的豁达和淡泊，保持淳朴的乡村习气，和大家一样是极普通、极平凡的百姓。史称刘邦之父曰“太公”，母曰“刘媪”，这也不是正式名字，是通称的刘大爷、刘大妈的意思。班固写《高帝纪》，追溯刘邦为帝尧之后，祖先是夏朝的御龙氏刘累，用此编造“汉绍尧运，以建帝业”[①]的理论，适应东汉皇朝尊奉谶纬学说的需要，也表明了“班固以西汉历史神化东汉皇权的企图”[②]，并无世系可寻。

刘邦天性淘气，与两个哥哥朴直憨厚的性格完全不同。他既不读书，也不事生产，喜欢游荡交友，崇尚游侠，带刀使剑。刘邦出生时，由于巧合，中阳里村，刘家邻居一户姓卢的人家，同日也生下一男，取名卢绾。两户人家，同日同时生男，成为中阳里村一件大喜事，村里乡亲，带着羊羔酒食，到两家庆贺，并把此事传为美谈。两人生辰同日同时，被称为同庚，虽然稀少，但不足为怪，而在一个村庄里产生同庚，那就稀奇了。两家觉得是难得的缘分，走动亲切。刘邦与卢绾，自幼要好，如同亲兄弟。卢绾温驯忠厚，事事听从刘邦，因此刘邦从小就有一个跟班和听指挥的助手，养成了他的狂傲性格。刘邦生得鼻梁高耸，胡须很美，身躯魁伟，成人后是一表人才。他左股上有一片黑斑，被说成是长了七十二颗黑痣。七十二是一个神秘数字，环周天360度的五分之一，也就是象征刘邦在五行中得了一行。沛县还有一个武勇过人的狗屠樊哙，性格正直，笃守信义，与刘邦交好。又有周勃，膂力过人，以编织蚕箔为业，又善吹箫，常以此技

① 《汉书·叙传》。

② 白寿彝《司马迁与班固》，载《人民日报》1964年1月23日。

充役给人家办丧事，也与刘邦交好。这些人都尊奉刘邦为大哥。刘邦也有长兄风度，胸襟开阔，有钱同使，从不吝啬。于是刘邦在游民层中博得声誉，有“宽大长者”之称，而在朴实的父老眼里，刘邦是一个不成材的东西，时常受到刘老太公的斥责。对此，刘邦耿耿于怀。高帝九年，公元前198年，刘邦已到晚年，他在新都长安的未央宫举行酒会，大宴群臣。刘邦亲自捧一大碗酒为太上皇刘太公祝酒说：“始大人常以臣无赖，不能治产业，不如仲力，今某之业所就孰与仲多?”[①]殿上群臣，大笑为乐，齐呼万岁。这故事曲折反映了，刘邦少时在朴实的乡亲父老眼里，在务农为本的父亲眼里，是一个不成材的无赖。宋代诗人张方平在《题汉高祖庙》诗中作了诙谐而生动的评述。诗曰：

纵酒疏狂不治生，中阳有土不归耕。
偶历乱世成功业，更向翁前与仲争。

寥寥二十八字，刻画刘邦无赖精神，字字中的，精妙无比。但刘邦虽混迹于无赖之中，耍枪弄棒，但不横蛮，好酒及色，颇有分寸，一生没有大的劣迹。他虽无财可疏，却也仗义助人。他常带领无饭可吃的哥们到家里吃饭，这已是最大的努力了。刘邦做了泗水亭长，有了一份公差，微薄俸禄，都撒给了朋友，以致他常常身上没有喝酒的钱，于是就到王媪、武负两个妇人酒店去欠账喝酒。刘邦以他亭长的身份保护两个酒店不受骚扰，刘邦欠账自觉心安理得。每到年终，这两个酒店无可奈何，将他的欠账一笔勾销，还编出故事说：“只要刘邦到酒家喝酒，头顶上方隐隐有龙形，这一天生意特别好，酒店加倍赚钱。”

二、出入于黑白两道的泗水亭长

亭，是秦代的地方基层组织，始于战国。秦汉时，大率十里一亭，遍于全国，亭设亭长一人，下设亭父、求盗各一人。亭长的主要职责有二：一是“逐捕盗贼”，维护所辖地区的治安，并训练青年习五兵：弓、弩、戟、刀、剑；二是接待过往官差，护送过境官员，故亭有楼屋，供来往官吏及官差止宿，是官家招待所。亭父、求盗两个副手，分理两个方面的事务。亭长往往由少壮有勇力者或

①《史记·高祖本纪》。

退伍军人担任。刘邦“及壮，试为吏，为泗水亭长”[①]。泗水亭在沛县城东郊，隶属沛县，但又是郡城近郊的大亭，又称都亭。泗水亭长高于一般亭长，因为他常常要接待郡、县一级的官员出入，负责郡、县城的近郊治安。刘邦与沛县上层官吏很熟悉、亲昵，时常捉弄他们，表明泗水亭长地位不一般。

刘邦壮年，经试用为亭长，前文已指出，大约在秦统一之初。秦末，刘邦仍为亭长，可以说刘邦为亭长与短命的秦王朝相终始，在升平之世，一个不懂文墨仅靠几手拳脚吃饭的人，混到刘邦的地位，也就差不多了。刘邦当了十多年的亭长，没有升迁。但刘邦发迹也得益于亭长这一职位，因职责关系，他要广交朋友，出入于黑白两道，成为一方的地头蛇。刘邦的白道朋友，他与沛县功曹掾萧何、典狱掾曹参、狱吏任敖、县吏夏侯婴等十分要好。夏侯婴替县令管车马，仁厚耿直，对刘邦是五体投地，是忠心无二维护刘邦的大哥形象。有一次，刘邦与夏侯婴耍练拳脚，刘邦无意伤了夏侯婴，被不满意刘邦的人抓住把柄，告发刘邦打伤县吏。沛县令断狱，夏侯婴出证，不承认被刘邦打伤，夏侯婴被判出证不实，服刑一年，还挨了一顿板子。刘邦又在萧何的护持下，得以逍遥法外。这个故事表现了刘邦的人缘之好。至于刘邦的黑道朋友，樊哙、周勃等，不必细说。

刘邦以泗水亭长的身份，上通县衙，下结游侠，可以说是沛县通达黑白两道的显赫人物。萧何慧眼识英雄，在秦末风雨欲来之际，他委身与刘邦交好，在沛县结成萧刘联盟的反秦集团。在乱世中拉帮结派，从小的范围讲，结成势力，可以保护亲族自身的利益；从较大的范围讲，形成山头，保护一方，或割据，或投主；从更大范围讲，雄视天下，逐鹿中原。萧刘联盟，因循时势，随波逐流，初始未必有野心，时势推动发展。萧何工于心计，他交友刘邦打有大算盘。有一年刘邦押送徒役前往咸阳服役，萧何率县衙同僚为刘邦送行，大家都送俸禄三百钱，萧何独送五百钱。这件事使刘邦感动不已。因为当时萧何地位在县令一人之下，而在全县人之上，他如此看重刘邦，抬高了刘邦的身价地位，给足了面子。刘邦作为有游侠之风的“长者”，极看重面子，其感激之情可想而知。此时刘邦已非昔日可比，他做泗水亭长多年，积劳有绩，接待、办案，与四方侠士交游，识见与知名度都有了很大提高。他曾到外黄（县名，在今商丘市民权县境内）访谒了张耳，两人盘桓数月。张耳原是战国时魏公子的门客，以侠闻名，是一个被秦朝通缉的要犯，其反秦之心，不言而喻。刘邦与张耳等人交游，隐约的反秦之

---

①《史记·高祖本纪》。

心与勃勃野心也不知不觉地潜滋暗长。有一年，刘邦押送徒役到了咸阳，有幸看到秦始皇威仪堂堂的出巡，千万人的心理是拜伏在秦始皇帝辇下，呼喊万岁，而刘邦却想的是自己未尝不可以到天子辇车中坐一坐？他十分神往，不觉发出羡慕的叹息，自言自语说："嗟乎，大丈夫当如此也。"①

秦始皇晚年，全国上下已开始动荡不安。西汉文帝时政治家贾山在《至言》中总结说："秦皇帝身在之时，天下已坏矣，而弗自知也。"当时秦始皇不断出巡，刻石颂功，自以为远过尧舜，并以显赫声威镇压天子气，其实天下人民，已经是"力疲不能胜其役，财尽不能胜其求""人与之为怨，家与之为仇"②。在这一环境中，萧何与刘邦加深友情，秘密组织，逐渐在沛县形成了一个反秦自保的仁人志士社团。萧刘联盟为社团中坚。这个社团的形成，可以从刘邦戏剧性的婚姻中得到折射。

刘邦与吕雉的结合，是萧何为巩固萧刘联盟、提高刘邦身价地位而导演的一出政治联姻。其时刘邦年已34岁。刘邦年过30岁没有结婚，是什么原因，文献无征，不必推究。刘邦好色，对自己的婚姻极不严肃，也许没有满意的意中人，但他虽没结婚，却与许多女子鬼混，刘邦与吕雉结合前称为微时，他与一个曹姓女子姘居留下了长男刘肥。吕雉给刘邦生下孝惠帝刘盈。刘邦共有八男。薄姬生汉文帝刘恒，是刘邦在成皋之战时一幸所生。戚夫人生赵王如意。赵姬生淮南王刘长，是高帝八年，刘邦征陈稀，路过东坦，赵王张敖献美人，也是一幸所生。赵王刘友、刘恢、燕王刘建为诸姬所生，其母失载，史家搞不清楚刘邦的这几位公子是哪位妃子所生。刘邦入关，一头扎进秦宫室不出来，张良力谏，樊哙强谏，才使刘邦清醒了头脑，退出秦宫室，封府库，还军霸上，避免了项羽问罪的灭顶之灾。公元前205年，刘邦入彭城又一头扎进项王宫室，迷恋女色，遭到项羽的突然袭击，导致彭城大败，几乎全军覆灭。考察刘邦一生有关男女间的关系，极不严肃，喜新厌旧，见一个，爱一个，丢一个，八个儿子，八个母亲。刘邦与吕雉的结合，却又意外的严肃，既带有戏剧性，又带有传奇性，究其因，可说是萧何导演的一出政治婚姻，也是萧刘联盟的一条政治纽带。

吕雉，即后来的吕后，以下行文即称吕后。吕后之父吕公是沛县令的好友，单父县人，因避仇举家来投。沛县令看中了吕公长女吕雉，向吕公求婚，吕公不

---

①《史记·高祖本纪》。

②《汉书·贾山传》。

肯。萧何受县令委托，出面主持盛大宴会为吕公接风，目的是收取一大笔礼金送给吕公作安家费。沛县衙门大小官员及社会贤达，碍于县令与萧何的情面，都来赴宴贺礼。萧何定出规矩，坐席不论身份只论礼钱的多少，送钱二千以上去堂上坐席，送钱少的在堂下坐席，有些出乎常规。刘邦不带一文钱，口称贺钱一万，心不跳，面不改色，雍容潇洒，活像一位富翁派头。吕公闻言大惊，亲自起身到门口迎请，刘邦也不推辞，大摇大摆地坐到贵宾的首座上。萧何对吕公说："刘季惯爱吹牛皮，当不得真。"[①]吕公并不见怪，也没把刘邦的贺礼当一回事，他非常欣赏刘邦的气度，油然产生敬佩之心，席间谦恭地敬酒，席散时又目示刘邦一人单独留下来细谈。刘邦侃侃而谈，使吕公更加钦佩，当即许婚要把长女吕雉嫁给刘邦为妻。刘邦走后，吕母生气说："公始常欲奇此女，与贵人。沛令善公，求之不与，何自妄许与刘季？"吕公回答说："此非儿女子所知也。"[②]这哪是你们妇人家懂得的？吕公终于嫁女刘邦。吕公女吕雉成了刘邦的结发妻子。吕雉嫁给刘邦生下一男一女，女为长，即鲁元公主，后嫁张耳之子张敖为妻，儿即惠帝刘盈。刘盈生于公元前211年，以此推计，吕雉与刘邦的结合，大约在公元前214年前后。

吕公投奔沛县令而来，但他不肯嫁女给沛县令，却嫁给一个小小的泗水亭长刘邦。吕公以看相为名，称刘邦日后大贵。更合理的解释，应是吕公已看出社会呈现动乱之兆，与其说举家投沛县令，不如说是投奔萧何、刘邦。萧刘土生土长，周围聚集了一大批地方贤达、壮士，他们才是沛县的地方中坚势力。俗语说："强龙压不过地头蛇。"沛县令离开了地方势力的支持，也是寸步难行。吕公嫁女刘邦，融入了客居的地方势力圈，如同诸葛亮寓居隆中，取汉上名士黄承彦之丑女为妻一样，反客为主，首先就要去掉客居的身份，成为地方的一员，联婚是最可靠最便捷的手段。刘邦攀上吕公这门亲事，在地方上也身价倍增，更加有头有脸。吕公说，刘邦有异相，在社会动荡时已露端倪，具有人们思乱时才有的思维。因此说，吕刘的结合是萧何导演的一桩政治婚姻。这一婚姻巩固了萧刘联盟的沛县反秦社团。吕后"为人刚毅，佐高祖定天下"[③]，不仅仅是后来"所诛大臣多吕后力"，而且与刘邦结婚后，立即参与沛县萧刘社团的政治活动，为刘

①《史记·萧相国世家》。

②《史记·高祖本纪》。

③《史记·吕太后本纪》。

邦的出世建功大造舆论。

萧刘社团的中坚人物，除领袖萧何、刘邦外，主要成员有典狱掾曹参，他是萧何的好友。曹参下属狱史任敖，也是其中一员。泗水郡卒史周昌、周苛兄弟，一度与萧何同事，参与其中也是理所当然。还有县吏夏侯婴，他与刘邦特别亲爱。刘邦哥们儿有周勃、卢绾、周緤、雍齿、樊哙等人，大都孔武有力，习马弯弓，是刘邦的心腹。狗屠樊哙娶了吕后妹妹吕媭，如无政治目的，吕公不会嫁女给狗屠樊哙一个赳赳武夫的。吕后以她女性的特有身份，宣传刘邦神异，许多故事就从她口中吐出，不胫而走。《史》《汉》两书《高祖本纪》都记载了吕后曾带着她生的一对儿女即惠帝、鲁元公主在田间劳作，遇一老叟过路乞饮而相面，说吕后两子皆大贵。老父离去，适逢刘邦赶来田间，吕后具道所以，刘邦连忙去追赶老父，刘邦追上了，又请老父相面，老父说："向者夫人婴儿皆似君，君相贵不可言。"所谓"贵不可言"，就是"贵为天子"的意思。鲁元、孝惠因刘邦而贵，刘邦是真龙天子。孝惠帝生于公元前211年，第二年刘邦就拉了一队人马隐于芒砀山做山大王去了。以情理度之，惠帝尚在襁褓，吕后怎能带两子在田间劳作？刘邦家境不丰，世代务农，吕后嫁去参与田间劳动这是事实，而刘邦起事前她带两子在田间劳动遇老父相面云云，显然是人为的制作。刘邦隐于芒砀山中，吕后宣传，刘邦所居山中位置，天空有五彩祥云，这祥云只有吕后识得，她观望天气，就能找到刘邦。吕后懂得蛊惑人心，才具不凡。她不仅是刘邦的结发妻子，更是刘邦的起事伙伴，又生有贵子，所以后来刘邦要更易太子，终于忍不下心来，这是有渊源的。

三、时势造就布衣皇帝

公元前211年，有大流星坠落东郡，有人在石头上刻字："始皇帝死而地分。"秦始皇下令尽诛石旁的居民。第二年，公元前210年，始皇出巡东南镇压天子气。秦政权已面临暴风雨的前夜，只不过臣民还慑于秦始皇的声威，未敢公开反秦罢了。这时许多英雄豪杰已经拉起了队伍隐于山林为盗。楚人黥布拉了一队骊山刑徒，反出函谷关，回到故土居于鄱阳湖中。楚人桓楚也流入大泽中。这一年刘邦因押送沛县刑徒去骊山，这些刑徒还没有走出沛县境，沿途已多有逃亡。到了丰邑之西，刘邦驻屯下来，买酒买肉与刑徒作了一场豪饮。刘邦对众人说："公等皆去，吾亦从此逝矣！”[1]徒众中有十余壮士，愿追随刘邦。刘邦乘着酒兴，连夜向芒砀山进发，在沼泽的独行道上横着一条大蛇，挡住去路，徒众不敢前行。刘邦说：“壮士行，何畏！”大丈夫走路，没有什么可惧怕的。刘邦奋勇前行，抽出宝剑，击蛇为两段。刘邦奋勇前行数里，醉卧路边，迷迷糊糊听到有个老妇人在哭，徒众向前询问，在对答中老妇人说：“人杀吾子，故哭之。”又说：“吾子，白帝子也，化为蛇，当道，今为赤帝子斩之，故哭。”听话的人认为老妇人说话不诚实，想揍她一顿，老妇倏忽不见。这一奇遇使徒众打内心畏服刘邦，刘邦也以此自负。这就是刘邦提三尺剑，斩蛇大泽起义的故事。自此以后，关于刘邦是真龙天子的故事，就由吕后等人四处传扬。过了一年，公元前209年七月。陈胜、吴广在大泽乡正式起义，发出了反秦的号召，全国大起义爆发。九月，刘邦在萧何、曹参等人的拥戴下，走出芒砀山，夺取沛县，自称沛公，竖起了反旗，以赤帝子号令四方，旗帜尽为赤色。刘邦要带领沛县子弟逐鹿中原了。刘邦竖起反旗的同时，在南方关中，楚国贵族下县（今江苏宿迁西南）人项梁、项羽叔侄也起事了。项梁是楚国大将项燕的小儿子，项羽是项燕的长孙，项梁的侄儿。项燕是楚国名将，坚决抗秦的英雄，在楚国遗民中有很高的声望。项燕在公元前224年大败秦将李信统率的二十万大军。秦将王翦灭楚，要求秦王集中全国的精兵六十万人与项燕对阵，双方争战了一年，项燕因寡不敌众，兵败自杀。项燕的英勇抗秦，赢得楚地人民广泛的同情，都相传他没有死，隐居在民间，一直在找机会反秦。陈胜、吴广起义就打着项燕的旗号，号召人民。由此可见，项氏家族在民众中的深远影响。

项梁、项羽叔侄逃避秦朝的通缉，隐居在吴中，即今江苏苏州，当时是会稽郡的郡治。项梁很有组织才干，吴中有大徭役及丧事，郡太守都请项梁出来主办。项梁借此机会暗中以兵法组织宾客及吴中子弟，掌握了吴中少年及豪杰的各自才干。项羽身长八尺，力能扛鼎，才气过人。但他性情急躁，缺少耐心。他读书不成，改学剑术，又半途而废。项梁责备他，他说：“书足以记名姓而已。剑一人敌，不足学，学万人敌。”于是项梁教他学兵法，项羽大喜，可是“略知其意”后，又“不肯竟学”。项羽后来兵败垓下，不是韩信对手，与他学业不精不无关系。这是后话，按下不提。公元前210年，秦始皇巡游东南，渡浙江，项梁与项羽一同在远远的一侧观看。秦始皇扈从浩浩荡荡，威仪堂堂，但项羽看来，

---

①《史记》卷八《高祖本纪》。

与凡品无异，他脱口而出："彼可取而代也。"[①]项羽时年23岁，表现了一个青年的雄心。

刘邦在咸阳看到秦始皇出行，说："嗟乎，大丈夫当如是也。"约早于项羽二三年，在公元前212年前后，年届35岁。

项羽说："彼可取而代也"，斩钉截铁，表现了强烈的反秦意识，一个热血青年，抱着满腔的国仇家恨，恨不得立刻刺死秦始皇。

刘邦说："嗟乎，大丈夫当如是也。"一副叹羡的口吻，大丈夫、男子汉就应当这样。对刘邦来说，他是开了眼界，看到了皇帝的排场，作为沛县老大的刘邦，平时派头十足，此时感到渺小，世界原来是这样，皇帝好气派。当时秦始皇的神圣光环如日中天，刘邦没有产生取代的念头，"因为他知道那是完全没有效用的。他只是无可奈何地摇摇头，表示羡慕而已。"[②]但这羡慕也透露了刘邦的大志与帝王气度，随着时势的变化，当刘邦逃遁芒砀山时，就大肆制造天子舆论，什么赤帝子杀白帝子，什么行止处天空有五彩祥云等等。当沛县父老迎请刘邦，说出"刘季诸珍怪，当贵"的话时，时势已经把这位满身无赖气息的布衣推上了登基的皇帝之路。

四、刘项相争　楚亡汉兴

由于秦政暴虐，天下人民共苦患秦。陈胜振臂一呼，全国大起义风起云涌。当陈胜在陈郡称王，建立了张楚国号时，刘邦在沛县也拉起了张楚的旗号，拥护陈胜，自号沛公。但没过多久，陈胜被秦将章邯攻杀。刘邦部属雍齿，与刘邦是发小，刘邦起义，让雍齿驻守根据地丰邑。陈胜失败，雍齿却背叛了刘邦去投靠魏王，刘邦陷入了困境。这时项梁、项羽率军从江东渡过长江，进入山东，成了抗击秦军的主力。沛公带兵去投奔项梁，与项羽拜了把兄弟，此后就一同并肩作战。沛公与项梁等人共同拥立了楚怀王。反秦斗争进入了一个新阶段。

秦二世二年（前208）八月，起义军再次遭到挫折，项梁因连胜秦军而骄傲轻敌，不幸在定陶被秦将章邯偷营，战败而死。接着章邯转战河北，围困赵国。沛公和项羽都收兵回到彭城。楚国群臣对部队进行了调整，决定分兵两路攻秦。

①《史记·项羽本纪》。

② 陈国柱:《西楚霸王》，国际文化出版公司1996年版，第6页。

诸将认为刘邦是个宽大长者，让他带兵从河南西进入关破秦。让宋义带领主力北上救赵，牵制秦军主力。楚怀王忌惮项羽，强令他为副将，听从宋义节制。楚怀王又与诸将相约："谁先入关，谁就做关中王。"

项羽世世为楚将，楚国被秦国所灭。他的叔父项梁又被秦将章邯杀害。国仇家恨，使得二十四岁起兵反秦的项羽，在血气方刚的驱动下表现得十分残暴。他兵锋所向，破敌屠城，杀戮无辜，受到诸将的忌惮和长者的不满。不过因秦国大敌当前，人们还能容忍。项羽的复仇怒火使他作战英勇，乐于与秦军主力搏斗。宋义观望不进，项羽杀了宋义，夺了兵权，在巨鹿城下大战秦军，一日九战，喊杀之声震天，楚军无不以一当十,一往无前。秦军主力被项羽打败，章邯投降，尚有二十万众。项羽担心秦军入关后造反，就在行进到河南新安时把秦兵全部坑杀了。这一大血案，使项羽大失人心，尤其是关中人民，对他恨之入骨。

与项羽相反，刘邦进兵一路招抚。他趁项羽在河北与秦军主力决战的时机，乘虚直入，从武关迂回进入咸阳，秦王子婴投降，秦王朝就这样灭亡了。刘邦几乎没有打什么大仗。陈胜发难，项羽破秦主力，可以说都为刘邦的成功开辟了道路。刘邦入关后与秦民约法三章，即杀人偿命，伤人及盗抵罪。秦朝的苛法全部废除。刘邦派出使者四处告谕秦民，又说，他与诸侯有约，先入关者当为关中王。秦民十分高兴，唯恐沛公不为关中王。这与项羽的暴虐形成了鲜明对比。

公元前207年十月，沛公刘邦先于项羽两个月入关攻破咸阳，秦王子婴请降，秦朝灭亡。刘邦派兵把守函谷关，阻挡项羽入关。十二月，项羽领兵来到函谷关，项羽已经知道刘邦攻破了咸阳，而函谷关竟然有守兵不肯开关。项羽震怒，命令楚军先锋当阳君黥布攻破函谷关，四十万楚军进关，驻扎在戏水之西。项羽立即下达紧急动员令，连夜造饭，第二天兵伐沛公。当时刘邦只有十万兵，不是项羽的对手。刘邦听用张良智计，亲自到鸿门向项羽赔罪，作为盟兄大哥的刘邦当面向项羽自称"臣"，称项羽为"大王"，一顿迷魂汤灌得项羽晕晕乎乎。在鸿门宴上，表面上刘项和解，实质拉开了楚汉相争的序幕。鸿门宴预演了楚汉相争智胜力的结局。从公元前206年八月，刘邦还定三秦，到公元前203年十二月项羽自刎乌江，经过三年半的征战，楚亡汉兴。公元前202年二月，刘邦称帝，大汉正式建立。

楚汉相争，项羽失败的原因，就是刘邦胜利的原因。两人相反相成，形成鲜明对比。司马迁总结项羽失败有五大原因，反之也是刘邦成功的五大原因。刘邦自己总结楚亡汉兴的根本原因是善用人才。汉得张良、萧何、韩信三杰之助而兴，项羽有一范增不用而灭亡。“得人者昌，失人者亡”，刘邦用他亲历的战斗生动地说明了这一真理。三杰归汉，另作专文讨论。

项羽不学无术，项梁过早死亡，项羽年轻气盛，还缺乏担当天下重任的政治经验。项羽总结经验，往往走向反面。例如他残暴杀伐，他本来是反秦暴政，而自己却以暴制暴，无法赢得人心。刘邦起兵，投靠项梁，与项羽结为兄弟，而第一个起来与项羽争天下的恰恰是刘邦，这使得项羽错误地总结了生活经验和政治经验，猜忌功臣，防范外姓，只听信项伯等亲人的话，他哪里知道，项伯脚踏两只船，恰恰是个内奸。统治集团上层出了内奸，军事行动的情报都泄露给了敌人，这个仗还怎么打？最大的失误是项羽分封十八王。此着一输，全盘皆输。与项羽相反，刘邦的性格“仁而爱人”，他好说大话，给人希望，讲义气，交朋友，例如他先后与项羽、项伯两人都约为兄弟，项羽、项伯却是叔侄。刘邦管不了这许多，他只是搞政治。在严酷斗争的环境里，刘邦的这种性格与拉人际关系的手腕很能得到群众拥护。刘邦出身布衣，阶级本性决定了他会同情下层人民。他押送徒役，见逃的人多了，不是运用严刑防范，而是放大家去逃生，他自己也上山入伙。他虽然没有陈胜之敢于发难，但他稳步发展，确实具有谋略。刘邦人缘好，顺利地当上西征主将，使得他先入关，在政治上占了主动。刘邦起初也没有多大才能，秦朝统一中国时，他已三十多岁，才做了一个亭长，还经常去酒铺喝酒不付钱，这说明他没有什么特别大的志向。但他跑了一次咸阳，看到秦始皇的排场就想当皇帝，说明他思想活跃，很能跟上形势。他能博采众长，招揽人才，集思广益，在斗争中迅速地增长了才干。到鸿门宴时，他敢于身入虎穴，表现他的勇；他计划周密，把统战工作做到了项羽的心脏中去，让项伯做了汉军的内奸。刘邦的确是知人善任，加上自己的进步，他成了天下无敌的杰出政治家。就这样，时势把一个泗水亭长铸造成了叱咤风云的英雄，创造出了布衣将相之局的汉家天下。

论三杰归汉

“三杰”并称，来源于汉高祖刘邦对西汉开国功臣张良、萧何、韩信三人相提并论，并作了高度评价，可以说汉初“三杰”乃汉高祖钦定。公元前202年二月初二日汉王刘邦即皇帝位，宣告汉王朝正式建立。五月，汉高祖刘邦在洛阳南宫设宴庆功。刘邦在庆功大会上说：

> 夫运筹策帷帐之中，决胜于千里之外，吾不如子房。镇国家，抚百姓，给馈饷，不绝粮道，吾不如萧何。连百万之军，战必胜，攻必取，吾不如韩信。比三者，皆人杰也，吾能用之，此吾所以取天下也。项羽有一范增而不能用，此其所以为我擒也。①

刘邦将他们并称为“三杰”，评价十分得体。张良是大谋略家，封留侯；萧何是大政治家，封鄼侯；韩信是大军事家，初封王，后降为淮阴侯。三杰同功一体，辅佐刘邦，使布衣登极做了皇帝，创建了西汉王朝，三杰也成为影响历史进程的重要人物。谋略用智，政治用仁，军事用勇，张良、萧何、韩信，个个都是兼备智、仁、勇的全才人物，又各有侧重，高祖兼收并蓄，无敌于天下。但在秦统一之初，无论是高祖，还是三杰，他们都生活在社会底层，无所作为。是什么机运造就了“三杰”呢？

一、汉初三杰的身世

三杰身世，张良最尊贵，出身韩国贵族，因秦灭韩而破落。萧何布衣，为社会贤达，任沛县主吏掾。韩信为游民。

1.张良遗少

据《史记·留侯世家》记载，张良，字子房，出身贵胄，本为姬姓，为韩国贵族。姬姓是个古老的姓氏，源于黄帝。《晋语》称：“黄帝以姬水成，炎帝以姜水成”②，所以许慎、皇甫谧等，都认为黄帝居姬水，因以为姓。后来周人兴起于渭水中游，包括姬水流域（今陕西宝鸡地区），善稼穑五谷。帝尧便封周人先祖弃，即后稷“别姓姬氏”③。因此司马迁在《史记·韩世家》中说：“韩之先与周同姓，姓姬氏。”姬姓古老，是古代的望族，韩国先人事晋，得封于韩原，公元

---

①《史记》卷八《高祖本纪》。

②《国语·晋语》。

③《史记》卷四《周本纪》。

前453年，韩、赵、魏三家分晋，韩国建立。张良一族是韩国王室支族，故以国为姓，祖籍韩国城父[①]。张良是尊贵的姬公子，韩亡而沦落为遗少。

张良祖父姬开地，相韩昭侯、韩宣王、韩襄王，父姬平相韩釐王、韩悼惠王。祖、父两代相韩五代国君，历经了韩国由侯到王的转变[②]，史称“五世相韩”，历八十余年，近一个世纪。张良的祖、父两代与韩国五世侯、王，君臣相知，世所罕见。或许这是世卿世禄的积习在韩国还有相当的影响，贵臣世禄与王室同根连体，这就是张良在国破家亡之后不忘为韩报仇的思想基础。

韩国是战国七雄中最小的国家。在三家分晋时，都平阳（今山西临汾市北），由于秦的压迫，不断向东迁都，先后迁都宜阳（今河南宜阳县西）、阳翟（今河南禹州市）、郑（今河南新郑市），几经发展，总算在中原站稳脚跟。韩国虽小，所处战略地位却极为重要，与秦、魏、楚等国交壤，而且扼守在秦国由函谷关东出的通道上。秦兵东出，韩国首当其冲，特别是战国中期，秦韩之间发生过多次大战役，公元前317年有修鱼之战，公元前314年有岸门之战，公元前307年有宜阳之战，公元前293年有伊阙之战，此役韩国丧失西部重镇宜阳，元气大伤，已臣服于秦。但韩人斗志顽强，一直坚守其国，虽然在六国中最先灭亡，却是战斗到了最后，其他各国相继灭亡。张良的祖、父两代，正是在秦韩生死搏斗之际，进入韩国领导集团，其恨秦、怒秦、敢于与秦国争战的爱国精神流淌在张良的血液里。张良10岁时，公元前241年，楚、赵、魏、韩、燕五国联合攻秦，战于函谷，联军一度前进至蕞（在今陕西西安市临潼区东北），最终败还。此役是六国抗秦的最后一搏，也最有声色，联军逼近了秦都，虽败犹荣。东方六国的最后一战，给少年张良留下了沉重而深刻的印象。

如上所述，张良出身贵族，却生不逢时，正值国家衰亡之际。韩悼惠王二十三年（前250），张良之父姬平，在内忧外患中积劳成疾不幸逝世，只剩下母亲和不满周岁的弟弟。父亲的过早去世，使如日中天的姬氏家族在衰亡中的韩国所处政治地位一落千丈，所以直到韩国灭亡，张良过了弱冠之年，也没有机会出仕，只是一个富室公子而已。

① 春秋战国时有两个城父，东城父在今安徽亳州，西城父又名父城，在今河南禹州市南，有张良故里张得乡，留有遗迹及许多传说。参见余世城《张良故里是禹州》一文，《寻根》2000年第4期。

② 柏杨:《中国帝王皇后亲王公主世系录》，中国友谊出版公司1986年版，第119页。

韩王安九年（前230），秦将内史腾率军灭韩，俘虏了韩王安，于韩地建置颍川郡。韩国灭亡，张良一家孤儿寡母沦落为亡国孑遗。祸不单行，张良弟不幸早夭。其时张良家资富有，僮仆三百人。张良毁家纾难，其母大约早已亡故，所以《留侯世家》只记载："弟死不葬"。所谓"弟死不葬"，是指草草安葬，未按礼制铺张。张良将家产全部变卖，所得巨资用于结交豪侠，誓为韩国报仇，谋刺秦王。张良孑然一身，没有家室之累，又值血气方刚的年岁，他立志要干一番大事业。公元前218年，张良在博浪沙椎击秦始皇，事败匿于下邳（今江苏邳州南），改名换姓。

张良毁家纾难，奔走江湖，爱国爱家，堪称奇士。

2.萧何文吏

萧何与汉高祖刘邦同乡邑，在楚国沛县丰邑镇。西汉建立，因刘邦出生丰邑，而升格为县，于是史籍中丰沛并称。丰县今属江苏省，归徐州市管辖。史载萧何"以文无害为沛主吏掾"①。何为主吏掾？掾，指县令的下属佐吏。主吏，重要的佐吏，县令的骨干辅佐人员，有五官掾、主吏掾等职。主吏掾，又名功曹掾，主管人事、总务，是县令的左右手。秦焚诗书，"若欲有学法令，以吏为师"②。萧何以吏为师，精通文字，说明他出身于农村的殷实之家，即富裕农家，是秦汉时乡村中的中产阶级。秦始皇统一六国，把地方豪强大户及六国贵族西迁往咸阳，约十余万家。萧何未被迁徙，祖上也无显赫人物，说明出身属于中产而非豪强大户。由于改朝换代，豪强大户被迁徙，像产生萧何这样出类拔萃人物的中产之家，在地方就成了显赫人家，萧何也成了社会贤达，一县之中的长者。

萧何为人宽厚，办事公平又能干，所以史称"以文无害为沛主吏掾"。"文无害"，按《史记》三家注有四种解释：一是"有文无所枉害"，指草拟文案，笔下行文公平无害；二是"虽为文吏，而不刻害"，指萧何厚道，不以文字刻害人；三是"为有文理，无伤害"，指行文准确，不会伤害事理；四为陈留方言，"无害"即无比，"文无害"就是文章特出无比，天下无双。这些解释都有一定道理，均是对萧何为文吏的肯定与赞誉。其实"文无害"，主要意思是与酷吏锻炼成狱的刻害文字相对比，不以文字刻害人。在秦末苛政猛于虎的动荡社会中，萧何"文无害"，受到广泛的赞扬。萧何在沛县有很好的声望，他利用自己的职位与声望，

①《史记》卷五十三《萧相国世家》。

②《史记》卷六《秦始皇本纪》。

掩护了刘邦及一批地方豪侠之士，在沛县积聚起一支反秦力量。这支反秦力量的核心人物是刘邦，策谋人物就是萧何。

3.韩信游民

韩信故里在淮阴城郊。淮阴，秦县名，今属江苏省淮安市，在淮水岸边。韩信家贫，父母早丧。其父死时，韩信尚未成人。韩信刚成人，其母又死，既无葬具，又无葬地。韩信到荒郊找了一块高敞宽平的地方埋葬了母亲。韩信说："这个地方其后当置万家邑。"[①]言下之意，自信能封万户侯。韩信游荡，经常饿肚子，他这句话成为助人谈资的笑柄。韩信后来果然封了万户侯，这话又成了韩信少小立志的美谈。西汉司马迁写韩信传，专门到淮阴作了调查，韩信母亲墓冢，确实在一处开阔平坦的高地上。司马迁发出了深深的感叹："其志与众异。"

三个不同的家庭，造就了性格各异的三位人杰。张良出身贵族，家资富有，交游广泛，少年血气方刚。慕豪侠之行，敢做惊人之事，久经磨难，洞察世事，折节改行，修道家"无为"之学，习兵法变化之妙，佐刘邦而处宾师的位置，与帝王若即若离，始终保持着清醒的头脑而淡泊名利，功成身退得以善终。张良画策，决不先声夺人，总是后发制人，别人冒了头，他后面综括，刘邦不请教，他不发言，事不急不表态，城府很深，成为千古帝王师的榜样。唐代李泌策谋德宗朝，就是以张良为榜样。张良伴君，绝不轻言，言必有中。萧何出身中产之家，处世待人小心谨慎，开拓不足，守成有余，是一个难得的行政人才。故楚汉相争，萧何坐镇后方，足食足兵，而创立汉朝，建设制度，无为休息，为汉家第一丞相，这才是萧何的首功。韩信出身贫士，成为游民闯荡江湖，重义气友情，看重功名利禄，有豪侠志气，而政治斗争不成熟，所以韩信立下盖世大功而不得善终。韩信与张良对照，恰成鲜明的黑白反差。司马迁极端同情韩信，几乎是用血和泪写成《淮阴侯列传》，在传后评论说："假令韩信学道谦让，不伐己功，不矜其能，则庶几哉，于汉家勋可比周、召、太公之徒，后世血食矣。"由此可见，家庭身世、环境影响、个人修养，对于一个人一生的功业与结局，产生的影响是十分重大的。

三杰的生年，《张良、萧何、韩信评传》依据有关材料推定，张良生于公元前251年，萧何生于公元前248年，韩信生于公元前228年。为省篇幅，推论过程，兹从略。

---

①《史记》卷九十二《淮阴侯列传》。

二、汉初三杰在动乱中崛起

历史造就英雄，英雄借助时势大展宏图。秦末大起义，全国性的大动荡，把汉初三杰和许多英雄人物推上历史舞台，演出了一幕幕流传千古的历史活剧。

1.张良椎刺秦始皇

韩国亡后，张良以孤臣孽子之心，怀着满腔的悲愤，矢志报复秦国。他身材矮小，面貌像一个娇小的姑娘[①]，孑然一身，仅有两只空拳，如何能报仇于手握百万雄兵的秦王呢？但张良并不气馁。韩国虽亡，东方六国还有五国存世，若能合纵，全力抗秦，胜负未可逆料。但当时形势，赵、魏朝不保夕，弱燕偏安残喘，东方齐国、南方楚国，两大国之间同盟关系被秦连横外交所瓦解。齐国坐山观虎斗，楚国郢都破后元气大伤。东方五国各怀自保之念，无人敢出头再倡合纵，眼睁睁看着秦国来蚕食国土，被各个击破。在这种形势下，有两位热血青年、爱国志士，想用刺杀秦王的手段，做最后一搏。

这两位青年，一个是燕太子丹，另一个便是张良。他们一前一后采用刺杀手段来报复秦王，制造秦国的动乱，以谋求局势的变化。在个人专断的社会，这一手段虽不高明，有时却也能奏效，例如春秋时鲁曹沫之劫齐桓公。燕太子丹选中的刺客就是名垂千古的侠士荆轲。公元前227年，燕太子丹遣荆轲西行刺秦，在易水河畔送别，著名乐师高渐离击筑，送行人身穿白衣，荆轲扣着筑声节拍慷慨悲歌："风萧萧兮易水塞，壮士一去兮不复还。"天为之动容，水为之呜咽。悲凉场景，十分动人。燕太子丹嘱托荆轲，入秦完成两项任务的其中之一，便是胜利。一是劫持秦王，效法曹沫迫使齐桓公返还诸侯被侵土地；二是秦王不听则将其刺死，制造秦国的政局动乱，给东方五国的合纵创造条件。燕太子丹说：

> 诚得劫秦王，使悉反诸侯之侵地，若曹沫之与齐桓公，则大善矣；则不可，因而刺杀之。彼大将擅兵于外，而内有大乱，则君臣相疑。以其间诸侯，诸侯得合纵，其破秦必矣。此丹之上愿，而不知所以委命，唯荆卿

---

①《史记》卷五十五《留侯世家》记载司马迁曾见张良画像，状貌好似一个漂亮的小姑娘而发出深深的感叹。司马迁说："上曰：'夫运筹策帷帐之中，决胜于千里之外，吾不如子房。'余以为其人计魁梧奇伟，至见其图，状貌如妇人好女。盖孔子曰：'以貌取人，失之子羽。'留侯亦云。"

留意焉[①]。

燕太子丹想用刺杀手段制造震动，激起东方各国的斗志。但是荆轲失败了，燕国遭到秦国的大举进攻，燕太子丹兵败被杀。秦国加紧进攻东方各国，燕国在公元前222年为秦所灭。

荆轲刺秦，发生在公元前227年，此时是韩国灭亡的第四年，张良26岁。这位孤臣孽子正在楚国都城淮阳学礼，寻求报国之路。燕太子丹背靠国家之力，组织刺杀失败，演成悲剧，成为人们的谈说资料、叹惜话题，而张良却别具只眼，看到了复仇的希望。《史记·留侯世家》载："良尝学礼淮阳。东见仓海君，得力士，为铁椎重百二十斤。秦皇帝东游，良与客狙击秦皇帝博浪沙中，误中副车。"张良祖、父相韩五世，家国连体相依。韩国灭亡，张良其弟又死，真是祸不单行，国破家亡。但张良没有被这突如其来的横祸所击倒，22岁的少年，血气方刚，报国报家的复仇精神，游侠志气的勇敢，都驱动着张良要干一番大事业。张良遣散了三百个家奴，草草埋葬了弟弟，把偌大家资全部变卖，携带黄金到楚国都城淮阳学礼，结交豪侠，报复秦王。淮阳，汉郡名，在今河南淮阳。春秋时，淮阳是陈国都城，称陈邑。公元前278年，秦将白起攻破楚都郢，楚倾襄王迁都于陈。张良学礼淮阳，实际是国破家亡后流亡楚国。张良学礼，只是一个烟幕弹，他借此结交四方侠士，并通向楚国上层社会，谋求报秦之策。东方齐、楚两国为最大国。张良在楚都未得遇奇士，他东游齐国，访得隐者仓海君，在仓海君的引荐下，结交了一位能扔出一百二十斤大铁锤的力士。依据吴镇烽先生对秦半两钱等实物的测定，算出来一斤合今0.5125市斤[②]。秦120斤，合今61.5市斤，即30.75公斤。荆轲刺秦王，虽然失败，却打破了秦王神圣的光环。因此，荆轲的失败，反倒给了张良一个启示，只要靠近秦王，一个力士就可了结秦王性命。张良眼看天下大势，复国已经无望，他要报仇，只需索取秦王性命。循此逻辑，我们可以推定，张良放弃在淮阳学礼，东见仓海君，组织刺杀秦王的行动，就是在荆轲刺秦王的启示下进行的，也就是说张良东行，应在公元前227年。一边是秦王叱咤风云，继续吞灭六国，一边是张良组织刺杀秦王的行动，等待时机。这一等就是十年。公元前218年，秦王二十八年，秦始皇第二次东游，给张

① 《史记》卷八十六《刺客列传》。

② 吴镇烽:《半两钱及其相关的问题》，载《秦文化论丛》第一辑第536页。

良带来了机会。这时已是秦王统一六国后的第三年，秦王已上尊号称始皇帝，全国实行郡县制。秦始皇连年出游，巡行郡县，宣示国威。当秦始皇的车驾行抵阳武县博浪沙（今河南原阳县南）的时候，突然从险狭处飞出一百二十斤重的大铁锤，端端正正砸在了一辆黄屋大纛的天子坐车上，车子砸毁，车上人亡。好一个力士，武艺了得。秦始皇在另一辆车上看得清清楚楚，惊了一身冷汗。原来被砸的天子坐车乃是一辆以假乱真的副车，秦始皇的坐车跟在后面，安然无恙，秦始皇有惊无险。虽然如此，秦始皇的权威受到了挑战，这还了得。秦始皇大怒，下令全国戒严十天，四处捉拿刺客，进行了全国大搜捕，却终无所获。张良与力士逃脱灾难。张良放弃了国姓姬氏，改名换姓叫张良，逃到楚地下邳藏匿起来。这是一件震动全国的大事件，《史记·秦始皇本纪》和《留侯世家》均作了记载。《秦始皇本纪》载：

> 二十九年，始皇东游。至阳武博浪沙中，为盗所惊。求弗得，乃令天下大索十日。

《留侯世家》载：

> 秦皇帝东游，良与客狙击秦皇帝博浪沙中，误中副车。秦皇帝大怒，大索天下，求贼甚急，为张良故也。良乃更名姓，亡匿下邳。

考察秦始皇的坐车及其属车、副车，秦始皇陵出土的一、二号铜马车，提供了形制[①]。《秦始皇本纪》为尊者讳，称张良为“盗”，正名分；《留侯世家》记其实，大书张良与大力士抗暴的英雄义举。秦始皇出巡是行进在宽六步的坦荡大道上，称为驰道，这是专供皇帝行走的御道。6尺为一步，6步共36尺，即宽3丈6尺的大道。秦汉尺合今制23厘米，36尺合8.28米，可与当今普通汽车公路相比。秦始皇修这样宽的出巡大道，便于军马行动，浩浩荡荡，气势非凡。庞大警卫，前呼后拥，副车多辆，鱼贯行进，张良弄不清真正的秦始皇在哪一辆车上，因而狙击不成功。

---

① 参见武伯纶《秦汉车制杂议》，载《文博》1989年第5期。又袁仲一《秦陵一、二号铜车马综论》，载《秦文化论丛》第5辑第3页。

春秋战国的长期战乱，给人民带来深重灾难。秦并六国，一统天下，符合历史进步的进程，受到天下人民的拥护。贾谊《过秦论》中篇作了如下描述：

> 秦并海内，兼诸侯，南面称帝，以养四海，天下之士斐然向风，若是者何也？曰：近古之无王者久矣。周室卑微，五霸既殁，令不行于天下，是以诸侯力政，强侵弱，众暴寡，兵革不休，士民罢敝。今秦南面而王天下，是上有天子也。既元元之民冀得安其性命，莫不虚心而仰上，当此之时，守威定功，安危之本在于此矣[①]。

国家的安危之本，就是人民拥护，得人者，得立国之本。然而秦王并未认识到自己是何以统一中国的。他本人是韩非“当今之世争于力”的信奉者，所以，“秦取天下多暴”[②]，被称为“虎狼之国”[③]。秦在统一六国过程中，斩杀六国士卒167万人，单是白起一人就斩首坑杀92万人。秦将白起最为野蛮。公元前239年伊阙之战，他斩杀韩、魏士卒24万；公元前273年华阳之战，杀魏卒13万，沉赵卒2万于河；公元前280年的光狼之战和公元前264年的陉城之战，两役斩杀赵、韩士卒8万；公元前260年长平之战，坑杀赵降卒40余万，此役前后斩杀总计45万。史称秦为虎狼之国，称白起、王翦为“豺狼之徒”[④]。秦军攻城略地，坑杀平民，也屡见不鲜。公元前238年，秦灭赵，秦王亲临邯郸，“诸尝与王生赵时母家有仇怨，皆坑之”[⑤]。秦王施行彻底的强权政治，失掉民心，这是秦王朝二世而亡的根本原因。贾谊也有尖锐的批评，在《过秦论》中篇，紧接上段引文之后说：

> 秦王怀贪鄙之心，行自奋之智，不信功臣，不亲士民，废王道而立私爱，禁文书而酷刑法，先诈力而后仁义，以暴虐为天下始。夫并兼者高诈力，安危者贵顺权，此言取与守不同术也。秦离战国而王天下，其道不易，其政不改，是其所以取之守之者无异也。孤独而有之，故其亡可立而待也。

①《史记》卷六《秦始皇本纪》引贾谊《过秦论》中篇。

②《史记》卷十五《六国年表序》。

③《史记》卷六十九《苏秦列传》载苏秦语，又见《战国策·西周策》载游腾语。

④《汉书》卷二十三《刑法态》。

⑤《史记》卷七《秦始皇本纪》。

立国失去根本，失去人心，“其亡可立而待”，一个早晨就可被推倒。因此荆轲刺秦王，张良椎始皇，都是代表人民反暴抗暴的正义之举，是真正爱国爱民的浩然正气，应该肯定，应该颂扬。南宋爱国英雄文天祥在《正气歌》中颂扬正气英雄时说：

在齐太史简，在晋董狐笔。
在秦张良椎，在汉苏武节。

齐太史、晋董狐、秦张良、汉苏武，四人都是文人，但都是一身浩然正气、勇于牺牲的堂堂大丈夫。他们拍案而起，焕发正气，所向披靡，惊天地，泣鬼神。可见，干大事业的英雄，并不都是勇冠三军，力能扛鼎的英武之人，文人学士，壮貌如妇人好女的张良，在大是大非的关键时刻，依然可以一奋而为天下雄，特别是他们表现出的坚忍卓绝精神，大智大睿的气质，干出非常人所及的事业来，令人肃然起敬，折腰敬仰，他们不仅是英雄，更是大英雄。

对张良刺秦始皇行为的评价，近代有两位爱国的历史伟人，做了恰如其分的评价，具有人民的心声。一位是清代的民族英雄林则徐，他题诗说：

除秦便了复仇心，勇退非关虑患深。
博浪沙椎如早中，十年应已卧山林①。

林则徐的诗寄寓很深，咏史以抒情。再一位是抗日民族英雄冯玉祥将军在留坝“汉张良祠”题写的一副对联，很有深意。其词曰：

侯封敝屣，汉家三杰，如公的是完人，明功成身退之义；
奋志击秦，博浪一椎，不中亦寒敌胆，以匹夫有责为心。

冯玉祥评价张良椎击秦始皇，是“匹夫有责”的爱国行为。古代暴君夏桀自比太阳，人民诅咒，这太阳什么时候灭亡，宁愿和太阳一起死亡。暴君民贼，人人可得而诛之。总之，张良刺秦始皇，代表了当时人民的意志，这是历代以来有

① 王德等编《汉张良留侯祠》，留坝县张良文管所印，1983 年版第 54 页。

口皆碑的。

张良椎始皇，遣力士所为，看似简单，其实不然。张良反秦，一椎奋起，前后组织策划，长达10年之久，其难度可想而知。还拿荆轲刺秦王作对照，可以生动地证明非常人所能及。荆轲入秦，在咸阳宫殿上，仅仅是肃穆庄重的气氛，就把荆轲的副手秦舞阳吓得变了脸色。这个秦舞阳曾是一个杀人不眨眼的恶少年，一见大场面未免心悸。张良与大力士在博浪沙驰道上狙击秦始皇，在千军万马的冷兵器时代，以个人之力刺一国之君，实在是一件非常之举，不是一般人所能想、所敢为的。秦始皇经过荆轲事件，警卫森严，副车多辆，庄严肃杀之气，可以想见。秦始皇出行，是镇压天子气，史称"立石刻，颂秦德，明得意"①，始皇的骄狂心态又可以想见，而今竟然在大军行进途中遭到狙击，其天子震怒情状，尤可想见。全国大搜捕更在情理之中。张良刺杀秦始皇虽未成功，但他敢想敢为，又逃脱了秦始皇严法令具布下的天罗地网，不仅有大勇，而且有大智。张良藏匿的下邳，并不是荒郊野岭，虽非名都大邑，却也是一个交通四达的冲要城镇，秦始皇居然通缉不得。一方面说明张良少时游学楚都，结识的豪侠非常可靠；另一方面说明楚地人民反秦意识最浓重，不配合秦朝的官吏。当时有民谣说："楚虽三户，亡秦必楚。"②张良的行为受到楚地人民的支持与保护，也更加坚定了他反秦的意志。

2.萧何静观时变

萧何天性诚笃，办事敏捷，大事小事，有条不紊。秦御史到泗水郡督察庶务，发现萧何是一个难得的行政人才，就把萧何从沛县调到泗水郡任郡卒史。沛县在秦时是泗水郡治，因此萧何的调转，只是换了衙门，没有换地方。一年后，郡吏考核，萧何治绩列为第一。秦御史要推荐萧何到京师任职，萧何恳切地坚决辞谢，还回到沛县主吏掾的旧职上，不肯去京师。按常理，一个地方小吏被钦差看中，推荐京师是求之不得，多少人钻营拍马都得不到的东西，为何萧何却不屑一顾呢？这正是萧何的过人之处，表现了他不凡的志趣，看清了天下的大势，留在故乡静观时变。这是秦始皇的晚年时代，大约在公元前212年前后。

说到萧何，离不开与刘邦并提。两人同乡里，萧何习文，刘邦习武，年齿相若，自幼相知，一同在沛县为小吏，一同走过了坎坷艰难的创业道路，功成名

①《史记》卷六《秦始皇本纪》。

②《史记》卷七《项羽本纪》。

就，共同创造了汉家基业。刘邦做了开国皇帝，萧何做了开国丞相。两人少了一人，也许历史便是另一番模样了。评说他们的事功，两人连体相依，不可分离。

萧何与刘邦的出仕，其年无考，大约在秦统一之初。公元前223年秦灭楚，萧何26岁，刘邦25岁，正当出仕年华。公元前221年，秦并六国，在全国推行郡县制，需要大批官吏。萧何、刘邦等人以农为本业，在秦汉时代称良家子，正是新政权的依靠对象。秦国自商鞅变法以来，重本抑末，大力培植自耕农作为巩固政权的阶级基础，因此萧何、刘邦在秦统一之初出仕为地方小吏合于情理。在升平年代，萧何和刘邦在定格的生活环境中和普通人一样，也是规规矩矩做人，尽心尽职办事，长时期碌碌无所作为，萧刘奋斗了十年除了博得一个能吏的声誉外，没有做出什么轰轰烈烈的事业来，萧何只做到沛县主吏掾，刘邦只是一个泗水亭长。司马迁经过调查，发出了意味深长的感叹。他说：

> 太史公曰：吾适丰、沛，问其遗老，观故萧、曹、樊哙、滕公之家，及其素，异哉所闻！方其鼓刀屠狗、卖缯之时，岂自知附骥之尾，垂名汉廷，德流子孙哉？[①]

这是说萧何、曹参、樊哙、夏侯婴、周勃等人，在秦朝承平时代只能成天忙忙碌碌为生计操劳，做梦也没有想到刘邦会做天子，追随刘邦能够出将入相。司马迁在京师听到的和看到的官方文件，对西汉开国皇帝和开国将相大臣有许多神异非凡的传说和记载。《史记·高祖本纪》就留下了许多关于刘邦神异的传说。如说高祖之母，“梦与神遇”而有身；高祖面貌高鼻龙颜，“左股有七十二黑子”；高祖到店家饮酒，店家生意兴隆免收他的酒钱；高祖斩蛇起义，有老妪哭曰：“赤帝子杀白帝子”；高祖匿于芒砀，行止处“常有云气”等等。这些是司马迁在京师之“所闻”。经过实地调查，汉初将相，多是“屠狗卖缯”之辈，所以长叹“异哉所闻”。这“异哉所闻”的弦外之音，就是说汉初的创业君臣原也是凡品。就拿刘邦来说，《高祖本纪》对刘邦的凡人举止，神异传说的假象，记载不作隐讳。刘邦少时好逸恶劳，不事本业，成天耍枪弄棒，崇拜游侠，沾染许多游民习气，吃喝嫖赌，样样在行。刘邦长子刘肥就是刘邦和情妇曹氏的非婚生之子。刘邦常在沛县城中王媪、武负两家酒店喝酒不给钱，说一声欠账，拍拍腿就走。刘

---

①《史记》卷九十五《樊郦滕灌列传》。

邦的行为被乡人视为无赖，在家里受到嫂嫂的白眼，常被父亲刘太公奚落，责备他虽然当了亭长还不如老大、老二种地有收获。

可是，秦末的风云际会，改变了环境，也改变了人生。萧何“以文无害为主吏掾”，原不过是辛苦积劳做一个地方良吏，充其量造福一方罢了。刘邦做一个尽职的亭长，与游侠哥们儿嬉戏，也还心安。他曾经派属吏专程到薛县（在今山东滕州南）采购桂竹之皮，制作了一顶竹皮帽子，戴在头上象征已冠，进入了“士”与“吏”的阶层。刘邦称王称帝后仍不忘戴他的竹皮冠，并起名“刘氏冠”，还下了一道诏令，只有封爵在第八级高爵公乘以上才能戴“刘氏冠”。由此可见刘邦对发迹前因当亭长而入“士”戴冠的怀念，表明他原本也无什么野心[①]。萧何与刘邦的性格与志趣、修养，都不在同一个水平线上。一个文质彬彬，一个粗鲁豪放，在承平社会，一般不可能成为深交，十年同在一个县城共事，也没有什么值得记载的。秦末动荡，人心思乱，时势把两人推向风口浪尖，两人联手，文武合璧，演出秦汉之际的天地变局。萧何欲在乱世中有所作为，他要依靠刘邦的冲锋陷阵，刘邦要成大事离不开萧何的辅佐。萧何与刘邦，为了志清天下的共同事业，走到了一起，史称“何数以吏事护高祖”[②]，这正是在秦末征成无已的多事之秋。萧何留在故里静观时变，实际是萧何与刘邦联手在沛县组织反秦的仁人志士社团，萧刘两人是这个社团的首脑人物。萧何与刘邦，在秦末山雨欲来风满楼之际，已经连体相依，谁也离不开谁了。

3.韩信仗剑从戎

韩信青年时代的生活十分凄凉。他身材高大，佩带长剑，气宇轩昂，确是一表人才。但他一贫如洗，又无谋生技能，孤独一人，四处游食，被乡邑人看不起，说他是一个“无行”的人。本来乡间小吏，如维护地方治安的亭长一类，韩信足可胜任，或到县衙当个差役，也有一口饭吃。可是没有人推荐韩信，他谋不了职，只好为游民，备受贫困的熬煎，更受尽了世态炎凉。坎坷经历养成了韩信嫉恶如仇和知遇报恩的品格，影响了他一生的事业。司马迁在《淮阴侯列传》中作了生动的记载。一个落魄青年，无可称述的事迹，司马迁调查访问时，从人民的口碑故事中提炼出几个生活片段，写成几个故事，却展示了韩信的内心世界和他少小立志的基础。

---

① 随着秦末的动乱，刘邦被推上政治舞台逐鹿中原。

②《史记》卷五十四《萧相国世家》。

韩信唾弃小人。韩信有一个朋友是南昌亭长，韩信常到他家去吃白食。几个月后，南昌亭长之妻忍受不了，又不便当面拒客，于是有一天在天未明时就吃了饭。等到韩信清早赶去时，“不为具食”，亭长不提吃饭的事。“信亦知其意，怒，竟绝去。”韩信虽然饿着肚子，一见朋友冷冰冰的面孔，什么都明白了。“知其意”，表明双方都没有说话，韩信从察言观色中，已了解对方拒客的意思，不等对方开口，自己也不吭一声，掉头就走。这一场面，十分尴尬，韩信的内心多么痛苦，他的观察是多么细致、微妙。韩信人穷志不短，他虽然默不作声，实已怒发冲冠，在瞬间作出决断，“绝交”，所以“怒，竟绝去”。韩信这一去不再复返，故称“绝去”，即断交而去。韩信的“怒”，不仅仅是对南昌亭长小人的愤恨，更是对势利社会的唾弃，是自己立志的宣誓。这个生活小故事，与陈涉佣耕而有“鸿鹄之志”的感叹，有异曲同工之妙。一个精壮青年，沦落到没有饭吃或为人佣耕的地步，双手的劲使不出，这个世道必须改变。陈涉之叹，韩信之怒，皆为生活所逼而怒而怨，这就是他们反秦起义的思想基础。

韩信受惠报恩。有一年夏天，韩信又是衣食无着，他只好到淮阴岸边去钓鱼。河岸附近有一群妇女冲洗丝絮，她们就是做苦工的“漂母”。为了赶活，漂母们把午饭带到河边吃。韩信整天坐在岸边垂钓挨饿，被一位好心的漂母看在眼里，就分一份饭给韩信吃，一直到漂絮季节的结束，有好几十天。韩信深受感动，对送饭的漂母说：“吾必有以重报母。”漂母竟生气地说：“大丈夫不能自食，吾哀王孙而进食，岂望报乎！”韩信想到自己一定会发迹，向漂母道谢，表示要重重报恩，漂母回答，我是可怜你这个大小伙子，谁稀罕你的报答？漂母的发怒，一是激励韩信要上进，再是不容韩信的误解，施饭并未图回报。漂母的施饭与怒，都表现了劳动人民的质朴感情。施恩不图报，这是中华民族的传统美德。但反过来，受惠的一方不应忘记施恩者，俗话说：“受人滴水之恩，当涌泉相报。”也是劳动人民的质朴感情，这同样是中华民族的美德。韩信受了抢白，哑然无声，但心中十分感激这位好心的漂絮大娘，并把大娘的激励牢牢地记于心中。

上面两个生活小故事，是游民阶层时常碰到的场面。世上有厚重君子，也有小人。南昌亭长，为德不终，做好事有头无尾，斤斤计较，盘算利益，是一个小人。漂母同情厄困的人，竭其所有，施以援手，有君子之风。两人形象在韩信心中打下深深的烙印。西汉建立，韩信当了楚王，衣锦还乡，他找到了南昌亭长和漂母。韩信对南昌亭长说：“公，小人也，为德不卒。”赐一百钱。韩信回报漂母以千金，兑现了自己的承诺。韩信带兵打仗，对待士兵和老百姓都很好，行军秋毫无犯。士卒乐于效命，百姓欢跃，“农夫莫不辍耕释耒，褕衣甘食，倾耳以待命者”[①]。这和韩信青年时代的生活经历是密不可分的。

韩信审时度势。俗语“大丈夫能屈能伸”，这说的是一个具有远大抱负的人，要有坚忍顽强的意志，善处逆境，并能审时度势，这需要生活的磨炼。孟子有言：“故天将降大任于斯人也，必先苦其心志，劳其筋骨，饿其体肤，空乏其身，行拂乱其所为，所以动心忍性，曾益其所不能。”[②]韩信发奋能忍，在斗争时最能审时度势，不做无谓的牺牲，这也是生活的炼狱造就出的才能。有一天韩信佩带上他的长剑在淮阴城中行走，突然横冲出一个青年屠夫挡住去路，要和韩信比武。这个屠夫是淮阴城中有名的无赖，喜欢恶作剧，他发誓要当众侮辱韩信逞能，给同伙和围观市井细民一个开心。他当众羞辱韩信说：“别看你长得身高马大，要刀弄剑，貌似英雄，其实是个胆小鬼。”韩信没有搭理他。接着这个青年屠夫又用挑逗的口吻对韩信说：“你不怕死，就捅我一刀；如果怕死，就从我胯下爬过去！”说完，便是一阵轻狂的嘲笑。“信熟视之，俯出胯下，蒲伏。一市人皆笑信，以为怯。”韩信仔细打量了对方，恨不得一刀捅死这个屠夫。霎时转念一想，不值得和这个狂徒拼命，韩信压下怒火，弓下身子，匍匐在地，硬是当着满街人的嘲笑，从屠夫的胯下爬了过去。韩信熟视对手，打量了又打量，然后作出了一个“忍”字的决定，一个没有坚强意志和远大抱负的人是做不到的。与韩信同时代而年岁稍长的大梁人张耳、陈馀两人处事可与韩信做对照。张耳、陈馀两人受到秦廷的通缉，隐姓埋名在陈县躲藏，在一个村庄做看门人。一天，陈馀有了过错，受到地方里胥的责罚，挨打板子，陈馀认为有损脸面，几次抬腿想起身和里胥拼命，张耳在场用脚踢陈馀示意要“忍”。陈馀强忍着挨完板子。事后张耳责备陈馀，说：“始吾与公言何如？今见小辱而欲死一吏乎？”[③]当初我是怎么嘱咐你的，难道为了一点小小的侮辱就拼命吗？陈馀接受了张耳的责备，两人互相鼓励，挨过了困厄期，秦末响应陈涉起义，并受陈涉派遣北伐，恢复了赵国。后来张耳投汉封赵王，陈馀辅佐六国赵族后裔赵歇为赵相，封代王，两人也是一世豪杰。张耳、除馀、韩信三人相较，在对待逆境的态度上，青年韩信可比

①《史记》卷九十二《淮阴侯列传》。

②《孟子》卷十二《告子下》第15章。

③《史记》卷八十九《张耳陈馀列传》。

拟老练的张耳，表现了他思想上的成熟。陈馀就差人一筹，在楚汉相争中，陈馀助楚，被韩信在井陉之战中斩杀。

韩信能屈能伸，以受胯下之辱来保全有用之躯，施展抱负，还表现了韩信的大局观，善于审时度势，用理智战胜感情，争取最后的成功。后来韩信打仗，总是示人以弱，用智计取胜，除了他本人的聪明才智以外，生活的磨难给他增添了智慧，锤炼了他的修养，使他在聪明之上又加上了成熟，所以韩信用兵无往而不胜。再做一个对照。项羽大将曹咎，在成皋之战中受命坚守成皋十余日，项王命令他绝不出战，保有阵地，等待项王清剿扰乱后方的彭越后归来。可是曹咎经不起刘邦挑战侮骂，一怒出战，兵败失地，自己感到有负项王，自杀以谢，这叫不识大体。我们从韩信与同时代的英雄豪杰的对照中，鲜明地感受到他的确是一个“其志与众异”的非凡人物。他青年时受胯下之辱的“忍”，乃是真正大丈夫的“屈”。韩信蒙受落魄游荡生活的熬煎，使他修成了正果。古往今来多少大豪杰、大英雄，不正是在能屈能伸中方显英雄本色的吗？

韩信喜读兵书，爱好武艺，想有一番作为，所以葬母“行营高敞地”，立志要当万户侯。韩信落魄立志与陈胜为人佣耕而叹，有异曲同工之妙，乃是秦末社会动荡，人心思乱的召唤。时势造就了韩信，韩信应该感谢生活。秦二世二年（前208）二月，项梁渡江，北上入薛，沿途招纳少年从军。韩信认为闯荡天下的机会已到，他仗剑从戎，投入项梁军中，做了项梁的一名亲兵。

韩信从戎，时年二十岁。

三、造就汉初三杰的时与势

时势、社会、人生，这三者是每一个人生存于人世间的主客观世界，也是一个人立德、立功、立言的条件。秦汉之际的社会剧变，把这三者推向交融的顶端，从而产生了汉初将相布衣之局。古代民谚：“时势造英雄。”西方哲学家爱尔维修曾这样说：“每一个社会时代都需要有自己的大人物，如果没有这样的人物，它就要把他们创造出来。”[①]汉初三杰，以及汉初的布衣将相之局、布衣皇帝刘邦，就是秦汉之际的剧变时代所创造出来的时代英雄。

---

①《马克思恩格斯选集》第一卷，人民出版社2012年版，第502页。

1.秦汉之际的社会剧变

剧变，指快速发生的巨大变化，例如自然界大火山、大地震的爆发，刹那间天崩地裂，产生大振荡，创造奇伟自然突变与景观。社会亦然，秦汉之际的社会剧变，如火山、如地震，人民一声呼喊："天下苦秦久矣！"[①]具有几百年历史发展的秦王朝和军事帝国，不终朝而崩毁。西汉时代的人有切近的体会，所以西汉的思想家作了极为生动的总结。贾谊作《过秦论》于前，司马迁作《秦楚之际月表序》于后。贾谊说，陈涉不过是一个农家子，才能不及中人，由于"天下苦秦"，陈涉振臂一呼，"斩木为兵，揭竿为旗，天下云集响应，赢粮而景从，山东豪俊遂并起而亡秦族矣。"司马迁洞察历史变迁作了更深刻的总结，他把秦汉之际的时势剧变概括为"五年之间，天下三嬗"，并说这是自人类社会开创以来，前所未有的局面。《秦楚之际月表序》是这样说的：

> 太史公读秦楚之际，曰：初作难，发于陈涉；虐戾灭秦，自项氏；拨乱诛暴，平定海内，卒践帝祚，成于汉家。五年之间，号令三嬗，自生民以来，未始有受命若斯之亟也。

"太史公"，即司马迁。"读"，考察研究，翻阅材料。"秦楚之际"，指秦汉之间的变革历史。《秦楚之际月表》，起陈涉发难，讫刘邦称帝，即从公元前209年至公元前202年，前后八年。《太史公自序》云："秦既暴虐，楚人发难，项氏遂乱，汉乃扶义征伐；八年之间，天下三嬗，事繁变众，故详著《秦楚之际月表》第四。"秦汉之际八年，分为两个阶段。秦二世元年，陈涉起义建号大楚，刘邦、项氏相继起兵，三年亡秦，项羽发号施令，此为第一阶段。楚汉相争五年，汉家统一，刘邦即皇帝位，这是第二阶段。八年指秦汉之际全过程，五年，突出楚汉相争。《秦楚之际月表》就包括了全过程，前半内容为反秦战争，后半为楚汉相争。"天下三嬗"，指陈涉发难称楚王，项羽灭秦号西楚霸王，刘邦建汉称帝，主宰天下的人更换了三次。司马迁把秦汉之际的剧变，称为"秦楚之际"，旨在突出陈涉、项羽西楚霸王灭秦之功，而在序中又标出"五年之间，号令三

① 秦末民怨沸腾，"天下苦秦久矣"，载《陈涉世家》，为陈涉动员起义的口号。类似句子，《史记》数见。《淮阴侯列传》作"天下共苦秦久矣"，《张耳陈馀列传》作"天下同心而苦秦久矣"，《秦始皇本纪》作"皆以戍漕转作事苦"。贾谊《过秦论》亦曰："天下苦之。"

嬗”，言五年则强调楚汉相争中刘邦诛暴的功绩。一个月表，突出两个重点，正是时代剧变的特点。

“五年之间，天下三嬗”，秦汉之际的这一社会剧变特点，是针对夏、商、周三代各有几百年天下说的。《秦楚之际月表序》就追溯了三代以来天下一统的艰难历程。上古虞舜受禅，夏禹治水，他们是“积善累功数十年，德洽百姓，摄行政事”，才得到天命，登上帝位。商汤王、周武王，因其祖先契和后稷，“修仁行义十余世”，然后才取得天命。秦朝的兴起，始于秦襄公，到了秦文公、秦穆公日益强大，又自孝公变法到秦始皇统一，经过了六代人一百余年的争战努力，才统一了天下，可见“定于一”是何等的艰难。可是秦汉之际，不仅“五年之间，天下三嬗”，而且“定于一”完成在泗水亭长刘邦之手，这更是骇俗的变化。魏国的曹冏说：“汉祖奋三尺之剑，驱乌集之众，五年之中而成帝业。自开辟以来，其兴功立勋，未有若汉祖之易也。”[①]一个毫无凭借的平民布衣，居然五年之间平乱世，登大位，这是怎么一回事？司马迁在《秦楚之际月表序》中给出了他的回答：

> 秦既称帝，患兵革不休，以有诸侯也，于是无尺土之封，堕坏名城，销锋镝，锄豪杰，维万世之安。然王迹之兴，起于闾巷，合从讨伐，轶于三代，乡秦之禁，适足以资贤者为驱除难耳。故愤发其所为天下雄，安在无土不王？此乃传之所谓大圣乎？岂非天哉！岂非天哉！非大圣孰能当此受命而帝者乎？

司马迁的这段史论，分析刘邦得天下的原因，十分精彩。秦始皇以暴力平天下，又欲以暴力维系万世之安，而恰恰是这暴虐政治替兴起于民间的天子开辟了道路，原来暴力不可持，民心不可违。司马迁从秦汉之际的剧变中，总结出民心向背对“天下三嬗”起了决定性的作用。“初作难，发于陈涉”，肯定了陈涉反暴政的首唱之功。“虐戾灭秦自项氏”，虽然肯定了项氏的灭秦之功，而“虐戾”二字批评项氏重蹈亡秦之路，败亡是必然的。“拨乱诛暴，平定海内，卒践帝祚，成于汉家”，鲜明地赞颂刘邦“拨乱诛暴”而成大业。“拨乱”，指扫灭群雄，“诛暴”，指歼灭项羽。《史记》在《高祖本纪》与《项羽本纪》中对项羽之暴和刘邦

---

① 曹冏：《六代论》，见《西汉三国文汇》。

之仁做了强烈对照。刘邦西进咸阳，“诸所过毋得掠虏，秦人喜，秦军解”。入关后，封府库，约法三章，秦人大喜，“唯恐沛公不为秦王”。刘邦深得民心。与此相反，项羽西进，“夜击坑秦卒二十余万人于新安城南”。入关后，“屠咸阳，杀秦降王子婴，烧秦宫室，火三月不灭”。项羽大失民心，众叛亲离。项败刘胜，楚亡汉兴，民心向背起了决定性作用。三杰归汉，顺应民心而成事功。楚国人王陵之母宁死不从项王，告语使者，要儿子王陵率兵投归宽仁长者刘邦，更是一典型例证。刘邦与三杰，顺应民心，“拨乱诛暴”，而得天命。因为古人的革命观念，含有两重性，一是民心反暴，二是天道惩恶，克平暴乱就是革膺天命，认为称王称帝的人，不仅得民心，而且得天命。所以司马迁称刘邦为“大圣”，连声感叹，“岂非天哉！岂非天哉！”古人不懂得阶级斗争，所以给天命留下了一席之地。

2.春秋战国习俗世风的影响

秦末动乱，六国贵族遗民乘势而起，有楚王心、赵王歇、魏王咎、魏王豹、韩王成、齐王儋、田荣、田广、田安、田市等，但他们次第皆灭，最终布衣刘邦称帝，其臣亦多亡命和无赖之徒，立功取将相。有祖业根基影响的贵族后裔，成不了大器，毫无凭借的布衣白徒，反而成了天下的主宰。清代历史学家赵翼第一个继司马迁之后锐敏地认识到这是时代和社会的大变局，概括为“汉初布衣将相之局，”并作了生动的描述和论断。赵翼在他的考史名著《廿二史札记》卷一说：

> 汉初诸臣，惟张良出身最贵，韩相之子也。其次则张苍秦御史，叔孙通秦待诏博士。次则萧何沛主吏掾，曹参狱掾，任敖狱吏，周苛泗水卒史，傅宽魏骑将，申屠嘉材官。其余陈平、王陵、陆贾、郦食其、夏侯婴等皆白徒。樊哙则狗屠者，周勃则织薄曲吹箫给丧事者，灌婴则贩缯者，娄敬则挽车者。一时人才，皆出其中，致身将相，前此未有也。

赵翼指出，汉初大臣，在秦时都是平庸百姓或中小官吏，在秦汉之际，乘势改变了自己的命运，成为历史的主宰者，变革了几千年的“世侯世卿”制度，“为天地一大变局”，用今天的话说，就是开创了新纪元。赵翼的论述是对司马迁观点的进一步发挥，把秦汉之际的剧变看成是社会制度的大变局，并上溯到春秋战国之世的纷乱，探索变革原因，作了如下的论断，十分精彩。赵翼说：

> 自古皆封建诸侯，各君其国，卿大夫亦世其君，成例相沿，视为固然。

其后积弊日甚，暴君荒主，既虐用其民，无有底止。强臣大族，又篡弑相仍，祸乱不已。再并而为七国，益务战争，肝脑涂地，其势不得不变。而数千年世侯、世卿之局，一时亦难遽变，于是先从在下者起，游说则范雎、蔡泽、苏秦、张仪等，徒步而为相。征战则孙膑、白起、乐毅、廉颇、王翦等，白身而为将。此已开后世布衣将相之例。而兼并之力尚在有国者。天方藉其力以成混一，固不能一旦扫除之，使匹夫而有天下也。于是纵秦皇尽灭六国，以开一统之局。使秦皇当日发政施仁，与民休息，则祸乱不兴，下虽无世禄之臣，而上犹是继体之君也。惟其威虐毒痛，人人思乱，四海鼎沸，草泽竞奋，于是汉祖从匹夫起事，角群雄而定一尊。其君既起自布衣，其臣亦自多亡命无赖之徒，立功以取将相，比气运为之也。天之变局，至是始定。

赵翼的这段论述，也是对司马迁提出的问题，秦汉之际“天下三嬗”这一剧变的回答。赵翼认为这是社会制度的一大变局，是春秋战国以来积渐而成的势。赵翼和司马迁的观察，都在说明时代背景与英雄创世的关系，并追溯历史数百年、数千年，这是了不起的识见。但他们还不能从经济基础的发展和阶级斗争的规律来揭示历史的变局，最后只能归之于天，这是历史的局限。

揭开秦汉之际“天下三嬗”和“汉初布衣将相之局”的历史之谜，只有唯物史观才能把它说清楚。秦汉大一统，是春秋战国长期以来生产力的发展和阶级斗争积渐演成的历史格局，也就是常说的历史规律。春秋以前，夏商周三代，我国社会是建立在“井田制”形式上的奴隶社会，村社成员每户有一块份地，称为私田。八家共井，共耕一块公田，也就是农奴奉献的力役地租，称为“助”。井田制的完整形态在西周，今天已无法考察它的细则。从生产力发展的角度看，井田制时代由于生产力低下，村社的血缘关系和土地制度还有很大的凝聚力，村社首领是地方上的实际君主，也是一族一姓的宗族长，种姓奴隶主。在这种情况下，生产管理困难，剥削收入有限，周天子没有充裕的财力来组建庞大的中央集权官僚机构和军队，只能采用封国、封君、食邑、食田的办法，分散治理，这就是政治上的“分封制”，它与井田制的经济基础相适应。天子、诸侯、卿、大夫、士，按宗法血缘与姻亲关系构成宝塔式的君主等级制，层层世袭。宝塔的各层都是相对独立的君主，各有一块封地，最底层的村社封君就是士。周天子只是形式上的共主，并不是凌驾于一切诸侯王和臣民之上的主宰。春秋战国时期，生产力发展，井田制崩溃，个体小农成了社会主体，他们是国家租赋徭役的承担者。战国时各国变法，稳固了新的变局，个体小农成为“编户齐民”，国君可以征收大量的物力人力，组建日渐加强的中央集权的官僚体系和强大的军队，于是大大小小“食土临民”的各级封国日渐消灭。各国君主为了夺取更多的财富和土地人民，兼并战争愈演愈烈，内要治理，外要战争，争用人才，为布衣出将入相提供了条件。经济基础的变化，带来阶级关系的调整。“世侯世卿”的贵族统治体系崩溃，平民势力走上了历史前台。原来的“士”阶层分化出具有特殊技艺的自由游民，经过文武分途，文学之士从事游说、学术；武勇者成为游侠。战国时百家争鸣，人才流动，“儒以文乱法，侠以武犯禁”①，就是当时社会实际情况的反映。

春秋战国长时期的战争动乱，人民养成了尚武的习俗。又由于社会动乱，礼崩乐坏，法制不存，匹夫抗愤，游侠之风甚盛。荆轲刺秦王，张良椎击秦始皇，缘于世风影响。秦朝统一，离战国之世未远，加之秦政暴虐，家家思乱，人人欲叛，尚武精神抬头，春秋战国布衣将相的事实，积久而形成了一种新观念，那就是：“王侯将相宁有种乎？”陈涉起义就以此为号召。黥布受刑，相面大贵，喜而为盗。韩信葬母，“行营高敞地”希望日后成为万家邑。陈涉为人佣耕，也不忘改变命运，与伙伴相约“苟富贵，毋相忘。”②这一切都表明了春秋战国以来积渐而成的习俗世风，为秦末豪侠之士闯荡天下提供了思想基础和精神力量。

战国时的游民与游侠，有以下特点：一是没有封地，不从事农工各业；二是无门第背景和经济实力；三是必须依恃个人的一技之长寄食于强族或统治者。战国四公子养士，各有食客三千，秦相国吕不韦养士，也是食客数千。这些被养的食客，就是社会上有一技之长的游民阶层。

游侠之士，扶弱锄强，如父如兄，重然诺，轻死生，有重义之德，其首领被称为“长者”。秦末揭竿而起的群雄首领来自游民层，有“长者”之声。秦末动乱，啸聚山林的乡里豪侠，在大潮中蜂拥而起的市井少年，他们都是下层百姓，多不读书，对先秦诸子描绘的蓝图并不了解，也不可能接受。他们往往凭借自己的直觉选择豪侠长者为领袖。东阳少年杀其令，相聚数千人，推举有“长者”之声的东阳令史陈婴为王，陈婴带领这支队伍投了项梁。沛县子弟起事，萧何、曹参等人请刘邦出山。刘邦任秦沛县泗水亭长，他瞧不起县吏执事和书生儒士，却

①《韩非子》第十九卷《五蠹》。

②《史记》卷四十八《陈涉世家》。

庇护游侠、市井少年，乐善好施，豁达大度，有“宽大长者”之声，这正是刘邦得人的基础。刘邦部属也多来自游民层。班固说：“（韩）信惟饿隶，（英）布实黥徒，（彭）越亦狗盗，（吴）芮尹江湖。云起龙襄，化为侯王。”[①]追随刘邦起事的好友，如周勃，吹箫谋生；樊哙，屠狗为业；灌婴，贩卖缯者，都具有游民性质。当时社会好枪弄棒的游民人数众多。司马迁考察孟尝君封邑薛地，就有游民六万家。司马迁说：“孟尝君招致天下任侠，奸人入薛中盖六万余家矣。”[②]这些人唯恐天下不乱，秦末动荡给他们提供了用武之地。秦博士，叔孙通归汉，“从儒生弟子百余人，然通无所言进，专言诸故群盗壮士进之”[③]。刘邦集团的胜利，可以说是游民阶层为中坚的农民军的胜利。也就是说，春秋战国长期动乱形成的庞大游民阶层，是“汉初布衣将相之局”的阶级基础。

3.激烈抗争的社会是锤炼人才的大熔炉

在中国古代史上，还有一个与秦汉之际类似的剧变时代，那就是隋唐之际。两个剧变时代，产生了两个盛大的王朝，也造就了两个时期的一大群人间豪杰。秦汉之际产生了汉朝，隋唐之际产生了唐朝。反过来追溯历史，可以说汉代大一统，由秦奠其基；唐代大一统，由隋奠其基。秦隋两代又都是二世而亡。隋唐之际与秦汉之际仿佛是历史周期的重演，可以给史家提供许多类比的资料。唐代历史学家总结隋亡唐兴的历史经验，就把隋与秦作了比较，并得出如下结论：

> 其隋之得失存亡，大较与秦相类。始皇并吞六国，高祖统一九洲，二世虐用威刑，炀帝肆行猜毒，皆祸起于群盗，而身殒于匹夫。原始要终，若合符契矣[④]。

所谓“群盗”，是对农民大起义的贬称。秦、隋两代，都是用武力削平长期分裂割据的纷乱之世，建立了强大的王朝，武功显赫，但胜利之本是得民和。因为统一是顺应民心的。秦统一之初，天下之民“莫不虚心而仰上”[⑤]，隋统一之初“人

---

①《汉书》卷一百《叙传下》。

②《史记》卷七十五《孟尝君列传》。

③《史记》卷九十九《刘敬叔孙通列传》。

④《隋书》卷七十史论。

⑤ 贾谊:《过秦论》。

物殷阜，朝野欢娱”[①]。秦二世与隋炀帝，蒙故业，践丕基，自矜天命在躬，忽王业之艰难，不务仁道以恤众，外征内作，虐用其民，倏忽之间，天翻地覆，“率土分崩”“子孙殄灭”，载舟之水，覆了水上之舟。平凡百姓，出将入相，田舍郎登上天子堂，这就是历史上变局演出的活剧，叫作“时势造英雄”，或者更直率地叫作“乱世出英雄”。秦汉之际如此，隋唐之际如此，春秋战国、三国鼎立、五代十国，历代改朝换代皆如此。大英雄，大豪杰，产生于乱世。汉初三杰产生于秦汉大动乱之世，顺乎自然，合于情理。这一客观情势，也是古今中外的通则。

乱世出英雄，盛世造就人才，是在不同条件下产生的不同精英。但盛世人才与乱世英雄，不仅类型不同，而且数量也不如乱世集中。太平盛世，文治为先，多产文人学士和科技英才，乱世动荡，多产文武将相，以韬略策谋建功立业，安邦定国。社会实践不同，结果自然不一样。盛世与乱世，从某种意义上讲是相对而言的。乱世不一定就是群雄争战的社会。西汉最盛在汉武帝时代，而汉武帝规模庞大的外征内作，实质也是一种动乱，导致“海内虚耗，户口减半”[②]，造就了一大批政治、经济、军事、文化人才。古往今来，无论中外，最杰出的历史人物总是孕育、诞生和成长在激烈抗争的群体运动中，这就是“时势造英雄”的内在原因。“时势”包括“盛世”与“乱世”，单说“乱世”就绝对化。不过“乱世出英雄”这句话最形象生动，汉初三杰就是在“乱世”中育成，我们理解时要心知其意而融会贯通，切不可胶柱鼓瑟，固执一端，以偏概全。

杰出人物为什么多产生在激烈抗争的群体运动中呢？因为动荡的社会把个人的运动融于群体之中，个人生存于不同的社会团体中，个人的智慧和成就就是集思广益的结晶。反过来说在严酷的激烈抗争社会中，个人必须努力拼搏、集思广益、顺乎潮流，才能取得生存和发展。社会虽乱，而奋争的个人总是在群体中。而太平盛世则不然，社会平静有序，人民安居乐业，个人在一定的生活之规中活动，实践在有限的范围与群体之中，因此，就个人而言，盛世人才，不乏才干，但缺乏“胆识”，大多碌碌无为。例如曹参，秦末升平时，只不过为沛县狱掾，而追随刘邦起事以后，成为一代名将。史载：“参功：凡下二国，县一百二十二；得王二人，相三人，将军六人，大莫敖、郡守、司马、侯、御史各一人”[③]，封平

①《隋书》卷二史论。

②《汉书》卷七《昭帝纪》。

③《史记》卷五十四《曹相国世家》。

阳侯，邑万六千三百户。但就是这样一个赫赫战功的将军，在西汉建立，继萧何为丞相，“举事无所变更，一遵萧何约束”，日饮醇酒无所事事。当惠帝责备曹参时，曹参反问惠帝，陛下能与高帝相比吗？我曹参能与萧何相比吗？惠帝答“不能”。曹参振振有词说：“陛下之言是也。且高帝与萧何定天下，法令既明，今陛下垂拱，参等守职，遵而勿失，不亦可乎？”惠帝曰：“善，君休矣”。这个故事非常生动地说明，盛世时期，国家政治稳定，制度已成定格，统治者要的是“率由旧章”，循祖宗之法，不需要英雄出世，网罗规矩，压抑人才。这时，只要守成，保持稳定，庸才可以居高位。不思进取，不思改革，被视为当然。动乱之世，全社会的人都被推到风口浪尖上，仅仅为了生存也需要顽强拼搏，所以一个人的“胆识”与“才干”与日俱增，进步者出人头地，碌庸者被淘汰出局。这就是“时世”提供了人才成长的客观条件和诸多机遇。在乱世，社会呼唤英雄，“君择臣，臣亦择君”，人人都在寻找光明出路，在激烈的风浪中搏击，优胜劣汰，幸存者自然就是佼佼者。秦王朝积数百年文治武功的经验才成一统之局，政治力、经济力、军事力、思想钳制力极为强大，外表巍峨壮观，坚如磐石，可是转眼之间毁于一旦，这如同大火山、大地震的爆发，产生了山崩地裂的大振荡，吞噬千万人的生命，才在幸存者中产生了一批重建国家的杰出历史人物。也可以说，乱世英雄的经验和才智，就是上千万人付出生命的代价所获得的结晶，所谓“一将功成万骨枯”，说的就是这个道理。太平时，陈涉才能不及中人，为人佣耕，由于他有鸿鹄壮志，成为可与汤武并举的首难英雄。汉初三杰和刘邦，以及其他灿若群星的西汉开国将相，如陈平、郦生、陆贾、随何、刘敬、曹参、樊哙、灌婴、周勃、彭越、黥布之徒，无一不是陈涉这样的英雄人物，他们为时势所造，同时又创造了时势，建立了西汉。西晋阮籍曾登广武山，观楚汉战场，发出感叹说：“时无英雄，使竖子成名”[①]。阮籍藐视布衣天子刘邦，只不过是书生之见。西汉布衣天子，布衣将相，在排山倒海的群体抗争中产生，他们破关灭秦，又在楚汉相争中击败了“力拔山兮气盖世”的项羽，成就了四百年汉家基业，非英雄而何？汉初三杰便是这群开国英雄中的代表人物，他们为时势所创造，反过来又为时势增光添彩，他们的英名与西汉王朝永存，千秋万代彪炳于史册，成为人们景仰的历史伟人。

---

①《晋书》卷四十九《阮籍传》。

四、三杰归汉

1.张良寻主　千里归汉

张良反秦，志在复韩，转而归汉，寻得明主，位封留侯，成为千古帝王师的楷模。张良的选择，正是一个识时务者为俊杰的进步足迹。

（1）下邳受书。公元前218年，张良椎击秦始皇，时年33岁，已步入了中年，修养与思想也逐渐成熟起来。十余年的谋刺，一旦失败，对个人意志与信念都是一场严峻的考验。张良内心的沮丧与痛苦，无以言状。秦始皇震怒，全国戒严，大索十日，不知株连了多少无辜。残酷的现实，逼使张良猛省。个人单枪匹马的任侠行为，向掌握了国家机器的皇帝挑战，无异于以卵击石，如同飞蛾扑火，自取灭亡。宋人苏轼在《留侯论》中对此提出了批评。苏轼说：

> 古之所谓豪杰之士者，必有过人之节，人情有所不能忍者。匹夫见辱，拔剑而起，挺身而斗，此不足为勇也。天下有大勇者，卒然临之而不惊，无故加之而不怒，此其所挟持者甚大，而其志甚远也。

无过人之能而逞匹夫之勇，不是真止的大勇。苏轼认为张良有“盖世之才”，却去效法荆轲的匹夫之勇，“而逞于一击之间”，是一种无补于事的冒险行为，张良得以遁逃纯属侥幸。即使刺杀成功，也只是丧了秦始皇的命，而不能结束秦朝的暴政。以暴制暴，用暴力推翻秦王朝，不能只是个人的孤立行为，而是要如同项羽那样学“万人敌”，像陈涉那样为天下唱，动员民众参与，才能使暴君独夫陷入灭顶之灾，结束一代暴政。张良年少任侠，一心只想报仇，当然不会有这个认识境界。但张良的椎刺秦始皇，并不是毫无意义，而是大快人心，启迪民智的大勇精神，在动员人民反秦上是很有意义的。试问，如果没有荆轲、张良等人前赴后继对秦始皇的权威进行挑战，就不可能在短时间内有陈胜、吴广的大泽乡起义。张良之一击，打破了“始皇帝”的神圣光环，消除了广大老百姓积蓄心头的巨大压力，不得对天子造反，冤死、屈死，只能认命。皇帝荒暴，就是独夫民贼，人人可得而诛之。张良向秦始皇的挑战，其作用远远大于椎刺秦始皇暴君这一行为本身，它起了催醒人民动员造反的启蒙作用。李白有诗云：“沧海得壮士，椎秦博浪沙。报韩虽不成，天地皆振动。”[①]说的就是这个道理。

但是，张良十年谋刺的失败，侥幸遁逃的狼狈，全国弥漫的怨痛与反抗情绪，年龄增长的成熟，使张良痛定思痛获得了顿悟，达到了苏轼所批评与陈述的那种境界，经历十年藏匿，十年修炼，动心忍性，脱胎换骨，从一个任侠成长为一个智士的谋略人物。张良这一人生转折的契机，就是下邳受书。

下邳是古代下邳国的都城，战国时属楚边邑，紧邻齐国，秦统一后置县，在今江苏邳州市南古邳镇东。这里交通四达，人物殷阜，地当南北冲要，自古是兵家必争之地，所以县城垣高墙厚，城郊河道纵横[②]。楚汉相争时，这里是楚大后方的军事重镇，汉将彭越、灌婴，带领精锐骑兵，突袭项王后方，多次袭扰下邳，并歼灭楚大将薛公于此。正由于下邳地处冲要，使得这里的人迁徙频繁，南来北往流动人口聚集，构成了复杂的社会环境。张良逃匿于此，既有利于隐身，又有利于与四方豪俊交游，表明张良复仇之心未泯，他还要图谋东山再起。

张良谋刺始皇，由于多年的积劳，谋刺失败的打击，遁逃的困苦，使得他的身体垮了下来，从此多疾病，也影响到张良的行侠行动。他藏匿下邳，改了姬姓，更名为张良，一边养病，一边检讨，思谋反秦良策。张良痛定思痛，体验到一个人的单打独斗，是奈何不了秦帝国的。他要改弦易辙，熬过了苦闷、彷徨，开始学习黄老，修炼起道家的“导引辟谷”来，既养身，又养性，对丁张良，真是一番脱胎换骨的考验。导引辟谷，对于张良来说，就好似遁入空门。但张良虽学道黄老，但远未达到物我两忘的境界，反秦报国的大志还在驱动着他要振作起来，只是残酷的现实迫使他逃遁、彷徨苦闷而已。因此张良经常到城南小沂水上的圯桥漫步，观日出日落，沉思、检讨。度过困惑期后，他又重新振作起来。

有一天，张良独立桥头，这时有一个穿短袍的老翁，步履蹒跚地来到张良跟前，故意把鞋子掉到桥下，回过头来对张良说：“小伙子，下桥去给我拾鞋。”老头毫不客气的唐突语言使张良一愣，心想，这老头莫非倚老卖老在耍笑我

---

①《李太白全集》卷二十二。

② 顾祖禹《读史方舆纪要》卷二十二称下邳形胜曰：“北控齐鲁，南蔽江淮。水陆交通，实为冲要。”县城十分牢固，有城墙“三重”（《水经注・泗水注》）。沂、泗两水会流于此。沂水至下邳城分为两流，一条从城北的西南处注入泗水，为沂水主流；另一条从城东绕行南边汇入泗水，称为小沂水（《水经注・沂水注》），其上有桥，就是张良漫步的圯桥，泗水径其南。

吗？张良心一横想伸拳揍老头一顿。但转念之间张良又一想，自己正在遭受通缉，不要惹是生非，且面前的老翁，偌大年纪，给他拾鞋也不丢份，正如孟子说的，为长者折枝，这是后辈应该做的事。真是退一步天宽地阔，张良一转念，压下了怒气，拾好了鞋，交给了老人。可是这老头也不言谢，还以命令口吻说："给我穿上。"张良想，既然拾了鞋，就把好事做到家，于是跪在地上俯身替老人穿上鞋。老人满意地笑着离开了。老人诡谲的行动使张良大吃一惊，他呆呆地目送老人离去，头脑盘旋，隐隐悟出点什么，老人似乎专门到桥头来让张良拾鞋，好像要试探他什么。张良目送老人走了一里地，渐渐看不到人影，忽然老人又折了回来，对张良说："孺子可教矣。后五日平明，与我会此。"张良困惑不解，即对老人生出无限敬意，他谦恭地拜跪在地，答应了老人的约会。五天之后，张良一早就到了桥头，老人已先到达，生气地责备张良说："与老人期，后何也？"老人不由分说地离开了，又甩出一句话："后五日早会。"又过了五天，张良在天未亮时就去了桥头，想不到老人又先到了，这一次，老人声色俱厉地责备张良说："为何又落在后面？"老人离开了，又说了一句："后五日复早来。"又一个五天过去了，张良不到半夜就去了桥头，不一会老人也来了。老人十分高兴，对张良说："当如是。"于是从怀中取出一编竹简书赠送给张良，说："读此则为王者师矣。后十年兴，十三年孺子见我济北，谷城山下黄石即我矣。"说完，老人离去，再没有别的话，从此也再没有出现。十三年后，张良果然在济北谷城山下找到一块黄石，并把它供奉在家中。于是，史称张良所遇老人为黄石公。

这个传奇故事，载于《史记·留侯世家》，它神化张良，演绎他得到仙人指教。故事中只有张良与黄石老人两个当事者，谁见，谁知，谁传，已无从查考。连续三天夜半往，十三年后化为黄石，离奇而神秘。但故事又平易动人，情节简易，入情入理，是民间故事的常套，流传极广，司马迁认真记载，细节刻画，一丝不苟，绝非虚构。这个故事大旨在写张良由任侠转为斯文谋士的关节，故事的真实与有无不关紧要，张良的人生转折才是大节目。张良得黄石老人授书，原来是《太公兵法》。太公是周初的开国功臣吕望，又称姜太公，他隐居渭滨垂钓，七十得遇周文王。文王死，武王立，用为军师，尊为尚父。吕望佐武王灭纣，创建了周朝八百年天下。张良隐居下邳，痛切反思，以姜太公为榜样，立志佐贤主灭暴秦，取天下，可以说这才是张良脱胎换骨的十年修炼。奇遇的故事可以是人为，也可以是受老人的指点[1]。老人所授之《太公兵法》，据何清谷教授研究，就是宋代所刻《武经七书》上的《黄石公三略》，张良从中吸取智慧，在楚汉战争中“决胜于千里之外”，成为刘邦的军师。授书老人，很可能就是该书的作者，因自云“谷城山下黄石即我”，故人称“黄石公”。黄石公是不满秦政的一位隐者，这是由于秦焚诗书，实行文化专制主义，把知识分子推到了秦王朝的对立面[2]。何先生的研究，也言之成理。具体事实，无须细考，要旨在正确的理解太史公记载圯上老人授书的精神，它说明张良在下邳，以道家“导引辟谷”的养生作掩护，而刻骨铭心地反省，大事乃是蓄志待时，如同诸葛亮之卧隆中，仰观天象，俯察地理，修学养性，以待贤主，志清天下。张良的这一志节境界高于任侠不知几千里，血气之勇已为伟大胸怀所代替。张良成熟了，他不再是一个逞匹夫之勇的莽夫，而是一个善谋的智多星。他在下邳交纳豪杰，共襄覆秦大业。项羽的堂伯父项伯，是秦朝悬赏捉拿的要犯，他既是楚国的显贵孑遗，又犯杀人之罪，极为注目，张良收容了他。张良与项伯，遭遇相同，命运相同，仇恨一体，志趣一致，两人成了莫逆之交。想不到这一因缘，成了日后挽救沛公刘邦于灭顶之灾的情结，演出了鸿门宴的活剧。

（2）两随沛公。公元前208年四月，项梁、项羽在山东薛邑拥立战国时客死于秦的楚怀王之孙熊心为楚王，都彭城，仍称楚怀王，以号令天下。沛公刘邦和张良闻讯，都率众投奔项梁。刘邦与张良两人一见如故，合兵一处，此为张良一随刘邦。张良说兵法，诸将都不懂，刘邦一听，十分动容，心灵相通。张良称赞刘邦是一位天才。

张良与沛公入薛，见项梁。此时韩广又自立为燕王。东方六国已有赵、魏、齐、燕、楚五国立王，只剩下韩国还没有人称王。张良劝说项梁立韩成为韩王。项梁应允，张良为韩申徒。申徒即司徒，职同丞相。张良于是与韩王成一道率领千余人西进攻取韩地，得有数城，又被秦军夺回。张良只好与韩王在颍川（今河

---

① 王仲孚先生认为：“圯下取履故事，显然极不寻常，这位‘圯上老人’悉非神仙中的‘黄石公’，而是一位从事反秦活动的有心人。原来张良在博浪沙一击，天下震惊，必然引起地下反秦志士的注意，觉得张良资质不凡，胆识过人，只是年少气盛，忍耐不足，以致易于轻举妄动，如欲成就大事，自需一番磨炼，特别要在忍耐力上痛下功夫。待老人一再考验张良的忍耐力之后，认为系可造之材，便对他进一步指导。”（《鼓荡秦汉风云的张良》，载《中央月刊》第九卷第3期，第115页）。王氏议论，不无道理，录以备考。

② 何清谷：《黄石公三略考辨》，载《秦文化论丛》第七辑。

南禹州）一带为游兵，与秦军展开拉锯战，没有多大进展。

张良复韩心切，于是与刘邦分手。刘邦此时正是用人之际，但他理解张良，十分大度，依依惜别，送走张良。此时逐鹿，形势未明，作为六国贵族子弟的张良又燃起了恢复韩国的旧梦，各为其主，张良离开了刘邦去辅佐韩王。

秦二世三年，公元前207年后九月，楚怀王熊心收缩楚兵，面对项梁失败被杀，秦将章邯北上攻赵的新形势，重新部署，分兵两路击秦。主力由宋义率领，北上救赵，项羽为副将。西征军由沛公刘邦率领，直指关中。楚怀王与诸将相约：谁先入关中灭秦，谁做秦王。

刘邦率砀郡兵数千人西征，以曹参为先锋，倒也旗开得胜。首战攻秦军东郡尉于成阳（成阳即城阳，在今山东鄄城东南），复攻之于杠里（在鄄城南），大破秦军。十月下东郡。十二月破秦栗下军。栗县在今河南夏邑县。沛公在西征途中扩大队伍，收纳魏将皇欣、武蒲两支军队，其众近万人。萧何等人宣慰抚纳，安定降民。二月，沛公转战昌邑，联络彭越，合兵围攻昌邑，城坚未下，沛公置之西进。彭越，昌邑人，秦末聚众于巨野泽，响应陈涉起义，攻城略地，未能壮大，擅长游击。刘邦引兵向西，彭越仍率旧部居巨野泽，收魏散卒。

沛公西征，由于力量弱小，攻占城邑，得而复失，形成拉锯状态，遇城坚或大股秦军则难取胜利，攻昌邑就未能克。项羽早在十二月就取得了巨鹿大捷。昌邑战后，沛公置强敌于后，跳跃西进，寻访贤才，求高人指点，希望改变不利局面。

三月，沛公军行进至陈留近郊高阳乡，沛公帐下骑士推荐大名鼎鼎的儒生郦食其。高阳乡在今河南杞县西，骑士亦高阳乡人。郦食其好读书，家贫落魄，无业为衣食，在里中当看门人，而抱负不凡，被人们讥笑为“狂生”，说他是一个疯疯癫癫的书呆子，不知天高地厚。人们当面称他为“郦生”，即郦先生，背后就称他为“狂生”。郦食其不以为意，仍然是我行我素。他的弟弟郦商勇猛好武，响应陈胜，在陈留拉起了一支几千人的队伍。陈胜和项梁都曾经派诸将攻打陈留，招募部众，郦食其认为都是一些浮躁不足取的人，不能归附。郦商听从哥哥郦食其的调遣不肯归附陈胜和项梁，一直是游兵一支。郦食其一见刘邦心悦诚服。刘邦得到郦氏兄弟归附，兵不血刃下陈留，形势大为好转。沛公以陈留为基地，四出掠地。三月，连破开封、荥阳，北渡黄河取白马（今河南滑县），封锁黄河渡口，然后南下战中牟，大破秦将杨熊。四月攻颍阳，略韩地，与韩王成、张良会合，张良再从沛公。其时，沛公有众数万，成为河南反秦的主力军。郦氏兄弟的归附，给沛公带来大好形势。

沛公在颍川休整，张良献纳破秦策略。张良建言沛公绕开函谷关正面，改西征为南下迂回，经南阳入武关破秦，既避实击虚，又可借秦正面之力阻滞项羽。这时刘邦帐下已是谋臣如雨，猛将如云，其实力仅仅在项羽之下，在各诸侯之上。项羽战河北，刘邦战河南，是两支名副其实的反秦主力军。沛公人众弱于项羽，而军谋智力超出了项羽。外交有郦生、陆贾，军师有张良，政治有萧何。项羽帐下，虽有韩信、陈平而不被任用，有奇士范增，却有懵懂的内奸项伯掣肘。虽然这些是后话，当时形势还不明朗，而两军入关破秦，先入者为关中王，双方展开了时间的赛跑。刘邦用张良策一路智取，项羽欲以力征取天下，步步受阻。公元前206年，秦王子婴元年岁首十月，沛公先于项羽两个月入关破秦，此时项羽才行军至河南。刘邦西征后期的迅速发展，得之于张良助画方略。

六月，刘邦按照张良的迂回战略，南下攻宛。秦郡守吕齮迎战于犨县（今河南鲁山县东南）东，战不利退守宛城。刘邦攻宛不克，“引兵过而西”，张良进言曰：“沛公虽欲急入关，秦兵尚众，拒险。今不下宛，宛从后击，强秦在前，此危道也。”[①]刘邦听从张良建议，乘着夜色杀了一个回马枪，团团围攻宛城，杀声震天。刘邦西去，秦军喘了口气，士气松弛，突然间沛公军好似神兵天降，秦将以为刘邦军得了增援，被吓破了胆。刘邦又用张良计，围城不攻，允许秦将归降，只收编军队，保留秦将原职。沛公不战下宛，封秦将吕齮为殷侯，南阳郡所属各县望风请降。沛公军威大振，资粮充实。

七月，沛公军势如破竹，西进至丹水，秦将高武侯鳃、襄侯王陵等献城请降。沛公前进至武关。此时，项羽所统河北之军，与秦将章邯在漳水隔岸对峙七个月之后，项羽连战皆胜，但一口吃不下章邯。赵将陈馀致书章邯劝降，章邯见大势已去，与副将长史司马欣、都尉董翳，向项羽投降，项羽承诺灭秦后封他们三人为王，双方在洹水南殷墟上订盟。项羽收编秦军，留章邯在楚军中为质，秦军由长史司马欣率领，反戈为前锋，南下黄河，诸侯军随其后，浩浩荡荡杀向关中。一路已无秦军抵抗。但秦降卒二十万，诸侯军四十万，项羽只是为盟军统帅，其众臃肿，指挥与联络不畅，行进迟缓。

秦军南翼，在武关、峣关、蓝田关布置了纵深防线[②]。三关城坚粮足，沛公

---

①《史记》卷八《高祖本纪》。

② 蓝田，县名，亦关，即今陕西蓝田县，在咸阳东南二百里。峣关在蓝田县东南。武关又在峣关东南，今陕西丹凤县东南。三关连成一线，是关中的南门重关。

强攻，不易得手，迁延时日，形势不利。三关守敌，重兵在峣关，居中策应。张良献计智取峣关。他侦知秦军主将在峣关，是屠夫的儿子，性贪婪，可诱以利。沛公派郦食其和陆贾，往说秦将，许以高官厚爵。同时在山上多张旗帜为疑兵，示形有五万之众的围城军队。沛公软硬兼施，秦将果然中计，答应献关。沛公不战接收了武关，陈兵峣关受降。张良复又献计说："此独其将欲叛耳。恐士卒不从。不从必危，不如因其解击之。"[①]张良不愿有秦军拖累，要快速进兵咸阳。"兵不厌诈"，刘邦心领神会，派出奇兵翻越山岭绕在峣关之后，突然两路夹击，大破秦兵，夺了峣关，接着乘胜追击，又破了蓝田之秦军。张良计攻已说降之秦卒，其计甚毒，而收效绝妙。张良又劝沛公约束军纪，"诸所过毋得掠虏"[②]，一路秋毫无犯，秦人喜悦。

秦二世三年（前207）八月，沛公军逼近秦关，引起了秦统治集团的内部惊恐，激发内乱。赵高杀秦二世，立秦始皇远房堂弟子婴为秦王[③]。子婴，为秦王仅四十六日，沛公即入咸阳。秦王子婴白马素车，郊迎出降，秦朝灭亡。

是年，沛公受封汉王，史称汉元年。

此时，项羽军才行进至河南，秦降卒受诸侯侵凌，多有怨言。项羽恐秦军心不服，入关反叛，同时为了加快行军，甩掉包袱，于是与诸将谋，在新安城南（今河南渑池县东），乘夜幕坑杀秦降卒二十余万，只留下秦降将章邯、司马欣、董翳三人入关。项羽和张良，都畏秦军之众，不愿受累，张良用诡计在战场上消灭秦军，将其击溃，项羽则明目张胆地坑杀降卒，制造了骇人听闻的大屠杀，与暴秦无异。同样是消灭秦军，而两人计谋之高下，则不可同日而语。

刘邦西征，从秦二世三年后九月，到第二年十月秦王子婴投降，前后征战十四个月，可分为前后两个阶段。第一阶段，从秦二世三年后九月到四月，前后八个月，刘邦始终在河南转战于开封以东，成了一支大股游兵，没有大的进取。这一阶段，在陈留得郦氏兄弟之助，形势才为一变。第二阶段从秦二世三年五月到十月，前后仅六个月，刘邦采纳张良迂回战略，避实击虚，一路势如破竹。在

①《史记》卷五十五《留侯世家》。

②《史记》卷八《高祖本纪》。

③《史记》卷八十七《李斯列传》载，赵高立子婴为王，称"召始皇弟，授之玺"。《秦始皇本纪》称子婴为秦二世兄子。秦始皇生于公元前258年，子婴与二子谋诛赵高，假定子婴少子年十五岁，子婴的最小年龄当在三十五左右，应生于公元前240年，仅小于秦始皇十八岁，不当为始皇之孙，故从《李斯列传》。

具体战役中，也多得张良谋略之助，代价小而胜利大。没有张良的再随沛公，刘邦与秦正面争战，将不会成功，侥幸胜利，也只能是为项羽作前驱，历史将是另外一番模样。张良佐韩王成，兵弱将寡，面对强秦，智士无所用其策，张良离开了刘邦，也一事无成。刘邦与张良的君臣际会，合了分，分了合，前后三合两分，仿佛有冥冥之力在支配一样，天不佑秦，使两人合力，得以成其事功。

张良在咸阳解救了沛公的鸿门之危，还愚弄引诱忠厚的项伯成了葬送项王天下的内奸。张良替沛公谋划得封汉中王。汉元年，公元前206年四月，诸侯各就国。

汉王就国，张良亲自送行，在褒中话别。张良指着山间的褒斜栈道对汉王说："大王把走过的栈道烧了，表示没有东出的意向，迷惑项王。"刘邦心领神会，火烧栈道，既麻痹了项羽，又杜绝了诸侯的偷袭。真是，火烧栈道，一箭双雕。

（3）千里归汉。张良辞别汉王，回归故主，辅助韩王成。项羽心胸狭窄，他怀恨张良追随沛公入关，替刘邦出谋划策，就迁怒韩王成，不让韩王成就国，把他带到彭城，监视起来。项羽此举，也有切断张良与刘邦的关系之意，唯恐韩王成与汉王联合反楚，同时也把张良裹胁到彭城，要张良替自己出谋献策。张良却身在楚营心在汉，他趁机对项羽说："汉王烧绝栈道，无还心矣"①。于是项羽放松了对刘邦的警惕。

汉元年（前206）六月，田荣首先反于齐，一气吞没了他的同宗田市、田都、田安，自立为齐王。接着陈馀反于赵，借兵于齐，驱逐了赵王张耳，彭越反于梁，燕王臧荼并灭了辽东王韩广。八月，汉王从陈仓故道东出，以迅雷不及掩耳之势，一举挫败雍王章邯主力，收降塞王司马欣、翟王董翳，包围章邯残部于废丘、陇西等孤立据点。从六月至九月，短短四个月，狼烟四起，项王不知所措，兵出何方，狐疑不决，没有做出反应，丧失了最好的战机。在这紧要关头，项羽却全力在对付不关痛痒的义帝，他催促义帝离开彭城到流放地长沙郴县。项羽此举，不得人心，部下多有背叛而追随义帝。项羽不悟，反而暗中指示九江王黥布、衡山王吴芮、临江王共敖在半道截杀义帝。九江王黥布等没有执行项羽的命令，义帝到达郴县。项羽又敦促九江王黥布派人追杀义帝于郴县。黥布被迫做此不义之举，于是与项王有隙。

① 《史记》卷五十五《留侯世家》。

汉元年八月，刘邦东出，汉王与张良暗通消息。张良给项羽写了一封信，辨析天下大事。张良说："汉王失职，欲得关中，如约即止，不敢东。"而田荣反山东，并三齐，居高以临彭城，才是肘腋之患，并演义说："齐欲与赵并灭楚。"① 项王信以为真，不再担忧刘邦，而是备兵伐齐。项羽废韩王为穰侯，另立郑昌为韩王，发兵拒汉。

汉二年，公元前205年十月，项羽灭了义帝，正要出兵征讨田荣之时，刘邦却又东出函谷关，于是项羽震怒，这才发现上了张良的当，他迁怒于韩王成，杀韩王成释张良。显然，项羽又犯了一次妇人之仁的大错误，他听了项伯之言放走了张良。张良失了故主，毫无牵挂，逃出彭城，投奔汉王②。明朝文学家李贽在《史纲评要》中因此批评项羽说："为汉驱一好军师，好懵懂。"

张良经过千里跋涉，终于寻得明主，回到汉王身边，君臣相会于陕。在过去的四年（前209—前206），张良两度追随汉王，由于依恋故主，还不能定下心来辅佐刘邦。明人陈季雅认为："造汉非子房之素愿，其志但欲亡秦耳。"③此言非是。张良在下邳十年修炼，怀抱济世之才，欲佐明主以安天下，不仅仅在于亡秦。张良辅韩王成，只是报旧主之恩，不忘先人相韩五世故也。韩王成非命世之才，只能在群雄割据中借先人之余荫占有一席之地而已。所以张良相韩王，处处为汉王谋划，韩王只不过是汉王的一个外援罢了。

张良千里归汉，被汉王封为成信侯，嘉奖他离楚归汉，能信守信义。从张良之封，可以透露出昔日褒中话别，原来有约。从此张良紧随汉王，谋划大计，成为汉王不可须臾离开的左右手。

2. 萧何识人　拥戴沛公

萧何长于政治，目光远大，善识英雄。刘邦少时，行为无赖，只有萧何识得他是个命世之才，可以将身家性命相托的俊杰人物，因而事事维护，深相结纳，引誉刘邦，才使得刘邦声誉渐闻，成为沛县豪杰首领。萧何月下追韩信，为汉家基业，求得擎天柱。可以说，没有萧何，就没有沛公；没有萧何，就没有韩信；没有萧何，就没有汉家天下。

---

①《史记》卷七《项羽本纪》。

②《资治通鉴》卷九《汉纪·高帝元年》作"张良自韩间行归汉"。《汉书》本传无"自韩"两字。《资治通鉴》推断失据，与"间行"二字不协。今从《汉书》，良应自楚才会间行归汉。

③《西汉博议·张良》。

西汉建立，功臣定封，萧何第一，当之无愧。

（1）拥刘起义。公元前210年，刘邦斩蛇起事，隐伏于芒砀山中，等待时机，他未敢倡言反秦。沛县地方以萧何、曹参为首，团结志士，暗中支持刘邦。沛县县令视萧曹为左右手，沛县局势控制在萧何手中，反秦的工作紧张而有序地进行着。沛县已具备了起义的群众基础。萧何的地位，办事能力，人缘、地缘，其声望都在刘邦之上。

公元前209年七月，陈胜、吴广大泽乡起义，吹响了反秦的号角，沛县地方立刻沸腾起来了。起初，只是纷纷扬扬，三五成群议论，到了九月形势大变，沛县少年公言反秦，萧何、刘邦多年积聚起来的反秦社团骨干人物已是半公开活动了。沛县县令已经无法控制局面。他面前有三条路可走，第一是顽抗，第二是逃遁，第三是主动起义。沛县县令选择了第三条道路，他找来萧何、曹参商议起事。萧、曹对沛县县令说：

君为秦吏，今欲背之，率沛子弟，恐不听。愿君召诸亡在外者，可得数百人，因劫众，众不敢不听。①

沛县县令，打算响应起义来改变自己的身份，仍然要掌握沛县地方的实权。萧、曹赞成起义，但明确反对沛县县令作带头人，提出要召回逃亡在外的数百沛县子弟，这就是指刘邦在芒砀山上拉起来的几百人的队伍。沛县县令无可奈何地答应了。萧何派樊哙火急赶往芒砀山，宣召刘邦。刘邦岂能放过这千载难得的机会，他立即拉起队伍，日夜兼程赶回沛县。樊哙刚走，沛县县令就后悔了，他不甘为人后，更不愿拜倒在泗水亭长刘邦之下，越想越不是滋味，他下令关闭沛县城门，与心腹策划诛杀萧何、曹参。沛县县令的举动，早有人报知了萧、曹，萧、曹乘夜翻越城墙逃出，告知刘邦不得进城。萧何以刘邦名义写了一封告喻沛县子弟的书信，抄在绢帛上，裹在箭杆上，射入城中。告喻说：

天下苦秦久矣，今父老虽为沛令守，诸侯并起，今屠沛。沛今共诛令，择子弟可立者立之，以应诸侯，则家室完。不然，父子俱屠，无为也②。

---

①《史记》卷八《高祖本纪》。

②《史记》卷八《高祖本纪》。

沛县守城军民看了告喻，心一下子聚到了一起，他们早就听到许多关于刘邦神异的传说，也不知刘邦带兵多少。特别是萧何、曹参都在刘邦军中，跟着萧何走，绝没有错。于是守城军民，一声呐喊，攻入沛县县令府署，取了沛县县令的人头，打开城门，迎接刘邦、萧何、曹参等入城。萧何提议刘邦作沛令，大家赞同，刘邦谦让说：

> 天下方扰，诸侯并起，今置将不善，壹败涂地。吾非敢自爱，恐能薄，不能完父兄子弟。此大事，愿更相推择可者。

刘邦推让萧何，也有人提到曹参。萧何、曹参都是文吏，在这多事之秋，要血战沙场，还是习武的刘邦最合适。萧何、曹参等还多一层考虑，万一事不成，首领人物要被诛灭九族。刘邦本来就有取秦始皇而代之的野心，但在萧何、曹参等人面前，他还要作一番谦虚的表态赢得众心。萧何早就打定主意，辅佐刘邦，自居丞相之位，他坚推刘邦。刘邦再三谦让，由于萧何的坚持，没有人敢出来应承，刘邦这才就位为沛县县令。楚人称令为公，于是史称刘邦为沛公。

沛公誓众，在县衙庭中筑起祭坛，祭礼黄帝、蚩尤，杀牲以血溅鼓，竖起红旗，告喻大众，赤帝子杀白帝子，沛公就是赤帝子，所以用红色。宣布萧何为丞督事。丞，即县丞，为县令副手；督事，指萧何为丞，总理众事。所以司马贞在《高祖本纪·索隐》中解说曰："谓高祖起沛，令何为丞，常监督庶事也。"从此，萧何就定位在总理众事的丞相之位上。刘邦出征，萧何留守，供给前方，足食足兵。

沛公部勒军队，已有二三千人。令曹参、周勃为中涓，掌握中军禁卫部队；令樊哙、周緤为舍人，随时充当出征军吏；令周昌为职志，掌领旗帜；卢绾、周苛为宾客，随军参谋；封夏侯婴为七大夫爵，掌车马。汉朝建立后，夏侯婴为太仆，他替刘邦赶了一生的车。其他萧刘社团的中坚人物分拨各有差。从这一天起，人物身份与关系发生了翻天覆地的变化，刘邦虽称沛公，而为君主，萧何名为县丞，实为丞相，其他人员都是刘邦的臣属。

沛公安定沛县以后，令萧何留守，自己亲自率军出征，攻打胡陵、方与等县，没有得手，还军驻屯在沛县丰邑镇。丰邑是刘邦的出生地，他十分重视，挑选了一名出生于丰邑的勇将、平民时的哥们雍齿守丰，给了他足够的兵力。秦二世二年（前208），燕、赵、齐、魏皆自立为王，秦帝国在中原地区的统治已土崩瓦解。沛公再次整军出征，第二次攻击胡陵、方与等县，破杀秦泗水郡监军。

沛公乘胜追击秦军至薛县，再追至戚县，沛公左司马曹无伤俘虏了泗水郡守，杀之。正当沛公扩大战果，胜利挺进之时，后院起火，连忙回军。魏王魏咎派魏相周市掠地，周市收买雍齿反叛沛公。沛公待人粗枝大叶，动辄骂人，自称“而公”，即“你老子”如何如何；骂人曰“鲰生”，即“你个狗杂种”；见了书生，戴儒生帽，取下来当面撒尿，还骂一声“竖儒”。雍齿膂力在刘邦之上，他平时就不太服气刘邦，忍受不了刘邦的粗鲁，勉强地称刘邦为大哥。现在诸侯四起，沛公出师又不怎么顺利，于是他竖起反旗，投靠了周市，替魏王留守丰邑。沛公还军攻丰，吃了败仗，只得退回沛县。其时在秦二世二年十二月。沛公自秦二世元年九月起兵以来，已经过了四个月的征战，由于雍齿背叛，仍然只有一个沛县，自己的出生地丰邑反而成了敌对势力。沛公对雍齿怀恨不已。

秦二世二年端月，沛公听说东阳宁君、秦嘉立景驹为楚王，驻军于留。沛公往投景驹，打算请兵攻丰，行至下邳县西境与张良相遇。张良说沛公，先攻击主要之敌秦军，次及雍齿。刘邦于是与秦嘉合兵迎击秦军于萧县西，不利。刘邦还军于留，经过补充，转攻秦砀郡，三日取砀，扩众至九千人。沛公第一次得了一个秦郡。又攻下邑，拔之。沛公第二次还军攻丰，仍不能下。

四月，项梁击杀景驹、秦嘉，驻军于薛，有众十万。沛公带百余随从往见项梁，项梁借兵五千与五大夫将十人给沛公。沛公第三次还军攻丰，雍齿兵败投奔魏王。

六月，沛公入薛复命，与项梁共立熊心为楚怀王。沛公与项羽结为盟兄弟，奉项梁之命合兵西征。张良第一次与沛公分手，亦奉项梁之命，率兵一千余人与韩王成西入颍川攻复旧日韩地。

沛公与项羽合兵，于秦二世二年七月先北上救齐，大破秦军于东阿，再破秦军于濮阳，又东屠城阳。八月，沛公与项羽乘胜向西挺进，斩三川守秦丞相李斯之子李由于雍丘。此战为沛公起兵以来获得的最辉煌的胜利。在击秦的共同目标下，沛公与项羽配合默契，并肩战斗，结下兄弟情谊。

在沛公与项羽联兵征战之际，萧何留守丰沛，把沛公的根据地丰邑、沛县、砀郡治理得井井有条，崭露头角，显示了他在政治方面的才干。

（2）入都收图籍。秦王子婴元年，公元前206年十月，刘邦西征大军破秦入咸阳，诸将争相抢夺金帛财物，沛公也一头钻进秦宫室，享受六宫粉黛的温柔。这时只有萧何在为全局大业筹谋。萧何预感夺取天下将是一个持久的过程，他采取有力措施进行了持久的战略部署。萧何的政治举措主要有三项，略述如下：

第一，收秦图籍。萧何入咸阳，带领亲兵，悄悄地接收了秦丞相府、御史府、太史署等官署的图书册簿，小心地珍藏起来。后来项羽火烧咸阳，挖始皇冢，接收宫女府库财物，没有注意图书册簿。萧何采取了绝密措施，完好地保留了秦朝的典章制度、法令及天下厄塞图册、户口簿籍，了解强弱处所，民间疾苦。萧何对天下大势、地形险要、人口分布、税收多寡了然于胸，这些信息不仅在楚汉战争中是重要的情报，而且在西汉建国之初提供了重要参考。后来萧何治汉，除秦苛法，保留秦朝的礼仪制度，休息无为，皆得力于收秦图籍。萧何在保护秦朝图籍的同时，也保护了一批秦朝有才干的吏员，使之投降为新政权服务。

第二，除秦苛法。萧何收藏秦图籍后，他紧急办的第二件事，就是谏说沛公及时召开关中诸县豪杰父老会议，宣布除秦苛法，安抚秦民。沛公告谕秦民说：

> 父老苦秦苛法久矣，诽谤者族，偶语者弃市。吾与诸侯约，先入关者王之。吾当王关中，与父老约法三章耳：杀人者死，伤人及盗抵罪。余悉除去秦法。诸吏人皆案堵如故。凡吾所以来，为父老除害。非有所侵暴，无恐！且吾所以还军霸上，待诸侯至而定约束耳。①

萧何四出遣使，告谕秦民，深入到各县乡邑村镇，务必家喻户晓。于是秦民大喜，争持牛羊酒食犒赏沛公军。沛公辞让不受，说："仓粟多，不欲费民。"秦民又喜，唯恐沛公不为秦王。沛公深得秦民爱戴，萧何治政之力也。

第三，经略汉中。沛公在入武关之前，分兵郦商经略汉中，其策当出自萧何。后项羽负约封沛公为汉中王，沛公不听，愤怒欲出击项羽，周勃、灌婴、樊哙等亲将，劝谏均不听。萧何谏曰："虽王汉中之恶，不犹愈于死乎？"汉中虽然地处偏远，也是一方之王，总比送死要强吧？汉王说："为什么攻击项羽就是送死？"萧何说："今众弗如，百战百败，不死何为？"萧何又引《周书》上的话说："天予不取，反受其咎。"当时民间把天上的银河星系，称为"河汉"，萧何机智地解说为"天汉"，即天上有汉，现在沛公为汉王，乃是天意，沛公要从汉王发迹，如果不接受天意，就要遭殃。萧何引经据典，侃侃而谈，说得刘邦心平气和，萧何趁势进言说：

---

①《史记》卷八《高祖本纪》。

> 夫能屈于一人之下，而信（伸）于万乘之上者，汤武是也。臣愿大王王汉中，养其民以致贤人，吸用巴、蜀，还定三秦，天下可图也。[①]

汉王说："好。"于是就国汉中，以萧何为丞相。萧何大力经营巴、蜀、汉中，告谕安抚，储备积聚，为汉王东出做准备。萧何经营汉中，表现了他政治上的卓识远见。萧何慧眼善识人，他处处留心网罗人才。所以郦商经营汉中，当为萧何所荐。

（3）月夜追韩信。韩信身高魁伟，年少机灵，项梁、项羽只看中他的外表，却不赏识他心中的韬略，只不过留在帐前效命，做了一名亲兵。项梁死后，项羽提升韩信做了郎中。秦汉宫廷警卫最低级军官称郎中，秩三百石。韩信在项羽帐下做郎中，也就是低级的警卫军官。韩信利用他侍从的便利，多次对项羽进言，献计献策，项羽均不采纳。韩信出身低微，项羽出身贵族，帐前有军师亚父范增，足智多谋，自然看不上韩信。项羽的门第之见，遮蔽了他的眼睛，不识英才，使得韩信才能无法施展，心常怏怏不平。

鸿门宴刘项相会，项羽颐指气使，高坐尊位，刘邦忍气吞声，却柔中有刚，敢在虎口逃生，给韩信以很大的触动。刘邦能屈能伸，胸有远谋，其志不可限量。项羽骄矜跋扈，鼠目寸光，爱听恭维话，没有战略头脑，白白地丢失了斩除刘邦的好机会。韩信想起了自己受胯下之辱，遭世俗人的讥笑，这些凡夫俗子如同燕雀，哪能知道鸿鹄的冲天之志呢？能忍才是真正的男子汉。韩信对鸿门宴的冷眼旁观，他得出了与亚父范增同样的结论，刘邦必胜，项羽必败。韩信打定主意，弃暗投明，等待脱离项羽的机会。

汉元年（前206）四月，汉王就国入汉中，韩信逃离项羽，投入汉王军中。汉王见韩信在项羽军中，征战数年，没有建功，也没把韩信的归汉当作一回事，发落在萧何帐下做了一名管理粮秣的小军官，与韩信在楚的郎中级别差不多，地位更是下降。韩信怨气冲天，与部属一起触犯了军令，依法当斩。滕公夏侯婴受命为监斩官。已斩杀十三人，依次应斩韩信。韩信面对滕公，扬起了头，说："大王不是要打天下吗？为何斩壮士！"毫无惧色。夏侯婴是一个心地厚道的人，见韩信仪表堂堂，临危不惧，内心钦佩，停止了行刑。夏侯婴亲自召见韩信，审问案情，得知韩信故意犯法，表达怀才不遇的怨气，心里非常高兴，向汉王提出了赦免、重用的报告。

---

①《汉书》卷三十九《萧何传》。

夏侯婴是替刘邦赶车的亲随，极受信任。汉王免了韩信死罪，提升为治粟都尉，管理汉王全军的军需。都尉是次于将军的高级军官。

韩信为了引起汉王的重视而故意犯法，表现了他的拼搏冒险精神，这在古代靠人为赏识的用人制度下，常常是命世之才采用的一种手段，成则升天，败则入地。三国时，庞统为耒阳令、蒋琬为广都长，他们都故意醉酒不治事，让主管官员报告到先主刘备那儿，先主大怒，免官治罪，鲁肃和诸葛亮再出来推荐，指出庞统、蒋琬非百里之才，不大用则不展其才。《三国志》在给庞统和蒋琬做传时都留下了生动的记载。韩信犯法当斩，当属此类，也许幕后还有萧何的支持。文献无征，这里只是推断。但非常之人，在创造机遇的时候，总是有非常举动，这是可以肯定的。只是那十三个与韩信同时犯法的人，白白地送了性命。但是没有这十三个人的牺牲，可能就没有韩信的转机。古来一个成功的将军，总是要踏着血迹前进。

刘邦所部十万众，项羽只允许汉王带领三万人入汉中。但楚军和诸侯部众仰慕汉王而投归的人却有数万之众。在当时汉中、巴、蜀尚未充分开发，地广人稀，远比现在寒冷，地理又偏，所以这些地方是秦朝流放犯人的蛮荒之地，秦岭山中，更是荒凉异常。汉王部属来自关东梁楚子弟，初夏四月淮河一带到处是鸟语花香，麦苗翠绿，菜花金黄，而北国秦岭群山，还是一派残冬天气，没有一丝春天的气息。秦王政九年（前238）四月，秦王流放嫪毐集团同党四千余家入蜀，在房陵（今湖北房县）地区还发生过寒冻死人的事件。不仅寒冷，而且道路奇险。“蜀道之难，难于上青天。”唐人李白还有如此慨叹，秦汉时道路的险难，可以想见。汉王从褒斜道入汉中，一路有重重的险峻山峰，千丈峭壁，这些地方就用栈道相通。行李、粮秣，都由士兵背负跋涉，一不小心，就要掉入深渊绝谷而粉身碎骨。汉王部众，广大官兵，看不到前途，他们拼命数年，灭了秦朝，盼的是荣归故乡，而今却踏在西进途中，越走离家乡越远。失望的官兵，每天都成批地逃亡，汉王、萧何也拿不出好办法制止，于是就听其自然，坚强的留下来，意志消沉的就让他们走。

韩信在行进途中多次与萧何谈话，萧何已经充分认识到韩信是一个奇才。韩信也估量到萧何已多次向汉王作了推荐。韩信到达南郑，又过了许多日子，仍不见有动静。韩信对汉王也失望了，他沉思后自言自语：“上不我用，即亡。”韩信不满足于做一个军需总长，他要的是带领数万、数十万雄兵猛将，驰骋天下，干出一翻轰轰烈烈的功业来。关东诸侯，群雄并立，项羽封了十八个王，我韩信不能吊在汉王这一棵树上。韩信打定主意，在一天夜里加入了逃亡的散兵中，离开了南郑。

萧何为丞相，总理百官。他听到韩信逃亡的消息，惊得一身冷汗，来不及向汉王报告，乘着夜色，快马加鞭去追韩信。萧何是全军的主心骨，他的举动震惊了全军，霎时间消息传遍南郑，纷纷传扬："丞相逃走了。"汉王得到报告，着实吃了一惊，大发雷霆，茫然不知所措，仿佛失去了左右手。过了两天，萧何回来请见汉王，汉王又大喜过望，立即传令进见。汉王见了萧何，又高兴又愤怒，厉声质问说："你为何要逃跑？"萧何回答说："臣不敢亡也，臣追亡者。"汉王问："你追的是谁？"萧何答："韩信也。"汉王不信，气又提了上来，再次厉声责骂说："诸将亡者以十数，公无所追，追信，诈也。"跟随多年的将领，逃亡了好几十，萧何一个都没有追，反倒去追一个新来的韩信，岂非有诈？萧何不紧不慢地对汉王说出了一番追韩信的道理。萧何说：

> 诸将易得耳。至如信者，国士无双。王必欲长王汉中，无所事信；必欲争天下，非信无可与计事者。顾王策安所决耳。[①]

萧何反问刘邦，你如果安于做汉中王，用不上韩信；你要想东出争天下，失却了韩信，再也找不出第二个可以分忧计议的人了。韩信之才，举国无双。汉王说："我一心想的就是打回东方，夺取天下，怎能长久闷死在这鬼地方？"萧何说："大王如果真心要向东方发展，一定要用韩信，韩信也会留下来效命；如果不重用韩信，韩信终究还是要逃走的。"汉王说："我看你的面子就用韩信为将吧！"萧何说："尽管任用韩信为将，还是留不住他。"汉王说："我重用他为全军大将，怎么样？"萧何说："这才是大王之福。"汉王说："那就宣召韩信来拜他为大将。"萧何说这样还不行，又一字一顿地说出了一番理由。萧何说：

> 王素慢无礼，今拜大将如呼小儿耳，此乃信所以去也。王必欲拜之，择良日，斋戒，设坛场，具礼，乃可耳。

萧何要汉王举行隆重的拜将礼，一是表达汉王的用人诚心，以收取韩信效知遇之恩；二是必如此方能重韩信之威，使诸将心服；三是严军礼，整饬三军。这真是一箭三雕之举，汉王心领神会，立即传告全军，兴建坛场，择吉日拜将。这

---

①《史记》卷九十二《淮阴侯列传》。本节下引该传不再注。

可是破天荒头一回，诸将奔走相告，资深的个个喜悦，人人各自以为可得大将。

3.韩信拜将，刘邦东出

汉元年（前206）五月，在一个风和日丽的日子，汉王在南郑南郊的练兵场上筑坛举行了隆重的拜将礼。这是汉王进入汉中兴办的第一件大事。汉王部属，日夜思归回故乡。汉王举行拜将大礼，表示整军讲武，是东出的前奏，全军有了盼头，人人欢欣鼓舞。拜将大礼成了激励士气的一项盛典。萧何做了认真的准备，庄严，隆重。午时正刻，汉王登上祭坛，由萧何主司仪。先由汉王祭拜天地，再祭拜祖宗，接着举行拜将大礼。全军注视接印大将何许人也，出乎所有人的意料，原来大将就是新来的治粟都尉韩信，全军皆惊。中国历史上一颗杰出的将星，就这样在汉王建筑的祭坛上冉冉升起。开汉家四百年基业的军事家韩信，此刻正式登上了安邦定国的政治历史舞台。

（1）对策汉中。拜将礼毕，汉王推韩信坐上座。汉王向韩信咨问天下大计，韩信有条不紊，一吐胸中韬略，提出了楚汉相争的纲领，可称为“汉中对策”。韩信以天时、地利、人和三个方面对楚汉形势做了精辟的分析。

楚汉相争，论天时，由于项羽背义帝之约，宰天下不平，诸侯叛之，借众力以斗项羽，项羽虽强，独木难支，趁乱东出，此其时也；论地利，项羽不居关中形胜，又封秦民所怨三秦王，只要汉王东出，“三秦可传檄而定”，岂非天所以以三秦资汉王者乎？论人和，汉王更胜项王一筹。“项王所过无不残灭者，天下多怨，百姓不亲附”；而汉王“秦民无不欲得大王王秦者”。这是说，百姓亲附汉王，汉王东出，“以义兵从思东归之士，何所不散！”汉王部属是山东人，高举义旗，打回老家，全军拥护，所向无敌，这是说战士亲附汉王。项羽仁爱，“言语呕呕”，婆婆妈妈，妇人之仁，只能博得那些好面子、多礼仪的书呆子们拥护，而汉王慢易，说话粗鲁，但胸怀大度，有功重奖，“以天下城邑封功臣，何所不服”，那些攻城夺地的勇士们都将归到汉王旗下，这是说将相人才亲附汉王。单打力斗，逞匹夫之勇，汉王不如项王；而纵观天下大势，天时、地利、人和，汉王远胜项王，楚汉相争，必然是刘胜项败，韩信分析得清清楚楚，明明白白。如何东出，有步骤，有方略。这第一步就是不失时机，还定三秦，长远方略，则是收拾民心，智胜项王。

韩信说完，汉王心悦诚服，非常高兴，“自以为得信晚”。于是汉王全面采纳韩信计谋，部署诸将日夜操练，作好战备，听从韩信调遣。

（2）还定三秦。雍王章邯是秦朝名将，他的领地是关中的八百里秦川，挡在汉兵东出的第一线。韩信战略上藐视三秦王，战术上却十分重视，精密策划，一丝不苟。为了麻痹章邯，韩信采取了声东击西的战略，他动员人力大张旗鼓地修复褒斜栈道，吸引章邯的注意力于秦川中段，而大军却暗地里从陈仓故道西出，取得了突击效果，史称“明修栈道，暗度陈仓”。

从汉中北入关中，跨越海拔三千余米的秦岭，由东向西有三条谷道。东道子午谷，南段叫午谷，北段叫子谷。子谷谷口在长安之南。子午谷最险远，有660里的高山险谷，从此道出兵，可以出其不意，直插长安，但不能运动大军，只能出奇兵偷袭，主力只能从西边的两道入秦川。秦汉之际，尚无长安，秦都在咸阳，已被项羽烧为废墟。雍王的都城在废丘，在今陕西兴平，咸阳之西。当时子午谷尚未通行，不在韩信考虑的进兵路线中。中道傥骆谷最近，谷长420里，韩信从此道出兵，可陈兵武功，对废丘的威胁也很大。但这条近道，在秦汉之际还未大力开发，也不能行动大军，仍不在韩信考虑的进兵路线中。西道褒斜道，相对宽坦，有470里的山谷，南段叫褒谷，谷起褒城，就在汉中南郑的北面。北段叫斜谷，谷口在陕西眉县南30里。汉王就是走此道从关中进入汉中的，秦汉之际，这是一条主要的通道。在褒斜道之西，有一条出入秦岭，北抵陈仓的通道。最早从关中通汉中的就是这条道路。褒斜道开通后，这条道路逐渐冷落，当时被称为陈仓故道。汉王大军从褒谷往北运动，可以直出斜谷，也可西出陈仓故道到陈仓。韩信声东击西，大肆张扬出斜谷，而实际上大军从陈仓故道出。那么，韩信是如何动作的呢？

汉王入汉中烧毁了褒斜道的栈道，韩信要从褒斜道上出兵，就必须要先修复栈道。汉元年六、七月，韩信督率大军、民工冒着酷暑修复栈道，这一行动就是进军的信号。只要修栈道，就把章邯的注意力吸引到秦川中段偏西的眉县一带杜塞斜谷口。由于修复栈道尚须时日，没有一年半载，不能毕其功。为了日后的大军补给，韩信修复栈道也是认真地在进行，章邯的探马报告的确是实情，而短时间内韩信又修不好栈道，章邯要以逸待劳，可以说章邯暂时还没把韩信修栈道的事放在眼里，在他看来汉王刚入汉中，没能力在汉元年就出兵。韩信抓住章邯的这一心理，巧妙地打了一个修复栈道的时间差，在汉元年八月从陈仓故道出兵偷袭陈仓，端端正正打了章邯一个措手不及，汉军在陈仓获得了大量军实。

汉军在陈仓获得给养后，韩信乘胜扩大战果，他以迅雷不及掩耳之势，闪电般推进，分兵四出攻击三秦王。仅一个月时间，韩信就打通了八百里秦川。汉元年八月，雍王章邯被围困于废丘，塞王司马欣、翟王董翳望风而降。章邯弟章平与原秦将赵贲等退守陇西、北地，负隅顽抗，为章邯外援，等待项羽驰援。

项羽闻警，但他被田荣的反叛所吸引，没有及时率兵西征，而是以故吴令郑昌为韩王，驻防颍川拒汉兵。项梁、项羽避难关中与郑昌相识。项羽在紧要关头用人唯亲，将重大军事任务用以酬劳故旧，失策之至。

汉将韩信充分利用秦民拥戴汉王的政治优势，趁项羽伐齐无暇西顾这一千载难遇的战机，大胆地置关中残敌于不顾，与汉王亲率主力，于汉二年十月东出函谷关，驻兵于陕县（在今河南三门峡市西）。韩申徒张良和赵王张耳来归。

汉二年（前205）十月，项羽大发兵东击齐，欲先安定后方，再率兵西向。韩信东出潼关至陕，则是尽力向中原推进，确保关中，扩大领地。这是一招妙棋，在政治和军事上的意义至少有三个方面的收获。第一，阻断章邯与项羽的交通，汉军在关中对章邯形成关门打狗之势，章邯只能坐以待毙。第二，汉王大张声势，与诸侯交通，安抚关外父老。第三，韩信出关，趁新韩王郑昌立脚未稳之机，夺取韩地。汉二年十一月，河南王申阳降，汉立河南郡。韩信击破韩王郑昌，汉更立韩太尉韩信为韩王，为汉南翼屏障。至是，汉王帐下两韩信。一是大将淮阴人韩信，一是韩王韩太尉韩信。

再说关中之战。汉二年十一月，汉军攻拔陇西。正月，汉军攻拔北地，虏章平。汉军至此，扫荡了章邯军外围，占有关中全境，唯有章邯困守废丘孤城。

汉二年二月，汉王入关，正式除秦社稷，更立汉社稷，临时定都栎阳。萧何为丞相，留守都城。

汉二年三月，汉王集中关中诸军，浩浩荡荡东出，正式打出讨伐项王的旗号。章邯在废丘苟延残喘，不敢出击突围，汉兵只用少量人马监视章邯动静，围而不歼。韩信集中兵力，策动对项羽发起总攻，趁项羽陷于齐地的时机，汉军将直指彭城。

（3）进军彭城。项羽击齐，起初连战皆捷，齐民不愿割据纷争，欢迎楚军。项梁击秦牺牲，影响犹存。十二月，项羽北进至城阳，大破田荣，田荣败走平原，平原民杀之以应项羽。项羽怨田荣叛楚而迁怒齐民，他烧夷城郭，坑田荣降卒，又系虏其老弱妇女，一路烧杀至北海。齐民愤怒，于是田荣弟田横在城阳收合散亡，立田荣子田广为齐王，一下啸聚数万众，齐民多应。项羽再战，连连受挫，陷于齐地，不得回军。项羽征九江王黥布会战，黥布称疾不往，只使部将率领数千人助战，项王由此怨恨黥布。

汉二年三月，汉王第二次出关，率领汉军从临晋渡过黄河，西魏之魏豹与汉军联合。接着汉军攻下河内，虏殷王司马卬，置河内郡。汉军从平阴津南渡至洛阳。汉王在洛阳为义帝发丧，亲自吊丧三日，“袒面大哭”，派出使者联合诸侯，宣告项羽罪恶。檄文说：

> 天下共立义帝，北面事之。今项羽放杀义帝于江南，大逆无道。寡人亲为发丧，兵皆缟素。悉发关中兵，收三河士，南浮江汉以下，愿从诸侯王击楚之杀义帝者。①

汉王在进入洛阳城的途中，新城邑（在今河南伊川县西）的一位乡官，三老董公（三老是乡里掌管教化的小官）拦路谏说汉王，“兵出无名，事故不成”，又说“明其为贼，敌乃可服”，意思是要正告天下，项羽放杀其主，乃天下之贼。汉王采纳其策，所以在洛阳为义帝发丧，使汉军高举正义之旗，堂堂正正出征项羽，诸侯不从，则是助贼。已被汉王收降的诸侯王有塞王司马欣、翟王董翳、河南王申阳、殷王司马卬，他们的部众被刘邦收编，成为正义之师了。西魏王魏豹被裹胁随从，韩王信为汉王所立。赵王张耳投汉，陈馀所立新赵王赵歇与齐王田广本与项羽作战。北方燕王臧荼，也表示声援。其他诸侯王包括项羽心腹九江王黥布也不愿公开助项王。特别是举足轻重的黥布，更加坚定了中立的决心，项王一批又一批使者催促黥布出兵，他就是坚卧不肯动。项羽陷入了完全的孤立。汉王进兵彭城，一路顺风，毫无阻挡。汉二年四月，韩信统率的汉兵及诸侯之兵胜利进入彭城，众达五十六万。

汉王大将韩信，率汉王本部三万人自汉元年八月出兵，到汉二年四月兵进彭城，短短八个月的时间，由西向东横扫了大半个中国，取得了还定三秦、攻略韩地、覆灭楚都等一系列辉煌战绩，兵众从三万发展到五十六万，几乎扩大了二十倍。如此大军，韩信运筹调度，有条不紊，他自称领兵“多多益善”，初露头脚，就得到充分的展现。萧何称赞韩信是“国士无双”，毫不夸张。韩信是无与伦比的军事天才，这一年他才二十四岁。

董公一介村野乡官，他拦路谏汉王，建言为义帝发丧，夺取政治主动权，汉王采纳之速如响应声，这就是汉王的过人之处。其时张良已在军中，此策未出张良之口，而出于乡间老翁，因民间不胜秦、项相继为虐，身有其受，体会深

---

①《汉书》卷一《高帝纪》。

刻，故出言不同凡响。也许董公本来就是一位深藏民间的隐逸智士。俗语曰:“智者千虑必有一失，愚者千虑必有一得。”智慧不可能一人独专，董公发人之所未言，就是一个生动例证。宋人张栻作《楚汉战争论》，对此发出了一番深深的感叹。其文不长，引之如下，以供评说欣赏。张栻曰：

> 惟仁义足以得天下之心，三王是也。高帝之兴，亦有合乎此，是以能翦暴秦，灭强项，而卒基汉业。方怀王遣将入关，诸老将固以为沛公素宽大长者而心归之。至于三章之约，其所以得乎民者深矣，此非其所谓仁者欤?予每爱三老董公之说，以为“顺德者昌，逆德者亡”“兵出无名，事故不成”“名其为贼，敌乃可服”，三军之众为义帝缟素，声项羽之罪而讨之，于是五十六万之师不谋而来，从义之所感也。使斯时，高帝不入彭城置酒高会，率诸侯，穷羽所至而诛之，天下即定矣。惜其诚意不笃，不能遂收汤武之功。然汉卒胜，楚卒亡者，良由于此，名正义立故也。董公盖深知其理，故其言又曰：“仁不以勇，义不以力。”自留侯而下，陈谋虽多而皆未之及。呜呼！董公其一时之逸民欤?①

韩信困顿，得遇汉王而展其才。汉王拜韩信为大将，成事于萧何的力谏。明人黄淳耀评论说：

> 高帝之于韩信，未尝亲见其状貌，孰察其计画，以萧何一言之故遂拜为将，将又不足而至大将，此类儿戏，然足用此得天下何也?盖帝不知信而知何，以何之不妄而知信之可用也。图天下者，岂能人人耳而目之哉，得数人可信者足矣②。

黄氏的评论，并不高深，却是至理。而懂得这样平凡至理的人，就是非常之人，由此可见刘邦的皇帝气度。刘邦得三杰归心而取天下，良有以也。

---

①《四库全书·南轩集》卷十六。

②《四库全书·陶庵全集》卷四《史记评论·淮阴侯列传》。

五、余论

一个人要成就事功，必须全身心投入，精通其业。韩信精通兵法而为将，张良精通谋略而为帝王师，萧何长于政理而为丞相，他们都是天生具才，不可多得的俊杰伟人。张良辅韩王而落拓，韩信随项羽而无功，萧何仕秦仅得为刀笔吏，三杰得遇刘邦而成其功，不遇刘邦终为凡民。而刘邦并无三杰之才，但却有容三杰之度，他能合众智，集众力，识人而用人，故所向无敌。张良为人言《太公兵法》，皆不省，只有刘邦称“善”。韩信拜大将，看似儿戏，也唯有刘邦能安置，并恨相见之晚。刘邦看似无能而有大能。常理之所谓能，具才也；非常之能，图天下者也。刘邦有图天下之大才，所以他得人不失，用人不疑。论筹策，刘邦不如张良；论政理，刘邦不如萧何；论用兵，刘邦不如韩信，但刘邦之能，驾驭三杰，“此吾所以取天下也”。项羽力能扛鼎，但他奋其私智，有一范增而不能用，逞个人之力以抗天下之士，怎能不败！人才不难得而难容。古往今来，口喊“尊重知识，尊重人才”，而内实心肠，乃叶公好龙，焉能成事？黄氏评说刘邦，“图天下者，岂能人人耳而目之哉，得数人可信者足矣”，其言信矣。三杰归汉，良有以也。